Des Pedanios Dioskurides Aus Anazarbos: Arzneimittellehre In Fünf Büchern...

Dioscorides Pedanius (of Anazarbos.), Julius Berendes

DES PEDANIOS DIOSKURIDES

AUS ANAZARBOS *127*

ARZNEIMITTELLEHRE

IN FÜNF BÜCHERN.

———

ÜBERSETZT UND MIT ERKLÄRUNGEN VERSEHEN

VON

PROF. DR. J. BERENDES.

STUTTGART.

VERLAG VON FERDINAND ENKE.

1902.

Druck der Union Deutsche Verlagsgesellschaft in Stuttgart.

HERRN GEHEIMEN MEDICINALRATH

PROFESSOR DR. WILHELM WALDEYER

IN TREUER JUGENDFREUNDSCHAFT

DER VERFASSER.

Vorwort.

———

„Die Aufrechthaltung und Verbreitung unserer Ideale ist dasjenige, was erstrebt werden muss."

Diese denkwürdigen Worte richtete Se. Majestät der Deutsche Kaiser im Juni dieses Jahres zu Bonn an einen Kreis junger Männer, aus dem zum Theil dereinst die Vertreter der Wissenschaften und die Träger der höchsten Staatsämter hervorgehen werden. Diese Worte sind aber um so bedeutungsvoller, als gerade Se. Majestät auch den technischen Fächern, den Realien überhaupt das grösste Interesse zuwendet. Seinem klaren und scharfen Blick ist es nicht entgangen, dass da, wo der reine Materialismus — ein nicht wegzuleugnender Zug im Streben der Gegenwart — die Oberhand gewinnt, das Leben der Seele verkümmern muss, dass da, wo die Ideale zurückgedrängt werden, das geistige Leben seine productive Kraft und seine Leistungsfähigkeit verliert. Und ist es nicht gerade das deutsche Volk, welches die Energie zu seinem materiellen Aufschwunge, zu den Erfolgen auf allen Gebieten des Wissens und Könnens der Pflege der Ideale verdankt? Niemand wird den Nutzen unterschätzen, welchen die Industrie durch ihre Erfindungen und grossartigen Unternehmungen für die Entwickelung der Nation geschaffen hat, Niemand den Werth verkennen, welchen die Ausnutzung der Naturkräfte für das ganze Wirthschaftsleben des Volkes hat; sollen aber alle diese Errungenschaften nur dem Streben nach materiellem Besitz und Macht und der Befriedigung gesteigerter Lebensansprüche zu Gute kommen, so verliert das Volk bald seine sittliche Kraft, seinen inneren Halt. Das Geistige muss dem Materiellen die Wage halten, und dazu hilft die Pflege des Idealen.

Ideale hat jedes Gebiet, mögen sie dem eigenen oder einem fremden
Volke, der ruhmreichen Neuzeit oder einer grossen Vergangenheit an-
gehören. Für das gesammte Gebiet der Heilkunde liegen sie unstreitig
zunächst im griechischen Alterthume, dem auch das vorliegende Werk
angehört. Leider aber werden gerade diese so wenig gewürdigt; klagt
doch auch Kobert 1889 in der Vorrede zu seinen Historischen Studien:
„Ihre (der Medicin) Augen sind unverwandt auf das rein Praktische
und die Gegenwart gerichtet; das, was dahinter liegt, und was nicht
direct in der Praxis mit Nutzen verwerthet werden kann, straft sie mit,
wie sie meint, verdienter Verachtung." Und doch ist die Geschichte
der Medicin und Pharmacie ein grosses Stück Kulturgeschichte. Die
Früchte des gewerblichen Absolutismus und der Verwerfung der Ideale
zeigen sich an den auf dem Felde der praktischen Heilkunde herrschenden
augenblicklichen Zuständen.

Schon vor längerer Zeit beschäftigte mich der Plan, die Materia
medica des Dioskurides, das vollkommenste und bedeutendste Werk
des griechischen Alterthums über die einfachen und zusammengesetzten
Heilmittel zu übersetzen und sachlich zu erklären, aber zögernd
stand ich vor einer Arbeit, welche so viele verschiedene Gebiete berührt, um so mehr, als ich abseits der grossen gelehrten Heerstrasse
und fern von den Stapelplätzen der Wissenschaften auf die Liebens-
würdigkeit einiger Bibliotheken angewiesen war. Erst als die alten
Sprachen, besonders die griechische, im Schulunterricht eine Einschrän-
kung erfuhren, als auch den Abiturienten der Realanstalten das Studium
der Medicin eingeräumt wurde, habe ich, der Aufforderung hochstehender
Medicohistoriker folgend, das Werk begonnen.

Zu Grunde gelegt ist der Sprengel'sche Text in der Ausgabe von
Kühn. Die Uebersetzung ist durchaus wörtlich gehalten, um den Eigen-
thümlichkeiten des Autors treu zu bleiben; dabei sind die verschiedenen
Lesarten insoweit berücksichtigt, als sie nicht rein philologisches Inter-
esse haben. Die Zahlenbezeichnungen der Capitel sind die des Textes.
Die [] gehören dem Texte an, die () beziehen sich auf Zusätze des
Uebersetzers. Die Synonyma sind, soweit es ging, ohne Zwang zu
deuten versucht.

Zu Vergleichungen wurden in erster Reihe Theophrast und Plinius,
der Zeitgenosse des Dioskurides, herangezogen.

In den Erklärungen, dem Commentar, nehmen den breitesten Raum ein die Deutungen der Pflanzen- und Drogennamen. Um die Bestimmung und Identificirung der Gewächse hat Dr. med. C. Fraas, der sich acht Jahre in Griechenland, der Halbinsel mit so eigenthümlicher Bodengestaltung zu rein botanischen Studien aufgehalten und keine Spalte und Kluft der Berge ununtersucht gelassen hat, sich die grössten Verdienste erworben. Denn, haben auch ältere Botaniker bis Sprengel, dem hervorragenden Kenner des botanischen Alterthums, und Link viel Mühe und Zeit auf die Aufstellung einer vollendeten Flora verwandt, so kann es doch keine Frage sein, dass das autoptische Studium der Natur jener Heimathländer der alten botanischen Schriftsteller, sowie gewisse örtliche Ueberlieferungen in bestimmten Grenzen die beste Aufklärung und annähernd sichere Anhaltspunkte geben können.

Fraas stützt seine Forschungen auf die Bestimmungen des unermüdlichen Sibthorp, der in den ehedem griechischen Ländern ausserordentlich reiche Sammlungen angestellt hatte und diese bei längerem Aufenthalte daselbst zur grössten Vollendung gebracht haben würde. Er musste jedoch Anstand nehmen an den vielen angeblich erhaltenen altgriechischen Pflanzennamen, welche sich thatsächlich in das Tagebuch zur Flora graeca (Prodromus florae graecae) des grossen Reisenden eingeschlichen hatten und auf falsche Berichte zurückzuführen sind. In dem jungen Königreiche, dem man im Auslande grosse Sympathien entgegenbrachte, dessen Bewohner aber zu zwei Dritttheilen fremde Einwanderer waren, suchte man nämlich, wie Fraas sagt, den von vergangener Grösse umwobenen Namen „Hellenen" und deren Erbschaft gegen die Ausländer auszubeuten, besonders durch Aneignung und Verbreitung der alten Sprache. „So war es denn," führt er weiter aus, „zu Sibthorp's Zeiten und auch später ein Bestreben der griechisch redenden Bewohner namentlich der Städte, und darunter vorzüglich der Aerzte und Apotheker, altgriechische Namen wieder aufzuwärmen, welche sie dann oft genug falsch anwandten." Er zeigt dies an einer Reihe von Beispielen.

In kritischen Fällen sind, soweit es möglich war, die Pflanzen beschrieben.

Im Reiche der Drogen ist Altmeister Flückiger der sicherste Führer.

Endlich sind kurze historische Angaben eingeflochten.

Dass die vorliegende Arbeit einen nur beschränkten Interessentenkreis finden wird, verhehle ich mir keinen Augenblick; um so grössere Anerkennung verdient die hochangesehene Firma Ferdinand Enke in Stuttgart, welche sich zum Verlage und zur Herausgabe derselben erboten hat. Man sagt so oft, derartigen Werken fehle jeder Anschluss an die neuere Zeit; gewiss nicht, denn wer Augen hat zu sehen, wird darin gerade auf dem Gebiete der Arzneimittellehre und der engeren Pharmacie viele und interessante Anknüpfungspunkte finden, es sei nur auf die Bereitung der Extracte (III 7) und auf die Darstellung und Reinigung des Wollfettes (II 84) hingewiesen.

Gern statte ich den Verwaltungen der Königlichen Universitätsbibliotheken zu Göttingen und Marburg, sowie der Direction der Kaiserlichen Universitäts- und Landesbibliothek zu Strassburg, welche stets in der entgegenkommendsten Weise durch Büchersendungen mich unterstützt haben, meinen verbindlichsten Dank ab.

Goslar, im October 1902.

J. Berendes.

Einleitung.

———

Dioskurides — Andere nennen ihn Dioskorides, auch bei Errotianos (Exposit. voc. Hippocr. p. 214) und Galen an verschiedenen Stellen heisst er so; welche Lesart die bessere und richtigere ist, wissen wir nicht, doch wird die erstere vorgezogen, weil man sie als die dialektische, die andere als die gemein-griechische betrachtet. Statt Pedanios lesen Manche Pedakios, die besseren Codices haben die erstere Bezeichnung; die Griechen nahmen, wenn sie in römische Dienste traten, häufig den Namen eines Patriciergeschlechtes an, und so hat unser Schriftsteller den der gens Pedania adoptirt. Anazarbeus heisst er von seiner Vaterstadt Anazarba oder Anazarbos — heute Ainvarza — in Kilikien, einer Landschaft Kleinasiens, welche im Osten an Syrien und im Süden an das Mittelmeer grenzte, bei Galen (tom. XIII p. 857 ed. Kühn) auch Tarseus von Tarsos, der Hauptstadt der genannten Landschaft, in deren Nähe sein Heimathstädtchen lag. Dass hier unser Schriftsteller gemeint ist, unterliegt wohl keinem Zweifel, da Galen angibt, er (Dioskurides) habe dem Asklepiaden Areios — der nämliche, welchem er sein ganzes Werk gewidmet hat — ein Arzneimittel gegen Blutspeien mitgetheilt; Fabricius (Bibl. graec.) hält gar das Wort Tarseus für corrumpirt aus Anazarbeus.

Ueber das Leben des Dioskurides wissen wir nur das, was er selbst mittheilt, und das ist herzlich wenig. In der Vorrede zu seiner Materia medica sagt er, dass er in seiner kriegerischen Laufbahn — wie Sprengel mit Recht vermuthet, als römischer Militärarzt — viele Länder gesehen, und dass er von Jugend auf für die Naturwissenschaften begeistert gewesen sei. Wo er allerwärts gewesen ist, gibt er weiter nicht an; die Römer waren damals unter Claudius (41—54) und Nero (54—68) in Mauretanien beschäftigt und begannen die Unterwerfung von Britannien. Seine Studien machte er wahrscheinlich zu Tarsos mit seiner höheren Lehranstalt für Philosophie und Grammatik und in Alexandrien, dem damals berühmtesten und blühendsten Sitze der Wissenschaften.

Seine Lebenszeit kann mit absoluter Sicherheit nicht bestimmt werden, da feste Zahlen darüber fehlen. Meyer (Gesch. d. Bot. II S. 96) setzt ihn in die Mitte des ersten Jahrhunderts n. Chr. und stützt sich dabei auf Salmasius (De homonymis hyles iatricae), le Clerc (Hist. de la médecine), Fabricius (Bibl. graeca, ed. Harles), Ackermann und Sprengel, welche ihn zu einem Zeitgenossen des Plinius machen, die Abfassung seines Werkes legt er in die Jahre 77, 78, also kurz bevor auch Plinius die letzten Bücher seiner Naturgeschichte schrieb. Dioskurides widmete seine Arzneimittellehre dem Freunde und Kunstgenossen Areios, dem Schützlinge des Laecanius Bassus. Dieser Kunstgenosse kann wohl nur der Asklepiade Areios sein, von dem Galen spricht, und der nach Tacitus (Annal. XV 33) unter dem Consulate des Laecanius Bassus, im Jahre 64, lebte. Einer bestimmten Aerzteschule scheint Dioskurides nicht angehört zu haben.

Werfen wir einen Blick auf die damalige Zeit, so machte sich zu Rom der tiefe Verfall des geistigen Lebens auch auf dem medicinischen Gebiete geltend. Nicht in der versumpften Hauptstadt, die doch als Empore der Wissenschaft und Bildung leuchten sollte, sondern in der Abgeschiedenheit entlegener Provinzstädte (der auch um diese Zeit lebende hervorragende Agronom Columella war Spanier, Galen wie Dioskurides Asiate) wurde hie und da geistiges Leben gepflegt und erhalten. „Die literarischen Producte waren,“ wie Haeser (Gesch. d. Medic.) sagt, „auf die Gunst des grossen Haufens berechnet, dem die Medicin nichts als ein Gewerbe, ihre Hauptaufgabe die Sammlung nützlicher Recepte ist. Am meisten werden die gepriesen, die es verstehen, von ihrer Waare den grössten Gewinn zu ziehen.“ Die medicinischen Schriftsteller dieser Periode beschäftigten sich daher fast nur mit der Heilmittellehre, von denen die wenigsten Anspruch auf wissenschaftliche Autorität haben. Es gab eine grosse Zahl Männer, und darunter gekrönte Häupter, welche die Arzneimittellehre und besonders die Toxikologie aus reiner Liebhaberei betrieben, die glaubten, durch sie am leichtesten und bequemsten sich einen Namen und wissenschaftlichen Ruhm erwerben zu können. Neben anerkannter Tüchtigkeit herrschte viel oberflächlicher Dilettantismus; dabei war dem Aberglauben und allen möglichen Abgeschmacktheiten ein breiter Raum gegönnt. Jeder suchte ein Medicament oder ein Gegenmittel von wunderbarer Wirkung zu erfinden, und eine solche Erfindung an seinen Namen zu knüpfen.

Unter allen den Schriften dieser Zeit ragt das Werk des Anazarbeers wohlthuend und erhaben nach jeder Richtung hervor, die in fünf Büchern abgefasste Arzneimittellehre ist die umfangreichste und beste des ganzen Alterthums. Galen, der als Kritiker mit seinem Lobe sehr zurückhaltend ist, sagt (XI p. 794): „Aber der Anazarbeer Dioskurides hat in fünf Büchern über die gesammte Arzneimittellehre in nutzbringender Weise geschrieben, indem er nicht nur die Kräuter behandelt, sondern auch die Bäume, Früchte, die natürlichen und künstlichen Säfte und überdies die Metalle und thierischen Substanzen anschliesst. Mir scheint er in der That die Lehre von den Heilmitteln von Allen am vollkommensten vorgetragen zu haben."

Dioskurides hatte sich die Aufgabe gestellt, die gebräuchlichen Arzneimittel aus allen drei Naturreichen nach Gestalt und Wirkung zu beschreiben; diese Aufgabe hat er dem Standpunkte seines Zeitalters gemäss vollständig gelöst und sich dadurch das unbestrittene Verdienst erworben, die zu einem unübersehbaren Chaos von Compositionen ausgeartete Heilmittellehre vereinfacht, die sogen. Polypharmacie in ihre richtigen Grenzen beschränkt zu haben.

Die grosse Bedeutung des Dioskurides'schen Werkes liegt auf zwei Gebieten, auf dem botanischen und pharmakologischen, doch muss bei ersterem stets im Auge behalten werden, dass Dioskurides keine Botanik, sondern eine Arzneimittellehre zum Gebrauche für die Aerzte, also ein Arzneibuch schreiben wollte. Es ist das reichhaltigste des Alterthums an specieller Botanik und galt lange Zeit für vollständig. Wie er in der Vorrede angibt, will er abweichend von seinen Vorgängern die Pflanzen weder nach dem Alphabet ordnen, weil dadurch nothwendig Zusammenhängendes auseinander gerissen wird, noch nach Art der Dogmatiker dieselben nach der Formverschiedenheit, welche durch die Verschiedenheit der Urkörper (ὄγκων) bedingt wird, abhandeln, sondern er stellt sie nach dem äusserlichen Habitus in Gruppen zusammen, so dass wir die Labiaten, Papilionaceen, Umbelliferen, Compositen u. s. w. bei einander finden, wobei allerdings wunderliche Missgriffe nicht befremden und wir uns nicht wundern dürfen, die Ranunculacee Delphinium, die Composite Anthemis Pyrethrum zwischen den Umbelliferen zu finden. Eine gewisse Zusammstellung bedingt auch die Wirkungsweise, so finden wir z. B. im III. Buche eine Anzahl scharfer Pflanzen zusammen, aber mit solchen, welche Liebesmittel sind. Das Wichtigste bei den Pflanzen — die Mineralien und Thiere sind in dieser Beziehung ziemlich stiefmütterlich behandelt — ist die Beschreibung. Jeder Pflanze, wie überhaupt jedem Artikel ist ein Capitel gewidmet. Nach dem Namen kommen die Synonyma, denen meist die Angabe der Heimath und darauf die Beschreibung folgt; die Wirkung, Zubereitung, Anwendung und Dosirung machen den Schluss. Die Beschreibung von der Wurzel bis zur Blüthe und Frucht gründet sich selbstverständlich nur auf die äusseren Kennzeichen und Merkmale des Gewächses, aber man vermisst vollständig eine Vorstellung von der Organisation desselben und bestimmte Ausdrücke für bestimmte Formen der Pflanzentheile, besonders für die vielfachen Gestaltungen der

Blätter, sie werden nur durch Vergleichung mit den Blättern anderer bekannter Pflanzen angedeutet. Bei der Blüthe müssen wir uns mit der Angabe der Farbe begnügen, selten wird eine besondere Eigenschaft der Kronenblätter, vielleicht Grösse, Form oder dergleichen angeführt. Dasselbe ist bei den Früchten und Samen der Fall, oft erfahren wir nur ihre Farbe. Trotzdem hat Dioskurides es verstanden, einige Pflanzen so genau zu beschreiben, dass sie sich ohne jede Mühe erkennen lassen, bei der Mehrzahl muss die medicinische Anwendung, der Standort, das Vorkommen überhaupt sowie die Tradition und die jetzige Benennung zu Hülfe genommen werden. Man kann wohl annehmen, dass in dem Zeitraum von 2000 Jahren manche Pflanze im Kampf ums Dasein, wie schon Theophrast dieses (De caus. V 15. 4 sqq.) angibt, und bei Ausrottung der Wälder zu Grunde gegangen oder bei fortschreitender Cultur verändert ist, dennoch haben die unermüdlichen Forschungen einer Reihe um die Pflanzenkunde verdienter Männer uns der Identificirung der Gewächse des Dioskurides nahe gebracht.

Die nächsten Verdienste gebühren Oribasios, welcher im XI., XII. und XIII. Buche seiner „Synagogai" die Arzneimittellehre des Dioskurides wiedergegeben und interpretirt hat, ferner Serapion, welcher in seinem syrisch geschriebenen „Aggregator" die Geschichte der Heilmittel aus Dioskurides und Galen bezieht, sodann dem Bischof Hermolaus Barbarus zu Aquileja (Corrolaria ad Dioscoridem, Cöln 1530), weiterhin den Botanikern am Ende des Mittelalters, den sogen. Vätern der Botanik, besonders Matthiolus (Comment. in Dioscor., 1558), Janus Cornarius (1557), Clusius (1601), Ruellius (De nat. stirp., 1537), Leonh. Fuchs (Paradoxa medicinae, Basel 1535). Nicht unerwähnt bleiben dürfen Anguillara (Semplici dell' eccellente Luigi Anguillara etc. da M. G. Marinelli mandati in luce, Vinegia 1561), welcher botanische Studienreisen durch Griechenland, Makedonien und Illyrien gemacht hat, Valerius Cordus, dessen Annotationes in Dioscoridem von C. Gesner (Frankfurt 1561) herausgegeben sind, Fabius Columna (Ecphrasis stirp., Rom 1615) und der durch Gelehrsamkeit und in der griechischen wie der arabischen Literatur gleich bewanderte Salmasius (Exercitationes Plinianae, adjunctis exercit. de homonym. hyles iatricae, 1689), welche zumeist von Bauhin et Cherler (Universalis plantarum historia, 1650) fleissig citirt werden.

Nach diesen ist es den mühevollen Studien neuerer Reisender, wie u. a. Tournefort, Sibthorp († 1796, Flora graeca), Koch (Reise durch den kaukasischen Isthmus, 1842—43, Wanderungen durch den Orient, 1846—47), K. Sprengel, dem gründlichen Kenner der Flora der Alten, und Dr. med. C. Fraas (Synopsis plant. florae classic., 1845), gelungen, den bei weitem grössten Theil der Dioskurides'schen Pflanzen

mit voller Sicherheit oder doch mit grosser Wahrscheinlichkeit zu bestimmen.

Gleich grosser Ruhm wie als Botaniker gebührt Dioskurides als
Pharmakologen. Sowohl bei den selbst bereiteten Präparaten als auch
bei den vom Auslande bezogenen Drogen, welche wegen ihrer Kostbarkeit und des hohen Preises Verfälschungen und Nachahmungen ausgesetzt waren, folgt nach der Beschreibung die Prüfung auf Aechtheit und
Güte, und die Unterscheidung der besseren und schlechteren Sorte, wobei aber stets die Anwendung der besseren empfohlen wird. Die Darstellung der Präparate, der zusammengesetzten Mittel zum innerlichen
wie äusserlichen Gebrauche, geschieht mit sorgfältiger Angabe der Gewichte, mit peinlich genauer Bezeichnung des Verfahrens und Beschreibung der anzuwendenden Apparate, so dass wir Dioskurides als einen mit
tüchtiger Sachkenntniss ausgerüsteten Praktiker ansehen müssen.

Die Wirkung der Arzneimittel äussert sich bei ihm unter dem Einflusse der vier Elementarqualitäten, des Kalten, Warmen, Feuchten und
Trockenen, aber die von Galen später philosophisch-speculativ durch-
geführte Wirkungsintensität nach Graden oder Stufen kennt er nicht.

Bei den giftigen und stark wirkenden Mitteln ist er besonders vorsichtig in der Dosirung, es wird die Art und Weise, wie die Wirkung
sich äussert, beschrieben und gleichzeitig das geeignete Gegenmittel und
Heilverfahren empfohlen. Wie früher bemerkt, hatte sich Dioskurides
keiner der aus Alexandrien hervorgegangenen medicinischen Schulen, an
deren Spitze Herophilos und Erasistratos standen, angeschlossen. Die
Krankheiten sind, ähnlich wie bei den Hippokratikern, nur in der Minder-
zahl mit bestimmten Namen bezeichnet.

Ein hervorragender Zug in der ganzen Arzneimittellehre unseres
Schriftstellers ist, dass er sich frei hält oder wenigstens frei zu halten
sucht von allen abergläubischen und abgeschmackten Dingen, wo er den
Gebrauch von Drogen zu Amuletten u. dgl. anführt, setzt er, um die
Verantwortung von sich abzuweisen, hinzu: „Es wird erzählt", oder:
„Einige behaupten".

Einige Worte über die Synonyma. Sie werden meist in Register-
form angeführt und theils ganzen Völkern, theils einzelnen Personen zugeschrieben; zu ersteren gehören die Aegypter, Afrikaner, Armenier, Athener, Barbaren (gemeint sind die Küstenbewohner des Rothen
Meeres), Besser, Böotier, Dakier, Dardaner, Euböer, Galater, Gallier,
Italer, Kappadoker, Kilikier, Kyprier, Leukanier, Mysier, Ponter,
Römer, Sikuler, Spanier, Syrier, Thusker, zu den letzteren Andreas,
Krateuas, Osthanes, die Propheten mit ihren Geheimnamen, Pythagoras, Zoroaster. Die Frage, ob die Synonyma sämmtlich oder auch nur
zum Theil von Dioskurides herrühren — dass er sie auf seinen Reisen

gesammelt habe, ist wohl von vornherein ausgeschlossen —, ist eine
offene und wird auch eine offene bleiben. Wie schon früher angedeutet,
beschäftigten sich einige Schriftsteller besonders mit der Nomenclatur
der Pflanzen, die Ἀντιφράζοντες (die das Eine durch das Andere ausdrücken), wie sie sich selbst nannten, oder die γράψαντες τὰς ὀνομασίας
τῶν φαρμάκων (welche die Namen der Mitel verzeichnen), wie Galen (XIX
p. 105) sie nennt, von denen Xenokrates, Pamphilos die bekanntesten
sind. Aus den Schriften dieser, so nehmen Manche an, sei dieser Wort-
schwall von später Hand zunächst an den Rand der Dioskurides-Hand-
schriften gefügt und allmählich in den Text selbst gekommen, da sie in
einem Theile derselben wirklich fehlen oder als Glossen am Rande stehen.
Lambecius (Comment. de bibl. Caesar. Vindobon. ed. Haller, II p. 259)
behauptet, sie stammten aus der Pflanzengeschichte des Pamphilos, dem
Galen (XI p. 792 sqq.) nicht viel Rühmliches ins Stammbuch schreibt:
„Er verlor sich in Ammenmärchen und läppische ägyptische Gaukeleien
und Zaubersprüche, beim Einsammeln der Pflanzen herzusagen, und benutzte zu Amuletten und anderen Zaubereien nicht allein allerhand wunderliche Dinge, die mit der Medicin nichts zu thun haben, sondern auch
viel Erlogenes." Ackermann (in Fabricii bibl. graec. IV p. 681) hielt
sie früher für ächt, später erklärte er sie für Excerpte aus der Pflanzengeschichte eines angeblichen Apulejus Platonicus, der nach Meyer (Gesch.
d. Bot. II 316) wahrscheinlich im 5. Jahrhundert lebte. Saracenus
rechnet sie zu den Nothis, d. h. er betrachtet sie als unächte Zusätze. Sprengel tritt im Vorwort zu seiner Dioskurides-Ausgabe voll
und ganz für die Aechtheit der Synonyma ein, er stützt seine Behaup-
tung auf die Beziehungen der Römer zu den verschiedenen fremden Völkern und sagt: „Nomina ergo plantarum apud eas gentes vulgata scienter
collegit Dioscorides (mit Geschicklichkeit sammelte Dioskurides die bei
diesen Völkern gebräuchlichen Pflanzennamen)," ferner darauf, dass dieselben zum Theil auch bei Plinius und Galen, bei Oribasios und Aëtios
von Amida sich finden, und dass die in den alten Codices enthaltenen
ohne Unterschied von der hervorragenden Aldina aufgenommen sind. Er
setzt sie als Zeichen des Verdachtes meist in Klammern. Bei dem nicht
wegzuläugnenden Zusammenhange zwischen der altägyptischen und griechischen Medicin haben die aus dem Nillande entlehnten Namen ein besonderes Interesse. Von manchen Seiten sind daher auch Versuche gemacht, die ägyptischen Pflanzennamen mit denen in griechischer Um-
schrift bei Dioskurides zu identificiren, so von Lüring, Wiedemann,
v. Oefele, welcher auf zwei Tafeln (Lose Blätter zur altägypt. Medicin)
91 Synonyma zusammenstellt. Es ist aber nicht viel dabei heraus-
gekommen; Lüring selbst (Die über die medicinischen Kenntnisse der
alten Aegypter berichtenden Papyri, Leipzig 1888) spricht sich sehr

skeptisch über die Möglichkeit der Identificirung aus. Dabei ist zu bedenken, welche Entstellungen die Namen zu erleiden hatten, bis sie nach Griechenland kamen, theils auch weil sie von Dioskurides selbst vielleicht nicht recht verstanden, theils weil sie von späteren Abschreibern falsch wiedergegeben wurden. Auch kommt hin und wieder derselbe Name, besonders bei den Propheten, für verschiedene Pflanzen vor, so αἷμα Ἡρακλέους (Blut des Herakles) für Crocus und Centaurium, αἷμα Ἄρεως (Blut des Ares) für Asarum und Lilium regium.

Ein allgemeines, fest begründetes Urtheil über die Aechtheit oder Unächtheit der Synonyma ist bei dem jetzigen Stande der Dioskurides-Forschung nicht möglich gewesen; Wellmann (Hermes 1898, Die Pflanzennamen des Dioskurides, S. 360) ist zu dem Resultat gekommen, dass die griechischen Synonyma alle, die lateinischen zum Theil ächt sind.

Wie Dioskurides selbst versichert, hat er die Gelegenheit seiner Reisen zur eigenen Beobachtung lebender Pflanzen und anderer Heilmittel fleissig benutzt. Die Beschreibungen der Pflanzen sind ja auch derartig, dass man annehmen muss, er habe die Mehrzahl derselben entweder nach der Natur selbst entworfen oder sie ergänzt und verbessert. Dass er aber auch seine Vorgänger viel herangezogen hat — er nennt allerdings nur wenige, den Krateuas und Andreas, einen Gallos, Nikander — geht aus den vielfachen Uebereinstimmungen mit Plinius hervor, dessen Hauptgewährsmann Niger ist. Die oft wörtlichen Parallelstellen bei Plinius haben schon früh die Frage angeregt, ob die beiden Zeitgenossen sich gekannt und der Eine den Anderen benutzt habe, ohne ihn zu nennen; soll namentlich Plinius des Plagiats beschuldigt werden? Gewiss nicht; sicher würde dieser, der seine Autoren gewissenhaft anführt, den Dioskurides, hätte er dessen Werk gekannt und daraus geschöpft, als Quelle genannt haben. Die Materia medica des Anazarbeers war aber so epochemachend, dass, sobald sie bekannt wurde, der Verfasser in der Gelehrtenwelt Aufsehen erregen musste.

Plinius sagt XXXVI 145 beim Hämatites, wo der Text mit dem 143. Cap. des V. Buches des Dioskurides in der Anwendung viel Uebereinstimmendes hat: „Haec est sententia eorum, qui nuperrime scripsere, dies ist die Ansicht der neueren Schriftsteller", und diesen Schlusssatz bezog Salmasius (Exercitat. Plinian. p. 290) früher auch auf Dioskurides, änderte seine Meinung aber später (De homonym. hylae iatric. in prolegom. p. 10) und setzte hinzu: „Sicher hatte also Plinius sein (des Dioskurides) Werk weder gesehen noch davon gehört." Unter den „neueren Schriftstellern" sind vielmehr Pamphilos, Diodotus, Xenokrates, Niger oder Sextius Niger, von dem er sagt: qui graece scripsit, zu verstehen. Aber auch Dioskurides hatte selbstverständlich von den Arbeiten des Plinius keine Kenntniss, beide haben vielmehr aus gleichen Quellen geschöpft, nämlich Dioskurides aus Krateuas, Plinius aus Sextius Niger, dieser aber hat sein Werk περὶ ὕλης, de materia (medica) auf dem Rhizotomikon des Krateuas aufgebaut, wie M. Wellmann (Krateuas, 1897) aus dem für die Julia Anicia angefertigten Codex Constantinopolitanus, welcher die unzweifelhaft ächten Fragmente des Krateuas neben dem Texte des Dioskurides enthält, mit Evidenz nachgewiesen hat. Er führt einige Beispiele an, von denen nur das Capitel über Anemone herausgegriffen sei (Const. fol. 26ʳ):

Κρατεύας. Ἀνεμώνη ἡ φοινική. Ἀνεμώνη δύναμιν ἔχει δριμεῖαν, ὅθεν ὁ χυλὸς τῆς ῥίζης αὐτοῦ γίγνεται ἔγχυτος πρὸς κεφαλῆς κάθαρσιν· μασηθεῖσα δ' ἡ ῥίζα ἄγει φλέγμα· ἐψηθεῖσα δ' ἐν γλυκεῖ καὶ καταπλασσομένη ὀφθαλμῶν φλεγμονὰς αἴρει· ὁμοίως καὶ τὰς οὐλὰς ἀποσμήχει· τὰ δὲ φύλλα καὶ οἱ καυλοὶ συνεψηθέντα πτισάνῃ καὶ ἐσθιόμενα γάλα κατασπᾷ· ἐν προσθέτῳ δ' ἔμμηνα ἄγει· καταπλασθεῖσα δὲ λέπρας ἀφίστησιν.

Dioskurides II 207. (Ἀνεμώνη [οἱ δὲ ἀγρίαν, οἱ δὲ μέλαιναν καλοῦσι, καὶ ἀνεμώνην φοινικὴν . . .] δισσή, ἡ μὲν ἀγρία, ἡ δὲ ἥμερος . . . καὶ τῆς ἡμέρου ἡ μέν τις φοινικὰ φέρει τὰ ἄνθη, ἡ δέ ὑπόλευκα ἢ γαλακτίζοντα ἢ πορφυρᾶ· φύλλα δὲ κοριοειδῆ, λεπτοσχιδέστερα πρὸς τῇ γῇ . . .). Δύναμιν δ' ἔχουσι δριμεῖαν ἀμφότεραι· ὅθεν ὁ χυλὸς τῆς ῥίζης αὐτῶν ῥινὶ ἐγχυθεὶς πρὸς κεφαλῆς κάθαρσιν ἁρμόζει· καὶ μασηθεῖσα δ' ἡ ῥίζα ἄγει φλέγμα· ἐψηθεῖσα δ' ἐν γλυκεῖ καὶ καταπλασσομένη ὀφθαλμῶν φλεγμονὰς ἰᾶται· καὶ τὰς ἐν ὀφθαλμοῖς οὐλὰς καὶ ἀμβλυωπίας ἀποσμήχει· ἀνακαθαίρει δὲ τὰ ῥυπαρὰ τῶν ἑλκῶν· τὰ δὲ φύλλα καὶ οἱ καυλοὶ συνεψηθέντα πτισάνῃ καὶ ἐσθιόμενα γάλα κατασπᾷ· ἐν προσθέτῳ δ' ἔμμηνα ἄγει· καταπλασθέντα δὲ λέπρας ἀφίστησιν.

Plinius XXI 164. Duo ejus genera; prima silvestris, altera in cultis nascens, utraque sabulosis. Hujus plures species; aut enim phoeniceum florem habet, quae et copiosissima est, aut purpureum aut lacteum. Harum trium folia apio similia sunt, nec temere semipedem altitudine excedunt . . . . . Prosunt anemonae capitis doloribus et inflammationibus, volvis mulierum, lacti quoque; et menstrua cient cum tisana sumtae aut vellere appositae. Radix commanducata pituitam trahit, dentis sanat, decocta oculorum epiphoras et cicatrices.

Bei dieser Pflanze, welche Dioskurides und Plinius in eine zahme und wilde unterscheiden, Krateuas dagegen nach der Farbe der Blüthe μέλαινα und φοινικῇ nennt, sind wir, um die Worte Wellmann's (der aber die Stelle bei Dioskurides und Plinius kürzer angibt) zu gebrauchen, in der glücklichen Lage, mit Hülfe der parallelen Ueberlieferung bei Plinius ein sicheres Urtheil über die Arbeitsweise des Dioskurides zu gewinnen. Die Uebereinstimmung, die zwischen beiden Autoren sowohl in der Beschreibung als auch im pharmokologischen Theil besteht, beweist, dass der Plinianische Bericht aus Sextius Niger entlehnt ist. Andererseits tritt aber in dem pharmakologischen Theile der Dioskurides'schen Beschreibung dem Plinius gegenüber eine viel nähere, nicht bloss auf die Reihe der Heilwirkungen, sondern auch auf die Fassung seiner Darstellung bis in die einzelne Wendung hinein bezügliche Uebereinstimmung mit Krateuas so deutlich zu Tage, dass die directe Benutzung dieses Rhizotomen durch Dioskurides als eine unanfechtbare Thatsache bezeichnet werden muss.

Wenn wir bei Krateuas die Beschreibungen der einzelnen Pflanzen vermissen, so finden wir die Erklärung dafür bei Plinius XXV 8; er sagt: „Die griechischen Schriftsteller, unter diesen Krateuas, Dionysius und Metrodorus haben die Materie in bestechender Weise behandelt, sie haben nämlich die Pflanzen abgebildet und die Wirkungen darunter geschrieben."

Uebrigens ist, wie Wellmann weiter nachweist (Das älteste Kräuterbuch bei den Griechen; vgl. auch Berendes, Die Rhizotomen u. s. w. Apoth.-Zeitg. 1899, Nr. 15 u. 16) auch Krateuas nicht die letzte Instanz, sondern das Rhizotomikon des Diokles von Karystos (die erhaltenen Bruchstücke hat Wellmann in seiner Fragmentsammlung griechischer Aerzte, Berlin 1901, zusammengestellt), welcher kurz nach Hippokrates als Arzt in Athen lebte und dort in grossem Ansehen stand, so dass er nach Vindicianus Hippokrates der Jüngere genannt wurde.

Die Pflanzengeschichte des Theophrast scheint Dioskurides nicht gekannt zu haben, er erwähnt ihn nur an zwei Stellen, II 79 bei Libanotis und V 124 beim Bimstein, beide Male am Ende des Capitels, so dass die Vermuthung nahe liegt, es seien spätere Zusätze. Die verhältnissmässig wenigen Beschreibungen der Pflanzen bei Theophrast sind so ausführlich, dass ihre Berücksichtigung wohl am Platze gewesen wäre, andererseits aber weichen sie so sehr von denen des Dioskurides ab, dass, hätte dieser Einsicht in das Werk des Eresiers gehabt, er diese Verschiedenheit wohl kaum unerwähnt würde gelassen haben. Die Uebereinstimmungen bei beiden lassen sich auf Krateuas oder einen anderen benutzten Schriftsteller zurückführen. Gewiss würde, wie auch Meyer meint, die Bekanntschaft mit Theophrast dem Werke unseres Schriftstellers ein ganz anderes Gepräge gegeben haben.

Was bei Dioskurides auf eigener Forschung beruht, was er seinen Vorgängern verdankt, welches und wie viel Eigenes er dem von jenen Ueberlieferten hinzubrachte, lässt sich schwer und höchstens in einigen wenigen Fällen mit Sicherheit darthun. Von eigenem Beobachten spricht er ausdrücklich nur an einer Stelle, II 75, wo er den Einfluss des Genusses schädlicher Pflanzen auf die Milch der Thiere angibt: „wie von

mir in den vestinischen Bergen (den heutigen Abruzzen) wahrgenommen
ist." Er scheint die Flora Italiens genauer gekannt zu haben als die
Griechenlands, da die Pflanzen jener im Ganzen besser beschrieben sind.
Die Schreibweise des Dioskurides ist einfach, klar und leicht verständlich, ohne stylistische Feinheit und rhetorische Schönheit, es ist der Styl
eines Arzneibuches, welches keine Unterhaltung gewähren, sondern Anleitung bieten soll. Wenn Galen (De fac. simpl. XI p. 330) dem Dioskurides gar vorwirft, er habe die eigentliche Bedeutung (τὰ σημαινόμενα)
der griechischen Wörter nicht gehörig gekannt, da er dem Ziegenfett eine
sehr adstringirende Eigenschaft zuschreibe, was er eigentlich nicht habe
sagen wollen, so muss man dies nicht allzu tragisch nehmen, da nur
wenige Schriftsteller vor seiner Kritik Gnade finden. Uebrigens hält er
ja mit seinem Lobe über das Werk selbst nicht zurück. Galen, nach
Hippokrates der bedeutendste Arzt des Alterthums, hatte sich die grosse
Aufgabe gestellt, das wissenschaftliche und künstliche Gebiet der Medicin
durch das Band der Philosophie zu verknüpfen (vgl. K. Sprengel, Briefe
über Galen's philosophisches System, in dessen Beiträgen zur Geschichte
der Medicin, Halle 1794, I S. 117 ff. und Daremberg, Galien considéré
comme philosophe, in dessen Fragments du commentaire de Galien sur le
Timée de Platon S. S. 352 Nr. 27). Dioskurides besass nicht die Uni-
versalität des Galen, sein ganzes Streben widmete er als Specialist einem
besonderen Zweige der Medicin, der Arzneimittellehre; die Schwächen
aber, welche ihm von Neueren vorgerückt werden könnten, beschränken
sich einzig auf die polypharmaceutische Richtung, und diese beherrscht ja
gerade in der aufdringlichsten Weise die Heilmittellehre der Gegenwart.

Die Arzneimittellehre des Dioskurides behauptete in der Medicin des
Mittelalters bis in die Neuzeit eine fundamentale und führende Stelle,
und noch heute hat sie bei den Türken dieselbe hohe Bedeutung wie die
Schriften Galen's bei den Persern.

Die wichtigsten Handschriften des Dioskurides sind bei
Sprengel 1. der Codex Constantinopolitanus = C; 2. der Codex
Neapolitanus = N — beide zu Wien; 3. der Codex, welchen Joh.
Sambucus bei seiner Herausgabe des Dioskurides benutzte, Sprengel
bezeichnet ihn als Cod. X; 4. zwei Codices der Mediceischen Bibliothek zu Florenz, von denen einer ein sehr hohes Alter haben soll; sie
dienten Marcellus Vergilius als Unterlage zu seiner Dioskurides-
Interpretation, welche 1529 zu Cöln in Folio erschien und von Sprengel
benutzt wird; 5. Andreas Lacuna aus Segovia in Spanien, Leibarzt des
Papstes Julius III., bezeichnet als Vorlage seiner Arbeiten einen aus-
gezeichneten, wahrscheinlich im Vatican befindlichen Codex.

Wellmann (Krateuas S. 11) gruppirt dieselben in folgender Art:
Cod. Parisin. = P, Pergamenthandschrift; Cod. Marc. = V, gleich-

falls Pergamenthandschrift (beide unvollständig); Cod. Laur. = F, vollständig; Cod. Vaticano-Palatinus = H, interpolirt; dazu die beiden Wiener Handschriften C und N, und als dritte Classe, die mit Hülfe des alphabetischen Dioskurides interpolirt ist, Cod. Paris. = p (9. Jahrh.) und Cod. Marc. = v_1, beide aus derselben Quelle; sie liefern die fünf Bücher in ursprünglicher, nicht alphabetischer Anordnung.

Die beiden wichtigsten Handschriften sind der Constantinopolitanus und Neapolitanus, beide als älteste Vertreter der alphabetischen Umarbeitung des Textes und Abschriften eines Archetypus, welcher zwischen Galen (12. Jahrh.) und Oribasios (4. Jahrh.) geschrieben ist. Der erstere wurde durch den Gesandten Busbecq von einem Patricier Ant. Kantakuzenos zu Constantinopel beschafft und nach Wien gebracht. Es ist eine kostbar ausgestattete, für Julia Anicia, die Tochter des Kaisers Flavius Anicius Olybrius († 472) angefertigte Pergamenthandschrift aus dem Ende des 5. Jahrhunderts. Sie enthält die Beschreibungen der Pflanzen in alphabetischer Reihenfolge nebst stylisirten Abbildungen, dabei unter dem vielfach gekürzten und umgearbeiteten Texte des Dioskurides von derselben Hand, nur in kleinerer Uncialschrift (welche als mehr abgerundete Form aus der Capitalschrift hervorging) Parallelüberlieferungen aus Krateuas und Galen.

Ebenso ist der Neapolitanus alphabetisch geordnet und reichlich illustrirt; er stammt aus dem 7. Jahrhundert, seine Entstehung fällt aber mit dem Constantinopolitanus in dieselbe Zeit.

Die beste Ausgabe ist die Aldina, gedruckt bei Aldus Manutius zu Venedig im Jahre 1499, aber wenig bekannt geworden; Sprengel, welcher sie besass, nennt sie kunst- und glanzvoll. Sie hat nur wenig Fehler, die Accente sind richtiger als in allen früheren Ausgaben, auch enthält sie die besten Lesarten. Es gibt eine zweite Aldina, welche Saracenus, da er die erste nicht kannte, als die (einzige) Aldina bezeichnet. Sie erschien zu Venedig 1518 von Fr. Asulanus, dem Schwager des Aldus, unter Mitarbeit von Hier. Rosci, Arzt zu Padua; sie wird von Sprengel verurtheilt.

Janus Cornarius, wie er sich selbst nennt, oder Janus Cornarus, wie er gewöhnlich geschrieben wird, gab im Jahre 1529 den Dioskurides heraus. Es ist fast der Text des Asulanus, nur mehr geläutert, und 20 Jahre später erschien der Dioskurides von Jac. Goupylus mit der Uebersetzung von Ruellius. Beigefügt sind die verschiedenen Lesarten der Pariser Codices.

Die letzte gründlich revidirte und mit lobenswerthem Fleiss bearbeitete Ausgabe rührt von Jan. Saracenus (Frankfurt 1598) her.

Lateinische Uebersetzungen des Dioskurides sind nach R. Fuchs (Gesch. der Heilk. bei d. Griechen 1901 S. 350):

a) Dioscorides de herbis femininis: eher eine Bearbeitung der gleichen Quellen als eine Uebersetzung, stets illustrirt und nur 72 Capitel stark; b) die gleichfalls illustrirte, aber wörtliche Uebersetzung aus der Gothenzeit (493—555 n. Chr. Rose, Anecd. II 115 sqq.), in der Münchener Handschrift mit 500 Bildern mehr versehen als in der der Wiener Bibliothek, also in dieser Beziehung im Mittelalter erweitert, in sogen. longobardischer Schrift; c) die aus der salernitanischen Schule hervorgewachsene, im Mittelalter überwiegende Uebersetzung „Dyascorides", auf C beruhend, aber aus Oribasios, Gargilius Marcialis, Pseudapulejus, Galenus ad Paternum, Isidorus etc. bereichert und alphabetisch geordnet. Die letztgenannte Compilation besteht aus Bildern des Krateuas, aus den Synonymenverzeichnissen eines den Pamphilos ausbeutenden Interpolators und aus dem Dioskurides-Text mit Parallelstellen aus Krateuas und Galen.

Die ächten Dioskurides-Texte mit der ursprünglichen Anordnung sind im 14. Jahrhundert ausgegraben. Die Vorliebe für die alphabetische Reihenfolge erklärt sich daraus, dass Dioskurides als Schulbuch benutzt wurde und sie dazu bequemer war.

Die Maasse und Gewichte.

Welches Maass- und Gewichtssystem Dioskurides in seinen Recepten angewandt hat, ob es das griechische, und zwar das attische (ein Gemisch von Decimal- und Duodecimalsystem) oder das römische mit griechischer Bezeichnung ist, lässt sich mit absoluter Gewissheit nicht sagen, da er selbst über diese für eine Arzneimittellehre so wichtigen Momente keinerlei Angaben macht.

Die Römer haben, wie Hultsch (Griechische und römische Metrologie S. 81 ff.) nachweist, ihre Hohlmaasse nach dem attischen normirt; um so leichter war es daher, dass, nachdem Griechenland unter die Herrschaft der Römer gekommen war, ein Maass des römischen Systems in das griechische überging. Das griechische Gewicht brachte man in der Kaiserzeit mit dem römischen in Verbindung. Bei den griechischen Aerzten war die Drachme, δραχμή, im Gebrauch, in Rom war es der Denar, und auf diesen wurde die Bezeichnung Drachme übertragen. Plinius XXI 185 spricht sich darüber so aus: „Und weil wir bei den Maassen und Gewichten uns häufig der griechischen Namen bedienen müssen, wollen wir hier ein für alle Mal ihre Erklärung hersetzen. Die attische Drachme — denn die Aerzte richten sich so ziemlich nach der attischen — hat das Gewicht eines Silberdenars, sie macht 6 Obolen Gewicht aus, der Obolus hält 10 Chalci, der Becher (Cyathus) wiegt 10 Drachmen. Wenn man von dem Maass Acetabulum spricht, so ist es der vierte Theil der Hemine, d. h. 15 Drachmen. Die Mna, welche wir Mina nennen, enthält 100 attische Drachmen."

Drachme (δραχμή) wird nach den Grammatikern abgeleitet von δράσσω, mit der Hand greifen, δράξ, eine Hand voll; Mna, das hebräische מָנֶא ist vermuthlich babylonischen oder ägyptischen Ursprungs, es scheint, wie Hultsch meint, anfänglich bloss der Ausdruck für Zahl oder Summe gewesen und erst später auf ein bestimmtes Gewicht übertragen zu sein.

Die Gewichtstafel des Dioskurides [1].

Dieses, mein Lieber, die Abhandlung über die Gewichte und Maasse, wobei ich, mit dem Kleinsten beginnend, durch Vervielfältigung zur Mine komme.

Das Keration hat dasselbe Gewicht wie der Chalkos.

Der Obolos hat 3 Chalkoi, daher ½ Obolos 1½ Keratia Gewicht.

Das Gramma enthält 2 Oboloi, das sind 6 Chalkoi.

Die Drachme, auch Holke genannt, enthält 3 Grammata, d. s. 6 Oboloi.

Die Unze hat 8 Drachmen oder 24 Grammata.

Das Pfund (λίτρα) hat 12 Unzen, d. s. 96 Drachmen.

Die Mine der Aerzte enthält 16 Unzen, d. s. 128 Drachmen, in Italien 18 Unzen oder 1½ Pfund oder 144 Drachmen, die alexandrinische 20 Unzen oder 160 Drachmen.

(Keration (κεράτιον) ist der Johannisbrodsame, die römische Siliqua. Holke (ὁλκή) heisst ursprünglich Gewicht und wird selbst in dieser allgemeinen Bedeutung von Dioskurides öfter als „nach Gewicht" den Angaben beigefügt. Der Chalkos (χαλκοῦς) war eine Kupferscheidemünze der Athener, nach welcher der Obolos getheilt wurde, hier in 3, sonst in 8, bei Plinius l. c. in 10 Chalkoi, in einer anderen Tafel (Quarta tabula pond. bei Hultsch, Metrol. Script. Reliq. p. 223) in 6 Chalkoi; dort werden auch auf die attische Unze 7 Drachmen, auf die italische dagegen 8 Drachmen gerechnet. Das Gramma (γράμμα) war das römische Scripulum oder Scriptulum, der Skrupel.)

Die Maasse für Flüssigkeiten [Wein, Wasser und Essig].

Es enthalten:

das Keramion 80 Pfund;

die Urna 40 Pfund;

---

[1] Hultsch, Metrologicorum Scriptorum Reliquiae I p. 239.

der Chus, d. i. 1 Kongion, 10 Pfund;

das Hemikongion 5 Pfund;

der Xestes 1 Pfund 8 Unzen;

die Hemine oder Kotyle 10 Unzen:

das Tetarton ($\frac{1}{4}$ Xestes) 5 Unzen;

das Oxybaphon, d. i. $\frac{1}{4}$ Kotyle, $2\frac{1}{2}$ Unzen;

der Kyathos (Becher), d. i. $\frac{1}{6}$ Kotyle, $1\frac{1}{2}$ Unzen und 4 Grammata;

die Cheme ($\frac{1}{4}$ Kyathos) 3 Drachmen und 1 Gramma.

Dies ist das Gewicht von Wasser und Essig; man sagt aber, dass das Gewicht von Regenwasser zur Bestimmung am zuverlässigsten sei, der Chus enthalte 720 Drachmen.

(Das Keramion war gleich der Amphora, latinisirt aus ἀμφορεύς, und wie diese ein grosses irdenes zweihenkeliges Gefäss zum Aufbewahren von Wein oder Oel, während der Chus (χοῦς oder χοεύς), ein Krug oder eine Kanne, zum Ausschenken diente.)

Für Oel.

Es enthalten:

das Keramion 72 Pfund;

die Urna 36 Pfund;

der Chus oder das Kongion 9 Pfund;

das Hemikongion $4\frac{1}{2}$ Pfund;

der Xestes $1\frac{1}{2}$ Pfund;

die Hemine oder Kotyle 9 Unzen;

das Tetarton $4\frac{1}{2}$ Unzen;

das Oxybaphon oder $\frac{1}{4}$ Kotyle 2 Unzen und 2 Drachmen [oder $2\frac{1}{2}$ Unzen];

der Kyathos, so viel wie $\frac{1}{6}$ Kotyle, $1\frac{1}{2}$ Unzen;

die Cheme, $\frac{1}{4}$ Kyathos, 3 Drachmen.

Für Honig.

Es enthalten:

das Keramion 120 Pfund;

die Urna 60 Pfund;

das Kongion 15 Pfund;

das Hemikongion $7\frac{1}{2}$ Pfund;

der Xestes $2\frac{1}{2}$ Pfund;

die Hemine 1 Pfund 3 Unzen;

das Tetarton $6\frac{1}{2}$ Unzen;

das Oxybaphon 3½ Unzen 2 Drachmen;

der Kyathos 2½ Unzen;

die Cheme oder ¼ Kyathos 5 Drachmen.

Mit den hier angegebenen Gewichten und Maassen stimmt das Fragment des Galen überein.

Was die Tafeln betrifft, so lässt die Anrede an einen Freund, die Widmung, darauf schliessen, dass die Abhandlung über die Maasse und Gewichte auf besondere Veranlassung, vielleicht zur Lösung einer schon damals schwebenden Frage abgefasst ist. Hultsch (Griech. und röm. Metrologie) setzt die Entstehung der Dioskurides'schen Gewichtstafeln an das Ende des 1. Jahrhunderts; dies dürfte wohl nicht zutreffen, sondern sie scheinen dem 4. Jahrhundert anzugehören, das bestätigt die handgreifliche Uebereinstimmung mit der Tafel des Oribasios, welche, wie die Ueberschrift „κατὰ ἐμπειρίαν δόκιμον, durch den Versuch erwiesen" auf Grund von Versuchen festgestellt wurde. Auch würde man so kurz nach dem Tode des Dioskurides — wann er gestorben ist, weiss man nicht — wohl kaum sofort zu einer derartigen Ergänzung seiner Schriften geschritten sein. Die Gewichtstabelle beginnt mit dem griechischen χαλκοῦς und κεράτιον, welche beide in der Materia medica des Dioskurides vorkommen, dagegen fehlen das τριώβολον (Triobolon = 3 Oboloi) und mehrere kleinere Gewichte, die weiteren grösseren Gewichte sind römisch.

Die Hohlmaasse sind nach dem specifischen Gewichte der Flüssigkeiten getrennt. Das Kongion, Hemikongion und die Hemine finden sich bei Dioskurides nicht, dagegen fehlen in der Tabelle von den kleinen Maassen das κοχλιάριον (Kochliarion, Löffel) und das μύστρον (Mystron), κύαμος (Bohne), κάρυον (Nuss), ebenso die χοῖνιξ (Choinix), ursprünglich ein Getreidemaass, so viel wie 2 Sextarii oder 4 Kotylai, d. h. so viel gewöhnliches Getreide, als Tageskost auf einen Menschen gerechnet wurde, und das ἡμιχοινίκιον (Hemichoinikion), eine halbe Choinix, sowie mehrere andere, die Hälften grösserer Gewichte bezeichnende Ausdrücke.

Man nimmt an, dass Dioskurides das römische (duodecimale) Gewichts- und Maasssystem gebraucht habe; dies ist auch sehr wahrscheinlich, denn es finden sich häufig rein römische Ausdrücke, wie Urna, die anderen sind einfach Uebersetzungen, z. B. Keration für Siliqua, Xestes für Sextarius, Tetarton für Quartarius.

An einigen Stellen, vermuthlich an solchen, die schlechthin griechischen Autoren entnommen sind, nennt er ausdrücklich die griechischen Gewichte und Maasse, so V 102 die attische Drachme = 4,36 g und die attische Choinix = 1,094 l, II 89 die attische Mine = 436,6 g. Vermuthlich ist an allen Stellen, wo die Choinix, eine rein griechische Bezeichnung, vorkommt, die attische zu verstehen.

Die Tafel der Gewichte bei Dioskurides würde sein:

κεράτιον (Keration), röm. Siliqua (nach Hultsch) . . . = 0,189 g
θέρμος (Thermos), Same von Lupinus = 2 Keratia . . = 0,378 „
ὄβολος (Obolos), röm. Obolus . . . . = 0,568 „
κύαμος αἰγύπτιος (ägyptische Bohne) = 1½ Oboloi . . = 0,852 „
γράμμα (Gramma), röm. Scripulum, Scriptulum, Scrupulum = 1,137 „
τριώβολον (Triobolon, 3 Oboloi) . . . . = 1,794 „
δραχμή, ὁλκή (Drachme, Holke), röm. Drachma . . . . = 3,411 „
κάρυον πόντικον (Haselnuss) . . . . = 3,40 „
κάρυον βασιλικόν (Wallnuss) . . . . = 13,644 „
οὐγγία (Unchia), röm. Uncia . . . . = 27,288 „
ξέστης (Xestes), ⅙ Pfund, röm. Sextans . . . . . = 54,58 „
τέταρτον (Tetarton), ¼ Pfund, röm. Quadrans . . . = 81,86 „
λίτρα (Litra), 1 Pfund, röm. Libra . . . . = 327,45 „
μνᾶ (Mna), röm. Mina . . . . = 436,6 „

Das am meisten vorkommende, für die Dosirung der Arzneien vorzugsweise benutzte Gewicht war die Drachme.

Die Tafel der Maasse:

χήμη (Cheme) . . . . = 0,0114 l
κύαθος (Kyathos, Becher), röm. Cyathus . . . . . . = 0,0456 „
ὀξύβαφον (Oxybaphon, Essignäpfchen), röm. Acetabulum . = 0,0684 „
τέταρτον (Tetarton), röm. Quartarius . . . . . . = 0,137 „
κοτύλη (Kotyle), τρυβλίον (Tryblion)[1]), röm. Hemina . . = 0,274 „
ξέστης (Xestes), röm. Sextarius . . . . = 0,547 „
χοῖνιξ (Choinix) (attisch) . . . . = 1,094 „
χοῦς (Chus), röm. Congius . . . . = 3,282 „
οὔρνα (Urna), röm. Urna . . . . = 13,130 „
ἀμφορεύς (Amphoreus, Krug), κεράμιον, röm. Amphora . = 26,260 „
μετρήτης (Metretes), röm. Metreta . . . . = 39,360 „

Weitere kleinere Maasse, deren Grösse sehr schwankt, sind das μύστρον (Mystron), und zwar das grosse Mystron, etwa = 0,068 l., das kleine etwas mehr als die Hälfte davon. In einer Tabelle bei Hultsch (Metrol. Scriptor. Analecta p. 249, Nr. 74) wird das Mystron = 3 Exagia (1 Exagion = 18 Keratia) = 4½ Drachmen angegeben. Diese Tabelle stützt sich, wie Hultsch (l. c. p. 183) bemerkt, zum grössten Theil auf die Gewichtstafel des Dioskurides. Damit stimmt auch das μνῆστρον

---

[1]) Nach attischem Maass und Gewicht; im Kleopatra-Fragment (Hultsch, Metrol. Script. Reliq. I p. 236) ist das Tryblion = Oxybaphon, im Eusebius-Fragment (Hultsch, l. c. p. 277) = 4 Unzen. Das Tryblion kommt bei D. (Dioskurides) nur zweimal vor (IV 69 u. 136).

(Mnestron) der Tafel des Oribasios, welcher gleichzeitig das Mnestron = 3 Exagien oder Stagien, deren 6 auf eine Unze gehen, angibt. Da Dioskurides nur Mystron schlechthin kennt, so dürfte diese Gewichtsannahme den Vorzug verdienen. Nach dem Galen'schen Fragment ist das grosse Mystron = 3, das kleine = 1½ Oxybapha. Es ist eigentlich ein Flüssigkeitsmaass, Dioskurides gebraucht es auch für trockene Dinge, z. B. I 132. Das κοχλιάριον (Kochliarion), Coclear oder Cochlear der Römer, Löffel, ist in der Tafel der Kleopatra = 1 Drachme, bei Columella (De re r. XII 21) = ¼ Cyathus = 0,012 l, nach Galen so viel als die Kotyle = 0,274 l, bei Oribasios = 7 Drachmen.

Neben diesen bestimmten Maassen kommen häufig auch solche vor, die auf einem Vergleich mit menschlichen oder thierischen Gliedmaassen beruhen, so περὶ δάκτυλον τὸ πάχος, fingerdick, περὶ μικρὸν δάκτυλον τὸ πάχος, von der Dicke des kleinen Fingers, σπιθαμαῖος, δισπιθαμαῖος, eine, zwei Spannen lang, πηχυαῖος, eine Elle lang (von der Handwurzel bis zum Armgelenk), ὕψος ποδός, von der Höhe eines Fusses (III 126) u. ä. Ferner ἀστράγαλος ὑός, von der Grösse des Sprungbeines des Schweins. Um sehr wenig auszudrücken, heisst es χόνδρος, ein Körnchen, ein Stückchen.

Zum Abmessen bediente man sich des Pfundhorns, κέρας λιτραῖον; es war ein aus Horn gefertigtes, durchsichtiges Gefäss, an dessen Aussenseite Kreise eingeritzt waren, welche die (metrischen) Unzen bezeichneten. Galen (XIII p. 894) sagt, er habe nach eigener Bestimmung gefunden, dass 12 solcher metrischer Unzen = 10 Gewichtsunzen seien. Dieses Pfundhorn heisst auch Oelpfund; es ist aber nicht nach dem Gewicht von Oel berechnet, da es kein römisches Hohlmaass gibt, dessen Oelgewicht 10 Unzen beträgt, auch in allen sonstigen Fällen das Wasser als Norm genommen wird. Es passen 10 Unzen nach dem Wassergewicht auf die Hemine, deren Zwölffaches der Congius ist, welcher 10 Pfund oder 120 Unzen wiegt (vgl. Hultsch, Metrol. S. 93).

Abkürzungen der wichtigsten Autorennamen.

Ach. = Acharius.
Ait. = Aiton.
All. = Allioni.
Amor. = Amoreux.
Bertol. = Bertoloni.
Bibr. = Bibron.
Biv. = Bivona-Bernardi.
Blum. = Blumenbach.
Bonap. = Bonaparte.
Briss. = Brisson.
Cl. = Claus.
Crntz. = Crantz.
Curt. = Curtis.
Cuv. = Cuvier.
C. V. = Cuvier et Valenciennes.
D. C. = De Candolle.
Desf. = Desfontaines.
Desv. = Desvaux.
Dum. = Duméril.
Ehrbg. = Ehrenberg.
Fabr. = Fabricius, Joh. Chr.
Fisch. = Fischer.
Flem. = Fleming.
Forsk. = Forskal.
Gärtn. = Gärtner.
Gaud. = Gaudin.
Geoffr. = Geoffroy St. Hilaire.
Haesk. = Haeskel.
Hauskn. = Hausknecht.
Hoffm. = Hoffmann.

Hook. = Hooker.
Jacq. = Jacquin.
Kit. = Kitaibel.
Kregl. = Kreglinger.
Labill. = Labillardière.
Lam. = Lamarck.
Lath. = Latham.
Latr. = Latreille.
Laur. = Laurenti.
Licht. = Lichtenstein.
Lour. = Loureiro.
Matth. = Matthioli.
Merr. = Merrem.
Mill. = Miller.
Pall. = Pallas.
Pers. = Persoon.
Poir. = Poiret.
R. Br. = Robert Brown.
Rchb. = Reichenbach, L.
Retz. = Retzius.
Rösel = Rösel von Rösenhof.
Sch. = Schäffer.
Schreb. = Schreber.
Scop. = Scopoli.
Sibth. = Sibthorp.
Sm. = Smith.
Spr. = Sprengel.
Sw. = Swartz.
Vaill. = Vaillant.
Vill. = Villars.

Die Arzneimittellehre des Dioskurides.

Vorrede.

Wiewohl Viele, nicht nur Aeltere, sondern auch Jüngere über die Zubereitung der Arzneimittel, sowie über ihre Heilkraft und Prüfung geschrieben haben, theurer Areios[1]), werde ich dir doch zu beweisen suchen, dass kein vergebliches und grundloses Streben mich zu dieser Abhandlung veranlasst hat, weil die Einen derselben nichts geleistet, die Anderen das Meiste nach der Erzählung aufgezeichnet haben. Denn Iolas von Bithynien und Herakleides von Tarent[2]) haben dieselbe Materie wohl kurzhin behandelt, aber unter gänzlicher Vernachlässigung der Botanik, die Metalle und Gewürze haben sie sämmtlich gar nicht erwähnt. Krateuas[3]) dagegen, der Rhizotom, und der Arzt Andreas[4]), diese nämlich scheinen sich eingehender als die Uebrigen mit diesem Gegenstande beschäftigt zu haben, haben viele sehr nützliche Wurzeln und auch manche Pflanzen unbeschrieben gelassen. Uebrigens muss den Alten bezeugt werden, dass sie auf das Wenige, was sie hinterlassen, auch Sorgfalt verwandt haben, wogegen den Jüngeren, darunter Bassos Tylaios[5]), Nikeratos[6]) und Petronios, Niger und Diodotos[7]), sämmtlich Asklepiaden, nicht Beifall gespendet werden kann. Diese haben zwar den Allen vertrauten und bekannten Arzneischatz einer einigermassen sorgfältigen Behandlung werth gehalten, aber die Kräfte der Arzneimittel und die Merkmale ihrer Aechtheit haben sie nur oberflächlich angegeben, indem sie ihre Wirkung nicht durch Versuche feststellten, sondern mit leerem Gerede über die Ursachen jedes derselben auf Verschiedenheiten der Urkörper zurückführen und überdies das Eine mit dem Anderen verwechseln. So behauptet Niger, der doch der bedeutendste unter ihnen zu sein scheint, dass das Euphorbium der Saft des in Italien wachsenden Zwergölbaums sei und das Androsaimon leiste dasselbe wie das Johanniskraut, die Aloë sei ein fossiles Product Judäas, und Anderes dergleichen mehr fabelt er, offenbar der Wahrheit entgegen, ein Beweis nicht für eigene Anschauung, sondern für Nacherzählen von falsch Verstandenem. Auch in der Anordnung fehlten sie, die Einen, indem sie nicht unter einander verwandte Kräfte zusammenbringen, die Anderen dagegen, nach dem Alphabet aufzählend, trennten das nach Art und Wirkung Gleichartige, damit es dadurch leichter im Gedächtniss behalten werde[8]).

Wir aber haben sozusagen von der ersten reiferen Jugendzeit an unablässig mit einem gewissen Verlangen, die Materie kennen zu lernen und nach Durchwanderung vieler Länder — denn du kennst unsere militärische Laufbahn — den Gegenstand in fünf Büchern bearbeitet, und zwar auf Betreiben von dir, dem wir auch die Arbeit widmen, erwidernd das Wohlwollen, welches du uns bewiesen hast, der du ja deiner Natur nach alle die zu deinen Freunden zählst, welche wissenschaftlich gebildet sind, besonders aber diejenigen, welche mit dir dieselbe Kunst betreiben, in hervorragender Weise jedoch uns selbst. Kein geringer Beweis für deine Rechtschaffenheit ist aber die Zuneigung des hochachtbaren Likanios Bassos[9]) für dich, die wir im Verkehr mit euch erkannten, wo wir das nachahmenswerthe Wohlwollen unter euch beiden gegen einander beobachteten.

Wir bitten aber dich und die Leser dieser Schrift, nicht auf unsere Geschicklichkeit in der Darstellung zu sehen, sondern auf die der Sache selbst zugleich mit Erfahrung gewidmete Sorgfalt. Denn wir haben mit äusserster Genauigkeit den grössten Theil[10]) aus eigener Anschauung kennen gelernt, Einiges laut der bei Allen übereinstimmenden Erzählung und Forschung nach dem, was bei den Einzelnen einheimisch ist, zuverlässig erfahren und werden nun versuchen, sowohl eine abweichende Anordnung anzuwenden, als auch die Arten und Kräfte eines jeden Mittels zu beschreiben.

Es leuchtet wohl Jedem ein, dass eine Belehrung über die Arzneimittel nothwendig ist, welche sich über die gesammte Kunst verbreitet und jedem Theil derselben eine unschätzbare Hülfe gewährt. Sie (die Kunst) kann deshalb auch nach den Zubereitungen, den Mischungen und den bei den Krankheiten angestellten Versuchen gefördert werden, weil die Kenntniss eines jeden Arzneimittels sehr viel dazu beiträgt. Wir werden auch dazu nehmen die allgemein bekannte und verwandte Materie, damit die Schrift vollständig werde.

Vor Allem ist es nothwendig, mit Sorgfalt bedacht zu sein auf die Aufbewahrung und das Einsammeln eines jeden (Mittels) zu der ihm angepassten geeigneten Zeit. Denn davon hängt es ab, ob die Arzneien wirksam sind oder ihre Kraft verlieren. Sie müssen nämlich bei heiterem Himmel gesammelt werden; denn es ist ein grosser Unterschied darin, ob die Einsammlung bei trockenem oder regnerischem Wetter geschieht, wie auch, ob die Gegenden gebirgig, hochgelegen, den Winden zugängig, kalt und dürr sind, denn die Heilkräfte dieser (Pflanzen) sind stärker. Die aus der Ebene, aus feuchten, schattigen und windlosen Gegenden sind zumeist kraftloser, um so mehr, wenn sie zur ungeeigneten Zeit einge-

sammelt oder aus Schlaffheit hingewelkt sind. Auch ist freilich nicht
ausser Acht zu lassen, dass sie oft durch die gute Bodenbeschaffenheit
und das Verhalten der Jahreszeit früher oder später ihre volle Kraft
haben. Einige haben die Eigenthümlichkeit, dass sie im Winter Blüthen
und Blätter treiben, andere blühen im Jahre zweimal. Wer hierin Erfahrung sammeln will, der muss dabei sein, wenn die neuen Sprossen aus
der Erde kommen, wenn sie sich im vollen Wachsthum befinden und wenn
sie verblühen. Denn weder kann der, welcher zufällig nur das Hervorspriessen beobachtet, die volle Kraft (der Pflanze) kennen lernen, noch
der, welcher nur eine vollblühende Pflanze gesehen hat, diese beim Hervorspriessen erkennen. Daher verfallen wegen der Veränderungen an den
Blättern, an der Grösse der Stengel, an den Blüthen und Früchten und
wegen irgend anderer Eigenthümlichkeiten diejenigen über dieses und
jenes in grossen Irrthum, welche nicht in solcher Weise Beobachtungen gemacht haben. Aus diesem Grunde wenigstens haben einige Schriftsteller
sich täuschen lassen, wenn sie behaupten, einige (Pflanzen) brächten weder
eine Büthe, noch einen Stengel, noch eine Frucht hervor, wie beim Grase,
beim Huflattich und Fünffingerkraut. Wer diesen Dingen oft und an vielen
Orten begegnet ist, wird von ihnen am besten sich Kenntniss verschaffen.
Weiterhin muss man wissen, dass einige Pflanzenmittel viele Jahre sich
halten, wie die weisse und schwarze Nieswurz, die übrigen zumeist auf
drei Jahre hin brauchbar sind. Die zarten Pflanzen, z. B. Schopflavendel,
heller Gamander, Polei, Eberreis, Seebeifuss, Wermuth, smyrnäischer
Dosten und Aehnliches muss man sammeln, wenn sie im Samen stehen,
die Blüthen aber vor ihrem Abfallen, die Früchte, wenn sie reif sind, und
die Samen, wenn sie zu trocknen beginnen, vor dem Ausfallen. Die
Pflanzensäfte muss man bereiten aus den Stengeln, wenn sie eben ausschlagen. Aehnlich verhält es sich mit den Blättern. Die ausfliessenden Säfte
aber und die Tropfenausscheidungen (Thränen) muss man gewinnen, indem
man die Stengel anschneidet, wenn sie sich noch in voller Kraft befinden.
Die zum Aufbewahren und zum Saftausziehen, sowie zum Abziehen der
Rinde bestimmten Wurzeln (sammelt man), wenn die Pflanzen anfangen,
die Blätter zu verlieren. Dabei (muss man) die reinen sofort an nicht
feuchten Orten trocknen, die mit Erde oder Lehm behafteten in Wasser
abwaschen, die Blüthen aber und, was Wohlgerüche enthält, in trockenen
Kisten von Lindenholz aufbewahren. Manches gibt es, was vortheilhaft
in Papier oder Blätter eingehüllt wird zur Erhaltung der Samen.

Für die flüssigen Arzneien eignet sich ein durch und durch dichter
Behälter (Stoff) aus Silber, Glas oder Horn verfertigt, auch ein irdener,
nicht poröser[11]) ist dazu passend und ein hölzerner, wie er besonders aus
Buchsbaum verfertigt wird. Die erzenen Gefässe sind angebracht für
Augen- und feuchte Mittel, besonders für solche, die aus Essig, aus Theer

und Cedernharz bereitet sind. Fette und Mark müssen in Zinngefässen aufbewahrt werden.

¹) Der Asklepiade Areios, ein Günstling des Laecanius Bassus. Dioskurides nennt ihn seinen Kunstgenossen. Es ist wohl derselbe, den Galen tom. XIII p. 857 erwähnt. ²) Schüler des Mantias (250 v. Chr.), wird als Verfasser eines Werkes über die Bereitung und Prüfung der Arzneimittel (περὶ σκευασίας καὶ δοκιμασίας φαρμάκων) sowie eines στρατιώτης betitelten Buches, welches jedenfalls die Behandlung der erkrankten Soldaten im Felde zum Gegenstande hatte, bezeichnet. (Vgl. Galen tom. XII p. 989, 445, 638, 691, 835, 847, Cels. V 25.) ³) Leibarzt des Königs Mithridates Eupator (1. Jahrh. v. Chr.), der Rhizotom κατ' ἐξοχήν und bedeutendste Schriftsteller über Arzneimittel seiner Zeit. Galen bezieht sich häufig auf ihn (XI p. 795, 797, XIV p. 7), ebenso Plinius (XXV 8, XIX 165, XX 63 u. a. O.). Ohne Zweifel hat D. den Krateuas fleissig benutzt, zwar ohne ihn zu nennen. ⁴) Wird von Plinius oft citirt (XX 200, XXII 102, XXXII 87). ⁵) Heisst bei den Römern Tullius oder Julius Bassus; Plinius sagt im Quellenregister zu Buch XX von ihm nur: qui graece scripsit. Cälius Aurelianus nennt ihn Tullius, bei Scribonius Largus und Plinius lesen wir Julius Bassus. Meyer (Gesch. d. Bot. II S. 23) hält Tullius für richtiger, weil die Griechen Tullius häufig mit einem Υ, Julius aber mit ΟΥ schrieben, also eine Verwechselung beider Namen durch die Abschreiber weniger möglich war. Nach demselben Schriftsteller war er Freund des jüngeren Niger und hat bei Galen XIII p. 1038 den charakteristischen Namen ὁ Στωικός, der Stoiker; er schrieb über Pharmakologie. ⁶) Wird bei Plinius einmal erwähnt XXXII 101, wo er Frösche mit Meerzwiebelabkochung gegen Dysenterie empfiehlt. ⁷) Plinius (XX 77) führt einen Petronius Diodotus, qui anthologumena scripsit, auf, ebenso XXV 110, dagegen XX 145 und XXIV 147 einen Diodotus, dem er empirica zuschreibt. Wittstein (Die Naturgeschichte des Cajus Plinius secundus, Bd. 4 S. 33) hält dieselben für ein und dieselbe Person, so dass Diodotus vielleicht durch Adoption in das Geschlecht der Petronier den Namen Petronius erhalten habe. Dieser Vermuthung, dass Plinius aus zwei Namen einen gemacht habe, tritt Errotianus entgegen, der jedem ein besonderes Werk beilegt: Πετρώνιος ἐν ὀλικαῖς καὶ Διόδοτος ἐν β' μυθολογικῶν. Meyer (Gesch. d. Bot. II S. 47 ff.) will Petronius Musa lesen, er setzt ihn in den Anfang des 1. Jahrh. n. Chr. Dass an unserer Stelle zwei verschiedene Schriftsteller gemeint sind, erhellt schon daraus, dass zwischen beiden Namen ein anderer, Niger, steht. ⁸) Wie weit diese scharfe Verurtheilung der genannten Schriftsteller zutrifft, lässt sich nicht prüfen, da ihre Schriften sämmtlich verloren gegangen sind. Sie passt aber jedenfalls nicht auf Niger. Plinius nennt ihn als Gewährsmann an unzähligen Stellen; im Buch XX 226 nennt er ihn Sextius Niger, ebenso im Schriftstellerverzeichniss zu diesem Buche, sonst durchweg Sextius; er bezeichnet ihn (XXXII 26) als „diligentissimus medicinae", Galen, der ihn einfach Niger nennt, stellt ihn unter den besseren Schriftstellern über Herakleides und Krateuas (tom. XI p. 797). Ohne Zweifel hat ihn D. selbst häufig benutzt; man vergleiche Plinius (XVI 50, XXIX 74, XXXII 26) und D. (IV 80, II 67, II 26), wo das, was ersterer mit ausdrücklicher Beziehung auf Niger über die Giftigkeit des Taxus in Arkadien, über die angebliche Unverbrennlichkeit des Salamanders, über die Gewinnung des Bibergeils sagt, auch bei letzterem ohne Quellenangabe sich findet. ⁹) Nach Tacitus (Annal. XV cap. 33) im Jahre 64 Consul. Die Aldina und andere Ausgaben schreiben Λικινίου, Licinii; am richtigsten wird wohl Laecanius Bassus gelesen. ¹⁰) Im Texte steht τὰ μὲν λοιπά. Das Uebrige gegenüber dem Wenigen, was D. aus Nachrichten geschöpft hat. Einige wollen πλεῖστα, das Meiste, lesen. ¹¹) ἀραιός, offenbar im Gegensatz zu πυκνός, dicht.

Erstes Buch.

————

Cap. 1. Περὶ Ἴριδος. Iris. Die Iris [die Einen nennen sie die illyrische, die Anderen Thelpide[1]), die himmlische, reinigende, wunderbare, die Römer marica[2]), auch Gladiolus, Opertritos, Consecratrix[3]), die Aegypter Nar[4]] ist nach der Aehnlichkeit mit dem Regenbogen benannt. Sie hat der Siegwurz ähnliche Blätter, aber grösser, breiter und glänzender. Die Blüthen stehen auf Stielen in gleicher Entfernung[5]), sind zurückgebogen, verschiedenartig gefärbt, denn man sieht weisse, blassgelbe, purpurfarbige oder bläuliche, darum wird sie wegen der Farbenverschiedenheit dem Regenbogen am Himmel verglichen. Die Wurzeln darunter sind gegliedert, fest, wohlriechend; dieselben werden abgeschnitten, im Schatten getrocknet und, auf eine Schnur gezogen, aufbewahrt. Die beste ist die illyrische und makedonische, und unter diesen verdient den Vorzug die mit Würzelchen dicht besetzte, hie und da verstümmelte[6]), schwer zu brechende Wurzel, welche von hellgelber Farbe, sehr wohlriechend ist und auf der Zunge brennt, [welche einen reinen Geruch hat und nicht feucht ist][7]), und beim Zerstossen Niesen erregt. Die libysche ist geringer an Kraft, hat eine weisse Farbe und bitteren Geschmack. Beim Aelterwerden verfallen sie dem Wurmfrasse, werden aber wohlriechender und haben erwärmende Kraft, vertreiben, mit doppelt so viel weisser Nieswurz aufgelegt, Sonnenbrandflecken und Leberflecken. Sie füllen die Geschwüre mit Fleisch aus, verdünnen die schwer auszuwerfenden Flüssigkeiten und benehmen einem verderbenbringenden Mittel die Kraft, wenn sie mit Honigmeth genossen werden. Sie sind aber auch schlafmachend, verursachen Thränen und heilen Leibschneiden. Mit Essig genommen sind sie denen heilsam, die von giftigen Thieren gebissen sind, ebenso auch Milzsüchtigen und denen, die an Krämpfen leiden, die von Kälte und Frostschauern ergriffen sind und denen, die an Samenfluss leiden. Mit Wein genommen, befördern sie die Katamenien, auch ist die Abkochung davon zu Bähungen für Frauen sehr geeignet, indem sie die Stellen erweicht und öffnet. Mit Honig als Paste[8]) eingeführt, ziehen sie den

Embryo heraus. Sie erweichen auch Drüsen und alte Verhärtungen, wenn sie gekocht umgeschlagen werden. Ferner sind sie wohlthuend bei Kopfschmerzen, wenn sie mit Essig und Rosensalbe aufgestrichen werden. Endlich werden sie auch den Zäpfchen[9]), Pflastern[10]) und Salben[11]) zugemischt; überhaupt sind sie zu Vielem nützlich.

[1]) C. C. hat ϑαλπῖδη (Thalpide), welches sich von ϑάλπειν, erwärmen, ableiten lässt. [2]) Statt marica, vielleicht corrumpirt aus amaricans, denn nach Theophrast (de odor. VII 32) ist die frische Wurzel sehr bitter und ruft auf den Händen Geschwüre hervor, liest Marcellus naronica wegen ihres häufigen Vorkommens am Naron, einem Fluss in Dalmatien (vgl. auch Plinius XXI 40). [3]) Die Heiligerin, weil sie beim Darbringen der Sühnopfer gebraucht wurde, daher auch die Bezeichnung „reinigende". [4]) Feuer. [5]) ἄνϑη ἐπὶ κλωνίων παράλληλα wird von Ruellius und Anguillara mit „abwechselnd an den Blüthenschäften" übersetzt, dies dürfte D. wohl eher durch κατ' ἄλληλα ausgedrückt haben. [6]) ὑποκόλοβος könnte man auf die abgestutzte Wurzel beziehen, ich denke, dass eher die durch das Abfallen der Blätter und Wurzeln am Rhizom entstandenen Narben damit bezeichnet werden sollen, wohin auch das dem κόλοβος vorgesetzte ὑπό zu weisen scheint. Wir hätten es wohl mit einem mehrjährigen Rhizom zu thun, bevor dessen eigenthümliche Verzweigung eintritt, von der D. nichts sagt. [7]) Der eingeklammerte Satz fehlt im C. N. [8]) κολλύριον, Brödchen, von der Form im frischen Zustande. Bei der Aufbewahrung wurden sie trocken und pulverig, bei der Anwendung daher mit irgend einer Flüssigkeit angefeuchtet. Ursprünglich waren sie Augenmittel (heute sind sie die Bezeichnung für dickflüssige Augensalben), vertraten aber häufig die Stelle von Suppositorien und wurden bei Fisteln, zum Einbringen in den Uterus, Mastdarm u. s. w. gebraucht. [9]) πεσσοί, länglichrunde Zäpfchen aus Wolle, Seide oder Leinen, Wachs oder Harz od. dgl. mit den betreffenden Arzneimitteln gemischt, damit bestrichen oder darin eingetaucht. [10]) μαλάγματα, eigentlich erweichende Umschläge. Aromatische Kräuter wurden gestossen und mit Fett, Wachs oder Harz zu einer pflaster- oder salbenartigen Masse verarbeitet. Auch kochte man schleimige Substanzen (Malven, Foenum graecum) und setzte Fett, Honig, Butter od. dgl. zu; s. auch Cap. 52. [11]) ἄκοπα (ἀ priv. und κόπος, schwach), stärkende Mittel in Salbenform. Sie bestanden ursprünglich aus reinem Oel, später wurden alle möglichen Substanzen, Galbanum, Opoponax, Silphium, zugesetzt; in der Folge bekam das Wort überhaupt die Bedeutung für Salbe.

Von den älteren Schriftstellern ist es besonders Theophrast, welcher über die Iris viel berichtet, im Ganzen übereinstimmend mit D., dass sie von den Gewürzpflanzen die einzige sei, welche in Europa, und zwar nur in wärmeren Gegenden wachse, und dass ihre Güte nach dem Standorte verschieden sei (hist. pl. IV 5, 2; IX 7, 3 und 4; de caus. pl. VI 18, 12), dass sie in kälteren Gegenden keinen Geruch habe und dass dieser sich erst nach dem Trocknen entwickle; recht kräftig werde sie erst nach drei Jahren (de caus. pl. VI 11, 13; de odor. 34). Plinius unterscheidet drei Arten, von der illyrischen zwei Sorten, die Raphanitis, wegen der Aehnlichkeit mit dem Rettig, und den Rhizotomos (Wurzelgräber), der röthlich aussieht und der beste ist. Nur die Wurzel wird gebraucht und zwar zu medicinischen Zwecken; Kindern werden sie beim Zahnen und beim Husten umgehängt (XXI 140). Wenn man sie graben will, giesst man drei Monate vorher Honigwasser um sie her, um durch dieses Besänftigungsmittel die Erde gleichsam zu versöhnen, zieht mit dem Schwerte einen dreifachen Kreis und hält die ausgestochene Wurzel zum Himmel empor (Theophrast lässt dieses bei der Xiris geschehen).

Iris germanica L., *I. florentina* L. (Iridaceae). Deutsche und Florentinische Schwertlilie. Sie wächst in Griechenland und Italien wild, dort heisst sie heute χρίνος, hier Iride pavonazza oder Giaggiolo.

Cap. 2. Περὶ Ἀχόρου. Akoron. Das Akoron [Einige nennen es Choros aphrodisias[1]), die Römer Venerea[2]), auch Radix nautica[3]), die Gallier Peperacium[4])] hat Blätter denen der Schwertlilie ähnlich, aber schmaler, und ihr nicht unähnliche Wurzeln, die aber mit einander verflochten und nicht gerade gewachsen sind, sondern schief, zu Tage treten und durch Absätze unterbrochen sind[5]), weisslich, mit scharfem Geschmack und nicht unangenehmem Geruch. Den Vorzug verdient das dichte und weisse, nicht (von den Würmern) zerfressene und duftreiche. Ein solches ist das, welches in Kolchis[6]) und Galatien Splenion[7]) genannt wird. Die Wurzel hat erwärmende Kraft. Eine Abkochung davon getrunken treibt den Harn, ist auch ein gutes Mittel bei Lungen-, Brust- und Leberleiden, bei Leibschneiden, Zerreissungen[8]) und Krämpfen. Sie erweicht die Milz, hilft den an Harnzwang Leidenden und den von giftigen Thieren Gebissenen, und eignet sich wie die Schwertlilie zu Sitzbädern bei Frauenkrankheiten. Der Saft der Wurzel vertreibt die Verdunkelungen auf der Pupille[9]); mit Vortheil wird aber auch die Wurzel den Gegengiften zugemischt.

[1]) Reihe oder Reigen der Venuspflanze. [2]) Venuspflanze. [3]) Schiffswurzel, weil sie vielleicht zum Kalfatern der Schiffe, zum Abdichten der Fugen gebraucht wurde. [4]) Apulejus will dafür Piper apium lesen, weil die Pflanze in den Bienenstock gelegt das Abschwärmen der Bienen verhindere; Bauhin übersetzt Piper aqueum, Wasserpfeffer. [5]) Das Rhizom ist aus etwas flachen Trieben gegliedert. [6]) Kolchis, Landschaft an der Ostküste des Schwarzen Meeres, das heutige Gouvernement Kutais im russischen Transkaukasien und Trapezunt umfassend, Galatien, etwa die heutige Balkanhalbinsel. [7]) Ein Mittel gegen Milz- (σκλήν) Leiden. [8]) ῥήγματα, innere Rupturen. [9]) τὰ ἐπισκοτοῦντα ταῖς χόραις, ein dem D. eigenthümlicher Ausdruck. Plinius (XXV 157) nennt die Wurzel von Oxymyrsine (*Ruscus aculeatus* L., Mäusedorn oder Stechmyrte) auch Acoron, weshalb Einige, um Verwechselungen vorzubeugen, dieses lieber wildes Acoron nennen wollten. Im Uebrigen beschreibt er die Pflanze nach Gestalt und Wirkung wie D., sagt aber statt ἁρμόζον πρὸς ῥήγματα, ruptis congruum „ructu facilis", leicht Aufstossen bewirkend — ob absichtlich oder bei oberflächlichem Hören des Vorlesers dazu geführt, wie es ihm öfter geschieht?

Betreffs der Identität des Akoron hat es an Controversen nicht gefehlt, besonders da D. in Cap. 17 noch eine Pflanze als Calamus aromaticus beschreibt.

Die Schriftsteller des 16. Jahrh. sind getheilter Meinung. Bauhin (Histor. plant. univers. auctor. J. Bauhino et Cherlero, 1651, lib. XIX p. 735) sagt: Bei den Meisten gilt *Calamus odoratus* für das Akoron, wiewohl Garcia ab Horto (De aromat. et simpl. medic. apud Indos nasc. hist., 1574) und Acosta (Hist. simpl., quae ex Oriente transfer., 1520) bemerken, dass es der *Calamus verus* seu *indicus* nicht sei. Ebenso urtheilt Sylvius: der wahre Acorus ist nach dem Urtheile Vieler nichts Anderes als die in allen Apotheken Europas als *Calamus aromaticus* bezeichnete Wurzel. Clusius (Rarior. plant. hist., 1576): der Kalmus unserer Officinen ist nichts

Anderes als die Wurzel, auf die alle Kennzeichen des Acorum der Alten am schönsten passen. In gleicher Weise spricht sich O. Brunfelsius (Hist. stirp. tribus tom. absol., 1536) aus. A. Lonicerus (Herbar. germ. Plant., 1582) dagegen hält das Akoron des D. für *Iris lutea*, ebenso Valerius Cordus im Dispensatorium; H. Tragus (der latinisirte Name für Hieronymus Bock) (Hist. herb. cum fig., 1552) und Lobel (M. de l'Obel, Hist. plant. cum fig., 1576) sprechen es als *Iris Pseudacorus* an (vgl. Bauhin et Cherler, l. c.). Den letzteren schliessen sich Sprengel und Kosteletzky (Allgem. medic. Flora, 1831—1836) an, weil, sagt Sprengel, das Akoron nach Serapion eine gelbe Blüthe hat und nach dem Zeugnisse des Apulejus nie an cultivirten Orten, in Gärten und auf Wiesen wächst, Acorus Calamus aber nur wild vorkommt.

D. beschreibt das Akoron unverkennbar als *Acorus Calamus* L. (Araceae), Gewürzhafter Kalmus, wofür es auch von Flückiger und Fraas gehalten wird.

Trotz seiner grossen Verbreitung kommt der Kalmus in Griechenland, wo ihn Sibthorp in Lakonia noch fand, nicht mehr vor, auch ist, wie Fraas sagt, sein Gebrauch dort unbekannt; D. gibt ja die Bezugsquellen auch an. In Norditalien wächst er an manchen Stellen im fliessenden und stehenden Wasser wild. Bei Danzig. und Stettin wird er gebaut.

Als die Heimath des Kalmus wird Asien betrachtet, von wo er ans Rothe Meer gelangte und durch Arabien nach Europa kam. Dass die Pflanze durch Menschenhände verbreitet worden sein soll, ist kaum anzunehmen, da sie sich meist sehr entfernt von menschlichen Wohnungen ansiedelt. Deutscher Kalmus (Calamus nostras) ist seit dem 17. Jahrh. bekannt, als solcher findet er sich in der Apothekertaxe von Halberstadt 1697.

Der wichtigste Bestandtheil des Rhizoms ist ätherisches Oel, auch enthält es das von Thoms daraus hergestellte bittere Acorin. Es ist ein geschätztes Stomachicum und Tonicum.

Cap. 3. Περὶ Μήου. Bärwurz. Das sogen. athamantische [1]) Meon wächst sehr häufig in Makedonien und Spanien, an Stengel und Blättern dem Dill ähnlich, aber es ist dicker [kürzer] als der Dill. Es erreicht eine Grösse von etwa zwei Ellen, ist [auch oft][2]) unten besetzt mit zarten, querlaufenden und geraden, langen, wohlriechenden, auf der Zunge brennenden Wurzeln. Diese, mit Wasser gekocht oder auch ungekocht, fein zerrieben und genossen, lindern die Schmerzen bei Blasen- und Nierenverstopfung und sind ein gutes Mittel gegen Harnverhaltung, gegen Aufblähen des Magens und Leibschneiden, auch bei hysterischen Zuständen und Gelenkleiden. Fein gerieben mit Honig als Latwerge dienen sie gegen Brustrheumatismus, als Abkochung zum Sitzbade verwandt leiten sie das Blut ab durch die Menstruation. Auf die Schamtheile der Kinder gelegt, treiben sie den Harn. Wird es mehr, als nöthig ist, genommen, so verursacht es Kopfschmerz.

[1]) Diese Bezeichnung leitet Plinius (XX 253) ab von Athamas, dem Sohne des Aiolos, der es zuerst gefunden haben soll, oder von Athamas, einer Landschaft im südlichen Thessalien, wo das beste Meum vorkomme. [2]) Nach Cod. C. und N.
Meum athamanticum Jacq. *Athamanta Meum* L. (Umbelliferae). Mutter- oder

Bärwurz, Bärendill oder Bärenfenchel, eine Pflanze der Voralpen Europas, lieferte die früher officinelle, stark gewürzhaft und scharf schmeckende Radix Mei sive Anethi ursini, seu Foeniculi ursini.

Cap. 4. Περὶ Κυπείρου. Cyperngras. Der Kypeiros — Einige nennen ihn gerade so wie den Aspalathos Erysiskeptron [1]) [die Römer Binsenwurzel, auch Binse]. Er hat Blätter wie der Lauch, aber länger und dünner [und härter][2]), einen Stengel von zwei Ellen und mehr Höhe, kantig, der Binse ähnlich, an dessen Spitze sich ein Ansatz von kleinen Blättchen und Samen befindet. Die Wurzeln darunter, von denen auch Gebrauch gemacht wird, sind länglich wie Oliven, unter sich zusammen-hängend oder auch rundlich, schwarz, wohlriechend, etwas bitter. Er wächst aber in bebauten und sumpfigen Gegenden. Die beste Wurzel ist die sehr schwere und dichte, vollkräftige, schwer zu brechende, rauhe, die einen mit einer gewissen Schärfe verbundenen Wohlgeruch hat; eine solche ist die kilikische und syrische, und die von den kykladischen Inseln. Sie hat eine erwärmende, eröffnende, harntreibende Kraft, hilft den an Blasenstein und Wassersucht Leidenden und ist auch ein gutes Mittel gegen Skorpionstiche; ferner ist sie in der Räucherung heilsam bei Erkältung und Verstopfung der Gebärmutter[3]) und befördert die Men-struation. Trocken fein zerrieben heilt sie Geschwüre im Munde und fressende Geschwüre. Ferner wird sie erwärmenden Umschlägen zugesetzt und eignet sich besonders zum Verdichten[4]) der Salben. Es wird be-richtet, dass in Indien noch eine andere Art Kypeiros[5]) vorkomme, dem Ingwer ähnlich, welche sich beim Zerkauen safranfarbig und bitter er-weist. Eingesalbt aber vertreibt sie alsbald die Haare.

[1]) Herausgezogenes Scepter (ἐρύω und σκῆπτρον), Hesychius will ἐρείσκηπτρον lesen (ἐρείδω und σκῆπτρον), sich stützendes Scepter, von der Gestalt des mit einem Ansatze versehenen Blüthenschaftes. [2]) Cod. Const. [3]) περὶ μήτρας, eigentlich Peri-metrium. [4]) στόμματα, eine Masse, um Oele zu verdichten, dass sie den Wohlgeruch länger halten. [5]) *Curcuma longa* L., Plinius nennt sie Cypira Zingiberis effigie, kurz vorher redet er von Cypirus, einem Gladiolus mit zwiebelartiger Wurzel.

Cyperus rotundus L. *Cyperus longus* L. (Cyperaceae). Rundes (und langes) Cyperngras. Die Pflanze hat eine kriechende Wurzel mit haselnussgrossen eirunden, aussen braunen und innen weissen an den Fasern hängenden bitterlichen, schwach aromatischen Knollen. Die Blätter sind alle grundständig, schmal linealisch, schön grün. Das längste der ungleichen Hüllblätter ist etwas länger als die vier- bis sechs-strahlige Dolde, die Aehren sind schmal, spitz, die Frucht ist dreikantig, braun. In Ost-griechenland und auf den Inseln heute nach Fraas ein unvertilgbares Unkraut. Die Wurzeln sind eine beliebte Speise der ärmeren Bevölkerung.

Cap. 5. Περὶ Καρδαμώμου. Kardamomon. Das beste Karda-momon wird aus Komagene, aus Arabien und vom Bosporus bezogen; es wächst aber in Indien und Arabien. Man wähle das, welches schwer zu zerbrechen, voll und rasselnd[1]) ist [denn was diese Eigenschaft nicht

hat, ist zur unrechten Zeit gesammelt], welches einen betäubenden Geruch
und scharfen, bitterlichen Geschmack hat. Es hat erwärmende Kraft.
Mit Wasser genommen wirkt es gegen Epilepsie, Husten, Ischias, Paralyse, Zerreissungen, Krämpfe, Leibschneiden und treibt den Bandwurm
ab. Mit Wein genommen ist es ein gutes Mittel bei Nierenleiden, Harnverhaltung, gegen Skorpionstiche und alle Bisse giftiger Thiere. Mit
1 Drachme[2]) von der Wurzelrinde des Lorbeers getrunken zertrümmert
es den Blasenstein. In der Räucherung tödtet es den Embryo, und mit
Essig eingerieben vertreibt es die Krätze. Es wird aber auch den Salben
zum Verdichten zugesetzt [ebenso den anderen Gegenmitteln][3]).

[1]) Ein Zeichen, dass die Samen in der Kapsel reif sind.   [2]) 1 Drachme = 3,411 g.
[3]) Die eingeklammerten Worte nur bei Saracenus.

D. schätzt die Droge nach der Handels- bezw. Bezugsgegend. Komagene ist
die nördlichste Provinz von Syrien. Die Producte Indiens wurden theils auf dem
Land-, theils auf dem Seewege zum Abendlande gebracht. Die Karawane setzte sich
von Attok am Indus aus in Bewegung nach Kabul, der Hauptstadt des heutigen
Afghanistans. Von hier führte eine Strasse über Kandahar durch das Gebiet der
Parther, durch das kaspische Thor nach Ekbatana in Medien, dem heutigen Hamadan.
Von da zog der Kaufmann entweder südwärts über Susa zu den Mündungen des
Euphrat und Tigris oder überschritt den Tigris auf einem westlichen Wege, um
nach Babylon, dem Hauptstapelplatze, zu kommen. Dann ging es entweder zu Schiff
auf dem Euphrat oder längs seiner Ufer nach Syrien und Armenien, wo in Komagene
der Fluss überschritten wurde, durch den Pontus euxinus (Schwarzes Meer) und den
Bosporus nach Byzanz (Constantinopel). Andererseits konnte man durch Syrien mit
seinen Hafenstädten Tyrus, Sidon und Heliopolis leicht zu den europäischen Mittelmeerländern kommen.

Theophrast (Hist. pl. IX 7, 2, 3) lässt das Kardamomon theils aus Indien, theils
aus Medien kommen, er nennt es beissend, δηκτικόν. Nach Plinius (XII 50) wächst
es sogar in Medien; er nennt es dem Namen und der Gestalt des Strauches nach
ähnlich dem Amomum und unterscheidet vier Sorten: die sehr grüne, fette, scharf-
kantige und schwer zerreibliche als die beste, die röthliche, dann die kürzere
schwärzliche und als schlechteste die gefleckte, leicht zerreibliche und schwach
riechende. Man muss bei den botanischen Angaben des Plinius sich aber bewusst
bleiben, dass dieselben nicht absolut sicher und ausschlaggebend sind.

Die Beschreibung der Droge ist sehr karg, das Wenige, was D. sagt, stimmt
aber sehr gut, so dass wir wohl mit einiger Sicherheit annehmen können, dass das
Kardamom der Alten die Frucht von *Elettaria Cardamomum* White et Maton *Alpinia
Cardamomum* Roxb. (Zingiberaceae), einer Pflanze der feuchten Gebirgswälder der
Malabarküste ist. Dass auch Arabien als Heimath derselben angegeben wird, darf
uns nicht wundern, da der Zwischenhandel in den Händen der Araber lag und, wie
bei anderen Producten Indiens, so auch hier Arabien als Stammland angesehen wurde.

Scribonius Largus, ein Zeitgenosse des D., wendet gleichfalls das Kardamom
an und Alexander von Tralles, um die Mitte des 6. Jahrh., verordnet es äusserlich und
innerlich in zwölf Recepten, in einem Falle (besonders gegen Nierenleiden) schreibt
er das enthülste (κ. ἐξηντερισμένον) vor. Die Pflanze selbst beschreibt D. nicht.

Der wirksame Bestandtheil des Kardamom ist ätherisches Oel, welches
ihm einen kräftig gewürzhaften, milde kampferartigen Geruch und einen etwas
brennenden Geschmack verleiht.

Ausser den Malabar-Kardamomen kommen im Handel noch vor die Ceylon-, Siam-, die Bastard- und die bengalischen Kardamomen.

Cap. 6. Περὶ Νάρδου. Narde. Es gibt zwei Arten Narde, und zwar heisst die eine die indische, die andere die syrische, nicht aber weil sie in Syrien gefunden wird, sondern weil die eine Seite des Gebirges[1]), an dem sie wächst, nach Indien, die andere nach Syrien gerichtet ist. Von der als syrische bezeichneten ist diejenige die beste, welche frisch, leicht, reichdoldig, gelbfarbig und sehr wohlriechend ist[2]), und zwar im Dufte dem Cyperngrase gleicht, welche eine dichte Aehre[3]), einen bitteren Geschmack hat, die Zunge austrocknet und den Wohlgeruch ziemlich lange behält. Eine Art der indischen heisst Gangitis von einem gewissen Flusse mit Namen Ganges, welcher an dem Gebirge[4]), wo sie wächst, vorbeifliesst. Sie ist an Kraft schwächer, weil sie aus feuchten Gegenden stammt, ist auch länger und hat viele aus derselben Wurzel spriessende vieldoldige und unter sich verflochtene Aehren mit stinkendem Geruch[5]). Die gebirgige[6]) dagegen ist dunkler, wohlriechender, hat kürzere Aehren und ähnelt im Geruch dem Cyperngrase; dabei hat sie die übrigen Eigenschaften der als syrische bezeichneten. Eine Art heisst auch die sampharitische[7]), sie ist sehr kurz und nach ihrer Heimath benannt, mit grossen Aehren, in deren Mitte sie zuweilen einen helleren Stengel mit übermässig starkem Bocksgeruch treibt; dieser muss weggeworfen werden. Sie wird aber auch ausgesogen in den Handel gebracht[8]); dieses erkennt man daran, dass die Aehre weiss und dürr ist und keinen Flaumbesatz hat. Sie verfälschen sie auch durch Imprägniren mit Schwefelantimon und Wasser[9]) oder Palmwein, damit sie compacter und schwerer wird. Beim Gebrauche muss man, wenn Schmutz an den Wurzeln hängen sollte, diesen entfernen und den Staub absieben, welcher zum Waschwasser der Hände verwandt werden kann. Sie haben erwärmende, austrocknende, urintreibende Kraft, weshalb sie genossen auch den Stuhlgang und, in Zäpfchen eingelegt, die Ausflüsse aus der Gebärmutter stellen, sowie die Säfte in Ordnung bringen. Mit kaltem Wasser genommen helfen sie gegen Uebelkeit, Magenschmerzen, Blähungen, Leberleiden, Gelbsucht und Nierenleiden. In Wasser abgekocht und zum Dampfsitzbade angewandt, heilen sie die Gebärmutterentzündungen. Ferner wirken sie gegen die in den Augen abgesonderte, die Augenlider fäulende Flüssigkeit, indem sie die Wimpern kräftigen und verdichten, auch dienen sie zu Aufstreupulver für feuchte Körper. Weiterhin werden sie den Gegengiften zugesetzt. Zu Augenmitteln aber werden sie mit Wein fein zerrieben, geformt und in einem unverpichten neuen Gefässe aufbewahrt.

[1]) Der Paropamisus (Hindukuschgebirge); die Alten nannten alle jenseits des Indus liegenden Länderstrecken, China mit inbegriffen, Indien. [2]) Hier sollte man

annehmen, D. rede von der Wurzel, auf welche die Eigenschaften πρόσφατος, frisch, κούφη, leicht, πολύκομος, vielhaarig, mit vielen Würzelchen, ξάνθη, gelb, εὐώδης ἄγαν, sehr wohlriechend, am besten zu beziehen wären. ³) Als Aehre (στάχυς) ist der den Valerianaceen eigene Blüthenstand, die Trugdolde oder doldig erscheinende Rispe zu verstehen; D. nennt ihn sonst σκιάδιον. ⁴) Das Himalayagebirge. ⁵) Plinius (VII 42) nennt sie Ozaenitis von ὄζαινα, ein übelriechender Polyp. ⁶) Im Gegensatz zu der von nassen Plätzen; eine ὀρεινὴ νάρδος wird in einem besonderen Capitel beschrieben. ⁷) Die Bezeichnung wird abgeleitet von Sapphar, der Residenz eines indischen Fürsten in der Weihrauchgegend an der Südspitze Arabiens (Safar). ⁸) Unter ἀποβεβρεγμένη, dem Feuchtsein der Handelswaare, ist unzweifelhaft die durch Ausziehen ihres Wohlgeruchs beraubte und dabei feucht gebliebene Narde zu verstehen, dabei ist der Flaumbesatz, die statt des Kelches bei den Valerianaceen befindliche Haarkrone (Pappus) zerstört und auch die Farbe verändert. ⁹) Das Imprägniren kann wohl nur auf die Wurzel bezogen werden, es wird dazu das schwarze Schwefelantimon (Stimmi) gebraucht, welches schon die alten Aegypter wegen der Seltenheit und Kostbarkeit durch Schwefelblei ersetzten.

Narde war das feinste und vornehmste Aroma des Alterthums (Hohelied 4, 14 Vulgata). Galen (de fac. simpl. VIII p. 84) nennt die Pflanze νάρδου στάχυς (Nardustachys), entsprechend dem Plinianischen Spica nardi, welches wir in dem Ausdrucke Speik- oder Spikenard für Valeriana celtica wieder finden.

D. scheint sich selbst über die Sache nicht ganz klar gewesen zu sein, so dass die Narde jedenfalls zu den Pflanzen gehört, welche er nach Berichten beschreibt. Auffallender Weise wendet er der Wurzel wenig Aufmerksamkeit zu, da sie doch vorzugsweise der Träger des Aromas sein soll. Arrianus (Exped. Alexandri VI 22) berichtet, dass Alexander auf seinem Zuge viele von den Phönikern gesammelte wohlriechende Nardenwurzeln vorgefunden habe, welche von dem Heere in solcher Menge zertreten wurden, dass die ganze Gegend danach roch.

Theophrast sagt von der Narde nichts, Plinius dagegen (XII 42) handelt ausführlich darüber. Die indische beschreibt er als einen Strauch mit schwerer, dicker, kurzer, schwarzer und obwohl fetter, doch zerbrechlicher Wurzel, die gleich der Cyperuswurzel nach Schimmel riecht und herbe schmeckt. Die Blätter sind klein und stehen dicht. Cacumina in aristas se spargunt; ideo gemina dote nardi spicas ac folia celebrant, übersetzt Wittstein: „Der oberste Theil (der Wurzel) trägt rundum grannenartige Fäden; man preist daher vorzüglich zwei Theile an der Pflanze, die ährenähnliche Wurzel und die Blätter."

Die indische Narde ist *Valeriana* oder *Patrinia Jatamansi* Jones, die syrische *Patrinia scabiosaefolia* Fisch. (Valerianaceae). Die erstere Pflanze ist rasenartig, die Wurzel federkieldick oder fingerdick, nach unten viele Fasern, nach oben bis drei Keime treibend, welche sich von Jahr zu Jahr verlängern und dann, von den faserigen braunröthlichen Blattreststielen bedeckt, einem borstigen Schweife gleichen. Die wohlriechende Wurzel mit einem Stengelreste ist im südlichen Asien heutzutage ein berühmtes Mittel. Die gebirgige dunklere indische Narde wird für *Valeriana Hardwickii* Wall. gehalten. Die Wurzel ist kleinfingerdick, fleischig, nach oben mehrköpfig, wohlriechend. Sie ist in Indien ein geschätztes Arzneimittel.

Cap. 7. Περὶ κελτικῆς Νάρδου. Keltische Narde. Die keltische Narde wächst wohl in den Alpen Liguriens, wo sie landläufig Saliunca genannt wird. Sie wächst aber auch in Istrien. Es ist ein sehr kleiner Strauch, welcher sammt den Wurzeln in Bündeln wie eine Handvoll ge-

sammelt wird. Sie hat längliche, etwas gelbliche Blätter und eine hochgelbe Blüthe. Nur die Stengel und Wurzeln stehen im Gebrauch und
haben Wohlgeruch. Deshalb muss man die Bündel, nachdem man das
Erdige entfernt hat, am ersten Tage mit Wasser besprengen und sie an
einem feuchten Orte auf untergelegtem Papier hinlegen und sie am folgenden Tage reinigen; denn mit der Spreu und Nichtdazugehörigem wird
durch den Einfluss der Feuchtigkeit das Brauchbare nicht zugleich mit
hinweggenommen. Sie wird aber verfälscht durch ein mit ihr zusammen
ausgerupftes, ihr ähnliches Kraut, welches man nach dem Geruch stin-
kendes Böckchen[1]) nennt. Die Erkennung ist jedoch leicht, denn die
Pflanze hat keinen Stengel, ist heller und hat weniger längliche Blätter,
auch hat sie nicht eine bittere und aromatische Wurzel, wie es bei der
ächten ist. Will man sie (die Narde) aufbewahren, so soll man daher die
Stengelchen und Wurzeln, indem man die Blätter wegwirft, absondern,
sie, fein zerrieben, in Wein aufnehmen und zu Zeltchen formen und sie
in einem neuen irdenen Gefässe wegsetzen, dieses sorgfältig verschliessend.
Die beste ist die frische und wohlriechende, die wurzelreiche, nicht leicht
zerbrechliche und volle. Sie hat dieselbe Kraft wie die syrische, ist aber
noch harntreibender und magenstärkender. Sie hilft auch bei Leberent-
zündungen, bei Gelbsucht und Aufblähen des Magens, wenn sie mit Wer-
muthabkochung getrunken wird, in gleicher Weise bei Milz-, Blasen-,
Nierenleiden und gegen den Biss giftiger Thiere, wenn sie mit Wein
genommen wird. Auch wird sie den erwärmenden Umschlägen, Tränken
und Salben zugesetzt.

[1]) τράγον hat Sprengel früher (Gesch. d. Bot. I S. 148) für *Saxifraga
Hirculus* L. gehalten, wie dies auch Wittstein in seiner Plinius-Uebersetzung thut,
später hat er, und zwar mit Recht, diese Deutung für irrig erklärt, denn dieser
Steinbrech ist eine Moor- und Sumpfpflanze des nördlichen Deutschlands, besonders
Schlesiens und hat einen aufrechten Stengel bis zu 25 cm Höhe. Er vermuthet
vielmehr unter τράγον *Valeriana saxatilis* L., allerdings unter der Annahme, dass die
Rhizotomen beim Einsammeln die Stengel entfernt und dann die Pflanze der ächten
Narde zugemischt hätten; ihre Wurzeln haben einen starken, aber nicht angenehmen
Duft. Bei Hippokrates findet sich ein τράγιον, welches als *Hypericum hircinum* L.
angesprochen wird. Plinius nennt diese Nardensorte die gallische, sie wird mit den
Wurzeln ausgezogen, in Wein abgewaschen und bündelweise in Papier gewickelt.

Die Anweisung zur Reinigung des Pflänzchens macht D. alle Ehre; er lässt
dasselbe nach oberflächlicher Entfernung der anhängenden erdigen Theile mit Wasser
besprengen, damit besonders die zarten Wurzeln beim nachherigen Auslesen der
Fremdkörper nicht zu trocken sind und dann leicht zerbrechen.

Valeriana celtica L. Keltische Narde, Spikenard, Keltischer
Baldrian.

Das schief in der Erde liegende, mit braunen schuppigen Blattstielresten dicht
besetzte Rhizom treibt nach unten lange Fasern. Auf den höchsten Alpen Mitteleuropas. Sie bildet als Speik noch heute einen wichtigen Handelsartikel der
Alpenländer über Triest nach dem Orient, wo sie zu Salben und Bädern gebraucht

wird. Meist kommt sie in runden oder platten Bündeln mit starkem Baldriangeruch in den Handel.

Cap. 8. Περὶ ὀρεινῆς Νάρδου. Bergnarde. Die Bergnarde, von Einigen auch Thylakitis [1]) und Neris [2]) genannt, wächst in Kilikien und Syrien und hat Blätter und Stengel wie Erynx [3]), aber weicher [nämlich nicht rauh und stachelig]. Die Wurzeln darunter sind schwarz, wohlriechend, zwei oder mehrere, wie die des Asphodelos, aber schmaler und viel kleiner. Weder Stengel noch Frucht noch Blüthen nutzen etwas, aber die Wurzel hilft gegen Alles, wogegen die keltische Narde (gebraucht wird).

[1]) θυλακῖτις (θυλακοειδής) von der Aehnlichkeit des Wurzelstockes mit Säckchen (θύλακοι), auch die Wurzeln des Asphodelos werden von D. als eichelförmig beschrieben. [2]) Neris soll sie nach ihrem Entdecker, dem ägyptischen König Neiris, vielleicht auch nach dem Volksstamm der Neri an den Pyrenäen benannt sein. [3]) Welche Pflanze unter ἤρυγξ zu verstehen sei, bedarf noch der Aufklärung; Fraas zieht *Scabiosa transsylvanica*, welche der *Valeriana tuberosa* ähnlich ist, hierher, die Aehnlichkeit mit Eryngium, welches Fab. Columna darunter verstehen will, ist zu entfernen.

Nardus tuberosa L. Knollenwurzeliger Baldrian. Das Rhizom ist etwas fleischig, länglich oder rundlich, gelblichgrau. Es treibt ganz kurze Ausläufer, welche nach oben Blätter entwickeln, nach unten eine Art Knollen bilden. Der Stengel ist bis 30 cm hoch, die Wurzelblätter sind mannigfach gestaltet, die Stengelblätter in zwei bis drei Paaren, am Grunde etwas zusammengewachsen, die untersten mit ein bis drei Paaren seitlicher und einem viel grösseren lanzettlichen Endlappen. Die Doldentraube ist halbkugelig mit blassrosenrothen wohlriechenden Blüthen. Die Wurzel hat starken Baldriangeruch. An trockenen steinigen Grasplätzen Südeuropas.

Cap. 9. Περὶ Ἀσάρου. Haselwurz. Die Haselwurz, welche Einige auch wilde Narde nennen [die Propheten [1]) Blut des Mars, Osthanes Thesa, die Aegypter Kereeran, die Römer Peripresa [2]), Andere auch Bakchar [3]), die Thusker Succinum, auch Bauernnarde], [eine wohlriechende Kranzpflanze] [4]), hat Blätter ähnlich dem Epheu, aber viel kleiner und runder. Die Blüthen zwischen den Blättern dicht über der Wurzel sind purpurfarben, denen des Bilsenkrauts oder der Granatblüthe [5]) ähnlich, der Same gleicht den Weinbeerenkernen. Die Wurzeln [6]) darunter sind zahlreich, gliederig, schräg wie bei Agrostis, aber viel dünner und wohlriechend, erwärmend, auf der Zunge beissend. Ihre Kraft ist harntreibend, erwärmend und Brechen erregend, ein gutes Mittel für Wassersüchtige und solche, die an chronischer Ischias leiden; sie befördern auch die monatliche Reinigung. Mit Honigwasser (Honigmeth) in einer Gabe von 6 Drachmen getrunken führen sie ab, wie weisse Nieswurz. Sie werden auch den wohlriechenden Salben zugemischt.

Sie (die Haselwurz) wächst an schattigen Bergen, am meisten in Pontus [7]) und Phrygien, in Illyrien und bei den Vestinern [8]) in Italien.

¹) Die Propheten sind ägyptische Priester, speciell solche, die unter Begleitung von Gebeten die Arzneien und Wohlgerüche für die Götter und Menschen herstellten, und welche, um den Laien die Bekanntschaft mit den Mitteln vorzuenthalten und zur Verständigung unter den Priesterärzten der verschiedenen Districte für die einzelnen Mittel Geheimnamen und zwar mit Vorliebe Bestandtheile göttlicher Personen oder deren Sinnbilder einführten. ²) Vielleicht abgeleitet von περιπρήθω (περικίμπρημι), ringsherum anzünden, wegen der hochrothen Blüthe, Peripressa des Plinius (XXI 132). ³) Baccar bei Ovid (Eclog. IV 19). Plinius unterscheidet Baccar, die er auch wilde Narde nennt, und Asarum, welches fälschlich so bezeichnet werde. Den Namen Asarum (ὰ und σαράω, ἄσαρος, ungefegt, schmutzig) habe die Pflanze, weil sie nicht zu Kränzen gebraucht werde (XII 45, XXI 29). Bauernnarde, Nardus rustica ist bei Baccharis abgehandelt. Sonst beschreibt er die Pflanze nach Aussehen und Wirkung fast wörtlich wie D. ⁴) Nur in Aldin., Cod. C und bei Cornar. ⁵) Die Aehnlichkeit bezieht sich auf die Farbe des aussen bräunlichen, innen blutrothen Perigons. ⁶) Die Wurzelfasern des wagerecht unter dem Boden hinkriechenden gegliederten Rhizoms. ⁷) Eine Landschaft Kleinasiens am Schwarzen Meere. ⁸) Eine Völkerschaft Italiens am Adriatischen Meere.

Asarum europaeum L. (Aristolochiaceae). Gemeine Haselwurz. In Italien heisst sie nach Pollini (Flora veronens. II p. 91) Asaro, bei Verona Bacchera und Baccara.

Cap. 10. Περὶ Φοῦ. Phu. Das Phu — Einige nennen auch dieses wilde Narde — wächst in Pontus und hat Blätter ähnlich denen der wilden Pastinake oder des Pferdseppich, einen ellenlangen oder höheren Stengel, glatt, weich, etwas purpurfarbig, innen hohl und durch Gelenke etwas abgetheilt. Die Blüthe kommt auf die der Narde hinaus, ist aber grösser und zarter und vom weissen Grunde aus purpurartig gefärbt. Die Wurzel hat am oberen Theile die Dicke des kleinen Fingers, sie hat aber daran querlaufende Würzelchen wie etwa die Binse oder die schwarze Nieswurz, unter einander verflochten, gelblich, wohlriechend, an Duft der Narde ähnelnd, aber mit einer gewissen stinkenden Strenge. Trocken genommen hat es die Kraft, zu erwärmen und den Urin zu treiben; auch seine Abkochung leistet dasselbe und wirkt gegen Seitenschmerz. Es befördert die Katamenien und wird den Gegengiften zugemischt. Es wird verfälscht durch Beimengung der Wurzeln der Stachelmyrte; ihre Erkennung ist aber leicht, denn sie sind härter und schwerer zu zerbrechen und ohne Wohlgeruch.

Die Beschreibung der Pflanze ist ziemlich klar; die Blätter werden mit den einfach gefiederten Blättern zweier Umbelliferen, *Smyrnium Olusatrum* L. und *Pastinaca sativa* L., verglichen, die Wurzeln mit den gleichen Gebilden von *Helleborus niger* L. Plinius (XII 45) hält Phu für *Nardus cretica* L., bei Valerius Cordus ist es *Valeriana Phu* L., dessen Wurzeln den ächten Baldrianwurzeln untergeschoben werden. Hawkins, der Reisebegleiter Sibthorp's, fand in Kleinasien eine Species, auf welche die Beschreibung des D. am besten zu passen schien, und bezeichnete das Phu als *Valeriana Dioscoridis*. Sprengel hält das Phu des D. für *Valeriana officinalis* L. (Valerianaceae), Gemeiner Baldrian. Uebrigens hat dieser sich im ganzen gemässigten Asien bis Japan das Bürgerrecht erworben. Schon Brunsfelsius und Fab. Columna welcher sich durch den Gebrauch der Wurzel von der Epilepsie befreite, geben das Phu für *Valeriana offic.* L. aus. Bei Fraas ist es *Valeriana Dioscuridis* Hawk.

Als Verfälschung gibt D. die Wurzel von *Ruscus aculeatus* L. an.

Der wirksame Bestandtheil der Baldrianwurzel ist ätherisches Oel, welches Baldriansäure, Essigsäure, Ameisensäure, ein Terpen und einen Alkohol enthält.

Cap. 11. Περὶ Μαλαβάθρου. **Malabathron.** Einige nehmen an, das Malabathron sei das Blatt der indischen Narde, verleitet durch die Aehnlichkeit im Geruch; es haben nämlich viele Pflanzen einen narden-artigen Geruch, wie das Phu, die Haselwurz, Neris. Die Sache ver-hält sich aber nicht so. Es ist eine besondere, in den indischen Sümpfen wachsende Art, indem es ein Blatt ist, welches auf dem Wasser schwimmt, gerade so wie die auf den Sümpfen sich findende Linse[1]), ohne dass es eine Wurzel hat. Die Sammler ziehen es rasch auf eine Leinenschnur zum Trocknen und bewahren es auf. Man sagt, dass, nachdem das Wasser durch die sommerliche Hitze verschwunden ist, der Boden mit Strauch-werk gebrannt werde, denn, wenn dies nicht stattfände, wachse es nicht. Gut ist es, wenn es frisch, beim Einweichen weisslich, nicht zerbrech-lich und ganz unversehrt ist, wenn es einen durchdringenden Duft mit lange anhaltendem nardenartigem Wohlgeruch und dabei keinen salzigen Geschmack hat. Das schwache und zerbröckelte[2]), welches einen muffigen Duft von sich gibt, ist unbrauchbar. Es hat dieselbe Kraft wie die Narde; aber jenes leistet Alles kräftiger. So hat das Malabathron eine harntreibendere und magenstärkendere Kraft, auch gegen Augenentzündungen eignet es sich, wenn es mit Wein behandelt[3]), fein zerrieben und eingestrichen wird. Es wird aber auch unter die Zunge gelegt zum Wohlgeruch des Mundes und zwischen die Kleider, denn diese schützt es vor (Motten-) Frass und macht sie wohlriechend.

[1]) φαχός, gemeint ist φαχὸς ὁ ἐπὶ τῶν τελμάτων, *Lemna minor* L., Wasserlinse. [2]) d. h. folia in fragmentis. [3]) ἀναζεσθέν, aufgelebt, d. h. wenn die Blätter durch Wein wieder angefrischt werden.

Nach Plinius (XII 129) wächst das Malabathron oder Malobathron in Syrien, häufiger in Aegypten. „Es ist ein nach Art der Wasserlinse in Sümpfen wachsender Baum mit eingerollten Blättern von der Farbe trockener Blätter, aus denen ein Oel zu Salben gepresst (gemacht) wird, die am meisten geschätzte Art findet sich in Indien. Dieses Malabathron ist dunkler, rauh, hat einen angenehmeren Geruch als Safran, der besonders beim Anfeuchten mit Wein hervortritt, es schimmelt rasch." Sowohl D. wie Plinius haben offenbar nach Hörensagen berichtet.

Als Stammpflanze wird *Laurus Cassia* L. (Laurineae), Kassienlorbeer, betrachtet, ein Baum Chinas und Cochinchinas. Die Blätter sind länglich-elliptisch, spitzlich, unten bogig, geadert, mit drei starken Nerven, beiderseits mit kurzem grauem Filz bedeckt, unterseits graugrün, lederartig, dick, bis zu 20 cm lang und 7 cm breit, welche dann, wie man annimmt, vom Winde auf die Flüsse und Seen getrieben werden. Im „Periplus des erythräischen Meeres" von einem unbekannten Verfasser, dessen Abfassung in die Zeit des D. gesetzt wird, heisst es § 56: „Jedes Jahr kommt in die Nähe der Stadt Thina (im heutigen Siam) ein Volksstamm, die Bessiden genannt, sehr kleine Menschen mit breitem Gesicht und vollständiger Stumpfnase, den Wilden ähnlich. Sie erscheinen mit Weib und Kind, mächtige Ballen und Körbe von Flechtwerk, den Weinreben ähnlich, tragend und bleiben dort, Feste feiernd, einige Tage. Die Körbe dienen ihnen zum Lager. Dann ziehen sie in ihre Heimath zurück. Hierauf wartend gehen die Bewohner der Gegend hinzu und sammeln die Unterlagen jener. Sie ziehen aus den Geflechten, die sie Petoi nennen, die Rippen heraus, wickeln die Blätter zusammen und umfestigen sie durch die Fasern der Stengel zu Kugeln. Es werden drei Sorten gemacht: aus den grösseren Blättern das grobkugelige Malabathron, aus den mittelgrossen das mittelmässige und aus den kleineren Blättern das feinere, dann wird es von den Verfertigern selbst nach Indien gebracht." Als weitere Stammpflanzen des Malabathron werden angenommen *Cinnamomum Cassia* Nees (Ceylon), *Cinnamomum aromat.* Nees (China) und mit grösserer Wahrscheinlichkeit *Cinnamomum Tamala* Nees (Ostindien), dessen Blätter noch heute in Indien häufig gebraucht werden. Die Blätter sind gross, länglich-lanzettlich, zugespitzt, dreifach benervt, oberseits sattgrün, unterseits bogig fein geadert und seegrün. Auf die oben angegebene Weissfilzigkeit der Blätter könnte das „beim Erweichen weisslich werden" des D. bezogen werden.

Bei den späteren Griechen, z. B. Nicolaus Myrepsos, hiessen sie φύλλα μαλαβά-θρου oder φ. ἰνδικά, Malabathron oder indische Blätter, bei Plutarch und Valerius Cordus einfach φύλλα, Blätter, die daraus bereitete Salbe hiess unguentum foliatum. In Indien heisst nach Garcia das Malabathron Tamalabathron (Tamala und Bathron, Blatt).

Cap. 12. Περὶ Κασσίας. Kassia. Von der Kassie gibt es mehrere Sorten, welche in dem gewürzliefernden Arabien wachsen. Sie hat einen dickrindigen Zweig, Blätter wie der Pfeffer. Wähle die ins Gelbliche spielende, gut aussehende, korallenähnliche, sehr dünne, lange und feste, die voll von Röhren ist[1]), die einen beissenden und zusammenziehenden, zugleich einen einigermassen brennenden, würzigen Geschmack und einen weinartigen Geruch hat. Die so beschaffene wird von den Eingeborenen Achy[2]) genannt. Bei den Kaufleuten in Alexandrien führt sie den Namen Daphnitis[3]). Dieser steht aber voran die dunkle und purpurfarbene, dichte, genannt Zigir[4]), die einen Rosenduft hat und am besten zum medicinischen Gebrauche sich eignet. An zweiter Stelle dann kommt die vorher genannte. Die dritte ist der sogen. mosylitische Zweig[5]), die übrigen aber sind minderwerthig, wie die Aphysemon[6]) genannte dunkle, unangenehm riechende, mit dünner oder auch rissiger Rinde, oder wie die als Kitto[7]) und Dakar bezeichnete. Es gibt aber auch eine ungeheuer ähnliche falsche Kassia, welche durch den Geschmack erkannt wird, der weder scharf noch gewürzhaft ist; sie hat die Rinde, welche dem Mark angrenzt[8]). Es wird aber auch eine breite Röhre angetroffen, zart, leicht, schlank, welche wohl den Vorzug vor der anderen hat. Verwirf aber die weissliche, krätzig aussehende[9]), die einen bockartigen Geruch hat, und die, welche keine dicke, sondern eine krätzige und schwache Röhre hat. Sie hat erwärmende, harntreibende, austrocknende und gelind adstringirende Kraft.

Sie eignet sich sehr zu Augenmitteln für Scharfsichtigkeit und zu Umschlägen. Mit Honig eingesalbt, entfernt sie die Leberflecke, innerlich genommen befördert sie auch die Menstruation und hilft den von der Otter Gebissenen, getrunken ferner hilft sie gegen alle inneren Entzündungen und endlich den Frauen im Sitzbade und in der Räucherung zur Erweiterung des Muttermundes. Die doppelte Menge den Arzneimitteln zugemischt, wenn Kinnamomon mangeln sollte, leistet dasselbe. Gar sehr ist sie endlich zu Vielem nützlich.

[1]) Bezieht sich auf die Handelswaare, auf die ineinandergesteckten Röhren. [2]) Achy führt man zurück auf das hebr. אָח, Ach oder אָחוּ, Achu, was Genes. 41, 2 Schilf bedeutet, also sich auf den feuchten Standort des Baumes bezöge. [3]) Daphnitis soll sie nach Sprengel von einem Hafenorte Daphnus des Arabischen Meerbusens heissen, Andere, darunter Plinius, haben Daphnoides wegen der Aehnlichkeit mit dem Lorbeer, δάφνη. [4]) Garcia (J. Bauhin et J. H. Cherler, lib. IV p. 453) ist der Ansicht, dass Zigir oder Gizir die Bezeichnung sei für Ceylon, dessen Eingeborene, die Shingalesen, von den Persern und Arabern Zanges (Schwarze) genannt seien. Zuverlässiger wird es von der ägyptischen Bezeichnung Khisitholz für Zimmt hergeleitet, welches nebst anderen Kostbarkeiten aus dem Lande Punt geholt wurde. Es ist das hebräische קְצִיעָה, Kesia, woraus das griechische Kassia entstand.

[5]) Benannt nach dem Hafenorte Mosylon. [6]) Aphysemon, ohne Hauch oder auch ohne aufgeblasen zu sein, ohne Röhren. Andere Lesart ist ἀφήμων (aphemon), schlecht. [7]) Statt „Kitto" steht bei Galen und im Periplus „Moto". [8]) Also noch den Holztheil besitzt. [9]) Könnte leicht auf die Rinde von *Canella alba* Murr. bezogen werden, den weissen Zimmtbaum Westindiens.

    D. unterscheidet zwischen Kassia (κασία Theophr. und Casia Plin.) und Kinnamomon als zweier verschiedener Producte und hält sie nach damaliger Ansicht für Erzeugnisse Arabiens, während sie nur durch den Zwischenhandel der Araber über Malao (Berbera), Ocelis (Ocilia Plinii) und Mosylon an der Ostküste Afrikas, sowie vom Vorgebirge Aromaton (Guardafui) ausgeführt wurden. Es hatte sich um dieses kostbare Gewürz ein ganzes Gewebe von Fabeln gebildet. Die Gegend, wo der Zimmt wachse, die regio cinnamomifera (Aethiopien) sei von giftigen Dünsten schwanger und wimmele von giftigen fliegenden Schlangen. Nach Herodot IV 111 und Aristoteles (Hist. anim. IX 14, 2) sollen der Phönix und andere Vögel die Zimmtspähne in ihr Nest tragen, aus denen sie herabfallen und gesammelt werden u. s. w. Plinius XII 142 gibt schon zu, dass solche Erdichtungen Concurrenzmanöver seien und nur dazu dienen sollten, die Preise hoch zu halten (Garcia erzählt dasselbe aus eigener Erfahrung von den Chinesen); er sagt weiter, dass die Araber keinen Zimmt und keine Casia hätten. Theophrast (Hist. plant. IV 4, 14; IX 8, 2 u. 8; IX 5, 1) erwähnt die Kasia unter den Gewürzpflanzen, welche nur in den heisseren Gegenden Asiens, in Arabien, Syrien und Indien wüchsen; die Zimmt- und Kasiasträucher (er vergleicht sie mit Vitex agnus castus) würden vollständig aus der Erde gerissen und in fünf Theile gesondert, von denen die oberen die beste, die der Wurzel am nächsten die schlechteste Sorte lieferten. Es gebe eine schwarze und eine weisse Sorte. Die Zweige der Kasia würden in zwei Finger lange Stücke geschnitten und in frische Thierhäute eingenäht, die sich bildenden Würmer frässen das Holz weg und liessen die ihnen zu bittere Rinde zurück. Ebenso Plinius XII 85 sqq. Die Casia, sagt er, wachse in der Nähe der Zimmtfelder, werde aber auf Bergen dicker. Vom ersten Hervorspriessen bis zu 1 Fuss erscheine sie weiss, dann röthlich und zuletzt schwarz, die weisse werde verworfen. Er nennt die beste, kurz-röhrige, purpurfarbige Ladą, die zweite Sorte Casia Balsamodes und eine dritte Handelswaare Daphnoides; verfälscht werde sie mit Styrax und dünnen Lorbeer-reisern. Die eigentliche Heimat des Zimmts war den Alten unbekannt. Nach dem Periplus wurden von Malao zwei Sorten Kassia, die härtere und die Duaka aus-geführt, die weisse kam von Mosylon; vom Vorgebirge Aromaton stammen fünf Sorten: Gizeir, Asyphe, Aroma, Mogla und Moto.

D. hat ohne Zweifel mehrere Sorten (εἶδη) Zimmt gesehen, Kasia und Kinna-momon scheint er für zwei Arten (γένη) zu halten, übrigens ebenso wie Theophrast und Plinius grossentheils nach Hörensagen zu berichten. Die Blätter sollen gleich denen des Pfeffers sein. Sie haben allerdings dieselbe Grösse und sattgrüne Farbe, sind länglich-eirund und in eine stumpfe Spitze auslaufend, oberseits glänzend, unter-seits bläulichgrün und kurz weichhaarig und dreinervig, während die Blätter des Pfeffers breit-eiförmig und in eine scharfe Spitze ausgezogen und fünf- bis sieben-nervig sind. Und nun gar Plinius, der die Blätter mit denen des Origanum ver-gleicht; die letzteren sind vier- bis fünfmal kleiner und haben nur einen Mittel-nerv mit zahlreichen sich abzweigenden Seitennerven.

Cap. 13. Περὶ Κινναμώμου. Zimmt. Vom Zimmt gibt es mehrere Sorten, welche nach dem Ursprungslande benannt werden. Den Vorzug verdient der Mosylon, weil er eine ziemlich grosse Aehnlichkeit mit der Mosylites genannten Kassia aufweist, und von diesem der frische, dunkelfarbige, auf weinfarbigem Grunde aschgraue, der dünne und glatte Zweige und zahlreiche Knoten[1]) hat und sehr wohlriechend ist. Denn zunächst hängt die Beurtheilung für grösste Güte von der Eigenthüm-lichkeit des Wohlgeruches ab. Es findet sich nämlich bei dem besten und ganz ächten[2]), dass der Geruch auf den der Raute hinauskommt oder dem des Kardamom ähnlich ist. Ferner noch (verdient Vorzug) auch der beim Kosten brennende und beissende und der zugleich mit Wärme etwas salzig schmeckende, der beim Zerreiben nicht schnell zu-sammenbackt[3]), beim Zerbrechen stäubt und glatt ist zwischen den Knoten. Prüfe ihn aber, indem du von einer Wurzel den Zweig nimmst, denn eine solche Prüfung ist leicht auszuführen. Man trifft nämlich Mischungen von Bruchstücken, welche, indem sie gleich im Anfange der Untersuchung das Bessere mit ihrem Hauch umgeben und den Geruch vollständig aus-füllen[4]), die Erkenntniss des Schlechteren erschweren. Es gibt aber auch einen Bergzimmt, dick, kurz, von hellgelber Farbe; dann einen dritten vom Mosylon ab, dunkel und sehr wohlriechend, gut schlank und ohne viele Knoten. Ein vierter ist weiss, locker, knollenartigen Aussehens und schwach, dabei leicht zerbrechlich und mit einer grossen, der der Kassia etwas ähnlichen Wurzel, der fünfte, mit durchdringendem Geruch, ist hellgelb und hat auch eine Rinde, ähnlich[5]) der der gelben Kassia, hart anzufühlen, nicht sehr faserig, und eine dicke Wurzel. Was von diesen nach Weihrauch, Myrte, Kassia oder Amomum riecht, ist schlechter.

Verwirf[6]) den weissen, krätzig aussehenden, den mit runzeliger Rinde und den nicht glatten, auch den holzigen aus der Nähe der Wurzel scheide als unbrauchbar aus. Es gibt auch noch etwas anderes Aehnliches, das sogen. Pseudokinnamomon; es ist minderwerthig, von nicht kräftigem Geruch und geringer Kraft; es wird aber auch Zingiber genannt und ist das Holz des Zimmts, es hat eine gewisse Aehnlichkeit mit dem Zimmt. Es ist aber ein heller Zimmt, welcher lange und kräftige Zweige und einen viel geringeren Wohlgeruch hat[7]). Von Einigen wird behauptet, dass auch der Abstammung nach das Zimmtholz vom Zimmt sich unterscheide, indem es von anderer Natur sei.

Sämmtlicher Zimmt hat erwärmende, harntreibende, erweichende, die Verdauung befördernde Kraft. Genossen befördert er die Menstruation und treibt die Frucht ab, und mit Myrrhe aufgelegt hilft er gegen giftbissige und todtbringende Thiere; auch entfernt er die Verdunkelungen der Pupille, er erwärmt zugleich und verdünnt. Mit Honig aufgestrichen, vertreibt er Leberflecke und Sommersprossen; er wirkt auch gegen Husten und Katarrh, gegen Wassersucht, Nierenleiden und Harnverhaltung. Auch wird er den kostbaren Salben zugemischt, ist überhaupt zu Vielem nützlich. Für längere Zeit wird er aufbewahrt, indem er zerstossen in Wein aufgenommen und im Schatten getrocknet wird.

[1]) Je länger die Röhren, desto mehr Knoten (Blatt- oder Zweignarben). Val. Cordus (Comment. ad Dioscor.) sagt, es werde nur eine Sorte zu uns gebracht, welche die Araber Darseni, die Griechen Charakion (χάραξ, langer Pfahl) nennen. [2]) ἰδιάζοντος. [3]) d. h. der den gehörigen Grad von Trockenheit besitzt. [4]) d. h. indem sie mit ihrem penetranten Geruch den feinen des ächten Zimmts verdecken. [5]) Vielleicht die schon genannte Rinde von Canella alba, welche theils in starken Röhren, theils in platten unförmlichen Stücken in den Handel kommt; besonders die letzteren haben eine an Krätze erinnernde runzelige Oberfläche. Plinius (XII 94) sagt, dass unter dem Kaiser Vespasianus Augustus eine grosse Wurzel des Zimmtbaumes zu Rom im Tempel auf dem Capitol aufbewahrt sei, aus der Tropfen austreten, welche alsbald erhärteten. Diese konnte nur von Canella alba, als einer Guttifere, herrühren. [6]) Bauhin (l. c. p. 442) übersetzt hier ἀπολέγου mit deligito, wähle aus, was jedenfalls nicht zu billigen ist. [7]) Xylocassia, die ganzen Zweige des Zimmtbaumes.

Die medicinische Anwendung des Zimmts bei D. ist von der heutigen sehr verschieden, z. B. bei Frauenleiden.

Die Bezeichnungen Kasia und Kinnamomon haben seit den ältesten Zeiten bis zum späten Mittelalter bei den Schriftstellern eine verschiedene Auslegung gefunden und daher eine reichhaltige Literatur hervorgerufen. Die Einen wollen einen generellen Unterschied machen zwischen beiden Pflanzen. Andere halten beide für gleich oder nahezu gleich. Schon Galen (De antid. I cap. 13) macht darauf aufmerksam, dass man Kassiabäume finde, aus denen Kinnamomonzweige hervorgingen. So sei auch, sagt er (Theriac. ad Pison. cap. 12) zwischen Kassia und Kinnamomon kein wesentlicher Unterschied.

Joh. Actuarius (13. Jahrh.) verstand unter Casia ausdrücklich die Röhrenhülse von *Cassia Fistula* L.; Linné stellte deshalb in seinen Genera Plantarum die

Gattung Cassia (Leguminosae-Cassieae) auf (s. Flückiger, Pharmakogn. S. 597). Valerius Cordus (Annotat. in Dioscor. 1561) schreibt, die Cassia sei ein dem Cinnamomum verwandter Baum, dessen Aeste und Zweige mit der Rinde als Xylocassia in den Handel kämen, die Rinde ohne Holz sei die Cassia fistularis (röhrenförmige Kassia), Cassia und Cinnamomum seien einander so ähnlich, dass die eine in die andere nicht selten degenerire.

Amatus Lusitanus (In quinque Dioscor. libros enarrationes 1554) berichtet, dass die Eingeborenen keinen Unterschied machten zwischen Cassia und Cinnamomum, sondern beim Fällen und Schälen der Bäume beide zusammen in Bündel packten. Andreas Thevetus dagegen tritt in seiner Kosmographie (1550) denen, besonders Garcia, entgegen, welche Cassia und Cinnamomum für dasselbe halten.

Nicht geringe Verwirrung ist dadurch entstanden, dass Bauhin, Garcia, Val. Cordus, überhaupt die meisten Schriftsteller des 16. Jahrh. das Cinnamomum Canella nennen.

A. Thevetus theilt noch mit, dass die Wurzel von Cassia sehr nützlich sei, nicht minder der aus dem Baume ausfliessende Saft. Dies weist auf Canella alba.

D. hat fünf Sorten Kassia und etwa sieben Sorten Kinnamomon, welche mit denen des heutigen Handels zu identificiren, ein vergebliches Bemühen sein würde, besonders da Verpflanzungen und Cultur nothwendig Veränderungen bewirkt haben.

Die heutigen Bezeichnungen der Handelswaare sind recht unbestimmt. Cassia vera hiess früher der chinesische Zimmt zum Unterschiede von den Hülsen der Cassia Fistula L. So heisst er noch heute in den Hafenplätzen Hollands, ebenso wird aber auch der Malabar-Zimmt benannt. Cassia lignea, ursprünglich die ganzen Zweige, heisst in England, in den Ver. Staaten Amerikas und in Hamburg sowohl der chinesische als auch der Malabar-Zimmt.

Wir haben es mit der Zweigrinde verschiedener Bäume der Gattung Cinnamomum aus der Familie der Lauraceae zu thun. In Betracht kommen *Laurus Cassia* Ait., *Cinnamomum ceylanicum* Breyn., Ceylon-Zimmt, *Cinnamomum Cassia* Blume, Chinesischer Zimmt. Die eigentliche Heimath ist China, cultivirt wird er auf Java, Sumatra, Ceylon und Malabar.

Meist beginnt die Ernte an sechsjährigen Stämmen mit einem Durchmesser von etwa 26 mm. Nur wenige Bäume lässt man zehn Jahre alt werden zur Gewinnung von Samen. Solche mögen wohl einen sehr feinen Zimmt liefern, der in Canton sehr geschätzt wird, aber nicht zum Export gelangt (Flückiger, Pharmakogn. S. 593).

Der wesentliche Bestandtheil des Zimmts ist das ätherische Oel (nach König 1,15%), dessen Güte von einem grösseren oder geringeren Gehalt an Zimmtaldehyd abhängt.

Der Zimmt gehört zu den ältesten Gewürzen und Heilmitteln. Die Aegypter erhielten ihn durch Vermittelung der Phöniker; auch erwähnt J. Dümichen (Die Flotte einer ägyptischen Königin) unter den aus Punt geholten Kostbarkeiten eine Rinde, welche man für Zimmt hält. In den Kräuterbüchern der Chinesen findet er seine Stelle 2700 Jahre vor unserer Zeitrechnung. Bis auf unsere Tage hat er seinen guten Ruf als Arzneimittel und Gewürz bewahrt.

Cap. 14. Περὶ Ἀμώμου. **Amomum.** Das Amomum ist ein kleiner Strauch, gleichsam eine aus dem Holze in sich verwickelte Traube[1]. Es hat eine kleine Blüthe, wie die Levkoie, Blätter ähnlich denen der Zaunrübe. Das beste ist das armenische, goldfarbige, mit dunkelgelbem Holze, sehr wohlriechende. Das medische dagegen ist, weil es in flachen und nassen Gegenden wächst, schwächer. Es ist gross, grüngelb, weich anzufühlen und hat faseriges Holz, an Geruch ähnelt es dem Dosten[2]). Das pontische ist gelblich, nicht gross und nicht schwer zu zerbrechen, traubenförmig, vollfrüchtig und von betäubendem Geruch. Wähle das frische und weisse oder röthliche, nicht das zusammengedrückte oder gepresste[3]), sondern das entfaltete und ausgebreitete, welches voll von Samen ist[4]), der den Weintraubenkernen gleicht, das schwere, sehr wohlriechende, von Schimmel (Moder) freie, scharfe, beissend schmeckende, welches eine einfache und nicht bunte Farbe hat[5]).

Es hat erwärmende, zusammenziehende, austrocknende, schlafmachende und, auf die Stirn gestrichen, schmerzstillende Kraft, bringt Geschwülste und bösen (wabenartigen) Kopfausschlag[5]) zur Reife und zertheilt sie. Mit Basilienkraut zusammen aufgestrichen, hilft es den vom Skorpion Gebissenen; es ist heilsam den an Podagra Leidenden und heilt zusammen mit Rosinen Augen- und Eingeweideentzündungen. Mit Vortheil wird es bei Frauenleiden auch zum Sitzbade angewandt. Der Genuss einer Abkochung davon ist Leber- und Nierenleidenden und Podagrakranken zuträglich. Es wird aber auch den Gegengiften und den kostbarsten der Salben zugesetzt. Einige verfälschen das Amomum mit der sogen. Amomis, welche dem Amomum ähnlich, aber geruchlos und ohne Frucht ist, welche in Armenien wächst und eine Blüthe hat ähnlich der des Dosten. Bei der Untersuchung derartiger Dinge muss man die Bruchstücke vermeiden. Wähle aber das aus, welches von einer einzigen Wurzel stammende tadellose Triebe hat.

[1]) Dieses kann nur auf den Blüthen- bezw. Fruchtstand bezogen werden; als Holz muss man die Blüthenzweige betrachten. [2]) ὀριγανίζον, bei Späteren πηγανίζον, der Raute ähnlich. [3]) Plinius XII 48 sagt: Man sammelt das Amomum mit der Wurzel und jedesmal wird eine Handvoll behutsam zusammengelegt, weil es sonst leicht zerbricht. [4]) Jede einzelne Frucht muss also mehrere Samen enthalten. [5]) Auch beim Kardamom wird das buntfarbige, scheckige verworfen. [6]) Tinea favosa.

Das Amomum der Alten (Amomum verum) ist als Pflanze und Frucht nur noch dem Namen nach bekannt, da schon zur Zeit des Mittelalters dasselbe aus dem Handel verschwunden war und verschiedene Gewürze (die Früchte von *Myrtus Pimenta* L., *Sion Amomum* L., *Piper Cubeba* L., *Eugenia caryophyllata* Thunbg.) dafür substituirt wurden.

Den Namen will man von Om, Hom, Homa, der heiligen Panacee der Perser herleiten, und Nicolaus Maronea (Comment. de Amomo, etwa 1600) hält das Wort für indischen Ursprungs.

Die Beschreibung der Pflanze lässt erkennen, dass D. dieselbe wohl nie gesehen hat, da man oft nicht weiss, ob er die ganze Pflanze oder den Fruchtstand meint und angewandt wissen will, während Plinius geradezu sagt, dass nur der Fruchtstand, uva Amomi, im Gebrauch ist. Als Heimathsstätten werden Armenien, Medien und Pontus genannt, wahrscheinlich sind dieses nur Bezugsländer der in Indien heimischen Pflanze. Plinius XVI 135 bemerkt, dass das Amomum ein Verpflanzen von Indien nach Arabien nicht vertrage. Clusius (Exotic. I cap. 17) erhielt im Jahre 1601 die Früchte und Blätter einer Pflanze von Garet in London; nach der bei Bauhin et Cherler (lib. XV p. 194) gegebenen Abbildung und Beschreibung als Amomum Quorundam odore Caryophylli sind es die Früchte von *Pimenta officinalis* Linde. An derselben Stelle gibt er die gleichfalls illustrirte Beschreibung von Früchten, die er im Jahre 1605 von J. Pona, Apotheker in Verona erhalten hatte, als Amomum verum Cardamomi facie sive racemus Indicus. Die Samenschale ist dick und weiss, ungestreift; die Samen sind mit einem zarten Häutchen (Arillus) umgeben, schwarz, länglich, doppelt so gross als die von Cardam. minus, glänzend, sehr hart, mit vielem Mark, sie haben eine gewisse Schärfe ohne Bitterkeit. Sprengel neigt der Ansicht zu, das Amomum der Alten sei *Cissus vitiginea* L. (Umbelliferae), ein kleiner, sich hoch windender Strauch mit zottigen, fast vierkantigen Zweigen und abwechselnden, am Ende eckigen, fast drei- bis fünflappigen, in der Jugend beiderseits filzigen Blättern. Die Trugdolden sind graulich, dreistrahlig, die Blüthen röthlich. Die Früchte sind bläulichschwarze, scharf riechende und schmeckende erbsengrosse Beeren. Für Amomis hält er *Cissus inodora* oder vielleicht *Bryonia dioica*. Die Wahrscheinlichkeit lässt sich nicht abstreiten, dass das Amomum des D. eine Kardomomenart war. Flückiger (Pharmakogn. S. 959) hält für das Amomum verum geradezu die Früchte von *Amomum Cardamomum*, die Siam-Kardamomen mit kugeligen, gerundeten, dreikantigen, lichtgrauen, brüchigen Samen. Diese kamen früher als Cardamomum racemosum in ganzen Fruchtständen nach Europa.

Cap. 15. Περὶ Κόστου. Kostus. Den Vorzug verdient der arabische Kostus, der weiss und leicht ist und einen kräftigen und angenehmen Geruch hat. An zweiter Stelle kommt der indische, welcher dunkel ist und leicht wie Ferula. Der dritte ist der syrische, er ist schwer, von buxbaumähnlicher Farbe und durchdringendem Geruch. Am besten ist der frische, weisse, durchweg volle, dichte, harte, nicht von Würmern angefressene, der keinen üblen Geruch hat, beissend und brennend schmeckt.

Er hat erwärmende, harntreibende, die Menstruation befördernde Kraft und ist bei Gebärmutterleiden heilsam in Zäpfchen, Bähungen und Räucherungen. Genossen hilft er den von der Otter Gebissenen, mit Wein und Wermuth auch gegen Krämpfe und Blähungen; mit Honigwein reizt er zum Liebesgenuss; mit Wasser aber treibt er den Bandwurm ab. Mit Oel als Salbe dient er gegen Fieberschauer vor den Anfällen, und gegen Lähmungen; mit Wasser oder Honig aufgestrichen vertreibt er die Sonnenbrandflecken. Er wird auch den Salben und Gegengiften zugesetzt. Einige mengen aber die stärksten Wurzeln des komagenischen Alant darunter, um ihn zu verfälschen. Die Erkennung ist aber leicht, denn der Alant hat weder den feurigen Geschmack noch den kräftigen durchdringenden Geruch.

D. sagt nicht, was er unter Kostus versteht, nimmt vielmehr als selbstverständlich an, dass die Wurzel gemeint sei. Theophrast (De odor. 28) bemerkt zu Kostus: „Denn so nennen sie die Wurzel.“ Als Heimath werden Arabien, Indien und Syrien genannt; richtiger sagt Plinius XII 118: „Die Wurzel des Kostus hat einen brennenden Geschmack und vortrefflichen Geruch, der Stengel aber ist unbrauchbar. Gleich beim ersten Eintritt des Flusses Indus, bei der Insel Patale (ein Theil von Sind zwischen den Indusmündungen) wachsen zwei Arten desselben, eine schwarze und eine weisse, bessere." Arabien und Syrien sind nur die Transportländer. Nach dem Periplus war Kostus ein Ausfuhrartikel von Minnagara am unteren Indus (heute Tatta) und von Barygaza (Baroach oder Baroche). Die älteren arabischen Schriftsteller folgen D. und Plinius, so Avicenna, Serapion; Mesue unterscheidet Costus dulcis und amarus. Val. Cordus beschreibt nur den arabischen und syrischen Kostus, den indischen habe er noch nicht zu Gesicht bekommen. Er warnt die Apotheker, sehr vorsichtig beim Einkauf zu sein, damit sie den ächten erhielten.

Matthiolus sagt, der meiste Kostus der Officinen sei unächt, man solle gemäss der Anweisung Galen's Ammoniacum oder Helenium dafür substituiren. Um die Zeit des Mittelalters scheint der ächte Kostus schon aus dem Handel verschwunden zu sein. Cäsalpinus (um 1550) hält den buxbaumfarbigen für Zedoaria, statt des ächten Kostus würde die Wurzel von Ferula verkauft. Nach Brunfelsius waren Hauptersatzmittel die Wurzel von Inula Campana, nach Anderen die Wurzel von Mentha saracenica und Angelica Archanglica. Bauhin (lib. XIX p. 749) zeichnet und beschreibt den Kostus seiner Zeit (1550) als daumendicke, 4—5 cm lange Wurzel mit vorstehenden Höckern, ähnlich dem Ingwer, er ist wie dieser aussen und innen weiss, ebenso consistent und faserig, mit angenehm bitterem, hinterher scharfem Geschmack.

Garcia behauptet, es gebe nur eine Art Costus, den Cost oder Cast der Araber (indisch Keu oder Kusht'ha); er sehe aus wie Sambucus und habe eine wohlriechende Blüthe. Dass die Araber einen süssen und bitteren unterscheiden, komme daher, dass er frisch nicht bitter und sehr weiss sei, mit dem Alter aber bitter und dunkel werde.

Costus speciosus Lam. oder *C. arabicus* L. (Scitamineae). Schöne oder arabische Kostwurz. Ein ausdauernder Strauch Ostindiens. Das Rhizom ist wagerecht, auch über die Erde sich erhebend, aus vielen Knoten bestehend, innen weiss, nach unten sehr faserig. Der Stengel ist von den Blattscheiden ganz umgeben, nach deren Abfallen nackt, 120—180 cm hoch. Die Blätter sind sitzend, unterseits blass, weich, die Deckblätter concav, die Blumenröhre einschliessend, an der Spitze röthlich, die Blüthen sehr gross, wohlriechend, die Krone ist fleischroth oder fast weisslich, die Lippe herabhängend, darauf liegt der Staubfaden. Kapsel dreikantig, Samen glänzend, schwarz.

Der seltene Arzneikörper besteht aus dünnen, zuweilen aber auch 4 cm dicken und 5—8 cm langen, aussen grauen, innen blasseren oder weissen Stücken, die auf dem Bruche strahlenförmige Zellen zeigen, welche mit einer eng durchlöcherten Masse erfüllt sind; der Geruch ist angenehm veilchenartig, der Geschmack sehr bitter und scharf.

Unter Costus dulcis versteht man in neuerer Zeit die hie und da noch gebräuchliche Canella alba, die Rinde von *Canella alba* Murray.

Cap. 16. Περὶ Σχοίνου. Bartgras. Eine Art Bartgras wächst in Libyen, eine in Arabien, eine andere im sogen. Nabathäerlande[1]). Dieses ist das beste. An zweiter Stelle kommt das arabische, welches Einige das babylonische, Andere Teuchitis[2]) nennen. Das libysche ist aber nutzlos. Wähle das frische, röthliche, vielblüthige, das beim Spalten purpur-

farbig und weiss ist, einen rosenartigen Wohlgeruch hat, wenn es mit
den Händen gerieben wird, und mit vielem Feuer auf der Zunge brennt.
Im Gebrauch steht die Blüthe, der Halm und die Wurzel. Es hat harntreibende, die Menstruation befördernde, die Winde vertheilende, schwere
Kopfschmerzen verursachende, mässig adstringirende, dabei auch nährende,
die Verdauung befördernde und eröffnende [3]) Kraft. Der Trank von der
Blüthe ist daher heilsam gegen Blutsturz und Magen-, Lungen-, Leber-
und Nierenleiden; sie wird auch den Gegengiften zugemischt; die Wurzel
ist stärker adstringirend, deshalb wird sie auch bei Ekelempfinden des
Magens, sowie bei Wassersucht und Krämpfen gegeben, 1 Drachme mit
gleichviel Pfeffer einige Tage hindurch. Die Abkochung derselben ist
als Sitzbad bei Gebärmutterentzündungen ein zuträgliches Mittel.

[1]) Nabathäer, ein im steinigen Arabien mit der Hauptstadt Petra ansässiger
Volksstamm; er leitet sich ab von Nebajot, einem Nachkommen Ismaels (Genes.
25, 13). [2]) Teuchitis übersetzt Wittstein der Gewaffnete (τεῦχος, Rüstzeug); das
Wort bedeutet aber auch ein Geschirr oder Gefäss, und es liegt die Deutung nahe,
dass namentlich die Blumen, die feine Waare in Gefässen verpackt zum Versand
kamen. [3]) ἀναστομωτιχήν, die Gefässe anregend und eröffnend.

Theophrast (Hist. pl. IX 7, 1; De caus. pl. VI 11, 13; 18, 1) rechnet den
Schoinos unter die Sumpfpflanzen des Thales zwischen Libanon und Antilibanon am
See Tiberias; frisch ist er ohne Geruch, nur der syrische wird nach dem Trocknen
wohlriechend. Er unterscheidet sonst noch drei Arten, den scharfen und sterilen,
den fruchtbaren, Melankrania genannt, und den Holoschoinos (Hist. pl. IV 12, 1).
In derselben Weise spricht sich Plinius aus; neben diesen drei Arten beschreibt er
den Juncus odoratus Syriens, von dem die beste Sorte die Teuchitis ist, dann kommt
die babylonische und zuletzt die afrikanische. Beide Schriftsteller loben also im
Gegensatze zu D. den syrischen als den besten. Den Beinamen „babylonisch“ hat
er wohl nur vom Hauptstapelplatze Babylon.

Bei den Schriftstellern des späten Mittelalters heisst das Bartgras auch
Schoenanthus, zusammengezogen aus σχοῖνος und ἄνθος, und dieses corrumpirt
Squinanthus, auch Kameelheu. Val. Cordus berichtet nämlich, dass die Karawanen-
führer das Gras von den Kameelen abweiden lassen, beim Aufbruch einen weiteren
Vorrath davon als Futter für die Thiere mitnehmen und den Rest hiervon in Alexandria verkaufen. Die Blüthe kommt weniger nach Europa, weil sie leicht abfällt.
Es wird aber auch von den Kaufleuten zu Schiffe in Bündeln versandt, damit man
nicht Gefahr laufe, solches zu bekommen, welches den Kameelen als Streu gedient
hat. Bei einigen Autoren, z. B. Anguillara, Amatus, Sylvius, Kronenburg,
heisst das Bartgras auch Juncus odoratus. Schon um die Zeit des späteren Mittelalters kam dasselbe nur wenig nach Europa, es wurde dafür Alpinia Galanga substituirt (Bauhin lib. XVIII p. 516 sqq.).

Andropogon Schoenanthus L. (Gramineae). Wohlriechendes Bartgras. Es
hat 60—70 cm hohe ästige Halme, welche eine verlängerte Rispe mit eiförmig-länglichen Aehren tragen, und ein fast holziges Rhizom. Sein Geruch ist angenehm
würzig, der Geschmack stark gewürzhaft. Das ätherische Oel daraus war früher als
Ol. Syro bekannt.

Cap. 17. Περὶ Καλάμου. Kalmus.

Der gewürzhafte Kalmus
wächst in Indien; als schönster ist derselbe röthlich, dicht mit Knoten

besetzt und beim Brechen vielsplitterig, den Halm angefüllt mit Spinn-
gewebe [1]), weisslich, beim Zerkauen zähe [2]), adstringirend, etwas scharf.
Genossen vermag er den Harn zu treiben; darum ist er mit Quecken
oder Petersiliensamen gekocht und getrunken Wassersüchtigen, Nieren-
kranken, an Harnzwang Leidenden und bei inneren Rupturen wirksam.
Die Menstruation befördert er getrunken und in Zäpfchen eingelegt. Den
Husten heilt er als Räucherung angezündet sowohl allein als auch mit
Terpentinharz, indem der Rauch durch ein Rohr in den Mund gesogen wird.
Er wird aber auch zu Sitzbädern für die Frauen abgekocht. Dann wird
er auch den Salben und Räucherungen zum Wohlgeruch zugesetzt.

[1]) Das gefässreiche parenchymatische Gewebe mit grossen Intercellularräumen.
[2]) Für γλίσχρος haben wir kein genau entsprechendes Wort, es ist das lateinische
viscosus.

Kalmus gehört zu den ältesten Gewürzen. Bei II. Mos. 30, 23, Jerem. 6, 20,
Hohelied 4, 14 dient das „duftende Würzrohr" zur Bereitung des Salböls.

Theophrast berichtet über den Kalamos (Hist. pl. IX 7, 1), er wachse mit dem
Bartgrase in einem Sumpfe zwischen dem Libanon und einem anderen kleinen Berge,
der aber nicht der Antilibanon sei; frisch habe er keinen, getrocknet aber einen
sehr feinen, wenn auch nicht weit reichenden Geruch. Und weiter (De odor. 25,
33, 34) heisst es, er werde den wohlriechenden Salben beigemischt, das Bartgras sei
schärfer und heisser . . ., beide verlören sehr bald ihre Kraft. Plinius XII 105 sagt
vom Calamus odoratus dasselbe und fährt dann fort: der Calamus hat einen vortrefflichen Geruch, der schon aus der Ferne einladet. . . . Die bessere Sorte bricht
weniger leicht und mehr spahnartig als wie der Rettig. Im Rohrstengel befindet
sich ein spinngewebeähnliches Mark, welches die Blume heisst, je reichlicher es vorhanden ist, um so ausgezeichneter ist er u. s. w.

Theophrast sagt nichts von der Wurzel, und Plinius nennt ausdrücklich den
oberirdischen Theil der Pflanze als den werthvollen. Auch D. würde ganz gewiss,
da er den Kalamos in der Folge so oft als Gewürz verwendet, die Wurzel als den
wirksamsten Theil beschrieben oder, wie beim Kypeiros, wenigstens auch deren Gebrauch erwähnt haben, wenn er unter Kalamos nicht den blühenden Spross verstehen wollte. Diese Ansicht wurde sowohl von den späteren Griechen, Aëtius von
Amida, Paulus von Aegina (Anfang des 7. Jahrh.), als auch von den Schriftstellern
des 16. Jahrhunderts vertreten. Fuchs (Paradoxa u. Comment. in hist. stirp. cum
fig., 1542) sagt: „Der wahre würzige Kalmus wird in unseren Officinen nicht geführt,
denn was sie unter diesem Namen verkaufen, ist nicht das Rohr, sondern die Wurzel,
auch fehlen ihm die Eigenschaften, die ihm von D. beigelegt werden." Al. Mun-
della (Annotat. in Examen simpl. Brasavolae, 1556): „Ich sehe nicht ein, wie die
Beschreibung des Calamus bei D. auf den gewöhnlichen Kalmus bei der grossen
Verschiedenheit passen soll; deshalb zweifeln wir, dass es der wahre des D.
ist" u. s. w.

Sylvius: Was in den Apotheken verkauft wird, ist nicht der Calamus (das
Rohr), sondern die Wurzel, und auch nicht die des Calamus, sondern irgend einer
anderen Pflanze, auch wird sie nicht aus Indien bezogen, weil sie zu billig und oft
frisch ist.

Cordus: Allgemein findet sich in den Apotheken der Calamus aromaticus,
aber er hat keine Aehnlichkeit mit dem wahren Calamus u. s. w.

Matthiolus (Comment. in Dioscor. 20), welcher im Jahre 1565 eine Kalmuspflanze durch den österreichischen Gesandten in Constantinopel erhielt und dieselbe abbildete, hält gleichfalls dafür, dass der oberirdische Theil derselben gemeint sei.

Janus Cornarius (Emblem. ad Diosc., 1557) bezieht die Beschreibung des D. theils auf den oberirdischen Theil der Pflanze, theils auf die Wurzel (vgl. Bauhin et Cherler lib. XIX p. 785 sqq.).

Wir haben also aller Wahrscheinlichkeit nach unter Calamus aromaticus des D. eine von Acorus Calamus verschiedene Pflanze zu betrachten.

Flückiger (Pharmakogn. S. 354) sagt: Wohl mag ursprünglich darunter (unter Calamus aromaticus) ein wohlriechendes indisches Gras aus dem Genus Andropogon verstanden worden sein, wie z. B. Trinius (Clavis Agrostograph. antiq., 1882, S. 10—15), Dierbach (Archiv XXV 161, 1828), Royle (Essay on the antiq. of Hindoo Med., 1837, 34, 82), Dulaurier (Journ. asiat. 1846, VIII 186) angenommen haben, oft aber wurden, besonders in neuerer Zeit, jene Bezeichnungen auf Acorus Calamus übertragen.

Bauhin (lib. XIX p. 737) schreibt: Im Jahre 1574 sah Clusius zuerst die blühende Pflanze mit sehr wohlriechenden Blättern zu Wien, welche durch Mitglieder der Gesandtschaft beim türkischen Sultan dorthin gekommen war. Er selbst habe sie in Stuttgart, Paris und Strassburg üppig gedeihen sehen. Sie erfordere feuchten sandigen Boden nahe bei Wasser, sie werde alle Jahre aus dem Boden genommen und, nachdem die Wurzeln abgeschnitten sind, würden die Summitates in handbreiter Entfernung von einander in den Boden gesteckt, wodurch sie reichlich vermehrt werde und schon im zweiten Jahre blühe.

Kosteletzky hält die Pflanze für *Andropogon Nardus* L. (Gramineae), Narden-Bartgras.

Beim Kalmus sagt er: Von Acorus Calamus L. findet sich im ganzen südlichen Asien eine auffallende Varietät, die vielleicht bei genauerer Untersuchung als eine eigene Species sich bewähren dürfte (G. E. Rumph, Herbar. amboinense, 1741—50, Vol. V T. 72 Fig. 1). Sie ist in allen Theilen viel kleiner, die Wurzel dünn, brauner, schärfer. Die Blätter sind 15—30 cm hoch, schmal und fester, auch der Schaft mit nur kurzer Spitze. Der Kolben ist 4 cm lang, federkieldick, den Kätzchen von Corylus ähnlich. Die Wurzel ist unserem Kalmus an Wirksamkeit gleich und war bis zum 16. Jahrhundert der Calamus aromaticus der meisten europäischen Aerzte.

Cap. 18. Περὶ Βαλσάμου. Balsam. Der Baum erscheint von der Grösse des Lykions oder Feuerdorns [1]) und hat Blätter denen der Raute ähnlich, aber viel heller und mehr immergrün, er wächst nur in Indien in einem bestimmten Thale und in Aegypten.

Sie (die Bäume) unterscheiden sich von einander durch Rauheit [2]), Grösse und Schlankheit. Darum wird das Dünne und Haarförmige des Strauches der Schnitt genannt, jedenfalls weil es, da es schlank ist, leicht zu schneiden ist. Das sogen. Opobalsamon [3]) wird gewonnen in der Zeit der Hundstagshitze, indem der Baum mit eisernen Werkzeugen angeschnitten wird. Es fliesst jedoch spärlich, so dass zu jeder Zeit nicht mehr als sechs bis sieben Chus [4]) gesammelt werden; es wird aber in dortiger Gegend um das Doppelte Silber verkauft [5]). Gut ist aber der Saft, wenn er frisch ist, einen kräftigen Geruch hat und unverfälscht ist, säuerlich schmeckt, leicht fliesst, blank und zusammenziehend ist und auf der Zunge mässig beisst. Er wird aber auf mancherlei Weise verfälscht. Die Einen mischen nämlich Salböle darunter, wie Terpentin, Cyperngras-, Mastix-, Lilien-, Behenöl, Bittermandelöl, Honig, sehr flüssige Myrten- oder Cyperngrassalbe. Ein solcher wird aber leicht durch die Prüfung erkannt. Wird nämlich der reine Balsam auf Wollzeug getröpfelt, so hinterlässt er nach dem Auswaschen weder einen Fleck noch Schmutz, der verfälschte aber bleibt. Ferner auf Milch getröpfelt macht er diese gerinnen, was der gefälschte nicht thut. Wird weiter der ächte auf Milch oder Wasser getröpfelt, so zerfliesst er rasch und milchig, der verfälschte dagegen schwimmt darauf wie Oel, in sich zusammengeballt, dann sternförmig sich ausbreitend. Mit der Zeit jedoch verdickt sich auch der ächte, er wird von selbst schlechter. Diejenigen irren aber, welche glauben, dass derselbe, wenn er ächt ist, auf das Wasser getröpfelt zunächst zu Boden sinke, dann als leicht zerfliesslich aufwärts dringe.

Daz Holz, welches Xylobalsamon genannt wird, ist geschätzt, wenn es frisch ist, dünne Zweige hat und röthlich und wohlriechend ist, und kurze Weile nach Opobalsamon duftet. Von der Frucht, denn auch diese steht im nothwendigen Gebrauche, wähle die gelbe, volle, grosse, schwere, mit beissendem und brennendem Geschmack, die mässig nach Opobalsamon riecht. Von Petra aber, wo die Frucht verfälscht wird, kommt ein Same, dem Johanniskraut ähnlich, diesen wirst du daran erkennen, dass er grösser, leer und kraftlos ist und nach Pfeffer schmeckt.

Der Saft hat sehr stark wirkende Kraft, da er in hohem Grade erwärmend ist, die Verdunkelungen auf der Pupille vertreibt und die Erkältungen der Gebärmuttergegend heilt, wenn er mit Rosenwachssalbe eingelegt wird. Er befördert die Menstruation, treibt die Nachgeburt und den Fötus aus und löst eingesalbt die Erstarrung. Auch reinigt er die Wunden von Schmutz. Getrunken ferner ist er die Verdauung befördernd und harntreibend, den Engbrüstigen zuträglich, mit Milch auch denen, die Akonit genossen haben und den von wilden Thieren Gebissenen. Er wird auch den Salben, Pflastern und Gegengiften zugemischt. Und im Allgemeinen hat die kräftigste Wirkung der Balsamsaft, die nächste die Frucht, die schwächste das Holz. Die Frucht, getrunken, ist für die ein gutes Mittel, welche an Seitenstechen, Lungenentzündung, Husten, Lendengicht, Fallsucht, Schwindel, Athemnoth, Leibschneiden, Harnverhaltung leiden, die von giftigen Thieren gebissen sind; ferner eignet er sich zu Räucherungen für Frauen, und in der Abkochung zum Sitzbade eröffnet er den Muttermund, indem er die Feuchtigkeit in sich zieht. Das Holz hat dieselbe Kraft wie die Frucht, nur schwächer. Es hilft in der Abkochung mit Wasser, getrunken, gegen Verdauungsschwäche, Krämpfe, den von giftigen Thieren Gebissenen, von Krämpfen Befallenen, auch treibt es den Harn und ist mit Irissalbe eingerieben bei Kopfwunden

heilsam; dann aber auch zieht es (Knochen-)Splitter aus und wird endlich den Verdichtungsmitteln der Salben zugesetzt.

[1]) Pyrakantha, *Crataegus Oxyacantha* L., mit rothen Beeren. [2]) Der Rinde.
D. hat den Strauch wohl selbst nie gesehen, sondern beschreibt ihn nach Berichten;
er gebraucht hier das Wort τραχύτης. [3]) ὀπὸς βαλσάμου, Balsamsaft. [4]) Die ganze
Ausbeute zu jeder Erntezeit würde also 19,68—22,96 l betragen haben. [5]) d. h. er
wurde mit dem doppelten Gewichte von Silber aufgewogen.

Der Balsamstrauch soll nach Plinius XII 111 zwei Ellen hoch sein und, wie
auch sein Vorgänger Theophrast sagt (Hist. plant. IX 6), nur in Syrien im Thale
Gilead, einem Landstriche östlich des Jordans, wo sich zwei Anpflanzungen befinden,
vorkommen, und zwar theils wild, theils cultivirt. Strabo (Geograph. lib. XVI p. 434)
berichtet, dass der dem κύτισος (Medicago arborea) oder der Terebinthe ähnliche
Balsamstrauch in Saba, also im südlichen Arabien, wachse, auch Prosper Alpinus
(De plant. Aegypt. p. 49) ist dieser Ansicht, und nach Flavius Josephus (Antiq.
judaic. 8, 6) soll eine Königin von Saba seine Cultur nach Palästina übertragen
haben. Wenn es aber Genesis 87, 25 heisst: „Sie sahen ismaelitische Kaufleute von
Galaad herkommen, deren Kameele Specereien, Balsam und Myrrhenharz trugen,
und die nach Aegypten zogen," so muss man wohl bedenken, dass die arabischen
Karawanen die Producte Palästinas aufnahmen und nach Aegypten führten. In
Aegypten war der Balsamstrauch nicht heimisch, er wurde erst später dorthin ver-
pflanzt. Simeon Seth, etwa um 1070 (De cibor. facult. p. 9), und Abd Allathif,
gest. 1231 (Aegypt. p. 13), haben den Strauch bei Hieropolis gefunden und Petr.
Bellonius (De arboribus coniferis, 1553) sah ihn in den Gärten von Kairo.

Plinius gibt noch als weitere Verfälschungen Harz, Galbanum und Gummi an,
letzteres mache ihn sehr brüchig und trocken. Weiter sagt er, der mit Wachs versetzte Balsam bilde beim Verbrennen eine schwarze Flamme, der, welcher Honig
enthalte, locke die Bienen an. Er sowohl wie Theophrast behaupten, reiner Balsam
komme nicht nach Europa.

Wie Flav. Josephus (Antiq. jud. 14, 4), Tacitus (Hist. 5, 5), Plinius XII 115
angeben, durfte der Baum nicht mit einem Eisen verletzt werden, wenn er nicht
eingehen solle, sondern nur die Rinde, und nur diese dürfe mit einem Instrument
aus Glas, Stein oder Knochen angeritzt werden.

Nach allen Beschreibungen und Angaben, dass Holz und Zweige wohlriechend
sind, müssen wir annehmen, dass der Balsam ein natürliches Product der Pflanze,
also in ihr fertig gebildet enthalten ist. Der ausfliessende Saft ist nach Plinius zunächst weiss, dann röthlich und durchscheinend (λεῖος, glatt, sagt Diosk.), wird
mittelst Wolle in kleinen Hörnern aufgefangen und aus diesen in neue irdene Ge-
schirre gethan. Nach seinem Zeugnisse haben die Juden wider den Strauch ge-
wüthet, d. h. entweder Raubbau getrieben oder ihn aus Hass gegen die Römer aus-
zurotten versucht, bis die Kaiser für seine Schonung und Cultur sorgten.

Schon zur Zeit des Mittelalters war der ächte Balsam aus dem Handel verschwunden und an seine Stelle das pathologische Product von *Toluifera Pereirae*
Baill. getreten, so dass, als der in der katholischen Kirche zum Chrisma gebrauchte
ächte Balsam nicht mehr zu haben war, Papst Pius V. durch eine Bulle vom Jahre
1551 die Verwendung von Balsamum peruvianum gestattete.

Balsamodendron gileadense Kunth oder *Amyris gileadensis* L. (Terebinthinaceae-
Amyrideae), Aechter Balsamstrauch, ist nach der Beschreibung von Vahl (Sym-
bolae botan. fasc. III) ein kleiner Baum mit sparrig abstehenden, glatten, aschgrauen
Aesten und drei- bis fünfzählig gefiederten Blättern, sie sitzen auf sehr kurzen Aestchen.
Die Blättchen sind kaum merklich weichhaarig, verkehrt-eiförmig oder keilförmig,

bisweilen etwas spitz, das mittlere ein klein wenig grösser als die seitlichen. Die kurzgestielten kleinen Blüthen einzeln oder mehrere beisammen am Ende der Blattästchen. Kelch glockig, Blumenblätter weiss, so lang wie die Staubfäden. Steinfrucht eiförmig, erbsengross, glatt und braun.

Der Balsam enthält nach Wigand zwei Harze und ätherisches Oel.

Cap. 19. Περὶ Ἀσπαλάθου. Aspalathos. Der Aspalathos [Einige nennen ihn Erysiskeptron[1]), Andere Sphagnon, Phasganon[2]), die Syrier Diaxylon[3])] ist ein holziger Strauch mit vielen Dornen, welcher in Istros, Nisyros[4]), sowie auch in Syrien und auf Rhodus wächst, und den die Salbenbereiter zum Binden des Wohlgeruches gebrauchen. Gut ist der, welcher schwer, nach dem Entrinden etwas röthlich oder purpurfarbig, dicht, wohlriechend und bitter von Geschmack ist. Es gibt davon aber auch eine zweite Sorte, weiss, holzig und geruchlos, die aber für schlechter gilt. Er hat erwärmende und zugleich adstringirende Kraft, darum dient er mit Wein gekocht und damit gespült gegen Mundausschlag (Soor)[5]) und als Einspülung gegen fressende und schmutzige Geschwüre an den Schamtheilen; den Zäpfchen beigemischt zieht er den Fötus heraus. Die Abkochung davon hemmt den Durchfall und den Blutfluss, befreit auch von Harnverhaltung und Blähungen.

[1]) Siehe Cyperngras Cap. 4. [2]) φάσγανον, Dolch, Schwert, weil die Dornen so scharfe Verwundungen verursachen. [3]) διάξυλον, eigentlich Querholz, Kreuzholz, wird von Marcellus, dem Interpreten des D. (1525) als mediolignum, das mittlere Holz bezeichnet. [4]) Istros ist wie auch Nisyros (Nisari) eine zu den Kykladen gezählte Insel. [5]) Aphthen.

D. spricht sich nicht darüber aus, ob er das Holz oder die Wurzel meint, während Plinius XII 110 sqq. sagt, dass der Aspalathus, ein weisslicher Dornstrauch, mit dem Cyperngrase in denselben Districten wachse, ein Baum mit rosenrother Blüthe, dessen Wurzel zu Salben diene; nur die Sträucher, auf welche sich der Regenbogen herabkrümme, erhielten den angenehmen Duft, seine gute Beschaffenheit bestehe in der röthlichen Farbe, in der Dichtigkeit des Holzes und im Geruch nach Bibergeil. An anderer Stelle (XXIV 112) verwechselt er ein Dorngewächs, dessen sich die Walker bedienen (Dipsacus fullonum L.) mit Aspalathus.

Ueber die Identität dieser Pflanze sind nur Vermuthungen angestellt. Am meisten weichen die arabischen Schriftsteller von D. ab, welche den Aspalathos als einen dornigen Baum beschreiben. Seit dem 15. Jahrh. hat man keine Kunde mehr von dem wahren Aspalathos gehabt. Sowohl Matthiolus als auch Janus Cornarius geben an, dass er schon längst in den Officinen fehle; als Substitute galten das wohlriechende Aloëholz oder Santelholz. Joh. Pona beschreibt die Droge (Comment. simplicium in monte Baldo cresc.) folgendermassen: das Holz ist compact und schwer, die äussere Rinde grauschwarz, etwas scharf und adstringirend; nach ihrer Entfernung zeigt sich eine faserige Membran, welche sehr wirksam ist. Zieht man diese ab, so erscheint das Holz aussen purpurfarben, nach innen blasser werdend. Der innere Theil ist schwärzlich. Das ganze Holz ist adstringirend, hat einen sehr scharfen Geruch wie Bibergeil. Sprengel hält *Cytisus laniger* oder *Spartium villosum* Vahl (Papilionaceae) für den wohlriechenden Aspalathos und für die andere Sorte *Spartium horridum* Vahl oder *Cytisus spinosus* Lam. Fraas bestimmt den ersteren Aspalathos als *Genista acanthoclada* D. C. Stachelginster, den er nach abgezogener Rinde röthlich und auch bitter fand, aber nicht wohlriechend, den anderen als *Calycotome villosa* Link (*Spartium villosum* Vahl).

In den Gewächshäusern werden verschiedene Arten Aspalathos als Zierpflanzen kultivirt, so *Asp. ciliaris* L., *Asp. ericaefol.* L., *Asp. argent.* L.

Cap. 20. Περὶ Βρύου. Bryon. Das Bryon wird von Einigen auch Splachnon genannt, es findet sich auf Ceder-, Pappel- und Eichbäumen. Den Vorzug verdient das der Ceder, dann kommt das der Pappel; das wohlriechendste davon und das weisse ist gut, das schwärzliche ist schlechter. Es hat adstringirende Kraft, hält die Mitte zwischen Warm und Kalt, wirkt in Tränken und Sitzbädern gegen Gebärmutterleiden. Es wird auch den Behensalben und Salbölen wegen seiner zusammenziehenden (verdichtenden) Wirkung zugesetzt, eignet sich auch zur Bereitung von Räucherungen und kräftigenden Salben.

Plinius XII 108 nennt das Bryon Sphachnos, graue Zotten an den Bäumen, besonders den Eichen; das beste wächst in Kyrene, dann kommt das kyprische und an dritter Stelle das phönikische. Es wächst auch an Felsen. An anderer Stelle nennt er es die Traube der weissen Pappel, das beste wachse in Knidos und Karien, eine zweite Sorte auf der Ceder in Lykien. Weiter (XIII 137) nennt er auch das Seemoos Bryon.

Wir haben es hier mit einer wohlriechenden Flechte zu thun, wahrscheinlich aus der Familie der Usneaceae. Sie sind etwas bitter und zusammenziehend und wurden gegen Schleim- und Blutflüsse, gegen Ruhr und Magenschwäche angewandt. Die *Alectoria Arabum* Ach., das Oschnah der alten arabischen Aerzte, ein Product der heissen Zone, es hat einen ambraartigen Geruch.

Nach Fraas ist es *Usnea florida* Ach.

Cap. 21. Περὶ Ἀγαλλόχου. Agallochon. Das Agallochon ist ein aus Indien und Arabien hergebrachtes Holz, ähnlich dem Thuja-Holze[1]), gesprenkelt, wohlriechend, beim Kosten etwas zusammenziehend zugleich mit einer gewissen Bitterkeit, mit lederartiger und gefleckter Rinde. Es dient zerkaut und in der Abkochung als Spülwasser zum Wohlgeruch des Mundes, auch ist es ein Parfüm (Streupulver) für den ganzen Körper. Es wird statt des Weihrauchs zum Räuchern benutzt. Die Wurzel davon zu 1 Drachme genommen lindert die Schlaffheit, Schwäche und Hitze des Magens. Denjenigen, welche an Seiten- und Leberschmerzen, welche an Dysenterie oder Leibschneiden leiden, hilft es mit Wasser getrunken.

[1]) Nach Sprengel *Thuja articulata* Vahl; den Vergleich bezieht er auf die Knorren oder Maserkröpfe, γόγγροι, die sich hier wie beim *Aloëxylon Agallochum* Lour. finden sollen.

Das Wort Agallochum entspricht nach demselben Sprengel dem „Ahaloth“ der Hebräer (Hohel. 4, 14; Psalm 44, 9) und dem „Agalladschin“, späteren „Allowath“ der Araber. Das Ahaloth liegt dann dem Aloëholz zu Grunde. Bei Plinius XII 98 heisst es Tarum, es war eins der kostbarsten Räucherwerke. Simeon Seth (De alimentorum facult.) nennt es Ξυλαλόη, Aloëxylon, Aloëholz (Meyer, Gesch. d. Bot. III S. 364) und zählt zehn verschiedene Sorten auf.

In der Beschreibung der Stammpflanze und der Droge weichen die älteren Botaniker nicht unwesentlich von einander ab. Garcia sagt fast übereinstimmend mit Anderen: Der Baum wächst nur in Indien, Arabien ist nur das Durchgangsland. Er hat die Grösse des Oelbaums, die Rinde ist dick und ohne Geruch, das Holz überhaupt ist frisch geruchlos, der angenehme Duft entwickelt sich erst beim Trocknen und ist dem Marke (cordi) zu am stärksten. Die Eingeborenen reissen entweder die Rinde ab, ehe sie das Holz in den Handel bringen, oder sie graben die Stämme in die Erde, wo sich beim Verschwinden der Rinde der Wohlgeruch entwickelt. Sie nennen den Baum (nach Lud. Romanus, Navig. in Oriente) Calampat (vgl. Bauhin et Cherler lib. IV p. 477 sqq.). Rumph (De plantis exotic., um 1750) sagt, es gebe zwei Sorten Aloëholz, Kalambak und Garoš malaka; als Stammpflanzen werden *Aloëxylon Agallochum* Lour. (Leguminosae-Caesalpin.) und *Aquilaria malacensis* Lam. (Thymelaeac.), ansehnliche Bäume Hinterindiens und der benachbarten Inseln bezeichnet.

Neuerdings haben sich Hanbury (Science papers 1876 p. 263), Greshoff (Schetsen van Nuttige Indische Planten) und Prof. J. Möller (Lignum Aloës und Linaloëholz, Pharm. Post 1896, Separatabdr.) mit dem Agallochum beschäftigt. Hanbury kennt dasselbe nur als Product von *Aquilaria Agallocha* Roxb. „Das Holz", sagt er, ist in seinem gewöhnlichen Zustande von blasser Farbe, leicht und geruchlos und wird als Droge nicht geschätzt. Unter gewissen Bedingungen findet jedoch eine Umänderung in einzelnen Theilen sowohl des Stammes als der Zweige statt, indem das Holz von einer dunklen, harzigen, gewürzhaften Flüssigkeit erfüllt wird und ein höheres spec. Gewicht erlangt. ... Es sind dies Theile des Holzes, welche die fragliche Droge bilden und die um so höher geschätzt werden, je schwerer und je reicher sie an harziger Masse sind. ... Beim Suchen nach ‚Aggar', wie das geschätzte Holz genannt wird, entfernen die Sammler die Rinde und hauen in das Holz so tief, bis sie dunkelfarbige Adern bemerken, welche die Nähe des werthvollen Holzes anzeigen. Dieses findet sich gewöhnlich in nur geringer Entfernung vom Centrum des Stammes oder Zweiges. In einigen Districten herrscht die Gewohnheit, die Gewinnung des harzigen Holzes zu erleichtern, indem man Theile des Holzes in die feuchte Erde vergräbt oder den ganzen Baum, nachdem er niedergehauen, einige Zeit liegen lässt; die Wirkung davon ist, dass das nicht harzige Holz abstirbt und dann mit eisernen Werkzeugen entfernt werden kann."

In der Tamilsprache heisst das Aloëholz „Aghil", woraus die Portugiesen das Wort „Aguila" bildeten. Von Lamarck wurde dieses weiter zum Genusnamen „Aquilaria" geformt, welcher zu der missverständlichen Uebersetzung „Adlerholz" führte. Die feinste Sorte kam wohl kaum in den Handel, sondern blieb an den Höfen der Fürsten; aber auch das gewöhnliche Aloëholz wurde sehr geschätzt. Nach der Taxe der Stadt Ulm vom Jahre 1596 kostete eine halbe Unze (15 g) 40 Kreuzer (vgl. Flückiger, Pharmakogn. S. 217).

Eingehende und aufklärende Untersuchungen verdanken wir Möller. Er hat eine ganze Reihe sogen. Aloëhölzer untersucht und kommt zu folgendem Schluss: Das ächte Aloëholz stammt von Aquilaria-Arten. Es scheint seltener nach Europa gekommen zu sein, als ein anderes, dessen Abstammung nicht ermittelt werden konnte. Dieses stammt vielleicht von jener unbekannten Leguminose, welche von Loureiro *Aloëxylon Agallochum* genannt wurde, wahrscheinlicher von *Gonostylus Miquelianus*, einer Thymelaeacee. Das Aquilariaholz ist leicht erkennbar an den intraxylären Phloëmsträngen, da diese bisher bei keinem Holze gefunden wurden.

Die aromatischen Stoffe, denen das Aquilariaholz seine Anwendung verdankt, sind das Product einer Altersdegeneration. Sie treten zunächst als allgemeiner Zellinhalt auf und führen endlich zur Zerstörung der Zellmembranen und damit der Holzsubstanz.

Das Holz von *Aquilaria Agallocha* Roxb. (aus den Royal Botan. Gard. in Kew) ist dunkel zimmtbraun, ziemlich hart, nicht schwer, gut spaltbar, geruchlos, beim Verbrennen eigenartig schwach riechend. Am Querschnitte sind Gefässe und Markstrahlen selbst unter der Lupe schwer zu unterscheiden, dagegen sieht man deutlich eine tangentiale Strichelung von dunklen zarten Linien, der Ausdruck der Phloëmbündel, die im älteren Holze stark in die Quere gestreckt sind. Ihr Parenchym ist so dicht mit brauner Inhaltsmasse erfüllt, dass die Phloëmstränge, unter Wasser gesehen, als compacte Masse erscheinen, aus welcher die gelben Bastfasern hervorglänzen. Denselben Inhalt führen auch die Markstrahlen und stellenweise auch die trachealen Elemente. Die Gefässe sind isolirt oder zu wenigen gruppirt. Parenchym kommt ausser den Phloëmsträngen wenig vor. Die Fasern sind breit, mässig verdickt, mit winzigen, aber deutlich behuften Tüpfeln besetzt.

Die in allen Nüancen braune, bernsteingelbe bis beinahe schwarze Inhaltsmasse aller Zellen ist unlöslich in Wasser, Alkohol und Aether, löslich in Alkalien, vollständiger in Chloralhydrat. Auf Gerbstoff reagirt sie nur schwach.

Nach Dymock zeigen die besten Stücke des Holzes, die in Wasser untersinken, zahlreiche mit Harz erfüllte Höhlungen. Gekaut wird das Holz zwischen den Zähnen weich, es schmeckt bitter und aromatisch. Angezündet verbreitet es einen angenehmen Geruch, während das falsche Aloëholz wie verbrannter Kautschuk riecht.

Das zweite, nach der Häufigkeit seines Vorkommens zu schliessen, dem ächten wohl für gleichwerthig erachtete Aloëholz ist viel härter und hat einen von Aquilaria ganz verschiedenen Bau.

Cap. 22. Περὶ Νασκάφθου. Naskaphthon. Naskaphthon, nach Anderen Narkaphthon, auch dieses wird aus Indien gebracht. Es ist rindenartig, ähnlich dem vom Maulbeerbaum Abgeschälten, wegen seines Wohlgeruches wird damit geräuchert, auch wird es den zusammengesetzten Räuchermitteln zugemischt. In der Räucherung hilft es auch gegen Gebärmutterverstopfung.

Naskaphthon ist eine nicht bestimmte Masse.

Cap. 23. Περὶ Καγκάμου. Kankamon. Das Kankamon ist die Thräne eines arabischen Baumes, in gewisser Weise der Myrrhe ähnlich, von widrigem Geschmack, welche man als ein Räuchermittel verwendet; man räuchert nämlich die Kleider damit zugleich mit Myrrhe und Styrax. Es soll eine die Fetten abmagernde Kraft haben, wenn es in der Menge von 3 Obolen mit Wasser oder Sauerhonig einige Tage hindurch genossen wird. Es wird auch an der Leber und an Epilepsie Leidenden und Asthmatikern gegeben; ferner befördert es mit Honigwasser die Menstruation, vertreibt rasch die Narben in den Augen und heilt mit Wein behandelt die Schwachsichtigkeit. Gegen Zahnfleischfäule und Zahnschmerzen wirkt es wie kein anderes Mittel.

Bei Theophrast und Galen finden wir über Kankamon nichts, bei Plinius nur, dass es neben Tarum durch das Gebiet der nabathäischen Troglodyten eingeführt werde. Sprengel versucht die Identificirung der Droge durch Vermittelung des Arabischen. Rhazes hat nämlich dafür den Namen Lakh und sagt, der Baum, aus dem es fliesse, gleiche der *Sorbus domestica*. Avicenna berichtet vom Lakh das- selbe wie vom Kankehar oder Kankeham, dem arabisirten κάγκαμον. Weiter sagt Sprengel, in Afrika wachse ein der Sorbus domestica ähnlicher Baum, *Amyris Kataf* Forsk., welcher zur Regenzeit ein rothes, wohlriechendes Pulver ausschwitze, das die Frauen sich auf das Haupt streueten. Das Holz davon diene in Aegypten dazu, um mit seinem Rauch die irdenen Wasserkrüge zu imprägniren. Das Gummi habe abführende, also entfettende Wirkung und befördere die Menstruation.

Die Schriftsteller des 16. Jahrhunderts hielten, den Arabern folgend, das Kan- kamon für Lacca; diese entsteht aber durch den Stich der Schildlaus, *Coccus Lacca*, in die jungen Zweige von *Aleurites laccifera* Willd. (Euphorbiaceae), von verschiedenen Ficus-Arten (Artocarpeae), *Butea frondosa* Roxbg. (Papilionaceae) und anderen Bäumen Ostindiens, indem der Milchsaft ausfliesst und erhärtet (Lacca in granis und in baculis). Das Product wurde früher gegen Krankheiten der Mundhöhle und des Zahnfleisches gebraucht. Auf glühende Kohlen geworfen riecht es etwas angenehm.

Cap. 24. Περὶ Κύφεως. **Kyphi.** Kyphi ist die den Göttern ge- nehmste Räuchermischung, die Priester in Aegypten wenden sie sehr häufig an. Es wird auch den Gegengiften zugemischt und in Tränken den Asthmatikern gegeben. Es werden mehrere Zubereitungsarten desselben angegeben, eine davon ist die folgende: (Nimm) ½ Xestes Cyperngras, ebensoviel reife Wachholderbeeren, 12 Minen entkernte saftige Rosinen, 5 Minen gereinigtes Harz, gewürzhaften Kalmus, Aspalathos, Schoinos, von jedem 1 Mine, 12 Drachmen Myrrhe, 9 Xestes alten Wein, 2 Minen Honig. Die Rosinen stosse nach der Entkernung und verarbeite sie mit Wein und Myrrhe und das andere stosse und siebe und mische es dann diesem zu und lasse es einen Tag auf einander einwirken; nachdem du dann den Honig bis zur Leimconsistenz gekocht hast, mische vorsichtig das geschmolzene Harz zu, darauf das Uebrige, nachdem du es sorgfältig gestossen hast und bewahre es in einem irdenen Gefässe auf.

Das Kyphi war das berühmteste Räucherrecept des ägyptischen Alterthums. Die Anfertigung geschah in einem besonderen Laboratorium, dem asi-t oder Hun- Zimmer, wie Dümichen diesen Tempelraum nennt und von besonderen Priestern, deren einer (Prophet) während der Arbeit Gebete recitirte. Die beiden hervor- ragendsten Recepte sind das im grossen Osiris-Texte aus dem Tempel zu Dendera, welches aus zwölf Ingredienzen besteht, und das des Papyrus Ebers (Ein Kyphi- Recept aus dem Pap. Ebers, Zeitschr. f. ägypt. Sprache u. Alterthumsk. 1874, S. 108): Kyphi (Kept) bereitet, um angenehm zu machen, den Geruch des Hauses oder der Kleider:

änti šu (Myrrhe, trockene)

pert sěn (Wachholderbeeren)

neter sonter (Weihrauch)

kau (Cyperus)

chet en thešeps (Mastixzweige)

šebet (Bockshorn)
nebat nt tahi (Kalmus von Nordsyrien)
inekunen (?) t'emten (Rosinen)
ken niuben (Styraxsaft)

zerstossen, gestalten zu einer Substanz, geben dort ans Feuer. Anders zu machen für die Frauen davon: geben dieses Recept nach Vorschrift dieser mit Honig, kochen, mischen, gestalten zu Kügelchen. Räuchern damit unter ihnen, sodann machen sie Pillen für den Mund aus ihnen, um angenehm zu machen den Geruch des Mundes von ihnen. „Des Mundes" nach Joachim und Ebers (Die Maasse und das Capitel über die Augenkrankheiten), während v. Oefele (Die nicht pathologische Gynäkologie der alten Aegypter, Inauguraldissertation, 1894) das ro, hierogl. ⊂⊃, welches jede Oeffnung bezeichnen kann, mit vagina übersetzt in Rücksicht auf die bei den Orientalinnen geübte Pflege der Genitalien. Statt Mundpillen sind es dann Vaginalkugeln. Die kostbare Masse wurde von den Priester-Apothekern in einem besonderen Räucherkasten aus rothem Holz, sati-χet pu ran, aufbewahrt; er war 3 Palma und 3 Finger (etwa 60 cm) lang und breit.

Cap. 25. Περὶ Κρόκου. Safran. [Einige nennen ihn Kastor[1]), Andere Kynomorphos[2]), die Propheten Blut des Herakles.] Der bessere ist der korykische in Kilikien[3]), von dem dortigen Korykos[4]), dann kommt der lykische[5]) von dem Olymp dort, der dritte ist der von Aegis[6]) in Aeolis. Der kyrenäische[7]) aber und der sicilische sind schwächer in der Wirkung, obwohl saftreicher und leicht zu zerquetschen, deshalb täuschen sie auch Viele. Zum medicinischen Gebrauch ist am besten der frische und der eine hübsche Farbe und wenig Weisses[8]) hat, der etwas länglich, ganz unverletzt, voll, beim Reiben wohlriechend ist, aber beim Befeuchten die Hände färbt, der nicht schimmlig und etwas bitter ist. Der nicht so beschaffene ist entweder unreif oder veraltet oder aufgeweicht. Er wird verfälscht durch untermischtes Krokomagma[9]) oder indem er nach dem Befeuchten mit eingekochtem Most, durch zerriebene Bleiglätte oder Molybdaina[10]), um das Gewicht zu erhöhen, gemischt wird. Dieses wird aber dadurch erkannt, dass Staubartiges oder der Geruch von eingedicktem Most auftritt und dass er befeuchtet den reinen Wohlgeruch nicht von sich gibt. Thessalos nun behauptet, er habe einen eigenartigen Wohlgeruch, Andere sagen, 3 Drachmen davon mit Wasser werden als ein tödtliches Gift gegeben. In Wahrheit ist er harntreibend und etwas adstringirend, deshalb wirkt er mit Wasser als Salbe gegen Rose und gegen Augen- und Ohrenflüsse. Mit Milch wird er den Ohren- und Mundsalben zugefügt. Er wirkt auch gegen den Rausch. Die Wurzel der Pflanze, welche ihn liefert, mit süssem Traubenwein genommen treibt den Urin.

[1]) Kastor ist der grosse leuchtende Stern der Zwillinge. [2]) Der Hundsgestaltige.
[3]) Landschaft im südlichen Kleinasien. [4]) Vorgebirge mit einem tiefen Thale, wo der Safran wuchs, heute Kurku oder Korghos. [5]) Landschaft im südwestlichen Kleinasien. [6]) Jetzt Guzel-Hissar im Paschalik Aidin. [7]) Kyrene, heute Kurin in der

Landschaft Kyrene an der Nordküste Afrikas. [8]) Die hellgelben Griffel. [9]) Safran-
teig, der Rückstand nach dem Auspressen bei Bereitung der Safransalbe. [10]) λιθάρ-
γυρος, Blei- oder Silberglätte, Bleioxyd, μολυβδαίνα hält Lenz (Mineral. der alten
Griechen und Römer S. 72) für den von der Glätte durchdrungenen Mergel des
Treibheerdes. Plinius XXXIV 173 macht keinen wesentlichen Unterschied zwischen
Molybdaena, Lithargrum und Galena (vgl. auch V 100).

Theophrast (Hist. pl. VII 7, 4; VI 8, 3) unterscheidet drei Sorten Safran, den
wohlriechenden, den weissen und dornigen, von denen die beiden letzten ebenso wenig
wie der bergige Geruch haben. Im Gegensatze zu D. bezeichnet er den kyrenäischen
als die feinste Sorte (Hist. pl. VI 6, 5; De caus. pl. VI 18, 3). Plinius XXI 31
nennt den wildwachsenden den besten; er wird in Italien nicht mit Vortheil gebaut,
da er die Aecker zu sehr aussaugt. Der beste ist der kilikische vom Berge Corycus,
der ächte soll in der Hand rauschen, der angefeuchtete gibt dem Drucke der Hand
nach. Ans Gesicht gehalten soll er die Haut und Augen beissen.

Es sind die gesättigt braunrothen Narben von *Crocus sativus* L. (Iridaceae-
Crocoideae), Aechter Safran; sie sind heute noch officinell.

Der Gebrauch des Safrans ist sehr alt; im Papyrus Ebers wird Berg- und
Nordsafran genannt; im Hohenliede Salomons (4, 14) ist er eins der kostbaren
Gewürze.

Der Name Safran wird vom arabischen „safra", gelb abgeleitet.

Die Araber haben ihn zu den Völkern des Westens gebracht. Im Mittelalter
blühte die Safrancultur besonders in Italien, Spanien und Oesterreich. In Gâtinois
wurde sie erst im 17. Jahrhundert eingeführt. In Griechenland wächst er nach
Heldreich (Die Nutzpflanzen Griechenlands, 1862) und Fraas wild, am liebsten an
Bergabhängen und auf trockenem kalkhaltigem Boden. Das eigenthümliche Aroma
verdankt der Safran nach Flückiger einem ätherischen Oele $C_{10}H_{16}$; er enthält
einen Farbstoff Crocin und einen krystallinischen Bitterstoff Picrocrocin.

Cap. 26. Περὶ Κροκομάγματος. Krokomagma.

Das Kroko-
magma stammt her von dem Safransalböl, indem die Gewürze ausgepresst und geformt werden. Gut ist das, welches wohlriechend, etwas
nach Myrrhe duftend, schwer, dunkel, nicht holzig ist, beim Auseinander-
ziehen eine ziemliche Safranfarbe hat, fein, etwas bitter ist, Zähne und
Zunge kräftig und viele Stunden anhaltend färbt; ein solches ist das aus
Syrien. Es hat eine die Verdunkelungen auf der Pupille reinigende,
harntreibende, erweichende, die Verdauung befördernde und erwärmende
Kraft. Im Ganzen entspricht dieselbe der Kraft des Safrans, denn es
besteht zum grössten Theil daraus.

Das Krokomagma, der Safranteig, war der Rückstand bei der Bereitung der
Safransalbe, er bestand aus Safran und fein gesiebter Myrrhe, welche mit Oel ausgezogen wurden.

Cap. 27. Περὶ Ἑλενίου. Alant.

Der Alant [Einige nennen ihn
Symphyton, Andere Persika, Medika, Oresteion, Nektarion, Kleonia, idäi-
schen Strauch, idäisches Wollkraut, die Römer Terminalium oder Inula campana, die Aegypter Lenes] hat Blätter ähnlich denen der schmalblätterigen
Königskerze, aber rauher und länglich. Er treibt einen rauhhaarigen

Stengel, zwei Ellen hoch und höher, kantig, er hat die Blätter nicht in grossen Abständen und an den Knoten gewisse Auswüchse nach dem Muster der Blätter gestaltet. Aus jeder Achsel (kommen) hochgelbe Blüthen und darin ist die Frucht wie die der Königskerze, welche beim Berühren Jucken erzeugt. Einen Stengel aber treibt er in gewissen Gegenden nicht, eine gelbliche, wohlriechende, grosse, etwas scharfe, weich anzufühlende Wurzel, von der wie bei der Lilie und dem Natterwurz kräftige Schösslinge zum Fortpflanzen genommen werden. Er wächst aber in bergigen, beschatteten und feuchten Gegenden. Die Wurzel wird im Sommer gegraben und zerschnitten getrocknet. Die Abkochung davon getrunken treibt den Urin und die Menstruation. Die Wurzel selbst mit Lycium und Honig genommen hilft gegen Husten, Engbrüstigkeit (Orthopnöe), innere Rupturen, Krämpfe, Blähungen, gegen den Biss giftiger Thiere, indem sie sich überhaupt als wärmend erweist. Seine Blätter mit Wein gekocht werden mit Erfolg den an Ischias Leidenden aufgelegt. In Süsswein eingemacht ist sie (die Wurzel) wohlschmeckend. Die Einpöckeler trocknen sie nämlich ein wenig, kochen sie dann und tauchen sie in kaltes Wasser, worauf sie dieselbe in die eingeengte Abkochung legen und zum Gebrauch aufbewahren. Zerstossen und genossen hilft sie denen, die an Blutsturz leiden.

Der Name ἐλένιον wird auf ἕλος, feuchte Wiese, oder auch auf ἥλιος, Sonne, wegen der grossen strahligen Blüthe zurückgeführt. Helenion soll auch die Pflanze heissen, weil sie aus den Thränen der Helena über den Tod des Kanopos, des Steuermanns des Menelaos, entsprossen sei; im sehr losen Zusammenhange mit diesen mag auch die Bezeichnung Orestion (Orestes) stehen. Symphyton heisst sie jedenfalls von der dichten Bewurzelung, Nektarion von der süssgemachten Wurzel, Kleonia, die Berühmte, weil sie schon sehr früh geschätzt wurde, die persische und medische vom Heimathlande, ebenso φλόμος ἰδαῖος, idäischer Strauch, auch Himbeerstrauch, Rubus idaeus, wegen ihres Vorkommens am Berge Ida und Inula campana als ein Gewächs Campaniens.

Plinius, welcher XIV 108 dieselben Synonyma aufzählt, unterscheidet XIX 91 und XXI 59 zwischen Inula und Helenium, verwechselt aber beide mit einander, da er Helenium einen Strauch mit spannenlangen an der Erde liegenden Zweigen und quendelartigen Blättern als Kranzpflanze und an anderer Stelle die medicinische Wirkung beschreibt. D. nennt den Stengel kantig, er hat dies wohl nur auf die ziemlich starken Riefen bezogen; die Auswüchse, Hervorragungen an den Stengeln könnten vielleicht die unteren Lappen der stengelumfassenden Blätter sein.

Inula Helenium L. (Compositae-Tubuliflorae). Aechter Alant. Die Alantwurzel ist noch heute ein beliebtes Bittermittel; sie enthält in reichlicher Menge das die Stärke vertretende Inulin, ferner etwas ätherisches Oel, das wenig aromatische Alantsäureanhydrid, Helenin (Alantkampfer) und Alantol.

Cap. 28. Περὶ Ἑλενίου αἰγυπτίου. Aegyptischer Alant. Ein anderer Alant, erzählt Krateuas, wachse in Aegypten. Es ist eine krautartige Pflanze, welche ellenlange auf der Erde liegende Zweige hat, wie

der Quendel, Blätter denen der Linse ähnlich, aber grösser[1]) und zahlreich
an den Zweigen, eine blasse Wurzel, von der Dicke eines kleinen Fingers,
unten dünn, oben dicker, mit einer schwarzen Rinde. Er wächst in der
Nähe des Meeres und an sandigen Stellen. Eine Wurzel mit Wein genommen hat die Kraft, den von Giftthieren Gebissenen zu helfen.

[1]) Anguillara (Semplici dell' eccell. M. Luigi Anguillara etc. da M. G. Marinelli
mandati in luce, 1561) liest nach dem Texte des Krateuas μικρότερα, kleiner, statt
μακρότερα.

Die Schriftsteller des 16. Jahrhunderts haben für diese Pflanze mancherlei Namen;
es ist ohne Zweifel die Kranzpflanze Helenium des Plinius und Theophrast (Hist.
plant. 6, 1, 2 und De caus. pl. 6, 13), der das Helenium zu den kleinblätterigen
und Pflanzen mit geruchloser Blüthe rechnet. Sprengel hält die Pflanze für
Teucrium Marum L., wahrscheinlicher ist es aber *Thymus incanus* Sibth.

Cap. 29. Περὶ ἐλαίου ὠμοτριβοῦς. Oel aus unreifen Oliven.
Das beste Oel zum Gebrauch in gesunden Tagen ist das aus unreifen
Oliven, welches auch Omphakion genannt wird. Dabei hat den Vorzug
das frische, nicht scharfe, gut riechende; ein solches eignet sich aber auch
gut zur Bereitung der Salben. Es ist auch dem Magen bekömmlich
wegen seiner adstringirenden Kraft, heilt Wunden und befestigt die
Zähne, wenn es im Munde gehalten wird, auch hält es den Schweiss
zurück.

Das Omphakion wird bereitet aus den Früchten von *Olea europaea* L. (Oleaceae).
Plinius XII 130 und XV 9 sagt: Es wird aus solchen Oliven hergestellt, die noch
weiss — also sehr jung — sind, das ist die bessere Sorte; die geringere liefert die
Druppa, so heisst die Olive, bevor sie zum Essen reif ist, aber ihre Farbe schon verändert hat. Die Früchte werden entweder in Körben oder zwischen Platten ausgepresst; das zuerst ausfliessende Oel ist das beste, später nimmt es immer mehr an
Güte ab.

Cap. 30. Περὶ ἐλαίου κοινοῦ. Gewöhnliches Oel. Das ältere
aber und fettere Oel ist für die Verwendung zu Arzneimitteln geeignet. Im
Allgemeinen ist jedes Oel erwärmend und das Fleisch erweichend, den
Körper vor zu starker Abkühlung schützend und zur Arbeit erfrischend.
Es hat auch die Eigenschaft, offenen Leib zu machen und zu erweichen,
dabei mildert es in der Mischung die Kräfte der beissenden Mittel. Auch
gegen tödtliche Gifte wird es gegeben, wobei es anhaltend getrunken und
wieder erbrochen wird. Zu 1 Kotyle mit gleich viel Gerstenschleim oder
Wasser genommen führt es ab; den an Krämpfen Leidenden wird es zu
6 Bechern mit Nutzen in einer Abkochung von Raute gegeben. Auch
die Würmer treibt es ab. Ganz besonders aber wird dasselbe gegen
Darmverschlingung eingegossen. Das alte ist aber sowohl erwärmender
als auch stärker abführend. Es ist eine Salbe für Scharfsichtigkeit[1]).
Sollte das alte Oel aber mangeln, so wird es auf diese Weise hergestellt:

Von vorhandenem Oele giesse das bessere in einen Kessel, koche, bis es die Consistenz des Honigs erhalten hat und gebrauche es, denn es besitzt dieselbe Kraft, wie das vorher genannte.

[1]) d. h. um das Sehen zu schärfen.

Cap. 31. Περὶ ἐλαίου ἐκ τῆς ἀγρίας ἐλαίας. Oel des wilden Oelbaumes. Das Oel des wilden Oelbaumes ist adstringirender, für den Gebrauch in gesunden Tagen kommt es an zweiter Stelle. Es wirkt gegen Kopfschmerzen an Stelle des Rosenöls, hält den Schweiss zurück und verhindert das Ausfallen der Haare. Es vertreibt Schorf, bösen Grind und Aussatz[1]), auch verzögert es, jeden Tag eingerieben, das Grauwerden der Haare.

[1]) Unter λέπρα ist nicht die unheilbare Lepra nodosa, sondern eine Art Räude zu verstehen, welche die Haut rauh und schuppig macht.

Cap. 32. Ἔλαιον λευκόν. Weisses Oel. Das Oel wird auf folgende Weise weiss gemacht: Nimm solches von weisser Farbe, welches nicht über ein Jahr alt ist, und giesse es in ein neues irdenes, weithalsiges Gefäss, es sei ein Maass von 100 Kotylen. Dann setze es an die Sonne und fülle es jeden Tag um Mittag mit einer Muschelschale um, es aus der Höhe herabströmen lassend, damit es durch das fortwährende Bewegen und Stürzen umgerührt wird und schäumt. Am achten Tage feuchte 50 Drachmen reinen Bockshornsamen mit warmem Wasser an und wirf ihn angeweicht, ohne das Wasser auszudrücken, in das vorgenannte Oel. Weiter gib hinzu von äusserst fettem, fein gespaltenem Fichtenholz gleich viele Drachmen und lass es ebenso acht Tage auf einander einwirken; nach diesen schöpfe das Oel mit einer Schale um. Das Ganze nun, wenn die Operation beendet ist, bringe in ein neues, mit altem Wein ausgespültes Gefäss, nachdem vorher 11 Unzen Steinkleesträucher und ebenso viel Schwertlilie hineingestreut sind, und setze es bei Seite; wenn aber nicht (es gut geworden ist), setze es wiederum an die Sonne. Und das ist zu thun, bis es weiss geworden ist.

Die ganze hierbei angewandte Operation läuft darauf hinaus, das Oel von den Schleimtheilen zu befreien. Die wohlriechenden Sträucher von Melilotus und Iris sollen dem Oele zugleich etwas Wohlgeruch verleihen. Der Oelbaum, ursprünglich in Asien heimisch, wurde seit den ältesten Zeiten in Nordafrika und Südeuropa cultivirt; er stand unter dem Schutze der Athene.

Die Alten scheinen nur aus dem Fruchtfleisch das Oel gewonnen zu haben, während jetzt auch die Samenkerne mitbenutzt werden. Jenes, kalt gepresst, ist das Olivenöl, dieses nennt man Baumöl (s. Cap. 136 ff.).

Cap. 33. Περὶ σικυωνίου ἐλαίου. Sikyonisches Oel. Nach dem Vorhergesagten lässt sich das sikyonische Oel auch so bereiten: In einen weiten verzinnten Kessel giesse 1 Chous frisches weisses Oel von unreifen Oliven und ¹/₂ Chous Wasser und koche bei gelindem Feuer unter schwachem Umrühren. Nach zweimaligem Aufkochen ziehe das Feuer darunter weg und nach dem Abkühlen schöpfe das Oel mit einer Schale aus. Dann gib anderes Wasser dazu und koche es damit, mache das Uebrige, wie eben angegeben ist, und stelle es bei Seite. Dieses wird aber vorzugsweise in Sikyon¹) hergestellt und Sikyonion genannt. Es hat aber eine gewisse erwärmende Kraft und ist angezeigt bei Fiebern und Nervenleiden²). Die Frauen gebrauchen dasselbe auch beim Glänzend-machen (der Haut).

¹) Sikyon ist eine Landschaft in Achaja mit der gleichnamigen Hauptstadt, welche durch blühende Industrie, sowie durch eifrige Pflege von Kunst und Wissen-schaft eine gewisse Berühmtheit hatte. Der dortige Boden war nach Livius XXVII 31 für die Cultur des Oelbaumes besonders geeignet. Die späteren griechischen Aerzte (Paulus von Aegina, Aëtius von Amida u. A.) stellten das Sikyonium mit Gurken-saft oder Gurkenwurzel dar; sie schreiben daher σικύόνιον und nicht wie D. σικυώνιον.
²) νεῦρα sind theils die Nerven, theils die Sehnen. Die Hippokratiker warfen die Nerven fortwährend mit den Sehnen, zum Theil auch mit den Gefässen zu-sammen, und auch bei Aristoteles sind die Nerven von den faserigen Gebilden keines-wegs streng geschieden. Erasistratos (gest. 280 v. Chr.) unterschied zwar schon Em-pfindungs- und Bewegungsnerven, trennte sie aber nicht völlig von den Sehnen. Erst Rufus von Ephesus um die Mitte des 1. Jahrhunderts theilte den Nerven nicht nur die Empfindung und Bewegung, sondern auch alle Thätigkeit (πᾶσα πρᾶξις) des Kör-pers zu. Galen endlich lieferte auf Grund von Thierversuchen eine anatomische Be-schreibung des Nervensystems, er suchte durch Vivisectionen die Verrichtungen des Gehirns, der Rückenmarksnerven zu erforschen (vgl. Haeser, Gesch. d. Med.).

Cap. 34. Ῥύπος βαλανείων. Der Schmutz der Bäder. Der in den Bädern gesammelte (Schmutz) hat die Kraft zu erwärmen, zu er-weichen, zu zertheilen, auch dient er in Salben gegen Risse und Ge-schwulste (Kondylome).

Beim Baden wurde in besonderen Zellen der Schweiss, oft mit Salböl ge-mischt, mit dem Schabeisen (στλεγγίς), einem krummen Instrumente, nicht selten aus edlem Metall oder Elfenbein, abgeschabt.

Cap. 35. Ῥύπος ἐκ τῆς παλαίστρας. Der Schmutz aus den Ringplätzen. (Der Schmutz,) der sich aus den Ringplätzen den Sand dazu genommen hat, gleicht dem Schmutz (der Bäder) und ist aufge-legt heilsam bei Gelenkanschwellungen; er hilft warm aber auch denen, die an Ischias leiden, wenn er statt einer Salbe oder Bähung ange-wandt wird.

Die Ringkämpfer wurden, bevor sie in den Kampf gingen, in dem ἀλειπτήριον mit Oel gesalbt, um den Körper geschmeidig zu machen, und dann auf dem Staub-platze, der κονίστρα, mit feinem Sand beworfen, um die Glitschigkeit wieder aufzu-heben. Der aus Sand, Oel und Schweiss bestehende Schmutz wurde abgeschabt und als Heilmittel sehr geschätzt.

Cap. 36. Ῥύπος γυμνασίων. Der Schmutz der Turnplätze. Auch der Schmutz von den Wänden der Turnplätze und der von den Bildsäulen erwärmt und erweicht und zertheilt unreife Geschwüre, auch ist er heilsam bei Hautabschälungen und alten Wunden.

Es ist der an den Wänden und Bildsäulen durch Anlehnen, Berühren u. s. w. angesetzte Schmutz von Schweiss, Oel und Staub. Den der Bildsäulen will man auf natürliche Ausschwitzungen zurückführen. Theophrast (Hist. plant. V 9, 8) sagt, dass die aus Cedern- und ähnlichem Holz verfertigten Bildsäulen Feuchtigkeit ausschwitzen, und diese mit Staub gemischt soll abgekratzt als Heilmittel dienen.

Cap. 37. Περὶ Ἐλαιομέλιτος. Honigöl. Das Honigöl fliesst in der Gegend von Palmyra in Syrien aus dem unteren Stammende der Oelbäume, dicker als Honig, von süssem Geschmack, welches, in einer Menge von 2 Bechern mit 1 Kotyle Wasser genommen, das Rohe und Gallige aus dem Bauche abführt; kraftlos und schlaff aber werden diejenigen, welche es nehmen, was jedoch keine Furcht einflössen darf, man muss diese aufmuntern, dass sie nicht in Schlafsucht verfallen.

Das Oel wird auch aus dem Fette der Zweige bereitet. Das beste davon ist das alte, dickliche, fette und nicht trübe. Es erwärmt aber und wirkt eingestrichen ganz besonders gegen die Verdunkelungen auf der Pupille, heilt auch als Salbe Aussatz und Neuralgien (Sehnenschmerzen?).

Plinius XV 32 sagt bei Pechöl: An der Küste von Syrien erzeugt es sich von selbst und heisst Oelhonig. Es fliesst aus Bäumen, ist fett, dicker als Honig, dünner als Harz und von süssem Geschmack. XXIII 96 gibt er übereinstimmend mit D. weiter die Eigenschaften, Anwendung und Wirkung an.

Die Schriftsteller des späten Mittelalters kennen die Masse nicht; Matthiolus sagt, dass er unter allen Producten Syriens dieselbe nie gesehen oder je davon gehört habe. Valerius Cordus hält sie für ein dem Oleum Betulae oder Quercus ähnliches, freiwillig austretendes Product, welches sich auch künstlich aus den Zweigen gewinnen liesse. Andere halten die Substanz für eine Manna-Art.

Pena und M. de Lobel (Adversar. Opus) (bei Bauhin et Cherler lib. VI p. 24) berichten, dass sie in der That beobachtet hätten, wie aus Oelbäumen in den Weingärten freiwillig und nach Verwundung eine honigartige Flüssigkeit austrete. D. scheint selbst über die Sache wenig unterrichtet gewesen zu sein, da er nicht einmal die künstliche Bereitungsweise angibt.

Das Honigöl ist jedenfalls ein pathologisches Product. In der Gegend von Bibans, einem Dorfe Mansourahs in Unterägypten, steht eine grosse Anzahl von Oelbäumen, welche im Sommer reichliche Mengen einer der Manna ähnlichen Substanz ausschwitzen, die Eingeborenen nennen sie Assal zitoun, Oelhonig. Nach Bathandier (Bull. comm., März 1901) besteht die Masse aus 52% Mannit, 7,8% reducirendem Zucker (Glukose), 9,3% durch Alkohol fällbaren Stoffen, 12,2% Resten von Insecten und sonstigen Verunreinigungen, 18,5% Wasser.

Die Bäume, welche diese Substanz absondern, zeigen durchgängig Krankheitserscheinungen. Die Abscheidung geht hauptsächlich am Stamm und an den stärkeren Aesten vor sich und wird wahrscheinlich durch eine Bacterienart hervorgerufen, die im Cambium vegetirt und so den Baum krank macht.

Cap. 38. Περὶ κικίνου ἐλαίου. **Ricinusöl.** Das Ricinusöl wird auf diese Weise hergestellt: Nimm beliebig viel reife Krotonfrüchte, trockne sie in der Sonne, nachdem du den Platz mit einer Horde belegt hast, bis die äussere (umschliessende) Rinde abfällt; dann sammle das Fleisch, wirf es in einen Mörser und stosse es sorgfältig und bringe es in einen verzinnten Kessel mit Wasser und lass es über untergelegtem Feuer aufkochen. Wenn es sämmtliche in ihm enthaltene Flüssigkeit abgegeben hat, hebe den Kessel vom Feuer, schöpfe das aufschwimmende Oel mit einer Muschel ab und setze es bei Seite. Die Aegypter, weil sie es reichlich gebrauchen, bereiten es auf andere Weise. Nach dem Reinigen nämlich geben sie die Krotonfrüchte auf eine Mühle und mahlen sie sorgfältig. Das Gemahlene bringen sie in Flechtkörbe und drücken es mit einer Presse aus. Reif sind aber die Früchte, wenn sie von den sie einschliessenden Hülsen sich loslösen.

Das Ricinusöl wirkt gegen bösen Grind, Krätze und Entzündungen am Gesäss, ferner gegen Verstopfung und Verdrehung des Uterus, weiter gegen hässliche Wundnarben und Ohrenschmerzen. Den Pflastern zugemischt macht es dieselben wirksamer. Getrunken führt es das Wässerige durch den Bauch ab und treibt auch die Würmer aus.

Ricinus communis L. (Euphorbiaceae-Crotonoideae), Gemeiner Wunderbaum, ein bei uns gepflegter Zierstrauch, wird in seiner Heimath ein bis 3 m hoher Baum und liefert rundliche dreiseitige, igelstachelige Springfrüchte von Haselnussgrösse, welche drei ovale, bohnenförmige, ölreiche Samen enthalten.

Das Ricinusöl, kiki, war nach Herodot (II 94) bei den Aegyptern ein viel angewandtes Mittel, dessen Gebrauch und Namen von den Griechen übernommen wurde. Die Darstellung desselben geschieht heute noch durch Pressen ausgelesener enthülster Samen, welche aus den Culturen der Mittelmeerländer, Amerikas und Indiens herstammen; die europäischen sind grösser als die amerikanischen. Alle enthalten ein starkes Gift, das Ricin, ein eiweissartiges Ferment, welches beim Auspressen aber nicht in das fette Oel mit übergeht. Das frischgepresste Oel wird, um es von der ihm oft eigenen drastischen Wirkung zu befreien, mehrmals mit Wasser gekocht, wodurch die Eiweissstoffe coagulirt werden, durch Erwärmen vom Wasser befreit und nach dem Absetzen filtrirt. Die Hippokratiker scheinen die abführende Wirkung des Ricinusöls nicht gekannt zu haben.

Cap. 39. Περὶ ἀμυγδαλίνου ἐλαίου. **Mandelöl.** Das Mandelöl, welches Einige Metopion nennen, wird so dargestellt: 4 Choinikes[1]) reine und trockene bittere Mandeln stosse flott mit einer hölzernen Keule in einem Mörser, bis es ein Teig geworden ist, dann gib 2 Kotylen heisses Wasser hinzu, lass eine halbe Stunde[2]) einwirken, von nun an reibe wieder kräftiger, dann drücke es aus und presse es zum flachen Kuchen und streiche das von den Händen ab in eine Muschel. Dann gib zu dem Presskuchen wieder 1 Kotyle Wasser, und nachdem du sie hast einwirken lassen, thue dasselbe. Es geben aber die 4 Choinikes 1 Kotyle. Es wirkt aber gegen Schmerzgefühl in der Gebärmutter und hysterische Krämpfe, gegen Verdrehungen und Entzündungen derselben Stellen, weiter auch gegen Kopfschmerzen, Ohrenleiden, Ohrensausen und Ohrenklingen. Es hilft auch den Leberkranken, denen, welche schwer harnen und an Stein leiden, den Asthmatikern und Milzkranken. Es vertreibt ferner auch mit Honig und Lilienwurzel und Cyperngras- oder Rosenwachssalbe gemischt die Male, Sommersprossen und Runzeln aus dem Gesicht; auch beseitigt es die Schwachsichtigkeit. Mit Wein aber entfernt es bösen Schorf und Kleingrind.

¹) Nach attischem Maass rund etwa 4,4 l. ²) Die Zeit wurde bei den Griechen und später auch bei den Römern mittelst einer Art Wasseruhr, κλεψόδρα, Klepsydra, gemessen, bei der Wasser durch eine siebartige Vorrichtung tropfenweise durchfiel.

D. lässt auch hier das fette Oel, wie bei allen solches enthaltenden Samen, aus den Mandeln, den Samen von *Amygdalus communis* L. (Rosaceae-Prunoideae) nicht durch Pressen, sondern durch heisses Wasser ausziehen. Dadurch erhält das Oel allerdings das feine Aroma des Bittermandelöls (Benzaldehyd-Cyanwasserstoff). Dasselbe ist in den bitteren Mandeln — nur solche werden verwandt — nicht fertig gebildet vorhanden, sondern es ist ein Zersetzungsproduct. Die bitteren Mandeln enthalten ein Glykosid, Amygdalin, welches unter dem Einflusse des im Sameneiweiss der Mandeln gleichfalls vorhandenen, fermentartig wirkenden Emulsins bei Gegenwart von Wasser in Traubenzucker und Benzaldehyd-Cyanwasserstoff zersetzt wird.

Wenn nun auch ein grosser Theil des Emulsins durch das heisse Wasser zerstört wird, so kommt doch stets so viel zur Geltung, dass ein hinreichendes Aroma erzeugt wird.

Das (fette) Mandelöl ist nach dieser Bereitung in einer Emulsion vorhanden, d. h. es ist in mikroskopisch feinen Tröpfchen mittelst des in den Samen enthaltenen Eiweisses und Schleims in Wasser vertheilt und bildet eine mehr oder weniger dickliche Masse.

Da wo die eigentliche Abscheidung des Mandelöls beginnen soll, bricht D. ab, spricht sich auch über die äussere Beschaffenheit desselben nicht näher aus.

Cap. 40. Περὶ βαλανίνου ἐλαίου. Behenöl. Auf gleiche Weise wird das Behenöl bereitet. Es hat die Kraft, Male, Leberflecken, Finnen und das Dunkle der Narben zu vertreiben, auch den Bauch zu reinigen. Dem Magen ist es nicht zuträglich. Mit Gänsefett eingetröpfelt hilft es gegen Ohrenschmerzen, Ohrensausen und Ohrenklingen.

Die Behennüsse, βάλανοι μυρεψικαί, Glandes unguentariae, sind die gerundet dreikantigen, schwarzbraunen Samen von *Moringa oleifera* Lam. oder *M. pterygosperma* Gaertn. (Moringaceae), eines etwa 9 m hohen, im afrikanischen Wüstengebiete heimischen, vielfach, besonders in Ostindien, der Samen wegen cultivirten Baumes. Die dicken Kotyledonen enthalten ein nicht ranzig werdendes fettes Oel und gleichzeitig, wie die übrigen Theile der Pflanze, einen scharfen Stoff.

Cap. 41. Ἔλαιον σησάμιον καὶ καρύϊνον. Sesam- und Wallnussöl. Sie werden auf ähnliche Art wie die vorhergenannten dargestellt, indem das Sesamöl aus Sesamsamen, das Wallnussöl aus den Wallnüssen bereitet wird. Sie haben dieselbe Wirkung wie das Behenöl.

Das Sesamöl spielt schon im alten Aegypten eine bedeutende Rolle. Ebenso berichtet Herodot I 193, dass es in Assyrien die Stelle des Olivenöls ver-
trete. Die Pflanze, *Sesamum orientale* L. (Pedaliaceae), wird jetzt in allen heissen
und warmen Ländern cultivirt. Der Wallnussbaum *Juglans regia*, L. (Juglandaceae),
soll in Persien heimisch sein, wird jetzt durch ganz Süd- und Mitteleuropa cultivirt. Die äussere Samenschale liefert einen Bitterstoff und Farbstoff, der Same ein
mildes, süsses, fettes Oel.

Cap. 42. Περὶ ὑοσκυαμίνου ἐλαίου. Bilsenöl. Das Bilsenöl
wird so bereitet: Nimm den weissen, trockenen, frischen Samen, zerstosse
und mische ihn mit heissem Wasser, wie es beim Mandelöl angegeben
ist. Während du in der Sonne arbeitest, mische die an den Händen getrockneten Theile dem Ganzen wieder zu, und dieses thue, bis es dunkel
und übelriechend wird. Nachdem du es durchgeseiht und nachgepresst
hast, setze es bei Seite. Es hilft gegen Ohrenleiden, wird auch den
Zäpfchen zugesetzt, da es erweichend wirkt.

Bei der Darstellung des Bilsenöls zeigt D. auch in Kleinigkeiten den Praktiker; so lässt er die Masse erst durch ein Colirtuch laufen und dann nachpressen.
Die Samen von *Hyoscyamus albus* L. (Solanaceae) — denn diesen meint D.
hier — enthalten, wie die von H. niger, etwa 28% fettes Oel und jedenfalls auch
wie jene die giftigen Alkaloide Hyoscyamin und Scopolamin. Auch das fette Oel
der Samen enthält etwas Hyoscyamin.

Cap. 43. Περὶ Κνιδελαίου. Knidisches Oel. Aehnlich wird
auch dieses aus den ausgemachten und gestossenen knidischen Körnern
hergestellt. Getrunken hat es eine den Magen reinigende Wirkung.

Die κόκκοι κνίδιοι oder γνίδιοι, knidische Beeren, sind die Früchte von θυμέλαια
oder κνῆστρον, *Daphne Gnidium* L. (Thymelaeaceae), Rispenblüthiger oder Italienischer Seidelbast; es ist ein meterhoher Strauch Südeuropas, welcher die eiför-
migen, zugespitzten, rothen Beeren, Kellerhalskörner, trägt. Sie wurden früher als
Grana Gnidii gegen Ruhr, Wassersucht und Keuchhusten angewandt; sie enthalten
ein scharfes, drastisch wirkendes Princip.

Cap. 44. Περὶ Κνικελαίου. Safloröl. Ganz ebenso wird auch
das Safloröl gemacht; es hat dieselbe Kraft, wie das aus den knidischen
Körnern, aber viel schwächer.

Das Oel aus den Samen von *Carthamus tinctor.* L. (Compositae), Aechter
Saflor, einer in Ostindien heimischen, in Südeuropa cultivirten Pflanze mit ölreichen
Schliessfrüchten. Sie diente gegen Gelbsucht, jetzt hauptsächlich als Material zu
einem Farbstoff.

Cap. 45. Περὶ Ῥαφανελαίου. Rettigöl. Das Rettigöl wird aus
den Samen desselben (des Rettigs) bereitet wie die übrigen. Es ist ein
gutes Mittel für die, welche nach Siechthum an Läusekrankheit leiden,
auch glättet es die Rauheiten im Gesicht. In Agypten gebrauchen sie
es aber, um es mit dem Zugemüse zu kochen.

Cap. 46. Περὶ Μελανθελαίου. Schwarzkümmelöl. Auch das Schwarzkümmelöl hat dieselbe Kraft und wird bereitet wie das Rettigöl.

Die Samen von *Nigella sativa* L. (Ranunculaceae) enthalten 10% fettes und etwa 0,8% ätherisches Oel, welches ihnen einen schwach aromatischen Geruch verleiht.

Cap. 47. Περὶ Σιναπελαίου. Senföl. Das Senföl wird bereitet, indem fein gestossener und mit Wasser angefeuchteter Senfsamen mit Oel gemischt und ausgepresst wird. Es wirkt gegen chronische Leiden, indem es durch Oeffnung der Poren die schlechten Säfte abführt.

In den Senfsamen, von *Brassica nigra* L. (Cruciferae), ist das wirksame Princip in Form eines Glukosids, des Sinigrins oder myronsauren Kaliums, enthalten. Dasselbe zerfällt unter dem Einflusse von Myrosin, einem fermentartigen Körper, in Senföl, Traubenzucker und Kaliumbisulfat, und zwar findet die Spaltung durch das Myrosin, abweichend von anderen Glukosiden, ohne Aufnahme von Wasser statt (s. Gadamer, Bestandtheile des Senfsamens, Archiv d. Pharm. 1897, Heft 1). Das Senföl wird dann vom zugesetzten fetten Oel aufgenommen.

Die Wirkung des Senföls nennt D. μετασύγκρινον. Dieser Ausdruck ist der Therapie der methodischen Schule entnommen, deren Stifter Asklepiades unter Verzicht auf innere Arzneimittel nach dem Grundsatze Cito, tute, jucunde die Krankheiten durch Diät, körperliche Uebungen und äussere Reizmittel, zu denen das Senföl gehört, zu heilen suchte.

Jetzt wird das ätherische Senföl durch Destillation gewonnen, kann auch synthetisch dargestellt werden.

Cap. 48. Περὶ Μυροινελαίου. Myrtenöl. Das Myrtenöl wird nun so dargestellt: Nimm die zarten Blätter der schwarzen oder der wilden oder der zahmen Myrte, stosse und presse sie; dem Safte setze ebenso viel Oel von unreifen Oliven zu, erhitze über Kohlen bis zum Kochen, indem du dann das Obenaufstehende abnimmst. Leichter ist aber die Darstellung, die zarten zerstossenen Blätter mit Wasser und Oel zu kochen und das Obenaufstehende abzuheben. Eigenartig aber ist die Methode, die in die Sonne gelegten Blätter mit Oel zu behandeln. Einige verdichten[1]) das Oel vorher durch Granatäpfelschalen, Cypresse, Cyperngras und Strandbinse. Wirksamer ist aber das von bitterem Geschmack, das ölige, hellgrüne, durchscheinende, nach Myrte riechende. Es hat adstringirende hartmachende Kraft; daher seine Wirkung, wenn es den Mitteln zum Vernarben beigemischt wird, ebenso gegen Verbrennungen mit Feuer, gegen bösen Grind, Schorf, Hautausschlag, Wolf, Risse, Condylome, Erschlaffung der Gelenke. Es stellt den Schweiss und findet überall da Anwendung, wo es sich um Zusammenziehen und Verdichten handelt.

[1]) προστύφουσι.

D. unterscheidet hier drei Arten Myrte, die schwarze, wilde und zahme später (Cap. 155) nennt er nur zwei Arten, sativa (nigra und candida) und silvestris, die letztere ist Ruscus. Theophrast (Hist. pl. II 2, 6) bemerkt, dass die Myrte in der Farbe der Frucht oft degenerire; schon Ovid singt von den schwarzen und weissen (ins Röthliche spielenden) Früchten: Myrtea silva subest bicoloribus obsita baccis.

Bei der Darstellung des Oels aus den Blättern kam es darauf an, das in denselben enthaltene ätherische Oel in das fette Oel aufzunehmen.

Cap. 49. Περὶ Δαφνελαίου. **Lorbeeröl**. Das Lorbeeröl wird aus den Lorbeeren hergestellt, wenn sie überreif sind, indem sie mit Wasser gekocht werden. Sie sondern nämlich aus der umliegenden Schale ein gewisses Fett ab, welches man mit den Händen abträgt und in Muscheln aufnimmt. Einige verdichten vorher Oel von unreifen Oliven mit Cyperngras, Strandbinse und Kalmus, werfen danach die zarten Lorbeerblätter hinzu und kochen es zusammen; Andere mischen auch Lorbeeren zu, bis der richtige Geruch entsteht, noch Andere Styrax und Myrrhe. Am besten zur Bereitung ist der bergige und breitblätterige Lorbeer[1]). Den Vorzug beim Lorbeeröle hat aber das frische, von hellgrüner Farbe, das sehr bittere und scharfe.

Es hat erwärmende, erweichende, anregende, die Erschlaffung aufhebende Kraft. Es ist ein gutes Mittel bei allen Neuralgien, Ohrenleiden und katarrhalischen Zuständen. [Denjenigen, welche durch Erkältung an der Leber leiden, ist es als Salbe heilsam, wie kein anderes Mittel][2]). Getrunken aber ist es brechenerregend.

[1]) Wohl der cultivirte. [2]) Dieser Satz fehlt in einigen jüngeren Codices.

Das Oel aus den Früchten von *Laurus nobilis* L. (Lauraceae), **Lorbeerbaum**. Das dickliche, grüne, gewürzhaft riechende Oel wird noch heute wie damals durch Auskochen der Früchte mit Wasser gewonnen.

Cap. 50. Περὶ Σχινελαίου. **Oel des Mastixbaumes.** Das Oel des Mastixbaumes wird ähnlich wie das Lorbeeröl aus den reifen Früchten dargestellt, vorher verdichtet[1]); es heilt die Krätze des Zugviehes und der Hunde. Auch wird es den Zäpfchen, Salben und Aussatzmitteln mit Vortheil zugesetzt. Es hält den Schweiss zurück. Aehnlich wird auch das Terebinthenöl bereitet; es trocknet aus und adstringirt.

[1]) d. h. mit vorher verdichtetem Oel.

Pistacia Lentiscus L. (Anacardiaceae), **Mastixbaum**, ein Strauch oder niedriger Baum der Mittelmeerländer mit erbsengrossen, anfangs rothen, später schwarzen Früchten. Er wurde von Alters her auf Chios besonders cultivirt. Daher wurde auch das daher stammende Oel, sowie der durch Einschnitte in die Rinde des Baumes gewonnene Mastix hoch geschätzt.

Das Terebinthenöl ist das aus den Früchten von *Pistacia Terebinthus* (Anacardiaceae), **Pistacienterebinthe**, bereitete Oel. Es ist gleichfalls ein mittelgrosser Baum in den Mittelmeerländern. Er lieferte auch durch Einschnitte in die Rinde den sehr geschätzten cyprischen Terpentin von Chios.

Cap. 51. **Mastixharzöl.** Das Mastixharzöl wird aus zerriebenem Mastix bereitet. Es ist wirksam gegen alle Gebärmutterleiden, mässig

erwärmend, adstringirend, erweichend, wirksam gegen die den Magen über-
ziehenden Verhärtungen [1]), Bauchschmerzen und Dysenterieanfälle; auch
reinigt es das Angesicht und bewirkt eine gesunde Farbe.

[1]) σκίρρωμα, verhärtetes Geschwür, welches nach Plinius VII 63 periodische
Blutungen bewirkt.

Cap. 52. Περὶ συνθέσεως μύρων. Die Zusammensetzung der
Salböle. Da nun auch die Salböle bei einigen Leiden von guter Wir-
kung sind als Zusätze zu Arzneimitteln, zum Einträufeln oder zum
Riechen, so halten wir es für folgerichtig, auch der hierfür überlieferten
Anweisungen zu gedenken. Diejenigen, welche dieses erproben wollen,
müssen das im Auge haben, ob jene Substanz, mit der die Mischung der
Salböle geschieht, dem Geruche gemäss wirkt. Eine derartige Probe ist die
beste. Bei einigen wird solches freilich nicht wahrgenommen wegen des
Ueberwiegens der kräftigeren Zumischungen, wie bei der Majoran-, Safran-,
Bockshornsalbe und anderen ähnlichen. Dieses ist aus der Uebung darin
zu berurtheilen.

Die Bezeichnungen der alten Griechen für Salben decken sich nicht ganz mit
den jetzigen Namen. Die Salben hatten eine mehr dicke oder dünne Consistenz —
ἐμβρεχόμενα nennt letztere D. an dieser Stelle — und wurden durch verschiedene
Zusätze verdickt, um besonders, wie man glaubte, den Wohlgeruch länger zu binden.

μύρον war sowohl die Bezeichnung für wohlriechende, von selbst ausfliessende
Pflanzenharzsäfte als auch für solche künstliche Zubereitungen. Es ist das unguentum der römischen Aerzte, feines Salböl, Balsam, später dann Salbe überhaupt.

κήρωμα, Wachssalbe, bestand aus Wachs und Oel, es wurden aber auch andere
Substanzen, als Terpentin, Pech, Kupfer u. s. w. zugesetzt.

ἄκοπος (ἀ priv. und κόπος, akopos, ohne Schwäche), ein stärkendes Mittel in
Salbenform. Ursprünglich wurde darunter ein feines Oel verstanden; später kamen
Zusätze als Galbanum, Silphium, Opoponax etc. hinzu, so dass es in der Folge auch
für Salbe überhaupt gebraucht und nach den Zusätzen benannt wurde.

μάλαγμα (Malagma), erweichender Umschlag, sehr häufig durch Abkochungen
von Kräutern bereitet, wurde aber auch im Sinne von Salben gebraucht, unser
Kataplasma. Auch ist es sehr wahrscheinlich, dass, wie bei den alten Juden, Umschläge
durch Kauen von Getreide oder Feigen hergestellt wurden (vgl. II Kön. 20, 7;
Jerem. 38, 21; Talm. Mischn., Kelim 28 M. 3). Rambam leitet Malagma von „Male
logmah", mundvoll, ab, weil jedesmal so viel Weizen oder Feigen zu einem frischen
Umschlag gekaut wurden. Der Pseudodioskurides (Die giftigen Thiere Cap. 1) wendet
gleichfalls gekautes Getreide an.

ἔμπλαστρον, Emplastron, trockene oder angefeuchtete und wieder getrocknete
Arzneimittel; sie wurden in einem Rohre, νάρθηζ, aufbewahrt. Sie entsprechen also
nicht unserem heutigen Pflaster.

κολλύριον, Kollyrion, Brödchen, eine teigartige, trockene Masse, die dann verflüssigt besonders bei Augenkrankheiten gebraucht wurde. Collyrium ist später der
Ausdruck für Augenmittel geworden.

πέσσοι, προσθέματα, βάλανοι, Pessoi, Prosthemata, Balanoi, Zäpfchen, Stuhlzäpfchen, Vaginalkugeln, bestanden entweder aus Wolle, Leinen oder Seide, in
welche die betreffenden Mittel eingewickelt oder mit denen sie bestrichen wurden

oder die wirksamen Mittel wurden mit Fett, Honig, Wachs oder dergleichen gemischt und geformt, vor dem Einführen mit Galle oder Honig bestrichen.

στύψις, Inspissamentum, ist wie μύρον, Unguentum, von Balsamconsistenz.

Plinius XIII 16 sagt: Myrrhe macht die Salben dicker, Kostus und Amomum schärfer, Safran zum Arzneigebrauch besser.

Cap. 53. Περὶ ῥοδίνου σκευασίας. Die Bereitung des Rosenöls. Das Rosenöl wird so gemacht: 5 Pfund und 8 Unzen zerschnittenes und mit Wasser zerstampftes Bartgras koche unter Umrühren mit 20 Pfund und 5 Unzen Oel. Dann, nachdem du es durchgeseiht hast, wirf in die 20 Pfund und 5 Unzen Oel die Blätter von 1000 trockenen Rosen[1] [oder 1 Pfund Cyperngras, 1 Pfund Alant, 1 Pfund Kalmus, 6 Xestes Oel, 1½ Xestes Rosen][2], und nachdem du die Hände mit wohlriechendem Honig bestrichen hast, rühre es unter öfterem Drücken einen Tag lang; nachdem du es dann die Nacht über hast stehen lassen, presse es aus. Wenn sich aber das Hefenartige abgesetzt hat, wechsle das Aufnahmegefäss und gib es in einen mit Honig ausgestrichenen Mischkrug[3]. Die ausgepressten Rosen wirf in ein Fass und giesse 8 Pfund und 3 Unzen verdichtetes Oel dazu und presse es wieder aus. Dieses wird dir die zweite Sorte Oel sein, und wenn du willst, giesse bis zum dritten und vierten Male Menstruum auf und presse aus. Es entsteht so eine erste, zweite, dritte und vierte Sorte Oel. So oft du dies aber thust, streiche die Krüge vorher mit Honig aus. Wenn du aber eine zweite Auflage herstellen willst, so wirf in das zuerst ausgepresste Oel die gleiche Zahl frischer trockener Rosen und rühre mit den Händen, die vorher mit Honig bestrichen sind, um, und presse aus, und dies thue zum zweiten, dritten und vierten Male in der gleichen Weise auspressend. So oft du dieses aber thust, wirf frische Rosen dazu, sie mit den Nägeln zerpflückend; denn es wird kräftiger. Bis zu einem siebten Auszuge lässt das Oel den Zusatz von Rosen zu, dann aber nicht mehr. Auch die Presse werde mit Honig ausgestrichen. Sorgfältig muss das Oel von dem (wässerigen) Safte getrennt werden, denn wenn das Geringste davon zurückbleibt, verdirbt das Oel. Einige pressen die Rosen für sich allein und behandeln sie dann an der Sonne mit dem Oel, und zwar 6 Unzen mit 1 Xestes Oel, indem sie es acht Tage hindurch umrühren und vierzig Tage bis zum dritten Auszuge an der Sonne stehen lassen. So bewahren sie es auf. Einige verdichten ferner das Oel unter Zusatz von Kalmus und Aspalathos, Andere geben Anchusa[4] zu wegen der hübschen Farbe und Salz, um die Verderbniss zu verhindern. Es hat aber adstringirende, kühlende Kraft, ist sehr geeignet zu Besprengungen und zu Mischungen weicher Salben. Getrunken öffnet es den Leib und mildert die Hitze des Magens, ist ein Nährmittel für hohle Geschwüre[5] und besänftigt die bösartigen, es ist ein Mittel gegen Schorf und Ausschlag, dient im Anfang als Umschlag gegen Kopfschmerzen, als Spülung gegen Zahnschmerzen. Eingestrichen wirkt es gegen Verhärtungen der Augenlider und ist als Klystier mit Erfolg zu gebrauchen gegen Reize der Eingeweide und der Gebärmutter.

¹) So muss, wie Saracenus mit Recht bemerkt, und Sprengel auch übersetzt, wohl gelesen werden, d. h. πέταλα χιλίων ῥόδων, die Blätter von 1000 Rosen statt πέταλα χίλια ῥόδων, 1000 Rosenblätter, da diese zu 20 Pfund und 5 Unzen, nach unserem Gewicht 7 Kilo 350 g Oel in keinem Verhältniss stehen würden. ²) Nach Cod. X u. Asul. ³) κράτηρ, in welchem nach griechischer Sitte der Wein mit Wasser gemischt und dann in die Becher gefüllt wurde, also ein Krug mit engem Halse. ⁴) Anchusa tinctoria L. Alkanna. ⁵) d. h. es bewirkt eine Ausfüllung der Cavernen.

Die von den Alten gebrauchte Rose ist die blassrothe Rosa centifolia L. (Rosaceae).

Bei allen feineren Oelen und Salben lässt D. die Gefässe, Werkzeuge und, wo die Hände mit der Masse selbst in Berührung kommen, auch diese mit Honig bestreichen; es geschieht dies, um jeden fremden Geruch ab- und gleichzeitig das Aroma des Honigs mit zu erhalten. Um die Rosen zu erschöpfen, soll das Ausziehen mehrmals wiederholt werden, wobei natürlich stets ein schwächeres Product entsteht. Um ein concentrirtes Oel zu gewinnen, lässt D. zu dem ersten Auszuge, welcher schon den Rosenduft enthält, nochmals frische Rosen zusetzen und dann wie früher verfahren. Er nennt das eine „zweite Auflage", wörtlich ein „zweites Hineinwerfen". Beim siebten Auszuge ist das Oel mit dem Rosendufte vollständig gesättigt.

Die Trennung des Oels von der untenstehenden wässerigen Masse soll vorsichtig geschehen, weil durch die letztere das Oel ranzig wird.

Cap. 54. Περὶ ἐλατίνου σκευασίας. Die Bereitung des Elatenöls. Zerquetsche und zerreisse die Spatha und wirf sie in ein Fass und giesse Oel von unreifen Oliven darüber drei Tage hindurch, schöpfe es dann heraus in einen Korb und presse aus. Beides sollen aber gleiche Gewichtstheile sein. Nachdem du es dann in einem reinen Gefässe bei Seite gesetzt hast, gebrauche es. Es hat eine dem Rosenöl ähnliche Kraft, den Bauch aber erweicht es nicht.

Elate, ἐλάτη, ist im gewöhnlichen Sprachgebrauch die Tanne, Pinus Picea L. (Abies pectinata D. C.), seltener bedeutet es die Spatha, die gemeinsame Hülle, welche den Blüthenkolben, Spadix bei den Palmen im Knospenzustande umgibt. Diese Bedeutung hat es ohne Zweifel hier und vermuthlich ist nicht die Spatha allein, sondern die ganze Inflorescenz gemeint.

Plinius, der seiner Sache nicht ganz sicher ist, sagt XII 134: „Ausserdem gibt es noch einen Baum, der zu denselben Salben dient und den Einige Elate, was bei uns Tanne heisst, Andere Spathe nennen", und XXIII 99: „Von der Palme Elate oder Spathe gebraucht man die Knospen, Blätter und Rinde in der Medicin".

Hätte D. eine Conifere gemeint, so würde er sicher die zu behandelnden Theile, Früchte (Samen) oder Triebe genannt und nicht eine allgemeine Bezeichnung gewählt haben.

Cap. 55. Περὶ μηλίνου σκευασίας. Die Bereitung des Quittenöls. Das Quittenöl wird auf diese Weise hergestellt: 6 Xestes Oel mische mit 10 Xestes Wasser, gib hinzu 3 Unzen zerstossene Spatha

und 1 Unze Bartgras, lass es einen Tag stehen und koche es dann.
Nachdem du dann das Oel abcolirt hast, gib es in ein weithalsiges Gefäss; dann lege ein Geflecht aus Rohr oder eine weitmaschige Binsen-
matte darüber und breite über diese Quittenäpfel aus, bedecke sie
mit Decken und lass eine genügende Anzahl Tage stehen, bis das Oel
die Kraft von den Quitten angezogen hat. Einige schlagen die Quitten
zehn Tage lang in Decken ein, damit der Wohlgeruch sich verdichte und
sich nicht verflüchtige, danach maceriren sie dieselben mit dem Oel zwei
Tage und Nächte, pressen es dann aus und setzen es weg. Es hat adstringirende, kühlende Kraft, wirkt gegen krätzige Geschwüre, Kleingrind, Frostbeulen, kriechende Geschwüre und als Injection gegen Verwundungen in der Gebärmutter, stellt als Injection das zu häufige Harnen
und hält den Schweiss zurück. Es wird getrunken gegen Kanthariden,
Buprestis und die giftigen Fichtenraupen. Ein Beweis für seine Güte ist
der Geruch nach Quittenäpfeln.

Das Oel der Quittenäpfel, der Früchte von *Cydonia vulgaris* Pers. (Rosaceae-
Prunoideae), der ächten Quitten.

Cap. 56. Περὶ οἰνανθίνου σκευασίας. Die Bereitung des
Weinblüthenöls. Die wohlriechende Blüthe des Weinstockes lass
welken, wirf sie in Oel von unreifen Oliven und rühre und schüttele
durch; lass zwei Tage stehen, presse es dann aus und setze es weg.
Es hat adstringirende Kraft ähnlich dem Rosenöl, ausser dass es den Leib
nicht öffnet und erweicht. Der beste Beweis für seine Aechtheit ist das
Auftreten des Geruchs nach Weinblüthe.

Das Oel wird bereitet aus der Blüthe von *Vitis vinifera* L. (Vitaceae), der
Weinrebe.

Cap. 57. Περὶ τηλίνου σκευασίας. Die Bereitung des
Bockshornöls. 9 Pfund Bockshorn, 5 Pfund Oel, 1 Pfund Kalmus,
2 Pfund Cyperngras macerire sieben Tage, indem du es jeden Tag dreimal umrührst, dann presse es aus und bewahre es auf. Einige lassen
statt Kalmus Kardamom, statt des Cyperngrases Balsamholz mit ausziehen,
Andere verdichten damit vorher das Oel, maceriren dann das Bockshorn
und pressen es aus. Es hat die Kraft, Ablagerungen (Abscesse) zu erweichen und zur Reife zu bringen; in hohem Grade wirksam ist es gegen
alte Verhärtungen der Gebärmutterumgebung (des Perimetriums), wird
schwer Gebärenden injicirt, wenn die Theile durch die ausgetretenen
Flüssigkeiten sehr trocken geworden sind, ferner dient es bei Afterent-
zündungen und wird bei Stuhlzwang mit Erfolg im Klystier gegeben; es
vertreibt Schorf und Grind, ist mit Wachs heilsam gegen Verbrennungen
und Frostbeulen, bringt Sommersprossen weg und wird unter die Mittel
zum Glänzendmachen (der Haut) gemischt. Wähle aber das frische und

das, welches nicht zu sehr den Bockshorngeruch hervortreten lässt, welches die Hände glättet und bittersüssen Geschmack hat, denn solches ist das beste.

D. lässt uns im Ungewissen, ob die ganze Pflanze, *Trigonella Foenum graecum* L. (Leguminosae-Papilionaceae) oder der Same angewandt wurde; jedenfalls kommt nur der letztere als Träger des Aromas und der Bitterkeit in Frage.

Cap. 58. Περὶ σαμψυχίνου σκευασίας. Die Bereitung des Majoranöls. Quendel, Zimmt, Beifuss, Wasserminzenblüthe, Myrtenblätter, Majoran, nimm von jedem unter Berücksichtigung seiner Kraft dem Zwecke gemäss (das Nöthige), stosse Alles zusammen und giesse so viel Oel von unreifen Oliven darauf, dass die Kraft dessen, was in dasselbe zum Ausziehen gelegt ist, nicht überwältigt wird, lass es vier Tage stehen und presse aus. Und wiederum behandle dieselbe Menge derselben frischen Substanz die gleiche Zeit (im selben Oel) und presse aus [1]), denn es ist kräftiger. Wähle aber den dunkelgrünen Majoran, der lange duftet und mässig scharf ist. Es hat erwärmende, verdünnende und scharfe Kraft; es hilft gegen Verstopfung und Verdrehung des Uterus, treibt die Menstruation, die Nachgeburt und den Fötus aus und beseitigt die Mutterkrämpfe; es lindert auch die Schmerzen in den Hüften und geschwollenen Schamdrüsen. Mit Honig lässt es sich besser anwenden, da es durch heftiges Zusammenziehen die Stellen verhärtet; eingerieben hebt es die Erschlaffung auf, auch wird es mit Vortheil den Salben für die an Opisthotonie [2]) und sonst an Krämpfen Leidenden zugemischt.

[1]) D. sagt hier sehr kurz, dass das erste Oel durch Ausziehen von frischer Substanz angereichert werden soll. [2]) Opisthotonie, eine Krankheit, bei der die Glieder durch gewaltsames Zucken rückwärts gezogen und steif werden.

Die Pflanze, welche dem Oele den Namen gibt, ist *Origanum Majorana* L. (Labiatae).

D. überlässt bei Darstellung dieses Oels die Wahl der Mengenverhältnisse dem Gutdünken und der Erfahrung des Laboranten. Er soll die einzelnen Substanzen in der Zusammensetzung nehmen, dass eine gewisse Harmonie in Wohlgeruch und Wirkung stattfindet, er soll aber auch nur so viel Oel anwenden, dass die Kräfte der Pflanzen zur Geltung kommen.

Cap. 59. Περὶ ὠκιμίνου σκευασίας. Die Bereitung des Basilicumöls. Nimm 20 Pfund Oel, 11 Pfund und 8 Unzen nach Gewicht Basilicumkraut, pflücke die Blätter ab und macerire sie einen Tag und eine Nacht in dem Oel, dann presse es aus und setze es weg. Nachdem du sie (die Blätter) aus dem Presskorbe genommen hast, giesse wiederum die gleiche Menge Oel darauf und presse aus; es wird dies aber die zweite Sorte genannt; denn einen dritten Auszug lassen sie nicht zu. Darauf nimm gleichviel frisches Basilicumkraut, macerire wieder, wie es beim Rosenöl gesagt ist, indem du das schon zum Ausziehen benutzte

Oel aufgiessest und die gleiche Zeit stehen lässt, presse aus und bewahre es auf. Und wenn du es zum dritten oder vierten Male machen willst, dann macerire, indem du stets frisches Basilicum hineingibst. Es kann aber auch aus Oel von unreifen Oliven hergestellt werden; jedoch ist es besser auf jene Art. Es hat dieselben Wirkungen wie das Majoranöl, nur weniger kräftig.

Das Oel aus *Ocimum Basilicum* L. (Labiatae). Basilienkraut. Cod. Const. und Aldin. beginnen das Capitel so: ἔλαιον ὠκίμινον σκευάξεται ὥσπερ τὸ κόπρινον, das Basilicumöl wird bereitet wie das (Henna- oder) Lawsonienöl.

Cap. 60. Περὶ ἀβροτονίνου σκευασίας. Die Bereitung des Beifussöls. Beifussöl. In 9 Pfund[1]) des zu Cyperngrasöl gewürzten Oels wirf 8 Pfund (Beifussblätter), lass einen Tag und eine Nacht stehen und presse aus. Wenn du es aber für lange Zeit haltbar machen willst, nimm die ersten Blätter heraus, wirf andere hinein und macerire und presse aus. Es hat aber erwärmende Kraft, ist wirksam gegen Verstopfungen und Verhärtungen in der Gebärmutter, befördert die Menstruation und die Nachgeburt.

[1]) Nach Cod. X und Aldin. 8 Pfund.

Die hier benutzte Pflanze ist *Artemisia Abrotanum* L. (Compositae-Liguliflorae), Stabwurz, Beifuss, Eberraute.

Cap. 61. Περὶ ἀνηθίνου σκευασίας. Die Bereitung des Dillöls. 8 Pfund 9 Unzen Oel, 11 Pfund 8 Unzen Dillblüthe[1]), macerire sie in dem Oel einen Tag lang, dann presse mit den Händen aus und setze es weg. Wenn du aber ein doppeltes Pressöl machen willst, macerire frische Dillblüthe auf eben dieselbe Weise. Es hat die Kraft, die Gebärmuttergegend zu erweichen und zu eröffnen, ist wirksam gegen die Wechselfieber, erwärmt, hebt die Erschlaffung, und ist heilsam gegen Gelenkschmerzen.

[1]) Dieses offenbare Missverhältniss in den Gewichten verbessert Oribasius durch παλαιοῦ λίτρας ια' οὐγγίας η', ἀνήθου ἄνθους τὸ αὐτό, 11 Pfund 8 Unzen altes Oel und gleichviel Dillblüthe.

Anethum graveolens L. (Umbelliferae). Dill.

Cap. 62. Περὶ σουσίνου σκευασίας. Die Bereitung des susischen Salböls. Das susische Oel, welches Einige auch Lilienöl nennen, wird so dargestellt: 9 Pfund 3 Unzen Oel, 5 Pfund 3 Unzen Kalmus, 5 Unzen Myrrhe mische mit gewürztem Wein und koche. Nachdem du dann das Oel abcolirt hast, giesse es mit 3 Pfund 6 Unzen gestossener und mit Regenwasser macerirter Kardamomen wieder darüber, lass auf einander einwirken, nachher presse es aus. Und nimm 3½ Pfund von diesem verdichteten Oel, lege an Zahl tausend zerpflückte

Lilien in ein breites, nicht tiefes Fass, giesse das Oel darauf und rühre mit den vorher mit Honig bestrichenen Händen durch. Lass es einen Tag und eine Nacht stehen und nachdem du es in der Frühe in eine (Press-) Büchse gebracht hast, presse es aus. Das obenstehende Oel trenne schleunigst von dem mit dem Oel zugleich ausgepressten Wasser, denn gerade wie das Rosenöl verträgt es dasselbe nicht; damit erwärmt aber schäumt es auf und wird faulig. Giesse es aber öfter in andere mit Honig ausgestrichene Gefässe um, indem du feines Salz dazu streuest und die gesammelte Unreinigkeit vorsichtig wegnimmst. Wenn du nun das ausgepresste Gewürz[1]) aus dem Presskorbe in das Fass gebracht hast, giesse wiederum eine der füheren gleiche Menge gewürzten Oels hinzu und wirf gleichzeitig 10 Drachmen gestossener Kardamomen hinein, rühre mit den Händen tüchtig durch und presse in kurzen Pausen, das Abfliessende reinige dann. Und wenn du ein drittes Mal aufgiessest, thue wieder dasselbe, indem du auch Kardamom und ebenso das Salz dazugibst und die Hände mit Honig bestreichest und pressest. Und es wird das zuerst ausgepresste (Oel) das beste sein, dann (folgt) das zu zweit erhaltene, das dritte ist das letzte. Und wiederum nimm tausend Lilien, zerpflücke sie und lege sie hin; nachdem du das zuerst ausgepresste Oel daraufgegossen hast, verfolge das Verfahren, indem du dasselbe thust, wie du beim ersten Male gethan, dass du auch Kardamom zumischest und dann auspressest. Dasselbe thue ein zweites und drittes Mal, indem du auch Kardamom zugibst [darauf presse aus und thue dasselbe]. Je öfter du aber frische Lilien macerirst, ein desto kräftigeres Salböl wirst du haben. Wenn es dir am Ende genug zu sein scheint, mische jedem Präparate 72 Drachmen ausgesuchte Myrrhe, 10 Drachmen Safran, 75 Drachmen Kardamom[2]) zu. Einige geben auch gleichviel Safran und Zimmt mit Wasser in das Fass. Dann giesse das zuerst ausgepresste Oel dazu und, nachdem du es kurze Zeit hast stehen lassen, fülle es in kleine, trockene, mit Gummi oder Myrrhe, sowie mit Safran und Honig, die mit Wasser behandelt sind, ausgestrichene Gefässe. Dasselbe thue auch bei der zweiten und dritten Pressung. Einige bereiten es einfach aus Behen- oder einem anderen Oel und Lilien. Den Vorzug scheint aber das in Phönikien und Aegypten hergestellte zu verdienen. Am besten davon ist das, welches nach Lilien riecht. Es hat erwärmende, erweichende, gegen Verstopfung und Entzündung der Gebärmutterumgebung gerichtete Kraft [und überhaupt ist es von allen am nützlichsten bei Frauenkrankheiten; es ist ein gutes Mittel gegen bösen Grind, Gesichtsausschlag, Schorf, Ekzeme; Blutstriemen vertreibt es sehr bald und stellt eine gleiche Farbe (der Haut) her][3]). Ueberhaupt macht es locker. Getrunken führt es die Galle durch den Bauch ab, treibt auch den Urin; es ist aber dem Magen schädlich und erregt Uebelkeit.

¹) ἄρωμα, statt dessen will Saracenus μάγμα, so viel wie Krokomagma, Press-
rückstand lesen. ²) Hier dürfte nach Saracenus statt καρδάμωμον besser κιννάμωμον,
Zimmt, zu lesen sein, da das Kardamom schon hinreichend zugesetzt ist, um so mehr
als in dem folgenden Satze bei der abweichenden Darstellung gleichfalls Zimmt verwandt wird. ³) Der eingeklammerte Satz fehlt im Cod. C.

Das susische Salböl hat seinen Namen von der Stadt Susa, weil dort, sowie
in Palästina und Phönikien eine ausgedehnte Liliencultur betrieben und das beste
Oel bereitet wurde, nach Clusius, weil von Susa die erste Lilie, eine Zwiebel, kein
Samen, nach Constantinopel gebracht sei.

Es ist *Lilium candidum* L. (Liliaceae), unsere weisse, wohlriechende Lilie.

D. gibt zu diesem kostbaren Oel eine besonders genaue und umständliche
Vorschrift. Die einzelnen Substanzen lässt er ihrer Natur nach besonders ausziehen,
so Myrrhe mit gewürztem Wein, Kardamom und bezw. Safran mit Wasser. Salz
setzt er der Haltbarkeit wegen zu, dasselbe entwässert das Oel.

Cap. 63. Περὶ ναρκισσίνου σκευασίας. **Die Bereitung des
Narcissensalböls.** Das Narcissenöl wird so dicht gemacht: 70 Pfund
5 Unzen gereinigtes Oel, 6 Pfund 2 Unzen Aspalathos; stosse und macerire
diesen mit Wasser, mische dann den dritten Theil Oel zu und koche.
Nimm dann den Aspalathos heraus und gib 5 Pfund 8 Unzen Kalmus
zu. Stosse und siebe ein Stückchen¹) Myrrhe und verrühre es mit altem
gewürztem Wein, mische es zu und koche. Wenn es aber zusammen
aufkocht, setze es ab und colire das erkaltete Oel. Dann nimm von
dem Oel²) und giesse es in ein Fass, wirf möglichst viel Narcissenblüthe
hinein und rühre zwei Tage um, wie bei dem susischen Oele, presse und
giesse es häufig um, denn auch dieses neigt zur Fäulniss. Es wirkt gegen
Gebärmutterleiden, indem es die Verhärtungen daran und die Verstopfungen beseitigt. Es verursacht aber Kopfschmerzen.

¹) Im Texte steht σμύρνης χόνδρον, ein Körnchen Myrrhe. ²) D. lässt anfangs
den dritten Theil des gereinigten (πεπλυμένου), d. h. mit Wasser und würzigen Kräutern
behandelten Oels gebrauchen, sagt von den anderen zwei Drittheilen nichts; diese
dürften nun wohl das an dieser Stelle gemeinte Oel sein.

In Frage kommen hier *Narcissus poeticus* L., Weisse Narcisse, und *N.
Tazetta* L. (Liliaceae), Tazette; beide im südlichen Europa heimisch.

Cap. 64. Περὶ κροκίνου σκευασίας. **Die Bereitung des
Safransalböls.** Zur Bereitung des Safranöls wirst du das Oel verdichten, wie es beim susischen Oele gesagt ist, nach demselben Mengen-
und Gewichtsverhältniss beim Mischen. Nimm von dem zum susischen
Oel verdichteten Oele 3½ Pfund, gib 8 Drachmen Safran hinzu und rühre
öfters im Tage um, und dieses thue fünf Tage hinter einander; am sechsten
nun giesse das Oel vom Safran rein ab, auf den Safran selbst aber gib
die gleiche Menge Oel und rühre drei Tage um. Darauf giesse es
ab und mische 40 Drachmen gestossene und gesiebte Myrrhe zu und rühre
in einem Mörser tüchtig um, dann setze es weg. Einige verwenden die

gleiche Menge des gewürzten Oels wie zum Hennaöl auch zum Safranöl.
Das beste davon ist das reichlich nach Safran duftende, es eignet sich
zum arzneilichen Gebrauche. Das zweite ist das nach Myrrhe riechende.
Es hat erwärmende, schlafmachende Kraft, darum ist es, oft damit benetzt, oder darauf gerochen, oder auch in die Nasenlöcher gestrichen,
bei den an Phrenitis Leidenden angezeigt. Es ist auch eitermachend
und die Wunden reinigend, hilft ferner gegen die Verhärtungen und Verstopfungen in der Gebärmutter und gegen die bösartigen Geschwüre in
derselben mit Wachs, Safran, Mark und dem doppelten Oel, denn es
macht gar (reift), erweicht, feuchtet und lindert; es wirkt gegen beginnenden Staar[1]), wenn es mit Wasser angewandt wird. Ihm entsprechend wirkt die sogen. Butter-, Onyx-[2]) und Styraxsalbe, welche sich nur
durch die Namen unterscheiden, nach der Bereitung und Wirkung aber
durchaus gleich sind.

[1]) ἀπογλαύκωσις. [2]) Onyx ist die Bezeichnung für ein feines Gewürz, welches
schon bei Sirach 24, 21 neben Styrax, Galbanum und Stakte als duftendes Rauchwerk
genannt wird. Es soll eine Kammmuschel, κτείς, des Indischen Meeres sein, deren
Schalen auf Kohlen gestreut einen sehr lieblichen Duft verbreiten (vgl. Bauhin
et Cherler lib. IX p. 818).

Cap. 65. Περὶ κυπρίνου στύψεως καὶ σκευασίας ἐλαίου. Die
Verdichtung und Bereitung des (Lawsonien-)Hennasalböls.
Ein Theil gereinigtes Oel von unreifen Oliven, anderthalb Theile Regenwasser;
dieses giesse theils zum Oel, theils verrühre es mit den hineinzuwerfenden
Gewürzen. Dann nimm 5½ Pfund Aspalathos, 6½ Pfund Kalmus, 1 Pfund
Myrrhe, 3 Pfund 9 Unzen Kardamom und 9 Pfund 5 Unzen Oel[1]). Den
Aspalathos stosse, lege und macerire ihn in Wasser und koche ihn mit
dem Oel bis zum Aufschäumen. Die Myrrhe zerlasse in altem gewürztem
Wein, den zerschnittenen Kalmus rühre mit der Myrrhe zusammen und,
nachdem du den Aspalathos herausgenommen hast, wirf das Kalmus-
gemisch hinein. Wenn es mit diesem kocht, nimm es ab und seihe vorsichtig das Oel aus dem Kessel ab, giesse es zum gestossenen und mit
dem übrigen Wasser angeriebenen Kardamom und rühre mit einem Spatel
um, ohne Aufhören, bis es erkaltet ist. Dann colire das Oel ab, wirf in
die 28 Pfund Oel 46 Pfund 8 Unzen Lawsonienblüthe, lass einwirken
und presse es im Presskorb aus. Wenn du aber mehr wünschest, so gib
von den frischen Blüthen die gleiche Menge zu und presse in derselben
Weise aus, auch wenn du eine zweite und dritte Maceration machen
willst; denn es wird kräftiger. Man muss aber das wirksame wählen
und das, welches durchdringend wohlriechend ist. Einige mischen auch
Zimmt zu. Es hat erwärmende, erweichende und die Gefässe eröffnende
Kraft, ist ein gutes Mittel gegen Gebärmutter- und Nervenleiden, wie
auch gegen Lungenleiden und Brüche, sowohl für sich allein als auch

mit Wachssalbe gemischt. Es wird auch den Salben zugemischt, welche für die angezeigt sind, welche an Opisthotonie und Athemnoth und an Entzündung der Leistendrüsen leiden, ebenso den kräftigenden Salben.

¹) Nach Cornarius besser ἐλενίου, Alant, statt ἐλαίου, Oel.

Κύπρος, *Lawsonia alba* L. (Lythraceae), der Hennastrauch Aegyptens und Südasiens, dessen Blätter die goldgelbe Farbe liefern, womit sich die Orientalen, auch die Bosnier und Walachen die Nägel, die Frauen, besonders der Türken, auch Hände, Füsse und Haare färben.

D. gibt anfangs die Menstrua Oel und Wasser in unbestimmtem Maass an; später redet er von bestimmtem Gewicht, wodurch die ganze Vorschrift undeutlich wird. Unverständlich ist, wie 46 Pfund 8 Unzen Blüthen mit nur 28 Pfund Oel ausgezogen werden sollen, umgekehrt würde das Verhältniss pharmaceutisch richtig sein; im folgenden Satze wird dann eventuell nur die gleiche Menge Blüthen zugesetzt. Für die zweite und dritte Maceration muss die früher angegebene Bereitungsweise ergänzt werden.

Cap. 66. Περὶ στύψεως ἰρίνου. Die Verdichtung des Schwertlilienöls. 6 Pfund 5 Unzen möglichst fein zerschnittener Spatha, 73 Pfund 5 Unzen Oel mische mit 10 Kotylen Wasser, gib sie in einen kupfernen Kessel und koche, bis es (das Oel) den Geruch davon angenommen hat, dann colire es in einen mit Honig ausgestrichenen Krug. Mit diesem parfümirten Oel wird das erste Schwertlilienöl bereitet, indem die Schwertlilie mit dem verdichteten Oele macerirt wird, wie es unten angegeben wird, oder so: 70 Pfund 5 Unzen Oel, 5 Pfund 2 Unzen zerschnittenes Balsamholz, wie berichtet wird, koche zusammen; dann nimm das Balsamholz heraus und wirf 9 Pfund 10 Unzen zerschnittenen Kalmus, ein Stückchen in altem gewürztem Wein zerlassener Myrrhe hinein, dann nimm von dem verdichteten und parfümirten Oele 14 Pfund, macerire darin ein gleiches Gewicht zerschnittener Schwertlilie zwei Tage und Nächte hindurch, dann presse kräftig und stark aus; und wenn du es kräftiger haben willst, so macerire auf gleiche Weise ein zweites und drittes Mal dasselbe Gewicht und presse aus. Als bestes erweist sich dasjenige, welches keinen anderen Geruch als den der Schwertlilie verräth.

Ein solches ist das zu Perga in Pamphylien und zu Elis in Achaja¹) hergestellte. Es hat erweichende, erwärmende Kraft, nimmt Wundschorf, Fäulniss und Schmutz weg, ist ein gutes Mittel bei krankhaften Zuständen der Gebärmutter, als Entzündungen und Verstopfungen, treibt den Fötus aus, öffnet die Hämorrhoiden, hilft mit Essig, Raute und bitteren Mandeln gegen Ohrengeräusche und in die Nasenlöcher eingerieben gegen chronischen Katarrh und gegen Nasenpolypen. Zu einem Becher getrunken reinigt es den Bauch, wirkt bei Darmverschlingung und treibt den Harn. Ferner ist es angebracht bei schwer Erbrechenden, indem die Finger oder den Brechreiz bewirkende Gegenstände damit bestrichen werden. (Nützlich ist es) denen, die an Athemnoth leiden, wenn es eingerieben oder mit Honigwasser zum Gurgeln gebraucht wird, und bei Rauheit der Luftröhre. Es wird endlich denen gereicht, welche Schierling, Pilze oder Koriander²) genossen haben.

¹) Perga, das heutige Karahissar; Pamphylien, eine flache, schmale Küstenlandschaft im südlichen Kleinasien, ein Theil des heutigen Paschalik Tekke. Elis, heute Palaeopoli, Stadt in Achaja, der nördlichsten Landschaft des Peloponnes am korinthischen Meerbusen. Sie zerfiel in 12 Districte mit je einer Hauptstadt. Die Römer theilten Griechenland nach der Unterwerfung in zwei Provinzen, Makedonien und Achaja, letzteres umfasste den ganzen Peloponnes und Hellas. ²) Der Koriander wurde von D. für nicht ungiftig gehalten, vielleicht wegen des im frischen Zustande ihm eigenen Geruches nach Wanzen. Der Same in grösseren Dosen sollte den Verstand angreifen.

Cap. 67. Περὶ γλευκίνου σκευασίας. **Die Bereitung des Mostöls.** Das einfache Mostöl wird bereitet aus Oel von unreifen Oliven, Bartgras, Kalmus, keltischer Narde, Spatha, Aspalathos, Steinklee, Kostwurz und Most, indem die Trester um das Gefäss, welches die Gewürze, den Wein und das Oel enthält, herumgelegt werden. Dreissig Tage hindurch, täglich zweimal, wird umgerührt, danach wird es (das Oel) ausgepresst und weggesetzt. Es hat erwärmende, schlaffmachende Wirkung, hilft gegen Frostschauer, gegen alle Neuralgien und Gebärmutterleiden; es ist wirksamer als jede Salbe, da es erweicht.

Wegen des zarten Aromas des Mostes lässt D. die Masse nicht kochen, sondern nur bei der durch Gährung der Trester erzeugten Wärme digeriren.

Cap. 68. Περὶ ἀμαρακίνου. **Amarakinon (Majoransalböl).** Das beste Amarakinon wird in Kyzikon gemacht. Dargestellt wird es aus Oel von unreifen Oliven und Behenöl, welche mit Balsamholz, Bartgras, Kalmus verdichtet, mit Majoran, Kostus, Amomum, Narde, Balsamsamen und Myrrhe parfümirt sind. Die, welche es aber kostbarer machen wollen, mischen auch Zimmt zu. Zum Ausstreichen der Gefässe wird Honig und zum Anreiben der zerkleinerten Gewürze wird Wein genommen. Es ist erwärmend, schlafmachend, die Gefässe eröffnend, erweichend, brennend, harntreibend, dann auch heilsam bei fauligen Geschwüren, Fisteln und Wasserhodenbrüchen nach chirurgischen Eingriffen; es zerreisst auch rings herum den Wundschorf und die bösartig gewordenen Geschwüre. Gegen Harnverhaltung hilft es rund um den After eingestrichen und gleichfalls eingesalbt gegen Entzündungen daran und gegen Verstopfung der Hämorrhoiden. In die Gebärmutter als Zäpfchen eingeführt regt es die Menstruation an und zertheilt Verhärtungen und Oedeme in der Gebärmutter, hilft auch bei Scham- und Muskelverwundungen, wenn es in weichen damit benetzten Bäuschchen aufgelegt wird. [Es gibt auch ein gewisses Oel, welches in Arabien und Italien natürlich und freiwillig aus Felsen fliesst, mit einer gewissen Schärfe wohlriechend, zu Vielem gut verwendbar. Es hat die Kraft, auszutrocknen und zu verstopfen und die Sehnen zusammenzufügen. Es hilft gegen Krätze und Geschwürartiges, es lindert und bewältigt die Blähungen.]

Kyzikon in Kleinasien wird als eine der schönsten Städte geschildert.

Amaracus (ἀμάραχος) ist eine andere Bezeichnung für Majoran, D. hat dieselbe auch als Synoym dafür (III 41). Plinius XXI 61 sagt: Amaracus nennen der Arzt Diokles und das sicilianische Volk, was die Aegypter und Syrier Sampsuchum heissen. Theophrast (De Odor. VI 27 und 30) berichtet: Das Amarakinon wurde aus Wurzeln hergestellt, aber ohne Amarakon, denn die Salbenbereiter gebrauchten dieses kostbare Gewürz nie, die Bezeichnung sei also falsch.

Der letzte Satz ist unstreitig eine spätere Zugabe von fremder Hand, oder D. hat rein nach Hörensagen berichtet, ohne das Steinöl, Petroleum zu kennen, sonst würde er es nicht wohlriechend nennen. Allerdings heisst es bei Vitruvius — etwa 10 v. Chr. — (De architect. 8, 3): „Auch bei Karthago ist eine Quelle, die Oel führt, welches wie geriebene Citronenschale riecht: man pflegt mit diesem Oel auch das Vieh zu salben."

Cap. 69. Περὶ μεγαλείου. Megalion. Das sogen. Megalion wurde früher allerdings dargestellt, nun ist es verschwunden. Zur Vollständigkeit der Geschichte ist es nicht unangebracht, auch über dieses zu berichten. Die Bereitung ist dieselbe wie beim Amarakinon, es enthält aber sehr viel Harz, und dadurch unterscheidet es sich. Es ist gelinde erweichend. Das Harz wird nun aber den Salben weder der besseren Haltbarkeit noch der Annehmlichkeit wegen zugesetzt, sondern der Farbe und der dichteren Consistenz halber. Es wird auch der Terpentin, gekocht bis er geruchlos wird, zugemischt; die Art, ihn zu kochen, wird in dem Capitel „Terpentin" besprochen werden.

Den Namen hat dieses Salböl nach Plinius XIII 13, von seinem hohen Rufe, es heisst die „Grosse, μεγάλη, Megale", nach Anderen soll es den Namen vom Erfinder Megales aus Syrakus erhalten haben. Nach Theophrast (De Odor. VI 30) bestand es aus Behenöl, gebranntem (geschmolzenem) Harz, Kasia, Zimmt und Myrrhe, wobei das Oel zehn Tage und Nächte gekocht wurde. Plinius lässt es aus Behenöl, Balsam, Kalmus, Bartgras, Balsamholz, Casia und Harz darstellen; seine besondere Eigenschaft sei die gewesen, dass, wenn es beim Kochen so lange gerührt werde, bis es ohne Geruch sei, es denselben nach dem Erkalten wieder erhalte.

Durch das anhaltende Kochen des Terpentins verliert er das Terpentinöl und bleibt als Harz (Kolophonium) zurück.

Das Megalium ist hiernach eine Mischung von der Consistenz unserer Salben.

Cap. 70. Περὶ ἡδύχρου. Hedychron. Das sogen. Hedychron, welches in Kos hergestellt wird, hat dieselbe Kraft und wird bereitet wie das Amarakinon, es ist aber wohlriechender.

Der Name dieser Salbe ist zusammengesetzt aus ἡδύς, süss und χρόα, Farbe, von wohlthuender Farbe.

Cap. 71. Περὶ μετωπίου. Metopion. Es wird aber auch in Aegypten ein Salböl bereitet, welches dort allgemein Metopion genannt wird wegen der Zumischung von Galbanum, denn der Baum, aus dem das Galbanum fliesst, heisst Metopion. Es wird hergestellt aus Oel von unreifen Oliven, bitteren Mandeln, Kardamom, Bartgras, Kalmus, Honig, Wein und Myrrhe, aus Balsamsamen, Galbanum und Harz. Gut ist dasjenige, welches scharfen Geruch hat und fett ist, mehr den Geruch des Kardamoms und der Myrrhe als gerade den des Galbanums erkennen lässt. Es erwärmt sehr, erhitzt und eröffnet, reizt und reinigt die Geschwüre. Es wirkt bei durchnittenen Sehnen und Muskeln, ebenso bei Wasserhodenbrüchen mit fäulnissbeseitigenden Mitteln. Es wird auch den Kataplasmen und Wachssalben zugesetzt, ist dienlich denen, die von Frostschauern und Opisthotonie geplagt werden, ruft Schweiss hervor und öffnet die Gefässe um die Gebärmutter herum und erweicht die Härten derselben; es hat überhaupt eine erweichende Kraft.

Metopion wird abgeleitet von μέτωπον, die Stirn, weil die Salbe vorzugsweise als Stirnsalbe diente. Die Bezeichnung selbst ist rein griechisch, und wenn D. sagt, dass die Salbe ἐπιχωρίως, d. h. von den Einheimischen (Aegyptena) Metopion genannt werde, so wird sich dieses wohl nur auf die griechischen Colonisten beziehen. Eine andere Bezeichnung ist νέτωπον. Netopon. Plinius XIII 8 und XV 26 sagt, das Metopium sei ein Oel, welches in Aegypten aus gedörrten, zerstossenen und mit Wasser besprengten (vgl. Cap. 39) bitteren Mandeln gepresst werde und dem dann die übrigen Gewürze zugesetzt werden. (Durch das Dörren wurde ein Theil des Emulsins zerstört, es blieb aber noch genug unzersetzt, um mit dem Amygdalin und dem zugesprengten Wasser Bittermandelöl zu bilden.)

Cap. 72. Περὶ Μενδησίου. Mendesion. Auch das sogen. mendesische Salböl wird aus Behenöl, Myrrhe, Kassia und Harz bereitet. Einige geben nach dem Abwägen (dieser Substanzen) kurzen Zimmt hinzu, ohne Zweck, denn er gibt keine Kraft ab an das, womit er nicht zusammengekocht ist. Es hat aber eine dem Metopium ähnliche, jedoch geringere Kraft.

Den Namen hat das Salböl von der Stadt Mendes, dem alten Didet, etwa in der Mitte des Nildelta gelegen, wo es am besten hergestellt wurde.

Cap. 73. Περὶ στακτῆς. Stakte. Stakte heisst das Fette der frischen Myrrhe, wenn sie mit wenig Wasser angerieben und in der Presse ausgepresst wird. Sie ist sehr wohlriechend und kostbar und wird an und für sich ein Salböl genannt[1]). Am besten ist sie, wenn sie nicht mit Oel gemischt ist und in der geringsten Menge die grösste Kraft besitzt, wenn sie erwärmt und der Myrrhe und den erwärmenden Salben entsprechend wirkt.

[1]) Gewöhnliche Lesart ist: πολυτελής ἐστι, καὶ καθ'ἑαυτὴν οὖσαν μύρον τὸ καλούμενον στακτή, sie ist kostbar und bildet für sich allein ein Salböl, die sogen. Stakte.
Nach Theophrast (Hist. plant. IX 4, 10) und Plinius XII 68 ist Stakte die freiwillig austretende noch nicht verhärtete Myrrhe.

Cap. 74. Περὶ κινναμωμίνου. Zimmtsalböl. Das Zimmtsalböl wird bereitet aus dem Behenöl und dem Verdichtungsmaterial Balsamholz, Kalmus, Bartgras und den Gewürzen Zimmt, Balsamsamen und dem Vierfachen vom Zimmt Myrrhe. Es wird auch Honig zur Mischung gegeben. Gut ist es, wenn es einen nicht scharfen, sondern weichen Geruch hat und dabei den nach Myrrhe zeigt, dick und wohlriechend ist und sehr bitteren Geschmack hat; denn ein solches hat die Consistenz nicht vom Harze, sondern von der Myrrhe. Das Harz verleiht weder Bitterkeit noch Wohlgeruch. Es hat eine sehr scharfe, erwärmende und bittere Kraft; es eröffnet also auch durch Erwärmen, zertheilt, zertrennt und zieht die Feuchtigkeit und die Winde an. Es verursacht aber Kopfschmerzen. Gegen Gebärmutterleiden wirkt es mit dem Doppelten Oel, Wachs und Mark; denn so verliert es viel von seiner Schärfe und wirkt erweichend, anders aber verstopft und verhärtet es am stärksten von allen dicken Salbölen. Es wirkt auch kräftig gegen Fisteln und Fäulniss, ferner mit Kardamom bei Wasserhodenbrüchen, Karbunkeln und Gangrän, ebenso bei Frostschauern, Wechselfiebern, Zittern und als Salbe bei den von giftigen Thieren Gebissenen, endlich als Aufschlag mit gequetschten Feigen bei denen, die von Skorpionen und Spinnen gestochen sind.

Cap. 75. Περὶ ναρδίνου μύρου. Nardensalböl. Das Nardensalböl wird auf mannigfache Weise mit Malabothronöl und ohne dasselbe hergestellt. Zumeist wird dem Behen- oder dem unreifen Olivenöl Bartgras zum Verdichten des Oels, zum Wohlgeruch aber Kostus, Amomum, Narde, Myrrhe, Balsam zugemischt. Geschätzt wird das weiche, nicht scharfe, welches den Geruch nach trockener Narde und Amomum hat. Es hat verdünnende, durchdringende, reinigende, die Feuchtigkeit (Säfte) verdünnende, erwärmende Kraft. Es ist flüssig, aber nicht zähe, wenn es nicht Harz enthält. Es wird auch eine geringe Sorte aus Oel von unreifen Oliven und Bartgras, Kalmus, Kostus und Narde bereitet.

Cap. 76. Περὶ Μαλαβαθρίνου. Malabathronsalböl. Das Malabathronsalböl enthält dieselben Verdichtungssubstanzen wie die Narde[1]), aber mehr Myrrhe. Darum ist es erwärmend, in der Kraft übereinstimmend mit dem Safranöl und dem Amarakinon.

   [1]) Im Text νάρδος; richtiger ist wohl zu lesen νάρδινον, Nardensalbe.

[Περὶ Ἰασμελαίου. Jasminöl. Das sogen. Jasminöl wird bei den Persern aus den weissen Veilchenblüthen bereitet, indem 2 Unzen davon in einen italischen Xestes Sesamöl geworfen werden unter Beobachtung des Auswechselns oder Ausziehens, wie es bei der Liliensalbe angegeben ist. Der Gebrauch desselben bei den Gastmählern hat bei den Persern des Wohlgeruches wegen Platz gegriffen. Es ist dem ganzen Körper nach dem Bade bekömmlich bei denjenigen, welche der Erwärmung und Erholung bedürfen. Es hat aber einen belästigenden Wohlgeruch, so dass Viele sich desselben nicht gern bedienen.]

Der ganze Absatz über das Jasminöl ist, wie Sprengel angibt, dem ersten Buche des Aëtius (βίβλια ἰατρικὰ ἐκκαίδεκα) entnommen.

Sehr unwahrscheinlich ist, dass zur Darstellung die weissen Veilchenblüthen benutzt werden sollen; eher dürften die Blüthen vom *Jasminum officinale* L., dem in Südasien heimischen, jetzt in Europa weit verbreiteten Strauche mit den durchdringend duftenden weissen Blüthen dazu verwandt sein. Dieses zeigt auch der letzte Satz an.

Cap. 77. Περὶ Σμύρνης. Myrrhe. Die Myrrhe ist die Thräne eines in Arabien wachsenden, der ägyptischen Akazie ähnlichen Baumes, aus dem nach der Verwundung die Thränen theils auf untergebreitete Matten fliessen, theils aber am Stamm erhärten. Eine Art davon wird die fette der Ebene[1]) genannt, von der durch Auspressen die Stakte gewonnen wird, eine andere die Gabirea[2]), sehr fette, welche auf fruchtbarem fettem Boden wächst, und auch viel Stakte liefert. Alle übertrifft die troglodytische[3]), so genannt von dem Lande, wo sie wächst; sie ist grünlichgelb, beissend und durchsichtig. Eine gewisse feine Art wird auch gesammelt, welche gleich auf die troglodytische folgt, etwas weich wie das Bdellium, von üblem Geruch ist und in sonnigen Gegenden wächst. Eine weitere Art wird Kaukalis[4]) genannt, sie ist veraltet, dunkel, mager. Die geringste von allen heisst Ergasime[5]), sie ist mürbe und mager, scharf und gummiartig, sowohl dem Aussehen[6]), wie der Kraft nach. Auch die Aminaia[7]) genannte wird nicht geschätzt. Es werden aus ihnen Pressauszüge gemacht, nämlich aus den fetten wohlriechende und fette, aus den trockenen aber dürre und geruchlose, sie sind kraftlos wegen des zu ihrer Herstellung hinzugenommenen Oels. Sie (die Myrrhe) wird verfälscht durch Zumischen von Gummi, welches mit einem Aufguss von Myrrhe benetzt ist. Wähle die frische, zerreibliche, leichte, allerseits gleichfarbige, die auf dem Bruche innen weisse, onyxartige, glatte Streifen zeigt, aus kleinen Stücken besteht, bitter, wohlriechend, scharf und erwärmend ist; die schwere und pechfarbige ist unbrauchbar. Sie hat erwärmende [die Flüsse zurückhaltende], betäubende, verklebende, austrocknende, adstringirende Kraft; sie erweicht und öffnet die verschlossene[8]) Gebärmutter, befördert rasch die Menstruation und den Fötus, wenn sie mit Wermuth und einer Lupinenabkochung oder Rautensaft im Zäpfchen eingeführt wird. Sie wird auch als Pille von Bohnengrösse genommen gegen chronischen Husten, Orthopnöe gegen Seiten- und Brustschmerzen, gegen starken Durchfall und Dysenterie und Nierenleiden, wie das Bdellium. Sie stellt die Frostschauer, besonders die viertägigen, wenn

sie zwei Stunden vor dem Eintritt mit Pfeffer und Wasser bohnengross genommen wird. Die Rauheit der Luftröhre und die Heiserkeit der Stimme benimmt sie, wenn sie verflüssigt und unter die Zunge
gelegt wird. Sie tödtet ferner die Würmer und wird gegen üblen Geruch des Mundes gekaut. Gegen Erschlaffung der Achseln wird sie mit
trockenem Alaun eingesalbt; mit Wein und Oel als Spülung macht sie
die Zähne und das Zahnfleisch fest. Aufgestreut verklebt sie auch die
Kopfwunden, heilt mit Schneckenfleisch eingestrichen zerschlagene Ohren
und blossgelegte Knochen, mit Meconion, Bibergeil und Glaukion[9]) eiterflüssige und entzündete Ohren. Gegen Finnen wird sie mit Kassia und
Honig eingesalbt, Flechten vertreibt sie mit Essig, ausfallende Haare befestigt sie eingestrichen mit Ladanum, Wein und Myrtenöl, chronischen
Katarrh lindert sie als Salbe in die Nasenflügel eingestrichen, Geschwüre in
den Augen füllt sie aus, vertreibt die weissen Flecken und die Verdunkelungen der Pupille und glättet die Rauheiten. Es wird aus ihr auch wie
aus dem Weihrauch ein Russ gemacht, wie wir zeigen werden, welcher
dieselben Wirkungen hat.

[1]) πεδιάσιος, campestris, die in der Ebene wächst, Theophrast unterscheidet
davon die Gebirgsmyrrhe. [2]) Gabirea leitet Sprengel aus dem Arabischen ab,
wo es sehr mächtig bedeutet, also die an Myrrhen reichste Gegend sein soll. [3]) Troglodyten, Höhlenbewohner an der Küste von Nubien und Habesch, der Myrrhen- und
Weihrauchgegend. [4]) Kaukalis, eine geringe Sorte, D. nennt sie überreif, ὑπέρωρος,
d. h. sie hat nicht mehr die guten Eigenschaften der frischen und jüngeren Myrrhe.
[5]) Ergasime, ἐργασίμη. eine verarbeitete, also verfälschte Sorte. [6]) Cod. N. und C.
haben ὀσμή, dem Geruch nach, statt ὄψει. [7]) Andere Schriftsteller haben Minaea, es
ist die Gegend von Mekka. Plinius XII 68 sortirt die Myrrhe anders: Allen voran
steht die Stakte oder Tropfenmyrrhe, welche aus dem wilden Baume von selbst ausfliesst; die beste aus den wilden Bäumen ist dann die troglodytische, dann kommt
die Minaea, dann die Collatitia, die zusammengetragene, in dickeren Stücken, die
fünfte ist die sambracenische, so genannt von der in der Nähe der Sabäer gelegenen
Stadt, die sechste die dusaritische. Eine weisse Art wird nur an einem einzigen
Orte gewonnen und nach Messalum (Mosylon) gebracht. [8]) μεμυκυῖαν, eigentlich
brüllende, dröhnende, dumpfes Geräusch machende. [9]) Glaukion ist der Saft einer
Pflanze Syriens, man hält dafür *Glaucium luteum* Scop., den gelben Hornklee. Vgl.
auch III 90.

Die Myrrhe ist das Gummiharz von *Balsamea Myrrha* Engl., *Balsamodendron
Myrrha* Nees v. Es. (Burseraceae), einem dornigen kleinen Baume oder Strauche in
dem arabischen und afrikanischen Küstengebiete des rothen Meeres. Den Namen
hat sie von dem arabischen mur, bitter. Nach dem Periplus wurde die Droge von
Aualites, einem Landungsplatze der Homeriten, nach den Hafenorten Ocelis und
Muza (heute Ghela und Mauschid) gebracht, etwas kam auch von Mosylon; eine
feine Waare kam aus Muza, von hier auch die Stakte.

Die Myrrhe fliesst theils freiwillig aus (Myrrha stillaticia), und diese wurde
stets als die beste angesehen, theils nach Einschnitten in die Rinde, erhärtet aber
sehr bald an der Luft.

Die Myrrhe enthält 40—67% Gummi, 2,0—6,5% ätherisches Oel (Myrrhol)
und 28—35% Harz, sie ist also theils in Wasser, theils in Alkohol löslich.

Wie sehr die Myrrhe im tiefsten Alterthum geschätzt wurde sowohl als Arznei-mittel wie auch als Gewürz, geht aus den altägyptischen Tempelrecepten, wo sie ánti šu, trockene Myrrhe genannt wird, und aus vielen Stellen der Bibel hervor: II. Mos. 31, 23 soll von der „ersten und ausgesuchten Myrrhe“ zu Salböl genommen werden, Hohel. 5, 5 heisst es: „Meine Hände träufelten von Myrrhe (מוֹר צֹבֵר) und meine Finger bedeckte feinste Myrrhe,“ was auf die Tropfenmyrrhe zu deuten ist. Heute ist die Verwendung der Myrrhe eine sehr beschränkte.

Cap. 78. Περὶ βοιωτικῆς σμύρνης. Böotische Myrrhe. Die böotische Myrrhe ist die von einem gewissen in Böotien wachsenden Baume abgeschnittene Wurzel. Wähle die, welche der Myrrhe an Wohl-geruch ähnlich ist. Sie hat erwärmende, erweichende, lösende Kraft. Mit Vortheil wird sie auch den Räucherungen zugemischt.

D. redet von der Wurzel als der myrrhenähnlichen Substanz, während Theophrast (Hist. plant. VII 6, 3) beim Hyposelinon sagt: „Es wird aus der Wurzel eine Thräne erzeugt ähnlich der Myrrhe.“ Wenn wir Theophrast folgen, so wäre die Pflanze *Smyrnium Olusatrum* L., Pferdeseppich. Beim Hipposelinon aber erwähnt D. die in der Wurzel enthaltende Myrrhe nicht, er sagt nur, die Wurzel sei wohlriechend, weiss, wohlschmeckend, nicht sehr dick und werde roh und gekocht gegessen.

Valerius Cordus, welcher behauptet, diese Myrrhe müsse auf jeden Fall ein Secretionsproduct sein, will diese Stelle nach dem Texte des Serapion ändern: Aber die Myrrhe, welche aus dem Lande stammt, das Laptoteno (Böotien) heisst, wird aus der Wurzel eines Baumes geschnitten, der in jenen Ländern wächst (vgl. Bauhin et Cherler lib. IX p. 314).

Cap. 79. Περὶ Στύρακος. Styrax. Der Styrax ist die Thräne eines gewissen, der Quitte ähnlichen Baumes. Den Vorzug verdient der gelbe und fette, harzähnliche, welcher weissliche Körnchen enthält, mög-lichst lange den Wohlgeruch behält und beim Kneten eine eigene honig-ähnliche Feuchtigkeit abgibt. Ein solcher ist der gabalitische, pisidische und kilikische. Schlecht ist der schwarze, zerreibliche und kleienartige. Es findet sich aber auch eine Thräne, ähnlich dem Gummi, durchscheinend, myrrhenartig; diese bildet sich aber wenig. Sie verfälschen ihn durch Vermischen mit dem Holzmehl des Baumes, welches von Würmern auf-gebohrt wird, mit Honig und dem Bodensatze des Schwertlilienöls und anderen Substanzen. Einige parfümiren Wachs und Talg, kneten es in der brennenden Sonnenhitze unter den Styrax und drücken es durch einen weitlochigen Durchschlag in kaltes Wasser, indem sie so gleichsam Würmchen bilden, und verkaufen es als sogen. Wurmstyrax. Die Un-kundigen lassen einen solchen als ächt gelten, indem sie nicht auf die Stärke des Geruches ihr Augenmerk richten, denn der unverfälschte ist sehr scharf. Er hat erwärmende, erweichende, verdauende Kraft, ist wirksam gegen Husten, Katarrh, Erkältung, Heiserkeit und Verlust der Stimme, ist ferner ein gutes Mittel gegen die Verstopfungen und Ver-härtungen in der Gebärmutter und befördert, innerlich genommen und in

Zäpfchen, die Menstruation, erweicht auch, eine Kleinigkeit mit Terpentinharz genommen, sanft den Leib. Mit Nutzen wird er auch den vertheilenden Umschlägen und den stärkenden Salben zugemischt. Er wird aber auch angezündet, gedörrt, verbrannt und zu Russ gemacht, wie der Weihrauch. Sein Russ eignet sich zu Allem dem, wozu der des Weihrauchs angezeigt ist. Das aus ihm in Syrien bereitete Styraxsalböl erwärmt und erweicht kräftig, jedoch verursacht es Kopfschmerzen, Schwere (der Glieder) und Todtenschlaf.

Der Styrax des D. ist das Harz von *Styrax officin.* L. (Styraceae). Es ist ein kleiner Baum oder Strauch Syriens, Italiens und Griechenlands mit rundlichen, unterseits weissfilzigen Blättern, welche sowohl von D. wie auch von Plinius mit denen des Quittenbaumes verglichen werden; noch heute heisst er in Griechenland ἀγρία κυδωνιά, wilde Quitte. Der Strauch liefert jetzt kein Harz mehr, doch berichtet Hanbury (Science Papers S. 8), dass er an einem in Mortola an der Riviera gezogenen Bäumchen die wohlriechenden Harzklümpchen gesehen habe. Gabale ist eine Stadt in Syrien (Dsjebail), Pisidien eine Landschaft im südlichen Kleinasien.

Der kleienartige und nach Plinius XII 125 mit Schimmel überzogene Styrax ist wohl unser Styrax Calamita, der mit dem Styrax officinalis aber nichts gemein hat, sondern ein Gemengsel von Styrax liquidus mit Sägemehl ist; denn nach Flückiger's Ausführungen (Pharmakogn. S. 133 ff.) ist es wahrscheinlich, dass auch flüssiger Styrax (von *Liquidambar oriental.* Mill.) schon in früher Zeit gewonnen ist.

Fraas fand den Strauch wild am attischen Kephissos und am westlichen Pentele, wo er mit Platanengebüsch, Vitex agnus und Brombeeren gemischt vorkommt, aber auch mit unverkennbaren Anzeichen ehemaliger Anpflanzung am Parnes bei etwa 250 m Höhe und im Peloponnes, aber ohne Harzabsonderung; dieselbe soll erst auf Kypern stattfinden. Pena und Lobel (Adversaria stirpium nova, 1570) berichten, dass der Baum auch in Frankreich vorkomme und zwar häufig bei der Stadt Fréjus (Forum Julii) im Arrondissement Narbonne.

Cap. 80. Περὶ Βδελλίου. **Bdellion.** Das Bdellion — Einige nennen es Madelkon, Andere Bolchon — ist die Thräne eines arabischen Baumes; gut davon ist dasjenige, welches bitteren Geschmack hat, durchscheinend, dem Stierleim ähnlich, tief nach innen fett ist, leicht weich wird, frei von Holz und Unreinigkeiten, in der Räucherung onyxähnlich wohlriechend ist. Es gibt aber auch ein zweites, unreines und schwarzes, in festen Klumpen, getrockneter Feigenmasse ähnlich, welches aus Indien gebracht wird. Von Petra kommt auch ein trockenes, harzähnliches, etwas schwärzliches, das an Kraft geringer ist. Verfälscht wird es durch Zumischung von Gummi; aber ein solches hat nicht annähernd den bitteren Geschmack und ist beim Anzünden nicht so wohlriechend. Es hat erwärmende, erweichende Kraft, kann mit nüchternem Speichel[1]) angerührt Verhärtungen, Kropfbildungen und Wasserhodenbrüche vertheilen, in Zäpfchen und als Räucherung öffnet es auch die Gebärmutter; es zieht den Fötus und alle Feuchtigkeit heraus. Getrunken zertrümmert es den

Stein, treibt den Urin und wird mit Nutzen den an Husten Leidenden und von giftigen Thieren Gebissenen gereicht. Gut ist es ferner gegen (innere) Zerreissungen, Krämpfe, Brustschmerzen und verschlagene Winde. Es wird weiter den Salben zugemischt, welche gegen Verhärtungen und Knoten der Sehnen dienen. Gestossen wird es angewandt, indem Wein oder warmes Wasser dazu gegossen wird[2]).

[1]) Der nüchterne, d. h. der im nüchternen Zustande abgesonderte Speichel war im Alterthum ein geschätztes Arzneimittel (vgl. Tacit. hist. IV 8; Galen, De simpl. facult. IX p. 185). Plinius, welcher denselben bei mancherlei Gebrechen für wirksam hält (XXVIII 35), empfiehlt besonders den nüchternen Speichel der Frau bei Augenentzündungen (l. c. 76). Auch heute nimmt er in der Volksmedicin eine wichtige Stelle ein; die Natur scheint uns selbst darauf hinzuweisen, sehen wir doch die Thiere, besonders Hunde, Geschwüre und Wunden durch Belecken zur Heilung bringen. Seine chemische Zusammensetzung ist: Schleim, Eiweiss, Chlornatrium, Natriumphosphat, Ammoniak, Kalk und Spuren von Cyan. [2]) d. h. beim Gebrauche wird es gestossen und mit Wein oder warmem Wasser angerührt.

Bdellium ist das bis zu 70% Harz enthaltende Gummiharz von *Commiphora (Balsamea) africana* Engl. (Burseraceae), einem Baume Senegambiens und Kordofans. Plinius XII 35 beschreibt ihn als von der Grösse des Oelbaumes mit Eichenblättern, der Frucht und übrigen Eigenschaften nach dem wilden Feigenbaum ähnlich. Schon in frühester Zeit rechnete man das Bdellium zu den wohlriechendsten Specereien (II. Mos. 30, 34, wo es בְּדֹלַח heisst). Durch Commutation, meint Sprengel, sei das ב in מ verwandelt und so sei Madelkon entstanden. Ebenso sei aus demselben Worte Bdolchon, Bolchon hervorgegangen.

Das schwarze klumpige hält Sprengel für Benzoë, wohl mit Rücksicht auf Plinius XII 36, der es das baktrianische nennt, weil es die Baktrier aus Indien holten, und sagt: „Es hat einen trockenen Glanz und viele weisse Stellen (candidi ungues), ausserdem ein eigenthümliches Gewicht, welches nicht zu leicht und nicht zu schwer sein darf." Er übersetzt also Onyx, ὄνοξ mit unguis, Nagel, und bezieht das „onyxähnlich" auf die Farbe der Fingernägel. Es ist aber wohl das ostindische Bdellium, das dunklere, mehr unreine, von *Balsamodendron Commiphora* Roxb. oder *B. Mukul* Hook., es wurde nach dem Periplus von Minnagara aus als Rückfracht mit genommen.

Cap. 81. Περὶ λιβάνου. **Weihrauch.** Der Weihrauch wird in Arabien erzeugt, in der Gegend, welche die weihrauchtragende genannt wird. Den ersten Platz behauptet der männliche[1]), sogen. Stagonias[2]), von Natur rund. Ein solcher ist klein, weiss und auf dem Bruche innen fett, zum Räuchern angezündet rasch verbrennend. Der indische ist hellgelb bis dunkelfarbig. Er wird aber auch künstlich rund gemacht[3]); sie schneiden ihn nämlich in viereckige Stücke, werfen diese in irdene Töpfe und rollen sie, bis sie die runde Form angenommen haben. Mit der Zeit aber wird er gelb, er wird der geschnittene oder syagrische[4]) genannt. An zweiter Stelle kommt der Orobias[5]) und der geschnittene[6]), welchen Einige Kopiskos[7]) nennen, der kleiner und gelber ist. Eine Sorte wird auch Amomites[8]) genannt; er ist übrigens weiss und beim

Kneten nachgebend wie Mastix. Jeglicher Weihrauch wird künstlich mit Fichtenharz und Gummi verfälscht. Die Untersuchung ist aber leicht zu machen. Das Gummi nämlich brennt beim Anzünden nicht an, das Harz verqualmt in Rauch, der Weihrauch dagegen entzündet sich; aber auch der Geruch thut dasselbe kund. Er hat die Kraft zu erwärmen, zu adstringiren, die Verdunkelungen auf den Pupillen zu vertreiben, die hohlen Stellen der Wunden auszufüllen und diese zu vernarben, blutige Wunden zu verkleben, jeden Blutfluss, auch den aus dem Gehirn, zurückzuhalten. Zerrieben und mit Milch auf Charpie gestrichen, besänftigt er die bösartigen Geschwüre um den After und die übrigen Theile; auch vertreibt er, mit Essig und Pech aufgestrichen im Anfange die Warzen und Flechten. Mit Schweine- oder Gänseschmalz heilt er ferner die ausgebrannten Geschwüre und die Frostschäden. Bösen Grind heilt er zusammen mit Nitrum (Soda), Paronychie (Nebennägel) mit Honig, Ohrenquetschungen mit Pech aufgestrichen, gegen die übrigen Ohrenleiden hilft er mit süssem Wein eingegossen. Entzündungen der Brüste von der Geburt her heilt er als Salbe mit kimolischer Erde und Rosenöl. Auch wird er mit Nutzen den Arzneien für die Luftröhre und die edlen Eingeweidetheile zugesetzt. Genossen hilft er den an Blutspeien Leidenden; dagegen ist er Wahnsinn erregend, wenn er von Gesunden genommen wird[9]), reichlich mit Wein getrunken, wirkt er gar tödtlich.

Der Weihrauch wird gebrannt, indem er in eine reine Muschelschale gethan und durch ein Korn an der Lampe entzündet wird, bis er ausgebrannt ist. Gegen Ende der vollständigen Verbrennung muss man ihn mit irgend etwas bedecken, bis er ganz ausgelöscht ist, denn auf diese Weise wird er nicht ganz verascht. Einige aber stülpen über das Schälchen ein vertieftes erzenes Gefäss, welches in der Mitte zur Aufnahme des Rauches durchbohrt ist, wie wir in der Abhandlung über den Weihrauchruss zeigen werden. Andere werfen ihn in einen rohen Topf, den sie mit Lehm verschmieren und verbrennen ihn im Ofen. Auch wird er in einer neuen Schale über glühenden Kohlen erhitzt, bis er sich nicht mehr aufbläht und weder irgend eine Fettigkeit noch Rauch von sich gibt. Gebrannt lässt er sich leicht zerstossen.

---

[1]) ἄῤῥην, männlich heisst er nach Plinius XII 55 entweder wegen der Ueberlegenheit seiner guten Eigenschaften oder von der Gestalt mancher Körner, welche zusammengebacken die Form der Testikel haben. [2]) Tropfen-Weihrauch. [3]) Die Hauptwerkstätten für künstlichen Weihrauch bestanden in Alexandrien. [4]) Vom Vorgebirge Syagros (Cap Saugra Fartasch) an der Küste von Hadramaut. [5]) Der Kichererbse (ὄροβος) ähnlich. [6]) Cod. C. und N. ἐν ἀμίλᾳ; Saracen. ἐν ἀμίλῳ, Aldin. u. Cornar. ἐν σμίλῳ in der Form des Samens einer Schotenfrucht. [7]) Kopiskos kann abgeleitet werden von κοπίς, Messer; es bezeichnet aber auch bei den Lakedämoniern die festliche oder Hauptmahlzeit, wobei der Weihrauch als Räucherwerk benutzt wurde. [8]) ἄμωμος, tadellos, so pflegte man jede hervorragend gute und unverfälschte

Specerei zu nennen. Nach Hesychius sind Amomum und Libanotos (Weihrauch) fast synonym. *) In Cod. C. und N. steht hier statt ὑγιαινόντων, der Gesunden, ἀγωνιξόντων, der Wettkämpfer, die dadurch ermuthigt und angefeuert werden sollten. Sprengel hat aber die erstere Lesart beibehalten. In den von Photius aufbewahrten Fragmenten der Geographica des Agatharchides findet sich nämlich die Angabe, dass bei den Sabäern der anhaltende starke Geruch des Weihrauchs Betäubung und Ohnmachten bewirke, dass sie denselben daher mit Asphalt und Bocksbart (τραγοκώγων, *Tragopogon crocifol.* L.) milderten.

Der Weihrauch, Olibanum, ist das Gummiharz von *Boswellia sacra* Flückiger oder *Boswellia Carterii* (Burseraceae) im Lande der Somalistämme im äussersten Osten Afrikas und in den südöstlichen Küstenstrichen Arabiens, Hadramaut, Schehr und Mahrah. Erst seit 1846, der Reise Carter's in die dortigen Gegenden ist der Baum näher beschrieben und abgebildet (Schweiz. Wochenschr. f. Pharm. 1864 Nr. 20). Er wächst auf den Kalkbergen in Höhen von 500—2000 m, wird etwa 6—7 m hoch und hat krause Fiederblättchen und dunklen Stamm. Ausserdem wurden von Haggenmacher (Reise ins Somaliland, 1876) und Hildebrandt (Gesellsch. naturforsch. Freunde zu Berlin, Sitzungsber. vom 19. Nov. 1878) andere kleinere Bäume mit krummem Stamm und schirmförmig herabhängenden Zweigen gefunden, welche sehr ergiebig Weihrauch lieferten. Die Bäume haben in den verschiedenen Districten verschiedene Namen; unsere Kenntniss über sie ist noch recht beschränkt. Der Weihrauch wird zweimal im Jahre durch Einschnitte in die Rinde gewonnen; es fliesst dann ein weisser Milchsaft aus, der in bald erhärtenden Tropfen (Thränen) am Stamme herabsickert, und theils von diesem, theils von der Erde gesammelt wird. Der im Herbst und von den Stämmen gewonnene ist der beste. Von den kleineren Seeplätzen wird er über Aden nach Europa verschifft.

Der sogen. indische Weihrauch ist das Gummiharz von *Boswellia thurifera* Colebr. oder *B. serrata* Stakh.; es hat einen weihrauchähnlichen Geruch, erhärtet erst nach Jahresfrist und wird in den nördlichen centralen Districten Indiens gelegentlich statt des Weihrauchs gebraucht.

Nach Dymok (Mat. med. of Western Ind., 1885) und Zimmer (Altind. Leben, 1879, 28, 69) ist dieses Product dort kaum zu finden, es wird daher mit Unrecht von indischem Weihrauch gesprochen, der aus Indien selbst stamme (vgl. Flückiger, Pharmakogn. S. 52 und Histoire des Drogues par Flückiger et Hanbury, Paris 1878 I p. 259 sqq.).

Schon Garcia spricht sich dahin aus, dass in ganz Indien kein Weihrauch zu finden sei; die Araber pflegten schwarz mit indisch gleichbedeutend zu nehmen, so sei Thus indicum für die dunkle Sorte entstanden.

Der Weihrauch ist eine der ältesten und kostbarsten Specereien. Nach Dümichen (Die Flotte einer ägyptischen Königin, Taf. 2 u. 18) wurden Weihrauch und Weihrauchbäumchen in Kübeln aus dem Lande Punt (Ursitz der Phöniker an der Küste des Rothen Meeres) und Arabien geholt. Nach der Bibel (II. Mos. 30, 34; Jesaias 60, 6; Jerem.: 6, 20) fehlte er bei keinem Rauchopfer; Weihrauch war neben Myrrhe und Gold die Weihgabe, welche die morgenländischen Fürsten dem neugeborenen Könige der Juden darbrachten.

Die Namen für den Weihrauch sind von dem Ausfliessen des Harzsaftes genommen; das hebr. לְבוֹנָה, Lebonah heisst weiss (Moses nennt den feinsten Weihrauch durchsichtig), davon das griech. Libanos und das latein. Olibanum. Thus wird von θύειν, opfern, abzuleiten sein.

Theophrast (Hist. plant. IX 4) und Plinius XII 55 sqq. beschreiben den Weihrauchbaum nach den Erzählungen dieser und jener — gesehen hat ihn von sämmtlichen Schriftstellern des Alterthums und des Mittelalters keiner — in verschiedener Weise, berichten aber beide sehr ausführlich über den Weihrauch.

Das beste Olibanum bildet unregelmässige, lose, kugelige Körner oder keulenförmige Stalaktiten oder traubenförmige Stücke, denen oft noch Rindentheile anhängen. Die Farbe schwankt zwischen gelblichweiss und röthlich mit weisser Bestäubung. Die geringeren Sorten sind dunkler, zusammenhängend und mit Pflanzenresten verunreinigt. Der Weihrauch besteht aus 30—33% Gummi, 7% ätherischem Oel und 63—70% Harz. Seine Hauptverwendung findet er als Zusatz zu Pflastern und als Räucherwerk in der katholischen und griechischen Kirche.

Cap. 82. Περὶ φλοιοῦ λιβάνου. Weihrauchrinde. Die Rinde des Weihrauchs wird als vorzüglich angesehen, wenn sie dicht, fett und wohlriechend, frisch und glatt, dabei nicht flechtig und häutig ist. Sie wird verfälscht durch untergemengte Rinde der Fichte und Pinie. Das Erkennungsmittel für diese ist das Feuer; denn die anderen Rinden, zum Räuchern angezündet, verbrennen nicht, sondern entzündet verqualmen sie ohne Wohlgeruch, die Weihrauchrinde dagegen verbrennt und gibt einen wohlriechenden Rauch. Sie selbst wird aber auch wie der Weihrauch gebrannt. Sie hat dieselbe Kraft wie der Weihrauch, nur ist sie stärker und adstringirender. Deshalb eignet sie sich im Trank mehr für die, welche an Blutspeien, im Zäpfchen für die, welche an Blutflüssen leiden. Sie leistet auch Dienste bei vernarbenden Wunden im Auge, gegen Cavernen und Schmutz; geröstet hilft sie gegen Augenkrätze.

Cap. 83. Περὶ μάννης λιβάνου. Manna des Weihrauchs. Die Manna des Weihrauchs ist gut, wenn sie weiss, rein und körnig ist. Sie hat dieselbe Kraft wie der Weihrauch, aber viel schwächer. Zur Verfälschung mischen Einige gesiebtes Pinienharz und Weizenmehl oder das Aeussere des geschnittenen Weihrauchs[1]) darunter; auch dieses thut das Feuer dar, denn niemals wird es einen dem reinen Dampf ähnlichen oder gleichkräftigen Rauch geben, sondern einen unreinen Russ machen. Auch hat der Wohlgeruch einen (fremdartigen) Geruch beigemischt.

[1]) Der Text heisst φλοιὸν λιβανωτοῦ κεκομμένου, Rinde des geschnittenen Weihrauchs. λίβανος ist der Baum und das Product, λιβανωτός nur letzteres.

Unter Manna des Weihrauchs haben wir nichts Anderes als das beim Rollen des Weihrauches, um künstlich Körner zu erzeugen, abfallende Pulver oder die kleinen Splitter zu verstehen. Plinius XII 62 sagt: „Die Brocken, welche abgesprungen sind, nennen wir Manna."

Cap. 84. Περὶ αἰθάλης λιβανωτοῦ. Weihrauchruss. Den Weihrauchruss mache auf folgende Weise: Mittelst einer Zange entzünde jedes Weihrauchkorn für sich allein an einer Lampe und lege es in einen neuen vertieften irdenen Tiegel. Dann decke darüber ein gewölbtes kupfernes Gefäss, welches in der Mitte durchbohrt und sorgfältig abgerieben ist. Auf einer oder auf beiden Seiten lege Steinchen vier Finger hoch darunter, um sehen zu können, ob es brennt, und damit Raum sei, stets andere Körner nachzulegen, bevor das erstere Korn vollständig erloschen ist, und dies thue, bis du glaubst, genügend Russ gesammelt zu haben.

Unausgesetzt aber umstreiche das Aeussere des Kupfergefässes mit einem Schwamm aus kaltem Wasser; denn so, wenn dasselbe nicht sehr heiss ist, setzt sich sämmtlicher Russ an; durch seine Schwere aber herabgefallen würde er sich mit der Asche des verbrannten Weihrauchs vermischen. Nachdem du nun den ersten Russ abgestrichen hast, thue dasselbe, so oft es dir gut scheint, nimm aber auch die Asche des verbrannten Weihrauchs für sich heraus.

Er hat die Kraft, die Entzündungen in den Augen zu lindern, Flüsse zurückzuhalten, Wunden zu reinigen, Cavernen auszufüllen und Krebsgeschwüre zu heilen.

In der ganzen alten und mittelalterlichen Heilkunde war es ein beliebtes Verfahren, pflanzliche und thierische, auch mineralische Substanzen vor ihrer Anwendung zu rösten, zu verbrennen oder zu verkohlen. In den meisten Fällen hatten die Aerzte dabei wohl im Auge, dieselben kaustisch zu machen. Warum D. das Aufnahmegefäss für den Russ durchbohren lässt? wohl nur, um den Zug nach oben zu lenken.

Cap. 85. Περὶ λιγνύος σκευασίας. Bereitung des Russes. Auf die nämliche Weise wird aus der Myrrhe, aus dem Harze, aus dem Styrax der Russ bereitet. Man gebraucht ihn zu denselben Zwecken. Auch aus den übrigen Thränen gewinne den Russ auf gleiche Weise.

Cap. 86. Περὶ πίτυος. Pinie. Die Pinie ist ein bekannter Baum; zu derselben Art gehört auch die sogen. Fichte, welche an Aussehen von ihr verschieden ist. Die Rinde beider ist zusammenziehend, als Pulver aufgestreut ist sie ein gutes Mittel bei Wolf, desgleichen mit Bleiglätte und Manna[1]) bei Granulationswucherungen und ausgebrannten Wunden. Mit Myrtenwachssalbe zusammengemischt, vernarbt sie Geschwüre auf zarter Haut, mit Kupfervitriol zusammengerieben, hält sie um sich greifende Geschwüre auf. Als Räucherung treibt sie den Embryo und die Nachgeburt aus, getrunken stellt sie den Durchfall und befördert die Harnabsonderung. Auch ihre Blätter, zerrieben und aufgelegt, lindern die Entzündungen und bewahren die Verletzungen vor Entzündung. Gequetscht und in Essig gekocht, besänftigen sie als warme Mundspülung die Zahnschmerzen. Auch Leberleidenden sind sie zuträglich, 1 Drachme Blätter mit Wasser oder Honigmeth getrunken. Dasselbe leisten auch getrunken die Rinde und die Blätter des Strobilos (Kiefer); auch die daraus fein geschnittenen Kienspähne lindern mit Essig gekocht die Zahnschmerzen, wenn die Abkochung am leidenden Zahn behalten wird. Auch wird daraus ein Spatel gemacht, geeignet zur Bereitung von Salben und Zäpfchen.

Ferner wird aus ihnen nach dem Anzünden der Russ gewonnen zur Bereitung von schwarzer Tinte, der auch zur Augenschminke dient und gegen angefressene Augenwinkel, sowie gegen Ptilosis [2]) und Augentriefen.

[1]) Manna ist die im Cap. 83 beschriebene Weihrauchmanna. [2]) Entzündung der Ränder der Augenlider, wobei die Wimpern verloren gehen.

Mit diesem Capitel betritt D. das selbst heute noch in der Nomenclatur etwas unklare Gebiet der Coniferen. Er nennt drei Arten: 1. πίτυς wird für *Pinus Pinea* L. (Abietineae), Pinie gehalten, ihre Zapfen sind die κῶνοι; die Samen, πιτύδας, die Pityiden, Pinien oder Piniolen (pignoli). Sie war der Cybele geweiht. 2. πεύκη ist *Pinus maritima* Ait. 3. στρόβιλος. In seiner allgemeinsten Bedeutung ist στρόβιλος (strobilos) jedenfalls der noch junge Zapfen von einigen Pinus-Arten, so von *P. maritima* und *Laricio* Poir. der Schwarzkiefer, von *P. halepensis* Ait. der Strandkiefer, auch vielleicht von *P. Pinea*. An dieser Stelle ist es die Bezeichnung für den Baum selbst. Einige Schriftsteller, Sprengel, Lenz, Wittstein halten ihn für *Pinus Cembra* L., die Zirkelkiefer oder Arve, wohl mit Rücksicht auf Plinius XII 79, der vom Baume Strobus bei den Carmanen redet. Fraas (S. 265) tritt dieser Ansicht entgegen; auch kommt *P. Cembra* in Griechenland nicht vor, sondern ist ein Bewohner der Alpen. Ganz gewiss ist auch nicht an die in Nordamerika heimische Weymoutskiefer, *Pinus Strobus* L. zu denken. Theophrast (Hist. pl. III 9, 1) kennt πίτυς ἀγρία, *Pinus silvestris* L. (in Griechenland selten), πεύκη, *Pinus maritima*, und zwar eine zahme, π. ἡμέρα und eine wilde, π. ἀγρία. Von der letzteren gibt es zwei Abarten, π. ἰδαία *(P. Laricio)* und π. παραλίας *(P. halepensis)*; bei ersterer sind die Zapfen länger und grüner, klaffen auch weniger. Weiter nennt er ἐλάτη ἄῤῥην, *Pinus Picea* L. und ἐλάτη θήλεια, *Pinus Abies* (l. c. I 8, 2; III 9, 6). Die grösste Verwirrung richteten die spätmittelalterlichen Schriftsteller an, indem z. B. πίτυς des Theophrast bald mit Larix, bald mit Pinus, bald mit Picea, sogar mit Abies übersetzt wurde (vgl. Bauhin et Cherler, lib. IX p. 245 sqq.).

Cap. 87. Περὶ πιτυίδων. Pityiden. Pityiden werden die Samen der Pinienfichte und der Strandkiefer, welche in den Zapfen sich befinden, genannt. Sie haben verdauende und einigermassen erwärmende Kraft. Sie helfen auch gegen Husten und Brustleiden für sich allein oder mit Honig genommen.

Cap. 88. Περὶ στροβίλων. Zapfen. Die Zapfen, so rein genossen oder mit süssem Wein oder Gurkensamen genommen, sind urintreibend und lindern die Blasen- und Nierenschmerzen. Mit Portulaksaft genommen besänftigen sie Magenstechen, helfen der Schwäche des Körpers auf und wirken der Verderbniss der Säfte entgegen. Die ganzen Zapfen frisch von den Bäumen zerquetscht und in süssem Wein gekocht sind ein gutes Mittel gegen veralteten Husten und Schwindsucht, wenn der Trank aus ihnen in der Gabe von 3 Bechern jeden Tag genommen wird.

Nach Galen (De aliment. facult. lib. II) ist στρόβιλος die Bezeichnung für die Frucht, welche die älteren Griechen κῶνος nannten: Appellant autem nunc ipsum (scil. fructum) Graeci non κῶνον sed στρόβιλον.

Cap. 89. Περὶ Σχίνου. Schinos. Die Mastixpistacie, ein bekannter Baum, alle seine Theile sind zusammenziehend; denn sowohl die Frucht derselben, als auch die Blätter und die Rinde der Zweige und der Wurzel haben dieselbe Kraft. Es wird auch ein Saft aus der Rinde, aus der Wurzel und den Blättern bereitet, wenn sie genügend mit Wasser gekocht sind, indem dann die Flüssigkeit, nachdem die Blätter zu Ende des Kochens beseitigt sind, wieder bis zur Honigconsistenz eingekocht wird. Als Adstringens wirkt er getrunken gegen Blutsturz, Bauchfluss, Dysenterie, sowie gegen Blutfluss aus dem Uterus und gegen Gebärmutter- und Mastdarmvorfall. Ueberhaupt lässt sie (die Mastixpistacie) sich statt der Akazie und Hypokistis[1]) gebrauchen. Dasselbe leistet auch der ausgepresste Saft der Blätter. Die Abkochung derselben ferner als Bähung füllt hohle Stellen aus und verursacht an den nicht verwachsenen Knochen die Callusbildung, stellt auch den Gebärmutterfluss, hält fressende Geschwüre auf und ist harntreibend. Sie befestigt auch als Mundspülwasser lose Zähne. Die grünen Holzsplitter, mit welchen statt Zahnstochern die Zähne gerieben werden, machen diese glatt. Endlich wird aus der Frucht selbst ein adstringirendes Oel bereitet, geeignet für alle ein Adstringens benöthigenden Fälle.

[1]) *Cytinus Hypocistis.* L.

Pistacia Lentiscus L. (Anacardiaceae), die Mastixpistacie, ist ein bis 5 m hoher Baum oder ein sehr ästiger Strauch mit ganz kahlen, glatten Blättern in den Ländern um das Mittelmeer. Die Blüthen stehen in zusammengesetzten, aufrechten, kurzen, achselständigen Trauben, die männlichen sind röthlichgelb, die weiblichen länger gestielt. Die erbsengrossen Früchte sind anfangs roth, später schwarz.

Cap. 90. Περὶ ῥητίνης σχινίνης. Mastixharz. Von derselben stammt auch ein Harz Schinine, von Einigen dagegen Mastix genannt, welches mit Vortheil gegen Blutsturz und veralteten Husten im Trank gebraucht wird. Es ist auch dem Magen wohlbekömmlich, da es Aufstossen bewirkt. Ferner wird es den Zahnmitteln und den Gesichtspomaden als glänzendmachendes Mittel zugemischt. Es verklebt auch die Haare in den Augen, bewirkt gekaut Wohlgeruch des Mundes und zieht das Zahnfleisch zusammen. Das beste und meiste wird auf der Insel Chios erzeugt; den Vorzug darunter verdient das glänzende, an Helle dem tyrrhenischen Wachs ähnliche, das volle, feste, leicht zerreibliche und wohlriechende, das grüuliche dagegen ist minderwerthig. Verfälscht wird es durch Zumischung von Weihrauch und Strobilosharz.

Das Harz tritt an den Zweigen von selbst tropfenförmig aus, am Stamm wird es aus senkrechten Einschnitten in die Rinde abgelassen, wobei es sehr bald zu kugeligen Körnern erstarrt, welche auf untergelegten Steinplatten gesammelt werden. Die Ernte findet von Mitte Juni bis Mitte August statt. Die feinere Waare bildet kleine durchsichtige Körner oder wenig verlängerte birnförmige Stückchen, welche frisch durch mitgeführtes Chlorophyll einen Stich ins Grünliche haben, allmählich hell, hart und spröde, beim Kauen jedoch knetbar werden und beim Erwärmen einen balsamischen Geruch entwickeln.

Chios (Skio) war zu allen Zeiten das hauptsächlichste Productionsland, später kam auch Mastix von Kypern (Heyd, Der Levantehandel II S. 17) und von Samos (Meyer, Gesch. d. Bot. III S. 299). Das wohlriechende Harz gehörte besonders im Mittelalter zu den hochgeschätzten Specereien und wurde auch arzneilich vielfach verwandt. Val. Cordus gibt eine Menge Recepte, in denen Mastix enthalten ist, viele davon stammen von arabischen Aerzten. Jetzt wird es noch wenig gebraucht.

Der Mastix besteht aus etwa 80% eines in kaltem und etwa 10% eines in kochendem Alkohol löslichen Harzes nebst etwas ätherischem Oel und Bitterstoff.

Cap. 91. Περὶ Τερμίνθου. Terebinthe. Die Terpentinpistacie ist ein bekannter Baum; seine Blätter, Frucht und Rinde sind zusammenziehend und eignen sich zu dem, wozu auch die Mastixpistacie dient, wenn sie auf gleiche Weise zubereitet und angewandt werden. Ihre Frucht ist essbar, dem Magen (aber) schädlich, harntreibend, erwärmend, sie ist das beste Reizmittel zum Liebesgenuss. Mit Wein getrunken dient sie gegen den Biss giftiger Spinnen. Das Harz aus derselben wird aus dem steinigen Arabien bezogen; es entsteht aber auch in Indien, Syrien, auf Kypern, in Libyen und auf den kykladischen Inseln. Den Vorzug verdient das mehr durchsichtige, weisse, an Farbe dem Glase ähnliche und dunkelbläulich schimmernde, wohlriechende, nach Terpentin duftende. Unter allen Harzen nimmt aber das der Terebinthe die erste Stelle ein, nach ihm kommt der Mastix, dann das Fichten- und Tannenharz, nach diesen zählt das Kiefern- und Strobilosharz.

Sämmtliches Harz ist erweichend, erwärmend, verbreitend[1]), reinigend, dienlich bei Husten und Schwindsucht als Leckmittel für sich allein oder mit Honig, es ist auch ein Expectorans. Ferner ist es harntreibend und verdauend und erweicht den Leib. Weiter dient es zum Zusammenkleben der Haare an den Augenlidern und mit Grünspahn, Kupfervitriol und Natron gegen Aussatz, mit Honig und Oel gegen eiterige Ohren und gegen Jucken an den Geschlechtstheilen. Es wird auch den Pflastern, Umschlägen und Salben zugemischt. Endlich hilft es auch bei Seitenschmerzen für sich allein eingeschmiert oder aufgelegt.

[1]) διαχυτική, etwa die Diosmose begünstigend.

Pistacia Terebinthus L. (Anacardiaceae), Terpentinpistacie, ist ein mittelgrosser Baum der Mittelmeerländer mit sieben- bis neunzählig gefiederten Blättern und lanzettlichen bis runden, stachelspitzigen Blättchen, welche in der Jugend schön roth, später dunkelgrün sind.

Der nach Einschnitten in die Rinde ausfliessende Harzsaft ist der feinste Terpentin. Er bildet sich in schizogenen, intercellularen Secretbehältern des Rinden-

und jüngeren Holztheiles des Baumes, sammelt sich dann in eigenen Harzgängen und ergiesst sich in Hohlräume der Rinde oder des Holzes. Der Name, ursprünglich nur dem Harze der Terebinthe eigen, ist auf die Harzsäfte der Coniferen überhaupt übertragen. Betreffs der Güte der einzelnen Sorten spricht sich Galen (De comp. med. sec. gen. III p. 590) in demselben Sinne wie D. aus, sofern es sich um die Droge als solche handelt; wenn aber die Qualitäten, der Grad der Wärme berücksichtigt werden, so sei der Harzsaft des Strobilos der beste, dann komme der der Fichte und an dritter Stelle der Mastix.

Der Terpentin der Alten war nicht die heutige *Terebinthina communis*, sondern unsere *T. laricina* oder *venetiana*, der Lärchen- oder venetianische Terpentin.

Cap. 92. Περὶ ῥητινῶν ἄλλων. **Andere Harze.** Es gibt aber ein flüssiges Fichten- und Kiefernharz, welches von Gallien[1]) und Tyrrhenien[2]) hergebracht wird; auch von Kolophon[3]) wurde es früher wohl eingeführt, daher hat es den Beinamen Kolophonia erhalten, ebenso aus dem an den Alpen gelegenen Galatien[4]), welches die Bewohner desselben in ihrer Sprache Larix nennen und welches in der Latwerge und für sich allein vorzügliche Dienste leistet gegen chronischen Husten. Auch diese sind nach der Farbe verschieden, denn das eine ist weiss, das andere ölartig, ein anderes gleicht dem Honig, wie die Larix. Es gibt aber auch ein flüssiges Cypressenharz, welches gegen dieselben Leiden dient. Von trockener Art ist theils das Strobilos- und Tannenharz, theils das Kiefern-, theils das Fichtenharz. Wähle aber von allen das wohlriechendste und durchscheinende und nicht dürre, noch das sehr feuchte[5]), vielmehr das wachsähnliche und leicht zerreibliche. Den Vorzug unter ihnen verdient das Fichten- und Tannenharz, denn sie sind wohlriechend und weihrauchähnlich. In feiner Qualität werden sie von der Insel Pityusa[6]), welche in der Nähe von Spanien liegt, gebracht. Das Kiefern-, Strobilos- und Cypressenharz ist minderwerthiger und besitzt nicht in gleicher Weise die Kräfte wie jene; sie werden aber gegen dasselbe angewandt wie jene. Das Mastixharz ist jedoch dem Terpentin gleichwerthig.

[1]) Gemeint ist hier wohl Gallia transalpina (der Römer), Frankreich, wo noch heute in den westlichen Dünenlandschaften viel Terpentin von *Pinus Pinaster* Solander *P. maritima* Poir., der Pinaster- oder Strandkiefer, gewonnen wird. Im 16. Jahrhundert und früher war der Strassburger Terpentin (T. argentorensis) von *Pinus Picea* L. *Abies pectinata* D. C., der Edeltanne, sehr geschätzt. [2]) Tyrrhenien oder Etrurien, jetzt Toscana. [3]) Kolophon, eine Stadt Joniens, einer Landschaft in Kleinasien, heute Dšjili. Nach dem trojanischen Kriege wanderte einer der vier Hauptstämme der Griechen nach der Küste von Kleinasien aus und gründete dort Colonien, deren Bewohner vorzugsweise Jonier hiessen. [4]) Galatia kann wohl nur das heutige Oberitalien sein. Eine keltische Völkerschaft, zwischen Rhein und Garonne ursprünglich sitzend, wanderte im 3. Jahrh. v. Chr. nach Kleinasien aus und gründete in einem Theile von Phrygien die Landschaft Galatia (Gallograecia). Ohne Zweifel hat D. die früheren Landsitze dieser Galater im Auge, da er sagt: Γαλατίας τῆς πρὸς ταῖς Ἄλπεσιν. Sprengel übersetzt daher schlankweg Galatia

mit Gallia subalpina. In Venetien und Südtirol liefert die Lärche (*Larix decidua*
Mill., *L. europaea* L.) den Terpentin. In Venedig, dem Mittelpunkte des mittelalterlichen Drogenhandels, erhielt der aus den Alpenländern und dem eigenen Gebiete kommende Terpenthin den Namen „venetianischer". [5] d. h. es darf nicht
zähe sein. [6] Die Pityusen.

Das Einsammeln des Strassburger Terpentins war eine sehr mühevolle Arbeit.
Nach Tschirch (Archiv d. Pharm. 1900 S. 390 u. 413) wurde er von Bäumen im
Alter von 25—50 Jahren und einer Grösse zwischen 8 und 15 m gewonnen. Derselbe befindet sich in erbsen- bis bohnengrossen Harzbehältern (Beulen, daher auch
der Name Beulenharz). Der Sammler, mit einem kleinen Becher, welcher einen
Henkel und einen Schnabel hatte, versehen, kletterte mittelst Steigeisen am Baume
herum, stach mit dem Schnabel des Bechers die Beule auf und fing den Balsam auf.

In Tirol werden im Frühjahre die Stämme möglichst nahe am Boden und
immer an der thalabwärts gerichteten Seite mittelst eines Bohrers von 2,5—4 cm
Durchmesser schräg abwärts bis in das Centrum angebohrt, das Bohrloch wird von
den Bohrspähnen sorgfältig gereinigt und mit einem 7—10 cm aus demselben hervorstehenden Zapfen aus gut getrocknetem Lärchenholze verschlossen. In den Monaten Juli bis Ende August wird der angesammelte Terpentin mit einem passenden
Hohleisen herausgenommen. Er ist ziemlich durchsichtig, klar und schwach fluo-
rescirend, dunkelgelb bis gelbbraun, riecht kräftig aromatisch und schmeckt etwas
bitter. Er löst sich vollständig in Aether, Aethyl-, Methyl- und Amylalkohol, Chloroform, Aceton, Eisessig und Tetrachlorkohlenstoff, theilweise in Petroläther und Schwefelkohlenstoff, die alkoholische Lösung reagirt sauer.

Cap. 93. Περὶ τοῦ πῶς δεῖ καίειν τὴν ῥητίνην [1]). Die Art und
Weise, das Harz zu brennen. Jegliches flüssige Harz wird in einem Kessel
gebrannt, der viermal so viel fasst, als die Menge der eingegossenen
Flüssigkeit beträgt. Man muss 1 Chous Harz und 2 Chous Regenwasser
in den Kessel giessen und unter beständigem Rühren gelinde über Kohlen
kochen, bis es geruchlos, leicht zerreiblich und trocken wird und dem
Fingerdruck nicht mehr nachgibt. Das Verbleibende muss man nach dem
Abkühlen in ein irdenes ungepichtes, das heisst nicht verpichtes [1]) Gefäss
abfüllen, es wird dann sehr weiss. Doch muss man jedes Harz vorher
schmelzen und coliren [2]), damit sein Schmutz abgesondert werde. Sie
werden auch ohne Wasser über Kohlen zuerst leicht erhitzt, wenn sie
aber beginnen sich zusammenzuballen, kräftig, und unter Zugabe von
viel Kohlen und Kochen ohne Unterlass drei Tage und Nächte hindurch,
bis sie die vorgenannte Beschaffenheit erlangt haben. Setze sie dann
weg, wie angegeben ist. Bei den trockenen jedoch wird es hinreichen,
sie einen ganzen Tag zu kochen und sie dann wegzusetzen. Die gebrannten finden nützliche Anwendung zu wohlriechenden Pflastern und
Salben und zum Färben der feinen Pomaden. Es wird auch der Russ
des Harzes dargestellt, wie beim Weihrauch (angegeben ist), welcher zur
Verschönerung der Augenlider, bei ringsum angefressenen Augenwinkeln,
bei triefenden Lidern und thränenden Augen dient. Es wird daraus auch
Tinte gemacht, womit wir schreiben.

¹) So lautet die Ueberschrift in den besseren Codices, gegenüber der vulgären: Περὶ λιγνόος ῥητίνης. Russ des Harzes. ²) Im Texte heisst es ἀγγεῖον ἀκώνιστον, τουτέστιν ἀπίσσωτον. Das Grundwort in ἀκώνιστον, κῶνος, heisst eigentlich Kegel, ferner Zapfen der Kiefern und Fichten, dann Pech. Zur näheren Erklärung setzt D. noch ἀπίσσωτον hinzu. ³) Wörtlich: müssen die Schmelzenden jedes Harz vorher coliren, d. h. vor dem Abfüllen.

Früher kannte unsere Arzneimittellehre einen gekochten Terpentin Terebinthina cocta; es war der Rückstand bei der Destillation des Terpentinöls aus Terebinthina communis, ein gelbliches, zerreibliches Harz. Es ist ein reineres Kolophonium, welches letztere gleichfalls bei der Destillation des Terpentinöls unter Wasserzusatz gewonnen wird.

Resina Pini (burgundica). Fichtenharz ist ein Product hauptsächlich der westfranzösischen Seestrandskiefer und von *Pinus Picea*, *P. abies* L., *Abies excelsa* D. C.; wenn der Terpentin zu fliessen aufhört, sammelt sich an den Wundrändern ein ziemlich rasch erhärtendes, ölärmeres Harz, welches auch als „Galipot" in den Handel kommt.

Cap. 94. Περὶ πίσσης ὑγρᾶς. Flüssiges Pech. Das flüssige Pech (der Theer) nun, welches Einige auch Konos nennen, wird aus den fettesten Hölzern der Kiefer und Fichte gesammelt. Als schön aber gilt das glänzende, glatte und reine. Es ist wirksam gegen tödtliche Gifte, bei Schwindsucht, Lungengeschwüren, Husten, Asthma, bei schwerem Auswerfen von Schleim (Flüssigkeiten) aus der Brust, wenn es in der Gabe eines Bechers mit Honig aufgeleckt wird. Es wirkt auch als Salbe gegen Anschwellungen der Mandeln, des Zäpfchens und gegen Entzündung der inneren Schlundmuskeln (Bräune), ferner bei eiterflüssigen Ohren mit Rosensalbe und gegen Schlangenbisse mit fein zerriebenem Salz aufgeschmiert. Mit gleichviel Wachs gemischt entfernt es schorfige Nägel, zertheilt Geschwülste der Gebärmutter und Verhärtungen des Afters. Mit Gerstenmehl und Knabenurin gekocht zerreisst es ringsum die verhärteten Halsdrüsen. Mit Schwefel oder Fichtenrinde oder Kleien eingestrichen hält es kriechende Geschwüre auf. Mit Manna und Wachssalbe gemischt, verklebt es die Fisteln, auch bei Schrunden an den Füssen und Fingern wirkt es als Salbe heilsam. Ebenso füllt es die Geschwüre aus und reinigt sie mit Honig; mit Rosinen und Honig zertheilt es ringsum die Karbunkeln und eiternden Geschwüre. Mit Nutzen wird es auch den fäulnisswidrigen Mitteln zugemischt.

Die Bereitung des Theers gibt D. nicht an, wir erfahren sie von Plinius XVI 52. Das Holz wird in Stücke gesägt und in einem Ofen, der von aussen allenthalben mit Feuer umgeben ist, geschweelt. Das zuerst Uebergehende (der Holzessig) läuft wie Wasser in einer Rinne ab, heisst Cedrium und besitzt eine solche Kraft, dass man in Aegypten menschliche Leichname damit übergiesst und dadurch conservirt. Die nachfolgende Flüssigkeit ist schon dicker und liefert den Theer.

Aus der vielfachen Verwendung des Theers geht hervor, welchen Werth D. demselben beilegte. Auch in neuerer Zeit hat der Theer in der Therapie keine unwichtige Rolle gespielt, es sei nur an die übertriebenen Hoffnungen erinnert, welche man seiner Zeit an die Theerkapseln Guyot's zur Heilung der Schwindsucht knüpfte. Als äusserliches Mittel ist er noch jetzt im Gebrauch.

Cap. 95. Περὶ Πισσελαίου. **Theeröl.** Aus dem Theer wird auch ein Theeröl hergestellt, indem das Wasserartige abgeschieden wird; dieses steht darüber, wie Molken über der Milch[1]) und wird nun beim Kochen des Theers erhalten, indem reine Wolle darüber ausgebreitet wird, welche, wenn sie aus dem aufsteigenden Dampfe gesättigt ist, in ein Gefäss ausgedrückt wird. Dieses geschieht die ganze Zeit hindurch, in welcher der Theer gekocht wird. Es leistet dasselbe wie der Theer. Mit Gerstenmehl aufgestrichen, befördert es den Haarwuchs bei der Fuchskrankheit (Alopekie, Haarschwund). Dieselbe Heilkraft besitzt auch der Theer, wenn er eingerieben wird, bei Geschwüren und Räude des Viehes.

[1]) Eigentlich sollte es heissen „über dem Käse“.

Das Wasserartige ist Holzessig, welcher im Wesentlichen aus Methylalkohol und Essigsäure besteht. D. erhält durch die einfache Manipulation die flüchtigen Theerbestandtheile, welche wir durch die Destillation gewinnen; es sind hauptsächlich Kohlenwasserstoffe, Benzol, Toluol, Xylol u. s. w., Körper von niedrigem Siedepunkte (leichtes Theeröl), vielleicht bei stärkerem Erhitzen auch Phenol und Kreosot (schweres Theeröl).

Cap. 96. Περὶ λιγνύος τῆς ἐξ ὑγρᾶς πίσσης. **Russ des Theers.** Der Russ aus dem Theer wird auf diese Weise gewonnen: In eine neue, mit einem Dochte versehene Lampe gib etwas Theer, zünde ihn an und bedecke die Lampe mit einem neuen irdenen klibanosähnlichen[1]) Gefässe, welches nämlich oben rund und eng ist, unten aber geradeso wie die Klibanoi ein Loch hat, und lass brennen. Wenn die erste Flüssigkeit verzehrt ist, giesse andere auf, bis du hinreichend Russ gebrannt hast, und gebrauche ihn. Er hat scharfe und adstringirende Kraft. Verwendet wird er aber zur Verschönerung der Augenlider und auch zum Bestreichen ringsum, auch wenn triefende Wimpern neue Haare bekommen sollen. Ebenso ist er gut zu gebrauchen bei schwachen, thränenden, besonders bei geschwürigen Augen.

χλίβανος (Clibanus) ist ein eisernes oder irdenes Geschirr, welches unten weiter als oben ist und als Form zum Bródbacken diente. Es war unten mit einer oder mehreren Oeffnungen versehen, um die Hitze eindringen zu lassen. Das Brod wurde in der Form heiss aufgetragen, also ähnlich wie bei uns der sogen. Auflauf.

Cap. 97. Περὶ ξηρᾶς πίσσης. **Pech.** Das Pech wird nun noch durch Kochen des Theers bereitet. Dasselbe wird von Einigen auch Palimpissa[1]) genannt. Eine Sorte davon ist klebrig, Boskas genannt, die andere trocken. Als schön gilt das reine, fette, wohlriechende, hellgelbe und harzartige. Ein solches ist das lykische und bruttische[1]), sie haben beide Naturen, die des Pechs und zugleich des Harzes. Es hat erwärmende, erweichende, Eiter machende, Geschwülste und Drüsengeschwüre zertheilende und Geschwüre ausfüllende Kraft. Mit Nutzen wird es auch den Wundarzneien zugemischt.

[1]) Wieder gekochtes Pech. [2]) Plinius XVI 53 nennt das klebrige, zähe Pech Bruttia, der Theer wird in kupferne Pfannen gegossen und durch Essig verdickt; wenn er geronnen ist, hat er obigen Namen. Dieser leitet sich ab von den Bruttiern, welche an der südlichen Spitze Italiens, im äussersten Theile von Calabrien wohnten. Hier war ein Wald, Sila, mit besonders zur Pechbereitung geeigneten Bäumen bestanden. Sprengel nennt sie *Pinus brutia* Tenor., eine der *P. maritima* und *halepensis* ähnliche Species. Das Pech eignete sich besonders zum Verpichen der Fässer. Das gesottene feinere Pech hiess Crapulla (Plinius XIV, 127).

Cap. 98. Περὶ ζωπίσσης. Zopissa. Zopissa, sagen Einige, sei das zugleich mit dem Wachs von den Schiffen abgekratzte Harz, welches von Einigen auch Apochyma[1]) genannt wird und vertheilend wirkt durch die Bespülung mit dem Meerwasser. Andere nennen so das Fichtenharz.

[1]) ἀπόχυμα, das Ab- oder Ausgegossene.

Plinius XVI 53 rühmt die Wirkung der Zopissa, besonders wenn sie mit Salz bestreut wird.

Cap. 99. Περὶ ἀσφάλτου. Asphalt. Der jüdische Asphalt verdient den Vorzug vor den übrigen. Als schön gilt der purpurfarbig glänzende, durch Geruch und Schwere ausgezeichnete, der schwarze und schmutzige ist schlecht; denn verfälscht wird er durch zugemischtes Pech. Er wird auch in Phönikien, Sidon, Babylonien und Zakynthos[1]) erzeugt und entsteht auch bei Agrigent[2]), einem Landstrich auf Sicilien, wo er als Flüssigkeit auf den Quellen schwimmt; sie gebrauchen ihn statt des Oels auf Lampen und nennen ihn irrthümlich sicilisches Oel. Es ist aber eine Art flüssigen Asphalts.

[1]) Zanthe. [2]) Girgenti.

Plinius XXXV 178 drückt sich über den Asphalt übereinstimmend mit D. aus.

Im Papyrus Ebers (v. Oefele, Pharm. Post 1897 Nr. 2) kommt der Asphalt unter dem Namen „Stein vom Munde des Wassers" (iner n ro-mu) oder „Stein von der Lippe des Wassers" (iner n sept-mu), also ein vom Wasser ausgespieenes Mineral, in mehreren Salbenrecepten bei Unterleibskrankheit, Alopekie, Gebärmutterleiden u. s. w. vor.

Weit und breit bekannt war im Alterthum der jüdische Asphalt des Todten Meeres, des lacus asphaltites; der von Babylon, wo er als Mörtel benutzt werde, sagt Plinius, sei weiss; in Zakynthos werde er mit Rohrbüscheln zu Brennzwecken aufgefischt; er diene auch zum Anstreichen der Bildsäulen und zum Ueberziehen eiserner Geräthe und Nägel. In den meisten Fällen ist es wohl unreines Petroleum gewesen. Man nimmt an, dass der Asphalt durch eine Verharzung des Petroleums entstanden sei.

Cap. 100. Περὶ Πιττασφάλτου. Pissasphalt. Eine Art wird auch Pissasphalt genannt, welche zu Apollonia[1]) in der Nähe von Epidamnos[2]) erzeugt wird. Dieser wird von den keraunischen Bergen durch die Gewalt des Flusses[3]) herabgeführt und an die Ufer ausgeworfen, ist in Klumpen zusammengebacken und riecht nach Asphalt und Pech zugleich. Der Pissasphalt wirkt dasselbe, wie Pech und Asphalt zusammengemischt.

[1]) Apollonia, jetzt Polina, eine Stadt in Illyrien. [2]) Heute Durazzo. [3]) Es ist dies der 'Αῶος, Aous, heute Vojuza genannt.

Pissasphalt ist Asphalt mit Theer. Plinius XXXV 179 bezeichnet alle Sorten Asphalt mit dem gemeinsamen Namen Pissasphalt; der von Apollonia ist nach ihm flüssig.

Cap. 101. Περὶ νάφθας. **Naphtha.** Eine Art heisst auch Naphtha, welche das Abgeseihte vom babylonischen Asphalt ist; sie ist von weisser Farbe, doch wird auch eine schwarze gefunden, und hat die gierige Kraft des Feuers, so dass sie dieses schon aus der Ferne an sich reisst. Sie erweist sich heilsam bei Staar und Hornhautflecken (Leukomen). Sämmtlicher Asphalt hat eine entzündungswidrige, verklebende, zertheilende, erweichende Kraft, ist wirksam bei Gebärmutterkrämpfen und -Vorfällen als Zäpfchen, Riechmittel und Räucherung, er bekämpft auch die epileptischen Anfälle als Räucherung geradeso wie der Gagatstein. Mit Wein und Bibergeil getrunken befördert er die Periode, hilft bei chronischem Husten, Asthma und Engbrüstigkeit, gegen Schlangenbiss, bei Ischias und Brustschmerzen. Den Magenleidenden wird er im Bissen gereicht und geronnenes Blut (Thromben) löst er mit Essig getrunken, Ruhrleidenden wird er mit Gerstenschleim verdünnt als Klystier verabreicht, Katarrhe heilt er als Räucherung, Zahnschmerzen lindert er als Umschlag; trocken in einem Ohrlöffel erhitzt verklebt er die Haare. Mit ungeröstetem Schrot, Wachs und Natron hilft er als Umschlag den an Podagra, Gicht und Schlafsucht Leidenden.

D. hat die irrthümliche Vorstellung, dass die Naphtha, das Erdöl, aus einer Mischung mit Asphalt bestehe und von diesem, als dem festeren Bestandtheile, durch Coliren abgeschieden werde.

Vom Gagates, der Glanzkohle oder Gagatkohle, einem festen Erdpech, sagt Plinius XXXVI 151: „Er hat den Namen vom Flusse Gages in Lykien, ist schwarz, flach, bimsteinartig, leicht zerbrechlich und riecht unangenehm. Was man damit auf irdenes Geschirr schreibt, geht nicht aus; beim Brennen entwickelt er einen Geruch nach Schwefel. Merkwürdiger Weise facht ihn Wasser an, Oel dagegen löscht ihn aus. Die Magier gebrauchen ihn bei der sogen. Axinomantie, der Weissagung aus Aexten, zur Entdeckung einer gefährlichen Krankheit und zum Nachweis der Jungfernschaft."

Cap. 102. Περὶ Κυπαρίσσου. **Cypresse.** Die Cypresse adstringirt und kühlt; ihre Blätter mit süssem Wein und etwas Myrrhe getrunken helfen bei Blasenrheumatismus (Blasenkatarrh) und Harnverhaltung. Die gestossenen Früchte mit Wein genossen erweisen sich heilsam bei Blutsturz, Dysenterie, Bauchrheumatismus, Orthopnöe und Husten. Auch ihre Abkochung leistet dasselbe. Mit Feigen gestossen erweichen sie Verhärtungen und heilen den Nasenpolyp. Mit Essig kräftig gekocht und mit Lupinen zerrieben ziehen sie krätzige Nägel heraus. Im Umschlag bringen sie Darmbrüche in Ordnung. Die Blätter leisten dasselbe. Die Früchte mit dem Laub zum Räuchern angezündet sollen die Mücken vertreiben. Die zerriebenen Blätter aufgelegt verkleben die Wunden; sie sind aber auch blutstillend. Mit Essig fein zerrieben färben sie die Haare. Dann werden sie für sich allein und mit Gerstengraupen bei roseartigen Hautentzündungen und Bläschenausschlag, bei Karbunkeln und Augenentzündungen im Umschlag angewandt. Mit Wachssalbe gemischt und aufgelegt stärken sie den Magen.

Cupressus sempervirens L. (Araucariaceae-Cupressineae), Cypresse. Theophrast (Hist. plant. III 1, 6) gibt als Heimath der Cypresse Kreta an, wo sie auch Lohden treibt und Haine bildet (l. c. II 2, 2), sonst findet sie sich auch in anderen wärmeren Gegenden; heute wird sie um das ganze Mittelmeer gezogen. Sie war bei den Alten der Baum der Trauer; in Rom, wo sie nur mit Mühe eingeführt wurde und gedieh (Plin. XVI 139), war sie dem Aeskulap und Pluto geweiht. Das Holz der Cypresse wurde im Alterthum als werthvolles Bauholz geschätzt (Hom. Od. XVII 340). Die weibliche Cypresse hies Meta, μετά, vermuthlich, weil die Früchte in verschiedenen Stadien, nach einander, reifen (vgl. Plin. XVI 125). Das flüssige Harz der Cypresse rangirte seinem Werthe nach hinter dem Mastix (Plin. XIV 122).

Cap. 103. Περὶ Ἀρκεύθου. Wachholder. Eine Art Wachholder ist gross, eine aber klein. [Die Einen nennen ihn Arkeuthis[1]), die Anderen Mnesitheon[2]), Akatalis[3]), die Afrikaner[4]) Zuorinsipet, die Aegypter Libium, die Römer Juniperus, die Gallier Joupikelluson. Der grosse ist den Meisten bekannt, er ist ähnlich der Cypresse und wächst in rauhen und Meeresgegenden.] Beide sind scharf, urintreibend und erwärmend, als Räucherung angezündet vertreiben sie die wilden Thiere. Ihre Frucht wird bei der einen Art von der Grösse einer Nuss gefunden, bei der anderen ist sie gleich einer pontischen Nuss, rund, wohlriechend und beim Zerkauen süss, dabei etwas bitter, sie wird Wachholderbeere (Arkeuthis) genannt, ist mässig erwärmend und zusammenziehend, dem Magen wohlbekömmlich. Getrunken wirkt sie bei Brustleiden, Husten, Blähungen, Leibschneiden und gegen den Biss wilder Thiere. Sie ist auch unrintreibend, daher dient sie auch bei Krämpfen, inneren Zerreissungen und bei Mutterkrämpfen.

[1]) Wachholderbeere. [2]) Gotteseingedenk. [3]) Akatalis, vielleicht abgeleitet von ἀκαταλήγω, unaufhörlich, immergrün. [4]) Ἀφροί, Afri sind die Afrikaner, besonders aber die Bewohner des Gebiets von Karthago.

D. nennt zwei Arten Wachholder, eine grössere, cypressenähnliche, welche von Fraas als *Juniperus phoenicea* L., Cypressen-Wachholder, angesprochen wird. Sie kommt so gut wie keine andere Art fort in rauhen Gegenden und in der Nähe

des Meeres, war die häufigste und diente am meisten als Brennmaterial. Die andere
soll *Juniperus Oxycedrus* L., Grosser Stachelwachholder, sein, sie ist viel kleiner
als die vorige und ein eigentlicher Strauch. Diese hat grössere, jene kleinere
Früchte. χάρυον heisst im Allgemeinen die Nuss, im Besonderen wird darunter die
euböische, die Wallnuss, auch die Kastanie verstanden. Die pontische Nuss ist die
Haselnuss, Nux avellana.

Theophrast (Hist. plant. III 12, 3) kennt schon die Zweihäusigkeit des Juniperus und die zweijährige Reifezeit.

Das wirksame Princip in den Früchten und der Pflanze selbst ist das ätherische Oel, Ol. baccarum Juniperi und ein Ol. ligni Juniperi. Auch liefert
der Wachholder ein Ol. Juniperi empyreumaticum.

Cap. 104. Περὶ Βράθυος. Sadebaum.   Den Sadebaum nennen
Einige Barathron [Andere Baryton oder Baron, die Römer Herba Sabina].
Es gibt zwei Arten davon; die eine ist nämlich in den Blättern ähnlich
der Cypresse, nur dorniger, stark duftend, scharf und brennend, der Baum
ist aber kurzgedrungen und mehr in die Breite sich ausdehnend; Einige
wenden die Blätter zum Räuchern an.   Die andere ist in den Blättern
der Tamariske ähnlich.   Die Blätter beider hemmen um sich fressende
Geschwüre und lindern im Umschlag Entzündungen, reinigen, mit Honig
aufgeschmiert, von schwarzen Massen und Schmutz und reissen ringsum
die Karbunkeln auf. Mit Wein getrunken führen sie auch das Blut durch
den Urin ab und treiben den Fötus aus; in Zäpfchen und in der Räucherung wirken sie dasselbe.   Sie werden auch den erwärmenden Salbölen
zugemischt, besonders dem Mostöl.

Juniperus Sabina L. (Araucariaceae-Cupressineae), Sadebaum oder Seven-
baum. Aiton unterscheidet dem Texte des D. entsprechend zwei Varietäten, *cupres-
sifolia* und *tamariscifolia*; die erstere ist nach Fraas der Baum in jüngeren, die
andere im älteren Stadium.

Das wirksame Princip ist auch hier ein ätherisches Oel.

Cap. 105. Περὶ Κέδρου. Ceder.   Die Ceder ist ein grosser Baum,
aus dem das sogen. Cedernharz gewonnen wird.   Sie hat eine Frucht
ähnlich der der Cypresse, aber viel grösser.   Es wird auch eine andere
Ceder genannt, klein, dornig wie Wachholder, die eine runde Frucht
trägt von der Grösse der der Myrte. Das beste Cedernharz ist dicht
und durchscheinend, stark riechend, welches beim Ausgiessen in Tropfen
bleibt und nicht auseinanderläuft.   Es hat die Kraft, lebende Körper
in Fäulniss zu bringen, todte dagegen zu conserviren. Deshalb haben
Einige auch dasselbe das Leben des Todes genannt.   Auch Kleider und
Pelze zerstört es durch das heftige Erwärmen und Austrocknen.   Es
eignet sich sehr zu Augenmitteln, indem es eingestrichen das Sehen
schärft und Leukome und Narben entfernt.   Mit Essig eingetröpfelt
tödtet es die Würmer in den Ohren, mit Hysopabkochung eingegossen
beseitigt es Ohrenklingen und Ohrensausen.   In hohle Zähne gesteckt

zerstört es zwar die Zähne, vertreibt aber die Zahnschmerzen, mit Essig als Mundspülwasser thut es dasselbe. Das Schamglied vor dem Beischlafe damit eingesalbt, verhindert es die Empfängniss. Bei Entzündung der inneren Schlundmuskeln (Bräune) ist es ein Einsalbungsmittel und hilft auch bei Mandelentzündungen. Eingeschmiert tödtet es Läuse und Wanzen. Gegen den Biss der Hornschlange leistet es als Aufschlag Hülfe. Gegen genossenen Meerhasen[1]) hilft es mit süssem Wein genommen, auch den an Elephantiasis Leidenden ist es heilsam. Als Leckmittel oder als Salbe reinigt es die Geschwüre an der Lunge und bringt sie in der Gabe eines Bechers geschlürft zur Heilung. Im Klystier angewandt tödtet es Spulwürmer und Askariden, zieht auch den Fötus heraus.

Es wird auch ein Oel daraus gemacht, welches vom Harz durch Wolle abgeschieden wird, die wie beim Pech während des Kochens darüber gespannt wird; es hat dieselbe Wirkung wie das Cedernharz. Insbesondere heilt das Oel, kräftig eingerieben, aber die Räude der Vierfüssler, der Hunde und Ochsen und tödtet ihre Zecken, bringt auch die beim Scheeren verursachten Geschwüre zur Vernarbung. Den Russ desselben macht man wie den des Pechs, er hat dieselbe Wirkung wie dieser. Die Früchte desselben (d. h. des Baumes) werden Kedriden genannt. Sie haben erwärmende Kraft, dem Magen sind sie schädlich. Sie helfen bei Husten, Krämpfen, inneren Zerreissungen, Harnzwang, befördern, mit gepulvertem Pfeffer genommen, die Menstruation und werden auch gegen genossenen Meerhasen mit Wein genommen. Sie verscheuchen die wilden Thiere, wenn der Körper zugleich mit Hirschtalg oder Mark eingerieben ist. Sie werden auch den Gegengiften beigemischt.

[1]) *Aplysia depilans.*

Die Orientirung bei diesem Capitel ist eine recht schwierige, weil die alten Griechen und Römer die Bezeichnungen Ceder und Wachholder — κέδρος und ἄρκευθος — mit einander verwechselten. Dies sagt schon Theophrast (Hist. pl. III 12, 3): „Es gibt Leute, welche den Arkeuthos (Wachholder) ebenso gut Kedros nennen, höchstens dass sie durch eine Randbemerkung zu κέδρος noch Ὀξύκεδρος (Oxycedrus) hinzufügen." Auch Plinius XIII 52 redet von einer grossen und kleinen Ceder. Die erstere nennt er Cedrelate.

D. kennt zwei Arten Cedern, eine grosse, den Baum, und eine kleine; die erstere hält Fraas mit Recht für *Juniperus excelsa* M. Biberstein, die kleinere für *Juniperus communis* L. Juniperus excelsa kommt noch bis zu 1300 m als 7 m hoher Baum vor, Juniperus comm. ist in Italien häufig, in Griechenland auf die Höhen der Berge beschränkt.

Theophrast (Hist. pl. IV 5, 5 und V 8, 1) rühmt die Ceder, welche in Syrien gewaltig hohe und dicke Bäume bilde, κέδρος δένδρον ἐν Συρίᾳ (Pinus Cedrus L.) und als Schiffsholz benutzt werde wegen ihres festen, wohlriechenden, der Verwesung widerstehenden Holzes. Dasselbe bestätigt Plinius XVI 197 betreffs der Cedrelate. Berühmt waren die Cedern des Libanon, welche in der biblischen Geschichte als Nutzholz zu den vornehmsten Bauten dienten.

Die κεδρία (bei Galen und Paulus von Aegina Cedrea), ein wohlriechendes, dem Sandarak ähnliches Harz, fand Fraas nur an *Juniperus phoenicea* L. und *excelsa*, an den übrigen Juniperus-Arten, wo es als krankhaftes Exsudat Stämme und Aeste überzog, war es Gummi. Die Verwendung des Cedernöls zum Einbalsamiren der Todten lesen wir auch bei Plinius XXIV 17, der es succus Cedri nennt, aber den Baum, aus dem es gewonnen wird, nicht näher beschreibt, und bei Diodor. Sicul. 1, 91. Es ist hier in erster Reihe wohl Wachholderöl.

Cap. 106. Περὶ Δάφνης. Lorbeer. Die eine Art Lorbeer ist schmalblätterig, die andere breitblätterig. Erwärmend und erweichend sind beide; deshalb eignet sich ihre Abkochung zu Sitzbädern bei Gebärmutter- und Blasenleiden. Die grünen Blätter adstringiren gelinde, zerrieben und aufgelegt heilen sie Wespen- und Bienenstiche. Sie vermögen auch jede Entzündung zu lindern, wenn sie mit Gerstengraupen und Brod umgeschlagen werden. Getrunken aber beschweren sie den Magen und erregen Erbrechen. Die Früchte (Lorbeeren) sind erwärmender als die Blätter; sie wirken daher im Leckmittel mit Honig oder süssem Wein gut bei Phthisis und Orthopnöe und Rheumatismus der Brust. Mit Wein werden sie gegen Skorpionenstich getrunken, auch beseitigen sie die weissen Hautflecken. Der aus ihnen gepresste Saft hilft bei Ohrenschmerzen und Schwerhörigkeit, wenn er mit altem Wein und Rosenöl eingeträufelt wird. Er wird auch den Salben, sowie den erwärmenden und vertheilenden Umschlägen zugemischt. Die Rinde der Wurzel aber zertrümmert den Stein und tödtet die Frucht; sie ist auch Leberleidenden heilsam, wenn sie in der Gabe von 3 Obolen mit gewürztem Wein getrunken wird.

Daphne, die schöne Tochter des Flussgottes Laon oder Peneus hatte sich Apollo auserkoren, aber die Mutter Gea verwandelte sie in einen Lorbeerbaum, welchem Apollo den Namen Daphne gab: „Meine Gattin kannst du nicht sein, aber mein Baum sollst du wenigstens sein. Immergrün sei dein Laub, an dir hänge meine Cither, mein Köcher" (Ovid., Metamorph. I, 352). So war der Lorbeer dem Apollo geweiht. Er wächst in Griechenland auf Hügeln und Bergen bis zu 800 m Höhe und in schattigen Schluchten wild, Haine und kleine Wälder bildend, wird aber auch vielfach cultivirt, namentlich dürfte kaum ein Klosterhof oder -Garten zu finden sein, der nicht seinen Lorbeerbaum hat. Auch in Italien kommt er wild in hügelreichen Gegenden vor.

Die beiden von D. angegebenen Arten finden sich sowohl beim wilden wie beim cultivirten Lorbeer. Seine arzneiliche Verwendung ist heute eine sehr beschränkte.

Laurus nobilis (Laurineae), Lorbeer.

Cap. 107. Περὶ Πλατάνου. Platane. Die zarten Blätter der Platane in Wein gekocht und umgeschlagen hemmen den Augenfluss, sie besänftigen aber auch die Oedeme und Entzündungen. Die Rinde mit Essig gekocht bildet ein Mundwasser gegen Zahnschmerz. Die grünen, kugeligen Früchte mit Wein getrunken helfen gegen Schlangenbiss, in Fett aufgenommen heilen sie die Verbrennungen mit Feuer. Der Flaum an Blättern und Früchten ist eingedrungen (in Ohren und Augen) dem Gehör und Gesicht schädlich.

Die Platane, *Platanus orientalis* L. (Platanaceae), ist im Orient heimisch; sie war ein den Genien heiliger Baum und soll zu Delphi von Agamemnon's Hand gepflanzt sein. Plinius XII 6 lässt sie über das Jonische Meer nach Sicilien wandern, von wo sie nach Italien und dort später zu so hohen Ehren kam, dass man sie mit Wein begoss. Durch eigenthümliche Fortpflanzung und Beschneidung, sagt er weiter, erzwingt man die unglückliche Verkrüppelung der Zwergplatane. Theophrast (Hist. pl. I 9, 5) berichtet, dass auf Kreta bei Gortyna eine Platane stehe, welche nie die Blätter verliere, unter ihr habe Zeus mit der Europa der Liebe gehuldigt. Man schätzte die Platane allgemein wegen ihrer schattenspendenden Krone.

Cap. 108. Περὶ Μελίας. **Manna-Esche.** Die Esche ist ein bekannter Baum; der Saft seiner Blätter und diese selbst mit Wein getrunken und im Umschlage helfen denen, die von Schlangen gebissen sind. Die gebrannte Rinde heilt mit Wasser aufgeschmiert den Aussatz. Die Drehspähne des Holzes, genossen, sollen tödtlich wirkend sein.

Fraxinus Ornus L. (Oleaceae), **Manna-Esche.** Theophrast kennt ausser dieser Art noch die Berge und Bergabhänge liebende gemeine Esche (βουμελία), *Fraxinus excelsior* L., welche wegen ihres harten Holzes geschätzt wurde. Nach Homer (Il. II 534) lieferte sie, ein der Nemesis geweihter Baum, das Holz zu Lanzenschäften und Schwellen. Plinius XVI 62 hält dasselbe dem Cedernholze so ähnlich, dass es kaum davon zu unterscheiden ist.

Die Manna-Esche ist ein bis zu 10 m hoher Baum mit drei- bis vierjochig-unpaarig gefiederten Blättern und grossen rispenförmigen, wohlriechenden Blüthen. Die Flügelfrüchte sind gelblichbraun, die Flügel abgerundet mit Stachelspitze. Ihre Heimath ist Kleinasien, sie geht aber von Turkestan bis nach Südtirol. Sie liefert die Manna, welche durch Einschnitte in die Rinde ausfliesst und eintrocknet; diese wird nur von cultivirten Bäumen gewonnen, hauptsächlich bei Palermo und Cefala an der Nordküste Siciliens, und kommt in zwei Sorten in den Handel, als Röhrenmanna, Manna cannellata, und als gemeine Manna, Manna communis oder Gerace, eine mehr oder weniger verunreinigte Masse. Von letzterer unterscheidet man Manna colabrina und Manna electa, die ausgesuchten Körner. Gute Manna enthält 80 bis 90% Mannit.

Cap. 109. Περὶ Λεύκης. **Weisspappel.** Die Rinde des Pappelbaumes in der Gabe von 1 Unze getrunken hilft gegen Ischias und Harnzwang. Es wird auch gesagt, dass sie mit der Niere vom Maulesel genossen Unfruchtbarkeit bewirke; es heisst auch, dass die Blätter nach einem Abführmittel mit Wein dasselbe leisten. Der Saft der Blätter, lauwarm eingeträufelt, hilft gegen Ohrenschmerzen. Die beim Hervorbrechen der Blätter entstehenden rundlichen Gebilde[1]) heilen, fein gestossen, mit Honig als Salbe die Schwachsichtigkeit. Einige berichten, dass die Rinde der Weiss- und Schwarzpappel in Stücke zerschnitten und in gedüngte Gartenbeete gestreut zu jeder Zeit essbare Pilze erzeuge.

¹) Die kugeligen Gebilde, σφαιρία, sind wohl nichts Anderes als die Knospen, Gemmae, nicht, wie Sprengel meint, die Kätzchen, Amenta. Gewiss ist es nicht, wie Matthiolus glaubt, βρύον, eine Art Moos oder Flechte. Plinius XII 132 nennt übrigens Bryon die Uva populi, die Blüthentraube, das Kätzchen. Die Pappel war dem Herkules geweiht.

Populus alba L. (Salicaceae), Weiss- oder Silberpappel. Der aufstrebende Baum war dem Herakles heilig.

Cap. 110. Περὶ Αἰγείρου. Schwarzpappel. Die Blätter der Schwarzpappel mit Essig aufgelegt helfen bei Podagraschmerzen. Das Harz derselben wird den Salben zugemischt. Die Frucht mit Essig getrunken hilft den an Epilepsie Leidenden. Es wird erzählt, dass die Thräne, welche am Flusse Eridanos¹) aus ihr quillt, erhärte und zu dem sogen. Bernstein werde, der bei Einigen auch Chrysophoron heisst. Beim Reiben ist sie wohlriechend und hat eine goldige Farbe; wird sie fein gerieben getrunken, so wirkt sie gegen Dysenterie und Bauchfluss.

¹) Eridanos ist der mythische Name für einen Fluss im äussersten Nordwesten Europas, später übertrug man ihn auf den Po, auf die Rhone, den Rhein und zuletzt gar auf die Radaune bei Danzig.

Plinius XXXVII 44 bemerkt, dass der Po (Padus) mit in das Märchen verflochten sei, habe keinen anderen Grund, als weil noch heute die Bauernweiber jenseits des Po den Bernstein in Schnüren als Schmuck und als Medicament um den Hals trügen. Nach anderer Lesart hatten die Kaufleute aus Concurrenzrücksichten die Elektriden, die bernsteinliefernden Inseln, in das Adriatische Meer, nahe bei der Mündung des Po, verlegt. Plinius XVII 242 sagt, die weisse Pappel gehe zuweilen in die schwarze über.

Die Schwarzpappel, *Populus nigra* L., unterscheidet sich von der weissen Art dadurch, dass die fast deltaförmigen Blätter auf der Unterseite grün sind, bei der Weisspappel haben die mehr herzförmigen rundlichen Blätter auf der Unterseite einen mehr oder weniger graufilzigen Ueberzug. Die Blattknospen sind bei jener harzig-klebrig, bei dieser weisslich bezogen. Auch diese war dem Herakles heilig.

Die Abkunft des Bernsteins von der Pappel wird auf eine Fabel zurückgeführt, die uns Plinius XXXVII 43 erzählt: Die Schwestern des vom Blitze erschlagenen Phaëthon seien durch das viele Weinen in Pappeln verwandelt und als ihre Thränen flösse noch alle Jahre neben dem Flusse Eridanus der Bernstein, welcher deshalb Electron heisse, weil die Sonne den Namen Elector führe.

Electron war ursprünglich der Name für eine Mischung aus vier Theilen Gold und einem Theil Silber (Plin. XXIII 80). Als man später den Bernstein durch die Phöniker kennen lernte, mag gleiche Farbe und gleiche Werthschätzung den Grund abgegeben haben, dem Bernstein denselben Namen beizulegen. Plinius nennt eine Sorte Goldbernstein, Chryselectron, der Morgens am schönsten aussieht und äusserst feuergefährlich ist.

Von der Weisspappel war früher die (salicinhaltige) Rinde, Cortex Populi officinell, von beiden, besonders von der Schwarzpappel, gebrauchte man bis in die neueste Zeit die Knospen, Gemmae Populi, namentlich zur Bereitung von Unguentum populeum.

Cap. 111. Περὶ Μάκερος. **Makir.** Makir ist eine aus dem Auslande bezogene Rinde, gelblich, fest, im Geschmack stark adstringirend. Sie wird gegen Blutspeien, Dysenterie und Bauchfluss getrunken.

Nach Plinius XII 32 und Galen (De fac. simpl. VII p. 66) ist Makir die Rinde von einem unbekannten Baume Indiens; sie bildete nach dem Periplus des Erythräischen Meeres einen Ausfuhrartikel aus Malao unter dem Namen μάκειρ.

Bauhin (lib. III p. 262) sagt, er habe als Student der Medicin zu Lyon von einem Apotheker, Rich. Sermesise zu Antwerpen, ein Stück Rinde erhalten, welches der als Pharmakognost bekannte Apotheker V. Dowrez zu Lyon als Makir bezeichnet habe.

Chr. Acosta beschreibt die Mutterpflanze als einen wüsten, vielästigen Baum Malabars, grösser als die Ulme mit 11—12 cm langen und 5 cm breiten (an der Basis) herzförmig zugespitzten Blättern, die oberseits matt-, unterseits lebhaft grün sind. Eine Blüthe und Frucht habe er nicht, sondern in der Mitte eines Blattes bilde sich ein rothbrauner, parallelnerviger, blasenförmiger Schlauch, dem der Ulme nicht unähnlich, welcher die Samen enthalte. Diese seien herzförmig, gelb, zart, von der Grösse eines Denars, mit einer zarten weissen Haut bedeckt und vom Geschmack der Pfirsichkerne oder Mandeln. Der Baum sei milchsaftreich, ebenso die grosse, kräftige, weitverzweigte, mit einer dicken rauhen Rinde bedeckte, innen weisse, aussen graue Wurzel. Die Spanier nennen ihn Arbore de los Camaras, Arbore sancto, die eingeborenen Christen Arbore de sancto Thome. Irrthümlich hat man die Bezeichnungen Macer, Macir, Macas auf Macis, den Samenmantel der Muskatnuss, übertragen (vgl. Flückiger et Hanbury, Hist. des drog. II p. 213).

Cap. 112. Περὶ Πτελίας. **Ulme.** Die Blätter, Aeste und die Rinde der Ulme sind zusammenziehend. Die fein zerriebenen Blätter mit Essig wirken als Umschlag bei Aussatz, verkleben auch Wunden, mehr aber die Rinde, wenn sie als Verband darum gewunden wird, denn sie ist riemenartig[1]). Die dickere Rinde mit Wein oder kaltem Wasser in der Gabe von 1 Unze getrunken führt den Schleim ab. Die Abkochung der Blätter oder der Wurzelrinde als Bähung heilt Knochenbruch durch beschleunigte Callusbildung. Die um die Zeit des ersten Hervorspriessens in den Bläschen sich findende Feuchtigkeit macht eingerieben das Antlitz glänzend; trocknet diese Feuchtigkeit ein, so verwandelt sie sich in mückenartige Thiere[2]). Die frischen Blätter werden gekocht als Zukost wie die Gemüse verwandt.

[1]) d. h. elastisch. Es ist die im Frühjahre von den mittleren Stämmen gewonnene Rinde, welche vom Bast befreit ist, hauptsächlich die secundäre Rinde, früher als Cortex Ulmi interior officinell. [2]) φύσκαι. Es sind die durch Insectenstiche bewirkten Gallen, in denen nach D.' Ansicht durch die generatio aequivoca aus der eingetrockneten, etwas schleimigen Feuchtigkeit die Mücken entstehen. Bei Theophrast (Hist. pl. II 8, 3) heissen sie κότταροι.

Ulmus campestris L. (Ulmaceae), Ulme oder Feldrüster.

Cap. 113. Περὶ σαπρότητος ξύλων. **Fäule des Holzes.** Die von alten Hölzern und Stämmen wie Mehl gesammelte Fäule reinigt um-

geschlagen die Geschwüre und bringt sie zum Vernarben; fressende Geschwüre hält sie mit gleichviel Anis und Wein gemischt auf, wenn sie
fein gepulvert in Leinwand eingeschlagen und aufgelegt wird.

D. kann hier sowohl das faule Holz selbst, wie es schon bei den alten Aegyptern angewandt wurde, zum Aufsaugen der Wundflüssigkeit, als auch — und dies
scheint nicht unwahrscheinlich, weil er sagt: ἀπὸ τῶν ξυλῶν παλαιῶν — die auf demselben angesiedelten Mikroorganismen gemeint haben. Es sind dies vorzüglich *Hapa-
losiphon byssoides*, *Pleurococcus vulgaris*, *Tetrentopohlia Jolithus*.

Cap. 114. Περὶ Καλάμων. Rohr. Eine Art Rohr wird die
massive[1]) genannt, aus der die Pfeile gemacht werden, eine andere die
weibliche, aus der die Zungen für die Flöten[2]) hergestellt werden; eine
weitere, das Pfeifenrohr[3]), ist markig, mit vielen Knoten versehen, geeignet zum Schreiben; eine fernere ist fest und hohl, wächst an den
Flüssen, wird auch Donax[4]) und von Einigen das kyprische genannt.
Noch eine andere Art heisst Phragmites[5]), zart, weisslich, Allen bekannt,
deren Wurzel fein zerrieben für sich allein und mit Zwiebeln als Umschlag Splitter und Dornen herauszieht. Mit Essig aber lindert sie Verrenkungen und Hüftschmerzen. Die zerstossenen grünen Blätter heilen
aufgelegt roseartige und andere Entzündungen. Der Phleos[6]), gebrannt und
mit Essig aufgeschlagen, heilt die Fuchskrankheit. Der Blüthenbüschel
der Rohre, wenn er in die Ohren gelangt, ruft Taubheit hervor. Dasselbe vermag auch das sogen. kyprische Rohr zu bewirken.

[1]) κάλαμος ναστός, Arundo nastos, geben die spätmittelalterlichen Schriftsteller
für *Canna indica* aus (vgl. Bauhin et Cherler lib. XVIII p. 487). [2]) Das Flötenrohr
wird für *Saccharum Ravennae* L. (Gramineae) gehalten. [3]) *Arundo fistularis* L.
[4]) *Arundo Donax* L., Pfeilrohr. [5]) *Arundo Phragmites* L., Gemeines Rohr. [6]) Phleos
(φλέως oder φλεώς), *Saccharum cylindricum* Lam., eine letzte Art.

Theophrast (Hist. pl. IV 11) stimmt in der Hauptsache mit D. überein, geht
aber in der Beschreibung der Rohre systematischer zu Werke. Im Allgemeinen
theilt er dieselben in zwei Classen, κ. αὐλητικός, das Flötenrohr, und κ. ἕτερος, das
gemeine Rohr. Das letztere ist dann theils fest (dicht), theils zart und schwach.
Das feste, χαρακίας, Pfahlrohr, weil es zum Stützen der Reben dient, wächst auf den
sogen. κώμυθες, torfartig gebildeten Inseln der Sümpfe und Seen, welche fruchtbaren
Boden haben, doch findet sich auch hier zuweilen das feste Flötenrohr. Die andere
Sorte, κ. πλοκιμός, das Flechtrohr (Schilfrohr) wächst auf den πλοάδες, Inseln, die
entstehen und wieder verschwinden. Die schlechteste Sorte ist Donax (δόναξ), sie ist
buschig und wächst vorzugsweise an Flüssen und Seen. Eine besondere Sorte ist
das Pfeilrohr oder kretische Rohr, κ. τοξικός oder κρετικός. Er unterscheidet also
die Rohre vorzugsweise nach ihrem Standorte: „Am meisten Verschiedenheit soll
Rohr zeigen, je nachdem es auf trockenem Boden oder im Wasser gewachsen ist."

Phleos diente nach Herodot lib. III 98 bei den Indern dazu, um Kleider nach
Art der Körbe daraus zu flechten, bei Plinius zum Flechten von Matten und zum
Bedecken der Dächer, seine Blüthenrispe bei Theophrast als Wedel zum Tünchen
der Wände; sie wurde auch dem Kalk zugemischt als Bindemittel beim Verputzen.

Plinius XVI 159 sqq. classificirt die Rohre nach ihrem Habitus und ihrer

Qualität, und erst dann nach ihrem Standorte. Weitläufig verbreitet er sich über die Rohrgebüsche des orchomenischen Sees. Das dickere nennt er auch Characias, Pfahlrohr, das schwächere Plotias, das der schwimmenden Inseln, das besonders zu Flöten gebräuchliche Arundo tibialis oder auleticon. Bei langdauernder Ueberschwemmung bekommt das Rohr mehr Stärke, es heisst dann Zeugites, andernfalls entsteht das dünne Seidenrohr, Bombycia, welches das beste Material zu den Flöten lieferte. Den Vorzug verdiente dasjenige, welches vom Cephissus beim Einflusse in den See bespült wurde. Das unterste Ende eignete sich am besten für die linke, das obere für die rechte der Doppelflöte. Jene hatte mehr Löcher und wurde vom Pfeifer in der linken Hand, diese mit weniger Löchern in der rechten Hand gehalten, sie war länger und hatte tiefere Töne. Das Flötenrohr musste stark sein, damit die Zungen zur Abstimmung sich verschieben liessen. Alle drei Autoren unterscheiden dabei das Rohr für die Hirtenpfeife (σόριγξ, fistula), und die Flöte als Musikinstrument (αὐλός, tibia). Wahrscheinlich wurde sowohl A. Donax, dem Silvan und Priapus heilig, als auch Sacch. Ravennae dazu benutzt. Jenes findet sich durch ganz Griechenland, dieses nur vereinzelt, in besonderer Qualität aber am orchomenischen See an der Mündung des Cephissus. Das weibliche Rohr ist wahrscheinlich *Arundo Calamagrostis* L. (vgl. Fraas S. 298).

Cap. 115. Περὶ Παπύρου. Papyrus. Der Papyrus, aus dem das Papier gemacht wird, ist Allen bekannt. Er eignet sich sehr wohl zum Gebrauch in der Medicin, zur Oeffnung von Fisteln, wenn er durch Maceration zubereitet und in Leinen eingeschlagen ist bis zum Trocken- werden. Denn dicht gemacht und hineingelegt füllt er sich mit Flüssig- keit an, und anschwellend öffnet er die Fisteln[1]). Seine Wurzel hat auch einen gewissen Nährstoff; die Aegypter kauen sie daher, saugen den Saft aus und speien das Ausgesogene aus. Sie verwenden ihn auch als Holz. Der zu Asche verbrannte Papyrus aber kann fressende Geschwüre im Munde und an jedem Theile aufhalten. Besser leistet dieses gebranntes Papier.

[1]) D. macht aus Papyrus eine Art Pressschwamm.

Cyperus Papyrus L. (Cyperaceae), Papierstaude, ist eine specifische Pflanze Aegyptens, wo sie in der frühesten Zeit massenhaft vorkam; bei der voranschreiten- den Bodencultur konnte sie sich als Spontanpflanze nicht halten, sie musste aus den südlich gelegenen Nubaländern, um den Bedarf zu decken, bezogen werden.

Zur Anfertigung des Papiers wurde nach Prof. Schenk die äussere Rinden- schicht entfernt, dann das Fibrovasalgewebe mit dem umgebenden Parenchym in dünne Längsstreifen geschnitten, welche nach Ausscheidung der im Gewebe ent- haltenen Stärke mit Gummi aneinandergeklebt wurden (Plinius schreibt als Klebe- stoff Mehl mit Wasser und Essigzusatz vor, weil Gummi zu hart sei). Darüber kam kreuzweise noch eine zweite oder dritte Lage. Die Bogen, von der ursprüng- lichen Dicke eines Messerrückens wurden durch Klopfen (Pressen) und nachheriges Schleifen so dünn und glatt wie Schreibpapier. Die Farbe ist dunkelgelb bis braun.

Als Medicament wenden die alten Aegypter nach dem Berliner und dem Pa- pyrus Ebers den angebauten (e terra) und den wildwachsenden (Cyperus des Sumpfes) Papyrus und die Früchte an. Theophrast (Hist. pl. IV 8, 2) und Plinius XIII 71 berichten ausserdem noch von der Verwendung des Papyrus zu den verschiedensten Zwecken. Die Wurzel dient zu Brenn- und Nutzholz, aus dem Schafte werden Fahr-

zeuge, aus dem Baste Segel, Kleider, Matratzen und Stricke geflochten. Vgl. auch
Herodot II 92 sqq.

Cap. 116. Περὶ Μυρίκης. Tamariske. Die Tamariske ist ein
bekannter Baum, welcher an Sümpfen und stehenden Gewässern wächst,
eine Frucht trägt, welche einer kätzchenartig zusammengesetzten Blüthe
ähnlich ist. Eine cultivirte Art wächst auch in Aegypten und Syrien,
in Allem der wilden gleich. Sie trägt eine Frucht ähnlich dem Gallapfel, ungleich adstringirend im Geschmack, welche sich statt des Gallapfels
zu Mund- und Augenmitteln empfiehlt, im Trank auch gegen Blutspeien,
ferner für Frauen, die am Magen und Flusse leiden, wie auch bei Gelbsucht und Schlangenbiss. Im Umschlage heilt sie Oedeme; aber auch
die Rinde leistet dasselbe wie die Frucht. Die Wurzelabkochung mit
Wein getrunken erweicht die Milz, hilft als Mundwasser bei Zahnschmerzen, als Sitzbad ist sie den an Fluss Leidenden, als Begiessung
denen, welche Läuse und Nisse erzeugen, von Nutzen. Die Asche des
Holzes im Zäpfchen stellt den Gebärmutterfluss. Einige verfertigen aus
dem Stamme auch Becher, welche Milzkranke als Trinkgefässe gebrauchen,
indem so der Trank daraus heilsam ist.

D. hat zwei Arten, die wilde, *Tamarix africana* Desf. (Tamaricaceae), Afrikanische Tamariske, welche in allen Meeresniederungen und Sümpfen vorkommt,
sich aber nie weit vom Meere entfernt, der Baum des Apollo, und die zahme, *T. articulata*
Vahl, Gegliederte Tamariske, ein Baum Oberägyptens. Die erstere beschreibt Clusius, übereinstimmend mit Kosteletzky, als einen kräftigen Strauch, der oft zu einem
wüsten Baume heranwächst. Die Rinde des Stammes ist rauh, die Aeste sind röthlich,
die Blätter denen der Cypresse ähnlich, grünlichgrau, die Blüthe, an der Spitze der
Zweige, ist traubenartig gehäuft, oft eine sehr grosse Rispe bildend. Sie kommt
auch in Italien und Frankreich (Gallia Narbonnensis) in der Nähe von Flüssen vor.
Die cultivirte ist der anderen ähnlich, doch sind die Blätter länger und schlanker.
Die Früchte sind grün, hart, holzig, von Nussgrösse, aber meist alle verschieden gestaltet (vgl. Bauhin lib. X p. 350). Plinius XIII 37 und XXIV 41 sagt, die Tamariske heisse in Achaja die wilde Brya, nur die cultivirte trage eine dem Gallapfel
ähnliche Frucht; der gemeine Mann nenne jenen Baum unglücklich (infelix arbor),
weil er nichts trage und nicht gepflanzt werde.

Von der in Arabien, besonders am Sinai wachsenden *Tamarix mannifera*
Ehrbg. wird eine Art Manna gewonnen; mehrere Arten sind in Südeuropa heimisch.

Cap. 117. Περὶ Ἐρείκης. Heide. Die Heide ist ein strau-
chiger Baum, ähnlich der Tamariske, aber viel kleiner. Ihre Blüthe be-
nutzen die Bienen zum Sammeln eines nicht besonders guten[1]) Honigs.
Das Laub und die Blüthen derselben als Umschlag heilen Schlangenbisse.

[1]) οὐ σπουδαῖον; C. N. dagegen hat ἐν σπουδῇ. mit Emsigkeit; übrigens wird auch
heute der meist im Frühjahr aus Garten- und Wiesenblüthen gesammelte Honig dem
herbstlichen Heidehonig vorgezogen.

Erica arborea L. (Ericaceae), Baumartige Heide. In Griechenland gibt es nicht
die den nördlichen Gegenden eigenthümlichen Heideflächen, sie werden ersetzt durch

Arbutus- und Andrachle-Haine, doch kommen die einzelnen Arten Heide auch gesellschaftlich vor, *E. arborea* als Büsche von 3 m Höhe.

Cap. 118. Περὶ Ἀκακάλιδος. Akakalis. Akakalis ist die Frucht eines in Aegypten wachsenden Strauches, in mancher Weise der Frucht der Tamariske ähnlich. Der Aufguss davon wird den Augenmitteln für Scharfsichtigkeit zugemischt.

Die Mutterpflanze von Akakalis, dem Kesmesem der Araber und Türken, ist nicht bekannt; die von Prosper Alpinus (De plant. aegypt. p. 32) beschriebene und abgebildete Pflanze wird für *Tamarix orientalis* oder *articulata* gehalten.

Cap. 119. Περὶ Ῥάμνου. Wegdorn. Der Wegdorn [Einige nennen ihn Persephonion[1]), Andere Leukakantha[2]), die Römer Spina alba, auch Spina cerbalis[3]), die Afrikaner Atadir] ist ein in Hecken wachsender Strauch mit aufrechten Zweigen und spitzen Dornen wie Oxyakantha, aber kleinen, länglichen, etwas fettigen, weichen Blättern. Es gibt aber auch eine zweite weissere Art und eine dritte schwärzere mit breiteren, etwas ins Rothe gehenden Blättern und etwa 5 Ellen[4]) und mehr langen dornigen Zweigen, er hat aber weniger feste und spitze Dornen. Die Frucht ist breit, weiss, zart, beinahe beutelförmig, ähnlich einem Wirtel. Die Blätter aller wirken als Umschlag gegen roseartigen und Bläschenausschlag. Es heisst aber auch, dass die Zweige desselben vor der Thür oder draussen hingesetzt den schädlichen Einfluss der Gifte abhalten.

[1]) Von Persephone oder Proserpina, der Gattin des Herrschers in der Unterwelt, Pluto, weil der Wegdorn bei den Todtenopfern gebraucht wurde. [2]) Von λευκός und ἀκάνθα, weisser Dorn. [3]) Weisser Dorn, cerbalis oder cervalis, hirschartig, wohl weil die Dornen wie Hirschzacken stehen. [4]) πῆχυς als Längemaass ursprünglich etwa 1½ Fuss, später die ganze Elle, zwei Fuss.

D. unterscheidet drei Arten Wegdorn; die erste wird für *Rhamnus oleoides* L. (Rhamneae), Oelblätteriger Wegdorn, gehalten. Es ist ein grosser Strauch mit weisslicher Rinde und zusammengesetzten Dornen. Die Blätter sind länglich, ähnlich den Weiden- oder Oelbaumblättern, zu zweien oder dreien stehend, brüchig, weisslich und fettig. Die spärlichen Blüthen sind klein. In Italien heisst er Spino santo oder Spino di Christo, weil aus seinen Zweigen die Dornenkrone Christi geflochten sein soll, daher auch wohl der Name „Kreuzdorn", und dient vielfach als Zaungewächs. Die zweite Art, die weissere, wird auf *Rhamnus saxatilis* L. Zwergkreuzdorn bezogen. Sie ist kleiner, vielästig, und hat eine weissere Rinde, die Blätter stehen zu vier, sind klein, saftiger, auf der Oberseite weisser und haben einen etwas salzigen Geschmack. Die dritte Art wird als *Paliurus australis* Gärtn. (*Rhamnus Paliurus* L.), Stacheliger Wegdorn, angesprochen. Es ist ein Strauch, der aber auch Baumgrösse erreicht, mit aufrechten Aesten und abstehenden Zweigen, welche mit zarten aber spitzen Dornen reichlich besetzt sind. Die Blätter sind breiter als die der vorigen Art, aber viel kleiner, dreinervig und stehen abwechselnd. Die Blüthen haben eine sternförmige Krone und sitzen neben den Blättern. Die Frucht ist breit, zusammengedrückt, mit einer Art schwammigem Mark, zwei- bis dreifächerig mit ebenso viel Samen, welche den Leinsamen ähneln, aber runder und fleischiger sind.

Theophrast (Hist. pl. III 18, 2. 3) hat zwei Arten, darunter einen immergrünen *(Rh. oleoides)*. Plinius XXIV 124 nennt den Rhamnus eine Art Rubus, deren Wurzel ein Lycium liefert *(Paliurus australis)*.

Cap. 120. Περὶ Ἁλίμου. **Melde.** Die Melde [Einige nennen sie Erymon[1]), auch Brettanika, Rhabdion[2]) oder Basileion[3]), die Propheten Basis oder Sapsis Mercurii[4]), Andere Diadem des Osiris oder Sonnenkrone, Einige auch den heiligen Stengel[5]), Pythagoras Anthenoros, die Aegypter Asontiri, Asphe, Aselloëre, auch Asariphe, die Römer Albucium, auch Ampullacia[6])] ist ein zu Einfriedigungen dienender Strauch, ähnlich dem Wegdorn, weisslich, ohne Dornen. Die Blätter sind denen des Oelbaumes ähnlich, jedoch breiter und weicher. Er wächst an Meeresgestaden und in Hecken. Seine Blätter dienen zu Gemüse, indem sie zur Speise gekocht werden. Von der Wurzel 1 Drachme mit Honigwasser getrunken lindert Krämpfe, innere Zerreissungen und Leibschneiden und befördert die Milchabsonderung.

[1]) Bedeutet Schutzwehr als Heckenpflanze. [2]) Wörtlich das Rüthchen. [3]) Der königliche Strauch. [4]) Fuss des Merkur. [5]) Auf Asphodelus bezogen, welcher auch Albucium hiess und hoch geschätzt wurde als Gegenmittel gegen Gifte. [6]) Wird auch Ampeleuke (ἄμπελὸς λευκή), Vitis alba, gelesen und auf die weisse traubenförmige Blüthe bezogen.

Der Name Ἄλιμος, Halimos, von ἅλς, das Meer, geht auf den Standort.

Theophrast (Hist. pl. IV 16, 5) rechnet die Melde zu den Pflanzen, welche im Kampf ums Dasein andern die Nahrung nehmen und sie zu Grunde gehen lassen. dieses ist bei der Melde dem Cytissus gegenüber der Fall. Plinius XVII 239 erzählt dasselbe, weist auf die Verwechselung mit Albucus (Asphodelus) hin und führt XXII 73 zwei Arten an, eine zahme und eine wilde, zu der Krateuas eine dritte mit längeren, rauheren Blättern von cypressenartigem Geruch gefügt habe.

Atriplex Halimus L. (Chenopodiaceae), M e l d e n s t r a u c h.

Cap. 121. Περὶ Παλιούρου. **Paliuros.** Der Paliuros ist ein bebekannter Strauch, dornig, fest, dessen Same fettig und leinsamenähnlich sich darstellt. Getrunken hilft er gegen Husten, zertrümmert die Blasensteine und ist wirksam gegen Schlangenbisse. Die Blätter und die Wurzel sind zusammenziehend, die Abkochung davon als Trank stellt den Bauchfluss, treibt den Urin und erweist sich heilsam gegen todbringende Gifte und den Biss giftiger Thiere. Die fein gestossene Wurzel zertheilt auch alle frischen Geschwülste und Oedeme.

Diese Pflanze wird für *Zizyphus vulgaris* L. (Rhamneae), J u d e n d o r n, gehalten, oder, wie auch F r a a s meint, D. hat den Paliuros zweimal, hier ausführlicher behandelt.

Theophrast (Hist. pl. III 18, 3) sagt, Paliuros trage eine schotenartige (ἐν λοβῷ) Frucht mit drei bis vier Samen, welche dem Leinsamen an zäher Schleimigkeit (γλισχρότης) und Fettigkeit gleichen, die Blätter seien an der Spitze und an den Seiten stachelig — dies geht offenbar auf *Paliurus australis*. Dagegen sagt er

(IV 3, 3), der Paliuros in Libyen habe mehr die Form des Strauches, die Blätter seien denen des hiesigen (τῷ ἐνταῦθα) ähnlich — Fraas fand ihn in Griechenland wild oder verwildert —, die Frucht sei nicht breit, sondern rund und roth, so gross wie die der Ceder, sie enthalte einen süssen Kern.

Uebereinstimmend hiermit sind die Angaben des Plinius XXIV 115; bei den Afrikanern heisse der Same Zura. Die medicinische Anwendung ist fast wörtlich dieselbe wie bei D.

Bei den spätmittelalterlichen Schriftstellern Matthiolus, Ruellius, Bellonius u. a. ist es zweifelsohne *Paliurus africana* (vgl. Bauhin et Cherler lib. VI p. 37.

Cap. 122. Περὶ Ὀξυακάνθης. Oxyakantha. Der Feuerdorn — Einige nennen ihn Pyrina, Andere Pyrakantha[1]) — ist ein Baum ähnlich der wilden Birne, aber kleiner und sehr dornig. Er trägt eine Frucht, welche der der Myrte ähnelt, voll, roth, leicht zerbrechlich ist, innen mit einem harten Kern, und hat eine vielgetheilte, tiefgehende Wurzel. Seine Frucht, getrunken oder gegessen, stellt den Durchfall und den Fluss der Frauen. Die fein gestossene Wurzel als Umschlag zieht Splitter und Dornen aus. Man sagt auch, die Wurzel könne Frühgeburt bewirken, wenn der Bauch dreimal damit geschlagen oder eingerieben werde.

[1]) Von πῦρ, Feuer und ἀκάνθη, Dorn.

Bei Theophrast (Hist. pl. I 9, 3; III 3, 3) gehört der Strauch zu den immergrünen Gewächsen, Ὀξυάκανθος ἀείφυλλος. Plinius XXIV 70 sagt nur kurz, die Beeren von Pyracantha würden als Trank gegen Schlangenbisse verordnet.

Einige Autoren, darunter Sprengel (Gesch. d. Bot. S. 150) und Lenz (S. 691) halten die Oxyakantha für *Crataegus Pyracantha* Pers. oder *Mespilus Pyracantha* L. (Rosaceae-Pomoideae), Feuerdorn, der in Südeuropa und dem Orient heimisch ist und noch heute in Italien Piracanto genannt wird. Es ist ein sehr ästiger, oft baumartiger Strauch mit glatter braunrother, im Alter mehr schwärzlicher Rinde und steifen Dornen. Die Blätter sind kurz gestielt, oval-lanzettlich, gekerbt, kurz zugespitzt, kahl, lederartig, immergrün und glänzend, auf der Unterseite blasser. Die zahlreichen Trugdolden der Blüthe sind ausgebreitet, weiss. Die erbsengrossen Früchte sind feuerroth und enthalten bis zu fünf Nüsschen.

Fraas dagegen sieht denselben für *Crataegus Oxyacantha* L., Hagedorn oder Gemeinen Weissdorn an; er beruft sich dabei auf Ὀξυάκανθος des Theophrast (Hist. pl. III 4, 2). Ebenso sagt er: „Uebrigens sind die fünf Steinkörnchen ziemlich zu einem verwachsen"; Crataegus Oxyacantha hat aber überhaupt nur einen, höchstens bis drei Samenkerne.

Von den spätmittelalterlichen Schriftstellern, welche gleichfalls in ihren Ansichten auseinander gehen, geben Val. Cordus und nach ihm Bauhin Oxyakantha für den deutschen Weissdorn aus (vgl. Bauhin et Cherler lib. VI p. 49).

Cap. 123. Περὶ Κυνοσβάτου. Kynosbatos. Die Hundsrose — Einige nennen sie auch Oxyakantha — ist ein Strauch, viel grösser als die Brombeere, baumartig. Sie hat viel breitere Blätter als die Myrte, um die Zweige herum kräftige Dornen, eine weisse Blüthe, eine dem Olivenkern ähnliche Frucht, welche bei der Reife roth, deren Inneres wollig ist. Die trockene Frucht, ohne das wollige Innere, denn dieses ist der Luftröhre schädlich, in Wein gekocht und getrunken, stellt den Bauchfluss.

Theophrast (Hist. pl. III 18, 4) beschreibt kurz die Pflanze in gleichem Sinne als einen baumartigen Strauch; IX 8, 5 spricht er von dem Humbug der Pharmakopolen beim Ausgraben der Wurzeln und Einsammeln der Kräuter und sagt, die Früchte der Hundsrose müssten mit abgewandtem Gesichte gepflückt werden, damit den Augen keine Gefahr drohe. Sehr natürlich, damit beim Abpflücken die feinen Wollhaare nicht in die Augen fliegen. Plinius XXIV 121 beschreibt gleichfalls die Pflanze, er sagt: Folium habet vestigio hominis simile, das Blatt hat die Form der menschlichen Fusssohle. Hier hat ihm offenbar flüchtiges Lesen oder Hören einen Streich gespielt. Die griechischen Schriftsteller, auch Theophrast sagen: τὸ δὲ φύλλον ἀγνῶδες, das Blatt ist dem von Agnus (Vitex agnus castus) gleich. Plinius übersetzt dafür ἰχνῶδες (von ἴχνος, die Fusssohle und εἶδος gleich). Weiter sagt er, die Frucht sei schwarz, in den Kernen finde sich ein Nerv, daher ihr Name Neuropastus.

D. beschreibt den Strauch nur erkennbar als *Rosa sempervirens* L., *R. canina* L. (Rosaceae-Rosoideae), Immergrüne Rose.

Früher waren die Rinde, Blüthenblätter, die Früchte (Hagebutten) und die Fungi oder Spongiae Cynosbati, Rosenschwämme, welche als schwammige, mit grünen und rothen verworrenen Haaren besetzte, durch den Stich von *Cynips Rosae* L. bewirkte Auswüchse an den Zweigen sich finden, officinell.

Cap. 124. Περὶ Κύπρου. Lawsonia.

Der Kypros ist ein Baum, welcher um die Zweige Blätter hat wie der Oelbaum, aber breiter, weicher und grüner, weisse, traubenförmige, wohlriechende Blüthen, einen schwarzen Samen, ähnlich dem des Hollunders, der beste wächst in Askalon[1]) und Kanope[2]). Die Blätter haben zusammenziehende Kraft, daher heilen sie gekaut Mundausschlag (Soor), als Umschlag helfen sie sowohl bei sonstigen feurigen Geschwülsten als auch bei Karbunkeln. Die Abkochung derselben ist eine Bähung bei Verbrennungen mit Feuer. Die fein gestossenen Blätter mit Seifenkrautsaft gekocht und eingerieben färben die Haare gelb. Die Blüthe, mit Essig fein gerieben und auf die Stirn gelegt, lindert Kopfschmerzen. Die aus derselben bereitete Kyprossalbe ist erwärmend und die Sehnen erweichend, wohlriechend, ein Zusatz zu erhitzenden Mischungen.

[1]) Stadt in Palästina, jetzt Askalan. [2]) Stadt in Unterägypten an der westlichen Nilmündung.

D. vergleicht die Frucht (er sagt allerdings σπέρμα) mit der des Hollunders, diese ist aber eine Beere, während Lawsonia eine runde Kapselfrucht hat, beide sind aber mehrsamig. Plinius XII 51 u. 109 weicht von D. insofern ab, als er die Frucht der des Korianders ähnlich und weiss angibt.

Die Blätter liefern die bei den Orientalen allgemein gebräuchliche Henna zum Färben der Finger- und Fussnägel. Die Pflanze ist nach den Kreuzzügen in Italien angepflanzt, wie sich aus der Verordnung Friedrichs II. vom Jahre 1239 ergibt.

Früher wurde die Wurzel als Radix Alcannae verae oder Radix Cypri gebraucht.

Lawsonia alba L. (Lythraceae), Weisse Lawsonie. Hennastrauch. Ein 4—6 m hoher buschiger Strauch vom Aussehen des gemeinen Ligusters, oft baumartig bis 9 m Höhe, er findet sich vom nördlichen Afrika an durch den ganzen Orient. Der wirksame Bestandtheil der Wurzel ist nach Hartwich (Die neuen Arzneidrog. aus d. Pflanzenr. S. 193) ein Gerbstoff von glukosidischem Charakter.

Cap. 125. Περὶ Φιλλυρέας. Phillyrea. Die Phillyrea ist ein Baum, an Grösse dem Kypros gleich, die Blätter sind denen des Oelbaumes ähnlich, aber breiter und schwärzer. Sie hat eine Frucht ungefähr wie die Mastixpistacie, schwarz, etwas süss, etwa traubenartig gebildet. Sie wächst in rauhen Gegenden. Ihre Blätter adstringiren wie die des wilden Oelbaumes, sie wirken da, wo ein Adstringens nothwendig ist, am meisten bei Geschwüren im Munde gekaut oder in der Abkochung als Mundwasser; getrunken befördern sie auch den Harn und die Periode.

Die meisten in Betracht kommenden Autoren halten diese Pflanze für *Phillyrea latifolia* L. (Oleaceae), Breitblätterige Steinlinde. Fraas sagt, es sei der κήλαστρος des Theophrast, bei dem φιλλυρέα nicht vorkomme. Hierin irrt er aber, denn Hist. pl. I 9, 3 und III 3, 3 werden beide unter den immergrünen Gewächsen genannt. Sprengel (Gesch. d. Bot. I S. 58) übersetzt übrigens auch λακάρα, λακάρη (Theophr. l. c. III 6, 1) mit Phillyrea latifolia.

Bei Serapion ist es Mahaleb der Araber, *Cerasus amara* oder *Cerasus Mahaleb* L., dem jedoch Matthiolus widerspricht, ohne aber selbst die Pflanze zu beschreiben. Die Schriftsteller des 16. Jahrh. Tragus, Hermolanus u. A. sehen die Linde, Tilia, dafür an, indem sie φιλόρα statt φιλλυρέα lesen, auch Plinius XXIV 50 schreibt die von D. angegebenen Wirkungen der Linde zu. Amatus macht eine Art Ligustrum daraus und C. Bauhin meint, die Phillyrea des D. sei φυλίκη des Theoprast, der wilde Oelbaum, Oleastrum (vgl. Bauhin et Cherler lib. II p. 227 und lib. V p. 537, wo sechs Unterarten nach der Gestalt der Blätter aufgezählt werden). Phillyrea latifol. ist ein etwa 2 m hoher Strauch Südeuropas mit vielen starren, geraden, am Ende weichhaarigen Aesten; die langgestielten Blätter sind abstehend, stachelspitzig, fein gesägt, am Rande umgebogen, unterseits erhaben punktirt. Die Blüthensträusschen sind klein mit flaumigen, hinfälligen Deckblättern, die Kronenblätter grünlichweiss mit abstehenden, zurückgebogenen Zipfeln, die Frucht ist erbsengross, kugelig, schwarzblau.

Cap. 126. Περὶ Κίστου. Kistos. Der Kistos, welchen Einige Kistharon oder Kissaron nennen, ist ein in steinigen Gegenden wachsender zweig- und blattreicher Strauch, nicht hoch, mit rundlichen, herben, rauhen Blättern. Die männliche Blüthe ist wie die der Granate, bei der weiblichen ist sie weiss. Sie hat zusammenziehende Kraft; daher sind die zerriebenen Blüthen, zweimal des Tages in herbem Wein getrunken, ein gutes Mittel gegen Dysenterie. Für sich als Umschlag halten sie fressende Geschwüre auf. Mit Wachssalbe heilen sie Brand- und veraltete Wunden.

Theophrast schreibt κίσθος, Kisthos. Plinius XVI 152 verwechselt Kisthos mit Kissos, dem Epheu: „Es gibt auch einen starren Epheu, welcher ohne Stütze steht und darum von allen Arten allein Cissos genannt wird."

D. unterscheidet nach der Farbe der Blüthe zwei Arten, den männlichen und weiblichen. Der erste ist *Cistus villosus* L. (Cistaceae), R a u h e s C i s t r ö s c h e n, der andere *Cistus salvifolius* L., S a l b e i b l ä t t e r i g e s C i s t r ö s c h e n.

Es sind Sträucher oder Halbsträucher des Orients und südlichen Europas mit weisszottigen Aesten und gegenständigen, rundlich-eiförmigen bezw. länglichen, rauhhaarigen Blättern. Die Blüthe ist fünftheilig, die Frucht eine fünf- bis zehnfächerige Kapsel, die Samen sind an den inneren Winkeln der Fächer angeheftet. C. salvifol. hat kürzere, unterseits filzige, der Gartensalbei ähnliche Blätter und weichfilzige Blüthenstiele, grosse weisse Kronenblätter mit gelben Nägeln. Die Schriftsteller des 16. Jahrh. machen von der ersten Art nach der Gestalt der Blätter fünf Unterarten.

Cap. 127. Περὶ Ὑποκιστίδος. Hypokistis.

Auf den Wurzeln des Ciströschens wächst die sogen. Hypokistis, von Einigen auch Trybethron [Thyrsion], [von den Afrikanern Phyllesade] oder Kytinos genannt, in etwa ähnlich dem fleischigen Kelche der Granate[1]). Es ist ein blattloses Kraut[2]), theils gelb [theils grün], theils weiss, welches zum Saftbereiten benutzt wird wie die Akazie. Einige trocknen und zerstossen es, maceriren und kochen es dann und verfahren weiter damit wie beim Lykion. Es hat dieselbe Kraft wie die Akazie, ist adstringirender aber und trocknender, wirksam gegen Magenleiden, Dysenterie, Blutspeien und Fluss der Frauen, als Trank und als Injection.

[1]) Die Aehnlichkeit muss wohl auf die Blüthe bezogen werden. [2]) πόα ἄφυλλος in C. und N.

Den Namen hat die Pflanze von ihrem Standorte ὑπὸ und κίστος, unter dem Kistos. Sie wächst als Schmarotzerpflanze auf den Wurzeln derselben in Südeuropa und Afrika. Die verschiedenen Farben beziehen sich auf die Färbung der Schuppen, mit denen der 7—10 cm hohe fleischige Stengel ziegeldachartig besetzt ist; die oberen sind gelb, die unteren mehr fahlgelb. Die Blüthen sitzen zu drei bis fünf, oft bis zu neun zwischen den Schuppen des Stengels an dessen Spitze, fast doldentraubig, die weiblichen am Rande, fast sitzend, die männlichen in der Mitte, kurz gestielt. Die Zipfel und Röhre der Blüthenhülle sind rauhaarig-sammetartig, der Fruchtknoten ist fast kugelig, der Griffel dick, die Beere kugelig, haselnussgross, gelblich, lederig, mit schleimigen Fächern.

Cytinus Hypocistis L. (Cytineae), G e m e i n e r H y p o c i s t.

Plinius XXVI 49 nennt sie auch Orobethron, dem unreifen Granatapfel ähnlich, und unterscheidet missverständlich eine weisse und eine braune.

Der früher officinelle Saft der Hypocistis bildete runde, asphaltglänzende Kuchen von der Consistenz des weichen Wachses, sauer schmeckend und adstringirend; er wurde vielfach ersetzt durch den Saft der Wurzel von *Tragopogon pratense* L. (Rad. barbae hirci), Wiesenbocksbart.

Cap. 128. Περὶ Λαδάνου. Ladanum.

Es gibt aber noch eine andere Art Kistos, von Einigen Ledon genannt, ein Strauch, welcher unter denselben Verhältnissen wächst wie der Kistos; er hat aber grössere und dunklere Blätter, welche im Frühjahr eine gewisse Fettigkeit absondern. Die Kraft der Blätter desselben erweist sich als adstringirend, heilsam gegen das, wogegen auch der Kistos wirkt. Von ihm wird das sogen. Ladanum gewonnen. Die Ziegen und Böcke nehmen bekanntlich beim Abweiden der Blätter die Fettigkeit, welche wegen der Klebrigkeit an den Bärten und Schenkeln sich anheftet, auf; diese nimmt man ab, reinigt sie, knetet sie in Stängelchen und bewahrt sie auf. Einige ziehen auch Schnüre über die Zweige hin, schaben das daran klebende Fett ab und kneten es. Am besten davon ist das wohlriechende, grünliche, leicht erweichende, fette, sand- und schmutzfreie, harzige. Ein solches ist das auf Kypern gewonnene, das arabische und libysche ist minderwerthiger. Es hat adstringirende, erwärmende, erweichende, eröffnende Kraft. Mit Wein, Myrrhe und Myrtenöl gemischt verhindert es das Ausfallen der Haare, mit Wein eingestrichen macht es die Wundnarben schön, mit Honigmeth oder Rosenöl eingeträufelt heilt es Ohrenschmerzen, als Räucherung dient es zum Herauswerfen der Nachgeburt, den Zäpfchen zugemischt heilt es Verhärtungen in der Gebärmutter; es wird auch mit Erfolg den schmerzstillenden Arzneien und Hustenmitteln zugesetzt. Mit altem Wein getrunken stellt es den Durchfall. Es ist aber auch harntreibend.

Plinius XII 73 und XXVI 47 erzählt ungefähr dasselbe, die Mutterpflanze des kyprischen Ladanum nennt er Ledanum oder Leda, bei den neueren Schriftstellern, sagt er, heisst das Harz Strobolon.

Herodot III 112 bezeichnet das Ladanum als eine Ausschwitzung aus den Bärten der Ziegenböcke.

Die Stammpflanze des Ladanum ist *Cistus creticus* L. (Cistineae), K l e b r i g e s C i s t r ö s c h e n, oder *Cistus monspeliensis*. Die erstere ist ein 60 cm bis 1,30 m hoher, sehr ästiger, etwas klebriger Strauch mit gestielten, eiförmig-länglichen oder etwas spatelförmigen, stumpfen, welligen, filzig-kurzhaarigen Blättern, kurzen, weichhaarigen Blüthenstielen, zottigen Kelchblättchen, rosenrothen verkehrt-eiförmigen Kronenblättern, eiförmiger, zottig-weichhaariger, fünfklappiger Kapsel und rothbraunen Samen. Bei C. monspeliensis sind die Blätter länglich und schmaler. Die Heimath ist Südeuropa und der Orient. Das Einsammeln des Ladanum geschah auf Kreta und Kandia nach B e l l o n i u s in der Weise, dass die griechischen Mönche (Calohieros) mit einem rechenartigen Instrumente, an dem viele Läppchen von Leder befestigt sind, über die Pflanze hinstrichen, so dass sich das Harz an die Läppchen festsetzte, von denen es bei brennender Sonnenhitze mit dem Messer abgeschabt wurde.

In Spanien wird es von *Cistus ladaniferus* L. durch Auskochen der Blätter und Zweige und Eindampfen gewonnen.

Das Ladanum ist ein theils in formlosen Massen, theils in geraden oder gewundenen Stangen vorkommendes, braunrothes bis schwarzes, zwischen den Fingern erweichendes Harz mit grauem oder schwarzem Bruch, ambraartigem Geruch und balsamischem Geschmack, in Alkohol fast ganz unlöslich. Schon im Mittelalter, als das Harz noch mehr im Gebrauch war, wurde es mit Myrtenfrüchten und thierischem Koth verfälscht (vgl. B a u h i n et C h e r l e r lib. XIII p. 7).

Cap. 129. Περὶ Ἐβένου. Ebenholz. Als das beste Ebenholz gilt das äthiopische, schwarze, adernfreie, welches an Glätte dem polirten Horn gleich und auf dem Bruche fest ist, einen beissenden und etwas zusammenziehenden Geschmack hat und auf Kohlen geworfen mit Wohl-

geruch und ohne Rauch verbrennt. Wird es im frischen Zustande dem
Feuer genähert, so entzündet es sich wegen des Fettgehaltes. Auf einem
Schleifsteine gerieben wird es etwas gelblich. Es gibt auch eine indische
Sorte, welche weisse und gelbe Adern und gleichmässig dicht gehäufte
Flecken bat; indess besser ist das erstere. Einige verkaufen das Maul-
beer- oder Akantholz[1]), welches ähnlich ist, statt des Ebenholzes. Es
wird aber daran erkannt, dass es porös ist und in kleine Splitter von
purpurartiger Farbe zerfällt, welche nichts Beissendes im Geschmack haben
noch auch (oder) beim Räuchern angenehm riechen. Es hat die Kraft,
das zu vertreiben, was die Pupille verdunkelt, auch wirkt es gegen alte
Flüsse und Pusteln. Wenn aber Jemand ein feines Pulver[2]) daraus macht
und es zu Kollyrien gebraucht, so wird er besser daran thun. Es wird
ferner auch zu den Augenmitteln verarbeitet, indem die Dreh- oder Raspel-
spähne in Wein von Chios einen Tag und eine Nacht macerirt und dann
sorgfältig zerrieben zu Kollyrien gemacht werden. Einige zerreiben dasselbe vorher, sieben es ab und behandeln es weiter auf dieselbe Weise.
Andere aber verwenden Wasser statt Wein. Es wird auch in einem
rohen (neuen) Topfe bis zur Verkohlung gebrannt und gewaschen wie
gebranntes Blei. Ein solches ist ein gutes Mittel gegen Augenkrätze und
trockene Augenentzündung.

[1]) Akantholz kann kaum etwas anderes sein als die Akazie, ἀκακία, welche
D. I 133 ἄκανθα δενδρώδης nennt, von der Theophrast (Hist. pl. IV 2, 8) sagt, dass
es eine schwarze gebe mit festem unverweslichem Holze. Ἄκανθα λευκή, ἀκάνθιον
und ἄκανθα bei D. III 12, 16, 17 sind Krautpflanzen. Ebenholz und Maulbeerholz
wurde nach dem Periplus in Balken, Brettern und Blöcken von Barygaza nach den
Hauptstapelplätzen Persiens gebracht. [2]) ἀκόνιον, ein auf dem Steine, ἀκόνη, ge-
pulvertes Augenmittel.

Diospyros Ebenum L. (Ebenaceae), Ebenholz.

Schon die Aegypter wandten das geraspelte Ebenholz mit Wein macerirt als
Augenmittel an. Ebenholz war neben Elfenbein ein kostbarer Handelsartikel der
Bibel (Ezech. 27, 15). Das Almugimholz II. (III.) Kön. 10, 11 wird für Ebenholz,
aber auch für Santelholz gehalten.

Theophrast (Hist. pl. IV, 4, 6 und V 4, 2) unterscheidet ebenfalls zwei Sorten
nach der Schönheit und Güte des Holzes, von dem er sagt, dass es der Fäulniss
widerstehe. Nicht anders Plinius, welcher XVI 204 meint, der Cytisus komme an
Farbe dem Ebenholz am nächsten.

Die Verschiedenheit in Farbe und Festigkeit des Holzes wird aber wohl nur
vom Standort abhängen.

Cap. 130. Περὶ ῥόδων. Rosen. Die Rosen [Rosa der Römer]
kühlen und adstringiren, die trockenen sind mehr adstringirend. Zu Saft
muss man sie im weichen (frischen) Zustande verarbeiten, nachdem man
den sogen. Nagel[1]) mit einer Scheere abgeschnitten hat, es ist dies das
weisse Stückchen am Blatte, das Uebrige aber auspressen und (den Saft)
im Mörser im Schatten reiben, bis sich eine dichte Masse gebildet hat. So

wird es dann bei Seite gesetzt zum Einsalben der Augen. Auch werden
die Blätter im Schatten unter fleissigem Umwenden getrocknet, damit sie
nicht schimmelig werden. Die Colatur der trockenen, in Wein gekochten
Blätter thut gut bei Kopfschmerzen, bei Augen-, Ohren-, Zahnfleisch-,
After- [d. h. Mastdarm-] und Mutterschmerzen, wenn sie mit einer Feder
eingepinselt oder wenn damit gespült wird. Dieselben (die Blätter), ohne
Auspressen zerstossen und umgeschlagen, helfen gegen Unterleibsentzün-
dungen[2]), Magenfäule und roseartige Hautentzündungen; trocken aber
und fein gerieben werden sie auf die innere Seite der Hüften gestreut,
auch werden sie den [kräftigen[3]) und wundenheilenden] Gegenmitteln zugesetzt. Sie werden auch gebrannt zu Mitteln, um die Augen zu ver-
schönern. Die mitten in den Rosen befindliche Blüthe[4]) wird bei Fluss
des Zahnfleisches aufgestreut, die Köpfe[5]) getrunken halten den Bauchfluss und das Blutspeien auf. [Die goldgelben und einblätterigen[6]) Rosen
sind zu Allem unbrauchbar. Es gibt auch niedrige, kleinere, einfache,
wilde, welche zu Vielem besser geeignet sind als die gebauten.]

[1]) Unguis, der spitze Theil der Blüthenblätter — von letzteren ist nur die
Rede — mit dem sie auf dem Blüthenboden oder dem Kelche angeheftet sind.
[2]) ὑποχόνδριον, die Parthie vom Brustknorpel bis zum Schambein. [3]) ἀνθηραῖς, eigentlich blühend, jugendlich frisch. [4]) Der Blüthenboden mit Staubfäden und Pistill.
[5]) Der Fruchtknoten. [6]) Nicht gefüllten. Die Rose, welche wir noch jetzt die
Königin der Blumen nennen, spielt bis ins tiefste Alterthum in Dichtung und Prosa
eine grosse Rolle. Ohne das Gebiet der Mythe zu betreten, sei nur erwähnt, dass
man glaubte, die Rose sei ursprünglich nur rein weiss gewesen; die griechischen
Dichter sagen, das Blut des Cupido oder das der Venus aus einer Verletzung am
Fusse sei auf sie getröpfelt und habe ihr die rothe Farbe und den Wohlgeruch ver-
liehen. Theophrast (Hist. pl. 6, 4) und Plinius XXI 15 unterscheiden viele Sorten
und zwar nach der Zahl, Rauheit, Glätte, Farbe und dem Geruch der Blumenblätter;
auffallender Weise wurde die Rose nicht zu Kränzen u. dgl. verwandt. Die berühmtesten waren die zu Präneste und in Campanien; die milesische hat die feurigste Farbe, aber nicht über zehn Blumenblätter; die Zahl der letzteren steigt so
sehr, dass eine Art die hundertblätterige, Centifolia, genannt wird. Die zu Kyrene
wachsende Rose riecht am besten, überhaupt haben die mit rauhem Kelch versehenen
(Moosrosen?) den feinsten Geruch (Plinius).

Die Rose bei D. ist die rothe Centifolie, *Rosa centifolia* L., und *Rosa
gallica* (*R. pumila*) L. (Rosaceae), die Zuckerrose, da die weissen Nägel abgeschnitten werden sollen. Beide werden auch als Gartenrosen bezeichnet, doch wächst
die letztere nach Fraas in Griechenland und Italien auch wild. Die goldgelbe
(χρυσόν) ist *R. lutea* Miller, die in Hecken und Büschen zuweilen verwildert vorkommt; sie hat sehr dornige Zweige, dunkelgrüne, krause Blättchen, einfache, goldgelbe Blüthen mit widrigem Geruch und eine den Beeren von Sorbus sehr ähnliche
Frucht. In den Gärten Aegyptens wird sie häufig gezogen. Die niedrige wilde Art
ist *R. arvensis* Hudson.

Die letzte Bemerkung im Texte bezieht sich wohl hauptsächlich auf die Verwendung zu Einfriedigungen, wozu sich die wilden Arten wegen ihrer starken, abstehenden Dornen besonders eignen.

Die pharmaceutische Technik bei der Saftbereitung ist höchst primitiv; weitläufiger spricht sich Plinius XXI 121 aus.

Cap. 131. Περὶ Ῥοδίδων. Rosenpastillen. Die sogen. Rosenpastillen werden auf folgende Weise bereitet: Frische, trockene, welk gewordene Rosen 40 Drachmen, indische Narde 10 Drachmen, Myrrhe 6 Drachmen werden fein gestossen und zu Pastillen von 3 Obolen Gewicht geformt, im Schatten getrocknet und in ein irdenes, ungepichtes, allseits gut verschlossenes Gefäss zur Aufbewahrung gegeben. Einige setzen auch 2 Drachmen Kostos zu und ebensoviel illyrische Schwertlilie, indem sie noch Wein von Chios mit Honig zumischen. Ihr Gebrauch findet statt bei Frauen, welche sie als Halskette umlegen, um den üblen Schweissgeruch zu verdecken. Man gebraucht sie auch fein zerrieben zu Streupulver und zum Einsalben nach dem Bade, wenn sie dann trocken geworden sind, werden sie kalt abgewaschen.

Cap. 132. Περὶ Λυκίου. Ueber Lykion. Lykion, welches Einige Pyxakantha[1]) nennen, ist ein dorniger Baum mit 3 Ellen langen oder noch grösseren Zweigen, um welche die buxbaumähnlichen Blätter dicht stehen. Er hat eine dem Pfeffer ähnliche schwarze, bittere, harte und glatte Frucht und eine gelbliche Rinde, ähnlich dem verdünnten Lykion, viele, breite und holzige Wurzeln. Er wächst sehr häufig in Kappadokien, Lykien und vielen anderen Gegenden; aber er liebt rauhe Orte. Der Saft wird bereitet, indem die Wurzeln[2]) sammt dem Strauche zerstossen, hinreichend viele Tage hindurch macerirt und gekocht werden, dann nach Entfernen des Holzes die Flüssigkeit wieder bis zur Honigconsistenz eingekocht wird. Verfälscht wird er durch Zumischen von Olivenhefe[3]) oder durch Wermuthsaft oder Ochsengalle während des Kochens. Das, was beim Kochen schaumartig obenauf schwimmt, nimm weg und bewahre es zu Augenmitteln auf, das Uebrige gebrauche zu anderen Zwecken. In gleicher Weise wird auch aus der ausgepressten und der Sonne ausgesetzten Frucht Saft bereitet. Am besten ist das Lykion, wenn es angezündet wird und nach dem Auslöschen einen röthlichen Schaum hat, der von aussen schwarz, auf dem Bruche gelb, ohne üblen Geruch, bitterlich, zusammenziehend und von safranartiger Farbe ist; ein solches ist das indische, welches sich vor dem übrigen auszeichnet und kräftiger wirkt. Es hat zusammenziehende Kraft und vertreibt die Verdunkelungen von den Pupillen. Es heilt auch die Krätze der Augenlider, das Jucken und alte Flüsse. Als Salbe wirkt es auch bei eiterigen Ohren, bei Mandelentzündungen, Rissen im Zahnfleisch, gespaltenen Lippen, Schrunden am After und beim Wolf. Wohlthuend erweist es sich für solche, die am Magen und an Dysenterie leiden. Mit Wasser wird es bei Blutspeien und Husten gegeben, den vom tollen Hunde Gebissenen in der Pille oder mit Wasser als Trank. Es färbt die Haare gelb, heilt Nebennägel, fressende und eiternde Geschwüre; im Zäpfchen stellt es den Fluss der Frauen. Endlich auch hilft es mit Milch getrunken oder als Bissen genommen den von wüthenden Thieren (Hunden) Gebissenen.

Man sagt aber, dass das indische Lykion aus einem Strauche stamme, welcher Lonchitis [4]) genannt werde. Es ist eine Art Dorngewächs mit aufrechten 3 Ellen langen und grösseren Zweigen, welche zahlreich aus der Wurzel kommen und dicker sind als der Brombeerstrauch. Die aufgeritzte Rinde ist röthlich. Die Blätter sind denen des Oelbaumes ähnlich. Sein Kraut in Essig gekocht und getrunken soll Milzentzündung und Gelbsucht heilen und die Reinigung der Frauen herbeiführen. Man sagt, dass es ungekocht aber fein gestossen als Trank dasselbe leistet. 2 Mystra des Samens getrunken treiben das Wässerige aus und helfen gegen tödtliche Gifte.

[1]) πυξός und ἄκανθα, Buxbaumdorn. [2]) Plinius und nach ihm Oribasius haben statt ῥιζῶν (radicum) foliorum, aber mit Unrecht, denn der Saft sitzt im Holze. [3]) Oelsatz, wird von D. in Cap. 140 beschrieben. [4]) Lonchitis nennt Celsus V 26 den Saft der Beerenfrüchte.

Das Lykion, Lycium, der Alten, welches sowohl die Pflanze als auch das aus derselben hergestellte Extract ist, gehört schon lange der Geschichte an, denn Cornarius (Anfang des 16. Jahrh.) sagt, dass es nur in einigen Officinen noch gefunden werde, aber wo es dargestellt und woher es gebracht sei, wisse man nicht, auch die Importeure von Arzneistoffen kennten es kaum dem Namen nach.

Plinius XXVI 140 sagt bei der Wundbehandlung mit Gentiana, dass daraus ein Lycium gemacht werde (vulneribus ex ea faciunt Lycium). Im Uebrigen stimmt er mit D. überein, auch darin, dass das indische, welches in Kameel- oder Rhinozeroshäuten verschickt werde (XII 31) das beste sei; in Lykien werde dasselbe aus Centaurium fabricirt (XXV 67).

Die Stammpflanze ist *Rhamnus infectoria* L. (Rhamneae), Färber-Wegdorn, ein Strauch Südeuropas, mit festen, holzigen, in die Felsspalten eindringenden Wurzeln und blassweissen Zweigen, welche in einen Dorn endigen. Die Frucht ist eine runde, schwarze, dem Pfefferkorn an Grösse und Gestalt ähnliche Beere mit vier länglichen, gestreiften Samen (diese sind im unreifen Zustande als Gelbkörner oder Körner von Avignon, Grana gallica, Graines d'Avignon zum Färben gebräuchlich).

Ueber die Mutterpflanze des Lycium indicum ist man sich nicht klar. Prosper Alpinus beschreibt sie als einen Strauch mit vielen harten, holzigen Wurzeln, aus denen zahlreiche, gerade Aeste schräg aufsteigen, welche stark mit spitzen Dornen, von denen einige Nebenblättchen haben, besetzt sind. Die Blätter gleichen denen der Olive, sind aber heller und schmaler. Die Blüthen sind klein, weiss, die Früchte klein, schwarz, den Hollunderbeeren ähnlich, bitter und adstringirend. Er bezweifelt aber sehr, dass das Lycium indicum, welches in Aegypten viel im Handel vorkomme, von diesem Strauche herstamme; das von den Arabern verkaufte sei schwarz, auf dem Bruche der Aloë ähnlich, aber süsslich, adstringirend ohne jede Bitterkeit, zähe und an den Fingern klebend.

Nach dem Periplus kam das Lykion aus den Hinterländern Indiens über Barygaza in den Handel.

Bei Cornarius und Garcia heisst es Coste, welches auf das „Cacho" des

Borbosa für Acacia Catechu zurückgeführt wird (vgl. Flückiger, Pharmakogn. S. 231). Puschmann (Alex. von Tralles S. 10) hält das Lycium indicum geradezu für Catechu, das Extract aus dem Holze von *Acacia Catechu* Willd. Die von Prosper Alpinus gegebene Beschreibung des Strauches passt jedenfalls nicht auf diese Pflanze, auch nicht auf die dornenreichere *Acacia Suma* Kurz.

Gegenüber den durch mehr als drei Jahrhunderte aufgebauten Conjecturen über den Ursprung und die Eigenschaften des indischen Lykions ist es höchst wahrscheinlich, dass dasselbe von Berberis-Arten (*Berberis Lycium* Royle, *B. aristata* D. C. *B. asiatica* Boxbgh.) abstammt und das Extract aus der Wurzel und dem Holze des aufrechten, starren Strauches ist. In den indischen Bazars wird es unter dem Namen Rusot oder Rasot verkauft. In griechischen alten Sammlungen finden sich Gefässe mit Lykion, welche nicht allein den Namen der Droge, sondern auch den des Kaufmanns und des Erfinders der Zusammensetzung tragen, so Lykion von Jason, von Musäus und von Herakleios (vgl. Pharmakogn. von Flückiger I p. 85).

Cap. 133. Περὶ Ἀκακίας. Akazie. Die Akazie (Mimose) wächst in Aegypten. Es ist ein baumartiges, strauchiges Dorngewächs von nicht geradem Wuchs, hat eine weisse Blüthe und eine Frucht, wie die Lupine, in Hülsen eingeschlossen; aus dieser wird auch der Saft gepresst, welcher, im Schatten getrocknet, aus der reifen Frucht schwarz, aus der unreifen aber gelblich ist. Wähle aber den etwas gelblichen, der den Wohlgeruch hat, wie er in der Akazie ist. Einige verwenden zur Saftbereitung auch die Blätter mit der Frucht. Auch Gummi wird von dem Dornstrauche hervorgebracht. Er hat eine adstringirende, kühlende Kraft. Der Saft ist angezeigt bei Augenkrankheiten, roseartigen Entzündungen, kriechenden Geschwüren, Frostschäden, Flügelfell[1]) und bei Geschwüren im Munde. Er hält den Vorfall der Augen zurück, stellt den Fluss der Frauen, verhindert den Gebärmuttervorfall und hält den Bauchfluss auf, wenn er im Trank oder im Klystier angewandt wird. Auch färbt er die Haare schwarz. Für die Augenmittel wird er zerrieben mit Wasser gewaschen, wobei das Gerinnsel weggegossen wird, bis das Wasser rein darüber steht, und so wird er zu Pastillen geformt. Er wird auch im reinen rohen Topfe [aus Töpfererde][2]) im Ofen gebrannt; auch wird er auf Kohle geröstet mit Hülfe des Blasebalgs. Die Abkochung der Akazie als Bähung bringt die gelösten Glieder in Ordnung. Dasjenige Gummi des Dornstrauches hat den Vorzug, welches wurmartig, glasig, durchscheinend und holzfrei ist; dann kommt das weisse. Das harzige und schmutzige ist unbrauchbar. Es hat stopfende, die scharfen Arzneien mildernde Kraft, wenn es diesen zugemischt wird. Bei Verbrennungen mit Feuer lässt es keine Blasenbildung aufkommen, wenn es zugleich mit Ei als Salbe angewandt wird.

Eine andere Akazie aber wächst in Kappadokien und Pontus, der ägyptischen ähnlich, allerdings um Vieles kleiner, niedrig und zarter, ganz voll von spitzen Dornen, mit Blättern ähnlich denen der Raute. Im Spät-

herbst trägt sie Samen, kleiner als die Linse, in zusammengepressten drei-
bis vierfächerigen Hülsen. Sie selbst aber auch ganz zu Saft verarbeitet
adstringirt, jedoch aber steht sie an Kraft niedriger, ist auch zu Augenmitteln untauglich.

¹) πτερύγιον, ein Augenfehler, wenn sich vom Augenwinkel aus eine Haut über
das Auge zieht. ²) μετὰ κεράμου.

Dass das Holz der Akazie als sehr werthvoll geschätzt wurde, lesen wir schon
bei Moses II 25 und 26, wo Jehovaḣ befiehlt, dasselbe zum Bau der Bundeslade und
des Zeltes zu verwenden.

Theophrast (Hist. pl. IV 2, 8) beschreibt die Akantha Aegyptens als einen
schief aufsteigenden Baum, dessen Aeste, Zweige und Blätter mit Dornen besetzt sind;
er hat eine ansehnliche Höhe, da Latten zum Belegen der Dächer daraus geschnitten
werden. Es gibt eine weisse und eine schwarze Art, die letztere ist die beste; das
Holz ist so fest und dauerhaft, das Schiffsplanken daraus gemacht werden. Die
Blüthe ist schön, so dass sie zu Kränzen gebraucht wird, die Frucht eine solche
(ἔλλοβος) wie bei den Hülsenfrüchten, welche zum Gerben statt des Gallapfels dient.
Es fliesst ein Gummi aus dem Baume, theils freiwillig, theils nach gemachten Einschnitten.

Plinius XXIV 107 nennt den Baum Spina aegyptiaca oder arabica, den Saft
Acacia; er stimmt im Ganzen mit Theophrast überein, nennt aber bei der Saftbereitung neben der weissen und schwarzen noch eine grüne Art. XIII 65 macht
er auf die den Mimosen eigenthümliche Blattbewegung aufmerksam und sagt, die
Blätter seien wie Federchen, welche bei der Berührung eines Menschen abfielen.

Es ist *Acacia vera* Willd. (Leguminosae-Mimosoideae-Acacieae), Wahre Akazie,
ein Baum der nördlichen Hälfte Afrikas vom Senegal bis Aegypten von mittlerer
Grösse mit vielbeugigen Aesten und pfriemlichen rothbraunen, 4—8 Linien langen
Dornen. Die zweite Art hält Sprengel für *Spartium Scorpius*, Fraas dagegen
richtiger für *Acacia farnesiana* Willd., Farnesische Akazie, welche, wie er sagt,
in Griechenland, Kreta und Kleinasien wild und angebaut vorkommt, dort heute
noch als γαζία wegen ihrer Blüthen sehr beliebt ist. Plinius nennt sie Acacia Galatica,
deren Saft als schlechte Sorte betrachtet werde. Der Saft wurde nach Prosper
Alpinus hauptsächlich als Gerbemittel in Aegypten verwandt, in Europa kannte
man ihn nach Leonh. Fuchs (De comp. med.) 1541 kaum noch. Wie beim Catechu,
dem Extract von *Acacia Catechu* Willd., bestand der Saft jedenfalls aus zum Theil
wasserunlöslichen Substanzen, welche bei der wiederholten Behandlung mit kaltem
Wasser zurückblieben.

Die grösste Wichtigkeit hat die Mimose als Stammpflanze des arabischen
Gummis. Dasselbe entsteht durch rückschreitende Metamorphose (Vergummung)
normaler Rindenelemente, von aussen nach innen fortschreitend. Die Abscheidung
des Gummis hängt sehr von der Witterung ab. Wenn nach lange anhaltendem
Regen der Baum recht saftreich ist und dann dürre Ostwinde wehen, so trocknen
diese die Rinde aus, bringen sie zum Bersten, und der Saft tritt aus.

Das Gummi arabic. für Arzneizwecke stammt hauptsächlich von *Acacia Senegal*
Willd. (*Mimosa Senegal* L.) aus den Ländern des oberen Nils und Senegambiens,
zum technischen Gebrauche gibt es noch eine Menge anderer Sorten.

Cap. 134. Περὶ Ἄγνου. Keuschlammstrauch. Keuschlamm
oder Lygos [bei Einigen der Unfruchtbare, Unschuldigbefleckte¹), Drei-
fingerige, bei den Propheten der Verehrungswürdige, das Blut des Ibis,

bei den Aegyptern Sum, bei den Römern Strandweide, wilder Pfeffer, Lecristicum] ist ein baumartiger Strauch, welcher an Flüssen und in sumpfigen Ebenen, auch in rauhen Gegenden und Felsklüften wächst und schwer zu zerbrechende lange Zweige, Blätter wie der Oelbaum hat, nur geschmeidiger und grösser. Eine Art trägt eine weisse, eine andere Art eine purpurfarbene Blüthe. Der Same ist wie Pfeffer. Er hat erwärmende, zusammenziehende Kraft. Seine Frucht, getrunken, hilft den von giftigen Thieren Gebissenen, Milz- und Wassersüchtigen und denen, welchen die Periode lange ausbleibt. In der Gabe von 1 Drachme mit Wein genommen befördert sie die Milchabsonderung und erleichtert auch die Geburt[2]). Sie greift aber den Kopf an, indem sie Schwindel macht. Die Abkochung des Krautes und Samens hilft in Sitzbädern bei Gebärmutterkrankheiten und -Entzündungen. Der Same mit Polei getrunken, auch in der Räucherung und im Zäpfchen, befördert die Reinigung. Im Umschlag vertreibt er die Kopfschmerzen, und bei Schlafsüchtigen und Wahnsinnigen wird er mit Essig und Oel aufgesprengt. Die Blätter zur Räucherung angezündet und auch als Lager benutzt verscheuchen die wilden Thiere und helfen als Umschlag gegen den Biss giftiger Thiere. Verhärtungen der Hoden erweichen sie mit Butter und Weinblättern. Der Same mit Wasser aufgestrichen lindert Schrunden am After, zugleich mit den Blättern heilt er Verrenkungen und Wunden. Ein Vorbeugungsmittel gegen den Wolf auf Wanderungen soll aber auch sein, wenn Jemand einen Zweig davon in der Hand trägt. Er wird Agnos genannt, weil ihn bei den Thesmophorien[3]) die Weiber, welche ihre Keuschheit bewahrten, als Lager benutzten, Lygos[4]) aber wegen der in den Zweigen befindlichen Straffheit [oder weil er getrunken den Drang zum Beischlaf mässigt].

[1]) Amiktomiainos (ἀμίκτος, rein, und μιαίνω, besudeln); Amiktomiainie wäre also die freiwillige Samenentleerung, Pollution. [2]) ἐκλύει δὲ καὶ γονήν könnte mit Bezug auf [1]) auch übersetzt werden „lockt den Samen heraus". [3]) Θεσμοφόριοι waren ein altes, von den Aegyptern übernommenes Fest der Athener, welches die Frauen im fünften Monat zu Ehren der Demeter und zwar zum Andenken an die Einsetzung des Ackerbaues und damit der Gesetzgebung und rechtmässigen Eheverbindung feierten. Es wurden dabei Gerichte von Hülsenfrüchten gekocht und gegessen. Herodot II 171 sagt übrigens: „Auch von der Weihe der Demeter, welche die Hellenen Thesmophorien nennen, lasst mich wiederum, obwohl ich davon weiss, reinen Mund halten, ausser was davon offen und erlaubt ist." [4]) λύγος, eine biegsame Gerte.

Vitex agnus castus L. (Labiatae), Gemeine Müllen, Keuschlammstrauch, Abrahamsstrauch, ein 3—5 m hoher Strauch Südeuropas an feuchten Stellen und am Meeresstrande.

Cap. 135. Περὶ Ἰτέας. Weide. Die Weide ist ein allbekannter Baum; seine Frucht, Blätter, Rinde und der Saft haben adstringirende Kraft. Die fein geriebenen Blätter mit etwas Pfeffer und Wein genommen sind bei Darmverschlingung angebracht, für sich mit Wasser genommen verhindern sie die Empfängniss. Die Frucht, genossen, hilft bei Blutspeien, aber auch die Rinde leistet dasselbe. Gebrannt und mit Essig vermischt vertreibt sie im Umschlag Hautverhärtungen und Schwielen, der Saft aber von Blättern und Rinde in einem Granatbecher erwärmt heilt mit Rosenöl zusammen Ohrenleiden. Ihre Abkochung ist das beste Bähmittel bei Podagra, sie vertreibt aber auch Kleingrind. Es wird auch Saft aus ihr gewonnen, indem die Rinde zur Blüthezeit angeschnitten wird, denn im Innern findet er sich zusammengelaufen. Er hat die Kraft das zu vertreiben, was die Pupille verdunkelt.

Theophrast (Hist. pl. III 13, 7) unterscheidet von den vielen Weidenarten nach der Farbe der Rinde eine schwarze und weisse; auch Plinius XVI 174 redet von vielen Arten Weide und rühmt deren mannigfache nützliche Verwendung.

Salix alba L. (Salicaceae), Weisse Weide. Sie lieferte die früher officinelle Rinde, welche ein Glukosid, das Salicin, enthält.

Cap. 136. Περὶ Ἀγριελαίας. Wilder Oelbaum. Der wilde Oelbaum, welchen Einige Kotinos, Andere den äthiopischen Oelbaum nennen, hat adstringirende Blätter; fein gestossen als Umschlag wirken sie bei roseartigen Hautentzündungen, kriechenden Geschwüren, Epinyktis[1]), Karbunkeln, um sich fressenden Geschwüren und Nebennägeln, mit Honig umgeschlagen reissen sie den Schorf ringsum auf. Sie reinigen mit Honig als Umschlag aber auch schmutzige Wunden, zertheilen entzündete Scham-drüsen und Geschwülste und verbinden die getrennte Kopfhaut. Als Kau-mittel heilen sie dann auch Geschwüre im Munde und Soor. Ihr Saft und Decoct thun dasselbe. Der Saft, im Zäpfchen angewandt, hält den Blutfluss und (weissen) Fluss der Frauen zurück, ebenso die Bildung von Geschwülsten[2]) und Blattern in den Augen. Auch selbst Wunden und alte Flüsse bringt er wieder in Ordnung. Darum eignet er sich auch in der Mischung mit Kollyrien gegen angefressene Augenlider. Zur Saftbereitung muss man die Blätter stossen, Wein oder Wasser dazu giessen und aus-pressen, ihn in der Sonne eintrocknen und formen; besser ist aber der mit Wein ausgepresste, er eignet sich zur Aufbewahrung eher als der mit Wasser bereitete. Er wirkt auch bei eiterigen und schwärenden Ohren. Die Blätter mit ungeröstetem Gerstenmehl zusammen sind als Umschlag nützlich bei Magenleiden. Auch werden die Blätter sammt den Blüthen — sie werden statt des Spodium[3]) genommen — in einem rohen Topfe gebrannt, dessen Oeffnung mit Lehm verstopft ist, bis zum Glühen des Tiegels; dann werden sie mit Wein abgelöscht, wiederum mit Wein vermischt und ebenso gebrannt, darauf werden sie wie Bleiweiss gewaschen und geformt. Eine derartige Brennung scheint aber nicht hinter der des Spodiums zurückzustehen zur Bereitung von Augenmitteln. Deshalb ist auch eine gleiche Wirkung anzunehmen.

¹) Eine gerade bei Nacht sich unangenehm fühlbar machende Hautkrankheit.
²) Staphylome. ³) Spodium, Ofenbruch. Die Alten kannten zwei Sorten. Plinius XXXIV
128 sqq. sagt: „In den Erzhütten finden wir Pompholyx und Spodos und zwar letzteres
als dunkle, an den Wänden der Oefen sich ansetzende Masse mit weissen Pünktchen.
Der beste kommt aus Cypern; er entsteht beim Schmelzen der Cadmia (Zink) und
des Kupfers, ist weiss und wird als ein leichter Körper weggetrieben. Es ist ein
vorzügliches Augenmittel.“ — Es ist also unreines Zinkoxyd. — Antispodos (ἀντὶ
σποδίου des D. an Stelle von Spodion) nennt er die Asche der Blätter und jüngsten
Zweige des zahmen und wilden Oelbaumes, Feigenbaumes u. a. (S. auch V,
Cap. 84 u. 85.)

Cap. 137. Περὶ Ἐλαίας. Oelbaum. Dasselbe leisten nun auch
die Blätter des cultivirten Oelbaumes, an Kraft bleiben sie aber zurück
(hinter dem wilden). Deshalb eignen sie sich mehr zu Augenmitteln,
weil sie dazu passender sind¹). Die Flüssigkeit, welche aus dem angezündeten grünen Holze sich ausscheidet, heilt, damit eingerieben, Grind,
Krätze und Flechten, auch die Frucht desselben hilft als Umschlag gegen
Grind und fressende Geschwüre. Das Innere des Kerns mit Fett und
Mehl entfernt krätzige Nägel.

¹) d. h. milder von Wirkung.

Sprengel glaubt, unter Ἀγριέλαια des D. sei der nur am Wasser oder an
der Küste wachsende, im Orient sehr verbreitete Oelbaum, *Elaeagnus angustifolia* L.
(var. *E. spinosa* L.) zu verstehen, er stehe also im Gegensatze zu ἀγρία ἔλαια; dies trifft
aber schon wohl deshalb nicht zu, weil er ihn im folgenden Capitel neben den
cultivirten Oelbaum, ἔλαια ἥμερος, stellt.

Der Oelbaum, *Olea europaea* L. (Oleaceae), ist eins der ältesten Cultur-
gewächse und hat wegen der religiösen und profanen Verwendung seines Productes,
des Oels, stets in hohen Ehren gestanden. Bei den Griechen war er der Minerva
geweiht (Oleaeque Minerva inventrix sagt Virgil), bei den Römern dem Merkur.
Seine Zweige waren die Zeichen des Friedens (II. Mos. 8, 11); die Sieger zu Olympia
wurden mit einem Oelzweige gekrönt. Alle Theile des Baumes von der Wurzel bis
zur Frucht dienten zu Heilzwecken (Plinius XXIII 69 sqq.). Der Stamm gab überdies ein gutes Nutzholz; „der Stiel der Streitaxt war von Olivenholz“; „die Keule
des Polyphem war aus Olivenholz und ungeheuer gross“ (vgl. Homer, Od. V 236;
VII 116; IX 320 u. s. w.).

Die eigentliche Heimath des Oelbaumes ist Asien, seit undenklichen Zeiten wird
er in Afrika und Südeuropa cultivirt, im Jahre 680 v. Chr. soll er durch die
Phöniker nach Marseille gebracht sein. Die alten Griechen und Römer unterschieden
den wild wachsenden (ἀγρία ἔλαια, ἀγριέλαια, Oleastrum) und den gebauten (ἔλαια ἥμερος,
Olea sativa), durch die entwickelte Cultur sind zahlreiche Arten entstanden.

Der cultivirte Oelbaum erreicht eine Höhe von 9—10 m und eine Dicke bis
zu 1 m. Der Fruchtknoten ist zweifächerig, doch kommt nur eine Frucht zur Aus-
bildung, sie ist eine fleischige Steinfrucht mit eiweisshaltigem Samen, etwa 4 cm
lang oder kugelig und dann im Durchmesser etwas kleiner.

Theophrast (Hist. pl. I 9, 5), der ihm, wie auch Plinius eine grosse Aufmerksamkeit widmet, zählt ihn unter die immergrünen Gewächse und sagt (VI 2, 4), dass
er in grosser Entfernung vom Meere nicht gut gedeihe. Plinius XVII 243 rechnet
es zu den Wundern, dass ein ächter Oelbaum sich in einen wilden verwandle.

Der wilde unterscheidet sich vom cultivirten dadurch, dass er mehr strauchartig und in allen Theilen kleiner ist, von den Blättern bis zur Frucht.

Die unreifen Früchte werden roh gegessen, die reifen, welche einen widerlich
fettigen Geschmack haben, dienen zur Oelgewinnung. Plinius XV 13 nennt drei
Arten nach ihrer Güte, Posia, Orchites und Radius.

Cap. 138. Περὶ κολυμβάδων ἐλαίων. In Salzlake eingemachte Oliven. Eingemachte fein gestossene Oliven lassen als Umschlag bei Verbrennungen mit Feuer keine Blasenbildung aufkommen und
reinigen schmutzige Wunden. Ihr Saft aus der Salzbrühe als Mundwasser
zieht das Zahnfleisch zusammen und befestigt lose Zähne. Die gelbliche
und frische Olive ist schwer verdaulich, (aber) magenstärkend, die dunkle
aber und reife ist leicht verderblich und dem Magen schädlich, ferner ist
sie für die Augen untauglich und verursacht Kopfschmerzen; geröstet
aber und umgeschlagen hemmt sie fressende Geschwüre und eröffnet
Karbunkeln.

Es gab nach Columella XII 49 eine Menge Methoden, die Oliven einzumachen,
die verschiedene Namen hatten, so die Sampsa, Syrapa; die von D. angegebene
Kolymbas (von κολυμβάω, schwimmen) war folgende: Die zur Reife neigenden
Oliven wurden mit den Stielen abgepflückt, mit kaltem Wasser abgewaschen und
auf Horden rasch getrocknet. Dann wurde eine Hand voll gestossenes Salz in ein
Gefäss gegeben, auf welches die Oliven gelegt und zu 20 Heminen (5,48 l) derselben
3 Heminen (0,822 l) Essig mit 4 Congien (etwa 13 l) Salzlake gegossen wurden, so dass
die Flüssigkeit darüber stand. Die Oeffnung wurde durch ein Bündchen Fenchel verschlossen und zugebunden.

Die einfachste Manier war, die Früchte in Salzlake aufzubewahren, sie hiess
Halmades. Eine andere Methode nennt Cato (nach Hesychius) Epityra oder
Fraces; die entkernten Früchte wurden mit Koriander, Mutterkümmel, Fenchel,
Raute und Minze in Essig und Oel gelegt, sodass sie von letzterem bedeckt waren.

Die feinsten Oliven (Majorinae oder regiae), nämlich die grossen hellen wurden
auch in einem Gefäss auf Fenchelkraut schichtweise mit Fenchel- und Mastixzweigen
gelegt, darüber wurde starke Salzlake gegossen, durch einen Pfropf von Rohrblättern
wurden sie niedergehalten, so dass die Flüssigkeit darüber stand. Statt eines Theiles
Salzlake wurde auch Most genommen. Die nur in Oel aufbewahrten Oliven sollen
nach einem Jahre noch den Geschmack der frischen haben.

Cap. 139. Περὶ ἐλαίου ἀγρίας ἐλαίας. Oel des wilden Oelbaumes. Das Oel aus der wilden Olive ist eine Mundspülung bei fauligem
Zahnfleisch und ein Befestigungsmittel für etwas lose Zähne. Die Bähung
damit, wenn es erwärmt und geklärt ist, erweist sich heilsam für Zahnfleisch, welches vom Flusse heimgesucht ist. Man muss aber Wolle um
eine Sonde legen, sie in das Oel tauchen und an das Zahnfleisch legen,
bis es weiss erscheint.

Die Oliven wurden theils vor der Reife, theils vollständig ausgereift zur Oelbereitung verwandt. Das von den ersteren, das Omphacium oder Oleum
omphacinum des Plinius, war das wohlschmeckendste und zwar am feinsten das
zuerst ausfliessende. Die Früchte wurden mit der Hand gepflückt oder mit einem

Rohrstock sanft abgeschlagen, denn ein altes Gesetz sagte: Den Oelbaum sollst du weder streifen noch schlagen (Plinius XV 11). Als beste Zeit zum Pflücken der Oliven galt die, wenn sie anfingen, sich dunkel zu färben. Das aus diesen gepresste Oel hiess Druppa, war grünlich und stand dem Omphacium, welches weiss war, nach. Die Ernte der frühreifen war im Herbste, die der dickschaligen im Frühjahr, im März. Man presste sie dann entweder in Presskörben oder zwischen Platten.

Die Bereitung ist jetzt fast noch dieselbe. Die mit der Hand gepflückten Oliven werden geschält, entkernt und kalt sanft gepresst, man erhält so das feinste oder Jungfernöl von grünlicher oder hellgelber Farbe. Die zweite Sorte ist gleichfalls noch kalt gepresst (Ol. oliv. provinciale). Die Hauptmenge des Oels (Baumöl) wird gewonnen, indem die ganzen Früchte auf Mühlen gemahlen und in Binsenkörben kalt gepresst werden (Speiseöl I); der Rückstand wird mit Wasser angerührt und nochmals gepresst (Speiseöl II). Auch werden die Oliven in Haufen geschichtet der Gährung überlassen und dann kalt gepresst; sie liefern noch ein mittelmässiges Speiseöl. Die Rückstände der früheren Operationen werden in Cisternen mit Wasser monatelang stehen gelassen, es scheidet sich auf der Oberfläche ein viel freie Fettsäuren enthaltendes Oel ab, welches nur für technische Zwecke Verwendung findet.

Hauptstapelplatz für feinere Oele ist Nizza.

Cap. 140. Περὶ ἀμόργης. **Oelsatz.** Oelsatz ist der Bodensatz des ausgepressten Olivenöls; dieser, in einem kupfernen Kessel bis zur Honigconsistenz eingekocht, adstringirt, ist wirksam gegen das, wogegen Lykion wirkt, über die Maassen aber auch gegen Zahnschmerzen und Wunden, wenn er mit Essig, Wein oder Honigwein als Salbe verwandt wird. Er wird auch den heilkräftigen Augenmitteln und den hautbildenden Mitteln zugemischt. Mit dem Alter wird er gar besser. Sehr dienlich ist er als Klystier bei Geschwüren im After, in der Scheide und Gebärmutter. Mit dem Saft unreifer Trauben bis zur Honigconsistenz gekocht und umgeschlagen zieht er verdorbene Zähne heraus. Mit einer Abkochung von Lupinen und Mastixdistel eingeschmiert heilt er die Krätze der Hausthiere. Ungekocht und frisch in warmer Bähung hilft er denen, die an Podagra und Gicht leiden. Auf Schaffell gestrichen und Wassersüchtigen umgelegt vertreibt er die Geschwulst.

Plinius XV 9 betrachtet die Amurca, den Oelsatz, als einen Bestandtheil der Olive, als einen bitteren Saft, welcher durch Wasser entsteht und daher bei vieler Nässe sich in grösserer Menge bildet. Die Oliven wurden, wie er sagt, überdies noch mit heissem Wasser übergossen und gleich ganz unter die Presse gebracht, um die Amurca zu entfernen. Dadurch, dass man dem Olivenöl zur besseren Conservirung Salz zusetzte, wurde der Oelsatz auch salzhaltig. Varro (De re rust. I 55) und Plinius l. c. nach dem Vorgange von Cato räumen dem Oelsatz grossen Nutzen bei, namentlich soll er gegen Ungeziefer am Getreide, bei einigen Krankheiten der Thiere und Bäume dienen und zum Tränken der Holz- und Thongefässe, sowie verdünnt als Dungmittel u. s. w. vortheilhafte Verwendung finden.

Cap. 141. Περὶ δακρύου ἐλαίας αἰθιοπικῆς. **Thräne des äthiopischen Oelbaumes.** Der Tropfsaft des äthiopischen Oelbaumes gleicht in gewisser Weise dem Skammonium, ist gelblich, besteht aus kleinen Tropfstücken und ist beissend; der dem Gummi und Ammoniacum aber ähnliche, schwärzliche und nicht beissende ist untauglich. Einen solchen bringt aber auch bei uns der ächte und der wilde Oelbaum hervor. Er wirkt gegen Stumpfsichtigkeit, heilt eingestrichen vernarbende Wunden und Leukome, treibt auch den Harn und die Periode und hilft bei Zahnschmerzen in den angefressenen Zahn gesteckt. Er wird auch unter die Verderben bringenden Mittel gerechnet, denn er treibt den Embryo aus, heilt ferner Flechten und Aussatz. Der äthiopische Oelbaum wird auch wilder Oelbaum genannt.

Was wir über dieses Product, ein Gummi oder Gummiharz, wissen, ist nur wenig und unbestimmt. Theophrast (Hist. pl. IV 7, 2) schreibt über Oelbäume am Rothen Meere, welche ein Gummi ausschwitzen, aus dem „die Aerzte ein blutstillendes Mittel bereiten". Plinius XII 77 sagt ebenso, in Arabien liefere der Oelbaum Safttropfen, aus denen in Indien eine Arznei, das Enhaemon der Griechen, hergestellt werde. XXIII 72 heisst es, der aus dem äthiopischen Oelbaum tropfende Saft sei Gift. Strabo hält die auf drei vereinzelten Inseln Arabiens wachsenden Oelbäume, welche ein Gummi absondern, den europäischen nicht ähnlich, auch Ruellius trennt dieselben vollständig. Einige haben sich durch das Enhaemon des Plinius verleiten lassen, das gleich klingende Elemi daraus zu machen. Schon Val. Cordus bekennt, dass ihm sowohl das Gummi als auch die Mutterpflanze desselben vollständig unbekannt seien. Sprengel hält nach dem Vorgange von Matthiolus *Elaeagnus spinosa* L., welche in Aegypten und wahrscheinlich auch in Aethiopien häufig ist, für die Stammpflanze.

Trabat und Schweinfurth (C. r. de l'Acad. des sciences 132, 225—26) haben eine reichliche Erzeugung von Manna an Oelbäumen in der Nähe von Wernsourah constatirt. Durch Stiche von Cicaden wird die Krankheitserscheinung hervorgerufen, welche zur Ausscheidung der Manna (oft bis zu 1 kg) führt. Die Manna scheint mit der der Manna-Esche identisch zu sein, sie enthält 25% Mannit. J. A. Battandier (Journ. Pharm. Chim. 13, 177—79) fand sogar 52% Mannit und 9,8% Gummi, welches sich nicht mit Jod färbt und mit alkalischer Kupferlösung kaum Fällung liefert (Pharm. Post 1901, Nr. 34).

Cap. 142. Περὶ Δρυός. Eiche. Die ganze Eiche hat adstringirende und austrocknende Kraft; am meisten adstringirt aber von ihr die hautartige Substanz zwischen Rinde und Stamm[1]), ebenso das, was um die Eichel herum unter der Schale ist. Die Abkochung davon wird denen gegeben, die am Magen, an Dysenterie und an Blutspeien leiden; auch wird jenes fein gestossen im Zäpfchen den an Fluss leidenden Frauen eingelegt. [Die Blätter aber verkleben frisch geschlagene[2]) Wunden.]

[1]) Es ist die Bastschicht wohl gemeint, der Hauptsitz des Gerbstoffes. [2]) Besser dürfte wohl statt νεότρητα τραόματα zu lesen sein: φόλλα νεότμητα, die frisch abgeschnittenen Blätter. Der Satz steht nur im C. N.

Die Rinde, Cortex Quercus, war lange Zeit officinell, ihre Abkochung diente zur Bereitung des Cataplasma ad decubitum.

Cap. 143. Περὶ βαλάνων. Eicheln. Auch die Eicheln leisten dasselbe. Genossen sind sie harntreibend, verursachen Kopfschmerzen und Blähungen. Sie wirken gegessen gegen giftige Thiere; auch ihre Abkochung und die der Rinde mit Kuhmilch getrunken hilft gegen Gift. Roh aber fein gestossen lindern sie als Umschlag Entzündungen, mit gesalzenem Schweinefett sind sie als Umschlag ein gutes Mittel gegen bösartige Verhärtungen und schlimme Geschwüre. Die der Ilexeiche sind kräftiger an Wirkung als die der Stieleiche.

Quercus Robur L., Q. pedunculata Ehrh. (Fagaceae), Sommer- oder Stieleiche.

Die Eicheln, Semina Quercus, haben einen süsslich-bitteren, adstringirenden Geschmack; sie enthalten 35—38% Amylum, 8% Gerbstoff, 7—8% Zucker und 3—4% fettes Oel.

Vereinzelt werden sie als Sem. Quercus tost. verwandt, sie bilden ein gutes Mastfutter für Schweine.

Cap. 144. Περὶ Φηγοῦ καὶ Πρίνου. Speiseeiche und Ilexeiche. Sowohl die Speiseeiche als die Ilexeiche sind Eichenarten, an Wirkung ähnlich. Die Wurzelrinde der Ilexeiche, mit Wasser bis zum Weichwerden gekocht und eine ganze Nacht aufgelegt, schwärzt die Haare, wenn diese vorher mit kimolischer Erde abgerieben sind[1]). Die Blätter von allen zerschnitten und fein gestossen sind bei Geschwülsten angebracht; sie stärken auch schwache Theile.

[1]) Um die Fettigkeit der Haare zu entfernen.

Die Speiseeiche, φηγός, Quercus Esculus L. der meisten Autoren, ist bei Fraas Quercus Ballota Desf., weil er, wie er sagt, einen Baum mit essbaren Eicheln in Griechenland nicht gefunden habe ausser Q. Ballota und zwar bei den Arkadern, welche als Eichelverzehrer, βαλανόφαγοι, bezeichnet werden.

πρῖνος hält er für Quercus Ilex L., die Steineiche, das δένδρον μέγα καθάπερ ἡ δρύς des Theophrast (Hist. pl. III 16, 1) (zum Unterschiede von πρῖνος ἢ τὸν φοινικοῦν κόκκον φέρει, der Kermeseiche), einen grossen Baum wie die Eiche mit vielen tiefen Wurzeln und kleinen Eicheln; sie war dem Pan heilig.

Der Hauptbestandtheil der Eichenrinde ist Gerbstoff, bei jungen Zweigen bis zu 15%, besonders in der Bastschicht, ausserdem enthält sie Gallusgerbsäure, Quercin, Lävulin, Zucker, Eichenroth u. A.

Cap. 145. Περὶ Καστάνων. Kastanien. Die sardinischen Eicheln, welche Einige Lopima[1]) oder Kastanien, Mota[2]) oder Zeus-Eicheln[3]) nennen, sind, da sie auch selbst adstringiren, in gleicher Weise wirksam, besonders die zwischen Fleisch und Rinde befindlichen Schalen. Das Fleisch aber ist denen nützlich, welche Ephemeros[4]) getrunken haben.

[1]) Dünnschalig. [2]) μότον, Charpie, vermuthlich so genannt von der wolligen Haut des Endosperms. [3]) Plinius XV 23 gibt an, dass sie diesen Namen erst nach der Veredlung durch gute Pflege erhalten hätten. [4]) ἐφήμερον, bei Plinius XI 120 Hemerobion, einen Tag lebend, jedenfalls die Eintagsfliege; mit mehr Wahrscheinlichkeit ist Ephemeros hier eine Art Colchicum (vgl. IV 84).

Die Früchte von *Castanea vesca* Gärtn., *Fagus Castanea* L. (Fagaceae), dem ächten Kastanien- oder Maronenbaume.

Den Namen Kastanie hat der Baum von Kastana, einer Stadt in Pontus und einer in Thessalien, Herodot nennt die letztere auch Kastania.

Die Bezeichnung „sardinische Eicheln" wird mit Unrecht von der Heimath des Baumes, Sardinien, abgeleitet; daher kamen wohl nur die besten Früchte; er wächst in Griechenland wild und bildet dort ansehnliche Wälder.

Die Früchte sind auch die Leucennae von den Bergen des kretischen Ida und die εὐβοικὰ κάρυα, euböiischen Nüsse (Athen. Deipn. II 4, 3; vgl. Fraas S. 250).

Cap. 146. Περὶ Κηκίδων. **Galläpfel.** Der Gallapfel ist die Frucht der Eiche; eine Sorte wird Omphakitis[1]) genannt, sie ist klein, höckerig, derb, ohne Löcher, die andere ist glatt, leicht und löcherig. Man muss die Omphakitis wählen, welche wirksamer ist. Beide aber adstringiren stark und wirken, fein gestossen, gegen Fleischwucherungen, Fluss des Zahnfleisches und Zäpfchens und Ausschlag im Munde. Das in der Mitte desselben Befindliche in hohle Zähne gesteckt, beschwichtigt die Schmerzen. Sie sind blutstillend, wenn sie bis zum Glühen auf Kohlen gebrannt und mit Wein oder Essig oder mit Salzessig abgelöscht werden. Ihre Abkochung dient zum Sitzbade gegen Gebärmuttervorfall und Rheumatismus. In Essig oder Wasser macerirt färben sie die Haare schwarz. In Wasser oder Wein fein gerieben helfen sie an Verdauung und Ruhr Leidenden als Umschlag oder als Trank, auch der Zukost zugemischt, oder wenn sie vorher in ganzem Zustande in dem Wasser gekocht werden, in dem etwas gekocht werden soll, was jenen wohlthut. Und überhaupt, wenn es sich um ein adstringirendes, stopfendes oder austrocknendes Mittel handelt, muss man sie anwenden.

[1]) Omphakitis heisst eigentlich die Unreife, der Zustand, wo der Wein noch herb ist, bezieht sich also wohl auf das Zusammenziehende der Gallen.

D. nennt die Galläpfel irrthümlich Früchte; sie sind ein pathologisches Pflanzenproduct, hervorgerufen durch den Stich der Gallwespe, *Cynips infector.* oder *tinctor.* Oliv., in die jungen Triebe der Eichen. Das Weibchen legt in dieselben ihre Eier ab, und durch den Reiz, welchen wahrscheinlich das junge Thier auf das umgebende Pflanzengewebe ausübt, wird dieses zu lebhafter Zellentheilung angeregt, es bildet sich ein vom normalen Gewebe abweichendes Plastem, welches zum Gallapfel wird.

Man unterscheidet zwei Sorten, die eine ist dunkel, schwer, hart und spröde und dickmarkig, auf dem Querschnitte gelblichweiss oder graubraun, meist ohne Flugloch, die andere ist hell, etwas grösser, röthlichgelb, leichter und mit dem Flugloche versehen, aus dem das fertig gebildete Insect ausgeflogen ist. Der Querschnitt zeigt den zernagten Kern. Sie kommen aus Kleinasien, Mesopotamien.

Die Galläpfel enthalten bis zu 70% Gerbstoff, etwas Gallussäure, Zucker, Amylum u. A. Es gibt auch noch chinesische, japanische u. a. Gallen, die durch den Stich einer Blattlaus (Aphis) auf Rhus-Arten erzeugt werden.

Cap. 147. Περὶ Ῥοός. **Gerbersumach.** Der zu den Speisen gebrauchte Sumach, welchen Einige auch den rothen nennen, ist die Frucht des sogen. Gerbersumachs, der seinen Namen davon hat, dass ihn die Gerber zum Dichtmachen der Häute gebrauchen. Es ist ein kleiner, an 2 Ellen hoher, auf Felsen wachsender Baum; seine Blätter sind länglich, röthlich, am Rande sägeförmig eingeschnitten. Die Frucht ist kleinen Weinbeeren ähnlich, dicht, von der Grösse der der Terebinthe, etwas breit, deren rindenartige Schale nützlich ist. Die Blätter haben zusammenziehende Kraft, sie wirken in allen Fällen wie die Akazie. Die Abkochung färbt die Haare schwarz. Sie dient als Klystier und als Trank bei Dysenterie, auch als Sitzbad und zur Ausspülung eiterflüssiger Ohren. Die Blätter, mit Essig und Honig umgeschlagen, halten das Ueberwachsen der Nägel und Gangrän auf. Auch der Saft der trockenen mit Wasser gekochten Blätter, wie das Lykion bis zur Honigconsistenz eingekocht, wirkt in allen Fällen wie Lykion; aber auch die Frucht leistet dasselbe, indem sie als ein gutes Mittel in Speisen für solche gegeben wird, die an Magen und Dysenterie leiden. Mit Wasser umgeschlagen bewahrt sie Quetschungen, Abschürfungen und blutrünstige Stellen vor Entzündung. Rauheit der Zunge glättet sie mit Honig, stellt auch den weissen Fluss. Hämorrhoiden heilt sie mit fein gestossener Kohle als Zäpfchen. Der Aufguss davon gelatinirt beim Einkochen, er ist wohl von besserer Wirkung als die Frucht. Er (der Baum) bringt auch ein Gummi hervor, welches zum Schmerzstillen in hohle Zähne gesteckt wird.

Rhus coriaria L. (Anacardiaceae), Gerbersumach, Essigbaum. Die Beschreibung der Pflanze ist ziemlich genau. Es ist ein 2—3 m hoher Strauch in den Mittelmeergebieten mit ausgebreiteten Aesten und fünf- bis siebenpaarig gefiederten Blättern. Die linsengrossen Früchte sind schön roth, grauhaarig, mit nierenförmigen Samen.

Früher waren die Blätter und Früchte officinell. Die sauren Früchte dienen noch heute in der Türkei und in Persien als Zusatz zu den Speisen. Mit den Zweigen und Blättern werden in Spanien die feinen Ledersorten gegerbt.

Cap. 148. Περὶ Φοίνικος. Dattelpalme. Die Dattelpalme wächst in Aegypten. Die Frucht wird gesammelt um die Mitte des Herbstes, wenn die Reifezeit den höchsten Punkt erreicht hat, sie ist ähnlich der arabischen Myrobalane, wird aber Poma[1]) genannt. Sie ist von grüner Farbe, im Geschmack ähnlich der Quitte. Wenn man sie aber ausreifen lässt, wird es die Dattel. Sie ist herb, adstringirend und dient mit herbem Wein getrunken gegen Durchfall und Fluss der Frauen. Sie beruhigt auch die Hämorrhoiden und verklebt als Umschlag Wunden. Die (frischen) Datteln[2]) sind mehr zusammenziehend als die trockenen, sie verursachen aber Kopfschmerzen und machen, im Uebermaass genossen, trunken. Die trockenen aber helfen denen, die an Blutspeien, am Magen, an Dysenterie und an der Blase leiden, wenn sie fein gestossen mit Quitten und Weinblüthen-Wachssalbe aufgelegt werden. Am besten heilen die Karyotiden[3]), genossen, Rauheit der Luftröhre.

¹) Trank, wegen der Saftigkeit. ²) φοινικοβάλανοι. ³) Nussartige Datteln, eine feinere Sorte.

Phoenix dactylifera L. (Palmae-Phoeniceae), Dattelpalme.

Die eigentliche Heimath dieses sehr nützlichen, prachtvollen Baumes, der Dorflinde Arabiens, sind die Landstrecken an der Nord- und Südgrenze der Sahara, ferner Nubien, Oberägypten, Arabien und Persien. Berühmt war Syrien durch seine Datteln; Theophrast (Hist. pl. II 6, 2) rühmt die von Kölesyrien, Galen sagt, die besten kämen von Jericho, hiess doch diese Stadt selbst Palmyra, hebr. Tadmor, die Dattelstadt. Zum vollen Gedeihen bedarf der Baum eines salzhaltigen, feuchten Bodens und der Gluthhitze der Wüste. In Griechenland wird er als Zierbaum gezogen, trägt aber keine Früchte, ausser (nach Fraas) bei Kalamata, er heisst dort Kurmadia oder Phoinikia, die Früchte heissen Kurmades und Daktyla. In den heissen Gegenden Italiens, z. B. bei Nizza, San Remo, Genua werden reife Früchte erzielt; den Baum nennt man Palma, die Frucht Dattero.

Schon bei den Völkern des grauen Alterthums finden wir eine grosse Vorliebe für den Baum und seine Frucht. Der Stamm lieferte vorzügliches Nutzholz (Theophr. Hist. pl. V 3, 6; V 6, 1), die Blätter wurden zu Flechtwerk, Seilen u. dergl. verwandt (Varro, De re rust. I 22; Plinius XIII 30; XVI 89). Die Früchte lieferten eine wohlschmeckende Speise, dienten auch als Arzneimittel und zur Bereitung des Dattelweins (Talm. Tr. Berach. 65; Plin. XIV 102; Herod. I 194).

Plinius gibt die künstliche Befruchtung der Dattelpalme in ihrer Heimath an, indem die männlichen Blüthen, die Wollhaare und der Blüthenstaub (pulvis seminis) mit dem weiblichen in Berührung gebracht wurden; ebenso Theophrast (Hist. pl. II 8, 4), er berichtet dann (IV 4, 13) weiter, dass der Genuss der trockenen Datteln in Gedrosia den Erstickungstod herbeiführte.

Plinius unterscheidet nach der Güte der Frucht die königlichen Datteln von Babylon, Syagren und Margariden (Perlen, wegen der runden Form), die des Südens, die Sandaliden (von der Aehnlichkeit mit Sandalen), die Karyoten, besonders zur Weinfabrikation geeignet, die Nikolaen, weniger saftreich, aber gross, die Adelphiden (Geschwister), die Pateten (κατητός, zertreten), welche so saftreich sind, dass sie am Baume platzen und wie zertreten aussehen, die Daktylen, lang und schlank, die Juden nennen sie Chydäen, Ausschuss.

Die heute nach Europa gebrachten Datteln kommen wohl zumeist von der Nordküste Afrikas, von Tunis über Genua oder Marseille.

Cap. 149. Περὶ φοινίκων θηβαϊκῶν. **Thebanische Datteln.** Die Abkochung der thebanischen Datteln lindert die Fieberhitze und stellt mit altem Honigmeth genommen die Kräfte wieder her; auch sie selbst leisten gegessen dasselbe. Es wird aber auch Wein aus ihnen gemacht¹), von derselben Kraft wie die Frucht. Auch die Abkochung derselben für sich allein als Trank oder Gurgelmittel adstringirt und stopft kräftig. Die Dattelkerne werden in einem neuen Topfe wie alles Andere gebrannt, dann wäscht man sie, in Wein abgelöscht, ab und gebraucht sie als Ersatz für Spodium zur Verschönerung der Augenlider; wenn sie aber nicht hinreichend gebrannt sind, geschieht dasselbe nochmals. Sie haben zusammenziehende, hautbildende Kraft, die sich bei Bläschen auf den Augen, bei Staphylom ²) und gegen Ausfallen der Augenwimpern zusammen mit Narde wirksam erweist. Mit Wein hemmen sie Fleischwucherungen und bringen Geschwüre zum Vernarben. Am besten eignen sich dazu die aus Aegypten und die von den niedrigen Palmen.

[1]) Nach C. Ritter wurde der Dattelwein theils aus dem vom Baume abgezapften Safte gemacht, aber nur wenig, weil er sich auch nicht hielt; meistens wurde und wird er aus Dattelabkochung durch zehn- bis zwölftägige Gährung hergestellt. [2]) Fehler auf der Hornhaut.

Die thebanische Dattelpalme ist eine Varietät von *Phoenix dactylifera*, was schon Strabo XVII p. 610 erkennt: „In Theben wächst von allen die beste Dattel ... fester ist die thebanische, aber am wohlschmeckendsten." Einige halten sie für die Dumpalme, *Hyphaene thebaica* Mart., *Corypha thebaica* L., das χουχιοφόρον, Kukiophoron des Theophrast (Hist. pl. IV 2, 7). Sie unterscheidet sich von Phoenix dactyl. dadurch, dass ihr Stamm sich im Alter von einigen Jahren dichotomisch theilt und dass diese Theilung sich bei den Aesten und Zweigen fortsetzt. Die Frucht ist so gross, dass sie fast eine Hand voll bildet (σχεδὸν χειροπληθές), mehr rund, gelblich, sehr saftreich und süss. Der Kern ist gross und sehr hart, das Holz des Stammes dicht und schwer. Er nennt II 6, 10 eine χόϊξ, die vermuthlich mit χουχιοφόρον identisch ist.

Aber die niedrige Palme, χαμαίζηλος φοίνιξ des D., ist eine von Phoenix dactyl. vollständig verschiedene Art. Es ist *Chamaerops humilis* L. (χαμαιριφὴς τῶν φοινίχων ἕτερόν τι γένος, Theophr., Hist. pl. II 6, 11), die Zwergpalme, deren Stamm sich kaum über den Boden erhebt. Die Wurzeln und jungen Triebe werden gegessen, die Blätter zu Flechtwerk verwandt. In Sicilien und Spanien ist sie häufig, kommt auch in Italien an sehr warmen Stellen vor.

Cap. 150. Περὶ φοίνιχος ἐλάτης. Blüthenscheide der Palme. Die Palme, welche Einige Elate oder Spatha nennen, ist die Hülle der Frucht der noch blühenden Palme. Die Salbenbereiter gebrauchen sie zum Verdichten der Salben; als die beste gilt die, welche wohlriechend, adstringirend, schwer, geschlossen ist[1]) und innen Fett hat. Sie hat adstringirende, die fressenden Geschwüre aufhaltende Kraft und verhindert eine Erschlaffung der Glieder, wenn sie im fein gestossenen Zustande Salben und Umschlägen zugemischt wird. Sie hilft auch bei Hypochondrie, schwachem Magen und Leberkrankheiten, wenn sie den geeigneten Umschlägen zugesetzt wird. Ihre Abkochung, dauernd eingerieben, färbt die Haare schwarz; getrunken ist sie bei Nieren- und Unterleibskrankheiten gut, hemmt auch Bauch- und Gebärmutterfluss. Mit Harz und Wachs weich aufgelegt und zwanzig Tage liegen gelassen, heilt sie die Krätze. Die von ihr eingeschlossene Frucht wird auch Elate, von Einigen Borassos[2]) genannt. Diese ist auch zusammenziehend und leistet dasselbe wie die Spatha, bis auf die Verwendung zu den Salben. Auch das weisse Mark des Stammes, sowohl frisch genossen wie auch gekocht, wirkt in derselben Weise wie der Borassos.

[1]) μεμυχυῖα, die geschlossen ist und sich öffnen will. [2]) Sprengel leitet nach Salmasius den Namen vom arabischen Bosr, welcher unreife Datteln bezeichnet, ab, entsprechend dem hebr. בֹּסֶר, unreife Traube. Vgl. über Elate Cap. 54.

Cap. 151. Περὶ Ῥόας. Granatapfel. Jede Art Granatapfel ist wohlschmeckend, dem Magen bekömmlich, nicht nahrhaft. Von ihnen ist indess der süsse dem Magen zuträglicher, indem er eine gewisse Wärme erzeugt und Blähungen verursacht[1]), weshalb er für Fiebernde unbrauchbar ist. Der saure dagegen hilft dem erhitzten Magen, ist auch zusammenziehender und mehr urintreibend, aber unangenehm für den Gaumen und astringirend, der weinartige[2]) hat mittlere Kraft. Der Kern[3]) des sauren, in der Sonne getrocknet, auf die Gemüse gestreut und damit gekocht hilft gegen Magen- und Bauchfluss. In Regenwasser macerirt ist er, innerlich genommen, gegen Blutspeien nützlich und eignet sich zu Sitzbädern für die an Dysenterie und Gicht Leidenden. Das aus dem Kern Gepresste mit Honig gemischt findet gute Anwendung gegen Geschwüre im Munde, an der Scham und am After, sowie gegen Ueberwachsen der Fingernägel, gegen fressende Geschwüre und Wucherungen, gegen Ohren- und Nasenleiden, besonders das aus dem sauren (Kern Gepresste).

[1]) So die wörtliche Uebersetzung von τούτων μέντοι ἡ γλυκεῖα εὐστομαχωτέρα θερμασίαν ποσὴν γεννῶσα etc. Hier widerspricht sich der Text offenbar; entweder muss das von Sprengel eingeklammerte εὐστομαχωτέρα wegfallen oder, wie Cornarius will, ἧττον εὐστόμαχος, dem Magen weniger zuträglich, gelesen werden. [2]) d. h. der weinartig schmeckende. Auch Plinius XXIII 106 unterscheidet hauptsächlich drei Sorten, den weniger tauglichen süssen (Apyrena, den Kernlosen), den nützlichen sauren und den in der Mitte stehenden weinartigen. [3]) κυρήν ist hier nicht der blosse Samenkern, sondern die ganze Beerenfrucht ohne die Schale. Die Samen sind nämlich sehr zahlreich und liegen in einer fleischigen Hülle dicht beisammen, so dass sie den Raum der Frucht ganz ausfüllen.

Der Granatapfel, die Frucht von *Punica Granatum* L. (Punicaceae). Heimisch ist der kleine Baum oder Strauch im Orient, wird aber seiner schönen, blendend rothen Blüthen und der Früchte wegen in Südeuropa cultivirt, ist auch eine beliebte Zierpflanze unserer Gewächshäuser. Die Frucht ist eine 8—15 cm grosse, vom bleibenden Kelch gekrönte Beere mit grünlichgelber oder rother Schale. Der Baum war der Juno heilig. Früher gebrauchte man die Rinde der Frucht, Cort. Granator. sive Psidii, Malicorium, die Blüthen, Flores Balausticorum vel Granatorum, als Adstringentien und die Rinde, Cort. Granati; jetzt ist nur noch die letztere als Bandwurmmittel officinell.

Cap. 152. Περὶ κυτίνων. Granatblüthe. Die Blüthen desselben (des Granatbaumes), welche auch Kytinoi genannt werden, sind gleichfalls adstringirend, austrocknend und stopfend, sie verkleben auch blutige Wunden und wirken in allen Fällen wie der Granatbaum. Die Abkochung davon ist ein Mundwasser bei schwammig gewordenem Zahnfleisch und gelockerten Zähnen, verklebt auch als Kataplasma Darmbrüche. Einige berichten, dass man nach dem Genuss von drei selbst sehr kleinen Kytinoi das ganze Jahr hindurch nicht an den Augen leide. Der Saft wird daraus gemacht wie aus Hypokistis.

Kytinos, κότινος, ist eigentlich der Kelch der Granatblüthe; er ist glänzend, dunkelscharlachroth und hat 5—8 dicke, fleischig-lederige, eiförmige oder halblanzett-fömige, an der Spitze in ein fleischiges Höckerchen endigende Zipfel. Die Kronen-blätter sind verkehrt-eiförmig, etwas faltig und gleichfalls scharlachroth, selten weiss oder gefleckt. So sagt Theophrast (De caus. pl. I 14, 4): ἐν γὰρ τῷ κυτίνῳ τὸ ἄνθος, denn die Blüthe sitzt in dem Kytinos. Er wird aber auch für die ganze Blüthe genommen, denn es heisst beim Nikander-Scholiasten: κότινόν φασι τὸ ἄνθος τῆς ῥοιᾶς, man nennt die Blüthe des Granatbaumes Kytinos. Plinius XXIII 110 nennt Cytinus die Blüthen-knospe, primus pomi hujus partus florere incipientis und erzählt dieselbe Wunder-wirkung auf die Augen. D. versteht gleichfalls unter κότινος die Blüthe, aber die des cultivirten Granatbaumes, die des wilden nennt er Balaustion, βαλαύστιον.

Cap. 153. Περὶ σιδίων. **Granatrinde.** Auch die Rinde der Granate, welche Einige Sidion nennen, hat adstringirende Kraft und wirkt gleichfalls gegen alles das, wogegen die Granatäpfel angewandt werden. Die Abkochung der Wurzeln treibt, getrunken, den Bandwurm aus und tödtet ihn.

Die Rinde enthält nach Rembal Granatgerbsäure, und eine zweite, vielleicht der Gallusgerbsäure identische Gerbsäure. Ihre wurmtreibende Wirkung beruht auf dem Gehalte von vier Alkaloiden (4—6%), dem Pelletierin, Pseudopelletierin, Isopelletierin und Methylpelletierin.

Cap. 154. Περὶ βαλαυστίων. **Balaustion.** Balaustion ist die Blüthe des wilden Granatbaumes. Es gibt deren mehrere Arten, denn man findet das weisse, das feuerrothe und das rosafarbige. Es gleicht dem Kytinos des (zahmen) Granatbaumes und wird zur Saftgewinnung benutzt wie die Hypokistis. Es hat adstringirende Kraft und wirkt gegen Alles, wogegen die Hypokistis und der Kytinos dienen.

Plinius XIII 113 nennt auch die Blüthe des Granatbaumes Balaustium, XXIII 112 sagt er: „In diesem cytinus selbst brechen, bevor die Frucht selbst hervortritt, kleine Blüthen hervor, welche wir Balaustium nennen." Er meint aber den culti-virten Baum, denn etwas weiter heisst es: „Es gibt auch einen wilden Granatbaum, der jenem ähnlich ist."

Cap. 155. Περὶ Μυρσίνης. **Myrte.** Die gebaute Myrte, die schwarze, ist zum arzneilichen Gebrauche geeigneter als die weisse und bei der wieder die bergige, doch hat sie eine weniger kräftige Frucht. Ihre und der Frucht Kraft ist adstringirend. Frisch und trocken wird die Frucht als Speise denen gereicht, welche an Blutspeien und Blasen-reiz leiden. Dasselbe wirkt aber der aus den frischen Myrtenbeeren ge-presste Saft, welcher dem Magen wohlthuend und harntreibend ist. Mit Wein nützt er auch denen, die von der giftigen Spinne gebissen und vom Skorpion gestochen sind. Die Abkochung der Früchte färbt das Haar. Mit Wein gekocht und als Umschlag angewandt heilt sie Geschwüre an den Extremitäten. Mit fein gesiebtem Graupenmehl als Umschlag lindert sie die Augenentzündungen und wird auch gegen Gaisauge[1]) aufgelegt.

Auch der daraus (aus der Myrte) bereitete Wein, wobei die Frucht ausgepresst und (die Flüssigkeit) etwas eingekocht wird — denn der nicht auf diese Weise bereitete wird sauer — wirkt, vorher getrunken, gegen den Rausch, er wirkt gegen dasselbe wie die Frucht. Er eignet sich zu Sitzbädern bei Mutter- und Mastdarmvorfall, auch bei Gicht, er vertreibt Grind, Schorf und Ausschlag und hemmt das Ausfallen der Haare. Er wird auch Fetten[2]) zugemischt, geradeso wie auch das aus ihren (der Myrte) Blättern hergestellte Oel. Auch die Abkochung der Blätter ist gut zu Sitzbädern, sie wird auch bei erschlafften und zerbrochenen noch nicht verknorpelten[3]) Gliedern als Bähung benutzt. Weiter entfernt sie weisse Hautflecken, wird bei eiterflüssigen Ohren eingegossen und dient zum Schwarzfärben der Haare. Der aus ihnen bereitete Saft thut aber dasselbe. Die fein gestossenen Blätter selbst mit Wasser sind als Umschlag ein gutes Mittel für nasse Geschwüre und alle von Flüssen befallenen Theile, auch für Magenkranke; mit unreifem Olivenöl oder etwas Rosenöl und Wein gemischt (helfen sie) gar bei Bläschen- und roseartigen Geschwüren, ferner bei Entzündung der Hoden, Epinyktis und Condylomen. Trocken aber fein gestossen werden sie bei Nebennägeln und übergewachsenen Nägeln, bei sehr feuchten Achseln und Schenkeln mit Erfolg aufgestreut, halten auch den Schweiss Herzleidender zurück. Ferner heilen sie gebrannt oder ungebrannt mit Wachssalbe Verbrennungen durch Feuer, Pterygium und Paronychie. Der Saft wird aus den Blättern gewonnen, indem alter Wein oder Regenwasser darüber gegossen und dann ausgepresst wird. Von ihm wird aber Gebrauch gemacht, wenn er frisch ist, denn der eingetrocknete schimmelt und wird kraftlos.

[1]) αἰγίλωψ, Thränensackleiden. [2]) d. h. Salben. [3]) Durch Callusbildung.

Die Myrte, *Myrtus communis* L. (Myrtaceae), ist ein in den Mittelmeerländern wild wachsender, bis zu 2 m hoher Strauch, dessen Blätter und Früchte, Folia et Baccae Myrti, früher officinell waren. Er wird auch cultivirt und diesen meint D. (μοροίνη ἥμερος). Bei uns in den nördlichen Gegenden ist die Myrte eine beliebte Topfpflanze.

Die Myrte war der Venus geweiht. Plinius XV 120 schreibt: „Die Ehe und dieser Baum stehen unter dem Schutze der Venus. In Rom wurde die Myrte sehr geschätzt, es gab nach Plinius einen Altar der Venus Myrtea. Auch bei uns besteht heute noch der Brautkranz aus Myrtenzweigen.

Ehe man den Pfeffer in Rom kannte, vertraten die Myrtenbeeren seine Stelle (Plin. XV 118).

Bei den Gastmählern trug man Myrtenkränze, um den Rausch zu hemmen (Athen. Deipn. 17). Die Ovationskrone der Feldherren war aus Myrtenzweigen geflochten (Gellius, Noct. attic. 6, bei Lenz S. 165 u. 174).

Plinius theilt, wie D., die Myrten ein nach der Farbe der Frucht in schwarze und weisse und nach der Grösse der Blätter in zahme und wilde.

Die Früchte bilden rundlich-ovale, schwammig-fleischige, schwärzliche und ins Bläuliche übergehende, zwei- bis dreifächerige Beeren mit 4—5 weissen Samen in jedem Fache.

Cap. 156. Περὶ Μυρτιδάνου. **Myrtidanon.** Das sogen. Myrtidanon ist ein ungleichartiger, welliger und einfarbiger Auswuchs am Stamme der Myrte, wie wenn Hände ihn umfassen. Es adstringirt stärker als die Myrte; gestossen und mit herbem Wein gemischt wird es zu Zeltchen geformt, im Schatten getrocknet und aufbewahrt. Es ist wirksamer als die Frucht und das Blatt, wenn es zu Wachssalbe und Zäpfchen, Sitzbädern und Kataplasmen zugemischt wird, welche adstringiren sollen.

Das Myrtidanon hat bei verschiedenen Schriftstellern eine verschiedene Bedeutung. Bei den Hippokratikern (De morb. mul.) ist es ein adstringirendes Mittel bei Uterusleiden; I 56 heisst es: τὸ ἰνδικὸν ὃ καλοῦσι οἱ Πέρσαι πέπερι καὶ ἐν τούτῳ ἔνι στρογγύλον, ὃ καλοῦσι μυρτίδανον; danach wäre es der schwarze Pfeffer oder, wie Foesius will, die Frucht einer indischen Pfefferart, die am ehesten auf die Cubeben bezogen werden könnte. An anderer Stelle (De morb. mul. II 84) wird aber der Strauch selbst so genannt, κλωνία μυρτιδάνου δύω ἢ τρία.

Bei Plinius XIV 104 ist es der Myrtenwein. Fraas sagt, es ist ein häufiger Rindenauswuchs mit lockerem Zellgewebe; also nicht das, was man sonst Maserwuchs nennt.

Cap. 157. Περὶ Κερασίων. **Kirschen.** Die Kirschen, selbst auch frisch genommen, machen offenen Leib, trocken aber stellen sie den Stuhlgang. Das Kirschengummi mit einem gemischten Trank [1]) genommen heilt chronischen Husten, macht eine gesunde Farbe, scharfes Gesicht und Appetit. Mit Wein getrunken ist es denen gut, die an Blasensteinen leiden.

[1]) Wahrscheinlich eine Mischung von Wein mit Wasser.

κερασία, *Prunus avium* L., Vogelkirsche, *Prunus Cerasus* L., Sauerkirsche (Rosaceae-Prunoideae), kommen wild in Griechenland, ja in ganz Europa vor, die edleren Sorten sind cultivirt und nach Plinius XV 102 erst durch Lucullus 680 nach Erbauung der Stadt aus Asien hergebracht. Die Früchte von Pr. Cerasus mit den blausäurehaltigen Kernen sind noch jetzt officinell, die Stiele, Stipites Cerasorum, sind ein Volksmittel.

Cap. 158. Περὶ Κερατίων. **Johannisbrodfrucht.** Die frischen Johannisbrodschoten genossen bekommen dem Magen schlecht und öffnen den Leib; getrocknet hemmen sie den Stuhlgang, sind dem Magen zuträglicher und urintreibend, vorzüglich wenn sie ohne die harten Theile[1]) gegessen werden.

[1]) στέμφυλα, eigentlich die Trester der Weintrauben und Oliven, sind hier die Kerne und häutigen Theile.

κερατέα, — κερωνία bei Theophrast (Hist. pl. I 11, 2) — ist *Ceratonia Siliqua* L. (Leguminosae-Papilionaceae), der Johannisbrodbaum, bei Columella heisst er auch Siliqua graeca. Er wächst in Griechenland wild, in Italien wird er cultivirt. Die bis zu 10 cm langen Blüthenrispen sind purpurroth und entspringen aus der Blattachsel, häufig aus den Aesten oder dem Stamme, daher sagt Theophrast (Hist.

pl. IV 2, 4), er treibe die meisten Früchte aus dem Stamme. Die bis 20 cm langen und bis 4 cm breiten, braunen, lederigen, oft gekrümmten Hülsen haben zwischen dem Endo- und Ectocarpium eine süssliche, trockenmarkige Fleischschicht mit zahlreichen braunen, steinharten Samen in lederhäutigen Fächern. Sie dienten früher und vereinzelt noch jetzt als Bestandtheil von Theemischungen.

Das κεράτιον, der Same, war die Bezeichnung für eines der kleinsten Gewichte, etwa = 0,189 g, gleich 4 Weizenkörnern.

Cap. 159. Περὶ Μηλέας. Apfelbaum. Die Blätter, Blüthen und Zweige von jeglichem Apfelbaum, am meisten von der Quitte, adstringiren. Auch die unreife Frucht erweist sich zusammenziehend, die ausgereifte aber nicht in gleichem Grade. Die im Frühjahr anreifenden Aepfel sind Galle erzeugend, dem ganzen Nervensystem schädlich, sie verursachen Blähungen.

Pirus Malus L. (Rosaceae-Pomoideae), Apfelbaum, ist in Griechenland selten wild und wird auch wenig, und zwar nur in Frühsorten cultivirt. In Italien ist er gleichfalls wild mit sehr sauren Früchten, aber nur in nördlichen Gegenden; der zahme wird in vielen Sorten gezogen.

Plinius XV 52 wendet ihm grosse Aufmerksamkeit zu, er sagt, die wilden hätten so viel Säure, dass sie die Schärfe des Schwertes stumpf machten, zählt dann eine Menge Sorten auf und gibt Vorschriften für die Cultur des Baumes, für die Aufbewahrung der Aepfel und die Bereitung des Apfelweins.

Cap. 160. Περὶ Κυδωνίων μήλων. Quittenäpfel. Die Quittenäpfel sind dem Magen wohlbekömmlich, harntreibend, gebraten werden sie milder, denen dienlich, die an Magen, Dysenterie, Blutspeien und Cholera leiden, vorzüglich aber roh. Auch der Aufguss davon ist denen als Trank zu empfehlen, die Magen- und Bauchfluss haben. Der Saft der rohen eingenommen hilft denen, die an Orthopnöe leiden, die Abkochung als Injection bei Mastdarm- und Gebärmuttervorfall. Die mit Honig eingemachten sind gleichfalls harntreibend. Der Honig aber nimmt dieselbe Wirkung in sich auf, denn er wird stopfend und adstringirend. Die mit dem Honig gekochten sind gut für den Magen und wohlschmeckend, aber weniger stopfend. Die rohen werden zu Kataplasmen gemischt zum Stopfen des Durchfalls, gegen krampfhafte Bewegung und Hitze des Magens, bei schwärenden Brüsten, bei Leberverhärtung und Condylomen. Es wird auch aus ihnen, nachdem sie zerstossen und ausgepresst sind, Wein gemacht, wobei der Haltbarkeit wegen zu 16 Xestes Saft 1 Xestes Honig gegeben wird, weil er sonst sauer wird. Er ist ein gutes Mittel in allen bereits angeführten Fällen. Auch ein Salböl, das sogen. Melinon wird aus ihnen bereitet, man gebraucht dasselbe, falls man etwa eines adstringirenden Oeles bedarf. Man muss aber die richtigen aussuchen, diese sind klein, rund und ganz wohlriechend; dagegen sind die sogen. Sperlingsquitten und die grossen weniger

tauglich. Die Blüthen, sowohl trocken als frisch, eignen sich zu Kataplasmen, da sie von Nutzen sind zum Adstringiren und bei Augenentzündungen. Gegen Blutsturz, Bauchfluss und übermässige Menstruation
sind sie mit Wein getrunken ein gutes Mittel.

Pirus Cydonia L. (Rosaceae-Pomoideae), Quittenbaum. Die Quitte fand
ehemals eine ausgedehnte Anwendung in der Medicin (vgl. Plin. XV 100), aus unserem
Arzneischatze sind die Früchte verschwunden bis auf die Samen, Sem. Cydoniae,
welche zur Bereitung eines Schleimes noch ab und zu gebraucht werden.

Plinius XV 37 nennt mehrere Sorten, die Goldquitte, die weissere inländische
mit herrlichem Geruch und die neapolitanische, von der eine Sorte die Sperlings-
äpfel (Struthea, von στρούθος, Sperling) oder Birnquitten sind, klein, aber mit durchdringendem Geruch; sie bildeten das Parfüm der Herrenzimmer.

Cap. 161. Περὶ Μελιμήλων. Honigäpfel. Die Honigäpfel er-
weichen den Bauch und treiben die (Thiere) Würmer aus. Sie sind dem
Magen schädlich und verursachen Hitze. Von Einigen werden sie Süss-
äpfel genannt.

Es sind nach Fraas die noch jetzt in Gebirgen Griechenlands oft verwilderten
Sommer- oder Kornäpfel. Plinius XV 51 nennt sie Mustea (Mostäpfel), quae nunc
Melimela dicuntur a sapore melleo.

Cap. 162. Περὶ Ἠπειρωτικῶν μήλων. Epirotische Aepfel.
Die sogen. epirotischen Aepfel, in römischer Sprache Orbiculata[1]), sind
dem Magen wohlbekömmlich, hemmen den Durchfall, befördern den Urin,
sind jedoch von schwächerer Kraft als die Quitten.

[1]) Kugeläpfel.
Nach Plinius XV 51 haben sie den Namen daher, dass sie zuerst in Epirus
gefunden wurden. Sie sind eine der vielen den Alten, besonders den Römern bekannten Spielarten.

Cap. 163. Περὶ Ἀγριομήλων. Wilde Aepfel. Die wilden
Aepfel sind den Frühlingsäpfeln ähnlich, adstringirend. Man muss aber,
wo man sie als Adstringens gebraucht, allemal die unreiferen wählen.

Fraas rechnet sie unter die Honigäpfel und sagt, sie wären wild selten, nur
in höheren Gebirgen, auch würden sie sehr wenig cultivirt wegen des schweren Ge-
deihens der Frühsorten; sie heissen heute noch ἄγρια μηλιά.

Cap. 164. Περὶ Περσικῶν μήλων. Pfirsiche. Die Pfirsiche sind
im reifen Zustande gut für den Magen und Bauch, die unreifen aber
verstopfen den Leib, durch das Trocknen werden sie aber noch stopfender.
Die Abkochung derselben, wenn sie getrocknet sind, eingenommen hilft
dem vom Flusse befallenen Magen und Bauche.

Prunus oder *Amygdalus persica* L. (Rosaceae-Prunoideae), Pfirsichbaum,
stammt nach dem Zeugnisse der alten Schriftsteller (Theophr., Hist. pl. IV 4, 2;

Plin. XV 4) aus Persien, wird aber in Griechenland mit vorzüglichem Erfolg cultivirt und in Italien in vielen Verietäten gezogen. Auch in den nördlicheren Gegenden bringt er bei geeigneter Pflege reife Früchte.

Cap. 165. Περὶ Ἀρμενιακῶν. Armenische Aepfel. Die kleineren, welche armenische, bei den Römern Praecocia[1]) genannt werden, sind dem Magen bekömmlicher als die vorher genannten.

[1]) Frühreif, weil sie nach Plinius XV 40 im Sommer reif werden.
Prunus armeniaca L. (Rosaceae-Prunoideae), **Aprikose.** Ihre Heimath ist Armenien (Plin. XV 41), sie wird in Griechenland cultivirt, kommt nach Fraas dort aber auch wild vor. In Italien wird sie gleichfalls gebaut. Die späteren Griechen nannten den Baum βεβρίκοκκον (von der Fülle der Früchte), woraus das Abricocco der Italiener, das Abricot der Franzosen und endlich unser Aprikose entstand.

Cap. 166. Περὶ Μηδικῶν. Medische Aepfel. Die medischen oder persischen Aepfel oder die Kedromelen, die Citria der Römer, sind allbekannt. Es ist nämlich ein Baum, welcher das ganze Jahr kurz nach einander Früchte trägt. Die Frucht selbst ist länglich, runzelig, goldfarben, scharf wohlriechend und hat einen der Birne ähnlichen Samen. In Wein getrunken hat sie die Kraft, tödtlichen Giften entgegenzuwirken und den Stuhlgang anzuregen. Die Abkochung dient als Mundwasser zum Wohlgeruch des Mundes. Ihr Saft wird von den Frauen gegen Ekel[1]) gern genommen. Sie soll auch, in die Schränke gelegt, Kleider vor (Motten-)Frass bewahren.

[1]) κίσσα ist auch das bei schwangeren Frauen häufige Verlangen nach gewissen, oft ungewöhnlichen Speisen und Getränken.
D. stellt hier die drei Arten als synonym neben einander.
Theophrast (Hist. pl. IV 4, 2) redet nur von zweien oder vielmehr nur von einer Art, dem medischen oder persischen Apfel; die Beschreibung stimmt im Ganzen mit der des D., der Baum hat ein Blatt wie Andrachle (*Arbutus Andrachne* L.), Dornen wie der Birnbaum und Oxyakanthos. Der Apfel ist nicht essbar, schützt aber die Kleider vor Motten u. s. w. Plinius XII 14 nennt den Baum Malus assyrica aut medica, er hat jederzeit reife und unreife Früchte zugleich, sie sind aber nicht essbar. XIII 103 sagt er: Ein anderer Baum, Citrus, trägt einen Apfel, von Einigen wegen des Geruches und der Bitterkeit verschmäht, von Anderen gesucht, er dient als Schmuck der Häuser, (die Citrone). XVI 107 und XXIII 88 nennt er die Frucht Citreum und das daraus gewonnene Oel Oleum citreum und gibt XV 47 an, dass sie von den Griechen nach dem Vaterlande armenische Aepfel genannt werden.
Galen (De alim. fac. II 37) nennt den medischen Apfel κίτριον. Die Frucht besteht aus dem sauren mittleren Theile, dem fleischigen, um den sauren herumliegenden, und aus der gewürzhaften, wohlriechenden Schale. — Die mystischen Aepfel der Hesperiden werden (Athen. Deipn. III 23 sqq.) mit den Früchten in Beziehung gebracht, es heisst dort, Jula, der König von Mauretanien sage, die κίτρια würden in Afrika Hesperidenäpfel, μῆλα Ἐσπερικά genannt, es seien die goldenen Aepfel gewesen, welche Herkules nach Griechenland gebracht habe.
Wir haben es mit einer Orangen- (Citrus-)Art zu thun. Fraas spricht sich für

Citrus decumana L. (Aurantiaceae), die Pompelnuss aus, und nicht für *Citrus medica* L., die Citrone, und *Citrus Aurantium* L., die Pomeranze, weil 1. das Vaterland der letzteren Nordafrika, das von C. decum. der Orient sei (auch Citr. med. und Aurant. dürften ihre Urheimath in Asien haben); 2. der alte Name κίτρια für Citr. decum. sich in Griechenland bis jetzt erhalten habe, während die Citronen λιμόνια und die Orangen πορτογάλια heissen; ebenso 3. der von den Alten angegebene Gebrauch; 4. weil die Beschreibung des Theophrast und D. auf den Baum und die „längliche, runzelige" Frucht am besten passe; 5. weil jedenfalls das saure Fruchtfleisch der Citrone, falls diese gemeint sei, Erwähnung gefunden haben würde.

Citrus decumana, ein in Ostindien einheimischer Baum, ist dem Pomeranzenbaum ähnlich, aber weniger regelmässig gebaut. Die Blätter sind sehr breit, meist gefaltet und verkrüppelt mit stark geflügelten Blattstielen, die Blüthen bilden kurze, aufrechte steife Trauben mit oft nur vier fast gleich breiten, gefurchten, dicken, weissen Blüthenblättern, die stark nach Orangenöl duften. Die Frucht (Adams- oder Paradiesapfel) ist meist etwas birnförmig, blassgelb, dickschalig, saftreich und wohlschmeckend (nach Anderen ungeniessbar), und erreicht eine ansehnliche Grösse.

Cap. 167. Περὶ Ἀπίου. **Birne.** Es gibt viele Arten Birnen, sämmtlich sind sie adstringirend, daher eignen sie sich zu vertheilenden Umschlägen. Die Abkochung derselben im getrockneten Zustande, sie selbst auch roh genossen, stellen den Durchfall; den Nüchternen aber schadet der Genuss.

Pirus communis L. (Rosaceae-Pomoideae), Birne. D. meint hier die cultivirte, ἄπιος. Sie wurde und wird in Griechenland wegen des trockenen Klimas nicht viel gebaut, weil sich die bekannten Sklerenchymkörper in der Nähe des Samengehäuses zu stark bilden (Potonié hält dieselben für Rudimente einer bei den Vorfahren derselben vorhanden gewesenen Steinhülle zum Schutze der Samen). In Rom dagegen kannte man viele Arten, Plinius XV 53 zählt gegen dreissig auf, doch hält er die von dem kimmerischen Bosporus (die Meerenge zwischen Kaffa und Theodosia) kommenden für die ausgezeichnetsten.

Cap. 168. Περὶ Ἀχράδος. **Wilder Birnbaum.** Eine Art des wilden Birnbaumes ist die Achras, welche langsam reif wird. Sie hat mehr adstringirende Kraft als die zahme Birne, daher ist sie für dieselben Zwecke geeignet. Aber auch ihre Blätter adstringiren. Die Asche des Holzes aber hilft kräftig bei Vergiftungen durch Pilze. Einige behaupten auch, dass, wenn man die wilden Birnen mit Pilzen zusammen koche, diese unschädlich würden.

Bei Theophrast (Hist. pl. II 5, 6) heisst der wilde Birnbaum ὄγχνη (Onchne), bei Plinius XXIII 116 Pirus silvestris, die Holzbirne; ihre Anwendung wird übereinstimmend mit D. angegeben.

Cap. 169. Περὶ Μεσπίλων. **Mispel.** Der Mispelbaum, welcher von Einigen Aronia genannt wird, ist dornig, den Blättern nach ähnlich der Oxyakantha und trägt eine einem kleinen Apfel ähnliche süsse Frucht, welche im Innern drei Knöchelchen[1]) hat. Einige nennen sie davon auch

Trikokkos, sie wird langsam reif. Genossen adstringirt sie, ist aber dem Magen wohlbekömmlich und hemmt den Durchfall.

¹) Die drei steinharten Samen.

Crataegus tanacetifolia Pers. (vielleicht auch *Mespilus Azarolus* Smith, *Crataegus Azarolla* Grieseb.) (Rosaceae-Prunoideae), S c h w a r z e r H a g e d o r n.

Cap. 170. Περὶ ἑτέρου Μεσπίλου. D i e a n d e r e M i s p e l. Es gibt noch eine zweite, in Italien wachsende Mispelart, welche Einige Epimelis, Andere Setanion nennen. Es ist ein dem Apfelbaum ähnlicher Baum, auch betreffs der Blätter, nur dass er kleiner ist. Er bringt auch eine Frucht, und zwar ist diese rund, essbar, hat einen platten Boden, adstringirt etwas und reift langsam.

Mespilus germanica L. (Rosaceae-Pomoideae), G e m e i n e M i s p e l.

Theophrast (Hist. pl. III 12, 5) hat drei Arten, die Bewohner des Ida unterscheiden sie als Anthedon (ἀνθηδών, die Blumenleserin, die Biene), Sataneios (σατάνειος, die Feindliche) und Anthedonoeides (ἀνθηδονοειδής, die Anthedonartige). Ihm folgt Plinius XV 84 wörtlich, die letztere nennt er auch noch die gallische und die zweite wie D. Setania.

Die Anthedon des Theophrast könnte als die erste des D. *(Crataeg. tanacetif.)* angesprochen werden, während die Beschreibung der Sataneios auf *Mespilus communis* passt. Die Anthedonartige wird für *Sorbus Chamaemespilus* Cr., Kleine Eberesche, gehalten. Die Mispel kommt in Griechenland nur angebaut vor, während der schwarze Hagedorn dort und in Italien wild wächst.

Cap. 171. Περὶ Λωτοῦ. L o t o s. Der Lotosbaum ist ein ziemlich grosses Gewächs. Eine Frucht trägt er, die grösser als der Pfeffer, süss, essbar, dem Magen wohlbekömmlich ist und den Durchfall stellt. Die Abkochung der Spähne des Holzes hilft als Trank oder als Klystier Dysenteriekranken und an Fluss leidenden Frauen. Sie färbt auch die Haare gelb und hemmt deren Ausfall.

Der Ausdruck Lotos, λωτός, hat bei den alten Griechen eine mehrfache Bedeutung, es ist der Name für einen Baum, einen Strauch und für ein Kraut, für die ganze Gattung Trifolium.

Hier ist es wohl *Celtis australis* L. (Ulmaceae), Z ü r g e l b a u m.

Bei Theophrast (Hist. pl. IV 3, 1 sqq.) ist es ohne Zweifel der in Libyen häufig wachsende schöne Baum mit dunklem Holze, etwas kleiner als der Apfelbaum mit vielen essbaren Früchten, welche wie bei der Myrte dicht an den Zweigen stehen. Er kennt aber mehrere Arten, die sich durch die Früchte unterscheiden; keinenfalls ist es der Lotos der Lotophagen, wenngleich die Frucht ähnlich ist (De caus. pl. IV 6, 9). Plinius XIII 104 berichtet, der Lotus wachse in Afrika als ein ansehnlicher Baum, der Celtis heisse und in Italien auch vorkomme, er sei aber durch den Boden verändert; weiter beschreibt er wie Theophrast, verwechselt aber dann mit dem Lotos Aegyptens. Polybius (Athen. XIV 65) beschreibt die Frucht so gross wie eine Olive, süss, im Geschmack der Feige oder Dattel ähnlich, der daraus bereitete Wein ist nicht haltbar.

Celtis australis ist ein kleiner Baum des Orients, Afrikas und des tieferen

Südens mit ungleichen, ei-lanzettlichen, zugespitzten, scharf gesägten, oberseits rauh-, unterseits weichhaarigen Blättern. Die fünftheilige Blüthe ist oft nur viertheilig, eine Traube oder Rispe, die Frucht eine rundliche Steinfrucht.

Cap. 172. Περὶ Κρανίας. **Kornelkirsche.** Die Kornelkirsche ist ein fester Baum und trägt eine Frucht wie der Oelbaum, länglich, zuerst grün, dann wachsfarbig und schliesslich bei der Reife roth, essbar, adstringirend, sie wirkt wohlthätig bei Bauchfluss und Dysenterie. Sie wird auch zum Kochen und zum Essen mitverwandt; auch wird sie eingemacht wie die Olive. Die aus dem brennenden grünen Holze austretende Flüssigkeit eignet sich sehr zum Einreiben gegen Flechten.

Cornus mascula L. (Cornaceae), Kornelkirsche, Gemeiner Hartriegel. Theophrast (Hist. pl. III 12, 1) beschreibt den baumartigen Strauch sehr genau; der männliche, sagt er, habe kein Mark, darum sei das Holz so fest, der weibliche besitze Mark, werde darum hohl und sei nicht zu Wurfspeeren tauglich, die Frucht habe einen der Olive ähnlichen süssen und wohlriechenden Kern. Ebenso schreibt Plinius XVI 105: man finde selten eine so grosse Verschiedenheit zwischen der männlichen und weiblichen Pflanze wie beim Cornus, da die letztere herbe und durchaus ungeniessbare Beeren trage und ein schwammiges, nutzloses Holz habe.

Cap. 173. Περὶ Οὔων. **Speierlingsfrucht.** Die apfelartigen, noch nicht reifen Früchte werden, wenn sie zerschnitten und an der Sonne getrocknet werden, so, dass sie gegessen den Durchfall hemmen. Das aus ihnen durch Mahlen gewonnene Mehl, wenn es statt Gerstenmehl genommen wird, sowie die Abkochung derselben leisten dasselbe.

Sorbus domestica L. (Rosaceae-Pomoideae), Speierling, war in Griechenland wild und cultivirt. Theophrast (Hist. pl. III 12, 7) beschreibt ihn ausführlich in zwei Arten, einen männlichen und einen weiblichen, einen mit länglichen und einen mit runden, süssen und wohlriechenden Früchten sagt aber (De caus. pl. III 1, 4), dass die Frucht des cultivirten wohl süsser, dagegen weniger wohlriechend sei; der Speierling gehöre zu den Bäumen, welche durch die Cultur einbüssten.

Plinius XV 85 unterscheidet vier Arten: rotunditas mali (apfelrund, die beste Sorte), turbinatio piri (kreiselförmig wie die Birne), ovata species (eiförmig) und torminale (Grimmbeere oder Elzbeerbaum, *Crataegus torminalis* L.), nur für arzneiliche Verwendung; er sieht den drei ersten Arten auch gar nicht ähnlich, hat die kleinsten Früchte und trägt beständig. Die Früchte mussten wie die Mispeln, um geniessbar zu werden, erst liegen und teigig werden.

Der Baum ist der Eberesche sehr ähnlich, aber viel stärker und höher. Die Blätter sind unterseits stärker zottig und haben einen nicht unangenehmen Geruch. Die Knospen sind kahl, klebrig. Die Doldentrauben tragen viel weniger Blüthen, weil diese fast dreimal so gross sind. Die Früchte sind meist birnförmig, oft auch mehr rundlich, grünlichgelb, auf einer Seite roth, drei- bis fünffächerig. Im südlichen Europa.

Cap. 174. Περὶ Κοκκυμηλέας. **Pflaumenbaum.** Der Pflaumenbaum ist ein bekannter Baum, dessen Frucht essbar, dem Magen schlecht bekömmlich ist und den Bauch erweicht, die getrocknete Frucht der syrischen und besonders der in Damaskus wachsenden ist dem Magen sehr zuträglich und stellt den Durchfall. Die in Wein bereitete Abkochung der Blätter beseitigt als Gurgelwasser Affectionen des Zäpfchens, des Zahnfleisches und der Mandeln. Dasselbe bewirkt aber auch die reife getrocknete Frucht der wilden Pflaume; denn mit eingekochtem Most gesotten wird sie dem Magen wohlthuender und den Durchfall mehr hemmend. Das Gummi des Pflaumenbaumes hat die Eigenschaft, zu verkleben und, mit Wein genommen, den Stein zu zertrümmern. Mit Essig aber eingerieben heilt es die Flechte bei den Kindern.

Theophrast (Hist. pl. IV 2, 10) redet eigentlich nur von einer Pflaumenart, κοκκυμηλέα; sie beginnt im Mai (mense Pyanepsione, im Monat des Apollofestes) zu blühen; die Frucht ist der Mispel etwas ähnlich, hat einen runden Kern, der Saft ist wässerig (Hist. pl. I 12, 1). Plinius XV 41 kennt eine grosse Zahl Arten (ingens turba prunorum); von der Damascener sagt er, dass sie schon längst in Italien einheimisch sei. Er spricht vom Einmachen und Mussbereiten der Pflaumen, vom Veredeln durch Pfropfen auf Mandel- und Apfelbäume (Mandel- und Apfelpflaumen).

D. hat offenbar drei Arten; die erste ist *Prunus insititia* L. (Rosaceae-Prunoideae), die Kriechen oder Haferpflaume mit ihren Abarten, Mirabellen, Reineclauden und ähnlichen rundfrüchtigen Pflaumen, dann die aus dem Morgenlande stammende mit länglichem Kern, *Prunus domestica* L., unsere eigentliche Zwetsche, und als dritte die ἀγριοκοκκυμηλέα, welche Theophrast (Hist. pl. III 6, 4) σποδιάς ὥσπερ ἀγρία κοκκυμηλέα (Spodias, gleichsam eine wilde Pflaume), und Plinius *Prunus silvestris* nennt, unsere Schlehe, *Pr. spinosa* L. Diese ist jedenfalls auch das προῦμνον Galen's (De simpl. fac. VII 35); er lobt übrigens neben der Damascener auch die spanische Pflaume

Cap. 175. Περὶ Κομάρου. Erdbeerbaum.

Der Erdbeerbaum ist ein der Quitte ähnlicher Baum, schmalblätterig, und hat eine pflaumengrosse kernlose Frucht, welche auch Mimaikyla genannt wird; völlig reif ist sie hellgelblich oder roth, beim Essen spreuig[1]), dem Magen schädlich und verursacht Kopfschmerzen.

[1]) ἀχυρώδης, das eigenthümliche Gefühl, welches die Samen beim Kauen verursachen.

Theophrast (Hist. pl. III 16, 4) beschäftigt sich mit dem Baume sehr eingehend, rechnet ihn (I 5, 2; 9, 3) zu den immergrünen mit abfallender Rinde und sehr festem Holze, welches vorzügliche Kohlen liefert (V 9, 1). Bei Plinius XV 98 heisst der Baum Unedo (unum edere), weil es nicht schicklich ist, mehr als eine Frucht — die einzige Baumfrucht, welche einer Erdfrucht gleicht — zu essen. Er heisst auch Arbutus, bei den Griechen Comaron und Memecylon. Die Frucht hat ein ganzes Jahr zum Reifen nöthig.

Der Erdbeerbaum, *Arbutus Unedo* L. (Ericaceae), ist in Griechenland heimisch, kommt auch in Italien wild vor. Es ist ein kräftiger Strauch mit gedrehten Zweigen, die mit einer rauhen Rinde bedeckt sind. Die immergrünen Blätter sind den Lorbeerblättern ähnlich. Die überhängenden Früchte gleichen den Erdbeeren, sind aber grösser, rund, zuerst gelb, bei der Reife roth und haben einen sehr angenehmen süssen Geschmack. Die in der Frucht liegenden Samen sind hirsekorngross und mit einer zarten Haut überzogen.

Cap. 176. Περὶ Ἀμυγδαλῆς. Mandelbaum. Die gekochte und fein gestossene Wurzel des bitteren Mandelbaumes vertreibt die Sommerflecken im Gesicht, die Mandeln aber auch selbst als Umschlag bewirken dasselbe. Im Zäpfchen treiben sie die Menstruation, mit Essig oder Rosensalbe um die Stirn oder die Schläfen gelegt helfen sie bei Kopfschmerzen, und mit Wein gegen Epinyktis, mit Honig gegen faulende und kriechende Geschwüre und gegen Hundsbiss. Genossen sind sie schmerzstillend, erweichen den Leib, machen Schlaf, treiben den Harn und helfen mit Stärkemehl genommen gegen Blutsturz, bei Nieren- und Lungenentzündung aber im Trank mit Wasser oder als Leckmittel mit Terpentinharz. Den an Harnverhaltung und Stein Leidenden bringen sie Linderung mit Most, bei Leberaffectionen, Husten und Aufblähen des Kolons (helfen sie) in der Grösse einer Haselnuss als Leckmittel mit Honig und Milch. Fünf oder sechs vorher genommen verhindern die Trunkenheit. Mit irgend etwas verfüttert tödten sie Füchse. Das Gummi desselben (des Baumes) adstringirt, erwärmt und hilft gegen Blutsturz, mit Essig eingerieben vertreibt es die Hautflechte. Mit unvermischtem Wein getrunken heilt es chronischen Husten, mit Most genommen hilft es Steinleidenden. Die süsse und essbare Mandel ist aber, was die Wirkung betrifft, viel schwächer als die bittere, aber auch sie wirkt verdünnend und harntreibend. Die grünen Mandeln mit der Schale genossen beseitigen Magenfäule.

Prunus Amygdalus Baill., *Amygdalus communis* L. (Rosaceae-Prunoideae), Mandelbaum. Er kommt als süsse und bittere Varietät vor; diese charakterisirt sich ausser durch den bitteren Samen oft durch lebhaftere rothe Farbe der Blüthe und einen längeren Griffel als die Staubblätter des inneren Kreises.

Es ist nicht unwahrscheinlich, dass sich aus der bitteren Mandel als der Urform die süsse durch die Cultur entwickelt hat. Theophrast (Hist. pl. II 7, 7 u. De caus. III 9, 3) gibt an, dass durch Anzapfen des Stammes über der Wurzel und Ablassen eines schleimigen Saftes sowie durch Düngung mit Schweinemist diese Veränderung erzielt werde, und zwar in einem Zeitraum von 3—4 Jahren (id., De caus. III 17, 6). Plinius XVII 252 bestätigt dieses, sagt aber kurz vorher (237), dass durch Anfressen von Thieren, ja durch blosses Belecken der Ziegen der süsse Mandelbaum in einen bitteren zurückgewandelt werden könne.

D. wendet auch die grüne Mandel mit der Schale an; die letztere ist fleischig, grau, und wird später braun, lederartig und sammethaarig, bei der Reife spaltet sie sich und entlässt den braunen grubig punktirten Samen.

Die süssen Mandeln gehörten schon in den ältesten Zeiten zu den geschätzten Früchten (vgl. Genes. 43, 11). Die Heimath des Baumes ist ohne Zweifel Vorderasien, jetzt ist er im ganzen Mittelmeergebiet eingebürgert, in Griechenland wird er besonders auf Naxos und Chios cultivirt, in Italien wächst er sogar nicht selten wild.

Die Mandeln enthalten 45—56% fettes Oel, 20—25% Proteïnsubstanz, etwa 10% Zucker und etwas Gummi. Die sehr wichtigen Bestandtheile der bitteren Mandeln sind ausserdem Amygdalin und Emulsin, welche bei Gegenwart von Wasser Blausäure bilden (s. Cap. 39). Beide Arten sind noch officinell.

Cap. 177. Περὶ Πισταχίων. Pistacien. Die Pistacien, sie sind nämlich ein Product Syriens, sind ähnlich den Piniennüssen, dem Magen wohlbekömmlich. Gegessen und fein gestossen in Wein getrunken helfen sie gegen Schlangenbiss.

Pistacia vera L. (Anacardiaceae), Wahre Pistacie. Ihre Heimath ist das südliche Asien, seit alter Zeit wird sie aber in Süd-Europa cultivirt. Theophrast (Hist. pl. IV 4, 7) sagt: „Es soll in Indien eine Terminthe wachsen oder, wie Einige wollen, ein der Terminthe ähnlicher Baum, welcher dieser in allen Theilen gleich, in der Frucht aber davon verschieden ist. Diese ist nämlich der Mandel ähnlich in Geschmack und Süsse, nur die Schale ist nicht rauh, der Baum kommt auch in Baktrien vor."

Plinius XIII 51 zählt sie unter die Syrien eigenthümlichen Bäume und sagt XV 91, die Pistacien seien zuerst von Vitellius nach Rom und von Flaccus Pompejus, einem römischen Ritter, nach Spanien gebracht, sie würden wie Mandeln verwandt.

Cap. 178. Περὶ Καρύων βασιλικῶν. Wallnüsse. Die Wallnüsse, welche Einige auch persische Nüsse nennen, sind genossen schwer zu verdauen, dem Magen schädlich, sie machen Galle, Kopfschmerzen und sind denen, die an Husten leiden, schädlich. Sie sind als Speise dazu dienlich, um bei dem Nüchternen Brechen zu erregen und sind Gegenmittel für tödtliche Gifte, wenn sie vorher oder nachher mit Feigen und Raute genommen werden. Reichlich genossen treiben sie den Bandwurm aus. Mit etwas Honig und Raute werden sie als Umschlag auf entzündete (schwärende) Brüste, auf Ablagerungen (Abscesse)[1]) und Verrenkungen gelegt. Mit Zwiebeln, Salz und Honig wirken sie beim Biss des Hundes und Menschen. Mit dem Schneckenhause gebrannt und auf den Nabel gelegt, lindern sie Leibschneiden, die gebrannte, in Wein und Oel verriebene Schale bewirkt als Pomade bei Kindern schönes Haar und stärkt das nach der Fuchskrankheit ausfallende. Auch die Menstruation stellt der Kern, wenn er gebrannt, fein gerieben und mit Wein als Zäpfchen applicirt wird. Die Kerne alter Nüsse heilen Gangrän, Karbunkeln, Gaisaugen[2]) und Fuchskrankheit, wenn sie zerquetscht und als Kataplasma angewandt werden, in kurzer Zeit. Aus den gestossenen und gepressten Nüssen wird auch ein Oel gewonnen. Die frischen sind aber dem Magen weniger schädlich, da sie süsser sind; deshalb werden sie dem Knoblauch zugesetzt, um ihm die Schärfe zu nehmen. Als Umschlag beseitigen sie auch blutunterlaufene Stellen.

¹) ἀποστήμασι. ²) αἰγίλωψ, Thränensackleiden.

Juglans regia L. (Juglandaceae), Welsche Nuss oder Wallnuss, hat den

Namen (Juglans = Jovis glans, Juppiters Eichel) daher, dass die Alten die Nüsse, welche frisch einer Eichel ähnlich sind, für eine Götterspeise hielten (Macrobius, Saturnal. II 14). Ihre Heimath ist Persien, sie heisst daher bei Theophrast auch καρύα περσική, sonst καρύα εὐβοτική oder εὔβοικόν (Hist. pl. III 6, 2; V 4, 1, 3). Plinius XV 86 sagt, dass die Wallnuss von den Königen der Perser zu uns gebracht sei, beweisen am besten die griechischen Bezeichnungen Persicon und Basilicon (die Königliche); wegen der Beschwerde, welche ihr starker Geruch dem Kopfe verursache, sei sie caryon (κάρα, Haupt) genannt.

Der Baum wird jetzt durch ganz Europa gezogen; früher wurde das aus den Kernen gepresste Oel vielfach benutzt; die grünen gerbstoffreichen Schalen und unreifen Nüsse liefern einen angenehmen Bitterstoff und werden zum Dunkelfärben der Haare verwandt.

Cap. 179. Περὶ Καρύων ποντικῶν. Haselnüsse.

Die Haselnüsse, welche Einige auch die dünnschaligen Nüsse nennen, sind dem Magen schädlich; sie heilen aber, fein gestossen und mit Honigmeth getrunken, veralteten Husten. Geröstet und mit etwas Pfeffer gegessen lindern sie den Katarrh. Ganz aber gebrannt und mit Schmalz oder Bärenfett verrieben stärken sie als Pomade das durch die Fuchskrankheit ausfallende Haar. Einige sagen, dass die gebrannten, mit Oel fein geriebenen Schalen die Pupillen der blauäugigen Kinder schwarz färben, wenn der Vorderkopf damit eingerieben wird.

Corylus Avellana L. (Fagaceae), Haselnuss. Theophrast nennt sie καρύα ἡρακλεωτική von der Stadt Heraklea im Pontus, D. καρύα ποντική und Plinius XV 88 Nux pontica, weil sie nach Griechenland aus Pontus gekommen sei, früher habe man sie Abellana nach der Stadt Abella oder Avella in Campanien genannt.

Cap. 180. Περὶ Μορέας. Maulbeerbaum.

Der Maulbeerbaum oder die Sykaminea ist ein bekannter Baum, dessen Frucht den Bauch öffnet, leicht verdirbt und dem Magen schädlich ist; auch der Saft daraus leistet dasselbe, in einem Kupfergefässe aber eingekocht oder an der Sonne eingetrocknet wird er adstringirender. Mit etwas Honig gemischt wirkt er gegen Flüsse, kriechende Geschwüre und Mandelentzündungen. Seine Wirkung wird erhöht durch Zumischung von spaltbarem Alaun, Gallapfel, Myrrhe, Safran, auch von Tamariskenfrucht, Schwertlilie und Weihrauch. Die unreifen trockenen zerstossenen Maulbeeren werden statt des Sumachs den Speisen zugemischt und helfen Magenkranken. Die Wurzelrinde mit Wasser gekocht und getrunken, löst den Bauch, treibt den Bandwurm aus und hilft denen, die Sturmhut genossen haben. Die fein gestossenen Blätter mit Oel umgeschlagen heilen Verbrennungen mit Feuer. In Regenwasser mit den Blättern des Weinstockes und der schwarzen Feige gekocht färben sie die Haare. Der Saft der Blätter, in der Gabe eines Bechers getrunken, hilft denen, die von der Spinne gebissen sind. Die Abkochung der Rinde und Blätter ist als Mundwasser bei Zahnschmerzen nützlich. Es wird aber der Saft aus der Wurzel gezogen um die Zeit der Weizenernte, indem sie mit einem Graben umgeben und angeschnitten wird; am folgenden Tage findet sich eine steife Masse vor, welche gegen Zahnschmerzen wirksam ist, Geschwüre öffnet und den Bauch reinigt.

[Es scheint aber auch eine Art wilde Maulbeere zu geben, welche dem niedrigen Brombeerstrauche (d. h. in der Frucht) ähnlich ist, aber mehr adstringirt. Der Saft von diesen wird weniger von den Würmern angefressen, er dient zur Bähung bei Entzündungen, zur Vernarbung bei Schlund(-Wunden) und zum Ausfüllen der Wunden mit Fleisch. Sie wächst an sehr schattigen und kühlen Orten.]

Morus nigra und *alba* (Moraceae) Maulbeerbaum.

D. hat für denselben Baum zwei Bezeichnungen, μορέα und συκαμινέα.

Plinius XV 101 sagt, die Maulbeeren würden zuerst weiss, dann roth und zuletzt schwarz, aus den unreifen, d. h. den weissen, werde Antispodium gemacht. Ob die Alten den weissen Maulbeerbaum gekannt haben, ist sehr fraglich. Fraas (S. 238) bezieht sehr kühn die Angabe von der weissen, rothen und schwarzen Beere bei Aeschylus und später bei Plinius nicht auf die Reifestadien, wie wir sie bei der Brombeere haben, sondern auf die weisse Art. (Es gibt auch eine rothe Art, *Morus rubra* L., die besonders in Nordamerika vorkommt.) Er hält als die sicherste Nachricht hierüber die Angabe des Cassianus Bassus, dass die auf eine Weisspappel oculirte Maulbeere weisse Früchte trage.

Im Nachsatze weist D. auf den wilden Maulbeerbaum hin, dessen Früchte ungewöhnlich gross, säuerlich-süss und schmackhaft sind. Fraas fand ihn in Griechenland am thessalischen Oeta.

Die Heimath beider Arten ist ohne Zweifel Kleinasien; sie wachsen in Griechenland, in Italien und werden selbst in den kälteren Gegenden bis Dänemark und England hauptsächlich für die Seidenraupen gezogen.

In der Medicin werden die Beeren zum Sirupus Mororum verwandt.

Cap. 181. Περὶ Συκομόρου. Sykomore. Sykomore, Einige nennen diese auch Sykaminon, es heisst aber auch die Frucht Sykomore wegen des minder guten Geschmackes. Es ist aber ein grosser Baum, der Feige ähnlich, sehr saftreich, mit Blättern ähnlich denen des Maulbeerbaumes. Sie trägt drei- bis viermal im Jahre Früchte, nicht an den Zweigspitzen wie die Feige, sondern am Stamme, wie der wilde Feigenbaum, süsser als Feigen aber ohne Körner, die jedoch nicht reifen ohne mit dem Nagel oder einem Eisen geschabt zu sein. Am meisten wächst sie in Karien und auf Rhodus und in nicht getreidereichen Gegenden. Zu Zeiten des Getreidemangels nämlich hilft sie durch das ununterbrochene Fruchttragen aus. Die Frucht ist für den Bauch gut, ohne Nährwerth, für den Magen schädlich. Zur Saftgewinnung wird der Baum im ersten Frühjahr, bevor er Früchte trägt, benutzt, indem die Oberfläche der Rinde mit einem Steine angeritzt wird, bei tieferer Verletzung gibt er nichts her[1]. Der Tropfen wird dann mit einem Schwamm oder mit Wolle abgenommen, getrocknet, geformt und in einem irdenen Kruge aufbewahrt. Der Saft hat die Kraft, zu erweichen, Wunden zu verkleben und schwere Speisen verdaulich zu machen. Er wird auch getrunken und eingestrichen gegen Schlangenbisse, Leberverhärtungen, Magenleiden und Fieberschauer. Der Saft wird aber rasch von den Würmern zerfressen.

¹) Weil die Milchsaftgefässe im Basttheile des Stammes liegen.

Ficus Sycomorus L. (Moraceae), Maulbeer-Feige.

Bei Theophrast (Hist. pl. I 1, 7; IV 1, 5; IV 2, 1 u. a. O.) ist die Sykomore συκάμινος αἰγυπτία; er beschreibt den Baum als den Blättern und dem ganzen Habitus nach ähnlich dem Maulbeerbaume, in der Frucht aber abweichend (die schuppigen Feigen der Sykomore sind in Doldentrauben vereinigt); auch gibt er an, dass diese zum Reifen mit eisernen Nägeln geschabt werden müsse, und dass der Baum wegen seines festen Holzes, das im Alter schwarz werde, zu Vielem nützlich sei. Wo bei ihm συκάμινος allein steht, ist es der Maulbeerbaum.

Nach den Worten des D. könnte man annehmen, dass Karien und Rhodus die Heimathländer der Sykomore seien; wir finden aber die Früchte schon in den Recepten des Papyrus Ebers und im alten Testamente (III. Kön. 10, 27; Jsias 9, 10) wiederholt erwähnt, so dass wohl die Urheimath desselben Aegypten und Palästina ist.

Plinius nennt die Sykomore Ficus aegyptia und beschreibt den Baum wie Theophrast.

Cap. 182. Περὶ σύκου ἐν Κύπρῳ. **Feige auf Kypern.** Es wächst aber auch auf Kypern eine Art von verschiedenem Aussehen, denn denen der Ulme, nicht der Sykomore gleichen die Blätter. Sie hat eine Frucht von der Grösse der Pflaume, süsser, in allem Uebrigen ist sie den vorgenannten gleich.

Ficus Sycomorus L. (Moraceae). Ein grosser Baum mit ausgebreiteten Aesten und ansehnlicher Krone, fast herzförmig-eirunden, ausgeschweift-eckigen, oben dunkel grünen, unterseits blassen, mit röthlichgelben Nerven versehenen Blättern. Der Blüthenstand ist eine blattlose, dichte, unregelmässige Doldentraube. Die Früchte sind birnförmig, 3—4 cm lang, schmutzigweiss und grün gestreift mit zahlreichen kleinen blassrothen Schuppen.

Theophrast (Hist. pl. IV 2, 3) äussert sich über diesen Baum so: „... Diese Eigenschaften hat der Maulbeerbaum (συκάμινος). Ein ähnliches Gewächs scheint das zu sein, welches auf Kreta kyprische Feige (κυπρία συκή) genannt wird; denn auch dieses erzeugt die Frucht aus dem Stamme und den dicken Zweigen, nur sitzt sie an einem kleinen, blattlosen Triebe, der einem Würzelchen ähnlich ist. Der Stamm ist gross, der Weisspappel ähnlich, sie hat aber ein Blatt wie die Ulme. Viermal im Jahre bringt sie reife Früchte hervor, aber nur wenn sie angeritzt sind, so dass der Saft ausfliesst. An Süssigkeit gleichen sie den Feigen, an Inhalt den wilden Feigen, an Grösse den Pflaumen.“

Wortgetreu drückt sich Plinius XIII 58 aus.

Pena und Lobel versichern, nach Aussage dort reisender Mönche gleiche der Baum eher dem Maulbeerbaume als der Feige. Es ist also wohl eine Varietät des Maulbeerbaumes, die sich als *Ficus Sycomorus* var. *ulmifolia* bezeichnen liesse.

Cap. 183. Περὶ σύκων. Feigen. Die reifen Feigen, wenn sie weich sind, bekommen dem Magen schlecht und lösen den Bauch. Leicht aber wird der von ihnen erzeugte Fluss geheilt; sie rufen Ausschlag und Schweiss hervor, stillen aber den Durst und dienen zum Dämpfen der Hitze. Trocken aber sind sie nahrhaft, erwärmend, mehr Durst machend, wohlthuend für den Bauch, untauglich für den Magen- und Bauchfluss. Heilsam sind sie für den Schlund, die Luftröhre, die Blase und Nieren, wie auch für die, welche nach langer Krankheit eine schlechte Farbe haben, ferner für die Asthmatiker, Epileptiker und Wassersüchtigen. Mit Hysop[1]) gekocht und getrunken reinigen sie die Brust, sind auch ein gutes Mittel bei altem Husten und chronischem Lungenleiden. Den Bauch erweichen sie mit Natron und Safran zusammen gestossen und genossen. Die Abkochung derselben ist bei Luftröhren- und Mandelnentzündung als Gurgelmittel angebracht, sie werden auch zu Umschlägen aus ungerösteter Gerste und zu Bähungen für Frauen mit Bockshorn und Gerstenschleim gemischt. Mit Raute gekocht dienen sie zum Klystier bei Leibschneiden. Gekocht und fein zerrieben zertheilen sie als Kataplasma Verhärtungen und Drüsen, erweichen Furunkeln und bringen Scham- und Achseldrüsengeschwüre zur Reife, besser noch mit Schwertlilie, Natron oder ungelöschtem Kalk. Auch roh zerstossen leisten sie zusammen mit den genannten (Mitteln) dasselbe. Mit Granatrinde vertreiben sie übergewachsene Nägel. Mit Eisenvitriol heilen sie schwer heilbare und bösartige Schienbeinflüsse. In Wein gekocht und mit Wermuth und Gerstenschrot gemischt sind sie als Umschlag Wassersüchtigen heilsam. Gebrannt und mit Wachssalbe gemischt heilen sie Frostbeulen. Roh fein gestossen und mit flüssigem Senf[2]) aufgenommen helfen sie, in die Ohren gesteckt, bei Sausen und Jucken (in den Ohren). Der Saft des wilden und zahmen Feigenbaumes bringt Milch zum Gerinnen wie Lab[3]), löst aber das Gerinnsel wieder wie der Essig. Er erzeugt auf dem Körper Geschwüre und eröffnet[4]), löst den Bauch und vermindert die Spannung der Gebärmutter, wenn er mit fein gestossenen Mandeln genommen wird. Mit Eidotter oder tyrrhenischem Wachs im Zäpfchen applicirt befördert er die Menstruation. Mit Bockshornmehl und Essig dient er zu Kataplasmen bei Podagra, mit Gerstenmehl beseitigt er Aussatz, Flechten, Sonnenbrandflecken, Krätze, weisse Hautflecken und Schorf. Er heilt auf die Wunde getröpfelt Skorpionstiche und Bisse von giftigen Thieren und Hunden. Auch bei Zahnschmerzen hilft er auf Wolle geträufelt und in den hohlen Zahn gesteckt. Endlich vertreibt er Warzen, wenn er mit Talg um das Fleisch rings herum gestrichen wird.

[1]) Nach Sprengel und Fraas ist ὕσσωπος *Origanum smyrnaeum* vel *syriacum* L. [2]) Marcellus und Sambucus lesen statt νάπυϊ ὑγρῷ lieber νίτρῳ ὑγρῷ, Natronlösung. [3]) Durch den Gehalt an Papaïn. [4]) Die Gefässe, ἀναστομωτικός ἐστι.

Die Feige ist der Fruchtstand von *Ficus Carica* L. (Moraceae). Es ist eine Scheinfrucht, bei welcher der birnförmig ausgewachsene Blüthenboden das Fruchtfleisch bildet, in dem die Einzelfrüchte, die harten Körner, eingebettet liegen. Die männlichen Blüthen finden sich in ganz geringer Zahl an der Mündung des Blüthenbodens und sind später ausgebildet als die Narben. Deshalb ist eine Selbstbefruchtung nicht möglich. Man glaubte früher, dass zur Erzielung süsser Früchte die Caprification, d. h. die Einleitung der Befruchtung durch die auf dem wilden Feigenbaume (Caprificus) lebende Wespe *Cynips Psenes* L. nöthig sei. Nach neueren Untersuchungen entwickeln sich süsse Feigen auch ohne Caprification, sogar ohne Befruchtung (Möller).

Das Fruchtfleisch ist von zahlreichen Milchröhren durchzogen.

Theophrast (Hist. pl. II 8, 1) hält die Caprification (ἐρινασμός), das Aufhängen von wilden Feigen an den zahmen Bäumen für ein Mittel, das frühzeitige Abfallen der Früchte zu verhindern. Plinius XV 21 weiss, dass eine Insectenart das schnelle Wachsen und Reifen der Feigen bewirkt. Der Grund liegt darin, dass die Thierchen die Frucht anstechen, so dass die warme Luft und die Sonnenstrahlen in dieselbe eindringen können. Er zählt eine Menge Varietäten von Feigen auf.

Die Heimat des Feigenbaumes sind die Mittelmeerländer und Vorderasien bis zum nordwestlichen Indien, jetzt kommt er in allen wärmeren Ländern vor.

Die ältesten Ueberlieferungen über den Feigenbaum und seine Früchte finden sich auf den ägyptischen Tempelbildern bis 2000 v. Chr. Die zahlreichen Stellen der alttestamentlichen Literatur, sowie die Schriften des griechischen und römischen Alterthums (s. Hom. Il. VI 433, XI 167; Od. VII 116) sprechen hinreichend für die hohe Bedeutung, welche die Feige als Nahrungs- und Arzneimittel wie auch als Symbol beanspruchte.

Die Feigen, Caricae waren früher officinell, jetzt sind sie ausser in einigen Theegemischen nur noch ein Volksheilmittel, z. B. bei Zahngeschwüren.

Im Handel kommen drei Sorten vor:

1. Smyrnäische Feigen, in runden Schachteln verpackt, die beste Sorte.
2. Kranzfeigen, aus Griechenland, auf Schnüre von Bast gezogen.
3. Dalmatiner Feigen, in Körben verpackt; sie sind klein und trocken.

Cap. 184. Περὶ ἀγρίας συκῆς. Wilder Feigenbaum. Dasselbe leistet aber auch der Saft aus den Zweigen des wilden Feigenbaumes zur Zeit, wenn sie saftig sind, vor dem Herausbrechen der Augen. Sie werden gestossen und ausgepresst, und der im Schatten getrocknete Saft wird aufbewahrt. Dieser wie auch der natürliche Saft wird zu den Kräften gerechnet, welche schwärende Wunden verursachen[1]). Die zarten Zweige mit Rindfleisch gekocht machen dieses leicht verdaulich. Auch macht man die Milch besser lösend[2]), wenn sie während des Kochens damit als Spatel gerührt wird.

[1]) λαμβάνεται δὲ καὶ εἰς ἑλκωτικὰς δυνάμεις ὅ τε καὶ ὁ χυλός; χυλός ist hier Gegensatz von dem ausgepressten Safte.   [2]) γάλα δὲ λυτικώτερον ... παρασκευάζουσιν. Vgl. Cap. 183 die betreffende Stelle.

Theophrast (Hist. pl. I 8, 2) nennt den wilden Feigenbaum ἐρινεὸς συκῆς; er sagt, dass derselbe weder vom Sphacelismus (Schwarzwerden, also Faulen der Wurzeln), noch vom Brand der Zweige, woran der zahme leicht leide, befallen werde. An anderer Stelle (II 2, 4) stellt er den ἐρινεός neben συκῆς ἀγρία. Plinius XXII

126 hält den wilden Feigenbaum (Caprificus), der allerdings weniger milchig sei, für wirksamer und kräftiger als den zahmen. Er war dem Bacchus heilig.

Cap. 185. Περὶ Ὀλύνθων. **Winterfeigen.** Die Winterfeigen, von Einigen auch Erineoi genannt, erweichen gekocht als Umschlag alle Geschwülste und Drüsen. Roh mit Natron und Mehl umgeschlagen entfernen sie kriechende Warzen und Feigwarzen. Die Blätter leisten dasselben. Mit Essig und Salz als Umschlag heilen sie Schorf, Grind und Epinyktis. Auch werden mit ihnen rauhe[1]) und harte Stellen der Augenlider eingerieben. Der weisse Aussatz ferner wird mit den Blättern oder zarten Zweigen der schwarzen Feige als Umschlag behandelt. Mit Honig wirken sie gegen Hundsbiss und bösartigen Wabengrind. Die Winterfeigen mit den Blättern des wilden Mohns ziehen auch Knochen heraus; mit Wachs öffnen sie Furunkeln, mit Linsenwicken und Wein umgeschlagen helfen sie gegen den Biss der Spitzmaus und des Skolopender.

[1]) συκώδης, feigenähnlich, von der Oberfläche der Frucht so bezeichnet.

Winterfeigen sind die hinter dem Blatte nachwachsenden, zu Ende des Winters reifenden Feigen (Grossi oder Orni der Italiener), im Gegensatz zu den Sommerfeigen (heute Forniti genannt).

Cap. 186. Περὶ κονίας τῆς συκῆς. **Aschenlauge des Feigenbaumes.** Es wird aber auch aus der Asche der verbrannten Zweige des wilden und zahmen Feigenbaumes Lauge gemacht; man muss sie aber stark wässern und lange stehen lassen. Sie eignet sich zu kaustischen Mitteln und für gangränöse Geschwüre; denn sie nimmt das Unnütze weg und verzehrt es. Es wird aber von ihr Gebrauch gemacht, indem man einen Schwamm damit befeuchtet und unausgesetzt auflegt, dann auch indem man sie injicirt, z. B. bei Dysenterie und veralteten Flüssen und bei fistelartigen tief liegenden grossen Geschwüren; denn sie reinigt, verklebt, bildet Fleisch und verschliesst (zieht zusammen) ähnlich wie die blutstillenden Mittel. Getrunken wird sie gegen Gerinnsel des Blutes (Blutthromben), bei Sturzverletzungen, Zerreissungen und Krämpfen, frisch mit einem Becher Wasser verdünnt unter Zusatz von etwas Oel. Für sich allein hilft sie Magen- und Dysenteriekranken in der Gabe eines Bechers gereicht, bei Nervenleiden und Krämpfen eignet sie sich als Einreibung mit Oel, da sie Schweiss hervorruft. Sie wird ferner getrunken gegen den Genuss von Gips und den Biss der Spinne. Dasselbe leisten aber auch die übrigen Laugen, besonders die von Eichenholz, denn sie sind alle adstringirend.

D. macht zuerst einen ausgiebigen innerlichen Gebrauch von dem Lixivium causticum, der Aschenlauge, welches in der indischen Arzneimittellehre des Susruta eine bedeutende Rolle spielt, und wo es in drei Graden als Lixivium causticum mite, mediocre und acre aus besonders vornehmen Pflanzen unter grosser Feierlichkeit dargestellt wurde.

Einen festen Verdünnungsgrad gibt D. nicht an, wenn nicht ein Becher desselben mit einem Becher Wasser gemischt werden soll.

Cap. 187. Περὶ Περσέας. **Persea.** Die Persea ist ein Baum in Aegypten, welcher eine essbare, dem Magen zuträgliche Frucht trägt. Man findet auf ihm die giftigen Spinnen, welche Kranokolapta genannt werden, besonders in Theben. Die Blätter, fein gestossen und trocken aufgestreut, haben die Kraft, Blut zu stillen. Einige berichten, dieser Baum sei in Persien verderbenbringend gewesen, nach Aegypten überführt, habe er sich geändert und sei essbar (d. h. die Frucht) geworden.

Theophrast (Hist. pl. IV 2, 5) gibt eine ausführliche Beschreibung der Persea: „Es ist ein grosser, schöner Baum, den Blättern, Blüthen, Zweigen, überhaupt der ganzen Gestalt nach dem Birnbaume sehr ähnlich, immergrün. Er trägt zahlreiche Früchte zu jeder Jahreszeit, so dass die frischen mit den vorjährigen zusammensitzen. Sie reifen zur Zeit der Passatwinde (ὑπὸ τῆς ἐτησίας); übrigens pflückte man die unreifen Früchte ab und machte sie ein. Sie sind von Birnengrösse, länglich wie die Mandel und haben einen Kern wie die Pflaume, aber viel kleiner und weich. Das Fleisch ist weich, angenehm und leicht verdaulich.“ III 3, 5 sagt er: „Die Persea wächst in Aegypten und irgendwo am Grenzlande, sie trägt dort Früchte, in Rhodus dagegen kommt sie nur zur Blüthe.“ II 2, 10 l. c. heisst der Baum Persion

Plinius XV 43 sagt bei den Pflaumen: „Die Sebesten (Myxae), welche man jetzt zu Rom auf die Sorbi gepfropft hat, können als die Landsleute der Damascener bezeichnet werden. . . . Die Pfirsichbäume (Persicae) sind spät und mit vielen Schwierigkeiten in andere Länder gebracht worden, so z. B. tragen sie auf Rhodus nichts, weil sie zuerst von Aegypten dahin gekommen sind. Es ist unrichtig, dass sie in Persien giftig sind und grosse Schmerzen verursachen . . ., denn zuverlässigere Schriftsteller berichten dies von der Persea, einem ganz anderen Gewächse, ähnlich den rothen Sebesten, und welches noch nirgends anders als im Orient fortgekommen ist.“

Plinius geht offenbar auf Theophrast zurück.

Galen (De medicam. comp. sec. loc. II p. 569 sqq.) unterscheidet zwischen Persicon und Persea, er habe die Persea nur in Alexandrien gesehen, sonst nirgends, sie werde aber von Einigen Persicon genannt, ihre Frucht besitze giftige Eigenschaft, welche sie jedoch in Aegypten verliere; dieselbe sei von Birnengrösse. D. hat für στρύχνος μανικός, die Tollkirsche, (IV 74) das Synonymum Persea, und dass bei Theophrast Persea und Persion dieselbe Pflanze ist, geht daraus hervor, dass er das letztere als Beispiel für die Veränderung der Gewächse beim Verpflanzen in eine andere Gegend anführt. Daher mag die Verwirrung rühren. Dass D. die Persica oder Medica mala bezw. deren Stammpflanze (cap. 164 u. 166) von der Persea unterscheidet, ist offenbar.

Von den spätmittelalterlichen Schriftstellern haben die bedeutendsten, als Matthiolus, Tragus, Val. Cordus u. A. diese Trennung scharf betont. Matthiolus (Comment. in Diosc. p. 237) hat eine Abbildung und Beschreibung der Persea, welche mit der des Prosper Alpinus (De plant. Aegypt. p. 30 sqq.) ziemlich übereinstimmt, gegeben.

Es ist *Cordia Myxa* L. (Asperifoliaceae), Schwarzer Brustbeerbaum, Schwarze Cordie.

Es ist ein Baum von 9—12 m Höhe mit aschgrauen, glatten, höckerigen und punktirten Aesten und Zweigen. Die Blätter sind langgestielt, breit, rundlich, die oberen oval und spitzlich, ganzrandig oder buchtig gezähnt, oft ungleichseitig, oben dunkelgrün, unten blasser. Der Blüthenstand bildet eine doldentraubige Rispe mit kleinen, weissen, wohlriechenden Blüthen, die Krone ist trichterförmig mit abstehenden oder etwas zurückgeschlagenen Zipfeln, die Frucht eine ovale Steinfrucht, am Grunde vom becherartigen Kelch umgeben und durch die bleibende Basis des Griffels zugespitzt, zuerst grün, dann durch Gelb und Roth in Schwarz übergehend, der Same eiförmig, zugespitzt, weisslich. In Arabien, Aegypten und Ostindien.

Die Früchte wurden früher als Sebestenae, Myxae vel Baccae Jujubae, schwarze Brustbeeren bei Halsbeschwerden und Krankheiten der Respirationsorgane angewandt.

Ein letztes Capitel, Περὶ Ἰβερίδος, Iberis, hat Sprengel als offenbar unächt in das zweite Buch hinter Lepidion verwiesen. Ein anderes Capitel, Περὶ Ἁλικαχάβου, welches in der Aldina folgt, hat er ausgelassen, weil es fast dieselben Worte des Cap. 74 IV, Περὶ στρόχνου μανιχοῦ, sind.

Zweites Buch.

Im vorigen Buche, theuerster Areios, welches das erste der Arbeit über die Arzneimittellehre ist, haben wir von den Gewürzen, Oelen, Salben und Bäumen, sowie von den davon herstammenden Säften, Harzen und Früchten gehandelt; in diesem zweiten werden wir die Rede verfolgen über die Thiere, den Honig, die Milch, das Fett und die sogen. Getreide, wie auch über die Gemüse, indem wir dabei angeben, welche (wie viele) von den Pflanzen eine scharfe Kraft besitzen, wegen des Zusammenhanges mit jenen, z. B. der Knoblauch, die Zwiebel, der Senf, damit nicht die Kraft von dem, woher es abstammt, getrennt werde.

Cap. 1. Περὶ Ἐχίνου θαλασσίου. Seeigel. Der Seeigel ist dem Magen und Bauche bekömmlich, harntreibend. Seine Schale, roh[1]) gedörrt, wird mit Vortheil den Salben, welche für die Krätze passen, zugemischt; gebrannt aber reinigt sie die schmutzigen Wunden und hält die Fleischwucherungen zurück.

[1]) ὠμόν, vielleicht mit dem lebenden Thiere.

Echinus esculentus L. Es ist die einzige essbare Art, mit ziegelrother oder bräunlicher Schale; sie erreicht die Grösse einer Faust und hat drei Eierstöcke, deren grosse Eier roh und gekocht gegessen werden. Der Seeigel hat bewegliche, weisse bis purpurrothe Stacheln, durch die er sich fortbewegt. Nach Plinius XXXII 58 sqq. hatte er eine vielfache medicinische Verwendung. Auch kündigt er bevorstehende Stürme dadurch an, dass er sich mit Steinen beschwert und in die Tiefe sinken lässt. In den nordeuropäischen Meeren, auch in der Nordsee.

Cap. 2. Περὶ τοῦ χερσαίου Ἐχίνου. Landigel. Auch die gebrannte Haut des Landigels ist mit Theer als Einreibunng ein geeignetes Mittel bei Fuchskrankheit. Das getrocknete Fleisch mit Honig oder Sauerhonig gegessen, hilft denen, die an Nierenkrankheit, an Wasser unter dem Fleische, an Krämpfen, Elephantiasis und schlechter Körperbeschaffenheit (Kachexie) leiden, trocknet aber auch die Eingeweideflüsse.

Die Leber desselben, getrocknet und in einem irdenen Gefässe, welches in der Sonne gebrannt ist, aufbewahrt, eignet sich, in gleicher Weise dargereicht, gegen dieselben Leiden.

Erinaceus europaeus L. Aristoteles und Plinius erzählen viel von der eigenthümlichen Lebensweise und Klugheit des Igels. Er ist harmlos und nützt durch Vertilgung von Mäusen, Insecten, Kreuzottern. Seine Haut diente zum Karden wollener Tücher. In ganz Europa in Hecken und Gestrüpp.

Cap. 3. Περὶ Ἱπποκάμπου. Seepferdchen. Das Seepferdchen ist ein kleines Seethierchen, dessen Asche in Theer, Schmalz oder Majoransalbe aufgenommen und eingerieben gegen Kahlköpfigkeit hilft.

Hippocampus antiquorum Leach oder *H. brevirostris* Cuv., ein zierliches Thierchen, fast durchsichtig, welches in Aquarien durch seine munteren Bewegungen auffällt. Im Mittelmeer, Atlantischen Ocean und in der Nordsee.

Cap. 4. Περὶ Πορφόρας. Purpurschnecke. Die gebrannte Purpurschnecke hat die Kraft, auszutrocknen, die Zähne zu glätten, [Fleischwucherungen zurückzuhalten], Geschwüre zu reinigen und Vernarbung zu bewirken. [Der Deckel der Purpurschnecke mit Oel gekocht und eingestrichen schützt die Haare vor dem Ausfallen, mit Essig getrunken beseitigt er Leberanschwellung. Als Räucherung richtet er die durch Krämpfe bedrückte Gebärmutter auf und treibt die Nachgeburt aus.]

Die eingeklammerten Sätze sind von Sambucus hierher gezogen.

Purpura patula L., im Mittelmeere. Neben der medicinischen Verwendung hatte die Purpurschnecke im Alterthum hohe Bedeutung wegen des in ihr enthaltenen Farbstoffes (τὸ ἄνθος bei Aristoteles). Tyrus war wegen seines Purpurs berühmt. Der Deckel, bei Aristoteles κάλυμνα, sitzt an der Endseite des Körpers und schliesst die Schale, wenn das Thier sich ganz in dieselbe zurückzieht.

Zur Purpurbereitung dienten besonders bei den Alten *Murex brandaris* und *trunculus* L.

Cap. 5. Περὶ Κηρύκων. Trompetenschnecke. Dasselbe leisten die gebrannten Trompetenschnecken, sie sind noch viel ätzender. Wenn man sie, angefüllt mit Salz, in einem rohen Topfe brennt, so geben sie ein gutes Mittel ab zum Putzen der Zähne und als Umschlag auf Brandwunden. Man muss aber das Mittel scherbenhart brennen lassen; nach der Vernarbung der Brandwunde fällt es von selbst ab. Es wird auch Kalk aus ihnen gemacht, wie wir in der Abhandlung über den Kalk zeigen werden.

Es ist *Tritonium nodiferum* Lam. (Tritonidae), Knotentragendes Tritonshorn. Die Schale ist gestreckt-kegelförmig mit knotig gegürtelten Windungen, weiss, roth und braunroth gescheckt; die Spindel hat oben zwei bis drei Falten und ist unten runzelig. Im Mittelmeere. Sie diente den alten Römern als Kriegstrompete (bucina jam priscos-cogebat ad arma Quirites). Plinius nennt sie bucinum. Von den Fischern und Jägern wird sie noch heute als Horn gebraucht. Man nennt sie auch Kinkhorn, von dem Sausen (Kinken), wenn man sie ans Ohr hält.

Cap. 6. Περὶ Κιονίων. Kionion. Kionion nennt man die Spindelsäule bei den Trompeten- und Purpurschnecken, um welche die Windungen des Gehäuses gehen. Sie wird in gleicher Weise gebrannt und hat eine mehr ätzende Kraft als die Trompeten- und Purpurschnecken wegen des natürlichen Druckes. Das Fleisch der Trompetenschnecke ist wohlschmeckend und gut für den Magen, den Bauch aber erweicht es nicht.

Die Spindelsäule (Columella) entsteht dadurch, dass sich die Windungen des Gehäuses in der Achse der Schale sehr innig berühren.

Cap. 7. Περὶ Μυάκων. Miesmuschel. Die besten Miesmuscheln sind die pontischen. Gebrannt leisten sie dasselbe wie die Tritonshörner. Ganz besonders aber eignen sie sich gewaschen wie Blei mit Honig zu Augenmitteln, da sie Verdickungen der Augenlider erweichen und weisse Flecken sowie anderweitige Verdunkelungen auf der Pupille wegnehmen. Ihr Fleisch wird mit Erfolg gegen Hundsbisse aufgelegt.

Mytilus edulis L. (Mytilidae), Essbare Miesmuschel. Plinius XXXII 111 hält sie für sehr nahrhaft. Die Schale ist länglich-eiförmig, fast keilförmig, die Vorderseite gerade, zusammengedrückt-eckig, die Hinterseite bauchig, aussen bräunlich, innen violettblau oder auf hellerem Grunde violett gestreift. Sie findet sich an fast allen europäischen Küsten.

Cap. 8. Περὶ Τελλίνων. Plattmuscheln. Die Plattmuscheln sind frisch gut für den Bauch, am besten aber das aus ihnen bereitete Gericht. Gesalzen aber gebrannt und fein zerrieben mit Cedernharz aufgetröpfelt lassen sie die ausgezogenen Haare der Augenlider nicht wieder wachsen.

Die Tellinen, Sonnen- oder Plattmuscheln, kommen in zahlreichen Arten in allen Meeren, besonders im Indischen Ocean, vor. Sie graben sich in den Sand und Schlamm der Küsten ein, aus dem sie hervorgeholt werden. Die Tellinen des D. werden wohl hauptsächlich die auch im Mittelmeere lebenden *Tellina planata* und *baltica* L. (Tellinidae) sein. Die Schale der ersteren ist eiförmig, flach zusammengedrückt, fein gestreift, weiss, innen blassroth oder gelb, die der letzteren rundlich-dreiseitig, gewölbt, röthlich oder gelblich (Rothe Bohne) mit concentrischen weissen Binden.

Cap. 9. Περὶ Χημῶν. Chienmuschel. Auch die von den Chienmuscheln, sowie von den anderen Muscheln mit etwas Wasser gekochte Suppe regt den Bauch an; sie wird aber mit Wein genommen.

Plinius XXXII 147 nennt vier Arten, die gestreifte, glatte, peloridische und glykymaridische. Sie unterscheiden sich durch Grösse und Rundung der Form. Die

Schalen dienten zum Schöpfen und als Maass, die kleineren enthielten zwei, die grösseren drei Drachmen. Jene, sowie die kleinen Miesmuscheln wurden auch zu Würzgefässen für die Tafeln benutzt.

Chama Lazarus L. oder *Ch. gryphoides* L., Gemeine Lappenmuschel.

Cap. 10. Περὶ Ὄνυχος. Onyx. Onyx ist der Deckel einer Muschel, ähnlich dem der Purpurschnecke; sie findet sich in den Seen Indiens, worin die Narden wachsen. Darum ist sie wohlriechend, weil die Thiere die Narden fressen. Man sammelt sie, wenn die Seen durch die Dürre ausgetrocknet sind. Den Vorzug hat die vom Rothen Meere bezogene, welche weisslich und fett ist. Die babylonische ist dunkel und kleiner; beide aber sind, als Rauchwerk angezündet, wohlriechend, in etwa den Geruch nach Bibergeil von sich gebend. Diese, als Räucherung verwandt, ermuntern die von Mutterkrämpfen und Epilepsie Befallenen. Genossen erweichen sie den Bauch. Die Muschel selbst dann gebrannt leistet dasselbe wie die Purpur- und Kinkhornschnecke.

Die Angabe des D., betreffend den Fundort und die Nardennahrung dieser Conchylie beruht wohl, wie auch Sprengel meint, auf Erzählungen von Kaufleuten und Reisenden, da die Valeriana Jatamansi (s. I Cap. 6) nicht in Sümpfen wächst. Nach arabischen Quellen, besonders Avicenna, stammt die Muschel von einer Insel des Indischen Oceans, wo auch die Narde wächst. Sie soll nach der Vulgata das Schecheleth bei II. Mos. 30, 34 sein. Sprengel hält sie für *Strombus lentiginosus*, die stärker duftende babylonische für *Pleurotoma Babyloniae* Lam. oder *Pl. Trapezii*. Es ist wohl eher *Murex inflatus* L., die zackige Stachelschnecke, mit höckerigen Windungen, wie die Purpurschnecke sie hat, sie wurde neben anderen Arten früher als Räucherklaue (Unguis odoratus, Blatta byzantina — von der Stadt Byza in Afrika —, Onyx) in der Arzneimittellehre geführt.

Cap. 11. Περὶ Κοχλίων. Schnecken. Die Landschnecke ist dem Magen zuträglich, sie verdirbt nicht leicht. Die beste ist die, welche in Sardinien, Libyen, Astypalaia[1]), Sicilien und Chios vorkommt, sowie die, welche in den ligurischen Alpen Pomatias[2]) genannt wird. Auch die Meerschnecke ist dem Magen bekömmlich und leicht auszuscheiden, die Flussschnecke aber ist stinkend. Auch die Feldschnecke, welche an Dornsträuchern und Büschen sitzt, und die Einige Sesilon oder Seselita nennen, bewirkt Störungen in Magen und Bauch und ist brechenerregend.

Die gebrannten Schalen aller aber vermögen zu erwärmen und zu brennen, Aussatz, weisse Flecken und Zähne zu reinigen. Wundnarben in den Augen, Leukome, Sonnenbrandflecken und Stumpfsichtigkeit nehmen sie weg, wenn sie heil und ganz sammt dem Fleische verbrannt, fein gerieben und mit Honig eingestrichen werden. Roh mit den Häusern aufgelegt trocknen sie Wassersuchtsschwellungen und fallen nicht eher ab, als bis alle Feuchtigkeit aufgesogen ist. Weiter lindern sie Entzündungen bei Podagra und ziehen Splitter aus, wenn sie in gleicher Weise aufgelegt werden; fein zerrieben in Zäpfchen angewandt befördern sie die Menstruation. Ihr Fleisch, fein gerieben und mit Myrrhe und Weihrauch umgeschlagen, verklebt die Wunden, besonders der Sehnen, und mit Essig verrührt, stellt es das Nasenbluten. Das lebende Fleisch, besonders das der libyschen Art, gegessen stillt die Schmerzempfindungen des Magens; ganz mit dem Gehäuse zerrieben und mit Wein und etwas Myrrhe genossen heilt sie Magen- und Blasenleiden. Die Landschnecke verklebt die Haare, wenn man eine Nadel durch ihr Fleisch zieht und mit dem daran hängenden Schleim das Haar bestreicht.

¹) Insel im Aegäischen Meere, jetzt Stampalia.   ²) Deckelschnecke.

Die Weinbergschnecke, *Helix Pomatias* L. (*Pomatias septemspiralis* Kregl.), die grösste europäische Landschnecke mit kugeliger, bräunlich-hornfarbener Schale; das Thier ist schmutziggelbgrau, in Italien häufig, wird in der Schweiz, Süddeutschland und Oesterreich gegessen; sie wird auch in Schneckengärten gezogen. Plinius IX 173 erzählt, dass Fulvius Lupinus Schneckereien angelegt habe, in denen die verschiedenen Arten gezogen wurden. Die illyrischen rühmt er als die grössten, die afrikanischen als die fettesten, die solitanischen (vom Vorgebirge der Sonne?) als die feinsten und die astypaläischen als die wirksamsten (XXX 44). Uebrigens sagt er: Angenehm schmecken die griechischen nicht; die Fluss- und die weisse Schnecke haben ein Gift, auch die Feldschnecken sind dem Magen nicht dienlich, wohl die Meerschnecken.

Welches die Meer-, Fluss- und Feldschnecken des D. sind, dürfte sich bei der Menge der Arten schwer bestimmen lassen.

Früher war ein Sirupus Helicum officinell, welcher durch Bestreuen der grossen Schneckenarten (*Helix Pomatias* L., *H. hortensis* Müll., *H. nemoralis* L.) mit Zucker bereitet wurde.

Cap. 12. Περὶ Καρκίνων. Krebse. Die Asche der gebrannten Flusskrebse, in der Gabe von 2 Löffeln und 1 Löffel Einzianwurzel mit Wein 3 Tage hindurch getrunken, hilft kräftig den vom tollen Hunde Gebissenen. Mit gekochtem Honig heilt sie Risse an Füssen und Händen, Frostbeulen und krebsige Geschwüre. Roh zerrieben und mit Eselsmilch genommen helfen sie bei Schlangen-, Spinnen- und Skorpionbissen. Mit Fleischbrühe gekocht und gegessen sind sie Phthisikern heilsam und denen, die den Meerhasen genossen haben. Zerrieben und mit Basilicum applicirt tödten sie die Skorpione. Dasselbe leisten auch die Seekrebse, nur dass sie weniger kräftig als jene wirken.

Astacus fluviatilis Fabr. oder *Astacus nobilis* Huxley.

Cap. 13. Περὶ Σκορπίου χερσαίου. Landskorpion. Der rohe, fein zerriebene Landskorpion aufgelegt ist ein Heilmittel gegen seinen eigenen Stich. Aber auch gebraten wird er zu demselben Zwecke gegessen.

Buthus occitanus Amor., Italienischer Skorpion. Rostgelblich, unten bräunlich; der in sechs Ringen als Schwanz endigende Hinterleib ist an der Spitze mit einem

Giftstachel versehen, welcher sehr schmerzhafte Stiche verursacht. Das Thier ist 8,5 cm lang, wovon die Hälfte auf den Schwanz kommt. Er findet sich in Italien, Griechenland und den übrigen Mittelmeerländern.

Cap. 14. Περὶ Σκορπίου θαλασσίου. Seeskorpion. Die Galle des Seeskorpions ist ein geeignetes Mittel bei Blutunterlaufung der Augen, bei Leukom und Stumpfsichtigkeit.

Cottus Gobio L., der Koppen, oder *C. Scorpius* L., der Seeskorpion, die Süsswässer Mitteleuropas bewohnende Fische, die sich mit Vorliebe unter Steinen auf Beute lauernd verstecken. Verwundungen durch ihre Stacheln heilen schwer. Es kann aber auch *Scorpaena Scrofa* L., die Meersau, oder *Trigla Gunardus* L., der graue Knurrhahn, gemeint sein; beide bewohnen das Mittelmeer.

Cap. 15. Περὶ Δράκοντος θαλασσίου. Meerdrache. Der Meerdrache gespalten und aufgelegt ist ein Heilmittel für die durch seine Stacheln verursachte Wunde.

Trachinus Draco L., Petermännchen, wohnt an den Küsten Europas, im Mittelmeer und an der Westküste von Afrika. Ueber dem vorderen Augenrande hat er zwei kleine Dornen. Seine starken Rückenstacheln bewirken schmerzhafte Wunden. Die holländischen Fischer werfen ihn deshalb über Bord und rufen den h. Petrus dabei an, daher sein Name Pietermann, Petermännchen.

Cap. 16. Περὶ Σκολοπένδρου. Skolopender. Der Meerskolopender in Oel gekocht und damit eingesalbt entfernt die Haare; bei der Berührung erregt er Jucken.

Nach Sprengel *Aphrodite aculeata* L., Gemeine Seeraupe, Seemaus oder Filzwurm. Sie gehört zu den Borstenwürmern und bewohnt die europäischen Meere. Der Körper ist länglich, 18 cm lang, mit 15 Paaren Rückenschuppen, die mit langen, prächtig goldglänzenden Borstenfransen besetzt sind.

Cap. 17. Περὶ Νάρκης. Zitterrochen. Der Meerzitterrochen als Umschlag bei chronischen Kopfleiden lindert die Heftigkeit des Schmerzes; auch verhindert er das Austreten oder Vorfallen des Mastdarmes.

Torpedo Narce Risso, im Mittelmeer und Atlantischen Ocean. Er besitzt ein der Voltasäule ähnliches elektrisches Organ, welches aus zahlreichen polygonalen Säulchen besteht, die aus vielen dünnen Blättchen, zwischen denen sich eine schleimige Flüssigkeit befindet, zusammengesetzt sind. Die einzelnen Säulchen sind durch eine sehnige Haut von einander getrennt. Die Rückenseite des Organs ist positiv, die Bauchseite negativ elektrisch. Die Schläge sind sehr schmerzhaft und können kleine Thiere tödten.

Cap. 18. Περὶ Ἐχίδνης. Otter. Das Fleisch der Otter gekocht und gegessen verleiht dem Blick Schärfe; es ist auch ein gutes Mittel

bei Neuralgie und hält das Anschwellen der Drüsen zurück. Wenn man
sie abhäuten will, so muss man den Kopf und Schwanz abschlagen wegen
der Fleischlosigkeit — denn das Abhauen der Extremitäten nach (bestimmtem) Maass [1]) gehört zu den Fabeln —, das Uebrige [nach Entfernung der Eingeweide], nachdem es abgewaschen und zerschnitten ist,
mit Oel, Wein, etwas Salz und Dill kochen. Es heisst aber, dass die,
welche sie gebraucht haben, Läuse [nicht] bekommen. Dies ist aber
nicht wahr. Einige erzählen auch, dass man durch ihren Genuss ein
hohes Alter erreiche. Es wird auch eine Salzmasse (ἅλες) für dieselben
Zwecke daraus bereitet, nur wirkt sie nicht in gleicher Weise. Es wird
nämlich die Otter lebendig in einen neuen Topf geworfen, gleichzeitig
damit Salz und zerstossene Feigen von jedem 1 Xestes und 6 Becher
Honig. Die Oeffnung des Topfes wird ringsherum mit Lehm verschmiert,
dann wird im Ofen geröstet, bis die Salzmasse verkohlt ist. Danach
wird sie fein zerrieben und aufbewahrt, indem man Silphionsamen [2]) oder
Malabathrum zumischt.

[1]) Nach Plinius XXIX 70 wurden vorn und hinten von der Viper je drei
Finger breit abgeschnitten. [2]) Bei Theophrast heisst es vom Silphion (Hist. pl. VI
3, 1): σπέρμα δ' ἔχει πλατύ, οἷον φυλλῶδες, τὸ λεγόμενον φύλλον, es hat einen platten,
blattähnlichen Samen, der Blatt genannt wird, oder man kann φύλλον auf die
Euphorbiacee Mercurialis perennis L. (φύλλον, D. III 130) beziehen.

In Frage kommen hier wohl drei Vipernarten, *Vipera Aspis* Merr., die A s p i s -
v i p e r , mit abgestutzter, leicht aufgeworfener und scharfkantiger Schnauzenspitze;
im südlichen Europa, besonders Südfrankreich, Italien und der Schweiz; 65—75 cm
lang; *Vipera ammodytes* Dum. et Bibr., die S a n d v i p e r , mit weicher, schuppiger,
hornartiger Verlängerung der Schnauzenspitze nach oben, 65—95 cm lang, in den
Mittelmeerländern, und *Pelias Berus*, die K r e u z o t t e r , mit rundlicher Schnauze
und acht dunklen Flecken auf der Oberseite des Kopfes, 50—60 cm lang, durch
ganz Europa.

Die Viper spielte in der Toxikologie der Alten eine nicht unbedeutende Rolle.
Galen (tom. XIV 47) hat eine Vorschrift zu Trochisci viperini; getrocknete Viper
war ein Bestandtheil des Electuar. theriac. Andromachi. Auch Plinius XXIX 70
sagt, dass aus der Viper Pastillen, die sogen. Theriaci der Griechen bereitet
würden.

Cap. 19. Περὶ Ὄφεως γήρως. Schlangenhaut.

Schlangenhaut
in Wein gekocht ist als Injection ein Mittel gegen Ohrenleiden und als
Mundspülwasser gegen Zahnschmerzen. Man mischt sie auch unter die
Augenheilmittel, vorzüglich die von der Natter [1]).

[1]) Vielleicht die A e s k u l a p s n a t t e r , *Coluber Aesculapii* Sturm, welche in Südeuropa, besonders in Italien häufig ist.

Cato (De re rust. 102) verordnet Schlangenhaut mit Mehl, Salz und Quendel
als ein Mittel, welches alljährlich mit Wein den Ochsen eingegeben werde, um sie
gesund zu erhalten.

Cap. 20. Περὶ Λαγῶου θαλαττίου. Meerhase. Der Meerhase gleicht einem kleinen Tintenfische. Er hat die Kraft, fein zerrieben für sich allein oder mit der Pillennessel[1]) die Haare zu entfernen.

[1]) ἀκαλήφη, *Urtica pilulifera* L.

Aplysia depilans L., der gemeine Seehase, gehört zu den mit verkümmerter Schale ausgestatteten Hinterkiemern (Opisthobranchiaten), einer Schneckenart des Mittelmeers. Die Aehnlichkeit mit dem Tintenfisch ist allerdings sehr gesucht. Die Alten hielten ihn für giftig. Nach Scribonius Largus (um die Mitte des 1. Jahrh.) leiden diejenigen, welche von ihm genossen haben, am Magen und an der Blase, sie empfinden Uebelkeit, die Augen eitern, die Gesichtsfarbe wird bleiern und hässlich, endlich gehen die Patienten ganz wie Phthisiker zu Grunde. Die italienischen Fischer glauben, dass der Schleim des Thieres das Ausfallen der Haare bewirke.

Cap. 21. Περὶ Λαγῶου χερσαίου. Landhase. Das gebratene Hirn des Landhasen genossen hilft bei Zittern (Angstgefühl) als einer Folge von Leiden, auch beim Zahnen der Kinder eingerieben oder gegessen. Sein Kopf gebrannt und mit Bärenfett oder Essig eingeschmiert heilt die Fuchskrankheit. Das Hasenlab[1]), 3 Tage nach der Menstruation getrunken, soll Unfruchtbarkeit bewirken; es hält auch den Mutter- und Bauchfluss auf, ferner ist es den Epileptikern, sowie mit Essig genommen gegen tödtliche Gifte heilsam, besonders aber gegen geronnene Milch und den Biss der Vipern. Das warme Blut desselben aufgestrichen heilt Sonnenbrandflecken, weisse Flecken und Leberflecken.

[1]) πιτύα oder ποτία, die erste Muttermilch, welche im letzten Magen der neugeborenen wiederkäuenden Thiere geronnen ist.

Lepus timidus L.

Cap. 22. Περὶ Τρυγόνος θαλασσίας. Stechrochen. Der Stachel des Meerstechrochens, welcher aus dem Schwanze herauswächst und den Schuppen sich entgegenwendet, lindert Zahnschmerzen; denn er zertrümmert sie (die Zähne) und wirft sie hinaus.

Trygon Pastinaca Cuv., Gemeiner Stechrochen, 1—2 m lang, bewohnt den Atlantischen Ocean und die Nordsee. Der sehr lange Schwanz endigt in einen Stachel, mit welchem das Thier seinen Feinden gefährliche Wunden beibringt. Der Stachel ist aber nicht, wie D. meint, den Schuppen entgegengestellt (φολίσιν ἀνεστραμμένον), sondern verläuft mit ihnen in derselben Richtung, also ἀπεστραμμένον.

Cap. 23. Περὶ Σηπίας. Tintenfisch. Die schwarze Masse[1]) des gekochten Tintenfisches ist getrunken schwer verdaulich, sie erweicht den Bauch. Seine Schale, zu Kollyrien geformt, eignet sich zum Einreiben rauher Augenlider. Gebrannt in seiner eigenen Schale, bis das Blätterige davon abfällt[2]), entfernt er, fein gerieben, weisse Flecken, Grind, Finnen[3]) und Sonnenbrandflecken. Gewaschen wird er auch den Augenmitteln zugemischt. Eingeblasen wirkt er ferner gegen Leukom der Hausthiere; er entfernt auch das durch Karbunkel im Auge entstehende Fell (Flügelfell), wenn er mit Salz fein gerieben und angewandt wird.

¹) τὸ μέλαν kann der sogen. Tintenbeutel oder es können die schwärzlichen Eier sein. ²) Ist auf die doppelte Schale zu beziehen, die äussere kieselhaltige, feste und die innere kalkhaltige, weiche. ³) ὀδόντας, von ὀδούς, jede Hervorragung, ist hier besser mit Finnen oder Warzen zu übersetzen, als mit Zähne.

Sepia officinalis L., der gemeine Tintenfisch, mit zehn Armen und zwei langen Fangarmen, erreicht eine Länge von 30 cm. Er lebt in den europäischen Meeren. Die innere Schale war früher als Os sepiae officinell, jetzt dient sie nur noch zu Zahnpulver und technischen Zwecken.

Cap. 24. Περὶ Τρίγλης. Seebarbe. Die fortgesetzt genossene Seebarbe soll im Stande sein, Stumpfsichtigkeit zu bewirken. Roh gespalten und aufgelegt heilt sie die Bisse des Meerdrachen, des Skorpions und der Spinne ¹).

¹) Die Oberkiefer der Giftspinne bestehen aus einem kräftigen Grundgliede mit einschlagbarer Klaue, an deren Spitze der Ausführungsgang einer Giftdrüse mündet (s. Cap. 68).

Mullus barbatus L., Seebarbe, oder *M. surmuletus* L., Riesenbarbe. Beide bewohnen das Mittelmeer. Die Seebarbe war nach Plinius IX 64 ein grosser Leckerbissen der alten Römer; die reichen Feinschmecker, wie der Consul Asinius Celer, zahlten für einen einzigen Fisch 8000 Sestercien (etwa 1200 M.).

Cap. 25. Περὶ Ὄρχεως ἱπποποτάμου. Hoden des Flusspferdes. Der getrocknete und fein zerriebene Hoden des Flusspferdes wird mit Wein gegen Schlangenbisse getrunken.

Hippopotamus amphibius L., Nilpferd, afrikanisches Flusspferd.

Cap. 26. Περὶ τῶν τοῦ κάστορος ὄρχεων. Hoden des Bibers. Der Biber ist ein Amphibienthier, welches sich meist im Wasser mit den Fischen und Krebsen aufhält, dessen Hoden auch gegen Schlangen wirkt. Er (der Hoden) erregt aber auch Niesen, und dient überhaupt mannigfachem Gebrauche. In der Menge von 2 Drachmen mit stinkendem Polei genommen befördert er die Menstruation, treibt den Fötus und die Nachgeburt aus. Mit Essig wird er getrunken gegen Blähungen, Krämpfe, Schlucken, tödtliche Gifte und gegen die Mistel¹). Mit Essig und Rosenöl als Besprengung und Riechmittel regt er die Schlafsüchtigen und die auf welche Art auch immer (ähnlich) Befallenen an. Als Räuchermittel wirkt er in derselben Weise. Innerlich und äusserlich angewandt (getrunken und eingerieben) ist er ein geeignetes Mittel bei Zittern, Krämpfen und bei jedem nervösen Zustande, überhaupt hat er erwärmende Kraft. Suche aber stets die gepaarten Hoden eines und desselben Ursprunges; denn es ist unmöglich, zwei Säckchen in einer Hülle zu finden. Der Inhalt ist wachsartig, durchdringend und bocksartig riechend, scharf, beissend schmeckend, leicht zerreiblich, mit natürlichen Häuten vielfach durchsetzt. Einige verfälschen denselben, indem sie Ammoniacum oder Gummi mit Blut und Bibergeil zusammen verarbeiten, es in ein Beutelchen geben und trocknen. Fälschlich aber wird erzählt, dass das verfolgte Thier die Hoden abreisst und wegwirft; denn es ist nicht möglich, dieselben zu erfassen, da sie platt anliegen wie beim Schweine. Diejenigen, welche das Fell abziehen, müssen sie mit der Hülle, welche die honigartige Flüssigkeit einschliesst, wegnehmen, sie so trocknen und aufbewahren.

¹) ἰξία oder ἰξός ist *Viscum album* L. oder *Loranthus europaeus* L.

D. wie die Alten überhaupt hatten die falsche Ansicht, welche sich bis zu den Zeiten des späten Mittelalters erhalten hat, das Castoreum seien die Hoden des männlichen Bibers; erst Bondeletius, Arzt und Naturforscher des 16. Jahrh., klärte den Irrthum auf.

Die birnförmigen, etwas abgeplatteten, mit den schmalen Enden zu zwei verbundenen unbehaarten Beutel liegen sowohl beim Männchen wie beim Weibchen unter der Vereinigung der Schambeine und münden gemeinschaftlich in den Vorhautkanal bezw. in die Scheide. Sie befinden sich innerhalb des Körpers und sind daher nicht sichtbar wie beim Moschus. Den Zweck der Substanz für den Lebensprocess des Thieres kennt man nicht. Die Wand der Beutel wird durch zwei derbe, zähe Häute gebildet, eine dritte durchsetzt das Innere in mannigfacher Richtung und bildet so verschiedene Fächer, welche mit dem in frischem Zustande salbenartigen, röthlichgelben, getrocknet aber festen, braunen, zerreiblichen Bibergeil, dem von der Vorhaut bezw. der Clitoris abgesonderten Smegma angefüllt sind. Der Geruch ist eigenthümlich scharf, juchten- und carbolartig, der Geschmack bitterlich, scharf. Die Bestandtheile sind grösstentheils Harz, etwas ätherisches Oel, Cholesterin, Castorin, ein Fett, Carbolsäure, Albumin, kohlensaure und andere Salze.

Man unterscheidet das russische Bibergeil, Castoreum sibiricum oder moscoviticum, das beste und theuerste, in mehr rundlich-eiförmigen Beuteln, welche in der Mitte eine Höhlung haben, und das englische oder amerikanische Bibergeil, C. canadense, in mehr länglichen, schmalen, kleineren und dunkleren Beuteln, welche von der Substanz vollständig gefüllt sind. Das Gewicht schwankt zwischen 60 und 120 g.

Plinius VIII 109 erzählt dieselbe Fabel von dem Abbeissen der Hoden durch das Thier selbst, schreibt aber dem Castoreum XXXII 68 sqq. eine vielfache Wirkung zu.

Das Castoreum war früher ein sehr beliebtes Antihystericum; es verschwindet aber mehr und mehr aus dem Arzneischatze.

Der Biber, *Castor fiber* L., lebt jetzt nur noch an wenigen Orten Deutschlands, besonders an der Elbe, häufiger ist er in Russland und Sibirien. Die Biber bauen in Gesellschaften künstliche Wohnungen dicht am Wasser und nähren sich von zarten Rinden und anderen Pflanzentheilen (nach Leunis).

Cap. 27. Περὶ Γαλῆς κατοικιδίου. Hauswiesel. Das ringsum angebrannte und ohne die Eingeweide eingepökelte, im Schatten getrocknete Hauswiesel ist in der Menge von 2 Drachmen mit Wein getrunken ein kräftiges Mittel gegen jede Schlange, in der gleichen Weise genommen ist es auch ein Gegenmittel gegen Gift. Sein Bauch, mit Koriander angefüllt und eingepökelt genossen, hilft denen, die von giftigen Thieren gebissen sind und den Epileptikern. Das ganze Thier im Topfe verbrannt ist den an Podagra Leidenden heilsam, wenn die Asche mit Essig eingesalbt wird[1]). Sein Blut als Einreibung hilft gegen Skropheln; es ist auch den Epileptikern heilsam.

[1]) Der Aschenrückstand besteht aus phosphorsauren, schwefelsauren und besonders kohlensauren Salzen; werden diese mit Essig behandelt, so muss sich Kaliumacetat bilden, dem vielleicht eine Wirkung zugeschrieben werden könnte.

Der Ausdruck γαλῆ oder γαλέη wird für eine ganze Reihe zur Familie der Marder, Mustelidae, gehöriger Thiere, auch für die Katze von den Griechen gebraucht. Hier ist es ohne Zweifel das kleine Wiesel, *Putorius vulgaris* Briss., unten weiss, oben braunroth, selten im Winter weiss. Bei Aristoteles (Hist. anim. IX 7, 4 sqq.) heisst es ἰκτίς; er sagt, dass es an Grösse einem Malteser Hündchen gleiche und ausserordentlich zahm gemacht werden könne, es mache Jagd auf Mäuse. Plinius XXIX 16 nennt es Mustela; er kennt zwei Arten, das grössere Waldwiesel, Iktis der Griechen (vielleicht das Frettchen oder der Iltis gemeint), und das kleinere, in den Häusern gehaltene. Die Zubereitung zu arzneilichen Zwecken gibt er übereinstimmend mit D. an.

Cap. 28. Περὶ Βατράχων. Frösche. Die Frösche sind ein Gegenmittel für jegliches Schlangengift, wenn sie mit Salz und Oel zu einer Brühe zubereitet werden und das Gericht genommen wird. In gleicher Weise (helfen sie) gegen langwierige Sehnenzerreissungen. Gebrannt und aufgestreut stillen sie das Blut. Mit Theer eingesalbt heilen sie die Fuchskrankheit. Das Blut der grünen Frösche verhindert eingetröpfelt das Wiederwachsen der aus den Augenlidern gezogenen Haare. Mit Wasser und Essig gekocht helfen sie als Mundspülwasser bei Zahnschmerzen.

Rana fusca Rösel (*R. temporaria* L.), Brauner Frosch, und *Rana esculenta* L., Grüner oder Wasserfrosch.

Cap. 29. Περὶ Σιλούρου. Wels. Der Wels, frisch genossen, ist nahrhaft und gut für den Bauch, eingesalzen aber ohne Nährkraft. Er reinigt die Luftröhre und macht die Stimme klar. Das Fleisch des gesalzenen als Umschlag zieht Splitter aus. Die aus ihm bereitete Salzlake ist bei Dysenterie im Anfange zum Sitzbad heilsam, sie treibt die Flüsse nach aussen und heilt im Klystier Ischiasschmerzen.

Silurus Glanis L., die einzige in Europa vorkommende Art.

Cap. 30. Περὶ Σμαρίδος. Brasse. Der gebrannte, fein gestossene Kopf der eingesalzenen Brasse hält die Fleischwucherungen der

Geschwüre zurück, hindert das Weiterfressen, vertilgt Hühneraugen und Feigwarzen. Den vom Skorpion Gestochenen und vom Hunde Gebissenen hilft das Fleisch wie jedes Pökelfleisch.

Cap. 31. Περὶ Μαινίδος. Mäna. Auch der gebrannte, fein gestossene Kopf der Mäna entfernt, aufgestreut, schwielig gewordene Schrunden am After. Die Salzbrühe davon heilt als Mundspülwasser faulige Geschwüre im Munde.

Sprengel hält die Brasse, σμαρίς, für *Sparus Smaris* L., die Mäna, μαινίς, für *Sparus Maena* L.; sie könnten wohl ebenso gut auf *Sargus vulgaris* Geoffr., Gemeine Geisbrasse, und *Chrysophrys aurata* C. V., Aechte Dorade, beide im Mittelmeere, bezogen werden.

Cap. 32. Περὶ Κωβίου. Gobion. Wenn man den frischen Gobion in einen Schweinemagen gibt und zusammennäht, dann mit 12 Xestes Wasser bis auf 2 Xestes einkocht, durchseiht, unter freiem Himmel abkühlt und zum Tranke reicht, so wird man den Bauch ohne Beschwerden nach unten reinigen. Als Umschlag hilft er denen, die von Hunden oder Schlangen gebissen sind.

Cottus Gobio L., Kaulkopf oder Koppen, wie Sprengel will; man könnte auch *Gobio fluviatilis* Flem., den Gründling oder Gressling, dafür nehmen, welcher in ganz Europa mit Ausnahme der südlichsten Theile vorkommt.

Cap. 33. Περὶ Ὠμοταρίχου. Rohe Pökelung. Die sogen. rohe Pökelung ist das Fleisch des eingesalzenen Thunfisches[1]). Genossen hilft sie denen, welche von der Viper, die Prester[2]) genannt wird, gebissen sind. Man muss möglichst viel Wein herbeiholen und sie zwingen, viel zu trinken[3]) und zu erbrechen. Am besten eignet sie sich für das Geniessen scharfer Speisen[4]). Mit Erfolg wird sie auch bei den vom Hunde Gebissenen als Kataplasma angewandt.

[1]) *Thynnus Thynnus* L., der gemeine Thunfisch, ein Bewohner des Mittelmeeres und Atlantischen Oceans; er erreicht eine Länge bis 3 m, lebt in Heerden und ist ein Feind der Häringe, Makrelen und Sardinen. [2]) πρηστήρ, eigentlich Blitzstrahl, feuriger, verheerender Wirbelwind (Plinius II 133); dann ist es bei demselben XX 210 ein zu den Schlangen gehöriges Reptil, dessen Biss schreckliches Brennen und heftigen Durst verursacht. D. nennt es an anderer Stelle (Ueber die giftigen Thiere und den tollen Hund, Cap. 13) Dipsas, διψάς, welches Schneider für *Coluber Vipera* L. hält. [3]) Es ist die noch jetzt angewandte Methode, beim Biss giftiger Schlangen Alkohol oder alkoholreiche Getränke zu geben. [4]) δριμυφαγία, eine ärztliche Behandlungsweise, die besonders dem Asklepiades zugeschrieben wird.

Cap. 34. Περὶ Γάρου. Garum. Alles Garum, aus gesalzenen Fischen und Fleisch bestehend, hält als Umschlag fressende Geschwüre auf und heilt Hundsbisse; als Injection dient es auch den an Dysenterie und Ischias Leidenden, jenen, um die Geschwüre zu lindern und zu beseitigen, diesen, da keine Geschwüre vorhanden sind, um zu reizen.

Das Garum, die Fischlake, hat den Namen von einem schon in früher Zeit nicht mehr gekannten, dazu benutzten kleinen Fische Garus, γάρος. Nach Plinius XXXI 93 und Bassus (Geopon.) wurde dasselbe in folgender Weise bereitet: Die Eingeweide der Fische, besonders der Makrele (*Scomber Scomber* L.), wurden in einem Gefässe gesalzen und unter häufigem Umwenden in die Sonne gesetzt. Wenn diese gehörig eingewirkt hatte, wurde ein Korb tief in das Gefäss gedrückt und die hineindringende Brühe, das Garum, abgeschöpft. Das beste wurde zu Plinius' Zeit in den Fischereien, Cetariis, zu Karthagena (Carthago Spartaria) bereitet. Eine schlechtere Sorte lieferte ein kleinerer Fisch, Aphya, ἀφύη, die Sardelle, unter dem Namen Alec oder Alex, doch hiess auch so der unter dem Korbe bleibende Rückstand (vgl. Cels. II 24, 25). Berühmt wegen ihrer Fischereien waren auch Klazomene, Pompeji u. a. O. Die Alec wurde, wie Plinius weiter sagt, später ein Gegenstand der Schwelgerei, weil man zahlreiche Arten erfand, und sie aus Austern, Seeigeln, Hummern und Barbenlebern bereitete.

Nach D. wurde neben Fischen auch Fleisch dazu verwandt, vielleicht in abwechselnden Lagen.

Cap 35. Περὶ Ζωμοῦ τῶν νεαρῶν ἰχθύων. Brühe von frischen Fischen. Die Brühe von frischen Fischen, sie werde für sich allein oder mit Wein getrunken, ist abführend für den Bauch. Sie wird eigens für diesen Zweck aus den Phykiden[1]), Skorpionen[2]), Juliden[3]) und Perkiden[4]) und anderen an Felsen lebenden zarten und nicht widerlichen Fischen einfach mit Wasser [Salz], Oel und Dill hergestellt.

[1]) φυκίς, das Weibchen von φύκης, so genannt, weil sie, wie Aristoteles (Hist. anim. VIII 4. 24) sagt, sich vom Seetang nährt, ist nach Sprengel *Sparus Dentex* L., die Zahnbrasse. [2]) *Cottus Scorpio* L., ein stacheliger Seefisch. [3]) *Julis Pavo*, der Pfauenfisch, oder *Labrus maculatus* Günth., der gefleckte Lippfisch, beide sehr hübsche Fische des Mittelmeeres. [4]) *Perca fluviatilis* L., der Flussbarsch.

Cap. 36. Περὶ Κόρεων. Wanzen. Die Bettwanzen helfen gegen das viertägige Fieber, wenn sie vor den Anzeichen desselben, zu sieben Stück mit Bohnen den Speisen zugesetzt, genommen werden, aber auch ohne Bohnen genossen (helfen sie) gegen den Biss der Aspis-Viper. Ihr Geruch weckt die durch Gebärmutterkrämpfe Ohnmächtigen auf. Mit Wein oder Essig genommen treiben sie Blutegel aus. Zerquetscht in die Harnröhre gelegt beseitigen sie Harnverhaltung.

Plinius XXIX 61 schreibt den Wanzen gleichfalls viele Wirkungen zu. *Cimex lectularia* L., Haus- oder Bettwanze, Wandlaus.

Cap. 37. Περὶ Κουβαρίδων. Kubariden. Die unter den Wasserbehältern sich aufhaltenden Asseln sind vielfüssige Thiere, welche sich bei der Berührung mit den Händen zusammenrollen. Diese mit Wein getrunken helfen gegen Harnverhaltung und Gelbsucht. Mit Honig einstrichen wirken sie heilsam bei Entzündung der Schlundmuskeln. Auch bei Ohrenleiden eignen sie sich fein zerrieben und mit Rosenöl in der Granatapfelschale erwärmt zur Injection.

Porcellio Scaber Latr., Kellerassel, oder *Armadillidium vulgare* Latr., Gemeine Roll- oder Kugelassel; früher als Millepeda officinel.

Cap. 38. Περὶ Σίλφης. Schabe. Das Innere der in Bäckereien sich findenden Schabe, mit Oel zerrieben oder gekocht und eingeträufelt, lindert die Ohrenschmerzen.

Periplaneta orientalis L., Gemeine Küchenschabe, Kakerlak, oder *Blatta germanica* L., Deutsche Schabe.

Cap. 39. Περὶ Πνεύμονος θαλασσίου. Seelunge. Die frische Seelunge, fein zerrieben, hilft als Umschlag gegen Podagra und Frostbeulen.

Pulmo marinus, ein zu den Mollusken gehöriges Seethier des Mittelmeeres, welches Plinius IX 154 zu denen rechnet, welche die Natur der Pflanze haben. Es ist jedenfalls *Pilema Pulmo* Haeck., eine Discomeduse (Lappenqualle), mit hutförmigem bis halbkugeligem Schirm, milchweiss oder bläulichweiss bis röthlichweiss. Im Mittelmeere.

Cap. 40. Περὶ Χοιρίου πνεύμονος. Schweinelunge. Die Lunge des Schweines, sowohl des Bärs wie der Sau, beseitigt als Umschlag die durch Druck der Schuhe hervorgerufenen Entzündungen.

Sus Scrofa L.

Cap. 41. Περὶ Πνεύμονος ἀλώπεκος. Fuchslunge. Die Lunge des Fuchses, getrocknet und genossen, hilft den Asthmatikern; und das ausgeschmolzene Fett desselben lindert eingeträufelt die Ohrenschmerzen.

Canis Vulpes L. Nach dem Dispensatorium viennense 1744 noch wurde die Fuchslunge ohne die Arterie, frisch in weissem Wein mit Hysop und Skabiose gekocht und bei gelinder Ofenwärme getrocknet. Auch wurde die Fuchslunge früher zur Bereitung des Fuchslungensaftes gegen Brustaffectionen benutzt. Das Fett des Fuchses dient in der Volksmedicin vielfach zur Einreibung.

Cap. 42. Περὶ Ἥπατος ὀνείου. Eselsleber. Die gebratene Eselsleber hilft genossen den Epileptikern, sie müssen sie aber nüchtern nehmen.

Equus Asinus L.

Cap. 43. Περὶ Αἰδοίου ἄῤῥενος ἐλάφου. Kurzwildpret[1]) des Edelhirsches. Das Kurzwildpret des Hirsches, fein zerrieben und mit Wein genommen, hilft denen, die von der Viper gebissen sind.

¹) Die Geschlechtstheile des Hirsches, *Cervus Elaphus* L.

Cap. 44. Περὶ Ὀνύχων ὄνων. Eselshufe. Die gebrannten Eselshufe, zerrieben und viele Tage in der Gabe von 2 Löffeln genossen, sollen den Epileptikern von Nutzen sein; mit Oel gemischt öffnen sie Drüsen und heilen aufgelegt Frostbeulen.

Die Eselshufe spielten schon in der Arzneimittellehre der Aegypter ihre Rolle. Sesch, die Mutter des Königs von Ober- und Unterägypten Teta, bereitet ein: „Anderes Heilmittel, um wachsen zu machen die Haare" durch Kochen von Krallen des Windhundes, Blüthen von Datteln und Hufen des Esels.

Cap. 45. Περὶ Λειχήνων ἵππων. Flechten der Pferde. Die Flechten der Pferde sind schwielenartige Wülste[1]) an den Knieen und Hufen; fein geschabt und mit Essig getrunken sollen sie die Epilepsie heilen.

[1]) κατ' ἐπιγραφὴν ἐντετυλωμένοι τύλοι.
Equus Caballus L.

Cap. 46. Περὶ Αἰγῶν ὀνύχων. Ziegenklauen. Die gebrannten Ziegenklauen, mit Essig eingerieben, heilen die Fuchskrankheit.

Capra Hircus L.

Cap. 47. Περὶ Ἥπατος αἰγῶν. Ziegenleber. Die beim Braten der Ziegenleber ausfliessende Blutflüssigkeit ist wirksam gegen Nachtsichtigkeit[1]); es hilft schon, dass man den Dunst beim Kochen derselben in die geöffneten Augen aufnimmt, gegessen hilft die gebratene gegen dasselbe Uebel. Man sagt aber auch, dass die Epilepsie am besten bekämpft werde durch den Genuss der Bocksleber.

[1]) νυκταλωψία, das Sehen nur bei Nacht.

Cap. 48. Περὶ Ἥπατος κάπρου. Leber des Ebers. Die frische, getrocknete und fein zerriebene Leber des Ebers hilft mit Wein getrunken gegen Schlangen- [und Hunds-] Bisse.

Cap. 49. Περὶ Ἥπατος κυνὸς λυσσῶντος. Leber des tollen Hundes. Man glaubt, dass die gebratene Leber des tollen Hundes, wenn sie von den Gebissenen gegessen wird, diese vor dem Auftreten der Wasserscheu bewahre. Zur Vorsichtsmassregel gebrauchen sie auch den Zahn des Hundes, der gebissen hat, indem sie ihn in eine Blase geben und am Arme befestigen.

Cap. 50. Περὶ Ἥπατος αἰθυίας. Leber des Tauchers. Die getrocknete Leber des Tauchers, in der Gabe von 2 Löffeln mit Honigmeth getrunken, treibt die Nachgeburt aus.

Vielleicht *Podiceps cristatus* oder *P. minor* Lath., Haubensteissfuss, Haubentaucher, Kleiner Steissfuss, Kleiner Haubentaucher, Zugvögel, welche sich in den gemässigten Gegenden der Alten Welt bis zum Winter aufhalten.

Cap. 51. Περὶ Καττυμάτων. Sohlleder. Das Leder von alten Schuhsohlen, gebrannt und fein gestossen, heilt als Umschlag Feuerbrandwunden, Wolf und die durch den Druck der Schuhe bewirkte Entzündung.

Gebrannte alte Schuhsohlen, gestossenes Glas und Arsenik waren bis in die Neuzeit die Bestandtheile einer als Specificum vertriebenen Salbe gegen Krebs.

Cap. 52. Περὶ Ἀλεκτορίδων. Hühner. Gespaltene und noch warm aufgelegte Hühner helfen gegen Schlangenbisse, man muss sie aber beständig wechseln.

Gallus domesticus Briss.

Cap. 53. Περὶ Ἐγκεφάλου ἀλεκτορίδος. Gehirn des Huhns. Sein Gehirn wird im Trank mit Wein den von giftigen Thieren Gebissenen gegeben, es verhindert auch den Blutfluss aus der Hirnhaut. Die bei den Eingeweiden des Huhns hinter dem Magen liegende Hornhaut[1]), welche beim Kochen sich abhäutet, ist Magenleidenden gut, wenn sie fein zerrieben mit Wein genommen wird. Das Kükengericht wird meist gegeben zur Verbesserung des schlechten Zustandes[2]) und bei Magenentzündungen, in einfacher Zubereitung; das der alten Hühner wird verordnet zur Reinigung des Bauches. Man muss die Eingeweide herausnehmen, dafür Salz hineingeben, zunähen, dann mit 20 Xestes Wasser kochen und es auf 3 Heminen bringen. Das Ganze wird, unter freiem Himmel abgekühlt, gegeben. Einige kochen auch Meerkohl mit, oder jähriges Bingelkraut oder Saflor oder gemeinen Engelsüss. Es führt den dicken, rohen, zähen, schwarzen Saft ab. Es empfiehlt sich bei andauerndem Fieber, Asthma, Gicht und aufgeblähtem Magen. [Der eingesalzene und im Schatten getrocknete Magen ist, in der Gabe von 3 Drachmen genommen, das beste Mittel gegen übermässiges Abführen durch Purgirmittel; denn es stellt sofort den Durchfall. Man muss ihn aber zu Pulver machen, dieses mit Wasser anrühren und geben.]

[1]) Die Vögel haben einen doppelten Magen, die vordere Abtheilung ist der Vormagen oder Drüsenmagen, er ist kleiner als der zweite und mit zahlreichen, den Magensaft absondernden Drüsen besetzt. Die zweite, hintere Abtheilung ist der Muskelmagen, dessen Wandung eine ungemein starke Muskulatur hat, besonders bei den Körnerfressern; hier ist die Innenfläche mit zwei leder- oder hornartig harten Häuten ausgekleidet, welche die dazwischen gerathende Nahrung wie zwei Mühlsteine zerreiben; dieses ist das τὸ ὑποκείμενον τῇ κοιλίᾳ κερατοειδές. [2]) ἐπίκρασις ist die Heilmethode, wonach die schlechten Säfte abgeführt und durch gesunde gute ersetzt werden sollen. Sie wurde besonders durch Galen ausgebildet, indem er den

Dyskrasien, den Mischungsverhältnissen der Säfte, die Bedeutung beilegte, dass
sie gewissen Krankheiten den Boden bereiten und denselben eine bestimmte Färbung geben.

D. bezeichnet mit ἀλεκτορίς das Huhn überhaupt, den Hahn nennt er ἄῤῥην;
sonst scheint er auch unter κρέας ὀρνίθειον besonders das Hühnerfleisch zu verstehen.

Cap. 54. Περὶ Ὠοῦ. Ei. Das weiche Ei ist nahrhafter als das
noch flüssige, und das harte mehr als das weiche. Der Dotter davon ist,
mit Safran und Rosenöl gebraten, heilsam gegen heftigen Schmerz in den
Augen, mit Steinklee gegen Entzündungen am After und gegen Geschwülste. Mit Sumach aber oder Gallapfel gebraten und gegessen stellt
er den Durchfall, aber auch für sich allein genossen.

Cap. 55. Περὶ Λευκοῦ τοῦ ὠοῦ. Das Weisse vom Ei. Das
Weisse desselben, wenn es roh ist, kühlt, verklebt, lindert in die Augen
getröpfelt die Entzündung. Bei Verbrennungen sofort aufgestrichen lässt
es keine Blasen sich bilden. Es schützt auch das Gesicht vor Sonnebrand.
Es ist mit Weihrauch als ein Leim auf die Stirn aufgetragen ein Mittel
für die an Fluss Leidenden; mit Wolle aufgenommen unter Zumischung
von Rosenöl, Wein und Honig, lindert es Augenentzündungen. Roh aber
geschlürft heilt es den Biss der Hämorrhois[1]. Etwas angewärmt hilft es
gegen Blasenstiche, Nierengeschwüre, gegen Rauheit der Luftröhre, gegen
Blutsturz, Katarrh und Brustrheumatismus.

[1] Eine Schlange, deren Biss grossen Blutverlust verursacht.

Cap. 56. Περὶ Τεττίγων. Cikaden. Die gebratenen Cikaden genossen helfen bei Blasenleiden.

Cicada plebeja Scop., Eschencikade. Nach Plinius XI 92 waren sie bei den
Völkern des Orients ein Leckerbissen.

Cap. 57. Περὶ Ἀκρίδων. Heuschrecken. Die Heuschrecken
als Räucherung helfen bei Harnverhaltung, besonders der Frauen. Sie
haben ein unbrauchbares Fleisch. Die Heuschrecke, welche Asirakos oder
Onos heisst, ist in der Jugend flügellos und hat lange Beine. Getrocknet
und mit Wein getrunken ist sie sehr wirksam gegen Skorpionstiche. In
grosser Menge gebrauchen sie die Libyer in der Gegend von Leptis[1].

[1] Leptis, eine Stadt in Nordafrika, in Tripolis.
Locusta viridissima L., Heupferd, oder *Decticus verrucivorus* L., Warzen-
beisser, beide sind in ganz Europa verbreitet, in den Mittelmeerländern ist auch
Acridium aegyptium L. sehr häufig.

Cap. 58. Περὶ Φίνιδος. Phinis. Der Vogel Phinis, welchen die
Römer Ossifragus (Knochenbrecher) nennen. Der Magen desselben, nach

und nach genommen, sagt man, lasse den Stein durch den Urin ausgehen.

Wahrscheinlich *Falco ossifragus*, S e e a d l e r , oder *Haliaetus albicilla* Gray.

Cap. 59. Περὶ Κορυδαλλοῦ. Haubenlerche. Die Hauben-
lerche ist ein kleines Vögelchen, welches auf dem Kopfe eine Federhaube
trägt wie der Pfau. Dieselbe ist, gebraten und gegessen, gut gegen
Magenleiden.

Galerita cristata Boie.

Cap. 60. Περὶ Χελιδόνος. Schwalbe. Die Jungen der Schwalbe
aus der ersten Brut schneide bei wachsendem Monde auf, und du wirst
im Magen Steine finden; von diesen nimm zwei, einen bunten und einen
schlichten, gib sie, bevor sie die Erde berührt haben, in die Haut von
einem Kälbchen oder Hirsche und binde sie an den Arm oder Nacken,
so wirst du Hülfe gegen die Epilepsie bringen, oft aber auch wirst du
sie ganz heilen. Verzehrt sind sie (die Jungen), wie die Feigenfresser[1]),
ein Mittel für Scharfsichtigkeit. Auch die Asche davon wie auch von
den Alten, wenn sie in einem Topfe verbrannt sind, macht mit Honig
eingestrichen, das Gesicht scharf. Sie eignet sich auch zur Salbe für
solche, die an Schlundentzündung leiden, sowie bei angeschwollenem
Zäpfchen und Mandelentzündungen. Diese, wie auch die Jungen, getrocknet und in der Gabe von 1 Drachme genossen, helfen denen, die an
Schlundentzündung leiden.

[1]) συκάλιδες, kleine Vögel, die gern Feigen fressen.

Die Geschichte von den Steinchen finden wir auch bei Plinius XI 203 und
XXI 91: Im Magen der jungen Schwalben findet man Steinchen von weisser und
rother Farbe, welche Chelidonii (Schwalbensteine) genannt werden; man sagt,
sie dienten zu Zauberkünsten; ebenso bei Paulus von Aegina (Puschm. I p. 561):
Wenn man junge Schwalben aufschneidet, so findet man in ihrem Inneren zwei
Steinchen, von denen das eine schwarz, das andere weiss ist. Legt man nun das
weisse Steinchen auf, sobald ein Epileptiker darniedergestürzt ist, so kommt er wieder
zu sich. Das schwarze Steinchen nehme man und binde es dem Kranken auf
die Haut. Man erzählt, die Schwalben gäben diese Steinchen nur den ersten
Jungen u. s. w.

Chelidon urbica Boie., Stadt- oder Hausschwalbe.

Cap. 61. Περὶ Ἐλέφαντος. Elephant. Das Geraspel des Ele-
phantenzahns heilt Paronychie. Es hat adstringirende Kraft [nebst der,
gelinde auszutrocknen].

Elephas asiaticus und *africanus* Blumb., Asiatischer und afrikanischer
Elephant.

Cap. 62. Περὶ Ἀστραγάλου ὑός. Sprungbein des Schweines.
Das Sprungbein des Schweines, gebrannt bis es aus Schwarz weiss wird,
dann zerrieben und genossen, heilt die Aufblähungen des Kolons und anhaltende Krämpfe.

Cap. 63. Περὶ Ἐλάφου κέρατος. Hirschhorn. Das gebrannte
und gewaschene Hirschhorn[1]), in der Gabe von 2 Löffeln genommen, hilft
mit Traganth bei Blutauswurf, Dysenterie, Magenschmerzen[2]), Blasenleiden,
bei flussleidenden Frauen mit einer dem leidenden Zustande angemessenen
Flüssigkeit. Es wird aber auch gestossen und in einen rohen Topf,
welcher mit Lehm rund herum verschmiert ist, gegeben und im Ofen gebrannt, bis es weiss ist. Gewaschen wird es wie Galmei. Ein solches
ist ein gutes Mittel bei Wunden in den Augen und bei Flüssen. Fein
gerieben macht es die Zähne glatt. Roh als Räucherung angebrannt verscheucht es die Schmerzen. Mit Essig gekocht lindert es als Mundwasser
die Schmerzen beim Hervorbrechen der Backenzähne[3]).

[1]) Cod. C. hat hier: ἕλμινθας ἀναιρεῖ καὶ ὑδρωπικόνεστι, ist ein Mittel gegen
Würmer und Wassersucht. [2]) Cod. C. καὶ ὑστερικαῖς, und Gebärmutterleiden.
[3]) Sprengel übersetzt γομφιάσεις παρηγορεῖ mit molarium dentium vitia mitigat,
mit Bezug auf den Gebrauch bei Celsus, Scribon. Largus, Plinius und Galen. Obige
Uebersetzung hat Passow mit Berufung auf die Septuaginta.
Bis in die neuere Zeit fand das Hirschhorn seine Stelle in allen Pharmakopöen
als Cornu cervi raspatum und ustum, geraspeltes und gebranntes Hirschhorn, ferner
diente es zur Darstellung des Oleum cornu cervi (Ol. anim. foet.) durch die trockene
Destillation.

Cap. 64. Περὶ Καμπῶν. Raupen. Die auf den Gemüsen wachsenden Raupen schützen, so wird gesagt, mit Oel eingerieben, vor den
Bissen giftiger Thiere.

Pieris brassicae L. und *P. rapae* L., Grosser und kleiner Kohlweissling.

Cap. 65. Περὶ Κανθαρίδων. Kanthariden. Zum Aufbewahren
geeignet sind die vom Getreide gesammelten Kanthariden. Diese wirf in
einen ungepichten Krug und verbinde die Oeffnung mit lockerer, reiner
Leinwand, wende ihn um und über dem Dampfe von siedendem Essig
hin und her und halte damit aus, bis sie erstickt sind; dann reihe sie
auf und bewahre sie auf. Am wirksamsten sind die bunten mit gelben
Querstreifen auf den Flügeln und länglichem Körper, welche dick und
etwas fettig sind wie die Schaben. Die einfarbigen sind unwirksam.

Die Kantharis der Alten ist ohne Zweifel ein Kantharidin ($C_{10}H_{12}O_4$) haltendes
Insect, schon die Hippokratiker wenden dasselbe als starkes Diureticum an, sie warfen
Kopf, Flügel und Beine weg, in der Erkenntniss, dass das wirksame Princip im
Rumpfe enthalten sei. Dasselbe hat seinen Sitz in den Genitalien und den Eiern,

überhaupt in den Adnexen der Geschlechtstheile (vgl. K o b e r t , Hist. Stud. I 105;
IV 129; L i e b r e i c h , Therap. Monatsh. 1891, Nr. 3, S. 171).

Plinius XXIX 94 drückt sich in der Beschreibung und Art der Tödtung der
Kanthariden wörtlich übereinstimmend mit D. aus, sagt nur, dass sie brennend und
reizend auf den Körper wirken und Blasen machen. „Das Gift,“ sagt er weiter,
„sitzt nach einigen Autoren in den Beinen, nach anderen im Kopfe, wieder andere
stellen beides in Abrede, doch stimmt man wenigstens darin überein, dass ihre Flügel
helfen, das Gift befinde sich, wo es wolle.“

Scribonius Largus im 1. Jahrh. v. Chr. (Das Receptbuch des Scribonius Largus,
übersetzt und mit pharmakol. Commentar versehen von F. R i n n e . Histor. Stud. d.
Univ. Dorpat von R. K o b e r t , V S. 88) wendet, wie auch D., das ganze Thier an.
Dasselbe muss auch bei ihm Kantharidin enthalten, dafür sprechen die angegebenen
Symptome bei Vergiftungen damit, als Hämaturie und brennender Schmerz in der
Magengegend.

Welcher Käfer ist hier gemeint? Die Beschreibung des D. passt auf *Meloë
Cichorei* L., die Wirkung auf *Lytta vesicatoria* L. W i m m e r (Aristoteles' Thierkunde
I 165) hält ihn für *Lytta vesicat.*, R a u d n i t z und D i e r b a c h (Die Arzneimittel des
Hippokrates) für *Meloë Cichorei*, während R. B l a n c h a r d (Les insectes antiarabiques,
Rev. scient. 1868 p. 467) und C a m u s s i (La rage, son traitem. et les insectes vesic.
chez les Arabes, Journ. asiat. 1888 p. 269) sich nicht bestimmt aussprechen, aber
betonen, dass die Kantharis der Alten nicht unsere Lytta sein kann, dass sie aber
gleichartig und viel stärker wirkte, was auf die *Meloë Cichorei* nicht passen würde.

Ausser der nicht zutreffenden Beschreibung ist noch zu berücksichtigen, dass
sich Lytta nicht auf Kräutern, sondern nur auf Bäumen (Fraxinus, Syringa, Ligustrum etc.) findet. Die Meloë-Arten haben ferner die Eigenthümlichkeit, beim Anfassen
aus den Gelenken der Beine einen ölartigen, gelben, zähen, blasenziehenden Saft
austreten zu lassen, was D. wohl nicht übersehen hätte.

Berücksichtigt man aber die von D. in den (allerdings nicht für ächt ge-
haltenen) „Giften und Gegengiften, περὶ δηλητηρίων φαρμάκων“ bei Kantharidin-Ver-
giftungen angegebenen Symptome, so weisen diese auf Lytta vesicatoria. „Fast vom
Munde“, heisst es dort, „bis zu der Blase scheint Alles zerfressen zu sein, und es
tritt ein Geschmack nach Pech oder Cedernharz auf. An der rechten Seite im Unterleibe fühlen sie Entzündung und leiden an Harnverhaltung, oft auch lassen sie blutigen Harn, durch den Bauch entleeren sie ähnlich wie bei Dysenterie, sie werden
von Ohnmachten, Uebelkeit und augenverdunkelndem Schwindel befallen, zuletzt verlieren sie den Verstand.“

Die spanische Fliege, Lytta vesicatoria, findet jetzt nur noch als äusserliches
Reizmittel Anwendung, innerlich bei den Kühen als Stimulans.

Cap. 66. Περὶ Βουπρήστου. Buprestis. Gerade so werden die
Buprestes aufbewahrt, welche eine Art Kanthariden sind, und die Fichten-
spinner[1]). Auch diese werden auf einem schwebend bewegten Siebe kurze
Zeit über glühender Asche erhitzt und dann aufbewahrt. Gemeinsam haben
sie die Kraft, Fäulniss zu bewirken[2]), Geschwüre zu machen, zu erwärmen.
Deshalb werden sie den Mitteln zugesetzt, welche Krebsgeschwüre, Aussatz und wilde Flechten heilen. Sie befördern die Katamenien, werden
auch den erweichenden Zäpfchen zugesetzt. Einige berichten, dass die
Kanthariden auch den Wassersüchtigen helfen, indem sie den Gegenmitteln

zugemischt werden, nämlich den urintreibenden. Andere haben ihre Flügel und Füsse für diejenigen, welche sie genossen haben, als Gegengift ausgegeben.

¹) πιτυόχαμπαι kann auf verschiedene Borkenkäfer, z. B. *Hylurgus Piniperda* L., den grossen Kiefernmarkkäfer, und *Bostrychus laricis* Fabr., den vielzähnigen Borkenkäfer, bezogen werden, wahrscheinlich ist es die Nonne, *Ocneria Monacha* L. ²) (σηπτιχή), um dadurch Fäulniss wegzubeizen.

Die Buprestis ist ein unbestimmter und unbestimmbarer, im Grase lebender Käfer, da die Alten nirgends eine Beschreibung hinterlassen haben; jedenfalls hat er mit *Buprestis rustica* L. unserer Nadelwälder nichts gemein. Man sollte auf ein gleichfalls kantharidinhaltiges Thier schliessen. Plinius XXX 30 sagt, es sei ein dem langfüssigen Scarabäus ähnliches Thier; wenn das Vieh dasselbe mit dem Futter verschluckt habe, so schwelle es an und höre auf zu fressen. Nach Nikander (Alexipharm. 346) leidet besonders das Rindvieh darunter. Raudnitz nennt den Käfer darum Carabus bucida (rindertödtend). Die Hippokratiker setzten die Buprestis den Kanthariden zur Verstärkung der Wirkung zu (De morb. mul. I 50, De nat. mul. III 23, ed. v. d. Linden).

Cap. 67. Περὶ Σαλαμάνδρας. Salamander. Der Salamander ist eine Eidechsenart; er ist träge, bunt, von dem man thörichter Weise glaubt, dass er nicht verbrannt werde. Er hat Fäulniss erregende, Geschwüre erzeugende und erwärmende Kraft, er wird den septischen und den Lepramitteln zugesetzt, wie die Kantharis und wird in gleicher Weise aufbewahrt. Gebrannt entfernt er mit Oel die Haare. Er wird aber auch ausgeweidet und ohne Füsse und Kopf in Honig zu demselben Gebrauche aufbewahrt.

Plinius X 188 erzählt und begründet die Fabel von der Unverbrennlichkeit des Salamanders, weil er so kalt sei, dass er das Feuer wie Eis auslösche. Sie soll von Aristoteles (Hist. anim. V 17) herrühren. (Vielleicht ist sie darauf zurückzuführen, dass die drüsenreiche Haut viel Schleim absondert, wodurch das Thier eine kurze Zeit dem Versengen widersteht.) An anderer Stelle, XXIX 76, hält Plinius den Salamander für sehr giftig, so dass, wenn er auf einen Baum kriecht, alle Früchte vergiftet werden, wenn er in einen Brunnen fällt, das ganze Wasser giftig wird. Das Gift wirkt unter ähnlichen Erscheinungen wie der Schierling. Er schreibt ihm aber auch vielfache arzneiliche Wirkung zu.

Salamandra maculosa Laur., Gefleckter Erdmolch, Feuersalamander.

Cap. 68. Περὶ Ἀράχνης. Spinne. Die Spinne, das Thier, welches Einige Holkos oder Lykos (Wolf) nennen; wird es unter ein Pflaster gearbeitet und, auf Leinen gestrichen, um die Stirn oder die Schläfen gelegt, so heilt es das dreitägig wiederkehrende Fieber. Ihr Gewebe als Umschlag stillt das Blut und schützt die Oberfläche der Geschwüre vor Entzündung. Es gibt noch eine andere Art Spinnen, welche das weisse, zarte und dichte Gewebe verfertigt, von der man sagt, dass sie, in eine Haut gebunden und am Arme befestigt, das viertägig wiederkehrende Fieber heile. Mit Rosenöl aber gekocht und eingetröpfelt hilft sie bei Ohrenleiden.

D. nennt zwei Arten, die erste ist wohl die gemeine Wolfspinne, *Lycosa amentata* Cl., welche auf dem Brustrücken eine helle, gelbbraune Mittelbinde hat, sie liebt feuchte Stellen in Wiesen, oder *L. monticula* Cl., auf sonnigen Wiesen; die andere ist vielleicht *Attalus pubescens* Fabr., die gemeine Springspinne, welche ein seidenes Säckchen webt, aus dem sie auf die Beute hervorspringt. Sie ist wie die erste sehr häufig.

D. benutzt hier die Spinne als Arzneimittel; wiederholt redet er aber von giftigen Spinnen und gibt Mittel als Myrte, Maulbeerblättersaft, Lauge von Feigenasche u. a. gegen ihren Biss an; es muss also solche gegeben haben. Ausdrücklich nennt er eine giftige Spinne, welche auf der Persea (I 187) sitzt, Kranokolapta (von χρᾶνον, Kopf, und χολάπτω, schlagen, aushöhlen). Schon Aristoteles (Hist. animal. IX, 39) spricht von „vielen Arten Spinnen" und unterscheidet besonders drei Arten, nämlich die Phalangien, Lyken und Arachnen; zu den ersteren gehören die gefährlichen. Er nennt unter diesen eine kleine, bunte und behende Psylla, und eine grössere, welche langsam und schwarz ist. Dann sagt er: „Alle anderen Spinnen, welche die Pharmakopolen zur Schau stellen, beissen gar nicht oder doch nur sehr wenig." Daraus geht also hervor, dass die eine der genannten, nämlich die Psylla, arg beisst. Kobert („Welche dem Menschen gefährliche Spinnen kannten die Alten?" Vortrag, gehalten in der Sect. f. Gesch. d. Med. auf der Naturforscherversamml. zu Hamburg 1901. Separatabdr. aus Janus 15. Nov. 1901) hält diese für eine Lathrodectes-Art (die heimlich Beissende). Das Thier ist klein, aber sein Biss ist Menschen und Thieren gefährlich. Die in Griechenland vorkommende Art, *Lathrodectes conglobatus*, hat weisse Punkte auf schwarzem Grunde, die in Italien und besonders auf Corsica vorkommende ist auf schwarzem Grunde roth gefleckt, sie heisst daher beim Volke Malmignatto, die Marmorirte, d. h. die Gefleckte; die in Russland, lebende *Lathrodectes Erebus* oder *tredecimguttatus* var. *lugubris* ist schwarz. Von der italienischen und russischen wird berichtet, dass ihr Biss den Menschen vor Schmerz fast wahnsinnig macht, dass aber die Bissstelle so klein ist, dass sie kaum entdeckt werden kann. Dem Patienten wird es schwarz vor den Augen, er knickt kraftlos zusammen, kalter Schweiss bricht aus, die Fähigkeit, Koth und Harn zu entlassen, ist behindert, dabei kann Erection des Penis und Samenentleerung stattfinden.

Aristoteles beschreibt ferner eine Spinne, die in Erdlöchern wohnt; dies kann nur auf die Tarantel bezogen werden, welche senkrecht in die Erde gehende Höhlen bewohnt; sie beisst stark.

Nikander nennt eine Spinne Agrostis, welche gleichfals für eine Tarantel gehalten wird.

In der Schrift des Pseudo-Dioskurides: „Die giftigen Thiere" (Cap. 4) heisst es: „Die Bissstelle läuft roth an und erscheint wie mit einem Stachel gestochen, schwillt aber weder an noch ist sie heiss, sondern, wenngleich mässig roth, doch kalt. Den ganzen Körper befällt Zittern und ein Ziehen in der Schamgegend und in den Kniekehlen, Krämpfen ähnlich, ferner Schmerz in den Lenden und beständiger Reiz zum Harnen und heftiger unerfüllbarer Drang zur Ausscheidung der Abgänge. Gleichzeitig bedeckt die ganze Haut kalter Schweiss, die Augen thränen und werden verdunkelt."

Kobert versichert gegenüber Prof. Taschenberg (in Brehm's Thierleben), welcher die Berichte über die Gefährlichkeit gewisser Spinnen als Ammenmärchen bezeichnet, dass es auch heute noch giftige Spinnen gibt. Auch Leunis spricht in seiner Naturgeschichte von Giftdrüsen der Spinnen.

Cap. 69. Περὶ Σαύρας. Eidechse. Der Kopf der Eidechse, aufgelegt, zieht Splitter aus und Alles, was sich im Körper festgesetzt hat, vertreibt aber auch (gewöhnliche) Warzen und solche mit dünnem Stiel und Hühneraugen. Die Leber derselben, in die hohlen Zähne gesteckt, bewirkt Schmerzlosigkeit. Das ganze Thier gespalten und aufgelegt macht die Skorpionstiche unschädlich.

Lacerta agilis L., Gemeine Eidechse. Ueber die Zähigkeit ihres Lebens und das Wiederwachsen verlorener Organe finden sich bei Aelian II 28 und V 74 wunderliche Erzählungen.

Cap. 70. Περὶ Σηπός. Seps. Seps, welche Einige die chalkidische Eidechse nennen, heilt in Wein getrunken die von ihr selbst Gebissenen.

Bei dem Nikander-Scholiasten Theriac. 817 heisst diese Eidechse Chalkis, so nennt sie auch Plinius XXXII 30, an anderer Stelle (XXIX 102) Chalcidice. (Chalcis ist der Name vieler Städte, die bekannteste und eine der ältesten ist die Hauptstadt der Insel Euböa am Euripus, durch eine Brücke mit dem Festlande verbunden, das spätere Egripo oder Negroponte.)

Es ist eine kleine Eidechse mit kupferfarbigen Flecken auf dem Rücken und wird für *Seps chalcides* Bonap. gehalten. Sprengel nennt sie *Zygnis tridactyla*, mit sehr kurzen Füssen, so dass sie schlangenähnlich sei, Fab. Columna habe sie zuerst beobachtet und beschrieben.

Cap. 71. Περὶ Σκίγκου. Skink. Es gibt einen ägyptischen und einen indischen Skink, ein anderer ist der im Rothen Meere lebende, ein vierter wird in Libyen in Maurusia[1]) gefunden. Es ist ein Landkrokodil, eigenartig, und wird in Kresse trocken aufbewahrt[2]). Man sagt, dass die die Nieren umgebenden Theile desselben, in der Gabe von 1 Drachme mit Wein genommen, die Kraft haben, das Verlangen nach Liebesgenuss mächtig anzuregen, dass aber die Heftigkeit der Lust nachlasse nach dem Genusse von Linsenabkochung mit Honig oder von Lattichsamen mit Wasser. Er wird auch den Gegengiften zugemischt.

[1]) Maurusia oder Mauretania, eine Landschaft in Nordafrika, jetzt Fez und Marokko. [2]) ταριχευόμενος ἐν χαρδάμῳ, nicht, wie Sprengel übersetzt: addito lepidio sale conditur; später wurde er meist in Lavendelblüthen aufbewahrt.

Scincus officinalis Laur., Apotheker-Skink, gehört zu den Eidechsen mit verkümmerten Gliedmassen. Er ist oben graugelb mit dunklen, im Leben lilafarbenen, nach dem Tode braunen Querbändern, unterwärts schmutzig grün, 16 cm lang. Er findet sich in sandigen Gegenden Nordafrikas, war früher officinell.

Cap. 72. Περὶ τῆς γῆς ἐντέρων. Eingeweide der Erde (Erdwürmer). Die fein zerriebenen Erdwürmer aufgelegt, verbinden durch

gehauene Sehnen, befreien auch vom dreitägigen Fieber. Mit Gänsefett gekocht und eingeträufelt heilen sie Ohrenaffectionen. Mit Oel gekocht
und in das gegenüberliegende Ohr eingeträufelt beseitigen sie Zahnschmerzen. Zerrieben und mit Süsswein getrunken treiben sie den Harn.

Lumbricus terrestris L., Gemeiner Regenwurm.

Cap. 73. Περὶ Μυογάλης. Spitzmaus. Die aufgeschnittene
und aufgelegte Spitzmaus ist ein Hülfsmittel gegen ihre eigenen Bisse.

Sorex vulgaris L., Waldspitzmaus, *Crocidura aranea* Wagn., Hausspitz-
maus; sie bilden die kleinsten Säugethiere und werden wohl fälschlich für giftig
gehalten. Ihr Biss, wenn sie gereizt werden, schmerzt allerdings wegen des in die
Wunde dringenden Geifers, aber Intoxicationen treten nicht auf.

Cap. 74. Περὶ Μυῶν. Mäuse. Man behauptet allgemein, dass
die aufgeschnittenen Mäuse mit Nutzen auf Skorpionstiche gelegt werden,
gebraten und von den Kindern gegessen, den Speichel im Munde austrocknen.

Mus musculus L., Hausmaus.

Cap. 75. Περὶ Γάλακτος. Milch. Im Allgemeinen ist jede Milch
wohlschmeckend, nahrhaft, den Leib erweichend und Magen und Eingeweide aufblähend. Allerdings ist die Frühjahrsmilch wässeriger als die
Sommermilch und die von grünem Futter herrührende erweicht den Bauch
mehr. Schön ist die Milch, wenn sie weiss, von gleichmässiger Consistenz
ist und zusammenbleibt, wenn sie auf den Nagel getröpfelt wird. Die
Milch der Ziegen greift den Bauch weniger an, weil diese mehr adstringirendes Futter fressen, Eichen, Mastix, Oelzweige[1]) und Terebinthe, deshalb ist sie dem Magen bekömmlich. Die Schafmilch ist dick, süss und
sehr fett und dem Magen nicht so zuträglich; aber die Kuh-, Esels- und
Pferdemilch macht mehr offenen Leib und verursacht Durchfall. Jede
Milch aber ruft Umwälzung in Magen und Bauch hervor, wo das Futter
Purgirwinde, Nieswurz, Bingelkraut oder Sinngrün ist, wie es in den
vestinischen Bergen von uns beobachtet wurde. Die Ziegen, welche die
Blätter der weissen Nieswurz beim ersten Hervorspriessen abweiden, erbrechen selbst[2]) und machen ihre Milch magenstörend und brechenerregend. Gekocht wird jede Milch den Bauch stopfend, am meisten,
wenn sie durch glühende Kieselsteinchen[3]) abgedunstet ist. Im Allgemeinen heilt sie innere Geschwüre, besonders des Kehlkopfes, der
Lunge, der Eingeweide, der Nieren und der Blase, auch wird sie frisch
mit rohem, durch etwas Wasser verdünntem Honig unter Zusatz von
Salz gegen Jucken der äusseren Haut[4]), Ausschlag und Verdorbenheit der
Säfte gegeben. Weniger blähend aber ist sie, wenn sie einmal gekocht

ist. Ueber den Steinchen bis zur Hälfte eingekocht heilt sie die mit Geschwüren verbundenen Flüsse des Bauches.

[1]) ϑαλία ist hier jedenfalls gleich ϑάλος, da Blüthe offenbar schlecht passen würde. [2]) Ist ein Irrthum, da die Wiederkäuer nicht erbrechen. [3]) Die eigenthümliche Manier des Kochens über Steinchen soll jedenfalls nur bezwecken, ein Anbrennen der Milch zu verhüten, auch den Wassergehalt zu vermindern. [4]) Pruritus.

Die Milch ist ein Zersetzungs- bezw. Abscheidungsproduct der Milchdrüsen der weiblichen Säugethiere. Im frischen Zustande ist sie amphoter, d. h. sie bläuet empfindliches rothes Lackmuspapier und röthet empfindliches blaues Lackmuspapier. Ihre Zusammensetzung ist bis auf geringe Schwankungen in den Procentzahlen bei allen Säugethieren dieselbe. Das spec. Gewicht ist im Mittel 1,03. Sie besteht aus 3,5% Fett (Milchkügelchen, welche emulsionartig in der Flüssigkeit vertheilt sind), 4% Milchzucker, 4% Caseïn, Albumin, 0,7% anorganischen Salzen (Chlorkalium, Chlornatrium, phosphorsauren Erden) und 87,8% Wasser. Das Verhältniss dieser Stoffe ist je nach der Individualität der Thiere, nach dem Futter und nach der seit der Geburt verflossenen Zeit verschieden. Die Ziegen- und Schafmilch ist reicher an Fett und Milchzucker, als Kuhmilch, die Eselsmilch ist ärmer an Caseïn und Fett, reicher an Milchzucker. Die Pferdemilch ist gleichfalls zuckerreich.

Die Thiere suchen sich als Futter die ihnen bekömmlichen Pflanzen aus und verschmähen die schädlichen, manche können aber auch ohne Schaden Giftpflanzen fressen, sie sind dagegen giftfest, so z. B. die Ziegen gegen die Herbstzeitlose. Die Wirkung des Giftes äussert sich aber in der Milch. Wie sehr die Nahrungsmittel auf die Beschaffenheit der Milch einwirken, erfahren oft genug die Mütter, wenn sie gewisse Speisen geniessen, welche bei den Säuglingen sofort Verdauungsstörungen hervorrufen.

Cap. 76. Περὶ ὀῤῥοῦ γάλακτος. **Molken.** Jede Milch enthält in sich mit ihr verbunden die Molken, welche, abgeschieden, zum Purgiren wirksamer werden; sie werden gegeben, wenn man damit eine Ausscheidung ohne Schärfe erzielen will, wie bei den Gallsüchtigen, Epileptikern, bei Aussatz, Elephantiasis und Ausschlag über den ganzen Körper.

Cap. 77. Περὶ σχιστοῦ γάλακτος. **Geronnene Milch.** Jede Milch gerinnt, wenn sie in einem neuen Topfe gekocht und mit einem frisch geschnittenen Feigenzweige gerührt und dann nach zwei- bis dreimaligem Aufkochen auf jede Hemine Milch 1 Becher Sauerhonig zugegossen wird; denn auf diese Weise scheiden sich die Molken vom Käsigen. Es wird aber nöthig sein, damit beim Sieden die Milch nicht überkoche, den Rand des Topfes fortwährend mit einem kalten Schwamm abzuwischen und einen silbernen Xestes[1]) mit kaltem Wasser hineinzusetzen. Die Molken werden in Zwischenräumen gegen 1 bis 5 Kotylen[2]) getrunken, in den dazwischen liegenden Pausen mögen die Trinkenden umhergehen.

Die frische Milch wirkt aber auch gegen die Aetzung und die Entzündungen tödtlicher Mittel, wie der Kantharis, der Nonne, des

Salamanders, der Buprestis, des Arseniks, der Strauchwinde, des Sturmhuts und der Zeitlose. Gegen alles dieses hilft am besten die Kuhmilch als specifisches Mittel. Als Mundwasser dient sie auch bei Geschwüren im Munde, und bei Mandelentzündungen zum Gurgeln damit. Dagegen befestigt die Eselsmilch als Mundwasser gebraucht ganz besonders das Zahnfleisch und die Zähne; die mit Geschwüren verbundenen Flüsse des Bauches und Stuhlzwang stellt die Schaf-, Kuh- und Ziegenmilch, mit Steinchen gekocht. Aber auch als Klystier wird sie für sich allein und mit Ptisane oder Graupenschleim angewandt, indem sie ausgezeichnet den beissenden Schmerz in den Eingeweiden beschwichtigt. Auch bei Gebärmuttergeschwüren wird sie als Injection gebraucht.

¹) Xestes ist hier das Maassgefäss selbst.

Die Molken sind die mehr oder weniger klare, gelblichgrüne Flüssigkeit, welche von der Milch nach Abscheidung von Käse und Fett zurückbleibt. Sie enthalten den Milchzucker und die Nährsalze nebst Milchsäure und sind entweder sauer oder süss. Die sauren Molken entstehen entweder dadurch, dass beim Stehen der Milchzucker sich zum Theil in Milchsäure umsetzt und die Coagulation herbeiführt oder durch Zusatz von Säuren. Die süssen Molken erhält man durch Abscheidung mittelst Lab.

D. scheidet den Käse auf beide Manieren ab, erstens durch Rühren der kochenden Milch mit einem frischen Feigenzweige, welcher Papaïn, einen fermentartigen, labähnlich wirkenden Stoff enthält, und dann durch Zusatz von Oxymel, einer Mischung von Honig und Essig. Die Anwendung der Molken, namentlich bei Erkrankungen der Brustorgane, ist auch heute noch beliebt und die sogen. Molkencur dieselbe, wie sie bei D. beschrieben ist. Ebenso wird noch jetzt die Milch in gewissen Fällen als erstes Gegenmittel bei Vergiftungen gegeben, indem sie bei der Verkäsung im Magen die schädlichen Substanzen einhüllt, welche dann durch ein Brechmittel entfernt werden.

Cap. 78. Περὶ γυναικείου γάλακτος. Frauenmilch. Die Frauenmilch ist die süsseste und nahrhafteste. Frisch abgesogen heilt sie Magenstechen und Schwindsucht; sie hilft aber auch gegen den Genuss von Meerhasen. Mit fein gestossenem Weihrauch gemischt wird sie in die Augen geträufelt, wenn sie durch Verwundung blutig gemacht sind. Ebenso hilft sie, mit Mekonion und Wachssalbe eingerieben, bei Podagra. Ohne Wirkung aber ist jede Milch bei denen, die an den Nieren, an der Leber, an Schwindel, Epilepsie und Neuralgie leiden, bei Fiebernden und Kopfleidenden, es sei denn, dass Jemand die geronnene Milch des Abführens wegen, wie angedeutet ist, gebrauche. Einige sagen auch, dass die Milch des erstgebärenden Hundes eingerieben das Haar entferne und getrunken ein Gegenmittel gegen tödtliche Gifte sei, auch den abgestorbenen Fötus hinauswerfe.

Die Frauenmilch ist im ganzen Alterthum ein beliebtes Mittel; die Hippokratiker wenden sie meist äusserlich an, z. B. bei Eiterfluss aus Nase und Ohren, zu Einspritzungen und Waschungen (De morb. III 2, De morb. mul. I 101). Plinius XXVIII 72 hält die Muttermilch für die süsseste und dann am wirksamsten, wenn das Kind abgesetzt ist. Er empfiehlt sie in einer ganzen Reihe von Krankheiten; als besonders heilsam gilt die Milch einer Frau nach der Geburt eines Knaben.

Die Frauenmilch steht in ihrer Zusammensetzung der Kuhmilch am nächsten. Auch heute noch pflegen die Hebammen die Augen der Neugeborenen bei Entzündung mit Muttermilch zu waschen.

Cap. 79. Περὶ τυροῦ νεαροῦ. **Frischer Käse.** Der frische, ohne Salz genossene Käse ist nahrhaft, dem Magen bekömmlich, leicht assimilirbar, fleischbildend und den Bauch mässig erweichend. Der eine hat aber Vorzug vor dem anderen je nach der Natur der Milch, aus welcher er gemacht ist. Gekocht und gepresst, dann gebraten, erhält er die Eigenschaft, den Durchfall zu stellen, hilft auch als Umschlag bei Entzündungen und Sugillationen unter den Augen. Der frisch gesalzene ist, genossen, weniger nährend, zur Verminderung des Fleisches (Körpergewichts) geeignet, schlecht für den Magen, Bauch und Eingeweide belästigend. Der ältere aber stellt den Durchfall. Das Käsewasser davon (die Molken) ist die beste Nahrung für Hunde.

Cap. 80. Περὶ Ἱππάκης. **Hippake.** Die sogen. Hippake ist Pferdekäse, von widrigem Geruch, sehr nahrhaft und steht dem Kuhkäse gleich. Einige haben auch das Pferdelab als Hippake bezeichnet.

Hippake ist der von den Skythen aus Pferdemilch gemachte Käse. Die Hippokratiker (De aëre, aquis et loc.) nennen ihn τυρὸς ἵππων), beschreiben seine Bereitung und wenden ihn an.

Cap. 81. Περὶ Βουτύρου καὶ τῆς ἐξ αὐτοῦ λιγνύος. **Butter und der aus ihr bereitete Russ.** Schöne Butter wird aus der fettesten Milch bereitet, eine solche ist die Schafmilch. Sie wird aber auch aus Ziegenmilch gemacht, indem die Milch in Gefässen geschüttelt wird, wobei das Fett sich abscheidet. Sie besitzt erweichende, ölartige Kraft, deshalb löst sie, im Uebermass genossen, den Bauch und wird in Ermangelung von Oel gegen die tödtlichen Gifte gebraucht. Mit Honig gemischt und eingestrichen hilft sie beim Zahnen, gegen Jucken des Zahnfleisches bei den Kindern und gegen Mundausschlag (Soor). Aeusserlich aber eingerieben macht sie wohl genährt und hält den Körper frei von weissen Bläschen. Sie wirkt auch, wenn sie weder schlecht riecht noch alt ist, gegen Entzündungen und Verhärtungen der Gebärmutter, als Klystier gegen Dysenterie und Geschwüre im Kolon. Mit Nutzen wird sie auch den eitermachenden Mitteln zugemischt, vorzüglich bei den Wunden der Sehnen, der Gehirnhaut, der Blase und des Halses. Sie füllt auch selbst aus, reinigt und bildet Fleisch und hilft, aufgelegt, den von der Aspis-

Schlange Gebissenen. Frisch wird sie auch statt des Oels den Gemüsen und statt des Fettes dem Backwerk zugesetzt.

Es wird auch Russ aus der Butter gesammelt auf folgende Weise: Giesse die Butter auf eine neue Lampe, zünde sie an und decke darüber einen irdenen Topf, der nach oben röhrenartig enger ist, der aber unten am Boden Löcher hat wie die Brodformen und lass verbrennen. Wenn aber die erste Butter verbraucht ist, giesse andere zu und thue dasselbe, bis du Russ gebrannt hast in der Menge, soviel du willst; dann kratze ihn mit einer Feder ab und gebrauche ihn. Bei den Augenmitteln hat er die Kraft, auszutrocknen und zu adstringiren. Er stellt die Flüsse und bringt Geschwüre rasch zur Vernarbung.

Die Butter ist ein Product der Skythen, von denen die Griechen sie bezogen. Der hippokratische Schriftsteller (De morb. mul. I 111) sagt: Sie schütten die Pferdemilch in hölzerne Gefässe und schütteln; dabei scheidet sich das Durchgerührte und das Fett nennen sie Butter. Plinius XXVIII 133 sagt, die Butter sei bei den Barbaren nur die Speise der Vornehmen gewesen, sie werde meist aus Kuhmilch — er leitet deswegen den Namen Butter auch von βοῦς, die Kuh, ab —, die fetteste aber aus Schafmilch gemacht. „Die Milch wird in oben engen Gefässen geschüttelt, die Buttermilch abgenommen und mit Salz versetzt, das Uebrige in Töpfen erhitzt; was dann obenauf schwimmt als Oel, ist die Butter. Je stärker sie schmeckt, desto besser ist sie. Zu vielen Arzneimischungen wird alte Butter genommen.“ XI 239 nennt er die Butter einen dicken Milchschaum von ölartiger Beschaffenheit, welche zum Einreiben der Kinder dient.

Das reine Kuhbutterfett besteht etwa zu ⁹/₁₀ aus den Glyceriden der Stearinsäure, Palmitinsäure und Oelsäure, und zu ¹/₁₀ aus den Glyceriden der Buttersäure, Capronsäure, Caprylsäure, Caprinsäure, Laurinsäure, Myristinsäure und Arachinsäure. Das spec. Gewicht bei 15° ist 0,9275—0,913, sie schmilzt bei 31—35°, doch treten hier je nach der Fütterung der Thiere und nach der Jahreszeit der Herstellung Schwankungen auf.

Als Salbengrundlage, besonders für Augensalben, hat sich die Butter (Butyrum insulsum) bis in die Neuzeit erhalten.

Cap. 82. Περὶ Ἐρίων. Wolle. Die beste schmutzige Wolle ist die, welche weich ist, vom Halse und von den Schenkeln genommen ist. Mit Essig und Oel oder Wein befeuchtet ist sie gleich anfangs bei Wunden angezeigt, bei Quetschungen, Abschürfungen, blutunterlaufenen Stellen und Knochenbrüchen; denn sie saugt die Feuchtigkeit auf und erweicht durch das Wollfett. Wirksam ist sie auch bei Kopfleiden, bei Schmerzen des Magens und jeder anderen Stelle, wenn sie mit Essig und Rosenöl aufgelegt wird.

Die Wolle ist die Vorläuferin unserer jetzt in der Chirurgie im weitesten Maasse gebräuchlichen hydrophilen Watte, wodurch die Charpie, gezupftes altes Leinen, die Trägerin zahlreicher Bakterien, verdrängt wurde.

Schon bei den Hippokratikern war die schweissfeuchte, frisch abgeschnittene Schafwolle, εἴρια οἰσυποῦντα, zu Umschlägen und zum Verbande der Wunden ein beliebtes, vielfach angewandtes Mittel. Plinius XXIX 37 rühmt besonders die rohe oder reine Wolle des Schwanzes. D. lässt sie vom Halse und den Schenkeln nehmen, vermuthlich weil durch die Bewegungen des Kopfes und der Beine sich dort der meiste Schweiss, das Oesypum, absondert.

Cap. 83. Περὶ Ἐρίων κεκαυμένων. **Gebrannte Wolle.** Die gebrannte Wolle hat die Kraft, Wunden zu verharschen, Fleischwucherungen zurückzuhalten und Geschwüre zu vernarben. Gereinigt und gezupft wird sie in einem neuen Topfe gebrannt wie die anderen Substanzen. Auf dieselbe Weise werden auch die Schalen[1]) der Meer-Purpurschnecke gebrannt. Einige zupfen auch die Wolle sammt dem Schmutze, befeuchten sie mit Honig und brennen sie geradeso. Andere ordnen in einem weiten irdenen Kruge feine Spiesse in Abständen von einander an, legen darauf trockene Fichtensplitter und über diese die gezupfte und mit Oel so befeuchtete Wolle, dass dieses nicht abtröpfelt, wieder legen sie Holzspähne und Wolle wechselweise und machen mit den Spähnen von unten an ein gelindes Feuer; die Asche nehmen sie weg, und wenn etwas Fett oder Harz aus den Fichtenspähnen ausfliesst, so wird es zusammen mit fortgenommen und aufbewahrt. Zu den Augenmitteln wird sie in einem irdenen Kruge gewaschen, indem Wasser dazu gegossen und mit den Händen kräftig gerührt wird, nach dem Absetzen das Wasser abgegossen, anderes zugegeben und wieder durchgerührt wird; dieses wird fortgesetzt, bis dasselbe auf die Zunge gebracht nicht beisst, aber etwas zusammenzieht.

[1]) κροκύδες, eigentlich Wollflocken, auch Stücke vom Kleide, sind hier wohl die stacheligen Schalenwülste.

Durch das wiederholte Waschen mit Wasser soll die Pottasche bis auf die letzten Spuren entfernt werden.

Cap. 84. Περὶ Οἰσύπου. **Wollfett.** Oisypos nennt man das Fett aus schweissig-schmutziger Wolle. Du sollst es auf folgende Weise herstellen: Nimm weiche schmutzig-schweissige Wolle und wasche sie ohne Verwendung von Seifenkraut mit heissem Wasser, und presse sämmtlichen Schmutz aus. Diesen gib in ein weites Becken und giesse Wasser dazu, schöpfe es mit einer Kelle zurück unter kräftigem Durchrühren, bis es schäumt, oder rühre mit einem Holzspatel tüchtig, bis sich viel Schmutz und Schaum gesammelt hat, dann besprenge ihn mit Seewasser, und wenn das obenaufschwimmende Fett sich gestellt hat, so nimm es in ein anderes irdenes Gefäss auf, giesse Wasser in das Becken, rühre wiederum und besprenge mit Meerwasser den Schaum und nimm ihn heraus; und dieses thue, bis nach Entfernung des Fettes kein Schaum mehr entsteht. Den nun gesammelten Oisypos knete mit den Händen und entferne, wenn er etwa Unreinigkeit enthalten sollte, diese sofort, indem du das erste Wasser ausdrückst, anderes hinzugiessest und mit den Händen knetest, bis er an die Zunge gebracht nicht beisst, aber mässig adstringirt, fett und rein und weiss erscheint[1]). Sodann gib ihn zum Aufbewahren in einen irdenen Topf. Alles aber muss bei Sonnenhitze geschehen. Einige aber seihen das Fett durch und waschen es in kaltem Wasser, wobei sie es mit den Händen reiben wie die Frauen die Pomade, ein solches wird weisser. Noch Andere waschen die Wolle und pressen den Schmutz ab, kochen dann mit Wasser in einem Kessel über gelindem Feuer, nehmen das obenaufstehende Fett ab und waschen es mit Wasser, wie angegeben ist. Auch seihen sie es durch in ein flaches irdenes Geschirr, welches heisses Wasser enthält, verschliessen es ringsum mit einem Deckel aus losem Leinen[2]) und setzen es in die Sonne, bis es hinreichend consistent und weiss geworden ist. Einige nehmen nach zwei Tagen das erste Wasser weg und giessen anderes zu. Der bessere ist der ohne Seifenwurzel erhaltene, geschmeidige, welcher den Geruch nach schweissiger Wolle hat, mit kaltem Wasser in einer Muschel verrieben, weiss wird und in sich nichts Hartes oder Festes enthält, wie der mit Wachssalbe oder Talg verfälschte. Er hat die Kraft, zu erwärmen, Geschwüre auszufüllen und zu erweichen, besonders am After und an der Gebärmutter mit Steinklee und Butter. In Wolle (als Zäpfchen) eingeführt treibt er den Embryo aus und befördert die Menstruation; mit Gänsefett hilft er bei Geschwüren in den Ohren und an der Scham. Ferner wirkt er bei angefressenen und krätzigen Augenwinkeln, auch bei verhärteten und solchen Augenlidern, welche die Haare verlieren. Gebrannt wird er in einem neuen irdenen Gefässe, bis er zu Asche geworden ist und die Fettigkeit verloren hat. Es wird aber auch Russ daraus gesammelt, wie wir angegeben haben, welcher zu Augenmitteln sich eignet.

[1]) Diese Hantirung ist das bei der Bereitung einiger Pflaster (Empl. Plumbi simpl., Empl. Cerussae) nöthige Malaxiren, wodurch nicht allein die fremden wasserlöslichen Substanzen entfernt werden, sondern die Pflaster auch eine hellere Farbe erhalten.

D. nennt das Wollfett ὁ οἴσυπος. Plinius schreibt Oesypum. Als Masculinum brauchen es auch die späteren Griechen, Oribasios, Aëtios (οἴσυπος), Paulus von Aegina, Nikolaus Myrepsos (ὕσωπος); die mittelalterlichen Schriftsteller behandeln das Wort theils als Masculinum, theils als Femininum, oft mit dem Zusatze humida. Die Araber haben nämlich, wie Meyer (Gesch. d. Boot. III S. 379) sagt, aus zwei im Griechischen sehr verschiedenen Wörtern, aus οἴσυπος und ὕσωπος (Hysop) ein einziges Wort Zûfâ gemacht, unterscheiden beide aber durch einen adjectivischen Zusatz: Zûfâ jabis, das trockene Kraut, und Zûfâ rathaba, das feuchte Wollfett. Bei Rhazes heisst es: Ysopus, quae vegetatur sicut Origanum und Ysopus humida, quae e lanae sordibus fit. Durch die arabischen Autoren ist die Bezeichnung Hyssopus humidus und humida im Mittelalter gebräuchlich geworden, von ihnen kam sie zu den christlichen Schriftstellern zurück. Diese Bezeichnung hielt sich bis zum 16. Jahrhundert in den verschiedenen Arzneibüchern als Nebenbezeichnung für Oesypum.

Man kann Husemann (Zur Vorgesch. d. Lanolins, Janus 1896 u. 1897 Separatabdr.) übrigens nur beipflichten, wenn er die lateinische Form Oesypum bevorzugt, weil wir unsere für die Recepte bestimmten Benennungen der officinellen Drogen nicht aus dem Griechischen, sondern aus dem Lateinischen nehmen, und da heisst es Oesypum.

Die grösste Beachtung verdient die Bereitungsweise des Wollfettes; wem die Urheberschaft derselben zufällt, ist nicht bestimmt, das aber steht fest, dass D. und Plinius aus derselben Quelle geschöpft haben. Plinius, welcher XII 74 auch das Ladanum Oesypum nennt, gibt an (XXIX 35), dass mehrere Verfahren existirten, als das beste beschreibt er dasjenige, welches D. an dritter Stelle anführt, er weicht nur insofern davon ab, dass er das Seewasser, welches D. wohl zur besseren Abscheidung zusetzt, ausser Acht lässt, dass er das gewonnene Fett in Leintücher einschlagen und bis zum Weisswerden der Sonne aussetzen lässt, dass er bei der Prüfung das Oesypum in der Hand mit Wasser verreiben lässt, wobei es weiss wie Bleiweiss werden soll, und dass er dasselbe in Zinngefässen aufbewahren lässt. Plinius scheint betreffs der Verreibung in der Hand wieder eine kleine Verwechselung unterlaufen zu sein, ebenso bei dem Einschlagen des Wollfettes in Leinen. Auch Husemann übersetzt die Stelle[2]: λινῷ τε ῥάκει περιπωμάσαντες τιθέασιν ἐν ἡλίῳ mit „hüllen sie es in einen Leinenlappen ein und setzen es in die Sonne", während doch περιπωμάζειν rings herum mit einem Deckel zudecken heisst. Auch würde ja das Fett an der Sonne schmelzen und durch das Leinen auslaufen, während es auf dem Wasser schwimmend unter dem Einflusse des abgedämpften Sonnenlichtes bleichen kann.

Weitere Vorschriften geben spätere griechische Autoren, Aëtios von Amida (6. Jahrh.), Paulus von Aegina (7. Jahrh.), Nikolaus Myrepsos (13. Jahrh.), sie combiniren meist die Verfahren des D. und Plinius; als Verfälschung wird Teig, ζύμη, angegeben. Serapion der Jüngere (gest. 1050) (De simpl. 452) folgt dem D., verwirft aber die Verwendung der Seifenwurzel nicht, ebenso der Verfasser des Liber Servitoris, Abulkasis (?), nur legt er grösseres Gewicht auf einen guten Geruch des Präparats. Mesue der Jüngere (gest. 1015) vereinfachte in seinem Grabbadin das Verfahren, wodurch er die Herstellung des Wollfettes den Händen der Hirten und Schäfer zu entziehen suchte: Die Wolle wird mit hinreichendem Wasser acht Stunden macerirt, dann aufgekocht, die Colatur unter stetem Umrühren in einem Zinnkessel bis zur Honigconsistenz eingekocht. Als Verfälschung gibt er eine Mischung von Wachs, Talg und Oel an. Diese Vorschrift hat bei Aerzten und Apothekern bis ins späte Mittelalter Aufnahme gefunden, sie fehlt aber in den früheren Arzneibüchern der Salernitaner.

Valerius Cordus erst grub die Vorschrift des D. wieder aus, welche danach in der Pharmacopoea medico-chymica des Frankfurter Stadtarztes Joh. Schröder (1641), in der Pharmacop. simpl. et compos. bipartita des Herforder Arztes Th. Corbejus erschien, ebenso in der Wiener Pharmacopoea Augustana reformata, sie schreibt Lana ovium defatigatarum vor, um durch vorheriges Abhetzen der Thiere den Schweiss und damit die Ausbeute zu vermehren.

Das Oesypum bildete schon zur Zeit des D. und Plinius einen bedeutenden Handelsartikel, nicht nur als Arzneimittel, sondern auch als Kosmeticum — das attische galt als das beste —, daher die Verfälschungen und die von den älteren Autoren in den Quid-pro-quo-Listen gebilligten Ersatzmittel, nämlich Hirsch- und Kalbsmark; ja Aëtios und Paulus gaben schon Vorschriften zu unächtem Oesypum, wenn das ächte nicht zu beschaffen war: Feuchte Wolle von den Achseln der Schafe, herba Hysopi und Meliloti und Kardamom werden drei Tage mit Wasser bezw. Wein

(Paulus) macerirt, die Colatur wird auf den dritten Theil eingekocht und mit Kolophonium, Wachs, Fichtenharz und süssem Oel zu einer Salbe (Emplastrum) gekocht.

Die Wiedereinführung der D.'schen Vorschrift durch Cordus war für die Apotheker wegen ihrer Umständlichkeit sehr verdriesslich, so dass Dr. J. Zwelfer, früher selbst Apotheker (1652), theils dieserhalb, theils weil andere Fette dieselben Dienste leisteten wie „der als Handelsartikel ausgebeutete überriechende und schmutzige Thierschweiss", heftig gegen die Verwendung des Wollfettes eiferte. Seit dem Anfange des 18. Jahrh. verschwindet das Wollfett aus den meisten Pharmakopöen officinell, am längsten hielt es sich in Spanien und Frankreich, wo es viel fabricirt wurde, im Codex medicam. von 1758 wird es noch als l'Oesipe unter den Simplicibus aufgeführt.

Erst in neuerer Zeit ist das Oesypum durch Liebreich als Lanolin und als Adeps lanae, Alapurin, wieder zu Ehren gekommen und zwar als vorzügliche Salbengrundlage. Heute wird demselben Wasser aus pharmakotaktischen Gründen zugesetzt, die Alten thaten dasselbe nur zur Prüfung, um die Identität nachzuweisen (vgl. Husemann a. a. O.).

Das Lanolin ist eine salbenartige, gelbliche, fast geruchlose neutrale Masse, welche bei 40° schmilzt und sich dabei in eine wässerige und eine Fettschicht trennt. Es besteht aus den Fettsäureäthern des Cholesterins und Isocholesterins, denen 25% Wasser zugemischt werden. Dargestellt wird es in den Wollwäschereien und Wollkämmereien aus dem rohen Wollfette (Oesypum) nach patentirten Verfahren.

Cap. 85. Περὶ Πιτύας. Lab. Das Hasenlab im Gewicht von 3 Obolen mit Wein hilft gegen den Biss giftiger Thiere, bei Kolik, Dysenterie, Fluss der Frauen, gegen geronnenes Blut und Auswerfen desselben aus der Brust. Mit Butter im Zäpfchen nach der Menstruation [1]) an die Gebärmutter gelegt bewirkt es Empfängniss. Getrunken aber tödtet es den Embryo und nach der Menstruation bewirkt es Unfruchtbarkeit. Das Pferdelab aber, von Einigen Hippake genannt, ist ein Specificum bei Magenleiden und Dysenterie. Das vom Böckchen, vom Lamm, vom Hirschkalb, von der Gazelle[2]) und dem Damwild[3]), vom Reh[4]) und Hirsch, vom Kalbe[5]) und Bubalos[6]) hat dieselbe Kraft, ist auch mit Wein genommen gegen den Genuss von Sturmhut, mit Essig gegen geronnene Milch wirksam. Das vom Hirschkalb ganz besonders bewirkt, nach der Menstruation als Zäpfchen drei Tage eingelegt, Unfruchtbarkeit. Das vom Seehund gleicht in der Wirkung dem Bibergeil; es scheint aber genossen ein vorzügliches Mittel bei Epilepsie und Gebärmutterkrämpfen zu sein. Die Probe, ob es vom Seehund stamme, wird so gemacht: Nimm das Lab irgend eines Thieres, am besten des Lammes, giesse Wasser zu, lass kurze Zeit stehen und giesse hiernach die Maceration zu dem Seehundslab; das ächte wird nämlich sofort im Wasser zergehen, was ein solches aber nicht ist, wird unverändert bleiben. Es wird aber aus dem Seehunde das Lab genommen, wenn die Jungen noch nicht mitschwimmen können. Insgemein verbindet das Lab das, was gelöst ist, löst aber das Verdichtete.

¹) Lacuna fügt zu: καὶ μικρόν τι πρὸ τῆς συνουσίας, kurz vor dem Beischlaf.
²) δορκάς, *Antilope Dorcas* Licht., von δέρκομαι, blicken, abgeleitet, wegen der schönen Augen der Gazelle. ³) πλατυκέρως, *Dama vulgaris* Brookes, vom breiten Geweih.
⁴) δόρκος wird für *Cervus Capreolus* L. genommen. ⁵) μόσχος ist ein unbestimmtes Thier, auf keinen Fall *Moschus moschiferus;* nach Analogien ist es mit Kalb über-setzt. ⁶) Bubalus, eine afrikanische Hirschart. Plinius VIII 38 sagt, das Thier habe Aehnlichkeit mit einem Kalb oder einem jungen Hirsche, vom unkundigen Volke werde es auch Büffel genannt.

Lab, Coagulum, ist ein Enzym im Magensafte der Säugethiere, welches in grösster Menge im vierten Magen, dem Labmagen, noch saugender Thiere, besonders der Kälber sich findet. Das Lab hat die Eigenschaft, bei 25—50⁰ aus der Milch das Caseïn auszuscheiden, dient daher zur Bereitung der süssen Molken. Zu diesem Be-huf stellt man eine Labessenz her durch Maceration des zerschnittenen Labmagens mit einer Mischung von 5 Theilen Wasser und 1 Theil Weingeist, dem etwas Koch-salz und Borsäure zugesetzt sind (Liquor seriparus). Auch ein Labpulver (Pulvis seri-parus) und Labextract benutzt man zu demselben Zwecke. Als Lab bezeichnet man aber auch die erste Muttermilch der Säugethiere, das Colostrum.

Cap. 86. Περὶ Στέατος. **Fett.** Das frische Fett von Gänsen oder Hühnern, ohne Salz aufbewahrt, ist bei Gebärmutterleiden ein gutes Mittel, das gesalzene aber und was mit der Zeit scharfen Geschmack an-genommen hat, ist der Gebärmutter schädlich. Nimm von diesen das frische, häute es ab und gib es in einen neuen irdenen Topf, welcher doppelt so viel davon, oder von so viel, als geläutert werden soll, fasst. Dann setze den vorsichtig bedeckten Topf in die glühendste Sonne und seihe das ausgeschmolzene in einen anderen irdenen Topf, bis Alles er-schöpft ist. Bringe es aber an einen kühlen Ort und gebrauche es. Einige stellen auch den Topf statt in die Sonne auf heisses Wasser oder gelindes, schwaches Kohlenfeuer. Es gibt auch noch eine andere Art des Läuterns, nämlich diese: Nach Entfernung der Häute wird das Fett fein zerkleinert, in den Topf gegeben und geschmolzen, indem etwas fein geriebenes Salz darüber gestreut wird; dann wird es durch ein Leintuch colirt und weg-gesetzt. Dieses eignet sich zu stärkenden Salben.

Cap. 87. Περὶ στέατος ὑείου καὶ ἀρκείου. **Schweine- und Bärenfett.** Das Schweine- und Bärenfett wird so behandelt: Gib das frische und sehr fette, ein solches ist das von den Nieren, nach Ent-fernung der Häute in reichliches, möglichst kaltes Regenwasser und reibe es mit den Händen tüchtig, indem du dasselbe gleichsam abwischest. Nachdem du es dann mit anderem Wasser öfter abgespült hast, gib es in einen irdenen Topf, welcher das Doppelte fasst, giesse Wasser hinzu, bis es über dem Fette steht, setze es über gelindes Kohlenfeuer und rühre mit einem Spatel um. Wenn es geschmolzen ist, colire es durch ein Seihetuch in kaltes Wasser und lass erkalten. Vorsichtig ausgedrückt gib es wieder in den vorher ausgewaschenen Topf zurück, giesse Wasser zu und lass langsam schmelzen, und, wenn du es abgenommen hast (vom Feuer), lass die Unreinigkeiten sich kurze Zeit absetzen und giesse es in ein mit einem Schwamm befeuchtetes Becken. Wenn es erstarrt ist, nimm es heraus und, nachdem du den Bodensatz entfernt hast, bringe es in ein Geschirr und schmelze es zum dritten Male ohne Wasser, giesse es dann in einen irdenen Topf, verschliesse ihn und stelle ihn an einen kalten Ort.

Cap. 88. Περὶ στέατος τραγείου καὶ προβατείου καὶ ἐλαφείου. **Ziegenbock-, Schaf- und Hirschfett.** Das Ziegenbock- und Schaffett, auch das des Hirsches wird so geläutert: Nimm das Fett eines der genannten Thiere und wasche es ab. Nachdem du, wie beim Schweinefett angegeben ist, die Häute entfernt hast, gib es in ein Becken zum Einweichen und reibe es, indem du nach und nach Wasser zugibst, bis weder Blutmasse sich absondert, noch Fett obenaufschwimmt, jenes aber glänzend erscheint. Die Masse selbst aber gib in einen irdenen Topf und, nachdem du Wasser bis zum Ueberstehen zugegossen hast, setze ihn auf gelindes Kohlenfeuer und rühre um. Wenn Alles geschmolzen ist, giesse dasselbe in Wasser und kühle es ab, wasche den Topf aus und schmelze es zum anderen Mal und mache es so, wie früher angegeben ist. Zum dritten Mal schmelze aber ohne Wasser, fülle es in einen angefeuchteten Topf und bewahre es kühl auf, wie beim Schweinefett gesagt ist.

Cap. 89. Περὶ στέατος βοείου. **Rinderfett.** Auch das Rinderfett, das von den Nieren, ist von den Häuten zu befreien und mit Meerwasser mitten aus dem Meere zu waschen. Dann muss es in einen Trog geworfen und unter Benetzen mit Meerwasser sorgfältig zerhackt werden. Wenn Alles zerkleinert ist, wird es in einen irdenen Topf gegeben und Meerwasser zugegossen, so viel, dass es nicht weniger als eine Spanne darüber steht, und gekocht, bis es den eigenthümlichen Geruch verloren hat. Dann wird tyrrhenisches Wachs zugesetzt, auf 1 attische Mine 4 Drachmen, und colirt. Entferne die auf dem Grunde abgesetzte Unreinigkeit und giesse es in einen neuen Topf. Dann muss es, rings herum zugedeckt, den Tag über in die Sonne gestellt werden, damit es weiss werde und den üblen Geruch abgebe.

Cap. 90. Περὶ στέατος ταυρείου, παρδαλείου καὶ λεοντείου. **Stier-, Panther- und Löwenfett.** Das Stierfett wird auf folgende Art geläutert: Nimm frisches und von den Nieren, wasche es mit Flusswasser und, nachdem du die Häute entfernt hast, gib es in einen irdenen Topf, indem du etwas Salz darüber streuest, und schmelze es. Dann colire es in ganz klares Wasser, und wenn es zu erstarren beginnt, zerdrücke es

wieder mit den Händen und wasche es tüchtig, indem du das Wasser weg-
schüttest und anderes wieder zugiessest, bis es schön gewaschen ist. Bringe
es wieder in den Topf und koche es mit gleichviel gewürztem Wein.
Wenn es zweimal aufgekocht hat, nimm den Topf vom Feuer und lass
das Fett eine Nacht dort stehen. Am folgenden Tage, wenn etwas vom
schlechten Geruch zurückgeblieben sein sollte, bringe das vorgenannte in
einen anderen neuen Topf, giesse gewürzten Wein dazu und mache es
gerade so, wie vorher angegeben ist, bis es allen schlechten Geruch
verloren hat. Es wird auch ohne Salz geschmolzen für solche Fälle, in
denen es welche verabscheuen. Das so dargestellte wird allerdings nicht
sehr weiss. Ganz auf dieselbe Weise wird das Panther- und Löwenfett,
das vom Wildschwein, Kameel und Pferde und anderes dergleichen
bereitet.

Cap. 91. Πῶς τὸ στέαρ ἀρωματιστέον. Wie das Fett gewürzt wird. Das Kalb- und Stierfett, ebenso das vom Hirsch und das
Mark dieses Thieres wird auf folgende Weise gewürzt: Was wohlriechend
werden soll, befreie von den Häuten und wasche es, wie wir früher gesagt haben, und schmelze es mit gewürztem Wein ohne Meerwasser.
Dann setze es ab und lass es die Nacht über stehen, giesse anderen
Wein derselben Sorte darüber, diesen in solcher Menge, wie er zuvor
zugegeben war, schmelze es, und nimm fleissig den Unrath ab, dann füge
auf 9 Kotylen Fett 7 Drachmen arabischen Schoinos zu. Wenn du es
aber noch wohlriechender machen willst, so gib 40 Drachmen der Blüthe
hinzu und weiter Palme, Kassia und Kalmus von jedem gleichviel,
Drachmen, Aspalathus und Balsamholz von jedem 1 Drachme, mische
auch Zimmt, Kardamom und Narde hinzu, von jedem 1 Unze. Alles sei
aber ziemlich grob zerkleinert. Dann giesse gewürzten Wein zu und
stelle den zugedeckten Topf auf Kohlen, lass dreimal aufkochen, nimm
es dann vom Feuer, und lass es die Nacht über stehen. Am folgenden
Tage giesse den Wein ab und anderen von derselben Sorte zu und lass
bis dreimal in ähnlicher Weise kochen, und setze ab, anderen Morgens
aber nimm das Fett heraus und giesse den Wein aus. Nachdem du den
Kessel ausgewaschen und vom Bodensatze gereinigt hast, schmelze es,
seihe es durch und setze es dann zum Gebrauche weg. Aber auch das
geläuterte wird auf dieselbe Weise gewürzt. Die oben genannten Fette
werden vorher verdichtet, damit sie die Kraft der Gewürze leichter aufnehmen, und zwar auf folgende Art: Nimm eins von diesen (Fetten),
welches du willst, koche es mit Wein, nachdem du zugleich einen Myrten-
zweig, Quendel und Cyperngras, auch Aspalathos, ziemlich grob zerkleinert, zugesetzt hast. Einige begnügen sich auch mit der Verwendung
von einer dieser Substanzen. Wenn es zum dritten Mal gekocht hat, nimm

es vorsichtig heraus, colire es durch Leinen und würze es dann, wie gezeigt ist. Aber auch so verdichte die Fette vorher: Nachdem du dasjenige, welches von ihnen du willst, frisch und frei von Blut, und mit den anderen oft erwähnten Eigenschaften, zerkleinert hast, wirf es in einen neuen Kessel, giesse alten gewürzten Weisswein dazu, dass er acht Finger breit darüber steht, und lass unter Anwendung von gelindem Feuer zusammenkochen, bis es den ihm von Natur anhaftenden Geruch verloren hat und mehr nach Wein riecht. Dann setze den Kessel ab und lass erkalten, und nimm 2 Minen Fett heraus, wirf sie in eine Schale, gib vom selben Wein 4 Kotylen zu und von zerkleinerter Frucht des Lotosbaumes[1]), dessen Holz die Flötenfabrikanten gebrauchen, 4 Minen und koche über gelindem Feuer unter beständigem Umrühren. Wenn es allen Fettgeruch verloren hat, colire dasselbe und lass erkalten. Nimm ferner 1 Mine zerkleinerten Aspalathos und 4 Minen Majoranblüthe, mische sie mit altem Wein und lass eine Nacht ausziehen. Am folgenden Tage giesse dieses und auch das Fett in einen neuen, 3 Chous fassenden irdenen Topf, gib überdies noch ½ Chous Wein hinzu und lass Alles zusammen kochen. Wenn das Fett von allen den Verdichtungsmitteln die Kraft und den Geruch aufgenommen hat, so nimm dasselbe heraus, colire, lass erstarren und bewahre es auf. Wenn du es aber noch wohlriechender machen willst, so mische 8 Drachmen fettester Myrrhe, welche mit viele Jahre altem Weine gestanden hat, hinzu.

Das Hühner- und Gänsefett mag auf diese Weise gewürzt werden: Nimm 4 Kotylen geläutertes Fett irgend eines derselben, gib es in einen irdenen Topf und mische zu Erysiskeptron[2]) und Balsamholz, auch die Spathe der Palme und Kalmus, grob zerkleinert, von jedem 12 Drachmen, giesse hinzu 1 Becher alten lesbischen Wein, setze es auf Kohlenfeuer und lass dreimal aufkochen. Nimm dann den Topf vom Feuer und lass den Inhalt einen Tag und eine Nacht hindurch erkalten. Am folgenden Tage schmelze dasselbe und seihe es durch ein reines Leintuch in einen reinen Topf. Wenn es aber erstarrt ist, nimm mit einer Muschel das ebengenannte heraus und gib es in einen neuen irdenen Topf, versieh ihn mit einem Deckel und setze ihn wohlbedeckt an einen kühlen Ort. Dieses aber muss im Winter geschehen, denn im Sommer erstarrt es nicht. Einige aber setzen zur Consistenz und Erstarrung derselben ein wenig tyrrhenisches Wachs zu. Auf dieselbe Weise wird das Schweine- und Bärenfett und Aehnliches gewürzt.

[1]) *Celtis australis* L.. Zürgelbaum.   [2]) Synonym mit Aspalathos und Kypeiros.

Cap. 92. Πῶς σαμψυχίζεται τὸ στέαρ. Wie das Fett mit Majoran gewürzt wird. Das Fett wird auf diese Weise mit Majoran gewürzt: Nimm schon geläutertes Fett, am liebsten soll es Stierfett sein,

1 Mine und mische es mit 1½ Minen reifen, sorgfältig gestossenen Majorans, besprenge es reichlich mit Wein und forme Küchelchen daraus, lege sie in einen Topf, verschliesse ihn und lass eine Nacht stehen. Früh Morgens wirf sie in einen irdenen Topf, giesse Wasser dazu und koche gelinde. Wenn das Fett seinen eigenthümlichen Geruch abgegeben hat, colire dasselbe und lass es die ganze Nacht gut zugedeckt stehen. Am kommenden Tage nimm den Kuchen heraus, entferne den am Grunde sitzenden Schmutz, vermische wieder, wie angegeben wurde, mit weiteren 1½ Minen gestossenen Majorans und forme auf dieselbe Art Küchelchen, indem du im Uebrigen verfährst, wie oben gesagt ist. Wenn du nach allem diesem aber gekocht und colirt hast, nimm, wenn irgend eine Unreinigkeit sich am Grunde findet, diese weg; bewahre es an einem recht kalten Orte auf.

Cap. 93. Περὶ στέατος χηνείου καὶ ὀρνιθείου. Gänse- und Hühnerfett. Wenn du das ungeläuterte Gänse-, Hühner- oder Kalbsfett vor Fäulniss bewahren willst, musst du so verfahren: Nimm frisches wovon du willst, wasche es sorgfältig ab und lüfte es auf einem Siebe im Schatten aus; nach dem Trocknen schlage es in reines Leinen und drücke es mit den Händen kräftig aus. Dann nimm es aus dem Leinen heraus und hänge es an einem schattigen Orte auf. Nach vielen Tagen hülle es in ein neues Papier und bewahre es an einem sehr kalten Orte auf. Fäulnissfrei bleibt es auch in Honig aufbewahrt.

Cap. 94. Στεάτων δύναμις. Die Kraft der Fette. Alle Fette haben eine erwärmende, erweichende, lockernde Kraft. Das Stierfett adstringirt etwas, auch das Rinder- und Kalbsfett, und das Löwenfett stimmt mit diesen überein, es soll auch ein Gegenmittel gegen Nachstellungen sein. Das Elephanten- und Hirschfett als Salbe verscheucht die Schlangen, das Ziegenfett adstringirt mehr, deshalb wird es, mit Graupen, Sumach und Käse stark gekocht, bei Dysenterie gegeben, mit Ptisanenschleim[1]) auch als Klystier angewandt. Die damit bereitete Suppe ist für die Phthisiker im Tranke wohlthätig, wird auch denen mit Nutzen gegeben, welche Kanthariden verschluckt haben. Das Bocksfett, welches am stärksten löst, hilft Podagraleidenden, wenn es mit Ziegendünger und Safran gemischt und aufgelegt wird. Mit diesem stimmt das Schaffett überein. Das Schweinefett eignet[2]) sich für die Gebärmutter- und Afterleiden, es hilft auch bei Verbrennungen mit Feuer. Das gesalzene Schweinefett wie das sehr alte erwärmt und erweicht. Mit Wein gewaschen hilft es bei Seitenstechen, mit Asche oder gebranntem Kalk gemischt auch gegen Oedeme, Entzündungen und Fisteln. Das Eselsfett, sagen sie, mache Narben der Haut gleichfarben. Das Gänse- und Hühnerfett ist ein gutes Mittel bei Frauenleiden, bei Rissen der Lippe, zur Pflege des Antlitzes und bei Ohrenleiden. Das Bärenfett scheint die Haare bei Fuchskrankheit zu erzeugen, auch bei Frostbeulen wirkt es. Das Fett des Fuchses dient gegen Ohrenleiden, das der Flussfische, in der Sonne geschmolzen und mit Honig zusammengemischt und eingestrichen schärft den Blick, das Vipernfett wirkt gegen Schwachsichtigkeit, auch gegen Star, wenn es mit Cedernpech, attischem Honig und Oel zu gleichen Theilen gemischt wird. Beim Ausrupfen der Haare in der Achselhöhle macht es diese leicht ausgehend, wenn es für sich allein frisch an die Wurzeln eingerieben wird.

¹) Die Ptisane von der Grütze abcolirt. ²) ἀναλογεῖ = εὐθετεῖ oder ἁρμόζει.

Cap. 95. Περὶ Μυελῶν. Mark. Das beste Mark ist das des Hirsches, dann des Kalbes, nach diesen das des Rindes, dann der Ziege und des Schafes. Es wird aber zurecht gemacht in der Zeit des Sommers, welche dem Herbste sich nähert; denn in der übrigen Zeit findet sich eine geronnene Blutmasse und gleichsam leicht zerreibliches Fleisch in den Knochen. Es ist aber schwer zu erkennen, es sei denn, dass Jemand es selbst den Knochen entnommen und aufbewahrt hat. Alle Arten Mark sind erweichend, lockernd, sie heilen und füllen die Geschwüre aus. Das vom Hirsche eingerieben verscheucht auch wilde Thiere. Weich geworden wie Fett, wird es frisch nach Entfernung der Knochen geläutert, indem es mit Wasser übergossen, mit einem Leintuche gereinigt und ebenso ausgewaschen wird, bis das Wasser rein erscheint. Dann wird es in einem Gefässe im Wasserbade¹) geschmolzen, wobei mit einer Feder der obenaufschwimmende Schmutz abgenommen wird, und in ein Becken colirt; nach dem Erstarren, und nachdem der Bodensatz vorsichtig abgeschabt ist, wird es in einem neuen irdenen Topfe zum Aufbewahren weggesetzt. Wenn du es ungeläutert aufbewahren willst, so mache Alles so, wie es beim Hühner- und Gänsefett vorgeschrieben ist.

¹) ἐν διπλώματι.

Cap. 96. Περὶ χολῆς πάσης. Jegliche Art Galle. Jede Galle wird auf diese Weise aufbewahrt: Nimm die frische Gallenblase, lege sie, nachdem du die Oeffnung derselben mit einer Schnur zugebunden hast, in siedendes Wasser und lass sie darin so lange Zeit, als Jemand braucht, um einen Weg von 3 Stadien¹) zurückzulegen. Dann nimm sie heraus und trockne sie an einem schattigen, nicht feuchten Orte. Die für die Augenarzneien binde an eine Schnur, gib sie in ein kleines Glasgefäss mit Honig, indem du das Ende der Schnur am Halse des Gefässes befestigst, decke es zu und setze es weg. Alle Arten Galle sind scharf und erwärmend, sie unterscheiden sich von einander durch die grössere und geringere Kraft. Voranzustehen scheint aber die des Meerskorpions und des Fisches, welcher Kallionymos[2]) heisst, die der Meerschildkröte und der Hyäne[3]). Dann kommt die des Rebhuhns, des Adlers, der weissen Henne und der wilden Ziege[4]), welche specifisch wirkt gegen beginnenden Star und gegen Hornhautnebel, gegen weisse Flecken[5]) und rauhe Augenlider; ferner die des Schafes, des Bockes, des Schweines und des Bären, doch die wirksamste ist die des Stiers. Alle aber bewirken Anregung zum Durchfall, besonders bei Kindern, wenn man einen Wollflecken hineintaucht und als Zäpfchen in den After bringt. Die Stiergalle ganz besonders wird bei Entzündung der Schlundmuskeln mit Honig eingestrichen; sie heilt auch die Geschwüre am After bis zur Vernarbung, ebenso eiternde Ohren und die Flüsse aus ihnen, wenn sie mit Ziegen- oder Frauenmilch eingeträufelt wird; gegen Ohrenbrausen hilft sie mit Lauchsaft. Sie wird auch zu Wundsalben gemischt und zu Salben gegen den Biss giftiger Thiere. Ferner dient sie mit Honig gegen Krebsgeschwüre, gegen Schmerzen an der Scham und am Hodensack; bei Aussatz und Grind ist sie mit Natron oder kimolischer Erde[6]) die beste Salbe. Auch die Schaf- und Bärengalle hilft gegen dieselben Gebrechen, ist aber von schwächerer Wirkung. Als Leckmittel hilft aber die Bärengalle bei Epilepsie, die der Schildkröte bei Entzündung der Schlundmuskeln und gegen fressende Geschwüre der Kinder im Munde, auch bei Epilepsie, wenn sie in die Nase gesteckt wird. Die Galle der wilden Ziege hilft, eingestrichen, als Specificum bei Nachtsichtigkeit, auch die des Bockes leistet dasselbe, sie entfernt eingerieben die Feigwarzen und hält die Auswüchse bei den an Elephantiasis Leidenden zurück. Die Schweinsgalle endlich wird gegen Geschwüre in den Ohren und gegen alle sonstigen mit Vortheil angewandt.

[1]) Eine Stadie ist eine Weite von 125 Schritten, also etwa eine Zeit von 2 Minuten. [2]) Kallionymos, der Schönnamige. *Uranoscopus Scaber* C. V., Gemeiner Sternseher, mit aufwärts gerichteten Augen auf der oberen Fläche des Kopfes. Aristoteles (Hist. anim. II 11) erwähnt seine grosse Gallenblase. Von der Benutzung der Fischgalle bei Augenkrankheiten lesen wir schon im A. T. bei Tobias 11, 3. [3]) Plinius, welcher die Galle als Heilmittel für dieselben Augenfehler hält, nennt XXXII 154 Hyaena einen Fisch, welchen man zu den Schollen rechnet. [4]) Gemse. [5]) ἀχλύς und ἄργεμον sind Arten von Leukom. [6]) Weisser oder röthlicher Thon.

D. wendet die Galle nur im natürlichen Zustande an; für die besonders feinen Augenmittel schützt er sie ausser durch etwa 6 Minuten langes Eintauchen in kochendes Wasser noch durch Aufbewahren in Honig vor dem Verderben. Sicher hat er seinen Zweck erreicht. Plinius XI 191 sqq. erzählt viel von der Galle der verschiedenen Thiere; gegen recht schwere Ohrenleiden empfiehlt er XXVIII 174 Galle mit Myrrhe und Raute, in der Granatschale erwärmt, einzugiessen.

Die Galle ist ein Secret, welches aus dem Blute in den Leberzellen, sowie in den Schleimhäuten, welche die Lebergänge und die Gallenblase auskleiden, abgesondert wird. Sie hat den Zweck, die Resorption der Fette im Darme zu befördern und die Fäces daselbst vor frühzeitiger fauliger Zersetzung zu schützen. Sie bildet eine schleimige, zähe, beim Schütteln schäumende Flüssigkeit von intensiv bitterem Geschmack und eigenthümlichem Geruch. Bei den fleischfressenden Thieren ist sie braun, bei den pflanzenfressenden grün. Neben eigenthümlichen Farbstoffen, den Gallenpigmenten, enthält sie die Natrium- und Kaliumsalze der sogen. Gallensäuren, hauptsächlich der Glykochol- und Taurocholsäure. Dieselben sind bei den verschiedenen Thieren in verschiedener Weise vertreten; so enthält die Fischgalle, die Hundegalle, die Galle vieler Fleischfresser nur Taurocholsäure, die Gänsegalle eine besondere Säure, die Chenotaurocholsäure. Ausserdem enthält jede Galle noch Cholesterin, Cholin, Lecithin, Schleim, Fett u. a. Die Galle hat sich bis jetzt im Arzneischatze gehalten, da sie vom Ochsen genommen wird, als Fel tauri inspissatum und siccum.

Cap. 97. Περὶ Αἱμάτων. Blut. Das Blut der Gans, des Lammes und der Ente wird mit Nutzen den Gegenmitteln zugemischt, das der Holztaube, der Turteltaube, der Taube und des Rebhuhns wird gegen frische Augenwunden, gegen Blutunterlaufen und Nachtsichtigkeit eingestrichen. Ganz besonders hält das Blut der Taube die Blutflüsse aus der Gehirnhaut auf, das des Bockes und der Ziege, des Hirsches und des Hasen, in der Pfanne gebraten und genommen, hemmt Dysenterie und Bauchfluss. Mit Wein getrunken wirkt es gegen Gifte. Das Hasenblut, warm eingerieben, heilt Sonnenbrand- und Leberflecken, das vom Hunde getrunken hilft denen, die vom wüthenden Hunde gebissen sind und denen, die Gift genossen haben. Das der Landschildkröte getrunken soll den Epileptikern heilsam sein, das der Meerschildkröte, mit Wein, Hasenlab und römischem Kümmel getrunken, ist ein gutes Mittel gegen den Biss giftiger Thiere und den Genuss des Krötengiftes. Das Stierblut, mit Hafergrütze umgeschlagen, zertheilt und erweicht Verhärtungen, das der Hengste wird den Fäulnissmitteln zugemischt; das des Chamäleons, glaubt man, entferne die Augenwimpern, in gleicher Weise das der grünen Frösche. Das Menstrualblut der Frauen scheint die Empfängniss der Frauen zu hindern, wenn sie sich rings herum damit bestreichen, oder wenn sie darüber hinschreiten. Eingerieben hilft es gegen Podagraschmerzen und roseartigen Ausschlag.

Das Blut der verschiedenen Thiere spielte im Alterthum eine grosse Rolle, theils als wirkliches Heilmittel, weil, wie Plinius XI 224 sagt, in ihm ein grosser Theil der Lebenskraft liegt, theils als abergläubisches Mittel. In der Volksmedicin hat es noch seinen Glauben nicht völlig eingebüsst, z. B. Eselsblut gegen Epilepsie. Von der grössten Bedeutung ist das in der Neuzeit aus dem Blute gewisser Thiere bereitete Serum antitoxicum.

Cap. 98. Περὶ Ἀποπάτου. Koth. Der Koth der Weidekuh, frisch aufgelegt, lindert die durch Wunden entstandenen Entzündungen; er wird in Blätter eingeschlagen, über heisser Asche erwärmt und so aufgelegt; auch besänftigt ein solcher Umschlag die brennenden Ischiasschmerzen. Mit Essig als Kataplasma öffnet er Verhärtungen, Skropheln und Drüsenverhärtungen an den Weichen. Ganz besonders bringt der Mist des Ochsen, als Räucherung angewandt, die vorgefallene Gebärmutter wieder zurück. Sein Rauch vertreibt auch die Mücken. Die Ziegenküttel, am besten die von Bergziegen, vertreiben, mit Wein getrunken, die Gelbsucht, mit Gewürz genommen befördern sie die Menstruation und treiben den Fötus aus; trocken fein zerrieben und mit Weihrauch als Zäpfchen eingelegt halten sie den Fluss der Frauen zurück, stellen mit Essig auch die anderen Blutflüsse. Gebrannt und mit Essig oder Sauerhonig eingerieben heilen sie die Fuchskrankheit, mit Schmalz umgeschlagen helfen sie bei Podagra. Mit Essig oder Wein gekocht werden sie gegen Schlangenbisse, gegen kriechende Geschwüre, roseartige Entzündungen und Drüsen aufgelegt. Auch bei Ischias werden sie gebrannt mit Nutzen auf folgende Art angewandt: Auf die Mitte zwischen dem Daumen und der Vertiefung, welche an die Handwurzel grenzt, lege zunächst in Oel getauchte Wolle, dann einzeln die Küttel aus dem Feuer, bis das Gefühl durch den Arm zum Hüftgelenk kommt und Linderung eintritt; dieses nennt man das arabische Brennen. Der Schafmist mit Essig als Umschlag heilt Epinyktiden, Hautauswüchse, Feigwarzen und fein gestielte Warzen und, in Rosensalbe aufgenommen, Brandwunden. Der trockene Mist des Wildschweins, mit Wasser oder Wein getrunken, hemmt den Blutauswurf und lindert chronisches Seitenstechen, mit Essig getrunken, Reissen und Krämpfe, in Rosensalbe aufgenommen heilt er Verrenkungen. Der Mist vom Esel und Pferde, roh wie auch gebrannt mit Essig gemischt, stellt den Blutsturz; der von grasweidenden Heerden, trocken, mit Wein zu Schleim gemacht und getrunken, hilft ausgezeichnet gegen Skorpionstiche; der von Tauben wird vortheilhaft mit ungeröstetem Gerstenmehl gemischt, weil er mehr wärmt und brennt; mit Essig vertheilt er die Drüsen, mit Honig, Leinsamen und Oel angerieben reisst er die Karbunkeln auf, heilt auch Feuerbrandwunden. Der Mist der Henne bewirkt dasselbe, nur schwächer; specifisch wirksam ist er aber gegen tödtliche Pilze und Kolikschmerzen, wenn er mit Essig oder Wein genommen wird. Vom Storchdünger glaubt man, dass er, mit Wasser getrunken, den Epileptikern helfe. Der Geiermist soll als Räucherung den Embryo tödten. Der Mäusedünger heilt, mit Essig eingerieben, die Fuchskrankheit, mit Weihrauch und Honigwein treibt er den Stein aus. Der Mäusedreck, den Kindern als Zäpfchen beigebracht, reizt den Leib zum Abführen. Der Hundedreck, in den Hundstagen getrocknet und mit Wasser oder Wein genommen, stellt den Bauch. Der frische Menschenkoth als Umschlag bewahrt die Wunden vor Entzündung und verklebt sie zugleich, trocken aber mit Wein eingestrichen soll er bei Schlundmuskelentzündung helfen. Der Abgang des Landkrokodils dient bei den Frauen dazu, dem

Gesichte schöne Farbe und Glanz zu geben; am besten ist der ganz weisse und leicht zerreibliche, der leicht ist wie Stärkemehl, schnell im Wasser zergeht und säuerlich und nach Hefe riecht. Sie verfälschen ihn, indem sie Staare mit Reis füttern und den Abgang, welcher ähnlich aussieht, verkaufen. Noch Andere feuchten Amylum oder kimolische Erde an und färben es [mit Ochsenzunge], treiben es zu kleinen Strängen durch ein enges Sieb, trocknen es und verkaufen es statt jenes als Würmchenwaare. [Wir finden unter den geheimen, widerwärtigen Mitteln, dass der Koth des Menschen wie auch des Hundes mit Honig gemischt in den Hals gelegt bei Entzündung der Schlundmuskeln helfe.]

Der Thier- und Menschenkoth findet bei D. eine ausgiebige Verwendung; ob dieselbe übrigens dem gesunden Sinne des Praktikers zusagte? Noch lange nach D. hat derselbe in der Dreckapotheke D^{ris} K. F. Paullini 1699, sowie bei Lonicer um dieselbe Zeit seine Stelle behauptet und ist selbst heute aus der Volksmedicin noch nicht verschwunden, wie Katzendreck gegen Gesichtsrose und frischer Kuhdünger als Umschlag auf Geschwüre, besonders bei der Landbevölkerung. In der Materia medica der Chinesen wird der alte Ansatz der Aborte als Mittel gegen Magensäure geführt. Der Krokodils-, Schlangen- und Vögelabgang besteht zum grössten Theil aus Harnsäure und wird zur Gewinnung derselben benutzt. Die Anwendung desselben bei D. entspricht allerdings nicht derjenigen, welche heute von der Harnsäure gemacht wird. Was D. unter Landkrokodil versteht, ob er die Amphibie oder den Scincus, welchen er auch κροκόδειλος χερσαῖος nennt, meint, ist schwer auszumachen.

Cap. 99. Περὶ Οὔρων. Urin. Der Menschenurin, der eigene getrunken, hilft gegen den Biss der Viper, gegen tödtliche Gifte und gegen beginnende Wassersucht, gegen den Biss des Meerigels[1]), des Meerskorpions und Meerdrachen, wenn er darauf gegossen wird, der Urin des Hundes gegen den Biss des wüthenden Hundes als Aufguss; mit Natron ist er ein Schmiermittel bei Aussatz und Jucken; der alte entfernt noch besser bösen Grind, Schorf, Krätze und nässenden Ausschlag; fressende Geschwüre, auch an den Schamtheilen hält er auf. Als Injection macht er bei eiterflüssigen Ohren trocken, wenn er in der Schale des Granatapfels gekocht wird, wirft auch die in den Ohren befindlichen Würmer heraus. Der Urin eines unschuldigen Knaben geschlürft hilft gegen Orthopnöe; mit Honig in einem Kupfergefässe gekocht bringt er Narben, Leukome und Verdunkelungen (der Augen) weg. Es wird auch aus ihm und Kupfererz eine für Gold geeignete Löthsubstanz bereitet. Der Absatz des Harns beseitigt, eingerieben, roseartige Entzündungen. Mit (Lawsonien-) Kyprossalbe erhitzt und als Zäpfchen eingelegt besänftigt er Schmerzen der Gebärmutter, lindert Gebärmutterkrämpfe, glättet die Augenlider und reinigt die Wunden im Auge. Der Stierharn, mit Myrrhe verrieben und eingeträufelt, lindert Ohrenschmerzen. Der Schweineurin hat dieselbe Kraft; specifisch ist ihm aber eigen, Blasensteine zu zerstören und auszuscheiden. Der Ziegenharn, mit Spikenard täglich in der Menge von

2 Bechern mit Wasser getrunken, soll das unter dem Fleische gebildete
Wasser abführen und den Bauch lösen, eingeträufelt auch Ohrenleiden
heilen, der vom Esel aber Nierenleidende gesund machen.

¹) Bei Anderen (nach Plinius) ἐχιδνῶν, Meerotter, die D. aber nicht kennt.

Nicht minder wie dem Koth wurden dem Urin heilende Wirkungen beigemessen.
Auch Plinius XXVIII 67 und an anderen Stellen ist nicht karg in den Angaben
über seine Kräfte. Besonders hält er für Jeden seinen eigenen Harn am dienlichsten,
wenn er mit einem Schwamm oder mit Wolle frisch aufgelegt wird. Das hat ja
eine gewisse Berechtigung, da der frisch gelassene Harn als aseptische Flüssigkeit
die Wunden bei gehörigem Verschluss rein hält; es wird jedoch bald eine Zersetzung
und dann ein Anätzen der Stellen eintreten.

Cap. 100. Περὶ Λυγγουρίου. Lyngurion. Der Urin des Luchses,
welcher Lyngurion genannt wird, verwandelt sich, so glaubt man fälschlich, sofort nachdem er gelassen ist, in einen Stein; er hat daher auch
eine unwahre Geschichte; denn es ist der von Einigen so genannte federn-
tragende Bernstein, welcher mit Wasser getrunken dem Magen und dem
vom Flusse angegriffenen Bauche gut thut.

Der Erfinder dieser Fabel ist nach Plinius XXXVII 52 Diokles, von dem Theophrast sie aufnahm und die wunderbarsten Dinge vom Lyngurion erzählt; der Urin
des Luchses soll sich sogleich in einen Edelstein verwandeln, welcher die Eigenschaften des Bernsteins zeigt, und als Arzneimittel gegen den Stein und die Gelbsucht dient. Man hat in dem Bemühen, für Alles und Jedes Identität und Namen
zu finden, den Turmalin dafür angenommen. C. Gesner (De Quadrup. p. 722) um
1650 erklärt die Sache so, dass aus einer Handelsstadt Liguriens der Bernstein nach
Griechenland gebracht und ligurischer Stein genannt sei, daraus habe sich dann
leicht Lyngurium mit der zur Erhöhung des Werthes angefügten Fabel gebildet.

Cap. 101. Περὶ Μέλιτος. Honig. Den Vorzug hat der attische
Honig, und zwar der vom Hymettos¹), dann der von den kykladischen
Inseln²) und von Sicilien, Hyblaion³) genannt. Als tadellos gilt der,
welcher süss und scharf, recht wohlriechend, gelblich, nicht flüssig, zäh
und steif ist und beim Ausziehen gleichsam auf den Finger zurückläuft.
Er hat säubernde, eröffnende, die Feuchtigkeit hervorlockende Kraft, deshalb eignet er sich zum Eingiessen in schmutzige Geschwüre und Fisteln.
Gekocht und aufgelegt verbindet er getrennte Körpertheile, heilt, mit Alaun
gekocht und eingerieben, Flechten, auch Brausen und Schmerzen in den
Ohren, wenn er mit fein geriebenem Steinsalz eingeträufelt wird. Eingerieben tödtet er auch Läuse und Wanzen. Diejenigen, welche die Vorhaut verloren haben, wenn dies nicht von der Beschneidung⁴) herrührt,
stellt er wieder her, wenn die Vorhaut, am besten nach dem Bade,
dreissig Tage mit Honig eingeweicht wird. Er entfernt auch die Verdunkelungen auf der Pupille, heilt ferner als Mundspülung und Gurgelmittel Kehlkopf-, Mandel- und Schlundmuskelentzündungen. Er treibt
den Urin, hilft bei Husten und den von der Schlange Gebissenen. Ferner

dient er, mit warmem Rosenöl genommen, gegen den Genuss des Mohns, als Leckmittel oder als Trank gegen Pilze und den Biss des wüthenden Hundes. Roh aber bläht er den Bauch auf und reizt zum Husten, deshalb muss man nur den abgeschäumten gebrauchen. Den Vorzug verdient der Frühjahrshonig, danach der Sommerhonig; der dickere Herbsthonig ist minderwerthig, [erzeugt auch Ausschlag].

[1]) Berg in Attika. [2]) Plinius XI 32 hat Calydna, eine Insel Kleinasiens. [3]) Hybla, ein Berg in Sicilien, der, wie der Hymettos, reich war an würzigen Pflanzen. [4]) Weil diese rituelle Operation so ausgeführt wird, dass ein Wiederwachsen der Vorhaut über die Eichel ausgeschlossen ist.

Ausser den hier angegebenen Verwendungsweisen diente der Honig noch zum Bestreichen der Stuhlzäpfchen, βάλανοι. Ferner wurden aus ihm verschiedene diätetische Getränke bereitet: Mit 2 Theilen Wasser, am besten Regenwasser, bildete er das μελίκρατον, Melikraton, Honigmeth, das ὑδρόμελι, Hydromel oder Aqua mulsa, Wassermeth, welches schon bei Homer (Od. X 519) vorkommt, mit 2 Theilen herben alten Weines das οἰνόμελι, Oenomeli oder Mulsum, beide wurden auch zum Schönen geklärt und abgeschäumt, oder, wenn statt Wasser Milch genommen wurde, das μελίκρατον γάλακτος. Mit Essig gemischt gab er das ὀξύγλυκον, und das ὀξύμελι, Oxymel, den Sauerhonig.

Der Honig ist ein Ausscheidungsproduct der Honigbiene, *Apis melifica* L. und anderer Apisarten. Geruch, Farbe und Geschmack sind verschieden je nach den Pflanzen, aus deren Nektarien die Thierchen den Honig gesammelt haben. Der Frühjahrs- oder Maihonig wird dem Herbsthonig vorgezogen (Aristoteles hält den Herbsthonig für den besten), ebenso der Wiesen- oder Krauthonig dem Heidehonig. Man unterscheidet Scheibenhonig, die aus den Körben geschnittenen, mit Honig gefüllten Waben; Jungfernhonig, der feinste, welcher aus den geöffneten Waben bei gelinder Wärme von selbst ausfliesst; Schleuderhonig, bei dem die Waben erhalten bleiben, und den gewöhnlichen Honig, welcher durch Pressen unter Anwendung von Wärme gewonnen wird.

Der Honig besteht aus einer Auflösung von Invertzucker (Trauben- und Fruchtzucker), mit wenig Rohrzucker und etwas Eiweiss, Wachs, Harz, Farbstoff, Riechstoff, Ameisensäure und organischer Substanz. Im reinen Honig ist stets auch Blüthenstaub zu erkennen. Verfälscht wird er mit Stärkesirup, Rohrzucker, rohrzuckerartigen Extracten und Wasser, oft auch mit Mehl.

Der rohe Honig dient zur Herstellung des Mel depuratum oder despumatum, das aber verhältnissmässig wenig Verwendung findet.

Cap. 102. Περὶ Μέλιτος ἐν Σαρδωνίᾳ. Honig in Sardinien.
Der in Sardinien erzeugte Honig ist bitter, weil er aus Wermuth gesammelt wird. Eingesalbt hilft er gegen Sonnenbrandflecken und Sommersprossen im Gesicht.

Sprengel bemerkt dazu, dass nach Hörschelmann (Gesch. u. Geogr. u. s. w. von Sardinien) der Honig nicht aus Wermuth, sondern aus einer Arbutus-Art, welche im Spätsommer blüht, gesammelt werde, er gelte für wohlschmeckend und heilsam, es müsste aber im Juni den Körben ein Theil der Waben genommen werden.

Cap. 103. Περὶ Μέλιτος ποντικοῦ. Pontischer Honig. Es
wird aber auch in Heraklea in Pontus zu bestimmten Zeiten wegen der

Eigenthümlichkeit gewisser Blüthen ein Honig erzeugt, welcher diejenigen, welche ihn geniessen, unter Hervorrufung von dünnem Schweiss am Oberkörper verrückt macht. Sie werden geheilt, wenn sie Raute und Gesalzenes essen und Honigwein trinken, indem sie dasselbe zu sich nehmen, so oft sie erbrochen haben. Er ist scharf und erregt beim Riechen darauf Niesen. Mit Kostwurz aufgestrichen, heilt er Sonnenbrandflecken, mit Salz beseitigt er Sugillationen.

Die ersten Erfahrungen über die Giftigkeit des pontischen Honigs werden auf den Zug des Kyros (Anabas. IV 8) zurückgeführt, in dessen Heere nach dem Genuss von Honig Erkrankungen auftraten, welche zum Theil mit dem Tode endeten. Aristoteles, Diodorus Siculus und Cälius Aurelianus nehmen an, dass dieser Honig aus den Blüthen einer Buxus-Art stamme, während schon Plinius XXI 74 sagt, dass der Honig nur dann giftig sei, wenn er aus den welkenden Blüthen der Ziegenpest, Aegolithron (αἴξ und ὄλεθρος) gesammelt sei. Nach Sprengel's Forschungen sind die Ursprungspflanzen des giftigen pontischen Honigs *Azalea pontica* und *Rhododendron ponticum*.

Dass der aus den Giftpflanzen gesammelte Honig giftige Eigenschaften habe, gilt auch heute als ausgemacht.

Cap. 104. Περὶ Σαχχάρου μέλιτος. **Honig des Zuckerrohrs.** Es wird aber auch ein Zucker genannt, welcher eine Art Honig ist und in Indien und dem glücklichen Arabien durch Ausscheiden entsteht, er findet sich in Rohren, der Beschaffenheit nach ähnlich dem Salze, auch wie Salz unter den Zähnen zerbrechend. Er ist, dem Wasser zugesetzt und getrunken, dem Bauche und Magen bekömmlich, hilft bei Fehlern der Blase und Nieren und vertreibt eingestrichen die Verdunkelungen auf der Pupille.

Nach dem Periplus des Erythräischen Meeres gehörte der sogen. Halmzucker, μέλι τὸ κάλαμον τὸ λεγόμενον σάκχαρι., zu den Exportartikeln aus Indien von Barygaza. D. hält ihn für ein Product Arabiens, weil er durch die Araber als Zwischenhändler ausgeführt wurde. Bei Plinius XII 32 ist es eine Art Gummi, welches sich in den dicken Halmen sammelt. Schon zur Zeit Alexanders d. Gr. kam Zucker nach Griechenland, wurde aber, wie es scheint, nur als Arzneimittel behandelt. Erst durch die Kreuzzüge, besonders durch die Venetianer, wurde die Pflanze nach den Inseln Malta, Kandia, Sicilien gebracht, von wo sie durch die Spanier und Portugiesen nach den Azoren und kanarischen Inseln gelangte. Von diesen soll das Zuckerrohr, *Saccarum officinarum* L. (Gramineae), im 16. Jahrh. nach Südamerika und den westindischen Inseln gebracht sein.

Paulus von Aegina und nach ihm Avicenna nannten den Zucker nach dem Vorgange von Archigenes Sal indus. Bei letzterem heisst es, das indische Salz habe die Farbe und Consistenz des gewöhnlichen Salzes, den Geschmack des Honigs. die Grösse einer Linse oder höchstens der Bohne.

Die Araber nannten den besten Zucker Tabarzeth, woraus der unbestimmte Ausdruck Tebashir entstand.

Cap. 105. Περὶ Κηροῦ. **Wachs.** Das beste Wachs ist dasjenige, welches gelblich, etwas fettig und wohlriechend ist, mit einem etwaigen Duft nach Honig, welches dabei rein ist und aus Kreta oder Pontus stammt. Das ganz weisse aber und von Natur fette kommt an zweiter Stelle. Weiss gemacht wird es auf folgende Weise: Zerkleinere davon das weisse und reine, wirf es in einen neuen Topf und giesse hinreichend Meerwasser mitten aus dem Meere darauf, streue ein wenig Natron darüber und lasse dann sieden. Wenn es zwei- bis dreimal aufgekocht hat, setze den Topf ab und lass erkalten, nimm den Kuchen heraus und nachdem du den Schmutz, wenn sich solcher etwa unten angesetzt hat, abgeschabt hast, koche zum zweiten Mal, indem du anderes Meerwasser zugibst. Hat das Wachs dann wieder gekocht, wie vorgeschrieben wurde, so nimm den Topf vom Feuer, und setze den Boden eines neuen Topfes, der vorher mit kaltem Wasser benetzt ist, sachte in das Wachs, ihn oberflächlich eintauchend, damit er sehr wenig davon annehme, und es von selbst erstarre. Hebe ihn auf und nimm die erste dünne Scheibe ab, dann senke zum anderen Mal den mit Wasser abgekühlten Boden hinein und thue dasselbe, bis du Alles herausgenommen hast. Danach ziehe die Scheiben auf eine Schnur und hänge sie in Abständen von einander auf, indem du sie am Tage in der Sonne fortwährend anfeuchtest; bei Nacht stelle sie in den Mondschein, bis sie weiss werden. Wenn es aber Jemand sehr weiss machen will, so macht er alles Andere geradeso, muss aber häufiger kochen. Einige kochen statt im Meerwasser von der hohen See in schärfster Salzlake in der oben angegebenen Weise ein- bis zweimal, dann nehmen sie es mit einem dünnen runden Fläschchen, welches mit einem Henkel versehen ist, heraus und legen die Scheiben auf dichtes Gezweig in die Sonne, bis sie ganz weiss werden. Sie rathen aber, an diese Arbeit im Frühjahr zu gehen, wenn noch die Sonne in ihrer Hitze schwach ist und Feuchtigkeit (Thau) bietet, damit es nicht schmelze. Jedes Wachs hat erwärmende, erweichende und mässig ausfüllende Kraft. Es wird auch den Tränken für Dysenteriekranke zugemischt; in der Grösse von zehn Gerstenkörnern genommen lässt es bei den Ammen die Milch nicht zu Käse werden.

Das Wachs wird, wie der Honig, von den geschlechtlosen Arbeitsbienen mittelst besonderer Drüsenorgane als Verdauungsproduct auf den Wachshäuten der Ringe des Hinterleibes in dünnen Blättchen abgesondert. Dieses wird mit der Zunge aufgenommen und mit den Kiefern durch Kneten zu Waben verarbeitet.

Das Bienenwachs ist je nach der Nahrung der Bienen von hell- oder dunkelgelber Farbe, das aus den jungen Stöcken (Jungfernwachs) ist schmutzig-weisslichgelb. Der Geruch des Wachses ist angenehm, eigenthümlich honigartig, der Geschmack schwach balsamisch; in der Kälte ist es spröde und bricht körnig, in der Wärme ist es knetbar. Es löst sich in Chloroform, Benzol, Benzin, Schwefelkohlenstoff, ätherischen und fetten Oelen, unvollständig in Aether, und besteht aus Cerotinsäure, Myricin (Palmitin-Myricyläther), etwas Cerolein und Farbstoff. Durch den Bleichprocess, den D. sehr ausführlich und rationell angibt, verliert es Farbe, Geschmack und zum allergrössten Theile auch den Geruch. Jetzt benutzt man die

Rasenbleiche, wobei das geschmolzene Wachs in Wasser gegossen und den Sonnenstrahlen unter Begiessen ausgesetzt wird, und die chemische Bleiche, bei der das
Wachs mit schwefelsäurehaltigem Wasser und Chlorkalk behandelt wird.

Innerlich findet das Wachs nur noch als Mittel Anwendung, um eine Pillen-
masse plastisch zu machen, äusserlich vielfach zu Pflastern, Salben, Cereoli u. s. w.

Cap. 106. Περὶ Προπόλεως. Vorwachs. Man soll dasjenige
Vorwachs gebrauchen, welches gelb und styraxartig wohlriechend ist, in
übermässiger Hitze[1] weich und nach Art des Mastix knetbar wird. Es
hat die Kraft, stark zu erwärmen, zu reizen und Splitter auszuziehen. In
der Räucherung hilft es bei veraltetem Husten, nimmt aufgelegt auch
Flechten weg. Es findet sich aber an den Oeffnungen der Bienenstöcke
als von wachsartiger Beschaffenheit.

   [1] ἐν τῷ ὑπερξήρῳ, wörtlich: in übermässiger Dürre.

Das Vorwachs, Propolis, dient theils zum Verstopfen der Oeffnungen an
den Körben, theils zum Anheften der Waben an die Wandungen der Körbe oder
Stöcke. Es ist ein harzartiger, in Alkohol löslicher Stoff. Nach Plinius XXIV 47
liefern hauptsächlich die Ausschwitzungen auf den Blättern der Pappel das Material
zur Bildung des Vorwachses.

Cap. 107. Περὶ Πυρῶν. Weizen. Der Weizen ist zu Genuss-
zwecken am besten, der frisch und vollständig reif ist und eine quittengelbe Farbe hat. Nach diesem kommt der Sommerweizen, welchen Einige
auch Sitanios nennen. Roh freilich gegessen erzeugt er runde Würmer,
gekaut aber und aufgelegt hilft er gegen den Biss des wüthenden Hundes.
Das aus dem Semmelmehle desselben gemachte Brod ist nahrhafter als
das aus Kleienmehl bereitete[1]), das aus dem Sommerweizen ist leichter
und gut zu verdauen. Das aus ihm bereitete Mehl dient mit Bilsenkraut-
saft als Umschlag gegen Nerven-(Sehnen-)fluss und Aufblähen der Eingeweide. Mit Sauerhonig entfernt es Leberflecken. Die Kleie mit
scharfem Essig gekocht vertreibt den Aussatz und ist gleich anfangs umgeschlagen ein gutes Mittel gegen jede Entzündung. Mit Raute gekocht
erleichtert sie geschwollene[2]) Brüste und hilft gegen Vipernbiss und Leibschneiden. Der aus Weizenmehl bereitete Sauerteig ist erwärmend und
reizend, erweicht aber ganz besonders die Geschwülste an den Fusssohlen,
reift und öffnet auch mit Salz die anderen Geschwüre und Furunkeln.
Das Mehl des Sommerweizens dient mit Essig oder Wein als Umschlag
gegen den Biss giftiger Thiere. Gekocht nach der Art von Kleister hilft
es als Leckmittel gegen Blutspeien, wirkt auch mit Pfefferminze und
Butter gekocht gegen Husten und Rauheit der Luftröhre. Das aus dem-
selbigen Weizen gemahlene feinste Mehl mit Honigmeth oder Hydroleum[3]) gekocht zertheilt jede Geschwulst. Auch das Brod mit Honigmeth
gekocht und roh als Umschlag lindert jede Entzündung, am meisten erweichend und kühlend erweist es sich, wenn es mit irgend welchen Kräu-

tern oder Säften gemischt wird. Das alte und trockene, für sich und gemischt mit irgend etwas, stellt den Bauchfluss. Das frische in Salzbrühe
gelegt und umgeschlagen heilt alte Flechten. Der aus dem Semmelmehle
oder dem feinsten Mehle zum Zusammenkleben der Bücher gemachte
Kleister ist auch denen sehr wohlthuend, welche an Blutspeien leiden,
wenn er verdünnt und erwärmt in der Gabe eines Löffels geschlürft wird.

[1]) συγκομιστός, zusammengebracht aus verschiedenem Mehl; das feine Brod
war ein Festtagsessen, wie unser Kuchen. [2]) d. h. schwärende. [3]) Eine Mischung
von Wasser und Oel.

D. behandelt zwei Sorten Weizen, die Winterfrucht, πυρός, *Triticum
hibernum* L. oder *Tr. vulgare* Vill. (Gramineae), und den Sommerweizen, π. τριμη-
ναῖος oder σιτάνιος, *Triticum aestivum* L. Die Ausdrücke Winter- und Sommerweizen
sind aber nicht in der heutigen Bedeutung zu verstehen, sondern, wie Fraas annimmt, ist es ein und dieselbe Fruchtart, der grannenlose Winterweizen, welcher
Ende Juni reif wird. Wollte man nämlich eine Sommerfrucht im März säen, so
würden Trockenheit und Hitze die schlechteste Ernte in Aussicht stellen. Nimmt
man auch an, dass noch kurz vor unserer Zeitrechnung das Klima Griechenlands
wegen der damals vorhandenen Wälder und des dadurch bedingten grösseren Wasser-
reichthums noch gemässigter war, so kann dieses doch nicht in dem Grade der Fall
gewesen sein, dass eine eigene Sommerfrucht danach eingerichtet wurde. Fraas
hält den Sommer- oder Dreimonatsweizen einfach für den am spätesten gesäeten
Winterweizen. Unter Sitanios versteht er einen in Nordgriechenland, Pontus und
Makedonien gebauten begrannten Weizen.

Theophrast (Hist. pl. VIII 4, 3) unterscheidet den Weizen theils nach dem
Vaterlande, theils nach dem Aussehen; er nennt auch den Winter- und Sommerweizen, der im Herbst bezw. im Frühjahr gesäet wird, dann eine Sorte, die in drei,
eine, die in zwei Monaten reif wird. Auch an Nährkraft sind die einzelnen Sorten
verschieden.

Columella (De re rust. II 9) sagt: „Es gibt auch eine andere Weizenart, die
im Nothfalle angewandt wird; die Landleute nennen sie die dreimonatliche; sie
passt sich für kalte, schneeige Stellen, wo der Sommer feucht ist ... Von Natur gibt
es eigentlich keinen dreimonatlichen Samen, obgleich Viele das glauben; es wird
zur Frühjahrssaat derselbe Samen gebraucht, den man für gewöhnlich im Herbste
säet, und der dann auch besser gedeiht.“ Er hält diesen (II 6) für eine Siligo-Sorte,
die zweitbeste Weizensorte, welcher ein köstliches Brod gibt, aber leicht wiegt,
jedoch deshalb beliebt ist, weil er aushilft, wenn Regen, Ueberschwemmung oder
eine andere Ursache die zeitige Aussaat verhindert haben. Der gewöhnliche Weizen
artet schon nach der dritten Aussaat in Siligo-Weizen aus.

Das Semmelmehl, σεμίδαλις, Simila oder Similago, ist das feine Weizenmehl,
aus dem das fladenförmige Brod und sonstiges Gebäck, σεμιδαλίτης, hergestellt wurde.
Das feinste Mehl hiess γῦρις, Pollen, Pudermehl, das Gebäck daraus γυρίτης.

Cap. 108. Περὶ Κριϑῆς. Gerste. Die beste Gerste ist weiss
und rein, besitzt aber weniger Nährkraft als der Weizen; die aber aus
seiner Grütze bereitete Ptisane ist nahrhafter wegen des beim Kochen
gebildeten Schleimes. Sie ist wirksam gegen Schärfe, gegen Rauheit und
Geschwüre der Luftröhre, gegen die auch die Weizenptisane als mehr

nahrhaft und harntreibend heilsam ist. Sie befördert, mit Fenchelsamen gekocht und geschlürft, die Milchabsonderung, treibt den Harn, macht geschmeidig, treibt die Blähungen, ist dem Magen nicht zuträglich und reift die Oedeme. [Mache die Ptisane auf folgende Weise: Befreie die Gerste von den Hülsen, trockne sie in der Sonne, enthülse dann wieder und trockne. Wenn du sie zum Aufbewahren wegsetzest, streue den beim Enthülsen erhaltenen Abfall darüber, denn es wird sie erhalten, weil die Ptisane feucht genommen nahrhafter ist. Das Wasser (dazu) beträgt das Zehnfache der Gerste; streue auch unzerriebenes Salz dazu.] Das Gerstenmehl, mit Feigen und Honigmeth gekocht, zertheilt Eitergeschwüre und Geschwülste, es bringt ferner mit Pech, Harz und Taubenmist Verhärtungen zur Reife. Mit Steinklee hilft es bei Kopf- und Brustschmerzen; mit Leinsamen, Bockshorn(mehl) und Raute dient es als Umschlag bei Aufblähen der Eingeweide. Mit Theer, Wachs, dem Urin eines unschuldigen Knaben und Oel reift es Drüsen. Mit Myrrhe oder Wein, wilden Birnen, Brombeer oder Granatapfelschalen stellt es den Bauch-fluss. Mit Quitten oder Essig hilft es bei Podagraanschwellungen. Mit scharfem Essig gekocht auf dieselbe Weise wie die Omelysis, und warm aufgelegt heilt es Aussatz. Der mit Wasser aus dem Mehle bereitete und mit Pech und Oel gekochte Schleim bildet Eiter[1]). Mit Essig zu Schleim gemacht und mit Pech gekocht ist es bei Gelenkflüssen angebracht. Die aus der Gerste bereiteten Graupen stellen den Bauch und lindern Ent-zündungen.

[1]) Bis zur aseptischen Wundbehandlung liess man den Heilungsprocess durch Eiterung verlaufen; man unterschied dabei den gelben, guten und den dunklen, bösen Eiter, Pus bonum und Pus malum.

Die Gerste, welche unter den Cerealien bei den Hippokratikern die erste Stelle einnahm, hat bei D. diesen Vorzug nicht, immerhin ist sie aber ein sehr geschätztes Rohmaterial. Die Griechen kannten und gebrauchten mehrere Arten Gerste, näm-lich κριθὴ τριμήνη oder δίστοιχος, *Hordeum vulgare* L., *H. distichon* L., κρ. ἀχιλλητῖθης, Achillesgerste, vielleicht *H. hexastichon* L. Das wichtigste Gerstenpräparat ist die Ptisane, unser Haferschleim. Die im Text angegebene Vorschrift dazu ist so mangel-haft, dass sie sicher nicht von D. herrührt. Zu ihrer Darstellung wurde die Gerste nach wiederholtem Einweichen in Wasser und Trocknen an der Sonne im Mörser zerstossen und dann unter Zusatz von etwas Salz mit der zehnfachen Menge Wasser tüchtig gekocht. So bildete sie die nahrhafte Ptisane, πτισάνη παχεῖα, während sie nach der Colatur, also von der Grütze befreit, als πτισάνης χυλός bezeichnet wurde.

Ein leichteres Getränk erhielt man durch Maceration der geschroteten, rohen oder gerösteten Gerste mit Wasser, das κρίθινον (Krithinon). Ein stärkender Misch-trank, κυκεών (Kykeon), wurde aus Gerstenmehl von der Consistenz unseres Roggen-breis gekocht, dem auch andere Substanzen, als Wein, Honig, Milch, Zwiebeln, Käse u. dgl. zugesetzt wurden. Ihn kannte schon Homer (Il. XI 624; Od. X 334, 290). (Hippocr., De dieta II 5.) Weiter wurde aus Gerstenmehl die μάζα, Polenta, eine Art Teig gemacht, welcher durch Eintauchen in süssen Wein schmackhafter und zuträglicher wurde. Alphiton, ἄλφιτον ist hier der Name für die Grütze oder

Graupen, er bezeichnet aber auch eine Polenta aus geröstetem Gerstenmehl. Nach Plinius XVIII 72 wurden die gerösteten Gerstenkörner mit Wasser angefeuchtet, die Nacht über stehen gelassen und am folgenden Tage zwischen Steinen gemahlen. Zu 20 Pfund des Mehls wurden 3 Pfund Leinsamen, ½ Pfund Koriander und 1 Becher (4 Drachmen) Salz gesetzt. Alles wurde dann gemischt, gedörrt und auf der Mühle gemahlen; zu längerer Aufbewahrung wurde es in Krüge gegeben. Wurde die Gerste roh angewandt, so hiess das Mehl Omelysis, ὠμὴ λόσις, rohe Linderung.

Das Gerstenbrod der Vorfahren hält Plinius gut genug für das Vieh.

Cap. 109. Περὶ Ζύθου. Zythos. Der Zythos wird aus Gerste bereitet; er treibt den Harn, greift die Nieren und Nerven an, am meisten ist er der Hirnhaut schädlich. Er verursacht Blähungen, macht schlechte Säfte und bewirkt Elephantiasis. Das damit macerirte Elfenbein lässt sich gut bearbeiten.

Der Zythos, unser heutiges Bier, für dessen Bereitung den Aegyptern die Priorität zugesprochen wird, wurde nach Zosimus Panapolita, dessen Manuscripte Reinesius zuerst veröffentlichte (vgl. Sprengel, Comment. p. 456) auf folgende Art bereitet: Gerstenschrot wurde zu einem dicken Brei gekocht, aus diesem formte man Klumpen, versetzte sie mit Hefe und liess sie in Wasser gähren. War die Gährung vorüber, so liess man die Masse durch ein Sieb laufen. Man machte ein süsses und ein bitteres Bier.

In den Recepten des Papyrus Ebers und des Berliner Papyrus werden beide Sorten als Menstruum für viele Arzneien gebraucht. Das Bier war aber auch ein gewöhnliches Getränk der Aegypter, denn den Schülern, welche sich für das Priesterthum vorbereiteten, wurde als tägliche Nahrung Brod und Bier in das ihnen zur Wohnung angewiesene Internat gebracht. Erman (Aegypten und ägyptisches Leben im Alterthum S. 364) erzählt nach einem alten Werke (Destruction des hommes): Sechmet hatte auf Geheiss des Gottes Ra fast alle Menschen getödtet; um den Rest zu retten, wurde ihr Doda-Frucht ins Bier gemischt; sie wurde dadurch trunken, so dass sie die Menschen nicht wieder erkannte.

Cap. 110. Περὶ Κούρμιθος. Kurmi. Das sogen. Kurmi, welches aus Gerste bereitet wird, und welches man an Stelle von Wein als Getränk verwendet, verursacht Kopfschmerzen, bildet schlechte Säfte und greift die Nerven an. Es werden aber auch ähnliche Getränke aus Weizen gemacht, wie im westlichen Iberien und Britannien.

Das Kurmi soll gleichfalls aus Aegypten stammen; es ist vielleicht das dortige Süssbier, welches durch Zusatz von Honig süss wurde.

Cap. 111. Περὶ Ζειᾶς. Dinkel. Es gibt zwei Sorten Dinkel, die eine wird die einfache, die andere die zweikernige genannt, welche den Samen in zwei Spelzen enthält. Er ist nahrhafter als Gerste, wohlschmeckend, für die Brodbereitung aber weniger Nahrung abgebend als der Weizen.

Triticum Spelta L. (Gramineae), ζεά oder ζειά, scheint in den ältesten Zeiten als Hauptgetreideart cultivirt zu sein; bei Homer (Od. IV 41; Il. V 196) heisst der

fruchtbare Acker ζείδωρος ἀροὐρα, dinkeltragendes Land. Der einfache Dinkel ist
vielleicht *Triticum monococcum* L., der andere *Tr. dicoccum* Schrank. Nach D.
scheint der Dinkel betreffs der Nährkraft in der Mitte zwischen Weizen und Gerste
zu stehen.

Plinius XVIII 81 nennt den Dinkel Far und Adoreum, unter Zea scheint er
eine andere Getreide- (Weizen-)Art zu verstehen; er sagt, die Völker, welche Dinkel
hätten, bauten keine Zea.

Cap. 112. Περὶ Κρίμνου. Schrot. Das Schrot ist das Grobe
bei der Bereitung des Mehls, es wird vom Dinkel und Weizen gemacht,
aus ihm wird der Brei hergestellt. Es ist sehr nahrhaft und leicht verdaulich. Das vom Dinkel stellt den Bauch mehr, besonders nach vor-
heriger Röstung.

Das Schrot, κρίμνον, ist ein grobes Mehl, wie auch aus einer Parallelstelle bei
Galen (De fac. simpl. VII p. 45) hervorgeht, er nennt es παχυμερὲς τοῦ πυρίνου καὶ
ἐκ τῶν ζειῶν ἀλεύρου, den groben Theil des Weizen- und Dinkelmehls. Der Nährwerth liegt im Gehalt an Kleber. Brei, puls, war in Rom die Speise des Volkes.

Cap. 113. Περὶ Ὀλύρας. Olyra. Zu derselben Getreideart wie
der Dinkel gehört die Olyra, sie ist aber um etwas weniger nahrhaft als
jener. Sie wird aber auch zur Brodbereitung verwandt, auch ein grobes
Mehl wird davon gemacht.

Olyra ist eine Weizen- oder Dinkelart. Sprengel und Link halten sie für
Triticum Zea Hostii. Plinius XVIII 62 nennt die Olyra auch Arinca, welches Einige
(Harduin) für Roggen, *Secale cereale* L., Andere für *Triticum monococcum* nehmen.

Cap. 114. Περὶ Ἀθήρας. Athera. Athera wird aus dem fein
gemahlenen Dinkel bereitet; es ist ein schleimiger Trank wie flüssiger
Brei, den Kindern zuträglich. Sie eignet sich auch zu Kataplasmen
[welche lindern und den Eiter anregen].

Plinius sagt an eben genannter Stelle, dass aus der Olyra durch Kochen
ein Arzneimittel bereitet werde, welches in Aegypten Athera heisse. Spätere Schriftsteller (Hesychius, Pollux, Hieronymus) haben das Wort in verschiedener Weise zu
deuten versucht, ohne rechten Erfolg.

Cap. 115. Περὶ Τράγου. Tragos. Der Tragos gleicht nach
der Art nahezu dem Chondros, ist aber um Vieles weniger nahrhaft als
der Dinkel, weil er meist viel Spreuartiges enthält. Deshalb ist er schwer
verdaulich und erweicht den Bauch.

Plinius XVIII 72 und 93 hält Tragos für ein aus ausländischem Getreide her-
gestelltes Nährmittel, besonders werde es in Aegypten und Campanien gemacht.
Galen (De fac. alim. I p. 519) gibt an, dass der Tragos aus der besten geschälten
Olyra bereitet werde; es ist also eine Art Graupen. Zum Gebrauche werden diese
mit Wasser gekocht, und nachdem dieses abgegossen ist, wird Wein oder Most zugegeben. Im Commentar zu Hippokrates (De victu acut. p. 455) lässt er den Tragos
auch aus Dinkel herstellen.

Cap. 116. Περὶ Βρώμου. Hafer. Der Hafer ist nach Halm und Blättern dem Weizen ähnlich, unterscheidet sich aber durch die Knoten. Die Frucht trägt er an der Spitze wie kleine zweigliederige Heuschrecken, in diesen sitzt der Same, welcher wie die Gerste zu Kataplasmen gebraucht wird. Aber auch ein Brei wird daraus hergestellt, welcher den Durchfall stellt. Der aus ihm bereitete Schleim ist als Trank gut gegen Husten.

D. unterscheidet hier καρπός, die Frucht, und σπέρμα, den Samen. Unter ersterem Ausdruck versteht er die ganze Aehre, welche er dem Aussehen nach mit kleinen Heuschrecken vergleicht. Im alten Griechenland war der Hafer wenig bekannt und geachtet. Theophrast (Hist. pl. VIII 9, 2) sagt, dass nächst dem Spelt der Hafer den Boden am meisten aussauge, weil er viele Halme und Wurzeln habe. Aegilops und Hafer seien fast wild und als Culturpflanzen nicht zu betrachten. Auch heute wird Hafer nicht gebaut, weil er für die Pferde zu hitzig sein soll, findet sich aber in mehreren Varietäten wild an Ackerrändern, in feuchten und trockenen Niederungen. In Italien war es ähnlich. Bei Virgil (Georg. I 77) heisst es: Lein, Hafer und Mohn saugen, wenn man sie säet, das Land aus; bei Columella (De re rust. II 10, 32): Hafer wird gesäet, um grün oder als Heu verfüttert zu werden. Plinius XVIII 149 nennt ihn den schlimmsten Feind unter dem Getreide; die Gerste artet in Hafer aus. Die germanischen Völker säen ihn und essen keinen anderen als Haferbrei. XXII 137 lässt er Hafermehl mit Essig gegen Muttermale auflegen. Galen hielt das aus Hafermehl gebackene Brod für unschmackhaft, aber bekömmlich.
Avena sativa L. (Gramineae), Hafer.

Cap. 117. Περὶ Ὀρύζης. Reis. Der Reis ist eine Getreideart, welche in sumpfigen und feuchten Gegenden wächst. Er nährt mässig und stellt den Durchfall.

Die alten Griechen und Römer bauten den Reis nicht, kannten ihn aber durch den Bezug aus Indien. Plinius XVIII 71 sagt, dass die Inder daraus eine Ptisane machten, wie aus der Gerste. Der Reis scheint keine verbreitete Anwendung gehabt zu haben, denn die Beschreibungen sind sehr unvollkommen. Theophrast (Hist. pl. IV 4, 10) hält ihn dem Spelt ähnlich, enthülst den Graupen.
Oryza sativa L. (Gramineae).

Cap. 118. Περὶ Χόνδρου. Graupen. Die Graupen (Chondros) werden aus dem sogen. zweikernigen Dinkel gemacht; sie sind nahrhafter als der Reis, den Bauch mehr stopfend und dem Magen weit bekömmlicher. Mit Essig gekocht und eingesalbt vertreiben sie Aussatz, entfernen schuppige Nägel und heilen Aegilops im Entstehen. Die Abkochung davon ist den an Dysenterie Leidenden heilsam. [Die Graupen werden auf folgende Weise gemacht: Der Dinkel muss enthülst, abgesiebt, in warmes Wasser geworfen und ausgedrückt werden. Dann muss gestossener weisser ungelöschter Kalk fein gesiebt werden. Darauf mische man nach und nach mit dem Kalk den vierten Theil weissesten und feinsten Sand, dieses wiederum streue man auf den Dinkel. Es muss aber in den Hundstagen verrichtet werden, damit es nicht säure. Wenn Alles aufgestreut ist, siebe das dickere ab. Die besten sind die zuerst abgesiebten Graupen, die zweite Sorte kommt nach diesen, die dritte ist minderwerthig.]

Chondros, χόνδρος, ist eine feine Sorte Graupen. Die Vorschrift zu ihrer Darstellung ist jedenfalls unächt, sie findet sich nur in den Anmerkungen des Aesulanus und Janus Cornarius. Die Zusätze von Kalk und Sand bezwecken, die Graupen recht weiss zu machen bezw. sie leichter und rascher trocken zu erhalten. Plinius XVIII 112 lässt sie so herstellen: Die Zea wird in einem hölzernen Mörser gestossen mit einer hölzernen Keule, damit sie durch die Härte des Steines nicht zerrieben wird, eine Arbeit der Sträflinge. Der Mörser hat eine eiserne Büchse. Wenn dann die Hülsen abgetrieben sind, wird mit denselben Werkzeugen das Mark gestossen. So entstehen dann drei Sorten, die feinste, die zweite und die gröbste, das sogen. Aphaerema (Weggetragene). Sie haben noch nicht die Weisse, wodurch sie sich auszeichnen, werden aber doch der alexandrinischen vorgezogen. Nachher wird merkwürdigerweise Creta (nicht Kreide, sondern, wie später erklärt wird, ein weisser Thon aus der Gegend von Puteoli und Neapel) zugemischt, welche in die Masse eindringt und ihr Farbe und Feinheit gibt. — Später erwähnt er auch die Darstellung der unächten Graupen mit Kalk. Chondros ist die Alica der Römer.

Heutzutage hat man besondere Graupenmühlen.

Cap. 119. Περὶ Κέγχρου. Hirse.

Die Hirse [bei den Römern Milium] ist von den übrigen Getreidearten am wenigsten nahrhaft, wenn sie zur Brodbereitung verwandt wird. Als Brei zugerichtet, stellt sie den Durchfall, treibt aber den Harn. Geröstet und in Beutel gegeben als trockene Bähung angewandt ist sie ein Heilmittel bei Krämpfen und sonstigen Schmerzen.

Die Anwendung der Hirse als trockener warmer Umschlag beruht darauf, dass sie, wie Plinius XXII 130 sagt, als eine zarte und weiche Frucht die Wärme lange an sich hält.

Panicum miliaceum L. (Gramineae), Hirse.

Cap. 120. Περὶ Ἐλύμου. Mohrenhirse.

Die Mohrenhirse [bei den Römern Panicum], welche Einige Meline nennen, gehört zu den Nahrung liefernden Samen und ist der Hirse ähnlich. Sie wird ebenso zu Speisezwecken verwandt und eignet sich zum selben (arzneilichen) Gebrauche. Sie nährt jedoch weniger als die Hirse und ist weniger adstringirend.

Plinius XVIII 49 sqq. leitet den Namen Panicum von den Büscheln, paniculae, der ansehnlichen Blüthenrispe ab und sagt, es würde wenig zum Brodbacken verwandt. Bei Theophrast heisst die Pflanze bald ἔλυμος, bald μέλινος, er erwähnt gleichfalls die wollhaarartige Blüthe. Sprengel hält sie für *Panicum italicum* L., Fraas dagegen für *Holcus cernuus* Willd. (*Holcus Sorghum* L.). Auf diese deuten nicht allein die Worte des Plinius XXII 131, dass der Arzt Diokles das Panicum den Honig der Getreide nennt (wegen der süssen Wurzel), sondern auch die Beschreibung des Blüthenstandes bei Theophrast (Hist. pl. IV 4, 10); er nennt denselben φόβη, Juba, eine in die Länge gezogene büschelförmige Rispe. Panicum italicum hat aber eine ährenförmige Rispe.

Cap. 121. Περὶ Σησάμου. Sesam. Der Sesamsamen ist dem Magen schädlich und bewirkt üblen Geruch des Mundes, wenn er beim Essen zwischen den Zähnen bleibt. Als Umschlag vertheilt er Anschwellungen in den Sehnen und heilt Druck und Entzündung in den Ohren, ebenso Brandwunden und Schmerzen im Kolon, auch den Biss der Hornschlange. Mit Rosenöl lindert er die durch Erhitzen verursachten Kopfschmerzen. Das Kraut aber in Wein gekocht leistet dasselbe; am besten ist es bei Augenentzündung und grossem Schmerz angebracht. Es wird auch ein Oel aus ihm (dem Samen) gemacht, welches die Aegypter gebrauchen.

Sesamum orientale L. (Pedaliaceae). Plinius schreibt XVIII 96, dass der Sesam in Indien heimisch ist. Bei den Griechen wurden mit dem Samen die Brod- und Backwaren bestreut, sie dienten aber auch zur Oelbereitung.

Cap. 122. Περὶ Αἴρας. Taumellolch. Der Taumellolch, Einige nennen ihn Thyaros [die Römer Lolium], welcher zwischen dem Weizen wächst, hat, wenn er gemahlen ist, die Kraft, fressende, eiternde und krebsartige Geschwüre rings herum einzureissen, wenn er mit Rettig und Salz aufgelegt wird. Wilde Flechten und Aussatz heilt er mit natürlichem [1]) Schwefel und Essig. Mit Taubenmist und Leinsamen in Wein gekocht öffnet er Mandeln und reisst schwer reifende Geschwüre auf. Mit Honigmeth, sowohl getrunken als auch umgeschlagen, hilft er denen, die an Ischias leiden. Mit Mehl aber oder Myrrhe, Safran oder Weihrauch geräuchert ist er der Empfängniss behülflich.

[1]) θεῖον ἄπυρον, vom Feuer nicht berührter Schwefel.

Lolium temulentum L. (Gramineae), Taumellolch, Taumelkorn, ein schädliches und schwer auszurottendes Unkraut unter dem Getreide, weshalb die Alten glaubten, dasselbe entstände aus dem Weizen; Theophrast (Hist. pl. II 4, 1), Galen (De alim. fac. I p. 87). Sein Genuss verursacht Betäubung, Schwindel, Schläfrigkeit, selbst Krämpfe, welche einem giftigen Stoffe, dem noch wenig bekannten Bitterstoffe Loliin zugeschrieben werden. Es wurde zeitweise dem Biere zugesetzt.

Cap. 123. Περὶ Ἀμύλου. Stärkemehl. Amylum wird es genannt, weil es ohne Mühle hergestellt wird. Das beste ist das aus dem Sommerweizen bereitete, das kretische oder ägyptische. Es wird hergestellt aus dem reinen Sommerweizen, welcher fünfmal des Tages und wo möglich auch des Nachts mit Wasser übergossen wird. Wenn er weich geworden ist, muss man das Wasser vorsichtig abgiessen, ohne zu pressen, damit nicht das Nutzbare mit weggespült wird. Wenn er sehr weich geworden erscheint, giesse das Wasser ab, um ihn mit den Füssen zu zertreten, dann muss man wieder Wasser zugiessen und treten. Darauf muss man die obenaufschwimmenden Hülsen mittelst eines Durchschlages abnehmen und das Uebrige nach dem Coliren auf ein Seihegefäss bringen und nachdem man es abgeseiht hat, schnell auf heissen Steinen in brennendster Sonnenhitze trocknen; denn wenn es kurze Zeit feucht bleibt, säuert es. Es wirkt gegen Augenflüsse, Höhlungen (Cavernen) und Pusteln. Genossen stellt es den Blutsturz und lindert die Schmerzen in der Luftröhre. Es wird auch der Milch und den Speisen zugesetzt. Es wird aber auch aus gesiebtem und ein bis zwei Tage eingeweichtem Dinkel gemacht, welcher dann nach Art des mit Wasser angerührten Weizenmehls mit den Händen abgepresst und in schärfster Sonnenhitze getrocknet wird, wie oben angegeben ist. Ein solches ist aber zum arzneilichen Gebrauche nicht geeignet, im Uebrigen aber wohl zu verwenden.

Das Weizenkorn, das Ausgangsmaterial der Stärke, besteht aus der Fruchthaut, der Samenschale, der Kleberschicht und dem Endosperm, dem stärkehaltigen Gewebe. Es gilt also, dieses von den übrigen zu trennen.

D. lässt die Stärke aus den ganzen Weizenkörnern darstellen, welche gehörig eingeweicht, durch Treten mit den Füssen gequetscht werden, nach Abräumen der Hülsen wird die Masse auf einem Seihetuche gesammelt. Ein reines Amylum konnte er so nicht erhalten. Auch aus dem abgesiebten und gewaschenen Dinkel lässt er durch Auspressen mit den Händen dasselbe bereiten.

Bei der heutigen Darstellung der Stärke verfolgt man zwei Verfahren, das saure und das süsse. Nach dem ersteren, der sogen. Halb'schen Methode überlässt man den eingeweichten zerquetschten Weizen der Gährung; der Kleber löst sich, und nach einiger Zeit kann die Stärke mit Wasser herausgespült werden. Rationeller ist das süsse Verfahren, bei dem zugleich der Kleber als werthvolles Nebenproduct gewonnen wird. Einfacher noch ist die Stärkefabrikation aus Weizenmehl (Martin'sche Methode), weil hier weder Hülsen noch Keime zu beseitigen sind und es sich nur um die Scheidung der Stärke vom Kleber handelt.

Schon etwa 200 Jahre vor D. gab Cato (De re rust.) ein Verfahren zur Stärkebereitung; nach Plinius XVIII 76 gebührt den Bewohnern der Insel Chios der Ruhm, die Darstellung der Stärke erfunden zu haben. Die Stärke selbst ist das erste unter dem Einflusse des Lichtes und der Kohlensäure der Luft in den Chlorophyllkörnern entstehende Assimilationsproduct im Leben der Pflanze. Heute wird auch aus anderen Früchten die Stärke im Grossen bereitet, z. B. aus Reis, Kartoffeln u. a.

Cap. 124. Περὶ Τήλεως ἀλεύρου. Bockshornmehl. Das Bockshorn [Einige nennen es die Frucht des Bockshorns, Andere Bukeros[1]), Aigokeros[2]), Keraïtis[3]), Lotos[4]), die Römer Foenum graecum, die Aegypter Itasin] und das aus ihm gemachte Mehl hat erweichende und vertheilende Kraft. Fein gerieben mit Honigmeth gekocht wirkt es als Umschlag bei inneren und äusseren Geschwülsten. Mit Natron und Essig fein zerrieben und aufgelegt verkleinert es die Milz. Die Abkochung desselben ist als Sitzbad bei Frauenleiden angezeigt, wo es sich um Entzündungen oder Verstopfung des Muttermundes handelt. Die Abpressung von einer Abkochung desselben in Wasser bringt Haare weg, sowie Schorf und bösen Grind. Mit Gänsefett als Zäpfchen eingelegt erweicht und erweitert es das Perimetrium[5]). Grün aber mit Essig eignet es sich für schlaffe und geschwürige Stellen; die Abkochung davon hilft gegen Stuhlzwang und übelriechenden Stuhlgang bei Dysenterie. Das Oel daraus mit Myrrhe entfernt die Haare und an den Schamtheilen die Narben.

[1]) Ochsenhorn. [2]) Ziegenhorn. [3]) Keraïtis, hornähnlich. Die drei Ausdrücke beziehen sich auf die etwa 8 cm langen sichelförmigen Hülsen, dasselbe bedeutet auch das ägyptische Wort Itasin. [4]) Lotos ist der gemeinsame Name für Klee, wozu auch das Bockshorn gehört. [5]) τοὺς περὶ τὴν ὑστέραν τόπους.

Das Wort τῆλις, Telis, ein unerklärter Ausdruck, bedeutet bei D. sowohl die Pflanze als auch den Samen, letzteren wohl in den meisten Fällen.

Die Heimath des Bockshornklees ist nicht bestimmt. In den Recepten des Papyrus Ebers kommt derselbe sehr oft vor. Plinius XVIII 140 hat dieselben Synonyma, ausserdem die ächt römische Bezeichnung Silicia. Der Name Foenum graecum, griechisches Heu, weist hin auf die Einwanderung über Griechenland.

Bei den Aegyptern dienten die frischen Schösslinge der Pflanze als Gemüse, die Griechen benutzten die ganze Pflanze als Viehfutter. Die mittelalterlichen Apotheker gebrauchten die Samen des Schleimes wegen zur Bereitung des Bleipflasters; jetzt dienen dieselben fast nur noch als Thierheilmittel; sie enthalten ein Alkaloid. Trigonellin.

Trigonella Foenum graecum L. (Leguminosae-Papilionaceae).

Cap. 125. Περὶ Λίνου. Lein. Der Lein [die Einen nennen ihn Linokalamis[1]), die Anderen Annon, Linon agrion[2]), die Römer Linomyrum, noch Andere Linum agreste[3]), die Afrikaner Zeraphois] ist bekannt. Der Same hat dieselbe Kraft wie der des Bockshorns, er zertheilt und erweicht jede innere und äussere Geschwulst, wenn er mit Honig, Oel und wenig Wasser gekocht oder in gekochtem Honig aufgenommen wird. Roh mit Natron und Feigen als Umschlag entfernt er Sonnenbrandflecken und Finnen, mit Lauge zertheilt er Drüsen neben dem Ohre und Verhärtungen; mit Wein gekocht nimmt er fressende und grindartige Geschwüre weg. Mit gleichviel Kresse und Honig entfernt er schuppige Nägel. Mit Honig als Leckmittel genommen reinigt er die Brust und lindert den Husten. Mit Honig und Pfeffer gemischt und als Kuchen reichlich genommen reizt er zum Liebesgenuss. Die Abkochung desselben dient als Klystier bei Verwundungen der Eingeweide und der Gebärmutter und zum Herausbefördern der Excremente; bei Entzündung der Gebärmutter leistet sie, wie die des Bockshorns, als Sitzbad gute Dienste.

[1]) Flachshalm, zum Unterschiede vom Gewebe, wie auch heute noch der Ausdruck Flachs die Pflanze und die bearbeitete Faser bedeutet. [2]) Wilder Lein. [3]) Ackerlein.

Der Lein ist eine der ältesten Culturpflanzen. Die Aegypter verwandten die Faser zur Herstellung von Geweben und die Pflanze sowie den Samen als Arzneimittel. Das Oel aus den Samen scheint man nicht gekannt zu haben, erst Theophrast

(Hist. pl. III 18, 3) erwähnt eine gewisse Schleimigkeit und Fett (γλισχρότητά τινα καὶ λίπος) derselben.

Die wirksamen Bestandtheile sind Schleim und fettes Oel.

Leinsamen zum Thee und Umschlag sind heute noch beliebte Mittel.

Linum usitatissimum L. (Linaceae).

Cap. 126. Περὶ Ἐρεβίνθου. Erbse. Die Gartenerbse ist gut für den Bauch, treibt den Harn, erzeugt Blähungen, macht eine gute Farbe, treibt die Menstruation und die Frucht ab und befördert die Milchabsonderung. Am besten wird sie, mit Wicken zusammengekocht, als Umschlag gegen Hodenanschwellung und Warzen gebraucht, mit Gerste und Honig gegen Krätze und Schorf, Flechten, krebsartige und böse Geschwüre. Eine andere Art davon heisst Kichererbse; beide sind urintreibend, da die Abkochung davon mit Rosmarin gegen Gelbsucht und Wassersucht gegeben wird; sie schadet aber einer schwärigen Blase und den Nieren. Einige berühren gegen gewöhnliche und gestielte Warzen bei Neumond jede Hervorragung dann und wann mit einer Erbse, binden diese dann in feines Leinen und befehlen, sie hinter sich zu werfen, so sollen die Warzen abfallen. Es gibt auch eine wilde Erbse, nach den Blättern der Gartenerbse ähnlich, von scharfem Geruch, in der Frucht verschieden, sie wirkt aber in derselben Weise wie die Gartenerbse.

Die Gartenerbse, ἐρέβινθος ἥμερος, ist *Pisum sativum* L. (Leguminosae-Papilionaceae); die Kichererbse, ἐρέβινθος κριός, *Cicer arietinum* L.; die wilde Erbse, ἐρέβινθος ἄγριος, die gewöhnliche Felderbse.

Cap. 127. Περὶ Κυάμου ἑλληνικοῦ. Griechische Bohne. Die griechische Bohne erzeugt Blähungen[1]) und Winde, ist schwer zu verdauen und verursacht böse Träume. Gegen den Husten ist sie gut, bildet auch Fleisch. [Sie steht in der Mitte zwischen Warm und Kalt.] Gekocht mit Essigwasser und mit der Schale genossen hemmt sie Dysenterie- und Bauchflüsse, ist gegessen auch gegen Erbrechen gut. Sie wird aber weniger blähend, wenn das erste Wasser nach dem Kochen weggegossen wird, dagegen ist sie grün dem Magen schädlicher und erzeugt mehr Winde. Das Bohnenmehl für sich allein und mit Graupen als Umschlag lindert die Wundentzündungen, macht ferner die Narben der Haut gleichfarben, hilft bei verhärteten und geschwollenen Brüsten und vertreibt auch die Milch. Mit Honig und Bockshornmehl zertheilt es Furunkeln, Drüsen neben den Ohren und Sugillationen unter den Augen. Mit Rosensalbe, Weihrauch und dem Weissen vom Ei bessert es Vorfallen der Augen, Regenbogenhautfehler (Staphylome) und Oedeme; mit Wein zusammengeknetet heilt es Zertrümmerungen[2]) und Wunden der Augen. Ohne die Schalen zu einer leimartigen Masse gegen Fluss gekaut[3]) wird sie auf die Stirn gelegt. In Wein gekocht hilft sie auch bei Hodenanschwellungen. Als Umschlag auf die Schamtheile der Kinder gelegt schützt sie dieselben lange Zeit vor dem Mannbarwerden. Sie vertreibt auch weisse Flecken. Die Schalen als Kataplasma entziehen den nach dem Auszupfen wiederkeimenden Haaren die Nahrung und machen sie dünn. Mit Mehl, Alaun und altem Oel umgeschlagen vertheilen sie die Drüsen am Halse. Auch färbt deren Abkochung Wolle. Von der Schale, in der sie von Natur gewachsen ist, befreit und in zwei Stücke getheilt, wird sie (die Bohne) gegen Blutung durch Blutegel aufgelegt; denn halb durchgeschnitten und fest aufgedrückt hält sie das Blut zurück.

¹) πνευματώδης muss man wohl neben φυσσώδης auf Blähungen beziehen, welche die Brust belästigen. ²) συγχύσις. ³) Das Kauen von schleimhaltigen Substanzen, Getreide, Feigen zu einem Umschlag war besonders bei den Juden beliebt; s. auch I 52.
Vicia Faba L. (Leguminosae-Papilionaceae), die Schweins- oder Buffbohne.

Cap. 128. Περὶ Κυάμου αἰγυπτίου. Aegyptische Bohne. Die ägyptische Bohne, welche Einige auch die pontische nennen, kommt am meisten in Aegypten vor, findet sich aber auch in den Teichen Asiens und Kilikiens. Sie hat ein grosses Blatt, wie ein Schirmhut und einen ellenlangen Stengel von der Dicke eines Fingers, eine rosenrothe Blüthe, welche doppelt so gross ist wie die des Mohns. Wenn sie abgeblüht hat, trägt sie sackähnliche Zellen nach Art des Wespennestes, in diesen befindet sich die Bohne, den Deckel ein wenig überragend, wie eine Blase. Sie wird Kiborion oder Kibotion genannt, weil das Pflanzen der Bohne in der Weise geschieht, dass sie in eine feuchte Erdscholle gelegt und so in das Wasser gesenkt wird. Die Wurzel darunter ist dicker als Rohr, sie wird gekocht und roh gegessen und heisst Kolokasia. Aber die Bohne wird auch frisch gegessen. Getrocknet wird sie schwarz und ist grösser als die griechische; sie hat adstringirende Kraft und ist dem Magen bekömmlich. Das Mehl daraus, welches statt Graupen aufgestreut wird, hilft den an Dysenterie und am Magen Leidenden; auch wird es in Form von Brei gegeben. Die Schalen wirken besser, wenn sie in Honigwein gekocht und in der Gabe von 3 Bechern genommen werden. Gegen Ohrenleiden hilft das in ihrer Mitte befindliche bitter schmeckende Grüne, wenn es mit Rosenöl gekocht und eingeträufelt wird.

Die ägyptische Bohne ist der Same von *Nelumbium speciosum* Willd., *Nelumbo nucifera* Gärtn., *Nymphaea Nelumbo* L. (Nymphaeaceae). Aus dem wagerecht laufenden Wurzelstocke erheben sich an stark bewurzelten Knollenstellen die langen mit Stacheln versehenen fingerdicken Blatt- und Blüthenstiele; erstere tragen grosse grüne, kreisrunde, auf dem Wasser schwimmende Blätter, deren Nerven von der Mitte zum Rande laufen und sich je zwei dort in eine Spitze vereinigen. Das grosse unterständige Perianth ist fünfzählig, zahlreich, rosenroth, mit einem angenehmen Zimmtgeruch; bis zu 70 kurze Staubblätter mit länglichen Antheren stehen auf dem umgekehrt kegelförmigen Blüthenboden, in dem 9—17 Fruchtknoten eingesenkt sind. Die ebenfalls in den Blüthenboden eingesenkten Samen sind etwa 1,5 cm lang, eiförmig, an der Spitze mit einem kurzen, von der Narbe herrührenden Fortsatz und daneben mit einem Höckerchen versehen. Die Samenschale umschliesst ohne Perisperm und Endosperm den Embryo mit dicken Kotyledonen, in denen sich zwei bereits grüne Blättchen befinden.

Sie findet sich in Aegypten, Indien und China. Die prächtige äussere Erscheinung, das Schwimmen auf dem Wasser, ihr Sinken vor den brennenden Sonnenstrahlen, die besondere Bildung und grüne Farbe des Embryo, dies Alles liess die Pflanze den Alten geheimnissvoll erscheinen und sie mit den Göttern in Verbindung bringen. Im Nillande ist es Osiris, in Indien Bramah, der auf den Blättern schwimmt. In China wird sie wegen der mehlreichen Wurzel und der wohlschmeckenden Samen viel gezogen.

Schon Herodot II 92 vergleicht die Frucht mit einem Wespennest an Gestalt, mit vielen essbaren Körnern so gross wie Oelkerne, welche roh und gedörrt gegessen würden.

Theophrast (Hist. pl. IV 8, 2) nennt das ganze Gewebe des Stengels wabenartig, auf diesem sitze ein wespennestartiger Blüthenboden (κώδυον), welcher bis zu dreissig Bohnen enthalte.

Plinius XXI 87 nennt die Pflanze Colocasia, wogegen D. nur die Wurzel so bezeichnet. Er sagt weiter, die Aegypter schätzten dieselbe so sehr, dass sie die Blätter in die Form von allerhand Trinkgeschirren brächten. Darauf führt man den Ausdruck Kiborion, Ciborium, ein Ess- oder Trinkgefäss zurück. D. aber gebraucht denselben synonym mit Kibotis, ein Kistchen, und zwar für die Bohne selbst, mit der Begründung, dass die Bohnen zur Saat in einer Hülle von Erde ins Wasser gesenkt würden. Uebereinstimmend damit sagt Galen (De theriac. ad Pamphil. p. 303), dass die Bohne selbst landläufig κίθη und κιβώριον heisse. Da beide wohl nur von Hörensagen berichten, liesse sich die Schwierigkeit dieser Stelle leicht heben, wenn man das καλεῖται δὲ κιβώριον ἢ κιβώτιον auf das kurz vorhergehende σφήκιον, das wespenartige Fruchtgehäuse bezieht.

Die Bohnen wurden, wie alle Schriftsteller berichten, in dieser oder jener Form verspeist, nur den Priestern waren sie wegen ihrer blähenden Wirkung verboten.

Cap. 129. Περὶ Φακοῦ. Linse.

Die Linse [die essbare; die Römer nennen sie Lens oder Lenticula] macht, wenn sie fortwährend gegessen wird, stumpfsichtig, ist schwer verdaulich, dem Magen nicht bekömmlich, verursacht Blähungen im Magen und in den Eingeweiden, stellt aber den Durchfall, wenn sie mit der Schale genossen wird. Diejenige darunter ist vorzuziehen, welche sich leicht kochen lässt und beim Maceriren mit Wasser nichts Schwarzes abgibt. Sie hat adstringirende Kraft, deshalb stellt sie den Durchfall, wenn sie vorher geschält und vorsichtig gekocht wird, indem das erste Wasser abgegossen wird[1]); denn die erste Abkochung davon löst den Bauch. Sie verursacht schwere Träume, taugt nicht für die Nerven, für die Lunge und den Kopf. Bessere Wirkung äussert sie auf die Bauchflüsse, wenn ihr Essig, Wegwart, oder Portulak, rothe Bete, Myrtenbeeren, Granatäpfelschale, trockene Rosen, Mispeln, Speierlingsbeeren, thebanische Birnen, Quittenäpfel, Cichorien, Wegerich oder ganze Galläpfel zugesetzt werden, welche alle nach dem Kochen weggeworfen werden, oder auch Sumach, welcher auf die Speisen gestreut wird. Der Essig muss aber tüchtig damit gekocht werden, sonst wird der Bauch sehr in Unordnung gebracht. Bei Magenerschütterung helfen dreissig Linsen, welche geschält genossen werden. Mit Graupen gekocht besänftigen sie als Umschlag Podagraschmerzen. Mit Honig verkleben sie Fistelnöffnungen, reissen den Schorf rund herum auf und reinigen Geschwüre. Mit Essig gekocht vertheilen sie Verhärtungen und Drüsen. Mit Steinklee oder Quitten unter Zusatz von Rosenöl heilen sie Augen- und Aftergeschwülste, aber bei grösseren Geschwülsten am After und grösseren Oeffnungen, wenn sie mit trockenen Granatäpfelschalen oder Rosen gekocht werden unter Zumischung von Honig. In gleicher Weise (helfen sie) gegen fressende gangränöse Geschwüre, oder auch mit Zusatz von Meerwasser; gegen Pusteln, kriechende Geschwüre, roseartige Entzündungen und Frostbeulen in der oben angegebenen Anwendung. Bei verhärteten und geschwollenen Brüsten sind sie, in Meerwasser gekocht, als Umschlag von guter Wirkung.

¹) Auch bei den Hippokratikern wird bei Linsenabkochung das erste Absud weggegossen, wie es unsere Hausfrauen noch thun, weil es Brechen erregt.
Ervum Lens L. (Leguminosae-Papilionaceae), L i n s e.

Cap. 130. Περὶ Φασιόλου. Zwergbohne. Die Zwergbohne erzeugt Winde und Blähungen und ist schwer verdaulich. Wird sie grün gekocht und gegessen, so erweicht sie den Bauch. Gegen Erbrechen ist sie gut.

Phaseolus Nanus L. (Leguminosae-Papilionaceae), Z w e r g b o h n e.

Cap. 131. Περὶ Ὀρόβου. Linsenwicke. Die Linsenwicke [bei den Römern Orobus] ist ein bekannter kleiner, schmalblätteriger, zarter Strauch, welcher die Samen in Hülsen hat. Aus ihnen wird das sogen. Wickenmehl gemacht, welches zum medicinischen Gebrauche dient. Es verursacht aber Kopfweh, beunruhigt den Bauch und führt das Blut durch den Urin ab. Die Ochsen werden fett, wenn sie damit gefüttert werden. Das Wickenmehl wird aber auf folgende Weise daraus gemacht: Suche die vollkommensten und weissen Samen aus, besprenge sie unter Umwenden mit Wasser und lass es in jede hineinziehen und röste sie dann, bis die Schale platzt. Dann mahle sie, schlage sie durch ein feines Sieb und bewahre das Mehl auf. Es ist gut für den Bauch, treibt den Urin und schafft eine gute Farbe. Wird es in der Speise oder im Trank übermässig gegeben, so führt es unter Krämpfen das Blut durch den Stuhlgang und durch die Blase ab. Mit Honig reinigt es aber Geschwüre, Leberflecken, Sommersprossen, Muttermale, überhaupt den ganzen Körper; fressende Geschwüre, Carcinome und Gangräne hält es auf. Ferner erweicht es die Verhärtungen in den Brüsten, reisst böse Geschwüre

Furunkeln und bösen Grind rings herum auf. Mit Wein zusammen-
gerührt heilt es als Umschlag Hunds-, Menschen- und Vipernbisse. Mit
Essig beschwichtigt es Harnverhaltung, Krämpfe und Stuhlzwang. Es
hilft denen, die an Auszehrung leiden, wenn es geröstet in der Grösse
einer Nuss mit Honig genommen wird. Seine Abkochung heilt als Aufguss Frostbeulen und Jucken am (ganzen) Körper.

Vicia Ervilia L. (Leguminosae-Papilionaceae), Linsenwicke.

Cap. 132. Περὶ Θέρμου. Lupine. Die cultivirte Lupine [bei
den Römern Lupinus, bei den Agyptern Brechu] ist bekannt. Das Mehl
davon treibt mit Honig als Leckmittel oder mit Essig getrunken die
Würmer aus. Die Lupinen selbst, macerirt und noch etwas bitter genossen,
leisten dasselbe; auch die Abkochung derselben hat die gleiche Wirkung. Mit Raute und Pfeffer getrunken ist sie der Milz heilsam, als
Aufguss ist sie dienlich gegen krebsartige und böse Geschwüre, gegen beginnende Krätze, weisse Hautflecken, Muttermale, Hautausschlag und bösen
Grind. Selbige mit Myrrhe und Honig im Zäpfchen treibt die Menstruation und den Fötus aus. Das Mehl reinigt die Haut und (vertreibt)
dunkle bleifarbene Stellen, lindert auch mit Grütze und Wasser die Entzündungen. Mit Essig besänftigt es Ischiasschmerzen. In Essig gekocht
entfernt es als Umschlag Geschwülste und Skrofeln und reisst Furunkeln
rings herum auf. Die Lupinen, mit Regenwasser bis zum Schleim gekocht, glätten das Gesicht. Mit der Wurzel der schwarzen Mastixdistel
gekocht heilen sie die Räude der Schafe, wenn sie mit der warmen Abkochung gewaschen werden. Die Wurzel, mit Wasser gekocht und getrunken, treibt den Harn. Die versüssten (entbitterten), fein gestossenen
Samen mit Essig genossen beschwichtigen den durch Ueberfüllung des
Magens entstehenden Ekel und bessern die Appetitlosigkeit.

Cap. 133. Περὶ Θέρμου ἀγρίου. Wilde Lupine. Es gibt auch
eine wilde Lupine [die Römer nennen sie Lupinus agrestis], sie ist der
gebauten ähnlich, im Ganzen aber kleiner, wirkt jedoch in derselben Weise
wie die gebaute.

D. bespricht in den beiden Capiteln zwei Lupinenarten — Theophrast kennt
nur eine —, von denen man die erstere, die gebaute als *Lupinus hirsutus* L., Rauhe,
und die wilde als *Lupinus angustifolius* L. (Leguminosae-Papilionaceae), Schmalblätterige Lupine anspricht. Die letztere findet sich an steinigen Vorbergen
unter Gebüsch. Der Name Lupinus wird von lupus, Wolf, abgeleitet, weil die Pflanze
den Boden aussaugt (Cato bei Plinius XVII 56 sagt: terram pasci). Die Lupinen
haben einen bitteren Geschmack, welcher ihnen durch Maceration mit Wasser etwas
genommen wird. Ihre Heimath ist der Orient. Sie dienen jetzt nur noch als Viehfutter, da sie den anderen Leguminosen an Nährwerth nachstehen. Man hat sie als
Surrogat des Kaffees empfohlen. Sie enthalten nach K. Gerhard (Arch. d. Ph. 1897

S. 343) Lupinidin in Form einer hellen, gelben, schwach riechenden, dicken Flüssigkeit.

Willstätter und Fourneau fanden im Samen der gelben Lupine das schön krystallisirende Alkaloid Lupinin.

Cap. 134. Περὶ Γογγύλης. Weisse Rübe. [Die cultivirte weisse Rübe; Einige nennen sie Gongylis, Andere Golgosion, die Römer Rapa.]

Die gekochte Wurzel der weissen Rübe ist nahrhaft, erzeugt Blähungen, bildet schwammiges Fleisch und reizt zum Liebesgenuss. Die Abkochung derselben dient als Bähung, bei Podagra und bei Frostbeulen, auch sie selbst, fein gestossen, hilft als Umschlag. Wenn man die Wurzel aushöhlt und darin Rosenwachssalbe in heisser Asche schmilzt, so hilft es gegen geschwürige Frostbeulen. Werden die Sprossen derselben gekocht und gegessen, so wirken sie harntreibend. Die Samen eignen sich als Zusatz zu Gegengiften und zu schmerzlindernden Mitteln gegen den Biss giftiger Thiere. Ihr Genuss hilft auch gegen tödtliche Gifte; auch sie reizen zum Liebesgenuss. Mit Salz eingemacht verliert sie[1]) als Speise an Nährwerth; den Appetit regt sie wieder an.

[1]) Mit Bezug auf Capitel 136 die Wurzel.

Brassica Rapa L. (Cruciferae), Weisse Rübe.

Cap. 135. Περὶ Γογγύλης ἀγρίας. Wilde weisse Rübe. Die

wilde Weissrübe wächst auf den Aeckern, ein ellenlanger Strauch, vielverzweigt, an der Spitze glatt[1]), er hat glatte, fingerbreite oder noch grössere Blätter und die Frucht in knospenartigen Schoten. Wenn die Fruchthüllen geöffnet sind, ist inwendig eine andere kopfförmige Schote[2]), in welcher schwarze, beim Durchbrechen innen weisse Samen sich befinden. Sie werden den Pomaden für das Gesicht und andere Hauttheile zugemischt, welche aus dem Bohnen-, Weizen- und Linsenmehle gemacht werden.

[1]) Im Texte heisst es: ἐξ ἄκρου [λεῖος], nach Sprengel in cacumine (glaber), ein besserer Sinn resultirt jedenfalls, wenn man ἐξ ἄκρου auf die Wurzel bezieht, aus deren Spitze der krautige Stengel emporschiesst. Das Wort „glatt“, λεῖος, fehlt allein im Cod. N., Sprengel hat es als überflüssig in Klammern gesetzt. [2]) Damit meint D. wohl die flügelartig ausgebreitete feine Haut, welche den Samen umgibt.

Bunias Erucago L. (Cruciferae), Bergkohl (nach Fraas).

Cap. 136. Περὶ Βουνιάδος. Feldkohl. Der Feldkohl und seine

Wurzel gekocht erzeugen Winde, sind aber weniger nahrhaft. Sein Same, vorher genommen, macht die tödtlichen Gifte unwirksam. Er wird auch den Gegengiften zugemischt. Auch die Wurzel von diesem wird mit Salz eingemacht.

Brassica campestris L. var. *Napobrassica* (Cruciferae), Feldkohl. Sie gedeiht nach Fraas nur in gebirgigen Gegenden (daher ihr Name βουνιάς von βουνός, die

Höhe); in den Ebenen Griechenlands fand er sie nicht; es ist unsere Steckrübe. Plinius XX 21 kennt zwei Arten, Bunios dem Rettig und der Rübe gleich, und Bunion mit eckigen Blattstielen.

Cap. 137. Περὶ Ῥαφανίδος. **Rettig.** Der Rettig [Einige nennen ihn Polyeidos Eryngiou[1]), die Römer Radix nostras[2]), die Afrikaner Thorpath[3])]; auch dieser erzeugt Blähungen und erwärmt. Er schmeckt gut, ist dem Magen aber nicht bekömmlich; er bewirkt Aufstossen und treibt den Urin. Er bekömmt auch dem Bauche, wenn man ihn dazu (d. h. nach der Mahlzeit) nimmt, indem er die Vertheilung der Nahrungssäfte befördert; wird er vorher genossen, so hebt er die Speisen in die Höhe. Vorher genossen ist er auch bei denen angebracht, die erbrechen wollen. Er schärft aber auch die Sinne. Gekocht genossen ist er denen zuträglich, welche an chronischem Husten leiden und bei denen sich Verdichtungen in der Brust gebildet haben. Seine Rinde mit Sauerhonig genommen wirkt kräftiger brechenerregend, ist aber den Wassersüchtigen wohlthuend. Als Umschlag ist sie auch bei Milzkranken angebracht. Mit Honig bringt sie fressende Geschwüre zum Stillstand und entfernt Sugillationen unter den Augen. Sie hilft den von giftigen Thieren Gebissenen und erzeugt nach der Fuchskrankheit dichtes Haar. Mit Taumellolchmehl entfernt sie Leberflecken. Gegessen oder getrunken hilft sie bei denen, die durch Essen oder Trinken von (giftigen) Pilzen Erstickungsanfälle bekommen, befördert auch die Menstruation. Sein Same erregt Brechen, treibt den Harn und reinigt die Milz, wenn er mit Essig genommen wird. Bei Entzündung der Schlundmuskeln (Angina) hilft er gekocht als Gurgelmittel mit warmem Sauerhonig, ebenso erweist er sich mit Wein getrunken heilsam gegen den Biss der Hornschlange. Mit Essig aufgelegt endlich reisst er Gangrän kräftig rund herum auf.

[1]) Vielart von Mannstreu. [2]) Unsere Wurzel. [3]) Der arabische Ausdruck für Tuber, Knolle, wegen der fleischigen Wurzel.

Den scharfen Geschmack verdankt der Rettig, wie das Kraut und der Samen vieler Cruciferen einem Gehalt an Senföl.

Cap. 138. Περὶ Ῥαφανίδος ἀγρίας. **Wilder Rettig.** Der wilde Rettig, welchen die Römer Armoracia nennen, hat ähnliche Blätter wie der gebaute, mehr doch wie der graue Senf, die Wurzel ist trocken, lang, etwas scharf. Sowohl die Blätter als auch die Wurzel werden als Gemüse gekocht. Er ist erwärmend, urintreibend und hitzig.

Raphanus Radicula L., *R. Radiola* D. C. und *R. sativus* L. (Cruciferae).

D. unterscheidet zwei Arten Rettige, zunächst den gebauten oder Gartenrettig, es sind die Radieschen mit der kleinen, mehr runden, weissen bis rothen Wurzel, und den eigentlichen (wilden) Rettig mit starker, hartfleischiger, scharfer Wurzel, von dem es mehrere Spielarten gibt.

Theophrast (Hist. pl. VII 4, 2) benennt die Rettigarten nach ihrer Herkunft, so den korinthischen, den liothasischen oder thrakischen, den böotischen, welcher am besten schmeckt, und den kleonäischen; je glatter die Blätter sind, desto lieblicher ist der Geschmack.

Plinius XIX 81 beurtheilt die Güte des Rettigs nach der Art des Stengels, welcher bei den geringen Sorten rund, dick und langröhrig ist; der beste ist der syrische. Den wilden Rettig nennt er auch Leuce (den weissen), Arnon und Armoracia, bei ihm ist das Laub stärker als der Stengel.

Ob wir Armoracia als Meerrettig ansprechen sollen, ist sehr zweifelhaft; nach Plinius XX 22 wächst er am besten in Arkadien und kommt auch an anderen Orten vor. Fraas kennt ihn in Griechenland weder cultivirt noch wild. Er fand die Radieschen mit Senf und Rauke verwildert vorkommend im Olivenwalde von Athen.

Cap. 139. Περὶ Σισάρου. Sisaron. Sisaron ist bekannt; seine Wurzel ist gekocht wohlschmeckend, gut für den Magen, treibt den Harn und regt den Appetit an.

Die Bestimmung dieser Pflanze ist nicht leicht, ihre Heimath ist Ostasien. Plinius XIX 90 berichtet, dass der Kaiser Tiberius sie, das Siser, alljährlich aus Deutschland habe kommen lassen, die wohlschmeckendste wachse zu Geldula am Rhein, sie habe einen bitteren Nerven. Weiter (XX 35) sagt er, es gebe auch ein wildes, erraticum, welches dem gebauten nicht nachstehe; doch könne Niemand mehr als drei Stücke hinter einander essen. In Italien wurde sie schon früh gebaut, denn Columella XI 3, 18, 35 sagt, dass Siser im August in tiefgegrabenen, gedüngten Boden gesäet werde; heute ist sie noch dort ein Küchengewächs und heisst Sisaro. In Griechenland fand sie Fraas nicht. Die Schriftsteller des 16. Jahrh. halten sie meist für eine Pastinaca-Art und nennen sie Gartenrapunzel, Klingelmöhren, Girgele, Zuckerwurzel u. s. w. Sprengel hielt sie früher für *Sium Sisarum* L. (Umbelliferae-Amminae), Zuckerwurzel, änderte später seine Meinung und erklärte sie für *Pastinaca sativa*, weil erst im 13. Jahrh. die Pflanze durch Minoritenmönche oder durch Reisende (M. Polo) nach Europa gebracht sei, auch die von Plinius erwähnte Bitterkeit der Pflanze, sowie die zweite Art derselben, fehle. Warum sollte aber den Griechen die Pflanze nicht durch Handelsbeziehungen bekannt sein! Das Zeugniss des Plinius als alleinige Entscheidung muss stets mit Vorsicht aufgenommen werden. Sollte das Sisaron aber Pastinaca sein, so müsste D. eine Pflanze unter zwei Namen. σίσαρον und ἐλαφόβοσκον (III 73), beschrieben haben. Fraas hält darum an *Sium Sisarum* fest. Die gebaute Pflanze hat eine knollig-büschelige Wurzel und einen 12—24 cm hohen Stengel mit einfach-unpaarig gefiederten Blättern. Die seitlichen Blättchen sind länglich, die endständigen herzförmig, alle am Rande gezähnt. Die Blüthenhülle ist fünfblätterig.

Cap. 140. Περὶ Λαπάθου. Ampfer. Der Ampfer; eine Art desselben heisst Oxylapathon, welche in Sümpfen wächst, sie ist nach oben zu hart und etwas spitz; die andere Art, der Gartenampfer, ist dem ersten nicht ähnlich. Eine dritte ist die wilde, sie ist klein, dem Wegerich ziemlich ähnlich, weich und niedrig. Es gibt aber noch eine vierte Art, welche Einige Oxalis oder Anaxyris, auch Lapathon nennen; deren Blätter sind denen des wilden und kleinen Ampfers ähnlich, der Stengel ist nicht gross, die Frucht etwas sauer, roth, scharf und befindet sich oben am Stengel und an den Seitenschössen. Das von allen gekochte Gemüse er-

weicht den Bauch. Roh mit Rosensalbe oder Safran als Umschlag zertheilt er bösen Kopfausschlag[1]). Der Same vom wilden, von Lapathum
oder Oxalis wird mit Wasser oder Wein vortheilhaft gegen Dysenterie,
krankhafte Verdauungszustände, Uebelkeit aus dem Magen und gegen
Skorpionstich getrunken, und wenn Jemand ihn vorher nimmt, hat er
vom Stich nichts zu fürchten. Die Wurzeln mit Essig gekocht, auch
roh als Umschlag heilen Aussatz, Flechten und schuppige Nägel, man
muss die Stelle aber vorher in der Sonne mit Natron und Essig einreiben. Die Abkochung davon als Aufguss oder als Zusatz zum Bade
beruhigt auch das Jucken. Sie beschwichtigen in Wein gekocht als
Mundwasser Ohren- und Zahnschmerzen, sie zertheilen Drüsen am Halse
und neben den Ohren als Umschlag, wenn sie mit Wein gekocht werden,
wenn mit Essig (sind sie gut für) die Milz. Einige wenden die Wurzeln
auch als Amulett[2]) gegen Drüsen an, indem sie dieselben um den Hals
binden. Fein gestossen als Zäpfchen eingelegt stellen sie den Fluss der
Frauen. Mit Wein gekocht und getrunken heilen sie vollständig die Gelbsucht, zertrümmern den Stein in der Blase, befördern die Menstruation
und helfen gegen den Biss des Skorpions.

[1]) μελικηρίς, von der Aehnlichkeit mit μελίκηρον, Honigwaben, Tinea favosa.
[2]) ἔνδεσμα als Sympathiemittel.

Rumex, Ampfer (Polygonaceae).

Vier Arten Ampfer zählt D. auf. Die häufigste ist Oxylapathon, heute λάπαθο,
Lapatho, die Gemüsepflanze der Griechen, Rumex crispus L., Hasenampfer; der
Gartenampfer, λάπαθον κηπευτόν, ist R. Patientia L., Gemüseampfer; die wilde kleine
Art, λ. ἄγριον, ist R. bucephalophorus L. (nach Kosteletzky R. scutatus, Schild-
förmiger Ampfer); die vierte, ὀξαλίς, ἀναξυρίς oder einfach λάπαθον, ist Rumex
acetosus und Acetosella L., Sauerampfer. Sie enthalten oxalsaure Salze.

Cap. 141. Περὶ Ἱππολαπάθου. Hippolapathon. Hippolapathon ist ein grosser Ampfer, welcher in Sümpfen wächst. Er hat dieselbe Kraft wie die vorhergehenden.

Rumex aquaticus L., R. Hydrolapathon Huds. (Polygonaceae), Wasserampfer.

Cap. 142. Περὶ Λαμψάνης. Grauer Senf. Der graue Senf
[bei den Römern Napium, bei den Aegyptern Euthmoi] ist ein wildes
Gemüse, nahrhafter und besser für den Magen als Ampfer; von ihm
werden die Blätter und der Stengel gekocht und gegessen.

Sinapis incana L. (Cruciferae), Grauer Senf.

Cap. 143. Περὶ Βλήτου. Gemüseamaranth. Der Gemüse-
amaranth [die Aegypter nennen ihn Echlotoripan, die Römer Blitum, die
Daker Bles], auch dieser wird als Gemüse gekocht. Er ist gut für den
Bauch, hat aber keine arzneiliche Kraft.

Amarantha Blitum L. (Amaranthaceae), Gemüse-Amaranth.

Cap. 144. Περὶ Μαλάχης. Malve. Die Gartenmalve [die Römer nennen sie Malva hortensis, Pythagoras Anthema, Zoroaster Diadesma, die Aegypter Chokorte, die Propheten Ziegenmilz, Einige Mauseschwanz] ist besser für den Genuss als die Ackermalve. Sie ist nicht gut für den Magen, aber gut für den Bauch und am besten die Stengel. Heilsam ist sie für die Eingeweide und die Blase. Die rohen Blätter, mit etwas Salz und Honig gekaut, haben als Umschlag die Kraft, die Thränenfistel (Aegilopie) zu heilen, zur Vernarbung dagegen werden sie ohne Salz angewandt. Aufgestrichen wirkt sie auch gegen die Stiche der Bienen und Wespen; wenn aber Jemand sich mit ihr roh und mit Oel fein gerieben bestreicht, bleibt er von den Stichen verschont. Mit altem Oel eingerieben heilt sie Schorf und Kleingrind. Werden die gekochten fein gestossenen Blätter mit Oel aufgelegt, so heilen sie Feuerbrandwunden und roseartige Entzündungen. Ihre Abkochung als Sitzbad erweicht die Gebärmutter, zum Klystier dient sie gegen Beschädigungen der Eingeweide, der Gebärmutter und des Afters. Die Brühe, mit den Wurzeln gekocht, hilft gegen alle tödtlichen Gifte, die, welche sie geniessen, müssen aber anhaltend erbrechen. Sie hilft ferner gegen den Biss der Spinne und befördert die Milchabsonderung. Die Frucht, wenn ihr der Same vom wilden Klee (Kuhhornklee)[1] zugemischt wird, mit Wein getrunken, lindert die Schmerzen der Blase.

[1] *Trigonella elatior* Sibth.

D. nennt zwei Arten Malven, die Rossmalve, *Malva silvestris* L., und die gemeine Malve, runde Käsepappel, *Malva vulgaris* Fries, *M. rotundifolia* L. (Malvaceae). Die erstere bildet auch heute noch ein beliebtes Gemüse der Griechen. In der Medicin dient die Malve nur noch zu Kataplasmen.

Cap. 145. Περὶ Ἀτραφάξιος. Gartenmelde. Die Gartenmelde, Einige nennen sie Chrysolachanon[1]) [die Römer Atriplex, die Aegypter Ochei], ist ein bekanntes Gemüse. Es gibt zwei Arten, die wilde und die Gartenmelde. Sie wird als Gemüse gekocht. Sie erweicht den Bauch, roh und gekocht als Umschlag vertheilt sie die Schamdrüsenverhärtungen. Der Same davon mit Honigmeth getrunken heilt die Gelbsucht.

[1] Goldenes Gemüse.

Artiplex hortensis L. (Chenopodiaceae), Gartenmelde; die zweite, als wilde bezeichnete Art ist jedenfalls eine verwilderte Gartenmelde, sonst wird wohl *Chenopodium album* oder *rubrum* dafür angesehen, von dem früher auch die Blätter als Herb. Atriplicis alb. oder rubr. gebräuchlich waren.

Cap. 146. Περὶ Κράμβης. Kohl. Der gebaute Kohl [Einige nennen ihn Gartenkohl, die Römer Brassica] ist gut für den Bauch, wenn er nur eben aufgekocht genossen wird Stark gekocht stellt er den Durchfall und mehr noch, wenn er zweimal gekocht und in Lauge gekocht wird.

Der Sommerkohl ist schlecht für den Magen und schärfer, der aber in Aegypten ist wegen der Bitterkeit ungeniessbar. Gegessen hilft er denen, die an Stumpfsichtigkeit und Zittern leiden, auch beseitigt er, hinterher genossen, das von einem Rausche oder vom Wein herrührende schlechte Befinden. Der Blüthenschössling[1]) davon ist zwar besser für den Magen aber schärfer und mehr harntreibend; eingesalzen dagegen bekommt er dem Magen schlecht und bringt den Bauch sehr in Unordnung. Der rohe Saft davon, mit Schwertlilie und Natron getrunken, erweicht den Bauch; mit Wein genommen hilft er den von der Viper Gebissenen, mit Bockshornmehl und Essig den an Podagra und Gicht Leidenden. Ferner eignet er sich zum Aufstreichen auf schmutzige und alte Wunden. Für sich allein als Injection in die Nase reinigt er den Kopf; mit Taumellolchmehl als Zäpfchen eingelegt befördert er die Menstruation. Die Blätter für sich allein oder mit Graupen zerrieben als Umschlag sind wirksam bei jeder Entzündung und Oedem. Sie heilen auch roseartige Entzündungen, Epinyktiden und Aussatz, und reissen mit Salz Karbunkeln ringsum auf. Sie verhindern ferner den Ausfall der Kopfhaare. Gekocht und mit Honig gemischt wirken sie gegen fressende krebsartige Geschwüre. Roh mit Essig genossen sind sie denen heilsam, die an der Milz leiden. Gekaut, so dass der Saft davon ausgesogen wird, stellen sie die zeitweise verlorene Stimme wieder her. Die Abkochung als Trank treibt den Bauch und die Menstruation. Die Blüthe aber nach der Geburt im Zäpfchen eingelegt verhindert die Empfängniss[2]). Der genossene Same, am besten von dem in Aegypten wachsenden, treibt die Würmer aus; er wird auch zu den Mitteln gegen den Biss giftiger Thiere gemischt. Weiter reinigt er das Gesicht (die Gesichtshaut) und (entfernt) Leberflecken. Die grünen Stengel mit den Wurzeln gekocht und mit altem Schweinefett aufgelegt beschwichtigen chronische Seitenschmerzen.

[1]) κύημα, eigentlich die Frucht im Mutterleibe; der C. setzt dafür κλῆμα, Schössling; aber der erstere Ausdruck rechtfertigt sich, wenn man an den Blumenkohl denkt, bei dem der ganze Blüthenstand und die oberen Blätter zu einer gelben Masse verdickt sind, welches die Alten für einen Schössling aus der Pflanze ansahen. Auch redet D. von diesem im Singular, während er, wenn er die jungen Sprossen gemeint hätte, κυήματα geschrieben haben würde. Noch heute sagt man, wenn der Kohl die Blüthe treibt, „er schiesst". [2]) ἀτόκιον, macht unfruchtbar.

Der Kohl war in Griechenland und besonders in Italien ein geschätztes Gemüse und diätetisches Mittel. Er war das Universalmittel des alten M. P. Cato. Plinius XX 78 zählt sechs Arten auf. XIX 54 sagt er, dass der Stengelkohl jetzt so gross gezogen werde, dass er für den Mittelstand nicht mehr brauchbar sei, weil für den Tisch zu gross.

Brassica oleracea L. (Cruciferae), Gartenkohl.

Cap. 147. Περὶ Κράμβης ἀγρίας. Wilder Kohl. Der wilde Kohl [welchen die Römer Brassica rustica nennen] wächst meistentheils in der Nähe des Meeres und an abschüssigen Stellen; er gleicht dem Gartenkohl, ist aber weisser, dichter und bitter. Aber der Blüthenschössling davon in Lauge gekocht ist nicht schmackhaft. Die Blätter als Umschlag haben die Kraft, Wunden zu verkleben und Geschwülste und Entzündungen zu vertheilen.

Es ist vielleicht der ῥάφανος ἀγρία des Theophrast (Hist. pl. VII 4, 4), *Brassica cretica* Lam., Kretischer Kohl. Fraas bezieht die Pflanze auf *Brassica incana* Tenore oder auf *Lepidium latifolium* L.

Cap. 148. Περὶ Κράμβης θαλασσίας. Meerkohl. Der sogen. Meerkohl ist im Ganzen verschieden vom Gartenkohl; er hat viele zarte Blätter ähnlich denen der runden Osterluzei, es wächst aber jedes derselben an röthlichen Zweigen aus einem besonderen Spross hervor, wie beim Epheu. Er hat auch einen weissen Saft, aber nicht viel; er besitzt einen etwas salzigen und in etwa bitterlichen Geschmack und fettes Wesen. Die ganze Pflanze ist nicht gut für den Magen, sie ist scharf, löst stark den Bauch, wird gekocht und gegessen. Einige kochen aber mit ihm zusammen wegen der Schärfe fettes Fleisch.

Es ist eine Strandpflanze Griechenlands und Italiens. Bei Plinius (XX 92), der die medicinischen Wirkungen übereinstimmend mit D. angibt, heisst sie *Brassica marina*. Sprengel hält sie für *Convolvulus Soldanella* L. (Convolvulaceae), Kohlwinde, deren Zweige röthlich sind und einen etwas salzig-bitterlichen Milchsaft abgeben.

Cap. 149. Περὶ Τεύτλου. Bete. Die Bete [die grosse, bei den Römern Beta silvatica] kommt in zwei Arten vor, von denen die schwarze den Leib mehr stellt (hart macht), wenn sie mit Linsen gekocht wird, stärker noch die Wurzel. Die weisse ist gut für den Bauch; beide haben schlechten Saft wegen ihres Natrongehaltes. Deshalb reinigt ihr Saft den Kopf, wenn er mit Honig in die Nase injicirt wird, hilft auch bei Ohrenschmerzen. Die Abkochung der Wurzeln und Blätter vertreibt Schorf und Nisse, heilt als Bähung auch Frostbeulen. Mit den rohen Blättern muss man die weissen Flecken, nachdem sie vorher mit Natron behandelt sind, bestreichen, ebenso die kahlen Stellen, nachdem sie zerkratzt sind und die fressenden Geschwüre. Gekocht heilen sie Hautausschlag, Feuerbrandwunden und roseartige Entzündungen.

Die schwarze Art des D., τεύτλον ἄγριον, ist *Beta vulgaris* L., Rothe Bete; die weisse Art, τ. λευκόν, ist *Beta Sicla* L. (Cruciferae), Weisser Mangold.

Cap. 150. Περὶ Ἀνδράχνης. Portulak. Der Portulak hat kühlende und adstringirende Kraft. Mit Grütze als Kataplasma hilft er bei Kopfschmerzen, bei Augen- und sonstigen Entzündungen, bei Hitze des Magens, bei Rose und Blasenleiden. Gegessen lindert er die Stumpfheit der Zähne, Brennen im Magen und in den Eingeweiden und Rheumatismus; Nieren- und Blasenverletzungen richtet er wieder zu und unterdrückt den Drang zum Beischlaf. Beinahe ebenso wirkt der Saft davon als Trank, indem er auch in Fiebern seine Kraft entfaltet. Ferner wirkt er tüchtig gekocht gegen runde Würmer, gegen Blutspeien, gegen Dysenterie und Hämorrhoiden, gegen Blutsturz und gegen den Biss der Seps. Auch wird er den Augenmitteln mit Vortheil zugemischt. Im Klystier dient er bei Eingeweidefluss oder bei Jucken an der Gebärmutter, als Umschlag mit Rosensalbe oder Oel bei Kopfschmerzen in Folge von Sonnenhitze, bei Ausschlag auf dem Kopfe mit Wein zum Bestreichen, mit Grütze als Kataplasma bei entzündeten Wunden.

Portulaca oleracea L. (Portulaceae), Portulak.

Cap. 151. Περὶ Ἀσπαράγου. Spargel. Der Felsenspargel, welchen sie Myakantha[1]) [Einige auch Mys[2])] nennen, ist bekannt. Sein Stengelchen, etwas gekocht und gegessen, erweicht den Bauch und treibt den Urin. Die Abkochung der Wurzeln, getrunken, hilft gegen Harnverhaltung, Gelbsucht, Milz- und Ischiasschmerzen, und mit Wein gekocht gegen den Biss der Spinne, auch gegen Zahnschmerzen, wenn die Abkochung an dem leidenden Zahne behalten wird. In derselben Weise wirkt aber auch der Same, wenn er getrunken wird. Man sagt, dass die Hunde, wenn sie die Abkochung davon trinken, sterben. Einige haben erzählt, dass, wenn Jemand die Hörner des Widders zerhackt und vergräbt, Spargel daraus wächst[3]); mir aber unglaublich. Dieser Spargel nun aber ist ein vielverzweigter Strauch mit vielen langen fenchelähnlichen Blättern und einer runden grossen Wurzel, welche eine Knolle hat. Wenn das Stengelchen von diesem mit Weisswein zerrieben wird, so lindert es die Milzschmerzen, gekocht oder gebraten genommen besänftigt es Harnzwang, Harnverhaltung und Dysenterie. Seine Wurzel in Wein oder Essig gekocht beruhigt Verrenkungen. Mit Feigen und Erbsen gekocht und genommen heilt sie Gelbsucht, lindert auch Ischiasschmerzen und Harnzwang. Wird sie aber umgebunden[4]) und ihre Abkochung getrunken, so verhindert sie die Empfängniss und macht unfruchtbar.

[1]) Mausedorn. [2]) Maus. [3]) Anders lautet dieses Geopon. XII 18: „Will man recht viel Spargel haben, so schneidet man die Hörner von wilden Widdern in recht kleine Stücke, bringt diese in den Boden und bewässert sie. Andere behaupten, man müsse die ganzen Widderhörner in die Erde stecken“ u. s. w. Also sollen die Hörner düngen. [4]) Als Amulett.

D. behandelt zwei Arten Spargel, den an felsigen Orten wild wachsenden und den gebauten. Athen. Deipn. II 62 heisst es: „Man unterscheidet den Sumpfspargel, ἀσπάραγος ἕλειος, und den Bergspargel. ἀ. ὄρειος; der schönste wird nicht gesäet und dient gegen alle inneren und äusseren Krankheiten.“ Schon Cato (De re r. 16) gab ausführliche Vorschriften zur Bearbeitung des Bodens, um eine gute Spargelernte zu erzielen. Nach Fraas ist jetzt weder der am Meeresufer, in sandigen, bergigen Gegenden und in Gebüschen wachsende Spargel, noch der Gartenspargel in Griechenland mehr zu finden.

Bekannt ist der eigenthümliche unangenehme Geruch des Urins nach dem Genusse von Spargel. Die Sprossen (nicht das Rhizom selbst) enthalten 21,2% Asparagin (Amidobenzoësäureamid), dessen grosser Stickstoffgehalt ihm eine hohe Bedeutung in der Ernährung der Pflanzen verleiht; es kann das Eiweiss nicht ersetzen, spart es aber auf. Im Harn erscheint es als Bernsteinsäure und Ammoniak.

In der Medicin dient der Spargel hie und da zur Bereitung des Sirup. Asparagi.

Die beiden Arten des D. sind *Asparagus acutifolius* L., Spitzblätteriger Spargel, und *A. officinalis* L. (Liliaceae-Asparagoideae).

Cap. 152. Περὶ Ἀρνογλώσσου. Wegerich. Der Wegerich [Einige nennen ihn Arneion[1]), Andere Probateion[2]), Kynoglosson[3]), Heptapleuron[4]), Polyneuron[5]), die Propheten Schwanz des Ichneumons[6]), die Aegypter Asonth[7]), die Römer Plantago minor[8]), die Gallier Tarbelodathion, die Spanier Thesarika, die Afrikaner Atieirkon][9]) kommt in zwei Arten vor, dem kleinen und grossen. Der kleine hat schmalere, längere, weichere, glattere und zartere Blätter, kantige Stengel, gebogen, wie über die Erde hin (geneigt), und blasse Blüthen, der Same sitzt an der Spitze der Stengel. Der grössere ist üppiger, hat breite Blätter und ist gemüseartig, der Stengel bei ihm ist kantig, röthlich, eine Elle hoch, von der Mitte bis zur Spitze mit zarten Samen besetzt. Die Wurzeln darunter sind zart, rauh, weiss, fingerdick; er wächst an Sümpfen, Hecken und feuchten Orten. Besser zum Gebrauch ist der grössere. Die Blätter haben austrocknende, adstringirende Kraft, deshalb eignen sie sich zum Umschlag bei allen bösen Zufällen, bei Elephantiasisleiden, bei fliessenden und schmutzigen Geschwüren. Sie wirken hemmend bei Blutflüssen, fressenden Geschwüren, Karbunkeln, kriechenden Geschwüren und Epinyktiden. Sie vernarben alte und ungewöhnliche Geschwüre und heilen bösartige Geschwüre[10]), verbinden auch die Wundränder[11]). Sie erweisen sich heilsam bei Hundsbissen, bei Feuerbrandwunden, Geschwülsten, Drüsen an den Ohren, an der Scham und am Halse und bei Aegilopie (Gaisauge), wenn sie mit Salz aufgelegt werden. Als Gemüse mit Salz und Essig gekocht und genossen sind sie ein gutes Mittel bei Dysenterie und Magenleiden. Sie werden auch, mit Linsen statt Bete zusammengekocht, gegeben. Das gekochte Kraut wird auch nach dem Genuss von trockener Kost gegen Bleichsucht gereicht; es wirkt auch gut, wenn es bei Epilepsie und Asthma gegeben wird. Der Saft der Blätter, wenn er anhaltend als Mundwasser gebraucht wird, reinigt die Geschwüre im Munde; mit kimolischer Erde oder Bleiweiss heilt er roseartige Entzündungen. Der Saft hilft als Injection bei Fisteln und eingetröpfelt bei Augen- und Ohrenleiden; er wird auch den Kollyrien zugemischt. Ferner (hilft er)

getrunken bei wundem Zahnfleisch und bei Blutauswurf, als Klystier bei
Dysenterie. Er wird weiter bei Auszehrung getrunken und gegen Ge-
bärmutterkrämpfe und -Flüsse in Wolle als Zäpfchen angewandt. Der
Same mit Wein getrunken hält Bauchfluss und Blutspeien auf. Die gekochte Wurzel als Mundspülwasser und gekaut lindert die Zahnschmerzen.
Gegen Blasen- und Milzgeschwüre werden Wurzel und Blätter mit Süsswein
gegeben. Man sagt, dass drei Wurzeln mit 3 Bechern Wein und ebenso
viel Wasser gegen das dreitägige, vier Wurzeln gegen das viertägige
Fieber helfen. Einige gebrauchen die Wurzeln als Halsband[12]) gegen
Drüsen, sie zertheilen diese[13]). [Die Syrer (sagen), dass das Gericht desselben (des Wegerichs) und der Minze mit Honig die Entkräfteten heile,
wenn es am zweiten, vierten Tage und Charfreitag gegeben werde. Dieses
fasse man als Geheimmittel auf; denn es entspricht vollständig der Wahrheit und beruht auf Erfahrung.]

[1]) Schaf. [2]) Schafpflanze. [3]) Hundszunge. [4]) Siebenrippig. [5]) Vielnervig. [6]) Von
der Aehnlichkeit des in eine Quaste endigenden Schwanzes mit dem samentragenden
Stengel. [7]) Nach Rossi so viel wie schafartig. [8]) Kleiner Wegerich. [9]) Soll nach
Bochart eine Corruption des hebräischen Chassir (G)erikim, Kraut der Nerven, sein.
[10]) Cheironia, τὰ χειρώνια, nach dem Wundarzte Cheiron benannt. [11]) Wörtlich: verkleben die Höhlungen. [12]) Als Amulett? [13]) Im Texte steht: καὶ διαφοροῦσιν. Der in
Klammern stehende Schlusssatz ist offenbar unächt und rührt jedenfalls von einem
syrischen (Juden oder) Christen her. Der Freitag vor dem Passahfeste hiess bei den
Juden Parasceve (παρασκευή), Vorbereitung, Zubereitung des Osterlammes; die Christen
behielten diesen Namen bei und hielten die ganze Woche vor Ostern (hebdomas
magna) für besonders heilig. So knüpfte sich an die in derselben, besonders am
Charfreitag vorgenommenen Handlungen leicht dieser oder jener Mysticismus.
Für den grossen Wegerich des D. hält man *Plantago asiatica* L., und für den
kleinen *Pl. Lagopus* L. (Plantagineae), Wolliger Wegerich, beide kommen nach
Fraas sehr häufig in Griechenland vor, ersterer an Wassergräben und stehenden
Wässern in feuchten Niederungen, letzterer auf trockenen Hügeln und Anhöhen und
in den mageren Ebenen.

Cap. 153. Περὶ Σίου. Merk. Der Wassermerk [Einige nennen
ihn Anagallis enhydros[1]), Andere Schinos aromatica[2]), Daren ion, noch
Andere Laouberde] findet sich in den Gewässern als ein aufrechter, fettglänzender, kleiner Strauch mit breiten Blättern, welche denen des Pferds-
eppichs ähnlich, aber kleiner und wohlriechend sind. Werden diese gekocht wie auch roh gegessen, so zertrümmern sie den Stein und scheiden
ihn aus, treiben den Harn, führen den Fötus heraus und befördern die
Menstruation, sind auch denen als Speise zuträglich, welche an Dysenterie leiden. Krateuas berichtet über ihn so: Er ist ein strauchiges Kraut
mit wenigen rundlichen Blättern, welche grösser sind als die der Pfefferminze, schwarz, fettglänzend, denen der Rauke nahekommen.

[1]) *Anagallis aquatica*, Wassergauchheil. [2]) Wohlriechender Mastix.
Sium latifolium L. (Umbelliferae), Breiter Wassermerk. Das Sion des

Krateuas wird von Sprengel nach dem Vorgange von Anguillara auf *Nasturtium officin.* R. Br., Brunnenkresse, bezogen, es kann aber auch *Veronica Anagallis* L., der Wasserehrenpreis, sein.

Cap. 154. Περὶ Σισυμβρίου. Sisymbrion. Das Sisymbrion [Einige nennen es Herpyllon agrion[1]), Andere die Krone der Aphrodite, die Römer Usteralis, auch Herba Venerea[2])] wächst an öden Stellen, es ist der Pfefferminze ähnlich, aber breitblätteriger und wohlriechender und eignet sich zu Kränzen. Es hat erwärmende Kraft. Der Same ist bei Harnzwang und Blasenstein angebracht, wenn er mit Wein getrunken wird; er beruhigt auch Krämpfe und Schlucken. Die Blätter werden als Kataplasma gegen Kopfleiden auf die Schläfen und das Gesicht gelegt, ebenso gegen Wespen- und Bienenstiche. Getrunken stillen sie auch das Erbrechen.

[1]) Serpyllum agreste. [2]) Venuskraut.

Theophrast (Hist. pl. II **4**, 1) sagt, dass das Sisymbrium leicht in Mentha sich verwandle, wenn es nicht durch die Cultur, durch häufiges Verpflanzen daran gehindert werde.

Mentha aquatica L., Wasserminze, oder *M. silvestris* Koch, Pferdeminze (Labiatae).

Cap. 155. Περὶ ἑτέρου Σισυμβρίου. Das andere Sisymbrion. Das andere Sisymbrion — Einige nennen es Kardamine, Andere nennen auch dieses Sion — ist eine Wasserpflanze, welche an denselben Orten wie das Sion wächst. Einige nennen es aber Kardamine, weil es im Geschmack der Kresse ähnelt. Es hat zuerst runde Blätter, bei weiterem Wachsthum werden sie gespalten[1]) wie die der Rauke. Es erwärmt und treibt den Harn. Auch roh wird es gegessen. Es vertreibt Leber- und Sonnenbrandflecken, wenn es die ganze Nacht aufgelegt und Morgens abgewaschen wird.

[1]) Sie sind 3—7paarig-fiederschnittig.

Nasturtium officinale L. (Cruciferae), Gebräuchliche Brunnenkresse. D. nennt sie auch Kardamine; sie wird mit *Cardamine amara* L., dem bitteren Schaumkraut, nicht selten verwechselt.

Cap. 156. Περὶ Κρίθμου. Meerfenchel. Das Krithmon — Einige nennen es Kritamon — ist eine etwa ellenhohe, ausgebreitete (sparrige), strauchartige Pflanze, welche an felsigen Stellen und in der Nähe des Meeres wächst, ganz besetzt mit fettglänzenden und weisslichen Blättern, welche denen des Portulaks gleichen, aber breiter und auch länger sind und einen salzigen Geschmack haben. Es hat weisse Blüthen, eine Frucht wie Libanotis[1]), weich, wohlriechend, rund, welche beim Trocknen aufspringt und im Innern einen Samen hat wie Weizen, drei bis vier fingerdicke, wohlriechende, süsse Wurzeln. Frucht, Wurzel und Blätter haben, in Wein gekocht und getrunken, die Kraft, bei Harnverhaltung und Gelbsucht zu helfen; sie befördern auch die Menstruation. Es wird gekocht und roh als Gemüse gegessen, auch in Salzbrühe eingemacht.

[1] *Cachrys cretica* Lam. D. nennt III 79 die Frucht der Libanotis Kachrys. *Crithmum maritimum* L. (Umbelliferae), Meerfenchel oder Strandbacille.

Cap. 157. Περὶ Κορωνόποδος. Niedriger Schotenklee.

Koronopus [1] [Einige nennen ihn Ammonos, Andere Astrion, die Afrikaner Atirsipte, die Römer Caciatrix, auch Stilago oder Sanguinaria] ist ein langes Pflänzchen, über den Boden ausgebreitet, mit zertheilten Blättern. Auch dieser wird gekocht als Gemüse gegessen. Er hat eine zarte adstringirende Wurzel, welche gegessen gegen Kolik wirkt. Er wächst an ungebauten Stellen, auf Schutthaufen und an Wegen.

[1] Krähenfuss.
Lotus ornithopodioides L. (Leguminosae-Papilionacea), Niedriger Schotenklee.

Cap. 158. Περὶ Σόγχου. Gänsedistel.

Sonchos [der rauhe, welchen Einige Cichorie, die Römer Cicerbita aspera, die Afrikaner Gathuone nennen] kommt in zwei Arten vor. Die eine ist mehr wild und stacheliger, die andere zarter und essbar. Der Stengel ist kantig, etwas hohl, hie und da röthlich, er hat Blätter, welche am Rande in Abständen eingeschnitten sind [1]. Sie haben kühlende, etwas adstringirende Kraft, daher sind sie als Umschlag bei Magenbrennen und Entzündungen von guter Wirkung. Der Saft als Schlürftrank lindert Magenstiche und befördert die Milchabsonderung. In Wolle als Zäpfchen eingelegt hilft er bei Entzündung des Afters und der Gebärmutter. Das Kraut und die Wurzel als Kataplasma sind bei Skorpionstichen heilsam. Der andere Sonchus, auch zart, ist baumartig, breitblätterig. Die Blätter umfassen (entfalten) den Stengel, welcher Zweige hat [2]. Auch dieser wirkt in derselben Weise.

[1] Die Blätter sind buchtig gezähnt. [2] In einigen Codices fehlt der Zusatz zu τὸν καυλόν: κλάδους ἔχοντα, da die Pflanze eigentliche Zweige nicht hat, wenn man nicht die Blüthenstengel als solche ansehen will; Sprengel setzt deshalb κλάδους οὐκ ἔχοντα, es hiesse demnach: die Blätter umfassen den nicht verzweigten Stengel.
Die erste Art ist *Sonchus oleraceus* L., die andere *S. arvensis* L. (Compositae) Gänsedistel, Saudistel.

Cap. 159. Περὶ Σέρεως. Seris.

Die Seris [die gebaute — Einige nennen sie Pikris, die Aegypter Agon, die Römer Intybus agrestis] kommt in zwei Arten vor, von denen wird die wilde Pikris, auch Cichorie genannt; die zahme dagegen ist breitblätteriger und wohlschmeckender. Von dieser Gartencichorie gibt es wieder zwei Sorten, die eine nämlich ist mehr latticbartig und breitblätterig, die andere hat schmalere Blätter und ist etwas bitter; alle sind sie adstringirend, kühlend und gut für den Magen. Gekocht stellen sie den Durchfall, wenn sie mit Essig genommen werden, am meisten die wilden, welche dem Magen bekömmlicher sind; denn genossen sind sie ein vorzügliches Mittel für einen schwachen und erhitzten Magen. Mit Grütze und für sich allein als Umschlag sind sie von guter Wirkung bei Herzleiden; sie helfen bei Podagra und Augen-entzündungen; das Kraut und die Wurzel als Umschlag leisten gegen Skorpionsbiss Hülfe und heilen mit Graupen zusammen die Rose; mit Blei-weiss und Essig dient ihr Saft als Salbe in Fällen, welche Abkühlung erheischen.

Die schmalblätterige und etwas bittere Seris ist *Cichorium Intybus* L., W e g - w a r t , Cichorie, die latticbartige *Cichorium Endivia* L. (Compositae), E n d i v i e .

Theophrast (Hist. pl. VII 11, 3) redet nur im Allgemeinen von den Cichorien, τὰ κιχοριώδη πάντα, deren Blätter als Gemüse verwandt werden; wegen der langen Wurzel kann die Pflanze nur schwer aus dem Boden gehoben werden. Plinius XX 73 nennt die wild wachsende (Intubum erraticum) auch Ambula, in Aegypten heisse sie Cichorium, die gebaute Seris, sie sei kleiner und aderiger.

Die Wurzel von *Cichorium Intybus* enthält B i t t e r s t o f f , Z u c k e r , im Herbst viel I n u l i n und A m y l u m ; sie dient als Kaffeesurrogat. *Cich. Endivia* liefert in den Blättern den bekannten Salat.

Cap. 160. Περὶ Κονδρίλλης. K n o r p e l s a l a t . Der Knorpel-salat; Einige nennen auch diesen Cichorie oder Seris. Er hat Blätter, Stengel und Blüthen wie die Cichorie, deshalb halten ihn auch Einige für eine Art wilder Seris; er ist aber im Ganzen zarter. Selbst an den feinen Zweigen aber findet sich ein mastixähnliches Gummi von Bohnen-grösse, welches, mit Myrrhe fein gerieben und in der Grösse einer wilden Olive in Leinen als Zäpfchen eingelegt, die Menstruation befördert. Das Kraut mit der Wurzel wird gestossen und unter Zusatz von Honig zu kleinen Kugeln geformt, welche dann zerlassen und mit Natron vermischt weisse Hautflecken entfernen. Das Gummi verklebt auch die Haare; ebenso wird die frische Wurzel zu demselben Zwecke gebraucht, indem eine Nadel in dieselbe getaucht und an die Haare gebracht wird. Mit Wein getrunken hilft sie auch gegen Vipernbiss. Ihr Saft, mit Wein ge-kocht und getrunken und auch für sich allein, stellt den Durchfall. Es gibt aber auch eine zweite Art Knorpelsalat, sie hat ein rings herum ange-fressenes langes und über den Boden ausgebreitetes Blatt, einen saftigen Stengel, eine zarte, zugespitzte, leichte, runde, gelbliche, saftreiche Wurzel. Der Stengel und die Wurzel haben eine die Verdauung befördernde Kraft. Der Saft eignet sich zum Verkleben der Augenwimpern. Die Pflanze wächst auf gutem und gebautem Boden.

Chondrilla juncea L. (Compositae), K n o r p e l s a l a t , Krümling oder S o n n e n - w i r b e l . Die zweite Art, deren Blätter am Rande dornig-steifhaarig, deren grosse

Grundblätter schrotsägeförmig gezahnt sind, ist vielleicht die Varietät *latifolia*, nach Fraas *Chondrilla ramosissima*.

Auch bei Plinius XXII 91 findet sich die Angabe, dass am Stengel nahe dem Boden sich Harzklümpchen von der Grösse einer Bohne ausscheiden.

Cap. 161. Περὶ Κολοκύνϑας. Kürbis. Der essbare Kürbis. Roh gestossen und umgeschlagen besänftigt er Oedeme und Eiterbeulen. Das Schabsel davon wird Kindern, welche am Sonnenstich leiden, mit Erfolg um den Vorderkopf gelegt; in ähnlicher Weise wird es gegen Augenentzündungen und Podagra angewandt. Der aus dem Schabsel gepresste Saft hilft für sich allein und mit Rosenöl eingetröpfelt gegen Ohrenschmerzen, eingesalbt auch bei dem durch Hitze angegriffenen Gesicht. Der Saft des ganzen gekochten und ausgepressten Kürbis aber mit etwas Honig und Natron getrunken löst den Bauch gelinde. Wenn aber Jemand den rohen Kürbis aushöhlt, Wein hineingiesst und ihn an die Sonne setzt, diesen dann mit Wasser mischt und zu trinken gibt, so erweicht er den Bauch leicht.

Cucurbita Pepo L. (Cucurbitaceae), eine der verschiedenen Kürbis-Arten.

Cap. 162. Περὶ ἡμέρου σικύου. Gebaute Gurke. Die zahme Gurke ist bekömmlich für den Bauch und Magen, sie kühlt, verdirbt nicht, ist gut für die Blase und ruft durch ihren Geruch aus der Ohnmacht zurück. Ihr Same auch treibt mässig den Harn und hilft mit Milch oder Süsswein bei Blasengeschwüren. Ihre Blätter mit Wein aufgelegt heilen Hundsbiss, mit Honig Epinyktiden.

Cucumis satirus L. (Cucurbitaceae), Gurke, abweichend von Sprengel, welcher σίκυος ἥμερος auf die Melone, κολόκονϑα auf die Gurke bezieht. Heute noch heisst in Griechenland der Kürbis κολοκύτι und κολοκύτια, die Gurke σικυά.

Cap. 163. Περὶ Πέπονος. Melone. Auch selbst das Fleisch der Melone ist verspeist harntreibend; als Umschlag lindert es Augenentzündungen. Ihr Schabsel[1]) wird Kindern, welche an Sonnenstich leiden, um den Vorderkopf gelegt und bei Augenflüssen statt eines Verbandleims um die Stirn. Der Saft mit dem Samen, unter Zusatz von Mehl an der Sonne getrocknet, gibt ein Mittel, um die Gesichtshaut zu reinigen und glänzend zu machen. Die trockene Wurzel zu 1 Drachme mit Honigmeth getrunken, wirkt brechenerregend. Wenn Jemand nach der Mahlzeit leicht brechen will[2]), reichen 2 Obolen aus. Sie heilt aber auch Grind, wenn sie mit Honig aufgelegt wird.

[1]) ξέσμα, in allen Codices steht dafür βρέγμα, welches Marcellus mit vertex corticis, oberer Theil der Rinde, übersetzt, was aber jedenfalls nicht richtig ist. Sprengel hat analog der gleichen Stelle in Cap. 161 das bessere ξέσμα gesetzt.
[2]) Um den Magen zu entleeren und weiter zu schwelgen.

Cucumis Melo L. (Cucurbitaceae), M e l o n e. Die Heimath des Kürbis, der Gurke und der Melone ist das südliche Asien.

Cap. 164. Περὶ Θρίδακος ἡμέρου. Gartenlattich. Der Garten-lattich (Thridax) [die Römer nennen ihn Lactuca, die Aegypter Embrosi] ist gut für den Magen, kühlt etwas, macht Schlaf, erweicht den Bauch und befördert die Milchabsonderung. Gekocht wird er nahrhafter; un-gewaschen gegessen ist er Magenleidenden zuträglich. Sein Same ge-trunken hilft denen, die an häufiger Pollution leiden und hindert den Beischlaf. Wird er (der Lattich) andauernd genossen, so bewirkt er Stumpfsichtigkeit. Er wird auch in Salzbrühe eingemacht. Wenn er in den Stengel geschossen ist, hat er in seiner Wirkung Aehnlichkeit mit dem Extract und dem natürlichen Safte[1]) des wilden Lattichs.

[1]) χυλός und χύλισμα ist der aus der Pflanze durch Pressen oder Auskochen gewonnene, ὀπός der freiwillig nach Einschnitten austretende (natürliche) Saft.

Lactuca sativa L. (Compositae), G a r t e n s a l a t, K o p f s a l a t.

Theophrast (Hist. pl. VII 4, 5) unterscheidet eine weisse, süssere und zartere Art, und diese hat drei Sorten, eine mit breitem Stengel, mit rundem Stengel und die lakonische, die letztere ist der sich später rundende Kopfsalat. Die breitblätterige Art entwickelte so grosse Blätter, dass sie in den Gärten als Thüren (θύραι) dienten.

Cap. 165. Περὶ ἀγρίας Θρίδακος. Wilder Lattich. Der wilde Lattich [welchen die Propheten Titansblut, Zoroaster Pherumbros, die Römer Lactuca silvatica nennen] gleicht dem Gartenlattich, hat aber einen stärkeren Stengel, weissere, dünnere, rauhere und bitter schmeckende Blätter. Im Ganzen ist er in seiner Wirkung dem Mohn ähnlich, wes-halb auch Einige seinen Saft unter das Opium[1]) mischen. Der Saft, im Gewicht von 2 Obolen mit Essigwasser getrunken, führt das Wässerige durch den Bauch ab; er entfernt auch weisse Flecken und Nebel[2]) auf den Augen. Bei Verbrennungen[3]) wirkt er mit Frauenmilch als Salbe; er ist überhaupt schlafmachend und schmerzstillend. Ferner befördert er die Katamenien, auch wird er gegen Skorpions- und Spinnenstiche ge-trunken. Der Same wird wie der des Gartenlattichs genommen, ver-hindert Pollution und Beischlaf. Auch der aus ihm gepresste Saft wirkt in derselben Weise, allerdings schwächer. Der (natürliche) Saft wird in irdenen Gefässen, nachdem er in der Sonne getrocknet ist, wie die übrigen Säfte aufbewahrt.

[1]) Opium, Meconium (μηκώνιον) ist der aus den Kapseln des Schlafmohns nach dem Anritzen freiwillig austretende und aus demselben durch Stossen und Pressen gewonnene Saft (Diosc. III 65). Nach Plinius XX 198 lehrte schon Diagoras (etwa 450 v. Chr.) die Bereitung desselben. Theophrast (Hist. pl. IX 8, 2) gibt an, dass nur aus den Mohnköpfen der Saft genommen werde. [2]) ἄργεμα καὶ ἀχλύν, Horn-hautflecken. [3]) ἐπίκαυσις, das oberflächliche Anbrennen.

Lactuca Scariola L. (Compositae), G i f t l a t t i c h. Er hat die Eigenthümlichkeit, dass die stengelumfassenden Blätter um ihre Achse gedreht sind, so dass nicht die Blattspreiten, sondern die Ränder nach oben und unten gekehrt sind. Alle grünen Theile dieses Lattichs enthalten reichlich Milchsaft, welcher zur Trockne eingedickt noch heute als Lactucarium eine wenn auch nur beschränkte Anwendung findet. Dasselbe wird von *Lactuca virosa* L. gesammelt, indem bei voller Entwickelung des Blüthenstandes die Blüthenrispe abgeschnitten wird, worauf ein etwas dünnflüssiger Saft herausquillt, welcher alsbald zäh und dicklich wird. Es bildet eine gelbbraune, zerreibliche Masse, welche in der Wärme erweicht und in Wasser oder Alkohol zum Theil löslich ist.

Auch aus *Lactuca sativa* wird ein Lactucarium gewonnen, seine Wirkung ist viel schwächer, es heisst in Frankreich Thridax.

Cap. 166. Περὶ Γιγγιδίου. Gingidion.

Das Gingidion, — Einige nennen es Lepidion [die Römer Bisacutum[1]), die Aegypter Dorysastru, die Syrer Adorio, die Afrikaner Trikta], wächst als kleine Pflanze in grosser Menge in Kilikien und Syrien und gleicht der wilden Möhre, ist aber zarter und stärker belaubt. Die kleine Wurzel ist weisslich, etwas bitter. Es wird roh und gekocht als Gemüse gebraucht, auch eingemacht gegessen. Es ist gut für den Magen, treibt den Harn und die Abkochung davon ist der Blase zuträglich.

[1]) Doppelt scharf.

Daucus Gingidium L. (Umbelliferae), eine in Griechenland und Italien wachsende Pflanze. Sie hat einen borstlich-scharfen Stengel, lange Hüllblätter und borstenförmige, an der Spitze kopfig-widerhakige Stacheln, deren Länge der Breite der Frucht gleichkommt. Nach gemachten Einschnitten soll (auf Sicilien) ein Gummiharz austreten.

Cap. 167. Περὶ Σκάνδυκος. Venuskamm.

Skandix [bei den Römern Herba Scanaria, auch Acicula], auch dieses ist eine wilde Gemüsepflanze, etwas scharf und bitter, essbar. Gekocht und roh genossen ist sie dem Bauche und Magen bekömmlich und treibt den Harn. Die Abkochung davon getrunken ist gut für die Blase, die Nieren und die Leber.

Scandix pecten Veneris L. (Umbelliferae), Venuskamm, Kammdolde.

Cap. 168. Περὶ Καυκάλιδος. Steinbrech. Kaukalis.

Einige nennen sie Kaukos oder wilde Möhre [Andere Myitis, Demokrit Brion, die Römer Pes gallinaceus[1]), auch Pes pulli[2]), die Aegypter Seselis]. Der kleine Stengel ist eine Spanne hoch oder auch höher, etwas rauh und hat dem Sellerie ähnliche Blätter, welche nach der Spitze zu wie beim Fenchel fein geschlitzt und rauh sind. An der Spitze ist eine weisse, wohlriechende Dolde. Aber auch dieses wird sowohl roh, wie auch gekocht als Gemüse gegessen. Es ist harntreibend.

[1]) Hahnenfuss. [2]) Kükenfuss, von der Form der oberen Fiederblätter.

Die Aehnlichkeit der Blätter mit denen des Sellerie bezieht sich auf die Grundblätter, welche fast eirund, ganz und stumpf gesägt sind; die oberen und obersten sind einfach-fiederschnittig mit lanzettlichen oder linealen Abschnitten. Die Wurzel ist jetzt noch als Radix Pimpinellae gebräuchlich.

Pimpinella Saxifraga L. (Umbelliferae), Steinbrech, Pimpinell, Bibernell. Die Wurzel enthält etwas ätherisches Oel, Harz, Zucker, Amylum und Pimpinellin, einen in Wasser unlöslichen, in Weingeist löslichen Körper mit scharfem, beissendem Geschmack.

Cap. 169. Περὶ Εὐζώμου. **Rauke.** Die Rauke [bei den Römern Eruca, bei den Aegyptern Ethrekike, bei den Afrikanern Asurik]; wird diese roh viel gegessen, so reizt sie zum Beischlaf, auch ihr Same bewirkt dasselbe; er treibt den Harn, befördert die Verdauung und ist gut für den Bauch. Man gebraucht seinen Samen auch zum Würzen der Zukost. Er wird auch zurückgelegt, um ihn längere Zeit aufzubewahren, indem sie Essig oder Milch zukneten und Pastillen daraus formen. Es gibt aber auch eine wilde Rauke, vorzüglich im westlichen Iberien, von der die dortigen Bewohner den Samen statt Senf verwenden; sie ist stärker harntreibend und viel schärfer als die gebaute Rauke.

Eruca sativa L. (Cruciferae), Rauke oder Rokke, das εὔζωμον ἄγριον des D. ist wohl nur eine verwilderte Gartenrauke.

Die Samen, welche denen des Senfs nahe stehen, waren früher als Sem. Erucae gebräuchlich.

Cap. 170. Περὶ Ὠκίμου. **Basilicum.** Das Basilikum ist bekannt, sein häufiger Genuss bewirkt Stumpfsichtigkeit; es erweicht den Bauch, treibt die Winde und den Harn und befördert die Milchabsonderung, ist aber schwer zu verdauen[1]). Mit dem feinen von den Graupen abgesiebten Mehle, Rosenöl und Essig als Kataplasma heilt es Lungenentzündung und den Biss des Meerdrachen und des Skorpions; für sich allein mit Wein von Chios dient es gegen Augenleiden. Sein Saft entfernt Nebelflecken auf den Augen und trocknet die Flüsse. Der Same, getrunken, ist ein gutes Mittel bei Melancholie, Harnverhaltung und Blähungen. Beim Riechen aufgesogen verursacht er vieles Niesen; dasselbe bewirkt auch das Kraut; man muss aber die Augen fest schliessen, während das Niesen vor sich geht. Einige hüten sich aber davor und essen es nicht, weil es gekaut und an die Sonne gelegt Würmer erzeugt. Die Libyer fügen noch hinzu, dass die, welche es gegessen haben und vom Skorpion gestochen werden, ohne Rettung verloren sind[2]).

[1]) δοσμετάβλητον. [2]) ἀσωστοὶ διατίθενται. Diese Lesart des C. stimmt mit dem überein, was Plinius XX 128 sagt; andere Codices haben dafür ἄπονοι διαμένουσιν, sie bleiben unbelästigt.

Ocimum basilicum L. (Labiatae), Basilikum; bei den späteren Griechen heisst es auch βασιλικόν. Es stammt aus Asien, wird häufig als Zierpflanze cultivirt.

Cap. 171. Περὶ Ὀροβάγχης. Orobanche. Orobanche [Einige nennen sie Kynomorion[1]), Andere Löwe, die Kyprier Thyrsine, welches gemeinhin Wolf bedeutet] ist ein röthlicher zwei Spannen hoher Stengel, oft auch grösser, blattlos, fettigglänzend, etwas rauh, zart, mit weisslichen oder gelben Blüthen. Die Wurzel darunter ist fingerdick, zur Zeit wenn der Stengel trocken wird, durchbohrt. Die auf gewissen Hülsenfrüchten wachsende scheint diese zu ersticken, woher sie den Namen hat[2]). Sie wird roh und gekocht als Gemüse gebraucht und aus irdener Schüssel wie der Spargel gegessen. Mit Hülsenfrüchten zusammen gekocht scheint sie dieselben schneller zum Kochen zu bringen.

[1]) Hundepenis (κυνὸς μόριον) von der Gestalt.   [2]) ὄροβος und ἄγχω.

Orobanche grandiflora Bory. (Orobancheae), Ervenwürger, Sommerwurz. Diese Schmarotzerpflanze kommt in Griechenland jetzt noch unter dem Namen λύκος, Wolf, und in Italien auf Hülsenfrüchtenfeldern, besonders der Vicia Faba, vor, bei der sie ganze Ernten vernichtet (vgl. Fraas S. 187).

Theophrasts (Hist. pl. VIII 8, 4) Orobanche, welche hauptsächlich unter den Erven Unheil anrichtet, indem sie die ganze Pflanze wie mit Schlingen (ὥσπερ πλεκτάνεις) umschnürt, kann nur auf *Lathyrus Aphaca* L., Kleine Platterbse, oder auf *Ervum hirsutum*, falls dies in Griechenland vorkommt, bezogen werden, welche beide überhandnehmend Getreide und Hülsenfrüchte ersticken können. Das gleich darauf (VIII 8, 5) beschriebene αἱμόδωρον dagegen, welches nur auf Trigonella foenum graecum vorkommt, ist *Orobanche cruenta* Bertol., Rothe Sommerwurz, Rother Ervenwürger. Vermuthlich heisst die Pflanze aber nicht αἱμόδωρον (Haimodoron), welches auch bei keinem Lexikographen zu finden ist, sondern λιμόδωρον oder λειμόδωρον — das Λ (L) in der Handschrift konnte leicht mit dem Α (A) verwechselt werden. An anderer Stelle (De caus. V 15, 5) heisst es denn auch: die sogen. Orobanche tödtet die Erve durch Umschlingen und Festhalten und das Leimodoron das Bockshorn, auf dessen Wurzel es gleich wächst. Fraas fand Orobanche cruenta bei Haliartus auf Trigonella foenum graecum.

Bei Plinius finden sich gleichfalls beide Pflanzen, XXII 162 ist Orobanche die Vernichterin der Erve und der Hülsenfrüchte, sie heisst auch Cynomorion, XVIII 155 ist es ebenso Orobanche, welche die Erbsen und Erven durch Umschlingen tödtet, also hier *Lathyrus Aphaca*, dort *Orobanche grandiflora*.

Cap. 172. Περὶ Τραγοπώγονος. Bocksbart. Tragopogon[1]) oder Tetrapogon, Einige nennen es Kome[2]). Der Stengel ist kurz, die Blätter sind denen des Safrans ähnlich, die Wurzel ist lang, süss; oben am Stengel befindet sich ein grosser Kelch[3]), und aus der Spitze kommt eine grosse Haarkrone, von der es den Namen hat. Das Kraut ist essbar.

[1]) τράγος Bock, πώγων Bart.   [2]) Haarschweif.   [3]) κάλυξ μέγας, bei Plinius XXVII 142 heisst es ein breiter schwarzer (μέλας) Kelch; andere Lesart ist καρπὸς μέλας, eine schwarze Frucht.

Tragopogon porrifolium L., *Tr. crocifolium* L. (Compositae), Langblätteriger (safranblätteriger) Bocksbart, Haferwurz. Eine Pflanze des südlicheren Europas mit langer, fleischiger, weisslicher Wurzel und 1 m hohem kahlem und glattem

Stengel. Die Blätter sind ganz flach und gleichrandig, die Hülle ist zweireihig. Die Blüthe ist purpur-violett, die Fruchtkrone mehrreihig, federig, die Achenen sind feingerippt, langgeschnäbelt.

Cap. 173. Περὶ Ὀρνιθογάλου. Vogelmilch. Das Ornithogalon ist ein kleiner, zarter, dünner, weisslicher, etwa zwei Spannen langer Stengel und hat oben drei bis vier Nebenschösslinge, aus denen die Blüthen hervorkommen, welche von aussen zwar krautartig, geöffnet aber milchweiss erscheinen, und mitten zwischen ihnen befindet sich ein Köpfchen, eingeschnitten wie eine Knospe, welches mit Brod wie Schwarzkümmel gegessen wird. Die Wurzel ist zwiebelartig, sie wird roh und gekocht gegessen.

Ornithogalum umbellatum L. (Liliaceae), Gemeine Vogelmilch.

Cap. 174. Περὶ Ὕδνου. Trüffel. Die Trüffel ist eine runde Wurzel, blatt- und stengellos, gelblich und wird im Frühjahr ausgegraben. Sie ist essbar und wird sowohl roh als auch gekocht gegessen.

Tuber cibarium Sibth., *T. melanospermum* (Tuberaceae), Trüffel.

Cap. 175. Περὶ Σμίλακος. Vietsbohne. Die Gartenbohne; ihre Frucht sind Hülsen, welche von Einigen auch Spargel genannt werden. Sie hat Blätter denen des Epheu ähnlich, allerdings weicher, zarte Stengel, welche in Windungen sich um in der Nähe befindliches Gebüsch schlingen und ziemlich lange Zeit fortwachsen, so dass sie ein Zelt bilden. Sie trägt eine Frucht, welche ähnlich der des Bockshorns ist, aber breiter und saftiger, in dieser befinden sich nierenförmige, nicht gleichfarbige, theilweise etwas röthliche Samen. Die Frucht, mit dem Samen gekocht, wird wie Spargel als Gemüse zur Speise verwandt. Sie ist harntreibend [und verursacht schwere Träume].

Phaseolus vulgaris L. (Leguminosae-Papilionaceae), Viets-, Garten- oder Stangenbohne.

Cap. 176. Περὶ Μηδικῆς. Luzerne. Die Luzerne gleicht beim ersten Hervorbrechen dem Erdbeerklee[1]) in den Graswiesen, fortgeschritten hat sie schmalere Blätter, treibt kleeähnliche Stengel, an diesen entwickelt sich der linsengrosse Same, gedreht wie ein Hörnchen. Dieser wird getrocknet des Wohlgeschmackes wegen dem mit Salz Eingemachten zugesetzt. Grün als Umschlag ist er da von Nutzen, wo Kühlung erfordert wird. Die ganze Pflanze wenden die Viehmäster als Futterkraut an.

[1]) *Trifolium fragiferum* L. Nach Fraas ist noch heute diese Kleeart die bei weitem verbreitetste und als Futterkraut beliebteste, besonders in den Meeresniederungen.

Medicago sativa L. (Leguminosae-Papilionaceae), Luzerne, Monatsklee.
Sie stammt aus Medien (medisches Kraut) und wandert mit der Civilisation. Weder
in Kleinasien noch in Griechenland wird sie häufig gebaut. Die nicht cultivirte Art
ist vielleicht *Medicago falcata* L. Die Luzerne kann mehrere Male im Sommer geschnitten werden und hält viele Jahre bei humusreichem Boden auf demselben Acker
aus, da sie sehr tiefgehende Wurzeln hat.

Cap. 177. Περὶ Ἀφάκης. Vogelwicke. Die Vogelwicke ist ein
auf Aeckern wachsender kleiner Strauch, grösser als die Linse, mit zarten
Blättern. Die an ihm wachsenden Hülsen sind grösser als die der Linse.
Die Samen haben adstringirende Kraft, sie stellen daher Bauch- und
Magenfluss, wenn sie zerrieben, auch gemahlen, wie Linsen gekocht
werden.

Vicia Cracca L. (Leguminosae-Papilionaceae), Vogelwicke.

Die Pflanze (ἀφάκη) kann wohl nicht auf *Lathyrus Aphaca* bezogen werden,
weil der Stengel der letzteren niederliegend ist und nur an anderen Pflanzen empor-
klimmt. Plinius XXI 99 sagt ausdrücklich von der Aphaca: stat, non serpit.

Cap. 178. Περὶ Πράσου. Lauch. Der Gartenlauch — Einige
nennen ihn Kephaloton[1]) [die Römer Porrum] macht Winde und schlechte
Säfte, verursacht böse Träume, treibt den Harn, ist gut für den Bauch,
verdünnt, erzeugt Stumpfsichtigkeit, befördert die Katamenien, ist schädlich für eine mit Geschwüren behaftete Blase und für die Nieren. Mit
Ptisane gekocht, auch auf andere Weise genossen, reinigt er die Brust.
Die Dolde (der Blüthenstand) desselben in Meerwasser mit Essig gekocht
ist zum Sitzbade dienlich bei verschlossener und verhärteter Gebärmutter.
Er wird aber süsser und verursacht weniger Winde, wenn er zweimal
mit Wasser gekocht und in kaltem Wasser macerirt wird. Die Winter-
zwiebel[2]) ist schärfer, hat auch etwas Adstringirendes. Deshalb stillt ihr
Saft mit Essig unter Zusatz von Manna[3]) oder Weihrauch das Blut, be-
sonders das aus der Nase kommende, er reizt auch zum Liebesgenuss.
Ferner hat er mit Honig als Leckmittel bei allen Brustaffectionen und
bei Schwindsucht gute Wirkung. Weiter reinigt er die Luftröhre. An-
dauernd genossen wirkt er aber verdunkelnd auf das Gesicht und ist dem
Magen schädlich. Der Saft mit Honig getrunken hilft gegen den Biss
giftiger Thiere; dasselbe leistet er (der Lauch) auch als Kataplasma. Bei
Ohrenschmerzen und Ohrensausen hilft der Saft, wenn er mit Essig und
Weihrauch oder Milch oder Rosenöl eingeträufelt wird. Aber auch die
Blätter, mit dem Sumach, welcher auf die Speisen gestreut wird, als
Kataplasma angewandt, entfernen Finnen und heilen Epinyktiden, mit Salz
aufgelegt reissen sie den Schorf von den Geschwüren ab. 2 Drachmen
des Samens endlich mit gleichviel Myrtenbeeren genossen bringen an-
dauerndes Blutauswerfen zum Stillstand.

Allium Porrum L. (Liliaceae), Porree, Gemeiner Lauch.

Cap. 179. Περὶ Ἀμπελοπράσου. Weinlauch. Der Weinlauch ist dem Magen mehr zuwider als der Porree, aber er erwärmt mehr und treibt auch den Harn stärker und befördert die Katamenien. Gegessen hilft er gegen den Biss giftiger Thiere.

Allium Ampeloprasum L. (Liliaceae) findet sich in Griechenland häufig an cultivirten Stellen, besonders in Weingärten. Auch in den Rhein- und Moselthälern kommt er vor.

Cap. 180. Περὶ Κρομμύων. Zwiebeln. Die Zwiebel [die Einen nennen sie Polyeidos, die Propheten Kalabotis, die Römer Cepa], die lange ist schärfer als die runde, die gelbe mehr als die weisse, die trockene mehr als die grüne, und die rohe mehr als die gekochte und die eingemachte. Sämmtlich sind sie aber beissend und blähend, sie reizen den Appetit, verdünnen, erregen Durst, verursachen bei Magenüberfüllung Ekel, reinigen, sind gut für den Bauch, eröffnen den Weg zur Ausscheidung der übrigen Auswurfstoffe und für die Hämorrhoiden. Abgehäutet und in Oel getaucht werden sie als Zäpfchen eingelegt. Der Saft mit Honig eingesalbt hilft gegen Stumpfsichtigkeit, gegen Flimmern[1], auch gegen entstehende Flecken[2] auf den Augen und eingestrichen gegen Entzündung der Schlundmuskeln. Er befördert und treibt die Menstruation, eingespritzt reinigt er durch die Nase den Kopf. Bei Hundsbiss hilft er als Umschlag mit Salz, Raute und Honig. Mit Essig in der Sonne eingerieben entfernt er weisse Flecken. Mit gleichviel Spodium[3] heilt er Augenkrätze und mit Salz Finnen. Mit Hühnerfett wird er gegen Druck der Sandalen gebraucht, auch gegen Bauchfluss, Schwerhörigkeit, Ohrenklingen und eiterflüssige Ohren; er dient gegen Anhalten der Feuchtigkeit (des Wassers) in den Ohren und eingerieben gegen Fuchskrankheit, denn rascher als Alkyonium[4] ruft er Haare hervor. Im Uebermass genossen verursacht die Zwiebel Kopfschmerzen, gekocht wird sie harntreibender. Bei krankem Zustande bewirkt ihr reichlicher Genuss Schlafsucht. Endlich reift und öffnet sie mit Rosinen und Feigen gekocht als Umschlag Geschwüre.

[1] ἄργεμον, [2] νεφέλιον, beides Hornhautflecken. [3] Unreines Zinkoxyd. [4] ἀλκυόνιον ist ein Seeschwamm, nach Einigen *Geodia* Lam., ein kugeliges, fleischiges Gebilde, welches getrocknet hart und innen hohl ist mit einem runden Eingang in das Innere. Die Alten hielten es für das Nest des Eisvogels, *Alcedo Ispida* L. S. auch V 135.

Theophrast (Hist. pl. VII 4, 7) unterscheidet die verschiedenen Zwiebelsorten nach ihrer Herkunft, er nennt die sardinischen, knidischen, samothrakischen, setanischen, die spaltbaren und die askalonischen Zwiebeln, die setanischen bezeichnet er als hübsch süss. Ebenso Plinius XIX 101.

Allium Cepa L. (Liliaceae), Gemeine Zwiebel, Küchenzwiebel.

Cap. 181. Περὶ Σχορόδου. Knoblauch. Der Knoblauch [Einige nennen ihn Geboskon, Andere Elaphoboskon[1]), die Römer Allium] wird gebaut und ist eine Gartenpflanze. Dieser, in Aegypten einköpfig [ist wie der Porree, süss, purpurfarben, klein, der übrige gross, vielköpfig[2])], weiss. Die gespaltenen Theile in demselben heissen Aglithen[3]). Es gibt aber auch eine wilde Sorte, das sogen. Ophioskorodon[4]). Er hat eine scharfe, erweichende, beissende, windetreibende Kraft, regt den Bauch auf, trocknet den Magen aus, macht Durst und kann auf der Körperhaut Geschwüre hervorrufen. [Dasselbe bewirkt das Ophioskorodon, welches auch Elaphoskorodon[5]) heisst.] Gegessen treibt er den Bandwurm aus und befördert den Harn. Wie kein anderes Mittel wirkt er bei denen, die von der Viper und von der Hämorrhois[6]) gebissen sind, wenn anhaltend Wein gnommen, oder wenn er (der Knoblauch) mit Wein zerrieben und getrunken wird. Ebenso wird er auch gegen den Biss des tollen Hundes mit Erfolg aufgelegt. Genossen ist er nützlich gegen die nachtheilige Wirkung der Veränderung des Wassers, macht die Luftröhre (die Stimme) hell und bringt Linderung bei anhaltendem Husten, wenn er roh oder gekocht gegessen wird. Mit Dostenabkochung getrunken tödtet er Läuse und Wanzen. Gebrannt und mit Honig vermischt als Salbe heilt er Sugillationen unter den Augen und die Fuchskrankheit, bei denen, die an Alopekie leiden, mit Nardensalbe. Mit Salz und Oel heilt er Hautausschlag. Mit Honig vertreibt er weisse Flecken, Flechten, Leberflecken, bösen Grind, Schorf und Aussatz. Seine Abkochung zusammen mit Kienholz und Weihrauch beruhigt Zahnschmerzen, wenn sie im Munde behalten wird. Mit Feigenblättern und römischem Kümmel ist er ein Umschlag gegen die Spitzmaus[7]). Die Abkochung der Dolde dient als Sitzbad zur Beförderung der Menstruation und der Nachgeburt. Zu demselben Zwecke wird er in der Räucherung angewandt. Der aus ihm und der schwarzen Olive durch Reiben erhaltene Brei, das sogen. Myttoton, treibt, genossen, den Harn und wirkt eröffnend. Er ist auch den Wassersüchtigen heilsam.

[1]) Hirschfutter (ἔλαφος und βόσχη). [2]) Die in Klammern stehenden Worte finden sich nur bei Saracenus. [3]) Es sind die einzelnen Knöllchen. [4]) *Allium Scorodoprasum* L., Schlangenknoblauch, in Andros und Kypern häufig. [5]) Hirschknoblauch; dieser Satz steht in der Aldina, er ist jedenfalls eingeschoben. [6]) Eine Schlange, nach deren Biss das Blut reichlich fliesst. [7]) d. h. gegen den Biss der Spitzmaus.

Auch Plinius XIX 116 kennt einen wilden (sponte nascens) Knoblauch, den er Alium nennt.

Allium sativum L. (Liliaceae), Knoblauch. Derselbe enthält, wie auch die

Küchenzwiebel, ein scharfes, ätherisches Oel, welches in der Hauptsache aus Thioallyläther (Diallylsulfid) besteht.

Cap. 182. Περὶ Σκοροδοπράσου. **Skorodoprason.** Das Skorodoprason wächst wie ein grosser Porree und schliesst in sich die Eigenschaften der Zwiebel und des Porree; deshalb hat es auch eine gemischte Kraft und wirkt dasselbe, was die Zwiebel und der Porree können, aber schwächer. Es wird zur Speise wie Gemüse gebraucht, indem es wie Porree gekocht und versüsst wird.

Fraas hält das Scorodoprasum des D. für *Allium descendens* L., welches in den Weinbergen im Peloponnes häufig vorkommt, aber mit einem Fragezeichen. Es ist höher und stärker als Allium Scorodoprasum, hat auch gedrängtere Dolden, zahlreichere kleine Blüthen und Staubgefässe, welche nur um die Hälfte länger sind als die Blüthenhülle.

Cap. 183. Περὶ Σινήπεως. **Senf.** Der Senf, Sinepi oder Napi [bei den Römern Sinape], suche den nicht sehr trockenen [und den sehr rothen] aus, den, der voll, aber beim Zerquetschen innen grün und wie saftig [glau[1])] ist, denn ein solcher gilt für frisch und recht wirksam. Er hat die Kraft, zu erwärmen, zu verdünnen, zu reizen und gegessen, den Schleim abzuführen. Wenn sein Saft mit Honigmeth gemischt wird, so hilft er als Gurgelmittel bei geschwollenen Mandeln, gegen veraltete und verhärtete Rauheit der Luftröhre. Wird der Senf fein gestossen in die Nase gebracht, so erregt er Niesen. Er hilft bei Epilepsie und richtet die durch Mutterkrämpfe Gepeinigten auf, auch wird er denen, die an Schlafsucht leiden als Umschlag auf den geschorenen Kopf gelegt. Mit Feigen gemischt und bis zur Röthe (der Haut) aufgelegt ist er ein gutes Mittel bei Ischias- und Milzschmerzen und überhaupt gegen jeden andauernden Schmerz, wo wir nach Art der einseitigen Leiden es aus der Tiefe an die Oberfläche ziehen wollen. Als Kataplasma heilt er die Fuchskrankheit; er reinigt das Gesicht und entfernt mit Honig, Fett oder Wachssalbe Sugillationen unter den Augen. Mit Essig wird er gegen Aussatz und wilde Flechten eingeschmiert. Trocken wird er gegen die periodischen Fieber getrunken, indem er wie Graupen dem Getränk eingestreut wird. Mit Nutzen wird er den reizenden und Krätzsalben zugemischt. Bei Schwerhörigkeit und Ohrensausen hilft er fein gestossen mit Feigen in die Ohren gelegt. Sein Saft, zusammen mit Honig eingestrichen, erweist sich heilsam gegen Stumpfsichtigkeit und schorfige Augenlider. Der noch grüne Same wird zu Saft verarbeitet, ausgepresst und in der Sonne getrocknet.

[1]) [γλαυκόν], fehlt bei den älteren Interpreten sowie in Codd. C. und N.

Sinapis alba L. (Cruciferae), Weisser Senf. Er wird heute unter dem Namen Semen Erucae geführt. Der weisse Senf enthält ein dem Sinigrin des schwarzen

Senfs entsprechendes Glukosid, welches von Will und Laubenheimer mit dem Namen Sinalbin belegt wurde. Nach Gadamer (Arch. d. Ph. 1897 S. 83 f.) kommt ihm die Formel $C_{30}H_{42}N_2S_2O_{15} + 5H_2O$ zu. (S. I 47.)

Cap. 184. Περὶ Καρδάμου. Kardamon. Kardamon [Einige nennen es Kynokardamon[1]), Andere Iberis, Kardaminaka[2]), die Aegypter Semeth, die Römer Nasturtium]. Das beste scheint das babylonische zu sein. Der Same von jedem aber ist erwärmend, scharf, dem Magen zuwider, er regt den Bauch auf und treibt die Würmer ab, verkleinert die Milz, tödtet die Leibesfrucht, befördert die Menstruation, reizt zum Beischlaf, er gleicht dem Senf und der Rauke; er vertreibt Aussatz und Flechten. Mit Honig als Kataplasma vermindert er die Milz, bringt bösartigen Grind[3]) weg und führt, im Schlürftrank gekocht, den Schleim aus der Brust. Genossen ist er ein Mittel gegen Schlangen(-Biss), als Räucherung angezündet verscheucht er die Schlangen. Er verhindert ferner den Ausfall der Haare und reisst die Karbunkeln durch Eiterbildung auf. Mit Essig und Grütze umgeschlagen hilft er den an Ischias Leidenden, zertheilt Oedeme und Geschwürsbildungen und bringt mit Salzlake aufgelegt, Furunkeln zur Vereiterung. Und das Kraut leistet dasselbe, es hat allerdings geringere Kraft.

[1]) Hundekresse. [2]) Kressenartiges. [3]) κηρία.

Das Kardamon wird von den meisten Autoren für *Lepidium sativum* L., Gartenkresse, gehalten, aber mit Bezug auf die bei Iberis (ἴβηρις II 105) von D. gegebene Beschreibung dürfte es eher *Erucaria aleppica* Gärtn. (Cruciferae), Orientalische Kresse, sein. Dazu kommt, wie Fraas sagt, dass der Name Kardamon noch jetzt für diese viel gebrauchte Pflanze allgemein ist, dass aber Lepidium sativum weder cultivirt noch wild vorkommt.

Cap. 185. Περὶ Θλάσπεως. Hirtentäschlein. Thlaspi [Einige nennen es Thlaspidion, Andere persischen Senf, wilden Senf, auch Myites[1]), Myopteron[2]), Dasmophon, Bitron, die Aegypter Suitempson, die Römer Scandulacium[3]) auch Capsella und Pes gallinaceus] ist ein Pflänzchen mit schmalen, fingerlangen, zur Erde geneigten, an der Spitze gespaltenen[4]), fettigglänzenden Blättern. Es hat einen zwei Spannen hohen zarten Stengel mit wenigen Nebenzweigen, und um den ganzen Stengel stehen die an der Spitze etwas verbreiterten Früchte, in denen die kressenähnlichen, scheibenförmigen, gleichsam zusammengedrückten Samen sitzen, daher hat es auch den Namen erhalten[5]); die Blüthe ist gelblich. Es wächst an Wegen, Mauern und Zäunen. Der Same ist scharf, erwärmend, er führt die Galle nach oben und unten ab, wenn ein Essignäpfchen[6]) voll davon genommen wird. Er wird auch bei Ischiasschmerzen im Klystier angewandt. Genossen führt er auch das Blut ab und öffnet die innerlichen Abscesse[7]). Er befördert die Katamenien und tödtet die

Leibesfrucht. Krateuas berichtet von einem anderen Thlaspi, welches Einige persischen Senf nennen, mit breiten Blättern und grosser Wurzel. Auch dieses wird dem Klystier gegen Ischias zugesetzt.

¹) ²) Von μυῖα, Fliege, und πτερόν, Flügel, die geöffneten Schötchen sehen den Fliegenflügeln ähnlich. ³) Von scandula, Schindel, wegen der Aehnlichkeit des Schötchens damit. ⁴) Die Lappen der fiederspaltigen Wurzelblätter sind, besonders am Vorderrande, eingeschnitten und gesägt. ⁵) Von θλάω, pressen. ⁶) ὀξύβαφον war auch zugleich ein Maass gleich einer Viertelkotyle, also etwa 60 g. ⁷) ἀπόστασις = ἀπόστημα.

Capsella bursa pastoris Mönch. (Cruciferae), Hirtentäschlein.

Cap. 186. Περὶ Δράβης. Türkische Kresse.

Die türkische Kresse ist ein ellenhohes Kraut, hat zarte Zweige und an beiden Seiten derselben die Blätter, wie die der Gartenkresse, aber weicher und weisser, an der Spitze eine Dolde wie der Hollunder, mit weisser Blüthe. Das Kraut derselben wird mit Ptisane zusammengekocht, am meisten in Kappadokien. Ihre trockene Frucht wird statt Pfeffer der Vorkost zugesetzt.

Lepidium Draba L. (Cruciferae), Türkische Kresse.

Cap. 187. Περὶ Ἐρυσίμου. Vielschotige Rauke.

Das Erysimon [Einige nennen es Chamaiplion, die Propheten Graupen des Herakles, die Aegypter Erethmon, die Römer Erione] wächst in der Nähe der Städte, auf Baustellen und in Gärten. Es hat Blätter ähnlich denen der wilden Rauke, kleine, rinnenartige Stengel und quittengelbe Blüthen. An der Spitze befinden sich hornartige zarte Schoten, wie die des Bockshorns, mit kleinen denen der Kresse ähnlichen Samen von brennendem Geschmack. Mit Honig als Leckmittel wirken sie gegen Brustflüsse, innerliche Geschwüre, Husten, Gelbsucht und Ischias, auch werden sie gegen tödtliche Gifte genommen. Mit Wasser oder Honig als Umschlag helfen sie bei verborgenen Krebsgeschwüren, bei Verhärtungen der Drüsen und Brüste und bei Hodenentzündungen. Ueberhaupt verdünnen sie und erwärmen. Sie werden zu Leckmitteln geeigneter, wenn sie mit Wasser macerirt und dann geröstet, oder wenn sie in Leinen eingeschlagen und in einer Hülle von Weizenteig gebraten werden.

Sisymbrium polyceratium L. (Cruciferae), Vielschotige Rauke; es könnte auch auf *Sisymbrium Irio* L. bezogen werden, beide Pflanzen kommen in der von D. angegebenen Weise in Griechenland und Italien nach Lenz vor. Bei Angabe der medicinischen Verwendung lässt der Text es zweifelhaft, ob die Pflanze oder nur der Same gemeint sei, doch lässt das Rösten u. s. w. sich wohl nur auf diesen beziehen.

Cap. 188. Περὶ Πεπέρεως. Pfeffer.

Der Pfeffer soll ein kleiner, in Indien wachsender Baum sein. Er trägt eine Frucht, welche anfangs länglich ist wie eine Schote, dieses ist der lange Pfeffer, welcher im

Innern ein der zarten Hirse ähnliches Korn enthält, welches später der
Pfeffer werden will. Sie (die Frucht) öffnet sich um die richtige Zeit
und entwickelt Trauben, welche Körner tragen, die wir kennen, theils
nämlich herb, wie unreife Weintrauben; diese sind der weisse Pfeffer,
vorzüglich geeignet zu Augenmitteln, Gegenmitteln und zu Theriak gegen
giftige Thiere. [Der lange Pfeffer hat eine stark beissende Kraft und ist
etwas bitter wegen der Unreife und nützlich zu Gegenmitteln und zum
Theriak gegen giftige Thiere[1]).] Der schwarze ist süsser und schärfer,
auch dem Magen bekömmlicher als der weisse, und, da er reif ist, viel
gewürziger, eignet sich darum auch besser zum Würzen der Speisen.
Der weisse und herbe ist schwächer als die vorgenannten. Wähle aber
den schwersten und vollen, den schwarzen, den nicht sehr zusammengeschrumpften, dagegen den frischen und nicht kleieartigen. In dem
schwarzen findet sich etwas nicht Ausgebildetes, Leeres und Leichtes,
welches Brasma heisst. Er hat gemeinsam (allen Sorten) erwärmende,
harntreibende, die Verdauung befördernde, reizende, zertheilende, die Verdunkelungen auf den Augen vertreibende Kraft. Innerlich und äusserlich angewandt ist er auch bei periodischen Frostschauern (Wechselfiebern)
von guter Wirkung. Er hilft gegen den Biss giftiger Thiere und treibt
die Leibesfrucht aus. Er scheint auch die Empfängniss zu verhindern,
wenn er nach dem Beischlaf im Zäpfchen eingelegt wird. Er ist ein
gutes Mittel gegen Husten und alle Brustleiden, wenn er in Leckmitteln
und Tränken genommen wird, mit Honig eingestrichen dient er gegen
Entzündung der Schlundmuskeln. Mit zarten Lorbeerblättern genommen
beruhigt er Leibschneiden. Mit Rosinen gegessen treibt er den Schleim
ab; er stillt Schmerzen, macht Schlaf und Appetit[2]). Als Zusatz zu
Brühen unterstützt er die Verdauung. In Theer aufgenommen zertheilt
er Drüsen, mit Natron entfernt er weisse Flecken. Geröstet wird er in
einem neuen irdenen Geschirr auf Kohlen unter Umrühren wie Linsen[3]).
Seine Wurzel ist aber nicht die Wurzel des Ingwer, was Einige angenommen haben, wie ich sogleich zeigen werde. Die Wurzel des Pfeffers
gleicht wohl dem Kostos, sie hat einen brennenden Geschmack und zieht
das Feuchte an, mit Essig aufgelegt und getrunken verkleinert sie die
Milz. Mit scharfem Rittersporn gegessen führt sie den Schleim weg.

[1]) Der eingeklammerte Satz gilt für unächt. [2]) Die meisten Codices haben
für den letzten Satz folgende Lesart: ἐστὶ καὶ ὑγιεινὸν καὶ ὄρεξιν κινεῖ, er ist der
Gesundheit zuträglich und regt den Appetit an. [3]) Ald. hat: ἐπ' ὀστράκου καινοῦ
κινούμενον, ὡς φασί ... wie man sagt, da bei den Linsen von keiner Röstung die
Rede ist.

Die Heimath des Pfeffers ist Indien, im Sanskrit heisst er Pilpali, er kam durch
persischen Zwischenhandel, wobei vermuthlich das l, welches der persischen Sprache
fehlt, in r mutirt wurde, in das Abendland; nach dem Periplus war er ein Ausfuhrartikel von Barygaza aus. Schon in den hippokratischen Schriften wird der Pfeffer

als τὸ ἰνδικον φάρμαχον, τὸ τῶν ὀφθαλμῶν ὁ καλέειται καὶ πέπερι, das indische Augenmittel, welches auch Pfeffer heisst (De morb. mul. I 56, 63, 119 etc.) erwähnt, ein
Beweis, dass er schon vor dem Zuge Alexanders d. Gr. in Griechenland bekannt war.

Theophrast (Hist. pl. IX 20, 1) unterscheidet zwei Sorten, den runden, wie
Erbsen, in einer fleischigen Hülle wie die Lorbeeren, und den langen, schwarzen mit
mohnähnlichen Samen.

Plinius XII 26 sagt sehr unklar: die Pfefferbäume sind userm Wachholder ähnlich, die Samen unterscheiden sich aber dadurch, dass sie in kleinen, unsern Bohnen
ähnlichen Schoten sitzen. Wenn diese vor dem Aufspringen abgenommen und in
der Sonne getrocknet werden, so stellen sie den langen Pfeffer dar; springen sie
allmählich reifend auf, so zeigen sie den weissen Pfeffer, welcher, an der Sonne getrocknet, dunkelfarbig wird. Leiden die Schoten unter der Ungunst der Witterung,
werden ihre Samen taub und leer, so nennt man das Bregma.

D. kennt allerdings drei Sorten, aber er führt sie auf ein und dieselbe Abstammung zurück, die länglichen Früchte in ihrem ersten Stadium sind das Piper
longum, den weiter fortgeschrittenen unreifen Samen nennt er Piper album
und den reifen Piper nigrum. Ebenso Galen. Diese Ansicht hielt sich bis
Valerius Cordus, der für alle drei Pfeffersorten gleichfalls dieselbe Abstammungs-
pflanze annahm.

Matthiolus zeigte nach den Berichten spanischer (lusitanischer) Reisender,
dass es zwei verschiedene Pflanzen seien, welche den langen und schwarzen, bezw.
weissen Pfeffer lieferten. Auch für die beiden letzteren nahm man zwei Mutter-
pflanzen an, bis Garcia nachwies, dass der Unterschied zwischen denselben so gering
sei, dass er nicht einmal den Eingeborenen auffalle (vgl. Bauhin et Cherler II
p. 184 sqq.).

Brasma oder Bregma ist das durch Abortus, Fehlschlagen, entstehende Taub-
werden der Samen.

Der lange Pfeffer stammt ab von *Chavica officinar.* Miq., *Piper longum* L.
(Piperaceae), einem auf Ceylon, Madras, auf den Philippinen und Sundainseln wild
wachsenden, auf Java cultivirten Schlingstrauche. Die Blüthen sind zweihäusig,
die weiblichen Kätzchen haben bei der Reife eine schwarzbraune Farbe; die kantig-
rundlichen, oben gewölbten Samen stehen dicht auf den Spindeln.

Der schwarze Pfeffer kommt von *Piper nigrum* L. (Piperaceae), einer Pflanze
Ostindiens und der Molukken, mit nicht über 2 cm dickem, kriechendem, an Knoten
wurzelndem Stengel, welcher nach Art des Epheu an Bäumen, Mauern u. dergl. empor-
klimmt. Die erbsengrossen, zwischen den Deckblättern stehenden Beeren sind anfangs
grün, gegen die Reife hin ziegelroth und zuletzt gelblich. Die noch grünen Beeren
werden gesammelt und auf Matten in der Sonne schnell getrocknet, sie geben den
schwarzen Pfeffer. Die reifen Beeren dagegen werden in Meerwasser gewaschen,
von dem Fruchtfleisch und der Fruchthaut befreit und an der Sonne getrocknet, sie
bilden den weissen Pfeffer.

Das den scharfen, heissen Geschmack des schwarzen und weissen Pfeffers be-
dingende Princip ist das Piperin, ein in farblosen glänzenden Prismen krystallisirendes Alkaloid, der Träger des Geruchs ist ein milde schmeckendes ätheri-
risches Oel.

Der lange Pfeffer findet kaum noch Verwendung, der schwarze und weisse
sind viel gebrauchte Gewürze.

Cap. 189. Περὶ Ζιγγιβέρεως. Ingwer. Der Ingwer ist ein Gewächs eigener Art, welches am meisten im troglodytischen Arabien[1])

wächst; sie gebrauchen den jungen Schössling zu vielerlei, wie wir die Raute, indem sie ihn für den Vortrunk kochen und dem Gekochten zumischen. Die Wurzeln sind klein, wie die des Kypeiros, weisslich, an Geschmack dem Pfeffer ähnlich und wohlriechend. Wähle die aus, welche nicht von den Würmern zerfressen sind. Wegen leicht eintretender Fäule werden sie von Einigen eingemacht und in irdenen Behältnissen nach Italien gebracht; sie sind zur Speise sehr geeignet und werden mit der Sauce genommen. Sie haben erwärmende, die Verdauung befördernde Kraft, regen den Bauch milde an und sind gut für den Magen. Sie wirken auch gegen Verdunkelungen auf der Pupille, werden den Gegengiften zugemischt und gleichen überhaupt in ihrer Kraft dem Pfeffer.

[1]) Plinius XII 28 sagt richtiger: im Troglodytenlande und in Arabien. Deshalb heisst die Stelle auch bei Saracenus: ἐν τῇ Τρωγλοδυτικῇ καὶ 'Ἀραβίᾳ.

Amomum Zingiber L., *Zingiber officin.* Rosc. (Zingiberaceae), Ingwer. Die Heimath der Pflanze ist ohne Zweifel Asien, sie wird in den Tropen cultivirt. Verwendung findet das Rhizom. Die Handelswaare bildet etwa 10 cm lange Stücke, welche aus einer Anzahl durch Abschnürungen von einander getrennter Glieder bestehen und auf der Oberseite die Narben der abgefallenen oder abgeschnittenen Blätter zeigen. Sie haben getrocknet einen eigenthümlichen, gewürzhaften Geruch, dessen Träger ein ätherisches Oel ist, und einen scharf gewürzigen, brennenden Geschmack, den sie dem Gingerol, einem Bitterstoffe, verdanken.

Das Rhizoma Zingiberis ist noch heute ein Bestandtheil unseres Arzneischatzes.

Cap. 190. Περὶ Ὑδροπεπέρεως. Wasserpfeffer.

Der Wasserpfeffer wächst am liebsten an stehenden Gewässern oder ruhig laufenden Flüssen. Er hat einen knotigen, festen Stengel, umgeben von Blattscheiden. Die Blätter gleichen denen der Pfefferminze, sie sind aber grösser, zarter und heller, sie haben einen scharfen Geschmack, wie der Pfeffer, sind aber nicht aromatisch. Die Frucht trägt er auf kleinen Trieben, welche neben den Blättern entstehen, sie ist dicht, traubenartig und auch scharf. Die Blätter sammt der Frucht als Kataplasma haben die Kraft, Oedeme und veraltete Verhärtungen zu zertheilen und Sugillationen unter den Augen zu vertreiben. Getrocknet und gestossen werden sie statt des Pfeffers dem Salz und den Speisen zugesetzt. Er hat eine kleine, nutzlose Wurzel.

Polygonum Hydropiper L. (Polygonaceae), Wasserpfeffer, Scharfer Knöterrich. Früher war das Kraut als Herba Hydropiperis seu Persicariae urentis officinell. Paracelsus nannte die Pflanze Mercurius terrestris.

Cap. 191. Περὶ Πταρμικῆς. Niesgarbe.

Die Ptarmika ist ein kleiner Strauch, der viele kleine runde Zweige hat, ähnlich denen des Beifuss; um diese stehen zahlreiche längliche Blätter, welche denen des Oelbaumes gleichen, an der Spitze, wie bei der Kamille, trägt er ein kleines rundes Köpfchen, welches scharfen Geschmack hat und zum

Niesen reizt, daher der Name[1]). Die Blätter mit der Blüthe haben die
Kraft, als Umschlag Sugillationen unter den Augen wegzunehmen; die
Blüthen aber bewirken heftiges Niesen. Sie wächst an bergigen und
felsigen Stellen.

[1]) Von πταίρω, niesen.

Achillea Ptarmica L. (Compositae), Niesgarbe.

Cap. 192. Περὶ Στρουθίου. Seifenkraut. Das Struthion
[Einige nennen es Kerdon[1]), Andere Katharsis[2]), auch Struthiokamelos[3]),
Chamairyton[4]), die Propheten Chaliryton[5]), die Römer Radix anaria oder
Herba laria[6]), die Aegypter Oino, die Afrikaner Syris] ist bekannt. Die
Wollwäscher gebrauchen es zum Reinigen der Wolle, seine Wurzel ist
scharf und harntreibend. Es hilft bei Leberleiden, Husten, Orthopnöe,
Gelbsucht, wenn ein Löffel voll davon mit Honig genommen wird. Den
Bauch regt es an. Mit Steckenkraut und Kappernwurzel genommen zertrümmert es den Stein und lässt ihn mit dem Urin abgehen; es erweicht
auch die verhärtete Milz, befördert, im Zäpfchen eingelegt, die Menstruation und tödtet sicher[7]) die Leibesfrucht. Mit Grütze und Essig umgeschlagen bessert es den Aussatz. Mit Gerstenmehl und Wein gekocht
zertheilt es die Geschwülste. Es wird den Kollyrien, welche das Gesicht
schärfen und den Salben zugesetzt. Es erregt ferner Niesen, und wenn
es fein gerieben mit Honig in die Nase gebracht wird, so reinigt es durch
den Mund.

[1]) Nutzen. [2]) Reinigung. [3]) Strauss, vielleicht wegen der langen Wurzel,
welche vom wagerechten Streichen mit einer straussenhalsartigen Biegung sich nach
unten wendet. [4]) Flüssige Erde. [5]) Flüssiger Kalk. [6]) Wohl radix und herba Lanariae.
[7]) ἐνεργῶς, Cod. C. und N. haben ἐν ἐρίῳ, in Wolle.

Saponaria officinalis L. (Caryophyllaceae), Seifenkraut. Die Wurzel dient
noch heute zum Waschen von Wollstoffen. Sie hat ein starkes Princip, das Saponin,
welches im reinen Zustande nicht giftig, in seiner Modification als Quillajasäure
aber giftig ist (Kobert).

Cap. 193. Περὶ Κυκλαμίνου. Erdscheibe. Der Kyklaminos
[Einige nennen ihn Kissanthemon[1]), Andere Kissophyllon[2]), Chelonion[3]),
Ichthyotheron[4]), Chyline[5]), Zoroaster nennt es Trimphalites, Osthanes
Aspho, die Propheten nennen es Miaspho, die Aegypter Theske, die
Römer Rapum terrae[6]), auch Umbilicus terrae[7]) und Arcara] hat Blätter
ähnlich so wie der Epheu, unterwärts bunt, oberwärts weisslich gefleckt,
einen vier Finger langen nackten Stengel, auf dem die rosneartigen purpur-
farbenen Blüthen sitzen, eine schwarze, etwas abgeplattete, einer runden
Rübe ähnliche Wurzel. Wird diese mit Honigmeth getrunken, so führt
sie Schleim und Wasser nach unten ab, auch befördert sie, getrunken
und in Zäpfchen eingelegt, die Katamenien. Es heisst, dass eine schwangere
Frau, wenn sie über die Wurzel hinwegschreitet, eine Fehlgeburt macht;

umgebunden beschleunigt[8]) sie die Geburt. Sie wird auch mit Wein gegen
tödtliche Gifte genommen, am meisten gegen den Meerhasen; ebenso ist
sie als Umschlag ein Gegenmittel gegen Schlangenbisse. In den Wein
gemischt macht sie trunken; in der Gabe von 3 Drachmen heilt sie die
Gelbsucht, wenn sie mit süssem Wein oder verdünntem Honigmeth getrunken wird. Wenn man sie nimmt, muss man aber in einem warmen
[dem Winde nicht ausgesetzten] Gemache niederliegen und sich reichlich
mit Gewändern zudecken, so dass man schwitzt; den ausgeschiedenen
Schweiss aber findet man von gallenartiger Farbe. Ihr Saft, mit Honig
in die Nase injicirt, reinigt den Kopf. Mit Wolle wird er in den After
als Zäpfchen eingelegt zur Beförderung der Ausscheidungen. Wenn derselbe auf den Nabel, auf den Unterleib und die Lenden gestrichen wird,
so erweicht er den Bauch und bewirkt Fehlgeburten. Ferner dient der
Saft mit Honig zum Einträufeln bei triefenden und stumpfsichtigen Augen;
er wird auch den Mitteln zum Abtreiben der Leibesfrucht zugesetzt. Mit
Essig eingeschmiert bringt der Saft den vorgefallenen Mastdarm zurück.
Der Saft wird aus der Wurzel bereitet, indem sie zerstossen und ausgepresst und die Flüssigkeit bis zur Honigconsistenz eingekocht wird.
Die Wurzel reinigt ferner auch die Haut und beseitigt Hautausschlag,
ebenso heilt sie mit Essig Wunden [auch für sich allein und mit Honig][9]).
Als Umschlag erweicht sie die Milz, entfernt Sonnenbrandflecken und
(heilt) die Fuchskrankheit. Ihre Abkochung leistet als Bähung bei Verrenkungen und Podagra, sowie bei kleinen Geschwüren an den Schenkeln
und bei Frostbeulen gute Dienste. Wird ferner die Wurzel mit altem
Oel erhitzt, so führt die Einsalbung des Oels Vernarbung herbei; sie
wird ausgehöhlt, mit Oel gefüllt und in heisse Asche gelegt, zuweilen
wird auch etwas tyrrhenisches Wachs zugegeben, damit es consistenter
wird, dann ist es die beste Salbe für Frostbeulen. Die zerschnittene
Wurzel wird aufbewahrt wie die Meerzwiebel. Man sagt, dass die gestossene
Wurzel auch zu Liebesmitteln gebraucht werde, indem sie zu Pastillen
geformt wird. Sie wächst an schattigen Orten, am liebsten unter
Bäumen.

[1]) Epheublüthe. [2]) Epheublatt. [3]) Schildkröte, von der gewölbten Form des
knolligen Rhizoms. [4]) Pflanze zum Fischfang. [5]) Nach anderer Lesart κυλίνη, kleine
Walze, auf die Form des Rhizoms deutend. [6]) Erdrübe. [7]) Erdnabel, von der Gestalt des Rhizoms. [8]) ὠκυτόκιον, C. hat ἀτόκιον, macht unfruchtbar. [9]) Fehlt in C. u. N.

Bei Theophrast (Hist. pl. IX 9, 3) wird die Wurzel zum Gebrauch als Aphrodisiacum verbrannt, aus der Asche werden mit Wein Pastillen geformt. Plinius XXV
115 nennt die Pflanze Rapum und Tuber terrae, er beschreibt sie recht gut.

Cyclamen graecum Link (Primulaceae), Griechische Erdscheibe.
Schweinsbrod, eine Pflanze der Gebirgswälder, ist bei uns eine beliebte Zierpflanze,
als Alpenveilchen, Cyclamen europaeum. Das Rhizom enthält einen scharfen Stoff,
das Cyclamin, welches durch Alkohol demselben entzogen werden kann. Es gilt
im frischen Zustande für giftig, die Schweine fressen es ohne Schaden gern.

Cap. 194. Περὶ ἑτέρας Κυκλαμίνου. Der andere Kyklaminos.
Der andere Kyklaminos, welchen Einige Kissanthemon oder Kissophyllon
nennen, hat Blätter wie der Epheu, aber kleiner, dicke, knotige Stengel,
welche die benachbarten Bäume in Windungen umschlingen. Die Blüthen
sind weiss, wohlriechend; die Frucht ist ähnlich der des Epheu, weich,
sie schmeckt herb und ist klebrig. Die Wurzel ist unbrauchbar. Er
wächst an rauhen Stellen. Die Frucht davon zu 1 Drachme mit 2 Bechern
Weisswein vierzig Tage lang getrunken erweicht die Milz, indem sie
dieselbe durch den Urin und Stuhlgang verkleinert. Sie wird auch
gegen Orthopnöe genommen und reinigt die Wöchnerinnen nach der
Geburt.

Lonicera Periclymenum L. (Caprifoliaceae), Windendes Geissblatt.
Sibthorp zieht das gut passende *Viburnum Lantana* L. hierher. Fraas fand
es aber nirgends.

Cap. 195. Περὶ Δρακοντίας μεγάλης. Grosse Drachenwurz.
Die grosse Drakontia [Einige nennen sie Aron, Andere Isaron[1]), Iaron,
Hierakikos, Biaron[2]), Armiagrion, Kyperis, die Römer Luruma[3]), auch
Mauriaria, Sigingialios] wächst an schattigen Zäunen. Sie hat einen
dünnen, geraden, etwa zwei Ellen langen, stabdicken Stengel, bunt gefleckt, zu vergleichen mit einem Drachen, hat aber mehr purpurunter-
mischte Flecken. Die Blätter sind etwa lattichförmig, mit einander ver-
wickelt[4]). An der Spitze des Stengels entwickelt sie die traubenähnliche
Frucht, zuerst ist sie aschfarben, bei der Reife wird sie safranfarbig und
purpurroth. Die Wurzel ist von ansehnlicher Grösse, rund, weiss, mit
einer zarten Rinde. Sie wird gesammelt und zu Saft verarbeitet, wenn
sie (die Frucht) beginnt, sich dunkel zu färben, auch wird sie im Schatten
getrocknet. Die Wurzel wird zur Zeit der Weizenernte gegraben, gewaschen, zerschnitten, auf Riemen gezogen und im Schatten getrocknet.
Durch Mischung temperirt ist sie erwärmend. Sie wirkt aber geröstet
und gekocht mit Honig als Leckmittel gegen Orthopnöe, innere Rupturen.
Krämpfe, Husten und Katarrh. Mit Wein getrunken erweckt sie den
Reiz zum Beischlaf. Mit Honig zerrieben und aufgelegt reinigt sie bösartige und krebsige Geschwüre, am besten mit weisser Zaunrübe. Auch
werden aus ihr mit Honig Kollyrien für Fisteln und zum Holen der
Leibesfrucht gemacht. Mit Honig eingestrichen hilft sie gegen weisse
Flecken; sie räumt Polypen und Carcinome weg. Aber auch ihr Saft ist
wirksam in Augenmitteln gegen Flecken, gegen Leukome und Nebel auf
den Augen. Der Geruch der Wurzel und des Krautes tödtet den Fötus
der im ersten Stadium Schwangeren, ebenso dreissig Körner der Frucht
mit Essigwasser genommen. Einige haben auch den Saft derselben mit
Oel den Ohrenleidenden `eingetröpfelt; die Blätter als adstringirendes

Mittel haben sie auf frische Wunden gelegt, legen sie in Wein gekocht auch auf Frostbeulen. Es heisst auch, dass diejenigen, welche dieselben mit den Händen zerreiben oder die Wurzel bei sich tragen, von der Viper nicht verwundet werden.

¹) Arongleich. ²) Kräftiger Aron. ³) Dafür nimmt S p r e n g e l κολουμβρίνα, Columbrina, schlangenartig. ⁴) Aus dem Rhizom entspringen die Wurzelblätter mit walzig-eckigen, am Grunde scheidigen Blattstielen, umgeben von häutigen zarten Blattscheiden.

Nach Plinius XXIV 142 hat die Pflanze ihren Namen daher, dass die Wurzel wie der Drache zusammengerollt ist; sie kommt um die Zeit, wenn die Schlangen aus ihren Schlupfwinkeln hervorkriechen (im Frühjahr), aus der Erde und verschwindet, wenn sie sich zurückziehen (XXV 19).

Arum Dracunculus L., *Dracunculus polyphyllus* Tourn. (Aroideae), Vielblätteriger Aron, Grosse Drachenwurz.

Vorstehendes Capitel haben alle Ausgaben in die Anmerkungen verwiesen, weil nach des Marcellus Angabe dieselbe Pflanze, nur mit anderen Worten, im folgenden Capitel beschrieben werde, die Pflanze finde sich überdies weder bei Galen noch bei Paulus v. Aegina, noch bei Serapion. Die Codd. haben sie aber sämmtlich, nach Anguillara soll die Beschreibung von Krateuas herrühren.

Cap. 196. Περὶ Δρακοντίας μικρᾶς. Kleine Drachenwurz. Die andere Drakontia hat grosse, epheuähnliche Blätter mit weissen Flecken, einen aufrechten, zwei Ellen hohen, schlangenähnlichen bunten Stengel, der mit purpurnen Flecken gesprenkelt ist und die Dicke eines Stabes hat. An der Spitze sitzt eine traubige Frucht, welche zuerst grün, bei der Reife safranartig ist und beissenden Geschmack hat. Die Wurzel ist fast rund, zwiebelartig, ähnlich der des Aron mit einer dünnen Rinde. Sie wächst unter schattigen Zäunen und Dorngestrüpp. Die zu Saft verarbeitete Frucht hat die Kraft, mit Oel in das Ohr geträufelt Ohrenschmerzen zu lindern, mit Wolle in die Nase gesteckt, den Polypen zu vernichten, und als Salbe Krebsgeschwüre zu heilen. Die, welche dieselbe in der Menge von dreissig Körnern mit Essigwasser einnehmen, machen eine Fehlgeburt. Auch der Geruch der Blüthe nach dem Verwelken soll im ersten Stadium der Schwangerschaft den Embryo tödten. Die Wurzel ist erwärmend und bewirkt leichten Auswurf der Feuchtigkeit aus der Brust, wenn sie gekocht oder geröstet mit Honig genossen wird. Käse, welcher in die Blätter gewickelt wird, bleibt vor Fäulniss bewahrt. Die Wurzel wird als Gemüse gebraucht und als diätetisches Mittel¹), indem sie gekocht und roh gegessen wird. Die Bewohner der gymnetischen Inseln, auch Balearen genannt, mischen die gekochte Wurzel mit viel Honig und setzen sie bei Gastmählern als Kuchen auf.

¹) πρὸς τὴν ἐν ὑγιείᾳ χρῆσιν.

Arum italicum Lam. (Aroideae). Italischer Aron.

Die Knolle enthält wie die aller Aron-Arten S a p o n i n, getrocknet ist sie weniger scharf, dieselbe soll besonders nach dem Kochen oder Rösten ihre Schädlichkeit verlieren. Die Thiere fressen die Knollen ohne jeden Nachtheil.

Cap. 197. Περὶ Ἄρου. Aron. Aron, der bei den Syriern Lupha heisst [Einige nennen ihn Alimon, Andere Thymos, Drakontia, die Kyprier auch Kolokassion], entwickelt Blätter ähnlich denen des Drakontion[1]) aber kleiner und weniger gefleckt, einen eine Spanne langen, etwas purpurnen, wie eine Mörserkeule geformten Stengel, an dessen Spitze die safranfarbige Frucht. Die weisse Wurzel ähnelt der des Drakontion, auch sie wird gekocht verspeist, da sie dann weniger scharf ist. Die Blätter werden als Speise eingesalzen, auch getrocknet für sich allein gekocht und gegessen. Wurzel, Blätter und Samen haben dieselbe Kraft wie beim Drakontion. Die Wurzel mit Rindermist als Umschlag hat gute Wirkung bei Podagra. Sie wird aufbewahrt wie die des Drakontion. Ueberhaupt ist sie wegen der geringeren Schärfe essbar.

[1]) Hier als Neutrum, früher Drakontia.

Arum maculatum L. (Aroideae), Gefleckter Aron. Sibthorp nennt die Pflanze *Arum Dioscoridis*, was wohl kaum zutreffen dürfte (Fraas fand sie in der thebanischen Ebene), da sie nach D. weniger gefleckte Blätter hat. In Frage kommen könnte *Arum orientale*, welches in Griechenland bei üppigem Wachsthum fast purpurne Stengel hat.

Die Knollen der Arongewächse scheinen den Alten viel zur Nahrung gedient zu haben. Theophrast (Hist. pl. VII 12, 2) sagt: die Wurzeln und Blätter des Aron sind essbar, wenn sie mit Essig gekocht sind, jene schmecken süss und heilen innere Zerreissungen. Plinius XXIV 143 empfiehlt den weiblichen Aron zum Essen, weil der männliche härter sei und nur langsam sich weich kochen lasse. (VIII 129). Wenn der Bär aus seinem Winterschlafe erwache, so seien die Knollen des Aron seine erste Nahrung; er hält sie also auch roh für das Vieh nicht schädlich.

Früher waren sie als Rad. Ari officinell, jetzt finden sie als Volksmittel nur vereinzelte Verwendung.

Cap. 198. Περὶ Ἀρισάρου. Arisaron. Das Arisaron ist ein kleines Pflänzchen mit einer olivenförmigen Wurzel. Es ist schärfer als der Aron, deshalb hält es als Umschlag fressende Geschwüre auf. Ferner werden aus ihm kräftige Kollyrien gegen Fisteln gemacht. In die Scham gelegt zerstört es sie bei jedem Thiere.

Arisarum vulgare Kunth (Aroideae), Gemeiner Kappen-Aron.

Cap. 199. Περὶ Ἀσφοδέλου. Asphodelos. Der Asphodelos [Einige nennen ihn Narthekion[1]), die Römer Albucium[2])] ist ein den Meisten bekanntes Gewächs. Er hat dem grossen Porree ähnliche Blätter, einen glatten Stengel mit der Blüthe an der Spitze, welcher Antherikos heisst. Die Wurzeln darunter sind länglich, rund, Eicheln ähnlich, von scharfem Geschmack und erwärmender Kraft. Innerlich genommen treiben sie den Urin und befördern die Menstruation. Sie heilen auch Seitenschmerzen, Husten, Krämpfe und innere Rupturen, wenn 1 Drachme der Wurzel mit Wein getrunken wird. In der Grösse eines Würfels[3]) genommen erleichtert sie das Erbrechen, in der Gabe von 3 Obolen wird sie mit Erfolg denen gegeben, welche von Schlangen gebissen sind; man muss aber die Bisswunde mit den Blättern, der Wurzel und Blüthe in Wein bedecken. Ebenso ist sie bei schmutzigen und fressenden Geschwüren, bei Entzündungen der Brüste und Hoden, bei Geschwülsten und Furunkeln angebracht, wenn Weinabsatz mit der Wurzel gekocht wird, bei frischen Entzündungen mit Graupen. Der Saft der Wurzel mit Zusatz von altem süssem Wein, Myrrhe und Safran, dieses mit einander gekocht, gibt eine Augensalbe. Bei eiterflüssigen Ohren hilft er für sich allein und mit Weihrauch, Honig, Wein und Myrrhe zusammen erwärmt. Zahnschmerzen lindert der Saft, wenn er für sich allein in das gegenüberstehende Ohr geträufelt wird. Die gebrannte Wurzel bewirkt nach der Fuchskrankheit dichtes Haar, wenn die Asche derselben aufgestrichen wird. Wird Oel in den ausgehöhlten Wurzeln am Feuer erhitzt, so hilft es aufgestrichen bei Brandwunden und geschwürigen Frostbeulen, bei Ohrenleiden, wenn es in das Ohr getröpfelt wird. Weisse Hautflecken, welche vorher in der Sonne mit Leinen gerieben sind, entfernt die eingeriebene Wurzel. Die Frucht und vorzugsweise die Blüthe sind, in Wein getrunken, ein Gegenmittel gegen Skolopender- und Skorpionbisse; sie beunruhigen aber auch sehr den Bauch.

[In einem anderen Codex: Er blüht um die Zeit der Weizenernte. Man muss aber den weissen Asphodelos im Frühjahr, um die Zeit der Tag- und Nachtgleiche schneiden, bevor die Frucht sich vergrössert. Man sagt, dass der Genuss der Wurzel unempfindlich mache gegen Liebesgelüste. Der Rhizotom Krateuas sagt dasselbe, auch, dass die Wurzel zu 1 Drachme mit Wein genommen die Podagraleiden heile.]

[1]) Kleine Ferula. [2]) Albucus. [3]) ἀστράγαλος, eigentlich das Sprungbein verschiedener Thiere.

Asphodelus racemosus L. (Liliaceae), Aestiger Affodill. *Asphodelus albus* Willd., Weisser Affodill.

Der Asphodelos, dessen Stengel ἀνθέρικος (Antherikos) oder ἀνθέριξ (Antherix) hiess, war bei den alten Griechen eine heilige, der Proserpina geweihte Pflanze; sie wurde auf die Gräber gepflanzt und in der Unterwelt wandelten die Seelen auf Affodillwiesen (Hom. Od. XI 539, XXIV 13). Die Knollen dienten wegen ihres grossen Gehaltes an Stärkemehl als Nahrung (Theophr. Hist. pl. VII 12, 1). Plinius sagt sogar XXII 67: panis ex asphodelo saluberrimus, das Brod aus Affodill ist das heilsamste; der Stengel heisst bei ihm Albucus.

Die Pflanze ist in Griechenland sehr verbreitet, in Italien kommt sie wenig vor. Die Knollen waren früher als Radix Asphodeli albi officinell.

Cap. 200. Περὶ Βολβοῦ ἐδωδίμου. Speisezwiebel. Die Speisezwiebel, welche wir essen, ist allbekannt, dem Magen und Bauche bekömmlich ist die rothe und aus Libyen bezogene. Die bittere und der Meerzwiebel ähnliche ist noch besser für den Magen und befördert die Verdauung. Alle sind sie scharf und erwärmend; sie reizen auch zum Beischlaf, machen die Zunge und die Drüsen rauh, sind sehr nahrhaft und fleischbildend und verursachen Blähungen. Als Kataplasma sind sie wirksam bei Krämpfen, Quetschungen, (eingedrungenen) Splittern, auch bei Gelenkschmerzen, Krebsgeschwüren und Podagra, sowohl mit Honig als auch für sich allein, ebenso bei Oedem der Wassersüchtigen und bei Hundsbissen; in gleicher Weise als Umschlag mit Honig und fein gestossenem Pfeffer beruhigen sie Magenschmerzen. Mit geröstetem Natron heilen sie Kleiengrind und bösen Schorf. Sie vertreiben ferner Sugillationen unter den Augen und Finnen für sich allein oder mit Eiweiss, ebenso Leberflecken mit Honig oder Essig. Gegen Ohrenleiden und gequetschte Nägel (helfen sie) mit Graupen. In heisser Asche gebraten vertreiben sie Feigwarzen, auch mit den gebrannten Köpfen der Maena[1]) als Umschlag. Gebrannt und mit Alkyonion gemischt vertreiben sie Sonnenbrandflecken und schwarze Narben, wenn sie in der Sonne damit bestrichen werden. Mit Essig gekocht und genossen wirken sie gegen innere Rupturen. Man muss sich aber vor einem Uebermass im Genuss derselben hüten, weil sie die Nerven angreifen. [Mit Grütze und Schweinefett gekocht und aufgelegt bringen sie Oedeme und Geschwüre zum Eitern und reissen sie auf.]

[1]) *Maena vulgaris* Cuv., Menola, ein kleiner, dem Häring ähnlicher Fisch des Mittelmeeres.

Muscari comosum L. (Liliaceae), Schopfhyacinthe. Sie ist nach Fraas ausser einigen Allium-Arten die einzige wild wachsende Zwiebel, welche besonders in der Erntezeit von den armen Schnittern gegessen wird; sie ist sehr häufig in den Ebenen und Gebirgen Griechenlands.

Die Griechen waren überhaupt in der Auswahl der Speisen nicht sehr anspruchsvoll, sie hielten mit Ausnahme der Giftgewächse alle Pflanzen für essbar. Ein Sprüchwort in der Levante heisst deshalb: „Wo ein Esel Hungers stirbt, leben drei Griechen wohlauf.“

Cap. 201. Περὶ Βολβοῦ ἐμετικοῦ. Brechzwiebel. Die sogen. Brechzwiebel hat riemenartige und viel grössere Blätter als die Speisezwiebel, eine zwiebelähnliche Wurzel mit schwarzer Rinde. Dieselbe für sich allein gegessen und ihre Abkochung getrunken heilt Blasenleiden und bewirkt Erbrechen.

Muscari moschatum Desf. (Liliaceae) oder eine Narcissus-Art, besonders *Narcissus Jonquilla*, deren Knollen als brechenerregend gelten.

Cap. 202. Περὶ Σχίλλης. Meerzwiebel. Die Meerzwiebel hat scharfe und brennende Kraft, geröstet aber findet sie vielfache Verwen-

dung. Sie wird mit Weizenteig oder Lehm umhüllt und in den Backofen
gegeben oder auf Kohlen (geworfen), bis der herumgeschlagene Teig
völlig gebacken ist; wenn sie nach dessen Wegnahme nicht weich geworden ist, schlagen wir anderen Teig oder Lehm herum und thun
dasselbe; denn wenn sie nicht auf diese Weise gebraten ist, so ist sie
zum Gebrauche schädlich, besonders wenn sie innerlich angewandt wird.
Sie wird aber auch in einem bedeckten und in den Ofen gestellten Topfe
geröstet. Es wird aber von ihr das Mittelste genommen, nachdem die
äusseren Schuppen entfernt sind. Sie wird auch eingeschnitten und gekocht, indem das erste Wasser weggegossen und anderes zugeschüttet wird,
bis das Wasser nicht mehr bitter oder scharf wird. Dann wird sie zerschnitten und auf Leinen vertheilt, so dass die Stücke einander nicht berühren, und im Schatten getrocknet. Die Schnitte gebraucht man zu
Meerzwiebelwein, -Oel und -Essig. Bei Rissen an den Füssen wird das
Innere der rohen Zwiebel mit Oel gekocht oder mit Harz geschmolzen
und aufgelegt, bei Vipernbissen mit Essig gekocht als Kataplasma gebraucht. Mit 1 Theil gedörrter Meerzwiebel reiben wir fein zusammen
8 Theile gedörrtes Salz und geben davon 1 oder 2 Esslöffel voll nüchtern
zum Erweichen des Bauches. (Sie dient) zu Tränken und aromatischen
Mitteln, auch für die, bei denen wir Harnen bewirken wollen, ferner für
Wassersüchtige und Magenleidende, bei denen die Speisen unverdaut im
Magen liegen, bei Gelbsucht, Krämpfen, chronischem Husten, bei Asthmatikern und denen, die (Blut) auswerfen. Ausreichend ist das Gewicht
von 3 Obolen mit Honig als Leckmittel. Sie wird auch mit Honig zusammengekocht und gegen dieselben Gebrechen genossen, besonders zur
Beförderung der Verdauung. Sie führt die schlüpfrigen Massen durch
den Stuhlgang ab. Gekocht bewirkt sie dasselbe, wenn sie in ähnlicher
Weise genommen wird. Man muss sich aber mit ihrer Darreichung bei
solchen in Acht nehmen, die an innerlichen Geschwüren leiden. Gedörrt
hilft sie auch als Salbe bei dünngestielten Warzen und bei Frostbeulen.
Ihr fein gestossener Same, in einer getrockneten Feige oder in Honig
aufgenommen und gegessen, erweicht den Bauch. Im ganzen Zustande
vor den Thüren aufgehängt ist sie ein Universalabwehrmittel.

Scilla maritima L. (Liliaceae), Meerzwiebel.
Sie ist eine in Griechenland häufige Pflanze, der von jeher grosse Bedeutung
beigelegt wurde. Nach Plinius XIX 94 hat Pythagoras ein ganzes Buch über dieselbe verfasst, auch hielt dieser Philosoph eine vor der Thür des Hauses aufgehängte
Meerzwiebel für die beste Abwehr aller Uebel.
Die Meerzwiebel hat auch bis jetzt ihren Platz im Arzneischatze bewahrt;
sie dient zu Pillen, Infusen und zur Bereitung des Acetum Scillae.
Die Zwiebel enthält hauptsächlich Schleim, S c i l l i p i k r i n, einen gelblichweissen und amorphen Bitterstoff, ferner S c i l l i t o x i n, zimmtbraun, amorph, wahrscheinlich ein Herzgift, und S c i l l i n, hellgelb, krystallinisch.

Cap. 203. Περὶ Παγχρατίου. Gilge. Pankration — Einige nennen auch dieses Meerzwiebel —, die Wurzel ist einer grossen Zwiebel ähnlich, röthlich oder etwas purpurfarben, von bitterem und brennendem Geschmack, die Blätter sind der Lilie ähnlich, aber grösser. Die Wurzel hat dieselbe Kraft, Zubereitung und Anwendung wie die Meerzwiebel, ist auch wirksam gegen dieselben Leiden. Die Kraft dieser Wurzel ist aber mässiger als die der Meerzwiebel; darum wird auch die zu Saft verarbeitete Wurzel unter Zusatz von Erbsenmehl zu Pastillen geformt und mit Honigmeth erfolgreich den Milzkranken und Wassersüchtigen gereicht.

Pancratium maritimum L. (Liliaceae), Meerstrands-Gilge.

Theophrast (Hist. pl. VII 13, 8) hat für die Pflanze keinen besonderen Namen, sondern sagt, es gebe eine eigene Art Zwiebel, welche am Meeresufer wachse und zwischen dem Innern und den äuseren Häuten Wolle trage, welche zu Säcken und Kleidungsstücken benutzt werde.

Sie wächst im Sande an der Küste des Mittelmeers, hat eine bittere, ekelhaft schmeckende Zwiebel, welche früher als Radix Scillae minoris seu Hemerocallidis valentinae seu Pancratii monspessalani, ähnlich wie die Meerzwiebel, aber besonders als Vomitiv angewandt wurde.

Cap. 204. Περὶ Καππάρεως. Kapper. Die Kapper [Einige nennen sie Kynosbatos[1]), Andere Kapria[2]), Rabenapfel, Ophioskorodon[3]), Phyllostaphylos[4]), Thallia[5]), Petraia[6]), Holophyton[7]), Ionites[8]), Oligochloron[9]), Akoniton[10]), Hippomanes[11]), Trichomanes[12]), die Propheten Potera, auch Peuteron, Herz des Luchses, Haloskorodon[13]), Krinon[14]), Thlaspis, die Römer persischen Senf, auch Inturis, die Afrikaner Herbiaiathum] ist ein dorniger Strauch, kreisförmig über die Erde sich ausbreitend, mit widerhakigen Dornen[15]), wie beim Brombeer. Sie hat runde, denen der Quitte ähnliche Blätter, eine Frucht wie der Oelbaum, welche beim Aufspringen eine weisse Blüthe zum Vorschein bringt. Wenn diese abgefallen ist, findet sich etwas Längliches wie eine Eichel vor, welches geöffnet kleine rothe Körner enthält wie die Granate. Sie hat grosse, sehr zahlreiche holzige Wurzeln und wächst gewöhnlich an rauhen, mageren Stellen, auf Inseln und Baustellen. Ihr Stengel und die Frucht werden zur Speise eingemacht. Sie regt den Bauch auf, ist dem Magen zuwider und macht Durst. Gekocht verspeist ist sie dem Magen bekömmlicher als roh. Ihre Frucht, in der Gabe von 2 Drachmen mit Wein vierzig Tage lang getrunken, erweicht die Milz; sie treibt den Harn und bewirkt blutigen Stuhlgang. Der Genuss der Frucht hilft bei Ischias und Paralyse, bei inneren Rupturen und Krämpfen. Sie befördert die Katamenien und führt den Schleim ab. Auch Zahnschmerzen lindert die Frucht, wenn sie mit Essig gekocht und als Mundwasser gebraucht wird. Die trockene Rinde der Wurzel dient nicht allein den vorerwähnten

Zwecken, sondern sie reinigt auch jedes alte, schmutzige und verhärtete Geschwür. Bei Milzsucht wird sie mit roher Gerstengrütze umgeschlagen. Zerbissen und gekaut hilft sie gegen Zahnschmerz. Mit Essig fein gerieben vertreibt sie weisse Flecken. Die Blätter und die Wurzel, zerstossen, vertheilen Verhärtungen und Drüsen am Halse. Würmer in den Ohren tödtet der eingetröpfelte Saft. Die libysche Kapper nun, welche bei den Marmariden[16]) wächst, bläht stark auf; die in Apulien erweist sich brechenerregend; die vom Rothen Meere und aus Libyen ist die schärfste, sie macht Blasen im Munde und verzehrt das Zahnfleisch bis auf die Knochen, deshalb ist sie zum Essen untauglich.

[1]) Hagebutte. [2]) Eierstock der Säue und Kameelstuten, der ihnen ausgeschnitten wird, wenn sie nicht mehr brünstig werden sollen. [3]) Schlangenknoblauch. [4]) Weintraubenblatt. [5]) Blühendes Glück. [6]) Die Steinige. [7]) Festes Gewächs. [8]) Die Jonische. [9]) Wenig grün (die Stengel sind roth). [10]) An Felsen wachsend. [11]) Rosswuth, auch ein Kraut in Arkadien, nach dem die Pferde rasten (von der vielfachen schädlichen Wirkung). [12]) So viel wie Polytrichos, stark behaart — nach lucus a non lucendo, weil die ganze Pflanze kahl ist. [13]) Meerknoblauch. [14]) Lilie. [15]) Die Nebenblätter sind dornig, widerhakig. [16]) Volksstamm in Kyrene.

Capparis spinosa L. (Caparidaceae), Runde, Gemeine Kapper.

Die mit Essig und Salz eingemachten, noch nicht entfalteten Blüthenknospen sind noch heute ein beliebtes Gewürz, sie kommen aus Toulon und Marseille in Flaschen und Fässern in den Handel. D. nennt sie daher Früchte, das Längliche in der Blüthe ist der ovallängliche Fruchtknoten mit fast sitzender Narbe. Sie enthalten Rutin, ein in gelben Nadeln krystallisirendes, in heissem Wasser und Alkohol lösliches Glukosid.

Cap. 205. Περὶ Λεπιδίου. Gartenkresse. Das Lepidion, welches Einige Gingidion nennen, ist ein bekanntes Pflänzchen, welches mit Milch in Salzlake eingemacht wird. Die Blätter haben eine scharfe, Geschwüre verursachende Kraft, daher ist es als Umschlag ein sehr hilfreiches Mittel gegen Ischias, wenn es fein gestossen mit Alantwurzel eine Viertelstunde lang aufgelegt wird. Bei Milzschmerzen wirkt es ähnlich, aber auch den Aussatz nimmt es weg. Die Wurzel scheint auch Zahnschmerzen zu lindern, wenn sie um den Hals gebunden wird.

Περὶ Ἰβηρίδος. Iberis. Iberis, nämlich die kressenartige, hat denen der Kresse ähnliche Blätter, die im Frühjahr am üppigsten sind. Die Länge des Stengels beträgt mehr oder weniger eine Elle; sie wächst an ungebauten Stellen. Im Sommer entwickelt sie eine milchweisse Blüthe, und dann ist sie am wirksamsten. Sie hat zwei in etwa der Kresse ähnliche Wurzeln, sie sind erwärmend und brennend. Diese Wurzeln gerade sind gut für Ischiasleidende, wenn sie mit gesalzenem Schweinefett nach Art eines Pflasters als Umschlag vier Stunden aufgelegt werden. Dann muss man ein Bad nehmen und mit Oel und Wein die Stellen einsalben.

Lepidium sativum L. (Cruciferae), Gartenkresse. Sprengel zieht *Lepidium latifolium* hierher, dem widerspricht aber erstlich das Grössenverhältniss, denn D. nennt sie ein Pflänzchen (βοτάνιον), und Lepid. latifol. ist viermal so gross als Lepid. sativum. Dann wird Gingidion als Synonymum angeführt, welches fiederspaltig getheilte Blätter hat, während bei Lepid. latif. dieselben ungetheilt, gekerbt-gesägt, die unteren eiförmig, stumpf, die oberen aus eiförmigem Grunde lanzettlich sind.

Plinius XXV 87 sagt, dass kürzlich (nuper) die Iberis von Servilius Damocrates aufgefunden und in Versen beschrieben sei. Damocrates handelt in seinem „Clinicus" von drei Arzneimitteln, darunter von Iberis. Mit dieser Pflanze, sagt Galen X 350, habe ein Arzt in Iberien seinen kranken Freund geheilt und die Pflanze, da er sie früher nicht gekannt habe, Iberis genannt. Galen sowohl wie viele spätere Schriftsteller halten Iberis und Lepidion für dieselbe Pflanze; Anguillara und Dodonäus (Hist. stirp. 16. Jahrh.) haben schon die Verschiedenheit derselben nachgewiesen.

Das Capitel „Iberis" wird für unächt gehalten und fehlt in den ältesten Codices, in der Aldina steht es am Ende des ersten Buches, an durchaus ungehöriger Stelle, wohin es von einem späteren Arzte oder Herausgeber eingeschmuggelt ist (vgl. darüber Bauhin et Cherler lib. XXII p. 915 sqq.).

Iberis amara L. (Cruciferae), Bitterer Bauernsenf.

Cap. 206. Περὶ Βατραχίου. Batrachion. Batrachion, Einige nennen es wilden Sellerie. Von diesem gibt es mehrere Arten, aber sie haben eine Kraft, nämlich eine scharfe und sehr leicht Geschwüre verursachende. Die eine von ihnen hat dem Koriander ähnliche, aber bittere, dabei weissliche und fettglänzende Blätter, eine gelbe, zuweilen purpurfarbige Blüthe, einen nicht starken, eine Elle hohen Stengel, eine kleine weisse, bittere Wurzel mit Nebenwurzeln wie die Nieswurz; sie wächst an fliessenden Gewässern. Es gibt eine zweite Art, sie ist rauhhaariger, hat einen grösseren Stengel und viele Einschnitte an den Blättern; sie wächst am meisten in Sardinien und ist sehr scharf, man nennt auch diese wilde Sellerie. Die dritte ist sehr klein und riecht schlecht, die Blüthe ist goldgelb. Die vierte gleicht dieser, hat eine milchweisse Blüthe. Die Blätter, Blüthen und zarten Stengel haben die Kraft, als Kataplasmen schmerzhafte Geschwüre und Schorf zu bilden. Deshalb bringen sie schorfige Nägel und Krätze weg und entfernen Brandmale, ebenso gewöhnliche und dünn gestielte Warzen und (heilen) die Fuchskrankheit, wenn sie kurze Zeit[1]) aufgelegt werden. Gekocht bilden sie eine warme Bähung für die, welche von Frostbeulen zu leiden haben. Die Wurzel erregt Niesen, wenn sie trocken fein gestossen in die Nase gebracht wird, lindert auch Zahnschmerzen, wenn sie (an die Zähne) gelegt wird, sie zerbröckelt sie allerdings.

¹) Der C. C. setzt χλωρά, grün, hinzu.

D. behandelt hier verschiedene Ranunculaceen; zuerst *Ranunculus asiaticus* L., Asiatischer Hahnenfuss, welcher sehr häufig in Griechenland vorkommt; die zweite Art ist *R. languinosus* L., Wollhaariger Hahnenfuss, die dritte *R. muricatus* L., Stacheliger Hahnenfuss, die vierte *R. aquatilis* L., der Wasserhahnenfuss.

Alle Arten enthalten mehr oder minder ein scharfes Princip, das bei einigen sogar giftig ist.

Cap. 207. Περὶ Ἀνεμώνης. Anemone. Die Anemone [Einige nennen sie die wilde, Andere die schwarze, die purpurfarbene, Enemon[1]), Mekonion, Tragokeros[2]), Ges parine, Barbyle[3]), Osthanes nennt sie Berylios, auch Ornios keranios, Pythagoras Atraktylis[4]), die Propheten Cnicus agria[5]), die Römer Orci Tunica[6]), die Afrikaner Chuphphois] hat zwei Arten, die wilde und die cultivirte; von der gebauten treibt eine rothe, eine andere weissliche, milchweisse oder purpurrothe Blüthen. Die Blätter sind denen des Korianders ähnlich, über der Erde[7]) leicht eingeschnitten. Die Stengelchen sind behaart, zart, auf ihnen sitzen die Blüthen wie Mohnblüthen, auch die Köpfchen in der Mitte sind schwarz oder blau. Die Wurzel ist von der Grösse einer Olive oder grösser, gleichsam durch Knoten abgetheilt. Die wilde ist im Ganzen grösser als die gebaute, hat auch breitere und härtere Blätter und ein länglicheres Köpfchen; die Blüthe ist purpurfarben, die Wurzel zart und zu mehreren. Eine Art hat aber dunkle, schärfere Blätter. Beide haben eine scharfe Kraft, darum eignet sich der Saft ihrer Wurzel, in die Nase gebracht, zur Reinigung des Kopfes. Genossen führt die Wurzel den Schleim ab. In süssem Wein gekocht heilt sie als Umschlag Augenentzündungen, entfernt Narben in den Augen und Stumpfsichtigkeit und reinigt die Geschwüre von Schmutz. Werden die Blätter und Stengel mit Ptisane gekocht und gegessen, so befördern sie die Milchabsonderung, im Zäpfchen treiben sie die Menstruation, als Umschlag heilen sie auch Aussatz. Einige aber, welche die sogen. Argemone und die Klatschrose, worüber wir bei den Mohnarten reden werden, nicht von der wilden Anemone unterscheiden können, lassen sich durch die Gleichfarbigkeit der Blüthe, welche purpurroth ist, täuschen, indem sie die Argemone Eupatorium nennen. Ueberdies ist die Purpurfarbe der Argemone und der Klatschrose weniger tief, diese und die Argemone blühen auch später. Ferner scheidet die Argemone einen safranfarbigen, höchst scharf schmeckenden Saft aus, die Klatschrose einen weisseren und scharfen. Beide haben in der Mitte Köpfchen ganz wie der wilde Mohn, nur ist das der Argemone oben etwas abgeplattet, das der Klatschrose etwas schmal. Die Anemonen aber scheiden weder Saft aus noch haben sie ein Köpfchen, sondern wie der Spargel eine Spitze. Jene wachsen zumeist auf Ackerfeldern.

¹) Gleich ἄνεμος, Wind. ²) Bockshorn, die Pistille stehen wie Hörnchen.
³) Vielleicht verwandt mit βάρβιλος, die Schlehe, wegen einer gewissen Aehnlichkeit mit der Blüthe. ⁴) Bei D. *Carthamus lanatus* L., Wollige Dornhülle. ⁵) Wilde Distel. ⁶) Gewand des Pluto. ⁷) Die Wurzelblätter.
Die gebaute Anemone des D. ist *Anemone coronaria* L. (Ranunculaceae), Kranzwindröschen, die wilde ist *A. hortensis* L., Gartenwindröschen, die dritte, die

mit den dunklen Blättern ist *A. apennina* L., Italienisches Windröschen, sie kommt, wie Fraas sagt, nächst den vorhergehenden am häufigsten vor.

Cap. 208. Περὶ Ἀργεμώνης. Argemone. Die Argemone [Einige nennen sie Oinone, Andere Anthemis[1]), Homonoia[2]), Anthos pedinon[3]), die Römer Libornia, auch Concordialis[4]), Pergalia, die Gallier Korna] ist ganz dem wilden Mohn ähnlich; aber sie hat ein Blatt wie die Anemone, zertheilt, eine purpurrothe Blüthe, ein Köpfchen ähnlich der Klatschrose, aber länglicher und an den oberen Theilen glatter, und eine runde Wurzel. Sie scheidet einen safranfarbigen scharfen Saft aus, vertreibt weisse Flecken und Nebel auf den Augen. Die Blätter als Umschlag lindern Entzündungen.

[Der Rhizotom Krateuas sagt über dieselbe: Diese Pflanze vertheilt zerstossen mit Fett Skrofeln; sie wirkt auch gegen weisse Flecken, wenn sie trocken gestossen und gesiebt ist, mit Natron und rohem Schwefel; sie heilt aber diejenigen, welche sie im Bade anwenden, wenn sie vorher eine trockene Abreibung gemacht haben. Auch gegen Krätze ist sie wirksam.]

[Die andere Argemone.] Die andere Argemone — Einige nennen sie Artemone, Andere Arsela, Sarkokolla[5]), die Römer Artemonia —, auch diese gleicht in der Blüthe dem wilden Mohn. Selbige aber grün fein zerstossen und aufgelegt, hat die Kraft, Wunden zu heilen und Augenentzündungen zu lindern. Mit Wasser getrunken hilft sie bei Dysenterie, sie verklebt Wunden und ist bei Geschwülsten von guter Wirkung. In gleicher Weise ist sie heilsam als Umschlag bei Krämpfen und Muskelzuckungen. Mit Wein getrunken hilft sie auch den von giftigen Thieren Gebissenen.

[1]) Ist bei D. *Matricaria Chamomilla* L., Kamille. [2]) Die Eintracht. [3]) Blume der Ebene. [4]) Die Einträchtliche. [5]) Ein Gummi von *Penaea Sarcocolla* L. (?), einer Pflanze Persiens, welches die Aerzte zum Verkleben der Wunden gebrauchten (von σάρξ, Fleisch, und κολλάω, verkleben).

Argemone des D. ist nach Fraas *Adonis autumnalis* L. (Ranunculaceae), Herbst-Adonis, eine in Griechenland und Italien häufige Pflanze mit blutrother Blumenkrone und grösseren, am oberen Rande bogigen Früchten. Sprengel und Kosteletzky ziehen *Papaver Argemone* L. hierher.

Die andere Argemone ist nicht näher zu bestimmen; nach Anguillara soll es *Caucalis grandiflora* L. sein, die aber als Umbellifere wohl nicht hierher passen kann.

Dieser Absatz fehlt in den besseren Codices.

Cap. 209. Περὶ Ἀναγάλλιδος. Gauchheil. Von der Anagallis gibt es zwei Arten, welche sich durch die Blüthe unterscheiden. Die eine hat eine blaue Blüthe und wird die weibliche genannt. [Einige nennen sie auch Korchoros, Andere Halikakabon, Zeliamos, die Propheten Nykteritis, die Aegypter Mikiei, die Römer Meciato, die Afri-

kaner Asirrisoi]; die purpurblüthige ist die männliche [Einige nennen
sie Aeritis, Andere Aigitis, Sauritis, die Propheten Blut des Auges, auch
Chelidonion, die Römer Macia, die Thusker Masitipos, die Gallier Sapana,
die Dakier Kerkeraphron]. Es sind kleine, über die Erde sich verbei-
tende Kräuter; sie haben an einem vierkantigen Stengel kleine, rundliche
Blätter, welche denen der Ackerwinde ähneln, und eine runde Frucht.
Beide sind beruhigend, sie besänftigen Entzündungen, ziehen Splitter aus
und halten fressende Geschwüre auf. Ihr Saft, zum Gurgeln gebraucht,
führt den Schleim aus dem Kopfe ab, lindert, in die Nase gebracht,
Zahnschmerzen, wenn er in das dem leidenden Zahne gegenüber stehende
Nasenloch gegeben wird. Mit attischem Honig vertreibt er weisse Flecken
auf dem Auge und hilft gegen Stumpfsichtigkeit. Mit Wein getrunken
ist er denen, die von der Viper gebissen sind, heilsam, ebenso den Nieren-
und Leberkranken. Einige sagen, dass die (Anagallis) mit der blauen
Blüthe Mastdarmvorfall wieder in Ordnung bringt, die mit der purpurfarbigen Blüthe reizend wirke.

Anagallis coerulea L. und A. arvensis L., A. phoenicea Lam. (Primulaceae),
Gauchheil. Die Stengel der ersteren sind mehr aufrecht, die Blätter eilänglich,
die Kelchzipfel schmaler, länger zugespitzt, fein gesägt und so lang wie die schön
blauen Kronenblätter, deren Zipfel verkehrt eiförmig-oval, fein gezähnt sind, auch
ist die Blüthe fast drüsenlos. Sie wurde früher gegen Unterleibsstockungen, Leberverhärtungen, Wassersucht, auch gegen Epilepsie gebraucht, ist jetzt aber vollständig
vergessen.

Cap. 210. Περὶ Κισσοῦ. Epheu. Der Epheu [Einige nennen
ihn Kitharos, Andere Kissaros[1]), Chrysokarpos[2]), Poietika[3]), Korym-
bethra[4]), der gemeine Mann Nysios[5]), auch Dionysios, noch Andere
Ithytherion[6]), Persis, Kemos[7]), Asplenos[8]), die Römer Silva mater[9]),
Hedera, die Gallier Subites] hat nach der Gestalt viele Varietäten, überhaupt
aber drei Arten, nämlich die weisse, die schwarze und die gewundene. Der
weisse trägt eine weisse, der schwarze eine schwarze oder safranfarbige Frucht,
diesen nennt der gemeine Mann auch Dionysios. Der gewundene (Helix)
ist unfruchtbar, hat zarte Stengel und kleine, kantige rothe Blätter. Jeder
Epheu ist scharf, adstringirend und greift die Nerven an. Von seiner
Blüthe so viel, als man mit drei Fingern greifen kann, in Wein genossen
und zweimal im Tage getrunken, ist wirksam gegen Dysenterie; mit
Wachssalbe fein zerrieben ist sie auch ein gutes Mittel bei Brandwunden.
Die zarten Blätter mit Essig gekocht oder auch roh mit Brod zusammen
fein zerrieben sind für die Milz heilsam. Der Saft der Blätter und der
Fruchtdolde wird mit Iris- und Salböl[10]), oder mit Honig oder Natron
in die Nase gebracht, er hilft dann gegen chronische Kopfschmerzen,
wird aber auch mit Essig und Rosenöl zum Begiessen (des Kopfes) angewandt. Ohrenschmerzen und eiterflüssige Ohren heilt er mit Oel. Der

Genuss des Saftes und der Fruchtdolde vom schwarzen bewirkt Schlaffheit[11]) und im Uebermass Erschütterung des Verstandes. Werden fünf
Beeren der Fruchtdolde fein zerrieben mit Rosenöl in der Granatapfelschale erwärmt und in das dem leidenden Zahn gegenüberliegende Ohr
geträufelt, so lindern sie die Zahnschmerzen. Als Umschlag angewandt
färben die Fruchtdolden die Haare schwarz. Die Blätter mit Wein gekocht dienen als Umschlag auf jedes Geschwür; böse Brandwunden und
Sonnenbrandflecken heilen sie, wenn sie, wie vorher angegeben, gekocht
werden. Die fein gestossenen Fruchtdolden befördern die Katamenien,
wenn sie als Zäpfchen eingelegt werden; in der Gabe von 1 Drachme
nach der Reinigung getrunken, bewirken sie Unfruchtbarkeit; der junge
Spross[12]) der Blätter, mit Honig bestrichen und in die Gebärmutter gelegt, befördert die Menstruation und treibt den Embryo aus. Der Saft
in die Nasenlöcher geträufelt beseitigt schlechten Geruch und faulige Geschwüre. Das Gummi desselben entfernt die Haare und tödtet, eingeschmiert, die Läuse. Der Saft der Wurzel mit Essig getrunken hilft
gegen den Biss der Spinnen.

[1]) Gleichbedeutend mit κισσός, Epheu. [2]) Goldgelbe Frucht. [3]) Die Poetische.
[4]) Vom Corymbus, dem doldenartigen Fruchtstande so genannt. [5]) Von Nysia, einer
Stadt am Indus, wo Dionysos oder Bacchus, dem der Epheu geweiht war, einen
Berg mit Wein und Epheu bepflanzt haben soll. [6]) Wild aufrecht strebend. [7]) Berg-
wald. [8]) Die Milz mildernd. [9]) Waldmutter. [10]) μόρφ fehlt in den meisten Codices.
[11]) C. und N. haben ἀγωνίαν, soll jedenfalls wohl ἀγονίαν, Unfruchtbarkeit, heissen.
[12]) μόσχος, können wohl nur die Blattknospen sein.

Hedera Helix L., *H. poëtarum* Bertel. (Hederaceae), E p h e u, der erste mit
schwarzen, der andere mit rothen Beeren.

D. nennt drei Arten, die aber nur Spielarten einer und derselben Art sind
die durch Verschiedenheit des Standortes, des Alters u. s. w. bedingt werden. Aus
dem Arzneischatze ist der Epheu vollständig verschwunden, die Blätter sind noch
hie und da ein Volksmittel.

Cap. 211. Περὶ Χελιδονίου μεγάλου. Grosses Chelidonion.
Das grosse Chelidonion [Einige nennen es Paionia[1]), Andere Krataia[2]),
Aubios, Glaukios[3]), die ganz göttliche Wurzel, Philomedeion[4]), Othonion[5]),
die Römer Fabium, die Gallier Thona, die Aegypter Mothoth, die Dakier
Kustane] entwickelt einen ellenhohen oder höheren dünnen Stengel,
welcher reichbeblätterte Nebentriebe hat. Die Blätter sind denen des
asiatischen Hahnenfusses ähnlich, die des Chelidonion sind jedoch weicher
und bläulichglaufarben, bei jedem Blatte steht eine Blüthe wie die der
Levkoje[6]). Der Saft ist safranfarbig, scharf, beissend, etwas bitter und von
schlechtem Geruch. Die Wurzel ist oben einfach, unten sind es mehrere[7]).
Die Frucht ist wie die des Hornmohns, zart, lang, wie ein Kegel, in ihr
befinden sich die Samen, grösser als die des Mohns. Der mit Honig gemischte und in einem ehernen Geschirr über Kohlen gekochte Saft dient

zur Schärfe des Gesichtes. Der Saft wird aus der Wurzel, aus den
Blättern, aus dem Stengel und der Frucht im Anfange des Sommers gewonnen und im Schatten getrocknet und (in Pastillen) geformt. Die
Wurzel mit Anis und Weisswein getrunken heilt die Gelbsucht und mit
Wein als Umschlag Bläschenausschlag. Die Pflanze scheint den Namen
Chelidonion[8]) zu haben, weil sie zugleich mit dem Eintreffen der Schwalben
blüht, mit dem Abzuge derselben welkt. Einige berichten, dass, wenn
eine von den jungen Schwalben erblinde, die Mutter das Kraut herbei-
hole und den Schaden heile.

[1]) Päonie. [2]) Die Mächtige. [3]) *Glaucium luteum* Scop. [4]) Pflanze der Aphrodite. [5]) Hängt wohl mit der im 213. Capitel beschriebenen Pflanze ὀθόννη, Othonne,
zusammen. [6]) C. C. τοῦ λευκοῦ λίνου. [7]) Die Nebenwurzeln. [8]) χελιδών, Schwalbe.

Chelidonium majus L. (Papaveraceae), Schöllkraut; eine in Griechenland
seltene, in Italien häufige Pflanze, kommt auch im Norden auf Schutthaufen und an
Hecken viel vor. Sie enthält nach E. Schmidt (Arch. d. Ph. 1901, S. 395 ff.)
Chelerythrin, ein narkotisches, und Chelidonin, ein giftiges, bitteres Alkaloid,
α-Homochelidonin, β- und γ-Homochelidonin, Sanguinarin und Protopin,
Chelidonsäure und Chelidoxanthin, einen gelben Bitterstoff. Der Alkaloid-
gehalt ist zur Blüthezeit am schwächsten. Im Gebrauch ist noch das Extract.

Cap. 212. Περὶ Χελιδονίου μικροῦ. Kleines Chelidonion.
Das kleine Chelidonion — Einige haben es wilden Weizen genannt —
ist ein aus den Blattstielen bestehendes (hängendes)[1]) Pflänzchen, stengellos,
von Blättern, welche denen des Epheu ähnlich, aber viel runder, kleiner,
weicher und etwas fettig sind, umgeben. Es hat Wurzeln, welche aus einem
Punkte hervorkommen, klein, zahlreich, gehäuft wie beim Weizen; drei
oder vier derselben sind in die Länge gewachsen. Es wächst an Wässern
und Sümpfen, hat eine scharfe Kraft, ähnlich der Anemone und bewirkt
auf der äusseren Hautfläche Geschwüre. Die zu Saft verarbeiteten Wurzeln sind mit Honig in die Nase gebracht gut dienlich zur Reinigung des
Kopfes. [In gleicher Weise reinigt die Abkochung derselben, als Gurgelwasser angewandt vorzüglich den Kopf und bringt Alles aus der Brust weg.]

[1]) ἀνηρτημένον, nach anderer Lesart ἀνηρτισμένον.

Ranunculus Ficaria L. (Ranunculaceae), Feigwurzel, Scharbock.

D. stellt die Pflanze als stengellos hin. Der Stengel entwickelt sich allerdings
klein und einfach aus der büschelförmigen Wurzel. Früher war die Wurzel und
das Kraut officinell.

Cap. 213. Περὶ Ὀθόννης. Othonna. Othonna [die Einen
sagen, es sei der Saft des Schöllkrautes oder der des Glaukion, oder der
Blüthen des gelben Hornmohns. Andere glauben, es sei eine Mischung
der Säfte des blauen Gauchheils, des Bilsenkrautes und Mohns, noch
Andere, es sei der Saft einer troglodytischen Pflanze, welche Othonna
heisse]. Sie wächst in dem an Aegypten grenzenden Theile von Arabien,

hat Blätter wie die Rauke, vielfach durchlöchert, wie von Motten zerfressen und mürbe. Sie treibt eine safranfarbige breitblätterige Blüthe,
deshalb haben Einige geglaubt, es sei eine Art Windröschen. Sie wird zu
Saft für Augenmittel verarbeitet, wo es sich darum handelt, zu reinigen,
da sie beissend ist und alle Verdunkelungen auf der Pupille entfernt.
Es heisst ferner, aus der Pflanze trete eine gewisse Füssigkeit aus, welche
man nach dem Auswaschen und Absondern der Steine zu demselben
Zwecke in Pastillen formt. Einige sagen, dies sei der ägyptische Stein,
der in Theben entstehe, von weisser Farbe, klein, der einen beissenden
und zugleich brennenden und adstringirenden Geschmack hat.

Plinius XXVII 109 sagt von der Othonna, sie wachse in Syrien, sei der Eruca
ähnlich, habe vielfach durchbohrte (soll wohl heissen: vielfach deutlich punktirte)
Blätter, eine safrangelbe Blüthe und werde als Anemone bezeichnet. Er hat also
aus derselben Quelle wie D. geschöpft. Die spätmittelalterlichen Schriftsteller haben
sich viele Mühe gegeben, die Pflanze zu identificiren, aber vergebens. Matthiolus
bekennt offen, er wisse es nicht; Rondeletius zieht die Labiate *Phlomis herba
venti* L. hierher, Cäsalpinus die Composite *Tagetes erecta* (vgl. Bauhin et
Cherler lib. XXVI p. 97).

Räthselhaft ist der ägyptische Stein. Plinius XXVII 83 sagt beim Glaucium,
es habe schmutzige, widrig riechende, bittere, adstringirende Blätter und ein safran-
gelbes Korn, dieses werde in einem mit Lehm bestrichenen irdenen Geschirr im
Ofen erhitzt und ein Saft daraus gepresst.

Cap. 214. Περὶ Μυὸς ὦτων. Mauseohr. [Einige nennen es
Myoton, Andere Anthyllion[1]), Alsine, Myortochon, Myrtosplenon, die
Römer Muris auricula[2]), die Afrikaner Labotholabath] hat die Namen von
der Aehnlichkeit der Blätter mit Mäuseohren, Alsine[3]) heisst es, weil es
schattige und buschige Haine liebt. Es ist ein Kraut wie die Ackerwinde, aber niedriger und kleinblätteriger und nicht behaart. Es hat
kühlende Kraft und ist als Umschlag mit Graupen ein gutes Mittel bei
Augenentzündungen, sein Saft wird bei Ohrenleiden eingeträufelt [und
überhaupt leistet es dasselbe wie die Ackerwinde].

Das andere Mauseohr — Einige nennen es Myosotis — entwickelt
mehrere Stengel aus einer Wurzel, unten sind sie röthlich und hohl, die
Blätter sind länglich und schmal und haben eine erhabene schwärzliche
Rippe, dabei entstehen je zwei in Abständen, sie laufen in eine Spitze
aus. Aus den Achseln entspringen zarte Stengelchen, auf denen bläuliche kleine Blüthen sitzen, wie die des Gauchheils. Die Wurzel ist
fingerdick und hat viele Nebenwurzeln. Im Ganzen ist das Kräutchen
der Hirschzunge ähnlich, zarter aber und kleiner. Die Wurzel als Umschlag heilt Aegilopie. Einige nennen die Ackerwinde auch Mauseohr.

[1]) Blümchen. [2]) Das Oehrchen der Maus. [3]) Von ἀλσός, Hain; in allen Codices und Ausgaben steht statt ἀλσώδεις, buschig, ἀμμώδεις, sandig, nach Oribasios

und Saracenus hat Sprengel die erstere Lesart vorgezogen, sie entspricht auch mehr dem Namen Alsine.

Die erste Pflanze ist *Parietaria cretica* L. (Urticaceae), Kretisches Glaskraut, welches früher in den Officinen geführt wurde, die andere nach Fraas *Asperugo procumbens* L. (Asperifoliaceae), Rauhhaar, nach Sprengel *Myosotis palustris* L., Sumpf-Vergissmeinnicht.

Cap. 215. Περὶ Ἰσάτιδος. Waid. Der Waid [der gebaute. Einige nennen ihn Augion, Andere Egne, die Propheten Arusion, die Römer Ruta], welchen die Färber gebrauchen, hat ein Blatt wie der Wegerich, aber fetter und auch dunkler, und einen über eine Elle hohen Stengel. Die Blätter vermögen als Umschlag jedes Oedem und Geschwür zu zertheilen, blutige Wunden zu verkleben, Blutflüsse zu stellen, fressende und kriechende Geschwüre sowie roseartige Entzündungen und faulige Geschwüre zu heilen.

Isatis tinctoria L. (Cruciferae), Waid.

Cap. 216. Περὶ Ἰσάτιδος ἀγρίας. Wilder Waid. Der wilde Waid [Einige nennen ihn kleine Egne, die Römer Ruta minor] ist dem vorigen ähnlich, hat grössere, dem Lattich ähnelnde Blätter, aber zartere, vielzweigige, röthliche Stengel, welche an der Spitze eine Art zungenförmiger herabhängender Säckchen in grosser Anzahl haben, in denen der Same sich befindet. Die Blüthe ist hochgelb, zart. Er wirkt gegen dasselbe, wie der vorige, hilft auch innerlich und äusserlich angewandt den Milzkranken.

[Es muss bemerkt werden, dass die Angaben über den Waid fehlerhaft sind; denn auch der gebaute hat eine hochgelbe Blüthe, zartere und vielzweigige Stengel und auch an der Spitze die zungenförmigen Säckchen, in denen der Same sich befindet. Von diesen wird der Same eingeschlossen, schwarz, gleich dem Melanthion. Ferner hat er einen über zwei Ellen hohen, nicht aber einen über eine Elle hohen Stengel. Der wilde Waid treibt dunklere Blätter als dieser, einen kleineren und dickeren Stengel, eine purpurfarbige oder blaue Blüthe und eine kreuzförmige[1] rauhe Frucht, in welcher der Same durch fünf gleiche kleine Blättchen gewissermassen aus einander gehalten wird.]

[1] Die Schötchen sind länglich keilförmig, auf beiden Flächen gekielt.

D. kennt zwei Arten Waid, ebenso nennt Plinius XX 59 einen in den Wäldern wild wachsenden und einen, den die Färber gebrauchen. Man unterscheidet sie wohl als *Isatis tinctoria* und *I. silvestris*, indessen sind es wohl nur Varietäten einer und derselben Art.

Der letzte Satz des in Klammern befindlichen Absatzes enthält eine offenbar falsche Ansicht; denn der Waid hat herabhängende einfächerige Schötchen mit nur einem hellen Samen; die Worte ἐν ᾧ τὸ σπέρμα φολλαρίοις μικροῖς ἀνὰ πέντε ἴσοις οἱονεὶ διειλημμένον müssten auf eine fünffächerige Schote bezogen werden.

Früher wurden die Blätter des Waid viel angewandt, jetzt dient die Pflanze nur zur Herstellung des Indigo.

Cap. 217. Περὶ Τηλεφίου. Wachsblume. Das Telephion [Einige nennen es wildes Immergrün, Andere auch dieses wilden Portulak, die Römer Illecebra, die Aegypter Anoth, die Afrikaner Atirtopuris], dieses gleicht sowohl nach den Blättern als auch nach dem Stengel dem Portulak. Es hat zwei Achseln an jedem Knoten der Blätter[1]), aus denen sechs bis sieben Zweiglein hervorkommen, die aus der Wurzel sind voll von dicken, fleischigen und schlüpfrigen Blättern. Die Blüthen sind weiss[2]). Es wächst im Frühjahr in Weinbergen und an bebauten Stellen. Als Umschlag heilen die Blätter binnen sechs Stunden weisse Flecken auf den Nägeln, danach muss aber ungeröstetes Gerstenschrot angewandt werden. Mit Essig in der Sonne eingeschmiert entfernen sie weisse Flecken auf der Haut, später, wenn sie trocken geworden sind, muss man sie abwischen.

[1]) Die Stengelblätter sind ohrförmig-stengelumfassend. [2]) In einigen Codices gelb, μήλινα, woher vielleicht der Name.

Cerinthe aspera L. (Asperifoliaceae), Rauhe Wachsblume.

Drittes Buch.

In den früheren Büchern, theuerster Areios, haben wir von den Gewürzen, Salben, Oelen, Bäumen und den von letzteren abstammenden
Früchten und Ausscheidungen, ferner von den Thieren, Getreidearten, Gemüsen und den mit einer Schärfe begabten Kräutern gehandelt. In diesem,
dem dritten nun werden wir die Besprechung der Wurzeln, Säfte, Kräuter
und Samen, welche sowohl dem gewöhnlichen als auch dem arzneilichen
Gebrauche dienen, verfolgen.

Cap. 1. Περὶ Ἀγαρίκου. Lärchenschwamm. Das Agarikon
wird für eine Wurzel gehalten, ähnlich der des Silphion[1]), es ist aber
nicht dicht an der Oberfläche wie das Silphion, sondern durchweg locker.
Es gibt aber davon ein männliches und ein weibliches. Das weibliche
unterscheidet sich dadurch, dass es innen gerade Fasern[2]) hat; das männliche
dagegen ist rund und durchweg fest gefügt. Der Geschmack ist bei
beiden gleich, nämlich anfangs süsslich, hernach bitterlich auftretend.
Es wächst zu Agaria in Sarmatien[3]). Einige behaupten, es sei die Wurzel
einer Pflanze, Andere, es wachse aus faulenden Baumstümpfen, wie die
Pilze. Es wächst aber sowohl in Galatien in Asien als auch in Kilikien
auf den Cedern[4]), ist leicht zerbrechlich und weich. Seiner Kraft nach
ist es adstringirend, erwärmend, es wirkt bei Leibschneiden und Unverdaulichkeit, bei inneren Rupturen und Sturzverletzungen. In der Gabe
von 2 Obolen wird es denen, die fieberfrei sind, mit Honigwein, den
Fiebernden mit Honigmeth gereicht. Auch bei Leberleiden, Asthma,
Gelbsucht, Dysenterie, Milzleiden, Harnverhaltung, Gebärmutterleiden und
hässlicher (Haut-)Farbe wird es zu je 1 Drachme gegeben, ferner den
Phthisikern mit süssem Wein, den Milzsüchtigen mit Sauerhonig, auch
den Magenkranken, indem es so gegessen oder getrunken wird, ohne dass
ein Schlürftrunk noch dazu genommen wird, ebenso auch denen, die saures
Aufstossen haben. In der Gabe von 3 Obolen mit Wasser genommen

stellt es den Blutauswurf, wirkt ferner bei Ischias-, Gelenkschmerzen und Epilepsie, wenn es mit Sauerhonig im gleichen Gewicht genommen wird. Weiterhin befördert es die Menstruation und wird auch im gleichen Gewicht mit Erfolg den Frauen gegeben, welche an Aufblähen der Gebärmutter leiden. Es hält die Fieberschauer zurück, wenn es vor dem Eintritt gereicht wird. In Honigmeth zu 1 bis 2 Drachmen genommen reinigt es den Bauch; ferner ist es in der Gabe von 1 Drachme mit Mischtrank genommen ein Gegenmittel gegen tödtliche Gifte, hilft auch im Gewicht von 3 Obolen mit Wein getrunken gegen Schlangenbisse und -Stiche. Ueberhaupt ist es gegen alle innerlichen Leiden dienlich, wenn es mit Berücksichtigung der Wirkung und des Alters (des Patienten) gegeben wird, den Einen mit Wasser, den Anderen mit Wein, mit Sauerhonig oder mit Honigmeth.

[1]) Siehe Cap. 84. [2]) Es besteht aus verschiedenen Fadenzellen, Hyphen, welche von schichtweise über einander stehenden Röhren durchzogen sind. Auf dem Längsschnitte erscheinen sie wie Fasern. [3]) Die Sarmaten oder Sauromaten erscheinen zuerst bei Herodot in ihren Wohnsitzen östlich vom Don, später überschritten sie den Fluss und setzten sich im heutigen europäischen Russland fest. [4]) κέδρος, Kedros, ist bei D. der Wachholder, hier hat er jedenfalls nach Berichten geschrieben, in denen die Lärche als Ceder bezeichnet ist.

Boletus Laricis Jacq., *Polyporus officinalis* Fries, *Agaricus albus* (Fungi, Hymenomycetes), Lärchenschwamm.

Er enthält hauptsächlich Harz und darin als wesentlichen Bestandtheil das Agaricin, ein weisses Pulver von schwachem Geruch und Geschmack mit schweissbeschränkender Wirkung, während der Pilz selbst zugleich abführend wirkt. Die Anwendung des Lärchenschwammes ist eine sehr beschränkte geworden.

Cap. 2. Περὶ Ρᾶ. Rhapontik. Die Rha, Einige nennen sie Rheon [Andere Rhian, die Römer Rhaponticum], wächst in den Gegenden jenseits des Bosporus, woher sie auch gebracht wird. Die Wurzel ist aussen schwarz, dem grossen Kentaurion ähnlich, allerdings kleiner und innen röther, geruchlos, locker und etwas leicht. Für die beste gilt die, welche frei von Wurmfrass ist, einen klebrigen und zugleich schwach adstringirenden Geschmack und beim Kauen etwas blasse und gelbliche Farbe hat. Genossen wirkt sie gegen Aufblähen des Magens, gegen Schlaffheit, jeglichen Schmerz, Krämpfe, Milz-, Leber- und Nierenkrankheiten, Leibschneiden, Brust- und Blasenbeschwerden, Spannung des Unterleibes und Gebärmutterleiden, gegen Ischias, Blutspeien, Asthma, Schlucken, Dysenterie, Magenleiden, periodische Fieber und Bisse giftiger Thiere. Man gibt sie ähnlich wie Lärchenschwamm gegen die einzelnen Leiden unter Anwendung desselben Gewichtes und derselben Flüssigkeiten, mit Honigwein den Fieberfreien, mit Honigmeth den Fiebernden, den Phthisikern mit süssem Wein, den Milzkranken mit Sauerhonig. Mit Essig aufgestrichen entfernt sie blutunterlaufene Stellen und Flechten, mit Wasser umgeschlagen vertheilt sie alle alten Geschwülste. Obenan steht ihre adstringirende, mit gelinder Wärme verbundene Wirkung.

Rheum Rhaponticum L. (Polygonaceae), Rhapontik, Pontische Rhabarber. Theophrast kennt die Pflanze nicht, Plinius XXVII 128 nennt sie Rhacoma und beschreibt sie übereinstimmend mit D.

Den Namen hat sie vom Flusse Rha (Wolga), an dessen Ufern sie zuerst gefunden wurde, das Rhaponticum deutet auf ihre Herkunft aus oder jenseits vom Pontus, aus den Ländern der Barbaren, Rha barbarum.

Um die Zeit des Mesue, als der Handel der Araber in Blüthe war, kannte man schon eine aus der Nähe Chinas kommende, stark abführende Wurzel, man behielt anfangs beide Namen gleichbedeutend bei, als später im 11. Jahrh. China als die Heimath der ächten Rhabarber (*Rheum palmatum, Rh. undulatum* L., *Rh. officinale* Baill.) bekannt wurde, erhielt diese von den späteren griechischen Schriftstellern (Stephanos, Magnetes, Nicolaus Myrepsos) die Bezeichnung Rhabarber.

Die Rhapontik hat eine rübenförmige 5—15 cm lange und etwa 2 cm dicke, tieflängsrunzelige Wurzel, innen röthlichweiss und markig. Der Geruch ist wie bei der ächten Rhabarber eigenthümlich, nur schwächer, der Geschmack bitter-herb und mehr schleimig; sie färbt den Speichel gelb und knirscht wenig oder gar nicht zwischen den Zähnen, weil sie weniger Oxalate enthält als die ächte.

Ihre Bestandtheile sind hauptsächlich Chrysophan und das diesem nahestehende Emodin.

Sie wird nur noch in der Thierheilkunde gebraucht.

Cap. 3. Περὶ Γεντιανῆς. Enzian. Der Enzian [Einige nennen ihn Kentaurioswurzel[1]), Andere gallische Aloë, Narke, Cheironion[1]), die Dardaner[2]) Aloïtis, die Römer Genus, Cicendia, auch Cyminalis] soll seine erste Auffindung Gentis, einem Könige von Illyrien verdanken, von dem er auch den Namen erhalten hat. Seine Wurzelblätter sind denen des Nussbaumes oder des grossen Wegerichs ähnlich, röthlich. Die am mittleren und besonders am oberen Theile des Stengels befindlichen sind leicht eingeschnitten. Der Stengel ist hohl, zart, fingerdick, zwei Ellen hoch, durch Knoten abgetheilt und trägt in grösseren Abständen die Blätter. Er hat einen platten, leichten, spreuartigen, dem der Bärenklau ähnelnden Samen in einer Kapsel[3]), eine grosse, der grossen Osterluzei ähnliche, dicke und bittere Wurzel. Er steht auf den höchsten Bergrücken und an schattigen und wasserreichen Stellen. Die Wurzel hat erwärmende, adstringirende Kraft, hilft auch in der Menge von 2 Drachmen mit Pfeffer, Raute und Wein genossen gegen den Biss giftiger Thiere, vom Saft thut es 1 Drachme; ferner gegen Seitenschmerzen, bei Sturzverletzungen, inneren Rupturen und Krämpfen. Mit Wasser getrunken ist sie Leber- und Magenkranken heilsam. Als Kollyrion eingelegt treibt sie den Embryo aus. Wie das Lykion aufgelegt ist sie ein Wundmittel, auch ein Heilmittel bei fistelartig hinkriechenden fressenden Geschwüren, vorzüglich der ausgezogene Saft, auch als Salbe bei Augenentzündungen. Der Saft wird ferner den scharfen Kollyrien statt Mohnsaft zugemischt. Die Wurzel entfernt auch weisse Flecken. Der Saft wird daraus gewonnen, indem sie zerstossen und fünf Tage mit Wasser macerirt wird; dann wird sie in dem Wasser gekocht, bis die Wurzeln hervorragen und nach dem Erkalten das Wasser durch ein leinenes Tuch abcolirt; es wird dann bis zur Honigconsistenz eingekocht und in einem irdenen Topfe aufbewahrt.

¹) Cheiron, einer der Kentauren, Erzieher des Asklepios, war nach Homer ein ausgezeichneter Wundarzt, nach diesem dürfte die Wurzel genannt sein. ²) ἐν κάλυξι. in Kelchen.

Auffallend sind bei der Beschreibung der Pflanze des D. die leicht eingeschnittenen (ἐσχισμένα μικρῶς) Blätter; sie sind bei allen Enzianen ganzrandig, wohl ist der Kelch gezähnt.

Plinius XXV 71 vergleicht die Blätter mit denen der Esche, an Grösse mit denen des Lattichs. Die Heimath der Pflanze scheint Illyrien zu sein.

Gentiana lutea L. (Gentianaceae), **Gelber Enzian.**

Die Wurzel ist 60 cm lang und oben 4 cm dick, im frischen Zustande gelblichgrau, innen weiss, beim Trocknen wird die Oberfläche rothbraun, das innere Gewebe gelblichbraun; frisch liefert sie beim Pressen etwa 50% Saft. Es ist ein einfaches oder verzweigtes Rhizom mit ansehnlichen Nebenwurzeln. Sie enthält ein Glukosid, Gentiopikrin in farblosen bitteren, in Wasser und verdünntem Alkohol leicht löslichen Krystallen, dem sie auch den bitteren Geschmack verdankt, und Gentianasäure, in blassgelben geruch- und geschmacklosen Nadeln, etwas ätherisches Oel und Schleim.

Die Enzianwurzel ist heute noch ein häufig angewandtes Bittermittel.

Cap. 4. Περὶ Ἀριστολοχίας. Osterluzei. Die Aristolochia hat ihren Namen daher, dass sie am besten den Wöchnerinnen helfen soll¹). Es gibt eine runde, als weibliche bezeichnete, sie hat epheuähnliche Blätter, welche mit einer Schärfe verbunden wohlriechend sind, rundlich, weich, mit vielen Trieben aus einer Wurzel. Die Schösslinge sind länglich, die Blüthen weiss, Hüten vergleichbar; in diesen befindet sich etwas Rothes²) von widrigem Geruch.

(Cap. 5.) Die grosse Aristolochia wird die männliche genannt, auch Daktylitis³) [von Einigen Melokarpon⁴), Teuxinon⁵), von den Römern Herba Aristolochia], sie hat länglichere Blätter als die runde, zarte, etwa eine Spanne lange Zweige, eine purpurrothe übelriechende Blüthe, diese wird nach dem Verblühen der Birne ähnlich. Die Wurzel der runden ist rund, einer runden Rübe ähnlich, die der grossen ist fingerdick, eine Spanne lang oder länger. Beide haben inwendig viel von der Farbe des Buchsbaumes. schmecken bitter und stinken.

(Cap. 6.) Es gibt auch eine dritte grosse, welche Klematitis heisst, sie hat zarte Zweige voll rundlicher Blätter, welche der kleinen Hauswurz ähnlich sind, Blüthen denen der Raute ähnlich und grössere zarte Wurzeln, welche eine dicke, wohlriechende Rinde haben und besonders den Salbenmischern zur Verdichtung der Salben dienen. Die runde wirkt gegen die übrigen Gifte, aber gegen Schlangen und tödtliche Gifte wird

die grosse im Gewicht von 1 Drachme mit Wein getrunken und als Umschlag gebraucht. Die gesammte in der Gebärmutter nach der Geburt
befindliche Reinigung, sowie die Menstruation und den Embryo treibt sie
aus, wenn sie mit Pfeffer und Myrrhe getrunken wird. Im Zäpfchen
eingelegt bewirkt sie dasselbe. Auch die runde leistet dasselbe wie die
vorgenannte. Aussergewöhnlich aber hilft sie mit Wasser getrunken bei
Asthma, Schlucken, Fieberfrost, Milzleiden, inneren Rupturen, Krämpfen,
Seitenschmerzen. Ferner zieht sie als Kataplasma auch Splitter und
Dornen aus und entfernt Knochenschuppen. Eiterige Geschwüre reisst
sie ringsum ein und reinigt schmutzige Geschwüre; mit Iris und Honig
füllt sie Cavernen aus und ist dem Zahnfleisch und den Zähnen gut. Die
Klematitis scheint übrigens dasselbe zu leisten; in Betreff ihrer Kraft steht
sie jedoch hinter den vorgenannten.

[Diese heisst auch Arariza[6]), Melekarpum[4]), Ephestios[7]), Lestitis,
Pyxionyx[8]), Dardanos[9]), Iontitis[10]), die Gallier nennen sie Theximon, die
Aegypter Sophoeph, die Sicilianer Chamaimelon, die Italer Terrae mala
(Erdäpfel), die Dakier Bauernbeifuss. Sie wächst in bergigen, warmen und
mittelmässigen (ebenen), oder auch in rauhen und felsigen Gegenden. Bei
scharfem Fieber wirkt sie so: Räuchere mit der Aristolochia auf Kohlen
den Fieberkranken und das Fieber wird weichen. Wunden heilt sie als
Umschlag. Mit Cyperngras, Drachenwurzsamen und Honig hilft sie bei
Carcinomen in der Nase; mit Oel und Schweinefett zusammengekocht und
eingerieben heilt sie Frostschauer. Auch der Rhizotom Krateuas und
Gallos haben über sie dasselbe berichtet, auch dass sie bei Podagra sich
heilsam erweise.]

---

[1]) ἄριστος, der beste; λοχοῖς, den Wöchnerinnen. [2]) Jedenfalls ist der rothe
Same gemeint. [3]) Fingerförmig. [4]) Von μῆλον, Apfel, und καρπός, Frucht, wegen der
säuerlichen Wurzel, denn auf diese ist die Bezeichnung zu beziehen, wie aus den
anderen Synoymen Terrae mala und Chamaimelon, von χαμαί, an der Erde, und
μῆλον hervorgeht. [5]) Oder Texinon, von θῆξις, Schärfe, auf die Wirkung bezogen.
[6]) Von ἄρος, Nutzen, und ῥίζα, Wurzel. [7]) Einheimisch, am Heerd, wo die Penaten,
darunter auch das Bild der Diana, der Beschützerin der Gebärenden, standen; es
könnte auch Ἐφέσιος, Ephesios, heissen, weil Diana zu Ephesus besonders verehrt
wurde. [8]) Von der Aehnlichkeit der Farbe im Innern mit dem Buchsbaum. [9]) Dardanos war der Gründer von Troja, vielleicht wuchs sie dort viel oder besonders gut.
[10]) Von der dunklen Farbe der Blüthe, wie ἴον, das Veilchen sie hat.

Der in Klammern stehende Absatz findet sich in der Aldina, in mehreren
Codd. nicht.

Theophrast (Hist. pl. IX 15, 5 und 20, 4) kennt nur die runde Aristolochia, welche
auf Bergen wächst, besonders auf dem Pelion in Thessalien und auf dem Parnass,
ferner in Arkadien.

Bei Plinius XXV 95 finden wir vier Arten: 1. die mit runder Wurzel, 2. die
mit vier Finger langen Wurzeln, 3. die Clematitis von der Stärke eines jungen
Weinstockes, und 4. die Pistalochia mit vielen zarten haarförmigen Wurzeln.

D. beschreibt drei Arten. Die runde ist als *Aristolochia pallida* Willd.

(Aristolochiaceae), Blasse Osterluzei, angesprochen, sie hat blasse Blüthen und ist die häufigste; von den alten Aerzten wurde sie als Aristolochia rotunda angewandt und wird, wie Fraas erzählt, noch heute vom Volke, besonders wegen ihrer liebeerweckenden Eigenschaft, von den Frauen auch gegen Blutfluss gebraucht.

Die grosse des D. ist *Aristolochia parviflora* Sibth.; sie ist gleichfalls in Griechenland sehr häufig. Die dritte, Klematitis, ist als *Aristolochia* baetica L. (nach Sibth.) bestimmt, da die *A. Clematitis* im eigentlichen Hellas gar nicht vorkommt, auf jene auch der schwache, niederliegende Stengel besser passt.

Manche Aristolochien bilden wahre Zierden der Gewächshäuser; medicinische Anwendung findet die Wurzel nicht mehr, ausser der Schlangenwurz von *Aristol. Serpentaria* Bart.

Cap. 5 (7). Περὶ Γλυχυῤῥίζης. Süssholz. Die Glykyrrhiza [Einige nennen sie Pontika[1]), Andere Glykeraton[2]), Symphyton[3]), Leontika[4]), Glykyphyton[5]), Skythion[6]), Adipson[7]), Sylithra, Libyestaso, Homoinomoios, Peenthaomoios, die Römer Radix dulcis[5])] ist ein kleiner Strauch[8]) und hat zwei Ellen lange Zweige, um welche die Blätter dicht stehen, sie gleichen denen des Mastixbaumes, sind fettglänzend und klebrig anzufühlen. Die Blüthe ist der der Hyacinthe ähnlich. Die Frucht ist von der Grösse der Platanenfrucht, rauher, sie hat Hülsen wie die Linse, roth und klein. Die Wurzeln sind lang, buchsbaumfarbig wie beim Enzian, etwas herb, süss, sie werden zu Saft verarbeitet wie das Lykion. Der Saft wirkt gegen Rauheit der Luftröhre, man muss ihn aber unter die Zunge legen und zergehen lassen. Er ist auch ein gutes Mittel bei Magenbrennen, bei Brust- und Leberleiden, mit süssem Wein getrunken bei Blasenkrätze und Nierenleiden. Aufgelutscht löscht er den Durst; als Salbe ist er ein Wundmittel und gekaut ist er bei Mundkrankheiten zuträglich, die Abkochung der frischen Wurzel leistet dasselbe. Die trockene fein geriebene Wurzel ist beim Ueberwachsen der Nägel aufgestreut von guter Wirkung.

[1]) Die beste wuchs nach Plinius XXII 24 in Pontus und Kilikien. [2]) Das Herzerfreuende. [3]) Dicht verwachsen, kann auf die Blätter und die Wurzel bezogen werden. [4]) Die Leontika heisst auch Cacalia (Plin.). [5]) Süsse Pflanze. [6]) Bei Theophrast (Hist. pl. IX 13, 2) heisst sie σχυθιχή oder γλυχεῖα, die skythische oder süsse Wurzel, bei Plinius XXV 82 Scythice. [7]) Die Durststillende. [8]) C. nur θαμός, Strauch.

Glycyrrhiza glabra L. (Papilionaceae), Glattes Süssholz. *Glycyrrhiza echinata* L., Stachelhülsiges Süssholz. Die erste wird in den Mittelmeerländern, in Westasien bis Afghanisten gebaut, die andere ist die Stammpflanze des russischen Süssholzes.

Ein Strauch mit ausdauernder Wurzel und zahlreichen, weit in dem Boden horizontal kriechenden Ausläufern.

Hauptbestandtheil der Wurzel ist das Glukosid Glycyrrhizin, Glycyrrhizinsäure, an Ammoniak oder Kalk gebunden.

Bei den Hippokratikern fand die Wurzel auffallender Weise nur äusserliche Verwendung.

Schon im Mittelalter wurde der griechische Name Glykyrrhiza, wie Matthiolus angibt, in den Officinen in das barbarolatinische Liquiritia, das sich für die viel-gebrauchte Wurzel bis auf den heutigen Tag erhalten, umgewandelt. Neben der Wurzel findet das aus ihr in den Productionsländern hergestellte Extract, Succus Liquiritiae, viel Verwendung.

Cap. 6 (8). Περὶ Κενταυρίου τοῦ μεγάλου. Grosses Kentaurion. Das grosse Kentaurion, welches Einige Narke nennen [Andere Limnesion[1]), Marone[2]), Pelethronion[3]), Cheironias[4]), Limnestis[1]), die Propheten Blut des Herakles, die Römer Phierrei, Unefera, Phellerae[5])], hat Blätter denen des Nussbaumes ähnlich, länglich, grün wie Kohl, ihr Rand ist eingeschnitten wie eine Säge. Einen Stengel hat es wie der Ampfer, zwei bis drei Ellen hoch, mit vielen Nebenschüssen aus der Wurzel, an denen mohnähnliche, länglichrunde Köpfe sitzen. Die Blüthe ist blau, die Frucht ähnlich der des Saflors, gleichsam eingehüllt von den wolligen Blüthen. Die Wurzel ist dick, fest, schwer, an zwei Ellen lang, saftreich, scharf, zugleich etwas adstringirend und süsslich, röthlich; ebenso ist der Saft roth. Sie liebt fetten, gut besonnten Boden, Gehölze und Hügel. Sehr häufig ist sie in Lykien und im Peloponnes, in Elis, Arkadien und Messene, am Pholoë, Lykaion[6]) und um Smyrna. Die Wurzel ist ein gutes Mittel bei inneren Rupturen, Krämpfen, Seitenstechen (Pleuritis), Athemnoth, altem Husten und Blutauswurf; den Fieberfreien wird die Wurzel zu 2 Drachmen mit Wein, den Fiebernden mit Wasser gegeben. Sie dient gleichfalls gegen Leibschneiden und Gebärmutter-schmerzen. Sie befördert die Menstruation und treibt die Frucht aus, wenn sie geschabt und in Kollyrionform an die Gebärmutter gelegt wird. Der Saft leistet dasselbe. Sie ist auch ein Wundmittel, wenn sie frisch zerstossen, trocken aber, wenn sie vorher angefeuchtet und dann zer-stossen wird; denn sie verbindet und verklebt. Auch das gekochte Fleisch bindet sie, wenn man sie zerstösst und mitkocht. Die, welche in Lykien ihren Saft auspressen, wenden ihn statt des Lykions an. [Sie ist aber auch als Panacee gerühmt, da sie als Allheilmittel alle von Entzündung begleiteten Leiden beschwichtigt und sowohl Stosswunden als auch in der Injection Harnzwang und Steinschmerzen heilt. Sie wird gesammelt, wenn die Sonne aufgehen will, zur heiligen Stunde, wo Alles in Er-füllung geht.]

[1]) Vom Standorte an Seen, λίμνῃσι, wo sie aber nicht steht. [2]) Vom Berge Maronia in Thrakien. [3]) Von dem Berge Pelethron in Thessalien. [4]) Vom Kentauren Cheiron, der durch sie geheilt sein soll. [5]) Fel terrae?, Erdgalle, geht auf die Bitterkeit der Wurzel. [6]) Berge in Arkadien.

Theophrast (Hist. pl. III 3, 6; IV 5, 1) sagt vom Kentaurion, dass es am einen Standorte fruchtbar, am anderen steril sei, aber viel Kälte ertragen könne. Er rechnet (l. c. IX 9, 7) es zu denjenigen Pflanzen, welche von den Pharmakopolen und Rhizotomen mit allerlei Hokuspokus gesammelt wurden. So musste man sich beim Graben des Kentaurion vor dem Falken hüten, um mit heiler Haut davon zu kommen. Er nennt (l. c. IX 1, 1) den Saft blutroth, αἱματῶδης, D. roth, ἐρυθρός.

Die spätmittelalterlichen Schriftsteller sind sich über die Pflanze nicht einig, die einen halten sie für *Scabiosa alpina maxima*, die anderen für *Inula Helenium*, die meisten für *Centaurea Rhaponticum*, Rübendistel. Sie haben mehrere Varietäten beschrieben, so Centaurium majus folio Juglandis; Cent. maj. alterum folio integro; Cent. majus, Rha capitatum folio Enulae, subtus hirsuto et incano; Cent. sive Rhaponticum alterum angustiore folio.

Centaurea Centaurium L. (Compositae), Centaurenkraut, Grosses Goldkörbchen. Auf den Bergen der südlichen Alpen und den Gebirgen Italiens wächst es wild, es hat eine gewürzige bittere Wurzel, welche früher als Radix Centaur. maj. gebraucht wurde.

Cap. 7 (9). Περὶ Κενταυρίου τοῦ μικροῦ. Kleines Kentaurion. Das kleine und zarte Kentaurion, welches Einige Limnesion (Limnaion, Libadion)[1]) nennen, weil es feuchte Gegenden liebt [Einige nennen es Helleborites[2]), Andere Amarantos[3]), Blut des Herakles, die Römer Febrifugia[4]), auch Aura multiradix[5]), die Dakier Tulbela], ist ein dem Hartheu oder Dosten ähnliches Kraut und hat einen über eine Spanne langen kantigen Stengel, aus roth purpurfarbige, der Nelke ähnliche Blüthen, kleine, längliche, der Raute ähnliche Blätter. Die Samen sind dem Weizen ähnlich. Die Wurzel ist klein, nutzlos, glatt, beim Kosten hat sie Bitterkeit. Grün gestossen verklebt sie (die Pflanze)[6]) als Umschlag Wunden, reinigt alte Geschwüre und vernarbt sie. Gekocht und genossen führt sie die galligen und dicken Säfte durch den Stuhlgang ab. Ihre Abkochung ist als Klystier bei Ischias angebracht, da sie das Blut abführt und Erleichterung verschafft. Der Saft ist zu Augenmitteln gut zu gebrauchen, da er mit Honig die Verdunkelungen auf der Pupille vertreibt. Im Zäpfchen befördert er die Menstruation und treibt den Embryo aus; getrunken aber ist er ein specifisches Mittel bei Nervenleiden. Zur Saftbereitung wird die Pflanze, wenn sie Samen trägt, gesammelt und fünf Tage mit Wasser macerirt, dann wird gekocht, bis das Kraut aus dem Wasser hervorragt. Wenn dieses erkaltet ist, wird es durch Leinen colirt und das Kraut ausgepresst und (die Flüssigkeit) wieder bis zur Honigconsistenz eingekocht. Einige zerstossen die grüne samentragende Pflanze, pressen den Saft ab, geben ihn in ein ungepichtes irdenes Gefäss und dicken ihn unter beständigem Rühren mit einem Holzspatel in der Sonne ein, wobei sie das ringsum Angesetzte stets abschaben und mit der Flüssigkeit mischen; bei Nacht decken sie es vorsichtig zu, denn der Thau stellt sich dem Consistentwerden der flüssigen Säfte hindernd entgegen. Was nun die Saftgewinnung aus den trockenen Wurzeln und Kräutern betrifft, so wird dieselbe durch Kochen bewirkt, wie beim Enzian; was den Saft der ausgepressten frischen Rinden, Wurzeln und Kräuter angeht, so wird er in der Sonne eingeengt, wie angegeben ist. In dieser Weise auch wird bei der Thapsia, Mandragora und bei den unreifen Trauben verfahren; beim Lykion jedoch, beim Wermuth und bei der Hypokistis und den diesen ähnlichen Pflanzen wird der Saft durch Einkochen dargestellt, worüber die Anweisung oben gegeben ist.

¹) Bei Späteren bezw. Plinius. ²) Nieswurzähnlich, wegen der abführenden Wirkung. ³) Dasselbe ist auch ein Synonymon für *Gnaphalium Stoichas* L. (D. IV 57); es ist aber hier wohl auf die lange dauernde Blüthe — unverwelklich — zu beziehen. ⁴) Das Fieber vertreibend. ⁵) Herba? multiradix, eine vielwurzelige Pflanze. ⁶) αὔτη, dieselbe; da D. vorher die Wurzel als ἄχρηστος, unbrauchbar, bezeichnet, so kann das Folgende nur auf die ganze Pflanze, βοτάνη, bezogen werden.

Diese Pflanze ist das andere Centaurium des Plinius XXV 68, mit dem Beinamen Lepton; er macht dann noch eine dritte Art, die er Triorchis nennt, von Triorches, der Bussard, mit Bezug auf die oben angeführte Erzählung des Theophrast.

Erythraea Centaurium L. (Gentianaceae), Tausendgüldenkraut.

Hauptbestandtheile derselben sind ein noch unbekannter Bitterstoff und Erythrocentaurin, eine farblose, krystallinische, am Lichte sich roth färbende Substanz.

Der Name Tausendgüldenkraut (von Centum?) findet sich schon im Mittelalter für Centaurium majus, Erythraea heisst sie von der rothen (ἐρυθρός) Blüthe. Sie ist heute noch ein beliebtes Bittermittel.

Cap. 8 (10). Περὶ Χαμαιλέοντος λευκοῦ. Weisses Chamaileon. Das weisse Chamaileon [Einige nennen es Chrysiskeptron¹), Andere Ixia, die Römer Carduus varinus (varius)²), die Aegypter Epher, auch Ephthosephin]; man hat es Ixia genannt, weil auf seiner Wurzel in einigen Gegenden ein Gummi³) sich findet, welches die Frauen statt des Mastix gebrauchen. Es hat Blätter wie die Mariendistel oder die bunte Distel, aber rauher, schärfer und kräftiger als beim schwarzen. Einen Stengel hat es nicht, sondern entwickelt aus der Mitte einen Dorn, ähnlich wie die Marien- oder die Golddistel. Die Blüthen sind purpurfarbig und bilden gleichsam einen Haarkranz; die Frucht ist der des Saflors ähnlich; die Wurzel ist an fruchtbaren Hügeln dick, an steinigen aber dünner, im Innern weiss, etwas gewürzhaft, von durchdringendem Geruch, süss und treibt in der Menge eines Bechers getrunken den Bandwurm ab. Sie wird in herbem Wein mit Dostenabkochung genommen; auch Wassersüchtigen wird sie vortheilhaft zu 1 Drachme mit Wein gegeben, denn es macht sie dünner. Ferner wird ihre Abkochung gegen Harnverhaltung getrunken. Mit Wein genommen ist sie ein Mittel gegen den Biss giftiger Thiere. Hunde, Schweine und Mäuse tödtet sie, wenn sie mit Graupen gemischt und mit Hydroleum angerührt wird.

¹) Goldscepter, wegen der gelben kopfförmigen Blüthe. ²) Bunte Distel. ³) ἰξόν, Viscum.

Atractylis gummifera L. (Compositae), Mastixdistel.

Den Namen Atractylis soll sie erhalten haben, weil in der frühesten Zeit die Frauen sie als Spindel (ἀτρακτυλίς) gebrauchten.

Die kleine schiefe Wurzel entwickelt einen einzelnen rauhen Schaft mit dunkel-grünen, tiefgespaltenen, dornigen, sitzenden Blättern, und trägt, am oberen Ende zertheilt, an jedem Zweige ein von stacheligen Schuppen umgebenes gelbes Blüthen-köpfchen.

Die spätmittelalterlichen Schriftsteller nannten sie wilde Kardebenedikte.

Nach Plinius XXII 45 heisst die Pflanze Chamaeleon, weil sie die Farbe der Blätter nach dem Standorte wechselt; nach ihm scheidet sich auch das Gummi an den Blattachseln aus.

Sie findet sich jetzt in Griechenland selten wild.

Cap. 9 (11). Περὶ Χαμαιλέοντος μέλανος. Schwarzes Cha-maileon. Das schwarze Chamaileon [Einige nennen es Pankarpos[1]), Andere Ulophonos[2]), Ixia, Kynomachos[3]), Okimoeides[4]), knidische Beere, Kynoxylon[5]), die Römer Carduus nigra[6]), auch Vernilago, die Aegypter Sobel]; auch dieses gleicht in den Blättern der bunten Distel, sie sind jedoch kleiner, zarter und roth untermischt. Es entwickelt einen finger-dicken, eine Spanne langen, röthlichen Stengel, welcher eine Dolde trägt und dornige, zarte, hyacinthähnliche bunte Blüthen. Die Wurzel ist dick, schwarz, fest, hie und da angefressen, auf dem Schnitte gelblich, beim Kauen beissend. Es wächst in trockenen und hügeligen Ebenen und in Meeresgegenden. Die fein gestossene Wurzel, wenn sie mit etwas Kupfer-vitriol, Cedernöl und Fett gemischt ist, hat die Kraft, die Krätze zu ver-treiben. Sie entfernt auch Flechten, wenn sie unter Zugabe von Schwefel und Asphalt mit Essig gekocht und aufgeschmiert wird. Als Mundspül-wasser stillt die Abkochung derselben Zahnschmerzen. Mit gleichviel Pfeffer und Wachs als Salbe hilft sie bei kranken Zähnen. Auch werden die Zähne damit gebäht, indem sie in Essig gekocht und dieser daran gegossen wird. Wenn sie heiss mit einem Griffel an den leidenden Zahn gebracht wird, zerstört sie ihn. Mit Schwefel vertreibt sie Sonnenbrand-flecken und weisse Flecken. Sie wird auch den Fäulnissmitteln zugesetzt. Ferner beseitigt und heilt sie als Umschlag um sich fressende und bösartige Geschwüre. Sie wird aber Chamaileon genannt wegen der Buntfarbig-keit der Blätter; denn man findet dieselben sehr grün oder weisslich oder bläulich oder roth, je nach der Verschiedenheit des Standortes.

[1]) Reich an Früchten, Samen. [2]) Das Zahnfleisch tödtend. [3]) Hunde be-zwingend, geht eher auf die vorige Art. [4]) Dem Basilikon, ὤκιμον (nach Nikander an Geruch) ähnlich; D. nennt aber Okimoeides IV 28 auch die rauhe Nelke, *Silene gallica* L. [5]) Hundeholz. [6]) Schwarze Distel (D. wechselt häufig das Genus). *Carthamus corymbosus* L. (Compositae), Schirmsaflor.

Cap. 10 (12). Περὶ Κροκοδειλίου. Krokodeilion. Das Kroko-deilion ist dem schwarzen Chamaileon ähnlich; es wächst aber in wal-digen Gegenden und hat eine lange [leichte, etwas breite[1])], scharfe Wurzel und einen kresseartigen Geruch. Die in Wasser gekochte und getrunkene Wurzel vermag starkes Nasenbluten zu erregen; sie wird auch Milzkranken als ausserordentlich wirksam gegeben.

¹) Die eingeklammerten Worte finden sich nicht im C. u. N. und bei Oribasius. *Carduus pycnocephalus* L. (Compositae), Dichtköpfige Distel.

Cap. 11 (13). Περὶ Διψάκου. Karde. Der Dipsakos [Einige nennen ihn Krokodeilion, Andere Chameileon, Onokardion¹), Bad der Aphrodite, die Römer Bad der Venus²), auch Venusdistel, die Aegypter Seseneor, auch Cheir oder Meleta, die Dakier Skiare], auch dieser gehört zu den stacheligen Gewächsen. Er hat einen hohen, stacheligen Stengel und stengelumfassende, denen des Lattichs ähnliche Blätter, zwei an jedem Knoten, länglich und selbst auch stachelig, die eine Art Buckel mitten auf dem Rücken haben, welche innen und aussen mit Stacheln besetzt sind; um die Knoten bilden die Blätter Höhlungen, wie um das Thau- und Regenwasser zu sammeln, woher er auch den Namen hat³). An der Spitze des Stengels hat er an einzelnen Aestchen einen igelähnlichen, länglichen, stacheligen Kopf, getrocknet erscheint er weiss. Der gespaltene Kopf hat in der Mitte des Inneren Würmer⁴). Seine Wurzel mit Wein gekocht und gestossen, so dass sie die Consistenz von Wachssalbe annimmt, heilt, hineingelegt, Risse am After und Fisteln. Man muss aber das Mittel in einer ehernen Büchse aufbewahren. Dasselbe soll auch ein Heilmittel für gewöhnliche und gestielte Warzen sein. Die Würmer des Kopfes, in ein Säckchen gegeben und um den Hals oder Arm gebunden, sollen das viertägige Fieber heilen.

¹) Eselskarde, vielleicht von der weisslichen Farbe. ²) Von dem Wasser, welches sich in den durch die Blattstellung am Stengel gebildeten löffelartigen Höhlungen sammelt. ³) δίψακος, Dipsakos, durstleidend. ⁴) Die Larven eines Käfers, vielleicht von *Cassida rubiginosa* L. (Chrysomelidae), Rostigrother Schildkäfer, welcher besonders auf Distelarten lebt.
Plinius XXVII 71 nennt die Pflanze Dipsakos, an anderer Stelle XXV 171 hat er Labrum Venereum, in welcher der auch von D. erwähnte Wurm sitzt, beide werden wohl identisch sein.
Dipsacus silvestris L. (Compositae), Wilde Karde.
Die Köpfe dienen zum Anrauhen des Tuches, wozu die Alten wahrscheinlich nicht diese, sondern Igelsfelle benutzt haben.

Cap. 12 (14). Περὶ Ἀκάνϑας λευκῆς. Weisse Akantha. Die weisse Akantha [Einige nennen sie wilde Artischocke, Andere Donakitis¹), Erysiskeptron²), die Römer Spina alba aut regia (weisse oder königliche Dornstaude), auch Carduus rhamptaria] wächst in bergigen und waldigen Gegenden, hat Blätter ähnlich denen des weissen Chamaileon, aber schmaler und weisser, etwas rauh, dornig, einen Stengel über zwei Ellen hoch, daumendick und auch dicker, weisslich, inwendig hohl. An seiner Spitze befindet sich ein stacheliger, dem Seeigel ähnlicher Kopf, aber kleiner und länglich. Die Blüthe ist purpurfarben, der Same darin wie der des Saflors, aber runder. Ihre Wurzel, getrunken, ist bei Blutspeien, Magen- und Leibschmerzen wirksam, sie treibt den Urin und wird auch bei Oedemen als Umschlag gebraucht. Ihre Abkochung lindert als Mundspülwasser Zahnschmerzen, der Same aber hilft getrunken bei Krämpfen der Kinder und bei Schlangenbissen. Man sagt auch, dass er als Amulett umgebunden wilde Thiere verscheuche.

¹) Von Rohr, auf den hohlen Stengel bezogen. ²) Goldscepter.

Cnicus ferox L. (Compositae), H o h e B e r g d i s t e l.

Einige haben *Cnicus acarna* L., die weisse Distel, hierher gezogen, allein der hohe hohle Stengel, das weisse Aussehen, die igelähnlichen Blüthenköpfe, sowie das vorzugsweise Vorkommen auf hohen Bergen passen am besten auf *Cn. ferox*, zumal die andere eine Pflanze der Ebene ist.

Cap. 13 (15). Περὶ Ἀκάνθης ἀραβικῆς. A r a b i s c h e A k a n t h a. Die arabische Akantha [Einige nennen sie Akanthis, die Römer Spina] scheint ihrem Wesen nach ähnlich zu sein der weissen Akantha, sie ist adstringirend, und bei Fluss der Frauen, bei Blutauswurf, sowie bei den anderen Flüssen ist die Wurzel in ähnlicher Weise von guter Wirkung. Sie wächst in rauhen Gegenden.

Der arabische Dornstrauch ist nicht bestimmt. Plinius XXIV 107 wirft die Pflanze mit der Akazie, von der er XIII 62 geredet hat, zusammen. Die spätmittelalterlichen Schriftsteller haben verschiedene Distelarten hierher gezogen (vgl. B a u h i n et C h e r l e r, lib. XXV p. 70). *Onopordon arabicum* nach Sprengel?

Cap. 14 (16). Περὶ Σκολύμου. G o l d d i s t e l. Der Skolymos [Einige nennen ihn Pherusa, Andere Pyrakantha, die Römer Stubulus, die Aegypter Chnus], hat die Blätter des Chamaileon und des genannten weissen Dornstrauches, aber dunkler und dicker. Er entwickelt einen langen blattreichen Stengel mit einem stacheligen Köpfchen. Die Wurzel darunter ist schwarz, dick; ihre Wirkung bewährt sich gegen den üblen Geruch der Achseln und des übrigen Körpers sowohl bei äusserlicher Anwendung, als auch wenn sie mit Wein gekocht und getrunken wird. Sie bewirkt Abscheidung von reichlichem und übelriechendem Urin; das Kraut, wenn es frisch ist, wird als Gemüse gekocht wie Spargel.

Scolymus maculatus L. (Compositae), B u n t e oder G o l d d i s t e l, deren junge Blätter noch heute gegessen werden.

Es wird auch *Cynara Scolymus* L., A r t i s c h o c k e, hierher gezogen, sie passt aber schlecht, weil sie andere Blätter und einen karg beblätterten Stengel hat, auch werden von der Artischocke die jungen Blüthenköpfe als Gemüse benutzt.

Cap. 15 (17). Περὶ Ποτηρίου. P o t e r i o n. Das Poterion — die Ionier nennen es Neuras, Einige Phrynion, Andere Akidoton — ist ein grosser Strauch mit langen, weichen, riemenartigen (biegsamen), zarten, denen des Traganth ähnlichen Zweigen. Die Blätter sind klein, abgerundet, der ganze Strauch wird von einem zarten und wolligen Flaum umgeben; er ist auch dornig, die Blüthe ist klein, grünlich, die Frucht wohlschmeckend und scharf, aber ungebräuchlich. Es wächst in sandigen und hügeligen Gegenden. Die Wurzeln darunter sind zwei bis drei Ellen lang, fest und sehnig; dieselben scheiden, wenn sie über der Erde abgeschnitten werden, eine gummiähnliche Thräne aus; gestossen und umgeschlagen verkleben sie durchschnittene Sehnen, ebenso Wunden. Auch die Abkochung derselben ist als Trank bei (Nerven-)Sehnenleiden von guter Wirkung.

Plinius spricht an zwei Stellen vom Poterium, XXV 123 bezeichnet er es als Gegengift gegen giftige Frösche, XXVII 122 gibt er dieselbe Beschreibung wie D.

Die Meinungen der spätmittelalterlichen Schriftsteller über Poterium weichen sehr von einander ab. Cornarius hält es für *Prunus spinosa* L., Schlehdorn; Pena und Lobel für *Poterium spinosum* L. oder *Pimpinella spinosa*; Matthiolus und Clusius dagegen ziehen eine Astragalus-Art hierher. Clusius zeichnet und beschreibt die Pflanze. Es ist ein Strauch mit vielen biegsamen, weithin sich ausdehnenden weisslichen Zweigen, die in der Jugend flaumhaarig und mit langen weissgrauen Dornen besetzt sind. Die meisten Blätter sind zusammenhängend, geflügelt, klein, weisslich und kommen im Frühjahr in Zwischenräumen hervor. Die Hauptblattnerven laufen in einen Dorn aus, so dass die ganze Pflanze wie blattlos erscheint. Die Wurzel ist lang mit vielen Nebenwurzeln, aussen schwarz, innen weiss, schleimig, süss. Eine Blüthe sah Clusius an dem Exemplar in Marseille nicht, sie wurde als weiss geschildert, wohl aber sehr viele Hülsen (Bauh. et Cherl. XI p. 409).

Sprengel bestimmte es als *Astragalus Poterium* Pall. (Papilionaceae), darauf wird auch das Poterium des Plinius bezogen. Fraas fand die Pflanze nicht.

Cap. 16 (18). Περὶ Ἀκανθίου. Eselsdistel. Das Akanthion hat der weissen Akantha ähnliche Blätter, an der Spitze dornige Hervorragungen mit einem spinnegewebeartigen Ueberzuge, der gesammelt und über einander gelegt baumwollenartig wird; seine Wurzel und Blätter sind im Trank bei Opisthotonie heilsam.

Plinius XXIV 108 gibt an, dass die Blätter mit einem wolligen Ueberzuge versehen sind, welcher das Material zu Kleidern liefert.

Onopordon Acanthium L. (Compositae), Eselsdistel, Krebsdistel, Weisse Wegedistel, vielleicht auch *Onopordon illyric.* L., Illyrische Wegedistel. Früher war die Wurzel und das Kraut als Rad. et Herba Spinae albae seu Cardui tomentosi officinell. Die Samen geben ein fettes Oel, die Samenwolle wurde zum Polstern gebraucht.

Cap. 17 (19). Περὶ Ἀκάνθης. Akantha. Die Akantha oder Herpakantha — Einige nennen sie Melamphyllon[1], Andere Paiderota[2] [noch Andere Akanthestopia[3], Mamolaria, Kraipula] — wächst in Anlagen und an steinigen und feuchten Stellen. Sie hat viel breitere und längere Blätter als der Lattich, eingeschnitten wie die Rauke, dunkel, fettglänzend und glatt, einen glatten, zwei Ellen hohen, fingerdicken Stengel, welcher nach der Spitze zu in Abständen mit besonderen Blättchen, gleichwie mit dornigen Mulden, ringsum besetzt ist, aus denen die weisse Blüthe hervorkommt. Der Same ist länglich, gelb, der Kopf aber thyrsosartig. Die Wurzeln darunter sind zäh, schleimig, roth, lang. Als Kataplasma dienen sie bei Brandwunden und Verrenkungen. Getrunken treiben sie den Harn und stellen den Durchfall. Von guter Wirkung sind sie bei Schwindsucht, inneren Rupturen und Krämpfen.

(Cap. 20.) Es gibt auch eine wilde Akantha [welche die Römer wilden Dornstrauch nennen], sie ist der bunten Distel ähnlich, stachelig, kürzer als die der Anlagen und Gärten. Ihre Wurzel wirkt gerade so wie die der vorher genannten Pflanze.

¹) Schwarzblatt. ²) Von παῖς und ἔρως, Kinderliebe, Wohlgefallen an der Milch- und Blutfarbe der Kinder. Es wurde im Tempel der Venus zu Sikyon in Achaja neben dem Akanthus eine Pflanze von eben solcher Farbe, welche Paideros hiess, gepflegt. Sie wird von Sprengel auf eine Eichenart, *Quercus Gramuntia* L. oder *Quercus Ballota* Desf. bezogen. Plinius XIX 170 nennt das Caerefolium auch Paederos. ³) Die Zierpflanze Akantha.

Plinius kennt gleichfalls zwei Arten Acanthus; der eine ist glatt, mit breiten, langen Blättern, er wird als Einfassung um hohe Beete in den Ziergärten gepflanzt, die andere ist dornig, mit krausen Blättern. Die Blätter des ersteren wurden nach Vitruv. IV 1, 8 vom Bildhauer Kallimachos als Muster für Capitäle der korinthischen Säulen benutzt, wo wir sie noch heute finden.

Die erste Art ist *Acanthus mollis* L. (Acanthaceae), Weicher Akanth, mit dornenlosen Blättern, er wird häufig in Gärten gezogen, wächst auch hie und da wild (in Griechenland). Für die wilde Art wird von Sibthorp *Silybus syriacus* Gärtn., Syrische Silberdistel, eine auf den Inseln des griechischen Archipels häufig wachsende Composite, von Sprengel *Cirsium stellatum* All., Sternkratzdistel, von Fraas *Acanthus spinosus* L., Stacheliger Akanth, genommen.

Cap. 18 (21). Περὶ Ἀνωνίδος. Hauhechel.

Die Anonis — Einige nennen sie Ononis —, die Zweige sind eine Spanne lang und grösser, strauchig, vielknotig mit vielen Achseln, die Köpfchen¹) sind rund, die Blätter klein und zart, sie ähneln denen der Raute oder des Wiesenklees und sind etwas rauh, (die Blüthen) riechen nicht unangenehm, (die Hülsen)²) sind wie die der Linse. Sie wird eingesalzen, bevor die Dornen hervorbrechen und schmeckt sehr angenehm. Die Zweige haben spitze, pfriemförmige, harte Dornen. Die Wurzel ist weiss, erwärmend, verdünnend, ihre Rinde mit Wein getrunken, treibt den Harn, zertrümmert den Stein und reisst Wundschorf ringsum auf. In Essigwasser gekocht lindert sie als Mundspülwasser Zahnschmerzen. [Es wird versichert, dass ihre Abkochung Hämorrhoiden heile.]

¹) Darunter sind vielleicht die Blüthenknospen zu verstehen. ²) Die eingeklammerten Worte sind augenscheinlich vom Herausgeber Sprengel hinzugesetzt, da nur so ein Sinn in den Satz kommt.

Ononis antiquorum L. (Papilionaceae), **Südliche Hauhechel.** Bei Theophrast heisst sie auch Ononis (Hist. pl. VI 5, 1, 3), auch wird αἰγίπυρος, Aigipyros (Hist. pl. II 8, 3) dafür genommen, wohl mit Rücksicht darauf, dass Anguillara (Semplic. p. 145) angibt, die Pflanze Ononis sei der Aigipyros des Krateuas.

Sie unterscheidet sich von Ononis spinosa durch völlige Kahlheit, grössere Schlankheit der im Zickzack gebogenen Aeste, durch viel längere und gepaarte Dornen, durch viel kleinere, verkehrt-eiförmige Blättchen und kleine Kronen.

Die Hauhecheln enthalten in der Wurzel ein in farb- und geruchlosen Nadeln krystallisirendes Alkaloid **O n o n i n**, welches in kaltem Wasser unlöslich ist, in heissem Wasser, Alkohol und Aether sich wenig löst.

Cap. 19 (22). Περὶ Λευχαχάνϑης. Leukakantha.

Die Leukakantha [Einige nennen sie Polygonaton, Andere Phyllon, auch Ischias, die Römer Gniacardus, die Etrusker weissen Dornstrauch]; ihre Wurzel ist ähnlich der des Cyperngrases, bitter und kräftig[1]), gekaut lindert sie Zahnschmerzen; ihre Abkochung mit Wein, zu 3 Bechern genommen, hilft bei chronischen Seitenschmerzen, bei Ischias, inneren Rupturen und Krämpfen. Und der Saft der Wurzel leistet getrunken dasselbe.

[1]) ἰσχυρά, nach **Matthiolus** besser ἰσχυρῶς, stark bitter.

Sprengel zieht gestützt auf Anguillara, der sie in Etrurien fand, *Cirsium tuberosum* All., **Knollige Kratzdistel,** hierher; nach **Fraas** ist es *Centaurea dalmatica* L. (Compositae), **Dalmatische Flockenblume;** er fand sie, wenn auch nicht häufig, im ganzen Gebiete. Sie hat knollige büschelförmige Wurzeln.

Cap. 20 (23). Περὶ Τραγαχάνϑης. Tragakantha.

Die Tragakanthwurzel ist breit und holzig und ragt aus der Erde hervor; aus ihr entspringen niedrige, kräftige, weithin sich ausbreitende Triebe, an denen viele kleine, zarte Blättchen sitzen, dazwischen, von den Blättern verborgen, weisse, kräftige, gerade Dornen. Tragakanth ist auch ein Gummi, welches über der angeschnittenen Wurzel sich sammelt. Den Vorzug verdient das durchscheinende, leichte, feine, reine und süssliche. Es hat eine dem Gummi gleiche, verklebende Kraft. Dasselbe wird zu Augenmitteln gebraucht, ferner mit Honig als Leckmittel gegen Husten, Rauheit der Luftröhre, Heiserkeit und gegen Nasenbluten. Man lässt es unter die Zunge gelegt zergehen, auch wird es zu 1 Drachme in süssem Wein gelöst gegen Nierenschmerz und bei Verletzung der Blase getrunken, indem ihm gebranntes und gewaschenes Hirschhorn oder Spaltalaun zugemischt wird.

D. nennt die Mutterpflanze und das Gummi Tragakantha. Ebenso **Theophrast** (Hist. pl. IX 1, 3): „Gummi scheidet auch die Tragakantha aus, von der man früher glaubte, dass sie nur auf Kreta wachse, jetzt aber weiss man, dass sie auch in Achaja, auf dem Peloponnes und im asiatischen Medien wächst."

Die Stammpflanzen, Astragalus-Arten, sind bis 1 m hohe sehr ästige Sträucher mit holzigen zusammengeschobenen Stämmchen und Aesten mit fiederspaltigen Blättchen. Die Blattmittelrippen überdauern die Blättchen und wachsen zu derben, bis 3 cm langen Dornen aus, welche die ganze Pflanze dicht besetzen. Die Blüthen sitzen einzeln oder zu mehreren in den Blattachseln, die Hülsen sind klein, rund und einsamig.

Nach Flückiger (Pharmakognosie) sind es folgende Arten, welche Traganth liefern: *Astragalus adscendens* Boiss. et Hauskn., *A. leioclados* Boiss., *A. brachycalyx* Fisch., sämmtlich in Persien, *A. gummifer* Labill., *A. microcephalus* Willd. in Kleinasien, *A. pycnoclados* Boiss. et Hauskn. in Westpersien, *A. stromatodes* Bunge in Nordsyrien, *A. kurdicus* Boiss. in Kurdistan, Aleppo und Kleinasien, *A. Parnassi* Boiss. var. *cyllenea* im Peloponnes. Der Traganth ist nicht ein Secret, welches sich in besonderen Räumen der Pflanze sammelt und austritt, sondern es ist nach Tschirch ein Vergummungsproduct des Markes und der Markstrahlen. Der Process schreitet von innen nach aussen im Stengel fort, bei trockener Witterung drängt sich das Gummi freiwillig oder durch gemachte Einschnitte nach aussen. Die verschiedenen Formen desselben hängen von den Austrittsöffnungen, bezw. den Einschnitten ab; die beste Sorte ist der Blättertraganth in farblosen oder gelblichen halbmondförmigen Stücken, er kommt von Smyrna; der syrische Traganth ist mehr kugelig, der griechische faden- oder wurmförmig. Der Hauptbestandtheil ist Bassorin.

Cap. 21 (24). Περὶ Ἠρυγγίου. Mannstreu. Das Eryngion

[Einige nennen es Erynge, Andere Eryneris, Karyos[1]), Gorginion[2]), Hermion[3]), Origanon chlunion[4]), Myrakanthos[5]), Moly, die Aegypter Krobysos, die Propheten Sisertos, die Römer Capitulum Carduus[6]), auch Carterae, die Dakier Sikupnoëx, die Spanier Kotukapeta, die Afrikaner Cherdan, Oreian chloen[7]), auch Chida] gehört zu den Dornsträuchern. Seine jungen Blätter werden in Salzlake eingemacht als Gemüse gebraucht; sie sind breit, rings herum rauh und haben einen würzigen Geschmack, aber bei fortschreitendem Wachsthum werden sie an vielen Hervorragungen der Stengel zu Dornen. Von diesen aus gehen Zweige, welche an der Spitze runde Köpfchen tragen, die ringsum von sehr spitzen, festen Dornen sternförmig umgeben sind[8]). Ihre Farbe ist grün oder blass oder weiss, hie und da soll sie auch blau gefunden werden. Die Wurzel ist lang und breit, aussen schwarz, innen weiss, fingerdick, dabei wohlriechend und gewürzig. Es wächst in ebenen und rauhen Gegenden. Es hat erwärmende Kraft, fördert getrunken den Harn und die Menstruation und vertreibt Leibschneiden und Blähungen. Mit Wein hilft es denen, die an der Leber leiden, die von giftigen Thieren gebissen sind und die tödtliche Gifte genossen haben. Zumeist wird es mit Möhrensamen in der Menge von 1 Drachme getrunken. Wie man sagt, vertheilt es (als Amulett) umgebunden und als Kataplasma Geschwülste. Die Wurzel desselben mit Honigmeth getrunken heilt Opisthotonie und Epilepsie.

[1]) Nuss. [2]) Vielleicht von der Aehnlichkeit der ausgebreiteten Hüllblätter mit den Haaren des Gorgohauptes. [3]) ἕρμα, spitzer Pfahl, Dorn. [4]) Wildeber-Dosten. [5]) Tausenddorn. [6]) Distelköpfchen. [7]) Bergpflanze. [8]) Die fünfblätterige Blüthenhülle ist dornig.

Der Beschreibung des D. nach können hier drei Arten Eryngium in Betracht

kommen: *Eryngium viride* Link (Umbelliferae), Grüne Mannstreu, welche am
häufigsten in Griechenland vorkommt; *E. campestre* L., Feldmannstreu, findet sich
auch in Norditalien, von diesen beiden werden die ersten Wurzelblätter gegessen;
und *E. maritimum* L., Strandmannstreu, welche der Meeresküste angehört.
Sprengel zieht an erster Stelle *E. planum* Matth., Flachblätterige Mannstreu
hierher. Früher waren Wurzel und Kraut als Rad. et Herba Eryngii vel Asteris
inguinalis seu Capituli Martis seu Acus Veneris officinell.

Cap. 22 (25). Περὶ Ἀλόης. Aloë. Die Aloë [Einige nennen sie
Amphibion, Andere Eryngion, Herminon, Tragokeros[1]), die Römer Aloa,
die Barbaren Aloë] hat ein dem der Meerzwiebel ähnliches Blatt, dick, fett,
umfänglich breit, zurückgebogen. An beiden Seiten haben die Blätter
schiefe, entfernt stehende, gekürzte kleine Dornen. Sie entwickelt einen
dem Antheriskos ähnlichen Stengel, eine weisse Blüthe und eine dem des
Affodill ähnliche Frucht. Die ganze Pflanze hat einen durchdringenden
Geruch und sehr bitteren Geschmack. Sie hat nur eine Wurzel, als wenn
sie einen Pfahl zur Wurzel hätte. Am meisten wächst sie in Indien,
woher auch der Saft bezogen wird; sie kommt aber auch in Arabien und
Asien, sowie in einigen Meeresgegenden und Inseln vor, z. B. auf Andros,
die aber zur Saftbereitung nicht gut zu verwenden ist, sie eignet sich
jedoch zum Verkleben der Wunden, wenn sie fein gestossen aufgestrichen
wird. Es gibt zwei Arten Saft, der eine ist nämlich sandig, dieser scheint
der Bodensatz des reinen zu sein, der andere ist leberfarben. Wähle aber
die reine und unverfälschte (Aloë), die fette und steinchenfreie, glänzende,
gelbliche, leicht zerreibliche, leberfarbene, welche leicht Feuchtigkeit anzieht und starke Bitterkeit besitzt; die schwarze aber und die schwer zu
zerbrechende verwirf. Sie verfälschen sie mit Gummi, welches durch den
Geschmack, durch die Bitterkeit und durch die Stärke des Geruchs erkannt wird, ferner dadurch, dass sie sich, zwischen den Fingern zerrieben,
nicht in feinste Körnchen zertheilen lässt. Einige mischen auch Akazie
zu. Sie hat adstringirende [schlafmachende], austrocknende, den Körper
verdichtende, den Bauch lösende, den Magen reinigende Kraft, wenn sie
in der Menge von 2 Löffeln mit kaltem oder milchwarmem Wasser
getrunken wird. Sie hält Blutauswurf zurück und wirkt, im Gewicht von
3 Obolen oder 1 Drachme mit Wasser getrunken, reinigend bei Gelbsucht. Mit Harz genossen, oder mit Wasser oder Honig gekocht und
genommen löst sie den Bauch. Die Menge von 3 Drachmen reinigt gründlich. Mit anderen Abführmitteln gemischt bewirkt sie, dass diese den
Magen weniger angreifen. Trocken aber aufgestreut verklebt sie Wunden,
bringt Geschwüre zum Vernarben und besänftigt. Vornehmlich heilt sie
Geschwüre an den Geschlechtstheilen und verklebt die eingerissene Vorhaut der Kinder. Mit süssem Wein gemischt heilt sie auch Feigwarzen
und Risse. Sie hemmt die Blutflüsse aus den Hämorrhoiden, vernarbt

Pterygien und entfernt mit Honig blutrünstige Stellen und Sugillationen unter den Augen. Sie bessert Augenkrätze und (lindert) das Jucken der Augenwinkel, ebenso Kopfschmerzen, wenn sie mit Essig und Rosensalbe auf die Stirn und die Schläfen gestrichen wird. Mit Wein hält sie den Ausfall der Haare auf. Gegen Mandel- und Zahnfleischentzündung und alle Mundkrankheiten ist sie mit Honig und Wein von guter Wirkung. Zu den Augenmitteln wird sie in einem reinen, heissen, irdenen Gefässe unter Umrühren mit einem Löffel erhitzt, bis sie gleichmässig geröstet ist. Gewaschen wird sie aber, indem das Sandige als unbrauchbar abgesondert und das Fette und Feine genommen wird.

¹) Mit Bockshörnern.

Als die Stammpflanze der Aloë des D. hat man *Aloë perfoliata seu vera* L. (Liliaceae), *Aloë vulgaris* (arabica) Lam. hierher gezogen, welche, in Afrika heimisch, von da nach Ost- und Westindien gewandert ist. Sie bildet einen Halbstrauch mit gelblichen, dunkelgelb oder grün gestreiften Blüthen, nur *Aloë spicata* Thunbg., Aehrige Aloë, hat weisse Blüthen, die der anderen Arten sind roth.

Nach dem Periplus maris Erythr. p. 28 kam die Aloë von Kane an der Südküste Arabiens in den Handel.

Die Art der Saftgewinnung gibt D. nicht an. Die abgeschnittenen Blätter werden in eine mit Fellen ausgelegte Grube oder in einen Trog (Westindien) gestellt, der Saft fliesst zufolge des Saftdruckes freiwillig aus und wird dann in Kesseln über Feuer — auf Sokotora in Häuten an der Sonne — eingetrocknet.

Man unterscheidet zwei Haupthandelssorten, die glänzende, *Aloë lucida*, und die matte, *Aloë hepatica*. Der Unterschied liegt in der Bereitungsweise, indem die glänzenden Aloë-Sorten unter Anwendung grosser Hitze, bei welcher die Aloïnkrystalle schmelzen, eingedampft wird. (Nach van der Wielen soll der Glanz der Aloë nicht von der Anwesenheit der Aloïnkrystalle abhängen.)

Ueber die Stammpflanzen der Aloë sagt Tschirch (Apoth.-Zeitg. Nr. 78, 1901): Die Cap-Aloë, welche allein in Deutschland, der Schweiz. Italien und Oesterreich officinell ist, stammt hauptsächlich von *Aloë ferox* Mill. ab; in den englisch redenden Ländern wird Barbados-Aloë von *Aloë vulgaris* Lam. (*A. vera* L.) und *Aloë chinensis* Bak. gebraucht neben Aloë socotrina.

Ausser diesen Aloë-Sorten sind noch im Handel die Jaferabad-Aloë von *Aloë abyssinica* Lam., welche in Indien hergestellt wird, die Natal-Aloë (?) und die Uganda-Aloë, welche aber nur eine andere Bezeichnung für Cap-Aloë sein soll.

Die Bestandtheile der Aloë sind nach demselben Forscher Aloïne, und zwar 1. Barbaloïn (Th. und H. Smith 1851), (Socaloïn [Groves 1856] hält Tschirch mit Tilden für wesentlich identisch mit Barbaloïn), 2. Capaloïn (Smith 1851), 3. Nataloïn (Flückiger 1871), ferner Emodin, Nigrin, ein Umwandlungsproduct des Aloïns; es entsteht unter gewissen Bedingungen aus dem Emodin, Aloëroth, das Umwandlungsproduct eines Aloïns, aber nicht des Barbaloïns und Capaloïns, und Harz, Resinotannolester, bei denen das Tannol an Paracumarsäure und Zimmtsäure gebunden ist.

Die Aloë ist in kaltem Wasser theilweise, in heissem Wasser und in Alkohol vollständig löslich.

In kleinen Dosen wirkt sie tonisch und gelinde abführend, in grösseren ist sie ein Drasticum.

Die ungewöhnlich grossen Gaben des D., z. B. von 2 Löffeln = 7,2 g (das
κοχλιάριον der Kleopatra war = 3 Skrupel, der Skrupel = 1,12 g), oder auch von
einer Drachme = 3,4 g, lassen vermuthen, dass die Aloë der Alten nicht identisch
ist mit dem heutigen eingedickten Safte der Pflanzen. Auch muss man berücksichtigen, dass die alten Aerzte derartige Mittel nicht in fractionirter Dosis, sondern
nur einmal und dann kräftig gaben.

Cap. 23 (26). Περὶ Ἀφινθίου. Wermuth. Das Absinthion,
das sehr bittere [die Aegypter nennen es Somi, die Römer Absinthium
rusticum[1])] ist ein bekanntes Kraut. Das beste davon ist das in Pontus
und Kappadokien an dem Gebirge wachsende, welches der Taurus heisst.
Es hat die Kraft, zu erwärmen, zu adstringiren, die Verdauung zu befördern, und Magen und Bauch von hineingedrungenen galligen Stoffen
zu reinigen. Es treibt den Harn und verhindert, wenn es vorher genommen wird, den Rausch. Mit Sesel und keltischer Narde getrunken
ist es ein gutes Mittel gegen Blähungen und Bauch- und Magenschmerzen,
auch heilt der Aufguss oder die Abkochung davon Appetitlosigkeit und
Gelbsucht, wenn sie täglich in der Gabe von 3 Bechern genommen werden.
Getrunken sowohl wie auch mit Honig als Zäpfchen eingelegt befördert
es die Katamenien. Mit Essig getrunken ist es ein gutes Mittel gegen
die verderbliche Wirkung von (giftigen) Pilzen, mit Wein aber gegen
Ixia[2]) und Schierling, gegen den Biss der Spitzmaus und den Meerdrachen. Gegen Schlundmuskelentzündung gibt es die beste Salbe mit
Honig und Natron, gegen Epinyktiden mit Wasser, gegen Sugillationen
unter den Augen mit Honig; gegen Stumpfsichtigkeit und eiterflüssige
Ohren wird es in gleicher Weise angewandt. Die Bähung mit einer
Abkochung davon hilft bei Ohren- und Zahnschmerzen. Die Abkochung
mit süssem Wein ist als Umschlag für sehr schmerzhafte Augen ange-
bracht. Es wird auch als Umschlag gebraucht gegen Unterleibs-, gegen
Leber- und Magenschmerzen, auch wenn sie chronische Leiden sind, zusammengemischt mit kyprischer Wachssalbe, beim Magen mit Rosensalbe.
Auch den Wasser- und Milzsüchtigen bringt es Besserung, wenn ihm
Feigen, Natron und Taumellolchmehl zugemischt werden. Es wird auch
ein Wein daraus bereitet, der sogen. Wermuthwein, vorzüglich in der
Propontis und in Thrakien, wo man ihn in den vorhingenannten Fällen
bei Fieberfreiheit anwendet. Auch sonst trinken sie ihn im Sommer
vorher (d. h. vor der Mahlzeit), indem sie glauben, dass er der Gesundheit zuträglich sei. Er (der Wermuth) scheint auch, in den Schränken
aufgehängt, die Kleider vor Mottenfrass zu schützen und mit Oel zusammen als Salbe die Mücken abzuhalten, so dass sie den Körper nicht
belästigen. Wird die Schreibtinte mit einem Aufguss desselben versetzt,
so bewahrt es die Schriftstücke vor Mäusefrass. Der Saft des Absinths
scheint aber dieselbe Wirkung auszuüben, ausser dass wir ihn nicht zu

Tränken für gut halten, da er dem Magen zuwider ist und Kopfschmerzen verursacht. Einige verfälschen den Saft durch Zumischung von einge-kochtem Oelsatz.

[1]) Bauern-Wermuth. [2]) Der Wermuth wird als ein Gegenmittel gegen Ixia (Loranthus), das Synonym von Chamaileon album bezeichnet. Auch Scribonius Largus (um die Mitte des 1. Jahrh.) nennt in seinen Coposit. medicament. 192 die Ixia Chamaeleon und beschreibt dessen giftige Wirkungen; diese erstrecken sich bei D. (III 8) doch nur auf Hunde, Schweine und Mäuse. Bei Theophrast (Hist. pl. III 7, 6 und III 16, 1) ist ἰξία, der ἰξός des D., der mit Vorliebe auf der Eiche wach-sende Loranthus, an einzelnen Stellen auch die Mistel.

Plinius XXVII 45 behauptet, das Absinthium des Pontus sei viel bitterer, als das italische, habe aber ein süsses Mark und sei ein ausgezeichnetes Mastfutter für Schafe.

Artemisia Absinthium L. (Compositae-Anthemideae), Absinth, Wermuth.

Er scheint anfangs eine Culturpflanze gewesen zu sein, ist dann aber über Pontus in Griechenland und Italien verwildert.

Der Hauptbestandtheil des Wermuths ist neben etwas ätherischem Oel und anorganischen Salzen ein intensiv bitterer Stoff, das Absinthiin.

Er ist eine der besten Bitterpflanzen des heutigen Arzneikörpers.

Cap. 24 (27). Περὶ Ἀφινθίου θαλασσίου. Seebeifuss.

Der Seebeifuss — Einige nennen ihn auch Seriphon — wächst am meisten am Taurusgebirge in Kappadokien und zu Taphosiris in Aegypten, wo die Isispriester sich statt des Oelzweiges seiner bedienen. Es ist ein Kraut mit feinen Zweigen, ähnlich einem kleinen Eberreis, voll von kleinen Samen, etwas bitter, dem Magen nicht bekömmlich, von durch-dringendem Geruch und mit einer gewissen Wärme adstringirend. Dieser für sich allein oder mit Reis gekocht und mit Honig genommen tödtet Askariden und runde Würmer und treibt sie leicht aus. Mit einge-kochtem Most oder mit Linsen gekocht leistet er dasselbe. Besonders ist es in Kappadokien ein Mastfutter für die Weideschafe.

Artemisia maritima L. (Compositae), Seebeifuss.

Cap. 25 (28). Περὶ Ἀφινθίου Σαντονίου. Santoninbeifuss.

Es gibt noch eine dritte Art Absinthion, welche an den Alpen in Gala-tien wächst und in der Landessprache Santonion heisst, benannt nach dem Lande Santonis[1]), welches dasselbe hervorbringt. Es gleicht dem Wer-muth, ist aber nicht so samenreich, etwas bitter, hat aber dieselbe Wir-kung wie das Seriphon.

[1]) Santonis im aquitanischen Gallien, dem Lande zwischen den Pyrenäen und der Garonne, jetzt Charente inférieure.

Artemisia judaica L. (Compositae), Jüdischer Beifuss. Theophrast kennt weder die eine noch die andere der beiden letzten Pflanzen; bei Scribonius Largus (Comp. med. 141) kommt eine Sandonica herba vor, ob und inwieweit sie zu unserer Pflanze in Beziehung steht, ist nicht zu sagen.

Dass die heutige Bezeichnung Santonin von der Pflanze des D. abgeleitet ist, bedarf wohl keines Beweises, ob aber Artemisia maritima und judaica des D. identisch sind mit der Stammpflanze unserer Flores Cinae, muss eine offene Frage bleiben. Gerade so, wie die Droge früher bei uns Semen Cinae hiess, empfiehlt auch D. die zahlreichen kleinen Samen als Wurmmittel.

Die Stammpflanze der heutigen Flores Cinae ist *Artemisia maritima* L., var. *A. Cina* Berg., *A. pauciflora* Weber, heimisch in den Steppengebieten Turkestans. Kahler und Alms stellten 1830 aus dem ätherischen Extracte des Wurmsamens das Santonin dar, von dem kurz vor der Blüthe 2—3% darin enthalten sind.

Cap. 26 (29). Περὶ Ἀβροτόνου. Abrotonon.

Das Abrotonon [Einige nennen es Abutonon, Absinthion, Herakleion[1]), Cholopoion[2]), Theluphthorion[3]), Absinthiomenon[4]), Prokampylon[5]), die Propheten Nerven des Phönix, auch Kynanchites, die Römer Absinthium ponticum[6]), Andere auch Thelythamnon[7]), auch hübsche Neigung], eine Art desselben ist weiblich, ein baumartiger, weisslicher Strauch mit zart eingeschnittenen Blättern rings um die Zweige; an der Spitze trägt er eine Art goldfarbigen Schirm, voll von Blüthen, der im Sommer sich bildet und einen etwas scharfen Wohlgeruch und bitteren Geschmack hat. Dieses scheint der sicilische zu sein. Die andere Art wird die männliche genannt, sie ist strauchig und hat dünne Zweige wie Wermuth. Sie wächst am meisten in Kappadokien und im asiatischen Galatien und bei Hieropolis in der Nähe von Syrien. Wird der Same von diesem (Abrotonon) gekocht, auch roh mit Wasser zerrieben, getrunken, so hilft er gegen Orthopnöe, innere Rupturen, Krämpfe, Ischias, Harnverhaltung und Zurückbleiben der Menstruation. Er ist, mit Wein getrunken, auch ein Gegengift gegen tödtliche Gifte. Mit Oel gibt er eine Salbe gegen Frostschauer. Als Lagerstreu[8]) und als Räucherung angezündet verscheucht er die Schlangen, mit Wein genommen hilft er auch gegen ihre Bisse. Besonders ist er von guter Wirkung gegen Spinnen- und Skorpionstiche; ist auch ein Heilmittel bei Augenentzündungen, wenn er mit gekochten Quitten oder mit Brod aufgelegt wird. Mit rohem feinem Gerstenschrot gekocht zertheilt er Geschwülste, wird auch bei der Bereitung des Irisöls zugesetzt.

[1]) Bei Heraklea in Pontus sollte es in besonderer Güte wachsen. [2]) Galle erzeugend. [3]) Weiber mordend. [4]) Monatsbeifuss. [5]) Nach vorn gekrümmt, von den überhängenden Scheibenköpfchen. [6]) Pontischer Beifuss. [7]) Frauenstrauch. [8]) Wohl das Kraut mit dem Samen.

Auch Plinius XXI 160 unterscheidet zwei Arten, den weiblichen Strauch nennt er Habrotanum montanum, den männlichen H. campestre. Die spätmittelalterlichen Schriftsteller halten die erstere Pflanze theils für *Absinthium ponticum*, theils (Matthiolus und Clusius) für *Chamaecyparissus*; diesen stimmt Sprengel zu und erklärt sie für *Chamaecyparissus aquosus*. Fraas dagegen zieht *Artemisia arborescens* L. (Compositae), Beifussbäumchen hierher. Die zweite Art ist *Artemisia Abrotanum* L., Eberreis, Zarter Beifuss.

Cap. 27 (30). Περὶ Ὑσσώπου. Hyssopos. Der Hyssopos [die Römer nennen ihn Hyssopus, auch Later oder Kassiola, die Aegypter Pesalem] ist eine bekannte Pflanze in zwei Arten; die eine ist die wild-wachsende, die andere die in Gärten gebaute. Am besten ist die in Kilikien wachsende. Sie hat eine verdünnende, erwärmende Kraft. Mit Feigen, Wasser und Honig gekocht und getrunken ist sie ein gutes Mittel bei Lungenentzündung, Asthma, chronischem Husten, Katarrh und Orthopnöe. Sie tödtet auch die Würmer; mit Honig als Leckmittel leistet sie dasselbe. Ihre Abkochung mit Sauerhonig getrunken führt den dicken Schleim durch den Bauch ab. Mit fein gestossenen grünen Feigen wird sie auch zum Reinigen des Bauches gegessen; kräftiger reinigt sie aber, wenn ihr Kresse oder Schwertlilie oder Rauke zugemischt wird. Sie bewirkt auch eine gute Farbe. Als Kataplasma mit Feigen und Natron dient sie gegen Milz- und Wassersucht, mit Wein gegen Ent-zündungen. Mit heissem Wasser aufgelegt vertheilt sie Sugillationen unter den Augen, bei Schlundmuskelentzündung ist sie mit Feigen-abkochung als Gurgelwasser das beste Mittel. Zahnschmerzen lindert sie mit Essig gekocht als Mundspülwasser. In der Räucherung hebt sie das Getöse in den Ohren.

Dem Hysop begegnen wir zuerst in der Bibel, wo er אֵזוֹב, Esob, heisst und zur symbolischen Reinigung diente (II. Mos. 12, 22; Psalm 50, 9), indem die Aus-sätzigen mittelst eines Hysopzweiges mit Blut besprengt und dadurch für rein er-klärt wurden.

Weder bei D. noch bei Plinius finden wir eine Beschreibung der Pflanze, beide ziehen sie aber später zu Vergleichen heran; so hat das Origanon bei D. Blätter wie der Hysop, aber keine radförmige Dolde; Chrysokome, das Goldhaar, hat einen eberreisartigen Blüthenstand wie der Hysop; die Onetis ist dem Hysop ähnlicher u. s. w.

Dazu kommt, dass die Talmudisten Sampsuchum (sonst Majoran) mit Hysop übersetzen (Mischn. Tr. Schabb. 14 M. 3), ferner, dass nach Anguillara (Sempl. p. 196) Krateuas und ebenso der Nikander-Scholiast den Hysop als ähnlich dem Majoran bezeichnen. Fraas hat deshalb nach dem Vorgange von Sprengel *Origanum smyrnaeum* vel *syriacum* L. (Labiatae), Smyrnäischer Dosten, hierher gezogen. Lenz dagegen hält an *Hysopus officinalis* L. fest, obwohl er in Griechen-land nach Fraas, auch nicht in Kleinasien, Syrien vorkommt. Einige halten *Teu-crium Pseudohyssopus* Schreb. für den Hysop der Alten.

Cap. 28 (31). Περὶ Στοίχαδος. Stoichas. Die Stoichas [Einige nennen sie Synkliopa[1]), Andere Alkibiades, Pankration, Styphonia, die Aegypter Suphlo, die Propheten das Auge Pythons, die Römer Sciolebina] wächst auf den nächst Galatien, Marseille gegenüber gelegenen Inseln, welche die Stöchaden[2]) heissen, woher sie auch den Namen erhalten hat. Es ist eine Pflanze mit dünnen Zweigen, hat Kraut wie der Thymian, jedoch grossblätteriger und von scharfem, etwas bitterem Geschmack.

Ihre Abkochung ist wie der Hysop bei Brustleiden von guter Wirkung.
Sie wird auch mit Nutzen den Gegenmitteln zugemischt. [Sie öffnet und
erleichtert die ganzen Eingeweide und überhaupt den Zustand des
Körpers.[3])]

[1]) Neben einander liegend, von der Lage der Inseln hergenommen. [2]) Die
Hyérischen Inseln an der Südküste von Frankreich. [3]) Der eingeklammerte Satz
wird als von Galen VIII p. 130 stammend, von Marcellus u. A. ad Notha verwiesen.
Lavandula Stoechas L. (Labiatae), Aehrenförmiger Lavendel. Von diesem,
in Südeuropa und Nordafrika wachsenden kleinen, sehr ästigen Strauche waren sonst
die kurzen Blüthenähren als Flores Stoechadis arabicae gebräuchlich.

Cap. 29 (32). Περὶ Ὀριγάνου. Dosten. Das herakleotische
Origanon — Einige nennen es Konila — hat ein Blatt wie der Hysop,
aber keine radförmige Dolde, sondern sie ist wie eingeschnitten, und der
Same an der Spitze der Zweige steht nicht dicht. Es ist erwärmend,
deshalb hilft seine Abkochung mit Wein denen, die von giftigen Thieren
gebissen sind, mit süssem Wein denen, die Schierling oder Mohn genossen haben, mit Sauerhonig denen, die Gips oder die Eintagsfliege[1]) verschluckt haben. Gegen Krämpfe, innere Rupturen und Wassersucht wird es
mit Feigen gegessen. Trocken, ein Essignäpfchen voll, mit Honigmeth
getrunken, führt es die schwarzen Säfte durch den Bauch ab. Mit Honig
als Leckmittel befördert es die Katamenien und heilt den Husten. Jucken,
Krätze und Gelbsucht bessert seine Abkochung als Bad. Der Saft der
grünen Pflanze heilt Mandel- und Zäpfchenentzündung sowie Soor; es
reinigt auch durch die Nase (den Kopf), wenn es mit Irisöl hinein-
gebracht wird. Mit Milch lindert es Ohrenschmerzen. Mit Zwiebeln
und Speisesumach wird aus ihm ein Brechmittel bereitet, indem Alles
vierzig Tage bei der Hitze der Hundstage in die Sonne gestellt wird.
Das Kraut als Lagerstreu verscheucht die Schlangen.

[1]) ἐφήμερον ist auch Synonym zu κολχικόν, Colchicum, s. auch IV 84 u. 85.
Origanum heracleoticum L. (Labiatae), Scharfer Dosten; nach Sibthorp
eine in Griechenland in trockenen, felsigen Gegenden häufige Pflanze. Sie unterscheidet sich vom gemeinen Dosten durch die kleineren, undeutlich gezähnelten, anfangs abstehenden, später zurückgeschlagenen Blätter. Der Kelch ist drüsig punktirt,
die Krone blass-rosenroth.

Cap. 30 (33). Περὶ Ὀνήτιδος. Onetis. Die Onetis genannte
Pflanze hat weissere Blätter und ist dem Hysop ähnlicher, auch hat sie
die Samen gleichsam wie zusammenhängende, eng anliegende Dolden.
Sie hat dieselbe Wirkung wie der scharfe Dosten, erweist sich jedoch
nicht so drastisch.

Origanum creticum L. (Labiatae), Kretischer Dosten. Das ὀρίγανον der
Hippokratiker und λευκὸν ὀρίγανον des Theophrast (Hist. pl. VI 2, 3). Eine in

Griechenland, Dalmatien, auf Kreta und in Kleinasien ausdauernd wachsende Pflanze mit langen, ziegeldachartig geordneten Blüthenähren, welche am Ende der kleinen Stengel zu einer ziemlich flachen Doldentraube zusammengedrängt stehen. Die blühenden Stengelspitzen waren früher als kretischer Dosten, spanischer Hafer, Herba et Summitates Origani cretici officinell.

Cap. 31 (34). Περὶ Ἀγριοριγάνου. **Wilder Dosten.** Das Agri-origanon, welches Einige Panakes herakleion[1]), Andere Konila nennen, unter ihnen auch Nikander aus Kolophon, hat denen des Origanon ähnliche Blätter, eine Spanne lange zarte Zweige mit Dolden ähnlich wie beim Dill und weisse Blüthen. Die Wurzel ist dünn und unbrauchbar. Die Blätter und Blüthen, mit Wein getrunken, helfen gegen den Biss giftiger Thiere.

[1]) Allheilmittel des Herakles, auch *Ferula Opopanax*.

Origanum vulgare var. *album* L. (Labiatae), Gemeiner Dosten.

Das ὀρίγανον μέλαν Theophrast's l. c. Das blühende Kraut war früher als Herba Origani officinell, ist jetzt noch ein beliebtes Volksmittel, besonders zu erweichenden und vertheilenden Umschlägen. Die Wirkung der Dostenarten beruht auf dem Gehalte von einem durchdringend riechenden ätherischen Oel.

Cap. 32 (35). Περὶ Τραγοριγάνου. **Tragoriganon.** Das Trag-origanon ist ein kleiner Strauch, nach Blättern und Zweigen dem Dosten oder dem wilden Quendel ähnlich. Es gibt eine Art, welche nach der Beschaffenheit des Standortes üppiger und breitblätterig, dabei reichlich klebrig ist; eine andere hat dünne Zweige und zarte Blätter, welche Einige Prasion[1]) nennen. Das beste ist das aus Kilikien, auch das von Kos, Chios, Smyrna und Kreta. In der Abkochung getrunken sind sie alle erwärmend, harntreibend und gut für den Bauch; denn sie leiten das Gallige ab. Von guter Wirkung sind sie auch mit Essig getrunken bei Milzleiden, mit Wein bei denen, welche Mistel genossen haben, auch befördern sie die Katamenien. Bei Husten und Brustfellentzündung (Peripneumonie) werden sie mit Honig im Leckmittel gegeben. Sie geben aber auch einen wohlthuenden Trank, der darum auch denen gereicht wird, welche an Uebelkeit, schlechtem Magen und saurem Aufstossen leiden, ferner solchen, welche Angstgefühl, Seekrankheit und Hitze des Unterleibes quält. Als Umschlag mit Mehl vertheilen sie auch Oedeme.

[1]) Lauchgrün, Porree.

Den Namen (τράγος — ὀρίγανος) soll die Pflanze nach dem Schol. zu Nicandri Alexipharm. 308 davon haben, dass die Böcke nach ihrem Genusse sehr muthwillig werden.

D. hat zwei Arten; die erste ist bei Sprengel *Stachys glutinosa* L., Klebriger Ziest, bei Fraas *Thymus graveolens* Sibth., Stark duftender Thymian; die zweite Art mit zarten Blättern und dünnen Zweigen hält Sprengel für *Thymus Tragopogum* L., Fraas für *Satureja Juliana* L., Schmaler Saturei.

Cap. 33 (36). Περὶ Γλήχωνος. Polei. Das Glechon [Einige nennen es Blechron, Andere Arsenikanthos[1]), die Römer Poleïum, die Afrikaner Apoleïum, die Gallier Albolon, auch Gallisopsis] ist eine bekannte Pflanze, welche verdünnt, erwärmt und der Verdauung hilft. Getrunken befördert es die Menstruation, treibt die Nachgeburt und die Leibesfrucht aus. Mit Aloë und Honig getrunken reinigt es die Lunge und hilft bei Krämpfen. Mit Essigwasser getrunken stillt es Uebelkeit und Magenschmerzen und führt die schwarzen Säfte durch den Bauch ab. Ferner hilft es mit Wein getrunken denen, die von giftigen Thieren gebissen sind; die Ohnmächtigen richtet es auf, wenn es ihnen mit Essig unter die Nase gebracht wird. Trocken fein gerieben und gebrannt macht es das Zahnfleisch fest. Mit Gerstenschrot als Umschlag besänftigt es jede Entzündung, für sich allein hilft es bei Podagra, aufgelegt bis zum Rothwerden der Haut. Mit Wachssalbe bringt es Finnen weg. Mit Salz umgeschlagen ist es Milzkranken heilsam. Die Abkochung davon zum Bade verwandt lindert Juckreiz und als Sitzbad ist sie ein gutes Mittel bei Aufblähung, Verhärtung und Umwendung[3]) der Gebärmutter. Einige nennen die Pflanze Blechon[4]), weil, wenn es um die Zeit der Blüthe von den Ziegen gefressen wird, bei diesen ein Blöken anhebt.

[Das grüne und zerriebene, mit Essig aufgelegte Kraut erhitzt und röthet (die Haut), reinigt schmutzige Geschwüre oder bringt sie wenigstens zur Reife. Dasselbe vertreibt Sugillationen unter den Augen, weil das Blut abgezogen wird. Gegen Erschlaffung und Ohnmacht wird es als Riechmittel angewandt, zerstossen und eingerieben entfernt es Sonnenbrandflecken. Mit Wein, Honig und Salz zerrieben lindert es Zahnschmerzen, oder mit Wein und Honig allein, oder mit Wein und gleichviel Salz in einem irdenen Topfe erwärmt. Ferner wird es gegen den Meerhasen und andere schädliche Thiere genommen. Getrunken und aufgestrichen heilt es die Krätze. Die Asche des getrockneten Krautes wird nach dem Bade gegen Kälteschmerz der Glieder aufgestreut; man muss diese aber mit Binden eng umwickeln, so dass sie (die Asche) dicht auf der Haut liegt, weil sie nicht allein die Schmerzen lindert, sondern auch den kalten Theil erwärmt.]

[3]) Arsenikblüthe; vielleicht von der röthlichen Farbe der Blüthe oder von der reizenden Wirkung. [2]) Von βλήχη, Geblök. [3]) ἀποστροφάς, Goupylos und Saracenus lesen ὑποστροφάς.

Der in Klammern stehende Absatz rührt her aus dem Cod. Cantacuzen.

Mentha Pulegium L. (Labiatae), *Pulegium vulgare* Mill., Polei-Minze, Gemeiner Polei. Die Pflanze enthält ein unangenehm stark riechendes, ätherisches Oel; früher war sie officinell, jetzt ist sie noch ein beliebtes Volksmittel.

Cap. 34 (37). Περὶ Διχτάμνου. Diptam. Der Diktamnos, welchen Einige wilden Polei nennen [Andere Embaktron, Beluakos[1]),

Artemidion[2]), den kretischen, Ephemeron[3]), Eldia, Belotokos[4]), Dorki-
dion[5]), Elbunion, die Römer Ustilago rustica], ist eine Pflanze Kretas,
sehr scharf, dem Polei ähnlich, hat aber grössere und wollige Blätter
und einen eigenen wolligen Auswuchs, trägt aber weder Blüthe noch
Frucht. Er hat aber in Allem dieselbe Wirkung wie der gebaute Polei,
nur viel kräftiger; denn nicht allein getrunken, sondern auch im Zäpfchen und in der Räucherung wirft er den todten Fötus heraus. Man
sagt, dass die Ziegen auf Kreta, wenn sie von einem Pfeile getroffen sind
und dieses Kraut fressen, das Geschoss herauswerfen. Auch der Saft
desselben hat reinigende Kraft, sei es, dass er eingestrichen oder mit
Gerstenmehl eingerieben wird. Als Umschlag heilt die Pflanze unter den
Füssen oder am übrigen Körper eingedrungene Splitter. Sie ist auch bei
Milzleiden wirksam, denn sie verkleinert die Milz. Man sammelt sie im
Sommer und Herbst. Der Genuss der Wurzel erwärmt, beschleunigt auch
die Geburt. Ihr Saft, mit Wein getrunken, hilft gegen den Biss giftiger
Thiere. Die Pflanze hat eine solche Kraft, dass ihr Geruch schon giftige
wilde Thiere verscheucht und ihre Berührung sie tödtet. Wenn ihr Saft
auf eine Speerwunde oder auf eine Giftbisswunde getröpfelt und zu dem
Auftröpfeln auch innerlich genommen wird, so macht er schnell gesund.

[1]) von βέλος und ἄχος, Heilmittel gegen Pfeile. [2]) Artemispflanze. Artemis,
die Göttin der Jagd, verwundete mit Pfeilen, heilte aber auch solche Wunden.
[3]) Vgl. D. IV 85. [4]) Von βέλος und τόχος, pfeilrasch die Geburt machend. [5]) Reh-
kitzchen, vielleicht von der wolligen Gestalt der Pflanze oder von der hübschen
Blüthe.

Theophrast beschreibt den Diktamnos (Hist. pl. IX 16, 1) sehr kurz, sagt nichts
von einer fehlenden Blüthe und Frucht, wohl aber, dass man nur die Blätter verwendet, nicht aber die Zweige und die Frucht. Plinius XV 92 dagegen schreibt:
Sie (die Pflanze) hat sehr dünne Aeste, weder Stengel, Blüthe, noch Samen.

D. hat jedenfalls ebenso wie Plinius die Pflanze, welche nur auf Kreta wächst
— in Norditalien zieht man sie nach Lenz in Töpfen —, nie gesehen, so dass er ein
Fehlen von Blüthe und Frucht nur nach Berichten angenommen hat. Sie hat eine
holzige Wurzel, röthliche Stengel mit gegenständigen wollig-filzigen Zweigen und
eben solchen rundlichen, 2,5 cm langen, ganzrandigen, beiderseits dicht weisslich überzogenen Blättern von kräftigem Geruch und scharfem Geschmack. Der Blüthenstand ist ährenförmig, der Kelch kahl, gestreift, die Krone röhrig, purpurfarben.
Auch in Griechenland kommt sie vor.

Die Pflanze wurde im Alterthum wegen der ihr zugeschriebenen wunderbaren
Kräfte sehr geschätzt. Schon zur Zeit des Cordus war sie selten oder gar nicht
mehr zu haben, statt ihrer wurde in den Officinen *Dictamnus albus* L. (Labiatae),
Weisser Diptam, substituirt. Die Wurzel ist lange als Radix Dictamni sive Fraxi-
nellae officinell gewesen. (Vgl. Bauhin et Cherler lib. XXVIII p. 253.)

Die Pflanze des D. ist *Origanum Dictamnus* L. (Labiatae), Aechter Diptam.

(Cap. 38.) Der sogen. Pseudodiptam wächst in vielen Gegenden,
er ist wohl dem vorgenannten ähnlich, aber weniger scharf. Er hat
auch dieselbe Wirkung wie der Diptam, aber nicht in gleicher Stärke.

Marrubium Pseudodictamnus L. (Labiatae), Pseudodiptam, im östlichen Theile Griechenlands sehr gemein. Ein bis 1 m hoher, mit einem dichten, weisslichen Filz überzogener Strauch mit undeutlich-vierseitigen Aesten und gestielten Blättern, in fast allen Blattachseln stehen Wirtel. Die Deckblätter sind theils spatelig, theils lineal; zwischen den grösseren breit-eirunden Kelchzähnen stehen fünf ganz kleine. Die Krone ist lilaroth, der Helm kurz-zweispaltig. In Griechenland und Kandia.

(Cap. 39.) Von Kreta wird noch eine andere Art Diktamnos gebracht; sie hat Blätter wie die Wasserminze, aber grössere Zweige, an deren Spitze eine Blüthe wie beim wilden Dosten, dunkel und weich. Der Geruch der Blätter ist sehr angenehm, steht in der Mitte zwischen dem der Wasserminze und des Salbei. In der Wirkung kommt sie mit dem vorgenannten überein, erweist sich aber weniger betäubend. Sie wird den Pflastern und den Arzneien gegen den Biss giftiger Thiere zugemischt.

Marrubium acetabulosum L. (Labiatae), oder nach Sprengel wegen der zupassenden dunklen Blüthe und des angenehmen Geruches *Thymus mastichina* L. (Labiatae), Mastixthymian; es ist ein kleiner Strauch auf Bergen und Felsen im südlichen Europa und Nordafrika mit einem starken, mastixähnlichen Geruche. Die Aestchen sind in der Jugend weichhaarig, die Blätter breit, stumpf, dicklich, in den Blattstiel verschmälert, drüsig punktirt. Die Blüthenwirtel bilden eine Aehre; die Deckblätter sind oval und wimperig, der Kelch ist weisslich-wollig, die Krone weiss. durchscheinend punktirt, die obere Lippe kurz und stumpf, die Röhre kleiner als der Kelch.

Cap. 35 (40). Περὶ Ἐλελισφάχου. Salbei. Das Elelisphakon — Einige nennen es Elaphoboskon[1]), Andere Kiosmin, Phagnon, Bekion, die Aegypter Apusi, die Römer Salvia, Andere Kosalon — ist ein langer vielästiger Strauch mit vierkantigen weisslichen Zweigen. Die Blätter gleichen denen der Quitte, sind jedoch länger, rauher und dicker, dunkelgerunzelt wie aufgekratzte Zeuge, weisslich, sehr wohlriechend, aber bockartig[2]). An der Spitze der Zweige hat es eine Frucht wie die des wilden Horminon[3]). Es wächst aber an rauhen Stellen. Die Abkochung der Blätter und Zweige als Trank hat die Kraft, den Urin zu treiben, die Katamenien und den Embryo hervorzuziehen und die Wunden des Stechrochen zu heilen. Es färbt auch das Haar schwarz, ist ein Wund- und blutstillendes Mittel und reinigt böse Geschwüre. Die mit Wein hergestellte Abkochung der Blätter und Zweige als Bähmittel beruhigt das Jucken an den Geschlechtstheilen.

[1]) Hirschfutter (ἔλαφος und βιβρώσκω), auch *Pastinaca sativa* L., vgl. III 73. [2]) βρωμώδη, passt eigentlich nicht zu dem angenehmen Geruche, im C. wird es daher auf den Geschmack bezogen ἔμβρωμον τῇ γεύσει. [3]) *Salvia viridis*? s. III 135.

Welcher Salbei die Pflanze des D. ist, kann wohl kaum mit Sicherheit angegeben werden; der am häufigsten noch jetzt in Griechenland vorkommende ist *Salvia pomifera* L. (Labiatae), Breitblätteriger oder Apfel-Salbei, dann *Salvia caly-cina* L., Kelchsalbei, am seltensten ist *Salvia officinalis* L., Gebräuchlicher Salbei.

Theophrast (Hist. pl. VI 2, 5) unterscheidet σφάκος als Gartensalbei und ἐλε-λίσφακος als wilden Salbei.

Die Blätter von Salvia officinalis haben sich bis heute im Arzneischatze behauptet. Ihr wirksamer Bestandtheil ist das ätherische Oel; sie werden im Aufguss angewandt gegen Nachtschweiss und Diarrhöe und als Gurgelmittel.

Cap. 36 (41). Περὶ Ἡδυόσμου ἡμέρου. Gebaute Minze. Der Hedyosmos — Einige nennen ihn auch Mintha oder Kalamintha [die Römer Mentha, auch Nepeta, die Aegypter Tis, Andere Pherthrumonthu, Perxo, Makitho] — ist eine bekannte Pflanze mit erwärmender, adstringirender und austrocknender Kraft, daher stellt der Saft mit Essig getrunken den Blutauswurf. Er tödtet ferner die runden Würmer, reizt zum Liebesgenuss, bringt das Schlucken, den Brechreiz und die Cholera zur Ruhe, wenn zwei bis drei Reiser davon mit saurem Granatensaft genommen werden. Mit Graupen umgeschlagen zertheilt er Abscesse; auf die Stirn gelegt lindert er Kopfschmerzen, besänftigt geschwollene und (von Milch) strotzende Brüste. Mit Salz gibt er ein Kataplasma gegen Hundsbiss; der Saft mit Honigmeth stillt Ohrenschmerzen, den Weibern aber vor dem Beischlaf im Zäpfchen eingelegt behindert er die Empfängniss. Fein gerieben glättet er eine rauhe Zunge. Ferner bewahrt er die Milch vor dem Gerinnen, wenn die Blätter desselben in der Milch umgeschwenkt werden. Ueberhaupt ist er dem Magen zuträglich und eine gute Würze.

(Cap. 42.) Der wilde Hedyosmos, welchen die Römer Menthastrum nennen, hat rauhere Blätter und ist überhaupt grösser als die Wasserminze, im Geruch aber stinkender und zum Gebrauch in gesunden Tagen weniger geeignet.

Mentha piperita L. (Labiatae), Pfefferminze; der Name (ἡδύς und ὀσμή) bedeutet süssen Geruch. Die wilde Art ist *Mentha tomentosa* d'Urv., nach Sibthorp *Mentha gentilis.*

Die Pfefferminze ist in Griechenland die verbreitetste.

Als Carminativum, Stimulans und Stomachicum ist sie sehr geschätzt, besonders das ätherische Oel findet häufige Anwendung, bei dem das Menthol der Träger des Geruches ist.

Cap. 37 (43). Περὶ Καλαμίνθης. Kalamintha. Die Kala-mintha[1]) — eine Art gehört mehr den Bergen an — hat denen des Basilikum ähnliche weissliche Blätter, kantige Zweige und Reiser und eine purpurfarbene Blüthe. Eine andere Art gleicht der Poleiminze, ist aber grösser, darum haben Einige sie den wilden Polei genannt, weil sie ihm auch im Geruche durchaus gleicht; diese bezeichnen die Römer als Nepeta.

Eine dritte gleicht der wilden Minze, hat aber längliche Blätter, grössere
Zweige und Reiser als die vorgenannten und ist auch weniger kräftig.
Die Blätter aller sind beim Genusse stark brennend und scharf, die Wurzel
ist nutzlos. Sie wächst in ebenen rauhen und sehr feuchten Gegenden.
Innerlich und äusserlich angewandt hilft sie bei Schlangenbissen. Ferner
treibt die Abkochung, getrunken, den Harn, hilft bei inneren Rupturen
Krämpfen, bei Orthopnöe, Leibschneiden, Cholera und Frostschauer.
Vorher genommen macht sie tödtliche Gifte unwirksam und heilt die Gelbsucht. Den Bandwurm und die Eingeweidewürmer tödtet sie, wenn sie,
gekocht oder roh zerrieben, mit Salz und Honig getrunken wird. Genossen
hilft sie bei Elephantiasis mit nachgetrunkenen Molken. Die fein gestossenen Blätter, im Zäpfchen eingelegt, tödten den Embryo und befördern die Menstruation. In der Räucherung und als Lagerstreu verscheuchen sie die Schlangen. In Wein gekocht machen sie als Umschlag
die dunklen Narben weiss und bringen auch Sugillationen unter den
Augen weg. Den Ischiaskranken werden sie auf die Haut gelegt zur
Ausscheidung der schlechten Säfte, indem sie eine Entzündung der Haut
bewirken. Der Saft, eingeträufelt, tödtet auch die Würmer in den
Ohren.

¹) Schöne Minze.

Die Kalamintha der Berge ist *Mentha tomentella* Link (Labiatae), Trockene
Minze, eine auf trockenem Boden häufige Pflanze; die zweite Art *Mentha gentilis* L.,
Zarte Minze, und die dritte, *Thymus Calamintha* L., Hoher Thymian. Sie ge-
hören der südlichen Flora an.

Bei Theophrast (De caus. pl. II 16, 4) wird Kalamintha als *Melissa altissima*
Sibth. angesprochen.

Cap. 38 (44). Περὶ Θύμου. Saturei. Der Thymos [Einige
nennen ihn den weissen, Andere den kopfförmigen, Epithymis, Thyrsion¹),
die Römer Thymus²), die Aegypter Stephane³), die Dakier Mozula] ist
Allen bekannt. Es ist ein kleiner, sparriger, mit vielen schmalen Blättchen besetzter Strauch, welcher an der Spitze purpurrothe Blüthenköpfchen trägt. Am meisten findet er sich in steinigen und magerbodigen
Gegenden. Mit Salz und Essig getrunken hat er die Kraft, den Schleim
durch den Bauch abzuführen. Die Abkochung davon mit Honig hilft bei
Orthopnöe und Asthma, treibt den Bandwurm, den Embryo und die Nachgeburt aus und befördert die Menstruation. Er ist auch ein harntreibendes
Mittel. Mit Honig als Leckmittel ist er ein Expectorans. Mit Essig umgeschlagen vertheilt er frische Oedeme, löst das geronnene Blut auf und
vertreibt Feigwarzen und gestielte Warzen. Er ist auch mit Wein und
Graupen als Aufschlag ein gutes Mittel bei Ischias. Mit den Speisen genommen nützt er denen, die an Stumpfsichtigkeit leiden. Vorzügliche
Verwendung findet er als Gewürz für die Gesunden.

¹) Von der Aehnlichkeit des Blüthenstandes mit der Spitze des Thyrsosstabes.
²) Thymian. ³) Bekränzung.

Satureja capitata L. (Labiatae), Satureistrauch.

Theophrast (Hist. pl. VI 2, 3) unterscheidet einen weissen und schwarzen Thymos, der erste (mit weisser Blüthe) wird hierher gezogen, der andere ist vielleicht *Thymus vulgaris* L. Die spätmittelalterlichen Schriftsteller nahmen die Pflanze des D. für *Thymus vulgaris*, allein schon Matthiolus bestimmte sie als *Thymus creticus* oder *Satureja capitata* (vgl. Bauhin et Cherler lib. XXVIII p. 263).

Die Pflanze ist reich an ätherischem Oel.

Cap. 39 (45). Περὶ Θόμβρας. Thymbra. Die Thymbra, auch diese ist bekannt. Sie wächst in sterilen und rauhen Gegenden und ist dem Thymos ähnlich, jedoch kleiner und zarter und trägt eine reichblüthige, grünliche Aehre. Sie hat, in gleicher Weise angewandt, dieselbe Kraft wie der Thymos, auch eignet sie sich sehr zum Gebrauch in gesunden Tagen. Es gibt auch eine gebaute Thymbra, in Allem kleiner als die wilde, aber viel geeigneter zur Speise, weil die Schärfe an ihr nicht so hervortritt.

Satureja Thymbra L. (Labiatae), Grosser Saturei. Eine in Griechenland und Italien sehr häufige Pflanze, welche auch heute noch als Gewürz sehr beliebt ist. Sie war früher als Herba Thymi cretici gebräuchlich. Bei der gebauten könnte man an *Thymus vulgaris* L. denken.

Bei Theophrast (Hist. pl. VII 1, 2) heisst die Pflanze Thymbron.

Cap. 40 (46). Περὶ Ἑρπύλλου. Quendel. Der Herpyllos [Einige nennen ihn wilde Zygis¹), Andere Polion, die Aegypter Meruopios, die Römer Serpyllum, auch Cerelaticum], eine Art ist der im Garten gebaute, welcher einen Majorangeruch hat und zu Kränzen gebraucht wird. Er hat seinen Namen daher, dass er kriecht²) und, wo ein Theil von ihm die Erde berührt, Wurzeln schlägt. Er hat Blätter und Zweige wie der Dosten, nur weisser, wenn er aber von Mauern herabhängt³), wächst er üppiger. Eine andere Art ist der wilde, welcher auch Zygis genannt wird; er ist nicht kriechend, sondern aufrecht und entwickelt zarte, reisartige Zweige, welche mit der Raute ähnlichen Blättern ringsum besetzt sind, sie sind aber schmaler, länger und spröder. Die Blüthen haben einen scharfen Geschmack und angenehmen Geruch. Die Wurzel ist unbrauchbar. Er wächst an Felsen und erweist sich kräftiger und erwärmender als der gebaute, auch für den Arzneigebrauch geeigneter; denn getrunken befördert er die Katamenien und treibt den Harn, hilft bei Leibschneiden, inneren Rupturen, Krämpfen und Leberanschwellungen, auch bei Schlangenbissen, innerlich genommen und als Umschlag. Mit Essig gekocht lindert er unter Zusatz von Rosensalbe als Compresse Kopfschmerzen. Besonders ist er ein gutes Mittel gegen Lethargie und Hirnwuth. Endlich, in der Gabe von 2 Drachmen getrunken, stillt er Blutbrechen.

¹) *Thymus Zygis* L. ²) ἕρπειν, kriechen. ³) ἀπὸ δὲ αἱμασιῶν καθιέμενος; Theophrast (Hist. pl. VI 7, 3) spricht sich klarer aus: „Die Zweige des Herpyllos haben ein eigenes Wachsthum, indem sie nämlich bedeutend in die Länge wachsen, wenn sie irgend eine Stütze erlangen oder an Zäune gepflanzt werden oder nach unten sich herabsenken können, wenn sie also entweder in eine Grube geleitet werden oder auf Mauerwerk stehen."

In Betracht kommen hier *Thymus Serpyllum* L. (Labiatae), Quendel, und *Thymus glabratus* Link, Glatter Thymian. Nach Theophrast (l. c. VI 7, 2) gibt es einen wilden Herpyllos, welchen man von den Bergen, in Sykion und Athen vom Hymettus holt, um ihn in die Gärten zu pflanzen, anderswo aber sind die Hügel ganz damit besetzt, wie in Thrakien. Hier haben wir also beide Arten; auf dem Hymettus kommt aber nach Fraas zuverlässig nur Thymus glabr. vor, während Th. Serpyll. den oberen Tannen- und subalpinen Regionen angehört. Ebenso dürfte der Herpyllos Thrakiens Th. Serpyllum sein. Da nun aber D. seinem Herpyllos Blätter und Stengel des Dosten zuschreibt, so ist vollständige Klarheit nicht geboten.

Das Kraut dient heute zur Bereitung des Spiritus Serpylli und zu Kräuterkissen; es enthält ein ätherisches Oel, dessen Hauptbestandtheil Cymen neben etwas Carvacrol, Thymol und einem nicht erstarrenden Phenol ist.

Cap. 41a (47). Περὶ Σαμψύχου. Majoran. Sampsuchon [Einige nennen es Triphyllon¹), Andere Amarakon²), Agathides³), Knekon⁴), Pythagoras Thrambes, die Aegypter Sopho, die Armenier Myuron, die Propheten Esel des Priesters, auch süsses Kind der Isis, die Römer Maizurana (Majorana)], das beste ist das von Kyzika⁵) und Kypern, danach kommt das ägyptische. Bei den Bewohnern von Kyzika und Sicilien heisst es Amarakon. Es ist eine vielzweigige, über die Erde hinkriechende Pflanze; sie hat rauhe, runde, denen der zartblätterigen Kalamintha ähnliche Blätter, ist sehr wohlriechend und erwärmend und wird auch zu Kränzen geflochten. Ihre Abkochung als Trank ist ein gutes Mittel bei beginnender Wassersucht, bei Harnverhaltung und Krämpfen. Die trockenen Blätter mit Honig als Compresse entfernen Sugillationen unter den Augen, befördern im Zäpfchen auch die Menstruation. Gegen den Skorpionstich werden sie mit Salz und Essig als Compresse gebraucht; bei Verrenkungen werden sie, in Wachssalbe aufgenommen, aufgestrichen, in gleicher Weise bei Oedemen in Wachssalbe aufgenommen. Auch bei Augenentzündungen werden sie mit dem feinen Mehle der Graupen als Umschlag angewandt. Endlich werden sie auch den stärkenden und erwärmenden Salben zugemischt.

¹) Dreiblatt, vielleicht so genannt, weil die Blüthenköpfchen meist zu dreien gehäuft sind. ²) So heisst die Pflanze bei Theophrast. ³) Von ἀγαθίς, Knäuel, von den knäuelähnlichen Blüthenköpfchen. ⁴) Fahl, Blätter und Blüthen sind graufilzig. ⁵) Oder Kyzikos, einst eine der schönsten Städte Kleinasiens an der Südseite der Propontis (des Marmarameeres).

Origanum Majorana L. (Labiatae), Majoran.

Nach Plinius XXI 61, der sich auf Diokles beruft, ist die Pflanze und ihr Name ägyptischen Ursprunges.

Cap. 41 b (48). Περὶ Μελιλότου. Steinklee. Der Melilotos [Einige nennen ihn Zoodotion, Andere Ortanon, die Propheten Thermuthis, die Aegypter Haimeith, die Römer Sertula, auch Trypatium], der beste ist der attische und der bei Kyzika und Karchedon[1]) wachsende, er ist safranfarbig und wohlriechend; er wächst aber auch in Campanien um Nola, in etwa dem Bockshorn ähnlich und mit schwachem Wohlgeruch. Er hat die Kraft zu adstringiren und jede Geschwulst zu erweichen, besonders solche um die Augen, an der Gebärmutter, am After und an den Hoden, wenn er in süssem Wein gekocht und als Compresse aufgelegt wird, wozu bisweilen auch gebratenes Eiweiss oder Bockshornmehl oder Leinsamen oder feines Weizenmehl oder Mohnköpfe oder Wegwart gemischt wird. Er heilt für sich allein in Wasser frischen Kopfausschlag und mit Thon von Chios und Wein oder Galläpfeln aufgestrichen bösen Grind, ferner Magenschmerzen sowohl mit Wein gekocht als auch roh mit einem der vorgenannten Mittel. Ferner lindert er roh mit süssem Wein zu Saft verarbeitet und eingetröpfelt Ohrenschmerzen und mit Essig und Rosenöl angefeuchtet Kopfschmerzen.

[1]) Der alte griechische Ausdruck für Karthago.

Die zuerst genannte Art ist *Melilotus creticus* L. (Papilionaceae-Trifolieae), Kretischer Stein- oder Süssklee; die in Campanien wachsende ist *Melilotus neapolitanus* L., Italienischer Steinklee. Sprengel zieht *M. officinalis* L. hierher; nach Fraas ist dieser aber in Griechenland so selten, und zwar nur in einzelnen sumpfigen Niederungen zu finden, dass an ihn nicht gedacht werden kann.

Das aromatisch riechende Kraut mit den Blüthen von Melilotus offic. wird noch heute in erweichenden Umschlägen gebraucht. Den Geruch verdankt die Pflanze einem Gehalt an Melilotsäure, es sind farblose, in Wasser lösliche Prismen.

Cap. 42 (49). Περὶ Μάρου. Maron. Das Maron oder Isobryon[1]) — Einige nennen es auch Origanis — ist eine bekannte Pflanze, in der Blüthe dem Dosten ähnlich; aber die Blätter dieses sind viel weisser und die Blüthe ist wohlriechend. Es hat eine Kraft ähnlich wie die Wasserminze, etwas adstringirend und mässig erwärmend. Darum hält es als Umschlag fressende Geschwüre auf und wird auch erwärmenden Salben zugemischt. Es wächst bei Magnesia[2]) und am meisten bei Tralles[2]).

[1]) Traubenblüthenähnlich, von ἴσος und βρύον. [2]) Städte an der südwestlichen Küste von Kleinasien.

Plinius XII 111 gibt als die Heimath des Marum Aegypten und Lydien an.

Das Maron des D. ist mit Sicherheit nicht bestimmt. Von *Teucrium Marum* L. hat man sehr bald abgesehen, nach Sibthorp passt am besten das nur in Asien, besonders bei Smyrna (nach Fraas auch auf Euböa) wachsende *Origanum sipyleum* L. Es unterscheidet sich von O. Dictamnus durch eirunde, ganz kahle, seegrüne Blätter und fast kugelige, endständige übergebogene Aehren.

Cap. 43 (50). Περὶ Ἀκίνου. Akinos. Der Akinos oder Akonos [Einige nennen ihn wildes Basilikum, die Römer Ocimastrum] ist eine Krautpflanze mit zarten Zweigen, zu Kränzen gebräuchlich, dem Basilikum ähnlich, aber rauher und wohlriechend. Von Einigen wird er auch in den Gärten gezogen. Getrunken hemmt er den Durchfall und die Menstruation. Als Kataplasma heilt er Drüsenverhärtungen an der Scham und unter den Achseln und roseartige Entzündungen.

Thymus Acinos L. (Labiatae), Kleiner Thymian, Basilienthymian.

Theophrast hat die Pflanze nicht. Plinius XXI 174 sagt, sie werde in Aegypten als Kranz- und Speisepflanze gezogen, sie sei ein Basilicum, wenn sie nicht rauhere Blätter und Wohlgeruch hätte. Sprengel zieht, weil Thymus Acinos in ganz Europa gemein und — wie er unrichtig meint — nicht wohlriechend sei, denn sie ist sehr gewürzhaft, Ocimum pilosum Willd. hierher. Stark aromatisch ist die an den Voralpen und Alpen vorkommende Art, sie wird als Acinos alpinus Mönch bezeichnet. Thymus Acinos war früher als Herba Clinopodii silvestris vel Ocymi silv., Steinpolei, gebräuchlich.

Cap. 44 (51). Περὶ Βακχάρεως. Bakcharis. Die Bakcharis ist eine wohlriechende Kranzpflanze; ihre Blätter sind rauh und stehen an Grösse zwischen denen des Veilchens und der Königskerze. Der Stengel ist knotig, von der Grösse einer Elle, etwas rauh mit Nebenzweigen. Die Blüthen sind purpurfarben, weisslich und wohlriechend. Die Wurzeln sind ähnlich denen der schwarzen Nieswurz und haben einen zimmtartigen Geruch. Sie liebt rauhen und trockenen Boden. Ihre Wurzel, in Wasser gekocht, hilft bei Krämpfen, inneren Rupturen, bei Sturzverletzungen, bei Engbrüstigkeit, chronischem Husten und Harnverhaltung. Sie befördert die Menstruation und wird mit Nutzen den von giftigen Thieren Gebissenen mit Wein gegeben. Eine der zarten Wurzeln (in die Scheide) eingelegt zieht den Embryo heraus. Die Abkochung derselben ist Wöchnerinnen als Sitzbad zuträglich; auch zu Parfümerien ist sie gut zu gebrauchen, da sie einen feinen Wohlgeruch hat. Die Blätter sind adstringirend und als Kataplasma bei Kopfschmerzen heilsam, bei Augenentzündungen, bei beginnendem Gaisauge, bei Entzündungen der Brüste von der Geburt her und bei roseartigen Entzündungen. Schon der Geruch aber ist schlafmachend.

Theophrast kennt die Pflanze nicht. Plinius XXI 29 und 132 spricht sich sehr unklar aus; an einer Stelle heisst es, die Baccaris werde auch Bauern-Narde (Valeriana Dioscoridis) genannt, dieses bedürfe aber insofern einer Berichtigung, als unter diesem Namen ein Kraut existire, welches die Griechen Asaron nennen; auch heisse es Perpressa. An derselben Stelle berichtet er, nur die Wurzel der Baccaris sei wohlriechend. Raindolf (Itinerar. II 12) fand am Libanon ein Gnaphalium, welches er für die Bakcharis des D. hielt. Die Beschreibung des D. würde sehr gut für Echium rubrum passen, welches aber gar keinen Geruch hat; so hat auch Fraas Gnaphalium sanguineum L. (Compositae), Blutrothes Immerschön, hierher gezogen; die Blüthen riechen gerieben angenehm aromatisch.

Cap. 45 (52). Περὶ Πηγάνου. Raute. Das Bergpeganon —
Einige nennen es Bergraute, die Römer Ruta montana, Andere Gartenpeganon, die Römer Ruta hortensis. Das Berg- und auch das wilde Peganon
ist schärfer als das gebaute und das der Gärten und zur Speise nicht geeignet. Vom Gartenpeganon ist das aber zum Essen besser, welches bei
den Feigenbäumen wächst[1]). Beide sind brennend, erwärmend, Geschwüre
machend, harntreibend, die Menstruation befördernd, gegessen sowohl wie
getrunken stellen sie den Durchfall. Sie sind ein Gegenmittel gegen Gifte,
wenn vom Samen ein Essignäpfchen voll in Wein getrunken wird. Die
Blätter für sich allein und auch mit Wallnüssen und trockenen Feigen,
vorher genommen, machen die tödtlichen Gifte unwirksam. In derselben
Weise genommen sind sie ein gutes Mittel gegen Schlangenbisse. Gegessen und getrunken vernichtet das Peganon die Leibesfrucht. Mit
trockenem Dill gekocht und getrunken beruhigt es Leibschneiden, dann
auch wirkt es gegen Seiten- und Brustschmerz, Athemnoth, Husten, Brustfellentzündung, Ischias- und Gelenkschmerzen und gegen periodische Frostschauer, wenn es, wie vorhin angegeben, getrunken wird, ferner gegen
Aufblähen des Magens, der Gebärmutter und des Rectums mit Oel gekocht als Injection. Gebärmutterkrämpfe besänftigt es, wenn es fein gerieben mit Honig von der Scheide bis zum After aufgelegt wird. Mit
Oel gekocht und getrunken wirft es den Bandwurm hinaus. Mit Honig
wird es als Kataplasma bei Gelenkschmerzen angewandt, mit Feigen gegen
das unter dem Fleische gebildete Wasser; sowohl getrunken hilft es denen,
bei welchen sich Wasser unter dem Fleische gebildet hat, als auch wenn
es mit Wein bis auf die Hälfte eingekocht und aufgestrichen wird. Roh
und eingesalzen genossen bewirkt es Schärfe des Gesichts, und mit Graupen
im Kataplasma lindert es heftige Augenschmerzen. Mit Rosensalbe und
Essig hilft es bei Kopfschmerzen, und als Pulver eingeführt stillt es
Nasenbluten. Die Hodenentzündungen heilt es mit Lorbeerblättern als
Umschlag und Hautausschlag mit Myrtenwachssalbe. Mit Wein, Pfeffer
und Natron aufgestrichen heilt es die weisse Ventiligo, und mit denselben
Mitteln entfernt es im Umschlag Feigwarzen und gewöhnliche Warzen.
Mit Honig und Alaun aufgestrichen bessert es Flechten. Der Saft, in
der Granatapfelschale erwärmt und eingetröpfelt ist ein wirksames Mittel
bei Ohrenschmerzen, auch hilft er, mit Fenchelsaft und Honig eingerieben,
bei Stumpfsichtigkeit. Mit Essig, Bleiweiss und Rosensalbe aufgestrichen,
heilt er roseartige Entzündungen, kriechende Geschwüre und bösen
Grind. Den Geruch und die Schärfe von Lauch und Zwiebeln mildert
das Peganon, wenn es hinterher gekaut wird. Der übermässige Genuss
des Bergpeganon ist tödtlich. Wird es um die Zeit der Blüthe zum Einmachen gesammelt, so röthet es die Haut und erzeugt auf ihr Blasen
mit Jucken und heftiger Entzündung; man muss das Gesicht und die

Hände bestreichen und es so einsammeln. Man sagt, dass der Saft, wenn die Küken damit besprengt werden, die Katzen fern hält; das in Makedonien am Flusse Haliakmon wachsende soll die, die es essen, umbringen; die Gegend ist bergig und voll von Ottern. Der Same desselben getrunken ist ein wirksames Mittel gegen Eingeweideleiden, auch wird er mit Nutzen den Gegengiften beigemischt. Röste den Samen und gib ihn sieben Tage hindurch dem zu trinken, der den Harn nicht halten kann, und ihm wird geholfen. Seine Wurzel wird Bergmoly genannt. Das wilde Peganon weiter gleicht dem gebauten. Getrunken hilft es den an Epilepsie und Ischias Leidenden; es befördert die Katamenien, tödtet aber den Embryo. Es ist schärfer und in der Wirkung kräftiger als das gebaute. Man darf aber das wilde nicht essen, weil es schädlich ist.

¹) Theophrast (De caus. pl. V 7, 10) sagt, die Raute wachse am besten, wenn sie in Feigen gesäet werde, der Same werde in die Schale der Feige geheftet und so in die Erde gelegt. Er hält (Hist. pl. VII 6, 1) die wilde der cultivirten Raute gleich, nur hat die erstere kleinere Blätter und Stengel und schärferen Saft. Er sagt (De sudor. 5), der Genuss von Raute bewirke übelriechenden Schweiss.

D. unterscheidet drei Arten, das πήγανον (κατ' ἐξοχήν) oder πήγανον ὄρεινον, es ist *Ruta graveolens* L. (Rutaceae), Gemeine Raute; dann die wilde, welche er im folgenden Capitel behandelt, und die zahme, cultivirte, πήγανον κηπευτόν, ἥμερον, als Abart der ersten. Für das in Makedonien wachsende Peganon wird *Ruta montana* Clus., Bergraute, hierher gezogen, die Fraas nur in Phthiotis, und zwar an Gebirgsbächen fand.

Die Pflanze findet jetzt nur wenig Anwendung, als Volksmittel zu Kräuterkissen; sie enthält das Glukosid Rutin.

Cap. 46 (53). Περὶ Πηγάνου ἀγρίου. Wilde Raute. Einige nennen wildes Peganon auch die in Kappadokien und im asiatischen Galatien als Moly bezeichnete Pflanze. Es ist ein Strauch, welcher aus einer Wurzel mehrere Zweige entwickelt, er hat Blätter viel grösser und zarter als das andere Peganon und von durchdringendem Geruch, eine weisse Blüthe, an der Spitze kleine Köpfchen, grösser als beim gebauten Peganon, meist aus drei Theilen bestehend, in denen sich ein dreikantiger, hellgelblicher, sehr bitter schmeckender Same befindet, von dem auch Gebrauch gemacht wird. Im Spätherbst wird der Same reif und dient mit Honig, Wein, Hühnergalle, Safran und Fenchelsaft fein gerieben gegen Stumpfsichtigkeit. Einige nennen dasselbe auch Harmala, die Syrier Besasa [die Aegypter Epnubu, die Afrikaner Churma], die Kappadokier aber Moly, weil es im grossen Ganzen eine Aehnlichkeit mit dem Moly zeigt, da es eine schwarze Wurzel und weisse Blüthe hat. Es wächst auf hügeligem und fruchtbarem Boden.

Peganum Harmala L. (Rutaceae), Wilde Raute, Harmal-Raute. Eine Pflanze des südlichen Europa und des Orients, vorzüglich auf Sandboden. Alle

Theile derselben riechen stark und unangenehm, schmecken harzig-bitter und etwas beissend. In Arabien dient das Kraut als Umschlag bei geschwollenen Füssen und die Samen in der Türkei auch als Gewürz. Geröstet und mit Schwefelsäure auf eigene Weise behandelt geben sie das bekannte feine Türkisch-Roth.

Cap. 47 (54). Περὶ Μώλυος. **Moly.** Das Moly [Einige nennen es wilde Levkoje] hat grasähnliche über den Boden gestreckte Blätter, der Levkoje ähnliche milchfarbige Blüthen, kleiner aber als die des Veilchens, einen zarten, vier Ellen hohen Stengel; an dessen Spitze befindet sich ein Gebilde wie beim Knoblauch. Die Wurzel ist klein, zwiebelartig, sie ist sehr gut gegen Verengung der Gebärmutter, wenn sie mit Irissalbe zerrieben und im Zäpfchen eingelegt wird.

Theophrast sagt (Hist. pl. IX, 15, 7) vom Moly: „Es wächst bei Pheneos (Stadt in Arkadien) und am Kyllene (das höchste Gebirge im Peloponnes, auch eine Stadt in Elis), es soll dem ähnlich sein, dessen Homer Erwähnung thut, hat eine runde zwiebelartige Wurzel und ein Blatt wie die Meerzwiebel, es dient gegen Gifte und magische Betrügereien.“

Die Identificirung des Moly hat eine reichhaltige Literatur hervorgerufen. Einige wollen dasselbe für *Peganum Harmala* nehmen, mit Bezug auf die Stelle bei Hippokrates, De dieta II 26: πήγανον... καὶ πρὸς τὰ φάρμακα τὰ βλαφαρὰ ὠφέλιμον, das Peganon... wirksam gegen die verderblichen Mittel. Andere haben es für *Allium nigrum* L. oder als eine eigene Art für *Allium Moly* Boerh. gehalten. Ob Homer eine wirkliche Pflanze unter seinem Moly verstanden hat, oder ob es nicht vielmehr ein abstracter Begriff für Abwehrmittel, abgeleitet von μωλόω ist, lässt sich schwer entscheiden. Für letztere Ansicht sprechen die Verse Ovid's (Metamorph. XIV 291), welche es geradezu auf die Götter beziehen:

> Pacifer huic florem Cyllenius dederat album,
> Moly vocant superi, nigra radice tenetur.
> (Weiss verlieh ihm die Blüthe der Friedensgott vom Cyllene,
> Moly heissen's die Hohen, schwarz ist die haftende Wurzel.)

Fraas zieht *Allium magicum* L. (Liliaceae) hierher, da die starke Wurzel und die Höhe stimmen, in der Voraussetzung, dass es weiss blüht. Die Angabe des 4 Ellen (1,5 m) hohen Stengels hat viele Autoren stutzig gemacht, sie haben deshalb statt πήχεων, Ellen, παλαιστῶν, Handbreite, vorgeschlagen. Fraas erzählt S. 291 Anm., ein Capitän Mc Adam habe ihm aus Kleinasien (Smyrnas Umgegend) eine Zwiebel nebst 4 Fuss hohem Schaft ohne Blüthe mitgebracht, mit dem Zusatze, es sei dies Homer's Moly. Der Knollen sei gepflanzt und gewachsen, eine Blüthe habe er noch nicht gesehen.

Cap. 48 (55). Περὶ Πάνακος. **Panakes.** Das herakleische Panakes, von dem das Opopanax gesammelt wird, wächst am meisten in Böotien und zu Psophis in Arkadien, so dass es auch wegen des Gewinns aus seinem Safte reichlich gebaut wird. Es hat rauhe, grüne, denen der Feige sehr ähnliche Wurzelblätter mit fünftheiligem Rande, einen sehr hohen Stengel wie Steckenkraut, mit weisswolligem Ueberzug und kleineren Blättern, an dessen Spitze eine Dolde wie beim Dill und gelbe Blüthen.

Der Same ist wohlriechend und brennend; die Wurzeln gehen zahlreich von einer Stelle aus, sind weiss, haben durchdringenden Geruch und eine dicke, bitterlich schmeckende Rinde. Es wächst auch zu Kyrene in Libyen und in Makedonien. Aus der Wurzel wird aber der Saft gewonnen, indem sie angeschnitten wird, wenn die Stengel eben zu keimen begonnen haben. Sie sondert einen weissen Saft ab, welcher eingetrocknet an der Oberfläche safranfarbig ist. Den ausfliessenden Saft fangen sie in Blättern auf, welche sie in einer Grube des Erdbodens vorher darunter ausgebreitet haben, den eingetrockneten nehmen sie weg. Aber auch aus dem Stengel ziehen sie den Saft, indem sie denselben um die Zeit der Weizenernte anschneiden und den ausfliessenden Saft in gleicher Weise auffangen. Die besten Wurzeln sind die glatten, weissen, trockenen, nicht angefressenen, die einen brennenden Geschmack haben und aromatisch sind. Der Same aus der Mitte der Pflanze ist gut zu gebrauchen, der von den Nebenzweigen ist weniger kräftig. Vom Saft hat der den Vorzug, welcher sehr bitter schmeckt, innen weiss bis gelblich, aussen safranfarbig, glatt, fett, leicht zerreiblich ist, schnell zergeht und einen durchdringenden Geruch hat. Der dunkle und weiche ist schlecht. Sie verfälschen ihn nämlich mit Ammoniakum oder Wachs. Er wird aber geprüft durch Reiben zwischen den Fingern in Wasser; der ächte zergeht und wird milchig. Er hat erwärmende, erweichende, verdünnende Kraft, deshalb ist er ein gutes Mittel bei Wechselfiebern und Frostschauern, bei Krämpfen, inneren Rupturen, Seitenschmerzen, Husten, Leibschneiden, Harnzwang, Blasengeschwüren, wenn er mit Honigmeth oder Wein getrunken wird. Er befördert die Menstruation und tödtet den Embryo, vertreibt auch Aufblähen und Verhärtungen der Gebärmutter, wenn er mit Wein verdünnt wird. Auch ist er eine Salbe bei Ischias. Ferner wird er den kräftigenden Salben und den Arzneien für den Kopf zugemischt. Er reisst Karbunkeln rings herum auf, ist auch mit Rosinen als Umschlag ein gutes Mittel bei Podagra. Weiter besänftigt er Zahnschmerzen, wenn er in den hohlen Zahn gesteckt wird, und bewirkt als Einreibung Schärfe der Augen. Mit Pech gemischt bildet er die beste Salbe gegen den Biss des tollen Hundes. Wird die fein geschabte Wurzel an die Gebärmutter gelegt, so treibt sie den Embryo aus. Von guter Wirkung ist sie bei alten Geschwüren und den vom Fleisch entblössten Stellen der Knochen, wenn sie fein gerieben aufgestreut, auch mit Honig aufgestrichen wird. Der Same mit Wermuth genommen befördert die Katamenien, mit Osterluzei dient er gegen giftige Thiere und gegen Gebärmutterkrämpfe, wenn er mit Wein getrunken wird.

Der Name Panakes, Allheilmittel, wird zurückgeführt auf Panakeia, die Tochter des Asklepios.

Ferula Opopanax Spr. (Umbelliferae), Breitblätteriges Steckenkraut. Ob diese in Griechenland heimische Pflanze als die Stammpflanze des Opopanax anzusehen ist, wird vielfach bezweifelt. Nach Anderen stammt die Droge von *Opopanax Chironium* Koch (Umbelliferae) ab. Bei Theophrast ist es jedenfalls Panakes Cheironion. Das Gummiharz wird arzneilich wohl kaum noch angewandt.

Cap. 49 (56). Περὶ Πάναχος Ἀσχληπιοῦ. Asklepisches Panakes. Das asklepische Panakes entwickelt von der Erde aus einen zarten, eine Elle hohen, in Knoten abgetheilten Stengel, um welchen dem Fenchel ähnliche, aber grössere und rauhere, wohlriechende Blätter stehen. An der Spitze trägt er eine Dolde mit goldgelben, scharfen, wohlriechenden Blüthen. Die Wurzel ist klein und zart; Blüthe und Samen haben eine heilsame Wirkung bei Geschwüren, Geschwülsten und Krebs, wenn sie fein gerieben mit Honig aufgelegt werden, gegen Schlangenbisse, wenn sie mit Wein getrunken und mit Oel aufgestrichen werden. Einige nennen das Panakes auch wilden Dosten, Andere Konila, worüber im Abschnitte vom Dosten gehandelt ist.

Echinophora tenuifolia L. (Umbelliferae), Zartblätteriges Stachelkraut.

Cap. 50 (57). Περὶ Πάναχος Χειρωνίου. Cheironisches Panakes. Das cheironische Panakes wächst am meisten am Berge Pelion. Es hat Blätter wie der Majoran, eine goldgelbe Blüthe, eine zarte und nicht tiefgehende Wurzel von scharfem Geschmack. Getrunken ist die Wurzel ein Mittel gegen Schlangenbiss, das Kraut aber als Umschlag wirkt ebenso.

Theophrast (Hist. pl. IX 11, 1) beschreibt das Cheironion durchaus anders; es hat lattichähnliche Blätter, aber grösser und rauher, eine goldfarbene Blüthe und lange Wurzel; dabei bevorzugt es fetten Boden. Hiernach ist die Pflanze ganz verschieden bestimmt worden. Die Einen halten sie für *Helianthemum vulgare* Pers., Andere für *Inula Helenium* L., Sprengel, weil ihr Aroma zugesprochen wird, für *Hypericum origanifol.* Willd.; Fraas möchte am liebsten das gleichfalls am Pelion häufig vorkommende, stark duftende *Hypericum olympicum* hierher ziehen.

Cap. 51 (58). Περὶ Λιγυστιχοῦ. Ligustikon. Das Ligustikon [Einige nennen es Panakeia, auch Panakes] wächst am meisten in Ligurien, woher es auch den Namen hat, an dem Apennin genannten Gebirge; es ist dies ein den Alpen ähnliches Gebirge. Die dortigen Bewohner nennen dasselbe nicht ohne Grund Panakes, da Wurzel und Stengel dem herakleischen Panakes gleichen, auch die Kraft sich ähnlich erweist. Es wächst auf den höchsten, rauhesten und schattigen Gebirgsstellen, am liebsten an Quellen. Es hat einen zarten, dem Dill ähnlichen knotigen Stengel und daran dem Steinklee ähnliche, aber zartere und dazu wohlriechende Blätter, nach der Spitze des Stengels zu sind sie schmaler und mehr eingeschnitten. An der Spitze trägt er eine Dolde, in welcher der dunkle, feste, längliche, fenchelähnliche, scharf schmeckende, aromatische Same sich befindet. Die Wurzel ist weiss, ähnlich der des herakleischen Panakes und wohlriechend. Die Kraft des Samens und der Wurzel ist erwärmend, die Verdauung befördernd, auch dient sie gegen Leiden der Eingeweide, zur Verdauung, gegen Oedeme und Blähungen, besonders des Magens und gegen den Biss giftiger Thiere. Getrunken befördern sie den Harn und die Menstruation; die Wurzel als Zäpfchen eingelegt leistet dasselbe. Die Wurzel und der Same werden mit Nutzen den Arzneien zugemischt, welche schnell eindringen und verdauend wirken. Dieser ist dem Magen sehr zuträglich, deshalb gebrauchen ihn die Eingeborenen statt des Pfeffers, um ihn den Speisen zuzusetzen. Er wird verfälscht mit einem gewissen durchaus ähnlichen Samen, welchen man durch den Geschmack herausfindet, denn er ist bitter. Einige verfälschen ihn auch, indem sie Fenchel oder Sesel zumischen.

D. hat die Pflanze so mangelhaft beschrieben, dass es schwer ist, sie zu identificiren. Sprengel zieht vornehmlich zwei Pflanzen hierher, nämlich *Levisticum officinale* Koch, Liebstöckel, und *Laserpitium Siler* (Umbelliferae), Rosskümmel, von denen das zweite nach Sibthorp, welcher dasselbe auf Euböa fand, am besten passt. Die Wurzel ist walzig-röhrenartig, aussen hellbräunlich, innen weiss, der Stengel aufrecht bis 1½ m hoch, seegrün bereift, nach oben ästig, die fiederschnittigen Blätter sind mannigfach geformt, die Dolden halbkugelig, 30—50strahlig, Hüllblätter 10—15, lineal-lanzettlich, sehr fein zugespitzt, abstehend-zurückgeschlagen. Die Blüthen weiss, Früchte fast lineal-länglich, braun. Auf sonnigen Kalkbergen und Voralpen Süddeutschlands.

Die Früchte waren früher als Sem. Sileris montani vel Seseleos gebräuchlich.

Cap. 52 (59). Περὶ Σταφυλίνου. **Möhre.** Der wilde Staphylinos [Einige nennen ihn Keraskome, die Römer Carota, auch Pastinaca, die Aegypter Babibyru, die Afrikaner Sicha] hat dem Gingidion ähnliche Blätter, aber breiter und etwas bitter, einen aufrechten, rauhen Stengel, dieser trägt eine Dolde wie der Dill, an der weisse Blüthen, in der Mitte aber ein purpurfarbenes, pilzähnliches [und gleichsam safranfarbiges] Gebilde[1]) sich befinden. Die Wurzel ist fingerdick, eine Spanne lang, wohlriechend, gekocht wird sie gegessen. Der Same desselben getrunken oder im Zäpfchen eingelegt befördert die Menstruation; er ist im Trank auch ein gutes Mittel gegen Harnverhaltung, Wassersucht, Brustfellentzündung sowie gegen die Bisse und Stiche giftiger Thiere; man sagt nämlich, dass diejenigen, welche ihn vorher nehmen, von giftigen Thieren nicht angegriffen werden. Ferner befördert er die Empfängniss. Die Wurzel aber, welche selbst harntreibend ist, reizt sowohl zum Beischlaf, als auch wirft sie, im Zäpfchen eingelegt, den Embryo hinaus. Die fein gestossenen Blätter, mit Honig aufgestrichen, reinigen krebsige

Geschwüre. Der gebaute Staphylinos ist besser zum Essen und leistet auch dasselbe, ist aber von geringerer Wirkung.

¹) In der Mitte der Dolde befindet sich gewöhnlich eine grosse, schwarz-purpurrothe Blüthe.

Daucus Carota L. var. *silvestris* (Umbelliferae), Gemeine Möhre. Früher war der Same und der Saft der Wurzel, Succus Dauci, officinell, letzterer wird noch hie und da gebraucht. Die Wurzel ist ein gesundes Gemüse.

Cap. 53 (60). Περὶ Σεσέλεως μασσαλεωτικοῦ. Massiliensisches Seseli. Das massiliensische Seseli [Einige nennen es Sphagnon] hat Blätter wie der Fenchel, aber dicker, und einen kräftigeren Stengel; ferner hat es eine Dolde wie der Dill, in der ein länglicher, kantiger, wenn er rasch gegessen wird, scharfer Same sitzt. Die Wurzel ist lang, wohlriechend. Wurzel und Same haben erwärmende Kraft. Getrunken heilen sie Harnzwang und Orthopnöe. Sie helfen bei Gebärmutterkrämpfen und Epilepsie, treiben die Katamenien und den Embryo aus, wirken gegen alle innerlichen Leiden und bessern chronischen Husten. Der Same mit Wein getrunken befördert die Verdauung und hebt Leibschneiden. Erfolgreich wirkt er bei Wechselfieber und gegen Frost auf Reisen wird er mit Pfeffer und Wein getrunken. Er wird auch den Ziegen und dem übrigen Vieh als Trank gegeben zur Beschleunigung der Geburt.

Valerius Cordus nennt dieses Seseli *Laserpitium Siler*. Nach Sprengel, dem Fraas zustimmt, ist es *Seseli tortuosum* L. (Umbelliferae), Gewundener Sesel, eine Pflanze Albaniens und Piemonts. Die Wurzel ist möhrenartig, schopfig, dick, aussen schmutzig-gelb, innen weiss, der Stengel aufrecht, bis fast 1 m hoch, sehr hart, rillig, gedreht, mit kurzen Gelenkstückchen und wie die ganze Pflanze weisslich-seegrün. Die Blätter sind zahlreich, die unteren gehäuft, zwei- bis dreifach gefiedert, die Blattstiele mit dem scheidigen, weiss gerandeten Theile den Stengel umfassend. Die oberen Stengelblätter sind viel kleiner, sitzen auf den Scheiden. Die Dolden sind blattgegen- oder gipfelständig, die Doldchen klein, Blüthen weiss, die Hüllblätter lineal, randhäutig, die Früchte länglich-oval, graugrün. Auf sonnigen Plätzen.

Cap. 54 (61). Περὶ Σεσέλεως αἰθιοπικοῦ. Aethiopisches Seseli. Das als äthiopisches bezeichnete Seseli [die Aegypter nennen es Kyonos phrike] hat epheuähnliche Blätter, aber kleiner und auch länglich, dem Geissblatt ähnelnd. Es ist ein grosser Strauch mit zwei Ellen langen rankenartigen Aesten, an denen eine Spanne lange Zweige sitzen mit Köpfchen wie beim Dill. Der Same ist fest wie Weizen, schwarz, bitter, schärfer aber und wohlriechender als beim massiliensischen, sehr angenehm. Es hat dieselben Wirkungen.

Bupleurum fruticosum L. (Umbelliferae), Strauchartiges Hasenohr, ein aufrechter, ästiger, mannshoher Strauch des südlichen Europa mit sitzenden, lederigen, zart netzaderigen Blättern, vielstrahligen Dolden, länglichen, kurzen Hüllblättern, geschärften, ein sehr feines Striemchen bedeckenden Fruchtriefen und einstriemigen Thälchen.

Cap. 55 (62). Περὶ Σεσέλεως πελοποννησιαχοῦ. Peloponnesisches Seseli. Das im Peloponnes wachsende Seseli hat Blätter ähnlich denen des Schierlings, aber breiter und dicker, einen grösseren Stengel als das massiliensische, etwa wie Steckenkraut, mit einer breiten Dolde an der Spitze; darin sitzt der ziemlich breite, wohlriechende und sehr fleischige Same. Es hat aber dieselbe Kraft und wächst an rauhen, feuchten und hügeligen Stellen. Auch am Ida kommt es vor.

Es ist das δαῦχον des Theophrast (Hist. pl. IX 15, 8) mit schwarzer Wurzel. *Lophotaenia aurea* Grieseb. (Umbelliferae), Goldgelber Bärenklau.

Es kann aber auch recht gut *Myrrhis odorata* Scop. (Umbelliferae), Spanischer Aniskerbel, sein. Die Wurzel ist dick, ästig, vielköpfig, der Stengel aufrecht, bis fast 1 m hoch, röhrig, gerillt, weichhaarig-zottig. Die Hauptabschnitte der Blätter sind eilanzettlich, am Grunde fiederschnittig, nach oben fiederspaltig, die kleineren Abschnitte länglich-lanzettlich, stachelspitzig-gesägt. Die Dolden sind schwach gewölbt, ungleichstrahlig, nur die Randblüthen der Döldchen fruchtbar, alle anderen männlich. Die Hüllblättchen hautrandig, die ziemlich langen Früchte nach oben verschmälert, glänzend braun. An feuchten Stellen auf Waldwiesen in Südeuropa. Die Pflanze riecht angenehm anisartig.

Kosteletzky möchte *Angelica silvestris* L. (Umbelliferae), Wald-Angelika, hierher ziehen.

Cap. 56 (63). Περὶ Τορδυλίου. Tordylion. Das Tordylion — Einige nennen es kretisches Seseli — wächst am Amanos in Kilikien. Es ist ein strauchartiges Pflänzchen und hat einen runden, doppelten, schildförmigen, etwas scharfen, aromatischen Samen. Es wird gegen Harnverhaltung und zur Beförderung der Menstruation getrunken. Der Saft des noch frischen Stengels und Samens macht, wenn er zu 3 Obolen mit süssem Wein zehn Tage hindurch getrunken wird, Nierenleidende gesund. Auch die Wurzel ist wirksam; sie reinigt mit Honig als Leckmittel die Brust. [Es hat aber viele lauchgrüne, quittengelbe, purpurfarbene Zweige und an der Spitze ähnliche (Dolden)[1]), welche innen runde Blüthen wie Samen haben.]

[1]) Hier scheint σχιάδια ergänzt werden zu müssen. Dieser letzte Satz ist offenbar eingeschoben, denn so würde D. nie eine Pflanze beschrieben haben.

Plinius XX 238 nennt das Tordylium den Samen von Seseli.

Die Beschreibung passt sehr gut auf *Tordylium officinale* L. (Umbelliferae), Gebräuchlicher Zirmet. Es ist eine einjährige Pflanze des Orients und südlichen Europa, deren Früchte in früherer Zeit als Semina Tordylii vel Seseleos cretici bei Nieren- und Blasenleiden und unterdrückter Menstruation gebraucht wurden.

Cap. 57 (64). Περὶ Σίσωνος. Sison. Sison ist ein in Syrien vorkommender Same, dem Selleriesamen sehr ähnlich, länglich, schwarz

und brennend. Er wird gegen Milzkrankheit, Harnverhaltung und Zurückbleiben der Katamenien getrunken. Die Eingeborenen gebrauchen ihn
als Würze, indem sie ihn zu Gurken, die mit Essig gekocht sind, verwenden. An der Spitze hat (die Pflanze) eine Art zahlreicher Körner.

D. deutet nur im letzten Satz auf die Pflanze hin, welche er nicht beschreibt,
also entweder selbst nicht kennt oder als ganz allgemein bekannt betrachtet. Sowohl Plinius als auch Galen führen sie nur an. Die spätmittelalterlichen Schriftsteller haben sie auf die verschiedensten Pflanzen, besonders auf *Petroselinum mace-
donicum* und *Apium saxatile* und *nigrum* bezogen. B a u h i n beschreibt sie als
Amomum officinale: Sie hat einen ellenhohen und höheren schlanken, runden, markigen Stengel mit langen, fiederspaltigen Blättern. Die Blättchen sind länglich,
zart, gekerbt, oft fein gelappt. Die Blüthendolde ist weiss, die Früchte sind klein,
braun, gestreift, etwas scharf aromatisch. Die Wurzel ist lang, mit vielen Nebenwurzeln.

S i b t h o r p und S p r e n g e l , denen F r a a s sich anschliesst, sind für *Sison
Amomum* L. (Umbelliferae), Gewürzhaftes Sison, welches S i b t h o r p in Kleinasien fand. Die in Südeuropa und Frankreich wachsende zweijährige Pflanze lieferte
das früher officinelle Semen Amomi, die balsamisch gewürzhaften Früchte. Die
Wurzel ist möhrenartig, weiss, der Stengel bis fast 1 m hoch, aufrecht, markig, fein
gerillt, sehr ästig. Die Wurzelblätter sind mit 7—9 stumpf gesägten Abschnitten,
deren Zähne in feine Stacheln endigen, ebenso die Abschnitte der Stengelblätter,
oben lappig eingeschnitten, fast fiederspaltig, die obersten viel kleiner; die Dolden
sind sehr zahlreich, mit 4—6 ungleichen Strahlen und 2—3 lineal-pfriemlichen Hüllblättchen, die Döldchen 8blüthig, die Blüthen kurz gestielt, weisslich, die Früchte
eirund, schwarzbraun, mit rothen Striemen.

Cap. 58 (65). Περὶ Ἀνίσου. Anis. Das Anison [Einige nennen
es auch Sion, die Römer Anisum] hat im Ganzen eine erwärmende, austrocknende, das Athmen erleichternde, schmerzstillende, vertheilende, harntreibende, die Säfte verdünnende und, bei Wassersucht getrunken, durststillende Kraft. Es ist auch ein gutes Mittel gegen den Biss giftiger
Thiere und gegen Blähungen. Es stellt den Durchfall und den weissen
Fluss, befördert die Milchabsonderung und reizt zum Beischlaf. Der
durch die Nase aufgesogene Rauch des angezündeten Anison lindert
Kopfschmerzen, fein gerieben und mit Rosenöl eingetröpfelt heilt es
Reissen in den Ohren. Das beste aber ist das frische, volle, nicht
krümlige, stark duftende. Vorzuziehen ist das kretische, dann kommt
das ägyptische.

Dass D. hier nur von den Früchten redet, geht aus dem vorletzten Satze
hervor.
Pimpinella Anisum L. (Umbelliferae), Anis, Bibernellanis.
Die Pflanze wächst in Aegypten und Griechenland wild, Pythagoras rechnete
sie unter die gesundesten Gemüsepflanzen. Bei uns wird sie als Gewürz- und Arznei-
pflanze gebaut. Die Wirkung beruht auf dem Gehalt der Früchte an ätherischem
Oel; dasselbe besteht zum grössten Theil aus A n e t h o l in weissen Blättchen oder
Schuppen, welche bei 21—22° schmelzen, und aus einem Gemische von flüssigem

Anethol mit einem Terpen. Dieses sowohl als auch die Früchte selbst finden häufig Verwendung als Stomachica, Stimulantia, Carminativa und als Geschmackscorrigentien.

Cap. 59 (66). Περὶ Κάρου. Kümmel. Der Karos ist ein bekannter kleiner Same, er ist harntreibend, erwärmend, gut für den Magen und angenehm für den Mund, er befördert die Verdauung und wird auch vortheilhaft den Gegenmitteln und den Arzneien zugesetzt, welche schnell wirken sollen. Er steht dem Anis gleich. Die gekochte Wurzel wird gegessen wie die Möhre.

Carum Carvi L. (Umbelliferae), Kümmel. Auch hier fehlt die Beschreibung der Pflanze, welche der griechischen Flora fremd, dagegen in den höheren Gegenden Norditaliens häufig ist.

Der Kümmel wird wegen der Früchte und des in ihnen enthaltenen ätherischen Oeles gebaut. Letzteres besteht aus Carvol und Limonen. Wirkung ungefähr wie beim Anis.

Cap. 60 (67). Περὶ Ἀνήθου. Dill. Das Speiseanethon [Einige nennen es Polgidas, Andere Aniketon, die Propheten Same des Hundsaffen[1]), ebenso Haare des Hundsaffen, auch Same des Merkur[2]), die Agypter Arachu, die Römer Anethum, die Afrikaner Sikkiria, die Dakier Polpum]; die Abkochung der trockenen Dolde und der Frucht befördert als Trank die Milchabsonderung, lindert Leibschneiden und Blähungen, reinigt den Bauch und stillt leichtes Erbrechen, treibt den Harn und beruhigt den Schlucken, bei anhaltendem Genuss aber schwächt sie das Gesicht und unterdrückt die Zeugungskraft. Von Nutzen ist seine Abkochung als Sitzbad für hysterische Frauen. Der gebrannte Same als Umschlag vertreibt Geschwülste (Kondylome) am After.

[1]) Der Hundsaffe war das Symbol des ägyptischen Aerztegottes. [2]) γόνος Ἑρμοῦ, in Uebereinstimmung mit Dambergis (Pharm. Post 1899, 22); v. Oefele übersetzt γόνος mit Penis.

Anethum graveolens L. (Umbelliferae), Dill. Die Früchte sind aus dem Arzneischatze wohl ganz verschwunden; im Haushalte dagegen wird die ganze Fruchtdolde wegen des gewürzhaften, kümmelartigen Geschmackes beim Einmachen der Früchte, besonders der Gurken verwandt.

Cap. 61 (68). Περὶ Κυμίνου ἡμέρου. Mutterkümmel. Das gebaute Kyminon ist angenehm für den Mund, und zwar besonders das äthiopische, welches Hippokrates das königliche nennt, an zweiter Stelle kommt das ägyptische, dann das übrige. Es wächst im asiatischen Galatien, in Kilikien und zu Tarent und an vielen anderen Orten. Es ist erwärmend, adstringirend, austrocknend und ein gutes Mittel gegen Leibschneiden und Blähungen, wenn es gekocht mit Oel als Klystier oder mit rohem Gerstenschrot als Umschlag gebraucht wird. Es wird mit Essigwasser auch denen gegeben, die an Orthopnöe leiden und mit Wein denen, die von giftigen Thieren gebissen sind. Mit Rosinen und Schrot von Hülsenfrüchten oder Wachssalbe aufgelegt hilft es bei Hodenanschwellungen. Mit Essig fein zerrieben und eingelegt hemmt es den Fluss der Frauen und Nasenbluten. Im Trank und als Salbe bewirkt es eine bleiche Hautfarbe.

Cuminum Cyminum L. (Umbelliferae), Mutterkümmel, Römischer Kümmel. Bei Hippokrates heisst es äthiopisches Kyminon, nur an einer Stelle (De tumor. 4) königliches, τὸ παρὰ βασιλεῖ λεγόμενον.

Die Heimath des Mutterkümmels ist Aegypten und Aethiopien, cultivirt wird er im südlichen Europa. Die Früchte enthalten ein ätherisches Oel, welches wesentlich aus Cymen und Cuminol (Cumin-Aldehyd) besteht, sie sind heute noch ein hie und da beliebtes Volksmittel.

Cap. 62 (69). Περὶ Κυμίνου ἀγρίου. Wilder Mutterkümmel. Das wilde Kyminon [die Römer nennen es Cuminum agreste oder silvaticum] wächst am meisten in Lykien, im asiatischen Galatien und zu Karthago in Spanien. Es ist ein kleiner Strauch, welcher einen eine Spanne langen zarten Stengel hat mit vier bis fünf kleinen zarten, nach Art der Einschnitte bei Gingidion gleichsam geschlitzten Blättern. An der Spitze hat er fünf bis sechs runde, weiche Köpfchen, darin eine spreuartige Frucht, welche schärfer schmeckt als die des gebauten. Es wächst an hügeligen Orten. Der Same wird mit Wasser gegen Leibschneiden und Blähungen getrunken; mit Essig stillt er den Schlucken, gegen den Biss giftiger Thiere und gegen Schlaffheit des Magens wird er mit Wein getrunken. Mit Honig und Rosinen gekaut [1] und aufgelegt entfernt er Sugillationen unter den Augen; mit demselben Umschlage heilt er auch Hodenanschwellungen.

Es gibt noch eine andere Art wildes Kyminon, dem gebauten ähnlich. Aus jeder Blüthe entwickelt es in die Höhe gerichtete Hörnchen, in denen ein dem Schwarzkümmel ähnlicher Same sich befindet. Dieser ist getrunken das beste Mittel gegen Schlangenbisse. Er hilft auch denen, die an Harnzwang und am Stein leiden und die Blutklümpchen harnen. Sie mögen aber eine Abkochung von Selleriesamen nachtrinken.

[1] Bei den alten Juden war die gewöhnliche Art des Kataplasma ein von Feigen oder Getreide gekauter Brei (vgl. I Cap. 52).

D. hat zwei Arten des wilden Mutterkümmels. Die erste wird von Sprengel und Fraas für *Lagoecia cuminoides* L. (Umbelliferae), Hasenkümmel, gehalten, die in Griechenland sehr häufig ist; die andere Art spricht Sprengel nach dem Vorgange von Val. Cordus als *Nigella arvensis* an. Fraas dagegen zieht *Nigella aristata* L. (Ranunculaceae), Gegrannter Schwarzkümmel, hierher, auf den das wenige von D. darüber Gesagte am besten passt. Die Hörnchen in der Blüthe sind die Frucht, welche aus fünf Balgkapseln besteht, die, bis zur Mitte verwachsen, aufrecht stehen und wie Hörnchen gegen einander gebogen sind.

Cap. 63 (70). Περὶ Ἄμμιος. Ammi. Das Ammi [bei den Römern Ammi alexandrinum], Einige nennen auch dieses das äthiopische oder das königliche Kyminon; Andere haben behauptet, das äthiopische Kyminon sei von ganz anderer Art als das Ammi. Es ist aber ein bekannter kleiner Same, viel kleiner als Mutterkümmel, im Geschmack dem Dosten ähnlich; wähle aber das reine und nicht krümlige aus. Auch dieses hat erwärmende, brennende und austrocknende Kraft, ist mit Wein getrunken wirksam gegen Leibschneiden, Harnverhaltung und gegen die Bisse giftiger Thiere. Es befördert die Menstruation. Ferner wird es den aus Kanthariden bereiteten Hautreizmitteln zugesetzt, um der daraus entstehenden Harnverhaltung entgegenzuwirken. Mit Honig als Kataplasma vertreibt es Sugillationen unter den Augen. Als Trank wie in der Einreibung bewirkt es eine bleiche Hautfarbe. Endlich reinigt es mit Rosinen oder Pech in der Räucherung die Gebärmutter.

Sprengel nennt die hier nicht beschriebene Pflanze mit Berufung auf Linné *Ammi copticum*; von Fraas wird *Ammi Visnaga* Lam. (Umbelliferae), Hartes Ammi, hierher gezogen. Ammi copticum auf Kandia und in Aegypten lieferte seit alter Zeit die gewürzigen Früchte Sem. Ammeos cretici sive veri.

Es wird der Pflanze ein brechenerregendes und die Herzthätigkeit herabsetzendes Glukosid, Kellin, und ein Alkaloid, Visnagin, zugeschrieben.

Cap. 64 (71). Περὶ Κορίου. Koriander. Das Korion oder Korianon [bei den Aegyptern Ochion, bei den Afrikanern Goïd] ist bekannt; es hat kühlende Kraft, daher heilt es im Kataplasma mit Brod oder Gerstenschrot roseartige Entzündungen und kriechende Geschwüre. Mit Honig und Rosinen hilft es bei Epinyktiden, Hodenentzündungen und Karbunkeln; mit Schrot von Hülsenfrüchten zertheilt es Drüsen und Geschwülste. Vom Samen eine Kleinigkeit mit süssem Wein getrunken treibt den Bandwurm aus und befördert die Samenbildung. Zu viel genommen greift es den Verstand gefährlich an; deshalb muss man sich vor einem Uebermaass und einem fortgesetzten Gebrauche hüten. Der Saft mit Bleiweiss oder Bleiglätte und Essig und Rosenöl als Salbe ist ein gutes Mittel gegen brennende Entzündungen auf der Haut.

Coriandrum sativum L. (Umbelliferae), Koriander.

Der Koriander gehört zu den ältesten Gewürzen und ist so bekannt, dass D. die Pflanze nicht beschreibt. Er fand schon in der altägyptischen Medicin Verwendung. Moses (II 16, 31 und IV 11, 7) vergleicht das Manna mit Koriandersamen. Sein spontanes Vorkommen ist nicht nachzuweisen; gebaut als Arznei- und Küchenpflanze wird er vielfach, jedoch nur wegen der Früchte. Der eigenthümliche, wanzenartige (κόρις, Wanze) Geruch mag ihn im Alterthume wohl in den Verdacht der Schädlichkeit gebracht haben. Die reifen Früchte liefern bei der Destillation ein angenehm riechendes Oel von der Zusammensetzung $C_{10}H_{17}OH$.

Cap. 65 (72). Περὶ Ἱερακίου τοῦ μεγάλου. Grosses Hierakion. Das grosse Hierakion [Einige nennen es Sonchites, die Römer

Lampuca, die Afrikaner Sithileas] treibt einen rauhen, röthlichen, stacheligen, etwas hohlen Stengel, es hat Blätter, welche entfernt[1] schwach eingeschnitten sind und einen distelähnlichen Rand haben. Die gelben Blüthen sitzen in länglichen Köpfchen. Es hat kühlende, mässig adstringirende Kraft, darum ist es als Kataplasma ein gutes Mittel bei erhitztem Magen und bei Entzündungen. Der Saft im Schlürftrank beruhigt Magenstiche. Das Kraut mit der Wurzel hilft als Umschlag gegen Skorpionstiche.

[1]) ἐκ διαστημάτων.

Den Namen Hierakion leitet Plinius XX 60 davon her, dass der Habicht (ἱέραξ, Hierax), wenn er nicht gut sehen kann, die Pflanze aufschlitzt und mit dem Safte die Augen benetzt.

Tragopogon picroides L. (Compositae), Habichtskraut, Bitterkrautartiger Bocksbart. In Griechenland und Italien wild vorkommend.

Cap. 66 (73). Περὶ Ἱερακίου τοῦ μικροῦ. Kleines Hierakion. Das kleine Hierakion. Einige nennen auch dieses Sonchites [die Römer Intybus agrestis, die Afrikaner Sithilesade], auch dieses hat entfernt eingeschnittene Blätter; es treibt aber rauhere und grüne Stengelchen, an welchen gelbe Blüthen, kreisförmig geordnet, sitzen. Es hat dieselbe Kraft wie das vorhergehende.

Scorzonera resedifolia (Compositae), Gefiedertblätterige Schwarzwurzel, eine in Griechenland an Wegen häufige Pflanze. Nach Sibthorp *Scorzonera elongata* Willd.

Cap. 67 (74). Περὶ Σελίνου. Gartensellerie. Gartenselinon. Das Kraut hat dieselbe Wirkung wie der Koriander; es ist auch ein gutes Mittel gegen Augenentzündungen im Umschlag mit Brod oder dem feinen Mehle der Graupen. Es besänftigt auch den erhitzten Magen, erweicht Verhärtungen in den Brüsten, gekocht und roh genossen treibt es den Urin. Die Abkochung davon wie auch von der Wurzel wirkt tödtlichen Mitteln entgegen, indem es Brechen erregt, und hält den Durchfall auf. Der Same ist aber stärker harntreibend, er hilft denen, die von giftigen Thieren gebissen sind und die Bleiglätte genossen haben, ferner vertreibt er auch Blähungen. Er wird auch mit Nutzen den schmerzstillenden Mitteln, denen gegen den Biss giftiger Thiere und den Hustenmitteln zugesetzt.

Apium graveolens L. (Umbelliferae), Gebaute Sellerie. Die wilde Sellerie ist bitter und ungeniessbar. Bei den Neugriechen ist Sellerie eine Glückspflanze, sie wird nebst Knoblauch und Zwiebel im Zimmer aufgehängt, den kleinen Kindern als Talisman umgebunden u. s. w. Sie enthält ein ätherisches Oel. Bei Sprengel ist es *Apium Petroselinum* L., Petersilie.

Cap. 68 (75). Περὶ Ἐλειοσελίνου. Sellerie. Das Eleioselinon [Einige nennen es Feld-, Andere wilde Wassersellerie, die Römer Bauern-

sellerie] wächst in feuchten Gegenden und ist grösser als die gebaute
Sellerie. Es hat dieselbe Wirkung wie die Gartensellerie.

Apium graveolens L., Sellerie. Den Namen hat die Pflanze vom Standorte
(ἕλειος, sumpfig, und σέλινον).

Cap. 69 (76). Περὶ Ὀρεοσελίνου. Oreoselinon. Das Oreoselinon [Einige nennen es wilde Petersilie, die Römer Apium, die Aegypter
Anonis] hat einen einzigen, eine Spanne langen Stengel aus einer dünnen
Wurzel, mit kleinen Zweigen rings herum und Köpfchen wie beim Schierling, jedoch bedeutend dünner. In diesen befindet sich der längliche,
scharfe, zarte, wohlriechende, dem Mutterkümmel ähnliche Same. Es
wächst an felsigen und gebirgigen Stellen. Der Same und die Wurzel
haben, in Wein getrunken, harntreibende Kraft. Sie befördern auch die
Menstruation und werden ferner den Gegenmitteln, sowie den harntreibenden und erwärmenden Arzneien zugesetzt. Die aber sollen sich
nicht täuschen lassen, welche glauben, das Oreoselinon sei das an Felsen
wachsende; denn das andere ist das Petroselinon.

Auch hier verdankt die Pflanze ihren Namen dem Standorte (ὄρος, Berg, und
σέλινον).

C. Gesner gibt sie für *Athamantha Libanotis* L., *Seseli Libanotis* Koch, auf
sonnigen Bergwiesen und Kalkfelsen aus, und ihm stimmt Sprengel zu. Fraas
zieht aber *Seseli annuum* L., Bergsilge, hierher; er fand dasselbe häufig auf
Bergen zwischen Felsen bei 500—800 m Höhe.

Cap. 70 (77). Περὶ Πετροσελίνου. Petroselinon. Das Selinon,
nämlich das Petroselinon; es wächst in Makedonien an steilen Stellen.
Es hat einen Samen wie Ammi, aber wohlriechender, scharf und aroma-
tisch, welcher den Harn und die Menstruation befördert; er ist aber im
Trank genommen auch ein gutes Mittel gegen Aufblähen des Magens und
Kolons und gegen Leibschneiden, ebenso gegen Seiten-, Nieren- und
Blasenschmerzen. Auch wird er den harntreibenden Mitteln zugesetzt.

Der Felsen- oder Steineppich (von πέτρα, Fels, und σέλινον). Sprengel übersetzt *Athamantha macedonica*. Fraas hält die Pflanze für *Apium Petroselinum* L.,
Petersilie; er bemerkt dazu, dass nach Aussage der Eingeborenen dasselbe in
Makedonien und Thessalien wild wachse und noch jetzt allgemein die Namen μακε-
δονῆσι (μακεδονησία πόα) und μαϊδανό, auch μυρωδιά πετροσέλινα, Petersiliensalben-
pflanze führe, Sibthorp fand es auf dem Athos, de Candolle gibt Byzanz als
Fundort an. Die Pflanze ist erst später in Cultur genommen. Das Apium der Römer,
welches meistens in Sümpfen oder in Ufergegenden vorkommen soll, geht auf Sellerie.
Die Früchte von Apium Petroselinum enthalten ein ätherisches Oel, welches zum
Theil aus Apiol, Petersilienkampfer, besteht.

Cap. 71 (78). Περὶ Ἱπποσελίνου. Hipposelinon. Das Hipposelinon — Einige nennen es Grielon, Andere wilde Sellerie, Smyrnion

[die Römer Olusatrum], wiewohl das eigentlich sogen. Smyrnion eine andere Pflanze ist, wie wir gleich zeigen werden. Es ist grösser und weisser als der Gartensellerie; der Stengel ist hohl, hoch, zart und hat gleichsam Striche. Die Blätter sind breiter, ins Röthliche spielend; über diesen befindet sich ein Schirm wie bei Libanotis, voll von Blüthen, welcher vor dem Aufblühen eine Kuppe bildet. Der Same ist schwarz, länglich, fest, scharf und aromatisch. Die Wurzel ist wohlriechend, weiss, wohlschmeckend, nicht dick. Es wächst an schattigen Orten und an Sümpfen. Es dient zu Gemüse wie Sellerie. Die Wurzel wird gekocht und roh gegessen, die Blätter und Stengel nur gekocht, theils für sich allein, theils werden sie mit Fischen zubereitet. Roh werden sie auch in Salzbrühe eingemacht. Die Frucht, in Honigwein getrunken, wirkt die Menstruation befördernd; getrunken und eingerieben erwärmt sie die von Frostschauer Befallenen und hilft gegen Harnzwang. Auch die Wurzel leistet dasselbe.

Theophrast (Hist. pl. II 2, 1 und VII 6, 3) sagt, das Hipposelinon sondere einen Saft wie Myrrhe ab, der auch wie diese gebraucht werde, die Wurzel sei schwarz und dick.

Sprengel hat wegen der Unsicherheit auf eine Bestimmung der Pflanze verzichtet; nach Fraas ist es *Smyrnium Olusatrum* L. (Umbelliferae), Pferdseppich, in Griechenland auf Schutthaufen und an Hügeln. Die Wurzel ist dick, möhrenartig, ästig, aussen schwarz, innen weisslich, und voll eines scharf- und bitterlich-aromatischen Saftes. Die Stengel sind bis 1 m hoch, gerillt, ästig, die oberen Aeste gegenständig, die Wurzelblätter sind gestielt, 2—3schnittig, die Abschnitte ziemlich gross, rund, stumpf, am Grunde fast keilförmig, am Rande mit stachelspitzigen Sägezähnen besetzt. Die Stengelblätter sitzen auf breiten, häutigen, wimperigen Scheiden. Die Dolden sind 10—20strahlig, die Hüllen fehlend oder einblätterig, die Blüthen polygamisch, gelbgrün, die Früchte oval, schwarz.

Cap. 72 (79). Περὶ Σμυρνίου. Smyrnion. Das Smyrnion, welches man in Kilikien Petroselinon nennt, wächst am meisten an dem Amanos genannten Berge. Auch dieses hat einen der Sellerie ähnlichen Stengel mit vielen Nebenzweigen; die Blätter sind breiter, zur Erde gebogen, etwas fettglänzend, kräftig, mit einer gewissen Schärfe wohlriechend, arzneikräftig und von schwach gelber Farbe. Die Dolde am Ende des Stengels ist wie beim Dill. Der Same ist rund, ähnlich dem des Kohls, schwarz, scharf, beim Kosten wie Myrrhe schmeckend, so dass das eine wie das andere wirkt. Die Wurzel ist scharf, wohlriechend, weich, saftig, den Gaumen reizend, sie hat eine aussen schwarze, innen aber grüne oder weissliche Rinde. Es wächst an felsigen, hügeligen, trockenen Stellen und in öde liegenden Winkeln. Die Wurzel, das Kraut und die Frucht haben erwärmende Kraft. Die Blätter werden als Gemüse in Salzlake eingemacht, sie stellen den Durchfall. Die Wurzel ist getrunken ein gutes Mittel gegen Schlangenbisse, sie besänftigt auch

Husten und Orthopnöe und heilt Harnverhaltung. Als Kataplasma vertheilt sie frische Oedeme, Geschwülste und Verhärtungen und bringt
Wunden zur Vernarbung. Gekocht und im Zäpfchen eingelegt verursacht sie Fehlgeburt. Der Same ist ein gutes Mittel bei Nieren-, Milz-
und Blasenleiden; er befördert auch die Menstruation und die Nachgeburt. Mit Wein getrunken hilft er bei Ischias und lindert Aufblähen
des Magens. Ferner ruft er Schweiss und Aufstossen hervor. Ganz besonders wird er gegen Wassersucht und periodische Fieber getrunken.

Smyrnium perfoliatum L., Kleiner Pferdseppich, eine in Griechenland
auf höheren Gebirgen und in schattigen Felsschluchten nicht seltene Pflanze. Sie
unterscheidet sich von der vorigen durch den niedrigeren, nach oben fast geflügelt-
eckigen Stengel, die Blätter sind dort unzertheilt, herz-eiförmig, kerbig-gezähnelt,
umfassend und scheinen wegen der übereinander liegenden Lappen wie durchwachsen,
sie sind myrrhenartig wohlriechend, die Dolden sind ohne Hüllen. Sprengel nennt
sie *Smyrnium Dioscoridis*.

Cap. 73 (80). Περὶ Ἐλαφοβόσκου. Pastinak. Das Elaphoboskon [Einige nennen es Elaphikon[1]), Andere Nephrion, Ophigenion[2]),
Ophioktonon[3]), Herpyxe[4]), Lyme[5]), die Römer Cervi ocella oder Cervina[6]),
die Aegypter Chemis, die Afrikaner Askaukau]; der Stengel ist dem der
Libanotis oder des Fenchels ähnlich, knotig; die Blätter sind zwei Finger
breit, recht lang wie bei der Terebinthe, zurückgebogen und gewissermassen rauh. Der Stengel hat reichlich Nebenzweige, welche Dolden
tragen wie der Dill. Die Blüthen sind schwach gelb, der Same gleicht
dem des Dill. Die Wurzel ist drei Finger lang und fingerdick, weiss,
süss, essbar, auch der junge Stengel wird als Gemüse gebraucht. Man
sagt von dieser Pflanze, dass sie die Hindinnen, wenn sie dieselbe gefressen haben, unempfindlich mache gegen Schlangenbisse. Deshalb
wird auch der Same in Wein denen gegeben, die von Schlangen gebissen sind.

[1]) Für die Hirsche geeignet. [2]) Schlangen erzeugend. [3]) Schlangen tödtend.
[4]) Kriecherin. [5]) Verderben. [6]) Hirschauge oder Hindin.

Plinius XXII 79 beschreibt die Pflanze in derselben Weise, hat also offenbar
dieselbe Quelle wie D. benutzt.

Pastinaca sativa L. (Umbelliferae), Gemeiner Pastinak. Sibthorp gibt
an, dass die Pflanze im Peloponnes und auf den Inseln des Archipels an Ackerrändern wild vorkomme.

Cap. 74 (81). Περὶ Μαράθρου. Fenchel. Das Marathron, das
Kraut desselben genossen, hat die Kraft, die Milchabsonderung zu befördern, der Same auch, wenn er getrunken oder mit Gerstenschleim gekocht wird. Die Abkochung des Blüthenstengels ist als Trank den
Nieren- und Blasenleidenden zuträglich, da sie den Urin treibt. Mit Wein
getrunken ist er (der Blüthenstengel) ein gutes Mittel gegen Schlangen-

bisse, auch befördert er die Menstruation. In Fieberzuständen mit kaltem Wasser getrunken beseitigt er das Uebelkeitsempfinden und den Brand des Magens. Die Wurzeln, fein gestossen und mit Honig aufgelegt, heilen den Biss des tollen Hundes. Der ausgepresste und in der Sonne getrocknete Saft der Stengel und Blätter wird mit Nutzen zu den Augenmitteln, welche für die Schärfe des Gesichtes dienen, verwandt. Für dieselben Zwecke wird auch aus dem noch frischen Samen nebst den Zweigen und Blättern sowie auch aus der Wurzel nach dem ersten Ausschlagen der Saft bereitet. Im abendländischen Iberien scheidet es einen gummiähnlichen Saft ab, wobei die Eingeborenen den mittleren Stengel zur Blüthezeit abschneiden und ans Feuer stellen, damit durch die Wärme das Gummi gleichsam ausschwitze und austrete. Dieses ist aber zum Gebrauche für die Augenmittel kräftiger als der Presssaft.

Anethum Foeniculum L. (Umbelliferae), Fenchel. Er findet sich in Griechenland in allen feuchten Niederungen, aber entfernt von der Meeresküste, wild. Theophrast sagt von der Ausscheidung des Saftes beim Fenchel nichts. Die Früchte sind reich an ätherischem Oel, welches in seiner Zusammensetzung dem Anisöl gleicht.

Cap. 75 (82). Περὶ Ἱππομαράθρου. Hippomarathron. Das Hippomarathron [Einige nennen es Marathis, Andere wilden Fenchel, die Aegypter Sampsos, die Propheten Thymarnolion, die Römer Foeniculum erraticum oder equinum[1]), auch Marum, die Gallier Sistrameor] ist wilder Fenchel, gross. Er trägt einen Samen ähnlich dem Kachrys[2]); die Wurzel darunter ist wohlriechend, getrunken heilt sie Harnzwang. Im Zäpfchen eingelegt befördert sie die Menstruation. Der Same und die Wurzel, wenn sie getrunken werden, stellen den Durchfall, helfen gegen den Biss giftiger Thiere, zertrümmern den Stein und vertreiben die Gelbsucht. Die Abkochung der Blätter als Trank befördert die Milchabsonderung und reinigt die Frauen nach der Geburt.

Es wird auch noch ein anderes Hippomarathron genannt, mit schmalen, kleinen, länglichen Blättern. Die Frucht ist rund, fast wie Koriander, scharf, wohlriechend, erwärmend. In seiner Kraft steht es dem vorigen gleich, wirkt aber schwächer.

[1]) Wild wachsender oder Pferdefenchel. [2]) *Cachrys Libanotis* L., Wohlriechender Kachrys, die Frucht davon nennt D. Kachrys.

Plinius XX 255 beschreibt die Pflanze, die er auch Myrtineum nennt, ebenso kurz, sie soll sehr hoch, der Stengel stabdick sein und an warmen, felsigen Stellen wachsen. Die zweite Art führt er auf Diokles als Autor zurück.

Mit Sicherheit ist das Hippomarathron nicht bestimmt. Anguillara hat *Cachrys Morisonii* Vahl, Kachrys, hierher gezogen, ihm schliessen sich Sprengel und Fraas an, der die Pflanze in Griechenland nicht fand. Die zweite Art wurde von Tabernämontanus *Cnidium Silaum* genannt. Fraas hält sie für *Seseli Hippomarathrum* L., Fenchelblätteriger Sesel, oder *Anethum segetum* L., Wilder Dill, der in Böotien auf Saatfeldern häufig ist.

Cap. 76 (83). Περὶ Δαύχου. Daukos. Der Daukos — Einige nennen ihn Daukeion —. Es gibt eine Art, den kretischen, welcher fenchelähnliche Blätter hat, kleiner jedoch und zarter, einen eine Spanne langen Stengel, eine dem Koriander ähnliche Dolde und weisse Blüthen. In diesen befindet sich die weisse, rauhe, beim Kauen scharfe und wohlriechende Frucht. Die Wurzel ist fingerdick, eine Spanne lang. Er steht an felsigen und sonnigen Stellen. Eine andere Art gleicht dem wilden Sellerie, ist gewürzhaft, scharf, wohlriechend und hat brennenden Geschmack. Der kretische ist der bessere. Eine dritte Art gleicht in den Blättern dem Koriander, hat auch weisse Blüthen, aber ein Köpfchen und eine Frucht wie der Dill, dabei eine Dolde wie die wilde Möhre, voll von scharfen und länglichen Samen wie beim Mutterkümmel. Der Same aller Arten hat erwärmende Kraft. Getrunken befördert er die Menstruation, treibt den Embryo aus und den Harn, beseitigt Leibschneiden und lindert chronischen Husten. Mit Wein getrunken hilft er gegen Spinnenstiche und zertheilt im Kataplasma Oedeme. Von den beiden letzten ist nur der Same im Gebrauch, vom kretischen aber auch die Wurzel, welche meistens mit Wein gegen giftige Thiere getrunken wird.

Die erste Art Daukos wird von den spätmittelalterlichen Schriftstellern, u. A. von Lobel und Matthiolus für *Athamantha cretensis* L., Kretische Augenwurz, gehalten, dem bisher nicht widersprochen ist; die zweite für *Peucedanum Cervaria* L. (Umbelliferae), Hirschwurz oder Haarstrang, sie kommt in ganz Griechenland und Italien vor. Für die dritte Art zieht Sprengel *Seseli ammoides* hierher, Fraas dagegen *Ammi majus* L., bei dem Alles gut passt bis auf die Gestalt der Früchte.

Dieses ganze Capitel findet sich nur bei Oribasios, es wird daher von Matthiolus als unächt bezeichnet.

Cap. 77 (84). Περὶ Δελφινίου. Delphinion. Das Delphinion [Einige nennen es Diachysis, Andere Diachytos, Paralysis[1]), Kamaros[2]), Hyakinthos, Delphinios, Nerion, Neriadion, Sosandron[3]), Kronion, die Römer Bucinus minor[4])] treibt aus einer Wurzel zwei Spannen lange und längere Zweige mit eingeschnittenen zarten, länglichen Blättchen. Die Blüthe ist levkojenähnlich, purpurfarben, von der Gestalt des Delphins, woher auch der Name. Der Same sitzt in Kapseln und ist der Hirse gleich. Dieser hilft, mit Wein getrunken, gegen Skorpionstiche, wie kein anderes Mittel. Man sagt auch, dass die Skorpione bei Annäherung der Pflanze gelähmt werden und kraftlos und betäubt sind, nach Entfernung derselben wieder hergestellt werden. Es wächst an rauhen und sonnigen Stellen.

(Cap. 85.) Es gibt noch ein anderes Delphinion, ganz ähnlich dem vorigen, aber mit viel feineren Blättern und Zweigen. Es hat dieselbe Kraft, wie das vorher genannte, aber es wirkt nicht so energisch.

¹) Lähmung, diese drei Synonyma beziehen sich wohl auf die vermeintliche Wirkung auf den Skorpion. ²) Eine Krebsart (Homarus, Hummer), vielleicht wegen der Wölbung der Blüthenblätter oder der Nektarien. ³) Männer rettend. ⁴) Bezeichnung für Vaccinium.

Sibthorp zieht *Delphinium Ajacis* L., Garten-Rittersporn, hierher, Fraas dagegen *Delphinium peregrinum* L. (Ranunculaceae), Fremder Rittersporn, wegen seiner auffallenden Aehnlichkeit der Blüthe mit dem Delphin, auch der Standort passt, jedoch findet es sich nur in der Nähe des Meeres. Auch an *Delphinium Consolida* L., Feld-Rittersporn, welches in ganz Griechenland und Italien häufig ist, hat man gedacht; es enthält ein Alkaloid Calcatripin (von der früheren Bezeichnung der Blüthen, Flores Calcatripae so genannt).

Die zweite Art (Cap. 85) ist *Delphinium tenuissimum* L., Zarter Rittersporn, eine Pflanze der höheren Xirobunen (Dürrberge) oder der Region der immergrünen Gewächse, bei einer Höhe von 700—800 m.

Cap. 78 (86). Περὶ Πυρέθρου. Bertramwurz. Das Pyrethron [Einige nennen es Doryknion¹), Andere Pyrinon, Pyroton, Pyrothron²), Arnos pyrites³), die Propheten Pyrites, die Römer Salivaris⁴)]] ist eine Pflanze, welche einen Stengel und Blätter treibt wie die wilde Möhre oder der Fenchel, aber eine kreisrunde Dolde⁵) wie der Dill. Die Wurzel hat die Dicke eines grossen Fingers, ist lang, von sehr brennendem Geschmack und bewirkt Schleimabsonderung. Mit Essig gekocht hilft sie daher als Mundspülwasser bei Zahnschmerzen, bewirkt beim Zerkauen Schleimabsonderung und treibt mit Oel eingerieben den Schweiss, ist gegen anhaltende Frostschauer wirksam und ein ausgezeichnetes Mittel gegen erkältete und erschlaffte Körpertheile.

¹) Das Halikakabon des Krateuas und Solanum furiosum bei Plinius; Langkavel (Botanik der späteren Griechen 144, 2) hält es für *Physalis somnifera*, Fraas für *Convolvulus Dorycnium* L., Strauchwinde. ²) Feurig, die drei Synonyma beziehen sich auf das Brennende der Wurzel. ³) Feuerstein des Lammes. ⁴) Speichel erregend. ⁵) Der Ausdruck σκιάδιον ist nicht wörtlich als Umbella, Dolde, aufzufassen, sondern von D. auf den scheibenförmig ausgebreiteten Blüthenstand der Compositen bezogen.

Anthemis Pyrethrum L. (Compositae-Anthemideae), Grosse Anthemis, Bertram-Kamille oder Speichelwurz (*Anacyclus Pyrethrum* D. C.). Eine Pflanze der Mittelmeerländer, daher wohl die kurze Beschreibung, weil D. dieselbe als Allen bekannt voraussetzt.

Die Schärfe und den brennenden Geschmack verdankt die Wurzel dem als Pyrethrin bezeichneten Harze. Sie findet noch zuweilen in der Thierheilkunde und als Volksmittel Verwendung.

Cap. 79 (87). Περὶ Λιβανωτίδος. Libanotis. Es gibt zwei Arten Libanotis; die eine ist fruchttragend — sie wird von Einigen Zea oder Kampsanema genannt —, ihre Frucht heisst Kachrys. Sie hat fenchelähnliche, aber dickere und breitere, kreisförmig über die Erde sich ausbreitende, wohlriechende Blätter; der Stengel ist etwa eine Elle hoch oder höher, mit vielen Achseln und hat an der Spitze eine Dolde, in der

zahlreiche weisse, wirtelähnliche, runde, kantige, scharfe, harzartige, beim
Kauen brennend schmeckende Früchte sich befinden.   Die Wurzel ist
weiss, von ansehnlicher Länge, nach Weihrauch duftend.   Die andere
Art ist in Allem der vorigen ähnlich, sie hat einen breiten schwarzen
Samen wie Bärenklau, er ist wohlriechend, nicht brennend, und eine
aussen schwarze, beim Zerstossen weisse Wurzel.   Die aber als unfrucht-
bar bezeichnete Art ist in Allem den vorigen ähnlich, hat aber weder
Stengel, noch Blüthe, noch Samen; sie wächst an felsigen und rauhen
Stellen.   Das Kraut von allen Arten fein gestossen als Umschlag hemmt
den Hämorrhoidalfluss, lindert Entzündungen am After und bringt Geschwülste, Drüsen und hartnäckige Geschwüre zur Reife.   Die trockenen
Wurzeln reinigen mit Honig Geschwüre, helfen bei Leibschneiden und
sind, mit Wein getrunken, ein gutes Mittel gegen den Biss giftiger
Thiere.   Sie befördern die Menstruation und den Harn, zertheilen auch
als Kataplasma alte Oedeme.   Der Saft des Krautes und der Wurzel,
mit Honig gemischt als Salbe, schärft das Gesicht.   Die Frucht, getrunken, leistet dasselbe; sie hilft bei Epilepsie und alten Brustleiden,
bei Gelbsucht, wenn sie mit Pfeffer und Wein gegeben wird.   Mit Oel
eingesalbt wirkt sie auch schweisstreibend.   Ferner ist sie ein gutes
Mittel gegen innere Rupturen und Krämpfe, sowie gegen Podagra, wenn
sie fein gestossen mit Taumellolchmehl und Essig umgeschlagen wird.
Mit schärfstem Essig gemischt beseitigt sie weisse Flecken.   Zu Tränken
darf man aber die Libanotis nicht gebrauchen, welche die Kachrys trägt,
denn sie ist scharf und macht die Luftröhre rauh.   Theophrast berichtet,
eine Libanotis, welche dem wilden bitteren Giftlattich ähnliche Blätter
habe, wachse zusammen mit der Heide, die Wurzel sei aber kurz, sie
führe nach oben und unten ab, ihre Blätter seien weisser und rauher als
die des Giftlattichs.

Die erste Art ist ohne Zweifel *Cachrys Libanotis* L. (Umbelliferae), Wohlriechende Kachrys. Sie hat eine lange, möhrenartige Wurzel, einen aufrechten,
beblätterten, kahlen Stengel, dreispaltige, lineale, fast stechende Blattabschnitte, zahlreiche Hüllblätter, eine vielstrahlige Dolde mit an der Spitze eingerollten Blüthenblättern und eiförmige Früchte mit sehr dicken Riefen; ihre Heimath ist das südlichste Europa und Nordafrika. Die zweite hält Sprengel für *Ferula nodiflora* L.,
Knotenblühendes Steckenkraut, es ist die ναρθηκία des Theophrast (Hist.
pl. VI 2, 7). Ihre Wurzel ist schwarzbraun, tiefgehend, vielköpfig, der Stengel bis
fast 2 m hoch, markig, in zahlreiche Blüthenäste getheilt. Die Wurzel- und unteren
Stengelblätter sitzen auf gegen das Blatt zu dreikantigen Stielen, sie haben grosse,
breite Lappen, die übrigen Stengelblätter sitzen auf kurzen Scheiden, verkleinern
sich nach oben und bestehen schliesslich nur noch aus linealen, spitzen, zurück-
gekrümmten Scheiden. Die Dolden sind flach, bis zwanzigstrahlig, die Hüllen sechs-
blätterig, die Blüthen dottergelb, die Früchte rostbraun. An steinigen Plätzen in
Südeuropa. Die nach Theophrast (Hist. pl. IX 11, 11) zwischen der Heide wachsende
ist nicht bestimmt, ebenso nicht die als unfruchtbar bezeichnete Art.

(Cap. 88.) Das Kachry[1]) hat erwärmende, stark austrocknende Kraft, deshalb eignet es sich als Zusatz zu reinigenden Salben; gegen triefende Augen wird es auf den Kopf gestreut und nach drei Tagen abgewischt.

[1]) D. gebraucht hier das Neutrum.

(Cap. 89.) Die Libanotis, welche die Römer Rosmarinus nennen, und welche die Kranzbinder gebrauchen, bildet zarte Zweige mit zarten, dichten, länglichen, schmalen, unterseits hellen, oberseits aber grünen, starkriechenden Blättern. Sie hat erwärmende Kraft und heilt die Gelbsucht, wenn man dieselbe in Wasser gekocht vor den körperlichen Uebungen zu trinken gibt, dann üben, waschen und Wein trinken lässt. Sie wird auch den kräftigenden Salben und der Mostsalbe zugesetzt.

Rosmarinus officinalis L. (Labiatae), Rosmarin. Die nach dem Trocknen beinahe nadelförmig zusammengeschrumpften Blätter des bis zu 2 m hohen Strauches der Mittelmeergegenden finden nur noch beschränkte Anwendung, besonders als Volksmittel. Sie haben einen kampferartigen, vom ätherischen Oel bedingten Geruch, der ihnen, dank der geschützten Oeldrüsen, sehr lange verbleibt.

Cap. 80 (90). Περὶ Σφονδυλίου. Bärenklau. Das Sphondylion [Einige nennen es Arange[1]), Andere Phalangion[1]), Asterion[2]), Nisyris, Sphondylis, Chorodanon, Oinanthe, die Römer Herba rutinalis, die Aegypter Apsapher, die Propheten Osiris] hat Blätter in etwa denen der Platane ähnlich, denen des Steckenkrauts[3]) sich nähernd, Stengel von der Höhe einer Elle und auch grösser, dem Fenchel ähnlich, mit Dolden an der Spitze, in denen der dem Sesel gleichende doppelte Samen sitzt, der aber breiter, weisser, mehr spreuartig ist und durchdringend riecht. Es hat gelbe oder weisse Blüthen, eine weisse rettigähnliche Wurzel und wächst in Sümpfen und an feuchten Stellen. Seine Frucht scheidet, getrunken, den Schleim durch den Stuhlgang aus; weiter heilt sie, getrunken, Leberleiden, Gelbsucht, Orthopnöe, Epilepsie und Mutterkrämpfe. In der Räucherung weckt sie die von Schlafsucht Befallenen auf. Mit Oel auf den Kopf gestrichen ist sie ein gutes Mittel für solche, die an Gehirnkrankheit, Lethargie und Kopfschmerzen leiden; mit Raute als Umschlag heilt sie Schlangenbisse. Auch die Wurzel wird Gelbsüchtigen und Leberleidenden gegeben. Ringsum abgeschabt und eingelegt bringt sie Wulste in Fisteln zum Verschwinden. Der Saft der frischen Blüthen ist ein gutes Mittel gegen geschwürige und eiterflüssige Ohren. Nach seiner Darstellung wird er aufbewahrt wie die übrigen Säfte.

[1]) Arange hängt vielleicht mit Arachne (ἀράχνη), Spinne, zusammen; Phalangion, eine Pflanze, die besonders gegen den Biss der giftigen Spinne diente. [2]) Sternartig, von der 30strahligen Dolde. [3]) C. C. κατὰ ποσὸν πρὸς τὰ τοῦ ὑποπάνακος, πλατανοιδῆ, beinahe denen des Opopanax ähnlich, platanenartig.

Heracleum Sphondylium L. (Umbelliferae), Bärenklau. In Griechenland scheint es sehr selten zu sein, im nördlichen Italien ist es häufig.

Cap. 81 (91). Περὶ Νάρθηκος. Steckenkraut. Narthex [bei den Römern Ferula]; das Mark der grünen Pflanze hilft getrunken gegen Blutspeien und Magenleiden, auch wird es mit Wein gegen Vipernbisse gegeben, und wie Lampendocht eingelegt stillt es Nasenbluten. Die Samen besänftigen, getrunken, Leibschneiden und rufen, mit Oel eingesalbt, Schweiss hervor. Der Genuss der Stengel bewirkt Kopfschmerzen; sie werden auch mit Salzbrühe eingemacht.

Der Narthex treibt also oft einen drei Ellen langen Stengel mit fenchelähnlichen, aber viel dickeren und grösseren Blättern; aus ihm wird auch das Sagapen gewonnen, indem er über der Wurzel angeschlagen wird.

Der letzte Satz kann wohl mit Sicherheit als ein Anhängsel von fremder Hand betrachtet werden, da D. auch selbst später angibt, dass das Sagapen aus einer Ferula-Art in Medien gewonnen wird. Plinius XIII 124 sagt allerdings auch, dass der Stengel beim Einschneiden einen milchigen Saft abgibt, aber von Sagapen spricht er nicht.

Ferula communis L. (Umbelliferae), Gemeines Steckenkraut. Der Stengel wurde wegen seiner Leichtigkeit zu Stäben gebraucht. Nach Sibthorp ist die Pflanze in Griechenland selten, aber stets gesellschaftlich auf felsigen Hügeln mit tief ausgefüllten Spalten. Sie hat eine starke Wurzel, einen bis über 2 m hohen markigen, nach oben ästigen und dort nur Scheiden tragenden Stengel, grosse, hellgrüne, aber matte, vielfach-fiederschnittige Blätter mit linealen, schlaffen Abschnitten und sitzende, endständige, von mehreren gestielten, unfruchtbaren wirtelig umgebene Dolden. Sie war dem Pan heilig.

Cap. 82 (92). Περὶ Πευκεδάνου. Haarstrang. Der Peukedanos [Einige nennen ihn wilden (Fenchel)[1], Andere Agriophyllon[2], die Propheten guten Geist, auch Pinasgelum, die Römer Sataria[3]] treibt einen schmalen fenchelähnlichen Stengel, um die Wurzel hat er einen tüchtigen, dichten Schopf, eine gelbe Blüthe, eine schwarze, durchdringend riechende, volle, saftreiche Wurzel. Er wächst an schattigen Bergen. Der Saft wird daraus gewonnen, indem die zarte Wurzel mit einem Messer abgeschnitten und der ausfliessende Saft rasch in den Schatten gestellt wird, denn in der Sonne schwindet er bald[4]. Beim Sammeln aber verursacht er Kopfschmerz und Schwindel, wenn man nicht vorher seine Nase mit Rosenöl eingerieben und den Kopf damit besprengt hat. Die Wurzel, welcher man den Saft entzogen hat, ist unbrauchbar. Auch aus den Stengeln und der Wurzel wird natürlicher und ausgepresster Saft gezogen, wie bei der Mandragora[5], dieser Saft wirkt aber schwächer als der natürliche, verliert auch schneller seine Kraft. Zuweilen findet sich eine schon hart gewordene weihrauchähnliche Thräne an den Stengeln und Wurzeln klebend. Den Vorzug verdient der in Sardinien und Samothrake gewonnene Saft, er ist von durchdringendem Geruch, tiefgelb und hat brennenden Geschmack. Mit Essig und Rosensalbe als Einsalbung ist er ein gutes Mittel bei Lethargie, Hirnkrankheit, Schwindel, Epilepsie, chronischem Kopfschmerz, Paralyse, Ischias, überhaupt bei allen Nervenleiden, wenn er mit Oel und Essig eingeschmiert wird. Er ist auch ein Riechmittel bei Mutterkrämpfen und zum Aufwecken der Ohnmächtigen. Zum Räuchern angezündet verscheucht er wilde Thiere. Ferner hilft er mit Rosenöl eingetröpfelt bei Ohrenleiden, und in den angefressenen Zahn gesteckt bei Zahnschmerzen. Weiter ist er von guter Wirkung, wenn er mit Eiern genommen wird, bei Husten, ebenso bei Athemnoth, Leibschneiden und Blähungszuständen. Den Bauch erweicht er leicht, verkleinert die Milz und hilft vorzüglich bei schweren Geburten. Ferner ist er im Trank ein gutes Mittel gegen Schmerzen und Spannung der Blase und der Nieren, er öffnet auch die Gebärmutter. Die Wurzel leistet dasselbe, wirkt aber schwächer; auch ihre Abkochung wird getrunken. Trocken fein gerieben reinigt sie schmutzige Geschwüre, zieht Knochensplitter aus und bringt alte Wunden zur Vernarbung. Sie wird auch Ceraten und erwärmenden Salben zugesetzt. Wähle aber die frische, nicht zerfressene, derbe, die vollen Geruch hat. Zu den Tränken wird der natürliche Saft mit bitteren Mandeln, Raute, warmem Brod oder Dill versetzt[6]).

[1]) Apulejus nimmt als sicher an, dass hier μάραθρον, Fenchel, zu ergänzen ist. [2]) Wildes Blatt. [3]) Auch Satanaria, Teufelskraut, bei Apulejus. [4]) Man muss hier wohl annehmen, dass die Wurzeln mit dem ausfliessenden Saft in den Schatten gestellt wurden; denn der Saft strömt durch den natürlichen Saftdruck aus den Milchsaftgefässen, in der Sonne würden diese aber sehr bald eintrocknen. [5]) Nämlich durch Auspressen. [6]) λύεται, C. u. N. μίγνυται, wird gemischt.

Sprengel spricht die Pflanze als *Peucedanum officinale* L. (Umbelliferae), Gemeiner Haarstrang, an, eine in Griechenland seltene, in Norditalien öfter vorkommende Art. Fraas lässt die Frage, ob *Peuced. offic.* oder *creticum*, offen.

Die Wurzel hat einen gelben, nach Schwefel riechenden Milchsaft; sie wurde früher als Pulver oder im Decoct zur Vertreibung von Ungeziefer bei Menschen und Vieh angewandt und in den Apotheken als Rad. Peuced. oder Foenic. porcini geführt.

Cap. 83 (93). Περὶ Μελανθίου. Schwarzkümmel. Das Melanthion [Einige nennen es auch schwarzen wilden Mohn, die Römer schwarzen Mohn] ist ein kleiner Strauch mit zarten Zweigen, zwei Spannen hoch und höher, hat kleine Blätter wie das Berufkraut, aber viel zarter, und an der Spitze ein zierliches, längliches Köpfchen wie beim Mohn, welches innen Scheidewände besitzt, in denen der schwarze, feste, wohlriechende Same sich befindet, der ins Brod geknetet wird. Im Umschlag auf die Stirn ist er ein gutes Mittel gegen Kopfschmerzen und

mit Irisöl als Injection in die Nase gegen beginnenden Star¹). Mit Essig
aufgelegt entfernt er Leberflecken und Aussatz, ebenso alte Oedeme und
Verhärtungen; mit altem Harn eingeschmiert zieht er ringsum eingeschnittene Nägel heraus. Mit Essig und Kienholz gekocht als Mundspülwasser hilft er bei Zahnschmerzen. Ferner treibt er mit Wasser als
Umschlag auf den Nabel die runden Würmer aus, hilft, fein gestossen
und in eine Binde gegeben, als Riechmittel denen, die an Schnupfen leiden
und befördert, mehrere Tage getrunken, die Menstruation, den Harn und
die Milchabsonderung. Mit Wein getrunken beruhigt er Athmungs-
beschwerden; in der Gabe von 1 Drachme mit Wasser genommen hilft
er bei Spinnenbissen. Zur Räucherung angezündet verscheucht er die
Schlangen. Man sagt aber, dass er, im Uebermaass genossen, tödte.

¹) τοῖς ἀρχομένοις ὑποχεῖσθαι, beginnende Unterlaufung; ὑπόχυσις ist nach Stern
(Die Augenheilkunde des Dioskorides S. 71) der alte Name für Star, Katarakt.

Nigella sativa L. (Ranunculaceae), Schwarzkümmel.

D. nennt die Pflanze Melanthion, schwarze Blüthe, wiewohl sie blau blüht;
richtiger bezeichnet ist sie in den Euporista II 93 als Melaspermon, schwarzer
Samen. Bei Plinius XX 182 heisst sie Git, auch Melaspermon, an anderer Stelle (XXII
53) sagt er, sie werde von Einigen auch Anthemis genannt. Greifen wir aber auf die
Hippokratiker zurück, so haben diese unter Melanthion zwei verschiedene Pflanzen
verstanden, von denen die eine unsere Nigella sativa, die andere durch den Zusatz:
„τὸ ἐκ τῶν πυρῶν" oder „ἐλέξας ἐκ τῶν πυρῶν", „das aus dem Weizen" oder „das aus
dem Weizen Ausgelesene", näher gekennzeichnet wird.

v. Grot (Histor. Studien aus dem pharmakol. Inst. d. Univ. Dorpat I S. 24)
bezieht dasselbe mit Kobert nicht zu Unrecht auf das Mutterkorn, den auf verschiedenen Getreidearten wachsenden Pilz, *Claviceps purpurea* (Secale cornutum), da
es innerlich und äusserlich nur als Uterusmittel, ja sogar als Fruchtabtreibungsmittel
gebraucht wird (vgl. Littré VIII p. 154, 158, 160, 184, 190, 198 etc.).

Ebenso hält Stephanus (Thesaur. ling. graec. ed. Hase, Paris 1831, Tom. I)
dafür, dass ein Melanthium und ein Pseudo-Melanthium anzunehmen sei, und
dass letzteres das Uterusmittel der Hippokratiker sei.

Nicolai Kruskal (Ueber Agrostemma Githago L., Arbeiten des pharmakol.
Inst. zu Dorpat, 1891) will mit Bezug auf die Angabe des D., dass hohe Dosen des
Melanthion den Tod verursachen können, *Agrostemma Githago* L., die Kornrade,
hierher ziehen. Das Melanthium des D. ist viel kleiner als die Rade, hat auch einen
ganz anderen Habitus als letzteres (s. auch Cap. 105).

Die Samen von Nigella sativa sind nur noch als Volksmittel in Gebrauch.

Cap. 84 (94). Περὶ Σιλφίου. Silphion. Das Silphion wächst
in Gegenden von Syrien, Armenien, Medien und in Libyen. Sein Stengel
heisst Maspeton und ist dem Steckenkraut ähnlich; es hat Blätter wie
Sellerie und einen breiten Samen. Die Wurzel ist erwärmend, schwer zu
verdauen und schlecht für die Blase. Mit Wachssalbe vermengt heilt sie
Drüsen am Halse und Geschwülste oder auch Sugillationen unter den
Augen, wenn sie mit Oel angewandt wird. Mit Iris- oder Kypros-Wachs-
salbe ist sie ein gutes Mittel bei Ischias. Auswüchse am After vertreibt

sie, wenn sie mit Granatrinde und Essig gekocht und aufgelegt wird. Getrunken ist sie ein Gegenmittel gegen tödtliche Gifte. Den Speisen und Salzen verleiht sie Wohlgeschmack. Der Saft wird ihr nach Einschnitten in die Wurzel und den Stengel entnommen; den Vorzug darunter verdient der röthliche und durchscheinende, der der Myrrhe ähnlich ist, einen kräftigen Geruch hat, nicht lauchartig ist und keinen unmilden Geschmack hat, der leicht und mit weisslicher Farbe zergeht. Der kyreneische, auch wenn man nur wenig davon gekostet hat, bewirkt Feuchtigkeit im ganzen Körper, er ist von Geschmack sehr milde, so dass beim Kosten der Mund nicht oder nur sehr wenig danach riecht. Der medische und syrische ist von geringerer Kraft und hat einen sehr stinkenden Geruch. Verfälscht wird jeder Saft vor dem Eintrocknen, indem ihm Sagapen oder Mehl von Hülsenfrüchten zugesetzt wird; dieses erkennt man am Geruch, Geschmack, am Aussehen und an der Auflösung. Einige haben den Stengel Silphion, die Wurzel Magydaris und die Blätter Maspeta genannt. Am wirksamsten ist der Saft, danach kommen die Blätter und dann der Stengel. Er ist Winde treibend und scharf und heilt die Fuchskrankheit, wenn er mit Wein, Pfeffer und Essig aufgestrichen wird. Er bewirkt Sehschärfe und zerstreut beginnenden Star, wenn er mit Honig eingeschmiert wird. Gegen Zahnschmerzen wird er in den hohlen Zahn gesteckt, auch mit Weihrauch in Leinen gehüllt und daran gelegt, ebenso in der Abkochung von Hysop (smyrnäischem Dosten) und Feigen mit Essigwasser als Mundspülung angewandt. Er hilft ferner beim Biss des tollenden Hundes auf die Wunde gelegt und als Salbe und im Trank gegen die Bisse aller giftigen Thiere und gegen giftige Pfeilwunden. Gegen die Skorpionstiche wird er mit Oel verdünnt als Salbe aufgelegt. Bei Gangränen wird er applicirt, nachdem sie vorher angeritzt sind, bei Karbunkeln mit Raute, Natron und Honig oder für sich allein. Hühneraugen und Schwielen entfernt er, nachdem sie erst ringsum eingeschnitten sind, wenn er vorher mit Wachssalbe oder dem Fleische von trockenen Feigen vermischt ist. Frische Flechten heilt er mit Essig, Sarkome und Polypen, wenn er mit Vitriol oder Schwefel einige Tage aufgestrichen wird; die Auswüchse werden mit einer Zange herausgezogen. Er hilft bei chronischer Rauheit der Luftröhre und heilt plötzlich eingetretene Heiserkeit rasch, wenn er, mit Wasser verdünnt, geschlürft wird. Das (geschwollene) Zäpfchen bringt er, mit Honig eingesalbt, wieder in Ordnung, bei Schlundmuskelentzündung ist er mit Honigmeth von Nutzen. Denen, die ihn durch die Zeit[1]) nehmen, verschafft er eine gute Farbe. Im Ei zum Schlürfen gereicht ist er ein gutes Mittel gegen Husten, im Schlürftrank bei Brustfellentzündung; Gelbsüchtigen und Wassersüchtigen wird er erfolgreich mit trockenen Feigen gegeben. Mit Pfeffer, Weihrauch und Wein getrunken vertreibt er Frostschauer. Die an Starrkrampf und

Opisthotonie Leidenden lass ihn in der Gabe von 1 Obole einnehmen. Blutegel, welche am Schlunde hängen, wirft er beim Gurgeln mit Essig heraus. Denen, welchen die Milch in der Brust geronnen ist, und den Epileptikern hilft er mit Sauerhonig genommen. Mit Pfeffer und Myrrhe getrunken befördert er die Katamenien. Den Magenkranken verschafft er Linderung, wenn er mit Weintrauben genommen wird. Mit Lauge getrunken heilt er plötzlich auftretende Krämpfe und innere Rupturen. Zu den Tränken wird er aber mit bitteren Mandeln, Raute oder warmem Brod gemischt. Der Saft der Blätter leistet wohl dasselbe, aber viel schwächer. Er wird mit Sauerhonig genossen als Mittel gegen Luftröhrenaffectionen, besonders gegen Heiserkeit. Man gebraucht ihn auch zur Speise mit Gartensalat anstatt der Rauke.

Es wird auch eine andere in Libyen wachsende Magydaris genannt, die Wurzel ist der des Silphion ähnlich, aber weniger dick, dabei scharf und locker und ohne Saft. Sie leistet dasselbe wie das Silphion.

---

¹) ἐν διαίτη.

Bei Antiphanes (Athen. I 50) und dem Nikander-Scholiasten (Alexiph. 308) heisst nur die Wurzel Silphion; Galen (Comment. in Hippocr. de vict. acutor. IV 877) sagt, die Bezeichnung sei allmählich auf die ganze Pflanze übergegangen.

Theophrast (Hist. pl. VI 3, 2 sqq.) nennt abweichend von D. das Blatt des Silphion Maspeton, den Samen Phyllon, weil er blattähnlich ist. „Der Stengel ist einjährig; im Frühjahr erscheint zuert das Blatt, Maspeton, welches sehr nahrhaft für das Vieh ist und dem Fleisch eine wunderbare Süsse verleiht, dann kommt der Stengel, welcher jegliches Gericht, gekocht oder gebraten, schmackhaft macht und, wie man sagt, demselben eine 40tägige Purgirkraft gibt. Der Stengel und die Wurzel liefern einen Saft, von dem jedesmal nur eine bestimmte Quantität abgezogen wird; da er leicht verdirbt, wird er mit Mehl zu einer Paste geknetet und aufbewahrt. Das Silphion flieht jede Cultur, es kommt nur wild vor. Die sogen. Magydaris ist vom Silphion verschieden, weniger scharf und saftlos; sie wächst in Syrien und nicht in Kyrene, kommt auch am Parnass vor und wird Silphion genannt. Das Silphion soll durch häufige Regengüsse in Libyen entstanden sein" (De caus. pl. I 5, 1).

Herodot (IV 169) und Theophrast bezeichnen Kyrene (heute Barka) als die einzige Heimath des Silphion. Bei Hippokrates (De morb. IV) heisst es, dass man vergebens versucht habe, dasselbe in Jonien oder im Peloponnes anzupflanzen.

Plinius XIX 38 nennt die Pflanze Laserpitium und den Saft Laser; zu seiner Zeit war diese berühmteste Pflanze des Alterthums schon so selten, dass der Saft mit Silberdenaren aufgewogen wurde. Ein Zweig der Pflanze wurde als fürstliches Geschenk dem Kaiser Nero übersandt. Plinius nennt die Blätter Maspeta, den Stengel Magydaris, im Uebrigen stimmen seine Berichte mit denen des Theophrast überein.

Die Deutung der Pflanze hat eine umfangreiche Literatur hervorgerufen. Das Silphium Linné's hat mit dem der Alten nichts zu thun. Bis in die neuere Zeit (auch bei Fraas S. 146 und bei Lenz S. 569) hat man an der Ansicht festgehalten, das Silphion sei *Thapsia garganica* oder *Th. Silphium* (Compos.). Durch die Untersuchungen Schroff's (Ueber das Silphium der alten Griechen, Med. Jahrbücher 1862, I u. II) ist dieselbe aber als vollständig irrig nachgewiesen. Er stellt fest, dass Silphium und Thapsia zwei pharmakologisch ganz verschiedene Pflanzen sind. Die Untersuchung einer in der Gegend des ehemaligen Kyrene gesammelten Wurzel von Thapsia ergab, dass das Wirksame in dem harzigen Milchsafte derselben liegt, welcher sich in Alkohol und Aether löst, dass in dem ausgezogenen Pulver keinerlei wirksame Substanz zurückbleibt. Dieser Milchsaft ist blasenziehend, seine Wirkung ist der des Crotonöls und der Kanthariden gleich. Das stimmt auch mit der Warnung des Theophrast, dass man sich beim Graben der Thapsia-Wurzel vom Winde abgewandt stellen und das Gesicht mit Wachssalbe überziehen müsse, sonst schwelle der Körper durch die Ausdünstung der Pflanze an, im Gesicht bekomme man die Rose u. s. w. Der wahre Grund davon ist der ins Gesicht, auf die Hände u. s. w. gespritzte Milchsaft. Auch sonst kann die Beschreibung der Thapsia des Theophrast und D. nicht auf das Silphion bezogen werden. Der Text des D. lässt offenbar auf zwei verschiedene Pflanzen schliessen. Das Silphion der Alten war erstlich eine wohlriechende, äusserst wohlschmeckende Pflanze, heimisch in der Landschaft Kyrene, dann eine sehr hässlich riechende (βρωμωδεστέραν ἔχουσα ὀσμήν) in Medien und Armenien. Die letztere ist ohne Zweifel *Ferula Asa foetida* L., *Ferula Narthex* Boiss., auch *Ferula Scordosma* Bentl. et Trimen (Umbelliferae), Stinkasant, der in Persien wachsende, 2—3 m hohe Strauch, welcher das Gummiharz Asa foetida liefert. Zur Saftgewinnung wird beim Welken der Blätter der Stengel abgeschnitten, die Wurzel entblösst und mit Blättern umlegt und angeschnitten. Oder man schneidet eine Scheibe nach der anderen von der Wurzel ab und sammelt den austretenden dünnen Saft, „Shir“, welcher mit anderen Substanzen zur Consistenz geknetet wird. Nach mehreren Monaten tritt ein dickerer Saft, „Pispaz“, aus, die Asa foetida des Handels, das Hiltit der Araber. Sie kommt in mehreren Sorten vor: 1. in Körnern oder Thränen (Asa foet. in granis seu lacrymis), es sind unregelmässige, lose oder verklebte, blassbräunliche Körner, welche in der Kälte hart, in der Wärme weich sind. Auf dem Bruche sind sie bläulichweiss, porzellanartig, werden an der Luft aber röthlich, violett und zuletzt blassbräunlich. 2. Asa foet. in massis seu amygdaloides, unregelmässige, dunkelfarbige Klumpen mit eingebetteten Körnern (Mandeln) der ersten Sorte. Sie enthält auch Pflanzenreste, Sand, Steinchen u. s. w.

Die Asa foetida besteht aus bis zu 71% Harz, 6—9% ätherischem Oel und 12—15% einer Art Gummi und ist ein Antihystericum und Wurmmittel.

Auch Oerstedt (Zeitschr. f. Ethnol. III 3) unterscheidet zwischen kyreneischem und medischem Silphion, das letztere ist nach ihm Asa foetida. Die erstere Pflanze war von der grössten medicinischen und nationalen Bedeutung, da jeder Theil der Pflanze einen hohen Werth hatte. Die dicke, heilkräftige Wurzel kam in Scheiben geschnitten in den Handel, die jungen Sprossen gaben das feinste Gemüse, die Stengel galten als Delicatesse, Wurzel und Stengel lieferten den kostbaren heilkräftigen Saft. Die Pflanze wurde so geschätzt, dass sie auf den Münzen abgebildet wurde. In der Nationalbibliothek zu Paris befindet sich ein antikes Gefäss, die Arkesilas-Schale, in deren Vertiefung der König Arkesilas (wahrscheinlich Arkesilas IV. um die Mitte des 4. Jahrh. v. Chr.) das Abwägen des Silphion controllirt, während Sklaven und Arbeiter dasselbe in Säcke verpacken.

Der englische Botaniker Falkoner hat im nördlichen Kaschmir ein hohes Doldengewächs gefunden, welches eine Art Asant liefert, und dasselbe als *Narthex* bestimmt. Friedländer (Numismatische Zeitschr. 1872) sagt: „Die Abbildung der Pflanze entspricht genau dem Bilde der Münzen“ u. s. w. (s. Baumeister, Denkmäler II p. 948 und Janus 1898, Juli-August). Nach der Abbildung ist der starke, gerillte Stengel reichlich mit fiederspaltigen Blättern besetzt, deren Stiele aufgeblasene Scheiden bilden; an der Spitze des Stengels sitzt eine nicht reich verzweigte Dolde.

Welcher Zusammenhang zwischen dieser Pflanze Ostindiens und dem Silphion an der Küste des Mittelländischen Meeres besteht, muss dahingestellt bleiben. Jedenfalls hat die Untersuchung das negative Resultat gehabt, dass Thapsia nicht die Mutterpflanze des kyreneischen Silphion ist.

Cap. 85 (95). Περὶ Σαγαπήνου. Sagapenon. Das Sagapen ist der Saft einer steckenkrautähnlichen, in Medien wachsenden Pflanze. Den Vorzug verdient das durchscheinende, welches aussen gelb, innen aber weiss ist, den Geruch hält zwischen Silphion und Galbanum und scharfen Geschmack hat. Es wirkt gegen Brust- und Seitenschmerzen, gegen innere Rupturen, Krämpfe und chronischen Husten, es reinigt auch die Lunge von dickem Schleim. Es wird ferner denen im Tranke gegeben, die an Epilepsie, an Opisthotonie, an der Milz, an Paralyse, Erkältungen und periodischen Fiebern leiden. Auch in Salben wird es mit Nutzen angewandt. Es befördert die Menstruation und tödtet den Fötus, wenn es mit Honigmeth getrunken wird. Mit Wein genommen hilft es den von giftigen Thieren Gebissenen. Mit Essig als Riechmittel richtet es die von Mutterkrämpfen Gepeinigten auf. Es entfernt Narben im Auge, Verdunkelungen auf der Pupille und Unterlaufungen. Es wird wie der Saft[1]) mit Raute und bitteren Mandeln oder Honig oder warmem Brode gemischt.

[1]) d. h. Silphion-Saft.

Als wahrscheinliche Mutterpflanze des Sagapen wird *Ferula persica* L. oder *Ferula Scuntziana* D. C. (Umbelliferae), Persisches Steckenkraut, angenommen. Aus dem Arzneischatze ist es schon lange verschwunden.

Cap. 86 (96). Περὶ Εὐφορβίου. Euphorbion. Das Euphorbion ist ein steckenkrautähnlicher libyscher Baum, welcher am **Atlas** in Maurusien[1]) wächst, voll eines scharfen Saftes, vor dem die dortigen Bewohner sich fürchten und ihn wegen des heftigen Brennens so sammeln: Sie binden also frische gereinigte Schafmägen um den Baum und verwunden dann aus der Ferne seine Rinde mit Wurfspeeren; sofort aber, wie aus einem Gefässe ergiesst sich der Saft reichlich in die Mägen, er wird aber auch herausgeschleudert und auf die Erde gespritzt. Es gibt zwei Arten des Saftes, den durchscheinenden, wie Sarkokolla, von Erbsengrösse, und den glasartigen, in den Mägen gesammelten. Verfälscht wird er durch Vermischen mit Sarkokolla und Leim. Wähle aber den durchsichtigen und scharfen. Schwer ist er durch eine genommene Kostprobe zu beurtheilen, weil, wenn einmal die Zunge davon berührt ist, das Brennen eine ziemliche Zeit anhält, so dass alles ihr Gebotene Euphorbium zu sein scheint. Die Erfindung desselben wird aber auf Juba, den König von Libyen, zurückgeführt. Der Saft hat, eingestrichen, die Kraft, Unterlaufungen des Auges zu vertheilen; er brennt jedoch den ganzen Tag,

deshalb wird er mit Honig oder mit Kollyrien zu dem betreffenden Schärfe-
grade gemischt. Er ist ein gutes Mittel bei Ischiasleiden, wenn er einem
aromatischen Tranke zugesetzt und getrunken wird. Knochensplitter zieht
er am selben Tage aus, bei der Anwendung muss man aber das um die
Knochen herum liegende Fleisch mit Charpie oder Wachssalbe sichern.
Einige erzählen, dass den von Schlangen Gebissenen keinerlei Ungemach
passirt, wenn man die Kopfhaut bis auf die Knochen einschneidet, den
fein geriebenen Saft hineinschüttet und die Wunde zunäht.

¹) Oder Mauretanien, eine Landschaft im Nordwesten des den Alten bekannten
Afrika, das heutige Algerien.

D. nennt die Pflanze einen Baum, da er dieselbe wohl selbst nie gesehen hat.
Nach Plinius XXV 77 hat Juba, König von Mauretanien und Getulien (30 v. Chr.
bis 24 n. Chr.), die Pflanze zuerst aufgefunden, ihr ein Werkchen gewidmet und sie
nach seinem Leibarzt Euphorbos benannt.

Die Mutterpflanze des Euphorbium ist *Euphorbia resinifera* Berg (Euphorbiaceae), ein kaktusähnlicher, 2 m hoher, oft reich verzweigter Strauch an den Vorbergen
des westlichen Atlas, hauptsächlich im Inneren von Marokko, mit daumendicken, vierkantigen, fleischigen, bläulichgrünen Aesten mit concaven Seitenflächen. Die Rinde
des Stengels und die Blätter sind von zahlreichen, besonders nach reichlichem Regen
saftstrotzenden Milchsaftgefässen durchzogen. Da das ganze Röhrennetz aus einer
Zelle ohne Querwände besteht, genügt ein Schnitt zur Entleerung eines grossen Theils
des Milchsaftes.

Das Euphorbium bildet mattgelbe, unregelmässige, oft stalaktitenartige, durchscheinende, leicht zerreibliche, geruchlose, scharf und brennend schmeckende Massen,
welche oft Stacheln und Stengelfragmente einschliessen und beim Zerreiben und Pul-
vern heftiges Niesen erregen. In Wasser ist es wenig, in Alkohol und Aether besser
löslich. Es besteht hauptsächlich aus Euphorbon, weissen, glänzenden, luftbestän-
digen Krystallen, aus ätherlöslichem Harz mit scharfem, brennendem Geschmack,
welchem die reizenden Eigenschaften zukommen, aus ätherunlöslichem Harz,
Gummi, Salzen u. s. w. Zur Gewinnung des Euphorbium schneiden die Sammler
die Knoten der Stengel an und lösen später den erstarrten Saft ab.

Es dient heute als Zusatz zu reizenden Pflastern und Salben.

Cap. 87 (97). Περὶ Χαλβάνης. Galbanum. Die Chalbane ist
der Saft eines in Syrien wachsenden Steckenkrautes, welches Einige auch
Metopion nennen. Als bestes Galbanum gilt das, welches weihrauchähnlich, körnig, rein, fettig, holzfrei ist und etwas Samen und Steckenkraut untermischt enthält, welches einen scharfen Geruch hat und weder
sehr feucht noch aber auch sehr trocken ist. Sie verfälschen es durch Zusatz von Harz, Bohnenmehl und Ammoniakum. Es hat erwärmende, brennende, reizende und vertheilende Kraft. Im Zäpfchen und in der Räucherung angewandt befördert es die Menstruation und treibt den Fötus aus.
Mit Essig und Natron aufgestrichen vertreibt es Leberflecken. Getrunken
wird es aber gegen alten Husten, Athemnoth, Asthma, innere Rupturen und
Krämpfe. Mit Wein und Myrrhe genommen ist es ein Gegenmittel gegen
Gift; es wirft auch, in gleicher Weise genommen, den todten Fötus her-

aus. Ferner wird es bei Seitenschmerzen und Furunkeln aufgelegt. Epi-
leptische, von Mutterkrämpfen und Schwindel Befallene regt es als Riechmittel an. Wilde Thiere verscheucht es, wenn es zur Räucherung
angezündet wird, die damit Eingesalbten schützt es vor den Bissen derselben. Schlangen tödtet es, wenn es mit Bärenklau und Oel in deren
Nähe gebracht wird. Zahnschmerz lindert es herumgestrichen oder in den
hohlen Zahn gesteckt. Es scheint aber auch Harnverhaltung zu bewirken.
Zu Tränken wird es aber mit bitteren Mandeln und Wasser, oder Raute
oder Honigmeth oder warmem Brode gemischt; anders[1]) aber mit Mohnsaft, gebranntem Kupfer oder feuchter Galle. Wenn du dasselbe reinigen
willst, so gib es in siedendes Wasser; denn wenn es geschmolzen ist,
wird der Schmutz obenauf schwimmen, den du so absonderst: Gib es in
ein lockeres leinenes Säckchen und hänge dieses in eine eherne Büchse
oder ein ehernes Gefäss, so dass der Beutel den Boden des Gefässes nicht
berührt, lege einen Deckel darauf und setze es in kochendes Wasser;
denn so wird das Brauchbare wie durch ein Seihetuch sich abscheiden,
das Holzige aber bleibt im Leinensacke zurück.

[1]) d. h. zum äusserlichen Gebrauche.

Der Name tritt uns schon in II. Mos. 30, 34 entgegen, wo Chelbenah unter
dem Räucherwerke aufgeführt wird.

Theophrast (Hist. pl. IX 7, 2) gibt als Mutterpflanze des Galbanum ein in
Syrien wachsendes Panakes an, Plinius XII 126 eine Ferula am Berge Amanus, wo
es Stagionitis heisse.

Die Stammpflanze ist *Ferula rubricaulis* Boiss., *Ferula galbaniflua* Boiss. et Buhse,
Peucedanum galbanifluum Baill. (Umbelliferae), eine Hochgebirgspflanze Persiens mit
dickem, nacktem, cylindrischem, nur in der Blüthenregion verzweigtem Stengel. Die
Blätter sind weichhaarig, feingefiedert und gestielt mit nicht aufgeblasener, verlängerter
Scheide. Die sechs- bis zwölfstrahligen Dolden tragen gelbliche Blüthen mit an der
Spitze zurückgeschlagenen Kronenblättern. Die Früchte haben starke Randflügel.

Das Galbanum ist das freiwillig am Grunde des Stengels austretende Gummiharz, hie und da wird es jedoch wie die Asa foetida gesammelt. Im Handel
kommen zwei Sorten vor, Galbanum in granis seu lacrymis, erbsen- bis nussgrosse, rundliche, wachsglänzende, gelbliche bis röthlichgelbe, lose oder zusammenhängende Körner mit gelblichweissem Bruch, und Galbanum in massis seu placentis,
mehr oder weniger dunkle, grünlichbraune Massen, die in der Wärme leicht weich
werden und die Körner eingesprengt enthalten. Es besteht aus etwa 68% Harz,
3% ätherischem Oel, 18% Gummi, etwas Umbelliferon und anorganischen
Stoffen. Es findet noch wenig Anwendung.

Cap. 88 (98). Περὶ Ἀμμωνιακοῦ. Ammoniakum.

Das Am-
moniakon [es ist eine Krautpflanze, von der das Rauchwerk Ammoniakum
stammt; Einige nennen sie Agasyllon, Andere Kriotheos[1]), Heliustros, die
Römer Gutta], auch dieses ist der Saft eines Steckenkrautes, welches in
Libyen bei Kyrene wächst. Ihr ganzer Strauch sammt der Wurzel wird
auch Agasyllis genannt. Für besser gilt, was eine gute Farbe hat, holz-

und steinfrei ist, Körner wie Weihrauch hat, rein und fest ist, keinen Schmutz enthält, nach Bibergeil riecht und bitter schmeckt. Ein solches heisst Thrausma (Bruch), das aber Erde oder Steine enthaltende heisst Phyrama. Es entsteht in Libyen bei Ammon[2]) als Saft eines steckenkrautähnlichen Baumes. Es hat erweichende, reizende, erwärmende Verhärtungen und Geschwülste zertheilende Kraft. Genossen regt es den Bauch etwas an und treibt den Embryo aus. Zu 1 Drachme mit Essig getrunken erweicht es die Milz und lindert Glieder- und Ischiasschmerzen. Es hilft auch bei Asthma, Orthopnöe, Epilepsie und Brustwasser, wenn es entweder mit Honig als Leckmittel genommen oder mit Gerstenschleim geschlürft wird. Es treibt aber auch blutigen Harn. Ferner verwischt es weisse Flecken auf den Augen und vertreibt Rauheiten der Augenlider. In Essig gelöst und aufgelegt erweicht es Verhärtungen der Milz und Leber. Weiter bringt es, als Umschlag mit Honig oder Pech gemischt, Gelenkknoten zum Verschwinden. Endlich wirkt es als stärkende Salbe gegen Ermattung und Ischias, wenn es mit Essig, Natron und Kyprosöl gemischt eingerieben wird.

[1]) Widdergott, weil der Gott mit einem Widderkopfe abgebildet wurde.
[2]) d. h. in der Gegend, wo der Tempel des Juppiter Ammon stand.

Plinius XII 107 nennt den Baum auch Metopium, den Saft Hammoniaci lacryma. Nach Marcellus wird der Name Ammoniacum sowohl für das Gummiharz wie auch für das in derselben Gegend gefundene Steinsalz von ἄμμος, Sand, abgeleitet. Plinius sagt an der genannten Stelle: Aethiopiae subjecta Africa hammoniaci lacrymam stillat in haerenis suis, inde nomine etiam Hammonis oraculo, juxta quod gignitur arbor, quam Metopium appellant, resinae modo aut cummium.

Die Mutterpflanze des Ammoniakum der Alten ist *Ferula tingitana* L. (Umbelliferae), eine afrikanische Doldenpflanze. Das Ammoniakum enthält etwa 68% Harz, 4,1% ätherisches Oel, 9% Gummi, 19% Bassorin und kommt wenig in den Handel.

Die Droge des heutigen Handels stammt von *Dorema Ammoniacum* Don., *Peucedanum Ammoniacum* Baill. (Umbelliferae) ab, einer etwa 2,50 m| hohen Pflanze Persiens mit langen, gestielten, doppelt gefiederten Blättern, von denen die obersten zusammenlaufen. Die Blüthendolden sind verzweigt, mit kurzen Wollhaaren besetzt. Die ganze Pflanze enthält reichlich Milchsaft, welchem durch Insectenstiche am oberen Theile des Stengels der Austritt erleichtert wird. Eine absichtliche Verletzung zur Saftgewinnung geschieht nicht.

Die Droge kommt im Handel vor als Ammoniacum in granis seu amygdalis, hirsekorn- bis nussgrosse, lose oder zusammenhängende, aussen gelblichweisse bis bräunliche, auf dem frischen Bruche trübweissliche Körner, und als Ammoniacum in massis seu placentis, mehr oder weniger dunkle, meist braune Klumpen mit eingesprengten Körnern und Sand und Pflanzenresten untermischt; sie haben einen trübweisslichen, fettglänzenden Bruch und dienen nur noch als Zusatz zu Pflastern. Die Pflanze wächst meist in Gesellschaft von Ferula Asa foetida.

Cap. 89 (99). Περὶ Σαρκοκόλλας. Sarkokolla. Die Sarkokolla ist die Thräne eines in Persien wachsenden, einem kleinen Weihrauchbaume ähnlichen Baumes, gelblich, von bitterem Geschmack. Sie hat die Kraft, Wunden zu verkleben und Augenflüsse zurückzuhalten; auch wird sie den Pflastern zugemischt. Verfälscht wird sie aber durch Zusatz von Gummi.

D. beschreibt die Mutterpflanze der Sarkokolla nicht; Plinius XXIV 128 sagt nur, man halte sie für den gummiartigen Saft einer Akazie; Mesue, der gleichfalls die Pflanze wohl nie gesehen hat, schreibt, es sei ein strauchartiger, dorniger Baum mit an den Stamm gedrückten Zweigen.

Lange Zeit hat man *Penaea Sarcocolla* L. als die Stammpflanze dieser gummiartigen Substanz angesehen, bis Dymock nachwies, dass sie das Product einer *Astragalus*-Art Persiens sei, von der man bisher nichts als Pflanzenreste zwischen der Droge gefunden hat und kennt. Dymock fand die verwelkten Blüthenblätter und die kurzgestielten, 2 cm langen, glockenförmigen, geschnäbelten, weissfilzigen Hülsen, deren Scheitel von den nach der Blüthe persistenten Blumenblättern kapuzenähnlich eingehüllt werden. Die Hülse ist zweiklappig, graubraun und enthält nur einen Samen; in Wasser gelegt schwillt sie an, platzt und lässt einen Tropfen Sarkokolla austreten. Weiter wurden zwischen der Droge Stücke des holzigen Stammes gefunden, welcher Dornen trägt, während die jungen Zweige von Filz bedeckt und mit Sarkokolla überzogen sind, ebenso weissgelbliche Blättchen, sowie sehr feine, theils gerade, theils stark gekrümmte Dornen, an denen sich die Spur der Anheftung der Blätter zeigte.

Die früher viel gebrauchte Droge ist aus dem Arzneischatze verschwunden.

Cap. 90 (100). Περὶ Γλαυκίου. Glaukion. Das Glaukion ist der (ausgepresste) Saft einer bei Hieropolis in Syrien wachsenden Pflanze. Ihre Blätter gleichen denen des Hornmohns, sind aber fettglänzender und zur Erde geneigt, haben einen durchdringenden Geruch und bitteren Geschmack. Sie hat aber reichlichen safranfarbigen Saft. Die Eingeborenen werfen die Blätter desselben in einen Topf und wärmen sie in halbwarmen Brodformen bis zum Welkwerden an, dann zerstossen sie dieselben und pressen den Saft aus. Er findet Verwendung bei beginnenden Augenleiden, da er kühlend ist.

Theophrast sagt über Glaukion nichts. Plinius XXVII 83 beschreibt dasselbe als eine niedrige Pflanze Syriens und Persiens. Es hat dichte, dem Mohn ähnliche, aber kleinere und schmutzigere — vermuthlich hat er ῥυπαρώτερα statt λιπαρώτερα gelesen oder gehört — Blätter von hässlichem Geruch und bitterem Geschmack. Es hat einen safranfarbigen Samen, welcher erwärmt und ausgepresst wird. An anderer Stelle, XX 206, nennt er den Hornmohn Glaucium. Im Ganzen stimmt er also mit D. überein. Die Pflanze ist ohne Zweifel *Glaucium corniculatum* Curt., *Gl. phoeniceum* Smith, Aechter Hornmohn, eine niedrige, auch in Mittel- und Südeuropa auf Gebirgen unter der Saat vorkommende Pflanze mit niedrigem, schlankem, behaartem Stengel. Die Blätter sind sitzend, fast ei-länglich, fiederschnittig, mit stumpfgelappten, spitzigen Abschnitten, lauchgrün, die Blüthen klein, scharlachroth, am Grunde schwarzgefleckt, die Früchte steifhaarig.

Cap. 91 (101). Περὶ Κόλλης. Leim. Der Leim, welchen Einige auch Holzleim[1]) oder Ochsenleim nennen, ist am besten auf Rhodus, wo er aus Ochsenhäuten gemacht wird. Ein solcher ist weiss und durchsichtig, der schwarze ist schlechter. In Essig gelöst hat er die Kraft, Flechten und Aussatz leichter Art zu vertreiben; bei Verbrennungen mit Feuer lässt er keine Blasenbildung zu, wenn er in warmem Wasser gelöst und aufgestrichen wird. Er ist auch ein Wundmittel, wenn er in Honig und Essig gelöst wird.

¹) Tischlerleim.

Cap. 92 (102). Περὶ Ἰχθυοκόλλης. Ichthyokolla. Der sogen. Fischleim ist der Magen eines grossen Meerfisches. Den Vorzug hat der aus Pontus stammende, welcher weiss und etwas dick, nicht krätzig rauh ist und sehr schnell sich löst. Er dient zu Kopfpflastern, zu Aussatzmitteln und zu solchen, welche die Gesichtshaut glatt machen.

Der Fischleim oder die Hausenblase ist die Schwimmblase verschiedener Accipenser-Arten; sie bewohnen theils das Schwarze und Kaspische Meer, theils die Ost und Nordsee, die Elbe u. s. w. Die beste Sorte liefert der Osseter (*Accipenser Guldenstaedtii* Br. et R.), der Hausen (*Acc. Huso* L.), der Scherg (*Acc. stellatus* Pall.) u. a.

Cap. 93 (103). Περὶ Ἰξοῦ. Ixos. Der Vogelleim ist schön, wenn er frisch ist, innen eine lauchgrüne, aussen eine gelbliche Farbe hat, dabei nichts Rauhes und Kleieartiges enthält. Er wird aus einer gewissen runden Frucht eines auf der Eiche wachsenden Strauches¹) mit buchsbaumähnlichen Blättern bereitet. Die Frucht wird zerstossen, dann gewaschen und danach in Wasser gekocht. Einige bereiten ihn auch durch Kauen zu. Der Ixos wächst aber auch auf dem Apfel-, dem Birnbaume und auf anderen Bäumen; ferner findet er sich auch auf den Wurzeln gewisser Sträucher. Er hat, mit gleichviel Harz und Wachs gemischt, die Kraft zu vertheilen, zu erweichen, zu reizen, Geschwüre, Drüsen an den Ohren und andere Abscesse zur Reife zu bringen. In der Compresse heilt er Epinyktiden; mit Weihrauch erweicht er alte Geschwüre und bösartige Abscesse. Ferner macht er die Milz weich, wenn er mit ungelöschtem Kalk oder Gagatstein²) oder mit Schlamm³) gekocht und aufgelegt wird. Mit Arsenik oder Sandarach als Umschlag zieht er Nägel heraus. Wird er mit ungelöschtem Kalk oder Weinstein gemischt, so wird seine Kraft gesteigert.

¹) θάμνου fehlt im Texte, muss aber unbedingt ergänzt werden. ²) S. V Cap. 145. ³) ἀσίῳ, vielleicht auch statt ἀσσίῳ, mit assischem Steine.

Loranthus europaeus L. (Loranthaceae), da nach Fraas die Mistel, Viscum, vorzugsweise auf der griechischen Tanne, in der Höhe von 1000 m vorkommt.

Es ist die Ixia, ἰξία des Theophrast (Hist. pl. III 16, 1), wo er sagt, dass sie gemeinschaftlich mit der Mistel, ὀφέαρ, auf der Eiche sich finde, die erste auf der nördlichen, die andere auf der südlichen Seite des Baumes (De caus. pl. II 17, 1),

nennt er die Mistel auch στελίς und bemerkt, dass der Unterschied der beiden
Pflanzen nur darauf beruhe, dass sie auf verschiedenen Bäumen wüchsen, Stelis und
Hyphear auf der Fichte und Pinie, die Ixia aber auch auf der Eiche, der Terminthe
und anderen Bäumen. Uebrigens heisse dieselbe Pflanze in Eubōa Stelis, in Arkadien Hyphear, und Ixia sei der gemeinschaftliche Name.

Die Frucht diente hauptsächlich zur Bereitung des Vogelleims, nach Plinius
XXIV 248 kam der beste vom Viscum der Eiche.

Die Schmarotzerpflanze spielt sowohl in der alten wie in der nordischen
Literatur eine grosse Rolle. Wenn, heisst es bei Plinius XVI 248, in Gallien eine
Mistel auf einer Steineiche steht, so zollen die Priester, welche Druiden heissen, der
Mistel und der Eiche die höchste Verehrung. Ein Mistelzweig sollte bei den Griechen
die Pforten der Unterwelt öffnen. Bei den germanischen Völkern war die Mistel als
heilige Pflanze ein Schutzmittel gegen Zauberei, sie durfte aber auch in keinem
Zaubertranke fehlen. Nach der nordischen Göttersage soll sie dem Frühlingsgotte
Baldur den Tod gebracht haben.

Früher war sie officinell, jetzt ist sie nur noch ein wenig gebrauchtes Volksmittel gegen Epilepsie und Krämpfe.

Cap. 94 (104). Περὶ Ἀπαρίνης. Wandlabkraut. Die Aparine — Einige nennen sie Ampelokarpos[1]), Andere Omphalokarpos[2]),
Philanthropos[3]), auch Ixos[4]) — hat viele lange vierkantige, rauhe Zweige.
Die Blätter sind in Abständen quirlförmig gestellt wie beim Krapp, die
Blüthe ist weiss, der Same hart, weiss, rund, in der Mitte schwach nabel-
förmig vertieft. Das Kraut bleibt an den Kleidern hängen. Die Hirten
gebrauchen es statt eines Seihetuches bei der Milch zum Herausnehmen
der Haare[5]). Der Same, die Blätter und Stengel desselben zu Saft verarbeitet helfen, mit Wein getrunken, gegen Spinnen- und Vipernbisse.
Auch Ohrenschmerzen heilt der eingetröpfelte Saft. Wird sie (die Pflanze)
fein gestossen und in Fett aufgenommen, so vertheilt sie Drüsen.

[1]) Weinfrucht, die Samen gleichen in etwa den Kernen der Weinbeere.
[2]) Nabelfrucht, zwei Früchte sind zusammengewachsen und bilden so in der Mitte
eine Vertiefung. [3]) Menschenfreund, weil die Pflanze sich an Jeden, der sie streift,
anhängt. [4]) Kleber. [5]) Indem sie die Pflanze zusammenlegen.

Galium Aparine L. (Rubiaceae), Wandlabkraut.

Cap. 95 (105). Περὶ Ἀλύσσου. Alysson. Das Alysson [Einige
nennen es Aspidion[1]), Andere Haplophyllon[2]), Akkyseton, Adeseton] ist ein
einfacher kleiner Strauch, etwas rauh, mit runden Blättern; neben diesen
sitzt die Frucht in Form von doppelten Schildchen, darin der etwas flache
Same. Es steht an bergigen und rauhen Stellen. Die Abkochung davon
getrunken hebt den nicht mit Fieber verbundenen Schlucken. In der Hand
gehalten oder darauf gerochen leistet es dasselbe. Mit Honig fein gerieben
vertreibt es Leber- und Sonnenbrandflecken. Zerstossen und in der Speise
gereicht scheint es auch die Hundswuth zu heilen. In den Häusern aufgehängt soll es die Gesundheit fördern und die Menschen vor Behexung

schützen. In einem rothen Lappen aber umgebunden vertreibt es die Krankheiten der Hausthiere.

¹) Schildchen. ²) Mit einfacher Blüthe.

Der Name der Pflanze wird abgeleitet von ἀ priv. und λύσσα, gegen die Wuth.

Galen (De antid. II p. 168) beschreibt das Alysson als eine dem Andorn ähnliche Pflanze mit blauer Blüthe. Plinius XXIV 95 sagt, das Alysson unterscheide sich vom Krapp nur durch kleinere Blätter und Zweige. Beide haben offenbar ganz verschiedene Pflanzen darunter verstanden. Die spätmittelalterlichen Schriftsteller haben das Alysson theils auf *Asperula arvensis*, theils auf *Veronica arvensis* und *montana*, theils auf *Stachys annua* bezogen. Sprengel hält sie nach dem Vorgange von Dodonäus (Histor. stirp. um 1550) für *Farsetia clypeata* R. Br. (Cruciferae), Schildtragende Farsetie. Sie wächst nach Fraas auf allen Xirobunen in Höhen, wo weder Veronica arvensis noch montana vorkommt. Der Stengel ist unverzweigt, die Blätter sind länglich, ausgeschweift, die sehr kurz gestielten gelben Blüthen stehen in endständigen Trauben, die Schötchen sind elliptisch aufgeblasen, wie zwei aneinander gelehnte Schildchen, der Same ist flach. Die ganze zweijährige Pflanze ist schwach filzig. Dies Alles passt sehr gut auf das Alysson des D.

Cap. 96 (106). Περὶ Ἀσκληπιάδος. Asklepias.

Die Asklepias [Einige nennen sie kleinen Epheu, Andere Epheublatt] hat kleine Zweige mit epheuähnlichen Blättern, viele und zarte wohlriechende Wurzeln, durchdringend riechende Blüthen und einen Samen wie die Kronwicke¹). Sie wächst an Bergen. Die Wurzeln in Wein getrunken helfen bei Leibschneiden und Bissen giftiger Thiere. Die Blätter sind als Umschlag ein gutes Mittel gegen böse Leiden der Brüste und der Gebärmutter.

¹) πελεκῖνος, *Coronilla securidaca* L. (Papilionceae).

Asclepias Dioscoridis (Asclepiadaceae), Des Dioskurides Schwalbenwurz nach Fraas. Die Pflanze hat einen aufrechten Stengel mit ei-herzförmigen, zugespitzten Blättern, dunkelpurpurfarbige, achselständige, doldenförmige Blüthen. Sie findet sich auf kräuterreichen Waldblössen in Gesellschaft von Paeonia, Helleborus und Phlomis auf Euböa in Höhen von etwa 1000 m. Die älteren Botaniker hielten die Pflanze für *Asclepias Vincetoxicum* L., der aber die wohlriechenden Wurzeln fehlen.

Cap. 97 (107). Περὶ Ἀτρακτυλίδος. Atraktylis.

Die Atraktylis [die Einen nennen sie Amyron, die Anderen wilde Distel, Schildchen, die Propheten Aphedros, die Aegypter Cheno, die Römer Presepium¹), Phusugrestis²), Clonuca rustica³)] ist eine dem Saflor ähnliche stachelige Pflanze, aber viel grösser und hat die Blätter an der Spitze der Zweige. Der grösste Theil ist kahl und rauh, diesen gebrauchen die Frauen als Spindel. An der Spitze trägt sie auch stachelige Köpfchen. Die Blüthe ist blassgelb, in einigen Gegenden auch purpurfarben. Die Wurzel ist zart, unbrauchbar. Ihre Blätter, Blüthenköpfe und Früchte, wenn sie fein gestossen mit Pfeffer und Wein getrunken werden, helfen bei Skorpionstichen. Einige berichten, dass die Gestochenen, so lange sie das Kraut

in der Hand halten, keinen Schmerz empfinden, wenn sie es aber wegwerfen, leiden.

[1]) Praesepium, Vermachung, Verhau, wozu sie sich vielleicht wegen der
Stacheln eignete. [2]) Fusus agrestis, Bauernspindel. [3]) Colus rustica, Bauern-
rocken.

Bei Theophrast (Hist. pl. VI 4, 6) heisst sie auch φόνος (Phonos), Blutver-
giessen, weil das abgerissene Blatt bei Berührung mit der Haut einen blutigen Saft
abgibt (vielleicht die Haut ritzt). Dasselbe sagt Plinius.

Auch über die Identität dieser Pflanze sind die früheren Botaniker sich nicht
einig, die Einen hielten sie für *Carlina vulgaris* L., die Anderen für *Centaurea bene-
dicta* L., Sibthorp für *Onobroma leucocaulon*. Matthiolus zog zuerst *Centaurea
lanata, Carthamus lanatus* L., Wolliger Saflor, Wollige Dornhülle, Compositae,
hierher, ihm stimmt Fraas bei und bemerkt, dass die Pflanze in Griechenland an
mageren Orten sehr häufig sei; sie heisst jetzt τῆς γυναῖκας τ' ἀτράχτι.

Cap. 98 (108). Περὶ Πολυκνήμου. Polyknemon. Das Polyknemon
[Einige nennen es auch Klinopodion[1]), Andere Polygonaton[2]), Jovis Elakate[3]),
Echeonymon[4]), die Römer Putialogonthria] ist ein holziger Strauch; es hat
Blätter wie der Dosten, einen vielkantigen Stengel wie Polei, aber keine
Dolde, sondern an der Spitze kleine Blüthentrauben, welche einen scharfen
Wohlgeruch besitzen. Frisch oder getrocknet mit Wasser als Umschlag
wirkt es bei Wunden verklebend; man muss es aber am fünften Tage
ablösen. Es wird auch mit Wein gegen Harnzwang und innere Rupturen
getrunken. [Die Erfahrung hat gelehrt, dass, wenn die kleinen Zweige
desselben mit Wein zerrieben werden, sie ein gutes Mittel sind für
solche, welche von Wildheit (dem Drange nach Nothzucht) ergriffen sind.]

[1]) Bettfüsslein, von der Form der Blüthe, wegen der Aehnlichkeit mit den
Knäufen der Bettfüsse. [2]) Vielkantig. [3]) Zeusspindel. [4]) Ottername.
Der letzte Satz wird von Marcellus für unächt gehalten. In den meisten
Handschriften befindet er sich unter den Nothis.
Bei Theophrast findet sich die Pflanze nicht. Plinius XXVI 148 hat ungefähr
dasselbe wie D., vergleicht sie aber mit Cunila bubula, einer Dostenart.
Lobel hielt sie für *Mentha vulgaris*, Cäsalpinus für *Prunella vulgaris*,
Dodonäus für ein *Polygonum* (vgl. Bauhin et Cherler lib. XXIX p. 347). Fraas
bezieht sie auf die in den fetten Ebenen Böotiens vorkommende *Liziphora capitata* L.
(Labiatae), welche dort so hoch wird, dass die Bezeichnung θάμος, Strauch, des D.
wohl gerechtfertigt ist.

Cap. 99 (109). Περὶ Κλινοποδίου. Wirbeldosten. Das Klinopodion [die Einen nennen es Kleonikon[1]), die Anderen Okimoeides[2]), auch
Zopyron[3])]; auch dieses ist ein holziger, zwei Spannen hoher, an Felsen
wachsender kleiner Strauch; er hat Blätter ähnlich denen des Quendels und
Blüthen, die Bettfüssen in gewisser Weise gleichen und nach Art des
Andorns in Abständen von einander stehen. Das Kraut und die Abkochung davon wird gegen die Bisse giftiger Thiere, gegen Krämpfe,

innere Rupturen und Harnzwang genommen. Einige Tage hindurch getrunken, befördert es die Katamenien und treibt den Embryo aus, vertreibt auch gestielte Warzen. [Auf den dritten Theil eingekocht und getrunken stellt es den Durchfall, bei Fieberfreien in Wein, bei Fiebernden in Wasser gekocht.]

[1]) Sieger im Streite. [2]) Dostenähnlich, das Synonym darf nicht auf das Ὀκιμοειδὲς des D. IV 28 bezogen werden, dort fehlt auch das Synonymon Klinopodion. [3]) Das Belebende, Feuer.

Der letzte Satz fehlt in den besseren Handschriften, daher hält ihn Marcellus für unächt.

Man hat das Klinopodion auf verschiedene Pflanzen bezogen, besonders die spätmittelalterlichen Schriftsteller haben es mit mannigfachen Namen belegt. Am besten passt hierher *Clinopodium vulgare* L. (Labiatae), Gemeiner Wirbeldosten, welches in Norditalien sehr häufig, auch in der sächsischen Flora nicht selten ist, oder *Clinopodium Plumieri*, welches Fraas in Griechenland oft unter Gesträpp in der Nähe hoher Gebirge, z. B. des Oeta, sah.

Cap. 100 (110). Περὶ Λεοντοπετάλου. Leontopetalon. Das

Leontopetalon[1]) [Einige nennen es Leontopodion[2]), Andere Leukethron[3]), Leontion[4]), Doris, auch Dorikteris[5]), wilde Nelke, Pardale[6]), Thorybethron, Rhapeïon (Rübe), Hornmohn, Anemone, die Römer Cubilia marina, Löwensamen, kleines Möhnchen] entwickelt einen spannenlangen oder grösseren Stengel mit vielen Achselzweigen, welche an der Spitze erbsenähnliche Hülsen tragen. In diesen befinden sich zwei bis drei kleine Samen. Die Blüthe ist roth, sie gleicht der der Anemone. Es hat kohlähnliche Blätter, eingeschnitten wie die des Mohns. Die Wurzeln sind schwarz, wie Weissrüben, mit Auswüchsen wie Gelenkknöpfen besetzt. Es wächst auf Aeckern und unter dem Getreide. Seine Wurzel, mit Wein getrunken, hilft den von Schlangen Gebissenen, indem sie rasch den Schmerz beseitigt. Sie wird auch den Klystieren für Ischiaskranke zugesetzt.

[1]) Löwenblatt. [2]) Löwentatze; auch hier ist nicht an das Λεοντοπόδιον des D. IV 129 zu denken. [3]) Glänzender Blüthenthron. [4]) Löwenartig. [5]) Lässt sich von Δωρίς und κτερίζω, gebührend bestatten, ableiten, indem vielleicht in Doris die Pflanze als Grabschmuck verwandt wurde; bei Virgil. (Aen. V 77) heisst es: Streut mit vollen Händen Lilien und purpurfarbige Blumen auf das Grab. [6]) Pantherfell.

Theophrast hat die Pflanze unter dem Namen μήκων μέλαινα, Schwarzer Mohn. Sprengel hält über allem Zweifel die Berberidee *Leontice Leontopetalum* L. für die Pflanze des D., Fraas dagegen zieht *Roemeria hybrida* D. C. (*Glaucium violaceum*) (Papaveraceae), Violetter Hornmohn, vor und stützt seine Ansicht 1. darauf, dass die kleine Pflanze viele achselständige Zweiglein, 2. purpurfarbige anemoneähnliche Blüthen, 3. schwarze, mit Auswüchsen besetzte, rübenförmige Wurzeln, und 4. den von D. bezeichneten Standort hat. Leontice Leontopetalon hat vor Allem keine Hülsen (λοβοί), sondern Beerenfrüchte (Blasen mit 1—3 Samen), blüht ständig gelb und hat keine Aehnlichkeit mit Anemone.

Cap. 101 (111). Περὶ Τευχρίου. Gamander. Das Teukrion — Einige nennen es auch Chamaidrys oder Teukris — ist ein sparriges Kraut ähnlich der Chamaidrys, mit zarten und denen der Erbse ähnlichen Blättern. Es wächst am meisten in Kilikien, unweit Gentias und Ketis. Frisch mit Essigwasser getrunken oder trocken gekocht als Trank hat es die Kraft, die Milz kräftig zu erweichen. Mit Feigen und Essig dient es als Umschlag bei Milzleiden, bei Bissen giftiger Thiere mit Essig allein ohne Feigen.

Teucrium flavum L. (Labiatae), Wohlriechender Gamander.

Plinius XXV 45 hat zwei Arten Teucrium, „das eine heisst auch Hermionion oder Splenion, welches nie zur Blüthe kommt und keinen Samen trägt (das Asplenion D. III 141), das andere ist eine hysopähnliche Pflanze mit bohnenähnlichen Blättern auf den Bergen Kilikiens und Pisidiens". Von den älteren Botanikern wurden Veronica-Arten hierher gezogen, von Dodonäus und Anguillara schon die oben genannte Pflanze.

Nach Plinius hat sie den Namen von Teucer, einem Sohn des Telamon, Königs von Salamis und Bruder des Ajax, der sie zuerst gefunden haben soll.

Bei den Neugriechen heisst die Pflanze χαμαιδρυά und kommt häufig nur am Fusse von Hochgebirgen vor.

Cap. 102 (112). Περὶ Χαμαίδρυος. Chamaidrys. Die Chamaidrys[1]) — Einige nennen sie Chamaidrops oder Linodrys[2]), die Römer Tripsago minor —; weil sie eine gewisse Aehnlichkeit mit dem Teukrion hat, haben Einige sie auch Teukrion genannt. Sie wächst in rauhen und felsigen Gegenden. Es ist ein kleiner spannenhoher Strauch mit kleinen Blättern, welche der Form und Beschaffenheit nach denen der Eiche gleichen und bitter sind. Die Blüthe ist purpurfarbig, klein; man muss sie sammeln, wenn sie Samen trägt. Sie hat, frisch mit Wasser gekocht und getrunken, die Kraft, bei Krämpfen, Husten, Leberverhärtung, Harnverhaltung und beginnender Wassersucht zu helfen. Sie befördert auch die Menstruation und treibt den Embryo aus und erweicht die Milz, wenn sie mit Essig getrunken wird. Mit Wein getrunken und als Umschlag wirkt sie gegen den Biss giftiger Thiere. Fein gestossen kann sie auch zu Bissen geformt werden gegen die angeführten Leiden und mit Honig, um alte Wunden zu reinigen. Fein gestossen mit Oel und eingestrichen entfernt sie Nebel auf den Augen. Als Salbe ist sie erwärmend.

[1]) Niedrige Eiche. [2]) Leineiche, d. h. so zart wie Lein.
Theophrast (Hist. pl. IX 9, 5) sagt, das Pflänzchen sei eine Spanne hoch, süss und wohlriechend, eine Theil der Wurzel führe nach oben, der andere nach unten ab.
Sprengel hält sie mit Sibthorp für *Teucrium Chamaedrys* L.; da aber Theophrast die Pflanze wohlriechend und süss bezeichnet, was nur auf *Teucrium lucidum* und *flavum* L. passt, da ferner T. Chamaedrys eine krautartige Pflanze ist, D. sie aber als θαμνίσχος, also mehr holziger Natur bezeichnet, so zieht Fraas richtiger *Teucrium lucidum* L., Gamanderstrauch, hierher, den er nirgends höher

als 30 cm fand, was allerdings eine Spanne überragt. Die Blätter sind hie und da als Volksmittel im Gebrauch.

Cap. 103 (113). Περὶ Λευκάδος. Leukas. Die Gebirgsleukas hat breitere Blätter als die cultivirte, aber einen schärferen, mehr bitteren und für den Mund unangenehmeren Samen, sie ist aber kräftiger als die gebaute. Beide sind jedoch als Kataplasma und im Trank ein gutes Mittel gegen den Biss giftiger Thiere, besonders der des Meeres.

Alles, was über diese Pflanze gesagt und geschrieben ist, sind nur Vermuthungen. Das ganze Capitel ist offenbar ein Bruchstück, in dem von zwei Pflanzen nur eine, die wilde Art, behandelt ist.

Wahrscheinlich ist die Quelle, aus der D. geschöpft hat, schon verstümmelt gewesen, denn auch Plinius, welcher ohne Zweifel denselben Gewährsmann wie D. hat, fasst sich XXVII 102 ebenso kurz. Nachdem er von der Leuce als einer der Mercurialis ähnlichen Pflanze geredet hat, welche ihren Namen davon habe, dass über die Mitte des Blattes ein weisser Strich gehe, schliesst er: „Vielleicht mag dieses dieselbe sein, welche Leucas genannt wird, wirksam gegen alle Gifte des Meeres. Die Schriftsteller geben keine Art an, sondern sagen nur, dass die wilde mit breiten Blättern stärker wirke, dass der Same schärfer sei.‟

Die späteren Botaniker haben theils *Potentilla subacaulis*, theils *Galeobdolon luteum*, *Teucrium capitatum* oder *aureum*, Sprengel endlich *Lamium maculatum* L. und Fraas *Lamium striatum* (Labiatae), Gestreifte Taubnessel, hierher gezogen.

Cap. 104 (114). Περὶ Λυχνίδος στεφανωματικῆς. Kranznelke. Die Kranzlychnis [Einige nennen sie die Unsterbliche, Andere Akylonion[1]), Vallarion[2]), Geranopodion[3]), Korymbion, Taurion[4]), Scepter, Maloïon[5]), die Aegypter Semeon, die Propheten Geschlechtstheil des menstruirenden Weibes (ἀποκαθημένης αἷμα), die Römer Genicularis[6]), auch Vallaria]; die Blüthe ist ähnlich der der Levkoje, purpurfarbig und wird in die Kränze geflochten. Ihr Same, mit Wein getrunken, hilft den vom Skorpion Gestochenen.

[1]) Ungegliederte Pflanze. [2]) Wallkranz; man unterschied bei den Ehrenkränzen die corona civica, den Bürgerkranz, corona vallaria, den Wallkranz, und corona muralis, den Mauerkranz. [3]) Kranichfuss. [4]) Zum Stier gehörig; vielleicht wurden die Opferstiere damit bekränzt. [5]) Zottiges Veilchen; die ganze Pflanze ist weisslich-zottig. [6]) Knotenpflanze.

Agrostemma coronaia L. (*Lychnis coronaria* Lam.) (Caryophyllaceae), Sammtnelke, Lichtnelke, Gartenrade, in Makedonien, Thrakien und Bithynien häufig, in Norditalien hie und da wild, sonst eine Zierpflanze.

Cap. 105 (115). Περὶ Λυχνίδος ἀγρίας. Wilde Nelke. Die wilde Lychnis [Einige nennen sie Tragonoton[1]), Andere Atokion[2]), Hierakopodion[3]), Lampas[4]), die Aegypter Semura, die Propheten Penis (ταῦρος) der Menstruirenden, die Römer Intybus agrestis[5]), auch Lapathi caphaguina oder Steridos] ist in Allem der gebauten ähnlich. Ihr Same, in der Gabe von 2 Drachmen getrunken, führt das Gallige durch den Bauch ab und ist ein gutes Mittel gegen Skorpionstiche. Man sagt auch, dass die Skorpione bei Annäherung der Pflanze betäubt und gelähmt werden.

¹) Vierkantig, vierknotig. ²) Unfruchtbarkeit bewirkend. ³) Habichtskralle. ⁴) Leuchte. ⁵) Ackercichorie.

Agrostemma Githago L., Githago segetum Desf. (Caryophyllaceae), **Kornrade**. Theophrast (Hist. pl. VI 8, 3) kennt nur eine Lychnis, die coronaria. Plinius XXV 129 nennt die Lychnis agria auch Antirrhinum, stimmt sonst mit D. überein, nur gibt er noch an, dass sie, als Amulett getragen, jegliche Giftwirkung verhindere. Im 16. und 17. Jahrhundert war sie eine Art Wundermittel. Schon die spätmittelalterlichen Schriftsteller, auch Tabernämontanus (vgl. Bauhin et Cherler lib. XXIX p. 341) reihen die Pflanze unter Pseudo-Melanthium. Sennert (Praxeos lib. I p. 976) beschreibt sie unter dem Namen Melanthium und an anderer Stelle (lib. V p. 464) nennt er sie Pseudo-Melanthium. Zu Anfang des 19. Jahrhunderts war die Rade aus dem Arzneischatze verschwunden und wurde nur noch einzeln als Volksmittel gebraucht.

Die Samen von Agrostemma Githago enthalten neben viel Eiweiss, Fett und Stärke Zucker, weshalb sie mit Vortheil zur Branntweinbrennerei benutzt wurden, und ein giftiges Princip, welches H. Schulze (Arch. d. Pharm. 1848, Bd. 55 u. 56 S. 298 bezw. 163) als gelblichweissen Körper isolirte und Agrostemmin nannte. Scharling (Annal. der Chemie und Pharm. 1850, Bd. 74 S. 351) veröffentlichte gleichfalls als Resultat seiner Untersuchungen der Kornradesamen die Auffindung eines giftigen Stoffes, den er als Githagin bezeichnete. Kruskal (Arb. d. pharm. Inst. zu Dorpat 1891, Bd. VI) schied die giftige Substanz als Agrostemma-Sapotoxin ab, welche sich aus alkoholischer Lösung krystallinisch-blätterig ausscheidet. Sie schmeckt scharf, bewirkt Kratzen und Brennen im Halse, Speichelabsonderung, Schlingbeschwerden, Erbrechen, Kolik, Durchfall, Mattigkeit, Betäubung und bei manchen Thieren Krämpfe und Lähmung. Nach Lewin (Lehrb. d. Toxikol. 1885, S. 386) genügen 30 g Kornradepulver, um beim Menschen Intoxication hervorzurufen.

Cap. 106 (116). Περὶ Κρίνου. **Lilie**. Das königliche Krinon. [Einige nennen es Krinanthemon ¹), Andere Kalleirion ²), die Propheten Blut des Mars, Osthanes nennt es Krokodilshauch ³), die Aegypter Symphairu, auch Tialos, die Römer Lilium, Rose der Juno, auch Oinomagrium ⁴), die Syrier Sasa, die Afrikaner Abiblaphon.] Seine Blüthe wird zu Kränzen gebraucht und von Einigen Leirion genannt. Es wird daraus ein Salböl bereitet, welches bei Einigen Leirion, bei Anderen Susinum heisst; es erweicht die Sehnen und ganz besonders Verhärtungen an der Gebärmutter. Die Blätter der Pflanze helfen als Umschlag bei Schlangenbissen; gekocht wirken sie auch gut bei Brandwunden; in Essig eingemacht sind sie ein Wundmittel. Ihr Saft, mit Essig und Honig gemischt und in einem kupfernen Gefässe gekocht, gibt ein dünnes Mittel gegen alte Geschwüre und frische Wunden. Die geröstete fein gestossene Wurzel heilt mit Rosensalbe Feuerbrandwunden, erweicht die Gebärmutter, befördert die Menstruation und bringt Wunden zum Vernarben. Mit Honig fein zerrieben heilt sie durchschnittene Sehnen und Verrenkungen, vertreibt weisse Flecken, Aussatz und Schorf, bringt bösen Grind zum Verschwinden, säubert das Angesicht und macht es runzelfrei. Mit Essig fein zerrieben oder mit Bilsenkrautblättern und Weizenmehl besänftigt sie Hodenentzündungen. Der Same ist im Trank ein Gegenmittel gegen Schlangenbisse; der Same und die Blätter in Wein fein zerrieben werden als Kataplasma bei roseartigen Entzündungen angewandt. Einige sagen, es gebe auch Lilien mit purpurfarbiger Blüthe. Die zur Bereitung des Salböls kräftigsten wachsen in Syrien, Persien und Pamphylien.

[1]) Lilienblüthe. [2]) Schöne Lilie; λείριον bedeutet häufig bei den Schriftstellern die Pflanze, χρίνον die Blüthe. [3]) αὖρα χροχοδείλου, ich vermuthe entweder αὖρα χρ., oder vielleicht οὖρα χρ., Krokodilsharn. [4]) οἶνον ἄγριον, vinum agrium?

Nach Geopon. 11, 19 wollte Juppiter dem Herkules, Sohne der Alkmene, Unsterblichkeit verleihen und legte ihn an die Brust der schlafenden Juno. Als der Knabe sich satt getrunken hatte und von der Brust abliess, floss die Milch noch in Strömen aus; was dann an den Himmel kam, wurde die Milchstrasse, was auf die Erde floss, brachte die milchweissen Lilien hervor.

Plinius XXI 26 berichtet: „Um purpurfarbene Lilien zu erhalten, sammelt man im Monat Juli die trockenen Stengel der Lilie und hängt sie in den Rauch. Wenn die Samen frei werden (nudantibus se nodulis) legt man sie im März in die Hefe von dunklem oder griechischem Wein, damit sie die Farbe annehmen, säet sie in kleine Furchen und begiesst sie mit einer Hemine Hefe. So entstehen rothe Lilien."

Lilium candidum L. (Liliaceae), Weisse Lilie. Im Arzneischatze findet sie sich nicht mehr.

J. Parkim (Apoth.-Ztg. 1901 Nr. 85) hat in den Knollen ein unbekanntes Kohlenhydrat aufgefunden, welches bei der Hydrolyse Mannose, aber keine Glykose liefert.

Cap. 107 (117). Περὶ Βαλλωτῆς. Ballote. Die Ballote, auch schwarzer oder grosser Andorn, Einige nennen sie auch den anderen Andorn [Andere Nophthan, Notianoskemin, Nosprasson, Notheras, Nochelis, Nostelis, Nophrys, Gnothuris, Gnotera, die Römer Apnium, auch Melita[1]), Ulceraria[2]), Marrubium, Cantherinum[3]), die Aegypter Asphos, auch Eske, die Propheten Isionsblut], entwickelt vierkantige, schwarze, etwas rauhe Stengel, mehrere aus einer Wurzel. Die Blätter sind denen des Andorn ähnlich, aber grösser und rauhaariger, rundlich, in Abständen am Stengel stehend, übelriechend, der Melisse ähnlich, daher man sie auch Melisse genannt hat. Auch die Blüthen stehen zusammen rund um den Stengel. Ihre Blätter mit Salz als Umschlag wirken gegen Hundsbiss; in heisser Asche allmählich getrocknet bringen sie Geschwülste zurück und reinigen mit Honig schmutzige Geschwüre.

[1]) Biene. [2]) Geschwürpflanze. [3]) Wallachpflanze (Canther), sie heisst in Italien heute noch Marrubio bastardo.

Ballota nigra L. (Labiatae), Ballote, Schwarzer Andorn.

Cap. 108 (118). Περὶ Μελισσοφύλλου. Melisse. Das Melisso-
phyllon, welches Einige auch Melittaina[1]) nennen [Andere Melittaion[1]),
Meliphyllon[2]), Erythra[3]), Temele[4]), die Römer Apiastrum[5]), auch Citrago[6]),
die Gallier Meriseimorion]. Es wird so genannt, weil die Bienen sich an
der Pflanze ergötzen. Ihre Blätter und Stengelchen gleichen denen der
vorher genannten Ballote, sie sind jedoch grösser und zarter und nicht so
behaart, riechen aber nach Citronen. Die Blätter mit Wein getrunken
und als Kataplasma sind ein gutes Mittel gegen Skorpion- und Spinnenstiche und Hundsbisse. Auch ihre Abkochung als Bähung dient gegen
dieselben Uebel. Ferner ist sie als Sitzbad zur Beförderung der Katamenien wohl angebracht, als Mundspülwasser bei Zahnschmerzen und als
Klystier bei Dysenterie; die Blätter mit Natron getrunken helfen denen,
die durch den Genuss von (giftigen) Pilzen gepeinigt werden und gegen
Leibschneiden, im Leckmittel auch den an Orthopnöe Leidenden. Mit
Salz als Kataplasma zertheilen sie Drüsen am Halse und reinigen Geschwüre, Gelenkschmerzen besänftigen sie als Umschlag.

[1]) Bienenpflanze. [2]) Honigblatt. [3]) Die rothe, die Blüthe ist weiss oder röthlich. [4]) Sorgfalt, Pflege. [5]) (Von Apis) Bienenpflanze. [6]) Citronenkraut.

Melissa altissima Sibth. (Labiatae), Hohe Melisse, auch *M. officinalis* L.,
die aber in Griechenland dem Hochgebirge angehört. Bei Macer Floridus (De
viribus herbarum) heisst die Melisse Baroccus, in den Arzneibüchern des späteren
Mittelalters Citaria, Cedronella und Citrago.

Ihr wirksamer Bestandtheil ist ein feines ätherisches Oel, welches bei der
trockenen Pflanze besonders lieblich ist. Die Ausbeute ist sehr gering, deshalb wird
dasselbe häufig durch das sogen. indische Melissenöl aus dem Lemongrase, *Andropogon citratus* D. C., ersetzt. Die Blätter sind noch officinell, auch ein gern angewandtes Volksmittel.

Cap. 109 (119). Περὶ Πρασίου. Prasion. Das Prasion [Einige
nennen es Eupatorion, Andere Phyllophares[1]), Tripedilon[2]), Kamelopo-
dion[3]), Philopolis[4]), die Aegypter Asterope, die Propheten Ochsenblut,
auch Aphedros oder Samen des Horus, die Römer Marrubium, auch La-
beonia[5]), die Afrikaner Atierberzia] ist ein vielzweigiger Strauch aus einer
Wurzel, etwas rauhaarig, weiss, mit vierkantigen Zweigen. Das daumen-
gleiche Blatt ist rundlich, dicklich, gerunzelt und schmeckt bitter. Der
Same steht in Abständen an den Stengeln, auch die rauhaarigen Blüthen[6])
stehen wie in Quirlen. Es wächst an wüsten Orten und auf Schutthaufen.
Seine Blätter sammt den Samen mit Wasser gekocht oder grün zu Saft
ausgepresst werden mit Honig den an Phthisis, Asthma und Husten Leidenden gegeben, mit zugemischter trockener Iris führen sie auch !den
dicken Schleim aus der Brust. Sie werden auch den Frauen verordnet,
denen die Reinigung fehlt, um die Menstruation und die Nachgeburt zu
befördern, ebenso auch denen, die eine schwere Geburt haben, ferner

denen, die von giftigen Thieren gebissen sind und die Gift geschluckt
haben. Der Blase aber und den Nieren sind sie nicht zuträglich. Die
Blätter mit Honig als Kataplasma reinigen schmutzige Geschwüre, halten
Pterygien und fressende Geschwüre auf und lindern Seitenschmerzen.
Der durch Auspressen der Blätter bereitete und in der Sonne eingeengte
Saft leistet dasselbe. Er schärft auch das Gesicht, wenn er mit Wein
und Honig als Salbe gebraucht wird. Er beseitigt ferner auch die Gelbsucht durch die Nase, und ist ein gutes Mittel bei Ohrenschmerzen, wenn
er für sich allein oder mit Rosenöl eingeträufelt wird.

¹) Mit bedeckten Blättern (φύλλον und φάρος), sie sind oben graulich, unten
weissfilzig. ²) Drei Sohlen, kann auf die Dicke der Blätter bezogen werden. ³) Kameel-
fuss, ebenso. ⁴) Freund der Stadt, vom Standort. ⁵) Lippenblume. ⁶) Die Deckblätter der Blüthe sind borstig.

Theophrast beschreibt zwei Arten Marrubion; bei der einen sind die Blätter
mehr und deutlicher eingeschnitten, bei der anderen ist das Blatt mehr rund
mit leichten Einschnitten, eingesägt und hat ein schmutziges, dürres Aussehen
(αὐχμῶδες); die erste ist nach Sprengel *Marrubium catarifolium*, die letztere ist
die Pflanze des D., *Marrubium vulgare* L. (Labiatae), Gemeiner Andorn. Im
Arzneischatze befindet er sich nur noch als ein in manchen Gegenden gern gebrauchtes Volksmittel.

Cap. 110 (120). Περὶ Στάχυος. Ziest. Die Stachys ist ein
dem Andorn ähnlicher Strauch, aber etwas länger und hat Blättchen, von
denen die meisten in Abständen stehen und rundlich, rauhaarig, hart,
wohlriechend und weiss sind. Mehrere Schösslinge kommen aus derselben
Wurzel, sie sind weisser als beim Andorn. Sie wächst an bergigen und
rauhen Stellen und hat erwärmende, scharfe Kraft; daher befördert die
Abkochung als Trank die Menstruation und die Nachgeburt.

Stachys germanica L. (Labiatae), Deutscher Ziest; er ist in Griechenland
selten, findet sich nur auf der subalpinen Region in den Hochgebirgen. Sibthorp
zieht die häufiger vorkommende *Stachus palaestina* hierher, sie hat aber lanzettliche
Blätter.

Früher war Herba Stachydis seu Marrubii agrestis gebräuchlich.

Cap. 111 (121). Περὶ Φυλλίτιδος. Hirschzunge. Die Phyllitis
[Einige nennen sie Phyllis, Andere Akaulon¹), wilden Lattich] entwickelt
lattichähnliche Blätter, aber länglicher und schöner grünend, sechs bis
sieben, aufrecht gerichtet, an der Oberseite glatt, an der Unterseite aber,
als ob kleine Würmer darauf vertheilt wären²). Sie wächst an dicht beschatteten Stellen und in Parkanlagen und hat einen zusammenziehenden
Geschmack. Sie treibt weder einen Stengel, noch Früchte, noch Blüthen.
Ihre Blätter, mit Wein getrunken, sind von guter Wirkung gegen
Schlangenbisse. Bei den Vierfüsslern helfen sie, indem sie ins Maul
eingegossen werden. Sie werden auch gegen Dysenterie und Durchfall
genommen.

¹) Stengellos.   ²) Es sind die von dem Indusium (Schleierchen) bedeckten Sori (Häufchen) der Sporenfrüchte.

Bei Theophrast (Hist. pl. IX 18, 2) heisst die Pflanze Skolopendrion.

Scolopendrium officinale Sm., *Asplenium Scolopendrium* L. (Polypodiaceae), Hirschzunge. Die Wedel als Herb. Scolopendr. seu Linguae cervinae wurden früher gegen Brustkrankheiten gebraucht.

Cap. 112 (122). Περὶ Φαλαγγίου. Phalangion. Das Phalangion¹) — Einige nennen es Phalangition, Andere dasselbe auch Leukakantha²) — bildet zwei bis drei oder mehrere von einander abstehende Schösslinge. Die Blüthe ist weiss, der Lilie ähnlich, mit vielen Einschnitten. Der Same ist dick, schwarz, von der Gestalt einer halben Linse, aber viel feiner. Das Würzelchen ist klein, zart, beim Herausziehen aus der Erde grün, denn nachher zieht es sich zusammen. Es wächst an Hügeln. Seine Blätter, Samen und Blüthe, mit Wein getrunken, helfen gegen Skorpion- und Spinnenstiche. Es beruhigt auch Leibschneiden.

¹) Spinnenpflanze.   ²) Weissdorn.

Bei Dodonäus ist es *Anthericus ramosus* L.

Sibthorp zieht *Anthericus graecus* L. mit Zwiebel und einfachem Schaft hierher, Fraas findet am meisten passend *Lloydia graeca* Salisb. (Liliaceae), welche durch ganz Griechenland auf Hügeln und Vorbergen sich findet.

Theophrast (Hist. pl. VII 13, 2—4) handelt über Anthericus, aber seine Beschreibung passt nicht auf die Pflanze des D. Der Stengel ist sehr gross und zart und theilt sich oben in kleine Aestchen. Er beherbergt einen Wurm, der sich in ein waldbienenartiges Insect verwandelt und zur Blüthezeit des Anthericus ein Flugloch frisst und ausfliegt.

Cap. 113 (123). Περὶ Τριφύλλου. Asphaltklee. Das Triphyllon — Einige nennen es Oxyphyllon, Andere Menyanthes, Asphaltion, Knikion, die Römer Trifolium acutum, odoratum — ist ein mehr als ellenhoher Strauch und hat zarte dunkle Zweige mit binsenartigen Nebenzweigen, an denen Blätter sitzen, welche denen des Zürgelbaumes ähnlich sind, drei an jedem Trieb. Sie haben, wenn sie eben hervorgebrochen sind, den Geruch nach Raute, wenn sie ausgewachsen sind, nach Asphalt. Es entwickelt eine purpurfarbige Blüthe, einen etwas flachen und schwach behaarten Samen, der an dem einen Ende eine Art Hörnchen hat. Die Wurzel ist dünn, lang und fest. Der Same und die Blätter, in Wasser getrunken, helfen bei Brustfellentzündung, Harnverhaltung, Epilepsie, beginnender Wassersucht und bei Hysterie; auch befördern sie die Menstruation. Man muss aber vom Samen 3 Drachmen, von den Blättern 4 Drachmen geben; den von giftigen Thieren Gebissenen helfen die fein gestossenen Blätter mit Sauerhonig getrunken. Einige berichten, dass die Abkochung des ganzen Strauches, der Wurzel sammt den Blättern als Bähung die Schmerzen bei den von giftigen Thieren Gebissenen lindern. Wenn Einer aber ein anderes Geschwür hat und daran behandelt wird, so leidet er durch die Bähung in derselben Weise wie durch die Bisse. Einige trinken beim dreitägigen Fieber drei Blätter oder drei Samen mit Wein, beim viertägigen vier als Mittel, welche das periodische Fieber brechen. Die Wurzel selbst wird auch den Gegenmitteln zugemischt.

Psorea bituminosa L. (Papilionaceae-Trifolieae), Asphaltklee. Der Stengel ist aufrecht, bis zu 1½ m hoch, gerillt und wie die ganze Pflanze weichhaarig. Die Blätter sind zahlreich, langgestielt, die Blättchen ei-lanzettlich, theils stachelspitzig, theils zugespitzt, die Nebenblättchen pfriemig, zottlich; die Blüthenköpfchen zehn- bis zwanzigblüthig, der Kelch ist röhrenförmig, die Krone violett, die Fahne am Grunde zweizähnig, die Hülse zusammengedrückt, an der Spitze etwas gekrümmt. An dürren, sonnigen Stellen Südeuropas.

Cap. 114 (124). Περὶ Πολίου. Gamander. Das Polion [Einige nennen es Theuthrion, Andere Pheuxaspidion, Achaimenis, Ebenitis, Melosmon, Belion, Leontocharon]; es gibt davon eins, das Bergpolion, welches auch Teuthrion heisst, und im Gebrauch ist. Es ist ein kleiner, zarter, weisser, eine Spanne hoher, vollfrüchtiger Strauch, welcher an der Spitze ein doldenartiges kleines Köpfchen, wie weisses Haar hat mit durchdringendem, dabei angenehmem Geruch. Das andere ist ein grösserer Strauch, er hat einen nicht so kräftigen Geruch und eine schwächere Wirkung. Ihre Abkochung hat die Kraft, als Trank den von giftigen Thieren Gebissenen, den Wasser- und Gelbsüchtigen zu helfen, den Milzsüchtigen aber mit Zusatz von Essig. Sie bewirkt aber Kopfschmerzen und ist dem Magen zuwider. Sie befördert den Stuhlgang und die Menstruation. (Der Strauch) als Lager oder zur Räucherung angezündet hält die giftigen Thiere ab; als Umschlag verklebt er Wunden.

Theophrast (Hist. pl. II 8, 3) kennt nur ein Polion, eine immergrüne Pflanze, welche zur Caprification gebraucht wird.

Plinius XXI 44 unterscheidet gleichfalls zwei Arten, das grössere Polium campestre und das kleinere P. silvestre; die Blätter entspringen unmittelbar aus der Wurzel und sollen Morgens weiss, Mittags purpurroth und Abends blau aussehen. An anderer Stelle heisst es, das Polium sei identisch mit Tripolium, der Sumpfnelke; er wirft hier wieder zwei verschiedene Pflanzen durcheinander. Die beiden Pflanzen des D. sind *Teucrium Polium* L. (Labiatae), Grauer Gamander, und *Teucrium capitatum* L., Grosser, Geruchloser Kopfgamander. Beide finden sich in Griechenland und Italien; die Neugriechen nennen beide ἄγριος ἀμάρανθος, Wilder Amaranth.

Cap. 115 (125). Περὶ Σκορδίου. Knoblauch-Gamander. Das Skordion[1]) [Einige nennen es Skorbion, Andere Pleuritis, Dysosmon[2]), wilde Kalaminthe (Minze), Chamaidrys, Mithridanios[3]), die Propheten Podosblut, die Aegypter Apho, die Römer Phrixago palustris[4])] wächst an bergigen[5]) und sumpfigen Stellen, hat Blätter wie Chamaidrys (Gamanderstrauch), aber grösser und am Rande nicht so eingeschnitten[6]), mit schwachem Zwiebelgeruch und zusammenziehendem bitterem Geschmack. Die Stengel sind vierkantig und tragen röthliche Blüthen. Das Kraut hat erwärmende, harntreibende Kraft, wenn es frisch fein gestossen getrunken wird, trocken mit Wein wirkt es gegen den Biss der Schlangen und gegen tödtliche Mittel, gegen Magenstechen, Dysenterie und Harnverhaltung zu 2 Drachmen mit Honigwasser. Auch reinigt es die Brust von eiterigem dickem Schleim. Ferner hat es gute Wirkung bei altem Husten, bei inneren Rupturen und Krämpfen, wenn es trocken mit Kresse, Honig und Harz zum Leckmittel gemischt wird. In Wachssalbe aufgenommen lindert es anhaltende Unterleibsentzündung; bei Podagra leistet es gute Dienste, wenn es mit scharfem Essig eingerieben oder mit Wasser umgeschlagen wird. Im Zäpfchen eingelegt befördert es die Menstruation. Weiter verklebt es Wunden, reinigt alte Geschwüre und bringt sie mit Honig zur Vernarbung. Trocken hält es Fleischwucherungen ein. Auch der aus ihm gepresste Saft wird gegen die genannten Leiden getrunken, der wirksamste ist der pontische und kretische.

[1]) Von σκόροδον, Knoblauch, benannt wegen des eigenthümlichen Zwiebelgeruches. [2]) Uebelriechend. [3]) Auf Mithridates, den König von Pontus, zurückzuführen, weil das pontische Teucrium geschätzt wurde; nach Lenäus bei Plinius hat Mithridates dasselbe zuerst gefunden. [4]) Wohl richtiger Trixago, so nennt es auch Plinius XXIV 130. [5]) Diese in allen Handschriften mit Ausnahme des Cod. X. sich findende Angabe ist wohl nicht richtig, da der Knoblauch-Gamander nur auf feuchten, sumpfigen Wiesen vorkommt. Er ist eine Pflanze ganz Europas; Fraas fand ihn in Griechenland in stehenden und fliessenden Gewässern. Plinius sagt daher auch XXV 63: Das Scordion wird in Pontus auf fettem und feuchtem Boden gefunden. [6]) Bei *Teucrium Chamaedrys* sind die Blätter am Rande grob gekerbt oder eingeschnitten, bei *T. Scordium* grob oder ungleich gesägt.

Teucrium Scordium L. (Labiatae), Knoblauch-Gamander; in manchen Gegenden ein beliebtes Hausmittel.

Cap. 116 (126). Περὶ Βηχίου. Huflattich. Das Bechion[1]) [Einige nennen es Richion, Andere Petrine[2]), Peganon, Pithion[3]), Pagonaton, Chamaileuke[4]), Procheton, Arkophyton, Chamaigeiron, die Aegypter Saartha, die Römer Tusilago[5]), Pharpharia, Pustulago, die Bessier Asa] hat epheuähnliche Blätter, aber grösser, sechs bis sieben, an der Oberseite sind sie grün, auf der Unterseite weiss und haben mehrere Ecken, der Stengel ist eine Spanne hoch. Es entwickelt im Frühjahr eine gelbe Blüthe, wirft Blüthe und Stengel aber bald ab, weshalb Einige glaubten, die Pflanze habe weder Stengel noch Blüthe. Die Wurzel ist zart. Es wächst an Bächen und feuchten Stellen. Seine Blätter mit Honig fein zerrieben als Umschlag heilen roseartige und alle anderen Entzündungen.

Trocken aber zur Räucherung angezündet hilft es denen, die von trockenem Husten und Orthopnöe belästigt werden, wenn sie den Dampf mit geöffnetem Munde aufnehmen und herunterschlucken. Es öffnet aber auch die Abscesse in der Brust. Dasselbe leistet auch die Wurzel in der Räucherung. Sie treibt in Honigwasser gekocht und getrunken den todten Embryo aus.

¹) Hustenkraut (von βήξ, Husten). ²) Die Felsige, nach lucus a non lucendo so genannt. ³) Fässchen, vielleicht von der Gestalt der sich öffnenden Blüthenknospe. ⁴) Nach der Erde zu weiss. ⁵) Tussilago, Hustenpflanze (von tussis, Husten).

Tussilago Farfara L. (Compositae), Huflattich; in Griechenland nur am Flusse Kephissos in Attika, sonst selten. Die Blüthen werden bei uns als Volksmittel gegen Husten gebraucht, die Blätter sind noch officinell als Bestandtheil der Species pectorales.

Cap. 117 (127). Περὶ Ἀρτεμισίας. Beifuss. Die Artemisia, es gibt eine vielzweigige und eine einfache (einstengelige) [Einige nennen sie Toxetesia¹), Andere Ephesia²), Anaktorios³), Sozusa⁴), Leia⁵), Lykophrys⁶), die Propheten Menschenblut, Andere Chrysanthemon, die Römer Valentia⁷), Serpyllum, Herba regia⁸), Rapium, Tertanageta, die Gallier Ponem, die Dakier Zuste]. Die vielzweigige wächst meist in der Nähe des Meeres als strauchartige Pflanze, ähnlich dem Wermuth, ist aber grösser und hat glänzendere Blätter. Eine Art davon ist üppig, hat breitere Blätter und Zweige, eine andere dünnere, dabei kleine, weisse, zarte Blüthen mit durchdringendem Geruch. Sie⁹) blüht im Sommer. Einige nennen auch die im Binnenlande wachsende Pflanze mit dünnem und einfachem Stengel, dabei klein und voll von wachsfarbigen zarten Blüthen die einfache Artemisia; sie ist wohlriechender als die vorige. Beide erwärmen und verdünnen. Abgekocht sind sie ein gutes Mittel zu Sitzbädern für Frauen zur Beförderung der Katamenien, der Nachgeburt und des Embryos, ebenso auch gegen Verschluss und Entzündung der Gebärmutter, wie zum Zertrümmern des Steins und gegen Urinverhaltung. Das Kraut, reichlich auf den Unterleib gelegt, treibt die Menstruation. Der ausgepresste Saft, mit Myrrhe gemischt und als Zäpfchen eingelegt, zieht aus der Gebärmutter Alles wie das Sitzbad. Auch der Blüthenstand wird in der Menge von 3 Drachmen zur Wegschaffung desselben getrunken.

¹) Die mit dem Bogen Schiessende; Artemis, nach der die Pflanze benannt sein soll, war die Göttin der Jagd, aber auch die Beschützerin der Frauen und Jungfrauen, die Geburtsmächtige (Iphigeneia). ²) Von ἐφίημι, schleudern, schiessen, kann auch auf das Jagdattribut bezogen werden. ³) Herrscherin. ⁴) Retterin, Helferin. ⁵) Zarte. ⁶) Eigentlich Dämmerlicht; Artemisia war auch die Göttin der Nacht, früher bedeutete sie den Mond. ⁷) Vermögende, Gewaltige. ⁸) Königliches Kraut. ⁹) C. λεπτοχαρφότερον, das Dünnzweigige. Nach Plinius XXV 73 hat die Pflanze ihren Namen von Artemisia, der Gattin des Königs Mausolus von Karien, welcher

sie zuerst gefunden haben soll; dieser regierte aber um 350 v. Chr., und schon bei Hippokrates, also hundert Jahre früher, findet sich die Pflanze als Artemisia.

Die beiden ersten Arten sind als *Artemisia arborescens* L. (Compositae), Beifussbäumchen, und *A. campestris* L., Feldbeifuss, bestimmt.

Die mit einfachem Stengel (μονόκλωνος), welche nach Sibthorp auf den Bergen Griechenlands sich findet, wird von Sprengel für *Artemisia spicata* Jacq. gehalten.

Die Wurzel, welche als wirksame, reizende Substanz Harz und ätherisches Oel enthält, wird noch vereinzelt als Volksmittel gebraucht, aus dem Arzneischatze ist sie verschwunden.

[Cap. 118 (128). Περὶ Ἀρτεμισίας λεπτοφύλλου. Zartblätterige Artemisia. Die zartblätterige Artemisia, welche an Gräben, Zäunen und auf Saatäckern wächst. Ihre Blätter und Blüthen geben beim Zerreiben den Geruch nach Majoran. Wenn nun Jemand am Magen leidet und das Kraut derselben stösst, mit Mandelöl gut durchmischt und eine Art Salbe daraus macht und sie auf den Magen legt, so wird er genesen. Wenn aber Jemand an den Nerven leidet und den Saft derselben mit Rosenöl gemischt einreibt, so wird er geheilt werden.]

Dieses Capitel ist offenbar von fremder Hand zugesetzt; abgesehen davon, dass im vorhergehenden Capitel von der zartblätterigen Artemisia die Rede schon war, ist die Sprache durchaus von der des D. verschieden.

Cap. 119 (129). Περὶ Ἀμβροσίας. Ambrosia — Einige nennen sie Botrys, Andere Botrys Artemisia[1]) [die Römer Caprum silvaticum, auch Apium rusticum, die Aegypter Merseo] ist ein kleiner vielzweigiger Strauch von drei Spannen Höhe; er hat am Grunde des Stengels kleine Blätter wie die Raute. Die dünnen Zweige sind voll von kleinen Samen[2]), ähnlich kleinen niemals blühenden Trauben, mit weinartigem Geruch. Die Wurzel ist zart, zwei Spannen lang. In Kappadokien wird sie in die Kränze geflochten. Sie hat die Kraft, vordrängende Säfte[3]) aufzuhalten und zurückzustossen, als Umschlag wirkt sie adstringirend.

[1]) *Botrys Artemisia* L., Traubenkraut. [2]) Die Blüthenköpfchen. [3]) Säfte, welche ihren richtigen Weg verlassen haben.

Plinius XXVII 28 sagt: der Name Ambrosia werde mehreren Pflanzen beigelegt, sei daher ein vager; er beschreibt dann die Pflanze wie D. An anderer Stelle, XXVII 55, heisst es dagegen, in Kappadokien heisse die Pflanze Botrys Ambrosia oder auch Artemisia.

Die älteren Botaniker haben sie theils für eine mystische Pflanze, auf Ambrosia, die Götterspeise hinweisend, gehalten, theils unter die verschiedensten Namen, vorzugsweise Artemisia, registrirt. Lobelius hat eine Abbildung der Pflanze geliefert (Bauhin et Cherler lib. XXVI p. 148): die Wurzel ist holzig, einfach, mit feinen Wurzelfasern; sie entwickelt gleichzeitig mehrere geriefte, röthliche, etwas rauhaarige Stengel, welche sich in viele Zweige theilen. Die Blätter sind den Wermuthblättern ähnlich, wie diese gefiedert, weisslich, wohlriechend und nicht unangenehm bitter. Die Blüthen bilden lange Aehrentrauben am Ende der Zweige mit kleinen Blüthenköpfchen, deren jedes einen schwarzen, weinbeerähnlichen Samen entwickelt.

Sprengel hält sie für *Ambrosia maritima* L. (Compositae), ihm folgt Fraas. Der bis fast 1 m hohe Stengel ist aufrecht, ästig, zottig-weichhaarig. Die in einem deutlichen Blattstiel verschmälerten Blätter sind mit anliegenden, weichen Haaren besetzt, in zahlreiche, seitliche Lappen tief gespalten, von denen die unteren fiederspaltig, die oberen, viel kleineren ungetheilt, kaum buchtig gezähnt oder ganzrandig sind. Die Blüthentrauben stehen dicht, langgestielt, am Ende der Zweige, die männlichen Blüthen sind fast sitzend, gehäuft, gelb, die ganze Pflanze hat angenehmen Geruch und aromatisch-bitteren Geschmack. In den Mittelmeerländern.

Cap. 120 (130). Περὶ Βότρυος. Traubenkraut. Botrys ist die ganze honiggelbe, strauchartig ausgebreitete Pflanze mit vielen achselständigen Zweigen. Der Same wächst um die ganzen Zweige herum. Die Blätter sind denen der Cichorie ähnlich. Die Pflanze ist im Ganzen wohlriechend, darum wird sie auch zwischen die Kleider gelegt. Sie wächst am meisten an Rinnsalen und Bergströmen. Mit Wein genommen hat sie die Kraft, die Orthopnöe zu bessern. Die Kappadokier nennen diese auch Ambrosia, Einige auch Artemisia.

Chenopodium Botrys L. (Chenopodiaceae), Traubenkraut. Früher waren die Blätter als Herba Botryos gebräuchlich, es ist dem noch jetzt hie und da in den Officinen geführten Kraute, Herb. Chenopod. ambrosioides in der Wirkung ähnlich. Die Pflanze ist nach Fraas in Griechenland selten und zwar nur in den nördlichen Gebirgen; in Italien, wo sie Botri heisst, kommt sie ziemlich häufig vor.

Cap. 121 (131). Περὶ Γερανίου. Storchschnabel. Das Geranion[1]) [Einige nennen es Pelonitis, Andere Trika, Geranogeron[2]), die Römer Echinastrum, die Afrikaner Ieske] hat ein der Anemone ähnliches, eingeschnittenes, aber grösseres Blatt, eine rundliche, süsse, essbare Wurzel; diese in der Menge von 1 Drachme in Wein getrunken hebt die Aufblähungen der Gebärmutter.

Von Einigen wird noch ein anderes Geranion angeführt [die Einen nennen es Oxyphyllon[3]), die Anderen Mertryx, Myrris[4]), Kardamomon, Origanon, die Propheten Hierobrynkas, die Römer Pulmenia[5]), auch Cicotria[6]), Gruïna[7]), die Afrikaner Ienk], es hat zarte, wollhaarige, zwei Spannen hohe Stengelchen, denen der Malve ähnliche Blätter und an der Spitze der Achseltriebe gewisse nach oben gerichtete Auswüchse wie Kranichköpfe mit den Schnäbeln oder wie Hundezähne. In der Heilkunde findet es keine Verwendung.

[1]) Storchschnabel, der Fruchtknoten verlängert sich zu einem langen Schnabel. [2]) Reihergreis. [3]) Spitzblatt. [4]) Myrtenähnliches Blatt. [5]) Vielleicht Zukost statt pulmentum. [6]) Cicutaria? [7]) Kleiner Kranich.

Die erste Pflanze ist *Geranium tuberosum* L. (Geraniaceae), Knolliger Storchschnabel, die zweite *Errodium malachoides* L., Malvenartiger Storchschnabel.

Cap. 122 (132). Περὶ Γναφαλίου. Gnaphalion. Das Gnaphalion [Einige nennen es Hires, Andere Ampetokos, Anaxeton, Anaphalis, die Aegypter Semeon, die Gallier Gelasonen, die Römer Centunclum, auch Turcularis oder Albinus]. Die Blätter desselben, die weiss und weich sind, gebrauchen Einige als Polsterwolle. Mit Wein getrunken haben die Blätter gute Wirkung bei Dysenterie.

Athanasia maritima L., *Santalina maritima* Huds. (Compositae), See-Santaline. Bei Plinius XXVII 88 heisst sie auch Chamaezelon. Ein zierliches Pflänzchen der Mittelmeerküste mit langer, spindeliger, ästiger Wurzel und mehreren dicht schneeweiss-filzigen Stengeln, linealen, nach oben etwas verbreiterten, schwach gekerbten, gleichfalls beiderseits weissfilzigen Blättern und doldentraubigen gelben Körbchen.

Cap. 123 (133). Περὶ Τύφης. Rohrkolben. Die Typha entwickelt ein dem Cyperngrase ähnliches Blatt, einen glatten, ebenen Stengel, um dessen Spitze die Blüthe dicht steht und einen Blüthenbüschel bildet, welcher bei Einigen Anthele heisst. Die Blüthe derselben, in altes gewaschenes Schweinefett aufgenommen, heilt Brandwunden. Sie wächst in Sümpfen und Gegenden mit stehenden Gewässern.

Typha angustifolia L. (Typhaceae), Schmaler Rohrkolben. D. sagt hier χυπερίδι ὅμοιον, ohne Zweifel statt χυπείρῳ. Fraas nennt χυπερὶς ἰνδιχή die Curcuma longa, und bezieht sich auf D. I 4 der Sprengel'schen Ausgabe; dort findet sich aber der Ausdruck χυπερίς nicht, es heisst dort: ἕτερον εἶδος χυπείρου ἐν Ἰνδίᾳ γεννώμενον; unmöglich kann auch D. die Blätter der Typha mit denen von Curcuma longa verglichen haben.

Cap. 124 (134). Περὶ Κιρκαίας. Kirkaia. Die Kirkaia, welche man auch Dirkaia nennt, hat Blätter wie der Gartennachtschatten, viele Nebenschüsse, viele kleine dunkle Blüthen und einen hirsekornartigen Samen in einer Art Hörnchen, drei bis vier eine Spanne lange, weisse, wohlriechende, erwärmende Wurzeln. Sie wächst meist an gewissen felsigen, luftigen, sonnigen Stellen. Ihre Wurzel zu 2 Unzen zerstossen, einen Tag und eine Nacht in 6 Kotylen süssem Wein macerirt und in drei Tagen getrunken reinigt die Gebärmutter. Der Same, im Schlürftrank genommen, befördert die Milchabsonderung.

Die Pflanze ist mit Sicherheit nicht bestimmt. Anguillara nimmt sie für *Cynanchum nigrum* R. Br. (Asclepiadaceae), Lobelius, der sie anfangs für *Solanum Dulcamara* hielt, bei der aber die Haarkronen der Samen fehlen, stimmte später für *Circaea lutetiana* L. (Oenotheraceae), Cäsalpinus für *Capsicum annuum* L. (Solanaceae). Fraas zieht *Cynanchum monspeliacum* (aber mit ?), Französischer Hundswürger, hierher; dies ist aber eine Pflanze der feuchten Niederungen der südlichen Länder, steht an Bächen und Flüssen und nicht auf felsigen, sonnigen Höhen; auch hat sie einen scharfen Milchsaft, den D. sicher erwähnt hätte.

Cap. 125 (135). Περὶ Οἰνάνθης. Oinanthe. Die Oinanthe — Einige nennen sie Keraskomion[1]), Andere Leukanthon[2]) — hat Blätter wie die Möhre, aber weisse Blüthen und einen dicken, spannenlangen Stengel, einen Samen wie die Gartenmelde und eine grosse Wurzel mit vielen runden Köpfen. Sie wächst an Felsen. Same, Stengel und Blätter derselben werden mit Honigwein zum Austreiben der Nachgeburt getrunken; die Wurzel aber mit Wein ist ein gutes Mittel gegen Harnzwang und Gelbsucht.

[1]) Von χέρας, Horn, und κόμη; könnte bei Pedicularis auf die Blüthe bezogen werden. [2]) Weisse Blüthe.

Theophrast (Hist. pl. V 9, 6; VI 6, 11) hat zwei Arten Oinanthe, eine kletternde und eine Kranzpflanze, die beide mit der des D. nichts gemein haben, eine dritte (De odor. VI), die einen schwachen Wohlgeruch hat, wächst in Kypern auf den Bergen. Bei Plinius XXI 167 ist Oenanthe auch eine Felsenpflanze mit Blättern, wie sie der Pastinak hat. Von den älteren Botanikern sind mehrere Umbelliferengewächse hierher gezogen; die meisten jedoch, darunter auch Sprengel, stimmten für *Pedicularis tuberosa* L. (Scrophulariaceae), welche zwischen Felsen wächst, runde, knollige Wurzeln und doppelt gefiederte Blätter hat, welche denen der Möhre sehr gleichen. Der Stengel ist eine Spanne hoch, einfach und dick, die Blüthen sind weisslichgelb, die Frucht ist eine zusammengedrückte Kapsel, zweifächerig und der der Melde nicht unähnlich. Fraas dagegen glaubt, auf die Oinanthe eher *Spiraea filipendula* L. (Rosaceae), Knollige Spierstaude, Filipendelwurz, beziehen zu können. Sie wächst auf trockenen Wiesen, hat einen abgebissenen Wurzelstock, dessen Wurzeln sich zu Knollen verdicken; die fiederschnittigen Blätter haben längliche, fiederspaltig eingeschnittene Abschnitte und sind sehr zierlich. Die meisten Blüthen stehen in Trugdolden.

Cap. 126 (136). Περὶ Κονύζης. Konyza. Die Konyza [die grosse, Einige nennen sie Kynozematitis, Andere Danaïs, Tanachion, Phykos, Ischys, Deinosmos, die Propheten Brephyktonos, Anubias, Hedemias, die Aegypter Keti, die Römer Intybus, Mina militaris, Delliarion, Febrifuga, Phragmosa, Musteroi, Pissan]. Eine Art heisst die kleine, welche wohlriechend ist; die grössere dagegen bildet einen höheren Strauch, hat breitere Blätter und einen durchdringenden Geruch. Beide gleichen in den Blättern dem Oelbaum, diese sind rauhaarig und fett. Was die Höhe des Stengels betrifft, so hat die grössere eine solche von zwei Ellen, die kleinere von einem Fuss. Die Blüthe ist mürbe, gelb, gelblich[1]) und bildet eine Haarkrone. Die Wurzeln sind unbrauchbar. Der Strauch mit den Blättern als Lager verwandt und auch zur Räucherung angezündet hat die Kraft, giftige Thiere zu verscheuchen und Mücken zu vertreiben, tödtet aber auch Flöhe. Die Blätter werden mit Erfolg bei Schlangenbissen, Geschwülsten und Wunden als Umschlag angewandt, auch werden die Blüthe und die Blätter mit Wein zur Beförderung der Menstruation, zum Austreiben des Embryo, gegen Harnzwang, Leibschneiden und Gelbsucht getrunken. Mit Essig getrunken helfen sie bei Epilepsie. Die Abkochung davon reinigt die Gebärmutter. Der Saft, im

Zäpfchen eingelegt, bewirkt Fehlgeburt. Das Kraut mit Oel eingerieben ist gegen Frostschauer wirksam.

Die zarte [Einige nennen sie die kleine Konyza, Andere Panios, auch Libanotis, die Propheten Kronos] heilt als Kataplasma Kopfschmerzen.

Es gibt noch eine dritte Art Konyza; sie hat einen dickeren und weicheren Stengel, grössere Blätter als die zarte, aber kleinere als die grössere, sie sind nicht fett, haben aber einen viel durchdringenderen Geruch, sind unangenehmer und weniger wirksam. Sie wächst an feuchten Stellen.

¹) Einige Codices haben ὑποπικρόν, etwas bitter, da die Farbe schon bestimmt ist.

Theophrast (Hist. pl. VI 2, 6) kennt nur zwei Arten, eine männliche und weibliche, welche den beiden ersten des D. entsprechen; ihm folgt Plinius XXI 58, welcher beide als Kranzpflanzen bezeichnet.

Die erstere Art ist als *Erigeron viscosum* L. (Compositae), Klebriges Berufkraut, die zweite als *Erigeron graveolens* L., Riechendes Berufkraut, und die dritte als *Inula brittannica* (Compositae) bestimmt, die Blätter sind gross, fast ganzrandig und kahl, sie steht auf feuchten Wiesen.

Cap. 127 (128). Περὶ Ἡμεροκαλλίδος. Hemerokallis. Die Hemerokallis [Einige nennen sie Hemerokatallaktos, Andere wilde Lilie, Krinanthemon¹), Porphyranthes²), Blutzwiebel, Antikantharon³), die Aegypter Iokroi, die Römer Zwiebel, Feldlilie⁴), Seelilie, die Afrikaner Abiblabon] hat Blätter und einen Stengel wie die Lilie, aber grün wie Porree, an jedem Nebenzweige desselben drei bis vier Blüthen, in den Einschnitten der Lilie ähnlich, wenn sie sich zu öffnen beginnt, und von hochgelber Farbe. Sie hat eine einer ansehnlich grossen Zwiebel ähnliche Wurzel; wird diese fein zerstossen und getrunken, auch mit Honig in Wolle als Zäpfchen eingelegt, so führt sie Wasser und Blut ab. Die fein geriebenen Blätter als Umschlag besänftigen die von der Geburt herrührenden Entzündungen der Brüste und die der Augen. Die Wurzel und die Blätter werden auch bei Feuerbrandwunden mit Erfolg aufgelegt.

¹) Lilienblüthe. ²) Purpurblüthe. ³) Mittel gegen den Kantharoskäfer, speciell ist es der in Aegypten verehrte Scarabaeus (*Ateuchus sacer*), der sogen. Pillendreher, welcher aus frischem Mist Kugeln formt, um ein Ei hineinzulegen, und sie dann mit den Hinterbeinen in die Erde rollt. ⁴) ἔλιουν ἀγρέστεμ.

Die Hemerokalles des Theophrast (Hist. pl. VI 6, 11) ist von der des D. durchaus verschieden, denn sie selbst wie die Wurzel ist holzig. Die Hemerokallis des D. ist mit Sicherheit nicht bestimmt. Matthiolus sprach sie als *Lilium bulbiferum* an, neuerdings hat man *Hemerocallis fulva* L. (Liliaceae) hierher gezogen. Sie findet sich allerdings in Griechenland nicht, kommt aber in Siebenbürgen, Ungarn (südlich der Donau), Krain, Kroatien, Steiermark, überhaupt in den Ländern, welche die damalige römische Provinz Pannonia bildeten, vor, und bei der genauen Bekanntschaft des D. mit der italischen (damaligen römischen) Flora ist diese Ansicht nicht zurückzuweisen. Im nördlichen Deutschland eine Zierpflanze.

Cap. 128 (138). Περὶ Λευκοΐου. Goldlack. Das Leukoïon [Einige nennen es das königliche, die Römer Opula alba, weisses Veilchen, die Erhabene, Matronenveilchen[1]), Passarina[2]), Polyphura] ist bekannt; in seiner Blüthe ist aber Verschiedenheit, denn es wird entweder weiss, oder gelb, blau oder purpurfarben gefunden. Von diesen dient zum medicinischen Gebrauche aber das gelbe. Die getrockneten gekochten Blüthen haben zum Sitzbade gute Wirkung bei Entzündung der Gebärmuttergegend und zur Beförderung der Menstruation. In Wachssalbe aufgenommen heilen sie die Risse am After, mit Honig Ausschlag im Munde. Die Frucht, in der Menge von 2 Drachmen mit Wein getrunken oder mit Honig als Zäpfchen eingelegt, befördert die Katamenien und treibt die Nachgeburt und den Embryo aus. Die Wurzeln mit Essig als Umschlag bringen die (angegriffene) Milz in Ordnung und helfen bei Podagra.

[1]) Andere Codices haben statt matronalis antronalis, Grotten- oder Nymphenveilchen. [2]) von passus, ausgebreitet in der Sonne, Sonnenveilchen.

Das gelbe, als Arzneipflanze angegebene Leukoïon gilt für *Cheiranthus Cheiri* L. (Cruciferae), Lackviole, Goldlack, er enthält ein bitteres Glukosid; die anderen Spielarten werden für *Matthiola incana* R. Br. (Cruciferae), Levkoje, gehalten. Auf diese passt auch ziemlich, was Theophrast (Hist. pl. VI 8, 1 und VII 13, 9) vom Leukoïon sagt, dass es sehr früh blüht und eine runde, holzige, knollige Wurzel hat.

Cap. 129 (139). Περὶ Κραταιογόνου. Krataiogonon. Das Krataiogonon — Einige nennen es Krataionon — hat Blätter ähnlich denen des Melampyrum; von einer Wurzel wachsen mehrere knotige Triebe aus, der Same ist der Hirse ähnlich. Es wächst am meisten an beschatteten und mit Gestrüpp besetzten Stellen; es ist sehr scharf. Von Einigen wird berichtet, der Trank des Samens bewirke, dass eine Frau Knaben gebäre, wenn sie nach der monatlichen Reinigung vor der Beiwohnung des Mannes dreimal täglich nüchtern eine Gabe von 3 Obolen mit 2 Bechern Wasser vierzig Tage hindurch trinkt. In gleicher Weise soll der Mann ebenso viel Tage trinken und dann der Frau beiwohnen.

Der Name der Pflanze leitet sich ab von κρατεῖν und γόνος, das Geschlecht, die Nachkommenschaft beherrschen.

Bei Theophrast, der ihr dieselbe Wirkung beimisst, heisst sie κραταίγονον Krataigonon, und wächst wie λίνον κορινόν, wie Lein unter den Weizen. Plinius XXVII 62 sagt, Crataegonon sei dem Weizenhalme (spicae tritici) ähnlich, komme mit vielen Sprossen aus einer Wurzel und sei sehr knotig.

Sprengel zieht *Polygonum Persicaria* L. hierher wegen der Schärfe, wegen der Aehnlichkeit des Samens mit der Hirse und der Blätter mit denen des Melampyrum. Theophrast und D. beschreiben das Melampyrum nicht, bei letzterem (IV 115) ist es nur ein Synonymon von μόαγρος (*Camelia sativa* oder *Nesslia paniculata*), wir wissen also nicht, was D. unter Melampyrum verstanden hat, möglicher Weise *Agrostemma Githago*. Polygonum Persicaria, wächst aber nicht an schattigen Stellen, sondern auf Ackerland, Brachen und an Gräben. Auch ist es nicht nennenswerth scharf, denn das Kraut wurde früher gebraucht als Herba Persicariae mitis.

Die älteren Botaniker hielten diese zweifelhafte Pflanze für *Melampyrum pratense*, *Stellaria graminea*, Anguillara für *Polygonum Hydropiper*. Nach Fraas passt am besten *Crucinella monspeliaca* L. (Rubiaceae), Kreuzblatt, eine in Griechenland auf Hügeln und Vorbergen unter Gestrüpp häufige Pflanze.

Cap. 130 (140). Περὶ Φύλλου. Phyllon. Das Phyllon — Einige nennen es Elaiophyllon[1]), Andere Bryonia — wächst auf Felsen. Auch das Thelygonon[2]) genannte hat gleichsam eine Blüthentraube, ein Blatt, grüner als das des Oelbaumes, einen dünnen, kurzen Stengel, eine zarte Wurzel, weisse Blüthe und eine Frucht, grösser als beim Mohn. Das Arrhenogonon[3]) ist in Allem dem eben genannten gleich, unterscheidet sich nur durch die Frucht; denn es hat etwas Traubenartiges, welches dem der eben abblühenden Olive ähnlich ist. Es heisst, dass der Genuss des Arrhenogonon die Zeugung männlicher, der von Thelygonon die weiblicher Nachkommen bewirke. Hierüber berichtet Krateuas. Mir scheint aber, so etwas auf der Erzählung sich beruhen zu lassen.

[1]) Oelblatt.   [2]) Mädchen erzeugend.   [3]) Knaben erzeugend.

Bei der sehr kargen Beschreibung bietet der Satz ἔχει γὰρ ὅμοιόν τι τῷ ἄρτι ἐξηνθηκυίας ἐλαίας βοτρυῶδες einige Schwierigkeit. Die Parallelstelle bei Theophrast (Hist. pl. IV 18, 5) lautet: τοῦ δ' ἀῤῥενογόνου καρπὸς οἱόνπερ ἐλάα ὅταν ἄρτι φύεται ἐκ τοῦ βρύου, δίκρουν δὲ ὥσπερ ὄρχεις ἀνθρώπων. die Frucht des Arrhenogonon ist wie die Olive, wenn sie eben aus der Blüthe hervorkommt, zwiespaltig wie die Hoden des Menschen. Cäsalpinus hebt die Schwierigkeit am besten dadurch, dass er statt βοτρυῶδες schreibt βρυῶδει (dem Hervorspriessenden). Es ist das Köpfchen, die gestielte weibliche Blüthe, welche D. als Frucht bezeichnet; Thelygonon ist die weibliche Blüthe.

Man hält das Phyllon für *Mercurialis annua*, dann hätte aber D. dieselbe Pflanze unter verschiedenen Namen doppelt beschrieben, da diese IV 188 als Λινόζωστις, Linozostis, behandelt wird. Fraas zieht *Mercurialis perennis* L. (Euphorbiaceae), Ausdauerndes Bingelkraut, hierher, besonders mit Rücksicht auf den Standort, da sie am Parnass noch bei 1000 m in Felsspalten (in unseren Gegenden an Bergplätzen) gefunden wird, während M. annua die Gebirge nicht ansteigt. Sprengel dagegen weist auf *Mercurialis elliptica* Lam. oder *M. tomentosa* L. hin.

Cap. 131 (141). Περὶ Ὄρχεως. Knabenkraut. Die Orchis — Einige nennen sie Hundehoden — hat am unteren Ende des Stengels über den Boden sich hinbreitende, der weichen Olive ähnliche Blätter, aber schmaler, glatt und grösser. Der Stengel hat die Höhe einer

Spanne, daran stehen die purpurfarbigen Blüthen. Sie hat eine zwiebelähnliche, längliche, doppelte, schmale[1]) Wurzel wie eine Olive, die eine
oben, die andere mehr unterwärts, auch ist die eine voll, die andere weich
und geschrumpft. Die Wurzel wird gekocht gegessen wie die Zwiebel.
Auch von dieser erzählt man, dass die grössere Wurzel, von Männern
verzehrt, die Geburt von Knaben bewirke, die kleinere aber, von Frauen
genossen, die Geburt von Mädchen. Weiter berichtet man, dass die
Frauen in Thessalien die zartere mit Ziegenmilch trinken, um die Liebeslust
anzuregen, die feste aber zur Unterdrückung und Abschwächung der
Liebesgelüste, ferner, dass durch den Genuss der einen die Wirkung der
anderen aufgehoben werde.

[1]) Schmal setzt D. wohl nur zu, um das Zwiebelähnliche einzuschränken. In
Betracht kommen *Orchis papilionacea* L. (Orchidaceae), Schmetterlingsblüthi-
ges Knabenkraut, und *Orchis Morio* L., Gemeines Knabenkraut, welche
den von D. angegebenen Standort behaupten. Diese beiden liefern auch vorzugsweise den Neugriechen die Salepknollen, Salepi. Ihr Hauptbestandtheil ist Schleim.

Cap. 132 (142). Περὶ Ὄρχεως ἑτέρου. Anderes Knabenkraut. Die andere Orchis, welche man auch Serapias nennt, wie z. B.
Andreas, wegen der vielfachen Verwendung der Wurzel, hat porreeähn-
liche Blätter, länglich, aber auch breiter und fett, in den Achseln einge-
rollt. Die kleinen Stengel sind eine Spanne hoch, die Blüthen purpurfarbig, die Wurzel ist kleinen Hoden ähnlich. Diese hat als Umschlag
die Kraft, Oedeme zu vertheilen, Geschwüre zu reinigen und kriechende
Geschwüre aufzuhalten. Sie räumt auch Fisteln weg und besänftigt als
Kataplasma entzündete Stellen. Trocken bringt sie fressende Geschwüre
und Fäulniss zum Stillstand, heilt auch böse Fehler im Munde. Mit
Wein getrunken stellt sie den Durchfall. Von ihr erzählt man dasselbe
wie vom Hundehoden[1]).

[1]) d. i. die erstere Orchis.
Die älteren Botaniker haben für diese Pflanze die verschiedensten Namen,
Sprengel verzichtet auf eine Bestimmung; Fraas zieht *Orchis undulatifolia* Biv.
hierher.

Cap. 133 (143). Περὶ Σατυρίου. Satyrion. Das Satyrion —
Einige nennen es Dreiblatt, da es meist drei Blätter treibt, welche über
der Erde abgebrochen sind, sie sind dem Ampfer- oder Lilienblatt ähnlich, kleiner aber und röthlich. Es hat einen kahlen, etwa eine Elle
hohen Stengel, eine lilienartige weisse Blüthe und eine zwiebelähnliche
Wurzel, etwa wie ein Apfel, röthlich, innen weiss wie ein Ei, süss und
wohlschmeckend. Diese muss man in dunklem herbem Wein trinken
gegen Orthopnöe, sie auch gebrauchen, wenn man der Frau beiwohnen
will, denn man sagt, dass sie beim Beischlaf die Lust reizt.

Bei Plinius XXV 98 heisst die Aristolochia polyrrhizos Satyrion, an anderer Stelle, XXVI 96 sqq., nennt er eine Orchis femina Satyrion und ebenso auch die Pflanze des D. (tribus foliis non amplius e terra exeuntibus). Die älteren Botaniker hielten sie für eine Orchis, Sprengel wegen der Aehnlichkeit der Blüthe mit der Lilie für *Tulipa Clusiana* oder *Gesneriana*, heimisch in Thrakien und Kleinasien. Fraas bezieht sie auf *Aceras anthropophora* R. Br., *Ophrys anthropophora* L., Menschenähnliches Ohnhorn, welche auf höheren Gebirgen Griechenlands nicht selten ist. Sie hat nur einen Knollen, der Stengel ist aber nicht kahl, sondern hat einzelne kleine, stengelumfassende Blättchen, vier grundständige grössere. D. sagt aber für letztere ἐπιτοπολύ φύλλα τρία, meist drei Blätter, und so könnte Fraas doch Recht haben.

Cap. 134 (144). Περὶ Σατυρίου ἐρυθρονίου. Satyrion erythronion. Das Satyrion erythronion[1] — Einige nennen es rothes Satyrion, Andere Wasseräpfelchen, das stärkende, Priapiskos[2] oder Morion[3] — [Einige auch Satyriskos[4], Saturnshoden, die Römer Molorticulum[5] Veneris] hat einen dem Lein ähnlichen Samen, aber grösser und kräftig, glänzend und glatt, der, wie man erzählt, auch zum Beischlaf reizt ebenso wie der Skink. Seine Wurzelrinde ist dünn und röthlich, das Innere derselben aber weiss, wohlschmeckend und süss. Es wächst an sonnigen und bergigen Plätzen. Es wird auch erzählt, dass die Wurzel, in der Hand gehalten, zum Liebesgenuss reize, mehr noch, wenn sie mit Wein getrunken werde.

[1] Rothes. [2] Kleiner Priapos; Priapos war der Gott der Gärten und Weinberge und wurde als Symbol der Fruchtbarkeit roth bemalt und mit einem riesenhaften, aufgerichteten Penis dargestellt. [3] Männliches Glied. [4] Kleiner Satyr. [5] Beischlafglied der Venus (molo — articulus).

Lobelius hielt dieses Satyrion für *Erythronium dens canis* L. (Liliaceae), Hundszahn, welches Griechenland fremd ist, Sprengel für *Mithridatia*, Fraas bestimmt es als *Fritillaria pyrenaica* (Liliaceae), Pyrenäische Schachblume.

Cap. 135 (145). Περὶ Ὁρμίνου. Kleiner Salbei. Das gebaute Horminon[1] [bei den Römern heisst es Geminalis, bei den Dakiern Hormia] ist eine in den Blättern dem Andorn ähnliche Pflanze. Der Stengel ist vierkantig, eine halbe Elle hoch; um diesen stehen Auswüchse, Schoten ähnlich, gleichsam nach der Wurzel zu nickend, in denen ein verschiedener Same ist, denn bei der wilden Pflanze wird er rund, braun gefunden, bei der anderen länglich und schwarz, dieser ist im Gebrauch. Auch dieser scheint, mit Wein getrunken, zum Liebesgenuss zu reizen. Mit Honig vertreibt er weisse Flecken auf dem Auge und Leukome[2]; mit Wasser als Umschlag vertheilt er Oedeme und zieht Splitter aus. Aber auch das Kraut als Umschlag leistet dasselbe. Das wilde hat eine kräftigere Wirkung, darum wird es auch den Salben zugemischt, besonders der Mostsalbe.

¹) Von ὁρμάω, anreizen, soll die Pflanze benannt sein. ²) ἄργεμα καὶ λευκώματα, beides Hornhautflecken.

Salvia Horminum L. (Labiatae), Kleiner oder Schopfiger Salbei. Das Kraut war früher als Herba Hormini sive Gallitrichi gebräuchlich.

Cap. 136 (146). Περὶ Ἡδυσάρου. Hedysaron.

Das Hedysaron, von den Salbenmischern Pelekinos genannt, ist ein Strauch mit kleinen, denen der Erbse ähnlichen Blättern und Hörnchen gleichenden Hülsen, in diesen befindet sich der gelbe, einer zweischneidigen Axt ähnliche Same, daher auch der Name. Er hat bitteren Geschmack, ist getrunken gut für den Magen und wird auch den Gegenmitteln zugemischt. Mit Honig als Zäpfchen vor dem Beischlaf eingelegt scheint er die Empfängniss zu verhindern. Es wächst unter der Gerste und dem Weizen.

Bei Theophrast (Hist. pl. VIII 8, 3) heisst die Pflanze Pelekinos, als Unkraut unter der Vogelwicke. Hier hat sie jedenfalls den Namen von der wie eine Axt (πελεκῖνος) gekrümmten Hülse, während D. denselben auf den Samen bezieht.

Coronilla securidaca L. (Papilionaceae), Schwertförmige Kronwicke.

Cap. 137 (147). Περὶ Ὀνόσματος. Onosma.

Das Onosma — Einige nennen es Osmas, Andere Phlonitis, auch Ononis — hat Blätter denen der Ochsenzunge ähnlich, länglich, weich, an vier Finger lang und einen Finger breit, über den Boden ausgebreitet. Die grösste Aehnlichkeit mit der Ochsenzunge zeigen der Stengel, die Frucht und die Blüthe. Das Würzelchen darunter ist länglich, schwach, dünn und sanft röthlich. Es wächst an rauhen Stellen. Seine Blätter, in Wein getrunken, treiben den Embryo aus. Man sagt, dass, wenn eine Schwangere über das Kraut hinwegschreite, sie eine Fehlgeburt mache.

Sprengel schwankt bei Onosma zwischen *Lithospermum purpureo-coeruleum* und *Anchusa undulata*; Fraas zieht *Onosma echinoides* L. (Asperifoliaceae), Natternköpfige Lotwurz, hierher.

Cap. 138 (148). Περὶ Νυμφαίας. Weisse Seerose.

Die Nymphaia wächst in Sümpfen und stehenden Gewässern. Sie hat Blätter ähnlich denen des Kiborion¹), aber kleiner und länglicher, gewissermassen aus dem Wasser hervorragend, theils aber auch im Wasser untergetaucht, sie kommen zu mehreren aus derselben Wurzel. Die Blüthe ist weiss, der Lilie ähnlich, mit einem safranfarbigen Mitteltheil. Wenn sie abgeblüht hat, wird es rund, an Umfang einem Apfel²) oder einem Mohnkopf zu vergleichen, schwarz, darin befindet sich ein schwarzer, breiter, dichter, schleimig schmeckender Same. Der Stengel ist glatt, nicht dick, dunkel, ähnlich dem des Kiborion. Die Wurzel ist schwarz, rauh, keulenähnlich, sie wird im Spätherbst abgeschnitten. Trocken dann mit Wein getrunken hilft sie bei Magenschmerz, Dysenterie und ver-

kleinert die Milz. Ferner wird die Wurzel als Umschlag bei Magen-
und Blasenleiden angewandt, mit Wasser bringt sie weisse Flecken zum
Verschwinden, die Fuchskrankheit heilt sie mit Pech aufgelegt. Weiter
wird sie gegen Pollution getrunken, denn sie hebt dieselbe, bewirkt
auch, wenn man sie einige Tage anhaltend trinkt, Schlaffheit des männlichen Gliedes. Dasselbe thut der Genuss des Samens. Die Nymphaia
scheint ihren Namen davon zu haben, dass sie einen wässerigen Standort
liebt[3]); sie findet sich aber häufig in Elis im Flusse Anigron und bei
Haliartia in Böotien.

   [1]) Siehe II Cap. 188.   [2]) Theophrast (Hist. pl. IV 10, 3) sagt: ὅλος ὁ ὄγκος
ἡλίκον μῆλον μέγεθει, der ganze Umfang ist so gross wie ein Apfel.   [3]) Den Aufent-
haltsort der Nymphen. Nach Plinius XXV 75 hat sie den Namen von einer aus
Eifersucht gegen Herkules gestorbenen Nymphe, deshalb heisst sie auch bei Einigen
Herculanum. Theophrast nennt sie σίδη, Side, wohl von der Aehnlichkeit der Samen
des Granatapfels. Dieselbe Bezeichnung hat sie auch bei Nikander (Ther. 72, 870;
Alex. 489, 622 u. a. O.).
   Nymphaea alba L. (Nymphaeaceae), Weisse Seerose.

   Cap. 139 (149). Περὶ Νυμφαίας ἄλλης. Andere Seerose.
Es gibt noch eine andere Nymphaia [Einige nennen sie Nymphon, ihre
Blüthe heisst Nuphar[1])] mit Blättern, ähnlich denen der vorgenannten;
sie hat eine grosse und rauhe Wurzel, eine gelbe, glänzende, der Rose
ähnliche Blüthe. Die Wurzel und der Same, in dunklem Wein getrunken,
haben gute Wirkung gegen den Fluss der Frauen. Sie wächst aber in
Gegenden Thessaliens am Flusse Peneus.

   [1]) In Codd. Vindob. ist dieser Satz nicht in Klammern gesetzt, die Ausgabe
des Matthiolus dagegen schliesst ihn ein.
   Auf diese Art ist jedenfalls die Nymphaia des Theophrast (Hist. pl. IX 13, 1)
zu beziehen, welche im orchomenischen Gebiete, in Marathon und Kreta sich findet
und bei den Böotern μαδωνάϊς, Madonaïs, heisst; sie lieferte ihnen die essbaren
Samen.
   Nymphaea lutea L., Gelbe Seerose. Bei den Neugriechen heisst sie Nuphara
und Ninupharo, in Norditalien, wo sie sehr häufig ist, Ninfea, Ninfea gialla, Nan-
nufero, Carfano maschio.

   Cap. 140 (150). Περὶ Ἀνδροσάκου. Die Androsakes — Einige
nennen sie Pikras, Andere die weisse, auch Seeandrosakes — wächst in
Syrien in der Nähe des Meeres. Es ist ein weisses Kraut mit dünnen
Zweigen, bitter, blattlos und hat an der Spitze einen kleinen Schlauch,
welcher den Samen einschliesst. Mit Wein in der Menge von 2 Drachmen
getrunken hat es die Kraft, bei Wassersüchtigen reichlichen Urin zu
treiben. Die Abkochung des Krautes und die Frucht leisten, getrunken,
dasselbe. Mit Erfolg wird sie auch bei Podagrakranken als Umschlag
benutzt.

Plinius XXVII 25 sagt fast wörtlich dasselbe wie D., Theophrast hat die Androsakes nicht.

Schon die älteren Botaniker hielten die Androsakes des D. für eine auf Conchylien des Mittelmeers wachsende Zoophyte. Lobelius beschreibt sie als ein sehr elegantes Gebilde mit einfachem, fingerlangem, weissem, am Grunde etwas verbreitertem Stiel. Dieser trage an der Spitze ein rundes, grünes, flaches, faltigstrahliges Schirmchen von 3—6 Linien Durchmesser. Sprengel nennt sie *Tubularia Acetabulum*; sie gehörte demnach zu den Hydroidpolypen und Saumquallen.

Cap. 141 (151). Περὶ Ἀσπλήνου. Milzfarn.

Das Asplenon — Einige nennen es Skolopendrion, Andere Splenion[1]), Hemionion[2]), Pteryx[3]), Lonchitis[4]), Aturios, Phrygia, Phrygitos, Philtrodotes[5]), die Propheten Marderblut — hat Blätter ähnlich dem Thiere Skolopender[6]), welche zu mehreren kreisförmig aus einer Wurzel hervorkommen. Es wächst an Felsen und beschatteten Steinmauern, ist ohne Stengel, Frucht und Blüthe. Sie (die Blätter) sind wie beim Engelsüss eingeschnitten, auf der Unterseite gelblich und rauh, auf der Oberseite grün. Die Blätter, mit Wein gekocht und vierzig Tage getrunken, haben die Kraft, die Milz zu erweichen; man muss aber auch die Milz mit den in Wein fein geriebenen Blättern als Umschlag bedecken. Ferner helfen sie bei Harnzwang, beim Schlucken und bei Gelbsucht, zerkleinern auch den Stein in der Blase. Sie scheinen aber auch Unfruchtbarkeit zu bewirken, wenn sie für sich allein sowie mit der Milz des Maulesels umgebunden werden. Man sagt, um Unfruchtbarkeit zu bewirken, müsse man dasselbe in einer mondfinsteren Nacht ausreissen.

[1]) Milzkraut. [2]) Mauleselchen. [3]) Feder, von der Form des Blattes. [4]) Lanzenähnlich, ebenso. [5]) Liebeszauber verleihend. [6]) *Scolopender cingulata* Latr., Gegürtelter Tausendfuss.

Asplenium Ceterach L., *Ceterach officin.* Willdw. (Polypodiaceae), Gebräuchlicher Milzfarn. Früher als Herba Ceterach sive Asplenii veri gebräuchlich.

Cap. 142 (152). Περὶ Ἡμιονίτιδος. Hirschzunge.

Die Hemionitis, bei Einigen Splenion, entwickelt ein dem Drakontion ähnliches halbmondförmiges Blatt; die Wurzeln darunter sind zahlreich und zart. Sie treibt weder Frucht noch Stengel noch Blüthe; sie wächst an felsigen Plätzen. Das Kraut hat zusammenziehenden Geschmack, dasselbe erweicht, mit Essig getrunken, die Milz.

Von den älteren Botanikern, denen Sprengel und Fraas sich anschliessen, ist es für *Scolopendrium Hemionitis* Sw., Eckiger Zungenfarn, gehalten, von Matthiolus für eine Varietät *Scolop. officinarum*, Hirschzunge.

Cap. 143 (153). Περὶ Ἀνθυλλίδος. Anthyllis.

Die Anthyllis — Einige nennen sie Anthyllon, Andere Anthemis, Eranthemis[1]), Leukanthemon[2]), Soranthis, Feldblume, die Römer Solastrum[3]) — kommt in

zwei Arten vor; die eine hat nämlich Blätter denen der Linse ähnlich
und Zweige von der Höhe einer Spanne, aufrecht, und weiche Blätter.
Die Wurzel ist zart und klein. Sie wächst an sandigen und sonnigen
Stellen und hat einen etwas salzigen Geschmack. Die andere gleicht in
Blättern und Zweigen dem Günsel, sie sind aber härter, kürzer und rauher.
Die Blüthe ist purpurfarben und hat einen stark durchdringenden Geruch.
Die Wurzel gleicht der Cichorienwurzel. Sie hat die Kraft, in der Gabe
von 4 Drachmen bei schwerer Harnverhaltung und Nierenleiden zu helfen;
fein zerrieben mit Honig und Milch als Zäpfchen eingelegt besänftigen
sie (die Wurzeln) Gebärmutterentzündung. Sie heilen auch Wunden. Die
dem Günsel ähnliche hilft ausser anderem auch bei Epilepsie, wenn sie
mit Wein getrunken wird.

[1]) Liebliche Anthemis (ἔρος und ἄνθεμις). [2]) Weisse Blüthe. [3]) Sonnenstern.

Die erste Anthyllis ist *Cressa cretica* L. (Convolvulaceae), Kretische Kresse,
auf die Prosper Alpinus (De plant. exot. p. 156 sqq.) zuerst aufmerksam gemacht
hat, die zweite, mit günselähnlichen Blättern ist mit Sicherheit nicht bestimmt,
Clusius hielt sie für *Ajuga Iva* Schreb., Fraas zieht *Frankenia hirsuta* hierher.

Cap. 144 (154). Περὶ Ἀνθέμιδος. Kamille. Die Anthemis —
Einige nennen sie Leukanthemon, Andere Eranthemon, weil sie im Frühjahr blüht, Chamaimelon wegen des apfelähnlichen Geruches, Melan-
themon[1]), Chrysokome[2]), Kallia[3]), die Römer Malium[3]), die Afrikaner
Astertiphe —. Es gibt ihrer drei Arten, welche sich nur durch die
Blüthe unterscheiden. Die Zweige sind eine Spanne lang, strauchig, mit
vielen Achselzweigen, die Blättchen klein, zart, zahlreich, die Köpfchen
sind rund, die Blüthen innen goldfarben, aussen stehen sie kreisförmig,
weiss, gelb oder purpurfarben, von der Grösse der Rautenblätter. Sie
wächst an rauhen Plätzen und an Wegen, gesammelt wird sie im Früh-
ling. Die Wurzeln, Blüthen und das Kraut haben erwärmende und verdünnende Kraft; im Trank und Sitzbade befördern sie die Menstruation,
treiben den Embryo aus sowie den Stein und den Urin. Sie werden
ferner gegen Blähungen und Darmverschlingung getrunken, vertreiben die
Gelbsucht und heilen Leberleiden. Weiter wird ihre Abkochung gegen
Blasenentzündung genommen. Am wirksamsten bei Steinbeschwerden ist
die purpurblühende, welche in Allem grösser ist und eigentlich Eranthemon
heisst. Das Leukanthemon und Chrysanthemon ist mehr harntreibend.
Als Umschlag helfen sie auch bei Geissauge, gekaut heilen sie Soor.
Einige wenden sie auch, indem sie dieselben fein reiben, mit Oel zum
Einsalben an, um das periodische Fieber zu vertreiben. Aufbewahren
muss man aber die Blätter und Blüthen, indem man dieselben gesondert
zerstösst und zu Pastillen formt, die Wurzel aber trocknet man. Bei vor-
kommendem Gebrauch muss man bald 2 Theile des Krautes, bald 1 Theil

der Blüthe oder der Wurzel geben, bald im Gegentheil 2 Theile der Blüthe, aber 1 Theil des Krautes, indem man abwechselnd um den Tag die Gabe verdoppelt. Man muss sie aber in (mit Wasser) gemischtem Honigwein trinken.

¹) Honigblüthe (μέλι und ἄνθεμον)? ²) Goldhaar. ³) Vielleicht von χαλός, Compar. χαλλίων, schön, abzuleiten. ⁴) Aepfelchen. Auf die Anthemis bezieht man das εὐάνθεμον des Hippokrates an verschiedenen Stellen De morbis und De morbis mulierum (vgl. Explor. voc. Hippocr. ed. Franz p. 474), um so mehr als Galen bemerkt, Euanthemon und Anthemis seien gleichbedeutend. Plinius, der ihre Werthschätzung bei Asklepiades betont, sagt darüber dasselbe wie D. Hier werden nach der Farbe der Strahlenblüthen drei Arten unterschieden; die erste, mit weissen Randblüthen, bezieht man auf *Matricaria Chamomilla* (Compositae-Anthemideae), Kamille, die mit gelben Randblüthen auf *Anthemis tinctoria* L., Färber- oder Gelbe Anthemis, früher als Herba et flores Buphthalmi gebraucht, die dritte auf *Anthemis rosea*. Die älteren Botaniker halten sie für *Anacyclus officinar.* Hayn., Gebräuchliche Ringblume, mit unterseits roth gestreiften Randblüthen.

Cap. 145 (155). Περὶ Παρθενίου. Parthenion. Das Parthenion

Das Parthenion — Einige nennen es Amarakon, Andere auch dieses Leukanthemon — [Anthemis, Chamaimelon, Chrysokalis, Melabathron, Feldblume, die Römer Solis oculum, auch Millefolium, die Tuskier Kautan, die Afrikaner Thamakth] hat dem Koriander ähnliche, zarte Blätter. Die Randblumen sind weiss, die in der Mitte gelb, sie haben einen unangenehmen Geruch und bitterlichen Geschmack. Es hat, trocken mit Sauerhonig oder mit Salz getrunken, die Kraft, wie die Flachsheide Schleim und schwarze Galle nach unten abzuführen, sowie den Asthmatikern und Melancholikern Hilfe zu leisten. Das Kraut ohne Blüthe wird mit Erfolg bei Steinleiden und Asthma getrunken. Die Abkochung desselben dient zum Sitzbade bei verhärteter und entzündeter Gebärmutter. Mit den Blüthen wird es als Umschlag bei roseartigen Entzündungen und Geschwülsten angewandt.

Die Pflanze soll ihren Namen nach Plinius XXII 44 daher haben, dass die jungfräuliche Göttin Athene (Athene Parthenon) dieselbe dem Perikles im Schlafe zeigte, um einen beim Bau des Tempels verunglückten Sklaven zu heilen. Plinius hat den Namen Parthenium für verschiedene Pflanzen, hier nennt er es auch Perdicium, XXII 41 ist es Synonym von Helxine, XXI 89 von Cichorium, XXV 38 von Linozostis (Mercurialis annua). Sprengel hält das Parthenion für *Matricaria Chamomilla* wegen des kräftigen Geruches und der von D. angegebenen Wirkungen, Fraas für *Matricaria Parthenium* L., Mutterkraut; es hat gelbe Scheiben- und weisse Randblüthen mit kamillenartigem, aber widrig gewürzhaftem Geruch und bitterem Geschmack. Es fand früher als Herba cum floribus Matricariae seu Pyrethri innerlich und äusserlich viel Anwendung.

Cap. 146 (156). Περὶ Βουφθάλμου. Wucherblume. Das Buphthalmon

Das Buphthalmon¹), Einige nennen es Kachlas [Andere Balsamene, die Propheten Haimorrha[2]), Same des Hermes, unvergänglicher Same, Mnesitheos[3]), die Römer Cappacorania, die Afrikaner Narat] entwickelt zerbrechliche und dünne Zweiglein, fenchelähnliche Blätter und gelbe Blüthen, grösser als die der Anthemis, augenförmig, woher sie auch den Namen hat. Sie wächst auf den Feldern und in der Nähe der Städte. Ihre fein gestossenen Blüthen vertheilen mit Wachssalbe Oedeme und Verhärtungen. Es heisst, dass sie im Bade nach dem Verlassen desselben getrunken bei den Gelbsüchtigen auf eine gewisse Zeit eine gute Farbe bewirke.

[1]) Ochsenauge (von βοῦς und ὀφθαλμός). [2]) Wohl gleich αἱμόῤῥοος, eine giftige, starkes Bluten nach dem Bisse verursachende Schlange. Andere lesen dafür αἴλουρον, Wiesel. [3]) Gotteseingedenk.

Chrysanthemum coronarium L. (Compositae), Goldblume, Gartenwucherblume; sie ist nach Fraas sehr häufig auf Schutt, Ruinen und um Wohnungen; auch auf Kandia, in Sicilien und in der Schweiz ist sie zu finden. Kosteletzky zieht *Anacyclus valentinus* L., in Südeuropa heimisch, hierher.

Cap. 147 (157). Περὶ Παιονίας. Gichtrose. Die Paionia oder Glykyside — Einige nennen sie Pentoboron[1]), Andere Orobelion[2]), Orobax[3]), Haimagogon[4]), Paisaide, Menogeneion[5]), Menion[6]), Panthikeraton[7]), idäische Daktylen[8]), Aglaophotis[9]), Theodonion[10]), Selenion[11]), die Propheten Selenogonon[12]), auch Phthisi, die Römer Casta[13]). Der Stengel wächst an zwei Spannen hoch und hat viele Nebenzweige; die männliche hat Blätter ähnlich denen der Wallnuss, die weibliche eingeschnittene Blätter wie beim kleinen Pferdseppich. Sie entwickelt an der Spitze der Stengel eine Art mandelähnlicher Schoten, in denen nach der Oeffnung sich viele kleine, rothe Granatkörnern ähnliche Körner finden, in deren Mitte fünf oder sechs schwarze, purpurfarbige. Die Wurzel der männlichen ist etwa einen Finger dick, eine Spanne lang, hat zusammenziehenden Geschmack und ist weiss, bei der weiblichen hat sie Nebenwurzeln wie Eicheln, sieben bis acht, nach Art des Asphodelos. Die trockene Wurzel wird den Weibern gegeben, wenn sie nach der Geburt nicht gereinigt sind. Sie befördert, in der Grösse einer Mandel genommen, auch die Katamenien. In Wein getrunken hilft sie bei Magenschmerzen, wirkt heilsam bei Gelbsucht, Nieren- und Blasenleiden und hemmt, in Wein gekocht und getrunken, den Durchfall. Zehn bis zwölf rothe Körner von der Frucht in dunklem herbem Wein getrunken stellen den rothen Fluss, auch helfen sie gegessen denen, die an Magenverletzungen leiden. Ferner, von den Kindern getrunken und auch gegessen, beseitigen sie beginnendes Steinleiden. Die schwarzen sind ein wirksames Mittel gegen Alpdrücken, Mutterkrämpfe und Mutterschmerzen, wenn sie zu fünfzehn Körnern in Honigmeth oder Wein getrunken werden. Sie wächst an den höchsten Bergen und Vorgebirgen.

¹) Nach Galen und Plinius πεντόροβος, mit fünf Erbsen (Samen). ²) Vielleicht von ὄρος, Berg, und βέλος, Wurf, an den Berg geworfen. ³) Ebenso von ὄρος und βαίνω, am Berge schreitend, beides auf den Standort bezogen. ⁴) Blut abführend. ⁵) Halbmond bildend. ⁵) Halbmond. ⁷) Allgöttliches Horn. ⁸) Die Wurzeln, idäische Finger, vom Berge Ida. Idäische Daktylen hiessen bei den Griechen die Diener der Kybele, der Personification der mütterlichen Natur, phrygische Dämonen, die späteren Kureten und Korybanten; sie sollen die Pflanze zuerst cultivirt und die Wurzeln verwandt haben. ⁹) Die herrlich Leuchtende, von ἀγλαός, herrlich, und φώς, Licht. ¹⁰) Gottesgeschenk. ¹¹) Halbmond. ¹²) Zum Halbmond geworden. ¹³) Die Keusche.

Den Namen hat die Pflanze vom Götterarzte Paion oder Päan (Hom. Il. V 401, 900), der sie zuerst gefunden und den Pluto damit geheilt haben soll.

D. hat zwei Arten, die männliche ist nach Fraas *Paeonia corallina* Retz. (Ranunculaceae), Korallengichtrose, welche am häufigsten in Griechenland und zwar auf Waldblössen mit humusreichem Boden an den höchsten Bergen vorkommt, die weibliche *Paeonia officinalis* L., Gichtrose. Sprengel bestimmt gerade umgekehrt.

Theophrast (Hist. pl. IX 8, 6) kennt nur eine Art. Es ist eine der Pflanzen, bei denen der Humbug der Pharmakopolen eine Rolle spielt. Es heisst nämlich, beim Graben der Päonie müsse man sich hüten, vom Specht gesehen zu werden, sonst drohe den Augen Gefahr und man bekomme Mastdarmvorfall.

Gebraucht wurden früher die Wurzeln, Blüthen und Samen. Die Wurzeln enthalten frisch ein scharfes Princip, welches sich beim Trocknen verliert. Die Samen finden noch Anwendung als Volksmittel zu Zahnhalsbändern für Kinder und bei Epilepsie (sympathetisches Mittel).

Cap. 148 (158). Περὶ Λιθοσπέρμου. Steinsamen. Das Lithospermon — Einige nennen es Aigonychon¹), Andere Exonychon²), Leontion³), Stein Leontike, Gorgonion⁴), Tantalitis⁵), Diosporon⁶), die Römer Columba⁷), die Dakier Gonoleta, auch Herakleia wegen des harten Samens, weshalb es auch Steinsame genannt wird — hat Blätter ähnlich denen des Oelbaumes, aber grösser und breiter, auch liegen die Grundblätter am Boden. Die Zweige sind aufrecht, zart, von der Stärke der Strandbuche, hart, holzig und haben an der Spitze eine gespaltene stengelartige Fortsetzung⁸) mit kleinen Blättern, zwischen denen der steinige, runde, weisse, einer kleinen Erbse gleiche Same sitzt. Es wächst an rauhen und hochgelegenen Plätzen. Der Same, mit Weisswein getrunken, hat die Kraft, den Stein zu zertrümmern und den Harn zu treiben.

¹) Ziegenklauig. ²) Auswärtsklauig. Beide Synonyma beziehen sich auf die Bifurcation des Stengels. ³) Wohl gleich Leontike, Synonymon von Kakalia. ⁴) Vielleicht von der Aehnlichkeit der Zweige mit den Schlangenhaaren der Medusa, welche versteinernde Kraft hatten. ⁵) Vielleicht auf den Felsen bezogen, der über dem Haupte des Tantalus in der Unterwelt schwebte. ⁶) Gottesbrücke. ⁷) Taube. ⁸) Der Stengel theilt sich in zwei Aeste mit sitzenden Blättchen, in deren Blattwinkeln die Blüthen und später die weissen Samen sitzen, welche Plinius XXVII 98 wunderbarer Weise dort wachsende, glänzende, runde Edelsteine nennt.

Lithospermum tenuiflorum L. (Asperifoliaceae), Kleinblühender Steinsame; diese Pflanze zieht Fraas als die am meisten der Beschreibung des D. entsprechende hierher, Kosteletzky dagegen *L. officin.* L., Steinhirse.

Cap. 149 (159). Περὶ Φαλαρίδος. Glanzgras. Die Phalaris entwickelt aus zarten und unbrauchbaren Wurzeln viele zwei Hände hohe, knotige, rohrähnliche Stengelchen, welche denen des Dinkels gleichen. Der Same daran hat die Grösse der Hirse, ist weiss und länglich. Das zerstossene, mit Wasser oder Wein zu Saft verarbeitete Kraut hat getrunken die Kraft, bei Blasenleiden gut zu wirken; auch ein Löffel voll Samen, mit Wasser getrunken, leistet dasselbe.

Phalaris nodosa L. (Gramineae), Knotiges Glanzgras. Bei Sprengel ist es Phalaris canariensis. In Südeuropa, im mittleren Europa selten.

Cap. 150 (160). Περὶ Ἐρυθροδάνου. Krapp. Das Erythrodanon oder Ereuthodanon — Einige nennen es Teutrion, Andere Drakanos, Kinnabaris[1]), die Römer Rubia passiva[2]), die Thusker Lappa minor[3]), die Aegypter Sophobi —. Die Wurzel ist roth, zum Färben geeignet. Es gibt eine wilde und eine gebaute Art, wie zu Tabiane in Galatien, zu Ravenna in Italien, und in Karien, wo sie unter die Oelbäume gesäet wird, wie auf die Aecker. Es wird mit Vortheil gesäet, weil daraus ein sehr grosser Nutzen erwächst. Seine Stengel sind vierkantig, lang, rauh, ähnlich denen des Wandlabkrautes, in Allem aber grösser und kräftiger; die Blätter sind in Abständen an jedem Knoten kreisförmig wie ein Stern geordnet; die Frucht ist rund, zuerst grün, dann roth und, vollständig ausgereift, schwarz. Die Wurzel ist dünn, lang, roth, harntreibend, daher hilft sie, mit Honigmeth getrunken, bei Gelbsucht, Ischias und Paralyse. Sie treibt aber reichlichen und dicken Harn, oft ist es auch Blut. Die, welche sie trinken, müssen jedoch täglich gewaschen werden [und den Unterschied der Entleerungen beobachten]. Der Saft mit den Blättern getrunken[4]) hilft gegen den Biss giftiger Thiere, die Frucht mit Sauerhonig genommen erweicht die Milz. Als Zäpfchen eingelegt befördert die Wurzel die Menstruation und die Nachgeburt. Mit Essig als Umschlag heilt sie weisse Flecken.

[1]) Zinnober.   [2]) Durch und durch roth.   [3]) Kleine Kette, vielleicht im Gegensatz zu dem ähnlichen Galium aparine.   [4]) Hier dürfte gewiss eine andere Lesart am Platze sein, entweder ὁ χυλὸς ἐκ τῶν φύλλων, der Saft aus den Blättern, oder ὁ καυλὸς μετὰ τῶν φύλλων ἐπιτεθείς, der Stengel mit den Blättern aufgelegt.

Den Namen hat die Pflanze von der rothen (ἐρυθρός oder ἔρευθος;) Farbe der Wurzel.

Die wilde Pflanze des D. wird als Rubia lucida L. (Rubiaceae), Wilder Krapp, angesprochen, von der Theophrast (Hist. pl. IX 13, 6) sagt, dass sie schattige Orte liebe, die gebaute dagegen als Rubia tinctoria L., Krapp.

Der tief unter der Erde kriechende Wurzelstock mit langen, gegliederten, gänsekieldicken, blutrothen Wurzelfasern treibt hie und da an gegenständigen Knoten Aeste. Die Stengel, zu mehreren und oft 1 m hoch, sind niederliegend oder kletternd, schwach vierkantig, mit an den Kanten rückwärts stehenden feinen Stacheln. Die Blätter, zu 4—6 quirlförmig stehend, sind bald mehr elliptisch, bald mehr

lanzettlich, auf der Fläche glatt, am Mittelnerv und am Rande stachelig-scharf. Die
aus den Blattachseln entspringenden Blüthenstiele bilden eine Rispe. Die Krone ist
flach, radförmig, fünfspaltig, grünlichgelb, an den Spitzen dicklich eingebogen. Die
oft durch Fehlschlagen nur einfächerigen Früchte sind rundlich, kahl und röthlich,
dann schwarz. Im Orient und in Südeuropa.

Eine medicinische Verwerthung findet die Pflanze wohl noch kaum; der
kriechende Wurzelstock enthält einen harzigen Farbstoff (Krapppurpur), in reichlicher Menge einen extractiven rothen und einen gelben Farbstoff. Die Farbe des
Krapps hat die Eigenschaft, nicht nur die Säfte der damit gefütterten Thiere
(Harn, Milch, Schweiss) zu färben, sondern selbst die Knochen zu durchdringen.

Cap. 151 (161). Περὶ Λογχίτιδος. Zungensumpfwurz. Die
Lonchitis [Einige nennen sie Kestron[1]) oder Medusa, die Römer Venerea
oder Lanceola] hat Blätter ähnlich denen von Schnittlauch[2]), aber breiter
und meist röthlich, sie sind über der Wurzel umgebogen wie zur Erde
(geneigt); kleine hat sie aber auch am Stengel und an diesem auch die
Blüthen, welche Filzbäuschchen ähnlich sind von der Form komischer
Masken mit geöffnetem Munde; sie sind zwar gelb, aber etwas Weisses
ragt daraus wie eine Zunge hervor, vom Schlunde hin zu der unteren
Lippe[3]). Der Same in den Früchten ist lanzenähnlich, dreikantig, woher
sie auch den Namen erhalten hat. Die Wurzel ist der der Möhre ähnlich. Sie wächst an rauhen und dürren Plätzen; ihre Wurzel mit Wein
getrunken ist harntreibend.

[1]) Spitzer, eiserner Griffel. [2]) πράσῳ χαρτῷ ὅμοια. [3]) Die Blumenkrone besteht aus zwei Perigonkreisen, die drei äusseren Zipfel sind gleich, von den drei
inneren weicht einer an Grösse, Gestalt und oft auch an Farbe erheblich von den
zwei anderen ab, es ist die Honiglippe, das Labellum.
Serapias Lingua L. (Orchidaceae), Zungensumpfwurz.

Cap. 152 (162). Περὶ ἑτέρας Λογχίτιδος. Andere Zungensumpfwurz. Die andere Lonchitis, welche Einige die rauhe [die Römer
Longina, auch Calabrina] nennen, treibt Blätter wie Skolopendrion[1]), sie
sind aber rauher, grösser und mehr eingeschnitten. Sie ist ein Wundmittel
und dient gegen Entzündungen. Mit Essig getrunken erweicht sie die Milz.

[1]) σκολοπένδριον ist bei D. Synonymon zu ἄσπληνον und σαξίφραγον; s. auch
Cap. 111.
Die kurze Beschreibung des D. weist auf ein Farnkraut hin. Sprengel zieht
Aspidium Lonchitis Sw. (Polypodiaceae), Rauher Wildfarn, hierher; nach Fraas
ist die Pflanze in der unteren Tannenregion Griechenlands nicht selten.
Der Wurzelstock ist spreublätterig mit röthlichen, häutigen Schuppen; die
Wedel sind doppelt gefiedert, die Blätter etwas ausgehöhlt, am oberen Rande spitzig
geöhrt, die Häufchen zweireihig, sehr genähert.

Cap. 153 (163). Περὶ Ἀλθαίας. Eibisch. Die Althaia —
Einige nennen sie Hibiskos, Andere Althiokos —. Es ist eine Art wilder
Malve; sie hat runde Blätter wie das Schweinsbrod, flaumhaarig, eine

rosenähnliche Blüthe, einen zwei Ellen langen Stengel und eine schleimige, innen weisse Wurzel. Althaia[1]) heisst sie, weil sie viele Krankheiten heilt und eine vielfache Verwendung findet. In Honigmeth oder Wein gekocht, auch für sich allein gestossen, ist sie ein gutes Mittel bei Wunden, Drüsen an den Ohren und am Halse, bei Abscessen am After, entzündeten Brüsten, bei Emphysem und Sehnenspannung. Denn sie vertheilt und erweicht, oder eröffnet und vernarbt. Gekocht, wie angegeben, und mit Schweine- oder Gänsefett oder Terpentin zusammengemischt wirkt sie im Zäpfchen gegen Entzündung und Verstopfung der Gebärmutter. Ihre Abkochung leistet dasselbe, befördert auch die sogen. Lochien[2]). Die Abkochung der Wurzel aber mit Wein getrunken hilft bei Harnverhaltung, gegen die Beschwerden der Steinkranken, bei Dysenterie, Ischias, Zittern und inneren Rupturen. Auch Zahnschmerzen lindert sie mit Essig gekocht als Mundspülwasser. Die Frucht, grün und getrocknet, bringt weisse Flecken weg, wenn sie fein zerstossen mit Essig in der Sonne aufgestrichen wird. Mit Essig und Oel eingesalbt ist sie ein Schutzmittel gegen den Biss giftiger Thiere. Sie ist auch ein wirksames Mittel bei Dysenterie, Blutauswurf und Durchfall; die Abkochung der Frucht ist ein Trank gegen die Stiche der Bienen und aller kleinen Thiere, wenn sie mit Essigwasser oder Wein genommen wird. Auch die Blätter werden mit etwas Oel bei Verwundungen und Brandwunden aufgelegt. Endlich verdickt die Wurzel auch das Wasser, wenn sie, fein gestossen, damit vermischt und an die freie Luft gesetzt wird.

[1]) Von ἀλθήεις, heilsam. [2]) Die Reinigung der Wöchnerinnen nach der Geburt, auch diese selbst.

Althaea officinalis L. (Malvaceae), Eibisch, nach Fraas; dem könnte man unbedenklich zustimmen, wenn die Form der Blätter περιφερῆ ὥσπερ κυκλάμινος passte. oder man müsste diese Bezeichnung lediglich auf die Berandung „abgerundet“ beziehen. Theophrast (Hist. pl. IX 15, 5 und 18, 1) nennt die Althaea wilde Malve mit gelber Blüthe; mit Bezug darauf zieht Sprengel *Lavatera flava* Desf. oder *Althaea pallida* Kit. hierher.

Bei Althaea ist der 5spaltige Kelch von einer 6—9spaltigen, bei Lavatera von einer 3spaltigen Hülle umgeben.

Die wesentlichsten Bestandtheile der Altheewurzel — zur Verwendung kommen nur die Wurzeläste — sind Schleim und Stärkemehl mit etwas Asparagin. Die Blätter dienen nur noch zu Kataplasmen; die Früchte sind ausser Gebrauch.

Cap. 154 (164). Περὶ Ἀλκέας. Malope. Die Alkea ist gleichfalls eine Art wilder Malve; sie hat Blätter, welche entsprechend denen der heiligen Pflanze[1]) eingeschnitten sind, drei bis vier Stengel mit einer dem Hanf ähnlichen Rinde, eine kleine, der Rose gleichende Blüthe und weisse, glatte Wurzeln, fünf bis sechs, von der Länge einer Elle. Diese, mit Wein oder Wasser getrunken, heilen Dysenterie und innere Rupturen.

[1]) *Verbena officinalis* L. (vgl. IV 61).

Malope malacoides L. (Malvaceae), **Malvenartige Malope.** Sie wird in den Mittelmeerländern wie die Malve gebraucht. **Sprengel** zieht *Malva Alcea* hierher, ihre Blätter sind aber zu sehr von denen der Verbene verschieden; die letzteren sind am unteren Stengel oval und eingeschnitten gesägt, die oberen sind leierförmig, fiederspaltig und gekerbt, die blüthenständigen fast ganzrandig.

Cap. 155 (165). Περὶ Καννάβεως ἡμέρου. **Gebauter Hanf.** Der Hanf — Einige nennen ihn Kannabion, Andere Schoinostrophon[1]), Asterion[2]) — ist eine Pflanze, welche im Leben sehr viel Verwendung findet zum Flechten der kräftigsten Stricke. Er hat denen der Esche ähnliche, übelriechende Blätter, lange einfache Stengel und eine runde Frucht, welche, reichlich genossen, die Zeugung vernichtet[3]). Grün zu Saft verarbeitet und eingeträufelt ist sie ein gutes Mittel gegen Ohrenleiden.

[1]) Stricke drehend (σχοινίον und στρέφω). [2]) Sternähnlich, von der Form der in 5—9 lanzettliche spitze Lappen tief eingeschnittenen Blattspreite. [3]) Plinius XX 259 sagt, dass der Same die Zeugungskraft der Männer vernichte. — Heutzutage wendet man ihn (fructus Cannabis) in der Emulsion gegen Blasenleiden an.

Cannabis sativa L. (Urticaceae), **Hanf.** Die Pflanze hat ein sehr grosses Verbreitungsgebiet, es erstreckt sich von der unteren Wolga und vom Ural bis zum Altai und nach Nordasien, andererseits bis Kashgar, Kashmir und zum Himalajagebirge.

D. wendet nur die Früchte arzneilich an.

Der Hanf gehört zu den ältesten Arzneimitteln. Im Berliner Papyrus und dem Papyrus Ebers findet er sich unter den ägyptischen Heilmitteln; das Pharmakon Nepenthes des Homer wollen Einige auf das aus dem Hanf bereitete Berauschungsmittel, Haschisch, das noch jetzt bei den Orientalen beliebt ist, beziehen. Entweder wird das Kraut mit Kalk zusammengerollt, oder ein Extract daraus hergestellt. Nach Herodot IV 74 gebrauchten die Skythen den Hanf ausser zu allerlei Flechtwerk und Kleidungsstücken zu trockener Bähung als Schwitzbad, besonders nennt er den Samen zu diesem Zwecke.

Cultur und klimatische Verschiedenheit haben wohl manche Veränderungen an der Pflanze bewirkt, so dass der indische Hanf sich zu einer besonderen Art, *Cannabis indica*, erhoben hat. Derselbe enthält nach Siebold und Bradbury (1881) und H. F. Smith (Apoth.-Ztg. 1891, 455) ein gelblichgrünes, firnissartiges, amorphes, im Geruch stark an Coniin erinnerndes Alkaloid, Cannabinin, und Cannabinol, eine harzartige, braune Substanz mit der charakteristischen Wirkung der Droge.

In Indien unterscheidet man zwei Sorten des dortigen Hanfs, nämlich: 1. Bhang oder Siddhi, die zur Blüthezeit abgestreiften, zerkleinerten, nur von wenig Früchten begleiteten Blätter. Sie werden mit Wasser oder Milch unter Zusatz von schwarzem Pfeffer, dem man bisweilen Zucker und Gewürz hinzufügt, zu einer berauschenden Flüssigkeit zerrieben. 2. Ganja, die entblätterten Spitzen der weiblichen Pflanze. Die nicht befruchteten weiblichen Triebe erzeugen reichlich Harz, Charas. Ganja und Charas dienen mit Tabak gemischt zum Rauchen.

Das Extractum Cannabis indicae ist heute ein geschätztes Mittel, besonders bei Uterusblutungen.

Cap. 156 (166). Περὶ Καννάβεως ἀγρίας. **Wilder Hanf.** Der wilde Hanf — Einige nennen ihn Hydrastina, die Römer Terminalis[1]) —

treibt Zweige ähnlich denen des Eibisch, aber dunkler und auch rauher und kleiner; er hat die Höhe einer Elle. Die Blätter sind denen des gebauten gleich, aber rauher und dunkler; die Blüthen sind röthlich, denen der Nelke ähnlich. Same und Wurzel sind wie beim Eibisch. Die gekochte Wurzel hat als Umschlag die Kraft, Entzündungen zu lindern, Oedeme zu vertheilen und verhärtete Knochengeschwülste zu erweichen. Auch von diesem eignet sich die Rinde sehr zum Verfertigen von Stricken.

[1]) Vielleicht wurde sie bei den Terminalien, den Festen des Grenzgottes Terminus, gebraucht.

Althaea cannabina L. (Malvaceae), Hanfblätteriger Eibisch; er ist in Griechenland ziemlich selten, häufiger in Norditalien, wo er heute Canape selvatico heisst.

Die ganze Pflanze ist durch anliegende Sternhaare scharf; der Stengel bis fast 2 m hoch, ruthenförmig-ästig, markig. Die Blätter sind gestielt, graugrün, unterseits etwas filzig, die unteren tief 3theilig, die Seitenlappen 2spaltig, so dass sie 5lappig erscheinen, die oberen tief 3theilig mit schwächeren Lappen, die obersten fast ganz. Die langgestielten Blüthen sind rosenroth, Hülle und Kelch filzig, gelblichgrün, die Blüthenblätter an der Spitze zurückgedrückt, die Früchtchen querrunzelig.

Cap. 157 (167). Περὶ Ἀναγύριος. Stinkstrauch.

Die Anagyris — Einige nennen sie Anagyron, Andere Akopon, Agnakopon — ist ein an Zweigen und Blättern dem Keuschlamm ähnlicher baumartiger Strauch mit stark durchdringendem Geruch. Die Blüthe gleicht der Kohlblüthe; der Same befindet sich in grossen Hörnchen, ist nierenförmig, buntfarbig und fest und verhärtet sich beim Reifen der Traube[1]). Ihre zarten Blätter, fein gestossen, bringen als Umschlag Oedeme zurecht. In der Menge von 1 Drachme werden sie in Rosinenwein gegen Asthma, zum Austreiben der Nachgeburt, der Menstruation und des Embryo getrunken, gegen Kopfschmerzen dienen sie mit Wein. Sie werden schwer Gebärenden als Amulett umgebunden; nach der Geburt muss man aber das Anhängsel sofort entfernen und wegwerfen. Die Wurzelrinde vertheilt und reift; genossen wirkt die Frucht stark brechenerregend.

[1]) περὶ τὸν τῆς σταφυλῆς πεπασμόν, C. und N. haben περὶ τὸν τῆς κεφαλῆς πεπλασμόν, bei Bildung des Köpfchens.

Anagyris foetida L. (Papilionaceae-Leguminosae), Stinkstrauch. Plinius XXVII 39 nennt die Pflanze Anagyros und sagt fast wörtlich dasselbe.

Cap. 158 (168). Περὶ Κηπαίας. Zwiebelpfeffer.

Die Kepaia ist dem Portulak ähnlich, hat aber dunklere Blätter und eine zarte Wurzel. Die Blätter helfen, mit Wein getrunken, bei Harnzwang und Blasenkrätze; am besten wirkt die Wurzel, wenn sie mit einer Abkochung von Spargel, dem sogen. Myakanthos getrunken wird.

Sedum Cepaea L. (Crassulaceae), Zwiebelpfeffer, eine in Griechenland auf den Felsen in den Niederungen häufige Pflanze.

Cap. 159 (169). Περὶ Ἀλίσματος. Froschlöffel. Das Alisma [1] — die Einen nennen es Alkea, die Anderen Damassonium, Akyron, auch Lyron — hat denen des grossen Wegerich ähnliche Blätter, aber schmaler und zur Erde hin geknickt. Der Stengel ist dünn, einfach, über eine Elle hoch mit thyrsosartigem Köpfchen [2]). Die Blüthen sind zart, weiss, etwas blass [3]), die Wurzeln dünn wie bei der schwarzen Nieswurz, wohlriechend, scharf, etwas fett. Es liebt feuchte Plätze. Die Wurzel, mit Wein getrunken, ist in der Gabe von 1 bis 2 Drachmen ein gutes Mittel für die, welche den Meerhasen verschluckt haben, die von der Kröte gebissen sind und die Opium getrunken haben. Ferner lindert sie Leibschneiden und Dysenterie für sich allein oder mit gleichviel Möhre genommen. Angebracht ist sie auch bei Krämpfen und Gebärmutterleiden. Das Kraut stellt den Durchfall, befördert die Menstruation und heilt als Kataplasma Oedeme.

[1]) Von ἅλισμος, wörtlich Einsalzen, vom Standorte an Meeressümpfen. [2]) Der Blüthen- und Fruchtstand. [3]) Die Blüthen sind röthlich, blassen aber etwas ab.

Alisma Plantago L. (Alismaceae), Froschlöffel.

Cap. 160 (170). Περὶ Ὀνοβρυχίδος. Esparset. Die Onobrychis — die Einen nennen sie Onobrocheilos, die Anderen Eschasmene, Hyperikon, Korion, Chamaipitys, die Römer Opaca, Lopta oder Juncinalis, Brichillata, die Dakier Aniassexe — hat denen der Linse ähnliche, etwas grössere Blätter, einen spannenlangen Stengel, eine rothe Blüthe und eine kleine Wurzel. Sie wächst an feuchten und ungebauten Stellen. Die fein gestossene Wurzel als Umschlag hat die Kraft, Geschwülste zu vertheilen; mit Wein getrunken, heilt sie Harnzwang, mit Oel eingesalbt treibt sie den Schweiss.

Onobrychis caput galli L. (Papilionaceae-Leguminosae), Hahnenkammesparset, in Griechenland und Italien wild. Sprengel zieht *Onobrychis sativa* Lam. hierher.

Cap. 161 (171). Περὶ Ὑπερίκου. Hartheu. Das Hyperikon — Einige nennen es Androsaimon [1]), Andere Korion, auch Chamaipitys, weil der Same einen ähnlichen Geruch hat wie Fichtenharz — hat denen der Raute ähnliche Blätter. Es ist ein sparriger, spannenhoher, röthlicher Strauch und hat eine Blüthe wie die Levkoje, welche zwischen den Fingern zerrieben, einen blutähnlichen Saft abgibt, weshalb es auch Androsaimon heisst, eine etwas rauhe, länglich runde Kapsel von der Grösse eines Gerstenkornes [2]), in der sich ein schwarzer Same befindet, welcher nach Harz riecht. Es wächst an bebauten und rauhen Stellen. Es hat eine harntreibende und, im Zäpfchen eingelegt, eine die Menstruation befördernde Kraft. Mit Wein getrunken vertreibt es das vier-

und dreitägige Fieber, der Same vierzig Tage genommen heilt Ischias und die Blätter sammt den Samen als Umschlag heilen Brandwunden.

¹) Männerblut. ²) κριθῆς μέγεθος, D. hat vermuthlich nicht nach der Natur beschrieben.

Sibthorp und nach ihm Sprengel halten die Pflanze für *Hypericum barbatum* Jacq., Fraas dagegen für *Hypericum crispum* L. (Guttiferae-Hypericoideae). Krauses Hartheu, das er in Griechenland in den Ebenen auf lehmigem Boden, meist in der Nähe des Meeres, sehr verbreitet fand, und auf welches die Beschreibung des D. sehr gut passt. Auch in Italien ist sie heimisch. Der Stengel ist aufrecht, vielästig, hart. Die Blätter sind sitzend, stengelumfassend, wellenrandig, an der Basis oft kraus, die Blüthen endständig oder in lockeren Trugdolden, gelb. Der Kelch ist bis unter die Mitte in fünf eiförmige Zipfel getheilt, die Kapsel eiförmig mit fünf bis sechs schwärzlichen Samen in jedem Fach.

Cap. 162 (172). Περὶ Ἀσκύρου. Gemeines Hartheu. Das Askryon — Einige nennen es Askyroeides, Andere Androsaimon —, auch dieses ist eine Art Hyperikon, in der Grösse verschieden, denn es hat grössere Zweige, ist buschiger und hat röthliche zarte Blätter, trägt gelbe Blüthen und eine Frucht wie Hyperikon, welche nach Harz duftet und welche zwischen den Fingern zerrieben diese blutartig färbt, wie es auch dieserhalb Androsaimon genannt wird. Auch seine Frucht ist wirksam bei Ischias, wenn sie mit 2 Kotylen Honigwasser getrunken wird, denn sie führt viel gallige Unreinigkeit ab; sie muss aber anhaltend bis zur Gesundung gegeben werden. Sie ist auch ein gutes Mittel als Umschlag bei Feuerbrandwunden.

Hypericum perforatum L. (Hypericoideae), Gemeines oder durchstochenes Hartheu. Die Blüthenzweige waren früher als Herba Hyperici, Johanniskraut, gebräuchlich, jetzt bilden sie sowie das daraus durch Infusion hergestellte Oel (Johannisöl) ein beliebtes Volksmittel.

Cap. 163 (173). Περὶ Ἀνδροσαίμου. Androsaimon. Das Androsaimon — Einige nennen es Dionysias, Andere dasselbe auch Askryon —. Es unterscheidet sich aber vom Hyperikon und Askyron, indem es ein zartzweigiger sparriger Strauch ist mit röthlichen Zweigen und dreimal so grossen Blättern als bei der Raute, welche beim Zerreiben einen weinartigen Saft abgeben. Es hat mehrere nach oben zu fiederspaltige Achselschüsse, an denen kleine gelbe Blüthchen stehen. Die Frucht sitzt in einem dem des schwarzen Mohns ähnlichen Kelche und ist wie bunt¹), die zerriebene Dolde²) gibt einen harzigen Geruch von sich. Auch von diesem die Frucht, fein zerrieben und zu 2 Drachmen getrunken, führt die galligen Unreinigkeiten ab. Vorzugsweise heilt sie Ischias, man muss aber nach der Reinigung Wasser nachtrinken. Auch Feuerbrandwunden heilt das Kraut als Kataplasma, endlich stillt es das Blut.

¹) Der Same ist punktirt, ebenso ist die Kapsel punktirt (die Punkte sind die Oeldrüsen) und gestreift. ²) κόμη, der Blüthen- bezw. Fruchtstand ist eine Trugdolde.

Sibthorp und Sprengel ziehen *Hypericum ciliatum* Lam. (Hypericoideae) hierher, Fraas *Hypericum perfoliatum* L., Breitblätteriges Hartheu. Der Stengel ist wenig ästig, schwach zweiflügelig, die Blätter sind durchscheinend punktirt, die Blüthe ist eine weisslichgelbe Trugdolde. Im südlichen Europa.

Cap. 164 (174). Περὶ Κόρεως. Koris. Die Koris — Einige nennen auch diese Hyperikon — hat ein Blatt ähnlich dem der Heide, aber kleiner, fetter und roth. Es ist ein spannenhoher, scharfer und wohlriechender Strauch. Seine Frucht, getrunken, treibt den Harn und die Katamenien; mit Wein genommen hilft sie bei Spinnenstichen, bei Ischias und Opisthotonie, gegen Frostschauer mit Pfeffer; mit Oel bildet sie auch eine wirksame Salbe gegen Opisthotonie. [Seine Wurzel — so glaubt man — mit Wein gekocht und getrunken, hilft Erschlafften, der Leidende muss sich aber beim Trinken¹) gut bedecken, denn der ganze Körper kommt in Schweiss und erhält dadurch Lebendigkeit.]

¹) d. h. bei der Cur.

Hypericum Coris L. (Hypericoideae), Strauchiges Hartheu, in Griechenland sehr häufig, es steigt an den Bergen von 250—800 m. Die Abkochung dient den Hirten als Fiebermittel. Auch in Italien ist es heimisch. Der Stengel ist halbstrauchig, aufsteigend, vielästig, mit zahlreichen drei- bis fünfwirteligen, schmallinealen, am Rande eingerollten, durchscheinend-punktirten Blättern und schlaffen Trugdolden.

Cap. 165 (175). Περὶ Χαμαιπίτυος. Chamaipitys. Die Chamaipitys — bei Einigen heisst sie Pitysorysis, bei Anderen Oreizelos, in Pontus Olokyros, auch wilde Zaunrübe, in Athen Ionia, in Euböa Sideritis, bei den Propheten Minervablut, bei den Römern Cypripus, bei den Dakiern Dochela. Es ist ein über den Boden kriechendes, gekrümmtes Kraut und hat der Hauswurz ähnliche Blätter, aber viel zarter und fetter, sie sind rauh, stehen dicht am Stengel und haben Harzgeruch. Es hat zarte gelbe [oder weisse] Blüthen, eine Wurzel wie die Cichorie. Ihre Blätter, sieben Tage mit Wein getrunken, heilen die Gelbsucht, dreissig Tage mit Honigwasser getrunken, die Ischias. Sie werden auch bei Leberleiden, Harnverhaltung und besonders bei Milzsucht gegeben, sind auch ein gutes Mittel bei Leibschneiden. Die Bewohner von Heraklea in Pontus wenden sie (die Pflanze) als Gegenmittel an, indem sie die Abkochung gegen Akonit trinken. Sie wird auch bei den genannten Beschwerden mit Gerstenmehl als Umschlag angewandt, welches mit einer Abkochung des Krautes angefeuchtet ist. Wird sie mit Feigen fein gestossen als Bissen gegeben, so erweicht sie den Bauch; mit Honig, Kupferschlacke und Harz gemischt reinigt sie. Im Zäpfchen mit Honig eingelegt säubert sie die Gebärmutter. Endlich mit Honig als Umschlag erweicht sie Verhärtungen der Brüste, verklebt Wunden und hält kriechende Geschwüre auf.

Ajuga Iva Schreb., *Teucrium Iva* L. (Labiatae), Schmalblätteriger oder Iva-Günsel, in Griechenland und Italien heimisch, bei Sprengel *Ajuga Chamaepytis.*

Cap. 166 (176). Περὶ ἑτέρας Χαμαιπίτυος. Andere Chamaipitys. Es gibt noch eine andere Chamaipitys mit eine Elle langen, ankerförmigen, dünnzweigigen Aesten; die Dolde ist der der vorigen ähnlich, die Blüthe weiss, der Same schwarz. Auch diese riecht nach Harz. Dann gibt es eine dritte, die männliche genannt. Es ist ein Pflänzchen mit zarten, weissen, behaarten Blättchen, hat einen rauhen, weissen Stengel, gelbe Blüthchen und einen kleinen Samen an den Achseln; auch dieses riecht nach Harz. Sie haben beide eine der vorhin genannten gleiche Kraft, nur ist sie nicht so energisch.

Die erstere ist *Passerina hirsuta* L. (Thymeleaceae), Haariger Vogelkopf, nach Sibthorp und Fraas, der sie in dürren Ebenen, auf Hügeln und Vorbergen sehr häufig fand. Es ist der κνέωρος μίλας des Theophrast (Hist. pl. VI 2, 2), der geruchlos ist und fleischige Blätter hat wie die Tamariske; er ist unfruchtbar (der männliche Stamm der Passerina). Die letztere ist *Ajuga chia* L., Schmalblätteriger Günsel. Sprengel zieht für die erstere Pflanze *Teucrium supinum* oder *montanum*, für die andere *Ajuga Iva* Sibth. hierher.

Viertes Buch.

Nachdem ich in den drei vorigen Büchern, theuerster Areios, von den Gewürzen, Oelen, Salben, Bäumen, Thieren, Getreide- und Gemüse-arten, von Wurzeln, Säften und Kräutern gehandelt habe, werde ich in diesem, dem vierten, über die übrigen Kräuter und Wurzeln weiter reden.

Cap. 1. Περὶ Κέστρου. Kestron. Das Kestron, welches auch Psychotrophon heisst, weil es in den kältesten Gegenden sich findet und welches die Römer Vettonica[1]) nennen, ist ein Kraut mit dünnem, vier-kantigem Stengel von der Höhe einer Elle oder grösser. Die Blätter sind gross, weich, denen der Eiche ähnlich, am Rande eingeschnitten, wohlriechend, an der Wurzel aber grösser. An der Spitze der Zweige sitzt der Same in Aehren wie beim Saturei. Die Blätter dieser Pflanze muss man sammeln und trocknen, von ihnen wird ein vielfacher Gebrauch gemacht. Die Wurzeln darunter sind dünn wie bei der Nieswurz, sie be-wirken, mit Honigwasser genommen, das Erbrechen galliger Stoffe. Von den Blättern wird gegen Krämpfe, innere Rupturen, Gebärmutterleiden und Gebärmutterkrämpfe 1 Drachme im Trank mit Honigwasser gegeben[2]), gegen Bisse giftiger Thiere 3 Drachmen mit 2 Kotylen Wein. Auch als Umschlag ist das Kraut bei Bissen giftiger Thiere von Nutzen; gegen tödtliche Gifte ist 1 Drachme mit Wein getrunken ein wirksames Mittel. Wenn es aber Jemand vorher trinkt und dann ein tödtliches Gift nimmt, wird dieses ihm nichts schaden. Es ist ferner harntreibend und nach unten durch den Bauch abführend. Mit Wasser getrunken hilft es bei Epilepsie und Wahnsinn, zu 1 Drachme mit Sauerhonig getrunken bei Leber- und Milzkrankheiten. Es befördert auch die Verdauung, wenn man es nach der Mahlzeit bohnengross mit gekochtem Honig nimmt. In gleicher Weise wird es auch bei saurem Aufstossen gegeben, den Magen-leidenden zum Kauen und den Saft hinunterzuschlucken, dann mit Wasser gemischten Wein nachzuschlürfen. Weiter wird es in der Gabe von

3 Obolen mit 1 Becher milchwarmen Mischtrankes denen gereicht, die an Blutspeien leiden, den Ischiaskranken aber mit Wasser, ebenso den Nieren- und Blasenleidenden, den Wassersüchtigen, wenn sie fiebern, zu 2 Drachmen mit Honigwein, wenn sie fieberfrei sind. Es hilft bei Gelbsucht und befördert die Katamenien, wenn es zu 1 Drachme mit Wein genommen wird; den Bauch reinigt es, wenn es zu 2 Drachmen mit 10 Bechern Honigwein getrunken wird. Endlich ist es mit Honig ein gutes Mittel bei Schwindsucht und Lungengeschwüren. Man muss die getrockneten zerriebenen Blätter in einem irdenen Kruge aufbewahren.

¹) D. schreibt ουεττονικήν, so in den beiden Wiener Codices, wogegen er sonst das V der Römer durch B wiedergibt; in der Aldina steht βετονικήν. ²) Der Satz: τῶν δὲ φύλλων διδόναι ... πινόμεναι ὁλκὴ α' μεθ' ὑδρομέλιτος ... wird eher verständlich, wenn es, wie Saracenus vermuthet, heisst: τῶν δὲ φύλλων δίδοται ... ὁλκὴ α' πινομένη μεθ' ὑδρουμέλιτος ...

Plinius XXV 84 sagt: „Die Vettonen in Spanien (sie bewohnten die Gegenden des heutigen Estremadura) haben die Pflanze gefunden, welche in Gallien Vettonica, in Italien Serratula und in Griechenland Cestros genannt wird." Aus der Anwendung, welche er XXVI 107 sqq. von der Vettonica macht, geht hervor, dass das Kestron des D. gemeint ist. Anders bei Galen (De sanit. tuend. V p. 339), welcher das Kestron der Kelten, das er auch Saxifragon nennt, von der Betonica trennt. Ebenso unterscheidet auch Paulus von Aegina (Opera a Guintero conversa, Venet. 1567, VII p. 233) die Betonica mit zarten Zweigen, welche an felsigen Plätzen wächst (die keltische Galen's) vom Kestron des D.: „Es ist ein Kraut mit zarten Zweigen, noch dünner wie die des Pulegion, ohne besonderen Geschmack. Es wächst vorzüglich auf Felsen. Man gebraucht es bei Nierenleiden. Die Römer nennen aber eine andere Pflanze Bettonika, welche D. Kestron nennt." Die älteren Botaniker führen den Namen Kestron (spitzes Eisen) auf den borstigen Kelch mit grannig zugespitzten Zähnen zurück; sie nahmen zwei verschiedene Pflanzen desselben Namens an, die Betonica vulgaris purpurea (Kreston) und Betonica flore albo, so Brunfelsius, Tragus (vgl. Bauhin et Cherler lib. XXVIII p. 301). Dalechamp schlägt *Betonica Alopecurus* vor; ihm schliesst sich Sprengel an. Fraas gibt zu, dass die Blätter von *Betonica Alopecurus*, einer Pflanze der Alpen und Voralpen im mittleren und südlichen Europa, besser hierher passen, zieht aber *Sideritis syriaca* L. (Labiatae), Syrisches Gliedkraut, vor, weil die Blätter wohlriechend sind, weil die sonstigen Angaben des D. passen, weil der Ausdruck Kestron sehr gut auf die Brakteen bezogen werden kann und weil endlich die Pflanze einen so ausgedehnten Gebrauch findet. Sie hat einen bis fast 1 m hohen, am Grunde fast holzigen Stengel, längliche, stumpfe, sehr fein gekerbte Blätter, entfernte sechsblüthige Wirtel von herzförmigen, ganzrandigen, spitzen Blättern umgeben und gelblichweisse Blüthen. Die ganze Pflanze ist dicht weisswollig-filzig. Im südlichsten Europa und Orient.

Cap. 2. Περὶ Βρεταννίκης. Bretannika.

Die Bretannika oder Bettonika ist ein Kraut mit Blättern, welche denen des wilden Ampfers gleichen, aber grösser und rauhaariger sind und zusammenziehenden Geschmack haben. Sie treibt einen nicht grossen Stengel, eine dünne und kurze Wurzel. Aus den Blättern wird Saft gemacht und in der Sonne

oder über Feuer eingedickt. Sie hat adstringirende Kraft, ist ein specifisches Mittel gegen fressende Geschwüre im Munde und an den Mandeln.
Sie ist aber in den sonstigen Fällen angebracht, wo es sich um zusammenziehende Wirkung handelt.

[In einem anderen Codex heisst es folgendermassen; es ist aber
fraglich, ob es von Dioskurides herrührt[1]):

Die Bettonika wächst auf Wiesen und in gebirgigen Gegenden, auch
an reinen und gebauten Plätzen unter den Früchten. Sie behütet den
Geist und Körper des Menschen; sie schützt auf nächtlichen Wanderungen,
in gefahrdrohenden Gegenden und vor schwerem Schlaf, sie wird überhaupt für jede Heilung gerühmt. Die ganze Wurzel ist roth und wohlriechend. Die Blätter sind porreeartig und die Mitte der Blätter ist roth.
Die aufrechten Stengel haben eine viereckige Gestalt und daran röthliche
Blüthen. Ihre Kraft ist diese: Wenn sie nämlich frisch gestossen und
auf den durch einen Hieb zertrümmerten Kopf gelegt wird, so bewirkt
sie Schmerzlosigkeit. Ferner verklebt sie die Wunden und holt die zerbrochenen Knochen heraus; und dieses besorgt sie, wenn sie täglich bis
zur Genesung gewechselt wird. Kopfschmerzen heilt sie, wenn sie mit
Wasser gekocht und dieses über den Kopf gegossen wird, auch wenn sie
mit Asphalt auf die Schläfen gestrichen wird, und wenn diese mit der
Wurzel geräuchert werden.]

[1]) Diese Worte scheinen eine Schreiberglosse zu sein.

Die Bretannika des D. ist ohne Zweifel die Pflanze, welche Plinius XXV 21
Britannica nennt und von der er sagt, sie habe einen Soldaten auf dem Feldzuge
Cäsars jenseits des Rheins von Mundfäule und Knielähmung geheilt; die Blüthen
nenne man „vibones"; die Friesen hätten die Pflanze ihnen gezeigt und wunderbarer
Weise Britannica genannt, nicht weil sie dort viel wachse, sondern vielleicht wegen
der Nachbarschaft des an den Ocean grenzenden Landes.

Die Väter der Botanik sind sich über die Identität der Pflanze sehr uneinig,
sie haben theils Rumex-Arten, theils Cochlearia, Polygonum Bistorta u. a. hierher gezogen; Matthiolus bemerkt, wenn auch Ruellius behaupte, es sei die in Italien
Pixtamano genannte Pflanze, so sei dieselbe doch vollständig unbekannt. Fraas hält
sie (mit ?) für *Inula odora* L. (Compositae), welche in den Hochgebirgen Griechenlands nicht selten ist, in den Ebenen ganz einzeln vorkommt.

Der in Klammern gesetzte Theil des Capitels wird als Anhängsel aus einem
Werkchen über Betonica von Antonius Musa, dem Leibarzte des Kaisers Augustus,
betrachtet, obwohl er sich in einigen älteren Codices findet.

Mit Sicherheit ist die Pflanze nicht ermittelt. Sprengel meint, es sei vielleicht das bei den Kelten wachsende Kestron (Saxifragon) des Galen, dem würde
aber der Standort widersprechen, da Saxifraga nach Plinius XXII 64 feuchte
Stellen liebt.

Cap. 3. Περὶ Λυσιμαχίου. Lysimachion. Das Lysimachion —
Einige nennen es Lytron — treibt ellenlange und grössere, zarte, strauchige
Stengel, an deren Knoten sich die Knospen der zarten Blätter befinden,

welche denen der Weide ähnlich sind und zusammenziehenden Geschmack
haben. Die Blüthe ist röthlich oder goldgelb; es wächst in sumpfigen
Gegenden und am Wasser. Der Saft der Blätter ist adstringirend und
so ein gutes Mittel gegen Blutauswurf und Dysenterie, im Trank und
Klystier. Den Fluss der Weiber stellt er im Zäpfchen eingelegt; ebenso
ist das Kraut sehr wirksam im Tampon bei Nasenbluten, es ist überhaupt ein Wund- und blutstillendes Mittel. Zur Räucherung angezündet
gibt es einen sehr scharfen Rauch, so dass es die giftigen Thiere verscheucht und die Fliegen tödtet.

　　Den Namen soll die Pflanze von Lysimachos, einem Feldherrn Alexanders d. Gr.,
haben, der sie, wie Erasistratos berichtet (Plinius XXV 72), aufgefunden hat.
　　Die Lysimachia des Plinius (l. c.) unterscheidet sich von der des D. durch die
purpurfarbene Blüthe und einen scharfen Geruch (*Lythrum Salicaria* L.?).
　　Die Blüthe der Lysimachia ist durchweg gelb, es ist daher nicht unwahrscheinlich, dass D. *Lysimachia vulgaris* L. und *Lythrum Salicaria* zusammengeworfen
hat. Soll die griechische Flora in Betracht kommen, so zieht Fraas entweder die
dort sehr seltene *Lysimachia punctata* L. (Primulaceae), Punktirte Lysimachie,
mit gelben, am Grunde rothbraunen Kronenblättern hierher, oder die viel häufigere
Lysimachia atropurpurea L., Rothbraune Lysimachie.

　　Cap. 4. Περὶ Πολυγόνου ἄρρηνος. Männliches Polygonon.
Das männliche Polygonon — Einige nennen es Polygonaton[1]), Andere
Kynochale, Herakleia, Asphaltos, Chiliophyllon[2]), Klema[3]), Polykarpos[4]),
Karkinethron[5]), Teuthalis, Myrtopetalon[6]), Knopodion[7]), Zarithea, Peda-
lion[8]) [die Aegypter Thephis, auch Memphis, die Propheten Herossame,
Mäuseklaue, die Römer Sanguinalis, auch Proserpinaka, die Afrikaner
Chulum]. Es ist ein Kraut mit zarten, schwachen, zahlreichen mit Knoten
besetzten Zweigen, welche über die Erde hinkriechen wie Agrostis[9]). Die
Blätter sind denen der Raute ähnlich, doch länglicher und weicher. Bei
jedem Blatte hat es eine Frucht, weshalb es das männliche heisst. Die
Blüthe ist weiss oder roth. Es hat adstringirende, kühlende Kraft. Der
Saft ist, getrunken, ein gutes Mittel für die, welche an Blutspeien, Bauch-
fluss, Cholera und Harnzwang leiden, er treibt auch stark den Harn. Mit
Wein getrunken hilft er gegen den Biss giftiger Thiere, gegen das
Wechselfieber, wenn er eine Stunde vor Eintritt desselben genommen
wird. Ferner stellt er, im Zäpfchen eingelegt, den Fluss der Weiber,
ist auch, eingetröpfelt, ein gutes Mittel bei Ohrenleiden und Eiterfluss.
Mit Wein unter Zusatz von Honig gekocht wirkt er ausgezeichnet bei
Geschwüren an den Schamtheilen. Die Blätter werden als Umschlag gebraucht bei Erhitzung des Magens, bei Blutauswurf, bei kriechenden Geschwüren, roseartigen Entzündungen und Geschwülsten, ebenso bei Oedemen
und frischen Wunden.

　　[1]) Vielknotig.　[2]) Tausendblatt.　[3]) Reis.　[4]) Vielfrüchtig.　[5]) Krebssitz.

⁶) Myrtenblatt. ⁷) Thierweg (κνώψ und ὁδός). ⁸) Steuerruder, von der Form der Blätter.
⁹) *Cynodon Dactylon* Pers., Wucherndes Fingerkraut.

Bei Plinius XXVII 113 heisst die Pflanze Sanguinaria.

Polygonum aviculare L. (Polygonaceae), Vogelknöterich.

Cap. 5. Περὶ Πολυγόνου θήλεως. Weibliches Polygonon.
Das weibliche Polygonon [bei den Römern Seminalis] ist ein einstengeliger
zarter, halmartiger kleiner Strauch, welcher zahlreiche, wie Trompeten
einander zugeneigte Knoten und um die Knoten herum im Kreise stehende,
den Fichtenblättern ähnliche Auswüchse hat. Die Wurzel ist nutzlos.
Es wächst an feuchten Stellen und hat adstringirende, kühlende Kraft,
wirksam gegen dieselben Beschwerden wie das vorige, nur dass es
schwächer wirkt.

Die älteren Botaniker haben theils *Polygonum maritimum* L., theils *Hippuris
vulgaris* L. für die Pflanze des D. genommen. Fraas bezieht sie auf *Equisetum
pallidum* Bory (Equisetaceae), Blasser Schachtelhalm. Wegen der Aehnlichkeit
mit Polyg. aviculare mag D. vielleicht die Pflanze hier angereiht haben.

Cap. 6. Περὶ Πολυγονάτου. Weisswurz. Das Polygonaton
wächst an Bergen, ein Strauch höher als eine Elle, mit Blättern ähnlich
denen des Lorbeers, sie sind aber breiter und glatter. Im Geschmack
erinnern sie etwas an die Quitte oder Granate [zugleich adstringirend].
An jeder Blattknospe stehen weisse Blüthen, welche an Menge die Blätter
überragen, wenn man die Zählung von der Wurzel an beginnt. Es hat
eine weisse, weiche, grosse, vielknotige, rauhe, durchdringend riechende,
fingerdicke Wurzel, welche als Umschlag ein gutes Mittel für Wunden
ist. Sie entfernt auch Flecken im Gesicht.

Convallaria Polygonatum L., *Polygonatum offic.* All. (Liliaceae-Asparagoideae),
Weisswurzelige Maiblume. In Griechenland ist sie ausgestorben, wenigstens
ist sie seit Sibthorp nicht mehr gefunden. In Norditalien heisst sie Sigillo di
Salomone oder Sig. di St. Maria wegen der runden, vertieften Narbe durch das Abfallen des Stengels an dem jährlichen Rhizomabschnitte.

Cap. 7. Περὶ Κληματίδος. Klematis. Die Klematis — Einige
nennen sie Philetairion¹), Andere Daphnoides²), Myrsinoeides³), Poly-
gonoeides⁴) —. Sie wächst über die Erde hin auf gutem Boden und treibt
kleine Zweige von der Dicke der Binse, ein kleines Blatt, an Gestalt und
Farbe dem Lorbeerblatt ähnlich, aber viel kleiner. Ihre Blätter und
Stengel, mit Wein getrunken, beschwichtigen Durchfall und Dysenterie;
mit Milch und Rosen- oder Cyperngrassalbe im Zäpfchen eingelegt heilen
sie Gebärmutterleiden. Gekaut lindern sie auch Zahnschmerzen und helfen
aufgelegt beim Biss giftiger Thiere. Man sagt, dass sie, mit Essig getrunken, die von der Aspisschlange Gebissenen heilen. Es wächst (auch)
auf Oedland.

[Andere Klematis.] Die andere Klematis — Einige nennen sie Epigetis, die Aegypter Phylakuon, die Römer Ambuxu — treibt einen röthlichen, biegsamen Schössling, ein sehr scharf schmeckendes und Geschwüre verursachendes Blatt. Sie umschlingt die Bäume wie eine Winde. Ihre Frucht, zerrieben und mit Wasser oder Honigwasser getrunken, treibt Schleim und Galle nach unten ab; die Blätter als Kataplasma heilen den Aussatz. Sie werden auch mit Kresse zur Speise eingemacht.

[1]) Die Gefährten liebend, von dem peitschenförmigen, kriechenden Stengel. [2]) Lorbeerähnlich. [3]) Myrtenähnlich. [4]) Dem Knöterich ähnlich.

Die erste Klematis ist *Vinca minor* L. (Apocyneae), Kleines Sinngrün. die andere *Polygonum Convolvulus* L. (Polygonaceae), Weidenknöterich, oder es ist dieselbe Pflanze, welche D. im Cap. 179 beschreibt.

Cap. 8. Περὶ Πολεμωνίου. Polemonion.

Das Polemonion — Einige nennen es Philetairion, die Kappadokier Chiliodynamis[1]) — hat zarte, verwickelte Zweige, die Blätter sind etwas grösser als die der Raute [aber länglicher und denen des Knöterichs oder der Kalaminthe ähnlich], über diesen steht eine Art Dolden, in denen sich ein schwarzer Same befindet. Die Wurzel ist eine Elle lang, weisslich, der Seifenkrautwurzel ähnlich. Es wächst in gebirgigen und rauhen Gegenden. Seine Wurzel wird mit Wein gegen giftige Thiere[2]) und Dysenterie, mit Wasser bei Harnverhaltung und Ischias, bei Milzkrankheit zu 1 Drachme mit Essig getrunken; auch wird die Wurzel gegen Skorpionstich als Amulett umgebunden; denn es heisst, dass diejenigen, welche sie tragen, nicht gestochen werden, wenn sie aber verletzt sind, nichts zu leiden haben. Gekaut lindert sie auch Zahnschmerzen.

[1]) Tausendkraft. [2]) d. h. gegen den Biss giftiger Thiere.

Den Namen soll die Pflanze nach Plinius XXV 64 von einem Streite zweier Könige, Polemon von Kappadokien und Philetairios von Pontus, um die Priorität ihrer Auffindung haben.

Die eingeklammerte Stelle wird von Dodonäus und Anguillara verworfen. weil sie sich weder im Krateuas-Fragment noch bei Plinius findet. Die älteren Botaniker haben sehr verschiedene Pflanzen hierher gezogen; Tournefort nannte sie zuerst *Polemonium coeruleum*. Fraas glaubt viel Uebereinstimmendes mit *Hypericum olympicum* L. (Hypericoideae) zu finden.

Cap. 9. Περὶ Συμφύτου πετραίου. Felsensymphyton.

Das Felsensymphyton[1]) wächst auf Felsen. Es entwickelt dem Dosten ähnliche Zweige, zarte Blätter und Köpfchen wie Thymian. Die ganze Pflanze ist holzig und wohlriechend, hat süssen Geschmack und befördert die Speichelabsonderung. Es hat eine grosse, röthliche, etwa fingerdicke Wurzel. Mit Honigmeth gekocht und getrunken räumt es die Unreinigkeiten aus der Lunge weg, auch wird es bei Blutauswurf und Nierenleiden mit Wasser gegeben. Mit Wein gekocht wird es·gegen Dysenterie und den rothen Fluss der Frauen getrunken, mit Sauerhonig aber gegen Krämpfe und innere Rupturen; gekaut löscht es den Durst. Ferner ist es ein gutes Mittel bei Rauheit der Luftröhre. Im Umschlag verklebt es frische Wunden und verschliesst Darmbrüche. Endlich bindet es das Fleisch zur Gallerte, wenn es damit gekocht wird.

¹) Von σύν und φύω, zusammenwachsen lassen.

Nach S p r e n g e l *Coris monspeliensis* L. (Primulaceae), V i o l e t t e E r d k i e f e r, an der Küste des Mittelmeeres.

Cap. 10.   Περὶ Συμφύτου ἄλλου. A n d e r e s S y m p h y t o n. Das andere Symphyton — Einige nennen es Pekten¹), die Römer Soldago — entwickelt einen zwei Ellen langen oder auch höheren, leichten, dicken, kantigen, distelähnlichen, hohlen Stengel, um welchen in nicht grossen Abständen die rauhbehaarten, schmalen, länglichen, denen der Ochsenzunge ähnlichen Blätter stehen. Der Stengel hat an den Knoten gewisse vorgestreckte Verlängerungen von zarten anliegenden Blättern²). Aus jeder Achsel treibt es die weissen oder gelben Blüthen sowie die Frucht um den Stengel herum wie bei der Königskerze. Der ganze Stengel und die Blätter haben einen etwas rauhwolligen Ueberzug, welcher bei der Berührung Jucken verursacht. Die Wurzeln darunter sind an der Aussenfläche schwarz, innen weiss und schleimig; von diesen wird Gebrauch gemacht. Fein gestossen und getrunken sind sie gut für die, welche an Blutspeien und inneren Abscessen leiden, als Umschlag verkleben sie auch frische Wunden. Fleisch, mit dem sie zusammen gekocht werden, binden sie zu Gallerte. Als Kataplasma dienen sie bei Entzündungen, besonders am After, und zwar vortheilhaft mit den Blättern der Kreuzwurz³).

¹) Die Dichte, Netz. ²) Die Blätter sind am Stengel herablaufend. ³) *Senecio vulgaris* L.

Bei den älteren Botanikern *Symphytum officinale* (Asperifoliaceae), S c h w a r zw u r z e l; Fraas schlägt *Symphytum Brochum* Bory, K n o l l i g e r B e i n w e l l, vor, und zwar mit Rücksicht darauf, dass D. die Blüthen weiss oder gelb bezeichnet, während sie bei Symph. offic. sehr häufig röthlich, purpurfarbig oder blauroth sind, was D. anzugeben wohl nicht übersehen hätte. Es ist übrigens fraglich, ob das Symphyton des D. nicht eine von der unserigen verschiedene Pflanze ist, man denke nur an den Blüthen- und Fruchtstand, der wie bei Verbascum sein soll.

Früher war die Wurzel als *Radix Consolidae* officinell, sie enthält viel B a s s o r i n, etwas A m y l u m, G e r b s t o f f, Z u c k e r, A s p a r a g i n, nach G r e i m e r ein Alkaloid S y m p h y t o - C y n o g l o s s i n, welches eine lähmende Wirkung auf das Centralnervensystem ausübt (vgl. Cap. 24).

Cap. 11.   Περὶ Ὁλοστέου. H o l o s t e o n. Das Holosteon ist ein kleines Kraut, welches sich drei bis vier Finger lang über die Erde erhebt. Es hat Blätter und Zweige wie der Schotenklee oder wie Agrostis, sie sind adstringirend, ferner eine sehr zarte, haarförmige, weisse, vier Finger lange Wurzel. Es wächst an hügeligen Stellen. Auch dieses hat die Kraft, damit gekochtes Fleisch zu Gallerte zu binden; sonst wird es auch gegen innere Abscesse mit Wein getrunken.

Entweder *Plantago albicans* L. (Plantaginaceae), Weisslicher Wegerich, welche schon von den älteren Botanikern (Dodonäus, Lobelius) hierher gezogen wurde, oder, was wahrscheinlicher ist, *Holosteum umbellatum* L. (Caryophyllaceae), Doldige Spurre, auf welches Tabernämontanus (Herb. p. 543) schon hinwies.

Cap. 12. Περὶ Στοιβῆς. **Becherblume.** Stoibe — bei Einigen Stobion, bei den Römern Stipa — ist bekannt. Ihre Frucht und Blätter sind adstringirend, deshalb wird auch das Decoct derselben bei Dysenterie als Injection gebraucht; es wird auch in eiterflüssige Ohren gegossen. Die Blätter sind als Umschlag bei Augenverletzungen durch Schlag von Nutzen; sie hemmen auch den Blutfluss.

Bei Theophrast (Hist. pl. I 10, 3; VI 1, 3) wird die Pflanze unter die gerechnet, welche ein fleischiges Blatt und neben den Blättern Dornen haben, sie heisst auch Phleos (φλεώς).
Poterium spinosum L. (Rosaceae), Strauchartige Becherblume, mit etwas zottigen, dornig endigenden Aesten, kahlen Blättern und länglichen Aehren, in Griechenland der häufigste und bezeichnendste Repräsentant des Gestrüppdistricts im Bereiche der Immergrünen bis zu 700 m Höhe; es ist auch in Italien heimisch. Nach Galen (XIV p. 17) wurde es zur Conservirung der Weine zwischen die Krüge gelegt.

Cap. 13. Περὶ Κλυμένου. **Klymenon.** Das Klymenon [Einige nennen es Kalykanthemon[1]), Andere Periklymenon, Heliophyes[2]), Hepatitis[3]), Smilax, Anatolikon[4]), Dytikon[5]), Mergine, die Römer Volucrum[6]). auch Volucrum majus, die Aegypter Oxivi, noch Andere Klymenion, auch Agonon] treibt einen vierkantigen, dem der Bohne ähnlichen Stengel; die Blätter ähneln denen des Wegerichs. Am Stengel hat es einander zunickende Troddeln, welche [einem Kreisbogen gleichen] und den Fangfüssen des Polypen[7]). Das beste ist das bergige. Die ganze Pflanze sammt der Wurzel wird zu Saft verarbeitet. Der Saft wird gegen Blutauswurf getrunken, gegen Magenleiden und rothen Fluss, weil er adstringirend und kühlend ist. Er stillt auch das Nasenbluten. Die fein gestossenen Blätter als Umschlag auf frische Wunden gelegt wirken heilend bis zur Narbenbildung.

[1]) Kelchblume, von der Form des geschlossenen Körbchens. [2]) Sonnengestalt. [3]) Leberfarbig. [4]) Wie die aufgehende Sonne. [5]) Wie die untergehende Sonne; die Synonyma beziehen sich alle auf die grosse Blüthe mit den lebhaft gelben Randblumen. [6]) Kann auf das in der Knospe stehende Blüthenkörbchen bezogen werden.

⁷) Calendula arvensis hat im wilden Zustande cirrusartige, verlängerte Blüthenstiele. Die Troddeln (ϑυσάνια) können auf die Blüthenknospe, aber ebenso gut auf den Fruchtstand gedeutet werden; die äusseren fast dreiseitigen Kapseln sind stark geflügelt mit einwärts gebogenen Flügeln, die mittleren sind kürzer, ungeflügelt, unten einwärts gekrümmt, die innersten sind kleiner, schwach geflügelt und einwärts gekrümmt. Im C. fehlt der Satz: „welche . . .", dafür steht καὶ περιπλεκόμενα, und umschliessende (ϑυσάνια).

Die älteren Botaniker waren sich über das Klymenon sehr uneinig und bezogen es auf die verschiedensten Pflanzen. Fraas, der auch die Vierkantigkeit des Stengels bei üppig wachsenden Exemplaren fand, hält die Pflanze für *Calendula arvensis* L. (Compositae), Ackertodtenblume. Sie ist in Griechenland heimisch und kommt auch in Italien wildwachsend vor.

Cap. 14. Περὶ Περικλυμένου. Periklymenon. Das Periklymenon — Einige nennen es Aigine¹), Andere Klymenon, Karpathon²), Splenion³), Hepatitis, grosse Winde, Klematitis, Myrte, Kalykanthemon [die Propheten der Venus Grauhaar, die Aegypter Turkon, die Römer Volucrum majus, die Afrikaner Lanath]. Es ist ein einfacher kleiner Strauch, um den in Abständen die weisslichen epheuartigen Blättchen gestellt sind, und neben den Blättern sind Auswüchse, über denen die weisse, bohnenähnliche, dem Blatt gleichsam anliegende Blüthe hervorkommt, wie auch die epheuähnliche, rundliche, harte und schwer abzubrechende Frucht. Es hat eine dicke runde Wurzel, wächst auf Aeckern und in Hecken und windet sich um benachbarte Sträucher. Seine Frucht wird bei der Reife gesammelt und im Schatten getrocknet; 1 Drachme davon mit Wein vierzig Tage hindurch getrunken erweicht die Milz, hebt die Erschlaffung, hilft bei Orthopnöe und Schlucken. Sie treibt den Harn, der vom sechsten Tage an blutig ist. Ferner beschleunigt sie die Geburt. Dieselbe Kraft haben die Blätter, zweiunddreissig Tage hindurch getrunken; sie sollen auch bei den Männern Impotenz bewirken. Mit Oel als Salbe lindern sie bei Wechselfieber die Frostschauer.

¹) Geisspflanze oder Geissblatt. ²) Karpathos. eine Insel zwischen Kreta und Rhodus, vielleicht kam es dort viel vor. ³) Verband, Wundmittel.

Die Beschreibung könnte auf *Lonicera Caprifolium* passen, wenn dem nicht die verwachsenen Blätter bei dieser und die Grösse des Strauches widersprächen. Sprengel zieht *Lonicera Periclymenon*, Fraas *Lonicera etrusca* Savi (Caprifoliaceae), Etrurisches Geissblatt, hierher, welches im Gebüschdistrict der regio sempervirens Griechenlands sehr häufig ist. Es hat flaumhaarige oder kahle Blätter, von denen nur die zwei obersten Paare zu einem elliptischen, fast runden Blatte verwachsen, die übrigen kurz gestielt sind, und in drei wirteligen Köpfchen stehende Blüthen.

Cap. 15. Περὶ Τριβόλου. Tribolos. Der Tribolos kommt in zwei Arten vor. Der Feldtribolos gleicht in den Blättern dem Portulak, sie sind aber zarter, die Zweige sind lang, über den Boden ausgebreitet und an ihnen befinden sich scharfe, harte Dornen. Er wächst an Flüssen und Hausstellen. Es gibt auch einen Wassertribolos [Einige nennen ihn Bukephalos[1]), auch Taurokeras[2]), die Römer Tribulum aquaticum], welcher in Flüssen wächst und den oberen Pflanzentheil emporhebt, die Dornen aber verbirgt. Die Blätter sind breit und haben einen langen Stiel. Der Stengel ist oben dick, und zwar dicker als am Grunde, auch finden sich ihm gewisse haarförmige, ährenartige Gebilde angewachsen. Die Frucht ist hart, wie auch die des anderen. Beide sind adstringirend, kühlend und werden als Kataplasma bei jeder Entzündung angewandt. Mit Honig heilen sie Soor, entzündete Mandeln und Mundfäule sowie (erkranktes) Zahnfleisch; zu Augenarzneien aber wird Saft aus ihnen bereitet. Ihre frische Frucht ist genossen Steinkranken heilsam. Vom Feldtribolos 1 Drachme (der Frucht) genossen und auch aufgelegt stellt die von der Viper Gebissenen wieder her. Mit Wein getrunken ist sie ein gutes Mittel gegen tödtliche Gifte. Die Abkochung, umhergesprengt, tödtet die Flöhe. Die am Flusse Strymo wohnenden Thrakier gebrauchen das frische Kraut als Pferdefutter. Die Frucht, welche süss und nahrhaft ist, vermahlen sie zur Nahrung und verwenden sie statt des Brodes.

[1]) Ochsenkopf, [2]) Stierhorn, die Synonyma beziehen sich auf die Form und Härte der Nuss.

D. hat zwei Arten Tribolos; Theophrast (Hist. pl. VI 5, 3) unterscheidet beim Feldtribolos mit stacheliger Fruchthülle einen mit Blättern, welche denen der Erbse ähnlich sind, und einen mit dornigen Blättern, beide sind niedrig und vielverzweigt; der Wassertribolos kommt nur in sumpfigen Gewässern vor (VI 9, 1).

Plinius sagt an einer Stelle (XXII 27), es gebe zwei Tribuli, einen in den Gärten, ein sehr lästiges Unkraut, und einen in Flüssen, dagegen XXI 98 zählt er mit Theophrast drei Arten auf.

Tribulus terrestris L. (Zygophyllaceae), Felddorn oder Landbürzel; er wächst auch in Italien wild. Fraas fand ihn nicht allein in Gärten und auf Aeckern, sondern auch in feuchten Niederungen; so dürfte sich die Angabe des Standortes παρὰ ποταμοῖς bei D., wofür man ἐν πεδινοῖς, in Ebenen, vorgeschlagen hat, rechtfertigen lassen.

Der Wassertribolos ist *Trapa natans* L. (Oenotheraceae), Wassernuss. Wenn die Pflanze die Oberfläche des Wassers erreicht, bleiben die Blätter schwimmend und werden durch den während der Blüthezeit blasig aufgetriebenen Stiel („oben dicker als am Grunde") gehalten. Die haarförmigen Gebilde können wohl nichts Anderes sein, als die entfernt stehenden, haarförmig und einfach gefiederten Blättchen an dem unter dem Wasser bleibenden Theile der Pflanze. Die sehr mehlreichen Früchte (Nüsse) werden roh und gekocht gegessen.

[Περὶ Σαξιφράγου. Saxifragon. Das Saxifragon — Einige nennen es Saxifrangon, Andere Empetron[1]), noch Andere auch dieses Skolopendrion[2]) oder Bruchos[3]), die Römer Saxifraga, auch Sanaria —. Es ist ein verzweigter, an rauhen und felsigen Stellen wachsender kleiner Strauch, der Flachsseide ähnlich. Das Kraut hat die Kraft, bei Harnzwang und Schlucken zu helfen, und zwar für die Fieberfreien mit Wein gekocht, für die Fiebernden in warmem Wasser gegeben, ferner auch den Blasenstein zu zertrümmern und den Harn zu treiben.]

[1]) Frankenie. [2]) Hirschzunge. [3]) Ungeflügelte Heuschrecke.

Dieses in Klammern stehende Capitel wird von Einigen als nicht von D. herrührend bezeichnet, es findet sich aber, wie Sprengel angibt, in den besten ältesten Codices, wenn auch nicht übereinstimmend.

Plinius XXVII 75 nennt als Synonym zu Empetros die auf Felsen in Meeresnähe wachsende Calcifraga, welche den Harn treibt und den Stein zertrümmert. Später ging der Name Saxifraga auf mehrere Pflanzen über, so bei Galen als Synonym zu Kestron, bei Paulus und Trallian zu Betonica, bei Marcellus zu Scolopendrium. Die spätmittelalterlichen Schriftsteller verbanden den Namen mit Pimpinella.

Die Pflanze ist nicht bestimmt. Die älteren Botaniker, Brunfelsius, Tragus, Cäsalpinus u. A. hielten sie für *Pimpinella Saxifraga* oder auch *Saxifraga granulata*, denen aber der Standort widerspricht. Fraas hält sie entweder für das IV 178 behandelte Empetron, *Frankenia pulverulenta* L., Bestäubte Frankenie, mit salzigem, bitterem Geschmack, oder für *Gypsophila ocellata* Sm., Kleinäugiges Gipskraut.

Cap. 16. Περὶ Λειμωνίου. Limoneion. Das Limoneion [Einige nennen es Neuroeides[1]), Andere Lonchitis[2]), Eselssenf, die Mysier Mendruta, die Syrier Meuda, Andere Lykosemphyllon[3]), Helleborosemata, Skyllion, die Propheten Wolfsherz, die Römer schwarze Nieswurz, auch Tintinnabulum terrae[4]), die Gallier Iumbarum, die Dakier Dakina]. Es hat der Bete ähnliche Blätter, aber zarter, grösser und auch zahlreicher, einen dünnen aufrechten Stengel, gleich wie die Lilie, reich besetzt mit einer rothen, zusammenziehend schmeckenden Frucht. Die fein gestossene Frucht, ein Essignäpfchen voll mit Wein getrunken, hat die Kraft, bei Dysenterie und Magenleiden zu helfen und den rothen Fluss der Frauen zu stellen. Es wächst auf feuchten Wiesen und sumpfigen Stellen.

[1]) Nervenkraut. [2]) Lanzenähnlich. [3]) Wolfsblatt. [4]) Erdscholle.

Plinius XX 72 nennt das Limonium auch Beta silvestris. Die älteren Botaniker und auch Sprengel ziehen *Statice Limonium* L. hierher. Fraas dagegen *Beta vulgaris* L. (Chenopodiaceae), Wilder Mangold.

Cap. 17. Περὶ Λαγώποδος. Hasenklee. Der Lagopus — Einige nennen ihn Hasenkümmel — ist bekannt. Er hat die Kraft, den Durchfall zu hemmen, wenn er mit Wein, bei Fiebernden aber mit Wasser getrunken wird.

Trifolium arvense L. (Papilionaceae-Trifolieae), Hasenklee.

Cap. 18. Περὶ Μηδίου. Medion. Das Medion [Einige nennen es Medica[1]), Andere Dreiblatt, Klemation[2]), Osmos[3]), Trigonos[4]), Kybellion[5]), Polyphyllon[6]), die Römer wohlriechendes Dreiblatt, die Aegypter

Epaphu] wächst an dicht beschatteten und felsigen Stellen und hat Blätter wie Seris. Der Stengel ist drei Ellen hoch, die Blüthe purpurfarben, gross und rund, die Frucht klein, der Same gleicht dem des Safflors. Die Wurzel ist eine Spanne lang, von der Dicke eines Stabes und schmeckt herbe. Wird diese trocken fein gerieben mit Honig gekocht und einige Tage als Leckmittel genommen, so stellt sie den rothen Fluss; der Same mit Wein getrunken befördert die Katamenien.

[1]) Medicago. [2]) Feiner Schössling. [3]) Duft. [4]) Dreimal zeugend. [5]) Pflanze der Kybele oder vom Berge Kybella in Phrygien. [6]) Vielblatt.

Rauwolf (Itinerar. 1582) bezog das Medion auf eine Pflanze Syriens, *Michauxia campanuloides*, Sibthorp auf *Campanula laciniata*. Nach Fraas ist es *Convolvulus althaeoides* L. (Convolvulaceae), Altheenwinde, eine auf trockenem Boden der Hügel und Vorberge Griechenlands unter dem Gestrüpp häufige Pflanze. Sie hat eine fast holzige, dünne Wurzel mit Ausläufern, einen bis 40 cm hohen, einfachen, klimmenden Stengel, die untersten Blätter sind lang-gestielt, eiförmig, an der Basis tief-herzförmig oder herz-pfeilförmig, stumpf, ungleich ausgeschweift-gekerbt, die oberen kurz-gestielt, die Kelchzipfel sind eiförmig, etwas trockenhäutig, die Kronen schön rosenroth. Diese Beschreibung Kosteletzky's würde die Ansicht von Fraas nicht stützen.

Cap. 19. Περὶ Ἐπιμηδίου. Epimedion. Das Epimedion [Einige nennen es Erineos[1]), Andere Thryas[2]), Polyrhizon, die Römer Vindicta[3])]. Der Stengel ist nicht gross, mit zehn bis zwölf epheuähnlichen Blättern, er trägt weder Frucht noch Blüthe. Die Wurzeln sind zart, schwarz, haben einen durchdringenden Geruch und faden Geschmack. Es wächst an feuchten Stellen. Die fein gestossenen Blätter werden mit Oel als Kataplasmen auf die Brüste gelegt, um ein Vergrössern zu verhindern[4]). Die Wurzel bewirkt Unfruchtbarkeit; auch die fein geriebenen Blätter zu 5 Drachmen nach der Menstruation in Wein genommen verhüten fünf Tage lang die Empfängniss.

[1]) Der wilde Feigenbaum. [2]) Der Stab, womit der Prätor den Sklaven berührte, der die Freiheit haben sollte. [3]) Das Synonym geht auf die Wirkung der Wurzel als Aphrodisiacum. [4]) Ein voller, üppiger Busen entsprach nicht dem Schönheitssinne der Griechen.

Die Pflanze ist nicht identificirt; denn weder die Alpenpflanze *Epimedium alpinum* L., Sockenblume oder Bischofsmütze, noch *Botrychium Lunaria*. welches die älteren Botaniker hierher zogen, kann dafür genommen werden, da bei ersterem besonders der Standort widerspricht, bei *Botrychium Lunaria* Sw. (Ophioglossaceae), Gemeine Mondraute, aber ist die Sporangienrispe so ausgebildet. dass D. sie nicht würde übersehen haben.

Cap. 20. Περὶ Ξιφίου. Siegwurz. Das Xiphion — Einige nennen es Phasganon[1]), Andere Machaironion[2]), Anaktorion[3]), Arion[4]), die Römer Gladiolus[5]), auch Segetalis[6]) —. Nach der Gestalt des Blattes heisst es Xiphion[5]), es gleicht nämlich der Schwertlilie, nur ist es grösser, schmaler und zugespitzt wie ein Messer, dabei nervig. Es treibt einen ellenlangen Stengel mit purpurfarbigen Blüthen, welche zeilenweise geordnet sind, eine runde Frucht und zwei Wurzeln, und zwar sitzt die eine auf der anderen, von der Form kleiner Zwiebeln. Von diesen ist die untere hager[7]), die obere kräftiger. Es wächst vorzugsweise auf Aeckern. Die obere Wurzel hat die Kraft, mit Wein und Weihrauch als Umschlag Splitter und Dornen auszuziehen, mit Taumellolchmehl und Honigmeth vertheilt sie verhärtete Drüsen der Schamgegend, daher wird sie solchen Zwecken dienenden Pflastern zugesetzt. Im Zäpfchen eingelegt befördert sie die Katamenien. Man sagt auch, dass die obere Wurzel, mit Wein als Zäpfchen angewandt, den Geschlechtstrieb anrege, die untere Unfruchtbarkeit bewirke; auch werde Kindern bei Darmbruch mit Erfolg die obere Wurzel im Trank mit Wasser gegeben.

[1]) Schwert. [2]) Messerchen. [3]) Regierend, vielleicht mit Bezug auf die geschlechtliche Wirkung. [4]) Statt ἄριον, kräftiger? [5]) Kleines Schwert. [6]) Unter der Saat wachsend. [7]) Die untere, ältere Wurzel ist etwas verschrumpft.

Plinius XXV 138 spricht sich in gleicher Weise über Xiphios aus.

Gladiolus communis L. mit der Abart *Gl. segetum* (Iridaceae), Siegwurz. Die Knollen wurden früher als Rad. Victorialis rotundae, Runder Siegwurz oder Allermannsharnisch, angewandt, vielfach auch als Amulett zur Sicherheit gegen Verwundungen getragen.

Cap. 21. Περὶ Σπαργανίου. Sparganion. Das Sparganion — Einige nennen es Xiphidion[1]), Andere Bolos[2]) — hat dem Xiphion ähnliche Blätter, aber schmaler und mehr geneigt, an der Spitze des Stengels eine Art Kugeln, in denen sich der Same befindet. Die Wurzel und der Same werden mit Wein den von giftigen Thieren Gebissenen gegeben.

[1]) Schwertchen. [2]) Kloss, von dem kugeligen Blüthenstande oder der runden Frucht. Die älteren Botaniker, auch Kosteletzky, ziehen *Sparganium simplex* oder *ramosum* Sw. (Typhaceae), Einfacher oder ästiger Igelskolben, hierher, indem die Kugel an der Spitze der Zweige auf den Blüthenstand bezogen wird, Fraas dagegen *Butomus umbellatus* L. (Butomaceae), Doldige Wasserviole, wohl wegen der dunklen, kugeligen Frucht.

Cap. 22. Περὶ Ξυρίδος. Xyris. Die Xyris — Einige nennen sie wilde Schwertlilie, Andere Kakos[1]), die Römer Gladiolus, auch Ackerschwertlilie, die Dakier Aprus —. Sie hat denen der Schwertlilie ähnliche Blätter, aber breiter und oben spitzig; aus der Mitte der Blätter treibt sie einen ellenlangen ziemlich dicken Stengel[2]), an dem dreieckige Schoten[3]) sitzen und über diesen die purpurfarbigen, in der Mitte dunkelrothen Blüthen. Der Same befindet sich in bohnenähnlichen Säckchen, er ist rund, roth und scharf. Die Wurzel ist vielknotig, lang, feuerroth, wirksam bei Wunden des Kopfes und bei Schädelbrüchen; sie zieht nämlich Knochen und jedes Geschoss ohne Schmerz heraus, wenn sie mit dem dritten Theile Kupferblüthe und dem fünften Theile Tausendgüldenkrautwurzel und hinreichend Honig vermischt wird. Sie heilt auch Oedeme und Geschwülste, wenn sie mit Essig umgeschlagen wird. Mit Rosinenwein zerstossen wird die Wurzel gegen Krämpfe, innere Rupturen und Ischias, wie auch gegen Harnzwang und Durchfall getrunken. Der Same, in der Gabe von 3 Obolen mit Wein getrunken, ist stark harntreibend, mit Essig genommen erweicht er die Milz.

[1]) Widrig, die Blätter haben beim Zerreiben einen hässlichen Geruch. [2]) Der Blüthenstiel. [3]) Der geriefte, schwach dreikantige Fruchtknoten; die Samen sitzen in geschnäbelten, schwach dreikantigen Kapseln.

Iris foetida (Iridaceae), Stinkende Schwertlilie. Das Rhizom war ehedem als Rad. Spathulae foet. vel Xyridis officinell. In Italien, wo sie hin und wieder wild wächst, heisst sie Spatula fetida.

Cap. 23. Περὶ Ἀγχούσης. Ochsenzunge. Die Anchusa, welche Einige Kalyx, Andere Onokleia [1]) [Katanchusa, Libyka, Archibellion, Alkibiadion [2]), Onophyllos [3]), Porphyris, Mydusa, Salyx, Nonea, die Afrikaner Buinesath] nennen, hat dem scharfblätterigen Giftsalat ähnliche, behaarte, rauhe, dunkle, zahlreiche Blätter, welche von allen Seiten aus der Wurzel hervorkommen und am Boden liegen [4]), sie sind dornig. Die fingerdicke Wurzel ist blutroth, die im Sommer wachsende färbt auch die Hände. Sie steht in Gegenden mit gutem Boden. Die Wurzel ist adstringirend, ein gutes Mittel bei Brandwunden und alten Geschwüren, wenn sie mit Wachs und Oel gekocht wird. Sie heilt, mit Grütze umgeschlagen, roseartige Entzündungen, und weisse Flecken und Aussatz im Kataplasma mit Essig. Im Zäpfchen eingelegt zieht sie den Embryo heraus. Ihre Abkochung wird bei Gelbsucht, Nierenleiden, Milzsucht den Fiebernden mit Honigmeth gegeben. Die Blätter, mit Wein getrunken, stellen den Bauch. Die Salbenhändler gebrauchen die Wurzel zum Verdichten der Salben.

[1]) Eselshuf. [2]) Von Alkibios, der, wie es bei Nikander (Ther. 541) heisst, durch die Pflanze geheilt ist. [3]) Eselsblatt. [4]) Die in einem dichten Büschel stehenden, oberseits dunklen Wurzelblätter neigen sich zur Erde.

Anchusa tinctoria L. (Asperifoliaceae), Färberochsenzunge.

Die Wurzel enthält einen in Weingeist und Oel löslichen rothen Farbstoff, das Alcannin, dem sie eine früher vielfache Anwendung als Rad. Alcannae verdankte.

Cap. 24. Περὶ Ἀγχούσης ἑτέρας. Andere Anchusa. Die andere Anchusa, welche Einige Alkibiadion oder Onocheiles [1]) nennen. Diese unterscheidet sich von der vorigen dadurch, dass sie kleinere, aber ebenso rauhe Blätter und zarte Zweige hat, an denen die purpurfarbige in Dunkelroth spielende Blüthe sitzt. Sie hat rothe, sehr lange Wurzeln, welche um die Zeit der Weizenernte einen blutrothen Saft haben. Sie wächst an sandigen Plätzen. Ihre Wurzel und Blätter haben die Kraft, den von giftigen Thieren, besonders von der Viper Gebissenen zu helfen, wenn sie gegessen, getrunken oder umgebunden werden. Wenn sie aber Jemand kaut und in das Maul des giftigen Thieres speit, so tödtet sie dasselbe.

¹) Eselslippe.

Echium diffusum L. (Asperifoliaceae), Ausgebreiteter Natternkopf, auf Kreta und in Kleinasien heimisch und wildwachsend. Sie hat nach Sprengel eine grosse, dicke, holzige, bräunlich-blutrothe Wurzel, schmale, lineale, borstig behaarte Blätter und eine dunkelrothe Blüthe.

Die Asperifoliaceen Anchusa, Echium und Cynoglossum enthalten nach den Untersuchungen von Buchheim und Loos (Ueber die pharmakolog. Gruppe des Curarins, 1870) und von K. Greimer (Giftige Boragineen-Alkaloide, Archiv d. Pharm. 1900 S. 205 ff.) ein wie Curare wirkendes Alkaloid, welches Greimer als Cynoglossin bezeichnet. Derselbe isolirte weiter aus den genannten Pflanzen ein Glukosid Consolidin und ein Alkaloid Consolicin, welche beide in ihrer physiologischen Wirkung vom Cynoglossin verschieden sind, indem sie eine Lähmung des Centralnervensystems bewirken, während dieses nur die Endigungen der motorischen Nerven lähmt. Das Consolicin ist sowohl in den Pflanzen präformirt vorhanden, als auch ein Spaltungsproduct des Consolidins, welches bei der Behandlung mit Säuren in Glukose und Consolicin zerfällt.

Cap. 25. Περὶ ἑτέρας Ἀγχούσης. Weitere Anchusa. Es gibt noch eine andere, jener ähnliche, mit einer kleineren dunkelrothen Frucht. Wenn diese Jemand kaut und in den Rachen der Schlange speit, so tödtet sie dieselbe. Wird die Wurzel, ein Essignäpfchen voll, mit Hysop und Kresse getrunken, so treibt sie den Bandwurm aus.

Mit Sicherheit ist diese dritte Anchusa nicht identificirt. Von Sprengel und Fraas wird, als ihr mit Wahrscheinlichkeit entsprechend, *Lithospermum fruticosum* (Asperifoliaceae) hierhergezogen. Es ist ein spannenhoher kleiner Strauch mit linealen, streifig behaarten Blättern, violetten Blüthen und braunrothen Samen; er soll in Südeuropa nicht selten sein.

Cap. 26. Περὶ Λυκόψεως. Natternkopf. Die Lykopsis — Einige haben auch diese Anchusa genannt — hat lattichähnliche Blätter, sie sind aber grösser, dicker, rauh und breiter, über den Wurzelkopf herabfallend. Sie entwickelt einen grossen, aufrechten, rauhen Stengel mit vielen ellenlangen rauhen Nebenzweigen, und an diesen kleine purpurfarbige Blüthen. Die Wurzel ist roth, adstringirend. Sie wächst im platten Lande. Die Wurzel mit Oel als Kataplasma heilt Wunden, mit Grütze roseartige Entzündungen. Fein gestossen mit Oel als Salbe wirkt sie schweisstreibend.

Echium italicum L. (Asperifoliaceae), Italienischer Natternkopf, eine in Griechenland an Wegen und auf dürren Feldern häufige Pflanze.

Cap. 27. Περὶ Ἐχίου. Echion. Das Echion — Einige nennen
es Doris, Andere Alkibiadion, die Römer Alcibiacum — hat längliche,
rauhe, etwas zarte, denen der Anchusa ähnelnde Blätter, aber kleiner
und fett, mit feinen, anliegenden Borstenhaaren, welche die Blätter rauh
machen, dünne, zahlreiche Stengelchen, beiderseits mit zarten, gefiederten,
dunklen Blättern[1]), welche nach der Spitze des Stengels zu verhältnissmässig kleiner werden. Nächst den Blättern stehen die purpurfarbigen
Blüthen, in welchen sich die, einem Vipernkopf ähnlichen Früchte befinden. Die Wurzel ist dünner als ein Finger, schwärzlich. Diese, mit Wein
getrunken, hilft nicht nur den von Schlangen Gebissenen, sondern, wenn
sie von irgend welchen vorher genommen wird, so behütet sie diese auch
vor dem Biss. In gleicher Weise wirken aber auch die Blätter und die
Frucht. Sie lindert ferner Hüftschmerzen und befördert die Milchabsonderung, wenn sie in Wein oder im Schlürftrank genommen wird.

[1]) Wird auf die kammartigen Bracteen bezogen.

Echium rubrum Jacq. (Asperifoliaceae), Rother Natternkopf, eine im
südöstlichen Europa gemeine Pflanze mit schlankem, starrem Stengel, länglich-lanzett-
lichen Blättern, welche beide borstenhaarig sind. Die Blüthe besteht aus einer
langen, aus vielen achselständigen Aehren zusammengesetzten Rispe, die Stützblätter
sind fast kammartig, die Kronen roth.

Cap. 28. Περὶ Ὠκιμοειδοῦς. Okimoeides. Das Okimoeides[1]) —
Einige nennen es Philetairion, Andere selbst dieses Echion [noch Andere
Skorpiuron[2]), Sparganon, Althaia, Amaranthis, Probataia, Elaphion, Anti-
mimon, Porphyris, Augion, Nemesion, Hyainopsolon, Thyrsites, Thermutis,
Misopathos, die Römer Ocimastrum] hat dem Basilikum ähnliche Blätter,
aber spannenlange rauhe Zweige, Kapseln wie das Bilsenkraut, angefüllt
mit schwarzen, dem Schwarzkümmel ähnlichen Samen. Der Same, in
Wein getrunken, hat die Kraft, die Bisse der Viper und der übrigen
Schlangen zu heilen; er wird auch den Ischiaskranken mit Myrrhe und
Pfeffer gegeben. Die Wurzel darunter ist zart und unbrauchbar.

[1]) Dem Basilikum ähnlich. [2]) Skorpionschwanz, dieses wie andere Synonyma,
Hyainopsolon, Thyrsites, Sparganon können auf den racemösen Blüthenstand bezogen werden.

Sprengel zieht *Saponaria Ocimoeides* L. hierher, Fraas als besser passend
Silene gallica L. (Caryophyllaceae), Rauhe Nelke.

Cap. 29. Περὶ Ἐρίνου. Erinos. Der Erinos [Einige nennen ihn
Okimoeides, Andere Hydreros[1]), die Römer Ocimum aquaticum] wächst
an Flüssen und Quellen. Er hat dem Basilikum ähnliche Blätter, sie
sind aber kleiner und an den oberen Theilen eingeschnitten, fünf bis
sechs Zweige von Ellenlänge, weisse Blüthen und kleine, schwarze, harte
Samen. Der Stengel und die Blätter sind saftreich. Sein Same, in der

Menge von 2 Drachmen zu 4 Bechern Honig gemischt, hemmt als Salbe
den Augenfluss; der Saft lindert Ohrenschmerz, wenn er mit Schwefel,
der vom Feuer noch nicht berührt ist, und Natron eingetröpfelt wird.

[1]) Der Feuchte, vom Standort.

Plinius XXIII 131 beschreibt die Pflanze übereinstimmend mit D., sie hat bei
ihm 5 Stengel, er will sie nur der Namensverwandtschaft wegen anführen (ἐρινός
heisst der wilde Feigenbaum, unsere Pflanze ἔρινος).

Sie ist nicht bestimmt. Val. Cordus meint, man habe der Pflanze den
Namen Erinos gegeben, weil sie wie der Feigenbaum Milchsaft enthalte, er kennt
sie nicht. Ruellius scheint sie gekannt zu haben, er sagt: Bei Hippokrates findet
sich eine Pflanze Echinos (auch bei Galen ἐχῖνος, corrumpirt für Erinos), bei den
neueren Botanikern heisst sie Milchpflanze, Lactoris, Militaris, auch Ocimum aquatile;
sie hat 4 Zoll lange Zweige mit je 4—5 Blättern, die länger als beim Basilikum
und oben getheilt sind. Die Blüthe ist weiss, der Same klein, schwarz, hart und
herb. Die arzneilichen Wirkungen gibt er dann wie D. an, überdies noch, dass die
Blätter, genossen, die Geburt erleichtern und als Umschlag Schlag- und Stich-
wunden heilen.

Einige haben *Impatiens noli tangere* L. dafür gehalten, sie hat aber gelbe
Blüthen. Fab. Columna (Ecphr. plant.) bezieht sie auf *Campanula Rapunculus* und
Camp. Erinus (vgl. Bauhin et Cherler lib. XX p. 798); die erste hat blaue, selten
weisse Blüthen, beide haben aber keinen Milchsaft. Fraas zieht, da Camp. Rapunculus der Flora Griechenlands fremd ist, *Campanula ramosissima* Sibth. (Campanu-
laceae), Vielverzweigte Glockenblume, in Frage.

Cap. 30. Περὶ Ἀγρώστεως. Agrostis. Die Agrostis [Einige
nennen sie Aigikon[1]), Andere Hamaxitis[2]), die Aegypter Anuphi, die
Römer Gramen[3]), auch Asifolium, Sanguinalis[4]), Viola, die Spanier Aparia,
die Dakier Kotiata, die Afrikaner Jebal] hat knotige Halme, welche über
die Erde kriechen und von den Sprossen entsandt werden[5]), süsse, knotige
Wurzeln, scharfe, harte, breite Blätter wie beim kleinen Rohr[6]), welche
den Ochsen und dem Zuchtvieh als Futter dienen. Ihre Wurzel, fein
gestossen, als Umschlag verklebt Wunden; die Abkochung derselben als
Trank wirkt gegen Leibschneiden, Harnbeschwerden und bei Blasengeschwüren; sie zertrümmert auch den Stein.

[1]) Ziegenpflanze, Capriola der heutigen Italiener. [2]) Auf Wagen gefahren.
[3]) Dem römischen Gramen, Gras, entspricht auch ἄγρωστις als Collectivname, hier
ist es aber ἄγρωστις κατ᾽ ἐξοχήν. [4]) Blutfingergras (*Digitaria Sanguinalis*). [5]) Aus
jedem Knoten der unterirdischen Halmäste (κλάδοι) entspringt ein neuer Spross oder
Halm. [6]) Wohl *Arundo Donax* oder *Phragmites*.

Sprengel hält Agrostis für *Triticum repens* L., Fraas für *Cynodon Dactylon*
Pers., *Panicum Dactylum* L. (Gramineae), Wucherndes Fingerkraut, weil dieses
auf allen dürren und feuchten Niederungen, oft Rasenplätze bildend, besonders in
der Nähe der Küste, vorkommt und auch dort wie in Italien dem medicinischen
Zwecke dient wie unsere Quecke, während Trit. repens seltener ist.

Cap. 31. Περὶ Καλαμαγρώστεως. Kalamagrostis. Kalamagrostis ist im Ganzen grösser als Agrostis [die Wurzel ist der Kalmus-

wurzel ähnlich]. Für das Vieh ist es, wenn es dasselbe frisst, tödtlich, besonders das in Babylonien an den Wegen wachsende.

Nach Sprengel *Calamagrostis epigeios* Roth, von dem er sagt, dass es vom Vieh nicht angerührt wird, das Vieh aber, wenn es dasselbe vor Hunger frisst, an Eingeweideentzündung eingeht. Fraas zieht *Sorghum halepense* Pers. (Gramineae), Aleppo-Moorhirse, hierher, welches in Italien auf den Aeckern ein gefürchtetes Unkraut ist und dessen Rhizome dort in den Apotheken als europäische Sarsaparille gebraucht werden. Beide Pflanzen haben dieselbe Höhe; bei Calamagrostis ist die Aehre zusammengezogen oder weitschweifig, die Aehrchen sind lanzettlich, zugespitzt, die Klappen lanzettlich, grannenlos, die innere Spelze ist zweikielig, die Deckschüppchen sind länglich-lanzettlich. Bei Sorghum sind die Rispenäste zerstreut, nicht büschelig, die Aehrchen gepaart, die Klappen oval-convex, glänzend, die Spelzen dünnhäutig, die Granne ist zurückgeschlagen.

Cap. 32. Περὶ τῆς ἐν Παρνασσῷ ἀγρώστεως. **Agrostis am Parnass.** Die am Parnass wachsende Agrostis ist stärker verzweigt. Sie treibt epheuähnliche Blätter, eine weisse, wohlriechende Blüthe, eine kleine unbrauchbare Frucht und fünf bis sechs fingerdicke weisse, weiche, sehr süsse Wurzeln. Ihr Saft, mit gleichviel Honig und Wein, der Hälfte Myrrhe und dem dritten Theile Pfeffer und Weihrauch gekocht, ist das beste Arzneimittel für die Augen; es wird in einer ehernen Büchse aufbewahrt. Die Abkochung der Wurzel leistet das Nämliche wie sie selbst. Der Same aber ist stark harntreibend, erregt Erbrechen und stellt den Bauchfluss.

Die aber, welche in Kilikien wächst und bei den Eingeborenen Kinna heisst, bewirkt bei den Ochsen, wenn sie oft damit gefüttert werden, Entzündung.

Für Sprengel ist die Pflanze räthselhaft. Fraas bezieht sie auf *Serapias grandiflora* (Orchidaceae), Grossblätterige Sumpfwurz, sie hat ein fast kriechendes Rhizom.

Kinna halten beide Autoren identisch mit Kalamagrostis.

Cap. 33. Περὶ Σιδηρίτιδος. **Sideritis.** Die Sideritis — Einige nennen sie Herakleia [die Propheten Same, auch Blut des Titanos, auch Skorpionschweif, Pythagoras nennt sie Parmiron, Andreas Xanthophanea[1]), Osthanes Ochsenauge, die Aegypter nennen sie Sendionor, die Römer Vertumnus[2]), auch Soleastrum[3]), die Afrikaner Udedoni] ist ein Kraut mit Blättern, welche denen des Andorns ähnlich, aber länglicher sind, denen des Salbei oder der Eiche ähneln, jedoch kleiner und rauh sind. Sie entwickelt vierkantige, spannenlange, oder auch grössere Stengel, nicht unangenehm von Geschmack, etwas zusammenziehend. An ihnen stehen in Abständen runde (Blüthen-)Wirtel wie beim Andorn und darin sitzt ein schwarzer Same. Sie wächst an etwas felsigen Stellen. Die Blätter als Umschlag haben die Kraft, Wunden zu verkleben und Entzündung abzuhalten.

¹) Gelb erscheinend. ²) Vertumnus, Gott der Jahreszeiten, der sich verwandeln-den Natur; in der Nähe seiner Statue hatten die Gemüsehändler ihren Stand. ³) Sonnengestirn.

In der Identificirung der Pflanze weichen die Botaniker sehr von einander ab; bei Fuchs ist es *Stachys rectà* L., bei Fab. Columna *Stachys Heraclea*, bei Clusius und Kosteletzky *Sideritis scordioides* L. (Labiatae). Letzterer beschreibt sie als eine Pflanze des südlichen Europa mit mehreren niederliegenden Stengeln, welche mit den Enden und Aesten aufsteigen und verholzen. Die Blätter sind lanzettlich, ganz-randig oder fast gezähnt, oberseits kahl, die Blüthenwirtel ährig, der Kelch ist trichterig, rauhaarig, die Kronenröhre pfriemig-grannig, die Krone blassgelb, der mittlere Zipfel ausgerandet. Zur Blüthezeit hat sie einen angenehm-balsamischen Geruch.

Cap. 34. Περὶ ἑτέρας Σιδηρίτιδος. Andere Sideritis. Die andere Sideritis hat zweiellenlange dünne Zweige; die Blätter haben lange Stiele, sind denen des Farnkrauts ähnlich und stehen zahlreich zu beiden Seiten (des Stengels). Aus den oberen Achseln kommen grosse, zarte Auswüchse, welche an der Spitze runde rauhe Köpfchen tragen, in denen der der Bete ähnliche aber rundere und härtere Same¹) sich befindet. Die Blätter auch von dieser haben die Kraft, Wunden zu heilen.

¹) Die Früchtchen sind eirund-vierseitig, etwas grubig.

Nach Sibthorp *Poterium Sanguisorba* L., nach Fraas *Poterium polygàmum* Kit. (Rosaceae), Bereifte Becherblume; sie ist in Griechenland häufig an Wasserriefen in der Ebene und auf Gebirgen an feuchten, steinigen Stellen.

Cap. 35. Περὶ ἑτέρας Σιδηρίτιδος. Weitere Sideritis. Es soll noch eine dritte Sideritis geben, selbst diese nennt Krateuas Hera-kleia, welche an Mauern und in Weinbergen wächst. Sie hat aus einer Wurzel zahlreiche Blätter, welche denen des Koriander ähnlich sind und um spannenlange dünne, zarte, weissliche, ins Röthliche spielende Stengel-chen gestellt sind. Die Blüthen sind dunkelroth, klein, haben einen bit-teren, leimigen Geschmack. Ihre Wurzel hat als Kataplasma die Kraft, blutige und frische Wunden zu verkleben.

Sprengel pflichtet Sibthorp bei, welcher diese dritte Sideritis für *Scro-phulària lucida* L. hält; mit Rücksicht auf das Vorkommen auch an bebauten Stellen zieht Fraas *Scrophulària chrysanthemifolià* L. (Scrophulariaceae) hierher.

Cap. 36. Περὶ Ἀχιλλείου. Garbe. Achilleios — Einige nennen den Achilleios auch Sideritis [Andere Myriomorphos¹), Chiliophyllon²), Stratiotikon³), Herakleion⁴), die Römer Supercilium Veneris⁵), auch Acrum⁶) silvaticum, Militaris⁷) oder Millefolium, die Afrikaner Aster Choiloth]. Er treibt spannenlange oder auch höhere spindelartige Zweige und an diesen zarte Blättchen mit häufigen schiefen Einschnitten wie beim Koriander, welche etwas bitter, klebrig sind und einen starken, nicht unangenehmen, dabei arzneikräftigen Geruch haben. Der Blüthenschirm an der Spitze ist rund, die Blüthe weiss, dunkelroth oder auch goldiggelb. Er wächst in Gegenden mit gutem Boden. Sein (des Blüthenschirmes) Obertheil, fein gestossen, verklebt blutige Wunden und hält Entzündung ab und stillt Blutungen, solche aus der Gebärmutter, wenn er im Zäpfchen eingelegt wird. Auch die Abkochung desselben ist als Sitzbad heilsam für solche (Frauen), die am Fluss leiden; sie wird auch gegen Dysenterie getrunken.

[1]) Zehntausendgestaltig. [2]) Tausendblatt. [3]) Im Kriege tauglich, als Wundkraut. [4]) Herkuleskraut, wegen der mächtigen Wirkung. [5]) Augenbrauen der Venus. [6]) Acorus? [7]) Soldatenpflanze.

Den Namen soll die Pflanze nach Achilles, dem Schüler des Götterarztes Cheiron erhalten haben (Plin. XXV 42), welcher den verwundeten Telephos damit heilte.

D. führt, ohne zu unterscheiden, drei Arten Achillea auf, die mit weisser, dunkelrother und gelber Blüthe; sie können auf *Achillea magna* L., *A. tanacetifolia* All. und *A. tomentosa* L. (Compositae), Grosse, Rainfarnblattähnliche und Wollige Garbe bezogen werden.

Fast alle Arten Garbe werden in der Volksmedicin als heilkräftig geschätzt.

Cap. 37. Περὶ Βάτου. **Brombeer.** Batos, welche wir kennen [Einige nennen sie Kynosbatos[1]), Andere Selenoryction[2]), Asyntrophon[3]), die Propheten Titansblut, auch Ibisblut, die Römer Sentes[4]), auch Rubus, Mora vaticana[5]), die Dakier Manteia, die Aegypter Haimoios, auch Ametros], adstringirt und trocknet aus, färbt auch die Haare. Die Abkochung der Zweigspitzen, getrunken, stellt den Bauch und hält den Fluss der Frauen auf, heilt auch den Biss des Prester. Die gekauten Blätter kräftigen das Zahnfleisch und heilen Soor. Ferner halten die Blätter als Umschlag kriechende Geschwüre auf und heilen Kopfgrind, das Vorfallen der Augen, Feigwarzen und Hämorrhoiden. Fein gestossen als Umschlag sind sie ein geeignetes Mittel bei Magen- und Herzkrankheiten. Ihr aus den Stengeln und Blättern gepresster und in der Sonne eingeengter Saft wirkt in allen angeführten Fällen noch besser. Der Saft der vollständig reifen Frucht eignet sich zu Mundmitteln; aber auch die nicht ganz ausgereifte Frucht stellt genossen den Bauch; endlich auch die Blüthe desselben, mit Wein getrunken, stellt den Bauch.

[1]) χυνὸς-βάτος, wörtlich Hundegang, für Hunde gangbar, weil die dornigen Zweige den Weg versperren. [2]) Mondhörnchen (σελήνη und ῥύτιον). [3]) Ohne Gesellschaft, der Strauch steht allein. [4]) Dornstrauch. [5]) Rast auf schlechtem Boden, der Vatican war bekannt wegen seines sterilen Erdreiches.

Bei Theophrast (Hist. pl. III 18, 4) heisst die Pflanze χαμαίβατος, an der Erde kriechender Dornstrauch, er zählt ihn zu den Immergrünen, da er im Winter viele Blätter behält.

Rubus tomentosus Willd. (Rosaceae), Wolliger Brombeer, mit verschiedenen Varietäten, *R. càesius* L., Ackerbrombeer, *R. àmoenus* L., Lieblicher Brombeer u. a. Er vertritt in Griechenland die Stelle unseres *Rubus fruticosus*, dessen Stengel als Volksmittel gegen Durchfall und zu Gurgelwasser, die Beeren in Sirup gegen Brustaffectionen und das sogen. Schwämmchen der Kinder gebraucht werden.

Cap. 38. Περὶ ἰδαίας Βάτου. **Himbeer.** Batos idaia hat den Namen vom häufigen Vorkommen am Idagebirge; sie ist viel weniger verzweigt als die vorige und hat kleine Dornen, sie findet sich aber auch dornenlos. Sie hat dieselbe Kraft wie die vorige; aussergewöhnlich aber hilft die mit Honig zerriebene Blüthe als Salbe bei Augenentzündungen und lindert roseartige Entzündungen. Magenleidenden wird sie mit Wasser als Trank gegeben.

Es ist ohne Zweifel βάτος ὀρθοφυής καὶ ὕψος ἔχων, der zu einer Höhe aufsteigende Dornstrauch des Theophrast (Hist. pl. III 18, 4).

Plinius XXIV 123 sagt, eine Art Rubus wächst nirgends anders als auf dem Ida, er ist kleiner, schwächer und hat wenigstachelige Zweige. *Rubus Idaeus* L. (Rosaceae), Himbeerstrauch. Er liebt sogen. Schlagschattenstellen, ist in Griechenland nicht häufig, besonders auf dem Hochgebirge, meist in schattigen Schluchten der Tannenregion. In Italien findet er sich nicht gerade selten, wird dort auch in Gärten gezogen.

Der aus den Beeren bereitete Sirup ist officinell; durch Destillation wird auch ein aromatisches Wasser, Aqua Rub. Id. daraus gewonnen.

Cap. 39. Περὶ Ἑλξίνης. **Ackerwinde.** Die Helxine [Einige nennen sie Heleitis, Andere Kanochersaia, Amelxine, Eusine, Amorgine, Sukotachos, Psychuakos, Melampelos, Kissampelos, Kissanthemon, Anatetamenon, die Römer Volutu laparu, die Aegypter Hapap] hat Blätter wie der Epheu, aber kleiner, und lange Zweige, welche Alles umschlingen, was sie treffen. Sie wächst in Hecken, Weinbergen und unter dem Getreide. Der Saft der Blätter hat, getrunken, den Bauch lösende Kraft.

Convolvulus arvensis L. (Convolvulaceae), Ackerwinde, ein in den fruchtbaren Niederungen Griechenlands sehr häufiges und lästiges Unkraut. Einer zweiten Helxine begegnen wir im Cap. 86. Plinius spricht gleichfalls an zwei Stellen von einer solchen, aber weder die eine noch die andere kann hierher gezogen werden.

Cap. 40. Περὶ Ἐλατίνης. **Elatine.** Die Elatine hat denen der Helxine ähnliche Blätter, sie sind aber kleiner, runder und rauh, ferner zarte, spannenlange Zweige, fünf bis sechs aus einer Wurzel, welche reich sind an zusammenziehend schmeckenden Blättern. Sie wächst unter dem Getreide und an gebauten Stellen. Die Blätter als Umschlag haben die Kraft, Entzündungen und Flüsse der Augen zu heilen. Gekocht und getrunken helfen sie auch bei Dysenterie.

Berendes, Arzneimittellehre des Dioskurides. 25

Auch diese Pflanze soll Blätter haben wie der Epheu, deshalb bezog sie Matthiolus auf *Linaria Elatine*, mit spiessförmigen Blättern, Sibthorp auf *Linaria spuria* Willd.; Fraas zieht *Linaria graeca* Bory (Scrophulariaceae), Griechisches Leinkraut, hierher, welches am häufigsten auf Saat- und Brachfeldern vorkommt.

Cap. 41. Περὶ Εὐπατωρίου. Odermennig.

Das Eupatorion — Einige nennen es Hepatorion[1]), Andere Hepatitis[1]), die Römer Volucrum majus — ist ein strauchiges Kraut, welches nur einen zarten, holzigen, geraden, dunklen, etwas rauhen, ellenlangen oder auch grösseren Stengel treibt. Die Blätter stehen in Abständen, meist wohl in fünf oder auch mehr Abschnitte getheilt, sie gleichen denen des kriechenden Gänsefusses, mehr noch denen des Hanfes, sind gleichfalls dunkel und an der Spitze sägeförmig gezähnt; von der Mitte an steht um den Stengel der etwas rauhe, nach unten nickende Same, so dass er auch trocken an den Kleidern haftet. Seine Blätter mit altem Schweinefett fein gestossen und aufgelegt, heilen schwer vernarbende Geschwüre. Der Same und das Kraut, mit Wein getrunken, helfen bei Dysenterie und Schlangenbissen. Einige haben diese Pflanze irrthümlich Argemone[2]) genannt; dies ist nämlich eine andere, wie wir zeigen werden.

[1]) Leberkraut. [2]) ἀργεμώνη nach Marcellus und Ruellius, sonst haben die Codices ἀρτεμισίαμ.

Plinius XXV 65 schreibt der Pflanze ein königliches Ansehen zu, weil sie nach dem Könige Mithridates Eupator benannt sei. Die Beschreibung der Pflanze ist nicht klar, denn wie sollen die Blätter den Vergleich mit denen des Hanfes aushalten! Sie stehen abwechselnd, unten am Stengel gehäuft, nach oben entfernt, sind unterbrochen gefiedert mit gegenüberstehenden grossen, grosszähnig gesägten Blättchen, die von kleineren unterbrochen werden. Der Kelch (bei D. τὸ σπέρμα) ist später mit hakigen Borsten besetzt.

Agrimonia Eupatoria L. (Rosaceae), Odermennig. In manchen Gegenden ist Herb. Agrimon. heute noch ein beliebtes Hausmittel.

Cap. 42. Περὶ Πενταφύλλου. Gänsefuss.

Das Pentaphyllon [Einige nennen es Pentapetes[1]), Andere Pentatomon[2]), Pentadaktylon[3]), Pseudoselinon[4]), Kallipetalon[5]), Xylolotos[6]), Xylopetalon[7]), Asphaltos, Pentakoinon[8]), Thymiatitis[9]), die Aegypter Orphitebeoke, auch Enotron, die Propheten Ibisklaue, auch Ibisflügel, Hermodaktylon[10]), die Römer Quinquefolium[11]), die Gallier Pempedula, die Dakier Probedula] treibt hagere, zarte, spannenlange Zweige, an denen sich die Frucht befindet. Es hat Blätter ähnlich wie die Minze, fünf, selten wohl mehr an jedem Stiel[12]), welche am Rande sägeförmig gezähnt sind. Die Blüthe ist blass, goldfarbig. Es wächst an feuchten Stellen und Gräben. Es hat eine röthliche, längliche Wurzel, dicker als bei der schwarzen Nieswurz; es findet vielfache Verwendung. Das bis auf ein Drittel durch Kochen eingeengte Decoct der Wurzel hat, im Munde behalten, die Kraft, Zahnschmerzen zu heilen, auch beseitigt es als Mundspülwasser die Mundfäule und besänftigt als Gurgelwasser die Rauheit der Luftröhre. Ferner hilft es bei Bauchfluss und Dysenterie und wird auch von den Gicht- und Ischiaskranken getrunken. Fein gestossen in Essig gekocht hält sie (die Wurzel) als Umschlag kriechende Geschwüre auf, vertheilt Drüsen am Halse, Verhärtungen, Aneurysmen[13]) und Abscesse, heilt roseartige Entzündungen, überwachsene Fingernägel, Feigwarzen und Krätze, der Saft der zarten Wurzel wirkt bei Leber- und Lungenleiden und gegen tödtliche Gifte. Die Blätter aber werden mit Honigmeth oder gemischtem Wein[14]) und etwas Pfeffer gegen die periodischen Fieber getrunken, und zwar beim viertägigen die Blätter von vier Zweigen, beim dreitägigen von zwei, beim eintägigen von einem Zweige. Auch bei Epilepsie helfen die Blätter, jedesmal dreissig Tage hindurch getrunken. Der Saft der Blätter, in der Menge von 3 Bechern einige Tage getrunken, heilt rasch die Gelbsucht; mit Salz und Honig als Umschlag heilen sie (die Blätter) Wunden und Fisteln. Es (das Pentaphyllon) heilt Darmbrüche und stillt Blutungen, wenn es getrunken und umgeschlagen wird. Es wird auch als Reinigungs- und Sühnemittel sowie als Mittel gegen Blutfluss geschnitten.

[1]) Fünf Flächen (πέντε und πέτομαι). [2]) Fünftheilig. [3]) Fünffingerkraut. [4]) Falsche Sellerie. [5]) Mit schönen Blättern. [6]) Holzklee. [7]) Holzblatt. [8]) Zusammen fünf. [9]) Räucher- (Opfer-)Pflanze. [10]) Hermesfinger, auch Colchicumknolle. [11]) Fünfblatt. [12]) Die Blätter sind fünfzählig gefingert. [13]) Ausdehnungen der Sehnen. C. C. νεύρων σπάσματα, Sehnenkrämpfe. [14]) οἶνος κεκράμενος, der Mischtrank der alten Griechen.

Plinius XXV 109 nennt die Pflanze Pentapetes und Pentaphyllon, deren Zweige über die Erde kriechen und viele Knoten haben.

Potentilla reptans L. (Rosaceae), Kriechender Gänsefuss.

Cap. 43. Περὶ Φοίνικος. Phoinix.

Die Phoinix — Einige nennen sie Rhus[1]), Andere Anchinops[2]), Phoinikopteron[3]), Rhus Stachyos[4]), Osthale, die Römer Palolu cupinum, die Aegypter Athnon. Sie hat Blätter wie die Gerste, aber kürzer und schmaler, eine Aehre wie der Lolch, aber sechsfingerlange Zweige um die Wurzel und sieben bis acht Aehren. Sie wächst auf Aeckern und frisch ausgestrichenen Dächern[5]). Mit herbem Wein getrunken hat sie die Kraft, Durchfall und Blutfluss aus der Gebärmutter, sowie Uebermass von Urin zu hemmen. Einige sagen, sie wirke blutstillend, wenn sie in rothe Wolle gehüllt und umgebunden werde.

[1]) Sumach. [2]) Scharfes Gesicht. [3]) Mit purpurnen Flügeln. [4]) Aehrensumach. [5]) Die Dächer der Alten waren flach und mit Platten belegt, deren Fugen ausgestrichen werden mussten.

Lolium perenne L. (Gramineae), Englisches Raigras. Sprengel meint, die Pflanze habe den Namen φοῖνιξ von der rothen Farbe der Früchte. Plinius XXII 135 nennt sie Hordeum murinum, die Phoenice der Griechen.

Cap. 44. Περὶ Ἰδαίας ῥίζης. Idäische Wurzel.

Die idäische Wurzel gleicht in den Blättern dem Mäusedorn; neben diesen steht eine

Art kleiner Geringel, aus denen auch die Blüthe kommt. Ihre Wurzel ist stark adstringirend, geeignet zum Gebrauch in den Fällen, wo es sich um eine styptische Wirkung handelt. Sie wird auch gegen Bauchfluss und Fluss der Frauen getrunken; sie stellt auch jeden Blutfluss.

Fabius Columna hat *Ruscus hypophyllus* hierher gezogen, bei dem die Blüthen auf den Blättern entspringen, Kosteletzky dagegen *Streptopus amplexifolius* D. C. (Smilaceae), Umfassendblätteriger Knotenfuss. Das Rhizom ist knollig dick, der Stengel bis zu 1 m hoch, einfach oder ästig, schlaff, röhrig. mit langen ausgebreiteten Zweigen, die Blätter sind aus einer herzförmigen Basis oval-länglich, stengelumfassend, die Blüthenstiele fadenförmig, am Stengel herum unter die Blattbasis gebogen, in der Mitte knotig, dort unter einem fast rechten Winkel gebrochen (darauf wird das ὡς ἕλικας, eine Art Geringel, bezogen) und geschlängelt herabhängend, die Blüthen gelblichgrün oder weiss, am Grunde röthlich, hängend; die Frucht ist eine rothe Beere. In Gebirgswäldern Italiens.

Cap. 45. Περὶ Ῥοδίας ῥίζης. Rhodiaswurzel. Die Rhodiaswurzel — Einige nennen sie Rhodis — wächst in Makedonien, ist dem Kostos ähnlich, aber leichter und gleichförmig, und gibt beim Zerreiben einen rosenähnlichen Geruch von sich. Sie wird gegen Kopfleiden gebraucht, indem sie geschält mit Narde aufgelegt wird, auch Stirn und Schläfen damit bestrichen werden.

Die Rhodiaswurzel wird für das Rhizom von *Sedum Rhodiola* D. C. (Crassulariaceae) gehalten. Dasselbe ist fleischig, walzenförmig, fingerdick, nach oben vielköpfig, weisslich, mit einer sich leicht ablösenden braunen Haut bedeckt, rosenartig riechend.

Es war ehedem als Rad. Rhodiae gebräuchlich und wird noch heute bei den Bewohnern der Alpen und Voralpen als schmerzstillendes, zertheilendes und kühlendes Mittel angewandt.

Cap. 46. Περὶ Ἱππούριδος. Hippuris. Die Hippuris [Einige nennen sie Trimachion, Andere Anabasis, Charadranon[1]), Ephedra, Weidenbaum, Gis, Schoiniostrophon[2]), die Aegypter Pherphra, die Propheten Nahrung des Saturn, die Römer Equinalis[3]), auch Salix equinalis[4])] wächst an feuchten Stellen und Gräben; sie hat leere röthliche, etwas rauhe, starre Stengelchen, welche von unter einander zusammengewachsenen Knoten umgeben sind. Um diese stehen dichtgedrängt binsenartige, zarte Blätter. Sie wächst in die Höhe, indem sie an benachbarten Stämmen emporgeht und herabhängt, umgeben von dunklen Haaren wie ein Pferdeschweif. Die Wurzel ist holzig, hart; das Kraut adstringirend, daher stellt ihr Saft Blutflüsse aus der Gebärmutter. Mit Wein getrunken hilft er bei Dysenterie, treibt auch den Harn. Die Blätter verkleben blutige Wunden, wenn sie fein gerieben aufgestreut werden; die Wurzel und das Kraut sind heilsam bei Husten, Orthopnöe und inneren Rupturen. Es heisst auch, dass die Blätter, mit Wasser getrunken, eine

Zertheilung der Eingeweide, einen Riss in der Blase und einen Darmbruch wieder in Ordnung bringen.

[1]) Grabenpflanze. [2]) Seile drehend. [3]) Pferdeschweifig. [4]) Pferdeschweifige Weide.
Die Pflanze ist mit Sicherheit nicht leicht zu bestimmen. Sprengel und Kosteletzky halten sie für *Equisetum fluviatile* (Equisetaceae), Flussschachtelhalm,
Fraas und mit ihm Lenz für *Ephedra fragilis* L. var. *graeca* (Gnetaceae), Zer-
brechliches Meerträubchen. Für die erstere Ansicht spricht der Standort,
feuchte Stellen und Gräben, während Ephedra auf dürren Bergen, besonders in der
Nähe des Meeresufers, wächst, ferner der am Grunde röthliche Stengel mit den
zarten Zähnen der Gliederscheiden, die καυλία κενά, leeren Stengel, lassen sich ebenso
gut auf das intercellularreiche Gewebe des Stengels von Equisetum beziehen, wie auf
die blattleeren Stengel von Ephedra, dagegen wird diese besser charakterisirt durch
ἀναβαίνουσα ἐπὶ τὰ παρακείμενα στελέχη, da sie nach Fraas auf allen Xirobunen
Griechenlands auf Bäume hoch hinaufrankt, durch περικεχομένη κόμαις πολλαῖς μελαί-
ναις, die vielen dunklen Kätzchen und die holzige Wurzel. Bei Theophrast (Hist.
pl. IV 1, 3) ist es Thraupalos, eine im Schatten wachsende Pflanze (θραύπαλος χαίρει
τοῖς παλισκίοις) mit oberflächlichen Wurzeln (ἐπιπολαιότατον).

Plinius XXVI 132 sagt: „Das Equisetum, von den Griechen Hippuris genannt
und von uns auf den Wiesen verabscheut, ist ein dem Pferdeschweif ähnliches haar-
artiges Gewächs (pilus terrae). . . . Einige bezeichnen mit diesem Namen eine schwärzliche Pflanze, welche in den Blättern der Fichte ähnlich ist und eine solche Kraft
besitzt, dass durch ihre blosse Berührung Blutflüsse gestellt werden. Andere nennen
sie Hippuris, Ephedra oder Anabasis und sagen, sie wachse neben Bäumen, klettere
an denselben hinauf und hänge in zahlreichen schwarzen, binsenartigen Haaren wie
ein Pferdeschweif herab, habe knotige Zweige, spärliche, kleine Blätter, runde Samen
wie Koriander und eine holzige Wurzel" u. s. w. Offenbar wirft er hier Equisetum
und Ephedra zusammen.

Cap. 47. Περὶ ἑτέρας Ἱππούριδος. Andere Hippuris. Die
andere Hippuris [Einige nennen sie Ekytion, Andere Chedra, Gynon, die
Römer Salix equina]. Der Stengel ist aufrecht, gleichmässig, grösser als
eine Elle, ziemlich leer und hat in Abständen kürzere, weissere und
weichere Haare. Auch diese, mit Essig fein gerieben heilt Wunden, da
sie dieselbe Kraft hat.

Es ist nach Sprengel *Equisetum limosum*. Fraas zieht *Equisetum Tel-
mateja* L. (Equisetaceae), Grosser Schachtelhalm, vor.

Cap. 48. Περὶ Κόκκου βαφικῆς. Färberkokkos. Die Färberkokkos ist ein kleiner ästiger Strauch, an dem die Beeren wie Linsen
hängen, welche gesammelt und aufbewahrt werden. Die beste ist die galatische und armenische, dann kommt die in Asien[1]) und Kilikien, zuletzt
von allen die in Spanien. Sie hat adstringirende Kraft und ist mit Essig
als Umschlag ein gutes Mittel bei Wunden und verwundeten Sehnen.
Sie wächst in Kilikien auf den Eichen, einer kleinen Schnecke ähnlich,
welche die Frauen mit den Nagelspitzen sammeln und Kokkos nennen.

[1]) Asien im engeren Sinne, vgl. Plin. V 102, Kleinasien, das Anatole der

Griechen, Anadoli der Türken, Natolien oder Anatolien. Theophrast (Hist. pl. III
7, 3) sagt: πρῖνος φέρει τὸν φοινικοῦν κόκκον. Plinius XVI 32 nennt die Mutterpflanze
Ilex aquifolia parva; der coccus, das Korn, welches zuerst wie ein rauher Körper
auf der kleinen, stacheligen Steineiche sitzt, heisst Cusculinum.

Quercus coccifera L. (Cupuliferae), Kermeseiche; im Orient und südlichen
Europa. Sie wächst nur zu einem buschigen Strauche heran, und wird selten baumartig, hat eine graue Rinde, weisslich-filzige Aestchen und kurzgestielte, buchtig-
gezähnte, steife, lederige, dunkelgrüne Blätter. Die weiblichen Kätzchen sind kurz,
die Früchte fast 3 cm lang. Sie beherbergt die Kermesschildlaus, Lecanium Ilicis L.,
deren trächtige, bis erbsengrosse Weibchen als Kermes- oder Scharlachkörner (grana
Kermes), weil man sie früher als krankhafte Auswüchse der Pflanze ansah, in den
Handel kommen. Sie liefern einen kostbaren rothen Farbstoff.

Cap. 49. Περὶ Τραγίου. Tragion. Das Tragion[1]) wächst nur

auf Kreta; es hat Blätter, Zweige und Früchte wie die Mastixpistacie,
aber Alles kleiner. Es erzeugt einen dem Gummi ähnlichen Saft. Seine
Blätter, sowie die Frucht und der Saft mit Wein als Kataplasma ziehen
Splitter und Alles, was sonst in den Körper gedrungen ist, heraus. Getrunken heilen sie Harnzwang, zertrümmern den Blasenstein und befördern
die Katamenien; es wird davon 1 Drachme genommen. Man sagt auch,
dass die wilden Ziegen, wenn sie durch einen Pfeil verwundet sind und
das Kraut fressen, das Geschoss herauswerfen.

[1]) Pflanze mit Bocksgeruch.

Plinius XIII 115 nennt die Pflanze Tragion, der Terebinthe ähnlich, XXVII
141 heisst sie Tragonis oder Tragion und soll dem Wachholder ähnlich sein.

Man ist sich über die Pflanze des D. nicht klar. Kosteletzky hält sie für
Hypericum hircinum L. (Hypericineae), Bockshartheu, wegen des unangenehmen
bockartigen Geruches. Er beschreibt sie als meterhohen Strauch mit schwach um-
fassenden, eilänglichen, durchscheinend punktirten Blättern, drei- bis zwölfblüthigen
Trugdolden und ziemlich grossen gelben Blüthen, Südeuropa. Fraas weist mit ? auf
Origanum Maru, Maru-Dosten, hin.

Cap. 50. Περὶ ἄλλου Τραγίου. Anderes Tragion. Das andere

Tragion [Einige nennen es Tragos, Andere Tragokeros, Skorpion, Gar-
ganon, die Römer Cornulaca, auch Bituensa, die Dakier Salia, die Aegypter
Sober, die Afrikaner Achoiosim] hat Blätter wie Skolopendrion, eine
zarte, weisse, dem wilden Rettig ähnliche Wurzel. Diese hilft, roh oder
gekocht genossen, bei Dysenterie. Die Blätter behalten bis in den Spätherbst einen Bocksgeruch, deshalb wird es auch Bockspflanze genannt.
Es wächst an bergigen und abschüssigen Stellen.

Rauwolf beschreibt dieses Tragion als eine Pflanze mit weisslichen, ziemlich
langen Wurzeln, fingerlangen, holzigen Zweigen und langen, einfach gefiederten,
oberseits schön grünen, unterseits aschgrau-wolligen Blättern, zwischen denen die
nackten Blüthenstiele mit purpurfarbigen, ährigen Köpfchen emporsteigen. Bei den
Arabern von Aleppo heisst sie Sekudes.

Kosteletzky zieht Pimpinella Tragium Vill. (Umbelliferae) hierher.

Cap. 51. Περὶ Τράγου. Tragos. Der Tragos — Einige nennen ihn Skorpion, Andere Traganos — wächst meistens am Meere. Es ist ein kleiner, über die Erde kriechender länglicher, nicht grosser, etwa spannenlanger oder auch grösserer Strauch. Blätter hat er nicht, aber an den Zweigen hängt eine Art kleiner rother Beeren von Weizenkorngrösse, sie sind an der Spitze scharf, zahlreich und haben sehr zusammenziehenden Geschmack. Seine Frucht, etwa zehn Körner mit Wein getrunken, hilft bei Magenleiden und Fluss der Frauen, Einige stossen sie auch, formen sie zu Pastillen zum Aufbewahren und gebrauchen sie so.

Die an Meeresfelsen in Südeuropa, selbst nach dem Inneren zu nicht seltene *Ephedra distachya* L. (Gnetaceae), Zweijähriges Meerträubchen. Es ist ein bis über 1 m hoher, gestreckter, seegrüngelblicher, am Grunde sehr ästiger Strauch mit meist niederliegenden, kahlen, gerillten Aesten. Die Früchte haben einen süsslich-sauren Geschmack. Sie waren früher als Amenta Uvae marinae gebräuchlich.

Cap. 52. Περὶ Σχοίνου ἑλείας. Sumpfschoinos. Der Sumpfschoinos [Einige nennen ihn Oxypternos[1]), Andere Augenbrauen der Sonne, die Römer Juncus marinus[2]), auch Manualis[3]), die Afrikaner Chudua]. Es gibt zwei Arten davon, die eine, Oxyschoinos, ist an der Spitze scharf; auch dieser ist doppelter Art, einer nämlich ist unfruchtbar, und einer trägt eine schwarze runde Frucht. Die Halme dieses sind dicker und fleischiger. Dann gibt es eine dritte Art, welche viel fleischiger und dicker ist als die beiden anderen und Holoschoinos genannt wird. Auch dieser hat an der Spitze eine Frucht wie der vorher genannte. Die geröstete Frucht beider mit Mischtrank genommen stellt den Bauch und rothen Fluss, treibt auch den Harn; sie bewirkt aber auch Kopfschmerzen. Die zarten Wurzelblätter sind als Umschlag ein gutes Mittel gegen Spinnenbisse. Der Schoinos vom Euripos trägt eine schlafmachende Frucht; man muss sich vor einer (zu grossen) Menge derselben für den Trank hüten, denn sie betäubt sehr.

[1]) Scharfschenkelig. [2]) Meerbinse. [3]) Der Handliche.

Theophrast (Hist. pl. IV 12, 1) unterscheidet drei Arten Schoinos, den scharfen, sterilen oder männlichen, den fruchttragenden mit schwarzen Köpfchen, Melankranis, und den dritten, sehr grossen, dicken und fleischigen, Holoschoinos. Melankranis, sagt Theophrast weiter, ist eine Art für sich, die beiden anderen entwickeln sich aus demselben Binsengeflechte (σχοινιά), und zwar wunderbarer Weise fruchttragende und sterile. — Die drei Arten würden also eigentlich nur zwei darstellen.

Sprengel und Kosteletzky nehmen vier Arten Schoinos an; ersterer bezeichnet den Oxyschoinos als *Juncus acutus*, den unfruchtbaren als *Scirpus palustris*, den fruchttragenden als *Sc. lacustris* oder *maritimus* und den Holoschoinos als *Cladium germanicum* Schrad. Wahrscheinlich sind es in Wirklichkeit nur drei Arten. nämlich Schoinos oder Oxyschoinos, *Juncus maritimus* L. (Juncaceae), Strandbinse. dann die beiden Abarten, der sterile und fruchtbare, *Scirpus lacustris* L., Sumpf-

binse, und Holoschoinos, *Sc. Holoschoinos* L. (Juncaceae), G r o s s e S i m s e. D. sagt
ja auch, nachdem er die ersten Unterscheidungen gemacht hat: „Es gibt noch eine
dritte Art." Später, nach Ausschaltung der sterilen Art, heisst es: „Die Früchte
beider," d. h. der beiden Arten; hieraus könnte man gar auf nur zwei Arten
schliessen, nämlich auf Oxyschoinos mit den beiden Abarten und Holoschoinos. Dieser
Ansicht ist F r a a s, er meint, dass die Alten mit den ersteren die kleinen, mit den
letzteren die grösseren Arten umfassten. Als den unfruchtbaren bezeichnet er die
jüngeren Wurzelstöcke, denn beide sind an der Spitze scharf, ἄποξος ἐπ' ἄκρου.

Plinius XXI 112 unterscheidet wie Theophrast.

Das Synonymon Manualis zu Schoinos (Strick) deutet auf die technische Verwendung der Binse zu Flechtwerk u. dgl.

Früher wurde der Wurzelstock von Scirpus lacustris, Rad. Scirpi majoris oder
Junci maximi als zusammenziehendes und harntreibendes Mittel gebraucht.

Cap. 53. Περὶ Λειχῆνος. Flechte. Das auf den Felsen wachsende Leichen — Einige nennen es Bryon[1]) — ist ein an bethauten Felsen
hängendes Moos[2]). Als Umschlag stillt es Blutungen, besänftigt Entzündungen und heilt Flechten. Mit Honig aufgestrichen heilt es die Gelbsucht und beruhigt Rheuma des Mundes und der Zunge[3]).

[1]) Moos. [2]) Die Flechten (Lichenes) wurden früher als eine besondere Classe
Lagerpflanzen angesehen und hinter die Moose gestellt. Man hat aber erkannt, dass
sie keine selbständigen Pflanzengebilde sind, sondern aus der Symbiose von Algen
und Pilzen hervorgehen. [3]) Den letzten Satz hat Plinius XXVI 22 in folgender
Lesung: Aliud genus lichenis petras adhaerens ... morbum quoque regium cum
melle sanat ore inlito et lingua, es heilt auch die Gelbsucht, wenn es mit Honig
in den Mund und auf die Zunge gestrichen wird.

S p r e n g e l zieht *Pettigera canina* Hoffm., Hundsschildflechte, oder *P. aphthosa*
Hoffm., Warzige Schildflechte, F r a a s *Lecanora Parella* Ach., Parelleflechte.
hierher, eine Krustenflechte, welche auf Felsen, aber auch auf nackter Erde und an
Baumstämmen wächst.

Cap. 54. Περὶ Παρωνυχίας. Paronychia. Die Paronychia
[Einige nennen sie Adoketos, Andere Neuras, Phrynion, die Römer Bui-
nalis[1])] wächst auf Felsen und ist ein kleiner, der kleinen Wolfsmilch
ähnlicher Strauch, in der Grösse geringer aber mit grösseren Blättern.
Die ganze Pflanze zerrieben heilt als Umschlag Paronychie[2]) und
bösen Grind.

[1]) M a r c e l l u s liest besser „Unguinalis", Nagelkraut. [2]) Nebennägel. Die
Identificirung dieser Pflanze hängt hauptsächlich davon ab, was man unter der Ver-
gleichspflanze πέπλος versteht. F r a a s hält sie für *Euphorbia retusa*, Varietät von
E. exigua, mit aufsteigendem, oft schon am Grunde ästigem Stengel und schmal-
linealen, am Grunde verbreiterten, sitzenden, vorn abgestutzten Blättern, darnach die
Pflanze des D. für *Paronychia serpyllifolia* D. C. (Caryophyllaceae), Q u e n d e l b l ä t t e-
r i g e Paronychie. Sie ist sehr häufig auf Felsen und steinigem Boden der
Ebenen, Hügel und Vorberge. A n g u i l l a r a zieht *Polycarpum tetraphyllum* L.,
L o b e l i u s *Draba verna*, Clusius *Paronychia hispanica* hierher.

Cap. 55. Περὶ Χρυσοκόμης. **Goldhaar.** Die Chrysokome[1])
[Einige nennen sie Chrysitis[2]), Andere Chrysanthemon[3]), Amaranton[4]),
Zeusbart, die Römer Bart des Juppiter, die Afrikaner Dubath, auch Burchu-
math] ist ein spannenhoher kleiner Strauch; er hat einen doldenartigen
Blüthenstand, ähnlich wie der Hysop, eine rauhe, zarte Wurzel, wie die
schwarze Nieswurz, mit nicht unangenehmem, cypressenartigem, süss-herbem
Geschmack. Sie wächst an schattigen und felsigen Stellen. Die Wurzel hat
erwärmende und adstringirende Kraft, ist ein gutes Mittel bei Leberleiden
und Brustfellentzündung. Mit Honigmeth gekocht wird sie auch zur
Reinigung der Gebärmutter gebraucht.

[1]) Goldhaar. [2]) Goldähnlich. [3]) Goldblume. [4]) Unverwelklich.
Chrysocome Linosyris L. (Compositae), Goldhaar, Golden Leinkraut.
Eine bis 50 cm hohe Pflanze mit goldgelben Blüthen. Nach Sibthorp bei Con-
stantinopel, nach Kosteletzky auch im südlichen Europa auf sonnigen Hügeln und
Bergen.

Cap. 56. Περὶ Χρυσογόνου. **Chrysogonon.** Das Chrysogonon
[Einige nennen es Chrysospermon, Andere Daspis, Origanon, Arkoph-
thalmon, die Römer Arilaria] hat denen der Eiche ähnliche Blätter. Der
Strauch ist dicht, die Blüthe ähnlich derjenigen der Kranzkönigskerze,
die Wurzel gleicht der der Weissrübe, ist innen stark roth, aussen aber
schwarz. Diese, mit Essig zerrieben und aufgelegt hilft gegen den Biss
der Spitzmaus.

Leontice Chrysogonum L. (Berberideae), Fiederartiges Löwenblatt. Im
Orient und nach Sibthorp auch im Peloponnes.

Cap. 57. Περὶ Ἐλιχρύσου. **Elichryson.** Das Elichryson —
Einige nennen es Chrysanthemon, Andere auch dieses Amaranton, mit dem
sie auch die Götterbilder bekränzen — ist ein weissgrünes, gerades, festes
Rüthchen und hat schmale, in Abständen stehende Blätter, welche denen
des Beifusses ähneln, eine kreisrunde Dolde und goldglänzende runde
Köpfchen, gleichsam trockene Büschel[1]), und eine zarte Wurzel. Es
wächst an rauhen und zerklüfteten Stellen. Die Dolde, mit Wein getrunken, hilft gegen Harnverhaltung und Schlangenbisse, bei Ischias und
inneren Rupturen, befördert auch die Menstruation. Mit Honigwein genommen löst sie geronnene Blutklumpen in der Blase und im Bauche.
Ferner lindert sie Katarrhe, wenn sie dem Nüchternen in der Gabe von
3 Obolen im Mischtrank von weissem Wein gereicht wird. Sie wird
auch zwischen die Kleider gelegt, da sie dieselben vor Mottenfrass schützt.

[1]) ὥσπερ κορύμβους ξερούς. Plinius XXI 168 sagt: Helichryson hat kreisförmig
stehende Doldentrauben, welche, von der Sonne beschienen, goldig glänzen und niemals welk werden.
Sibthorp und Fraas ziehen *Gnaphalium Stoechas* L. (Compositae), Goldblume,

die heute noch Amaranton bei den Griechen heisst, hierher, Sprengel *Tanacetum annuum* L., welches stark aber unangenehm riecht und dem zuletzt angegebenen Zwecke wohl dient, aber zu der Beschreibung des D. weniger passt und auch in Griechenland (nach Fraas) nicht vorkommt, während jenes häufig ist.

Cap. 58. Περὶ Χρυσανθέμου. Goldblume.

Das Chrysanthemon oder Chalkas — Einige nennen es Buphthalmon [Andere Chalkitis[1]), Chalkanthon[2]), die Römer Caltha, die Thuskier Garuleum, die Afrikaner Churzeta] ist ein zartes, strauchiges Kraut, welches dünne Stengel treibt und vielfach getheilte Blätter. Die Blüthen sind gelb, stark glänzend und kreisrund wie ein Auge, daher wird es auch so genannt. Es wächst in der Nähe der Städte, seine Stengel werden als Gemüse gegessen. Die fein zerriebenen Blüthen mit Wachssalbe sollen Fettgeschwülste vertheilen, auch den Gelbsüchtigen eine Zeit lang gesunde Farbe geben, wenn sie nach längerem Verweilen im Bade beim Heraustreten getrunken werden.

[1]) Kupfererz.   [2]) Kupferblüthe.

Chrysanthemum coronarium L. (Compositae), Goldblume, Kranzwucherblume.

Der Inhalt dieses Capitels deckt sich fast genau mit dem von III, Cap. 146 (Buphthalmon). Plinius XXV 82 sagt vom Buphthalmon dasselbe, was D. vom Chrysanthemon schreibt, dass es nämlich in der Nähe der Städte wachse, dass es Cachla heisse, dass seine krautigen Stengel gegessen würden, und dass es mit Wachssalbe Fettgeschwülste vertheile. Es liegt daher die Vermuthung nahe, dass dieses Capitel eingeschoben ist. Fraas begründet dieselbe noch besonders damit, dass keine andere Composite mit gelben Blüthen und vielfach getheilten Blättern (III, Cap. 146 fenchelähnlichen, μαραθροειδῆ) in der Nähe der Städte vorkomme, dass ferner die so beschriebenen Blätter vorzüglich auf die blau angelaufenen (μαραθροειδῆ) jungen Blätter von *Chrysanthemum coronarium* passen, dass endlich die jungen Triebe noch jetzt in Attika, wo es auf Schutt, Ruinen und um Wohnungen vorkommt, gegessen werden.

Cap. 59. Περὶ Ἀγηράτου. Ageraton.

Das Ageraton[1]) ist ein zwei Spannen langer, niedriger, einfacher, am meisten dem Dosten ähnlicher Strauch und hat eine Dolde mit blasiger, goldgelber Blüthe, die kleiner ist als beim Elichryson. Es wird aber Ageraton genannt, weil es auf lange Zeit die Blüthe in gleichem Aussehen erhält. Die Abkochung desselben hat brennend erwärmende Kraft. Das Kraut selbst getrunken treibt den Harn und hat bei Gebärmutterleiden erweichende Wirkung.

[1]) ἀ priv. und γῆρας, nicht alternd.

Fraas zieht *Hypericum origanifolium* Willd. (Hypericoideae), Dostenblätteriges Hartheu, hierher, eine in Gesellschaft von Hyp. perfoliatum nicht seltene Gebirgspflanze in Griechenland, während die älteren Botaniker und auch Kosteletzky *Achillea Ageratum* L. für die Pflanze des D. nehmen. Diese hat einen gerillten, oben in einige Aeste getheilten, in allen übrigen Blattachseln bloss Blätterbüschel treibenden Stengel, beiderseits, wie auch der Stengel, behaarte, scharf gesägte, die untersten eingeschnittene Blätter, gelbe, sehr gedrängte Köpfchen mit äusserst kleinen Strahlenblüthen, dabei einen unangenehmen, starken, aromatischen Geruch und Geschmack; sie war früher als Herba et flores Agerati vel Eupatorii Mesues gegen Magen- und Unterleibsbeschwerden, Menstruationsstörungen u. s. w. im Gebrauch.

Cap. 60. Περὶ Περιστερεῶνος. Taubenkraut. Das aufrechte Peristereon [1]) — Einige nennen es Peristerion, Andere Trygonion [2]), Bunion [3]), Hierabotane [4]), Philtrodotes [5]) [die Aegypter Pempsemte, die Propheten Thräne der Hera, auch Marderblut, Blut des Hermes, die Römer Crista gallinacea [6]), auch Ferraria [7]), Trixalis, Exsuperans [8]), Herba sanguinalis [9])] wächst an feuchten Plätzen; es scheint aber den Namen daher zu haben, dass die Tauben sich gern bei ihm aufhalten. Es ist ein Kraut von der Höhe einer Spanne oder grösser, hat eingeschnittene, weissliche, aus dem Stengel hervorkommende Blätter und wird meist mit nur einem Stengel und einer Wurzel angetroffen. Es scheint, dass die Blätter mit Rosensalbe oder altem Schweinefett als Zäpfchen eingelegt die Schmerzen der Gebärmutter vertreiben. Mit Essig als Umschlag lindert es roseartige Entzündungen und heilt faulige Geschwüre; ferner verklebt es Wunden und bringt alte mit Honig zur Vernarbung.

[1]) Taubenkraut (von περιστερά, Taube). [2]) Turteltaubenkraut. [3]) Pflanze der Hera, mit dem Beiwort Bunaia, weil ihr Tempel bei Akrokorinth auf einer Höhe, βοονός, stand. [4]) Heilige Pflanze, sie wurde bei Opfern und Abschluss von Bündnissen gebraucht (vgl. Virgil. Aen. V 120; Horat. IV 9, V. 7; Plin. XXII 5). [5]) Liebe gebend; sie diente bei Opfern der Venus (vgl. Horat. Od. I 19; Virg. Ecl. VIII V. 5). [6]) Hahnenkamm. [7]) Eisenkraut. [8]) Siegerin. [9]) Blutkraut.

Die älteren Botaniker halten die Pflanze für *Verbena officinalis* L., Fraas verhält sich abweichend, er zieht *Lycopus exaltatus* L. (Labiatae), Hoher Wolfsfuss, hierher, auf den die Beschreibung des D. insofern besser passt als auf Verbena, weil er an feuchten Orten steht, tief fiederspaltige und so haarige Blätter hat, dass sie weisslich genannt werden können und weil er nur einen Stengel treibt.

Cap. 61. Περὶ Περιστερεῶνος ὑπτίου. Zurückgebogenes Peristereon. Das zurückgebogene Peristereon — Einige nennen es Hierabotane, Andere Erigenion [1]), Chamailykos [2]), Sideritis, Kuritis [3]), Persephonion [4]), Zeusrohr, Dichromon [5]), Kallesis [6]), Hipparison [7]), Demetrias [8]) [die Aegypter Pemphthemphtha, Pythagoras Erysiskeptron [9]), die Römer Cincinnalis [10])] entwickelt ellenlange oder auch grössere kantige Zweige, um welche in Abständen die denen der Eiche ähnlichen Blätter stehen, nur dass sie schmaler und kleiner, am Rande eingeschnitten und etwas bläulich sind. Es hat eine längliche dünne Wurzel, rothe, zarte Blüthen. Seine Blätter und Wurzel, mit Wein getrunken und auch als Umschlag, sind wirksam gegen Schlangen(bisse) [11]). Bei Gelbsucht werden die Blätter zu 1 Drachme mit 3 Obolen Weihrauch in 1 Kotyle alten, warmen

Weins nüchtern vier Tage hindurch getrunken. Langwierige Oedeme und Entzündungen heilen sie als Umschlag, reinigen auch schmutzige Geschwüre. Die ganze Pflanze mit Wein gekocht reisst den Schorf auf Mandelgeschwüren ringsum auf und heilt als Gurgelmittel fressende Geschwüre im Munde. Es heisst, dass, wenn ein Aufguss davon im Speisezimmer umhergesprengt wird, die Gäste vergnügter werden. Den am dreitägigen Fieber Leidenden wird von der Erde an der dritte Knoten mit den daran stehenden Blättern zu trinken gegeben, den am viertägigen Fieber Leidenden der vierte. Man nennt diese Pflanze die heilige, weil sie bei den Sühneopfern als Amulett sehr im Gebrauch ist.

[1]) Pflanze der Erigeneia, der Göttin der Frühe. [2]) Niedrige Wolfspflanze. [3]) Die Freundliche. [4]) Pflanze der Persephone, der Göttin der Unterwelt. [5]) Zweifarbig, von der weissen, ins Röthliche spielenden Blüthe. [6]) Hahnenbart. [7]) Pferdchen gleich. [8]) Pflanze der Demeter. [9]) Synonymon für mehrere Pflanzen, s. I 4 u. 19; III 12. [10]) Die Gekräuselte. [11]) Nach Lacuna ist eine bessere Lesart πρὸς ἕρπητας καὶ ἐρυσιπέλατα, gegen kriechende Geschwüre und Rose.

Plinius XXV 105 nennt die Hierabotane oder Verbenaca die vornehmste Pflanze der römischen Flora; er kennt eine männliche mit wenigen Blättern und eine weibliche, blätterreiche, die beiden Arten des D. wirft er zusammen.

Fraas zieht *Verbena officinalis* L. (Verbenaceae), Gebräuchliches Eisenkraut, hierher, gegen *V. supina* der älteren Botaniker, weil dieses viel zu selten ist, um sich so viele Synonyma zu verdienen, auch nicht so lange Schüsse macht.

Die noch selten gebrauchte Pflanze gehört zu den sogen. Weihkräutern.

Cap. 62. Περὶ Ἀστραγάλου. Walderbse. Der Astragalos [Einige nennen ihn Chamaisyke[1]), Andere Onyx, Gatales, die Römer Pinus trivius[2]), ebenso Ficus terrae[3]), Glandula[4]), Tium, Nonaria[5])] ist ein kleiner, an der Erde sich haltender Strauch mit Blättern und Zweigen wie bei der Erbse. Die Blüthe ist purpurfarben, klein, die Wurzel rund wie Rettig, sehr gross, mit festen, schwarzen, härteren Nebenwurzeln, welche wie Hörner in einander verflochten sind und adstringirenden Geschmack haben. Er wächst an luftigen, schattigen[5]) und schneeigen Stellen. Häufig ist er in Pheneum in Arkadien. In Wein getrunken stellt die Wurzel den Bauchfluss, treibt aber auch den Harn; trocken aufgestreut wirkt sie gut bei alten Geschwüren und stillt auch das Blut. Wegen ihrer Festigkeit lässt sie sich aber schwer stossen.

[1]) Erdfeige. [2]) Dreiwegefichte. [3]) Erdfeige. [4]) Angeschwollene Drüse, von der verdickten Wurzel. [5]) Dirne, vielleicht wegen ihres vielfachen Vorkommens. [6]) Cod. C. hat dafür εὐηλίοις, sonnigen.

Sprengel und Kosteletzky ziehen *Orobus tuberosus* L. hierher, Fraas als besser passend *O. sessifolius* Sibth. (Papilionaceae), Schmale Walderbse. Jener hat einen mehr einfachen, aufrechten Stengel und ein weiches, knollentragendes Rhizom, bei diesem, niedrig bleibenden, wird die Hauptwurzel vor der Theilung in Büschel oft fast 2 cm dick gefunden, dabei ist sie härter. Auch ist er viel häufiger als O. tuberosus, er kommt auf allen Gebirgen vor.

Cap. 63. Περὶ Ὑακίνθου. **Hyacinthe.** Der Hyakinthos [Einige nennen ihn Helonias, Andere Porphyranthes[1]), die Römer Vaccinium, auch Ulcinum] hat denen der Zwiebel ähnliche Blätter, einen spannenlangen, glatten, grünen Stengel, der schmaler als der kleine Finger ist, daransitzend eine gekrümmte Spitze voll von purpurfarbenen Blüthen. Auch die Wurzel selbst gleicht einer Zwiebel. Diese, mit weissem Wein als Umschlag bei Kindern angewandt, hält, so glaubt man, die Mannbarkeit fern. Getrunken stellt sie auch den Bauch, treibt den Harn und ist den von giftigen Spinnen Gebissenen heilsam. Die Frucht, welche selbst noch adstringirender wirkt, eignet sich sehr zu Mitteln gegen den Biss giftiger Thiere. Sie beseitigt ferner die Gelbsucht, wenn sie mit Wein getrunken wird.

[1]) Purpurblüthe.
Hyacinthus orientalis L. (Liliaceae), Gemeine Hyacinthe.

Cap. 64. Περὶ Μήκωνος ῥοιᾶς. **Mekon Rhoias.** Mekon Rhoias hat seinen Namen davon, dass er die Blüthen früh abwirft [Einige nennen ihn Oxytonon[1]), die Römer Papaveralis, die Aegypter Nanti]; er wächst im Frühjahr auf den Aeckern, dann wird er auch·gesammelt. In den Blättern gleicht er dem Dosten oder der Rauke oder Cichorie oder dem Thymian, sie sind eingeschnitten, aber grösser und rauher, der Stengel ist binsenartig, gerade aufrecht, rauh, etwa eine Elle hoch, die Blüthe roth, bisweilen auch weiss, ähnlich der der wilden Anemone. Das Köpfchen ist länglich, jedoch kleiner als bei der Anemone, der Same röthlich, die Wurzel länglich, weisslich, von der Dicke des kleinen Fingers und bitter. Fünf bis sechs Köpfchen davon koche mit 3 Bechern Wein, enge sie bis auf 2 ein und gib sie denen zu trinken, die schlafen sollen. Ein Essignäpfchen voll der Samen mit Honigmeth getrunken erweicht gelinde den Bauch. Zu demselben Zwecke werden sie dem Honigkuchen und dem Gebäck zugemischt. Die Blätter sammt den Köpfen als Umschlag heilen Entzündungen; der Aufguss davon als Klystier ist schlafmachend.

[1]) Scharf.
Sprengel und Kosteletzky ziehen *Papaver dubium* L. (Papaveraceae) hierher, Fraas ist für *Papaver Argemone* L., Keulen- oder Sandmohn. Beide haben keulenförmige Kapseln, bei letzterem sind sie steifhaarig-rauher, er ist auch kleiner und schmächtiger als *P. dubium*.

Cap. 65. Περὶ Μήκωνος ἡμέρου. **Gartenmohn.** Mekon — bei Einigen Chamaisyke, bei Anderen Oxytonon, bei den Römern Papaver, bei den Aegyptern Nanti —; es gibt eine gebaute Art, Gartenmohn, dessen Same ins Brod gebacken wird zum Genuss in gesunden Tagen, mit Honig gebraucht man ihn statt Sesam. Er heisst Thylakitis[1]) und

hat ein längliches Köpfchen und weissen Samen. Eine andere Art ist die
wilde, welche auch ein längliches Köpfchen, aber schwarzen Samen hat;
diese heisst auch Pithitis[2]), von Einigen wird sie auch Rhoias genannt,
weil aus ihr der Milchsaft fliesst. Eine dritte Art ist wilder und arzneilich wichtiger, auch grösser als jene mit einem länglichen Köpfchen. Gemeinsam ist ihnen die kältende Kraft, deshalb bewirken die in Wasser
gekochten Blätter und Köpfe als Bähmittel Schlaf; die Abkochung davon
wird auch gegen Schlaflosigkeit getrunken. Fein gestossen sind die
Köpfchen mit Grütze gemischt als Kataplasma ein gutes Mittel bei Geschwülsten und Rose. Man muss sie aber noch grün stossen und zu
Pastillen formen, dann trocknen und sie so zum Gebrauch aufbewahren.
Werden die Köpfchen für sich allein mit Wasser bis auf die Hälfte eingekocht, dann wieder mit Honig gekocht, bis die Flüssigkeit dicklich geworden ist, so geben sie ein Leckmittel, welches schmerzstillend wirkt
bei Husten, Fluss (Erkältung) der Luftröhre und Magenaffectionen. Es
wird aber noch wirksamer, wenn ihm Hypokistis- und Akaziensaft zugemischt wird. Der Same des schwarzen Mohns wird, fein gestossen.
mit Wein gegen Bauchfluss und Fluss der Frauen getrunken; bei den an
Schlaflosigkeit Leidenden wird er mit Wasser als Umschlag auf die Stirn
und die Schläfen gelegt. Der Saft selbst, welcher noch mehr kältend,
verdichtend und austrocknend ist, wirkt, wenig, etwa in der Grösse einer
Erbse genommen, schmerzstillend, schlafmachend und die Verdauung befördernd, hilft auch bei Husten und Magenaffectionen. Im Uebermass
getrunken schadet er, indem er Lethargie bewirkt und tödtet. Er lindert
aber auch Kopfschmerzen, wenn er mit Rosenöl aufgesprengt wird, Ohrenschmerzen aber, wenn er mit Mandelöl, Safran und Myrrhe eingetröpfelt
wird. Bei Augenentzündungen hilft er mit dem gerösteten Weissen vom
Ei und Safran, bei Rose und Wunden mit Essig, bei Podagra ferner mit
Frauenmilch und Safran, als Stuhlzäpfchen eingelegt macht er Schlaf.
Am besten ist der Saft, wenn er dicht ist und einen durchdringenden,
betäubenden Geruch und bitteren Geschmack hat, in Wasser leicht zergeht, glatt, weiss[3]), nicht rauh und weder krümlich ist, noch beim Coliren
wie Wachs zusammenbackt, welcher, in die Sonne gesetzt, zerfliesst und,
an der Lampe angezündet, nicht mit dunstiger Flamme brennt, aber nach
dem Auslöschen im Geruch seine Kraft behält. Sie verfälschen ihn aber,
indem sie Glaukion, Gummi oder den Saft des wilden Lattichs zumischen.
Der mit Glaukion versetzte hat beim Auflösen eine safrangelbe Farbe,
der mit Lattichsaft hat einen schnell verschwindenden Geruch und ist
rauher, der mit Gummi ist kraftlos und durchscheinend. Einige begehen
sogar solchen Unverstand, dass sie ihm Fett zusetzen. Zu den Augenmitteln wird er aber in einem neuen irdenen Topfe geröstet, bis er weich
und gelb erscheint. Erasistratos sagt allerdings, Diagoras verwerfe seinen

Gebrauch bei Ohren- und Augenleiden, weil er Stumpfsichtigkeit und Betäubung bewirke. Andreas behauptet, dass, wenn er nicht versetzt (verfälscht) werde, diejenigen, welche ihn zum Einreiben gebrauchten, blind würden. Mnesidemos aber sagt, seine Anwendung solle sich als geeignetes Schlafmittel allein auf den Geruch beschränken, anders wirke er schädlich. Dies sind aber Erdichtungen, welche von der Erfahrung widerlegt sind, weil durch Thatsachen die Wirkung des Arzneimittels bestätigt ist. Es ist aber nicht unangebracht, die Art und Weise, wie man den Saft sammelt, zu beschreiben. Einige nämlich zerstossen die Köpfe sammt den Blättern und pressen sie in der Presse aus, reiben (den Saft) dann im Mörser und formen ihn zu Pastillen. Ein solcher heisst Mekonion[1], er ist schwächer als der (natürliche) Saft. Diejenigen, welche den (natürlichen) Saft gewinnen wollen, müssen nach dem Abtrocknen des Thaues das Sternchen mit einem Messer umziehen, so dass es nicht in das Innere eindringt und in gerader Richtung die Köpfchen an den Seiten oberflächlich einschneiden, dann die heraustretende Thräne mit dem Finger in eine Muschel streichen und nach nicht langer Zeit wieder dazu gehen, denn er findet sich verdickt und auch am folgenden Tage wird er ebenso vorgefunden. Dann muss man ihn in einem alten[5] Mörser kneten, in Pastillen formen und aufbewahren. Beim Einschneiden übrigens muss man sich zurückhalten, um den Saft nicht mit den Kleidern abzustreichen.

[1] Beutelförmig. [2] Fassförmig. [3] Könnte nur auf den frischen, eben austretenden Saft sich beziehen. [4] Bei Theophrast, welcher den Milchsaft der Mohnköpfe wohl kennt (Hist. pl. IX 8, 2), heisst Mekonion auch Wolfsmilchsaft (ὀπὸς ... τοῦ τιϑυμάλλου ἢ μηκωνίου, καλοῦσι γὰρ ἀμφοτέρως). [5] Das Wort παλαιᾷ steht hier wohl auffallend, da D. sonst neue Gefässe in Gebrauch nehmen lässt; jedenfalls will er nur andeuten, dass es kein neuer Mörser sein brauche; in vielen Codices fehlt es ganz.

Papaver somniferum L. (Papaveraceae), Schlafmohn, Gebräuchlicher Mohn. Die zweite Art (μηκὼν ἀγρία) ist *P. Rhoeas* L., Klatschrose. Will man die dritte als besondere Art betrachten, so könnte es *P. hybridum* L., Saatmohn, sein, welcher mit *P. Argemone* auf Saatfeldern häufig vorkommt und auch grosse Aehnlichkeit mit ihm hat, doch sind die Kapseln mehr verkehrt-eiförmig, rundlich und borstig.

Plinius XX 202 unterscheidet gleichfalls drei Arten Mohn, nämlich Papaver sativum mit mehr runden Köpfchen, P. silvestre mit kleinen und rundlichen Köpfchen, aber viel wirksamer, und in der Mitte zwischen beiden P. Rhoeas.

Seiner hohen Bedeutung entsprechend behandelt D. den Gegenstand dieses Capitels mit besonderer Ausführlichkeit, den wichtigsten Theil bildet der Milchsaft der Kapselfrüchte, dessen Kennzeichen, Wirkungen, Verfälschungen und Untersuchung er angibt, wobei nach damaliger Weise auch die Feuerprobe nicht ausgeschlossen war; zuletzt erst kommt die Darstellung. D. unterscheidet diesen (ὀπός) von dem durch Pressen der Kapseln und Blätter gewonnenen Safte oder Extracte (χυλός), dem Mekonion, eine Bezeichnung, welche später das ächte Opium als

Synonymon erhalten und bis jetzt beibehalten hat, neben einem anderen Zunamen, dem Laudanum: Man nannte nämlich im Mittelalter ein Opium oder überhaupt Narkotica enthaltendes Alexipharmacum Laudana, der Ausdruck Laudanum ist dann für Opium geblieben.

Die erste Gewinnung des Opiums mittelst Einschnitte in die Mohnköpfe lehrte Diagoras (380 v. Chr.), sie ist heute im Wesentlichen dieselbe. Die unreifen Kapseln von Papaver somniferum, welches zu diesem Zwecke gebaut wird, werden kurz nach dem Abfallen der Blummenblätter mit einem oder mehreren rings herumlaufenden (in Persien senkrechten) Schnitten (D. lässt einen solchen unter der strahligen Narbe machen, dann senkrecht ἐπ’ εὐθείας, einschneiden) schwach verletzt. Der austretende, anfangs weisse, rasch dunkelnde und etwas erhärtende Milchsaft wird abgeschabt und in kleine Kuchen geformt, welche in Mohnblätter eingehüllt werden. Zum medicinischen Gebrauche dient wohl nur das kleinasiatische oder smyrnäische Opium, so genannt, weil Smyrna der Stapelplatz ist. Hier oder in Constantinopel werden die Brode umgeformt und mit Rumex-Früchten bestreut, um ein Zusammenkleben zu verhindern; sie bilden dann mehr oder weniger abgeplattete Kuchen von 300—700 g Gewicht.

Andere Handelssorten Opium sind das türkische, bulgarische, rumelische, welche vom kleinasiatischen nicht wesentlich verschieden sind; ferner das persische (oft mit Traubensaft und Mehl verfälscht), das indische, chinesische, französische u. s. w. Auch in Deutschland (in Württemberg, bei Erfurt, in Baden, Schlesien) und Oesterreich hat man gutes Opium gewonnen.

Die Güte und der Werth des Opiums hängt vom Gehalt an wirksamen Bestandtheilen ab; in erster Reihe ist es das im Jahre 1811 von Sertürner entdekte Morphin, welches in wechselnden Mengen in den verschiedenen Sorten, bis zu 23%, vorkommt; von den sonstigen Alkaloiden sind die wichtigsten das Narceïn (Pelletier 1832), Narkotin (Derosne 1803), das Codeïn (Robiquet 1832), das Thebaïn (Thimboumerie 1835), das Papaverin (Merck 1848), sie sind alle theils an Schwefelsäure, theils an Meconsäure gebunden. Ausserdem enthält das Opium Extractivstoffe, Wachs, Schleim, Zucker, Eiweiss, Farbstoff, Harz, kautschukartige Substanzen und anorganische Salze. Der Riechstoff desselben ist noch unbekannt. Das indische und chinesische Opium dient meist zu Rauchzwecken, die andern Sorten besonders zur Darstellung des Morphins und anderer Alkaloide.

Officinell sind noch heute die Capita Papaveris, das Opiumpulver, Opiumextract, die Tinctur und besonders die Alkaloide Morphin, Codeïn und Narkotin.

Cap. 66. Περὶ Μήκωνος κερατίτιδος. Hornmohn. Mekon Keratitis — Einige nennen ihn Paralion[1]), Andere wilden Mohn, Seemohn [die Römer Pabulum marinum[2]), die Afrikaner Sisimaka] hat weisse[3]), dicht behaarte, denen der Königskerze ähnliche, am Rande gesägte Blätter, wie die des wilden Mohns und einen ähnlichen Stengel. Die Blüthe ist blassgelb, die Frucht lang, gekrümmt wie ein Horn, ähnlich der des Bockshorns, daher auch sein Zuname. Der Same ist klein, schwarz, dem Mohnsamen ähnlich. Die Wurzel kommt aus der Oberfläche des Bodens hervor, ist schwarz und dick. Er wächst am Meere und in rauhen Gegenden. Die Wurzel, in Wasser bis auf die Hälfte eingekocht und getrunken, hat die Kraft, Ischias- und Leberleiden zu heilen, ferner denen zu helfen, welche dicken und Spinnegewebe ähnlichen Urin lassen. Der Same aber, ein Essignäpfchen voll mit Honigmeth getrunken, reinigt mässig den Bauch. Die Blätter und Blüthen mit Oel als Kataplasma reissen Schorf ringsum auf; als Salbe vertreiben sie beim Vieh weisse Flecken und Nebel auf den Augen. Einige haben sich durch die Aehnlichkeit der Blätter zu dem Glauben verleiten lassen, dass von dieser Pflanze das Glaukion stamme.

[In einem anderen Cod. heisst es: Nach dem Essen oder Trinken dieses Mekon Keratitis treten dieselben Erscheinungen auf wie beim Mohnsafte. Man begegnet ihnen auch mit denselben Mitteln. Die Frucht wird im Sommer, wenn sie trocken ist, gesammelt. Die Abkochung der Wurzel wird mit Wein genommen, sie hilft gegen Dysenterie.]

¹) παρὰ und ἅλς, Strandpflanze. ²) Futter am Meere. ³) Einige wollen λεπτά statt λευκά lesen, dieses kann aber ganz gut auf die weissscheinende Behaarung bezogen werden.

Glaucium flavum Crtz. (Papaveraceae), Gelber Hornmohn, an den felsigen Küsten Griechenlands nicht selten. Nach den Arbeiten von Probst, Wintgen und Fischer (Arch. d. Ph. 1901 S. 395 ff.) enthält das Kraut Glaucin, ein auf das Centralnervensystem wirkendes Gift, und Protopin, die Wurzel Chelerythrin. Früher war das Kraut als Herba Papaveris corniculati gebräuchlich.

Der in Klammern stehende Absatz findet sich nur in der Aldina.

Cap. 67. Περὶ Μήκωνος ἀφρώδους. Mekon aphrodes.

Mekon aphrodes¹), von Einigen Herakleia genannt, hat einen spannenlangen Stengel, sehr kleine, denen des Seifenkrauts ähnliche Blätter und neben ihnen weisse Früchte [auch die ganze Pflanze ist weiss und schaumig]²). Die Wurzel ist zart und sucht die Oberfläche. Die Frucht davon wird gesammelt, wenn sie im Sommer vollständig reif geworden ist, getrocknet und aufbewahrt. Ein Essignäpfchen voll mit Honigmeth genommen reinigt sie durch Erbrechen. Ein specifisches Reinigungsmittel ist sie für Epileptiker.

¹) Schaumig. ²) Der eingeklammerte Theil fehlt in den Wiener Handschr.

Silene inflata Sm., *S. vulgaris* Gcke. (Caryophyllaceae), Klatschnelke. Es ist ein sehr häufig mit Schaum, welcher durch den Stich eines Insects, *Cercopis spumaria*, bewirkt wird, bedecktes Unkraut in feuchten Gärten, welches in Griechenland im Sommer noch weisser wird als in unseren Gegenden. Die Wurzel liegt oberflächlich, geht aber tief. Schon Lobelius zog sie hierher. Sprengel deutet auf *Gratiola officinalis* L., Gebräuchliches Gnadenkraut; dieses hat wohl die brechenerregende Wirkung für sich, sonst entspricht es nicht der Beschreibung des D., ist überdies in Griechenland selten. Die Wurzel von Silene ist etwas ekelerregend, der Same nicht, wie D. angibt.

Cap. 68. Περὶ Ὑπηκόου. Hypekoon.

Das Hypekoon — Einige nennen es Hypopheon — wächst unter dem Getreide und auf Aeckern. Es hat rautenähnliche Blätter und kleine Zweige. Es besitzt eine Kraft ähnlich der des Mohnsaftes.

Nach Fraas und Sprengel *Hypecoum procumbens* L. (Papaveraceae), Lappenblume. Nach älteren Angaben enthält dasselbe einen gelben, unangenehm schmeckenden, narkotischen, dem Opium ähnlich wirkenden Saft, was Kosteletzky bestreitet; er zieht *Chelidonium hybridum* L., *Glaucium violaceum* Juss. hierher, welches die Eigenschaften des Mohns besitzen soll.

Cap. 69. Περὶ Ὑοσκυάμου. Bilsenkraut. Der Hyoskyamos[1]) [Einige nennen ihn Dioskyamos[2]), Andere Pythonion[3]), Adamanta, Adamenon, Hypnotikon[4]), Emmanes[5]), Atomon, Dithiambrion, Pythagoras und Osthanes Xeleon, Zoroaster Typhonion, die Römer Insana[6]), Dentaria[7]), auch Apollinaris[8]), die Propheten Rhapontika, die Aegypter Saphtho, die Thuskier Phabulonia, die Gallier Bilinuntia, die Dakier Dieleia] ist ein Strauch mit dicken Stengeln, breiten, länglichen, eingeschnittenen, dunklen, rauhen Blättern. Am Stengel stehen in geordneter Reihe (Gebilde) wie Granatapfelkelche, umgeben von Schildchen, welche mit Samen gefüllt sind, wie beim Mohn[9]). Es gibt davon drei Arten: der eine hat fast purpurfarbene Blüthen, Blätter wie Smilax, schwarze Samen und stachelige Kelche; der andere hat quittengelbe Blüthen, weichere Blätter und Kapseln und gelblichen Samen wie die Rauke. Diese beiden bewirken Wahnsinn und Lethargie, sie sind zum Gebrauch untauglich. Zum arzneilichen Gebrauche geeignet und sehr milde ist der dritte, er ist fett, zart und flaumhaarig, hat eine weisse Blüthe und weissen Samen; er wächst am Meere und auf Trümmerhaufen. Wenn dieser nicht zur Hand sein sollte, muss man den gelben gebrauchen, den schwarzen als schlechtesten verwerfen. Zur Saftbereitung dienen die weiche Frucht, die Blätter und Stengel, welche zerstossen und ausgepresst werden, worauf die Flüssigkeit in der Sonne eingetrocknet wird. Seine Verwendung ist auf ein Jahr beschränkt wegen der leichten Verderbniss. Sein Same wird noch besonders zur Saftbereitung gebraucht, indem er trocken zerstossen, mit warmem Wasser übergossen und ausgepresst wird. Es ist aber der ausgepresste Saft besser als der natürliche und auch schmerzstillender. Der junge Trieb wird zerstossen, mit Weizenmehl gemischt, zu Brödchen geformt und aufbewahrt. Der erstere Saft und der aus dem Samen hergestellte eignet sich am besten zu schmerzstillenden Kollyrien, sowie gegen heftigen und heissen Fluss, gegen Ohrenschmerzen und Gebärmutterleiden, mit Mehl aber oder Graupen gegen Augen-, Fuss- und sonstige Entzündungen. Der Same leistet dasselbe, wie er auch wirksam ist bei Husten, Katarrh, Fluss und heftigen Schmerzen der Augen, bei Fluss der Frauen und sonstigem Blutverlust, wenn er in der Gabe von 1 Obole mit Mohnsamen in Honigmeth getrunken wird. Er ist ferner ein gutes Mittel bei Podagra, angeschwollenen Hoden und nach der Niederkunft entzündeten Brüsten, wenn er, fein gestossen, mit Wein umgeschlagen wird; ebenso wird er den sonstigen schmerzstillenden Kataplasmen mit

Vortheil zugemischt. Auch die (zu Pastillen) geformten Blätter sind zu allen schmerzstillenden Arzneien sehr geeignet, wenn sie mit Graupen gemengt oder für sich allein aufgelegt werden. Die frischen Blätter aber sind als Umschlag am meisten schmerzlindernd bei jeglichem Leiden. Drei oder vier mit Wein getrunken heilen bösartige Fieber. Wie Gemüse gekocht und in der Menge von 1 Tryblion[10]) gegessen bewirken sie gelinden Wahnsinn. Man sagt aber, dass, wenn man sie Einem, der ein Geschwür im Kolon hat, im Klystier beibringt, dieselbe Wirkung eintritt. Die Wurzel, mit Essig gekocht, lindert als Mundspülwasser Zahnschmerzen.

[1]) Von ὅς, Schwein, und κόαμος, Bohne. [2]) Zeusbohne. [3]) Drachenpflanze; das Synonym kann aber auch auf den Pythischen Apollo bezogen werden wegen der ekstatischen Wirkung. [4]) Schlafmachend. [5]) Rasendmachend. [6]) Wahnsinn. [7]) Ist bei Apulejus der giftige Ranunculus sceleratus. [8]) Apollopflanze (vgl. Plin. XXVI 140). [9]) Bei der unklaren Ausdrucksweise sind die Früchte gemeint, die etwas rundliche Kapsel ist von dem längeren Kelch umschlossen und hat an beiden Seiten, wo die Scheidewand anstösst, eine Längsfurche. [10]) Siehe Maasse und Gewichte.

Plinius XXV 35 schreibt die Pflanze dem Herkules zu; er nennt vier Arten: einen stacheligen mit schwarzem Samen und fast purpurfarbenen Blüthen, die zweite gemeinere Art ist weisser, staudiger und höher als der Mohn, die dritte hat dem der Rauke (Irio) ähnlichen Samen, die vierte ist weich, flaumhaarig, fett, hat weisse Samen und wächst am Meere; dies ist die Pflanze der Aerzte.

Die drei Arten des D. sind *Hyoscyamus niger* L. (Solanaceae), Schwarzes Bilsenkraut, *H. aureus* L., Gelbes Bilsenkraut, und *H. albus* L., Weisses Bilsenkraut. Alle drei Arten sind in Griechenland und Italien heimisch, wenn auch nicht gerade häufig; der schwarze, mit graubraunen Samen, bei uns am meisten verbreitet, ist in Griechenland der seltenste, er kommt als γέρως nur im Hochgebirge und zwar bei Wohnungen vor. Die ganze Pflanze ist klebrig-zottig, die Blumenkrone am Saum schmutzig-gelb, in der Röhre purpurviolett geadert, mit stumpfen oder zurückgeschlagenen Zipfeln.

Sprengel zieht *Hyoscyamus reticulatus* L. mit schmutzig-rothen, purpurn-geaderten Kronenblättern hierher, gleichsam ein Mittelglied zwischen dem schwarzen und weissen Bilsenkraute.

Hyoscyamus aureus hat lang gestielte, auf beiden Seiten etwas, weit mehr aber am Rande haarige Blätter, die Blüthenstiele sind so lang wie die Blattstiele, die Blumenkrone ist goldgelb, im Grunde violett.

Hyoscyamus albus hat die mit kurzen Härchen und zerstreuten Zotten besetzten Blätter an langen, zottigen Stielen, bei den oberen sind sie kürzer, die Blumenkrone ist weisslich, gleichfarbig oder am Grunde violett.

Beide Arten gehören dem südlichen Europa an.

D. wendet die Pflanze als solche, das Extract aus derselben und besonders aus den Samen, sowie letztere für sich allein an. Er spricht von einem ὀπός vergleichender Weise, ohne aber vorher die Existenz eines solchen angegeben zu haben.

Die Wirkungen verdankt das Bilsenkraut seinem Gehalt an Alkaloiden, es sind das Hyoscyamin und das diesem isomere Hyoscin (Geiger und Hesse 1833) und das besonders im Samen enthaltene Scopolamin (E. Schmidt). Sie haben die Eigenschaft, die Pupille zu erweitern. Der Same und das Extract des

Bilsenkrauts finden als beruhigendes und schlafmachendes Mittel wie das Opium, ohne aber wie dieses den Stuhlgang zu verlangsamen, Anwendung, das Kraut dient zu erweichenden Umschlägen.

Cap. 70. Περὶ Ψυλλίου. **Flohkraut.** Das Psyllion[1]) [Einige nennen es Kataphysis, Andere Kynokephalion[2]), Kynomyna[3]), Krystallion, Psylleris[4]), Sikeliotikon[5]), die Sicilier Konidiis[4]), die Römer Silvacium, Herba Pulicaria[4]), die Afrikaner Vargugum] hat ein Blatt wie der niedrige Schotenklee, aber rauh und grösser, spannenlange Zweige, und die ganze Pflanze ist grasartig. Von der Mitte des Stengels aus erhebt sich sein Blüthenstand, welcher aus zwei oder drei an der Spitze abgerundeten Köpfchen besteht, in diesen befindet sich der flohähnliche, schwarze, harte Same. Es wächst auf Aeckern und Oedland. Er (der Same) hat eine kühlende Kraft; mit Rosenöl, Essig oder Wasser als Umschlag hilft er bei Gicht, Drüsen neben den Ohren, Geschwülsten, Oedemen, Verrenkungen und Kopfleiden; Darm- und Nabelbrüche bei Kindern heilt er als Kataplasma mit Essig. Man muss ein Essignäpfchen voll stossen und in 2 Kotylen Wasser maceriren und, wenn das Wasser dick geworden ist, aufstreichen; denn er kühlt sehr. [Wenn es (das Kraut) in kochendes Wasser geworfen wird, setzt es die Wärme herab. Es wirkt auch heilsam bei Rose. Man sagt aber, dass, wenn es frisch ins Haus gebracht wird, es dort Flöhe nicht aufkommen lässt. Zerstossen mit Fett reinigt es schmutzige und bösartige Geschwüre. Der Saft mit Honig hilft bei Ohrenfluss und Würmern in den Ohren.]

[1]) Von ψύλλα, der Floh. [2]) Hundskopfpflanze; Plinius XXV 140 hält die Blätter einem Hundekopf ähnlich. [3]) Hundsfliege. [4]) Flohkraut. [5]) Das sicilische.

Die in Klammern stehenden Sätze finden sich nur in der Aldina und in den späteren Ausgaben.

Die Hauptwirkung und daher auch die Verwendung scheint doch dem Samen zuzukommen, so besonders das Gelatiniren des Wassers wegen seines Schleimgehaltes, obwohl das Femininum nur auf das Kraut geht.

Plantago Psyllium L. (Plantaginaceae), Flohsamenwegerich. Die Samen sind ein hie und da gebräuchliches Volksmittel.

Cap. 71. Περὶ Στρύχνου. **Strychnos.** Der Gartenstrychnos [Einige nennen ihn den gebauten, die Römer Strumus[1]), auch Cucubalus, die Aegypter Allelo, die Gallier Skubulus, die Afrikaner Astresmumis]. Der essbare Strychnos ist ein kleiner, nicht grosser Strauch mit vielen Achseltrieben, er hat schwarze Blätter, grösser und breiter als die des Basilikum, eine runde grünliche Frucht, sie wird aber nach der Reife schwarz oder gelb. Für den Genuss ist die Pflanze unschädlich. Sie hat kühlende Wirkung, daher sind die Blätter mit dem feinen Mehl der Graupen als Kataplasma ein gutes Mittel bei Rose und kriechenden Geschwüren. Für sich allein fein gestossen aufgelegt heilen sie Aegilopie und Kopfschmerzen, helfen auch einem erhitzten Magen; mit Salz fein gestossen als Kataplasma vertheilen sie Drüsen neben den Ohren. Auch der Saft der Pflanze mit Bleiweiss, Rosensalbe und Bleiglätte wirkt gut bei Rose und kriechenden Geschwüren, bei Aegilopie mit Brod. Mit Rosensalbe aufgestrichen ist er ein gutes Mittel für Kinder, die an Sonnenbrand leiden; er wird auch statt Wasser oder Ei den Kollyrien zum Einsalben gegen heftige Flüsse zugemischt. Eingeträpfelt heilt er auch Ohrenschmerz. In Wolle als Zäpfchen eingelegt stellt er den Fluss der Frauen. [Der Saft, mit dem gelben Mist der Haushühner verrührt und auf einem Lappen aufgelegt ist ein unentbehrliches Mittel bei Aegilopie.]

¹) Gegen Skrofeln (strumas).

Solanum nigrum L. (Solanaceae) mit der Var. *Sol. flavum* Kit., Schwarzer Nachtschatten, dessen Beeren erst gelb, dann schwärzlichbraun werden; sie enthalten Solanin, ein in feinen, weissen, glänzenden, bitteren Nadeln krystallisirendes, schwach alkalisch reagirendes Alkaloid. Die Pflanze hat einen unangenehmen Geruch, der zur Cultur gerade nicht auffordert, daher zieht Lenz das aus Asien stammende *Solanum Melongena* L., Eierpflanze, hierher, dessen Früchte essbar, weiss, gelb, violett oder purpurroth sind, aber entgegen der Beschreibung des D. dick und oft gurkenartig gekrümmt.

Cap. 72. Περὶ Στρύχνου ἁλικακάβου. Strychnos Halikakabos. Es gibt einen anderen Strychnos, den man eigentlich Halikakabos¹) nennt, Einige nennen ihn Physalis²) [Andere Dirkaion, Strychnos manikos³), Doryknion, Kallias, die Römer Bissicalis²), auch Apollinaris minor⁴), Herba ulticana, Opsago, die Dakier Kykolis, die Afrikaner Kakabus]; er hat denen des vorigen ähnliche, aber breitere Blätter. Seine Stengel neigen sich nach vollendetem Wachsthum zur Erde; er hat in runden blasenähnlichen Säckchen eine gelbe, runde, glatte Frucht wie Weintraubenbeeren. Die Kranzbinder gebrauchen ihn, um ihn in die Kränze zu flechten. Er hat dieselbe Kraft und findet dieselbe Verwendung wie der Gartenstrychnos, ohne die Essbarkeit. Die Frucht hat getrunken die Kraft, die Gelbsucht zu vertreiben, da sie harntreibend wirkt. Aus dem Kraute beider wird Saft bereitet und zur Aufbewahrung im Schatten getrocknet. Er hat dieselbe Wirkung.

¹) Von κάκαβος oder κακάβη, dreifüssiger Tigel, wegen des glockigen oder urnenförmigen Kelches. ²) (Vesicalis) Blasenpflanze. ³) Rasender Strychnos. ⁴) Kleine Apollopflanze.

Die älteren Botaniker, auch Sprengel und Kosteletzky, ziehen *Physalis Alkekengi* L. (Solanaceae), Judenkirsche, hierher. Fraas dagegen möchte Physalis Alkekengi, weil sie nach Sibthorp in Griechenland nicht mehr gefunden ist und weil die Stengel der Pflanze des D. zur Erde geneigt sein sollen, ganz aus der Flora des D. streichen und *Ph. somnifera* L., Schlafmachende Schlutte, dafür nehmen. Er stützt sich dabei auf Theophrast (Hist. pl. IX 11, 5), welcher zwei Arten Strychnos unterscheidet, von denen der eine Schlaf, der andere Wahnsinn erzeuge, jener wachse an Felsklüften und Grabstätten, und dieses treffe bei

Ph. somnifera L. zu. Es ist ein bis 1,5 m hoher, vielästiger Strauch mit weissborkiger Rinde. Die jungen Zweige sind aufrecht, die älteren geneigt, alle weisslich-filzig. Die Blätter sind langgestielt, oberseits weichhaarig, unterseits filzig, die unteren stumpf, die oberen spitz, die Blüthen am oberen Theil der Aeste zu drei bis fünf in den Blattachseln gehäuft, kurz gestielt und klein. Der weissfilzige Kelch ist glocken- oder urnenförmig, die Blumenkrone gelbgrün, aussen filzig, die Frucht eine erbsengrosse rothe Beere. Im Orient und in Südeuropa an dürren felsigen Stellen.

Physalis Alkekengi hat bis 3 cm hohe, aufrechte, einfache oder nur am Grunde ästige, rundlich-eckige, unten kahle, oben weichhaarige Stengel, langgestielte, fast ganzrandige oder geschweifte, am Grunde etwas keilförmig in den Blattstiel ver-längerte, zarte, unterseits schwach, oberseits stärker weichbehaarte Blätter, die an der Spitze umgebogen, später von der Basis aus zurückgeschlagen sind. Der Kelch ist glockig, zottig, die Blumenkrone schmutzig-weiss, am Grunde grünlich, weich-haarig, die Frucht eine kirschengrosse, glänzende, scharlachrothe, vom mennigrothen Kelch eingeschlossene Beere. Im mittleren und südlichen Europa. Die Beeren ent-halten einen Bitterstoff, Physalin, und waren früher officinell.

Cap. 73. Περὶ Στρύχνου ὑπνωτικοῦ. **Schlafstrychnos.** Der schlafmachende Strychnos — Einige nennen ihn Halikakabos — ist ein Strauch mit vielen dichten, stämmigen, schwer zu brechenden Zweigen voll von fetten Blättern, welche denen der Quitte gleichen. Er hat eine rothe, sehr grosse Blüthe, eine safrangelbe Frucht in Säckchen und eine sehr lange Wurzel mit röthlicher Rinde. Er wächst an felsigen Stellen nicht fern vom Meere. Die Rinde der Wurzel zu 1 Drachme in Wein getrunken hat schlafmachende Wirkung, aber milder als der Milchsaft des Mohns. Die Frucht ist stark harntreibend; den Wassersüchtigen werden etwa zwölf Fruchtbüschel gegeben, der Genuss von mehr bewirkt Geistesstörung; Hülfe dagegen leistet der reichliche Genuss von Honig-meth. Seine Rinde[1]) wird den schmerzstillenden Mitteln und den Pa-stillen zugesetzt. In Wein gekocht und im Munde behalten lindert sie Zahnschmerzen. Der Saft der Wurzel mit Honig als Salbe heilt Stumpf-sichtigkeit.

[1]) Die Aldina und die späteren Ausgaben haben χυλός, Saft.

Sprengel und Kosteletzky halten die Pflanze für *Physalis somnifera* L., ersterer gibt aber zu, dass D. sich in der Blüthe geirrt haben müsse, denn diese sei weder gross noch safrangelb. Er zieht die Beschreibung des Theophrast (Hist. pl. VII 7, 2): στρύχνος, ὃν καὶ ὠμὸν ἐσθίουσιν, den auch roh essbaren Strychnos (mit ess-baren Beeren) und (IX 11, 5) στρύχνος ὑπνώδης ... καὶ ἔχων ῥίζαν ὥσπερ αἷμα ξηραι-νομένην den schlafmachenden Strychnos, getrocknet, mit blutrother Wurzel, hierher.

Vermuthlich hat D. die Beschreibung der Pflanze von Theophrast adoptirt und selbst andere Merkmale zugesetzt, die einer ganz anderen Pflanze als der Theo-phrast'schen zukamen, z. B. καρπὸν ἐν λοβοῖς, Theophrast sagt: καρπὸν ἐρυθρότερον κόκκου, eine Frucht, rother als die Scharlachbeere, — und so grosse Unsicherheit geschaffen.

Fraas zieht *Solanum Dulcamara* L. (Solanaceae), Bittersüss, hierher. Es passen allerdings die zahlreichen, leicht zerbrechlichen Zweige und die fetten Blätter. die Blüthe ist meist schmutzig-violett, selten weiss, mit schön gelben Staubfäden.

die Beeren sind schön roth, nicht safrangelb. Hätte D. die Pflanze vor sich gehabt, so würde er sich wohl kaum damit begnügt haben zu sagen: „Blätter, welche denen der Quitte gleichen", sondern er würde die Eigenthümlichkeit, dass die oberen am Grunde in zwei längliche, spitze, ganz abstehende Lappen getheilt sind, nicht unerwähnt gelassen haben.

Cap. 74. Περὶ Στρόχνου μανιχοῦ. Strychnos manikos. Der Strychnos manikos, welchen Einige Persion[1]) nennen, Andere Thryon[2]) [Anhydron[3]), Pentadryon[4]), Enoron, Orthogyion]. Sein Blatt ist ähnlich dem der Rauke, aber grösser, dem des Akanth, der auch Paideros heisst, sich nähernd. Er treibt aus der Wurzel zehn bis zwölf sehr grosse Stengel, welche die Höhe von einer Klafter[5]) haben, ein längliches Köpfchen, wie eine Olive, aber rauher, etwa wie die Frucht der Platane, jedoch grösser und dicker, eine dunkle Blüthe, nach dieser zeitigt er eine traubenartige runde, schwarze Frucht, zehn bis zwölf Beeren in Traubenbüscheln wie beim Epheu, sie sind weich wie Weinbeeren. Die Wurzel darunter ist weiss, dick, hohl, etwa eine Elle lang. Er wächst an bergigen, windigen und mit Platanen besetzten Stellen. Die Wurzel, in der Menge von 1 Drachme mit Wein getrunken, hat die Kraft, nicht unangenehme Phantasiegebilde zu schaffen, 2 Drachmen getrunken, halten sie bis zu drei Tagen an, 4 Drachmen getrunken tödten gar. Das Gegenmittel dafür ist Honigmeth, reichlich genossen und wieder erbrochen.

[1]) Statt Persea, von der runden Frucht. [2]) Eine magische Pflanze der kolchischen Zaubergärten. [3]) Vom Wasser entfernt. [4]) Fünfbüschelig. [5]) ὀργυιά = 4 πήχεις = 1,25 m.

In diesem Capitel verhält es sich ebenso. Die Synonyma bei Theophrast sind Thryon und Persion; er beschreibt (Hist. pl. IX II, 6) den Strychnos manikos so: „Das Blatt ist ähnlich dem der Rauke, nur grösser, der Stengel eine Klafter hoch, das Köpfchen wie eine Lauchzwiebel, aber rauher, es gleicht auch der Frucht der Platane." Diesen Merkmalen hat nun D. noch weitere zugefügt.

Fab. Columna hat die Verworrenheit sehr gut dadurch gelöst, dass er die Beschreibung auf zwei verschiedene Pflanzen bezieht, nämlich die dunkle Blüthe, die traubige Frucht mit weicher Beere, sowie den bergigen, schattigen Standort auf *Atropa Belladonna* L. (Solanaceae), Tollkirsche, und die anderen Kennzeichen auf *Datura Stramonium* L. (Solanaceae), Stechapfel.

Der wichtigste wirksame Bestandtheil ist das in den Blättern, Früchten, Samen und Wurzeln beider Pflanzen, bei Datura Stram. besonders in den Samen enthaltene Atropin. Dasselbe ist aber nur in der mehrjährigen, frischen Wurzel präformirt vorhanden. Die Hauptmenge der Alkaloide ist Hyoscyamin, aus welchem bei der Darstellung der Alkaloide durch molekulare Umlagerung das Atropin (von Mein 1831 endeckt) entsteht. Es bildet farb- und geruchlose, durchscheinende glänzende Krystallnadeln oder -büschel. Seine Wirkung erstreckt sich auf das centrale Nervensystem, dient zur Beseitigung von Lähmungszuständen des Gehirns, daher auch als Gegengift bei Morphinvergiftungen. Hauptsächlich kommt seine mydriatische Wirkung in Betracht, durch die es zu einem der wichtigsten Heilmittel in der Augenheilkunde geworden ist.

Sprengel und Kosteletzky ziehen *Solanum sodomeum* L. hierher, einen meterhohen Strauch mit seitlichen wenigblüthigen Trugdolden und wallnussgrossen grün- und weissgescheckten, später gelben und dann schwarzen Beeren. Die Heimath scheint Afrika, besonders die Kapgegend zu sein, es kommt auch halbwild in Calabrien, Sicilien und Griechenland vor. Die Hottentotten verwenden die Wurzel als harntreibendes Mittel bei Wassersucht; die Beere ist sehr giftig.

Cap. 75. Περὶ Δορυχνίου. Doryknion.

Das Doryknion — Krateuas nennt es Halikakabos oder Kalea — ist ein einem ganz jungen Oelbaum ähnlicher Strauch mit Zweigen, die kleiner als eine Elle sind. Es wächst auf Felsen, nicht weit vom Meere. Die Blätter sind der Farbe nach dem Oelblatt ähnlich, aber kleiner und fester und sehr rauh. Die Blüthe ist weiss, hat an der Spitze weisse dichte Hülsen[1]) wie die Erbse; in diesen befinden sich fünf bis sechs runde Samen von der Grösse kleiner Erbsen, glatt, fest und bunt. Die Wurzel ist fingerdick und eine Elle lang. Auch dieses scheint schlafmachend zu sein, im Uebermaass aber zu tödten. Einige sagen, die Samen desselben würden zu Liebeszwecken benutzt.

[1]) πυκνὰ θυλάκια.

Die älteren Botaniker, Rondeletius und Lobelius, ziehen *Convolvulus monspeliensis* hierher; es ist allerdings eine harmlose Pflanze, aber D. sagt selbst nichts Bestimmtes von den Kräften, sondern nur: „es scheint“. Fraas hält *Convolvulus Dorycnium* L. (Convolvulaceae), Strauchwinde, angemessener, weil Standort, Form der Pflanze und Wurzel besser passen, auch die θυλάκια, Hülsen oder Schoten, einzeln, aber häufig genug vorkommen, so dass im Spätherbst, wenn Blätter und Blüthen abgefallen sind, alle Endspitzen noch voll von Früchten stehen.

Cap. 76. Περὶ Μανδραγόρου. Alraun.

Die Mandragora — Einige nennen sie Antimelon[1]), Andere Dirkaia, auch Kirkaia[2]), da die Wurzel als Liebesmittel wirksam zu sein scheint [auch Antimenion[3]), Bombochylos[4]), Minos, die Aegypter Apemum, Pythagoras, Anthropomorphon[5]), Andere Althergis, Thridakias, Kammaros[6]), Zoroaster Diamonon oder Archine, die Propheten Hemionus, auch Gonogeonas, die Römer Mala canina[7]), auch Mala terrestria[8])]. Eine Art davon ist weiblich, schwarz, Thridakias genannt, sie hat schmalere und kleinere Blätter mit hässlichem und scharfem Geruch, über die Erde ausgebreitet, daneben Aepfel wie Speyerlingsbeeren, gelb, wohlriechend, darunter auch eine Frucht wie die Birne, die Wurzeln sind sehr gross, zwei oder drei, mit einander verwachsen, aussen schwarz, innen weiss und mit einer dicken Rinde. Einen Stengel treibt sie nicht. Die Blätter der männlichen, welche Einige Norion[9]) nennen, sind gross, weiss, breit, glatt wie bei der Bete. Die Aepfel sind doppelt so gross, von safrangelber Farbe, mit einer gewissen Schärfe wohlriechend. Wenn die Hirten dieselben essen, werden sie wie leicht betäubt. Die Wurzel ist der der vorigen ähnlich, aber grösser und weisser; auch diese ist stengellos.

Aus der Rinde der Wurzel wird Saft bereitet, indem sie frisch zerstossen und unter die Presse gebracht wird; man muss ihn dann in die Sonne setzen und nach dem Eindicken in einem irdenen Gefässe aufbewahren. In ähnlicher Weise wird auch aus den Aepfeln der Saft bereitet, aber es wird aus ihnen ein schwächerer Saft gewonnen. Auch wird die ringsum abgezogene Rinde der Wurzel auf eine Schnur gereiht und zum Aufbewahren aufgehängt. Einige kochen die Wurzeln mit Wein bis auf den dritten Theil ein, klären es und setzen es dann weg, um einen Becher davon bei Schlaflosigkeit und übermässigem Schmerzgefühl anzuwenden, ebenso bei solchen, bei denen sie, um sie zu schneiden oder zu brennen, Gefühllosigkeit bewirken wollen. Der Saft[10]), in der Gewichtsmenge von 2 Obolen mit Honigmeth getrunken, führt den Schleim und die schwarze Galle nach oben ab wie die Nieswurz; ein Genuss von mehr nimmt das Leben weg. Er wird auch den Augenarzneien und den schmerzstillenden Mitteln, wie auch erweichenden Zäpfchen zugesetzt. Für sich allein so viel wie 1 Obole im Zäpfchen eingelegt, treibt er die Menstruation und den Embryo aus, in den After als Zäpfchen gebracht macht er Schlaf. Man sagt auch, dass die Wurzel das Elfenbein, wenn es damit sechs Stunden gekocht werde, erweiche und plastisch mache, um in jede beliebige Form gebracht zu werden. Die frischen Blätter sind mit Graupen als Umschlag ein gutes Mittel bei Entzündungen an den Augen und an Geschwüren; sie zertheilen auch alle Verhärtungen und Abscesse, Drüsen und Geschwülste; sie bringen ferner Male ohne Eiterung weg, wenn sie fünf bis sechs Tage sanft aufgerieben werden. Zu demselben Zwecke werden die Blätter in Salzlake eingemacht und aufbewahrt. Die Wurzel, mit Essig fein zerrieben, heilt·Rose, mit Honig oder Oel dient sie gegen Schlangenbisse, mit Wasser vertheilt sie Drüsen und Tuberkeln, mit Graupen lindert sie auch Gelenkschmerzen. Aus der Wurzelrinde wird ferner ohne Kochen ein Wein bereitet; man muss dann 3 Minen in 1 Metretes[11]) süssen Weines geben und davon 3 Becher denen reichen, welche geschnitten oder gebrannt werden sollen, wie oben gesagt ist, denn sie empfinden wegen des Verfallens[12]) (in tiefen Schlaf) keine Schmerzen. Die Aepfel aber sind durch den Geruch und den Genuss betäubend, ebenso der aus ihnen gewonnene Saft, im Uebermaass aber genossen, nehmen sie die Sprache weg. Der Same der Aepfel, getrunken, reinigt die Gebärmutter, mit Jungfernschwefel[13]) im Zäpfchen eingelegt stellt er den rothen Fluss. Aus der Wurzel wird aber der Saft gezogen, indem sie mehrfach eingeschnitten und er in einer Höhlung aufgefangen wird; der ausgepresste Saft ist aber kräftiger als der so ausfliessende. Die Wurzeln liefern übrigens nicht in jeder Gegend (natürlichen) Saft, dies zeigt die Erfahrung.

Man berichtet, es gebe noch eine andere, Morion[14]) genannte Art,

welche an schattigen Plätzen und um Felsenhöhlen wächst; sie hat
Blätter wie die weisse Mandragora, aber kleiner und etwa spannenlang,
weiss, kreisförmig um die Wurzel gestellt, welche zart, weiss, etwas
grösser wie eine Spanne und daumendick ist. Diese, in der Gabe von
1 Drachme getrunken oder mit Graupen im Brod oder in der Zukost genossen, soll tiefen Schlaf bewirken; es schläft nämlich der Mensch in
derselben Stellung, in welcher er sie genossen hat, ohne jede Empfindung
drei bis vier Stunden von da ab, wo sie eingenommen ist. Auch diese
gebrauchen die Aerzte, wenn sie schneiden oder brennen wollen. Die
Wurzel soll auch ein Gegenmittel (gegen Gifte) sein, wenn sie mit dem
sogen. Strychnos manikos genommen wird.

¹) An Apfels Stelle. ²) Pflanze der Kirke, der bekannten Zauberin. ³) Dem
Zorn entgegen. ⁴) Ein Saft, der dumpfes Rauschen verursacht. ⁵) Menschengestalt,
bezieht sich auf die Wurzeln. ⁶) Dem Schicksal unterworfen, bei Hippokrates ein
kühlendes Mittel = κάμμορος. ⁷) Hundsäpfel. ⁸) Erdäpfel. ⁹) Morion? ¹⁰) ὀπός,
muss hier doch wohl auf den ausgepressten Saft bezogen werden. ¹¹) 1 Mina =
436,6 g, 1 Metretes = 3 Choes = 144 Kotylen; der äginäische Metretes = 36,4 l, der
attische = 39,36 l (nach Hultsch in Pauly und Wissowa, Realencyklop. III 2). ¹²) διὰ
τὸ καταφέρεσθαι scil. εἰς ὕπνον. ¹³) θεῖον ἄπυρον. ¹⁴) Von μωρία, Stumpfheit der Sinne.

Atropa Mandragora L. (Solanaceae), Alraunwurzel.

Das Wort Mandragoras setzt sich offenbar zusammen aus μάνδρα, Hürde — noch
heute heissen so schlechte Schäferhütten im Gebirge — und ἀγορά, Versammlung,
vielleicht weil die Pflanze in der Nähe der Schäferhütten sich gern ansiedelte.

Bei Theophrast (Hist. pl. VI 2, 9) ist Mandragoras die Atropa Belladonna mit
hohlem (markigem) Stengel und schwarzer, weinig-saftiger Beere. Plinius, XXV 147,
kennt nur zwei Arten, die weisse männliche und die schwarze weibliche.

D. unterscheidet drei Arten, die beiden ersten sind schon durch die Blüthezeit
verschieden, die dritte kennt er nur vom Hörensagen.

Die erste, die weibliche, schwarze, auch Thridakias genannte, ist von Bertoloni als *Mandragora autumnalis* bezeichnet, sie hat eine spindelige, dicke, fleischige,
braune, meist zwei- oder dreispaltige Wurzel, zahlreiche spitze, wellige und runzelige,
stielartig verschmälerte, dunkelgrüne, später ausgebreitete Blätter, zwischen denen
mehrere weichhaarige Blüthenstiele sich erheben. Die Blumenkrone ist lilafarben,
purpurn-geadert, den Kelch nur etwas überragend, die Frucht eine eiförmige (darauf
könnte ὥσπερ ἀπίου bezogen werden), pomeranzengrosse, gelbe, übelriechende Beere
mit nierenförmigen Samen. Die Pflanze blüht im Herbst und Winter. Frisch hat
sie einen widerlichen, betäubenden Geruch und ekelhaft bitteren Geschmack. In allen
Mittelmeerländern.

Mandragora vernalis Bert. unterscheidet sich nur wenig, so dass man jene als
Abart von dieser betrachtet hat. Die Wurzel ist weisslich, die Blätter sind weniger
runzelig und spitz, die Blüthenstiele sind nicht weichhaarig, die Blumenkrone ist
schmutzig-weiss, die Frucht mehr rund. Sie blüht im Frühjahr. Beide Pflanzen
finden sich im südlichen Europa, in Griechenland häufig, in Norditalien selten.

Wegen der heftigen Wirkung und der Gestalt der Wurzel, in der man eine
menschliche Figur erkennen wollte, spielt die Alraunwurzel in der Geschichte des
Aberglaubens und der Aphrodisiaka der meisten Kulturvölker eine nicht unbedeutende Rolle. Nach Jos. Flavius (Antiq. jud. I 31) sollen die Dudaïm, welche (nach
I. Mos. 30, 14 ff.) Ruben seiner Mutter Lea brachte, die Alraunen gewesen sein. Der

Papyrus Ebers hat die Mandragora unter den Arzneimitteln der Aegypter. Diese scheinen auch schon die mydriatische Wirkung der Solanaceen-Alkaloide, von der D. nichts sagt, gekannt zu haben. Erman (Aegypten und ägyptisches Leben im Alterthum, S. 364) erzählt nach einem alten Werke (Destruction des hommes) Folgendes: „Sechmet hatte auf Geheiss des Ra fast alle Menschen getödtet. Um den Rest zu retten, machte er jene dadurch unschädlich, dass er ihr Doda-Frucht ins Bier mischte; sie wurde trunken, so dass sie die Menschen nicht wieder erkannte ... ihr Antlitz wurde schön." Im Mittelalter wurde die Wurzel als Talisman getragen, um Glück zu erringen, im Hause und Stalle aufgehängt, um Unheil abzuwenden.

Die narkotischen Eigenschaften verdankt die Mandragora-Wurzel einem Gehalt an Alkaloiden. Nach M. Wentzel (Ueber die chemischen Bestandtheile der Mandragora-Wurzel, Inaugural-Dissertation, Berlin 1900) ist es ein Basengemisch, welches wie bei Belladonna vorzugsweise aus Hyoscyamin besteht, begleitet von einer geringen Menge Hyoscin und Atropin, das bei der Darstellung aus dem Hyoscyamin entstanden ist.

Aus dem Arzneischatz ist die Mandragora schon lange verschwunden.

Cap. 77. Περὶ Ἀκονίτου. Akoniton. Das Akoniton — Einige nennen es Pardalianches[1]), Andere Kammoros[2]), Thelyphonon[3]), Myoktonon[4]), Therophonon[5]) — hat drei oder vier, denen des Kyklaminos oder der Gurke ähnliche Blätter, aber kleiner und etwas rauh, und spannenlange Stengel. Die Wurzel ist dem Skorpionsschwanze ähnlich, alabasterartig glänzend. Man sagt, dass seine Wurzel, wenn sie dem Skorpion genähert werde, diesen lähme, dass er aber wieder munter werde, wenn Nieswurz neben ihn gelegt werde. Sie wird auch den schmerzstillenden Augenmitteln zugesetzt; sie tödtet aber Panther, Schweine, Wölfe, überhaupt jedes Thier, wenn sie, in Fleischstücke gehüllt, diesen vorgeworfen wird.

[1]) Pantherwürger (πάρδαλις und ἄγχω). [2]) Gleich κάμμαρος, ein Flusskrebs, dem die Wurzel ähnlich sein soll (Plin. XXVII 9, siehe auch Cap. 76, N. 6). [3]) Weiber tödtend (θῆλυς und φονεύω), nach den Scholiasten soll es einem weiblichen Thiere an den Geschlechtstheil gebracht dasselbe tödten; das beste Gegengift ist menschlicher Koth. [4]) Mäuse tödtend. [5]) Wild tödtend (θήρ und φονεύω).

Mit der Deutung dieser Pflanze haben sich alle Väter der Botanik abgemüht und ihr die verschiedensten Namen gegeben.

Theophrast (Hist. pl. IX 16, 4) beschreibt das Akoniton so: „Es wächst auf Kreta und Zakynthos, das beste aber bei Herakleia in Pontus. Es hat ein Blatt wie Wegwart, eine Wurzel nach Form und Farbe wie der kleine Seekrebs Karis (Sprengel und Fraas übersetzen fälschlich καρίς mit Nuss), mit todbringender Kraft, Blatt und Frucht dagegen sollen unschädlich sein. Die Frucht ist wie bei den Krautgewächsen, nicht wie bei den Sträuchern; die Pflanze ist klein, nicht besonders ansehnlich (οὐδὲν ἔχουσα περιττόν), dem Getreide ähnlich, der Same aber sitzt nicht in Aehren. Es wächst übrigens allenthalben und nicht nur zu Akone, woher es den Namen hat, einer Stadt der Maryandiner (am Schwarzen Meere) ... Damit es wirke, muss man die Zubereitung verstehen, in Wein oder Honigmeth wirkt es nicht, man kann aber die tödtliche Wirkung auf eine bestimmte Zeit einrichten." IX 18, 2 sagt er vom Thelyphonon, es habe ein Blatt wie Schweinsbrod, eine dem Skorpion ähnliche Wurzel, sei für die Vierfüssler ein tödtliches Gift, tödte auch den Skorpion,

wenn er damit bestreut werde, Nieswurz mache ihn wieder gesund. — Undeutlicher
konnte sich Theophrast nicht ausdrücken, wenn unser Sturmhut gemeint sein soll.

Plinius XXVII 19 leitet den Namen Aconitum ab von ἐν ἀκόναις, an nackten
Felsen wachsend und beschreibt wie D.; VI 4 nennt er die Hafenstadt Acone am
Schwarzen Meere „grauenhaft durch das Gift Aconitum“.

Es war auch eine Giftpflanze der Hekate, und die Fabel lässt es aus dem
Geifer des Cerberus entstehen.

Nikander (Alexipharm.) wirft Telyphonon, Myoktonon und Kammaron als
Akonita zusammen.

Dodonäus hat zuerst die Pflanze auf *Doronicum Pardalianches* L. (Compositae),
Gemeine Gemswurz, bezogen, dem auch die neueren Botaniker zustimmen. Es
ist eine Pflanze der Gebirgs- und Alpenwiesen im mittleren Europa bis nach Oberitalien. Die süsslich-aromatisch schmeckende, aber nur wenig riechende Wurzel war
früher als Rad. Doronici gebräuchlich, ihre Heilkräfte sollen denen der Arnica gleich
sein. Das Akoniton des Theophrast kann unmöglich auf unseren Sturmhut *Aconitum
Napellus* L. bezogen werden; es ist später weder auf Kreta noch auf Zakynthos
gefunden, hat nicht einmal dort eine traditionelle Spur hinterlassen. Erst D.
gibt sein Vorkommen in den Vestinischen Bergen (den Abruzzen) an. Bis dahin
scheinen die Schriftsteller den wahren Sturmhut nicht gekannt, sondern nur nach
Hörensagen über ihn berichtet zu haben, während das *Doronicum Pardalianches*,
welches nach Fraas überall in Griechenland auf den Bergen von 100 m Höhe vorkommt, ihnen bekannt war. Auf dieses wurde dann Beschreibung und Wirkung der
der griechischen Flora fremden Pflanze übertragen. Die Unsicherheit des D. bei
Angabe der giftigen Eigenschaften deutet gleichfalls darauf hin, dass er seiner
Sache nicht gewiss ist, dass er aber nicht das giftige *Aconitum Napellus* meint.

Cap. 78. Περὶ ἑτέρου Ἀκονίτου. Anderes Akoniton.

Das
andere Akoniton — Einige nennen es Kynoktonon[1]), Andere Lykoktonon[2])
[weisse Bohne, die Römer Colomestrum]. Es gibt davon drei Arten; eine,
welche man auf der Jagd gebraucht[3]), die beiden anderen wenden die
Aerzte an; das dritte davon [das pontische genannt] wächst am meisten
in Italien, in den sogen. Vestinischen Bergen[4]); es ist von dem vorigen
verschieden. Es hat Blätter wie die Platane, aber mehr eingeschnitten,
viel kleiner und dunkler, einen Stengel wie Farnkraut, einen kahlen
Schössling[5]) von der Höhe einer Elle oder noch höher, eine Frucht in
etwas länglichen Kapseln, Wurzeln wie die schwarzen verflochtenen
Fühler der Heuschreckenkrebse[6]). Man gebraucht sie, in rohes Fleisch
eingehüllt, zur Wolfsjagd, denn wenn sie von den Wölfen gefressen werden,
tödten sie dieselben.

[1]) Hundstod. [2]) Wolfstod. [3]) D. h. zum Vergiften der schädlichen Thiere. [4]) Die
heutigen Abruzzen. [5]) Den Blüthenstengel. [6]) Squilla mantis Latr.

Die Schriftsteller vor D. kannten diese Pflanze nicht, auch das Aconitum des
Plinius ist das Pardalianches des vorigen Capitels.

Aconitum Napellus L. (Ranunculaceae), Sturmhut, Eisenhut. Es kommt in
Griechenland nicht vor, wohl aber auf den bedeutenden Höhen der norditalischen
Berge, wo es heute noch Aconito oder Napello heisst. Die Blätter und Wurzel-
knollen enthalten ein starkes Gift, besonders die letzteren, welche als Tubera Aconiti

officinell sind; es sind zwei, selten drei rübenförmig·verdickte, oben durch einen Querast zusammenhängende, dunkelbraune, längsfurchige Knollen mit wenigen Nebenwurzeln, deren eine den blühenden Stengel trägt.

Der wichtigste und wirksame Bestandtheil ist das Alkaloid Aconitin (Geiger und Hesse 1838) in farblosen, büschelförmigen, in Wasser schwer, in Alkohol, Aether und Chloroform leicht löslichen Krystallen, die im reinen Zustande einen scharfen, anhaltend brennenden, nicht bitteren Geschmack haben. Ausserdem enthalten die Knollen 25% Amylum, Fett, Harz, Zucker u. s. w.; ihre Wirkung erstreckt sich besonders auf das Rückenmark und auf die Erweiterung der Pupille. Die Knollen werden nur in der Form der Tinctur und des Extractes angewandt.

Cap. 79. Περὶ Κωνείου. Schierling. Das Koneion [Einige nennen es Aigynos, Andere Aethusa, Apolegusa[1]), Dolia[2]), Amaurosis[3]), Paralysis[4]), Aphron[5]), Kreïdion, Koite[6]), Katechomenion[7]), Abioton[8]), Apseudes[9]), Ageomoron[10]), Timoron[11]), Polyanodynos[12]), Dardanis, Katapsyxis[13]), Osthanes Babathy, die Aegypter Apemphin, die Römer Cicuta] hat einen knotigen grossen Stengel wie der Fenchel, Blätter wie das Steckenkraut, aber schmaler und mit durchdringendem Geruch, an der Spitze aber Fortsätze und Dolden. Die Blüthe ist weisslich, der Same gleicht dem Anis, ist aber weisser. Die [hohle] Wurzel geht nicht tief. Auch dieses gehört zu den vernichtenden Giften, indem es in Folge von Erkältung tödtet. Gegenmittel ist ungemischter Wein. Die Dolde an der Spitze wird, bevor der Same trocken wird, zur Saftbereitung benutzt, sie wird gestossen und ausgepresst, der Saft an der Sonne eingeengt. Getrocknet findet er vielfache Verwendung zum Gebrauch in der Heilkunst; auch wird der ausgepresste Saft mit Wein gemischt vortheilhaft den schmerzlindernden Kollyrien zugesetzt; kriechende Geschwüre und Rose beseitigt er als Salbe. Das Kraut und die Dolde, fein gestossen als Umschlag um die Hoden gelegt, helfen gegen Pollutionen, auch lassen sie als Kataplasma die Genitalien erschlaffen. Sie vertreiben ferner die Milch und verhindern ein Grösserwerden der jungfräulichen Brüste, lassen auch die Hoden der Knaben verkümmern. Das kräftigste ist das kretische, das von Megara und das attische, sowie das auf Chios und in Kilikien wachsende.

[1]) Verzweiflung bringend. [2]) Die Tückische. [3]) Schwächung. [4]) Verfall. [5]) Wahnsinnig. [6]) Schlaf. [7]) Die Waltende. [8]) Das Leben nehmend. [9]) Die Truglose. [10]) Dumm machend (ἡγέομαι und μωρός). [11]) Die Hülfreiche. [12]) Viele Schmerzen lindernd. [13]) Erkältung.

Conium maculatum L. (Umbelliferae), Schierling.

Theophrast (Hist. pl. IX 15, 8; 16, 8) rühmt den Schierling von Susa und aus den kältesten Gegenden, von dort habe Thrasyas aus Mantinea den Saft geholt als Zusatz zu dem einen schmerzlosen Tod bewirkenden Giftmittel. Bei Plinius XXV 151 heisst der Schierling Cicuta, „verhasst wegen des Gebrauches bei den Athenern als öffentliches Strafmittel, nämlich zur Bereitung des Giftbechers, aber auch geschätzt wegen seiner vielen guten Eigenschaften". Die beiden Namen wurden später durcheinander gebraucht, so dass man im Zweifel war, ob Conium maculatum oder Cicuta virosa gemeint sei. Linné trennte sie.

Alle Theile der Pflanze, besonders die nicht ganz reifen Früchte, enthalten das giftige, sauerstofffreie Alkaloid Coniin (Geiger 1831). Es ist eine farblose oder schwach gelbliche, ölige, stark alkalisch reagirende Flüssigkeit mit widrigem, betäubendem, im verdünnten Zustande mäuseharnartigem Geruch und unangenehm scharfem, tabakähnlichem Geschmack, in 90 Theilen Wasser löslich und leicht der Zersetzung unterworfen. Mit Alkohol mischt es sich in jedem Verhältniss. Die narkotischen Eigenschaften des Coniums sind denen des Bilsenkrautes ähnlich; es wird gegen Skrofeln, Drüsen, Krebs, als schmerzstillendes und auch als krampflinderndes Mittel im Extract oder in der Tinctur gegeben. Gegenmittel bei Vergiftungen mit Schierling sind Strychnin und Opium.

Cap. 80. Περὶ Σμίλακος. Eibe. Der Smilax — Einige nennen ihn Thymalos, die Römer Taxus — ist ein an Blättern und Grösse der Tanne ähnlicher Baum, welcher in Italien und Narbonien[1]), in der Nachbarschaft von Spanien wächst. Wenn die Küken die Frucht des in Italien wachsenden fressen, ersticken sie; diejenigen (Menschen), welche sie geniessen, gehen an Durchfall zu Grunde. Der in Narbonien wachsende hat dieselbe Kraft, so dass die, welche in seinem Schatten ruhen oder eingeschlafen sind, geschädigt werden, oft auch sterben. Man berichtet so über ihn, damit man sich vor ihm in Acht nehme.

[1]) Die gallische Provincia Romana, später Gallia narbonnensis mit der berühmten Handelsstadt Narbo, das jetzige Arrondissement Narbonne.

Smilax, bei Theophrast (Hist. pl. I 10, 5 u. 6) auch Milax, bei Plinius XVI 51 u. 153 Zmilax und Smilax, ist der Name für verschiedene Pflanzen, hier nach Synonymen und Beschreibung für *Taxus baccata* L. (Taxineae), Eibe.

Was die Giftigkeit des Baumes betrifft, so heisst es bei Theophrast (Hist. pl. III 10, 2), das Zugvieh (τὰ λόφουρα) sterbe nach dem Genuss der Blätter, den Wiederkäuern schadeten sie nichts, die süsse Frucht sei den Menschen ungefährlich. Plinius, gestützt auf Sextius Niger, berichtet über die Giftigkeit des Taxus wie D.; früher, sagt er, habe man die Gifte, mit denen die Pfeile bestrichen wurden, Taxica genannt, jetzt heissen sie Toxica. Nach Julius Cäsar (De bello gall. VI 31) soll sich der König Cativolcus, der über die eine Hälfte der Eburonen herrschte, mit Taxus vergiftet haben. Auch Galen (De simpl. med. fac. VIII 29) hält die Eibe für einen Baum mit tödtlichem Gifte. Diese Erzählungen sind nicht etwa als Fabeln zu betrachten, denn an der Giftigkeit der Zweige, wenn sie in grösserer Menge von den Thieren gefressen werden, ist nicht zu zweifeln. Dies bestätigt Lenz (Bot. der alten Griechen u. Römer, S. 388 Anm. 851), welcher einen gesunden Ziegenbock, dem er Eibenzweige statt Heu in die Raufe gab, wenige Stunden später verendet vorfand.

Die toxische Wirkung kommt auf Rechnung des in den Nadeln enthaltenen Taxins, eines lockeren, weissen, amorphen, bitteren, in Wasser schwer, in Alkohol leicht löslichen Alkaloids, welches aus ätherischer Lösung sich in sehr feinen, glitzernden Kryställchen ausscheidet.

Cap. 81. Περὶ Ἀποκύνου. Hundswürger. Das Apokynon — Einige nennen es Kynanchon, Andere Pardalianches, Kynomoron[1]), Kynokrambe[2]) [Kynoktonon[1]), Phaleos, Kynanche, Oligoros[3]), Hippomanes[4]), Onistis, Ophioskorodon[5]), Kynarike[6]), Elaphoskordon[7]), die Propheten Paralysis, die Römer Brassica rustica oder canina[8])] — ist ein Strauch mit langen, biegsamen [stinkenden], schwer zu brechenden Zweigen. Es hat epheuähnliche Blätter, sie sind aber weicher und an der Spitze schärfer, mit durchdringendem Geruch, etwas schlüpfrig und voll von gelbem Saft. Die Frucht gleicht der Hülse der Bohnen, ist einen Finger lang, sackartig, mit kleinen harten, schwarzen Samen. Seine Blätter, mit Fett zu Brödchen geformt, tödten, wenn sie ihnen vorgeworfen werden, Hunde, Wölfe, Füchse und Panther, sie lähmen sie sofort an den Oberschenkeln.

[1]) Hundstod. [2]) Hundskohl. [3]) Achtungslos. [4]) Rosswuth. [5]) Schlangenknoblauch. [6]) Hagebuttenähnlich, von der Frucht (χυνάρα und εἰχός). [7]) Hirschknoblauch. [8]) Bauern- oder Hundskohl.

Cynanchum erectum L. (Asclepiadaceae), Aufrechter Hundswürger. Eine Pflanze des Orients; sie hat einen bis 1 m hohen buschigen Stengel mit gegenständigen, gestielten, zugespitzten, kahlen, etwas seegrünen Blättern und kleinen, weissen, wohlriechenden, in Trugdolden stehenden Blüthen. Sie führt einen sehr scharfen Milchsaft, welcher auf der Haut Blasen zieht, innerlich genommen heftiges Erbrechen und Purgiren bewirkt.

Cap. 82. Περὶ Νηρίου. Oleander. Das Nerion — Einige nennen es Rhododaphne[1]), Andere Rhododendron [Spongos[2]), Haimostaris[3]), die Römer Oleandrum, auch Laurorosa, die Lukanier Ikmane[4]), die Aegypter Skinphe] — ist ein bekannter Strauch mit Blättern, welche grösser und dicker sind als die der Mandel. Die Blüthe ist rosenartig; eine Frucht trägt er wie Hörner, welche geöffnet angefüllt ist mit einem wollartigen Stoffe, ähnlich der Haarkrone der Eselsdistel[5]). Die Wurzel ist zugespitzt, lang, holzig und hat salzigen Geschmack. Es wächst in Anlagen, in Meeresgegenden und an Flüssen. Die Blüthe und die Blätter haben die Kraft, Hunde, Esel, Maulesel und die meisten vierfüssigen Thiere zu tödten, für die Menschen aber sind sie mit Wein getrunken, besonders wenn Raute zugemischt ist, Hülfsmittel gegen die Bisse giftiger Thiere. Die schwächeren Thiere, wie Ziegen und Schafe, sterben, wenn sie den Aufguss davon trinken.

[1]) Lorbeerrose. [2]) Schwamm. [3]) Bluttropfend (αἷμα und στάζω ?), beide Synonyma gehen vielleicht auf das Tröpfeln, Bluten des Baumes, wenn er verletzt wird. [4]) Feucht. [5]) Die Frucht ist eine etwa 10 cm lange, braune Balgkapsel mit vielen mit einer Haarkrone versehenen Samen.

Nerium Oleander L. (Apocyneae), Oleander. Ob der Oleander das εὐώνυμον auf Lesbos ist, welches Theophrast (Hist. pl. III 18, 13) in mancher Beziehung übereinstimmend beschreibt, ist fraglich. Bei Plinius XVI 79 heisst er Nerium oder Rhododendron. In Griechenland ist er als Baum von 5—6 m Höhe an Flussufern und Wasserriefen sehr häufig, im südlichen Italien ebenfalls. Nach Schmiedeberg enthalten die Blätter drei stickstofffreie, amorphe Glukoside, Oleandrin, Nerianthin und Nereïn, welche ähnlich den Digitalis-

Glukosiden als Herzgifte wirken; ihre Zusammensetzung ist nicht näher bekannt. Bei uns ein bekannter Zierbaum.

Cap. 83. Περὶ Μυκήτων. **Pilze.** Man unterscheidet zwei Arten Pilze: entweder sind sie nämlich essbar oder verderblich. Sie entstehen aus vielen Ursachen; denn entweder wachsen sie neben verrosteten Nägeln oder fauligem Zeug oder neben den Schlupfwinkeln der Schlangen, oder neben Bäumen, welche besonders schädliche Früchte tragen. Solche haben eine schlüpfrige Oberfläche; wenn man sie nach dem Herausnehmen weglegt, so werden sie schnell durch Fäulniss zerstört. Die nicht von dieser Art sind, geben eine angenehme Suppenwürze; aber auch diese, im Uebermaass genossen, sind schädlich, da sie schwer verdaulich sind, indem sie Erstickung oder Cholera bewirken. Gegen alle hilft aber ein Trank aus Oel und Natron oder Lauge mit einer Brühe von Essig und Salz, oder eine Abkochung von Saturei oder ein Trank aus Dosten, oder Hühnermist mit Essig, oder das Auslecken von viel Honig. Sie sind wohl nahrhaft, doch schwer verdaulich, denn sie werden unversehrt mit den Abgängen wieder ausgeworfen.

D. hat das Capitel „Pilze" recht kurz behandelt. Theophrast und Plinius widmen ihnen einen breiteren Raum, besonders werden mehrere Arten von ihnen aufgezählt. Die von D. und in Uebereinstimmung mit ihm von Galen angegebenen Gegenmittel (De antidot. II 7) bezwecken, Erbrechen und Abführen zu erregen.

Griechenland ist im Ganzen arm an Pilzen (heute μανιτάρι genannt), in Italien dagegen sind sie sehr verbreitet und werden viel verspeist. Von den essbaren kommen hauptsächlich in Betracht: *Agaricus caesareus* Sch., der Kaiserschwamm, in Italien sehr häufig, *Ag. campestris* L., der Champignon, in Griechenland und Italien häufig, *Boletus edulis* L., der Steinpilz, in Italien als Speise sehr beliebt, ebenso *Morchula esculenta* Pers., die Morchel, mehrere Lycoperdon-Arten, besonders *Lyc. Tuber* L. (ὕδνος oder ἴχνος), die Trüffel; von den giftigen: *Amanita muscaria* Pers., der Fliegenschwamm, *Agaricus emeticus* Sch., der Speiteufel, *Ag. pantherinus* D. C. der Pantherschwamm, *Ag. phalloides* Fr., der Blätterschwamm, und *Bol. luridus* Sch., der Hexenpilz. Plinius XXII 94 ff. sagt: „Die Pilze saugen aus den rostigen Nägeln und aus faulenden Lappen die schlechten Säfte an und verarbeiten sie zu Gift. Manche Giftschwämme erkennt man an ihrer verwaschenen Röthe (dilutus rubor), an ihrem widrigen Anblick, an ihrem inneren Blauwerden (lividus intra color), am blassen Rand, an ihren Rissen" u. s. w. — Bekanntlich täuschen aber die sogen. äusseren Proben.

Die in den Pilzen enthaltenen Gifte sind nach Kobert (St. Petersb. Wochenschr. 1891 Nr. 51 u. 52) das Muscarin, ein farb-, geruch- und geschmackloser, stark alkalisch reagirender, in Wasser und Alkohol leicht löslicher Sirup. In den Morcheln ist die Giftwirkung an Helvellasäure gebunden, sie lässt sich durch heisses Wasser ausziehen. In den Amanita-Arten bedingt das Phallin, ein Toxalbumin, die Giftigkeit.

Cap. 84. Περὶ Κολχικοῦ. **Zeitlose.** Das Kolchikon — Einige nennen es Ephemeron, Andere wilde Zwiebel [die Römer Ackerzwiebel] —

treibt im Spätherbst eine weissliche, der des Safrans ähnliche Blüthe, später entwickelt es die Blätter, welche denen der Zwiebel ähnlich, aber fetter sind. Der Stengel ist eine Spanne lang und trägt eine rothbraune Frucht, die Wurzel hat eine schwärzlichgelbe Rinde, abgeschält findet man sie weiss, zart, saftreich und süss. Die Zwiebel hat in der Mitte einen Spalt, aus dem sie die Blüthe treibt. Sie wächst am meisten in Messenien[1]) und Kolchis. Genossen tödtet sie durch Erstickung ähnlich wie die Pilze. Wir haben dieselbe aber beschrieben, damit sie nicht unversehens statt der Küchenzwiebel gegessen werde, denn wunderbar lockt sie die Unerfahrenen durch ihre Süsse an. Gegen den Genuss helfen dieselben Mittel wie gegen den Genuss von Pilzen, ferner das Trinken von Kuhmilch, so dass, wenn diese bei der Hand ist, es keines anderen Mittels bedarf.

[1]) Eine Landschaft im südwestlichen Peloponnes; Salmasius vermuthet ἐν Μυσίᾳ statt ἐν Μεσσηνίᾳ, aber warum, da die Pflanze ja in Griechenland sich findet. Den Namen hat sie von der Landschaft Kolchis. Theophrast kennt die Bezeichnung κολχικόν nicht, man vermuthet, es sei das (Hist. pl. IX 16, 6) ohne jede Beschreibung genannte Ephemeron, aber nur aus dem einzigen Grunde, weil es ein Synonym zu Kolchikon ist: „denn es sei ein anderes Würzelchen, welches am selben Tage (ἐφήμερον) tödte; dieses habe ein Kraut wie Nieswurz oder Trespe, es sei Allen bekannt". Jedenfalls berichtet Theophrast nach Hörensagen.

Colchicum autumnale L. (Melanthaceae), Herbstzeitlose der meisten Autoren; Fraas zieht aber Colchicum variegatum L. hierher, theils wegen der weisslichen Blüthe, theils wegen der Heimath Messenien, da C. autumn. sich in Griechenland diesseits des Spercheios (Hellada, Fluss im nördlichen Griechenland) nur selten findet und dann erst in bedeutender Höhe, während C. varieg. auf allen Xirobunen von 300 m Höhe an vorkommt.

Die Knollen orientalischer Colchicum-Arten fanden schon im frühen Mittelalter (selbst Alexander v. Tralles verordnete sie bereits) als Hermodactyli arzneiliche Verwendung, da man das einheimische Colchicum als Giftpflanze verabscheute.

Der in den Knollen und besonders im Samen enthaltene wirksame Bestandtheil ist das Colchicin, eine gelblichweisse oder gelbliche, amorphe, gummiartige, bittere, in Wasser, Alkohol und Chloroform leicht lösliche Masse mit drastisch giftiger Wirkung.

Die braunen Samen werden in der Tinctur als diuretisches und als specifisches Mittel gegen Gicht und Rheumatismus angewandt.

Cap. 85. Περὶ Ἐφημέρου. Ephemeron. Das Ephemeron — Einige nennen es wilde Iris — hat Blätter und Stengel wie die Lilie, aber zarter, weisse kleine Blüthen und eine weiche Frucht. Die Wurzel darunter ist fingerdick, lang, adstringirend und wohlriechend. Es wächst in Wäldern und an schattigen Plätzen. Seine Wurzel ist im Mundspülwasser ein Mittel gegen Zahnschmerzen. Die Blätter, in Wein gekocht und umgeschlagen, vertheilen Oedeme und Geschwülste, welche noch keine Flüssigkeit[1]) enthalten.

[1]) Eiter; Galen (De simpl. fac. VI p. 880) sagt darüber πρὶν ἐκπυῆσαι, vor der Vereiterung.

Die älteren Botaniker weichen in der Bestimmung der Pflanze sehr von einander ab; Sprengel bezieht sie auf *Convallaria verticillata* L. (Liliaceae-Asparagoideae), Fraas auf *Conv. multiflora* L., Vielblüthige Maiblume; sie kommt in Griechenland nicht vor, ist aber gleichfalls als Sigillo di Salomone oder di S. Maria in Italien sehr verbreitet.

Cap. 86. Περὶ Ἑλξίνης. Glaskraut. Die Helxine — Einige nennen sie Parthenion[1]), Andere Sideritis, Herakleia, Asyria[2]), Hygieine agria, Klibadion, Polyonymon[3]) — wächst an Mauern und Wänden. Es hat zarte röthliche Stengel, Blätter wie das Bingelkraut, rauh, um die Stengel herum eine Art kleiner rauher Samen[4]), welche den Kleidern anhaften. Die Blätter haben kühlende, adstringirende Wirkung, daher heilen sie als Umschlag Rose, Geschwülste, Brandwunden, beginnende Drüsenverhärtungen an Scham und Achseln, sowie jegliche Entzündungen und Oedeme. Ihr Saft mit Bleiweiss gemischt hilft als Salbe bei Rose und kriechenden Geschwüren, in kyprische Wachssalbe oder Bocksfett aufgenommen gegen Podagra. Ferner hilft der Saft, etwa 1 Becher voll geschlürft, bei chronischem Husten, ebenso ist er heilsam bei entzündeten Mandeln als Gurgelmittel oder als Salbe. Mit Rosenöl eingeträufelt lindert er Ohrenschmerzen.

[1]) Jungfernkraut. [2]) Die Garstige. [3]) Die Vielnamige. [4]) Gemeint sind wohl die gehäuften Blüthen.

Unter dem Namen Helxine kommen zwei verschiedene Pflanzen (vgl. Cap. 39) vor, D. unterscheidet sie durch die Beschreibung.

Parietaria diffusa oder *judaica* L., *P. ramiflora* Mnch. (Urticaceae), Glaskraut.

Cap. 87 (88). Περὶ Φακοῦ τοῦ ἐπὶ τῶν τελμάτων. Wasserlinse. Der Tümpelphakos [Einige nennen ihn wilde Linse, Andere Epipetron[1]), die Römer Viperalis, Iceosmigdonos] findet sich auf stehenden Gewässern, er ist ein Moos, ähnlich einer Linse und hat kühlende Kraft. Er ist daher für sich allein oder auch mit Graupen als Umschlag ein gutes Mittel bei allen Entzündungen, bei Rose und Podagra. Er verklebt auch bei Kindern Darmbrüche.

[1]) Obenauf rudernd.

Lemna minor L. (Lemnaceae), Wasserlinse; in Griechenland findet sie sich selten, in Italien dagegen häufig.

Cap. 88 (89). Περὶ Ἀειζώου τοῦ μεγάλου. Grosse Hauswurz. Das grosse Aeizoon hat seinen Namen daher, dass die Blätter immergrün sind. [Einige nennen es Aeithales[1]), Andere Ambrosion, Chrysispermon[2]), Zoophthalmos[3]), Buphthalmos[4]), Stergethron[5]), Aionion[6]), Aeichryson[7]), Holochryson[8]), Chrysanthemon, Protogonon[9]), Boros[10]),

Notios[11]), die Propheten Paronychia, Chrysitis, die Römer Ceriocussia[12]), Zeuspenis, Diopetes, Sudemmur, die Aegypter Pamphanes.] Es entwickelt ellenlange oder auch grössere, daumendicke, fette, sattgrüne Stengel mit Einschnitten wie beim Wolfsmilchstrauch. Die Blätter sind fett, daumengross, nach der Spitze hin zungenförmig, die unteren Blätter sind zurückgebogen, die oberen dagegen fest aneinander liegend, einen augenförmigen Kreis bildend. Es wächst in bergigen Gegenden. Einige ziehen dasselbe auch in Töpfen auf den Dächern. Es hat kühlende, adstringirende Kraft, wirksam gegen Rose, kriechende und fressende Geschwüre, Augenentzündungen, Brandwunden, Podagra, wenn die Blätter für sich oder mit Graupen als Umschlag angewandt werden. Der Saft mit Rosenöl wird gegen Kopfschmerzen aufgesprengt, den von Schlangen Gebissenen wird er im Tranke gereicht, ebenso denen, die an Bauchfluss und Dysenterie leiden. Mit Wein getrunken tödtet er die Eingeweidewürmer und den Bandwurm. Ferner stellt er, im Zäpfchen eingelegt, den Fluss der Frauen; auch wird der Saft mit Nutzen bei Triefäugigen als Salbe gebraucht.

[1]) Immerfrisch (ἀεί und θάλειος). [2]) Goldsame, von den goldgelben Blüthenrispen. [3]) Thierauge. [4]) Ochsenauge. [5]) Liebesmittel, Plinius XXV 160: quia amatoriis conveniat. [6]) Immerwährend. [7]) Immer goldig. [8]) Ganz goldig. [9]) Erstgeboren. [10]) βόρειος, nördlich, kühl. [11]) Feucht. [12]) Ceracussia, aus Wachs geformt, eine Wachsblume.

Sempervivum arboreum L. (Crassulaceae), Baumartige Hauswurz.

Bei Plinius Sedum; Theophrast beschreibt (Hist. pl. VII 15, 2) ein ἀείζωον, welches ohne Schwierigkeit auf Sempervivum tectorum zu beziehen ist.

Die Pflanze kommt in Griechenland selten vor, Sibthorp fand sie auf Kypern, in Italien ist sie häufig; sie gehört dem südlichsten Europa, dem nördlichen Afrika und dem Orient an, wird auch bei uns häufig cultivirt, doch kommen die goldgelben Blüthenrispen selten zur Entwickelung.

Cap. 89 (90). Περὶ Ἀειζώου μικροῦ. Kleine Hauswurz. Das kleine Aeizoon [Einige nennen es Petrophyes[1]), Andere Brotion[2]), Theobrotion[3]), Krobyssos, Cheimerine[4]), Keraunia[5]), die Römer Vitalis, Herba semperviva[6]), die Aegypter Etieikelta] wächst auf Mauern und Felsen, auf Wänden und schattigen Grabmälern. Es treibt aus einer Wurzel viele zarte Stengelchen, stark besetzt mit runden, fetten, kleinen, vorn spitzen Blättern; es entwickelt aber auch in der Mitte einen etwa spannenlangen Stengel, der eine Dolde mit zarten, gelbgrünen Blüthen trägt. Seine Blätter haben dieselbe Kraft wie die des vorhergehenden.

[1]) Felsengewächs. [2]) Menschenblut. [3]) Gottmenschenblut. [4]) Winterpflanze. [5]) Donnerpflanze, weil sie nach Gewittern sich bilden sollte; auch soll sie nach altem Aberglauben den Blitz abhalten. [6]) Immer lebendes Kraut.

Sedum amplexicaule D. C. (Crassulaceae), Kleine Hauswurz, eine gleichfalls dem südlichen Europa angehörige Pflanze.

Cap. 91. Περὶ Ἀειζώου ἑτέρου. Andere Hauswurz. Es scheint noch eine dritte Art Aeizoon zu geben, welche Einige wilden Portulak oder Telephion[1]), die Römer Illecebra[2]) nennen. Dasselbe hat breitere, denen des Portulak nahekommende rauhe Blätter, es wächst an Felsen. Es hat erwärmende, scharfe, Geschwüre erzeugende Kraft, vertheilt, mit Schmalz aufgelegt, Drüsen.

[1]) Cerinthe, Wachsblume. [2]) Verlockung, Synonym für Andrachne agria, Wilder Portulak.

Sedum stellatum L. (Crassulaceae), Sternförmiger Mauerpfeffer.

Cap. 90 (92). Περὶ Κοτυληδόνος. Nabelblatt. Das Kotyledon — Einige nennen es Skytalion[1]), Andere Kymbalion[2]) [noch Andere Scham der Aphrodite, Erdnabel, Stichis, Stergethron, die Römer Venusgürtel] — hat ein wie ein Essignäpfchen rundes, dunkel hohles Blatt, dazwischen ein kurzes Stengelchen mit dem Samen, eine runde olivenförmige Wurzel. Der Saft derselben und der Blätter mit Wein als Salbe oder Injection heilt Verengungen an den Schamtheilen, hilft als Umschlag gegen Entzündungen, Rose, Frostbeulen und Skrofeln, ebenso bei erhitztem Magen. Die Blätter mit der Wurzel, genossen, zertrümmern den Stein und treiben den Harn. Auch den Wassersüchtigen werden sie mit Honigwein gegeben; man gebraucht sie auch zu Liebesmitteln.

[1]) Keulchen, auf die Wurzel bezogen. [2]) Cymbelchen, von der Form der Blüthe mit concaven, kurzen und breiten Kronenzipfeln.

Cotyledon Umbilicus L. (Crassulaceae), Nabelblatt, an steinigen Stellen im südlichen Europa. Das Kraut war früher als Herba Umbilici Veneris seu Cotyledonis gebräuchlich. Die Wurzel ist knollig, fleischig, der Stengel aufrecht, unten beblättert, nach oben zu traubig-ästig, die Blätter stehen am Grunde gehäuft, sind sehr saftig, die oberen kleiner, viel kürzer, gestielt und fast keil-nierenförmig, die Blüthen zahlreich, traubig, klein und gelblichgrün, die Kronenzipfel stachelig.

Cap. 91 (93). Περὶ ἑτέρας Κοτυληδόνος. Anderes Nabelkraut. Es gibt noch eine andere Art Kotyledon, welche Einige auch Kymbalion nennen; es hat breitere und weichere[1]) Blätter wie kleine Zungen, welche dicht um die Wurzel stehen und gleichsam ein Auge in der Mitte bilden, wie die baumartige Hauswurz, sie haben adstringirenden Geschmack. Der kleine Stengel ist zart, die Blüthen und Samen davon sind denen des Hartheus ähnlich. Die Wurzel ist grösser. Es hat dieselbe Wirkung wie die Hauswurz.

[1]) So der Cod. C., die meisten anderen haben λιπαρά, fette.

Matthiolus zog zuerst *Saxifraga Cotyledon* hierher, Fraas hält die Pflanze für *Saxifraga media* var. *Sibthorpiana* Grieseb. (Saxifragaceae), Rother Steinbrech, die er am Parnass in der regio alpina zwischen Felsen häufig fand, Kosteletzky dagegen für *Umbilicus erectus* L. (Crassulaceae), Aufrechtes Nabelkraut, mit kriechender Wurzel und gelben, etwas grösseren Blüthen als die vorige.

Die Blätter sind am Grunde ziemlich gehäuft, die oberen kleiner und viel kürzer gestielt. Die Pflanze ist seltener als die vorige.

Cap. 92 (94). Περὶ Ἀκαλύφης. Nessel. Die Akalyphe — Einige nennen sie Knide[1]) [Andere Adike[2]), die Römer Urtica, die Aegypter Selepsion, die Dakier Dyn] — kommt in zwei Arten vor. Die eine nämlich ist wilder, hat rauhere, breitere und dunklere Blätter und eine dem Leinsamen ähnliche, nur kleinere Frucht. Die andere [Urtica mollis der Römer] hat feinen Samen und ist nicht so rauh. Die Blätter beider, mit Salz als Kataplasma, heilen Hundsbisse und Gangrän, böse, krebsartige und schmutzige Geschwüre, sowie Verrenkungen, Skrofeln, Drüsen an den Ohren und an den Schamtheilen und Abscesse. Milzkranken werden sie mit Wachssalbe aufgelegt. Die Blätter mit dem Safte zerrieben und eingelegt helfen auch gegen Nasenbluten. Ferner befördern sie mit Myrrhe im Zäpfchen die Menstruation; die frischen Blätter, eingelegt, bringen Gebärmuttervorfall in Ordnung. Der Same, mit Rosinenwein getrunken, reizt zum Beischlaf und öffnet die Gebärmutter; mit Honig als Leckmittel hilft er bei Orthopnöe, Lungen- und Brustfellentzündung, führt die Unreinigkeiten aus der Brust und wird den fäulnisswidrigen Mitteln zugesetzt. Mit Muscheln zusammengekocht erweichen die Blätter den Bauch, vertreiben Blähungen und treiben den Harn. Mit Ptisane gekocht reinigen sie die Brust. Die Abkochung der Blätter mit etwas Myrrhe getrunken befördert die Katamenien. Der Saft als Gurgelmittel beseitigt die Entzündung des Zäpfchens.

[1]) Nessel. [2]) Unschicklich, von der brennenden Eigenschaft; Cod. C. hat die Ueberschrift περὶ κήφης, über das Jucken, auch die Bezeichnung Ἀκαλόφε, die Unverhüllte, deutet darauf hin.

Die erstere Pflanze ist *Urtica pillulifera* L. (Urticaceae), Pillennessel, die andere *Urtica urens* L., Brennnessel; bei Sprengel *Urtica urens* und *dioica* L.

Plinius XXI 92 unterscheidet sie in eine männliche und weibliche, gibt die brennende Eigenschaft der Haare an und empfiehlt die jungen Schüsse als Gemüse.

Die Brennhaare der Nessel enthalten einen giftigen Zellsaft, welcher, wenn bei der Berührung mit der Haut die glasartig spröde Spitze der Haare abbricht, in die Haut dringt und das Jucken verursacht.

Cap. 93 (95). Περὶ Γαλιόψεως. Galiopsis. Die Galiopsis — Einige nennen sie Galeobdolon [Andere Galephos, die Aegypter Aithopi, die Römer Urtica Labo[1])]. Der ganze Strauch mit Stengel und Blättern gleicht der Nessel, die Blätter sind aber glatter und beim Zerreiben sehr übelriechend, die zarten Blüthen sind purpurfarbig. Sie wächst überall an Zäunen, Wegen und auf Bauplätzen. Die Blätter, sowie der Stengel, der Saft und die Frucht haben die Kraft, Carcinome, Drüsen am Ohr und an der Schamgegend zu zertheilen. Man muss sie zweimal des Tages mit Essig auflegen und ein warmes Kataplasma davon machen. Ihre

Abkochung wird vortheilhaft zum Bähen benutzt. Sie ist auch von guter
Wirkung gegen fressende Geschwüre, Gangrän und faulige Geschwüre,
wenn sie mit Salz aufgelegt wird.

¹) Die grosslippige Nessel.
Scrophularia peregrina L. (Scrophulariaceae), Fremde Braunwurz. Schon
Anguillara wies auf diese Deutung hin.

Cap. 94 (96). Περὶ Γαλίου. Labkraut.

Das Galion — Einige
nennen es Galerion, Andere Galation — hat den Namen davon, dass es
an Stelle von Lab die Milch zum Gerinnen bringt. Es hat den schwachen
Zweig und die Blätter ganz so wie das Wandlabkraut, [jenes] aber ist
aufrecht und hat an der Spitze eine gelbe, zarte, dichtstehende, sehr wohlriechende Blüthe. Die Blüthe dieses wird gegen Verbrennungen als Kataplasma gebraucht, auch stellt sie die Blutflüsse. Sie wird ferner der
Rosensalbe zugemischt und an die Sonne gestellt bis zum Weisswerden,
so wird es eine kräftigende Salbe. Die Wurzel aber reizt zum Beischlaf;
es wächst in sumpfigen Gegenden.

Galium verum L. (Rubiaceae), Aechtes Labkraut. Die sonst auf Hügeln
und trockenen Wiesen stehende Pflanze wächst nach Fraas in Griechenland an
sumpfigen Stellen, so dass sich die Standortsangabe des D. rechtfertigt. Sie wurde
früher als Herba et flores Galii veri in den Apotheken geführt.

Cap. 95 (97). Περὶ Ἠριγέροντος. Kreuzwurz.

Das Erigeron —
Einige nennen es Erechthites¹) [die Römer Herbalum²), auch Senecium] —
ist ein kleiner, ellenlanger, röthlicher Stengel, er hat gedrängt stehende, am
Ende eingeschnittene Blätter wie die Rauke, sie sind aber viel kleiner. Die
Blüthen sind gelblich, spalten sich rasch und welken ein zu den sogen.
Haarkronen; es hat den Namen³) daher, dass im Frühjahr die Blüthen
nach Art der Haare weiss werden. Die Wurzel ist unbrauchbar. Es
wächst am meisten auf Mauern und bei den Städten. Die Blätter mit
den Blüthen haben kühlende Kraft; daher heilen die Blätter mit süssem
Wein oder für sich allein als Umschlag Entzündungen der Hoden und
des Afters, mit Weihrauchkörnern auch sonstige Wunden, sowie solche
an den Sehnen. Auch die Haarkronen für sich, in Essig umgeschlagen,
leisten dasselbe; frisch dagegen getrunken bewirken sie Erstickung. Der
ganze Stengel, mit Wasser gekocht und mit süssem Wein getrunken, heilt
Magenschmerzen, die von der Galle herrühren.

¹) Die Gespaltene. ²) Herbula, Kräutchen. ³) Von ἔαρ und γέρων, Frühlingsgreis.
Senecio vulgaris L. (Compositae), Gemeine Kreuzwurz; blüht fast das
ganze Jahr. Herba Senecionis war früher gebräuchlich.

Cap. 96 (98). Περὶ Θαλίκτρου. Wiesenraute.

Das Thalik-
tron hat Blätter wie der Koriander, aber fetter, und ein Stengelchen von der

Dicke der Raute, an dem die Blätter stehen. Diese, fein gestossen, bringen als Kataplasma alte Geschwüre zum Vernarben. Es wächst am meisten im flachen Lande.

Thalictrum flavum L. (Ranunculaceae), Gelbe Wiesenraute. Sprengel zieht Thal. minus hierher, dem widerspricht aber der von D. angegebene Standort; denn dieses findet sich nach Fraas nur auf Hochgebirgen, während jenes in feuchter Ebene und auf feuchten Bergwiesen häufig ist.

Cap. 97 (99). Περὶ Βρύου θαλασσίου. Meerlattich. Das Bryon thalassion [Einige nennen es Ballaris[1]), Andere Irane, die Römer Gnomusillon] wächst auf Felsen und Muschelschalen am Meere; es ist lattichartig, dünn, stengellos, stark adstringirend und wirkt gegen Entzündungen und Podagra, wo adstringirende Wirkung erforderlich ist.

[1]) Vallaris, Wallpflanze, am Ufer, dem Walle des Meeres.

Es ist das Bryon des Theophrast (Hist. pl. IV 6, 6) mit breiten, dem Lattich ähnlichen Blättern (θριδακίνη).

Ulva Lactuca L. oder Ulva latissima L., Meerlattich.

Cap. 98 (100). Περὶ Φύχου θαλασσίου. Meertang. Der Meertang ist theils breit, theils länglich und röthlich, theils weiss, wie er auf Kreta an der Erde (Küste) wächst, sehr wohlriechend und nicht rasch faulend. Alle haben adstringirende Kraft und sind in Kataplasmen wirksam in Fällen von Podagra und bei Entzündungen; man muss sie aber noch feucht, bevor sie trocken werden, anwenden. Nikander sagt, der rothe sei auch ein Mittel gegen giftige Thiere. Dieses, so haben Einige geglaubt, sei derselbe, dessen sich die Frauen bedienen, es ist aber jenes Würzelchen, welches den gleichen Namen Phykos führt.

D. unterscheidet hier drei Arten Fucus; die erste wird als Zonaria Pavonia Ag. (Fucoideae), Pfauenartiger Gürteltang, die andere als Fucus granatus Lamour., die dritte als Chondria obtusa Ag. (Florideae), Stumpfe Knorpelalge, von Fraas angesprochen. Die zweite könnte auch auf Rytiphlaea tinctoria Ag. (Florideae), Färbende Streifalge, bezogen werden; für die dritte zieht Sprengel Fucus coccineus Huds. hierher, da die rothe Alge am Sonnenlichte leicht ins Weisse abbleiche. Die Frauen Roms gebrauchten die letzteren zum Schminken (fucare). Das am Schlusse bezeichnete Würzelchen soll Rad. Anchusa tinct. sein. Theophrast (De odor. VI 31) sagt, dass zum Färben eine Anchusa gebraucht werde, „das Würzelchen" holten sie aus Syrien.

Cap. 99 (101). Περὶ Ποταμογείτονος. Laichkraut. Das Potamogeiton [Einige nennen es Stachyītes[1]), die Römer Fontilis oder Fluminalis[2]), die Aegypter Ethenchis] ist ein Blatt ähnlich dem der Bete, rauh und etwas über das Wasser hervorragend. Es kühlt und adstringirt, und ist ein gutes Mittel gegen Jucken, gegen fressende und alte Geschwüre. Es hat seinen Namen[3]) daher, dass es in Sümpfen und an feuchten Plätzen wächst.

[Es gibt noch ein anderes Potamogeiton — Einige nennen es Hali-moktonon, Andere Thyrsion, die Römer Venae folium, auch Herbago oder Gladiatoria, die Afrikaner Astirkok, die Dakier Koadama, die Gallier Tauruk —. Die Blätter sind ähnlich denen der Bete, aber zarter, grösser und zahlreich, die Stengel zart, voll von einer röthlichen Frucht, welche adstringirend schmeckt. Von der zerriebenen Frucht ein Essignäpfchen voll mit Wein getrunken hat die Kraft, bei Dysenterie und Magenleiden zu helfen, sowie den rothen Fluss der Frauen zu stellen. Es wächst auf feuchten Wiesen und an feuchten Plätzen.]

¹) Aehrig, vom Blüthenstande. ²) An der Quelle oder am Wasser stehend. ³) Von κόταμος und γείτων, Flussnachbar.

Potamogeton natans L. (Potamogetonaceae), Schwimmendes Laichkraut. Die „rauhen" Blätter stehen allerdings dieser Bestimmung entgegen, man kann aber das δασύς auch auf das Dichtstehen der Blätter beziehen.

Da Plinius XXVI 50 die Kennzeichen der Pflanze gerade so angibt (similis betae foliis, minor tantum hirsutiorque), ist die Beschreibung wohl auf dieselbe Quelle zurückzuführen, welche vielleicht corrumpirt ist, so dass statt δασύ dort etwa παχύ gestanden hat.

Auf das andere Potamogeiton passt am besten *Potamogeton zosteraefolium* Schumch., mit blattartigem Stengel und untergetauchten, durchsichtigen Blättern.

Cap. 100 (102). Περὶ Στρατιώτου. Stratiotes. Der auf dem Wasser wachsende Stratiotes — Einige nennen ihn Flussstratiotes [die Aegypter Tibus, die Propheten Katzenblut] — hat seinen Namen davon, dass er auf dem Wasser schwimmt und ohne Wurzel lebt. Er hat ein der Hauswurz ähnliches Blatt, es ist aber grösser und hat kühlende Wirkung. Getrunken stellt es Nierenblutungen (Blutharnen); mit Essig als Umschlag schützt es Wunden vor Entzündung und heilt Rose und Oedeme.

Pistia Stratiotes L. (Aroideae), Schwimmende Krebsscheere. Die Meinung des D., die Pflanze habe keine Wurzel, ist irrig, diese ist etwa 30 cm lang, büschelig und faserig.

Cap. 101 (103). Περὶ Στρατιώτου χιλιοφύλλου. Tausend-blätteriger Stratiotes. Der Stratiotes chiliophyllos ist ein ganz kleiner Strauch, eine Spanne hoch und höher, mit Blättern ähnlich den Federn eines jungen Vogels. Die Ansätze¹) an den Blättern sind sehr kurz, eingeschnitten, in ihrer Kürze, sowie der Unebenheit gleichen die Blätter am meisten dem wilden Mutterkümmel²). Die Dolde ist aber dichter und voller als bei diesem; denn er hat an der Spitze kleine Stengel, an denen die Dolden sitzen wie beim Dill. Die Blüthen sind weiss, klein. Er wächst meist auf dürren Aeckern und an Wegen. Auch diese Pflanze ist sehr gut gegen Blutflüsse, gegen alte und frische Wunden und Fisteln.

¹) ἐκφύσεις müssen hier wohl die Fiederblättchen sein.   ²) S. III 62.

Achillea Millefolium L. (Compositae), S c h a f g a r b e. Das Kraut und das aus ihm bereitete Extract sind noch heute geschätzte Mittel, auch die Blüthen finden hie und da Verwendung.

Cap. 102 (104). Περὶ Φλόμου. K ö n i g s k e r z e. Der Phlomos [Einige nennen ihn Phlonos, die Römer Verbasclum¹), auch Feminalis] hat in der Hauptsache zwei Arten: die eine nämlich ist weiss, die andere schwarz; von der weissen gibt es dann eine weibliche und eine männliche. Die Blätter der weiblichen nun sind dem Kohl ähnlich, aber viel rauher, breiter und weiss. Der Stengel ist eine Elle hoch und höher, weiss und etwas rauh, die Blüthen sind weiss oder etwas blassgelblich, die Samen schwarz. Die Wurzel ist lang, herbe, fingerdick. Er wächst im flachen Lande. Der männlich genannte hat weisse längliche Blätter, sie sind schmaler, auch ist der Stengel zarter, der schwarze ist den weissen Arten in Allem ähnlich, doch sind die Blätter breiter und dunkler.

Es gibt auch einen sogen. wilden mit langen und baumartigen (holzigen) Zweigen und salbeiähnlichen Blättern; er hat Ringe um die Zweige wie der Andorn und eine gelbe goldige Blüthe.

Ferner gibt es zwei rauhe, an der Erde haftende Arten Phlomis mit runden Blättern und noch eine dritte, die sogen. Lychnitis²), von Einigen auch Thryallis³) genannt, sie hat drei bis vier oder auch mehr dicke, fette, rauhe Blätter, welche als Lampendocht gebraucht werden.

Die Wurzel der beiden erstgenannten Arten ist adstringirend; deshalb wird sie den an Durchfall Leidenden in der Grösse eines Würfels mit Wein vortheilhaft zu trinken gegeben. Die Abkochung derselben hilft bei inneren Rupturen, Krämpfen, Quetschungen und chronischem Husten; als Mundspülwasser lindert sie Zahnschmerzen; die mit goldfarbiger Blüthe färbt die Haare und zieht, wohin sie gelegt wird, die Schaben an⁴). Die Blätter in Wasser gekocht, dienen als Kataplasma gegen Oedeme und Augenentzündungen und mit Honig oder Wein gegen brandige Geschwüre. Mit Essig heilen sie Wunden und helfen auch gegen Skorpionsbisse. Die Blätter der wilden Art werden als Umschlag bei Verbrennungen gebraucht; die Blätter der weiblichen sollen zwischen trockene Feigen gelegt dieselben vor Fäulniss schützen.

¹) Verbascum. ²) Zum Leuchten dienend. ³) Docht. ⁴) Daher heisst „die dem Verbascum ähnliche Pflanze" bei Plinius XXV 108 auch Blattaria.

F l ü c k i g e r (Pharmakogn. S. 790) berichtet, dass zur Zeit des Mittelalters (in Alphita Oxoniensis — Alphita, eine Liste von Drogen und pharmaceutischen Präparaten — dem von M o w a t 1887 in Oxford veröffentlichten Glossarium) die Blätter von Verbascum Herba Luminaria hiessen.

Die Beschreibung der Pflanzen bei Plinius XXV 120 entstammt derselben Quelle.

D. unterscheidet zwei Hauptarten, die weisse und schwarze, als Unterarten der weissen den weiblichen und männlichen Phlomos. Der weibliche ist *Verbascum plicatum* Sibth. (Scrophulariaceae), Gefaltete Königskerze, der männliche *Verbascum Thapsus* L., Gemeine Königskerze. Sprengel bezeichnet gerade umgekehrt; Fraas dagegen schliesst sich der Bestimmung Sibthorp's an, und zwar 1. weil die Beschreibung des weissen weiblichen Phlomos bei D. am besten auf *Verbascum plicatum* passt, 2. weil dieses vorzugsweise gebraucht wird, und 3. weil es in Griechenland am meisten und zwar in der Ebene vorkommt, während *Verbascum Thapsus* den Gebirgen angehört. Der schwarze Phlomos ist *Verbascum sinuatum* L., φλόμος ἡ μέλαινα des Theophrast (Hist. pl. IX 2, 3). Sprengel und Kosteletzky ziehen *Verb. nigrum* L. hierher, dieses kommt aber in Griechenland nicht vor; wenn es also D. wirklich bekannt gewesen wäre als Pflanze Italiens, so konnte es Theophrast nicht kennen, er zieht aber φλ. μέλαινα zum Vergleich heran.

Die sogen. wilde Art ist *Phlomis fruticosa* L. (Labiatae), Todtenstrauch. Endlich die drei Phlomis-Arten. Die beiden ersten sind nicht mit Sicherheit bestimmt, Sprengel zieht *Phlomis samia* L. und *Phlomis lunaria* Sibth. hierher, die Lychnitis hält er für *Phlomis Lychnitis*, Fraas dagegen für *Phlomis limnense* im nördlichen Euböa bei der Stadt Limni. Die rosettenförmigen Blätter sind langgestielt, an der Spitze abgerundet, ganzrandig, gesägt, unterseits dicht wollig, am Grunde mit zarten Wollhaaren besetzt. Die Blüthe ist gelb mit violetten Staubfäden.

Die heutigen Arzneibücher haben nur noch die gelben Blüthen der Königskerze als Brust- oder Hustenmittel.

Cap. 103 (105). Περὶ Αἰθιοπίδος. Aithiopis.

Auch die Aithiopis hat denen der Königskerze ähnliche, sehr rauhe und dichte, kreisförmig um den Wurzelkopf gestellte Blätter, einen vierkantigen, rauhen Stengel wie die Melisse oder das Arktion mit vielen Achseltrieben. Die Frucht hat etwa die Grösse einer Erbse, zwei zusammen in einem Gehäuse. Die zahlreichen, vom selben Wurzelkopf ausgehenden Wurzeln sind lang, dick und haben schleimigen Geschmack, beim Trocknen werden sie schwarz und hart, hornartig. Sie wächst am meisten in Messenien und am Ida. Ihre Wurzel gekocht und getrunken hilft bei Ischias, Brustfellentzündung, Blutspeien und Rauheit der Luftröhre. Sie wird mit Honig als Leckmittel genommen.

Salvia Aethiopis L. (Labiatae), Filzblätteriger Salbei. In Südeuropa auf Schutthaufen und an wüsten Plätzen.

Cap. 104 (106). Περὶ Ἀρκτίου. Arktion.

Das Arktion — Einige nennen es Arkturos — hat gleichfalls denen der Königskerze ähnliche Blätter, aber rauher und runder, eine zarte, süsse, weisse Wurzel, einen weichen, grossen Stengel und eine dem kleinen Cuminum[1]) ähnliche Frucht. Seine Wurzel und Frucht, in Wein gekocht, haben die Kraft, als Mundwasser Zahnschmerzen zu lindern, als Bähmittel dienen sie bei Verbrennungen und Frostbeulen. Sie werden aber auch in Wein getrunken gegen Ischias und Harnverhaltung.

[1]) Gemeint ist vermuthlich das κύμινον ἄγριον III, 62.

Die älteren Botaniker sind sich über diese Pflanze nicht einig. Sibthorp zieht *Conyza candida* hierher, eine Composite, welche sich aber der Beschreibung des

D. nicht anpassen lässt, Fraas bezieht auch diese auf *Verbascum limnense*, Sprengel (mit ?) auf *Verbascum ferrugineum*.

Cap. 105 (107). Περὶ Ἀρκείου. Klette. Das Arkeion — Einige nennen es Prosopis[1]) oder Prosopion [Andere Aparine[2]), die Römer Personacea[3]), auch Lappa] — hat Blätter ähnlich denen des Kürbis, aber grösser, härter, schwärzer und dabei rauh, einen weisslichen Stengel [zuweilen ist die Pflanze stengellos]. Die Wurzel ist gross, innen weiss, aussen schwarz. Diese, in der Gabe von 1 Drachme mit Zirbelnüssen getrunken, hilft bei Blutspeien und Lungengeschwüren; fein gestossen als Umschlag lindert sie die von Verrenkungen herrührenden Gliederschmerzen. Auch die Blätter werden mit Nutzen auf alte Wunden gelegt.

[1]) Maske. [2]) Klebkraut. [3]) Personata, die Maskirte.
Arctium Lappa L. (Compositae), Klette.

Cap. 106 (108). Περὶ Πετασίτου. Petasites. Der Petasites ist ein mehr als ellenhoher, daumendicker Schössling mit einem schirmartigen, wie ein Pilz sich ausbreitenden Blatte; es wirkt, fein gestossen, als Umschlag gegen bösartige und krebsige Geschwüre.

Tussilago Petasites L. (Compositae), Pestwurz, Grosser Huflattich; in Italien als Tussilagine maggiore sehr häufig an feuchten Orten, in Griechenland gar nicht oder sehr selten. Die Blätter werden in der Volksmedicin als kühlendes Mittel gebraucht.

Cap. 107 (109). Περὶ Ἐπιπακτίδος. Die Epipaktis — Einige nennen sie Elleborine, Andere Borion — ist ein kleiner Strauch mit sehr kleinen Blättern; sie wird gegen tödtliche Gifte und Leberleiden getrunken.

Bei Plinius XIII 144 und XXVII 76 erfahren wir nur dasselbe. Das Pflänzchen ist nicht bestimmt. Anguillara (Sempl. p. 282) rühmt die Vorzüge und Heilkräfte eines kleinen Pflänzchens gegen Schlangenbiss und Leberaffectionen, welches in Makedonien, Illyrien, Griechenland und Italien wachse und von den Griechen ἀσφδίλα genannt werde; dieses sei die Epipaktis des D. Sprengel überträgt dieses auf *Herniaria glabra* L. (Paronychieae), Kahles Bruchkraut. Diese hat aber zahlreiche Stengel, die im Kreise auf der Erde liegen und sehr ästig sind, was der Beschreibung des D. widerspricht.

Cap. 108 (110). Περὶ Καπνοῦ. Erdrauch. Der Kapnos[1]) [Einige nennen ihn Korydalion[2]) oder Korion[3]), Andere wildes Korydalion, Rauch unter dem Weizen, Kapnites, Marmarites[4]), Kapnogorgion[5]), kleines Schöllkraut, Peristerion[6]), Kantharis, Chalkokri[7]), die Römer Apium, auch Fumaria, die Aegypter Knyx, auch Tukin] ist ein strauchartiges Pflänzchen, dem Koriander gleichend, sehr zart; die Blätter sind aber weisser und aschenfarbig und allerseits zahlreich. Die Blüthe ist purpurroth. Ihr

Saft ist beissend, er schärft das Gesicht und reizt zu Thränen, wodurch er den Namen erhalten hat. Er hat die Kraft, das Wiederwachsen der aus den Augenlidern ausgezogenen Haare zu verhindern, wenn er mit Gummi aufgestrichen wird. Genossen treibt das Kraut den galligen Harn.

[1]) Rauch. [2]) Kleine Kuppenlerche. [3]) Püppchen, auch Koriander. [4]) Flimmernd, glänzend. [5]) Heftiger Rauch. [6]) Täubchen. [7]) Mit Erz oder Kupfer gemischt, die meisten Synonyma beziehen sich auf die niedliche Blüthe.

Fumaria officinalis L. (Fumariaceae), Gebräuchlicher Erdrauch. Das geruchlose, aber unangenehm und stark bitter, zugleich etwas salzig schmeckende Kraut und das daraus bereitete Extract war früher officinell. Das frische Kraut enthält Fumarin, ein in farblosen monoklinen Prismen krystallisirendes, bitteres und alkalisch reagirendes Alkaloid, welches in Wasser und Alkohol schwer, in Chloroform und Benzol leicht löslich ist.

Cap. 109 (111). Περὶ Λωτοῦ ἡμέρου. Gebauter Lotos. Der gebaute Lotos — Einige nennen ihn Triphyllon[1]) [Andere Tripodion[2]), auch Tribolion[3]] — wächst in Gartenanlagen. Zu Saft verarbeitet und mit Honig gemischt vertreibt er von den Augen Wölkchen, Nebel und weisse Flecken, sowie Verdunkelungen.

[1]) Dreiblatt. [2]) Dreifuss. [3]) Kleiner Dreizack.

Nach Sibthorp und Fraas *Melilotus messaliensis* L. (Papilionaceae), Sicilianischer Steinklee.

Cap. 110 (112). Περὶ Λωτοῦ ἀγρίου. Wilder Lotos. Der wilde Lotos — Einige nennen ihn den libyschen [Andere Triphyllon, die Römer Trifolium minus] — wächst am meisten in Libyen und hat einen zwei Ellen hohen oder auch höheren Stengel mit vielen Achseltrieben. Die Blätter sind ähnlich denen des dreiblätterigen Lotos, welcher auf den Wiesen wächst. Der Same gleicht dem des Bockshorns, ist aber viel kleiner und hat arzneiartigen[1]) Geschmack. Er hat erwärmende, sanft adstringirende Kraft, mit Honig aufgestrichen bringt er Flecken im Gesicht und Sommersprossen weg. Fein gestossen für sich allein oder mit Malvenfrüchten in Wein oder Rosinenwein getrunken hilft er bei Blasenleiden.

[1]) d. h. nicht angenehmen.

Trigonella elatior Sibth. (Papilionaceae), Hoher Kuhhornklee, eine Pflanze Kleinasiens und auf Kypern mit schlankem, aufrechtem Stengel, verkehrt-eiförmigen, länglichen, scharf gesägten Blättern und lanzettlichen, gezähnten Nebenblättern. Die gestielten, achselständigen Dolden sind lang und vielblüthig, die Blüthen sind gelb und klein, die Hülsen etwas sichelförmig und lang.

Cap. 111 (113). Περὶ Κυτίσου. Schneckenklee. Der Kytisos [Einige nennen ihn Teline, Andere grossen Lotos, Triphyllon, die Römer Trifolium majus] ist ein im Ganzen weisser Strauch, wie Wegdorn, welcher ellenlange und grössere Zweige aussendet, an denen die dem Bockshorn oder dem dreiblätterigen Lotos ähnlichen Blätter stehen, sie sind aber kleiner und haben in der Mitte einen hervorstehenden Rücken, beim Reiben zwischen den Fingern entwickeln sie den Geruch von Rauke, im Geschmack sind sie grünen Erbsen ähnlich. Die Blätter haben kühlende und sich bildende Oedeme vertheilende Kraft, wenn sie fein gestossen mit Brod umgeschlagen werden. Ihre Abkochung als Trank treibt den Harn. Einige pflanzen ihn neben die Bienenstöcke, um die Bienen anzulocken.

Medicago arborea L. (Papilionaceae), Baumschneckenklee.

Theophrast (Hist. pl. IV 16, 5; De caus. V 15, 4) sagt, dass der Kytisos im Kampf ums Dasein fast alle Pflanzen in seiner Nähe tödtet, da er wegen seines Salzgehaltes eine Menge Nahrung nöthig hat, er selbst wird aus demselben Grunde vom Meldenstrauch unterdrückt.

Nach Plinius XIII 130 sqq. stammt er von der Insel Kythnos, einer der Kykladen, und kam von da nach Griechenland zum grossen Nutzen für die Käsebereitung; Aristomachus rühmt ihn ausserordentlich als Viehfutter. Der Strauch wächst in Griechenland wild, kommt auch im südlichen Italien noch fort. Er erreicht eine Höhe bis 3 m und ist mit weichen, seidenartigen, weissen Haaren dicht besetzt.

Cap. 112 (114). Περὶ Λωτοῦ αἰγυπτίου. Aegyptischer Lotos. Der Lotos, welcher in Aegypten in den vom Wasser überschwemmten Ebenen sich findet, hat eine der (ägyptischen) Bohne ähnlichen Stengel und eine weisse, der Lilie gleichende Blüthe, welche, wie man sagt, beim Sonnenaufgang sich entfaltet, aber sich schliessen und den ganzen Kopf unter dem Wasser verbergen kann, bis die Sonne wieder aufgeht. Der Kopf gleicht einem sehr grossen Mohnkopfe, darin befindet sich ein hirseähnlicher Same, welchen die Bewohner Aegyptens trocknen und zum Brodbacken verwenden. Er hat eine dem Quittenapfel ähnliche Wurzel, auch diese wird roh und gekocht gegessen. Gekocht entspricht sie in ihren Eigenschaften dem Weissen vom Ei.

Nymphaea Lotus L. (Nymphaeaceae), Lotusrose, nur Aegypten eigen, der Isis und dem Osiris geweiht; nach Kosteletzky soll sie sich auch in einer warmen Quelle bei Gross-Wardein in Ungarn finden.

Theophrast (Hist. pl. IV 8, 9) beschreibt die Pflanze ausführlich. Der dicke Wurzelstock wird mit einer Quitte verglichen.

Die fingerdicken Blätter und Blüthenstiele sind sehr biegsam, bis zu 1,5 cm lang, die glänzendgrünen, fast kreisrunden, tief herzförmig gespaltenen schwimmenden Blätter lassen auf der braunrothen Unterseite die verzweigte, netzförmige Nervatur auffallend hervortreten. Der vierblätterige Kelch schliesst 16—20 dichtgedrängte, glänzendweisse Kronenblätter ein. Die Frucht ist eine kugelige, vielfächerige Beere von schmutzig-grüner Farbe. Schon Homer (Od. IX) erzählt von der wundersamen Wirkung der Frucht beim Aufenthalt der Helden unter den Lotophagen. In der Mythologie der Aegypter spielt die Pflanze eine grosse Rolle, ebenso in ihrem Arzneischatze. Die Blätter und Blüthen werden heute von den Arabern gegen Gelbsucht gebraucht, die Wurzeln, Blätter und Blüthenstiele werden gegessen, die Samen noch zuweilen zum Brodbacken verwandt.

Cap. 113 (115). Περὶ Μυριοφύλλου. Tausendblatt. Das Myriophyllon [Einige nennen es Myllophyllon[1]), Andere Stratiotike, Achilleios, die Römer Millefolium, auch Supercilium Veneris, die Gallier Beliunkandas] ist ein einfaches, zartes Stengelchen mit nur einer Wurzel; um dieses stehen viele glatte, dem Fenchel ähnliche Blättchen, woher es auch den Namen[2]) hat. Der Stengel ist etwas hohl, sehr fest, so dass viel Kraft dazu gehört, ihn zu zerreissen. Es wächst an sumpfigen Stellen. Wird dasselbe grün oder auch getrocknet mit Essig als Umschlag aufgelegt, so schützt es die frischen Wunden vor Entzündung. Es wird auch bei hohem Sturz mit Wasser und Salz getrunken.

[1]) Lippenblatt, μύλλον, Lippe, und φύλλον. [2]) μυρίος, sehr viel, und φύλλον, Blatt. Plinius XXIV 152 gibt nur dasselbe an. Bei der mangelhaften Beschreibung des D. und der naheliegenden Verleitung durch die Synonyma ist die Pflanze von den älteren Botanikern verschieden bestimmt, den meisten Beifall hat Sibthorp's Ansicht gefunden: *Myriophyllum spicatum* L. (Halorageae), Aehriges Tausendblatt, in Griechenland und ganz Italien heimisch.

Cap. 114 (116). Περὶ Μυῤῥίδος. Körbel. Die Myrrhis — Einige nennen sie Myrrha, Andere Konile — gleicht an Stengel und Blättern dem Schierling. Sie hat eine längliche, zarte, runde, wohlriechende, süss schmeckende Wurzel. Mit Wein getrunken hilft diese gegen Spinnenbisse, befördert auch die Menstruation und die Reinigung der Wöchnerinnen. Gekocht wird sie im Trank mit Nutzen den Phthisikern gegeben. Einige berichten, sie sei in Pestzeiten, zwei- bis dreimal täglich in Wein getrunken, ein Mittel, um von der Seuche verschont zu bleiben.

Myrrhis odorata Scop., *Scandix odorata* L. (Umbelliferae), Wohlriechender Körbel.

Schon Anguillara (Sempl. p. 284) beschreibt sie als eine Pflanze Griechenlands; Sibthorp fand sie in Kleinasien wild, im nördlichen Italien ist sie verbreitet. Die ganze Pflanze riecht anisartig, angenehm; sie war früher als Cerefolium hispanicum oder Myrrhis major gebräuchlich.

Cap. 115 (117). Περὶ Μυάγρου. Myagros. Der Myagros — Einige nennen ihn Melampyron — ist ein strauchiges, zwei Ellen hohes Kraut mit krappähnlichen Blättern und blassgelber Blüthe. Der Same gleicht dem des Bockshorns, ist fett. Man gebraucht ihn, indem man ihn geröstet und zerstossen um die Zweige schmiert und diese als Lampen benutzt. Das Fett aus demselben scheint auch die Rauheiten des Körpers zu mildern und zu glätten.

Anguillara (Sempl. p. 285) und Lenz ziehen die in Italien sehr verbreitete, in Griechenland seltenere *Camelina sativa* Crtz. (Cruciferae), Leindotter, hierher, Fraas als besser passend die viel häufigere *Nesslia paniculata* Desv., *Myagrum paniculatum* L., (Cruciferae) Nesslie.

Cap. 116 (118). Περὶ Ὀνάγρας. Weidenröschen. Die Onagra — Einige nennen sie Onothera, Andere Onuris — ist ein baumartiger Strauch von ansehnlicher Grösse, er hat denen der Mandel ähnliche aber breitere und mehr der Lilie gleichende Blätter. Die Blüthen sind rosenähnlich, gross, die Wurzel ist weiss, gross, und hat getrocknet einen Weingeruch. Sie wächst in bergigen Gegenden. Der Aufguss der Wurzel hat die Kraft, wenn er von wilden Thieren gesoffen wird, dieselben zahm zu machen. Als Kataplasma besänftigt sie bösartige Geschwüre.

Epilobium hirsutum L. (Onagrarieae), Rauhes Weidenröschen, in Griechenland und Italien häufig.

Cap. 117 (119). Περὶ Κιρσίου. Kirsion. Das Kirsion[1]) [Einige nennen es grosse Ochsenzunge, die Römer Spina mollis[2])] ist ein zarter, etwa zwei Ellen langer, dreieckiger Strauch, die unteren Blättchen sind rosettenförmig und haben entfernt stehende, weiche, dornige Ecken. Die (Stengel-)Blätter sind denen der Ochsenzunge ähnlich, mässig rauh und kleiner, weisslich und an den Rändern dornig. Das oberste Ende des Stengels ist rund, rauh, und daran sitzen oben purpurfarbige Köpfchen, welche zu einer Haarkrone auswachsen. Andreas schreibt, dass die Wurzel desselben, über die leidende Stelle gebunden, die Schmerzen der Krampfadern lindere.

[1]) κιρσὸς, Krampfader, daher hat die Pflanze den Namen. [2]) Weicher Dorn.
Sprengel vermuthet unter Kirsion *Carduus tenuifolius* Curt. (Compositae). Zartblätterige Mariendistel, eine auf den Inseln des griechischen Archipels häufige Pflanze. Die Blätter sind am Stengel herablaufend (D. nennt diesen drei kantig), ganz grau, unterseits wollig, am Rande buchtig, dornig. Die Grundblätter bilden eine Rosette, sind leierförmig, die Blüthen purpurfarben.

Cap. 118 (120). Περὶ Ἀστέρος ἀττικοῦ. Attische Aster. Die attische Aster[1]) [Einige nennen sie Asteriskos[2]), Andere Asterion[3]), Bubonion[3]), Hyophthalmon[4]), die Römer Inguinalis[5]), die Dakier Rathibida] bildet einen holzigen kleinen Zweig, der an der Spitze eine purpurfarbige und gelbe Blüthe[6]) hat, und ein Köpfchen ringsum eingeschnitten wie bei Anthemis. Die Blättchen stehen sternförmig. Die Stengelblätter sind länglich und rauh. [Als Kataplasma hilft sie bei erhitztem Magen, bei Augen- und Schamdrüsenentzündungen und bei Mastdarmvorfall. Man sagt, der purpurne Theil der Blüthe, mit Wasser getrunken, helfe bei Angina und Epilepsie der Kinder[7])]. Als feuchter Umschlag ist sie ein gutes Mittel gegen Schamdrüsenentzündung. Wenn sie aber trocken mit der linken Hand des Leidenden abgerissen und auf die Drüse gelegt wird, so wird er vom Schmerz befreit. [Sie wächst mitten zwischen Felsen und an rauhen Stellen. Ihre Sterne leuchten in der Nacht; diejenigen, welche es sehen und noch nicht kennen, glauben, es sei ein Gespenst. Sie findet sich bei den Schafhürden. Auch der Rhizotom Krateuas erzählt: Diese Pflanze, grün mit altem Fett zerstossen, wirkt gut gegen Bisse wüthender Thiere und gegen Kropf; in der Räucherung verscheucht sie die Bestien.]

¹) Stern. ²) Sternchen. ³) Bubonen- oder Drüsenpflanze. ⁴) Schweinsauge. ⁵) Schampflanze (inguen, die Weichen oder Schamseiten). ⁶) Die Scheibenblüthen sind gelb, die Randblüthen lilafarbig. ⁷) Die in Klammern stehenden Sätze finden sich nur in wenigen Codices, der Inhalt kehrt in Cap. 120 wieder.

Der letzte, in Klammern stehende Theil des Textes ist als überflüssiger Zusatz von fremder Hand zu betrachten, in den älteren und besseren Codices findet er sich nicht.

Aster Amellus L. (Compositae), K l e i n e A s t e r, auch Virgil's Aster, weil der Dichter (Georg. IV 271) von ihr singt:

> Est etiam flos in pratis, cui nomen Amello
> Fecere agricolae, facilis quaerentibus herba.
> Auf den Wiesen auch steht die Blume mit Namen Amellus,
> Den ihr gegeben der Landmann, der leicht zu findenden Pflanze.

Sie war früher als Radix et Herba Asteris attici vel Bubonii gebräuchlich. Bei Tabernämontanus ist es *Inula Bubonium*.

Cap. 119 (121). Περὶ Ἰσοπύρου. Isopyron. Das Isopyron — Einige nennen es Phasiolos wegen der Aehnlichkeit mit der Bohne von der an der Spitze des Blattes befindlichen Ringel. An der Spitze des Stengels sitzen zarte Köpfchen, voll von Samen, welche im Geschmack dem Schwarzkümmel ähnlich sind; das Blatt gleicht dem des Anis. Der Same mit Honigmeth getrunken hilft bei Brustschmerzen und Husten; er ist auch ein gutes Mittel bei Blutspeien und Leberleiden.

S p r e n g e l zieht *Corydalis claviculata* Pers. (Fumariaceae) hierher, welches nach S i b t h o r p in Argolien vorkommt (es findet sich auch in Deutschland von Schleswig bis nach Westfalen), F r a a s dagegen *Fumaria capreolata* L. (Fumariaceae), R a n k e n d e r E r d r a u c h, in Griechenland an schattigen Orten, Felsschluchten und an Zäunen. Er hat einen ästigen, aufsteigenden Stengel mit doppelt-dreizähligen Blättern und viel breiteren, drei- und mehrspaltigen Blättchen und zum Theil rankenden Blattstielen. Die Blüthen sind schön dunkelroth, ziemlich gross, die Nüsschen kugelig, oben eingedrückt, glänzend.

Cap. 120 (122). Περὶ Ἴου. Veilchen. Das purpurfarbige Ion [Einige nennen es Dasypodion¹), Andere Priapeïon²), wildes Ion, Kybelion³), die Römer Setialis, auch Muraria und Viola purpurea] hat ein kleineres Blatt als der Epheu, auch zarter und schwärzer, sonst aber (diesem) nicht unähnlich, ein mitten aus der Wurzel aufsteigendes Stengelchen, daran das sehr wohlriechende purpurfarbige Blüthchen. Es wächst an schattigen und rauhen Stellen. Es hat eine kühlende Kraft. Seine Blätter, für sich allein und mit Graupen als Umschlag, helfen bei Erhitzung des Magens, bei Augenentzündung und Mastdarmvorfall. Es heisst, dass der purpurne Theil der Blüthe, mit Wasser getrunken, bei Schlundmuskelentzündung und Epilepsie der Kinder helfe.

[1]) Rauhfüssig. [2]) Pflanze des Priapos, des Gottes der Gärten und Weinberge. [3]) Pflanze der Kybele.

Nach Geopon. XI 22 hat die Pflanze den Namen daher erhalten, dass die Erde dieselbe zu Ehren der von Zeus geliebten Juno entstehen liess.

Ohne allen Zweifel haben wir hier *Viola odorata* L. (Violaceae), Veilchen, vor uns; das bestätigen die Parallelstellen bei Theophrast (Hist. pl. VI 6, 7 u. 8, 2): „Das schwarze Veilchen, μέλαν ἴον, unterscheidet sich von den übrigen durch den Stengel, die am Boden liegenden fleischigen Blätter und die zahlreichen Wurzeln. ... Bei der richtigen Cultur blüht es sehr lange, die ganze heisse Zeit hindurch.“ (De caus. VI 20, 1:) „Beim Veilchen hat das wildwachsende Geruch.“ Bei Plinius XXI 35: „Das Veilchen (Viola) riecht in der Ferne angenehmer als in der Nähe.“ XXI 27: „Es gibt viele Arten, rothe, gelbe und weisse. Unter denen, die an sonnigen und mageren Plätzen wild vorkommen, schiessen die purpurrothen mit breiten Blättern unmittelbar aus der fleischigen Wurzel hervor, sie allein werden von den übrigen durch einen griechischen Namen unterschieden, wovon die blauen Kleider ihren Namen haben.“ Die Bezeichnung Viola mit dem Zusatz lutea und alba geht auf Cheiranthus. Bei Hippokrates heisst das Veilchen λευκόϊον τὸ μέλαν, schwarze Levkoje. Das Veilchen wurde auch in Gärten gezogen; wo jedoch bei den alten Schriftstellern (Varro, Virgil, Columna) von Violaria, Veilchengärten, von Anpflanzungen der Biene wegen (Plinius) die Rede ist, dürfte Cheiranthus gemeint sein.

Die Schwesterpflanze, *Viola tricolor* L., Wildes Stiefmütterchen, ist heute noch ein beliebtes Blutreinigungsmittel.

Cap. 121 (123). Περὶ Κακαλίας. Kakalia. Die Kakalia — Einige nennen sie Leontika — treibt weisse Blätter von ansehnlicher Grösse, aus ihrer Mitte kommt der aufrechte weisse Stengel mit einer dem Moos oder der Olive ähnlichen Blüthe. Sie wächst auf den Bergen. Ihre Wurzel, in Wein macerirt wie Traganth und aufgeleckt oder für sich allein verzehrt, heilt Husten und Rauheiten der Luftröhre; die nach dem Abblühen entstandenen Körner, wenn sie fein gestossen in Wachssalbe aufgenommen und aufgeschmiert werden, machen das Gesicht glatt und runzelfrei.

Die Parallelstelle bei Plinius XXV 135 heisst: „Die Cacalia wird auch Leontice genannt; sie hat kleinen Perlen ähnliche Samen, herabhängend zwischen grossen Blättern.“ Auf Grund hiervon haben die älteren Botaniker die Pflanze theils für *Mercurialis tomentosa* L. gehalten, Anguillara für *Conyza candida* L., Lobelius und Clusius für *Cacalia*. Fraas zieht *Cacalia verbascifolia* Sibth. (Compositae), Wollblumenblätterige Kakalie, von Sibthorp am Parnass und um Delphi gefunden, hierher. Der Kelch ist walzenrund, die Scheibenköpfe sind aufrecht, die Blüthen haben verdickte Staubfäden; daher passt der Vergleich mit der Olive oder einem Moose.

Cap. 122 (124). Περὶ Βουνίου. Bunion. Das Bunion[1]) [Einige nennen es Atonon[2]), Andere Aktine, Anemosphoron[3]), die Propheten

Paradakry[4]), die Aegypter Erxoe, die Römer Scopa regia[5]), die Afrikaner Zigar, auch Thepso] treibt einen vierkantigen Stengel und an diesem viele fingerlange Zweiglein voll zarter Blättchen und Blüthen. Die Wurzelblätter sind ähnlich denen der Sellerie, aber viel zarter, denen des Korianders[6]) sich nähernd. Die Blüthe ist wie beim Dill, der Same wohlriechend, kleiner als beim Bilsenkraut. Es ist harntreibend, erwärmend, befördert die Nachgeburt und ist der Milz, den Nieren und der Blase zuträglich. Anwendung findet der frische und trockene Same, sowie der daraus und aus den Wurzeln, Stengeln und Blättern bereitete Saft mit Honigmeth.

[1]) Bergpflanze, von βουνός, Höhe. [2]) Unersättlich. [3]) Vom Winde gebracht. [4]) Nebenthräne. [5]) Königlicher Zweig. [6]) χορίου, C. C. hat τριβόλου, Felddorn.

Sprengel erklärt, die Pflanze nicht deuten zu können. Fraas zieht *Bunium pumilum* Sm. (Umbelliferae), Kleiner Erdknoten, hierher, welches er im Gerölle am Parnass fand, sagt aber, dass wohl die Verästelung und die Blätter, nicht aber die Blüthen passten.

Cap. 123 (125). Περὶ Ψευδοβουνίου. Pseudobunion.

Das Pseudobunion ist ein spannenlanger Strauch auf Kreta mit dem Bunion ähnlichen scharfen Blättern und Zweigen. Vier seiner Zweige mit Wasser getrunken haben die Kraft, Leibschneiden, Harnzwang und Seitenschmerzen zu heilen. Als lauwarmer Umschlag mit Salz und Wein zertheilen sie auch Drüsen am Halse.

Trinia dioica Gaud., *Pimpinella dioica* Spr., nach Griesebach in Albanien, Makedonien und Bithynien.

Die älteren Botaniker hatten sich durch Plinius verleiten lassen, diese Pflanze für eine Crucifere, *Barbarea vulgaris* R. Br., zu halten; er sagt nämlich XX 21: „Die Griechen unterscheiden auch in der Heilkunde zwei Arten Steckrüben, eine mit kantigen Blattstielen und Blüthen wie Dill, welche sie Bunion nennen, das Decoct dient zur Reinigung der Frauen u. s. w. ... die andere Art nennen sie Bunias" u. s. w. Bei dem Vergleich φύλλα καὶ κλῶνια βουνίῳ ὅμοια übersetzten sie βούνιον mit Napus.

Cap. 124 (126). Περὶ Χαμαικίσσου. Chamaikissos.

Der Chamaikissos[1]) [Einige nennen ihn Chamaileuke[2]), Andere sterilen Epheu, Erdkranz, Selenitis[3]), die Römer Hedera pluviatica[4])] hat epheuähnliche Blätter, sie sind aber grösser, zarter und zahlreich. Die Zweige sind spannenlang, voll von Blättern und kommen zu fünf oder sechs aus der Erde. Die Blüthen gleichen denen der Levkoje, sind aber zarter und haben sehr bitteren Geschmack. Die Wurzel ist zart, weiss und unbrauchbar. Er wächst an bebauten Stellen. Die Blätter sind ein gutes Mittel für Ischiasleidende, wenn so viel wie 3 Obolen davon in 3 Bechern Wasser vierzig bis fünfzig Tage getrunken wird; ebenso vertreiben sie Gelbsucht, wenn sie in gleicher Weise sechs bis sieben Tage getrunken werden.

[1]) Erdepheu. [2]) Erdweiss, bei Plinius XXIV 135 das Synonym für Farfara. [3]) Mondkraut. [4]) Regenepheu.

Antirrhinum Asarina L. (Scrophulariaceae), von Fraas bei Lamia in Phthiotis am südlichen Abhange des Othrys gefunden. Es ist eine kriechende, stark behaarte Pflanze mit herzförmigen, grobgekerbten, langgestielten Blättern und grossen, weisslichen, am Saum etwas gelblichen, achselständigen Blüthen. Früher (seit Brunfelsius) hielt man sie für *Glechoma hederacea* L., Gundelrebe.

Cap. 125 (127). Περὶ Χαμαιπεύκης. Chamaipeuke. Die Chamaipeuke wirkt, fein gestossen in Wasser getrunken, gut bei Hüftschmerzen. [In einem anderen Codex[1]).] Es ist eine ganz grüne Pflanze mit umgebogenen Blättchen und Zweigen und mit einer Blüthe wie die Rose.

[1]) Nach Aldin.

Auch hier hat die Angabe des Plinius XXIV 136, „Chamaepeuce mit der Lärche ähnlichen Blättern" bei den älteren Botanikern zu falschen Bestimmungen geführt. Sprengel zieht *Staehelina (Pteronia) Chamaepeuce* L. (Compositae) hierher, welche durch die schmalen, linealen, langen, sehr gedrängten Blätter das Aussehen einer jungen Kiefer erhält. Sie hat weichhaarige Staubfäden und eine vielreihige Fruchtkrone. In Kandia heimisch. Fraas nennt sie *Serratula Chamaepeuce* L. (Compositae), sie ist an Felsen der Gebirgsschluchten nicht selten.

Cap. 126 (128). Περὶ Βουγλώσσου. Ochsenzunge. Das Buglosson[1]) [die Propheten nennen es Samen des Wiesels, Osthanes Sannuchi, die Aegypter Anton erinbesor, die Römer Longaevum[2]), auch Lingua boum[1]), Libanis, die Afrikaner Asanaph, die Dakier Budalla] gleicht der Königskerze, hat ein an der Erde liegendes schwarzes, stacheliges, kleineres Blatt, ähnlich einer Ochsenzunge. Dieses in Wein gelegt soll heitere Stimmung bewirken. [Es wächst im flachen Lande und an mässig rauhen Stellen[3]).]

[1]) Ochsenzunge. [2]) Hochbetagt. [3]) Den in Klammern stehenden Satz hat Cod. X. *Anchusa italica* Retz. (Asperifoliaceae), Italienische Ochzenzunge.

Auch Plinius XXV 81 nennt die Pflanze Euphrosyne, weil sie den Geist aufheitert. Die älteren Botaniker bezogen sie auf Borago, und das lustige Mittelalter drückte dies in dem Vers aus: Ego Borago gaudia semper ago, was Gerardus übersetzt: I Borage bring always courage. Nicolaus Leonicenus (De Plinii erroribus IV 60) machte auf den Irrthum aufmerksam und Brunfelsius erklärte sie zuerst für eine Art Anchusa.

Sie ist in Griechenland und Italien heimisch, hat einen ästigen, braunen, steifhaarigen, doldentraubigen Stengel, längliche, am oberen Theile aber eiförmige, zugespitzte, steifhaarige Blätter und kurze Kronenblätter.

Unmittelbar hinter den Synonymen im Texte hat die Aldina Folgendes: Γεννᾶται εἰς τόπους ὁμαλοὺς καὶ ἀτμώδεις (ἀμμώδεις ?). Συνάγεται δὲ ἐν Ἰουλλίῳ μηνί. Φασὶ δὲ πρὸς ῥίγη λυσιτελεῖν· πρὸς μὲν τριταῖον, τοῦ ἔχοντος βουγλώσσου γʹ καυλοὺς ὅλην ἀποτριτώσας μετὰ τῶν ῥιζῶν καὶ τοῦ σπέρματος τὴν βοτάνην, δίδου πιεῖν· τοῦ δὲ τέσσαρας ἔχοντος τῷ τεταρταίζοντι· ἡ δὲ ἔψησις τούτων σὺν οἴνῳ· καὶ πρὸς ἀποστήματά φασιν αὐτὸ χρησιμεύειν.

Es wächst in ebenen und dunstigen (sandigen ?) Gegenden, gesammelt wird es

im Monat Juli. Es soll gegen Frostschauer helfen; beim dreitägigen Fieber gib die
Pflanze, welche drei Stengel Buglosson hat, nachdem du sie ganz sammt Wurzel und
Samen zerrieben hast, beim viertägigen die mit vier Stengeln; die Abkochung der-
selben mit Wein (wirkt ebenso). Auch bei Abscessen soll dasselbe zu gebrauchen sein.

Sprengel hat den ganzen Absatz ausgelassen, weil er offenbar unächt ist.
Durchaus fehlerhaft ist εἰς hier mit dem Accusativ statt ἐν mit dem Dativ. Die Bezeichnung ἐν Ἰουλλίῳ μηνί kennt D. nicht, er würde sagen ἐν πυραμήτῳ. Das Wort
λυσιτελεῖν kommt sonst nicht bei ihm vor. Die Verwendung gegen Wechselfieber
stammt aus Plinius XXV 81, wo er über Cynoglossus handelt, und findet sich bei
D. II 152.

Cap. 127 (129). Περὶ Κυνογλώσσου. Hundszunge. Das Kyno-
glosson[1]) [Einige nennen es Phyton[2]), Andere Kaballation[3]), Splenion[4]),
Skolymos[5]), die Römer Lingua canis[1]), auch Lingua canina[1])] hat dem
breitblätterigen Wegerich ähnliche Blätter, sie sind aber schmaler, kleiner
und wollig. Es ist stengellos[6]), kriecht über die Erde und wächst an
sandigen Orten. Die fein gestossenen Blätter mit altem Schweinefett
haben die Kraft, Hundsbisse, die Fuchskrankheit und Verbrennungen zu
heilen. Das gekochte Kraut, mit Wein getrunken, erweicht den Bauch.

[1]) Hundszunge. [2]) Gewächs. [3]) Pferdefutter. [4]) Milzkraut. [5]) Distel. [6]) Im
ersten Jahre, die Pflanze ist zweijährig.
    Man zieht meist *Cynoglossum officinale* L. (Compositae), Gebräuchliche
Hundszunge, hierher, Fraas dagegen *Cynogl. pictum* Ait., weil es breitere Blätter
hat, also eher der sehr kargen Beschreibung des D. entsprechen würde.
    Siedler isolirte aus Cynogl. offic. ein Alkaloid in Form einer dicken, erst
wasserhellen, später dunkel werdenden, intensiv bitteren, eigenthümlich pelletierin-
ähnlich riechenden Flüssigkeit, die sich in Wasser leicht löst und mit Alkohol, Aether
und Chloroform in allen Verhältnissen mischt. Nach Kobert kommt ihm die
Kurare-Wirkung zu, Siedler nennt es zum Unterschiede der Cynoglossine früherer
Autoren Cynoglossin Riedel.

Cap. 128 (130). Περὶ Φυτεύματος. Phyteuma. Das Phyteuma
hat denen des Seifenkrauts ähnliche, aber kleinere Blätter, grosse durchbohrte[1]) Früchte, eine lange, zarte, oberflächige Wurzel. Diese, so berichten Einige, sei zu Liebesträuken gut zu gebrauchen.

[1]) Die Frucht ist eine an der Spitze mit drei Zipfeln klaffende Kapsel.
    Reseda Phyteuma L. (Resedaceae), Einfachblätterige Resede.

Cap. 129 (131). Περὶ Λεοντοποδίου. Leontopodion. Das
Leontopodion[1]) [Einige nennen es Zoonychon[2]), Andere Aetonychon[3]),
Kemos, Krossion, Damnamene[4]), Idiophyton[5]), Phytobasilea[6]), Krosso-
phthoon, die Propheten Krokodilsblut, Krokomerion, die Aegypter Daph-
noines, die Römer Minercium, Neumatus, auch Palladium und Flamula]
ist ein zwei Finger langes Pflänzchen mit schmalen, etwa drei bis vier
Finger breiten, rauhen Blättern, welche nahe an der Wurzel wolliger und
weisslich sind. An der Spitze der Zweige hat es Köpfchen wie einge-

schnitten, darin die schwarzen Blüthen. Die Frucht ist schwer zu sehen wegen der herumsitzenden Wolle. Die Wurzel ist klein. Auch von dieser sagen sie, dass sie als Amulett zu Liebeszwecken gut zu gebrauchen sei, auch dass sie Geschwülste vertheile.

¹) Löwenfuss. ²) Nachtwesen. ³) Nachtvogel. ⁴) Ueberwinderin. ⁵) Pflanze mit besonderen Eigenschaften. ⁶) Königliche Pflanze.

Nach Sprengel *Gnaphalium Leontopodium* L. (Compositae), Löwentatzen-artiges Immerschön, eine Pflanze der höchsten Alpen und der eigentlichen Flora wohl fremd; daher zieht Fraas *Evax pygmaeus* L. (Compositae), Löwentatze, vor, welcher auf dürren Ebenen und Gebirgen bis 1000 m vorkommt.

Cap. 130 (132). Περὶ Ὑπογλώσσου. Hypoglosson.

Das Hypoglosson [Einige nennen dieses auch Antirrhinon¹), Andere Anarrhinon, wilde Nelke] ist ein kleiner Strauch, den Blättern nach der wilden und zarten Myrte ähnlich. Es hat einen stacheligen Stengelschopf und an der Spitze eine Art Züngelchen, neben den Blättern kleine Auswüchse. Der Stengelschopf scheint als Amulett für die an Kopfschmerzen Leidenden in Gebrauch zu sein. Die Wurzel und der Saft werden auch den Salben zugemischt.

¹) Löwenmaul.

Ruscus Hypoglossum L. (Smilaceae), Zungenförmiger Mäusedorn; ein immergrüner Strauch mit einfachem oder etwas ästigem Stengel; in steinigen Wäldern Italiens und des südlichen Europas.

Cap. 131 (133). Περὶ Ἀντιρρίνου. Löwenmaul.

Das Antirrhinon — Einige haben es auch Anarrhinon, Andere auch dieses wilde Nelke genannt — ist eine nach Blättern und Stengel dem Gauchheil ähnliche Pflanze. Die Blüthen sind weiss, etwas purpurfarbig, wohlriechend; darum heisst es auch wilde Nelke. Es trägt eine Frucht ähnlich der Rindsnase [von rothem Aussehen]¹). Dieses, so wird erzählt, sei als Amulett ein Gegenmittel gegen Gifte, auch mache es den liebenswürdig, der sich zusammen mit Lilien- oder Kyprosöl damit eingesalbt hat.

¹) Die eingeklammerten Worte fehlen in den codd. Vindobon.

Sprengel zieht *Antirrhinum Orontium* L., Kleiner Dorant, hierher, Fraas *Antirrhinum majus* L. (Scrophulariaceae), Grosses Löwenmaul, weil jenes schmale, der Anagallis ganz unähnliche Blätter hat und seltener ist. Die Kapselfrucht sieht der Rindsnase, nach Ansicht Anderer dem Affenschädel ähnlich.

Cap. 132 (134). Περὶ Καταναγχης. Katananka.

Die Katananka [Einige nennen sie Damnamene, Andere Dionysias, Thyrsion, Demos, Kemos, Krotion, die Propheten Archaras, auch Arkopus, die Römer Herba filicula, Datisca, auch Jovis madius, die Dakier Karopithla]. Eine Art davon hat grosse Blätter, wie die des niedrigen Schotenklees, eine

zarte, binsenartige Wurzel, sechs bis sieben Köpfchen, darin eine der
Linsenwicke ähnliche Frucht. Trocken geworden krümmt sie sich zur
Erde hin und gleicht der Klaue einer todten Weihe. Die andere[1]) hat
die Grösse eines kleinen Apfels, eine kleine Wurzel, die Blätter gleichen
nach Form und Farbe der Olive, sie sind aber weich, über die Erde ausgebreitet und getheilt. Die Frucht an den Zweiglein ist klein, vielfach
durchbohrt, von der Form der Erbse. Beide, so erzählt man, sollen sich
zu Liebesmitteln eignen; in Thessalien, so sagt man, gebrauchten sie die
Frauen.

¹) d. h. die Frucht der anderen Art?

Die Pflanze hat nur als Aphrodisiacum Bedeutung, darauf gehen auch alle
Synonyma. Sprengel zieht nicht mit Unrecht *Ornithopus compressus* L. (Papilionaceae), Gedrückter Vogelfuss, für die erste Art hierher. Gekennzeichnet ist
die Pflanze besonders durch den Vergleich der getrockneten, gedreiten, gegliederten,
nach unten gekrümmten und mit einer Spitze versehenen Hülsen mit einer Vogel-
kralle. Die zweite Art lässt sich schwer bestimmen, Sprengel bezieht sie auf
Astragalus magniformis, Kosteletzky auf *Astr. oleaefolius* D. C. Die Blätter stimmen,
die Frucht nicht.

Cap. 133 (135). Περὶ Τριπολίου. Tripolion. Das Tripolion
[Einige nennen es Psyche, Andere Meris, Potamogeiton, Stachyïtes, die
Römer Coliumares] wächst in der Nähe des Meeres an Plätzen, welche
das Meer bespült und dann wieder verlässt, aber weder auf dem
Trockenen noch im Meere. Es hat dem Waid ähnliche, trockene, aber
breitere Blätter, einen spannenhohen oben getheilten Stengel. Man sagt,
dass seine Blüthe dreimal im Tage die Farbe wechsele, früh Morgens sei
sie weiss, am Mittag purpurfarben, am Abend dunkelroth. Die Wurzel
ist weiss, wohlriechend und hat erwärmenden Geschmack. Diese, in der
Gabe von 2 Drachmen in Wein getrunken, treibt das Wasser durch den
Bauch[1]) und den Harn; sie wird auch unter die Gegenmittel gegen die
Gifte geschnitten.

¹) d. h. bewirkt wässerige Stühle.

Plinius XXVI 39 sagt, die Pflanze scheine das Polium zu sein. Die Beschreibung des D. bezieht sich nach Fraas auf *Statice Limonium* und *sinuata* L. (Plum-
baginaceae), Sumpfnelke. Die Wurzel ist spindelig, dick, braunroth, die Blätter
sind rosettenartig ausgebreitet, dicklich, fast lederig, der Mittelnerv tritt als weiche
Spitze heraus. Einzelne oder mehrere aufrechte, ziemlich harte, gerillte Aeste tragen
doldentraubige Blüthenähren. Die Blüthe ist bläulichlilafarben, selten weiss. *Statice
sinuata* zeigt vor der Blüthe einen weissen Blüthenboden, die Blüthe selbst ist blau
und nach dem Welken violett. Im südlichen Europa am Meeresstrande, in Griechenland beide häufig zusammen. D. hat wohl die Pflanze nicht selbst beobachtet, denn
er sagt ἱστορεῖται, man erzählt.

Cap. 134 (136). Περὶ Ἀδιάντου. Frauenhaar. Das Adianton —
Einige nennen es Polytrichon[1]), Andere Kallitrichon[2]), Trichomanes[3]),

Ebenotrichon[4]) [Argion[5]), Wasserkoriander, die Aegypter Epier, die Römer Cincinalis[6]), Terrae capillus[7]), Supercilium terrae[8]), die Dakier Phithophthethela] — hat denen des Korianders ähnliche, an der Spitze eingeschnittene Blättchen, kleine schwarze, sehr zarte, spannenlange, glänzende Zweige. Es treibt weder Stengel, noch Blüthe, noch Frucht. Die Wurzel ist nutzlos. Die Abkochung des Krautes als Trank hat die Kraft, bei Asthma, Engbrüstigkeit, Gelbsucht, Milzkrankheit und Harnverhaltung zu helfen. Sie zertrümmert ferner den Stein, stellt den Durchfall und hilft gegen den Biss giftiger Thiere, mit Wein getrunken auch bei Magenfluss. Sie befördert die Menstruation und die Reinigung der Wöchnerinnen, auch hemmt sie Blutauswurf. Roh wird es (das Adianton) als Umschlag bei Bissen giftiger Thiere benutzt, befördert nach der Fuchskrankheit den Haarwuchs und vertheilt Drüsen am Halse. Mit Lauge vertreibt es Schorf und bösen Grind, mit Ladanum, Myrrhensalbe, Hysop und Wein hält es den Ausfall der Haare auf, ebenso die Abkochung desselben mit Lauge und Wein aufgestrichen. Unter das Futter gemischt macht es die Hähne und Wachteln kampflustiger. Zum Gedeihen der Schafe wird es auch an die Schafställe gepflanzt. Es wächst an schattigen Orten, an feuchten Mauern und bei Quellen.

[1]) Vielhaar. [2]) Schönhaar. [3]) Wildhaar (von θρίξ und μαίνομαι). [4]) Ebenholzhaar. [5]) Schimmernd. [6]) Gekräuselt. [7]) Erdhaar. [8]) Augenbrauen der Erde.
Adiantum Capillus Veneris L. (Polypodiaceae), Frauenhaar; in Griechenland häufig, ebenso in Hügel- und Berggegenden Italiens.
Theophrast (Hist. pl. VII 14, 1) führt den Namen Adianton darauf zurück, dass die Blätter nicht nass werden (ά priv. und διαίνεσθαι); er sowohl wie Plinius XXII 63 unterscheiden zwei Arten, das weisse und schwarze, letzterer nennt das dunkle, grössere Trichomanes und handelt darüber in einem besonderen Abschnitte.
Früher war das Frauenhaar als Herba und Sirupus Capillorum Veneris officinell.

Cap. 135 (137). Περὶ Τριχομανοῦς. Streifenfarn. Das Trichomanes [Einige nennen es Pterion[1]), Andere Opteron, die Römer Capillaris[2]), Pinula[3]), auch Filicla[4])], noch Andere auch dieses Adianton — wächst an denselben Stellen, ist dem Farn ähnlich, klein und glatt, die zarten, linsenähnlichen Blätter hat es reihenweise auf jeder Seite einander gegenüber gestellt an zarten, glänzenden, herben, schwärzlichen, kleinen Zweigen[5]). Es scheint dieselbe Kraft zu haben, wie das vorige.

[1]) Kleiner Farn. [2]) Haarpflanze. [3]) Federchen. [4]) Filicula, kleiner Farn. [5]) Gemeint sind die Blattrippen.
Asplenium Trichomanes L. (Polypodiaceae), Streifenfarn, in ganz Griechenland und Italien häufig.

Cap. 136 (138). Περὶ Ξανθίου. Spitzklee. Das Xanthion[1]) — Einige nennen es Phasganon[2]), Andere Antithesion[3]), Chaskanon[4]), Choiradolethron[5]), noch Andere auch dieses Aparine [die Römer Lappa[6])] — wächst an sonnigen Plätzen und in ausgetrockneten Sümpfen. Es hat einen ellenhohen fetten, kantigen Stengel mit vielen Achseln. Die Blätter, der Gartenmelde ähnlich, haben Einschnitte und riechen wie Kresse. Die Frucht ist rund wie eine grosse Olive, stachelig wie die Früchte der Platane, so dass sie bei der Berührung an den Kleidern haftet. Die Frucht wird, bevor sie vollständig trocken ist, gesammelt, zerstossen und in einem irdenen Topfe aufbewahrt, und hat die Kraft, die Haare gelb zu färben, wenn man beim Gebrauche die Menge von 1 Tryblion davon nimmt, in warmes Wasser gibt und den Kopf, nachdem man ihn mit Laugensalz gereinigt hat, beschmiert. Einige zerstossen sie mit Wein und bewahren sie so auf. Die Frucht wird aber auch mit Nutzen bei Oedemen als Kataplasma angewandt.

[1]) Gelbkraut. [2]) Schwert, weil es Drüsen und Oedeme öffnen soll. [3]) Widerstand, den die stachelige Frucht leistet. [4]) Maske. [5]) Drüsenvernichter. [6]) Klette.
Xanthium Strumarium L. (Compositae), Spitzklee. Früher war das Kraut und der Same als Herba et semen Xanthii seu Lappae minoris gebräuchlich.

Cap. 137 (139). Περὶ Αἰγίλωπος. Aigilops. Der Aigilops [Einige nennen ihn Sitospelos[1]), Andere Siphon[2]), Bromos[3]), die Römer Avena[3])], eine kleine Pflanze, hat denen des Weizens ähnliche, aber weichere Blätter und an der Spitze des Kopfes die Frucht in ein, zwei oder drei Hüllen, aus denen Grannen wie Haare herauswachsen. Das Kraut mit Mehl als Umschlag heilt Aegilopie und vertheilt Verhärtungen. Zu demselben Zwecke wird der Saft mit Mehl gemischt, getrocknet und aufbewahrt.

[1]) Schwarzer Weizen. [2]) Leerer Halm. [3]) Hafer; βρῶμος = βρόμος.
Aegilops ovata L. (Gramineae), Aegilops.
Nach Theophrast (Hist. pl. VIII 11, 9) ist er ein lästiges Unkraut, welches gebauten Boden liebt und im zweiten Jahre keimt (er hält ihn irrthümlich für zweijährig), ebenso Plinius XXI 108 und XVIII 155, der ihn als zweijähriges, sehr schädliches Unkraut unter der Gerste bezeichnet. Die Geopon. II 43 halten ihn für ein Verderben der Gerste. In Griechenland ist Aegilops heute die häufigste einjährige Graspflanze der Xirobunen, trockenen Hügel und dürren Ebenen, selbst feuchte Niederungen verschmäht er nicht. In Norditalien kommt er nur wenig vor.

Cap. 138 (140). Περὶ Βρώμου. Bromos. Der Bromos [Einige nennen ihn Siphonion[1]), Andere Akrospelos[2]), die Römer Avena] ist eine dem Aegilops ähnliche Pflanze und hat austrocknende Kraft. Koche ihn sammt der Wurzel mit Wasser bis zum dritten Theile der Abkochung, seihe durch und mische ebensoviel Honig zu und koche wieder bis zur Consistenz des flüssigen Honigs. Dies übt gute Wirkung aus bei übelriechenden Nasengeschwüren, wenn du damit getränktes Leinen in die Nase steckst, auch für sich allein wirkt es ebenso. Einige reiben auch

Aloë fein, mischen sie zu und gebrauchen es auf dieselbe Weise. Mit trockenen Rosen in Wein gekocht wirkt er auch gegen üblen Geruch des Mundes.

[1]) Wind- oder leerer Hafer. [2]) Mit schwarzer Spitze.

Dieses Capitel scheint untergeschoben zu sein; es enthält Redewendungen, die D. sonst fremd sind. Unter Bromos (vgl. II 116) muss man hier *Avena fatua* L. (Gramineae), Windhafer, verstehen.

Cato (De re rust. 37, 5) sagt: „Das Getreide muss man zweimal behacken und jäten, dabei den Hafer ausrupfen;" Virgil (Eclog. V 35): „Meine Felder liegen öde, wo ich Gerste gesäet habe, wächst steriler Hafer und Taumellolch," und (Georg. I 226): „Gar Mancher säet zu früh, seine Saat verdirbt, sein Feld trägt nichts als Windhafer (vana avena)." Plinius XVIII 149: „Oft wird der Same (des Hafers) durch nachtheilige Witterung hohl und leer."

Cap. 139 (141). Περὶ Γλαυκός. Glaux. Glaux hat denen des Schneckenkleestrauches oder der Linse ähnliche Blätter, von denen die unteren weisser, die oberen grün sind. Es sendet fünf bis sechs zarte, von der Wurzel an spannenlange Zweiglein über die Erde hin. Die Blüthe gleicht der Levkoje, ist aber kleiner und purpurfarben; er wächst am Meere. Mit Gerstenmehl, Salz und Oel gekocht und als Schlürftrank genommen befördert er die zurückbleibende Milchabsonderung.

Plinius XXVII 82 nennt die Pflanze Eugalacton, milchvermehrend.

Sprengel zieht *Astragalus Glaux* L. (Papilionaceae) hierher, Fraas *Senne-biera Coronopus* Poir. (Cruciferae), Gemeine oder Krähenfussartige Senne-biera, hauptsächlich weil Astrag. Glaux, ein kleines Pflänzchen, nicht am Meere vorkommt und nach Sibthorp in Griechenlands Flora nicht mehr gefunden wird. *Sennebiera Conoropus*, eine kleine Pflanze mit ausgebreiteten, der Erde angedrückten Aesten, länglichen, etwas fleischigen, eingeschnitten gezähnten oder halbfiederspaltig-gelappten Blättern, vielblüthigen Blüthentrauben und — allerdings nicht mit purpur-farbigen, aber häufig mit fleischrothen — Blüthen, wird heute noch mit Oel und Citronen gekocht genossen.

Die nach Kresse riechende und schmeckende Pflanze war früher als Herba Coronopi seu Nasturtii verrucosi gebräuchlich.

Cap. 140 (142). Περὶ Πολυγάλου. Kreuzblume. Das Poly-galon ist ein spannenlanger kleiner Strauch mit linsenähnlichen Blättern, es hat schwach adstringirenden Geschmack. Auch dieses scheint als Trank die Milch zu vermehren.

Polygala venulosa Sibth. (Polygalaceae), Geaderte Kreuzblume. Sie ist eine der häufigsten Arten der griechischen Mittelgebirge, wo *Polygala amara* Sprengel's noch nicht angetroffen wird; überdies entsprechen die linsenförmigen Wurzelblätter der Beschreibung des D. Polygala Plinii XXVII 121 ist jedenfalls die in Norditalien häufige *Pol. vulgaris* oder *amara*.

Pol. amara war früher als Bittermittel officinell; sie enthält nach Chodat (Repert. d. Pharm. 1892, 14) Polygalit, welcher mit Quercit, Pinnit u. s. w. isomer ist, sich nur durch seinen niedrigen Schmelzpunkt (138°) unterscheidet, ferner einen amorphen Bitterstoff.

Cap. 141 (143). Περὶ Ὀσύριδος. Osyris. Osyris ist ein kleiner schwarzer Strauch mit zarten und schwer zu brechenden Zweigen und mit Blättchen daran wie beim Lein, welche anfangs schwarz sind, dann sich verändern und röthlich werden. Die Abkochung davon als Trank hilft bei Gelbsucht.

Osyris alba L. (Santalaceae), Weisse Osyris, in Südeuropa heimisch, in ganz Griechenland auf steinigen Hügeln und Bergen, auch in Italien häufig.

Cap. 142 (144). Περὶ Σμίλακος τραχείας. Rauher Smilax. Der rauhe Smilax [Einige nennen ihn Epaktitis[1]), Andere Lykanthemon[2]), Kynosbaton, Aniketon[3]), Heliophyton[4]), Anatolikon, Dytikon, Helide, die Aegypter Lyïsthe, die Römer Mergina, die Thusker Radia] hat dem etrurischen Geissblatt ähnliche Blätter und viele zarte stachelige Schüsse wie der Judendorn oder der Brombeerstrauch. Er windet sich, gleichwie auf- und abwärts Nahrung suchend, um die Bäume und trägt eine traubenartige Frucht wie eine kleine geringwerthige Weintraube, welche bei der Reife roth ist und gelinde beissenden Geschmack hat. Die Wurzel ist hart, dick. Er wächst an sumpfigen und rauhen Stellen. Seine Blätter und Frucht sind ein Gegenmittel gegen tödtliche Gifte, wenn sie vorher oder nachher genommen werden. Es wird erzählt, dass, wenn man etwas davon zerreibt und einem Neugeborenen zu trinken gibt, es von keinem verderblichen Mittel Schaden zu erleiden haben wird. Er wird auch unter die Gegenmittel gegen die Gifte geschnitten.

[1]) Helferin.   [2]) Wolfsblume.   [3]) Unbesieglich.   [4]) Sonnengewächs.

Theophrast (Hist. pl. III 18, 11) beschreibt „die an fremden Stengeln lebende Pflanze" sehr genau. Plinius XVI 153 schildert sie als ein bei Opfern und Kränzen Unglück und Trauer bedeutendes Gewächs, indem ein unglückliches Mädchen Namens Smilax in diesen Strauch verwandelt sei. Sonst wird Smilax als Kranzpflanze oft genannt, schon bei Homer wegen der wohlriechenden Blüthe.

Smilax aspera L. (Smilaceae), Rauher Smilax.

In Griechenland und Italien; in Italien vertritt die Wurzel die amerikanische Sarsaparille, sie enthält aber kein Smilacin, was den anderen Smilax-Arten (ausser Sm. China noch) eigen ist.

Cap. 143 (145). Περὶ Σμίλακος λείας. Glatter Smilax. Der glatte Smilax hat epheuähnliche, aber weichere und zartere Blätter und Zweige als der vorige, ohne Dornen; er schlingt sich auch um die Bäume wie der vorige. Eine Frucht trägt er wie die der Lupine, schwarz und klein; oberhalb hat sie stets weisse Blüthen, am ganzen Smilax sind sie zahlreich und rund. Auch Lauben werden im Sommer daraus gemacht, im Herbste wirft er die Blätter ab. Seine Frucht mit Strauchwinde, von jedem 3 attische Obolen, getrunken, soll viele und schwere Träume verursachen.

Convolvulus sepium L. (Convolvulaceae), Zaunwinde.

Cap. 144 (146). Περὶ Μυρσίνης ἀγρίας. Stechmyrte. Die
wilde Myrsine — Einige nennen sie Myrtakantha[1]), Andere Hiero-
myrton[2]), Oxymyrsine[3]) [Myakantha[4]), Agonon[5]), Skinkos, Minthe[6]), Katan-
gelos[7]), Anangelos[8]), Akairon[9]), Okneron[10]), Kinen, Leichene[11]), Chamaipitys, Chamaimyrte[12]), die Böotier Gyrenias, die Propheten Same des
Herakles, die Römer Ruscus] — hat ein der Myrte ähnliches Blatt, aber
breiter, lancettlich und an der Spitze scharf, eine runde Frucht, der Mitte
des Blattes angewachsen, welche bei der Reife roth ist und einen knochen-
artigen Kern hat. Die biegsamen Zweige, zahlreich aus derselben Wurzel
kommend, sind schwer zu brechen, eine Elle lang und voll Blätter. Die
Wurzel ist der der Agrostis ähnlich, sie hat herben, bitterlichen Geschmack. Sie wächst an rauhen und steilen Plätzen. Die Blätter und
die Frucht, in Wein getrunken, haben die Kraft, den Harn zu treiben,
die Katamenien zu befördern und den Blasenstein zu zertrümmern; sie
heilen auch Gelbsucht, Harnzwang und Kopfschmerzen. Die Abkochung
der Wurzel, mit Wein getrunken, leistet dasselbe. Die jungen Stengel
werden wie Gemüse statt Spargel gegessen; sie sind etwas bitter und
harntreibend.

[1]) Dornige Myrte. [2]) Heilige Myrte. [3]) Scharfe Myrte. [4]) Mäusedorn. [5]) Unfruchtbar. [6]) Minze. [7]) Verkündiger. [8]) Ohne Botschaft. [9]) Lästig. [10]) Scheu.
[11]) Flüchtig. [12]) Niedrige Myrte.

Bei Theophrast heisst die Pflanze Kentromyrsine (Hist. pl. III 17, 4), bei Plinius XXIII 115 Myrtus silvestris.

Ruscus aculeatus L. (Smilaceae), Stechender Mäusedorn, Stechmyrte,
im südlichen Europa weit verbreitet.

Cap. 145 (147). Περὶ Δάφνης ἀλεξανδρείας. Alexandrinische Daphne. Die alexandrinische Daphne — Einige nennen sie
Idaia[1]), Andere Danaë[2]), Hypoglotton[3]), Zaleia[4]), Stephane[5]) [Daphnos,
die samothrakische[6]), Methrion, Hypoglossion[8])] — hat denen des stechenden
Mäusedorns ähnliche Blätter, sie sind aber grösser, weicher und weisser
und tragen in der Mitte eine rothe erbsengrosse Frucht. Die Zweige sind
von der Erde an spannenhoch und höher, die Wurzel ist der des stechenden Mäusedorns ähnlich, aber grösser, weicher und wohlriechend. Sie
wächst in bergigen Gegenden. Die Wurzel, in der Menge von 6 Drachmen
mit süssem Wein getrunken, hat die Kraft, bei schweren Geburten und
bei Harnzwang zu helfen; sie führt auch das Blut ab.

[1]) Nach Plinius XV 132 wuchs sie am meisten am Ida. [2]) Tochter des Akri-
sios und durch Juppiters Vaterschaft Mutter des Perseus. [3]) Unter der Zunge be-
findlich, bezieht sich auf die Blüthe. [4]) Ungestüm. [5]) Krone, bei Plinius ist sie eine
Kranzpflanze. [6]) Samothrake, eine Insel im nördlichsten Theile des Aegäischen Meeres,
berühmt durch die Mysterien der Kabiren.

Ruscus Hypophyllum L. (Smilaceae), Lorbeerblätteriger Mäusedorn.
In bergigen und waldigen Gegenden Südeuropas.

Cap. 146 (148). Περὶ Δαφνοειδης. Daphnoides. Daphnoides [ist der Kugelblume[1]) ähnlich, hat eine Blüthe wie Nymphaea und in der Mitte eine Art Kegel, in dem sich der Same befindet. Einige nennen es Eupetalon[2]), Andere Chamaidaphne[3]), auch Peplion]. Es ist ein ellenhoher kleiner Strauch mit vielen riemenartigen Zweigen, welche von der Mitte an nach oben zu mit Blättern besetzt sind. Die Rinde der Zweige ist sehr zähe; die Blätter gleichen denen des Lorbeers, sind aber weicher, dünner und nicht leicht zu brechen, im Munde und Schlunde beissend und brennend. Die Blüthe ist weiss, die Frucht bei der Reife schwarz. Die Wurzel ist nutzlos. Es wächst in bergigen Gegenden. Seine Blätter, trocken oder frisch getrunken, treiben den Schleim durch den Bauch ab, erregen Brechen und befördern die Menstruation. Auch gekaut führen sie den Schleim ab. Ferner sind sie ein Niesemittel. Von seiner Frucht 15 Körner getrunken bewirken Abführen.

[1]) Globularia Alypum L.   [2]) Schönblatt.   [3]) Niedriger Lorbeer.

Daphne alpina L. (Thymelaeaceae), Alpenseidelbast. Ein meterhoher, sehr ästiger, kahler Strauch mit dunkelbrauner Rinde. Auf den Alpen des südlichen Europas, in Griechenland findet er sich nicht, wohl aber in Italien. Die Rinde enthält das Glukosid Delphinin.

Cap. 147 (149). Περὶ Χαμαιδάφνης. Chamaidaphne. Die Chamaidaphne [Einige nennen sie Daphnitis[1]), Andere Hydragogon[2]), die Römer Laureola[3]), auch Lactago[4]), die Gallier Usubim] — Andere auch diese die alexandrinische — entwickelt einfache, ellenlange, aufrechte, zarte und glatte Zweige; auch ihre Blätter sind denen des Lorbeers ähnlich, aber viel glatter und grüner; die Frucht ist rund, roth, den Blättern aufgewachsen. Ihre Blätter, fein gestossen als Umschlag, helfen bei Kopfschmerzen und Magenerhitzung, mit Wein getrunken lindern sie Leibschneiden. Der Saft, mit Wein genommen, treibt die Menstruation und den Harn; auch im Zäpfchen eingelegt leistet er dasselbe.

[1]) Lorbeerähnlich.   [2]) Wasser (Urin) treibend.   [3]) Lorbeerzweig.   [4]) Milchtreibende Pflanze.

Plinius XXI 68 nennt die Pflanze Vincapervinca, Theophrast (Hist. pl. III 18, 13) zieht sie, ohne sie zu beschreiben, nur zum Vergleich heran. Nach Sprengel's Ansicht ist es *Ruscus racemosus* L., Traubiger Mäusedorn; er unterscheidet sich von den übrigen Arten besonders durch die endständigen, traubigen Blüthen.

Cap. 148 (150). Περὶ Ἐλλεβόρου λευκοῦ. Weisse Nieswurz. Der weisse Helleboros [Einige nennen ihn Askis, Andere Ektomon, Pignatoxaris, die Propheten Samen des Herakles, Polyeides, Anaphystos, die Aegypter Somphia, Unre, die Römer Veratrum album, die Gallier Laginon, Anepsa] hat Blätter ähnlich denen des Wegerich oder des wilden Mangold[1]), aber kürzer, schwärzer und von rother Farbe, einen vier

Finger breiten[2]), hohen, hohlen Stengel, der, wenn er zu trocknen beginnt, die Rinde abwirft. Die Wurzeln darunter sind zahlreich, zart, von einem kleinen länglichen Wurzelkopfe, wie von einer Zwiebel, dem sie angewachsen sind, ausgehend. Er wächst in bergigen und rauhen Gegenden. Man muss die Wurzeln um die Zeit der Weizenernte sammeln. Der beste ist der mässig ausgedehnte, weisse, leicht zerbrechliche und fleischige, der nicht zugespitzt und binsenartig ist oder beim Brechen Flaum abgibt[3]), der auch ein weiches Mark hat, nicht sehr brennend schmeckt und nicht viel Speichelabsonderung veranlasst, denn ein solcher bewirkt Erstickungsgefühl. An erster Stelle kommt der von Antikyra[4]); der galatische und kappadokische ist weisser und binsenartig und erstickender. Er reinigt durch Erbrechen, indem er Säfte von verschiedener Farbe wegführt. Er wird auch den Kollyrien zugesetzt, welche die Verdunkelungen von den Augen zu vertreiben vermögen. Ferner befördert er die Menstruation, tödtet, im Zäpfchen eingelegt, den Embryo, erregt Niesen und tödtet, mit Honig und Mehl gemischt, Mäuse. Wird er mit Fleisch zusammengekocht, so löst er dasselbe auf. Er wird nüchtern gegeben, entweder für sich allein oder mit Sesam und Ptisanenschleim, oder mit Spelttrank oder Honigmeth oder Linsenbrei oder mit irgend einem anderen Schlürftrank. Er wird auch ins Brod gebacken und geröstet. Die Anwendungsweise und Nachdiät ist vorzüglich von denen ausgearbeitet, welche über den Gebrauch desselben geschrieben haben. Am meisten stimmen wir aber Philonides Siculus von Enna bei; denn es wäre zu weitläufig, bei der Behandlung des Gegenstandes eine ausgiebige Anleitung zur arzneilichen Anwendung zu geben. Einige geben ihn mit einem Schlürftrank von Brei oder mit Graupenschleim; oder sie verordnen vorher eine kleine Mahlzeit, geben dann den Helleboros rasch nach, besonders bei solchen, welche eine Erstickung befürchten lassen oder bei denen Schwäche des Körpers vorhanden ist. Für diejenigen, welche ihn so nehmen, ist das Purgiren gefahrlos, weil das Mittel nicht in ungeeigneter Weise dem Körper gereicht wird. Auch die aus ihm gefertigten Zäpfchen, mit Essig dem After eingeführt, bewirken Erbrechen.

[1]) ἡ σεότλου ἀγρίου fehlt im Cod. C. [2]) In den Codices C. und N. ist vom Stengel überhaupt keine Rede; die Grössenangabe entspricht auch nicht der Wirklichkeit, denn Veratr. alb. hat einen bis 90 cm hohen Stengel. [3]) Nicht faserig brechend. [4]) Stadt am Fusse des Oeta am malischen Meerbusen.

Der weisse Helleboros ist eine der wichtigsten und berühmtesten Pflanzen des Alterthums. Schon bei den Hippokratikern spielt die Wurzel eine bedeutende Rolle; wie D., so waren auch sie wegen der energischen Wirkung besonders vorsichtig bei ihrer Anwendung, als diätetisches Brechmittel (Hippocr., De salubr. dieta 5, De intern. affect. 7) wurde sie nicht gebraucht. Betreffs der Frage, welche Pflanze unter dem Helleborus albus der Alten zu verstehen sei, befinden wir uns trotz der überaus reichhaltigen Literatur noch im Reiche der Vermuthungen (vgl. Schultze, De Helleb. veter., Halae 1717; Hahnemann, De Heleborismo vet., Lips. 1813; Sonntag, De Helleb. vet., Jenae 1823). Die Beschreibung des D., der die Pflanze vielleicht nicht gesehen oder mit einer anderen verwechselt hat, passt auf *Veratrum album* L. (Liliaceae), Weisser Germer, bis auf die rothen Blätter und die Höhe des die Rinde verlierenden Stengels, welche die Breite von vier Fingern oder der hohlen Hand betragen soll. Plinius XXV 48 sagt, die Blätter wären auf der Unterseite an den Rippen röthlich, sie sind dort aber nur mit feinen weissen Haaren besetzt; der Stengel ist bis 90 cm hoch und wirft die Rinde nicht ab. Theophrast (Hist. pl. IX 10, 1 sqq.) schreibt über die Pflanze: „Einige machen unter den beiden Arten Helleboros nur den Unterschied, dass die Wurzeln des einen weiss, die des anderen schwarz sind. Der Stengel hat die Form des Affodill, ist aber sehr kurz; das Blatt ist in Lappen geschnitten, dem Blatte der Ferula sehr ähnlich, reichlich lang, sitzt gleich auf der Wurzel, dicht an der Erde. Andere sagen, das Blatt des weissen sei dem Zwiebelblatt ähnlich. Er wächst nur an wenigen Orten, der beste am Oeta." In dieser Beschreibung passt auf unser Veratrum album so zu sagen nichts. Man sieht aber, wie weit die Berichte der ältesten Autoren von einander abweichen. Veratrum album ist bis jetzt in Griechenland nicht gefunden, nur Sibthorp will es auf den Bergen Lakoniens gesehen haben. Er hält *Digitalis ferruginea* L. (Scrophulariaceae), Brauner Fingerhut, für den weissen Helleboros des D.; wogegen die meisten Botaniker, auch C. Wolley Dod (Eine kurze histor. Studie über Helleborus d. Alten in Gardener's Chronicle 1892) bei *Veratrum album* bleiben. Fraas drückt sich dahin aus, dass er Sibthorp's Ansicht theile, weil 1. Veratrum album nach Sibthorp in Griechenland nicht mehr gefunden wurde, das Vorkommen dort also sehr zweifelhaft ist (nach Theophrast [Hist. pl. IX 15, 5] fanden sich beide Helleborus-Arten in Arkadien); 2. weil die medicinische Wirkung der Pflanze vom Volke sehr gerühmt wird; 3. weil D. als Heimath Galatien und Kappadokien angibt, wo das Vorkommen der Pflanze erst recht problematisch ist. „Doch," sagt er weiter, „glaube ich trotz allem Angeführten, dass die Alten unter Ἑλλέβορος λευκός dennoch *Veratrum album* verstanden haben, schon wegen der Wurzel, welche allein bei Veratrum der von *Helleborus niger* ähnlich ist und allein in Griechenland in Gebrauch war, die auch die Homonymie verursachte, während die Wurzel von Digitalis ferruginea noch unbekannt war. Ob wohl die Griechen die wahre Pflanze mit Digitalis ferrug. verwechselten, wie Doronicum Pardalianches mit Aconitum? . . . Ob nicht mit den Wäldern die ächte Pflanze ausging?" Digitalis ferrug., heute χελιδονόχορτον oder κωρακόχορτον, ist, jedoch nur an Hochgebirgen, sehr häufig.

Die Wirkung der Wurzel beruht auf dem Gehalt an mehreren Alkaloiden; es sind nach G. Salzberger (Arch d. Pharm. 1890, 228 u. 462) Protoveratrin, Protoveratridin, Jervin, Pseudojervin, Rubijervin und Veratralbin, kein Veratrin, die letzten vier erregen kein Niesen. Nach Dr. C. Rundqvist (Pharm. Post 1901 Nr. 10) haben die Alkaloide ihren Sitz im Zellinhalt, den grössten Gehalt haben die älteren Theile der Wurzel, nach ihrer Spitze zu nimmt er ab.

Innerlich wird die Wurzel wohl nur noch in der Thierheilkunde angewandt, äusserlich als Pulver in Krätzsalben.

Cap. 149 (151). Περὶ Ἑλλεβόρου μέλανος. Schwarze Nieswurz. Der schwarze Helleboros — Einige nennen ihn Melampodion, Andere Ektomon, Polyrrhizon[1]), Proition[2]), Koiraneion[3]), Melanorrhizon[4]) [die Propheten Zomaritis, die Aegypter Isaia, Elaphyes, Kemeleg, die Römer Veratrum nigrum, Saraca, die Dakier Prodiorna] —. Melampodion aber heisst er, weil ein gewisser Ziegenhirt Melampus die rasenden Töchter des Proitos damit durch Purgiren geheilt haben soll. Er hat grüne, platanenähnliche Blätter, sie sind aber kleiner [denen der Bärenklau zu vergleichen], viel mehr eingeschnitten, schwärzer und etwas rauh. Der Stengel ist kurz, er trägt ins Purpurne spielende Blüthen von der Form der Rose, darin befindet sich die saflorähnliche Frucht, welche die Bewohner von Antikyra auch Sesamoeides nennen, sie gebrauchen dieselbe zum Purgiren. Die Wurzeln darunter sind zart, schwarz, wie von einem zwiebelartigen Köpfchen ausgehend; auch diese stehen im Gebrauch. Er wächst an rauhen, hügeligen und sehr dürren Plätzen. Am besten ist der aus solchen Gegenden bezogene; ein derartiger ist der von Antikyra, denn auch der schwarze wächst dort als der ausgezeichnetste. Wähle aber den recht fleischigen, kräftigen, mit zartem Mark, der scharf und brennend schmeckt, ein solcher ist auch der am Helikon, Parnass und Oeta wachsende, den Vorzug verdient aber der vom Helikon. Er reinigt nach unten den Bauch, indem er Schleim und Galle abführt, wenn er für sich allein oder mit Skammonium und Salz in der Gabe von 1 Drachme oder 3 Obolen gegeben wird. Er wird auch mit Linsen oder Gerichten, wie sie zum Purgiren genommen werden, zusammengekocht. Er hilft bei Epilepsie, Melancholie, Wuthanfällen, Gicht und Paralyse. Im Zäpfchen eingelegt befördert er die Katamenien und tödtet den Embryo. Fisteln reinigt er, wenn er eingelegt und am dritten Tage wieder herausgenommen wird. In gleicher Weise wird er bei Schwerhörigkeit in die Ohren gesteckt und zwei bis drei Tage darin belassen. Die Krätze heilt er in einer Salbe mit Weihrauch oder Wachs, Theer und Cedernöl. Für sich allein mit Essig als Kataplasma heilt er weisse Flecken, Flechten und Aussatz. Mit Essig gekocht als Mundspülwasser lindert er Zahnschmerzen. Auch den fäulnisswidrigen Mitteln wird er zugesetzt. Mit Gerstenmehl und Wein gibt er ein heilsames Kataplasma für Wassersüchtige. Wenn er neben die Wurzeln des Weinstockes gepflanzt wird, so macht er den aus diesem gewonnenen Wein purgirend. Man streut ihn auch in den Wohnungen umher, weil man ihn für reinigend[5]) hält. Deshalb stellen diejenigen, welche ihn graben, sich hin und beten zu Apollo und Asklepios, indem sie den Flug des Adlers beobachten. Man sagt nämlich, dass dieser nicht ohne Gefahr dazufliege, denn der Vogel bringe den Tod, wenn er das Ausgraben des Helleboros sähe. Man muss ihn aber rasch graben, weil der Geruch Schwere des Kopfes verursacht. Deshalb essen die Gräber Knoblauch und trinken Wein, denn so bleiben sie vor Schaden bewahrt. Das Mark wird herausgenommen wie beim weissen Helleboros[6]).

[1]) Vielwurzelig. [2]) Proitospflanze. [3]) Herrscherpflanze. [4]) Schwarzwurzelig.

[5]) Im religiösen Sinne, versöhnend. [6]) D. sagt beim weissen Helleboros davon nichts; bei Plinius XXV 58 erfahren wir aber, dass die Wurzeln desselben mit Scheeren zerschnitten und dann gesiebt werden, dabei bleibt die stark purgirende Rinde zurück, während das bei heftigen Entleerungen dem Erbrechen entgegen wirkende Mark durchfällt.

Früher kam für den schwarzen Helleborus der Alten *Helleborus officinalis* L., **Schwarze Nieswurz**, oder *H. orientalis* (Ranunculaceae), **Orientalische Nieswurz**, in Frage. Nach den Untersuchungen von Boissier (C. Wolley Dod l. c.) ist es aber eine Art, welche in der Mitte steht zwischen *Helleborus orientalis* und unserem *H. viridis* und von den älteren Botanikern mit *H. orientalis* verwechselt wurde. **Boissier** hat dieselbe am Helikon ausserordentlich häufig gefunden und sie *Helleborus cyclophyllus* genannt. **Fraas** zieht *H. officinalis* L. hierher.

Die schwarze Nieswurz genoss als Abführmittel im Alterthum denselben Ruhm wie die weisse Nieswurz als Brechmittel. Die Hippokratiker schon geben genaue Vorschrift über die Anwendung und die Behandlung mit Helleborus niger, sie bezeichneten dieselbe mit ἐλλεβορίζειν.

Die starke Wirkung wird durch zwei giftige Glukoside bedingt, das **Helleborin** und **Helleboreïn**. Das erste bildet glänzendweisse, geruchlose, neutral reagirende Nadeln, welche in Wasser gar nicht, in Aether wenig, in Alkohol und Chloroform leicht löslich sind. Die Lösung schmeckt scharf brennend. Das andere scheidet sich in durchsichtigen, fast farblosen, aus feinen Nadeln bestehenden, sehr hygroskopischen Warzen aus, die sich in Wasser leicht, in Alkohol schwer, in Aether nicht lösen; es ist geruchlos, reagirt schwach sauer und schmeckt süsslich. Das Pulver reizt zum Niesen. Nach den Untersuchungen von C. Rundqvist verliert die Droge bei längerem Lagern ihren Glukosidgehalt vollständig. Derselbe nimmt in allen Theilen der Pflanze nach oben hin ab.

Die Wurzel findet kaum noch Verwendung, früher war sie officinell.

Cap. 150 (152). Περὶ Σησαμοειδοῦς τοῦ μεγάλου. **Grosses Sesamoeides.** Das grosse Sesamoeides[1]) [Einige nennen es Sesamites[1]), Andere Sesamis, Lykoskytalion[2]), weissen Helleboros, Antikyrionon[3])] heisst in Antikyra Helleboros deshalb, weil es beim Purgiren dem weissen Helleboros zugesetzt wird. Die Pflanze gleicht der gemeinen Kreuzwurz oder der Raute; die Blätter sind gross, die Blüthe ist weiss, die Wurzel dünn und unwirksam, der Same dem Sesam ähnlich, bitterschmeckend. Er reinigt nach oben den Bauch von Schleim und Galle, wenn so viel davon, als man mit drei Fingern greifen kann, mit 3 Obolen weisser Nieswurz in Honigmeth genommen wird.

[1]) Sesamähnlich. [2]) Wolfshals, vielleicht von der eigenthümlich gestalteten Blumenkrone, von der ein Blatt grösser und fünf- bis siebenspaltig, die zwei seitlichen dreispaltig, das vordere zweispaltig ist. [3]) Pflanze von Antikyra.

Plinius XXII 133 hält die Pflanze dem Erigeron ähnlich, sonst drückt er sich übereinstimmend mit D. aus.

Nach Sprengel *Reseda mediterranea* L., nach Fraas *Reseda undata* L. (Resedaceae), **Wellenblätterige Resede**, in Griechenland und Italien eine Pflanze der Ebene, an Wegen, Ruinen und auf Schutt häufig.

Cap. 151 (153). Περὶ Σησαμοειδοῦς τοῦ μιχροῦ. **Kleines Sesamoeides.** Das kleine Sesamoeides [Einige nennen es Koronion[1]), Andere wilden Sesam] bildet spannenlange Stengelchen mit Blättern, welche dem niedrigen Schotenklee ähnlich, aber rauher und kleiner sind. An der Spitze der Stengelchen sitzen die Köpfchen der schwach purpurfarbenen Blüthen, deren Mitte weiss ist, und darin der sesamähnliche bittere, hellgelbe Same. Die Wurzel ist zart. Der Same, ein halbes Essignäpfchen voll, mit Honigmeth getrunken, führt Schleim und Galle nach unten ab. Mit Wasser als Umschlag vertheilt er Drüsen und Oedeme. Es wächst in rauhen Gegenden.

[1]) Krummhörnig.

Von den älteren Botanikern ist *Passerina hirsuta* L. (Thymelaeaceae), von Sprengel *Reseda canescens*, von Fraas als am besten passend *Ambrietia deltoidea* D. C. (Cruciferae), Ambrietie, hierher gezogen.

Cap. 152 (154). Περὶ Σίχυος ἀγρίου. **Wilde Gurke.** Der wilde Sikys [Einige nennen ihn Elaterion[1]), Andere Grynon, Balis, Synkrisis, Bubalion, Skopion, Pherombron, Peukedanon, Notion, die Römer Ancentum, auch Cucumeris rusticus oder agrestis, die Afrikaner Kusimezar] unterscheidet sich von der gebauten Gurke nur durch die Frucht, welche viel kleiner ist und länglichen Eicheln gleicht. Die Blätter und Zweige sind denen der gebauten ähnlich. Die Wurzel ist weiss und gross. Er wächst auf Baustellen und an sandigen Plätzen. Der ganze Strauch ist bitter. Der Saft, eingetröpfelt, ist ein gutes Mittel bei Ohrenschmerzen. Die Wurzel, mit Graupen umgeschlagen, zertheilt jedes Oedem; mit Terpentinharz aufgelegt reisst sie Drüsen auf, mit Essig gekocht als Kataplasma vertreibt sie Podagra. Die Abkochung ist gut als Klystier bei Ischias und als Mundspülwasser bei Zahnschmerzen; trocken fein gestossen vertreibt sie weisse Flecken, Aussatz und Flechten und bringt dunkle Narben und Male im Gesichte weg. Auch der Saft der Wurzel, in der Menge von 3 halben Obolen als kleinste Gabe, ebenso die Rinde, etwa ¼ Essignäpfchen voll reinigen von Schleim und Galle, besonders bei Wassersüchtigen, und zwar wird die Reinigung bewirkt, ohne den Magen anzugreifen. Man muss von der Wurzel ½ Pfund nehmen und mit 2 Xestes Wein, am besten ligurischem, fein stossen und davon nüchtern 3 Becher drei Tage geben, bis die Geschwulst gehörig geschwunden ist.

[1]) Treib- oder Abführmittel.

Ecballium Elaterium Rich. (Cucurbitaceae), Springgurke.

Cap. 155. Περὶ Ἐλατηρίου. **Elaterion.** Das sogen. Elaterion wird aus der Frucht der Springgurken auf folgende Weise bereitet. Sammle die bei der Berührung sofort abfallenden Früchte, lege sie weg

und lass sie eine Nacht liegen; am anderen Tage lege ein loses Sieb über
einen Krug, befestige ein zurückgebogenes Messerchen so, dass es die
Schneide nach oben hat, nimm mit beiden Händen je eine der Gurken,
zertheile sie und presse die Flüssigkeit in den untergestellten Krug.
Presse auch die daran befindlichen fleischigen Theile, die auf dem Siebe
liegen, damit auch diese Flüssigkeit durchfalle und gib das von den
Gurken Ausgepresste in ein bereit stehendes Becken. Die Schnitzel auf
dem Siebe häufe zusammen, übergiesse sie mit süssem Wasser und presse
sie aus, dann wirf sie weg. Die im Becken befindliche Flüssigkeit rühre
um, bedecke sie mit einem Leintuche und setze sie in die Sonne. Nach
dem Absetzen giesse das überstehende Wasser mit der darauf gebildeten
Schicht ab[1]) und thue dies so oft, als noch überstehendes Wasser vorhanden ist. Dieses nimm vorsichtig mit einem Schwamm heraus, den
Bodensatz gib in einen Mörser, reibe ihn fein und forme ihn zu Pastillen. Einige, um die Flüssigkeit rasch einzutrocknen, streuen gesiebte
Asche auf die Erde, machen in der Mitte eine Höhlung, breiten drei-
fache Leinwand darüber aus und giessen das Elaterion mit der Flüssigkeit darauf. Die trocken gewordene Masse reiben sie im Mörser fein,
wie vorher angegeben. Einige giessen statt des Wassers Meerwasser
zum Auswaschen zu, Andere geben beim letzten Auswaschen Honigmeth
zu. Dasjenige Elaterion scheint das beste zu sein, welches bei weisser
Farbe mässig feucht, leicht, glatt, bitter von Geschmack ist und, an die
Lampe gebracht, sich leicht entzündet, das lauchgrüne, schäbige, schlammig
aussehende, viel Erbsen und Asche enthaltende und schwere ist untauglich. Einige mischen unter den Gurkensaft Stärkemehl, damit er weiss
und leicht bleibt. Zum Purgiren ist das zwei- bis zehnjährige ein geeignetes Mittel. Die volle Dosis ist 1 Obolos, die kleinste ½ Obolos,
für Kinder 1 Dichalkos[2]), denn mehr genommen bringt Gefahr. Es bewirkt Reinigung nach oben und unten, indem es Schleim und Galle abführt; für diejenigen, welche an Athemnoth leiden, ist es das beste
Purgirmittel. Wenn du nun durch den Bauch purgiren willst, mische
das Doppelte an Salz zu und Senf, soviel zum Färben nöthig ist, gib
dieses in mit Wasser geformten erbsengrossen Pillen und lass 1 Becher
warmen Wassers nachschlürfen. Zum Erbrechen aber vertheile sie in
Wasser und bestreiche mit einer (darein getauchten) Feder die Theile unter
der Zunge möglichst nach innen zu. Wenn aber Jemand schwer zum
Erbrechen kommt, vertheile sie in Oel oder Irissalbe, verhindere aber ein
Einschlafen. Denen, welche übermässig purgiren, muss man beständig
mit Oel gemischten Wein reichen, denn so werden sie zu brechen aufhören; wenn aber das Erbrechen nicht nachlässt, muss man kaltes
Wasser, Graupen, Essigtrank, Obst und was sonst den Magen verdichten
kann, reichen. Das Elaterion befördert auch die Menstruation und

tödtet im Zäpfchen eingelegt den Embryo. Mit Milch in die Nasenlöcher injicirt befreit es von der Gelbsucht und vertreibt chronische Kopfschmerzen. Für die an Entzündung der Schlundmuskeln Leidenden ist es mit altem Oel, Honig oder Ochsengalle eine bewährte Salbe. Die fein gestossene Wurzel der gebauten Gurke zu 1 Drachme mit Honigwasser getrunken bewirkt auch Erbrechen; wenn Jemand nach der Mahlzeit leicht erbrechen will, genügen 2 Obolen.

In den Codices ist dieses Capitel mit dem vorigen verbunden.

[1]) Wohl nur leichte, obenauf schwimmende Pflanzentheile. [2]) 2 Chalkoi; Chalkos, eigentlich eine Kupfermünze, auch der achte Theil des Obolos, Dichalkos also der vierte Theil eines solchen.

Theophrast (Hist. pl. IX 9, 4) und Plinius XX 3 weichen in der Bereitung des Elaterion insofern von D. ab, als sie dasselbe nur aus den ausgepressten Samen herstellen lassen. „Der Same,“ sagt Plinius, „wird, um den reichlichen Abfluss des Saftes zu vermeiden, mit Asche bestreut, man presst aus, fängt den Saft in Regenwasser auf, lässt absetzen, darauf an der Sonne verdunsten und formt aus der verdickten Masse Kügelchen; das ächte soll, der Lampe genähert, die Flamme auf- und abwärts bewegen.“ Klar ist sich Plinius über die Sache wohl nicht gewesen; unter „Semen“ muss die Frucht verstanden werden. Das Elaterion des D. ist eine Art Satzmehl, welches durch wiederholtes Auswaschen gereinigt wird, wobei die letzten Antheile Wasser mit einem Schwamm entfernt oder durch Asche abgesogen wurden. Es konnte wohl kaum weiss, sondern, wie die Versuche gezeigt haben, nur weisslichgrau sein und bestand aus Harzen, Satzmehl und sonstigen wasserunlöslichen Pflanzenstoffen, die Feuerprobe bei der Untersuchung ist leicht zu erklären. Die lauchgrüne Farbe des minderwerthigen Präparates rührt vom grünen Safte her.

Das Elaterion war ein in hohem Ansehen stehendes Mittel; nach Theophrast (Hist. pl. IX 14, 1) behielt es „laut verbürgter Nachricht eines zuverlässigen Arztes seine Kraft 200 Jahre; der Grund davon ist der, dass es so lange feucht bleibt“; es wurde in feuchter Asche aufbewahrt — und diese ist ja selbst hygroskopisch.

Wir kennen das Elaterion in zwei Formen: das Elaterium anglicum ist weissgrau oder grünlich, hergestellt aus den unreifen Früchten nach der modificirten Methode des D. Das Elaterium germanicum, der aus den reifen Früchten gepresste und zur Trockne eingedampfte Saft ist dunkelgrünbraun, auf dem Bruche etwas glänzend, in Wasser und Alkohol löslich, schmeckt widerlich bitter, nicht scharf. Der wesentlichste Bestandtheil ist das Elaterin, ein farb- und geruchloser, sehr bitter schmeckender und höchst drastisch wirkender Körper in glänzenden, tafelförmigen Krystallen. Das Elaterium ist aus dem Arzneischatze wohl verschwunden.

Cap. 153 (156). Περὶ Σταφίδος ἀγρίας. **Scharfer Rittersporn.** Die wilde Staphis [Einige nennen sie Triphyllon, Andere Stesion [1]), Astaphis, Phtheiroktonon [2]), Phtheirion [3]), Apanthropon [4]), Polyeides, Pseudopathes [5]), Arsenote, die Aegypter Ibesaoide, die Römer Herba pedicularia [6])] hat wie beim wilden Wein eingeschnittene Blätter, aufrechte, weiche, schwarze Stengelchen; sie trägt eine Blüthe ähnlich gefärbt wie der Waid, die Samen in grünen Hülsen wie bei der Erbse, dreikantig, rauh, schwärzlichgelb, innen weiss, mit scharfem Geschmack. Wenn man 15 Körner davon, in Honigmeth fein gerieben, gibt, so erfolgt Reinigung durch Erbrechen von dickem Schleim; die, welche sie trinken, müssen spazieren gehen, die welche sie geben, müssen aber fortwährend Honigmeth dazu reichen wegen der Gefahr, Erstickung zu bewirken und wegen des Brennens im Schlunde. Für sich allein zerrieben oder mit Sandarach und mit Oel ist sie (die Pflanze) eine gute Salbe gegen Läusekrankheit, Jucken und Krätze. Gekaut ist sie sehr stark schleimführend. Auch bei Zahnschmerzen hilft sie mit Essig gekocht als Mundspülwasser; ebenso beruhigt sie Fluss des Zahnfleisches und heilt mit Honig Ausschlag im Munde. Sie wird auch den brennenden Salben zugesetzt.

¹) στήσιος, ein Beiwort des Zeus, Juppiter Stator. ²) Läusetödtendes Kraut. ³) Läusekraut. ⁴) Den Menschen zuwider. ⁵) Falsches Leiden.

Delphinium Staphis agria L. (Ranunculaceae), Scharfer oder Läuseritter-sporn. In Südeuropa an wüsten Plätzen.

Die erbsengrossen, bitteren, scharfen Samen waren früher als Stephanskörner, Semina Staphisagriae, gebräuchlich. Ihre stark purgirende Kraft beruht auf dem Gehalt an vier Alkaloiden, dem Delphinin, es bildet in Wasser schwer, in Alkohol und Chloroform leicht lösliche, bittere, alkalisch reagirende Krystalle, dem Delphinidin, eine bittere, amorphe, alkalisch reagirende, in Wasser schwer, in Alkohol und Chloroform leicht lösliche Substanz, dem Delphisin, warzenförmige Krystalle von der Löslichkeit des Delphinins, und dem Staphisagrin, eine in Wasser und Aether etwas, in absolutem Alkohol und Chloroform leicht lösliche, amorphe, alkalisch reagirende Substanz.

Cap. 154 (157). Περὶ Θαψίας. Thapsia. Die Thapsia [Einige nennen sie Hypopion¹), Andere Pankranon, Skammonion, Thelyteris, die Römer Ferulago, auch Ferula silvestris, die Afrikaner Boiden] hat ihren Namen daher, dass sie zuerst auf der gleichnamigen Insel, auf Thapsos gefunden sein soll. In ihrem ganzen Aeusseren gleicht sie einer Ferula, der Stengel ist aber dünner als bei dieser und die Blätter sind denen des Fenchels ähnlich. An der Spitze befinden sich die Dolden auf je einem Stielchen wie beim Dill, und darin die gelbe Blüthe. Der Same ist etwas breit, wie bei Ferula, nur kleiner. Die Wurzel ist innen weiss, gross, aussen schwarz, mit dicker Rinde und scharf. Der Saft wird daraus gewonnen, indem rund herum ein Graben gezogen und die Rinde angeschnitten wird, oder die Wurzel wird gewölbeartig ausgehöhlt und bedeckt, damit der Saft rein bleibt. Am folgenden Tage muss man hingehen und den angesammelten Saft wegnehmen. Es wird aber auch der Saft aus der Wurzel erhalten, indem sie zerschnitten und in einem Weidenkorbe mittelst eines Kolbens ausgepresst und der Saft in der Sonne in einem dichten irdenen Gefässe eingetrocknet wird. Einige pressen auch die Blätter mit, ein solcher Saft ist aber kraftlos. Man erkennt ihn aber daran, dass der von der Wurzel stinkender ist und feucht bleibt, der von den Blättern dagegen eintrocknet und von den Würmern angefressen wird. Beim Sammeln des Saftes darf man sich aber nicht gegen den Wind stellen, am besten geschieht es bei Windstille; denn das Gesicht schwillt gewaltig an und die nackten Theile [des unbedeckten Körpers] erhalten Blasen wegen der Schärfe des Hauches. Man muss daher die nackten Theile mit verdichtender flüssiger Wachssalbe bestreichen und so daran gehen. Die Rinde der Wurzel sowie der ausgepresste und natürliche Saft haben, mit Honigmeth getrunken, reinigende Kraft, denn nach oben wie nach unten führen sie Galle ab. Von der Wurzel werden 4 Obolen mit 3 Drachmen Dillsamen gegeben, von dem ausgepressten Safte 3 Obolen, vom natürlichen 1 Obolos, eine grössere Gabe ist gefährlich. Das Purgiren damit ist ein gutes Mittel bei Asthmaleiden, chronischen Lungenleiden und (Blut-)Auswerfen. Denjenigen, welche schwer erbrechen, wird sie in Speisen und Getränken gegeben. Der Saft und die Wurzel haben von allen gleichwirkenden Mitteln am meisten eine die Säfte verbessernde Kraft, wenn es sich darum handelt, etwas aus der Tiefe herauszuholen oder Verbesserung der Säfte durch Ausscheidung durch die Poren[2]) herbeizuführen. Daher verschafft der Saft oder die frische zerstossene Wurzel aufgestrichen nach der Fuchskrankheit dichtes Haar. Sugillationen unter den Augen und blutunterlaufene Stellen vertreibt die fein gestossene Wurzel oder der Saft mit gleichviel Weihrauch und Wachs. Man darf das Mittel aber nicht länger als zwei Stunden liegen lassen und muss danach mit warmem Seewasser bähen; mit Honig aufgestrichen vertreibt es auch Sommersprossen und Aussatz. Der Saft ferner mit Schwefel aufgestrichen öffnet Drüsen. Mit Nutzen wird er auch bei chronischen Leiden der Seite, der Lunge, der Füsse und Gelenke eingesalbt. Gute Dienste leistet er auch zum Ueberziehen (der Eichel) bei solchen, welche die Vorhaut nicht durch die Beschneidung verloren haben, indem er ein Oedem hervorruft, welches gebäht und durch Fett erweicht den Verlust der Vorhaut ersetzt.

[1]) Beulenkraut. [2]) μεταποροποιῆσαι = μετασυγκρίνειν. Vgl. I 47.

Thapsia garganica L. (Umbelliferae), Garganische Thapsie.

Theophrast (Hist. pl. IX 9, 1, 5, 6; IX 20, 3) und Plinius XIII 124 beschreiben die Pflanze nach dem Habitus und die Wirkung der Wurzel und des Saftes ähnlich wie D., als die beste gilt die afrikanische.

Die lange und dicke, möhrenartige Wurzel ist aussen grün, innen weiss und strotzt von einem scharfen, blasenziehenden Milchsafte. Der bis 1 m hohe Stengel ist dick, röhrig, schwach gerillt mit abstehenden Aesten. Die Wurzelblätter sind langgestielt, die ersten eiförmig bis ei-lanzettlich, die späteren drei- bis siebenschnittig und endlich zwei- bis dreifiederig, oberseits seegrün, unterseits blasser. Die Stengelblätter sitzen fast auf grossen, häutigen Scheiden. Die ansehnlichen Blüthendolden sind bis zwanzigstrahlig. Der Blüthenboden ist blassgelb, die Früchte sind länglich, gelbgeflügelt. In den südlichsten Theilen Europas und in Nordafrika. Früher wurde die Wurzel als Turpith, Rad. Turpethi spuria gebraucht. Der Milchsaft enthält ausser anderen Substanzen Thapsiasäure. F. Canzoneri (Bollet. Chim. Farm. 1896) fand in dem Thapsiaharz noch Cholesterin, Isocholesterin, Isovaleriansäure, Capronsäure, Caprylsäure, Angelikasäure, Euphorbion und eine feste, bei 87° schmelzende, nicht näher charakterisirte Substanz, die er als das active Princip des Harzes betrachtet.

Cap. 155 (158). Περὶ Σπαρτίου. **Pfriemen.** Das Spartion [Einige nennen es Lobos[1]), Andere Lygos[2])] ist ein Strauch mit langen, blattlosen[3]), festen, schwer zu brechenden Zweigen, mit denen man die Weinreben anbindet. Es trägt Hülsen wie die Bohne und darin kleine linsenförmige Samen. Die Blüthe ist gelb wie bei der Lackviole. Seine Frucht und Blüthen im Gewicht von 5 Obolen mit Honigmeth getrunken purgiren heftig nach oben, nach Art des Helleborus und ohne Gefahr, die Frucht aber bewirkt Reinigung nach unten. Der Saft, welcher aus den in Wasser macerirten und dann zerstossenen Zweigen gewonnen wird, ist ein Heilmittel für Ischias- und Anginaleidende, nüchtern im Maass eines Bechers genommen. Einige behandeln sie mit Salzlake oder Meerwasser und gebrauchen dieses als Klystier für Ischiaskranke. Es führt auch blutigen und gerinnselartigen Unrath ab.

[1]) Hülse. [2]) Gerte. [3]) Nicht blattlos, aber spärlich beblättert.

Bei Theophrast (Hist. pl. I 5, 2) ist es Linisparton, bei dem sich die Oberhaut ablöst. Plinius ist im Zweifel, ob seine Genista (XXIV 65) die Pflanze der Griechen ist, beschreibt sie aber wie D.

Spartium junceum L. (Papilionaceae), **Binsenpfriemenkraut.** Alle Theile der Pflanze schmecken bitter, sie enthalten das Alkaloid Spartein, ein farbloses, dickflüssiges, schwach anilinartiges, sehr bitteres Oel. Die Blüthen der Spartium-Arten sind wegen ihrer diuretischen und schwach purgirenden Wirkung ein beliebtes Volksmittel.

Cap. 156 (159). Περὶ Σιλύβου. **Mariendistel.** Das Silybon ist ein Dorngewächs mit breiten, der Mastixdistel ähnlichen Blättern. Dasselbe wird, noch jung, gekocht und mit Oel und Salz verspeist. Seine Wurzel, in der Menge von 1 Drachme mit Honigmeth getrunken, bewirkt Erbrechen.

Bei Theophrast (Hist. pl. V 4, 11) heisst die Pflanze Pternix. Plinius XXII 85 verwirft das Silybum sowohl als Speise wie auch als Arzneimittel.

Silybus marianus Gärtn., *Carduus marianus* L. (Compositae), **Mariendistel**; in Süd- und Mitteleuropa. Früher gebrauchte man die Wurzel, das Kraut und die Früchte. Die Semina Card. mar. haben sich am längsten in der Rademacherschen Tinct. Card. mar. erhalten.

Cap. 157 (160). Περὶ Βαλάνου μυρεψικῆς. **Salbeneichel.** Die Salbeneichel ist die Frucht eines der Tamariske ähnlichen Baumes, sie gleicht der sogen. pontischen Nuss[1]), ihr Kern, zerquetscht wie bittere Mandeln, liefert eine Flüssigkeit, welche man statt Oel zu den kostbaren Salben verwendet. Sie wächst in Aethiopien, Aegypten, Arabien und Petra an der Grenze von Judäa. Den Vorzug hat die frische, volle, weisse und leicht zu schälende. Diese, fein gestossen, in der Gabe von

1 Drachme mit Essigwasser getrunken, erweicht die Milz, sie wird dazu auch mit Taumellolchmehl als Kataplasma gebraucht und mit Honigmeth auch bei Podagra. Mit Essig gekocht bringt sie Krätze und Aussatz weg, mit Natron weisse Flecken und dunkle Narben. Mit Harn vertreibt sie Leberflecken, Finnen und Ausschlag im Gesicht. Sie bewirkt Erbrechen und löst mit Honigwasser den Bauch. Sie ist aber dem Magen sehr schädlich, und das daraus bereitete Oel bewirkt, getrunken, Abführen. Adstringirender dagegen ist die Schale. Der Rückstand nach dem Zerstossen und Auspressen wird den Salben zugemischt, welche gegen Rauheiten und Jucken dienen.

[1]) *Nux Avellana*, Haselnuss.

Bei Plinius (XXIII 98 und XII 100) heissen die Früchte Myrobalani, ebenso bei Galen (De comp. med. sec. loc.), die späteren griechischen Aerzte behielten den Namen bei, und als später die Araber die ächten Myrobalanen, die Früchte von *Emblica offic.* aus Indien einführten, verwechselte man sie mit einander, trotz der sich durchaus entgegenstehenden Wirkung, bis ins Mittelalter.

Die Salbeneichel, Glans unguentaria, oder Nux Behen ist der Same von *Hyperanthera Moringa* Vahl (Moringaceae). Es ist dies ein bis 10 m hoher, schlanker Baum Ostindiens. Die haselnussgrossen, eiförmig-dreieckigen, flügelhäutigen, scharf bitteren, emetisch und abführend wirkenden Samen geben ein nicht leicht ranzig werdendes Oel und enthalten ein Glycerid, die Behensäure.

Cap. 158 (161). Περὶ Ναρκίσσου. Narzisse. Der Narkissos [Einige nennen ihn Narkyssos anydros[1]), auch Autogenes[2]), Andere Bolbos emetikos[3]), die Römer Bulbus morbitarius[4]), Andere auch diesen so wie die Lilie Leirion]. Die Blätter gleichen dem Porree, sind zart, aber um Vieles kleiner und schmaler. Der Stengel ist leer, blattlos, über eine Spanne hoch, daran befindet sich die weisse Blüthe, die in der Mitte eine safrangelbe, oft auch eine purpurfarbige Höhlung hat. Die Wurzel ist innen weiss, rund, zwiebelähnlich; die Frucht sitzt in einer Art Häutchen, ist schwarz, länglich. Der beste wächst in bergigen Gegenden, er ist wohlriechend; der übrige ist dem Lauch ähnlich und hat einen krautigen Geruch. Wird seine Wurzel gekocht und gegessen oder getrunken, so erregt sie Erbrechen. Fein gestossen mit Honig ist sie ein gutes Mittel bei Verbrennungen; als Umschlag verklebt sie auch die durchschnittenen Sehnen. Ferner hilft sie fein gestossen mit Honig als Umschlag bei Verdrehungen der Knöchel und bei chronischen Gliederschmerzen; mit Essig und Nesselsamen vertreibt sie Sommersprossen und weisse Flecken, mit Linsenwicke und Honig reinigt sie Geschwüre von Schmutz und reisst die schwer zur Reife kommenden Geschwüre auf. Mit Taumellolchmehl und Honig als Kataplasma zieht sie Splitter aus.

[1]) Dürr. [2]) (Einheimisch oder) aus sich selbst geworden. [3]) Brechzwiebel. [4]) Vielleicht vomitarius, Brechzwiebel. Die lateinischen Bezeichnungen sind oft corrumpirt, vielleicht durch falsches Hören des Schreibers beim Dictiren.

Nach Ovid (Metamorph. III 107) lagerte Narziss, ein schöner Jüngling, an einer klaren Quelle, sah sein Bild darin und wurde von demselben so bezaubert, dass er sich nicht davon trennen konnte und verschmachtete. Mitleidige Götter verwandelten ihn in eine Blume.

Narcissus poeticus L. (Liliaceae), Weisse Narzisse, mit purpurbesäumtem Nebenperigon, und *N. Tazetta* L., mit fast gelbem Nebenperigon. Beide Arten sind in Griechenland und Norditalien häufig.

Theophrast (Hist. pl. VI 6, 9 u. VII 13, 1, 2) beschreibt jedenfalls die zweite Art, widerspricht sich aber, so dass es scheint, als habe er die Pflanze nicht selbst gesehen. Plinius XXI 25 gibt drei Arten an, von denen eine einen krautartigen Becher (Nebenperigon) hat. Er nennt sie alle spät blühend, dies kann aber nur auf *Narcissus serotinus* bezogen werden, der nach Fraas im Spätherbst blüht.

Die Zwiebeln enthalten einen Bitterstoff N a r c i t i n.

Cap. 159 (162). Περὶ Ἱπποφαοῦς. Stachelige Wolfsmilch.

Das Hippophaes [Einige nennen es Hippophyes[1]), Andere Hippophanes, Hippion, Echinion[2]), Pelekinos, die Römer Lappago[3]), auch Lappolamera], womit sie die Kleider walken, wächst am Meere und an sandigen Stellen. Es ist ein verzweigter, dichter, ausgedehnter Strauch mit grossen, den Oelblättern ähnelnden Blättern, sie sind aber schmaler und weicher, dazwischen stehen trockene, weissliche, kantige Dornen in Abständen von einander. Die Blüthen gleichen den Dolden des Epheu, sie sitzen wie Trauben neben einander, nur sind sie kleiner und weich und theils weissroth. Die Wurzel ist dick und weich, saftig, schmeckt bitter und wird wie die Thapsia zur Saftgewinnung benutzt. Der Saft wird für sich allein aufbewahrt oder auch mit Erbsenmehl gemischt und getrocknet. Unvermischt in der Menge von 1 Obolos führt er das Gallige, Wässerige, Schleimige nach unten ab, mit Erbsenmehl aber zu 4 Obolen in Honigmeth. Auch der Strauch mit den Wurzeln wird getrocknet und zerstossen und fein zerrieben mit anderthalb Kotylen Honigmeth gegeben. Es wird aber auch aus der Wurzel und dem Kraut ein Saft hergestellt wie bei der Thapsia; von diesem wird 1 Drachme zum Purgiren gegeben.

[1]) Von ἵππος, Pferd, und φύη, Natur, für die Natur des Pferdes, also Thiermittel. [2]) Igelchen. [3]) Klettenartig.

Euphorbia spinosa L. (Euphorbiaceae), Stachelige Wolfsmilch. Es ist ein ½ m hoher, buschiger Strauch des südlichen Europas mit zahlreichen, im Alter dornigen Aesten. Die Blätter sind kurzgestielt, länglich oder lanzettlich, die untersten verkehrt-ei-länglich, ganzrandig, spitz oder stumpf und hellgrün. Die Blüthen stehen in Trugdolden, deren Strahlen nur eine Blüthe tragen. Die Frucht ist eine fast kugelige, fleischig-warzige, röthliche Kapsel.

Cap. 160 (163). Περὶ Ἱπποφαίστου. Hippophaiston.

Das Hippophaiston — Einige nennen auch dieses Hippophaes — wächst in denselben Gegenden, in denen das Hippophaes sich findet und gehört zu

derselben Art Walkerdornpflanzen. Es ist zum Boden geneigt, hat nur
kleine, dornige Blättchen und schlaffe[1]) Köpfchen, treibt weder Stengel
noch Blüthe, hat aber eine dicke, weiche Wurzel. Von seinen Blättern,
Wurzeln und Köpfchen bereite den Saft und trockne ihn ein und gib,
wem du willst, davon das Gewicht von 3 Obolen mit Honigmeth. Das
Purgiren damit führt nämlich Wasser und Schleim fort. Die Reinigung
damit ist ein specifisches Mittel bei Orthopnöe, Epilepsie und Nervenleiden.

[1]) χαῦνα, C. C. ὅμοια, eben solche.

Plinius XXII 29 kennt zwei Arten Hippophyes, die zweite Art, ohne Stengel
und Blüthen mit kleinen Blättern u. s. w. bezieht sich offenbar auf unsere Pflanze;
Hippophaeston (XVI 244), „welches auf der Walkerdistel, Spina fullonia (*Dipsacus
fullonum*), schmarotzt, hat leere Köpfe, kleine Blätter, eine weisse Wurzel;" er wirft
die beiden Pflanzen durcheinander.

Sprengel zieht *Cirsium stellatum*, welches oft im ganzen Jahre nicht blüht
und dann schlaffe, leere Köpfchen hat, hierher, Fraas *Centaurea spinosa* L. (Compositae), Kornblumenstrauch, obgleich das Fehlen des Stengels und der Blüthe
nicht passt, aber auch wohl auf keine Pflanze passen würde. Die beiden letzten
Pflanzen des D. haben übrigens ausser dem Namen sonst noch Manches gemeinsam;
so passt nach Fraas Vieles von Centaurea spinosa auf Hippophaes. Jedenfalls haben
D. und Plinius aus derselben Quelle geschöpft.

Cap. 161 (164). Περὶ Κίκεως. Wunderbaum. Kiki oder
Kroton — Einige nennen es wilden Sesam, Andere kyprisches Seseli
[die Aegypter Systhamna, Trixis, die Propheten Fieberblut, die Römer
Ricinus, auch Lupa] —. Kroton heisst es wegen der Aehnlichkeit des
Samens mit dem Thiere. Es ist ein Baum von der Grösse einer kleinen
Feige, hat der Platane ähnliche, aber grössere, glattere und schwärzere
Blätter, Stamm und Zweige sind hohl wie beim Rohr, der Same steckt
in rauhen Trauben, ausgeschält gleicht er dem Thiere Kroton[1]). Aus
diesem wird das sogen. Ricinusöl gepresst; es ist ungeniessbar, sonst aber
für Lampen und Pflaster gut zu verwenden. Werden 30 Stück Samen
gereinigt, fein gestossen und genossen, so führen sie Schleim, Galle und
Wasser durch den Bauch ab, sie bewirken aber auch Erbrechen. Ein
solches Purgiren ist aber unangenehm und beschwerlich, weil der Magen
heftig erschüttert wird. Die gestossenen Samen als Umschlag aber
bringen Finnen und Sommersprossen weg. Die Blätter, mit feinstem
Graupenmehl zerrieben, helfen bei Oedemen und Entzündungen der Augen
und bei geschwollenen Brüsten. Rose vertreiben sie als Umschlag für
sich allein oder mit Essig.

[1]) Hundelaus, Zecke.

Ricinus communis L. (Euphorbiaceae), Wunderbaum. Seine Heimath ist
Asien, heute ist er in Griechenland wild und cultivirt ziemlich selten, er wird 3 m
hoch, friert aber im Winter zurück, in Italien wird er auf Feldern gebaut. Die
Samen enthalten eine toxisch wirkende Substanz, das Ricin, ein weisses, geruch-

loses Pulver, welches in Kochsalzlösung aufgenommen die Reactionen der Eiweiss-
körper gibt. Die enthülsten Samen liefern das fette Oel (s. I 38).

Cap. 162 (165). Περὶ Τιθυμάλων. **Wolfsmilcharten.** Es
gibt sieben Tithymalosarten, von denen der männliche Charakias, von
Einigen auch Kometes, der mandelähnliche oder auch Kobios[1]) genannt
wird. Der andere, weibliche, oder Myrtites, heisst auch Karyites oder
Myrsinites; weitere sind der Paralios, den Einige Tithymalis nennen,
der Helioskopios, der Kyparisias, der baumartige und der Platyphyllos.

Die Stengel des Charakias genannten sind über eine Spanne lang,
röthlich, voll eines scharfen, weissen Saftes. Die Blätter an den Zweigen
sind denen des Oelbaumes ähnlich, aber grösser und schmaler. Die
Wurzel ist derb und holzig. An der Spitze der Stengel ist eine Dolde
von binsenartigen Zweiglein, welche oben muldenartige Gebilde haben[2]),
in denen die Früchte sitzen. Er wächst in rauhen und bergigen Gegenden.
Der Saft hat die Kraft, den Bauch nach unten zu reinigen, wenn er in
der Menge von 2 Obolen mit Essigwasser genommen wird, indem er
Schleim und Galle abführt; mit Honigwasser bewirkt er aber auch Erbrechen. Der Saft wird zur Zeit der Herbsternte gewonnen; indem die
abgeschnittenen Zweige zusammengestellt werden; man muss sie aber in
einen Topf schräg richten. Einige mischen ihm auch Erbsenmehl zu und
formen daraus Pastillen von Erbsengrösse; Andere lassen drei bis vier
Tropfen auf getrocknete Feigen fallen, trocknen ihn so und bewahren
ihn auf. Er wird aber auch für sich allein im Mörser geknetet und in
Pastillenform aufbewahrt. Bei der Saftgewinnung darf man sich aber
nicht gegen den Wind stellen, auch nicht die Hände an die Augen
bringen, man muss vielmehr, bevor man zur Saftgewinnung schreitet, den
Körper mit Fett oder mit Oel und Wein einsalben, besonders das Gesicht, den Hals und den Hodensack. Er macht den Schlund rauh; deshalb muss man die Pillen (Bissen) mit Wachs oder gekochtem Honig
überziehen[3]) und so darreichen. Das Einnehmen von zwei bis drei Feigen
reicht hin, um Purgiren zu bewirken. Der frische Saft entfernt auch die
Haare, wenn er mit Oel in der Sonne eingestrichen wird. Die nachwachsenden macht er gelb und dünn und vernichtet sie schliesslich alle.
Er wird auch in die hohlen Zähne gesteckt, da er die Schmerzen lindert;
man muss aber die Zähne mit Wachs zufüllen, damit er nicht ausfliesst
und Schlund und Zunge verletzt. Aufgestrichen vertreibt er ferner gewöhnliche und gestielte Warzen, sowie Feigwarzen und Flechten, ist auch
ein gutes Mittel bei übgewachsenen Nägeln und Karbunkeln, bei krebsigen,
fressenden Geschwüren und Fisteln. Auch die im Spätherbst gesammelte
und in der Sonne getrocknete Frucht wird sanft gestossen und abgesiebt[4]) und rein aufbewahrt, dasselbe geschieht mit den trockenen Blät-

tern. Die Frucht aber und die Blätter leisten dasselbe wie der Saft, wenn sie so viel wie ein halbes Essignäpfchen voll im Trank genommen werden. Einige machen sie sogar ein, indem sie Kresse und Käse mit Milch gestossen zumischen. Auch die Wurzel, 1 Drachme in Honigwasser gestreut und getrunken, reinigt durch den Bauch; mit Essig gekocht als Mundspülwasser hilft sie bei Zahnschmerzen.

[1]) Gobius, Grundel, ein Meerfisch. [2]) Die verwachsenen und durchbohrten Deckblätter, es können aber auch die becherförmigen Hüllen der Apothecien gemeint sein. [3]) Die erste Erwähnung der überzogenen Pillen. [4]) Von den Hüllanhängseln und seinen scharfen Haaren.

Euphorbia Characias L. (Euphorbiaceae), Characias-Wolfsmilch. Ein meterhoher Strauch mit lineal-lanzettlichen, etwas lederigen, graugrünen Blättern. Die Ausdünstung der Pflanze gilt noch heute bei den Türken für fiebergefährlich. Auf Mauern und Felsen in Griechenland und Italien heimisch.

Er enthält, wie alle Wolfsmilcharten in allen Theilen reichlichen Milchsaft mit mehr oder weniger drastischer Wirkung.

[Ueber den weiblichen.] Der weibliche, welchen Einige Myrsinites[1]) oder Karyites[2]) nennen, ist dem Alpenseidelbast ähnlich und von Ansehen weiss. Er hat der Myrte ähnliche Blätter, sie sind aber grösser und derb, an der Spitze scharf und dornig. Er treibt von der Wurzel an spannenlange Schüsse, Frucht trägt er das eine um das andere Jahr, sie ist nussähnlich, auf der Zunge gelinde beissend. Auch dieser wächst in rauhen Gegenden. Saft, Wurzel, Frucht und Blätter haben dieselbe Kraft wie beim vorhergehenden, indess ist jener mehr brechenerregend als dieser.

[1]) Myrtenähnlich. [2]) Nussähnlich.

Euphorbia Myrsinites L., Myrtenblätterige Wolfsmilch. In Griechenland bis zu 1200 m Höhe und in Italien heimisch.

[Paralios.] Der Paralios[1]) genannte, welcher bei Einigen Tithymalis oder Mohn heisst, wächst in der Nähe des Meeres, er treibt fünf bis sechs von der Wurzel an spannenlange aufrechte, röthliche Schüsse, um welche reihenweise die kleinen, etwas schmalen, länglichen, denen des Leins ähnlichen Blätter stehen. An der Spitze befindet sich ein dichtes, rundes Köpfchen und darin die bunte, erbsenähnliche Frucht. Die Blüthe ist weiss. Der ganze Strauch ist voll eines weissen Saftes. Die Anwendung und Aufbewahrung dieses ist die gleiche wie beim vorhergehenden.

[1]) παρά und ἄλς, am Meere.

Euphorbia Paralias L., Strandwolfsmilch. Sie ist sehr dicht, fast ziegeldachartig beblättert. In Griechenland und Italien heimisch.

[Helioskopios.] Der Helioskopios genannte hat Blätter wie der Portulak, aber zarter und runder. Er treibt vier bis fünf von der Wurzel an spannenlange zarte, rothe, von einem weissen Safte strotzende Stengel.

Das Köpfchen ist wie beim Dill, und die Frucht steckt darin wie in Blättern. Seine Dolde folgt dem Gange der Sonne, daher heisst er nach der Sonne gewandt. Er wächst am meisten auf Trümmern und in der Nähe der Städte. Der Saft und die Frucht werden wie bei den anderen gesammelt; er hat auch dieselbe Kraft wie die vorigen, sie ist aber nicht so scharf.

Euphorbia Helioscopias L., Breitblätterige oder Sonnenwendewolfsmilch. Sie war früher als Herba et Cortex Esulae seu Tithymali gebräuchlich. In ganz Europa.

[Kyparissias]. Der Kyparissias[1]) genannte hat einen spannenlangen oder grösseren, etwas röthlichen Stengel, aus dem die Piniennadeln ähnlichen Blätter hervorbrechen, sie sind aber schwächer und zarter. Er gleicht im Ganzen einer sehr jungen Pinie, daher auch sein Name. Auch dieser ist reich an weissem Saft, er hat die gleiche Kraft wie der vorige.

[1]) Cypresse.

Die meisten Autoren ziehen *Euphorbia Cyparissias* L. hierher, Kosteletzky und Fraas *Euphorbia aleppica* L., Dichtbeblätterte Wolfsmilch, und zwar 1. weil sie häufiger in Griechenland als jene, welche selten ist, vorkommt, und 2. weil sie in ihrem Habitus mehr einer jungen Pinie gleicht, der Stengel ist nämlich am unteren Theile durch das Abfallen der Blätter mit sehr zahlreichen und dicht in spiraligen Reihen stehenden kleinen Narben besetzt, die Blätter stehen äusserst gedrängt, sind lineal, kaum 1—2 mm breit und 2 cm lang, fein zugespitzt. Die Deckblätter sind verhältnissmässig gross, die Hülle hat fünf halbmondförmige Anhängsel, die Früchte sind dreikantig, die Samen kugelig-eckig, braunroth und weisswarzig. Im südöstlichen Europa und im Orient.

[Dendrites.] Der auf den Felsen wachsende, genannt der baumartige, ist oben ausgedehnt und stark belaubt; er hat röthliche Zweige mit Blättern denen der zarten Myrte ähnlich. Die Frucht gleicht der von Characias. Auch dieser wird auf gleiche Weise aufbewahrt und wirkt ebenso wie die vorigen.

Euphorbia dendroides L., Wolfsmilchbäumchen. Ein über 1 m hoher, baumartig verzweigter Strauch mit dickem Stamm. Die Aeste stehen am Ende fast trugdoldenartig. Nicht sehr häufig in Griechenland, an felsiger Meeresküste, auch in Italien nur an einzelnen Stellen.

[Platyphyllos]. Der Platyphyllos gleicht der Königskerze; auch seine Wurzel, sowie der Saft und die Blätter führen das Wässerige durch den Bauch ab. Er tödtet aber die Fische, wenn er zerstossen und ins Wasser geworfen wird; aber auch die vorhergenannten bewirken dasselbe.

Euphorbia platyphyllos L., Flachblätterige Wolfsmilch.

Cap. 163 (166). Περὶ Πιτυούσης. Pityusa. Die Pityusa — Einige nennen sie Klema[1]), Andere Krambion, Paralion[2]), Kanopikon[3]) — scheint sich durch die Gestalt von der Euphorbia Cyparissias zu unterscheiden, des-

halb wird sie auch als eine Art denselben (den Euphorbien) zugezählt. Sie
treibt einen mehr als ellenhohen vielknotigen, mit scharfen, zarten Blättchen besetzten Stengel. Diese gleichen denen der Pinie. Die Blüthen
sind klein, fast purpurfarben, die Frucht ist platt wie eine Linse. Die
Wurzel [welche man Turpet nennt[4])], ist weiss, dick, saftreich. In
einigen Gegenden wird sie als Strauch von beträchtlicher Grösse angetroffen. Die Wurzel, im Gewicht von 2 Drachmen mit Honigmeth gegeben, purgirt nach unten, die Frucht zu 1 Drachme, der Saft zu
1 Löffel voll mit Mehl im Bissen genommen. Die Gabe der Blätter sind
3 Drachmen.

[1]) Zweig. [2]) Meeresuferpflanze. [3]) Von Kanopus, einer Stadt an der Nilmündung. [4]) Der in Klammern stehende Satz findet sich nur in der Aldina.

Euphorbia Pityusa L., Wachholderblätterige Wolfsmilch. Eine Pflanze
Norditaliens, in Griechenland findet sie sich nicht. Sie ist im Habitus einem Wach-
holdersträuchchen nicht unähnlich. Am sandigen Meeresufer.

Cap. 164 (167). Περὶ Λαθυρίδος. Lathyris. Lathyris; auch
diese nennt man Tithymalos, Einige zählen sie auch zu den Euphorbien.
Sie treibt einen ellenhohen leeren, fingerdicken Stengel, mit Achseln an
der Spitze. Die Stengelblätter sind länglich, denen der Mandel ähnlich,
aber breiter und zarter, die an der Spitze der Zweige sind kleiner, wie
bei der länglichen Osterluzei oder beim Epheu. Sie trägt an der Spitze
der Zweige eine dreifächerige runde Frucht, wie eine Kapper, darin drei
von einander durch Hüllen getrennte runde, mehr als linsenwickengrosse
Samen; geschält sind sie weiss und schmecken süss. Die Wurzel ist
zart, unbrauchbar. Der ganze Strauch ist saftreich wie Wolfsmilch. Die
Samen haben den Bauch reinigende Kraft, wenn 7 bis 8 Stück im Bissen
genommen, oder mit Feigen oder Datteln gegessen oder getrunken werden
und kaltes Wasser nachgeschlürft wird. Sie führen Schleim, Galle und
Wasser ab. Der Saft, wie der der Wolfsmilch genommen, leistet dasselbe. Die Blätter werden für dieselbe Wirkung mit Huhn und Gemüse
gekocht.

Euphorbia Lathyris L., Kreuzblätterige Wolfsmilch, Kleines Spring-
kraut. Auch diese Euphorbie ist Griechenland fremd, vermuthlich hat sie D. der
Flora Italiens entnommen. Der Milchsaft enthält, wie bei den meisten Euphorbien,
Euphorbon, der Same einen in farblosen Nadeln und Blättchen krystallisirenden
Körper, das Aesculetin, und einen zweiten in farblosen Prismen sich aus-
scheidenden Körper. Früher waren die Samen als Sem. Cataputiae minoris seu
Tithymali latifolii seu Lathyridis majoris gebräuchlich.

Cap. 165 (168). Περὶ Πέπλου. Peplos. Der Peplos — Einige
nennen ihn Feige, Andere Schaummohn — ist ein kleiner, von weissem
Safte strotzender Strauch, er hat ein der Raute ähnliches, aber breiteres
Blatt. Der ganze Obertheil, rund und etwa eine Spanne umfassend, ist

über die Erde ausgebreitet. Neben den Blättern sitzt die kleine runde Frucht, kleiner als beim weissen Mohn. Die Pflanze findet vielfache Verwendung, sie hat aber eine einfache, unbrauchbare Wurzel, aus der der ganze Strauch entspriesst. Er wächst in Gärten und Weinbergen. Gesammelt wird er um die Zeit der Weizenernte und im Schatten unter öfterem Umwenden getrocknet. Die zerstossene und gereinigte Frucht wird aufbewahrt. Ein Essignäpfchen voll mit 1 Kotyle Honigmeth genommen führt Schleim und Galle ab, auch dem Zugemüse beigemischt bewirkt er Abführen. Endlich wird er in Salzlake eingemacht.

Bei den meisten Autoren ist es *Euphorbia Peplus* L., Gartenwolfsmilch; sie hat aber einen bis zu 30 cm aufrechten Stengel, entspricht also nicht der Pflanze des D. — κομὴ σύμπασα ἐκκεχυμένη ἐπὶ τῆς γῆς. Fraas zieht darum *Euphorbia retusa* L. hierher, welche besser passt, zudem viel häufiger in Weinbergen und Gärten, auch an Hügeln bis 250 m vorkommt. Es ist das tertium genus Papaveris des Plinius XX 209, welches auch Mekon (bei den Hippokratikern) oder Paralion heisst.

Cap. 166 (169). Περὶ Πεπλίδος. Peplis. Die Peplis — Einige nennen sie wilden Portulak, bei Hippokrates heisst sie Peplion — wächst am meisten in der Nähe des Meeres. Es ist ein ausgedehnter Strauch, voll eines weissen Saftes, er hat Blätter wie der Gartenportulak, rund und unterseits röthlich. Die runde Frucht sitzt wie beim Peplos unter den Blättern, sie hat brennenden Geschmack. Die Wurzel ist zart, einfach, unbrauchbar. Sie wird gesammelt, aufbewahrt und gegeben wie der Peplos, auch eingemacht. Sie hat dieselbe Kraft.

Euphorbia Peplis L., Meerstrandswolfsmilch. Die Wurzel ist fadenförmig, etwas gedreht, der Stengel gleich am Grunde in zahlreiche, nach allen Seiten ausgebreitete, gabelspaltige, röthliche Aeste getheilt. Am Strande des Mittelmeeres.

Cap. 167 (170). Περὶ Χαμαισύκης. Erdfeige. Die Chamaisyke — Einige nennen sie Feige, Andere Schaummohn — entwickelt vier Finger lange, über die Erde ausgebreitete, runde, saftreiche Triebe. Die Blätter sind linsenförmig, denen des Peplos ähnlich, klein, zart und zur Erde geneigt. Die Frucht unter den Blättern ist rund, wie die des Peplos. Sie hat weder Blüthe noch Stengel, eine zarte, aber nutzlose Wurzel. Die Triebe, mit Wein fein gestossen, haben die Kraft, Gebärmutterschmerzen zu lindern, wenn sie als Zäpfchen eingelegt werden, als Kataplasma vertreiben sie Oedeme, gestielte und gewöhnliche Warzen; gekocht und genossen lösen sie den Bauch. Der aus ihnen gewonnene Saft leistet dasselbe, auch hilft er aufgestrichen gegen Skorpionbiss; ferner ist er, mit Honig eingestrichen, ein gutes Mittel gegen Stumpfsichtigkeit, Verdunkelung, beginnende Unterlaufung, Narben und Nebel auf den Augen. Sie wächst an felsigen und dürren Stellen.

Euphorbia Chamaesyce L. In Griechenland und Italien häufig, auch in Baumwollenfeldern und Weinbergen, sowie auf Culturland (nach Sibthorp).

Cap. 168 (171). Περὶ Σκαμμωνίας. **Purgirwinde.** Die Skammonia [Einige nennen sie Skamboniawurzel, Andere Kolophonia[1]), auch Daktylion, die Römer Colophonium, die Propheten Apopleumonos, die Aegypter Sanilum] entwickelt aus einer einfachen Wurzel viele drei Ellen lange fette, etwas rauh erscheinende Triebe; auch die Blätter sind rauh, denen der Ackerwinde oder des Epheus ähnlich, aber weicher und dreieckig. Die Blüthen sind weiss, rundrandig, hohl wie Körbe (κάλαθοι), mit durchdringendem Geruch. Die Wurzel ist sehr lang, armdick, weiss, stark riechend und voll Saft. Der Saft wird gesammelt, indem der Wurzelkopf abgeschnitten und eine gewölbeartige Höhlung eingeschnitten wird; der Saft fliesst dann in dieser zusammen und wird so in Muscheln aufgenommen. Einige graben auch ein rundes Loch in die Erde, legen es mit Nussblättern aus, lassen den Saft darauffliessen und nehmen ihn, wenn er so trocken geworden ist, weg. Am besten ist er, wenn er durchscheinend, leicht, locker ist, die Farbe von Stierleim und feine Gänge hat und schwammig ist. So beschaffen ist der aus Mysien an der Grenze von Asien bezogene. Man darf aber sein Augenmerk nicht allein darauf richten, dass er bei der Berührung mit der Zunge weiss wird, dieses findet auch statt, wenn er mit Wolfsmilchsaft verfälscht ist, vielmehr auf die vorerwähnten Eigenschaften (muss man achten) und darauf, dass er auf der Zunge nicht brennt, was aber geschieht, wenn er mit Wolfsmilch(-Saft) vermischt ist. Der syrische und der aus Judäa stammende ist der schlechteste, er ist schwer, dicht, mit Wolfsmilch und Erbsenmehl verfälscht. Der Saft, in der Menge von 1 Drachme oder 4 Obolen mit Honigmeth oder Wasser genommen, hat die Kraft, nach unten Galle und Schleim abzuführen, um aber den Bauch zu öffnen, reichen 2 Obolen mit Sesam oder irgend einem anderen Samen hin. Zum kräftigeren Purgiren dagegen werden 3 Obolen Saft, 2 Obolen schwarze Nieswurz und 1 Drachme Salz gegeben. Purgirsalz bereitet man aber, indem man 6 Becher Salz mit 20 Drachmen Skammoniensaft vermischt. Was die Wirkung betrifft, so nimmt man zu einer vollen 3, zur mittleren 2, zur geringsten 1 Löffel voll. Es bewirken aber auch 1—2 Drachmen der Wurzel mit den genannten Zusätzen Purgiren. Einige kochen sie und trinken sie dann. Mit Essig gekocht und mit Gerstenmehl fein gestossen ist sie ein gutes Kataplasma bei Ischias. Der Saft, in Wolle als Zäpfchen in die Gebärmutter gelegt, tödtet den Embryo; er vertheilt aber auch Drüsen, wenn er mit Honig oder Oel aufgestrichen wird. Mit Essig gekocht und aufgestrichen vertreibt er Aussatz; mit Essig und Rosenöl ist er ein Besprengungsmittel gegen chronische Kopfleiden.

¹) Von der Insel Kolophon an der Küste Lydiens, wo nach Plinius XXVI 59 besonders gutes Skammonium gewonnen wurde.

Convolvulus Scammonia L. (Convolvulaceae), Purgirwinde. In Kleinasien, von Sibthorp auch auf Rhodus gefunden.

Der aus der dicken, fleischigen Wurzel gewonnene eingedickte Milchsaft, das Scammonium, bildet unregelmässige, zerbrechliche, rothbraune oder schwärzliche, auf dem Bruche glänzende, in Splittern durchscheinende Massen; es hat einen anfangs süsslichen, hintennach kratzenden Geschmack und gibt mit Wasser eine weissliche oder graugelbe Emulsion. Als bestes gilt das Scammonium halepense, dann kommt das von Smyrna und Antiochien und zuletzt das französische, Sc. gallicum seu monspeliense. Dieses stammt aber gar nicht von Conv. Scamm. ab, sondern wird aus dem Safte von *Cynanchum monspeliacum* L. mit anderen Harzen und purgirenden Substanzen hergestellt.

Das Scammoniumharz besteht im Wesentlichen aus Jalapin, einem in Alkohol, Aether und Chloroform löslichen Glukoside.

Das einst so berühmte, von den alten Aerzten hochgeschätzte Scammonium — im Mittelalter hiess es Diagrydion — ist fast ganz aus dem Arzneischatze geschwunden.

Cap. 169 (172). Περὶ Χαμελαίας. Bergseidelbast. Die Chamelaia¹) — Einige nennen sie Feuerspreu oder Aknestos, Andere knidisches Korn [schwarze Chamelaia, Herakleion, Bdelyra, die Römer Citocacium, auch Oleago²), Oleastellum] — hat spannenlange Triebe. Es ist ein zweigiger Strauch und hat denen des Oelbaums ähnliche Blätter, sie sind aber zarter, dichtstehend, bitter, im Geschmack beissend und die Luftröhre kratzend. Die Blätter führen nach unten Schleim und Galle ab, am besten im Bissen genommen unter Zusatz vom Doppelten an Wermuth auf 1 Theil Chamelaia. Der Bissen soll aber mit Wasser oder Honig genommen werden; er löst sich nicht auf, sondern geht durch so, wie er genommen wird. Die fein gestossenen Blätter in Honig aufgenommen reinigen schmutzige und schorfige Geschwüre.

¹) Niedriger Oelbaum.   ²) Oelbaumartig.
Daphne oleoides L. (Thymelaeaceae), Bergseidelbast.

Cap. 170 (173). Περὶ Θυμελαίας. Südlicher Seidelbast Die Thymelaia — Einige nennen sie Chamelaia, Andere Feuerspreu, Knestron oder Kneoron — liefert als Frucht die knidischen Körner, welche die Syrier Apolinon, auch Lein nennen wegen der äusseren Aehnlichkeit des Strauches mit dem gesäeten Lein. Sie entwickelt hübsche und zahlreiche zarte, zwei Ellen lange Triebe; die Blätter sind denen der Chamelaia ähnlich, nur sind sie schmaler und fetter, beim Kauen etwas klebrig und zähe. Die Blüthen sind weiss und mitten darin sitzt die der Myrtenbeere ähnliche kleine, runde, anfangs grüne, später rothe Frucht; die Fruchthülle ist hart und schwarz, das Innere weiss. Sie führt Schleim, Galle und Wasser nach unten ab, wenn von 20 Körnern das Innere genommen wird, brennt aber im Schlunde, deshalb muss sie mit Mehl oder Graupen gegeben werden, oder zum Verschlucken in einer Weintraube oder mit gekochtem Honig überzogen. Denen, welche schwer zum Schwitzen kommen, gibt man sie zum Einsalben, fein gerieben mit Essig und Natron. Die Blätter, welche eigentlich Kneoron genannt werden, muss man um die Zeit der Weizenernte sammeln und, nachdem man sie im Schatten getrocknet hat, aufbewahren; bei der Verabreichung muss man sie stossen und die Nerven entfernen. Ein Essignäpfchen voll mit gemischtem Wein angerührt purgirt durch Abführen des Wässerigen; sie bewirken aber ein mässigeres Purgiren, wenn sie gekochten Linsen oder zerriebenen Gemüsen zugesetzt werden. Fein gestossen und mit dem Saft der unreifen Traube gemischt werden sie zu Brödchen geformt und aufbewahrt. Für den Magen ist die Pflanze nicht gut; im Zäpfchen eingelegt tödtet sie den Embryo. Sie wächst in bergigen und rauhen Gegenden. Diejenigen irren übrigens, welche glauben, das knidische Korn sei die Frucht von Chamelaia, sie lassen sich täuschen durch die Aehnlichkeit der Blätter.

Theophrast (Hist. pl. VI 2, 2) beschreibt zwei Arten Kneoros, den weissen und schwarzen, jener soll wohlriechend sein, dieser ein fleischiges Blatt haben, keiner von beiden kann die Pflanze des D. sein. Plinius XIII 114 stimmt mit D. überein.

Daphne Gnidium L. (Thymelacaceae), Südlicher oder Rispenblüthiger Seidelbast. Ein meterhoher Strauch mit vielen geraden, ruthenförmigen, dicht beblätterten Aesten und graubrauner Rinde. Er lieferte die früher gebräuchlichen Semina Coccognidii.

Cap. 171 (174). Περὶ ’Ακτῆς. Hollunder. Die Akte [Einige nennen sie Bärenbaum, Andere die gebaute, die Römer Sambucus, die Gallier Skobien, die Dakier Seba] kommt in zwei Arten vor; die eine ist baumartig mit rohrartigen runden, fast hohlen, weisslichen, ziemlich langen Zweigen; vier oder fünf Blätter stehen in Abständen um den Zweig, ähnlich denen der Wallnuss, nur sind sie grösser[1]) und stark riechend. An der Spitze der Zweige oder Stengel stehen runde Dolden mit weissen Blüthen, die Frucht gleicht der der Terebinthe, sie ist schwarz-purpurfarben, traubenförmig, saftreich, weinartig.

[1]) μακρότερα, in einigen Codices μικρότερα, kleiner.

Sambucus nigra L. (Caprifoliaceae), Gemeiner Hollunder. In Griechenland ziemlich selten, nur in der Nähe von Wohnungen. Die Blüthen, Flores Sambuci, und der Saft, Succus Sambuci, sind heute noch als schweisstreibende Mittel sehr geschätzt.

F. Malméjac isolirte aus dem schwarz gefärbten, kräftig nach Hollunder riechenden Extracte der Rinde und Blätter ein bitteres, auf der Zunge brennendes Alkaloid in kleinen, länglichen, zerfliesslichen Krystallen, ausserdem Gerbstoff, ein abführend wirkendes Harz und ein gelbbräunliches, stark nach Hollunder riechendes Oel.

Cap. 172 (175). Περὶ Χαμαιάκτης. Zwerghollunder. Die andere Art heisst Chamaiakte[1]) [Einige nennen sie Sumpfhollunder,

Andere wilden, auch euböischen Hollunder, die Römer Ebulus, die Gallier Dukone, die Dakier Olma]. Sie ist niedrig, kleiner und krautartiger und hat einen viereckigen vielknotigen Stengel, die gefiederten Blätter stehen in Abständen um jeden Knoten, sie sind den Mandelblättern ähnlich, aber am Rande gesägt, grösser und stark riechend. Die Dolde an der Spitze ist der vorigen ähnlich; sie (die Pflanze) hat Blüthe und Frucht (wie die vorige). Die Wurzel ist gross, fingerdick. Wirkung und Anwendung sind bei beiden dieselben; sie sind austrocknend und Wasser abtreibend, aber dem Magen zuwider. Die Blätter, wie Gemüse gekocht, führen Schleim und Galle ab, auch die zarten Stengel, in der Schüssel genommen, leisten dasselbe. Die Wurzel, in Wein gekocht und bei der geeigneten Lebensweise gegeben, ist für Wassersüchtige zuträglich; in gleicher Weise genommen hilft sie auch bei Schlangenbiss. Mit Wasser zum Sitzbade gekocht erweicht und öffnet sie die Gebärmutter und bringt Affectionen derselben in Ordnung. Auch die Frucht, mit Wein getrunken, hat dieselbe Wirkung; eingerieben färbt sie die Haare schwarz. Die frischen zarten Blätter mit Graupen als Umschlag lindern Entzündungen, ebenso sind sie als Kataplasma ein gutes Mittel bei Verbrennungen und Hundsbiss. Sie verbinden auch fistelartige Geschwüre und helfen bei Podagra, wenn sie mit Ochsen- oder Bockstalg aufgelegt werden.

[1]) Niedriger Hollunder.

Theophrast (Hist. pl. III 13, 4) fasst beide Arten zusammen, Plinius XVI 179 u. XXIV 51 unterscheidet Sambucus und die wilde Art, welche die Griechen Chamaeacte oder Helion nennen.

Sambucus Ebulus L. (Caprifoliaceae), Attich, Zwerghollunder. In Griechenland nur in Gebirgsthälern häufig. Die Blüthen und Früchte wurden früher ebenso gebraucht wie die von Samb. nigra.

Cap. 173 (176). Περὶ Πυκνοκόμου. Pyknokomon. Das Pyknokomon[1]) hat der Rauke ähnliche Blätter, sie sind aber rauh, dick und schärfer, einen vierkantigen Stengel, eine Blüthe gleich der des Basilikum, rund und eine Frucht wie Andorn. Die Wurzel ist (aussen) schwarz, (innen) gelb, rund wie ein kleiner Apfel und hat erdigen Geruch. Es wächst an felsigen Stellen. Die Frucht, in der Menge von 1 Drachme getrunken, hat die Kraft, wüste und schreckliche Träume zu bewirken. Mit Graupen aufgelegt zertheilt sie Oedeme und zieht Dornen und Splitter aus. Auch die Blätter als Kataplasma zertheilen Drüsen und Furunkeln. Die Wurzel aber löst den Bauch und bringt die Galle in Bewegung; es werden 2 Drachmen davon in Honigmeth gegeben.

[1]) Von πυκνός und κόμη, dichthaarig, dichtköpfig.

Plinius XXVI 57 beschreibt die Pflanze mit denselben Worten. Es ist eine Scabiosa, über die Art ist man sich nicht einig. Fraas zieht als am ehesten passend *Scabiosa ambrosioides* Sibth. (Dipsaceae) mit knolliger Wurzel und raukeähnlichen Blättern hierher, welche in Griechenland auf den Xirobunen bei 800 m Höhe nicht selten ist.

Cap. 174 (177). Περὶ Ἀπίου. Birnwolfsmilch. Der Apios — Einige nennen ihn Ischas[1]), Andere Chamaibalanos[2]), den bergigen oder wilden, Linozostis[3]) [die Römer Radix silvestris, die Afrikaner Thorphath Sade] — entwickelt zwei bis drei binsenartige, zarte, rothe Triebe aus der Erde, welche sich wenig über den Boden erheben. Die Blätter sind denen der Rauke ähnlich, aber länglicher und schmaler und hellgrün. Die Frucht ist klein. Die Wurzel ist der des Asphodelos ähnlich und etwa von der Form der Birne, aber runder, saftreich, mit einer aussen schwarzen, innen weissen Rinde. Der obere Theil der Wurzel, genossen, führt durch Erbrechen Galle und Schleim ab, der untere purgirt nach unten, ganz genommen bewirkt sie Purgiren nach beiden Seiten. Wenn du den Saft gewinnen willst, so zerstosse die Wurzel, wirf sie in einen Krug mit Wasser, rühre tüchtig um, sammle den oben aufstehenden[4]) Saft mit einer Feder und trockne ihn ein. 3 halbe Obolen davon genommen purgiren nach oben und unten.

[1]) Feige. [2]) Erdeichel. [3]) *Mercurialis annua.* [4]) In Wasser unlöslichen, harzigen.
Euphorbia Apios L. (Euphorbiaceae), Birnwolfsmilch. In Griechenland und auf den griechischen Inseln.

Cap. 175 (178). Περὶ Κολοκυνθίδος. Koloquinthe. Die Kolokynthis — Einige nennen sie Ziegenkürbis, Andere bittere Gurke, alexandrinischen Kürbis [Zoroaster Thymbre, Osthanes Autogenes, die Römer Cucurbita silvatica, die Dakier Tutastra] — hat Stengel und Blätter, welche über die Erde hinkriechen und ähnlich denen der gebauten Gurke eingeschnitten sind, eine runde, einem mittelgrossen Ball ähnliche, sehr bittere Frucht. Man muss sie sammeln, wenn sie beginnt, mehr als blassgelb zu werden. Das Mark der Frucht hat purgirende Kraft, wenn es mit Honigwasser in der Menge von 4 Obolen genommen wird, auch mit Natron, Myrrhe und gekochtem Honig im Bissen. Diese Bälle werden, trocken fein gestossen, vortheilhaft Klystieren zugesetzt bei Ischias, Paralyse und Kolik, da sie Schleim, Galle und Gerinnsel, oft auch Blutiges abführen. Im Zäpfchen eingelegt tödten sie den Embryo. Sie geben ein Mundspülwasser gegen Zahnschmerzen, wenn man sie, ganz ausgeräumt, mit Lehm beschmiert, dann Essig und Natron darin kocht und dieses zum Mundspülwasser gibt. Wenn man Honigmeth oder auch süssen Wein darin kocht, an die Luft setzt und dann zu trinken gibt, so führt er dicken Schleim und Gerinnsel ab, ist dem Magen aber sehr schädlich. Es wird auch ein Stuhlzäpfchen daraus angewandt, um den Koth fortzuschaffen. Auch der Saft der frischen Frucht ist eingerieben ein gutes Mittel bei Ischias.

Cucumis Colocynthis L. (Cucurbitaceae), Koloquinthe. Es ist eine Pflanze des Orients, ihre Heimath ist Asien. Ihre Frucht ist eine dreifächerige Beere von der Grösse einer mittleren Apfelsine, mit gelblicher, glatter Haut und zahlreichen, weisslichen Samen, welche an den umgebogenen Enden der Karpellblätter des dreifächerigen Fruchtknotens sitzen, so dass die Frucht scheinbar sechsfächerig ist. Der wirksame Bestandtheil ist das im Mark enthaltene bittere Glukosid Colocynthin, in Wasser und Alkohol löslich.

Die Früchte sind ein werthvoller Bestandtheil des heutigen Arzneischatzes, meist in der Form von Tinctur und Extract.

Cap. 176 (179). Περὶ Ἐπιθύμου. Flachsseide. Das Epithymon [Einige nennen es Kedoïs, die Römer Involucrum] ist die Blüthe eines härteren und dem grossen Saturei gleichenden Thymians. Es hat zarte, leichte Köpfchen mit haarförmigen Schwänzchen [1]). Mit Honig getrunken purgirt es nach unten Schleim und schwarze Galle. Es ist ein specifisches Mittel bei Melancholie und Aufblähung, wenn ein Essignäpfchen voll bis 4 Drachmen mit Honig, Salz und etwas Essig genommen werden. Es wächst am meisten in Kappadokien und Pamphylien.

[1]) οὐραχοῖς.

Cuscuta Epithymum L. (Convolvulaceae), Quendelflachsseide. Plinius nennt die Pflanze auch Hippopheon, er kennt ein weisses und rothes.

Cap. 177 (180). Περὶ Ἀλύπου. Alypon. Das Alypon ist eine strauchartige, röthliche Pflanze mit zarten Trieben und Blättern und reich an weichen, leichten Blüthen. Die Wurzel ist der der Bete ähnlich, der Same dem der Flachsseide. Es wächst in der Nähe des Meeres, am meisten in Libyen und sehr vielen anderen Gegenden. Der Same, mit Salz und Essig in der gleichen Menge genommen wie bei Flachsseide, purgirt die schwarze Galle nach unten; er greift aber die Eingeweide mit leichten Geschwüren an.

Globularia Alypum L. (Globulariaceae), Dreizähnige Kugelblume. Ein meterhoher Strauch mit ruthenförmigen, röthlichen Aesten und zahlreichen kurzen, am oberen Theil sitzenden Blättern, die vorn theils abgerundet, theils spitz sind. Der Kelch ist tief-fünfspaltig, langhaarig, die Krone blassblau mit sehr kurzer zweispaltiger Oberlippe. In Südeuropa an steinigen Stellen.

Cap. 178 (181). Περὶ Ἐμπέτρου. Empetron. Das Empetron — Einige nennen es Prasoeides [1]) — wächst auch in der Nähe des Meeres und an bergigen Plätzen, es hat salzigen Geschmack. Das zur Erde geneigte ist bitterer. In Speisen oder Honigwasser genommen purgirt es Schleim, Galle und Wässeriges.

[1]) Lauchartig, die gewöhnlichste Lesart ist aber φακοειδές, linsenartig.

Sprengel stimmt Brunfelsius zu, der Empetron für *Crithmum maritimum* L. (Umbelliferae) hält und übersetzt προσγειότερον mit „magis mediterraneum, mehr dem Binnenlande zu", Fraas dagegen mit „zur Erde geneigt" (vgl. auch II 146). Dieses sowohl wie φακοειδές passt nach Fraas am besten auf *Frankenia pulverulenta* L. (Frankeniaceae), Bestäubte Frankenie. Es ist ein ästiges Kraut mit knotig-gegliedertem Stengel und gegenständigen, fast büscheligen, etwas verwachsenen und am Grunde halbstengelumfassenden Blättern. Die Blüthen sitzen in Trugdolden in den Gabelspalten oder am Ende der Aeste. Die Frucht ist eine zwei- bis dreiklappige Kapsel mit zahlreichen Samen.

Cap. 179 (182). Περὶ Κληματίδιδος. Klematis. Die Klematis treibt einen röthlichen biegsamen Stengel und ein sehr scharf schmeckendes, Geschwüre erzeugendes Blatt. Sie wickelt sich um die Bäume herum wie die Zaunwinde. Ihre Frucht, fein gestossen mit Wasser oder Honigwasser getrunken, führt Schleim und Galle nach unten ab. Die Blätter als Umschlag vertreiben Aussatz. [Sie werden mit Kresse zur Speise eingemacht.]

Im 6. Cap. des III. Buches ist Klematis Synonym zu Aristolochia. Bei Plinius heisst sie Clematis per arbores repens. Vgl. auch IV, 7.

Clematis Vitalba L. (Ranunculaceae), Gemeine Waldrebe, oder *Clematis cirrhosa* L., Rankende Waldrebe. Die letzte zeichnet sich aus durch eine aus zwei verwachsenen Deckblättern bestehende Hülle unter den grossen purpurrothen Blüthen, Es sind bekannte Zierpflanzen, in Südeuropa wild. Früher wurden von Clematis Vitalba die Stengel und Blätter als Stipites et herba Clemat. silv. gebraucht.

Cap. 180 (183). Περὶ Ἀμπέλου ἀγρίας. Wilde Rebe. Der wilde Ampelos entwickelt wie der Weinstock grosse, holzige, rauhe Stengel mit sich ablösender Rinde, denen des Nachtschattens ähnliche Blätter, aber breiter und kleiner. Die Blüthe ist wie mooshaarig[1]), die Frucht kleinen Trauben ähnlich, bei der Reife roth, sie ist aber rund nach Form der knidischen Körner. Die Wurzel in Wasser gekocht und mit Wein, der mit Meerwasser versetzt ist, zu 2 Bechern getrunken, führt das Wässerige ab. Sie wird den Wassersüchtigen gegeben. Die Trauben vertreiben Sommersprossen und jedes Mal. Die jungen Zweige werden zur Speise eingemacht.

[1]) ὡς τρίχας βρωώδεις. Was damit gemeint sein soll? Oribasius liest dafür βοτρυοειδεῖς, traubig.

Tamus communis L. (Smilaceae), Gemeiner Tamus. In Südeuropa gemein in Hecken und Gebüschen.

Cap. 181 (184). Περὶ Ἀμπέλου λευκῆς. Weisse Rebe. Der weisse Ampelos — Einige nennen ihn Bryonia, Andere Ophiostaphylos[1]), Chelidonion, Melothron oder Psilothron[2]), Archezostis, Echetrosis oder Kedrostis —. Stengel, Blätter und Ranken sind denen der gebauten Rebe ähnlich, alles aber ist rauher. Er schlingt sich auch um die in der Nähe stehenden Sträucher, sie mit den Ranken ergreifend. Er trägt eine beerenartige gelbe Frucht, mit der die Häute enthaart werden. Die beim

ersten Spriessen austretenden Triebe werden gekocht und gegessen; sie
treiben den Harn und bewirken Abführen. Die Blätter, Früchte und
Wurzeln haben eine scharfe Kraft, deshalb sind sie bei bösartigen Geschwüren, Gangrän, bei Krebs- und fauligen Schienbeingeschwüren mit
Salz als Umschlag von guter Wirkung. Die Wurzel säubert und glättet
die Haut; auch vertreibt sie mit Erbsenmehl, Erde von Chios und Fönum-
gräkum Sommersprossen, Finnen, Leberflecken und schwarze[3]) Narben.
Mit Oel bis zum Weichwerden gekocht eignet sie sich für dieselben
Zwecke. Sie entfernt Geschwülste unter den Augen und treibt übergewachsene Nägel an den Fingern zurück. Als Umschlag mit Wein zertheilt sie Entzündungen (Anschwellungen) und reisst Abscesse auf. Fein
gestossen aufgelegt zieht sie Knochen heraus. Mit Vortheil wird sie
fäulnisswidrigen Mitteln zugesetzt. Ferner wird sie zu 1 Drachme täglich das ganze Jahr hindurch gegen Epilepsie getrunken. In derselben
Weise genommen hilft sie bei Schlaganfällen und Schwindel. In der
Gabe von 2 Drachmen getrunken hilft sie bei Schlangenbiss, tödtet auch
den Embryo. Sie greift aber oft den Verstand an. Ferner auch treibt
sie getrunken den Harn. An die Gebärmutter gelegt zieht sie die Leibesfrucht und die Nachgeburt heraus. Als Leckmittel mit Honig wird sie
bei Erstickungen, Athemnoth, Husten, Seitenschmerzen, inneren Rupturen
und Krämpfen gegeben. Im Gewicht von 3 Obolen mit Essig dreissig Tage
getrunken erweicht sie die Milz. Mit Erfolg wird sie auch mit Feigen
gegen dieselben Leiden aufgelegt. Weiter wird sie zum Sitzbad gekocht
behufs Reinigung der Gebärmutter und als Abtreibungsmittel. Im Frühjahr wird aus der Wurzel der Saft gepresst. Der Saft wird mit Honigmeth für dieselben Zwecke getrunken, er führt auch Schleim ab. Die
Frucht ist ein wirksames Mittel gegen Krätze und Aussatz in der Salbe
und auch im Kataplasma. Der Stengel zu Saft verarbeitet und mit
Weizenabkochung geschlürft befördert die Milchabsonderung.

¹) Schlangentraube. ²) Enthaarungsmittel. ³) μέλας, bei D. dunkel, braun.

Bryonia celtica L. (Cucurbitaceae), Kretische Zaunrübe. Bei Plinius XXIII
21 Vitis alba.

Sie ist in Griechenland selten, an feuchten Stellen in fruchtbaren Ebenen.
Von Sprengel und Kosteletzky wird *Bryonia dioica* L., Gichtwurz, hierher
gezogen; sie unterscheidet sich von der folgenden durch das Fehlen der warzen-
artigen Höcker an der Wurzel, die Blätter sind mehr länglich, die Doldentraube
ist bei der männlichen kurzgestielt, die Blüthen sind etwas grösser, die Beeren roth.

Cap. 182 (185). Περὶ Ἀμπέλου μελαίνης. Schwarze Rebe.
Der schwarze Ampelos — Einige nennen ihn schwarze Bryonia, Andere
cheironische Rebe [Bukranion, die Römer Oblamenia, Batanuta, auch
Betisalka, die Dakier Priadela, Pegrina, die Afrikaner Lauothen] — hat
epheuähnliche Blätter, sie nähern sich aber mehr denen der Zaunwinde¹),

ebenso die Stengel, Alles ist aber grösser. Auch dieser umschlingt mit den Ranken die Bäume. Die traubige Frucht ist anfangs grün, bei der Reife wird sie schwarz. Die Wurzel ist aussen schwarz, innen bux-baumfarbig. Auch die Stengel von diesem werden beim ersten Hervor-brechen als Gemüse gegessen. Sie treiben den Harn, befördern die Men-struation und erweichen die Milz und sind ein gutes Mittel bei Epilepsie, Schwindel und Paralyse. Die Wurzel hat eine ähnliche Kraft wie die des weissen, wirkt auch gegen dieselben Leiden, nur weniger kräftig. Die Blätter werden mit Wein als Kataplasma auf den Nacken der Zug-thiere gelegt, wenn er geschwürig ist; auch bei Verdrehungen werden sie in gleicher Weise angewandt.

¹) τὰ τῆς σμίλακος (IV 143).

Bryonia alba L. (Cucurbitaceae), Schwarzfrüchtige Zaunrübe, Gicht-rübe. Die grosse, rübenförmige, armsdicke Wurzel ist aussen gelblichgrau, quer-gerunzelt und mit zerstreuten warzenförmigen Höckern besetzt, innen weiss, milch-saftreich. Im nördlichen Mitteleuropa; sie fehlt in Rheinland und Westfalen, ist in Griechenland selten, in Italien häufiger. Beide Arten heissen in Griechenland ἀγριόκλημα.

Die Wurzel war im Alterthum sowie im Mittelalter sehr angesehen — ihre Werthschätzung als Diureticum ging auch in die Neuzeit über — auch als Wurm-mittel und bei Frauenkrankheiten, bei letzteren bediente man sich besonders der Faecula Bryoniae, des Satzmehls des frisch ausgepressten Saftes. Jetzt ist sie nur noch ein Volksmittel. Die Wurzel enthält das Glukosid Bryonin, eine farblose, zerreibliche, bittere, amorphe, in Wasser lösliche Substanz, und nach Markowsky (Hist. Stud. der Univ. Dorpat von Kobert II S. 143) ein zweites Glukosid, das Bryonidin, einen in Wasser wenig, in Alkohol leicht löslichen Körper.

Cap. 183 (186). Περὶ Πτέριδος. Wurmfarn. Pteris ¹) — Einige nennen sie Pterion, Andere Pterineon, Dasyklonon ²), Anasphoron, Blechnon, Polyrrhizon, die Propheten Zweig des Merkur, die Römer Philis phanaria ³), auch Laculla oder Filix, die Aegypter Eselsblut —. Es sind Blätter ohne Stengel, Blüthe und Frucht aus nur einem Spross ⁴) von der Länge einer Elle hervorgehend, eingeschnitten und ausgebreitet wie eine Feder, etwas übelriechend. Sie hat eine an die Oberfläche kommende schwarze, längliche Wurzel mit vielen schwach adstringirend schmeckenden Auswüchsen. Sie wächst in bergigen und felsigen Gegenden. 4 Drachmen der Wurzel mit Honigmeth genommen treiben den Bandwurm aus, besser aber, wenn man sie mit 4 Obolen Skammonium und schwarzer Nieswurz gibt. Diejenigen, welche sie nehmen, müssen vorher Knoblauch essen. Sie hilft auch zur Beseitigung der Milzsucht. [Ferner ist die zerriebene Wurzel mit Fett als Salbe von guter Wirkung bei Wunden durch Rohr. Der Beweis ist dieser: Wo viel Rohr das Blechnon umgibt, verschwindet das Blechnon, und andererseits wo Rohr ist und viel Blechnon dieses ein-schliesst, verschwindet das Rohr ⁵).]

¹) Feder. ²) Dichter Spross. ³) Soll vielleicht Filix venerea heissen? ⁴) μόσχος,

muss auf die Blattrippe bezogen werden, von der die einzelnen Blätter als Blättchen ausgehen. [5]) Diese Stelle ist offenbar unächt, es ist nicht die Schreibweise des D., er würde wohl nie sagen: ἡ δὲ δοκιμὴ τοιαύτη; sie findet sich überdies in keinem älteren Cod. ausser in der Aldina.

Aspidium Filix mas L. (Polypodiaceae), Gemeiner Wurmfarn, in Griechenland selten, in Italien häufig. Plinius XXVII 78 sagt: „Es gibt zwei Arten von Filix, aber beide haben weder Blüthe noch Samen. Die Griechen nennen die eine Art Pteris oder Blechnon; aus einer Wurzel kommen mehrere über zwei Ellen lange Pflanzen, die nicht stark riechen, diese hält man für die männliche.“

Das Rhizom ist in Form des ätherischen Extractes das bekannteste Wurmmittel. Zur Zeit des Mittelalters gerieth der Wurmfarn eine Zeit lang in Vergessenheit; im 18. Jahrh. wurde er besonders in der Schweiz und in Frankreich als Geheimmittel in den Handel gebracht. Ein solches, aus Zinn, Filix mas, Wurmsamen, Jalape, Kaliumsulfat und Honig bestehendes wurde vom Apotheker Matthieu, dem Gründer der Schweizerapotheke in Berlin, vertrieben und diesem von Friedrich d. Gr. für 200 Thaler und den Hofrathstitel abgekauft.

Der wirksame Bestandtheil des Rhizoms ist die amorphe Filixsäure, ein in Aether, Chloroform, Aceton leicht, in Alkohol schwer, in Wasser unlösliches hellbräunlichgelbes Pulver. Daneben enthält es die (unwirksame) krystallisirte Säure und fünf andere phenolartige Körper, sowie Fettsubstanzen (Kraft, Apoth.-Ztg. 67, 1902).

Cap. 184 (187). Περὶ Θηλυπτερίδος. Saumfarn. Thelypteris[1]) — Einige nennen sie Nymphaia Pteris [die Römer Lingua cervina[2])] — hat dem gemeinen Wurmfarn ähnliche Blätter die [aber nicht aus einem Spross wie bei jenem kommen, sondern] viele und höhere Schüsse haben. Die Wurzeln sind gross, breit, gelblich-schwarz, einige auch roth. Auch diese, im Leckmittel mit Honig genommen, treiben den Bandwurm aus; in der Menge von 3 Drachmen mit Wein genommen tödten sie auch die runden Eingeweidewürmer. Wenn sie den Frauen gegeben werden, verhindern sie die Empfängniss, wenn sie eine Schwangere nimmt, macht sie eine Fehlgeburt. Trocken werden sie auf schwer heilende und sehr feuchte Geschwüre gestreut. Sie heilen auch den Nacken der Zugthiere; die ganz jungen Blätter werden wie Gemüse gekocht und gegessen, sie erweichen den Bauch.

[1]) Weiblicher Farn. [2]) Hirschzunge.

Pteris aquilina L. (Polypodiaceae), Saumfarn oder Adlerfarn (die Gefässbündel im Rhizom stehen so, dass sie den Umrissen eines Adlers in etwa gleichen), in Griechenland der häufigste.

Theophrast (Hist. pl. IX 18, 8) sagt: „Thelypteris unterscheidet sich von Pteris durch das einfache Blatt und die grosse schwarze Wurzel.“ Plinius XXVII 78 unterscheidet nicht ganz wie D., die Pteris treibt nach ihm aus einer Wurzel mehrere Pflanzen, Thelypteris steht einzeln, ist nicht buschig, aber kürzer, weicher und dichter; die Blätter haben über der Wurzel eine Rinne.

Das Rhizom kommt als Verwechselung von Filix mas vor.

Cap. 185 (188). Περὶ Πολυποδίου. Tüpfelfarn. Das Polypodion [Einige nennen es Skolopendrion, Andere Pteris, Polyrrhizon, die

Römer Filicula flucticalis] wächst auf moosbewachsenen Felsen und alten Baumstämmen, am liebsten von Eichen, ist eine Spanne hoch, der Pteris ähnlich, etwas rauh und eingeschnitten, nicht aber so fein zertheilt. Die Wurzel darunter ist rauh, mit Fasern wie Fangarmen des Meerpolypen, von der Dicke eines kleinen Fingers. Abgeschabt ist sie innen grün, hat herben, süsslichen Geschmack und purgirende.Kraft. Zum Purgiren wird sie mit Hühnerfleisch oder Fischen, Bete oder Malve gekocht gegeben. Trocken in Honigmeth gestreut führt sie Schleim und Galle ab. Die fein gestossene Wurzel als Umschlag wirkt auch gut bei Verdrehungen und Rissen zwischen den Fingern.

Polypodium vulgare L. (Polypodiaceae), Gemeiner Tüpfelfarn, Engelsüss, Theophrast (Hist. pl. IX 13, 6) sagt: „Die Wurzel hat Saugnäpfchen, wie sie an den Armen der Polypen sitzen" (es sind die Blattnarben). Plinius XXVI 58 nennt sie auch Filicula und Filix. Das Rhizom war früher officinell.

Cap. 186 (189). Περὶ Δρυοπτερίδος. Eichenfarn. Die Dryopteris [Einige nennen sie Pteris, Andere Nymphaia Pteris, die Römer Filicula] wächst auf den moosigen Theilen alter Eichen, sie ist dem Wurmfarn ähnlich, im ganzen Habitus aber viel kleiner. Sie hat dicht verschlungene Wurzeln mit adstringirendem, süsslichem Geschmack. Fein gestossen mit der Wurzel als Umschlag vertreibt sie die Haare; man muss aber die Haut, nachdem man sie feucht angeweicht hat, zuerst abschaben und dann die frische Wurzel auflegen.

Die meisten Autoren ziehen *Polypodium Dryopteris* L. (Polypodiaceae), Eichentüpfelfarn, der in den Gebirgen Norditaliens nicht selten ist, hierher; Fraas schliesst sich aber Sibthorp an, der die Pflanze für *Adiantum nigrum* L. (Polypodiaceae), Schwarzer Streifenfarn, hält, wegen ihres Standortes und häufigen Vorkommens in Griechenland.

Cap. 187 (190). Περὶ Κνίκου. Saflor. Der Knikos hat längliche, eingeschnittene, rauhe, dornige Blätter. Die Stengel sind zwei Ellen hoch, daran Köpfchen von Olivengrösse. Die Blüthe ist dem Safran (an Farbe) gleich, der Same weiss und gelb[1]), länglich, eckig. Diese Blüthe gebraucht man als Zugemüse. Der zerstossene und zu Saft verarbeitete Same zusammen mit Honigwasser oder Hühnergericht reinigt den Bauch, ist aber dem Magen zuwider. Man macht auch den Bauch erweichende Küchelchen daraus, indem man den Saft mit Mandeln, Natron, Anis und gekochtem Honig mischt. Man muss sie aber in vier Stücke theilen und vor der Mahlzeit zwei bis drei von der Grösse einer Wallnuss nehmen. Man bereitet sie auf folgende Weise: (Nimm) 1 Xestes weissen Knikos, 3 Becher geröstete und geschälte Mandeln[2]), 1 Xestes Anis, 1 Drachme Aphronitron, das Fleisch von 30 Feigen. Der Saft des Samens macht auch die Milch gerinnen und sie mehr lösend.

¹) Marcellus vermuthet statt πυῤῥόν eher πύρινον, brennend, oder πικρόν, bitter.
²) θάσια, scil. κάροα, Nüsse von Thasos.

Carthamus tinctorius L. (Compositae), Saflor. Wird nach Fraas in Griechenland sehr wenig angebaut, mehr in Italien. Die schön safrangelben, später dunkleren Blüthen dienen zur Verfälschung des Safrans. Die Heimath ist Ostasien, von da ist die Pflanze wahrscheinlich über Aegypten nach Europa gewandert.

Cap. 188 (191). Περὶ Λινοζώστεως. Bingelkraut.

Linozostis [die männliche] — Einige nennen sie Parthenion¹) [Andere Argyros²), Aritrillis, Chrysitis³), die Aegypter Aphlopho], auch Merkurs Kraut⁴) [die Römer Herba Mercurialis mascula oder testiculata⁵), die Afrikaner Asumes] — hat dem Basilikum ähnliche, denen der Helxine sich nähernde, aber kleinere Blätter, zweiknotige Zweige mit vielen dichten Achseln. Die Frucht ist bei der weiblichen traubig und zahlreich, bei der männlichen sitzt sie neben den Blättern, klein, rund, zu zweien neben einander wie Hoden. Der ganze Strauch ist eine Spanne hoch oder höher. Beide bewirken, als Gemüse genossen, Durchfall; werden sie in Wasser gekocht, so führt dieses als Trank Galle und Wässeriges ab. Es scheint, als ob die Blätter der weiblichen, fein gestossen und getrunken oder nach der Menstruation im Zäpfchen eingelegt, die Empfängniss eines Mädchens, die der männlichen, in derselben Weise angewandt, die Erzeugung eines Knaben bewirken.

¹) Jungfernkraut. ²) Silber, ἄργυρος χυτός, Quecksilber, Mercurius. ³) Goldartig. ⁴) Die Entdeckung der Pflanze wird nach Plinius XXV 38 dem Merkur zugeschrieben. ⁵) Hodengestaltet, von der zweiknotigen, zweifächerigen Kapsel.

Mercurialis annua L. (Euphorbiaceae), Jähriges Bingelkraut. Vgl. III 130.

Cap. 189 (192). Περὶ Κυνοκράμβης. Hundskohl.

Die Kynia oder Kynokrambe — Einige nennen sie wildes männliches Bingelkraut [die Afrikaner Harmas, auch Asumeslabon] — treibt ein zwei Spannen langes, weiches, weissliches Stengelchen, die Blätter sind denen des Bingelkrautes oder des Epheus ähnlich, weisslich, in Abständen. Die Frucht steht bei den Blättern, ist klein und rund. Der Stengel und die Blätter als Gemüse genossen, haben Durchfall erregende Wirkung; das davon abgekochte Wasser treibt die Galle und das Wässerige ab.

Thelygonum Cynocrambe L. (Chenopodiaceae), Hundskohl. Eine Pflanze des südlichen Europas — in Italien fehlt sie.

Cap. 190 (193). Περὶ Ἡλιοτροπίου τοῦ μεγάλου. Grosses Heliotropion.

Das grosse Heliotropion, welches einige von der Form der Blüthe Skorpionsschwanz, Andere davon, dass es die Blätter nach dem Gange der Sonne richtet, Sonnenwende nennen [noch Andere Heliotropos, Dialion¹), Heliopun, Skorpioktonon²), wilden Sesam, Skorpionsschwanz], hat denen des Basilikum ähnliche Blätter, sie sind aber rauher, weisser und grösser. Es treibt aus der Wurzel drei, vier oder fünf Stengel und aus diesen mehrere Achseln. An der Spitze sitzt die weisse, röthliche[3]), wie ein Skorpionsschwanz gekrümmte Blüthe; die Wurzel ist zart, nutzlos. Es wächst in rauhen Gegenden. Ein Bündelchen[4]) davon mit Wasser gekocht und getrunken führt Schleim und Galle durch den Bauch ab. Mit Wein getrunken und auch als Umschlag ist es ein gutes Mittel gegen Skorpionsbiss. Ferner wird es umgebunden, um die Empfängniss zu verhindern. Man sagt, dass 4 Körner der Frucht eine Stunde vor Eintritt des Fiebers mit Wein getrunken das viertägige Fieber zurückhalten, 3 Körner das dreitägige. Die Frucht als Kataplasma bringt gewöhnliche und gestielte Warzen, Feigwarzen und Epinyktiden zum Eintrocknen. Die Blätter werden mit Nutzen bei Podagra, Verrenkungen und den an Sonnenstich leidenden Kindern aufgelegt. Endlich befördern sie auch die Menstruation und treiben, fein gestossen im Zäpfchen eingelegt, den Embryo aus.

[1]) Pflanze des Zeus. [2]) Skorpiontödter. [3]) Einige Codices haben ἡ ὁποκόρφορον, oder purpurrothe. [4]) δέσμη, ein Bündelchen, soviel man mit der Hand zusammenfassen konnte.

Heliotropium villosum Desf. (Asperifoliaceae), Haarige Sonnenwende, oder *H. europaeum* L., Gemeine Sonnenwende. Jene passt nach Fraas besser und ist die verbreitetste in Griechenland. Bei dieser ist der Stengel 1/2 m hoch, ästig, graugrün, die Blätter sind langgestielt, stumpf, dicht mit auf schwieligen Punkten stehenden feinen Borsten besetzt. Die Blüthen stehen in Aehren, die Kelchzipfel sind so lang wie die haarige, grüne Kronenröhre, deren Saum weiss, selten röthlich ist und zwischen den abgerundeten Zipfeln ein Zähnchen trägt. Die Früchte sind runzelich-gekörnt, flaumhaarig. Plinius II 109 u. XXII 58 nennt die eine Art Heliotropium, welche selbst bei bewölktem Himmel sich der Sonne zuwende, Verrucaria.

Früher diente das Kraut, Herba Verrucariae, zum Vertreiben der Warzen, der Nasenpolypen u. s. w., man schrieb ihm eine scharfe Wirkung zu.

Cap. 191 (194). Περὶ Ἡλιοτροπίου τοῦ μικροῦ. Kleines Heliotropion.

Das kleine Heliotropion — Einige nennen es auch Skorpionsschwanz — wächst an sumpfigen Stellen und an Seen; es hat dem vorigen ähnliche, aber rundere Blätter, eine runde, herabhängende Frucht wie gestielte Warzen. Wird das Kraut sammt der Frucht mit Natron, Hysop und Kresse in Wasser getrunken, so hat es die Kraft, den Bandwurm und runden Eingeweidewurm auszutreiben. Mit Salz aufgestrichen vertreibt es Warzen.

Die älteren Botaniker, Lobelius und Gessner, auch Sprengel und Kosteletzky, halten die Pflanze des D. für *Croton tinctorium* L. (Euphorbiaceae), Gemeines Lackmuskraut (so benannt, weil eine blaue Schminkfarbe als Bezetta coerulea daraus hergestellt wurde, indem mit dem Safte getränkte Läppchen, über Kalk und faulenden Harn aufgehängt, blau wurden). Der ästige, oft gabelige Stengel ist wie die ganze Pflanze weissgrau-filzig, die Blätter sind langgestielt, stumpf, ungleich ausgeschweift, die jungen aschgrau, die älteren schmutziggrün, die Blüthe ist

eine kurze, sitzende Traube, die Kronenblätter sind lineal, weiss, an der Spitze gelblich, die männlichen Blüthen fast sitzend, die weiblichen gestielt, später überhängend,
die Früchte sind rundlich-dreikantig. An sandigen Küsten des Mittelmeers. Fraas
zieht als besser passend *Heliotropium supinum* L. (Asperifoliaceae), Niederliegende
Sonnenwende, hierher, welches im reifen Zustande auch einerseitswendige, ab-
wärtsgebeugte Früchte hat und häufig an sehr feuchten Stellen in Meeresniederungen steht.

Cap. 192 (195). Περὶ Σχορπιοειδοῦς. Skorpionskraut. Das
Pflänzchen Skorpioeides hat kleine Blätter und dem Skorpionsschwanz
gleichende Samen. Es hilft als Umschlag vortrefflich gegen Skorpions-
stiche.

Scorpiurus sulcata L. (Papilionaceae), Skorpionskraut, in Griechenland
heimisch.

Fünftes Buch.

Nachdem ich in den vorstehenden vier Büchern, theuerster Areios, von den Gewürzen, Oelen, Salben, und den Bäumen, sowie von ihren Früchten und Thränen, ebenso auch von den Thieren, dem Honig, der Milch, den Fetten, den Getreidearten und Gemüsen und überhaupt von den Wurzeln, Pflanzen, Säften und Samen geredet habe, werde ich in diesem als dem letzten des ganzen Werkes von den Weinen und den sogen. Metallen handeln, beginnend mit dem Vortrage über den Weinstock.

Cap. 1. Περὶ Ἀμπέλου οἰνοφόρου. Weinstock. Die Blätter und Ranken der Wein tragenden Rebe, fein gestossen als Umschlag, lindern Kopfschmerzen, mit Graupen Entzündung und Brand des Magens; auch für sich allein aufgelegt sind sie kühlend und adstringirend. Auch der aus ihnen gepresste Saft hilft, getrunken, bei Dysenterie, Blutauswurf, Magenschmerzen und falschem Appetit schwangerer Frauen. Dasselbe aber leisten die in Wasser macerirten und getrunkenen Ranken. Die gummiartige Thräne desselben, welche sich unten am Stamm ausscheidet und erhärtet, zertrümmert den Stein, wenn sie mit Wein genommen wird. Eingestrichen heilt sie auch Flechten, Krätze und Aussatz, man muss aber vorher die Stelle mit Natron reinigen. Mit Oel dauernd eingesalbt vertreibt sie die Haare, besonders (thut dies) auch die aus den angebrannten Zweigen ausschwitzende Flüssigkeit; aufgestrichen bringt diese auch Warzen weg. Die Asche ferner der Zweige und Trester, mit Essig aufgeschmiert, heilt die am After gebildeten Geschwülste und Feigwarzen. Die Trester endlich helfen bei Verrenkungen, Schlangenbiss und Milzentzündungen, wenn sie mit Rosenöl, Raute und Essig angewandt werden.

Vitis vinifera L. (Vitaceae), Weinrebe.

Plinius XXIII 3 sqq. sagt über den Gebrauch der Ranken, Blätter, Zweige und des Gummis dasselbe.

Als die Heimath der seit den ältesten Zeiten in Poesie und Prosa verherrlichten Rebe und ihres Productes, des Weins, wird nach Mythe, Geschichte und naturwissenschaftlichen Ergebnissen der Südosten von Europa und Kleinasien betrachtet. In Griechenland und in Italien, wohin sie aus Hellas kam, wächst sie an Zäunen und in Gebüschen wild, die Grenze für ihr Fortkommen ist die Höhe von 1000 m auf Sicilien und am Abhange des Parnon. Naturgemäss verwandte man auf die Cultur der Rebe die grösste Sorgfalt (vgl. Homer, Od. V 21; XXIV 341; Hesiod, Op. et dies 607, 722; Theophrast, Hist. pl. IV 13, 5; Varro, De re r. I 26, 31, 34, 36 etc., besonders Columella, De re r. I 1; II; III 1 sqq., und Plinius XIV 21 sqq.; XVII 152 sqq.), die Griechen pflegten sie im Weingarten, ἀλώη, die Römer in der vinea. Man hat es jetzt bis über 1000 Arten gebracht.

Man war früher der Ansicht, dass der Weinstock aus dem Morgenlande stamme, doch wird seine asiatische Heimath stark in Frage gestellt. Nach K. Koch entstammt die Weinrebe den Urwäldern Mingreliens, an der Ostküste des Schwarzen Meeres, wo, wie in Armenien und den südkaspischen Ländern, der Weinstock noch in seiner ursprünglichen Gestalt als hohe Schlingpflanze sich vorfindet, in den Urwäldern die alten Bäume umschlingend. Dort, von keinem Sonnenstrahl getroffen, bleiben die Früchte klein und wenig schmackhaft.

Es ist auch nachgewiesen, dass er schon ein uralter europäischer und deutscher Bürger ist. Alexander Braun hat in den tertiären Schichten der Wetterau die Weinrebe, die er Vitis teutonica nennt, in Blättern, Traubenbeeren und Kernen aufgefunden. Göppert hat in Schossnitz in Schlesien die Weinrebe ebenfalls in der Tertiärformation gefunden. Ebenso sind in den am Rhein unterhalb Konstanz gelegenen Oeninger Steinbrüchen (Tertiärformation) Traubenkerne und ein der Beeren beraubter Fruchtstand gefunden.

Gabriel de Morbillet hat in der Umgebung von Aix in der Provence im quarternären Tuffgestein gleichfalls Abdrücke der Weinrebe nachgewiesen. Auch in der Champagne im Tuffstein von Sézarne wurde Vitis praevinifera, wie sie genannt wurde zum Unterschiede von der heutigen V. vinifera, gefunden, ebenso in Italien im Tertiärgestein. Ob nun aber das Morgen- oder das Abendland die Heimath des Weinstockes ist, mag eine offene Frage bleiben. Als wahrscheinlich kann man annehmen, dass der Weinstock in vorgeschichtlicher Zeit eine allgemeine Verbreitung gehabt hat. (Nach K. V.-Ztg. 1900, Nr. 1171.)

Als Volksmittel werden Blätter und Ranken noch heute angewandt, jene zum Kühlen, diese als diaphoretisches und diuretisches Mittel; der beim Beschneiden der Reben austretende Saft, das Rebenblut, soll gut sein für die Augen.

Cap. 2. Περὶ Ἀμπέλου ἀγρίας. **Wilder Weinstock.** Die wilde Rebe ist zweifacher Art; die eine nämlich bringt die Frucht nicht zur Reife, sondern nur bis zur Blüthe, sie trägt die sogen. Oinanthe, die andere ist kleinkernig, schwarz und adstringirend und bringt die Früchte zur vollen Reife. Ihre Blätter, Ranken und Stengel haben dieselbe Kraft wie beim zahmen.

Plinius XIV 9 rühmt das Holz vom wilden Weinstock, *Vitis silvestris* oder *Labrusca*, als besonders ausdauernd und unverweslich, auf Kypern wachse er zu starken Stämmen.

Cap. 3. Περὶ Σταφυλῆς. **Weintraube.** Jede frische Traube beunruhigt den Bauch und bläht den Magen auf; diejenige, welche eine

Zeit lang aufgehängt gewesen ist, hat wenig davon, weil viel von der Feuchtigkeit eingetrocknet ist, sie ist dann gut für den Magen, stellt den Appetit wieder her und ist den Schwachen zuträglich; die Trauben aus den Trestern und aus den Töpfen sind für den Geschmack und den Magen angenehm, stellen mässig den Durchfall, die Blase aber und den Kopf greifen sie an, sie sind ein gutes Mittel gegen Blutspeien. Aehnlich wirken die, welche im Moste gelegen haben; die, welche aus dem eingekochten Moste und dem süssen Weine kommen, sind dem Magen mehr zuwider. Sie werden aber auch mit Regenwasser aufbewahrt, nachdem sie vorher in Rosinen verwandelt sind. Diese sind aber etwas weinartig und finden gute Verwendung für die, welche an Durst und an hitzigen und andauernden Fiebern leiden. Ihre aufbewahrten Trester dienen mit Salz als Umschlag bei Entzündungen, Verhärtungen und Anschwellungen der Brüste. Die Abkochung der Trester ist als Injection von Nutzen bei Dysenterie, Magenleiden und Fluss (der Frauen), auch zum Sitzbade und zur Ausspülung wird sie genommen. Die Kerne daraus sind adstringirend und gut für den Magen; geröstet und fein zerrieben statt Graupen[1]) als Umschlag sind sie ein gutes Mittel bei Dysenterie, Magenleiden und Magenschwäche.

[1]) ἀντὶ ἀλφίτου, nach Marcellus μετὰ ἀλφίτου. Plinius XXIII 13 sagt aber auch: Inspergitur farina eorum (nucleorum) polentae modo.

Varro (De re r. I 54) sagt über die Conservirung der Trauben: „Man scheidet ganz sorgfältig die zum Getränk und die zum Verspeisen bestimmten Trauben. Die schönsten werden in leere Fässer gehängt, die folgende gute Sorte wird in kleine Töpfe vertheilt, welche in Fässer gesetzt und dicht mit Weintrestern umgeben werden; andere kommen in ausgepichte Krüge, welche in einen Teich versenkt werden, noch andere kommen in eine trockene Vorrathskammer. Bei Plinius XXIII 11 kommen die Trauben, welche in Spreu eingemacht sind, den aufgehängten am nächsten, die in den Trestern gelegenen, sowie die im Moste und eingekochtem Moste (Sapa) eingemachten hält auch er für schädlich.

Cap. 4. Περὶ Σταφίδος. Rosine. Die am meisten adstringirende Rosine ist die von der weissen Traube. Das Fleisch derselben, genossen, ist von guter Wirkung für die Luftröhre, bei Husten, für die Nieren und die Blase, bei Dysenterie, wenn sie für sich mit den Kernen verspeist wird, aber auch, wenn sie, gemischt mit Hirsen- und Gerstenmehl und Ei, in der Pfanne mit Honig gebraten und genommen wird. Ferner ist sie zum Abführen des Schleimes wohl dienlich, sowohl für sich allein als auch mit Pfeffer gekaut. Hodenentzündungen beschwichtigt sie mit Bohnenmehl und Schwarzkümmel als Umschlag; Epinyktiden, Karbunkeln, Wabengrind, faulende Gelenkgeschwüre, Gangrän heilt sie ohne Kerne fein zerstossen und mit Raute aufgelegt. Bei Podagra ist sie mit Opopanax als Kataplasma ein gutes Mittel; auch lose Nägel entfernt sie als Umschlag schneller.

Cap. 5. Περὶ Οἰνάνθης. Oinanthe. Oinanthe heisst die Frucht[1]) des wilden Weinstockes, wenn sie blüht. Man muss sie zum Aufbewahren in einen ungepichten irdenen Topf bringen, nachdem man sie gesammelt und auf einem Leintuche im Schatten getrocknet hat; die beste liefert Syrien, Kilikien und Phönizien. Sie hat adstringirende Kraft, daher ist sie im Trank dem Magen gut, treibt den Harn, stellt den Durchfall und hemmt das Blutspeien. Trocken aufgelegt wirkt sie gegen Ekel und Säure des Magens. Grün sowohl wie trocken ist sie mit Essig und Rosenöl ein Besprengungsmittel gegen Kopfschmerzen. Mit Honig, Safran, Rosenöl und Myrrhe fein zerrieben ist sie ein entzündungswidriges Kataplasma bei blutigen Wunden, beginnender Aegilopie, bei Geschwüren im Munde und bei fressenden Geschwüren an den Schamtheilen. Auch wird sie den Tampons zum Zurückhalten des Blutes zugemischt. Ferner wird sie mit dem feinsten Mehl der Graupen und Wein bei Augenentzündungen und Magenbrand aufgelegt. In einem irdenen Gefässe über glühenden Kohlen gebrannt ist sie ein wirksames Mittel für die Augenarzneien. Uebergewachsene Nägel an den Fingern und Zehen und sich ablösendes und blutiges Zahnfleisch heilt sie mit Honig.

[1]) καρπός ist hier, wie so oft bei D., das Enderzeugniss der Pflanze.

Plinius XII 132 nennt Oenanthe nicht die Frucht, sondern die Blüthentraube, uva dum floret, id est, quum optime olet. Nach ihm kommt die beste aus Parapotamia, einer Landschaft am Tigris mit der Hauptstadt Dabitae, heute Degel, die zweite Sorte von Antiochia und Laodicea in Syrien, die dritte von den medischen Bergen. „Einige ziehen die kyprische vor, die afrikanische, Massaris genannt, wird nur von den Aerzten angewandt. Alle aber sind besser von der weissen als von der dunklen Traube."

Sonst ist Oinanthe auch die Tragknospe.

Cap. 6. Περὶ Ὀμφακίου. Omphakion. Omphakion ist der Saft der noch unreifen herben thasischen[1]) oder aminäischen[2]) Traube. Man muss den Saft aber vor dem Hundsstern[3]) auspressen und in einem rothen erzenen Kessel mit Leinen bedeckt in die Sonne stellen, bis er dick wird, indem man all das Festgewordene stets mit dem Flüssigen wieder mischt, ihn aber bei Nacht aus dem Freien wegnehmen, denn die Feuchtigkeit verhindert das Consistentwerden. Wähle den gelben und leicht zerbrechlichen, der sehr adstringirt und auf der Zunge beisst. Einige dicken den Saft auch durch Kochen ein. Mit Honig und süssem Wein ist er ein gutes Mittel bei geschwollenen Mandeln und Zäpfchen, gegen Soor und skorbutisches Zahnfleisch und eiterflüssige Ohren, mit Essig gegen Fisteln, gegen alte und fressende Geschwüre. Als Injection dient er bei Dysenterie und Fluss der Frauen, er bewirkt auch Scharfsichtigkeit und ist von guter Wirkung bei Rauheit der Augen und angefressenen Augenwinkeln. Getrunken wird er ferner bei von selbst auftretendem

Blutauswurf und bei solchem, der durch Zerreissen (von Gefässen) entsteht. Man muss ihn aber sehr verdünnt und in geringer Menge anwenden, denn er brennt scharf.

¹) Thasos, eine Insel im Aegäischen Meere, war berühmt durch Marmor-
brüche, Reichthum an Nüssen und Wein. ²) Aminäa, eine Landschaft im picenischen
Gebiete in Mittelitalien, wo vorzüglicher Wein wuchs. ³) Vor dem Aufgange des
Sirius (gegen Ende Juli), der grosse Hitze brachte.

Cap. 7. Περὶ ποιήτοτος τῶν οἴνων ἐκ τῆς ἡλικίας. Die
Eigenschaft der Weine nach ihrem Alter. Die alten Weine sind
für die Nerven und die übrigen Sinneswerkzeuge schädlich, für den Geschmack aber angenehmer, deshalb von denjenigen, bei denen irgend ein
innerer Theil leidet, zu vermeiden. Zum Gebrauch in gesunden Tagen
dagegen wird er in kleinen Quantitäten und verdünnt ohne Schaden genommen. Der junge erzeugt Blähungen, ist schwer verdaulich, verursacht böse Träume und treibt den Harn; der mittleren Alters ist frei von
beiden Fehlern, darum ist er zum Gebrauch in gesunden wie in kranken
Tagen zu wählen.

Cap. 8. Ἐκ τῆς χρόας. Nach der Farbe. Der weisse Wein
ist dünn, leicht zu vertragen und bekommt dem Magen gut; der dunkle
ist dick, schwer zu verdauen, macht trunken und setzt Fleisch an. Der
gelbliche, welcher in der Mitte steht, hat eine mittelmässige Kraft, welche
jenen beiden entspricht. Vorzuziehen ist jedoch sowohl in kranken wie
auch in gesunden Tagen der weisse. Sie unterscheiden sich aber auch
noch durch ihre Beschaffenheit.

Cap. 9. Ἐκ τῆς γεύσεως καὶ τῶν μεμιγμένων. Nach dem
Geschmack und den Zusätzen. Der süsse Wein ist voll und verflüchtigt sich schwer aus dem Körper, er bläht den Magen auf; den Bauch
und die Eingeweide beunruhigt er sehr, wie auch der Most, macht aber
weniger trunken. Für die Blase und die Nieren ist er wohlthuend. Der herbe
treibt mehr den Harn, bewirkt aber auch Kopfschmerzen und Trunkenheit. Der sauere ist am meisten geeignet zur Beförderung der Verdauung
der Speisen; er stellt den Durchfall und die übrigen Flüsse. Der milde
greift weniger das Nervensystem an, ist auch weniger harntreibend. Der
aber mit Meerwasser versetzte ist dem Magen zuwider, Durst erregend,
nachtheilig für die Nerven, er macht offenen Leib, ist aber den Recon-
valescenten nicht zuträglich. Der Wein aber, welcher aus den an der
Sonne getrockneten oder aus den an den Zweigen gedörrten und ausgepressten Trauben gemacht wird, der sogen. süsse, kretische, oder Vor-
most (Ausbruch) oder pramnische Wein, ebenso der aus dem eingekochten
Moste dargestellte, welcher Leirios oder Hepsema heisst, ferner der

dunkle, sogen. Melampsithios ist dick und sehr nahrhaft. Der weisse dagegen ist leichter, der in der Mitte steht, hat auch mittelmässige Kraft. Aller Wein ist adstringirend, geeignet, den Puls zu beschleunigen und wirksam gegen alle die Gifte, welche nach einer Verwundung tödten, wenn er mit Oel getrunken und wieder erbrochen wird; ferner gegen Mohnsaft, Pharikon, Pfeilgift, Schierling und Milchgerinnsel, gegen Blasen- und Nierenverwundungen und -Geschwüre. Sie (die Weine) verursachen aber Blähungen und sind dem Magen zuwider. Ein ganz besonders gutes Mittel gegen Bauchflüsse ist der Melampsithios. Der weisse erweicht den Bauch mehr als die anderen. Der mit Gips versetzte ist den Nerven schädlich, verursacht Kopfschmerzen, macht Hitze und ist der Blase nachtheiliger. Gegen die tödtlichen Gifte ist er wirksamer als die anderen. Die, welche Pech oder Fichtenharz enthalten, sind erwärmend und regen die Ver-dauung an, nicht anzurathen aber sind sie denen, die an Blutspeien leiden. Die sogen. unvermischten, welche aber einen Zusatz von eingekochtem Most haben, machen schweren Kopf, bewirken Trunkenheit, verlassen den Körper nicht leicht und sind schlecht für den Magen.

Cap. 10. Περὶ διαφορᾶς ἐκ τῶν τόπων. Unterschied nach den Ursprungsgegenden. Von den in Italien wachsenden Weinen scheint der Falerner[1]) genannte die erste Stelle einzunehmen, alt ge-worden ist er leichtverdaulich, regt den Puls an, ist stopfend und gut für den Magen; schädlich ist er für die Blase und für diejenigen, welche an Stumpfsichtigkeit leiden, auch eignet er sich nicht zum reichlichen Ge-nusse. Der Albaner[2]) ist voller als der Falerner, etwas süss, er bläht den Magen auf, erweicht den Bauch, befördert aber nicht in gleicher Weise die Verdauung; für das Nervensystem ist er weniger schädlich, im Alter wird er herbe. Der Cäcuber[3]) ist süss, noch voller als der Albaner, setzt Fleisch an und macht eine schöne Hautfarbe, zur Ver-dauung taugt er nicht. Der Surrentiner[4]) ist sehr herbe; er hemmt daher den Magen- und Eingeweidefluss, greift aber den Kopf weniger an, da er aus feineren Theilen besteht; im Alter wird er dem Magen bekömm-lich und süss. Der Adrianer und der Mamertiner[5]) aus Sicilien sind gleich derbvoll, mässig adstringirend, werden schnell alt und greifen auch wegen ihres sanften Charakters das Nervensystem weniger an. Der Prätutianer[6]), der auch aus der Gegend von Adria bezogen wird, ist wohlriechend (hat viel Blume) und sanfter; reichlich genossen verläugnet er sich aber nicht, er hinterlässt einen ziemlich langen Rausch und Be-täubung. Der Istrier genannte gleicht dem Prätutianer, wirkt mehr harn-treibend, der Chier aber ist milder als die vorhergenannten, sehr nahr-haft, süffig, weniger berauschend, stellt die Flüsse und eignet sich zu den Augenmitteln. Der Lesbier geht schnell durch den Körper, ist leichter

als der Chier und dem Magen wohlbekömmlich. Dieselbe Kraft aber
wie dieser hat der bei Ephesus wachsende, der sogen. Phygelites; der
Messogites aus Asien vom Tmolos[7]) macht Kopfschmerzen und schadet
den Nerven. Der Koer und Klazomenier sind wegen ihres hohen Gehaltes an Meerwasser leicht dem Verderben ausgesetzt und verursachen
Blähungen, sie beunruhigen auch den Bauch sehr und schaden den Nerven.

[1]) Vom falernischen Gebiet (ager Falernus) in Campanien am Fusse des Mas-
sicus (Mondragone); noch heute heisst eine Sorte campanischen Weins Vino Fa-
lerno. [2]) Vom Albanergebirge (heute Monte cavo). [3]) Cäcubum, eine sumpfige, aber
durch eine edle Weinsorte berühmte Ebene in Latium beim jetzigen Castell Vetere.
[4]) Surrentum, die äusserste Stadt in Campanien, das heutige Sorrent. [5]) Adria,
Stadt in Etrurien, an einem Arme des Po, die dem Adriatischen Meere den Namen
gegeben, heute Adria Veneta; die Stadt liegt, da das Land bedeutend ins Meer
hinausgewachsen ist, 22 km vom Meere entfernt in der Prov. Rovigo. Mamertiner
hiessen die Einwohner von Messana, sie sollen sich nach dem Gotte Mamers benannt
haben. [6]) Prätutium war ein Gebiet in der Nähe von Picenum im alten Mittelitalien zwischen dem Apennin und dem Adriatischen Meere. [7]) Tmolos, Gebirge in
Lydien, wo der Paktolos entspringt, eine Fortsetzung des Tauros, jetzt Bojdag.

Cap. 11. Περὶ δυνάμεως τῶν οἴνων. Kräfte der Weine. Im
Allgemeinen ist aller ungemischte, reine, seiner Natur nach herbe Wein
erwärmend, er geht leicht durch den Körper, ist dem Magen zuträglich,
Appetit erregend, nahrhaft, schlafmachend, stärkend und verschafft eine
gute Hautfarbe. Reichlich genossen hilft er denen, die Schierling, Koriander, Pharikon, Mistel, Mohnsaft, Bleiglätte, Eibe, Sturmhut oder
(giftige) Pilze genossen haben, ebenso auch gegen Schlangenbisse und
die Stiche aller Thiere, deren Bisse oder Stiche durch Kälte tödten oder
den Magen zerstören. Gute Wirkung hat er ferner bei Aufblähen und
Reissen im Unterleibe[1]), gegen Erweiterung und Schwäche des Magens
und Fluss der Eingeweide und des Bauches. Auch sind sie (die Weine)
ein gutes Mittel für die, welche am Oberkörper schwitzen und von Aus-
dünstungen geplagt werden, besonders die weissen, alten und aromatischen; die alten übrigens und die süssen sind bei Blasen- und Nierenleiden sehr zuträglich. Bei Wunden und Entzündungen werden sie mit
schweissiger Schafwolle aufgelegt. Bei bösartigen, krebsigen und nässenden
Geschwüren werden sie mit Nutzen zum Bähen gebraucht. Zum Gebrauch
in gesunden Tagen sind die ohne Meerwasser, die herben und weissen zu
empfehlen; dabei sind die italischen vorzuziehen, so der Falerner, Surrentiner und Cäcuber, auch der Signiner[2]) und zahlreiche andere aus
Campanien[3]), ferner der Prätutianer aus der Gegend von Adria, der sicilische, der sogen. Mamertiner, von den griechischen der Chier, der Lesbier und der Phygelites, welcher zu Ephesus wächst. Die dicken und
dunklen sind dem Magen zuwider, erzeugen Winde, aber sie bilden Fleisch;
die dünnen dagegen und herben sind gut für den Magen aber weniger

fleischbildend. Den Harn treiben und Kopfschmerzen verursachen die sehr alten [und dünnen⁴)] und weissen, unmässig genossen greifen sie das Nervensystem an. Die mittleren Alters sind als Getränk die besten, so die etwa sieben Jahre alten. Das Maass muss sich nach dem Alter, nach der Jahreszeit, nach der Gewohnheit und nach der Eigenschaft des Weines richten. Die beste Regel ist, nicht danach dürsten und die Speise mässig damit benetzen. Alle Trunkenheit, besonders die gewohnheitsmässige, ist schädlich, denn die angegriffenen Nerven zeigen es täglich und der übermässige Genuss legt täglich den Grund zu heftigen Leiden. Der mässige Weingenuss an einigen Tagen und besonders nach dem Genuss von Wasser ist zuträglich, denn er verbessert die innere Körperbeschaffenheit in gewisser Weise, indem er die sichtbaren Ausscheidungen befördert und den unsichtbaren die Wege öffnet. Bei der Trunkenheit muss man aber Wasser trinken, denn es bringt auf dem Wege einer gewissen Heilung bei der absichtlich herbeigeführten Trunkenheit eine Art Hülfe.

¹) Statt πρὸς δῆξιν ὑποχονδρίου hat Cod. N. πρὸς δῆξιν σκορπίου. ²) Signia war eine Stadt in Latium. ³) Die schönste und gesegnetste Landschaft in Mittelitalien mit der Hauptstadt Capua. ⁴) καὶ λεπτοί fehlt im Cod. X.

Cap. 12. Περὶ ὀμφακίτου οἴνου. Omphakiteswein. Der sogen. Omphakites wird besonders auf Lesbos dargestellt, indem die Traube, wenn sie noch nicht ganz reif und noch sauer ist, drei bis vier Tage an der Sonne getrocknet wird, bis die Beeren runzelig werden, und der Wein nach dem Auspressen in Krügen an die Sonne gesetzt wird. Er hat adstringirende Kraft, ist dem Magen zuträglich und ein gutes Mittel für die Schwangeren, wenn sie falschen Appetit haben, für die, welche an Darmverschlingung, an schlechter Verdauung und an Magenschwäche leiden. Er soll auch bei Pestanfällen Hülfe bringen. Solche Weine haben aber ein Alter von mehreren Jahren nöthig, sonst sind sie nicht trinkbar.

Cap. 13. Περὶ δευτερίου καὶ ἀδυνάμου. Zweiter und kraftloser Wein. Der als Deuteria¹) bezeichnete Wein, welchen Einige auch Potimos²) nennen, wird auf folgende Weise bereitet: Auf die Trester, aus denen du 30 Metretes Wein ausgepresst hast, gib 3 Metretes Wasser, mische und stampfe es durcheinander, presse aus und koche es auf den dritten Theil ein. Auf jeden Chus der zurückbleibenden Metretes setze 2 Xestes Salz und fülle nach dem Winter in irdene Krüge ab. Verbrauche ihn aber im Jahre, denn er verliert rasch. Er ist ein gutes Mittel für solche, denen Wein zu geben wir Bedenken tragen, da wir durch das Verlangen der Kranken und bei solchen, welche sich nach der

Krankheit langsam erholen, dazu gezwungen werden. Man macht auch einen sogen. kraftlosen Wein, welcher dieselbe Wirkung hat wie Deuteria; man muss das gleiche Maass Wasser und Most mit einander mischen und über schwachem Feuer gelinde kochen, bis das Wasser verzehrt ist, danach abkühlen lassen und in ein ausgepichtes Gefäss umgiessen. Einige mischen auch gleiche Theile Seewasser mitten aus dem Meere, Regenwasser, Honig und Most mit einander, füllen es um und stellen es vierzig Tage an die Sonne. Man gebraucht dieses zu denselben Zwecken ein Jahr hindurch.

¹) δεύτερος, der zweite, Wein zweiter Güte, Tresterwein. ²) Trinkbar, bei Plinius L o r a, er hat noch eine dritte Sorte, die aus der Weinhefe gepresst wird.

Die Ausführlichkeit, mit der D. den Wein abhandelt, ist ein Beweis für sein Ansehen als Genuss- und Arzneimittel.

Nach Varro (De re rust. I 54, Plinius XIV und Galen XIV 17) wurde die Hauptmasse des Saftes aus den Trauben durch Austreten (calcare) gewonnen, die Schalen und Fruchtstiele kamen dann in der cella torcularia in die Kelter, um den letzten Saft auszupressen, welcher mit dem ersten gemischt und in die Gährkammer (cella vinaria) gebracht wurde. Die Trester wurden nun mit einer scharfen Klinge zerstampft und nochmals ausgepresst, dieser Most schmeckte nach Eisen und wurde als Vinum circumcisitum besonders aufbewahrt. Nach der Gährung wurde der Wein auf Krüge gezogen, welche theils in Kellern, theils verpicht in Körben in der Apotheca, einem Raum im oberen Theile eines besonders dazu eingerichteten Hauses untergebracht wurden. Dieses waren vorzüglich die besseren Sorten, welche, um sie rasch alt zu machen, im Fumarium dem Rauch ausgesetzt wurden. Die Krüge (κεράμια, amphorae), meist aus Töpferthon, zuweilen auch aus Glas bestehend, liefen unten etwas spitz zu, um sie in die Löcher des Credenztisches (abacus) oder in die Erde zu setzen, hatten zwei Henkel zum Tragen und einen engen Hals, welcher mit einem Kork verschlossen wurde; dieser wurde mit Pech oder Gips versiegelt. Eine Nota bezeichnete die Consuln, d. h. das Jahr, unter denen sie gelagert waren. Das Haus stand auf freiem Felde und hatte mehrere Etagen, in der Mitte befand sich ein Heerd; im Innern lief im Oberstock eine Gallerie rings herum, auf welche mehrere Gemächer mündeten. Die einzelnen Zimmerwände waren durchbrochen, so dass der Rauch allenthalben durchziehen konnte. Je nach der Sorte wurde der Wein warm oder kalt behandelt. In milderen Himmelsstrichen vergrub man die Fässer ganz oder theilweise in die Erde, an anderen Orten liess man sie unter freiem Himmel oder unter einem Dache, ersteres geschah mit den schwachen, letzteres mit den starken Weinen, besonders bei denen aus Campanien.

Auch legte man das Kraut Stoibe (*Poterium spinosum* L.) zwischen die Krüge, dessen Duft zur Conservirung des Weines erheblich beitragen sollte. (Wir holen eine Flasche „herauf", die Alten holten einen Krug „herunter".) Plinius bezeichnet als Mittelding zwischen Wein und süssen Getränken den „beständigen Most", Aigleukos der Griechen, einen moussirenden Rosinenwein, zu dessen Darstellung die Gährung dadurch unterbrochen wurde, dass man das Fass zu Wintersanfang ins Meer versenkte.

Endlich verstand man es auch, den Wein zu verbessern, theils durch blosses Verschneiden, theils dadurch, dass man süssen Most weitervergähren liess oder Hefe von besserem Weine zusetzte, mit oder ohne gleichzeitige Wasserzugabe. So soll Cato es verstanden haben, aus italischem Wein Chier zu machen. Wie das Petiotisiren und Gallisiren, so kannte man auch das Chaptalisiren. „Die Griechen“, sagt Plinius XIV 120, „machen den Wein durch Thon, Marmor, Salz oder Seewasser milde,“ aber XXIII 45 heisst es: „Wer sollte als gesunder Mensch nicht vor einem Wein erschrecken, der mit Marmor, Gips oder Kalk versetzt ist.“ Dagegen heisst es XIV 126: „Uebrigens trägt man für die Verbesserung der Weine grosse Sorge, indem er bei Einigen durch Asche, bei Anderen durch Gips oder auf die bereits angeführten Weisen verbessert wird ...“ Cato nennt das Zusetzen von Asche, Marmor oder Salz concinnari.

Cap. 14. Περὶ οἴνου ἐκ τῆς ἀγρίας σταφυλῆς. Wein aus der wilden Traube. Der dunkle Wein aus der wilden Traube ist adstringirend und als solcher ein gutes Mittel gegen Bauch- und Magenfluss, sowie gegen die anderen Krankheitszustände, bei denen Adstringiren und Zusammenziehen angebracht ist.

Cap. 15. Περὶ μελιτίτου οἴνου. Honigwein. Der Honigwein wird in hitzigen Fiebern denjenigen gegeben, welche einen schwachen Magen haben. Er erweicht nämlich etwas den Bauch, treibt den Harn und reinigt den Magen. Er ist ein gutes Mittel für Gicht- und Nierenkranke und für die, welche an Schwäche des Kopfes leiden; heilsam erweist er sich auch für wassertrinkende Weiber, denn er ist würzig und nahrhaft. Er wird dem Honigmeth vorgezogen, weil dieser aus herbem und altem Wein und wenig Honig bereitet wird, der Honigwein aber aus 5 Chus herben Mostes, 1 Chus Honig und 1 Becher Salz. Man muss ihn aber in einem grossen Kessel herstellen, damit er Raum hat zum Aufwallen, indem man allmählich das eben genannte Salz zustreut, so lange er aufschäumt; wenn er sich beruhigt hat, muss man ihn in andere irdene Gefässe abfüllen.

Cap. 16. Περὶ οἰνομέλιτος. Oinomeli. Der Honigwein hat den Vorzug, welcher aus altem und herbem Wein und geschöntem Honig gemacht ist, denn ein solcher bläht weniger auf und wird bald gut. Der alte ist nahrhaft, der mittleren Alters ist gut für den Bauch und treibt den Harn; nach der Mahlzeit genommen schadet er, dagegen vorher getrunken macht er voll, regt dann aber den Appetit an. Bei der Bereitung werden meist 2 Metretes Wein mit 1 Metretes Honig gemischt. Um ihn schneller fertig zu haben, kochen Einige den Honig mit dem Wein zusammen und füllen ihn so um. Andere mischen des Vortheils (der Sparsamkeit) wegen 6 Xestes gährenden Mostes mit 1 Xestes Honig und füllen ihn nach der Gährung um; er bleibt aber süss.

Cap. 17. Περὶ μελικράτου. Melikraton. Der Honigmeth besitzt dieselbe Kraft wie der Honigwein. Wir wenden denselben ungekocht an da, wo wir den Bauch erweichen oder Brechen erregen wollen, wie bei verschluckten tödtlichen Giften, indem wir ihn mit Oel geben, gekocht aber bei solchen, die einen kleinen Puls haben, bei schwachen und von Husten belästigten Personen, ferner bei solchen, die an Lungen-entzündung und an Schweiss leiden. Wenn das aufbewahrte (gelagerte) Getränk, welches Einige eigentlich Hydromel nennen, ein mittleres Alter hat, so entspricht es der Deuteria und dem schwachen Weine, zur Wieder-herstellung der Kräfte dienend. Daher ist es bei denen, welche an der Entzündung irgend eines Theils leiden, mehr angebracht, als Deuteria; das ältere dagegen ist bei Entzündungen und Verstopfungen zu ver-werfen. Bei Magenleiden, Appetitlosigkeit und Schweissbelästigung ist es von guter Wirkung. Es wird dargestellt, indem man zu 1 Theil Honig 2 Theile altes Regenwasser mischt und in die Sonne stellt. Einige mischen Quellwasser zu, kochen bis auf den dritten Theil ein und be-wahren es auf. Apomeli nennen Einige das mit dem Wasser von aus-gewaschenen Honigwaben bereitete und aufbewahrte Hydromel. Dieses muss man aber auch reiner machen[1]); Einige kochen dieses auch. Für Kranke ist es nicht geeignet, weil es zum grössten Theil Bienenbrod[2]) enthält.

[1]) d. h. ohne Wasserzusatz, da der Wabenauszug, welcher der Billigkeit wegen statt Honig genommen wurde, schon genug Wasser enthält. [2]) Der zur Nahrung dienende Blüthenstaub.

Cap. 18. Περὶ ὕδατος. **Wasser.** Die Beurtheilung des Wassers im Allgemeinen hat seine Schwierigkeit wegen der Eigenthümlichkeit der Gegenden, der besonderen Eigenart[1]), (der Einwirkung) der Luft, und aus nicht wenigen anderen Gründen. So gilt als das beste meist das, welches rein und süss ist, dem keine irgendwie besondere Eigenschaft anhaftet, welches auch nicht die geringste Zeit im Unterleibe verweilt, dabei ohne Schmerz gute Wege geht und weder Blähungen macht noch verdirbt.

[1]) διὰ τῆς ἰδιοσυγκρασίας. Hippokrates sagt ganz allgemein (De aëre, aquis et locis 14): „Als das beste wird das angesehen, welches an hohen Orten entspringt und dessen Quelle und Lauf der aufgehenden Sonne zu liegt." Ein gutes Wasser muss klar, farb- und geruchlos, frei von Ammoniak, salpetrigsauren Salzen, Schwefel-wasserstoff und leimartigen Substanzen sein. Es darf nur wenig Mikroorganismen und ausser Eisen keine Metalle enthalten. Der Gehalt an nicht flüchtigen Sub-stanzen, besonders Calcium- und Magnesiumsalzen, welche die Härte des Wassers bestimmen, muss derartig sein, dass beim Verdampfen von 1 l Wasser nicht mehr als 0,5—0,6 g Rückstand bleiben.

Cap. 19. Περὶ θαλασσίου ὕδατος. **Meerwasser.** Das Meer-wasser ist warm, scharf, dem Magen zuwider, denn es bringt Störungen im Bauche hervor und führt Schleim und Galle ab. In warmer Bähung zieht es zusammen und zertheilt; es ist ein gutes Mittel bei Nervenleiden und bei Frostbeulen, bevor sie aufbrechen. Vortheilhaft wird es mit Schrot von ungeröstetem Getreide gemischt, ist auch zu vertheilenden Pflastern und Umschlägen sehr geeignet, ebenso als lauwarmes Klystier zur Herausbeförderung des Unrathes und als heisses bei Leibschneiden. Ferner dient es zum Umschlag gegen Krätze, Jucken, Flechten, Läuse und geschwollene Brüste. Als heisse Bähung vertheilt es blutunterlaufene Stellen. Weiter hilft es gegen die Bisse giftiger Thiere, welche Zittern und Kälte bringen, besonders des Skorpions, der Spinne und Natter. Von Nutzen erweist es sich auch, wenn man es als Bad anwendet, so ist auch ein Bad davon sehr dienlich bei andauerndem schlechtem Allgemeinbefinden des Körpers und der Nerven. Heiss gemacht als Räucherung bringt es Linderung bei Wassersucht, Kopfschmerzen und Schwerhörigkeit. Das reine Meerwasser ohne Zusatz von Trinkwasser verliert bei der Aufbewahrung seinen üblen Geruch; Einige kochen es vorher und heben es so auf. Zum Purgiren wird es entweder für sich allein gegeben oder mit Essigwasser oder mit Wein oder Honig, und nach der Reinigung verordnen sie ein Gericht aus Hühnern oder Fischen, um die beissende Schärfe zu mildern.

Das Meerwasser enthält reichliche Mengen von Salzen, besonders von Chlorverbindungen des Natriums, Kaliums und Magnesiums, im Ganzen etwa 3,5%, wovon nahezu 2,7% auf Chlornatrium kommen, ausserdem kleine Mengen von Brom- und Jodverbindungnn der Alkali- und alkalischen Erdmetalle. Das spec. Gewicht ist durchschnittlich bei 15° C. 1,02484 (Wasser bei 15° C. = 0,999183). Die Binnenmeere zeigen einen etwas geringeren Salzgehalt als die Weltmeere, sonst ist derselbe ziemlich constant.

Cap. 20. Περὶ θαλασσομέλιτος. Honigmeerwasser. Das Honigmeerwasser scheint kräftig zu purgiren. Es wird aus Honig, Regen- und Meerwasser bereitet, indem gleiche Theile davon geläutert und in einem ausgepichten Gefässe bei Hundstagshitze in die Sonne gestellt werden. Einige mischen 2 Theile abgekochtes Meerwasser mit 1 Theile Honig und füllen es in Gefässe. Ein solches ist gemässigter und passender als Meerwasser.

Cap. 21. Περὶ ὄξους. Essig. Der Essig kühlt und adstringirt, ist gut für den Magen, regt den Appetit an und stellt jeden Blutfluss, sowohl getrunken wie auch als Injection, er ist auch mit den Speisen gekocht ein gutes Mittel gegen Bauchfluss. Mit schweissiger Schafwolle oder Schwämmen angewandt ist er blutstillend und hält Entzündung ab. Er heilt Gebärmutter- und Mastdarmvorfall, ebenso sich abtrennendes blutiges Zahnfleisch. Gute Wirkung übt er ferner bei fressenden, roseartigen und kriechenden Geschwüren, bei Aussatz, Flechten und übergewachsenen Nägeln, wenn er einem der wirksamen Mittel zugesetzt wird.

Krebsige und fressende Geschwüre hält er bei anhaltendem Bähen auf.
Mit Schwefel als warmer Umschlag hilft er bei Podagra, mit Honig aufgestrichen bringt er Geschwülste unter den Augen weg. Gegen Sonnenstich hilft er mit Rosenöl und schweissiger Schafwolle oder Schwämmen.
Bei Wassersucht und Schwerhörigkeit, bei Ohrensausen und -Brausen ist
er in der Räucherung heilsam. Eingetröpfelt tödtet er Würmer in den
Ohren. Lauwarm umgeschlagen oder mit Schwämmen aufgelegt vertheilt
er Drüsen an den Schamtheilen und lindert auch Juckenreiz. Gegen die
Bisse giftiger Thiere, welche kälten, bewährt er sich in warmer Bähung,
gegen die, welche ein brennendes Gift auswerfen, in kalter Bähung.
Wirksam ist er ferner gegen alle tödtlichen Gifte, wenn er warm ge-
trunken und wieder erbrochen wird, besonders gegen den Genuss von
Schierling und Mohnsaft, mit Salz gegen Blut- und Milchgerinnsel im
Leibe, gegen Pilze, Mistel und Eibe. Verschluckte Blutegel wirft er als
Schlürftrank heraus; chronischen Husten lindert er, frischen reizt er an.
Warm geschlürft ist er ein gutes Mittel gegen Orthopnöe. Als Gurgelmittel hemmt er Luftröhrenfluss, hilft bei Anschwellung der Schlund-
muskeln, bei Erschlaffung des Zäpfchens und als warmes Mundspülwasser
bei Zahnschmerz.

Der Essig der alten Griechen und Römer war Weinessig. Plinius XXIII 54
nennt ihn Vitium vini; auch aus Feigenwein machte man Essig. Plinius XIV 103
lobt als den besten den aus Kypern und Alexandria. Bieressig kannte man nur in
Aegypten und Palästina.

Cap. 22. Περὶ ὀξυμέλιτος. Sauerhonig.

Der Sauerhonig wird
so bereitet: Nimm 5 Kotylen Essig, 1 Mine Seesalz, 10 Minen Honig,
10 Kotylen Wasser, mische und koche es bis zum zehnmaligen Aufwallen und fülle es nach dem Abkühlen ab. Innerlich genommen soll
er den dicken Schleim abführen, auch bei Ischias, Gelenkschmerzen und
Epilepsie von Nutzen sein. Er hilft auch denen, die von der Viper und
dem sogen. Seps[1]) gebissen sind und denen, die Mohnsaft oder Mistel
genossen haben. Als Gurgelmittel ist er bei Anschwellung der Schlundmuskeln heilsam.

[1]) *Seps chalcida* Bonap. (s. I 70).

Plinius XIV 114 gibt dieselbe Bereitungsweise an, sagt aber, dass alle diese
Getränke von dem hoch angesehenen Themison (Schüler des Asklepiades und Gründer
der methodischen Schule, kurz vor unserer Zeitrechnung) verworfen seien; und in
der That könne ihr Gebrauch nur als erzwungen angesehen werden, wenn man nicht
annehme, der gewürzte Wein und die aus Specereien bereiteten seien ein Werk der
Natur, oder diese habe die Sträucher geschaffen, damit sie getrunken würden.

Oxymel befindet sich noch heute im Arzneischatze.

Cap. 23. Περὶ Ὀξάλμης. Salzessig.

Der Salzessig ist als
Bähmittel heilsam gegen fressende und faulige Geschwüre, gegen Hunds-

biss und Stiche giftiger Thiere. Er stillt auch das Blut nach dem Stein-
schnitte, wenn nach der Operation rasch damit warm ausgespült wird.
Ferner dient er als Injection bei solchen, welche an Dysenterie mit
fressenden Geschwüren leiden, man muss aber mit Milch nachspülen. Als
Schlürf- und Gurgelmittel tödtet er Blutegel; endlich bringt er Grind und
Schorf weg.

Cap. 24. Περὶ Θυμοξάλμης. Thymoxalme. Thymoxalme[1]),
welche die Alten bei magenschwachen Personen gebrauchten, indem sie
3—4 Becher mit warmem Wasser mischten und bei Gelenkschmerzen und
Blähungen gaben, führt den dicken und schwarzen Schleim weg. Es
wird so bereitet: Nimm 1 Essignäpfchen voll fein gestossenen Thymian
und ebensoviel Salz, Mehl, Raute, Polei von jedem etwas, wirf es in
einen Kessel und giesse 6 Kotylen Wasser, ½ Kotyle Essig zu, binde
ein Leintuch darüber rings herum fest und stelle es unter freien
Himmel.

[1]) Von θόμος, Thymian — ὄξος, Essig — und ἄλμη, Salzwasser.

Cap. 25. Περὶ σκιλλητικοῦ ὄξους. Meerzwiebelessig. Der
Meerzwiebelessig wird auf folgende Art gemacht: Reinige die weisse
Meerzwiebel, schneide sie in Stücke und vertheile sie so auf ein Leintuch, dass sie einander nicht berühren, trockne sie vierzig Tage im
Schatten, dann nimm 1 Mine davon und gib sie in 12 Xestes guten
Essigs und lass vierzig Tage in der Sonne maceriren, nachdem du das
Gefäss sorgfältig bedeckt hast. Danach nimm die Meerzwiebel heraus,
presse sie aus und wirf sie weg. Den Essig aber seihe durch, fülle ihn
ab und hebe ihn auf. Einige geben 1 Mine zu 5 Xestes Essig. Andere
reinigen die Meerzwiebel und geben sie sofort, ohne zu trocknen, zu dem
gleichen Gewicht (Essig)[1]) und lassen sechs Monate stehen; ein solcher
wird aber schneidender. Er eignet sich zu Mundspülwasser bei schwammigem Zahnfleisch, indem er dasselbe zusammenzieht und fest macht, und
die Zähne befestigt, auch Mundfäule und schlechten Geruch des Mundes
beseitigt. Als Schlürftrank macht er den Schlund hart und schwielig
und bewirkt eine kräftige und helle Stimme. Ferner wird er bei Magenleiden, schlechter Verdauung, Epilepsie, Schwindel, Melancholie und Ver-
dummung genommen, ebenso bei Gebärmutterkrämpfen, Vergrösserung der
Milz und bei Ischias. Er erquickt die sehr Schwachen, macht den Körper
gesund und bewirkt eine schöne Hautfarbe. Weiter schärft er das Seh-
vermögen, hilft bei Schwerhörigkeit, wenn er eingeträufelt wird, ist überhaupt gegen Alles heilsam, ausser gegen innere Geschwüre [welche Kopfschmerzen und Nervenleiden verursachen]. Lass ihn täglich nüchtern

schlürfen, im Anfang aber wenig, allmählich steigend bis zu 1 Becher. Einige geben 2 Becher oder gar mehr.

¹) Da die frische Meerzwiebel fünf Theile Feuchtigkeit enthält.
Der Meerzwiebelessig, Acetum Scillae, ist noch officinell.

Cap. 26. Περὶ σκιλλητικοῦ οἴνου. Meerzwiebelwein. Der Meerzwiebelwein wird so bereitet: Zerschneide, wie angegeben, die Meerzwiebel, trockne sie in der Sonne, zerstosse dann 1 Mine davon und schlage sie durch ein loses Sieb, binde (das Pulver) in grobes Leinen und lege es in 20 Xestes guten, frischen Mostes. Lass drei Monate maceriren und giesse dann den Wein in ein anderes Gefäss, verschliesse es rings herum gut und setze es weg. Man kann auch die Meerzwiebel frisch gebrauchen, wenn man sie nach Art der Rübe¹) zerschneidet und das Gewicht verdoppelt: Man muss (das Gemisch) vierzig Tage in der Sonne stehen und (den Wein) recht alt werden lassen. Der vorgenannte Wein wird aber auch noch auf folgende Art dargestellt: Nimm 3 Minen gereinigte und zerschnittene Meerzwiebeln, lege sie in 1 italischen Metretes schönen Mostes und lass ihn gut bedeckt sechs Monate stehen; dann seihe ihn durch, giesse ihn um und setze ihn weg. Er hat gute Wirkung bei Unverdaulichkeit, gegen Verderbniss der Speisen und Wiedererbrechen derselben, ist für die heilsam, denen dicker Schleim den Magen und Bauch belästigt, ferner für Milzsüchtige, Schwindsüchtige, Wassersüchtige, Gelbsüchtige, für solche, die an Harnverhaltung, Leibschneiden, Blähungen, Paralyse, chronischen Fieberschauern, Schwindel und Krämpfen leiden. Auch befördert er die Menstruation; er greift am wenigsten die Nerven an. Am besten ist der ältere; man muss seine Anwendung aber bei Fiebernden und solchen, die ein inneres Geschwür haben, vermeiden.

¹) d. h. in Scheiben.

Cap. 27. Περὶ θαλαττίων οἴνων. Meerwasserwein. Die Weine mit Meerwasser werden auf verschiedene Weise gemacht. Einige nämlich mischen sofort nach der Traubenlese Meerwasser zu, Andere lassen die Beeren an der Sonne trocknen, treten sie aus unter Zusatz von Meerwasser; noch Andere lassen die Trauben zu Rosinen eintrocknen, macerieren sie mit Meerwasser in Fässern und treten und pressen sie dann aus; ein solcher Wein wird süss. Die mit herbem Geschmack bereiteten finden auch bei Fiebern Verwendung, wenn man keine bessere hat, ferner zum Reinigen des Bauches nach unten, bei denen, die ein inneres Geschwür haben, bei Hartleibigen und denen vom aminäischen Weine der Kopf angegriffen wird. Diese (Weine) sind jedoch dem Magen zuwider und erzeugen Blähungen.

Cap. 28. Περὶ οἴνων σκευαστῶν ἄλλων. **Andere künstliche Weine.** Wir glauben, dass es für diejenigen, welche eine vollständige Kenntniss zu erlangen streben, nicht ohne Nutzen ist, auch die Bereitung der verschiedenen Weinarten zu beschreiben, nicht weil ihre Verwendung häufig oder nothwendig ist, sondern damit wir nicht in den Verdacht kommen, etwas Dazugehöriges ausgelassen zu haben. Einige derselben erfordern weniger Sorgfalt (in der Bereitung) und kommen in Gebrauch, so der aus Quitten, Birnen, Johannisbrod, ebenso auch der aus Myrtenbeeren bereitete Wein. Der Quittenwein z. B., welchen Einige auch Apfelwein nennen, wird so bereitet: Schneide Quittenäpfel nach Herausnahme der Samen wie Rüben und lege 12 Minen in 1 Metretes Most, lass sie dreissig Tage lang darin, dann seihe durch und setze den Wein bei Seite. Er wird auch auf folgende Art gemacht: Nachdem man die Quittenäpfel zerstossen und abgepresst hat, muss man zu 12 Xestes des Saftes 1 Xestes Honig mischen und so bei Seite stellen[1]). Er ist adstringirend, gut für den Magen, ein gutes Mittel gegen Dysenterie, Leber- und Nierenleiden sowie gegen Harnverhaltung.

[1]) Den weiteren Verlauf der Weinbildung setzt D. als bekannt voraus.

Cap. 29. Περὶ Μηλομέλιτος. **Apfelhonig.** Der Apfelhonig, auch Quittenhonig genannt, wird so bereitet, dass Quittenäpfel, welche von den Samen befreit sind, in möglichst viel Honig gelegt werden, so dass sie wie eingeklemmt sind. Nach einem Jahre wird er mild und gleicht dem Honigwein. Er eignet sich zur Anwendung für dieselben Fälle, wie das vorher genannte Präparat.

Cap. 30. Περὶ ὑδρομήλου. **Wassermeth.** Der Wassermeth wird bereitet durch Mischen von 1 Metretes Quittenhonig mit 2 Metretes abgekochten Wassers, die Mischung wird während der Hundstage in die Sonne gestellt. Er hat dieselbe Kraft wie jener.

Plinius XIV 118 nennt Hydromeli eine Mischung von fünf Jahre altem Regenwasser mit Honig. „Einige," sagt er, „handeln klüger, indem sie dasselbe sogleich auf ein Drittel einkochen und den dritten Theil alten Honigs zusetzen, dann vierzig Tage in der Hundstagshitze an der Sonne stehen lassen. Im Alter bekommt das Getränk den Geschmack des Weines; am besten wird es in Phrygien gemacht."

Cap. 31. Περὶ ὀμφακομέλιτος. **Herbetraubenmeth.** Der Herbetraubenmeth wird auf folgende Weise dargestellt: Nimm unreife, noch nicht dunkel gefärbte Trauben, stelle sie drei Tage in die Sonne, presse sie danach aus und gib zu 3 Theilen des Saftes gemessen 1 Theil[1]) vom besten abgeschäumten Honig, giesse es um in irdene Krüge und stelle es an die Sonne. Er hat zurückdrängende, kühlende Kraft; daher ist er ein gutes Mittel für Magen- und Kolikleidende. In Gebrauch genommen wird er nach einem Jahre.

[1]) χυλοῦ . . . μετρητοῦ μέρος ἕν.

Diese Art Meth scheint ein Getränk speciell Griechenlands gewesen zu sein, da Plinius denselben nicht erwähnt.

Cap. 32. Περὶ ἀπίτου οἴνου. Birnenwein. Der Birnenwein wird ebenso bereitet wie Quittenwein, nur dass die Birnen nicht zu reif sein dürfen. Der Johannisbrod-, Mispeln-, Speierlingsbeerenwein wird auf dieselbe Weise gemacht. Alle diese sind adstringirend, herbe, dem Magen bekömmlich und halten innerliche Flüsse auf.

Cap. 33. Περὶ οἰνανθίνου. Weinblüthenwein. Der Weinblüthenwein wird so dargestellt: Nimm von der sich eben öffnenden[1]) trockenen Blüthe des wilden Weinstockes 2 Minen auf 1 Metretes Most, nach dreissig Tagen seihe durch und setze ihn weg. Er ist von guter Wirkung bei Magenschwäche, Appetitlosigkeit, Magenleiden und Dysenterie.

[1]) βρυούσης.

Cap. 34. Περὶ ῥοίτου οἴνου. Granatenwein. Der Granatenwein wird so bereitet: Nimm reife, von den Kernen befreite Granatäpfel, presse den Saft aus den Früchten[1]) und setze ihn bei Seite, oder koche ihn auf den dritten Theil ein und setze ihn weg. Er ist von guter Wirkung bei inneren Flüssen und mit Flüssen verbundenen Fiebern, auch gut für den Magen, stopft den Bauch und treibt den Harn.

[1]) κόκκοι sind hier die saftigen Samenhüllen, die Kerne selbst sind bitter.

Cap. 35. Περὶ ῥοδίτου οἴνου. Rosenwein. Der Rosenwein wird so gemacht: Binde 1 Mine trockener zerkleinerter Rosen in ein Leintuch und hänge dieses in 8 Xestes Most. Nach drei Monaten seihe durch, fülle den Wein um und stelle ihn bei Seite. Bei Abwesenheit von Fieber ist er zur Verdauung und gegen Magenschmerzen dienlich, wenn er nach dem Essen getrunken wird, ferner gegen Bauchfluss und Dysenterie. Er wird auch aus Rosensaft unter Zusatz von Honig bereitet, dann heisst er Rosenhonig[1]); er ist ein gutes Mittel gegen Rauheit der Luftröhre.

[1]) Rhodomeli.

Cap. 36. Περὶ μυρτίτου οἴνου. Myrtenbeerenwein. Der Myrtenbeerenwein wird auf diese Weise hergestellt: Man muss schwarze, recht reife Myrtenbeeren nehmen, sie stossen, den Saft in der Presse abpressen und umgiessen. Einige kochen ihn auf den dritten Theil ein;

Andere setzen (die Beeren) vorher an die Sonne und, wenn sie trocken sind, zerstossen sie dieselben und mischen zu je 1 Choinix 3 Kotylen Wasser und ebensoviel alten Wein. Sodann pressen sie ab und setzen ihn weg. Er ist sehr adstringirend und gut für den Magen, nützlich bei Magen- und Bauchfluss, ebenso gegen (innere) Geschwüre und Fluss der Frauen. Er färbt aber auch das Kopfhaar schwarz.

Plinius XIV 104 lässt diesen Fruchtwein auch aus den Beeren der wilden Myrte bereiten, er nennt ihn Myrtidanon, was sonst auch einen Auswuchs am Myrtenbaume bedeutet. Die Beeren, mit rothem Wein gekocht, sind heute noch in Griechenland ein beliebtes Mittel bei Durchfall der Kinder.

Cap. 37. Περὶ μυρσίνου οἴνου. Myrtenwein. Der Myrtenwein wird so bereitet: Man muss die Zweigspitzen und die Blätter sammt den Beeren der schwarzen Myrte[1]) stossen und 1 Mine davon in 3 Chus Most geben, bis auf 2 Chus oder bis auf die Hälfte einkochen, dann durchseihen und bei Seite stellen. Dieser Wein ist ein Mittel gegen Grind und Schorf, Ausschlag, Zahnfleisch- und Mandelanschwellung und gegen eiterflüssige Ohren. Er hält auch den Schweiss zurück.

[1]) Nach Sprengel *Myrtus latifolia italica vel baetica*.

Cap. 38. Περὶ σχινίνου οἴνου. Mastixwein. Der Mastixwein wird ähnlich so wie der Myrtenwein gemacht.

Cap. 39. Περὶ τερμινθίνου οἴνου. Terebinthenwein. Auch der Terebinthenwein wird auf gleiche Weise bereitet; denn auch bei diesem werden die fruchttragenden Zweigspitzen genommen. Sie (die Weine) haben ähnliche Wirkung; sie sind adstringirend und gut für den Magen, ein gutes Mittel gegen Fluss des Magens, der Eingeweide, der Blase und bei Blutflüssen. Sie vernarben alle nässenden Geschwüre. Endlich heilen sie als Sitzbad angewandt Blasen- und Afterrheumatismus.

Cap. 40. Περὶ φοινικίτου οἴνου. Dattelwein. Nimm gewöhnliche reife Datteln und wirf sie in ein am Grunde durchbohrtes und mit eingepichtem Rohr versehenes Fass, die Oeffnung aber verstopfe mit Leinen. Auf 10 Choinix giesse 3 Chus Wasser, wenn du ihn aber nicht sehr süss haben willst, giesse 5 Chus zu und lass zehn Tage stehen; am elften nimm aus dem Rohre den Leinenpfropf, ziehe den dicken und süssen Wein ab und hebe ihn auf. Er ist wohl süss, aber macht Kopfschmerzen. Wegen der adstringirenden Eigenschaft ist er wirksam gegen Flüsse, daher auch ein gutes Mittel für die, welche an Magen- und Bauchschmerzen und Blutspeien leiden. Einige giessen dasselbe Maass Wasser wieder auf und ziehen ab, auch zum dritten, vierten, fünften und sechsten Male thun sie dieses, was dann übrig ist, wird sauer.

Cap. 41. Περὶ κατορχίτου οἴνου. Feigenwein. Der Katorchites, welchen Einige auch Feigenwein nennen, wird auf Kypern wie der Dattelwein bereitet; er ist geschätzt, weil Einige bei diesem statt Wasser das gleiche Maass eines Auszuges von frisch ausgepressten Trestern zugiessen. Es werden dazu getrocknete Feigen, welche auch die braunen[1]) oder rothen genannt werden, genommen. Sie sind aber schwarz und werden ausgezogen, wie früher angegeben ist. Nach zehn Tagen wird die Flüssigkeit abgelassen und zum zweiten und dritten Male dasselbe Quantum Tresterauszug aufgegossen, in gleicher Weise in Zeitabständen ein dritter, vierter und fünfter Auszug gewonnen, welcher in gleicher Weise sauer wird und als Essig gebraucht wird. (Der Wein) ist dünn (feintheilig), blähend und dem Magen zuwider, er benimmt den Appetit, ist jedoch gut für den Bauch und treibt den Harn. Er befördert die Katamenien und die Milchabsonderung, macht aber schlechtes Blut und erzeugt, wie das Bier, Elephantiasis. Einige setzen auch Salz zu, auf sechs Krüge[2]) 10 Xestes, Andere einen Krug Meerwasser, in der Meinung, er werde weniger dem Verderben unterworfen und werde gut für den Bauch. Noch Andere legen auf den Boden Thymian und Fenchel, darauf die Feigen und dieses thun sie schichtweise, bis das Gefäss voll ist.

[1]) χελιδόνιοι, braunroth, wie die Schwalben an der Brust gefärbt sind. [2]) κεράμια, 1 Keramion = 26,26 l.

Plinius XIV 102 nennt den Feigenwein auch Palmiprimum. Neben dem kyprischen Essig aus Feigen lobt er besonders den alexandrinischen.

Cap. 42. Περὶ συκομορίτου οἴνου. Sykomorenwein. Er wird aus den Maulbeerfeigen auf dieselbe Weise gemacht. Weil ihre Kraft nicht ausreicht, um die Süssigkeit des ausfliessenden Saftes zu erhalten, wird er zu scharfem Essig.

Cap. 43. Περὶ ῥητίνου οἴνου. Geharzter Wein. Der geharzte Wein wird bei den einzelnen Völkern auf ihre Weise bereitet, hauptsächlich in Galatien, weil dort wegen der Kälte die Traube unreif bleibt und der Wein sauer wird, wenn er nicht mit Fichtenharz versetzt wird. Das Harz wird mit der Rinde gestossen und ½ Kotyle auf den Krug zugesetzt. Einige seihen ihn nach der Gährung durch und scheiden das Harz ab, Andere lassen es darin. Im Alter werden (die Weine) süss; diese alle aber verursachen Kopfschmerzen und Schwindel, befördern jedoch die Verdauung und treiben den Harn. Ferner sind sie ein gutes Mittel bei Katarrh, Husten, Magenleiden, Dysenterie, Wassersucht und Fluss der Frauen. Bei Geschwüren im Unterleibe dienen sie zum Klystier. Der dunkle ist adstringirender als der weisse.

Plinius XXIII 45 sqq. hält von den geharzten Weinen nicht viel, am unschul-

digsten ist der mit Pech, d. h. mit geschmolzenem und gebranntem Harze zuge-
richtete und der von Natur Pech enthaltende Wein.

Cap. 44. Περὶ στροβιλίτου οἴνου. Zirbelnusswein. Er wird
dargestellt, indem frische zerstossene Zirbelnüsse in Most macerirt werden.
Er wirkt geradeso wie der geharzte Wein. Wenn man die mit Most behandelten Zirbelnüsse kocht, so erhält man ein Getränk, welches, reichlich
genossen, ein gutes Mittel bei Schwindsucht ist.

Cap. 45. Περὶ κεδρίνου. Cedernwein. Der Cedern-, Wach-
holder-, Cypressen-, Lorbeer-, Fichten- oder Tannenwein wird auf gleiche
Weise hergestellt. Man muss aber das zur Zeit, wenn die Bäume Früchte
tragen, frisch gefällte Holz spalten und in die Sonne oder in einen Bade-
raum oder ans Feuer legen, damit es ausschwitzt, und 1 Mine davon auf
1 Chus Wein geben, unter Umrühren zwei Monate stehen lassen, dann
(den Wein) abziehen, an die Sonne setzen und nachher aufbewahren. Bei
den künstlichen Weinen muss man aber die Gefässe voll füllen, denn der
nicht vollgefüllte wird sauer. Die Arzneiweine sind den Gesunden nicht
zuträglich; alle sind sie erwärmend, harntreibend, etwas adstringirend,
der Lorbeerwein zieht am meisten zusammen. Es wird auch aus der
Frucht der grösseren Ceder Wein gemacht, man muss dann ½ Mine zer-
stossener Früchte mit 1 Chus Most mischen, vierzig Tage an die Sonne
setzen, ihn dann abseihen und umfüllen.

Cap. 46. Περὶ ἀρκευθιδίτου οἴνου. Wachholderwein. Er
wird aus Wachholderbeeren gemacht wie der Cedernharzwein, hat auch
dieselbe Wirkung.

Cap. 47. Περὶ κεδρίτου. Cedernharzwein. Der Cedernharzwein wird so bereitet: Man wäscht das Cedernharz mit süssem Wasser,
spült jeden Krug mit 1 Becher aus und füllt ihn dann mit Most. Dieser
Wein ist erwärmend und verdünnend, bei Abwesenheit von Fieber ein
gutes Mittel gegen alten Husten, gegen Brust- und Seitenschmerzen, Leibschneiden, Geschwüre im Bauche und in den Eingeweiden, bei Lungen-
empyem, Wassersucht und Hysterie. Ferner wirkt er gegen Würmer und
Frostschauer, hilft gegen den Biss giftiger Thiere und tödtet Schlangen.
Eingeträufelt heilt er Ohrenschmerzen.

Cap. 48. Περὶ πισσίτου οἴνου. Pechwein. Der Pechwein wird
aus Theer und Most bereitet; man muss aber den Theer zuerst mit Meer-
oder Salzwasser gehörig waschen, bis er weiss erscheint und das Meerwasser klar abläuft, dann mit süssem Wasser. Man muss dann 1 bis
2 Unzen Theer auf 8 Chus geben, nach der Gährung absetzen lassen und

abziehen. Der Wein erwärmt, befördert die Verdauung, reinigt und führt ab. Zuträglich ist er bei Brust- und Bauchschmerzen, bei Leber-, Milz- und Gebärmutterleiden, wenn kein Fieber vorhanden ist, ebenso bei chronischen Flüssen und bei Geschwüren im Unterleibe. Ferner hat er gute Wirkung bei Husten, bei träger Verdauung, bei Blähungen und Asthma, endlich bei Verrenkungen, besonders mit schweissiger Wolle (aufgelegt).

Cap. 49. Περὶ ἀψινθίτου οἴνου. Wermuthwein. Der Wermuthwein wird auf mancherlei Weise dargestellt. Einige setzen zu 48 Xestes italischer Krüge[1]) 1 Pfund pontischen Wermuth und kochen bis auf den dritten Theil ein[2]); dann mischen sie 6 Xestes Most vorsichtig mit ½ Pfund Wermuth, giessen dieses nach und seihen nach dem Absetzen durch. Andere geben 1 Mine Wermuth in den Krug und maceriren ihn mit 1 Metretes Most, den zerstossenen und in loses Leinen gebundenen Wermuth lassen sie zwei Monate darin. Noch Andere geben 3, auch 4 Unzen Wermuth, syrische Narde, Zimmt, Kasia, Bartgrasblüthe, Kalmus, Palmenspathe, von jedem 2 Unzen zerstossen und zu einem Bündel zusammengeschnürt in 1 Metretes Most und lassen es zwei bis drei Monate darin. Dann ziehen sie den Wein ab, füllen ihn um und heben ihn auf. Wieder Andere geben in 1 Metretes Most 14 Drachmen keltische Narde und 40 Drachmen Wermuth, in ein Leintuch gebunden, und füllen nach vierzig Tagen ab. Endlich geben Einige auf 20 Xestes Most 1 Pfund Wermuth und 2 Unzen trockenes Fichtenharz, klären nach zehn Tagen ab und heben den Wein auf. Er ist dem Magen bekömmlich, harntreibend, bei träger Verdauung von guter Wirkung, ebenso bei Leber- und Nierenleiden, bei Gelbsucht, Appetitlosigkeit und schlechtem Magen. Ferner ist er ein gutes Mittel gegen chronische Spannung im Unterleibe, gegen Blähungen, runde Eingeweidewürmer, verzögerte Menstruation, endlich gegen verschluckte Mistel, wenn er im Uebermaass getrunken und wieder erbrochen wird.

[1]) τῶν ἰταλικῶν κεραμίων kann als italisches Maass (1 Amphora = 26,26 l) betrachtet oder auch auf den italischen Wein bezogen werden. [2]) μέχρι τὸ τρίτον ἀπολειφθῇ kann auch heissen: bis der dritte Theil verzehrt ist; gewöhnlich lässt aber D. bis auf ein Drittel einkochen.

Cap. 50. Περὶ ὑσσωπίτου οἴνου. Hysopwein. Der aus dem kilikischen Hysop bereitete Hysopwein ist der beste; er wird ebenso dargestellt wie der Wermuthwein. Man muss auf 1 Krug Most 1 Pfund gestossene und in loses Leinen gebundene Hysopblätter geben, aber zugleich Steinchen mit ins Bündel legen, damit es auf den Boden des Kruges fällt. Nach vierzig Tagen ziehe den Wein ab und fülle ihn um.

Er ist ein gutes Mittel gegen Brust-, Seiten- und Lungenbeschwerden, gegen alten Husten und Asthma, treibt den Harn und hilft bei Leibschneiden, ebenso gegen Wechselfieber; auch befördert er die Menstruation.

Cap. 51. Περὶ χαμαιδρυΐτου οἴνου. Gamanderwein. Der Gamanderwein wird in gleicher Weise bereitet wie der Hysopwein. Er ist erwärmend und auflösend, heilsam bei Krämpfen und Gelbsucht, bei Aufblähen der Gebärmutter, langsamer Verdauung und beginnender Wassersucht. Am besten wirkt der sehr alte.

Cap. 52. Περὶ στοιχαδίτου οἴνου. Lavendelwein. Auf dieselbe Weise wird der Lavendelwein hergestellt. Man muss 1 Mine Lavendel zu 6 Chus geben. Er löst den dicken Schleim und Blähungen und vertreibt Seiten- und Nervenschmerzen und Kälte. Mit Erfolg wird er auch bei Epilepsie zusammen mit Pyrethrum und Sagapenum gegeben.

Cap. 53. Περὶ στοιχαδικοῦ ὄξους. Lavendelessig. Nach derselben Vorschrift wird auch Lavendelessig gemacht, indem, wie oben angegeben, das Kraut mit Essig macerirt wird. Er wirkt in derselben Weise.

Cap. 54. Περὶ κεστρίτου οἴνου. Gliedkrautwein. Auch aus dem in der Kälte gedeihenden Gliedkraut wird Wein gemacht. Man muss das Kraut sammt den Zweigen, wenn sie voll von reifem Samen sind, nehmen und 1 Mine in 2 Chus Wein geben, sieben Monate darin lassen und sodann den Wein abgiessen. Er hat gute Wirkung bei vielen inneren Leiden, wie auch der Strauch selbst. Insgemein haben auch alle derartig gemachten Weine die Kräfte von den Substanzen, aus denen sie hergestellt sind. Deshalb ist es denen, welche die Eigenschaften jener erkannt haben, leicht, auf die Kräfte der Weine zu schliessen. Die Anwendung der Weine ist jedoch nur bei Fieberfreien angebracht. Es wird aber auch Essig daraus (aus dem Gliedkraut) gemacht, der gegen dieselben Beschwerden dient.

Plinius XIV 101 spricht von einem Wein aus Milium, Hirse. Er hat wohl beim flüchtigen Lesen oder Hören κέστρον mit κέγχρον verwechselt, in der Bereitungsangabe stimmt er mit D. wörtlich überein.

Cap. 55. Περὶ τραγοριγανίτου οἴνου. Tragoriganoswein. Wein aus stark riechendem Thymian. Macerire 4 Drachmen in Leinen gebunden stark riechenden Thymian in 4 Xestes Most drei Monate lang, dann giesse den Wein ab. Er ist ein gutes Mittel bei Leibschneiden,

Krämpfen, inneren Rupturen, Seitenschmerzen, verhaltenen Winden und schwerer Verdauung.

Cap. 56. Περὶ βουνίτου οἴνου. Erdknotenwein. Wein aus dem kleinen Erdknoten. Zerstosse 2 Drachmen Erdknoten, gib sie in 4 Kotylen Most und verfahre weiter wie gewöhnlich. Er ist ein gutes Mittel für Magenleidende und solche, die auf dem Kampfplatze oder durch vieles Reiten ermattet sind.

Cap. 57. Περὶ δικταμνίτου οἴνου. Diptamwein. Diptamwein. 4 Drachmen Diptam macerire in 8 Kotylen Most in gleicher Weise. Er wirkt gegen Uebelkeit des Magens, befördert auch die Reinigung nach dem Wochenbette und die Menstruation.

Cap. 58. Περὶ πρασίτου οἴνου. Andornwein. Der Wein aus Andorn. Zerstosse die Blätter vom blühenden Andorn und gib 2 Choinix in 1 Metretes Most, weiter verfahre wie gewöhnlich. Er ist ein gutes Mittel gegen Brustbeschwerden und solche Leiden, wogegen auch der Andorn dient.

Cap. 59. Περὶ θυμίτου οἴνου. Thymianwein. Der Thymian-wein. 100 Unzen zerstossenen und gesiebten Thymian lege, in ein Lein-tuch gebunden, in einen Krug Most. Er ist ein gutes Mittel gegen schlechte Verdauung, Appetitlosigkeit, Dysenterie, Nerven- und Unter-leibsleiden, gegen winterliche[1]) Frostschauer und Bisse giftiger Thiere, welche Kälte und Fäulniss im Gefolge haben.

[1]) φρίκας χειμερινάς, wie sie der Winter bringt.

Cap. 60. Περὶ θυμβρίτου οἴνου. Satureiwein. Der Saturei-wein wird in gleicher Weise bereitet und wirkt auch gegen dieselben Beschwerden, gegen welche der Thymianwein dient.

Cap. 61. Περὶ ὀριγανίτου οἴνου. Dostenwein. Der Dosten-wein wird aus dem herakleotischen Dosten gemacht, wie der Thymian-wein, wirkt auch in derselben Weise.

Cap. 62. Περὶ καλαμινθίτου, γληχωνίτου καὶ ἀβροτονίτου οἴνου. Minzen-, Polei- und Beifusswein. Der Minzen-, Polei- und Beifusswein wird auf gleiche Weise wie der aus Thymian bereitet. Sie haben gute Wirkung bei Magenleiden und Appetitlosigkeit und gegen Gelbsucht; sie sind nämlich harntreibend.

Cap. 63. Περὶ κονυζίτου οἴνου. Berufskrautwein. Der Be-rufskrautwein wird auf gleiche Weise hergestellt; er ist mehr als alle gegen die Bisse giftiger Thiere wirksam.

Cap. 64. Περὶ ἀρωματίτου οἴνου. **Gewürzter Wein.** Der gewürzte Wein wird so bereitet: Nimm Dattelpalme, Aspalathos, Kalmus und kretische Narde, von jedem 1 Choinix[1]), stosse sie unter Zusatz von Most fein, forme sie zu Broden von ansehnlicher Grösse und gib sie in 12 Xestes herben Most, lass sie vierzig Tage darin, nachdem du das Gefäss gut verschlossen hast, dann seihe den Wein durch und hebe ihn auf. Er wird auch auf folgende Weise gemacht: Nimm 8 Drachmen Kalmus, 7 Drachmen Phu, 2 Drachmen Kostos, 6 Drachmen syrische Narde, 8 Drachmen Kasia, 4 Drachmen Safran, 5 Drachmen Amomon, 4 Drachmen Haselwurz, stosse Alles fein und gib es, in Leinen gebunden, in 1 Metretes Most; nach der Gährung fülle den Wein um. Er hat gute Wirkung bei Brust-, Seiten- und Lungenleiden; als Trank ist er ein wirksames Mittel bei Harnverhaltung, Frostschauer, verzögerter Menstruation und für die, welche bei Kälte eine Wanderung machen, ebenso für solche, bei welchen sich dicker Schleim bildet. Ferner verschafft er eine gute Hautfarbe, macht Schlaf und lindert die Schmerzen; endlich ist er hülfreich bei Blasen- und Nierenleiden.

[1]) Bei den hier angegebenen Gewichten besteht offenbar ein Missverhältniss. da 4 Choinix oder 8 Xestes Pflanzentheile in 12 Xestes Most macerirt werden sollen, Cornarius und Saracenus haben daher statt „Choinix" „Unze" zu lesen vorgeschlagen, dann kämen 120 g Species auf etwa 13 Pfund Most, oder man müsste statt 12 Xestes Most 12 Chus lesen, wobei aber die Masse zu gross würde.

Cap. 65. Περὶ οἴνου τοῦ ἐκ σμύρνης, πεπέρεως καὶ ἴριδος. **Wein aus Myrrhe, Pfeffer und Schwertlilie.** Es wird auch ein gewürzter Wein gemacht gegen Katarrh, Husten, Unverdaulichkeit, Blähungen und Magenfäule. Nimm 2 Drachmen Myrrhe, 1 Drachme weissen Pfeffer, 6 Drachmen Schwertlilie, 2 Drachmen Anis, zerstosse dieses grob, binde es in Leinen und gib es zu 6 Xestes Wein. Nach drei Tagen seihe den Wein durch und fülle ihn auf Flaschen[1]) zum Aufbewahren. Lass ihn nach dem Spaziergange trinken und reiche ihn unvermischt zu 1 Becher.

[1]) λάγηνος, unser Lägel.

Cap. 66. Περὶ νεκταρίτου οἴνου. **Nektarwein.** Der Nektarwein wird aus dem Alant hergestellt, welchen Einige Medika, Andere Symphyton, idäisches Wollkraut, Oresteion, auch Nektarion nennen. 5 Unzen trockenen Alant binde in Leinen, gib sie in 6 Chus Most und giesse nach drei Monaten den Wein ab. Er hat gute Wirkung auf Magen und Brust, treibt auch den Harn.

Cap. 67. Περὶ τοῦ διὰ συρικῆς νάρδου καὶ κελτικῆς καὶ μαλαβάθρου οἴνου. **Wein aus syrischer und keltischer Narde** und aus Malabathron. Der Wein aus syrischer und keltischer Narde und aus Malabathron wird so bereitet: Nimm von jedem ½ Mine und gib sie in 2 Chus Most, nach zwei Monaten seihe durch. 1 Becher gib zu 3 Bechern Wasser. Er hilft bei Nierenleiden, Gelbsucht, Leberleiden, Harnverhaltung, Bleichsucht und Magenleiden. Einige bereiten ihn aus 2 Unzen Kalmus, 3 Unzen keltischer Narde in einem Kruge Wein.

Cap. 68. Περὶ ἀσαρίτου οἴνου. Aronswein. Haselwurzwein. 3 Unzen Haselwurz gib auf gleiche Weise zu 12 Kotylen Most. Er ist harntreibend und ein gutes Mittel bei Wassersucht, Gelbsucht, Leberleiden und Ischias.

Cap. 69. Περὶ τοῦ διὰ τῆς ἀγρίας νάρδου οἴνου. Wein aus der wilden Narde. Der Wein aus der wilden Narde. 8 Unzen der fein gestossenen und gesiebten frischen Wurzel der wilden Narde behandle mit 1 Chus Most in gleicher Weise und lass sie zwei Monate darin. Gut zu verwenden ist er bei Leberleiden, Harnverhaltung, Blähungen und Magenleiden.

Cap. 70. Περὶ δαυχίτου οἴνου. Möhrenwein. Möhrenwein. 6 Drachmen der grob gestossenen Wurzel behandle in gleicher Weise mit 1 Krug Most und fülle den Wein ab. Er wirkt gut bei Brust-, Unterleibs- und Gebärmutterleiden, befördert die Menstruation, das Aufstossen und den Harn; auch ist er ein gutes Mittel bei Husten, Krämpfen und inneren Rupturen.

Cap. 71. Περὶ ἐλελισφακίτου οἴνου. Salbeiwein. Der Salbeiwein wird auf gleiche Art bereitet. 8 Unzen Salbei lege in 1 Krug[1]), d. i. 1 Keramion Most. Er ist von guter Wirkung bei Nieren-, Blasen- und Seitenschmerzen, gegen Blutauswurf, Husten, innere Rupturen, Krämpfe, Quetschungen und zurückgebliebene Menstruation.

[1]) ἀμφορεύς, Amphora.

Cap. 72. Περὶ παναχίτου οἴνου. Panaxwein. Wein aus breitblätterigem Steckenkraut. 1 Unze Steckenkraut gib zu 1 Chus Most und giesse in gleicher Weise ab. Er hat gute Wirkung bei Krämpfen, inneren Rupturen, Quetschungen und Orthopnöe, verdünnt den dicken Saft der Leber, hilft ferner bei Leibschneiden, Ischiasschmerzen und langsamer Verdauung; er befördert die Menstruation und treibt den Embryo aus. Auch ist er ein gutes Mittel bei Wassersucht und gegen Bisse giftiger Thiere.

D. handelt III 49, 50, 51 über drei verschiedene Panakes, welche alle gegen den Biss giftiger Thiere verwandt werden. Man geht aber wohl in der Annahme nicht fehl, dass hier Panakes Herakleion gemeint ist, welches gegen vielerlei Beschwerden gebraucht wird.

Cap. 73. Περὶ ἀκορίτου οἴνου. Akoronwein. Der Wein aus Akoron und Süssholz wird auf gleiche Weise bereitet; man muss nämlich bei jedem 8 Unzen in 6 Chus drei Monate maceriren und den Wein dann umgiessen. Sie wirken gegen Seiten- und Brustschmerzen, treiben auch den Harn.

Cap. 74. Περὶ σελινίτου οἴνου. Selleriewein. 9 Unzen reifen, frischen, gesiebten Selleriesamen gib, in Leinen gebunden, auf gleiche Weise zu 1 Krug Most. Er regt den Appetit an und ist ein gutes Mittel bei Magenbeschwerden und Harnverhaltung; er bewirkt auch ein freies Athmen.

Cap. 75. Περὶ μαραθρίτου καὶ ἀνηθίνου οἴνου. Fenchel- und Dillwein. Der Fenchel-, Dill- und Petersilienwein wird auf gleiche Weise bereitet. Sie haben dieselbe Wirkung.

Cap. 76. Περὶ ἁλοσανθίνου οἴνου. Salzblüthewein. Er wird mit der reinsten Salzblüthe des Meeres gemacht. Er greift aber den Schlund, die Nieren, die Blase und den Magen an; deshalb ist ein solcher weder für Gesunde noch für Kranke zu verwenden.

Cap. 77. Περὶ φθορίου ἐμβρύων οἴνου. Abortivwein. Es wird aber auch ein Abortivwein gemacht, indem neben die Weinstöcke Nieswurz, Springgurke oder Purgirwinde gleichzeitig mitgepflanzt wird. Von diesen nimmt die Traube die Kraft an und der aus dieser bereitete Wein bewirkt Fehlgeburt. Er wird den Frauen, nachdem sie vorher erbrochen haben, nüchtern mit Wasser gemischt in der Gabe von 8 Bechern gereicht.

Cap. 78. Περὶ θυμελαίτου οἴνου. Seidelbastwein. Der Seidelbastwein. 30 Drachmen Zweige mit Blättern und Früchten gib in 3 Chus Most und bereite den Wein, indem du bei gelindem Feuer kochst, bis 2 Chus übrig sind; dann seihe ihn durch und setze ihn weg. Er purgirt das Wässerige und erweicht die Milz.

Cap. 79. Περὶ χαμαιλαίτου οἴνου. Bergseidelbastwein. Der Bergseidelbastwein. Wenn der Strauch blüht, zerstosse ihn sammt den Blättern, siebe ab und gib 10 Drachmen in 1 Chus Most; nach zwei Monaten giesse den Wein um. Er hilft bei Wassersucht, Leberleiden, Ermattung und bei schwerer Reinigung der Wöchnerinnen.

Cap. 80. Περὶ χαμαιπιτυΐνου οἴνου. Günselwein. Der Günselwein wird auf dieselbe Weise bereitet und ist auch gegen dieselben Beschwerden angezeigt; er treibt den Harn.

Cap. 81. Περὶ μανδραγορίτου. Mandragorawein. Mandragorawein. Zerschneide die Rinde der Wurzel und gib ½ Mine, in Leinen
gebunden, in 1 Metretes Most drei Monate lang, dann giesse den Wein
um. Die mittlere Gabe ist ⅓ Kotyle. Er wird getrunken unter Zusatz
von doppelt so viel Most. Man sagt, dass 1 Hemine davon 1 Chus zugemischt Schlaf mache und betäube; 1 Becher mit 1 Xestes Wein getrunken tödtet. Beim richtigen Gebrauche wirkt er schmerzstillend und
die Flüsse verdichtend. Ob er in der Räucherung, als Klystier oder als
Trank angewandt wird, er hat dieselbe Wirkung.

Cap. 82. Περὶ ἐλλεβορίτου. Nieswurzwein. Nieswurzwein.
In 1 Chus mit Meerwasser versetzten Most gib 12 Drachmen fein gestossene, in loses Leinen gebundene schwarze Nieswurz und, wenn die
Gährung vorüber ist, giesse den Wein um. Oder: in 1 Chus ohne Meerwasser gib 14—15 Unzen grob gepulverte Nieswurz und seihe den Wein
nach einigen Tagen zum Gebrauche durch. Um Oeffnung zu bewirken,
lass 1 Becher mit Wasser nach dem Bade trinken, wenn sie nach der
Mahlzeit erbrochen haben. Oder: nimm 20 Drachmen Nieswurz, 12 Unzen
Bartgras und 13 Unzen syrischen Ziest, siebe ab, binde sie in Leinen
und lass sie vierzig Tage in 14 Kotylen koischem Wein liegen. Dann
seihe durch und lass 1½ Kotylen davon trinken. Oder: in 1 Krug Most
mit 12 Xestes gekochten, von der Höhe des Meeres genommenen See-
wassers gib 6 Pfund weisse Nieswurz, macerire vierzig Tage, dann seihe
den Wein durch und gebrauche ihn. Oder: 12 Drachmen Nieswurz,
4 Drachmen Aphronitron, 12 Kotylen Most, macerire fünfzehn Tage, seihe
durch und gebrauche den Wein nach sechs Monaten. Dieser tödtet auch
die Leibesfrucht und treibt sie aus. Oder: nimm 1 Metretes Most aus
den an der Sonne getrockneten Trauben — es ist aber 1 Metretes gleich
12 Chus —, wirf 20 Drachmen Gips in den Wein und lass zwei Tage
stehen; dann mache ein Bündel von 30 Unzen schwarzer Nieswurz,
30 Drachmen Bartgras, 30 Drachmen Kalmus, ¾ Choinix Wachholderbeeren, Myrrhe und Safran von jedem 1 Drachme, binde es in Leinen
und hänge es vierzig Tage hinein. Dann seihe durch und gib 3 oder
2 Becher davon als Mischtrank. Er reinigt die Frauen nach dem Wochen-
bett oder auch nach einer Fehlgeburt, treibt den Embryo aus und wirkt
gegen Gebärmutterkrämpfe.

Cap. 83. Περὶ σκαμμωνίτου. Purgirwindenwein. Purgirwindenwein. 5 Drachmen der Wurzel, welche um die Zeit der Weizen-

ernte gegraben ist, lege fein gestossen und in Leinen gebunden in 1 Chus
Most dreissig Tage lang. Er reinigt den Bauch, indem er Schleim und
Galle abführt.

Περὶ παντὸς λίθου μεταλλικοῦ. Alle Erzarten.

Cap. 84. Περὶ Καδμείας. Kadmeia. Die beste Kadmeia[1]) ist
die kyprische[2]), die sogen. traubige, sie ist dicht, mässig schwer und
schon mehr leicht zu nennen, hat ein traubenartiges Aussehen und eine
aschgraue Farbe, ist auf dem Bruche innen grau und grünspanfarbig.
Dieser zunächst steht die aussen bläuliche, innen aber hellere, mit Streifen
wie beim Onyx [dieser Art sind die aus den alten Gruben geförderten[3])].
Es gibt aber auch eine sogen. plattenartige (Plakodes), mit zonenähnlichen
Streifen durchsetzt, weshalb man sie auch Zonitis nennt. Eine andere
Art heisst Ostrakitis, sie ist dürr und meistentheils schwarz und hat ein
erdiges oder scherbenartiges Aussehen. Die weisse ist schlecht. Dienlich zu Augenarzneien ist die als Botryitis (traubenartige) und Onychitis
bezeichnete; die übrigen dienen zu Pflastern und trockenen Mitteln, welche
Vernarbung bewirken, doch auch hierzu ist die kyprische gut zu verwenden, denn die aus Makedonien, Thrakien und Spanien bezogene ist
untauglich. Sie hat adstringirende Kraft, füllt hohle Stellen aus und
reinigt von Schmutz. Sie überzieht[4]) aber auch und reinigt durch Auspressen[5]), trocknet und hält Fleischwucherungen zurück und führt böse
Geschwüre zur Vernarbung.

Die Kadmeia wird bei der Verhüttung des Kupfers gewonnen, indem
der Rauch sich an den Wänden und am oberen Rande der Kamine an-
setzt. Es sind dort grosse eiserne (Reiser), von den Hüttenleuten Ake-
stiden genannt, angebracht, welche an der Spitze zusammenlaufen, zum
Auffangen und Ansetzen der von dem Erz aufsteigenden Theile. Wenn
sich diese nun mehr und mehr ansetzen, bildet sich ein grosser Körper,
und es entsteht bald nur eine Art, bald entstehen zwei oder auch alle
Arten. Das Erz wird aber auch gewonnen aus einem Berge, welcher
vor der Stadt Soloe[6]) liegt, durch Brennen eines Minerals, welches
Pyrites[7]) heisst. In demselben Berge finden sich aber auch in einer Art
Gängen Chalkitis, Misy, Sory, Melanteria, Kyanos, Chrysokolla, Chalkanthos
und Diphryges. Einige behaupten, die Kadmeia komme auch in Berg-
werken vor, sie lassen sich täuschen durch ein Mineral, welches grosse
Aehnlichkeit damit hat, wie auch ein solches zu Kyme[8]) sich findet, das
aber keinerlei Wirkung aufzuweisen hat. Diese Mineralien erkennt man
aber daran, dass sie leichter sind als Kadmeia und beim Kauen keinen linden
Geschmack haben; wenn es ein Stein ist, greifen sie beim Kauen die
Zähne schmerzhaft an, während, wenn es Kadmeia ist, man sie ruhig

durchbeissen kann, da sie (beim Kauen) nachgibt. Man erkennt sie aber auch dadurch, dass Kadmeia, wenn sie mit Essig fein gerieben und an der Sonne getrocknet wird, fest wird[9]), welches beim Mineral nicht der Fall ist; ferner dadurch, dass der Stein, zerrieben und ins Feuer gelegt, aufspringt und sein Rauch dem des Feuers gleich ist, während die Kadmeia liegen bleibt und einen gelblichen, kupferfarbigen Russ, gleichsam eine mehrfarbige Zone absetzt. Weiterhin wird der geglühte und wieder abgekühlte Stein sich in der Farbe ändern und leichter sein, die Kadmeia dagegen wird sich durchaus nicht verändern, wenn man sie nicht einige Tage glüht. Eine weissere und leichtere, aber an Kraft geringere kommt auch aus den Silberhütten. Die oben genannte Kadmeia wird unter Kohlen gebettet gebrannt, bis sie durchscheinend wird und Blasen bildet wie Eisenschlacke, dann in aminäischem Wein abgelöscht, die zu Krätzmitteln dienende aber in Essig. Einige rühren die so gebrannte mit Wein zu einer glatten Masse an und glühen sie nochmals in einem rohen Tiegel, bis sie ein bimssteinartiges Aussehen hat, rühren sie wiederum mit Wein an und glühen sie zum dritten Male, bis sie sich vollständig in Asche verwandelt und nichts Rauhes mehr an sich hat. Eine solche wenden sie statt Spodos[10]) an. Sie wird dann im Mörser mit Wasser gewaschen, indem sie so lange mit Wasser übergegossen wird, bis kein Schmutz mehr obenauf steht. Dann wird sie in Pastillen geformt und aufbewahrt.

[1]) Der Name wird auf den König Kadmos zurückgeführt, den Erfinder der Metallbereitung. [2]) Auf der Insel Kypern oder aus Kupfererz gewonnen. [3]) Der eingeklammerte Satz wird für ein Einschiebsel gehalten, da D. nach seinen eigenen Worten das natürlich vorkommende Erz, den Galmei oder Zinkspath, nicht gekannt zu haben scheint. [4]) παρεμπλάσσει, vielleicht durch Hautbildung gemeint. [5]) ἐξιποῖ, bei Galen (De comp. med.) sind τὰ ἐξικωτικά vertheilende Mittel. [6]) Solia, eine Stadt auf Kypern, wo viele Athener sich angesiedelt hatten. [7]) Eine Bezeichnung für harte Steine, die beim Anschlagen Funken geben, hier Kieselgalmei oder Zinkblende. [8]) Stadt in Aeolis, angeblich Mutterstadt von Smyrna [9]) ἐμπήγνυσθαι setzt Sprengel statt des vulgären ἐκπιέζειν, herausdrücken. [10]) Ofenbruch.

Cap. 85. Περὶ Πομφώλυγος. Pompholyx. Pompholyx (Hüttenrauch) unterscheidet sich von Spodos (Ofenbruch) nur durch die Form, einen wesentlichen Unterschied gibt es nicht. Der Ofenbruch ist etwas schwärzlich und meist schwerer, voll von Stroh, Haaren und Erde, gleichsam das Abgekratzte und Zusammengefegte von den Fussböden der Kupferwerkstuben und aus den Schmelzöfen. Der Hüttenrauch erscheint fett und weiss, dabei sehr leicht, so dass er in die Luft fliegen kann. Es gibt zwei Arten davon; die eine ist bläulich (luftfarben) und fettig, die andere sehr weiss und äusserst leicht. Die weisse Pompholyx entsteht, wenn bei der Bereitung und Fertigstellung des Kupfers die Hüttenleute

fein gestossene Kadmeia in grösserer Masse aufschütten, um jene besser
zu machen. Denn der von dieser aufsteigende höchst feine Rauch wird
zu Pompholyx. Aber nicht allein bei der Bereitung und aus der Materie
des Kupfers wird der Hüttenrauch bereitet, sondern auch aus der Kadmeia, indem sie zu seiner Bildung künstlich in die Höhe geblasen wird.
Es wird so gemacht: In einem zweistöckigen Hause wird ein Schmelzofen gebaut und daran nach der Decke zu ein passender Ausschnitt gemacht[1]), der von oben zu öffnen ist. Die Wand des Raumes, an welcher
der Ofen liegt, ist durch ein kleines, bis zum Heerde reichendes Loch
durchbohrt zur Anlage eines Blasebalges. Sie hat aber auch eine
passende Thür, zum Ein- und Ausgang vom Meister eingerichtet. Mit
diesem Raum ist ein zweiter verbunden, in dem die Blasebälge sind und
der Bläser arbeitet. Nun endlich werden Kohlen in den Ofen gebracht
und angezündet. Dann streut der gegenwärtige Meister die fein gestossene Kadmeia von dem Platze über dem Rande der Oeffnung auf;
der Geselle thut dasselbe, er wirft auch zugleich Kohlen hinein, bis die
Masse, welche eingestreut wird, verzehrt ist. Während die Kadmeia in
Rauch verwandelt wird, werden die zarteren und leichteren Theile nach
oben in das Haus getrieben und setzen sich an die Wände und die Decke
an. Der durch den hinaufgetriebenen Rauch gebildete Körper ist anfangs gleich aufsteigenden Wasserblasen, später aber, je mehr die Zu-
nahme sich steigert, wird er einem zusammengeballten Knäuel Wolle
gleich. Der schwerere Hüttenrauch fällt auf den Fussboden und verstreut
sich umher, theils im Kamin, theils auf dem Fussboden des Hauses.
Dieser ist auch für schlechter zu halten als der feinere, weil er durch
das Zusammenfegen erdiger und voll Unreinigkeit ist. Einige sind der
Meinung, nur auf diese einzige Art werde der oben genannte Ofenbruch
gemacht. Als der beste ist der kyprische anzusehen, welcher mit Essig
vermischt, einen erzartigen Geruch, eine pechähnliche Farbe und einen
schlammigen Geschmack hat. Wenn ferner der unverfälschte auf glühende
Kohlen gelegt wird, so schäumt er auf, indem er eine luftbläuliche Farbe
annimmt. Man muss aber sehr wohl auf die vorgenannten Merkmale
Acht geben, denn er wird von Einigen mit Stierleim, Lamm- oder Seelunge, oder gebrannten unreifen Feigen und anderen ähnlichen Dingen
verfälscht. Dies ist aber leicht zu erkennen, denn bei der Probe wird
von den oben genannten Kennzeichen hierbei nichts gefunden.

Die Pompholyx wird allgemein auf folgende Weise gewaschen: Gib
dieselbe entweder trocken oder mit Wasser angerührt in einen mässig
lockeren Leinenbeutel, bringe ihn in eine Wanne mit Regenwasser und
spüle den Beutel durch Hin- und Herwenden; denn auf diese Weise wird
das Schlammige und Brauchbare abfliessen, alles Schlackige bleibt im
Leinenbeutel. Dann lass absetzen und seihe das Wasser mit dem Spodos

ab; giesse wieder anderes Wasser zu, rühre um und giesse ab, und dieses
setze fort, indem du abseihest und abgiessest, bis sich nichts Sandiges
mehr absetzt. Zuletzt presse das Wasser ab, trockne den Spodos und
bewahre ihn auf. Einige trocknen ihn so viel wie nöthig, vertheilen ihn
mit den Händen in Wasser zur Honigconsistenz und seihen ihn durch
Leinen, welches sie über das Aufnahmegefäss ausgebreitet oder lose gespannt und festgebunden haben. Damit er leichter durchläuft, giessen
sie reichlich Wasser auf das Leinen und rühren den Spodos durch. Was
durchgelaufen ist und im Topfe schaumig obenauf schwimmt, nehmen sie
sofort mit einer Muschel ab und bringen es in einen neuen irdenen Topf;
das was sich abgesetzt hat, sieben sie leicht ab und giessen es in ein
anderes Gefäss, wobei sie das am Boden befindliche Sandige zurück-
lassen. Wiederum lassen sie das Steinige sich absetzen, seihen durch in
ein anderes reines Gefäss, und dies thun sie so oft, bis der Spodos rein und
frei von Sand ist. Andere streuen sie ganz, wie sie ist, nach und nach
in Wasser, in der Meinung, der oben erwähnte Sand und das Steinige
werde durch die eigene Schwere im Gefäss zu Boden sinken, Haare,
Stroh und dergleichen werden wegen der Leichtigkeit obenauf schwimmen.
Zuletzt trennen sie den in der Mitte befindlichen Spodos davon, geben
ihn in einen Mörser und waschen ihn wie Kadmeia. Er wird auch nach
oben genannter Methode in Chierwein, der mit Seewasser versetzt ist, gewaschen, dieser ist adstringirender als der mit Wasser gewaschene.

Der Hüttenrauch hat adstringirende, kühlende, ausfüllende, reinigende, verklebende und in etwa austrocknende Kraft. Er gehört auch
zu den Mitteln, welche zarten Schorf bilden. Wenn der Ofenbruch aber
geröstet werden muss, so reibe ihn unter Benetzen mit Wasser sorgfältig fein, forme Pastillen daraus und gib sie in ein neues irdenes Gefäss. Dieses setze auf gelindes, leichtes Kohlenfeuer und wende die
Kügelchen beständig um, bis sie gelb und trocken geworden sind. Zu
bemerken ist noch, dass aus Gold und Silber, wie auch aus Blei(-Erzen)
Ofenbruch gemacht wird; nächst dem kyprischen ist der aus Blei
der beste.

¹) Dazu muss ein trichterförmiger Ansatz zum Einschütten des Materials gedacht werden.

Die in den beiden Capiteln von D. beschriebenen Substanzen sind mehr oder
weniger verunreinigtes Zinkoxyd, welches aus zinkhaltigen Erzen bei der Verhüttung des Kupfers gewonnen wurde. Das metallische Zink kannten die Alten
nicht und doch leistete ihnen dasselbe unerkannter Weise die wichtigsten Dienste,
indem sie den Galmei, die Cadmia, kohlensaures und kieselsaures Zink . $ZnCO_3$
und $Zn_2SiO_4 + H_2O$ mit Kupfer verschmolzen, um dasselbe gelb und giessbar zu
machen, wie D. sagt: τὴν κατεργασίαν καὶ τελείωσιν βελτιοῦν βουλόμενοι, wodurch sie
die Kupferlegirungen Messing und Bronze erhielten. Die Metallarbeiter begnügten
sich mit der Erfahrung, der Umstand aber, dass beim Zink Reduction und Ver-

dampfung zusammenfallen, erklärt Alles. Aus den Stellen bei Plinius XXIV 2 und 117 scheint hervorzugehen, dass er glaubt, aus dem Galmei werde fertiges Messing (aes) gewonnen.

Unter χαλκός haben wir hier also eigentlich Messing zu verstehen.

Bei Strabo, der den Galmei καδμεία λίθος nennt (Geograph. III 4), kommt das Wort ψευδοάργυρος, Pseudoargyros, vor, es ist dies vielleicht das sogen. Tropf- oder Rohzink.

Basilius Valentinus (1420) bezeichnete den Ofenbruch seiner Form wegen als Zinken und Paracelsus 100 Jahre später gebrauchte für das Metall, „welches aber keine Malleabilität besitze", den Namen Zink, Agricola (1550) erkannte in dem Zinkstaube der Schmelzöfen zu Goslar ein Metall, wusste aber nicht, dass es aus dem Galmei stamme. Erst Stahl (1718) spricht bei der Theorie der Messing-bereitung die Ansicht aus, dass aus dem Galmei zunächst Zink reducirt werde, welches sich dann mit dem Kupfer verbinde. Schon sehr früh kam von China über Ostindien Zink unter dem Namen Spiauter in den Handel, dieser Name wird als Spialter noch heute von den Hüttenleuten in Aachen und Stolberg gebraucht.

Die Botryitis und Onychitis des D. enthalten als hauptsächliche Verunreini-gung Kupfer, dem jedenfalls die Zonenbildung mit zuzuschreiben ist; sie wurden früher als Tutia praeparata oder Cadmia fornacum mehrfach angewandt, der zer-riebene Galmei als Lapis calaminaris.

Reinere Producte sind Pomphylix, der Hüttenrauch, und Spodos, der Ofenbruch, die Zinkasche, deren Gewinnung und Reinigung durch den Schlämmprocess D. sehr ausführlich beschreibt; sie werden in der Technik viel ge-braucht. Die Alchemisten nannten das Zinkoxyd wegen seiner weissen Farbe und lockeren, wolligen Beschaffenheit Lana philosophica, auch Nix alba, aus dem dann „weisses Nichts", Nihilum album, gemacht wurde. Das Zinkoxyd des Handels wird theils auf trockenem Wege durch Glühen des Metalls unter Luft-zutritt, theils als Zincum oxyd. purum auf nassem Wege durch Fällen einer Zink-sulfatlösung mit Natriumcarbonat und Glühen des erhaltenen Zinkcarbonats dar-gestellt.

Weiter, sagt Plinius XXXIV 130, liefere auch das Blei ein Spodium, und zwar auf dieselbe Weise, wie es beim kyprischen Erze angegeben sei. Dies ist wohl der Ofenbruch aus den Bleiöfen, wo Bleiglanz geschmolzen wurde, eine grauschwarze, auf den Flächen stahlblaue und violette Masse, welche beim Zerreiben schwarz wird. Auch nennt er ein Spodium von gelber Farbe mit viel Metall und ein als Lauriotis bezeichnetes aus den Silberhütten und eins aus Goldhütten.

Cap. 86. Περὶ ἀντισπόδων. Antispodon[1]).

Da die Pflanzen-asche als Ersatz für Zinkasche, an der es häufig mangelt, sehr gut ge-braucht werden kann, so ist es nöthig, zu zeigen, dass sie gleiche Wirkung hat, was sie ist, und auf welche Weise sie anzuwenden ist. Nimm die Blätter der Myrte sammt den Blüthen und noch unreifen Früchten, gib sie in einen rohen irdenen Tiegel, lege einen vielfach durchlöcherten Deckel darauf und stelle ihn in einen Töpferofen. Wenn aber der Tiegel glüht, gib es in einen anderen rohen Tiegel, und wenn auch dieser zweite glüht, nimm es heraus, wasche und gebrauche es. In gleicher Weise richte die Schösslinge des Oelbaumes her und verwende sie, es sollen aber die des wilden Oelbaumes sein und in deren Ermangelung die des

gebauten, sammt den Blüthen, oder zerschnittene und entkernte Quittenäpfel, oder Galläpfel, oder leinene Lumpen, oder unreife weisse, in der
Sonne getrocknete Maulbeerfeigen, oder Mastixbaum, oder Terebinthe,
oder Weinblüthe, oder die zarten Blätter des Brombeerstrauches oder die
Buxbaumspitzen oder den sogen. Pseudokypeiros [2]) sammt der Blüthe.
Einige verwenden die vorher in der Sonne getrockneten Spitzen der
Feigenzweige in derselben Weise, Andere Stierleim, oder sie richten rauhe
schmutzige Schafwolle, mit Theer oder Honig benetzt, in gleicher Weise
her. Alles dieses wird statt der Metallasche gebraucht.

[1]) ἀντί und σπόδου, statt des Spodos. [2]) S. I 4.

Cap. 87. Περὶ κεκαυμένου χαλκοῦ. Gebranntes Kupfer.
Das gebrannte Kupfer ist gut, wenn es roth ist und beim Zerreiben
eine zinnoberrothe Farbe hat, das schwarze ist mehr als nöthig gebrannt.
Es wird dargestellt aus den Nägeln zerstörter Schiffe, welche in einem
rohen irdenen Tiegel zusammengeworfen und mit gleichviel Schwefel
oder Salz in abwechselnden Lagen bestreut sind. Der Tiegel wird zuge-
deckt, die Oeffnung rings herum mit Töpferthon verschmiert und in den
Ofen gesetzt, bis er vollständig glüht. Einige setzen statt Schwefel und
Salz Alaun zu, Andere glühen ohne Zusatz von Schwefel und Salz im
Tiegel einige Tage lang; oder sie nehmen nur Schwefel, aber sie (die
Nägel) werden dann ganz zu Russ verbrannt; oder sie bestreichen die
Nägel mit Spaltalaun und glühen mit Schwefel und Essig in einem
rohen Tiegel. Noch Andere besprengen sie in einem kupfernen Gefässe
mit Essig und brennen sie so; nach dem Brennen thun sie dasselbe
wiederum und zum dritten Male, dann heben sie sie auf. An erster Stelle
kommt das in Memphis, dann das auf Kypern gebrannte. Es hat die Kraft, zu
adstringiren, auszutrocknen, zu verdünnen, zu besänftigen, herauszuziehen,
zu reinigen, Geschwüre zu vernarben, fressende Geschwüre aufzuhalten.
Mit Wassermeth getrunken oder mit Honig geleckt bewirkt es Erbrechen.
Gewaschen wird es wie die Kadmeia, indem viermal im Tage das Wasser
erneuert wird, bis keine Unreinigkeit mehr obenauf schwimmt. Auch
die Schlacke desselben in gleicher Weise gewaschen, hat dieselbe Kraft,
nur ist sie schwächer.

D. nennt ein rothes und ein schwarzes gebranntes Kupfer. Das erstere ist
Kupferoxydul, Cu_2O, welches natürlich als Rothkupfererz vorkommt; das andere
ist Kupferoxyd, CuO, ein beliebtes Mittel des Rademacher'schen Arzneischatzes, es findet sich natürlich als Schwarzkupfererz, Melakonit, oder vielmehr
Schwefelkupfer. Wird das Metall mit den von D. angegebenen Substanzen geglüht,
so müssen ganz verschiedene Verbindungen entstehen, nur kein Kupferoxyd. Mit
Schwefel bildet es das schwarzgraue Kupfersulfür, Cu_2S, oder das Kupfersulfid, CuS,
mit Salz die Chlorverbindungen, mit Essig Grünspan. Die Behandlung bei Plinius
XXXIV 105 ist dieselbe.

Cap. 88. Περὶ ἄνθους χαλκοῦ. **Kupferblüthe.** Einige nennen Kupferblüthe das Schabsel von alten Nägeln; das beste ist dasjenige, welches sich leicht brechen lässt, beim Zerreiben kräftig gelb, von hirsekornähnlicher Form, klein, schwer, mässig glänzend ist [und adstringirt], das auch frei ist von Feilspähnen, womit es verfälscht wird; diese werden aber dadurch erkannt, dass sie durch das Zusammenpressen zwischen den Zähnen sich ausdehnen. Sie wird so dargestellt: Wenn das in den Schmelzöfen geschmolzene Kupfer durch den Trichter der Leitungsrinnen in die Aufnahmegefässe fliesst, giessen die, welche die Reinigung desselben von Schmutz zu besorgen haben, ganz reines Wasser zu, um es abzukühlen. In Folge der plötzlichen Verdichtung und Zusammenziehung wird die oben genannte (Blüthe) gleichsam ausgespieen und blüht aus. Auch diese adstringirt und hält die Auswüchse zurück, entfernt die Verdunkelungen von den Pupillen und beisst stark. In der Menge von 4 Obolen gegeben führt sie die dicken Säfte ab. Sie zerstört die Fleischgewächse in der Nase und heilt mit Wein Geschwüre am After. Bei andauernder Taubheit wird die weisse[1]), fein gerieben, durch ein Rohr eingeblasen. Fein gerieben und mit Honig eingestrichen bringt sie Geschwülste am Zäpfchen und an den Mandeln zurück.

[1]) Die hellen Producte rühren von Messing und Bronze her, diese Legirungen werden ja gleichfalls χαλκός genannt.

Die Kupferblüthe ist gleichfalls Kupferoxydul. Plinius XXXIV 107 sagt: „Sie entsteht aus dem Erze, wenn es geschmolzen und in einen anderen Ofen übergeführt wird; hier werden durch das starke Gebläse hirsekornartige Schuppen herausgestossen, welche man Blüthe nennt; sie fallen ab, wenn die Kuchen in Wasser abgekühlt werden."

Cap. 89. Περὶ λεπίδος. **Kupferhammerschlag.** Gut ist der dicke Hammerschlag von den Nägeln aus den kyprischen Werkstätten, die sogen. Helitis; schlecht aber kommt er aus schlechtem Kupfer oder aus Messing[1]), er ist dünn und kraftlos. Diesen verwerfen wir, ziehen aber den dicken und gelben vor, der beim Benetzen mit Essig sich mit Grünspan überzieht. Er hat die Kraft zu adstringiren, zu unterdrücken (ätzen), zu verdünnen, fressende Geschwüre aufzuhalten [Fäulniss zu bewirken] und zu vernarben. Mit Honigmeth getrunken führt er das Wässerige ab. Einige geben ihn mit Mehl angemacht im Bissen; er wird auch den Augenmitteln zugesetzt, denn er trocknet die Flüsse und beizt rauhe Augenlider glatt. Er wird auf folgende Weise gewaschen: Gib ½ Mine reiner trockener Schuppen in einen Mörser mit klarem Wasser und rühre mit den Händen kräftig durcheinander, bis der Hammerschlag sich gesetzt hat, entferne das obenauf Schwimmende, schütte das Wasser weg und giesse 1 Kotyle Regenwasser zu und reibe (die Schuppen) gleichsam mit der flachen Hand abkratzend im Mörser. Wenn er anfängt, eine gewisse Schlüpfrigkeit abzugeben, gib unter kräftigem Reiben allmählich Wasser bis zu 6 Kotylen zu, presse mit den Händen die Schuppen an die Wand des Mörsers und reibe kräftig; drücke aus und fange das Abfliessende in einer Büchse aus rothem Kupfer auf, dieses ist nämlich gleichsam die Blüthe des Kupferhammerschlags, sie hat eine vorzügliche Kraft und ist sehr geeignet für Augenmittel. Das Uebrige ist kraftlos. Auch das, was zurückgelassen ist[2]), wasche in gleicher Weise, bis es nichts Schlüpfriges mehr abgibt und hebe es auf. Das, was übrig geblieben ist, muss man mit einem Leintuche zudecken und zwei Tage in Ruhe stehen lassen, dann das überstehende Wasser abgiessen, trocknen und in einer Büchse aufbewahren. Einige waschen ihn auch wie die Kadmeia und bewahren ihn auf.

[1]) ἐx τοῦ λευxοῦ. [2]) d. h. der Rest Hammerschlag, der noch nicht in Arbeit genommen ist.

Plinius XXXIV 107 sqq. bemerkt, ein Unterschied zwischen Lepis, Hammerschlag, und Flos aeris, Kupferblüthe, bestehe nur darin, dass diese von selbst, jener aber durch Schläge von den Barren abspringe. D. unterscheidet feinere Sorten Hammerschlag, nämlich dasjenige, was durch Verreiben der Schuppen in Wasser sich oberflächlich abscheidet, und das, welches durch besonders kräftiges Aneinanderreiben als feiner Schlämmstaub abfällt. Dies ist wohl das, was Plinius mit „Stomoma, eine andere feinere Art Hammerschlag," bezeichnet, während D. unter Stomoma offenbar die Schuppen eines anderen Metalls (Eisen) versteht (vgl. auch v. Bibra, Die Bronzen und Kupferlegirungen der alten und ältesten Völker. Erlangen 1869).

Cap. 90. Περὶ λεπίδος στομώματος. Eisenhammerschlag. Der Eisenhammerschlag hat dieselbe Kraft, wie der Kupferhammerschlag, auch das Waschen und die Aufbewahrung geschieht in gleicher Weise, aber darin, den Bauch zu reinigen, bleibt er hinter dem Kupferhammerschlag zurück.

Cap. 91. Περὶ ἰοῦ ξυστοῦ. Abgekratzter Grünspan. Der abgekratzte Grünspan ist so herzustellen: In ein Weinfass oder ein anderes ähnliches Gefäss giesse stärksten Essig und decke darüber ein kupfernes Gefäss, es ist gut, wenn dieses gewölbt ist, sonst kann es auch flach sein; aber es muss blank sein und darf keine Oeffnung haben. Nach zehn Tagen nimm das Gefäss weg und schabe den Ueberzug von Grünspan ab. Oder: Mache eine Platte[1]) vom Kupfer selbst und hänge sie so in das Gefäss, dass sie vom Essig nicht berührt werde, und kratze sie nach ebenso viel Tagen ab. Oder: Zwischen nicht mehr frische, säuernde Weintrester lege einen oder mehrere Barren oder Platten und schabe sie in derselben Weise ab. Man kann ihn auch aus Feilspähnen oder aus Plättchen machen, zwischen denen die Goldblättchen ausgeschlagen werden, wenn man sie mit Essig besprengt und drei- bis viermal durchrührt, bis sie vollständig mit Grünspan bezogen sind. Man sagt, dass derselbe auch

in Erzgruben entstehe, indem er theils aus gewissen kupferhaltigen Mineralien ausblühe, theils in einer bestimmten Höhle mit Hundstagshitze
auströpfele, jener sei zwar spärlich, aber der beste, der aus der Höhle
wohl reichlich zufliessend und von schöner Farbe, aber schlecht, weil er
mit viel Gestein gemischt sei[2]). Er wird aber durch viele andere Zusätze verfälscht, am meisten durch folgende: Einige vermischen ihn mit
Bimsstein, Andere mit Marmor, noch Andere mit Kupfervitriol. Den
Bimsstein und Marmor wird man aber herausfinden, wenn man den
Daumen der rechten Hand befeuchtet und mit der linken Hand ein
Stückchen Grünspan daran reibt, dann ergibt sich, dass die Grünspan-
theile zerfliessen, die vom Bimsstein und Marmor aber ungelöst bleiben
und schliesslich durch vieles Reiben und das Zutreten der Feuchtigkeit
weiss werden; dann aber auch durch das Aufdrücken der Zähne, denn
der unvermischte ist geschmeidig und nicht rauh[3]). Der Kupfervitriol
wird durch das Feuer erkannt; denn, wenn man den so verfälschten
Grünspan auf eine Platte oder einen Scherben streut und eins von beiden
auf glühende Asche oder Kohlen stellt, wird sich der vitriolhaltige verändern und roth werden, weil derselbe (der Vitriol) seiner Natur nach
beim Brennen eine solche Farbe erhält[4]).

[1]) λευβα, eigentlich Schale. [2]) Dieser natürlich vorkommende Grünspan ist
Kupfercarbonat, Malachit, $CuCO_3 + Cu(OH)_2$, oder Kupferlasur, $2 CuCO_3$
$+ Cu(OH)_2$. [3]) Er knirscht nicht zwischen den Zähnen. [4]) Die rothe Farbe von
Kupferoxydul.

        Die heutige Darstellung des Grünspans geschieht ungefähr in derselben Weise,
wie sie von D. angegeben ist. Er kommt in zwei verschiedenen Sorten im Handel
vor, als blauer und grüner Grünspan. Der blaue oder französische ist Einfach-
basisches Kupferacetat $[(C_2H_3O_2)_2Cu + CuO + 6 H_2O]$ und wird in der Art hergestellt, dass man mit Grünspanlösung bestrichene Kupferplatten mit Weintrestern, in
welchen der vorhandene Zucker durch Gährung in Alkohol und dieser in Essigsäure
übergeführt ist, in Berührung bringt. Der grüne ist Zweifach-basisches Kupferacetat
$[(C_2H_3O_2)_2Cu + 2 CuO + 2 H_2O]$ mit viel Halb-basischem Kupferacetat $[2 (C_2H_3O_2)_2Cu$
$+ CuO + 6 H_2O]$ und bildet sich, wenn Kupferplatten mit Filz oder Zeuglappen,
die mit Essigsäure getränkt sind, geschichtet werden. Neutralen, sogen. krystallisirten Grünspan $[(C_2H_3O_2)_2Cu + H_2O]$ erhält man durch Auflösen von Kupferoxyd,
Kupfercarbonat oder Grünspan in Essigsäure; er krystallisirt in dunkelblauen und
monoklinen Krystallen.
        Der Grünspan findet ausser gegen Schorf der Schafe nur Verwendung in Fär-
bereien und Druckereien.

        Cap. 92. Περὶ ἰοῦ σκώληκος. Wurmförmiger Grünspan.
Vom wurmförmigen Grünspan gibt es zwei Arten; der eine kommt als
Mineral vor, der andere wird so bereitet: In einen kupfernen Mörser
mit einer Keule aus demselben Metall giesse ½ Kotyle weissen scharfen
Essig und reibe, bis er zähe wird; dann gib 1 Drachme runden Alaun
und ebenso viel klares Stein- oder Seesalz, welches so weiss und fest

wie möglich ist, in dessen Ermangelung Natron zu und verarbeite es in der Sonne zur Zeit der Hundstagshitze, bis es eine grünspanartige Farbe und eine zähe Consistenz hat, sodann bringe es in den Rosenpastillen ähnliche wurmartige Formen und bewahre sie auf. Er wird aber kräftig und von schöner Farbe, wenn man 1 Theil Essig nimmt, 2 Theile alten Urin und das Uebrige, wie angegeben ist. Einige mischen dem misslungenen abgekratzten Grünspan Essig zu, formen ihn zu Pastillen und verkaufen ihn, diesen muss man als schlecht verwerfen. Es gibt auch einen von den Goldarbeitern mittelst eines kupfernen Mörsers sammt Keule und Knabenurins hergestellten Grünspan, mit dem sie das Gold löthen[1]. Im Allgemeinen entsprechen die vorgenannten Arten Grünspan dem gebrannten Kupfer, haben aber eine viel kräftigere Wirkung. Man muss aber wissen, dass von diesen der als Mineral vorkommende wurmförmige die erste Stelle einnimmt, die zweite der abgekratzte. Dann kommt der sonst gemachte. Beissender und mehr adstringirend ist allerdings dieser; der der Goldarbeiter entspricht dem abgekratzten. Alle Sorten Grünspan haben die Kraft, zu adstringiren, zu erwärmen, die Narben auf den Augen wegzuglätten, zu verdünnen, Thränen hervorzurufen, fressende Geschwüre aufzuhalten, Wunden vor Entzündung zu schützen und mit Oel und Wachs Geschwüre zu vernarben. Mit Honig gekocht reinigen sie Geschwüre von wildem Fleisch und Schmutz. Mit Ammoniakum zu Kollyrien angewandt vertilgen sie Fisteln und wildes Fleisch. Hülfreich sind sie bei Geschwülsten und Auswüchsen des Zahnfleisches; besonders gut verdünnen sie, mit Honig aufgestrichen, (geschwollene) Augenlider, man muss sie aber nach dem Einschmieren mit einem Schwamm aus warmem Wasser bähen. Mit Terpentinharz, Kupfer und Natron gemischt vertreiben sie den Aussatz. Wenn du den Grünspan brennen willst, so geschieht es auf diese Weise: Zerstosse ihn zu gröblichstem Pulver und bringe ihn in einen irdenen Tiegel, setze ihn zwischen glühende Kohlen und rühre um, bis er sich verändert und eine aschgraue Farbe angenommen hat[2]; zuletzt kühle ihn ab, hebe ihn auf und wende ihn an. Einige rösten ihn in einem rohen irdenen Tiegel wie oben angegeben; aber er verändert sich beim Brennen nicht immer zu derselben Farbe.

[1] Es ist anzunehmen, dass auch die Alten das Gold mit einer Mischung aus Gold, Silber und Kupfer gelöthet haben, dazu erhielten die Goldarbeiter aus diesem Grünspan bei der Reduction auf Kohle ein reines Kupfer; nach Plinius XXXIII 92 setzten sie der Mischung von Grünspan und Knabenurin Gold und den siebten Theil desselben Silber zu. [2] Ein solches Product ist kein Grünspan mehr.

Cap. 93. Περὶ ἰοῦ σιδήρου. Eisenrost. Der Eisenrost adstringirt, im Zäpfchen eingelegt stellt er den Fluss der Frauen, innerlich genommen verhindert er die Empfängniss. Mit Essig aufgestrichen heilt

er Rose und Ausschlag; er ist ferner sehr heilsam bei Nebennägeln, über-
gewachsenen Nägeln, rauhen Augenlidern und Geschwülsten, macht das
Zahnfleisch fest, hilft als Salbe bei Podagra und bewirkt nach der
Fuchskrankheit dichtes Haar. Wasser oder Wein, worin glühendes Eisen
abgelöscht[1]) ist, wirken getrunken als gutes Mittel bei Unterleibsleiden,
Dysenterie, Milzsucht, Cholera und durch Durchfall angegriffenem Magen.

> [1]) σίδηρος δὲ πεπυρωμένος ἐνσβεσθεὶς ὕδατι ἢ οἴνῳ.
>
> Der Eisenrost, Ferrum oxydatum, spielt in mancherlei Modification in der heu-
> tigen Therapie eine nicht unbedeutende Rolle.

Cap. 94. Περὶ σκωρίας σιδήρου. Eisenschlacke. Die Eisenschlacke hat dieselbe Kraft wie der Eisenrost, nur ist sie geringer. Mit
Sauerhonig getrunken hilft sie bei Sturmhutvergiftung.

Cap. 95. Περὶ μολόβδου πεπλυμένου. Gewaschenes Blei.
Das gewaschene Blei wird auf folgende Art bereitet: Gib in einen Mörser
aus Blei Wasser und reibe mit einem bleiernen Pistill, bis das Wasser
schwarz und schlammig wird, dann seihe durch Leinen, indem du Wasser
nachgiessest, damit alles Abgeschiedene ausgewaschen werde. Dieses
wiederhole, bis du genug zu haben glaubst. Dann lass das Ausgewaschene
sich absetzen, giesse das Wasser ab und anderes zu und wasche es wie
Kadmeia, bis nichts Schwarzes mehr obenauf schwimmt; darauf forme
es zu Pastillen und bewahre es auf. Einige feilen reines Blei und reiben
dieses in einem Steinmörser mit steinerner Keule, oder sie giessen Wasser
zu, reiben mit den Händen unter Zugabe von Wasser und sammeln die
schwarze Masse, welche sie sich absetzen lassen und gleich zu Pastillen
formen[1]); denn beim langen Reiben wird es bleiweissähnlich. Einige
setzen den Feilspähnen eine Kleinigkeit Molybdaina zu, sie behaupten,
dass das so gewaschene Blei besser sei. Es hat die Kraft zu kühlen,
zu adstringiren, eine Haut zu bilden, zu erweichen, hohle Stellen auszufüllen, die Augenflüsse zu hemmen, ebenso die Fleischwucherungen in
Geschwüren. Es stillt das Blut und ist mit Rosensalbe ein gutes Mittel
bei Geschwüren am After, bei Geschwülsten, Hämorrhoiden und schwer
vernarbenden Wunden. Ueberhaupt hat es dieselbe Wirkung wie die
Zinkasche bis auf die Vernarbung. Das reine Blei hilft aufgerieben
gegen den Biss des Seeskorpions und Seedrachens.

> [1]) Diese Stelle lautet in der Aldina und den ihr folgenden Ausgaben: ἢ ταῖς
> χερσὶ μεθ' ὕδατος ὑπὸ χεῖρα κατ' ὀλίγον ἐπιχέοντες τὸ μελαινόμενον. Diesen offenbar
> corrumpirten Text glaubte Saracenus zu verbessern durch τοῦ ὑπὸ χεῖρα κατ' ὀλίγον
> ἐπιχέοντες τὸ ὕδωρ οὕτω μελαινόμενον etc. Sprengel setzte obige Lesung her, ge-
> stützt auf Serapion.
>
> Wenn bei dieser Operation der Hände Arbeit in Betracht kommen soll, so
> geschieht es wohl in derselben Weise wie beim Waschen des Kupferhammerschlages.

Das gewaschene Blei ist durch mechanisches Reiben erhaltenes, fein vertheiltes me-
tallisches Blei mit wenig sauerstoffhaltigem Suboxyd, Pb_2O, welches sich in
Form einer grauen, aschenähnlichen Schicht auf dem der Luft ausgesetzten Blei bildet
(Bleiasche).

Cap. 96. Περὶ μολόβδου κεκαυμένου. Gebranntes Blei.
Das Blei wird so gebrannt: Nimm möglichst feine Bleiplatten, wirf sie
in einen neuen Tiegel und streue Schwefel darüber, wirf wieder andere
Platten darauf und streue Schwefel darüber und gib wieder andere Platten
dazu und setze dies fort, bis du den Tiegel gefüllt hast, dann zünde
Feuer darunter an. Wenn das Blei glüht, rühre mit einem Eisenstabe
um, bis es vollständig zu Asche verbrannt ist und nichts Bleiartiges un-
verbrannt sich darin befindet und bringe es fort, wobei du die Nase zu-
bindest, denn der Rauch ist schädlich. Oder: Gib Bleifeilspähne mit
Schwefel in einen Tiegel und brenne so. Einige werfen die Platten in
einen rohen Tiegel, wie angegeben, und stellen ihn in einen Brennofen
oder auf einen Heerd, bedecken ihn mit einem Deckel, wobei sie ein
kleines Zugloch lassen, und brennen. Andere streuen statt des Schwefels
Bleiweiss oder Gerstenkörner hinein. Noch andere geben die reinen
Plättchen hinein, wenden scharfes Feuer[1]) an und rühren mit einem
Eisenstabe kräftig durch, bis sich eine Asche gebildet hat. Solches
Brennen ist aber mühevoll, und bei weiterem Brennen erhält es die Farbe
der Bleiglätte. Uns gefällt aber die erste Art des Brennens; man muss
dasselbe (das Product) aber waschen und aufbewahren wie die Kadmeia.
Es hat dieselbe Kraft wie das gewaschene Blei, jedoch eine viel stärkere.

[1]) Einige Ausgaben (Aldin., Asulan., Cornar., Goupyl.) haben λεπίδας ἐπιτιθέντες
ὄξει πυρὶ χρῶνται, sie legen die Plättchen in Essig und wenden Feuer an. Darauf
könnte man dies mühevolle Brennen, δυσχερὴς ἡ καῦσις, beziehen, da sich zunächst
ein Bleiacetat bilden müsste.

Das Reactionsproduct der ersteren Operation ist Schwefelblei, PbS, bei der
letzteren bildet sich Bleioxydul, Pb_2O, als ein schwarzgraues Pulver, welches bei fort-
gesetztem Erhitzen in Bleioxyd, PbO, übergeht.

Cap. 97. Περὶ σκωρίας μολόβδου. Bleischlacke. Die beste
Bleischlacke ist die, welche dem Bleiweiss ähnlich, dicht und schwer zu
brechen ist, nichts Bleiartiges enthält, quittengelb und glasähnlich ist.
Sie hat dieselbe Kraft wie das gewaschene Blei, adstringirt aber mehr.
Sie wird im Mörser unter Zugabe von Wasser gewaschen, indem das
überstehende von gelber Farbe abgegossen wird; dieses geschieht so
lange, bis die Schlacke verbraucht ist. Zuletzt lässt man dieselbe sich
absetzen, giesst das Wasser ab und formt zu Pastillen.

D. ist sich über die Bleischlacke wohl nicht ganz klar, indem dieselbe einmal
dem Bleiweiss ähnlich, also weiss sein, dann eine gelbe Farbe haben soll. Es kann
sich überhaupt wohl nur um die Bleischlacke der Treibheerde handeln.

Cap. 98. Περὶ τοῦ μολυβδοειδοῦς λίθου. Bleistein. Der Bleistein hat etwa dieselbe Kraft wie die Schlacke; er wird auf gleiche Weise gewaschen.

Der Bleistein bildet sich bei der Gewinnung des metallischen Bleies durch die sogen. Niederschlagarbeit, bei welcher die Schwefelverbindungen des Bleies mit Eisen zusammengeschmolzen werden. Es bildet sich Schwefeleisen und Blei, PbS + Fe = FeS + Pb, ersteres mischt sich mit dem geschmolzenen Blei nicht, nimmt aber den Rest des unzersetzten Bleiglanzes, sowie andere verunreinigende Sulfide auf. Dieses Gemenge von Schwefelblei und Schwefeleisen, welches sich über dem geschmolzenen Blei lagert, nennt man Bleistein; darüber befindet sich die Schlacke. Es ist wohl anzunehmen, dass der Bleistein der Alten reicher an Schwefelblei war.

Cap. 99. Περὶ στίμμεως. Stimmi. Das beste Stimmi ist das, welches glänzend und strahlig ist, blätterig bricht, nichts Erdiges und Schmutziges enthält und sich leicht zerkleinern lässt. Dieses nennen Einige Stibi, Andere Platuophthalmon[1]), auch Larbason[2]), das weibliche[3]), Chalkedonion. Es hat die Kraft, eine Haut zu bilden, zu adstringiren, das wilde Fleisch zurückzuhalten, Geschwüre zu vernarben, und auch Augengeschwüre von Schmutz zu reinigen. Es stillt ferner Gehirnblutungen, überhaupt ist seine Kraft gleich der des gewaschenen Bleies. Ganz besonders verhindert es, mit frischem Schmalz aufgestrichen, bei Verbrennungen die Schorfbildung, mit Wachs und etwas Bleiweiss gemischt bringt es aber Schorfbildungen zur Vernarbung. Gebrannt wird es in Weizenteig eingeschlagen und mit Kohlen überschüttet, bis der Teig verkohlt ist; dann wird es herausgenommen und in Milch einer Frau, welche einen Knaben geboren hat, oder in altem Wein abgelöscht. Es wird auch auf Kohlen gelegt und mit Hülfe des Blasebalges gebrannt, bis es glüht, wird es aber weiter gebrannt, so wird es zu Blei. Es wird gewaschen wie Kadmeia oder gebranntes Kupfer; Andere waschen es wie Bleischlacke.

¹) Die Augen erweiternd, als Schönheitsmittel. ²) Plinius XXXIII 102 nennt es auch Alabastrum, welches dem Gefässe Qs entspricht, worin die ägyptischen Frauen die Augenschminke aufbewahrten. Diese war aber nach den Untersuchungen v. Bayer's in den allermeisten Fällen Schwefelblei. ³) Die bessere Sorte; das männliche ist nach Plinius rauher, leichter, weniger strahlig und sandiger.

Es ist Grauspiessglanz, Schwefelantimon, Sb₂S₃. Das regulinische Metall kannten die Alten nicht, sie hielten dasselbe für Blei, wie auch aus Plinius hervorgeht: „Vor Allem muss beim Brennen Maass gehalten werden, damit es nicht zu Blei wird." Das Einschlagen in Teig — bei Plinius in Mist — soll die Reduction verhindern. Die Leichtflüssigkeit des Schwefelantimons gestattet es, dasselbe durch Schmelzen von der Gangart und sonstigen Verunreinigungen zu befreien, das so gewonnene Product ist das Antimonium crudum oder Stibium sulphuratum nigrum der Apotheke.

Cap. 100. Περὶ μολυβδαίνης. Molybdaina. Die beste Molybdaina ist die, welche wie Bleiglätte aussieht, gelb, etwas glänzend ist,

und die beim Reiben hellgelb wird, mit Oel gekocht ein leberfarbiges
Aussehen erhält, die luftfarbige (bläuliche) oder bleifarbige ist schlecht.
Sie entsteht aus dem Silber und Golde. Es gibt auch eine natürlich vorkommende, welche bei Sebaste[1]) und Korykos[2]) gefunden wird, und von
dieser ist die beste die, welche nicht schlackenähnlich, steinig, aber gelb
und glänzend ist. Sie hat eine gleiche Kraft wie die Bleischlacke, wird
auch auf dieselbe Art gewaschen und gebrannt. Sie eignet sich mehr
für Zusätze, sehr nützlich auch zu fetten und solchen Pflastern, welche
nicht aufgebunden werden, da sie fleischbildend ist und Vernarbung
herbeiführt, zu den verklebenden und abglättenden Mitteln eignet sie
sich nicht.

[1]) Stadt in Samaria, heute Schemrum.   [2]) Stadt in Syrien, heute Burku.

Die Molybdaina (wörtlich: Bleikugel) des D. ist ohne Zweifel das bei der
Verhüttung von Edelerzen durch die sogen. Treibarbeit entstehende, von den Hüttenleuten als „Heerd" bezeichnete Nebenproduct. Das silberhaltige Werkblei wird in
Flammenöfen von runder Form, den Treibheerden, auf einer Unterlage von Holz-
asche und Kalkmergel geschmolzen, während ein kräftiger Luftstrom eingeblasen
wird. Hierbei oxydirt sich nur das Blei zu Bleioxyd, welches bei seiner leichten
Schmelzbarkeit rasch in Fluss kommt und theils seitlich abfliesst, theils in die poröse
Sohlenfütterung, den Kalkmergel, des Ofens eindringt. Diese letztere, also aus Kalkmergel, Bleioxyd und anderen Metallen bestehende Masse wird für die Molybdaina
des D. angesehen. Sie enthält auch noch Silber und wird bei anderen Blei-
schmelzungen alz Zuschlag benutzt. D. redet auch von einem Mineral Molybdaina,
entweder glaubt er irriger Weise an das Vorkommen eines solchen, oder es ist unser
Gelbbleierz, $PbMO_4$, molybdänsaures Bleioxyd, gemeint. Die luftblaue oder bleigraue
Molybdaina ist vielleicht der an der Gicht, d. h. der zum Beschicken des Ofens
dienenden Oeffnung, sich sammelnde Ofenbruch in solchen Bleiöfen, wo Bleiglanz
zu Gute gemacht wird; es ist eine grauschwarze, auf den Flächen stahlblau oder
violett schimmernde Masse, die beim Zerreiben grauschwarz wird.

Cap. 101. Περὶ σκωρίας ἀργύρου. Silberschlacke. Die
Silberschlacke wird Helkysma oder Enkauma genannt; sie hat dieselbe
Kraft wie die Molybdaina, deshalb wird sie den dunklen und vernarbenden
Pflastern zugesetzt. Sie ist adstringirend und eine Haut bildend.

Die Silberschlacke ist als ein hauptsächlich blei-, auch kupferhaltiges Product
anzusehen, welches beim letzten Acte der Silbergewinnung, beim „Feinbrennen", erhalten und mit Haken abgezogen (ἐλκύω) wurde.

Cap. 102. Περὶ λιθαργύρου. Bleiglätte. Eine Art Bleiglätte wird aus dem sogen. bleihaltigen Sande gemacht, welcher bis zum
vollständigen Glühen geschmolzen wird, eine andere aus Silber und eine
dritte aus Blei[1]). Den Vorzug hat die attische, dann kommt die spanische und nach diesen die aus Dikaiarchia[2]) in Campanien und aus
Sicilien; denn der grösste Theil wird in diesen Gegenden hergestellt,
indem Bleiplatten verbrannt werden. Die gelbe und glänzende heisst

Chrysitis, es ist die bessere, die in Sicilien gemachte heisst Argyritis, die aus Silber stammende Lauritis[3]). Sie hat die Kraft, zu adstringiren, zu erweichen, hohle Stellen auszufüllen, das wilde Fleisch zurückzuhalten und Vernarbung herbeizuführen, zu kühlen und eine Haut zu bilden. Der Brennprocess ist dieser: Zerkleinere sie in bohnengrosse Stücke, lege sie auf Kohlen und brenne sie bis zum Glühen, nachdem du sie von anhängender Unreinigkeit befreit hast, bewahre sie auf. Einige löschen sie bis zu drei Malen in Essig oder Wein ab, glühen sie wiederum und bewahren sie hiernach auf. Sie wird gewaschen wie die Kadmeia, hell gemacht wird sie so: Nimm sogen. Argyritis, oder in deren Ermangelung eine andere Sorte bohnengross zerstossen etwa 1 attische Choinix, wirf sie in einen neuen irdenen Topf, gib Wasser zu und 1 Choinix weissen Weizen und eine Hand voll Gerste für sich in grobes Leinen gebunden und an die Henkel des Topfes befestigt; dann koche, bis die Gerstenkörner aufgesprungen sind und wirf Alles in einen neuen, weithalsigen Mischkrug, sondere die Weizenkörner ab und wirf sie hinaus und wasche die Glätte, indem du Wasser zugiessest und zugleich mit den Händen kräftig reibst. Darauf nimm sie heraus, trockne und reibe sie in einem thebaischen[4]) Mörser unter Zusatz von warmem Wasser, bis sie zergangen ist, seihe das Wasser ab und reibe wieder einen ganzen Tag bis zum Abend, giesse warmes Wasser zu und lass stehen. Am anderen Morgen seihe ab, giesse anderes Wasser zu und seihe dreimal im Tage ab. Dieses mache sieben Tage so; dann mische 5 Drachmen Steinsalz auf 1 Mine Bleiglätte zu, giesse warmes Wasser hinzu und reibe dreimal im Tage durcheinander, indem du abseihest und Wasser zugibst. Wenn sie aber weiss geworden ist, giesse warmes Wasser zu und thue dasselbe, bis sie nichts Salziges mehr an sich hat. Dann trockne in brennender Sonnenhitze, nachdem du vorher die Flüssigkeit entfernt hast, und bewahre sie auf. Oder aber: Nimm 1 Mine Argyritis und reibe sie sorgfältig fein und mische unter Reiben dreimal so viel fein geriebenes Steinsalz zu, wirf es in einen neuen irdenen Topf und giesse so viel Wasser zu, dass es darüber steht, rühre jeden Tag Morgens und Abends um, indem du Wasser zugibst, ohne das frühere abzugiessen. Dieses thue dreissig Tage, denn wenn man es nicht umrührt, wird es scherbenhart. Hiernach giesse das Salzwasser vorsichtig ab, reibe die Glätte in einem thebaischen Mörser und gib sie in einen anderen irdenen Topf, giesse Wasser zu und reibe mit den Händen tüchtig durch, indem du das frühere Wasser ab- und anderes zugibst, bis sie nichts Salziges mehr an sich hat. Darauf gib den weiss gewordenen Theil der Glätte in einen anderen Topf, forme daraus Pastillen und bewahre sie in einer bleiernen Büchse auf. Einige brechen die Bleiglätte in bohnengrosse Stücke, geben sie in einen frischen Schweinemagen und kochen in Wasser, bis die

Schleimhaut[5]) zergangen ist, dann nehmen sie sie heraus, reiben sie mit gleichviel Salz zusammen und waschen, wie vorhin angegeben ist. Andere reiben 1 Pfund Salz mit ebenso viel Bleiglätte in der Sonne mit Wasser, welches sie beständig erneuern, bis es klar ist. Oder auch so: Nimm beliebig viel Bleiglätte, hülle sie in weisse Wolle und gib sie in einen neuen irdenen Krug, dann füge Wasser zu und eine kleine Hand voll reiner, frischer Bohnen und koche. Wenn die Bohnen zerplatzt sind und die Wolle (wieder) weiss geworden ist[6]), nimm die Glätte heraus, hülle sie in andere Wolle und koche ein zweites Mal unter Zusatz eines Bechers Wasser und der gleichen Menge Bohnen. Dasselbe thue der Vorschrift gemäss ein drittes Mal, überhaupt so oft, bis die Wolle nicht mehr gefärbt wird. Zuletzt bringe sie in einen Mörser und mische zu 80 attischen Drachmen Glätte 1 Pfund Steinsalz, mache eine homogene Masse und gib nach und nach 47 Drachmen rein weisses, in Wasser gelöstes Natron hinzu, und reibe wiederum, bis die Glätte vollkommen weiss geworden ist. Sodann schütte sie aber in einen weithalsigen irdenen Topf, giesse reichlich Wasser zu, lass sich absetzen und seihe dieses ab, giesse aber wieder anderes Wasser zu und rühre mit den Händen durch, lass sich wieder absetzen und seihe ab. Abwechselnd, wie vorgeschrieben, thue dieses, bis das ablaufende Wasser vollkommen rein und süss und von allem Salzigen frei ist. Endlich bringe sie in eine neue irdene Schale und setze sie, nachdem du alle Flüssigkeit vorsichtig abgenommen hast, vierzig Tage in die Sonne der Hundstagshitze, und trockne sie zum Gebrauche. Die gewaschene Glätte hält man für ein geeignetes Mittel zu Augenarzneien, gegen entstellende Narben, Runzeln und hässliche Flecken im Gesicht.

[1]) Ein bis in die spätere Zeit bestehender Irrthum des D., dass Silberglätte aus Silber entsteht, daher rührend, dass sie bei der Scheidung von Silber auf dem Treibheerde gewonnen wird. [2]) Dikaiarchia, eine alte, von Dikaiarchos gegründete und nach ihm benannte Stadt, jetzt Puzzuolo. [3]) Vom Berge Laurion in Südattika, wo viele Silbergruben waren, reichhaltig an silberhaltigem Bleiglanz. [4]) Nach Plinius XXXVI 157 wurden die Mörser zum Gebrauche der Aerzte aus einem bei Theben vorkommenden sehr harten Steine, dem Basanites, gemacht, es ist wahrscheinlich unser Basalt. [5]) σπλάγχον. [6]) Die meisten und besseren Codices haben einfach λευκανθῇ, Sprengel hat πάλιν zugesetzt, Lacuna liest μελανθῇ, wenn sie schwarz geworden ist, Ruellius μὴ μελανθῇ, wenn sie nicht mehr schwarz wird; die Lesung Lacuna's entspricht jedenfalls dem Sinn am besten.

Die Bleiglätte ist Bleioxyd, PbO, und entsteht bei der mehrfach erwähnten Silbergewinnung als Nebenproduct. Sie ist durch die Oxyde fremder Metalle, besonders des Kupfers, zunächst dunkel gefärbt, Abstrich, dieser wird so lange entfernt, bis die helle Farbe eine genügende Reinheit anzeigt. Die abfliessende Masse wird nach dem Erkalten gepulvert und geschlämmt. Erfolgt die Abkühlung rasch, so ist die Farbe hell, sie heisst Silberglätte, beim langsamen Abkühlen ist sie roth, Goldglätte, beim Erwärmen wird sie braunroth.

Bei Plinius kommen die Ausdrücke Molybdaena, Galena und Lithargyros vor, welche alle auf Bleiglätte, den sogen. Heerd mit einbegriffen, zu beziehen sind.

Mit Oel (Fett) gekocht, bildet die Bleiglätte das Emplastrum Plumbi oder Lithargyri simplex der heutigen Arzneibücher.

Cap. 103. Περὶ Ψιμυθίου. Bleiweiss. Das Bleiweiss wird so dargestellt: In einen weithalsigen Krug oder eine irdene Urne giesse stärksten Essig und befestige an der Oeffnung des Kruges auf einer kleinen Rohrmattenunterlage einen Bleibarren, oben herüber wirf Decken, damit der Essig sich nicht verflüchtigt, bis jener gelöst und durchgleitend heruntergefallen ist. Die darüber stehende reine Flüssigkeit seihe ab; die zähe Masse wird in ein Gefäss gegeben und an der Sonne getrocknet. Dann muss sie auf einer Handmühle gemahlen oder auf andere Weise zu feinem Pulver gemacht und gesiebt werden, das dabei zurückbleibende Harte wird fein gerieben und gesiebt; dasselbe hat der Reihe nach zum dritten und vierten Male zu geschehen. Das bessere Bleiweiss ist das zuerst abgesiebte, welches auch zu den Augenmitteln genommen wird, dann kommt das nächstfolgende und die übrigen der Reihenfolge nach. Einige hängen in die Mitte des Gefässes ein hölzernes Kreuz und legen die genannte Matte darauf, so dass sie den Essig nicht berührt, bedecken und verschmieren die Oeffnung und lassen es stehen. Nach zehn Tagen nehmen sie den Deckel ab und sehen nach; mit dem, was sich gelöst hat, verfahren sie gerade so, wie vorher angegeben ist. Wenn man dasselbe (das Bleiweiss) zu Pastillen formen will, so muss es mit starkem Essig gemischt und so geformt und an der Sonne getrocknet werden. Die Vorschriften müssen im Sommer ausgeführt werden, dann wird es weiss und kräftig. Es wird aber auch im Winter bereitet, indem die Gefässe in der Höhe über dem Backofen, in der Badestube oder auf dem Heerde aufgestellt werden, denn die aufsteigende Wärme bewirkt dasselbe wie die Sonne. Das schönste wird auf Rhodus, zu Korinth oder Lakedämon bereitet; an zweiter Stelle kommt das aus Dikaiarchia. Es wird auf folgende Art geröstet: Setze ein neues irdenes Gefäss, am besten ein attisches, auf glühende Kohlen, streue das fein geriebene Bleiweiss hinein und rühre unausgesetzt um. Wenn es eine aschgraue Farbe angenommen hat, nimm es ab und lass es zum Gebrauche erkalten. Willst du es brennen, so gib es fein gerieben in eine vertiefte Schale, rühre mit einem Steckenkrautstabe um, bis es eine dem Sandarach[1]) ähnliche Farbe hat; dann nimm es weg zum Gebrauche. Das so bereitete wird von Einigen Sandyx genannt. Gewaschen wird das Bleiweiss in gleicher Weise wie die Kadmeia. Es hat eine kältende, hautbildende, erweichende, ausfüllende, verdünnende Kraft, dabei ist es etwas zurückdrängend und vernarbend, wenn es mit Wachssalbe, fetten Pflastern und Pastillen gemischt wird. Es gehört aber auch zu den tödtlichen Mitteln.

[1]) Mennige oder auch Auripigment.

Die Darstellung des Bleiweisses geschieht bei den Alten im Wesentlichen nach der Methode, welche man heute die holländische nennt. Es entsteht zunächst Basisch-Bleiacetat, welches durch die Kohlensäure der Luft in Basisch-Blei-carbonat verwandelt wird. Weder Theophrast (De lap. 56) noch D. berücksichtigen diesen Umstand, so dass sie zum grössten Theil Bleizucker erhalten, welcher erst durch die späteren Manipulationen in Bleiweiss übergeführt wird. Bei der holländischen Methode wird durch die Gegenwart von Pferdemist oder Lohe durch die Gährung Kohlensäure bezw. kohlensaures Ammoniak entwickelt und dem Bleiacetat zugeführt.

Bei dem Rösten und Brennen wird das Bleiweiss natürlich zersetzt; es entsteht zunächst eine Mischung von Bleicarbonat und metallischem Blei von grauer Farbe, beim weiteren Erhitzen nach Verjagung der Kohlensäure Bleioxyd, welches D. Sandyx nennt. Bei Strabo (Geograph. XI 14) ist Sandyx ein in Goldbergwerken Armeniens vorkommendes Mineral, welches auch armenische Farbe heisst und dem Purpur ähnlich ist; Bei Plinius XXXV 39 ist es eine Mischung aus gleichen Theilen gebrannter Mennige und Röthel.

Cap. 104. Περὶ Χρυσοϰόλλης. Chrysokolla. Die beste Chryso-kolla[1]) ist die armenische, von gesättigt lauchgrüner Farbe, dann kommt die makedonische, darauf die kyprische und dabei zieht man die reine vor; die voll Erde und Steinen ist, muss man verwerfen. Gewaschen wird die eben genannte auf diese Weise: Zerstosse sie und wirf sie in einen Mörser, giesse Wasser zu und reibe sie mit der flachen Hand kräftig gegen den Mörser; dann lass absetzen, seihe ab, giesse anderes Wasser zu und reibe wiederum. Dies thue abwechselnd, bis sie rein und lauter ist. Zuletzt trockne sie in der Sonne und bewahre sie zum Gebrauch auf. Willst du sie brennen, so brenne sie auf diese Weise: Reibe genügend davon fein, gib es in einen Tiegel und setze ihn auf Kohlen und mache es im Uebrigen so, wie in den vorhergehenden Capiteln angegeben ist. Die Chrysokolla hat die Kraft, Narben zu vertreiben, Fleischwucherungen zu hemmen, zu reinigen, zu adstringiren, sowie auch zu erwärmen, leichte Fäulniss zu bewirken und dabei in etwa zu beissen. Sie gehört auch zu den brechenerregenden und tödtlichen Mitteln.

[1]) Von χρυσός und ϰόλλα, Goldleim, Goldloth.

Nach Theophrast (De lap. 26, 39, 51) ist die Chrysokolla unser Malachit, Basisch-Kupfercarbonat. Er sagt: „Der falsche Smaragd kommt an bekannten Stellen vor, besonders in den Kupfergruben Kyperns, wo er Gänge füllt, die sich verschiedentlich durchkreuzen. ... Den meisten benutzt man zum Löthen des Goldes, wozu er sich ebenso gut eignet wie die Chrysokolla. Einige glauben, er sei von der Chrysokolla nicht wesentlich verschieden, jedenfalls hat er dieselbe Farbe." Mit Kohle geschmolzen gibt der Malachit sofort reines Kupfer, war also zum Löthen gut zu gebrauchen. Ebenso bei Plinius XXXIII 86: „Die Chrysocolla ist als beste Sorte eine in den Kupferbergwerken sich findende, schlammige Flüssigkeit, welche zu einer bimsteinartigen Masse erstarrt, sie ist nichts als eine verfaulte Ader. Ausser dieser natürlichen, der sogen. Traube, gibt es eine künstliche, die Orobitis, welche die Maler als Farbe gebrauchen. Die Aerzte nennen die Chrysocolla Acesis, die Heilende, zum Unterschiede von der Orobitis. Die Goldarbeiter bereiten sich auch eine Chrysocolla zum Löthen aus Grünspan, Knabenurin und Natron, die Santerna."

Es hat nicht an Autoren gefehlt, welche die Chrysokolla für Borax gehalten haben, der nach Buxtorf mit dem Borith der alten Juden verwechselt wurde, oder die das Nitrum des Plinius für Borax angesehen haben. Es sind dies nur Vermuthungen; aber es ist durchaus nicht ausgeschlossen, dass die Alten den Borax gekannt haben, berichtet doch X. Landerer (Repert. d. Pharm. LXXXV p. 403), dass er an einer silberplattirten Münze aus einem althellenischen Grabe etwas geschmolzenen Borax gefunden habe.

Das Endproduct beim Brennen der Chrysokolla musste Kupferoxydul oder Kupferoxyd sein.

Cap. 105. Περὶ ἀρμενίου. Armenion. Das Armenion verdient den Vorzug, welches glatt, von blauer Farbe, nicht steinig und leicht zerreiblich ist. Es hat dieselbe Wirkung wie die Chrysokolla, nur bleibt es in der Kraft hinter dieser zurück. Es ist ein Mittel, um die Haare der Augenlider zu vermehren.

Plinius XXXV 47 nennt Armenium einen der Chrysokolla ähnlich gefärbten Stein; in Spanien gebe es einen ähnlichen Sand, der einen Stich ins Weisse habe. — Auch hier haben wir wohl ein Kupfercarbonat vor uns, welches unserem Bergblau entspricht.

Cap. 106. Περὶ κυάνου. Kyanos. Der Kyanos wird wohl auf Kypern in den Kupfergruben gewonnen, der meiste jedoch aus Ufersand, welcher in einigen höhlenartigen Spalten am Meeresufer gefunden wird; dieser verdient auch den Vorzug. Man muss den wählen, der eine gesättigt blaue Farbe hat. Gebrannt wird er wie Chalkitis, gewaschen wie Kadmeia. Er hat unterdrückende und mässig Fäulniss bewirkende Kraft, erzeugt auch Schorf und Geschwüre.

Kupferlasur. Theophrast (De lapid. 33, 35) spricht von einem natürlichen, Chrysokolla enthaltenden, und von einem in Aegypten künstlich bereiteten Kyanos; da man aber die Kupferlasur nicht künstlich darstellt, ist dieser vielleicht die mit Kobalt gefärbte Glasmasse. Plinius XXXVII 119 will den Cyanos vom Jaspis unterschieden wissen, in Aegypten werde er mit einer Farbe, einem Kraut (Waid) verfälscht; XXXIII 161 sagt er dasselbe vom Coeruleum, er unterscheidet einen männlichen und einen weiblichen. „Uebrigens," sagt er, „verfährt man mit dem Kupferlasur wie mit dem Malachit."

Cap. 107. Περὶ ἰνδικοῦ. Indikon. Es gibt eine Art des sogen. Indikon, welche von selbst entsteht, gleichsam eine Ausscheidung indischer Rohrstengel. Die andere, ein Farbstoff, ist eine purpurne Ausblühung (Schaum), welcher in den kupfernen Kesseln obenauf schwimmt und den die Künstler abnehmen und trocknen. Für das beste hält man das, welches blau aussieht, saftig und geschmeidig ist. Es gehört zu den Mitteln, welche leicht adstringiren und Geschwülste sowie Oedeme aufreissen. Auch reinigt es und bringt Geschwüre zurück.

In der ersten Art ist unschwer der Indigo zu erkennen, über dessen Herkunft und Darstellung D. schlecht unterrichtet ist. Etwas klarer drückt sich Plinius XXXV 46 aus: Der Indigo kommt aus Indien, wo er als Schlamm an dem Schaum der Rohrstengel hängt, zerrieben sieht er schwarz aus, aufgelöst aber zeigt er eine wundervolle Mischung aus Purpur und Blau. Eine andere Art desselben findet sich in den Purpurfärbereien, wo sie in den Kesseln obenauf schwimmt, es ist der Schaum des Purpurs. Man verfälscht diese Farbe, indem man Taubenmist mit ächtem Indigo, oder selinusische Erde mit Vitrum (Waid) färbt.

Zu Unrecht hält Sprengel die zweite Art für ein Mineral.

Der Indigo wird aus verschiedenen, zu den Papilionaceen gehörigen Pflanzen (*Indigofera tinctoria* Forsk., *I. Anil.* L., *I. argentea* L. u. a.). gewonnen. Er ist im Safte derselben nicht fertig gebildet vorhanden, sondern entsteht durch Zersetzung des in denselben enthaltenen Glukosides, des Indican, indem die zur Blüthezeit gesammelten Pflanzen einer Gährung unterworfen werden.

Der normale Indigo enthält ausser dem Indigblau noch Indigbraun, Indigroth und Indigleim; diese Substanzen können ihm durch geeignete Lösungsmittel entzogen werden. Er lässt sich auch künstlich darstellen, nach Curtius durch Einwirkenlassen von Monochloressigsäure auf Anilin und Schmelzen des Reactionsproductes mit Aetzkali. Im Jahre 1880 stellte A. Baeyer das Indigblau aus Zimmtsäure als Ausgangsmaterial her, 1894 der Chemiker Herrmann dasselbe aus Anthranilsäure, die Badische Anilin- und Sodafabrik benutzt als Grundmaterial das Naphthalin.

Cap. 108. Περὶ ὤχρας. Ochra. Man muss den Ocker nehmen, der sehr leicht, durch und durch gelb, gesättigt gefärbt und steinfrei ist, der sich leicht zerreiben lässt und aus Attika stammt. Auch dieser wird gebrannt und gewaschen wie die Kadmeia. Er hat adstringirende, Fäulniss machende Kraft, vertheilt Entzündungen und Geschwülste, hält Fleischwucherungen zurück, füllt mit Wachssalbe Cavernen aus und vertreibt Gichtknoten.

Der Ocker, die Gelberde, ist ein Gemisch von Eisenoxydhydrat mit Thon. Plinius XXXV 35 sagt: „Aus dem in den Eisengruben befindlichen Röthel kommt die Ochra für die Malerei; beim Glühen erhält man eine rothe Farbe, je länger man glüht, desto rother wird sie" (durch die Verwandlung in Eisenoxyd).

Cap. 109. Περὶ κινναβάρεως. Kinnabari. Vom Kinnabari glauben Einige, dass es dasselbe sei wie das sogen. Ammion[1]), sie täuschen sich. Denn das Ammion wird in Spanien aus einem gewissen Mineral gemacht, welches dem Silbersande[2]) beigemischt ist. Anderswo kennt man es nicht. Im Schmelztiegel geht es in die blühendste und feurigste Farbe über; in den Gruben gibt es einen erstickenden Hauch von sich[3]). Die Eingeborenen (Grubenleute) binden deshalb Blasen vor das Gesicht, so dass sie wohl sehen können, die (verderbliche) Luft aber nicht einathmen. Die Maler gebrauchen es zur kostbaren Ausschmückung der Wände. Dieses Kinnabari aber wird aus Libyen gebracht und theuer verkauft; es ist so (selten), dass es nur mit Mühe den Malern für die bunten Umrisse ausreicht. Es gibt aber auch eine stark tiefdunkle Farbe, deshalb glauben Einige, es sei Drachenblut. Das Kinnabari hat dieselbe Kraft wie der Blutstein, es eignet sich gut zu Augenmitteln, nur ist es sehr kräftig; denn es adstringirt mehr und heilt mit Wachssalbe gemischt Brandwunden und Hautausschlag.

[1]) Mennige. [2]) Silberhaltiges Bleierz. [3]) Dies kann sich nur auf die Arbeit bei den Glühöfen beziehen.

D. wirft hier zwei ganz verschiedene Substanzen zusammen. In den ersten Sätzen ist das Minium, Mennige, gemeint, wo er von giftigen Dämpfen spricht, der Zinnober. Theophrast (De lapid. 58) sagt: „Vom Zinnober, κιννάβαρι, gibt es zwei Arten; den natürlichen findet man in Spanien und Kolchis, er ist sehr hart und steinig, der künstliche kommt aus Ephesus, es ist ein feines Pulver, hochroth und durch Auswaschen im Wasser gereinigt." Es ist jedenfalls natürlicher, fein gepulverter Zinnober, denn Vitruv (De architect. VII 8) berichtet, dass bei Ephesus Minium (Zinnober) in Klumpen, die er als anthrax bezeichnet, gefunden werde, aus denen beim Einhauen mit eisernen Hacken Tröpfchen Quecksilber (lacrymae argenti vivi) ausfliessen, welche gesammelt werden. Es wird dann in Oefen erhitzt, wobei sich ein Dampf entwickelt, der als Quecksilber niederfällt. — Die künstliche Darstellung des Zinnobers durch Zusammenschmelzen von Schwefel und Quecksilber kannten die Alten nicht.

Plinius XXXIII 111 nennt gleichfalls den in Silbergruben vorkommenden Zinnober Minium, und sagt dann, bei den Griechen heisse er Cinnabaris, aber dieser Name habe Anlass zur Verwechselung mit dem indischen Cinnabaris gegeben, denn Cinnabaris werde auch der Geifer der Drachen genannt, welche mit Elephanten kämpfen und durch die Gewalt des Feindes erdrückt würden; dieser Geifer drücke auf Gemälden am besten die Farbe des Blutes aus. Es gebe auch eine andere Art Minium, die sich fast in allen Blei- oder Silbergruben finde, es werde durch Glühen aus solche Adern enthaltendem Gesteine gemacht, aber nicht aus solchen Steinen, welche Quecksilber liefern. — Diese zweite Art ist Minium, Goldglätte. Das von beiden genannte Drachenblut ist bekanntlich das Harz von *Daemonorops Draco* Bl., welches sich an den Früchten freiwillig ausscheidet, oder durch Ausschmelzen daraus gewonnen wird.

Der jetzt zur Verwendung kommende Zinnober, Einfach-Schwefelquecksilber, HgS, wird nur künstlich dargestellt, da der natürlich vorkommende nicht genügende Reinheit besitzt.

Cap. 110. Περὶ ὑδραργύρου. Quecksilber.

Quecksilber wird aus dem sogen. Ammion gemacht, welches unrichtiger Weise auch Kinnabari genannt wird. Sie legen nämlich in irdene Schalen ein eisernes Gefäss mit Kinnabari, setzen einen Helm darüber und verschmieren ihn rings herum mit Lehm. Dann erhitzen sie über Kohlen. Der am Helme sitzende Russ wird, wenn er abgekratzt und abgekühlt wird, Quecksilber[1]). Es wird auch beim Verhütten des Silbers gefunden, indem es sich an den Decken zu Tropfen verdichtet. Einige berichten, dass sich das Quecksilber auch für sich in den Gruben finde. Es wird aufbewahrt in Gefässen aus Glas, Blei, Zinn oder Silber, denn jedes andere Gefäss durchdringt es vollständig und macht es durchlässig[2]). Getrunken hat es tödtliche Wirkung, indem es durch seine Schwere die Eingeweide zerfrisst. Man hilft sich dagegen durch Trinken von viel Milch und Ausbrechen, oder von Wein mit Wermuth, oder von einer Sellerieabkochung, oder einer solchen von Salbeisamen, Dosten oder Hysop mit Wein; Goldfeilspähne, d. h. ein ganz feines Schabsel, sind getrunken ein wunderbares Gegenmittel gegen Quecksilber.

[1]) Es ist wohl anzunehmen, dass der Helm oder Deckel (ἄμβιξ) von Eisen war; bei der Zersetzung des Zinnobers geht der Schwefel an das Eisen und Quecksilber wird frei. [2]) Dasselbe würde aber auch bei den genannten Metallen durch Bildung von Amalgam stattfinden. D. hat von Ammion und Quecksilber ganz falsche Vorstellungen, denn aus Ammion, Mennige, kann nie Quecksilber gemacht werden; Theophrast (De lapid. 58) nennt aber schon richtig die Muttersubstanz des Quecksilbers κιννάβαρι, Zinnober, welcher in Spanien und Kolchis natürlich vorkommt, auch künstlich bereitet wird. Das Quecksilber selbst bezeichnet er (De lapid. 60) als flüssiges Silber, χυτὸς ἄργυρος. Er will dasselbe durch Reiben von Zinnober in einem kupfernen Mörser mit kupfernem Pistill unter Zusatz von Essig gewinnen; dabei bleibt aber der Zinnober unzersetzt und wird nur durch Grünspan verunreinigt. Plinius XXXIII 99 kennt das gediegen vorkommende Quecksilber, Argentum vivum liquor aeternus, und das nach den Methoden von Theophrast und D. dargestellte, glaubt aber, es bestehe ein Unterschied zwischen beiden. Alle drei halten das Quecksilber für giftig.

Auch jetzt noch wird die Hauptmenge des Quecksilbers aus dem Zinnober gewonnen.

Cap. 111. Περὶ μίλτος σινωπικῆς. **Sinopischer Röthel.** Der sinopische Röthel; als der beste gilt der dichte, schwere, leberfarbige, steinfreie, homogene, der beim Ausgiessen gut fliesst[1]). Er wird in Kappadokien in einigen Höhlen gewonnen, gereinigt und nach Sinope[2]) gebracht, dort kommt er in den Handel, daher hat er auch den Beinamen erhalten. Er hat austrocknende, hautbildende und adstringirende Kraft, deshalb wird er auch den Wundpflastern zugemischt, wie auch den austrocknenden und verdichtenden Pastillen. Er stellt den Durchfall, wenn er im Ei genommen oder im Klystier angewandt wird, man gibt ihn auch Leberkranken.

[1]) d. h. recht fein und leicht ist. [2]) Stadt in der kleinasiatischen Landschaft Paphlagonien am Schwarzen Meere, heute Sinob.

Cap. 112. Περὶ τεκτονικῆς. **Röthel der Handwerker.** Der Röthel der Handwerker ist im Ganzen minderwerthiger als der sinopische; am besten ist der ägyptische und karthagische, er ist steinfrei und leicht zerreiblich. Er wird im östlichen Iberien gewonnen, indem der Ocker gebrannt und in Röthel verwandelt wird.

Nach Vitruv (De architect. VII 7) fand sich der Röthel (Rubrica) häufig, der beste wurde aber bei Sinope, in Aegypten, auf den balearischen Inseln und auf

Lemnos gegraben. Theophrast (De lapid. 40, 51, 52) lobt als den besten den von
der Insel Keios, einer der Balearen; er kennt drei Sorten, den hochrothen, den blassrothen und den in der Mitte stehenden, den letzteren nennt er selbständig, weil er
mit den anderen nicht gemischt zu werden braucht, während diese gemischt werden
können. Es gibt auch einen künstlichen Röthel, welcher durch Glühen der Gelberde
entsteht. Wimmer übersetzt bei Theophrast μίλτος mit Minium, dagegen spricht
aber nicht allein das natürliche, sondern auch das häufige Vorkommen von Miltos.
Es ist ein eisenoxydhaltiger oder auch eisensilikathaltiger Thon,
Bolus rubra; der durch Glühen erhaltene ist Eisenoxyd.

Cap. 113. Περὶ λημνίας γῆς. **Lemnische Erde.** Die lemnische
Erde entstammt irgendwelchen unterirdischen Gängen, sie wird von der
Insel Lemnos gebracht, welche eine sumpfige Gegend hat, wo sie gegraben und mit Ziegenblut gemischt wird. Die Leute dort bringen sie
in Formen und stempeln sie mit dem Bildniss einer Ziege, sie nennen
sie den Ziegenstempel. Sie hat eine hervorragende Kraft als Gegenmittel gegen tödtliche Gifte, indem sie mit Wein getrunken und vorher
genommen dazu zwingt, die Gifte zu erbrechen. Auch ist sie ein gutes
Mittel gegen Bisse und Stiche giftiger Thiere, ferner wird sie den
Gegenmitteln zugemischt. Einige gebrauchen sie auch bei religiösen
Feierlichkeiten. Endlich thut sie gute Dienste bei Dysenterie.

Wie aus der genannten Stelle bei Vitruv hervorgeht, ist die lemnische Erde
gleichfalls ein rother Thon; Plinius XXXV 33 hält sie dem Zinnober an Güte
gleich. Das Waarenzeichen, die Ziege, war nach Galen ein der Artemis heiliges Thier.

Cap. 114. Περὶ χαλκάνθου. **Chalkanthos.** Der Kupfervitriol existirt nur in einer und derselben Art, denn er ist eine fest gewordene Flüssigkeit. Er tritt aber in drei verschiedenen Sorten auf: der
eine entsteht durch Tröpfeln der in bestimmte Gänge durchdringenden
Flüssigkeit, daher heisst er bei den Kupferbergleuten Tropfvitriol (Sta-
laktis). Peteesios nennt ihn Pinarion, Andere nennen ihn Stalaktikon.
Der andere bildet in verborgenen Höhlen Teiche, wird dann in Gruben
gebracht und nimmt feste Gestalt an. Dieser wird speciell der verdichtete (Pekton) genannt, der dritte heisst der gekochte und wird in Spanien
dargestellt; er hat dasselbe Aussehen, eine schöne Farbe, ist aber kraftloser. Sie geben ihn in Wasser und kochen, schütten dieses in Behälter
und lassen es stehen. Nach bestimmten Tagen erstarrt es unter Abscheidung in viele Würfel, die traubenartig zusammenhängen. Für den
besten hält man den blauen und schweren, dichten und durchscheinenden.
Ein solcher ist der Tropfvitriol, der von Einigen auch Lonchoton (zugespitzt) genannt wird. Der gekochte scheint zum Beizen und Färben
geeigneter zu sein als die anderen Sorten, zum medicinischen Gebrauche
ist er, wie die Erfahrung zeigt, zu schwach. Er hat die Kraft, zu adstringiren, zu erwärmen und Schorf zu erzeugen, die Würmer zu tödten,

wenn er im Gewicht von 1 Drachme getrunken oder mit Honig geleckt wird. Er bewirkt auch Erbrechen und hilft denen, die (giftige) Pilze gegessen haben, wenn er mit Wasser getrunken wird. Ferner reinigt er den Kopf, wenn er in Wasser gelöst und mit Wolle in die Nase eingeführt wird. Gebrannt wird er auf dieselbe Weise, wie wir es gleich bei der Chalkitis zeigen werden.

D. bezeichnet unverkennbar den Kupfervitriol, $CuSO_4 + 5H_2O$. Die erste Sorte ist ein tropfsteinartig gebildetes Kupfersulfat; die zweite wird aus den Gruben- oder Cementwässern durch Verdunsten des Wassers hergestellt, man benutzt sie jetzt, um mittelst Eisen metallisches Kupfer zu erhalten; zu diesem Zwecke wird auch Wasser in alte Grubengänge geleitet. D. dagegen lässt die Mineralien auskochen und das gelöste Sulfat auskrystallisiren. Nach Plinius XXXIV 123 werden die Lösungen von Chalcanthon oder Atramentum sutorium in hölzerne Kübel gegossen, man lässt dann mit Steinen beschwerte Stricke hinein, an die sich die ausgeschiedenen Krystalle traubenförmig „in gläsernen Beeren" ansetzen. Das Kupfersulfat wird beim Erhitzen auf 100° bläulichweiss, indem es 4 Mol. Krystallwasser verliert, das 5. Mol. entweicht erst über 280°. Die Farbe ist dann weiss, bei schwacher Rothgluth bleibt ein basisches Salz von wechselnder Zusammensetzung zurück.

Nicht mit Unrecht kann man aber auch Chalkanthon auf Eisenvitriol beziehen, bestimmt da, wo dasselbe grün genannt wird.

Cap. 115. Περὶ χαλκίτεως. Chalkitis. Den Vorzug soll die Chalkitis haben, die kupferähnlich, leicht zerreiblich, steinfrei und dabei nicht alt ist, die längliche und glänzende Streifen hat. Sie hat adstringirende, erwärmende und Schorf machende Kraft und reinigt die Augenwinkel und die Augen. Sie gehört auch zu den Mitteln, welche mässig Fäulniss erregen. Ferner dient sie gegen Rose, gegen kriechende Geschwüre, mit Porreesaft gegen Blutungen aus der Gebärmutter und der Nase, trocken gegen Zahnfleischgeschwülste, fressende Geschwüre und Mandelentzündungen. Gebrannt eignet sie sich besonders zu Augenmitteln, wenn sie mit Honig fein gerieben wird. Verhärtete und rauhe Augenlider erweicht sie und macht sie geschmeidig, Fisteln bringt sie, in Kollyrien angewandt, weg.

Cap. 116. Περὶ ψωρικοῦ. Psorikon. Es wird daraus (aus der Chalkitis) das sogen. Krätzmittel bereitet, indem 2 Theile Chalkitis mit 1 Theil Kadmeia gemischt und mit Essig fein gerieben werden; man muss es aber in einem irdenen Topfe bei der Hundstagshitze vierzig Tage in Mist eingraben, dann wird es schärfer und hat dieselbe Kraft wie die Chalkitis. Einige mischen auch gleiche Theile, verreiben sie mit Wein und thun weiter dasselbe. Man muss sie (die Chalkitis) aber brennen, indem man sie in einen neuen irdenen Tiegel gibt und auf glühende Kohlen stellt. Das Maass (die Grenze) des Brennens soll aber bei der, die viel Feuchtigkeit enthält, sein, wenn sie aufhört, Bläschen zu werfen und schön trocken ist, bei den übrigen die Verwandlung in eine schöne Farbe. Wenn sie bis ins Innere die Farbe von Blut und Röthel hat, muss man sie abnehmen, die überstehende Unreinigkeit abblasen und dann aufbewahren. Geröstet wird sie auf Kohlen, die mit dem Blasebalg zur Gluth gebracht werden, bis sie gelb geworden ist, oder sie wird im Tiegel mittelst glühender Kohlen tüchtig erhitzt, bis sie glüht und die Farbe verändert hat.

Was ist Chalkitis? Theophrast kennt sie nicht. Plinius XXXIV 2 schreibt: „Man bereitet auch das Kupfer (aes) aus einem anderen Steine (vorher hat er von der Gewinnung aus Cadmia, Galmei, gesprochen), welchen man auf Kypern, wo die Kupferbereitung erfunden wurde, Chalcitis nennt"; und XXXIV 117: „Chalcitis nennt man einen Stein, aus welchem gleichfalls Kupfer geschmolzen wird. Er unterscheidet sich von Cadmia dadurch, dass er über der Erde aus zu Tage stehendem Gestein ausgehauen wird, der Galmei dagegen aus unterirdischem, ferner dadurch, dass die Chalcitis gleich zerbröckelt, von Natur weich ist und gleichsam wie compacte Wolle aussieht. Es ist aber noch ein anderer Unterschied, nämlich der, dass Chalcitis drei Arten in sich begreift, und zwar Kupfer (Messing) (aes), Misy und Sory. Man schätzt die Chalcitis besonders, wenn sie honiggelb, zierlich geädert und leicht zerreiblich ist. Wenn sie 40 Tage in Essig macerirt wird, so erhält sie eine safrangelbe Farbe." Lenz glaubt daher, die Chalcitis des Plinius für Galmei halten zu sollen, wiewohl die beiden Substanzen hinreichend von einander unterschieden werden. Die Angaben deuten vielmehr auf ein Kupfereisenerz. Auch bei der Chalkitis des D. liegt es nahe, sie auf das Kupfererz $(FeS)_2S_2Cu_2$ mit 34% Kupfer und 30% Eisen, welches messinggelb und oft bunt angelaufen ist und auf Kohle unter Aufkochen schmilzt, zu beziehen. Dem widerspricht aber der ganze Brenn- und Röstprocess im obigen Cap. 116; der Ausdruck πολυγρός, wasserreich, in Verbindung mit ἀπομφολύγωτον, aufhörend, Blasen zu werfen, kann nur auf eine Krystallverbindung bezogen werden und diese ist kupferhaltiger Eisenvitriol, $FeSO_4 + 7H_2O$, welcher natürlich durch Verwitterung von Eisenkiesen als Melanterit vorkommt und ausser Kupfer mehr oder weniger Magnesium-Mangan-Aluminium-Zinksulfat und Basisch-Eisenoxydsulfat enthält. Er gibt beim Erhitzen unter Aufblähen sein Krystallwasser ab; das wasserfreie Salz wird beim Glühen in Eisenoxyd, Schwefelsäure- und Schwefligsäureanhydrid zerlegt.

Cap. 116 (117). Περὶ μίσυος. Misy.

Zu verwenden ist das kyprische Misy, welches goldfarbig, hart und beim Zerhauen goldglänzend und sternartig strahlend ist. Es hat dieselbe Kraft und wird auf dieselbe Weise gebrannt wie Chalkitis, ausser dass es nicht zum Krätzmittel gebraucht wird und dass es sich in ein besseres und schlechteres unterscheidet. Das ägyptische zieht man vor, weil es sich zu allem Möglichen eignet, als Zusatz zu den Augenmitteln bleibt es hinter dem vorgenannten weit zurück.

Die Parallelstelle bei Plinius XXXIV 121 lautet: „Es bildet sich aus einem Gesteine mit gelber Ausblühung und geht von selbst in eine compacte und gesonderte Masse über. Die beste Sorte, die von Kypern, zeigt auf dem Bruche goldfarbige Punkte und beim Zerreiben eine sandige oder erdige, der Chalcitis ähnliche

Beschaffenheit.‘ Bei Galen ist es eine Ausblühung der Chalkitis, er will in drei Schichten Sory, Misy und Chalkitis in einem Bergwerk gesehen haben. Lenz hält die Substanz für Galmei, die Punkte für eingewachsene Eisenkieskrystalle.

Am nächsten liegt wohl, das Misy auf Schwefelkies, FeS_2, zu beziehen; er ist goldgelb, mit hervorragendem Metallglanz und so hart, dass er am Stahl starke Funken gibt, welches D. ja auch anzudeuten scheint. Er neigt sehr zur Bildung von Eisenoxydhydrat, welches von aussen nach innen eindringt (die compacte Masse des Plinius?).

Cap. 117 (118). Περὶ μελαντηρίας. **Melanteria.** Eine Art Melanteria[1]) verdichtet sich an den Mündungen der Gruben, in denen Kupfer gewonnen ist, nach Art von Salzlake; eine andere findet sich an der Oberfläche der genannten Orte, diese ist auch erdig. Eine weitere wird in Kilikien und bestimmten anderen Gegenden als Mineral gefunden. Den Vorzug darunter hat die schwefelgelbe, feine, homogene, reine, die bei der Berührung mit Wasser schnell schwarz wird. Sie hat aber dieselbe ätzende Kraft wie Misy.

[1]) Von μέλας, schwarz, und τηρός, wahrnehmend (?).

Die Melanteria ist jedenfalls das Atramentum sutorium, Schusterschwarz, in den Schächten und Teichen Spaniens des Plinius XXXIV 123, es sind Auskrystallisationen der Grubenwässer in verlassenen Schächten. Dass sie das Wasser sofort schwarz färben, kann nur dann der Fall sein, wenn dasselbe gerbstoffhaltig ist. Man muss aber bei solchen Dingen mit der unvollkommenen Kenntniss des D. und den ihm zugekommenen zweifelhaften Berichten rechnen. Bei Scribonius Largus ist sie Bestandtheil eines Wundpflasters.

Cap. 118 (119). Περὶ σώρεως. **Sory.** Einige haben das Sory für Melanteria gehalten, sie täuschen sich aber; denn es ist eine eigene jener nicht unähnliche Art, aber Sory ist stinkiger und ekelerregend. Es findet sich in Aegypten und in anderen Gegenden, wie in Libyen, Spanien und auf Kypern. Vorzuziehen ist das ägyptische, welches auch beim Zerschlagen dunkler erscheint, viele Löcher hat und etwas fett ist. Es ist auch adstringirend, hat einen ekelhaften Geschmack und Geruch und kehrt den Magen um. Dasjenige aber, welches auf dem Bruche nicht glänzt, gleich Misy, muss man für fremdartig und kraftlos halten. Es hat dieselbe Kraft und wird auf dieselbe Art gebrannt wie die vorgenannten. Es heilt Zahnschmerzen, wenn es in den hohlen Zahn gesteckt wird, und macht lose Zähne fest. Bei Ischias hilft es mit Wein im Klystier; mit Wasser aufgestrichen vertreibt es Finnen. Es wird auch den schwarzfärbenden Haarmitteln zugesetzt. Nach allgemeiner Annahme sind bei diesen und fast allen anderen Mitteln die nicht gebrannten für wirksamer zu halten als die gebrannten, mit Ausnahme von Salz, Weinstein, Natron, Kalk und ähnlichen Substanzen, welche im ungebrannten Zustande schlaff sind, gebrannt wird ihre Kraft stärker.

Auch das Sory ist ein Product der Gruben und zwar, nach der Wirkung zu schliessen, der Kupfergruben, denn die Eisensalze reizen nicht zum Erbrechen, vielleicht unreiner Kupfervitriol. Beim Liegen an der Luft verwittert er oberflächlich und erhält einen bläulichweissen Ueberzug, beim Zerschlagen ist er dann dunkler.

Cap. 119 (120). Περὶ διφρυγοῦς. Diphryges. Vom Diphryges[1] muss man drei Arten unterscheiden. Die eine nämlich ist ein Grubenproduct und bildet sich allein auf Kypern. Sie ist lehmig und wird aus der Tiefe an einem der dortigen Plätze heraufgeholt. Nach dem Herausschaffen wird sie an der Sonne getrocknet und hiernach durch kreisförmig herumgelegtes Reisig gebrannt. Sie wird deshalb Diphryges genannt, weil sie an der Sonne und durch Reisig gebrannt, also getrocknet und gewissermassen geröstet wird. Die zweite Art ist, sozusagen, der Bodensatz und die Hefe bei der Kupferbereitung; denn nach dem Zugiessen von kaltem Wasser, wie wir früher sagten, als von der Kupferblüthe die Rede war, und nach Wegnahme des Kupfers findet sich diese Art im Schmelzofen auf dem Grunde liegend. Sie hat die adstringirende Eigenschaft und den Geschmack des Kupfers. Die dritte Art wird so bereitet: Die angestellten Werkleute legen den Stein, den sogen. Pyrites, in den Schmelzofen und brennen ihn die nöthige Anzahl Tage wie Kalk. Wenn dann die Farbe wie die des Röthels geworden ist, nehmen sie ihn heraus und bewahren ihn auf. Einige behaupten, die eben erwähnte Art entstehe allein aus der Substanz, aus welcher der Kupferstein besteht, wenn sie auf den sogen. Tennen geröstet, dann in die Gruben gebracht und dort gebrannt werde. Denn sie nimmt den Platz ringsum in der Grube ein und wird nach Wegräumen der Steine so gefunden. Vorzuziehen ist die, welche einen Kupfergeschmack und Rostfarbe hat, welche adstringirt und die Zunge kräftig austrocknet. Diese Eigenschaften besitzt die gebrannte Gelberde nicht, welche man brennt und statt Diphryges verkauft. Es hat die Kraft, zu adstringiren, auszutrocknen, Fleischwucherungen aufzuhalten und böse kriechende Geschwüre zu vernarben. Mit Terpentin oder Wachssalbe gemischt vertheilt es auch Geschwülste.

[1] Zweimal gedörrt.

Nach der Beschreibung des D. sind die drei Arten Diphryges ganz von einander verschieden. Die erste ist ein Thon, welcher zunächst an der Luft getrocknet und dann nach Art unserer Backsteine gebrannt wird, die zweite ist eine Schlacke aus den Kupferschmelzöfen. Plinius XXXIV 135 sagt: „Sie entsteht in den Erzöfen, man lässt die Unreinigkeiten sich absetzen, das Metall selbst unten, die Schlacke seitwärts abfliessen, wobei die Kupferblüthe obenauf schwimmt, während das Diphryges zurückbleibt. Einige berichten, in den Oefen bilden sich aus dem zu schmelzenden Steine Klumpen, um diese herum schmelze das Erz, werde aber nicht gar, wenn es nicht in andere Oefen gebracht (also zweimal geröstet) werde, sie seien daher gewissermassen ein Knoten der Masse; das, was nach dem Garwerden übrig bleibe, sei Diphryges.“ — Die dritte Art ist durch Rösten von Schwefelkies (Pyrites) an der Luft (ἐν ἅλωσιν) erhaltenes Eisenoxyd. Uebereinstimmend mit D. gibt Plinius auch die beiden anderen Arten Diphryges an, die Angaben beider stammen also aus derselben Quelle.

Cap. 120 (121). Περὶ ἀρσενικοῦ. **Arsenikon.** Das Arsenikon entsteht mit der Sandaracha in derselben Grube. Als bestes ist das anzusehen, welches plattenartig, von gelber Farbe ist und schuppige Stücke hat, die stets an einander liegen, sonst ist es frei von anderem Stoff. Ein solches ist das in Mysien am Hellespont sich findende. Es gibt zwei Arten davon; die eine, wie sie eben beschrieben ist, die andere ist eichelähnlich, gelblich, der Sandaracha sich nähernd und klumpig, sie wird aus Pontus und Kappadokien gebracht; diese kommt aber erst an zweiter Stelle. Es wird auf folgende Art gebrannt: Lege dasselbe in eine neue irdene Schale und setze es auf glühende Kohlen, rühre fleissig um, bis es glüht und die Farbe verändert, dann kühle ab, reibe es fein zum Aufbewahren. Es hat ätzende, adstringirende und vernarbende mit Brennen und heftigem Beissen verbundene Kraft. Es gehört auch zu den unterdrückenden Mitteln und entfernt die Haare.

Bei Vitruv (De archit. VII 7) und bei Celsus (med. V 5) heisst es **Auripigmentum**, bei Theophrast und Plinius **Arrenikon** bezw. **Arrenicum**. Theophrast (De lapid. 51) meint, der Ocker werde statt dessen gebraucht, sie seien beide von gleicher Farbe, scheinen sich aber sonst zu unterscheiden.

Es ist **Rauschgelb**, **Auripigment**, Dreifach-Schwefelarsen, As_2S_3, welches natürlich theils in rhombischen Prismen, theils in Massen mit blätterigem Gefüge vorkommt. Beim Erhitzen an der Luft verwandelt es sich in Arsenigsäure- und Schwefligsäureanhydrid.

Cap. 121 (122). Περὶ σανδαράχης. **Sandaracha.** Als die beste Sandaracha ist die anzusehen, welche gesättigt roth ist [sich nicht brechen lässt], schön blühend und rein, in der Farbe dem Zinnober ähnlich ist und einen schwefelartigen Geruch hat. Ihre Kraft und die Art des Brennens ist dieselbe wie beim Rauschgelb. Sie heilt mit Terpentin gemischt die Fuchskrankheit und entfernt mit Pech krätzige Nägel. Mit Oel wirkt sie auch gegen die Läusekrankheit, mit Fett zertheilt sie Geschwülste. Sie ist ferner ein gutes Mittel bei Nasen- und Mundgeschwüren, mit Rosensalbe bei sonstigem Ausschlag und Geschwülsten. Mit Honigwein wird sie bei Lungengeschwüren gegeben und mit Harz als Räucherung gegen alten Husten angewandt, indem der Dampf durch ein Rohr in den Mund gesogen wird. Mit Honig geleckt macht sie die Stimme rein und für Asthmatiker ist sie mit Harz im Bissen das beste Mittel.

Bei Vitruv scheint die Sandaracha Mennige zu sein. Nach Theophrast (De lapid. 40, 50, 51) kommt sie in Erzgruben vor, ist wie das Arrenikon durch Verbrennen entstanden und von der Natur des Kalkes. Ebenso drückt sich Plinius

XXXIV 117 aus, die Sandaracha finde sich in Gold- und Silbergruben, sie sei um
so besser und stärker, je rother, reiner und zerreiblicher sie sei. ... Das Auripigment bestehe aus demselben Stoffe, das beste übertreffe an Farbe das Gold, das
blassere oder der Sandaracha ähnliche sei geringer. — Alle Schriftsteller sind so
unklar, dass man mit Bestimmtheit nicht sagen kann, was unter Sandaracha gemeint
ist. Mennige kann es nicht sein, weil diese nicht natürlich vorkommt, viel eher
deutet Alles, wie auch Kobert meint, auf den Sandarach oder Realgar, das
Zweifach-Schwefelarsen, As_2S_2. Auch die therapeutische Verwendung bei D. steht
dieser Annahme nicht entgegen, da das reine Schwefelarsen nach Schroff und
Husemann ungiftig ist; die giftige Wirkung kommt auf Rechnung der darin mehr
oder weniger enthaltenen löslichen Arsenverbindungen.

Bei Plinius XI 17 heisst auch das Bienenbrod (Erithace) Sandaraca; bei den
Arabern bedeutet Sandaracha Wachholderharz, bei uns (Sandaraca, Sandarak) das
Harz von *Callitris quadrivalvis* Rich.

Cap. 122 (123). Περὶ στυπτηρίας. Stypteria. Fast jede Art
Stypteria findet sich in Aegypten in denselben Gruben. Sie entsteht aber
auch in bestimmten anderen Gegenden, so auf Melos, in Makedonien,
Liparis[1]), Sardonien, zu Hierapolis[2]) in Phrygien, in Libyen, Armenien
und an vielen anderen Orten, wie der Röthel. Es gibt davon sehr viele
Arten. Zum medicinischen Gebrauche wird die spaltbare, runde und
feuchte genommen. Als beste erweist sich die spaltbare und von dieser
wieder die, welche frisch, sehr weiss, steinfrei ist, scharf riecht und
kräftig adstringirt, die ferner nicht schollenartig oder splitterig zusammengebacken ist, sondern die aus einzelnen vorspringenden Streifen, grauen
Haaren vergleichbar, besteht; eine solche ist die sogen. Trichitis, welche
in Aegypten entsteht. Es findet sich auch ein Stein, welcher derselben
sehr ähnlich ist, den man aber durch die Geschmacksprobe erkennt, da
er nicht adstringirt. Von der runden gibt es eine künstliche (mit der
Hand gemachte) falsche, sie wird aus der Form erkannt. Hinzunehmen
muss man wohl die, welche von Natur rund, blasig, weisslich und kräftig
adstringirend ist, die auch etwas bleiche Farbe und Fettigkeit hat, die
zudem steinfrei und leicht zu brechen ist und aus Melos oder Aegypten
stammt. Von der feuchten ist die vorzuziehen, welche durchscheinend,
milchig, gleichartig und durchweg saftig, dabei aber steinfrei ist und
einen feurigen Hauch hat. Sie haben erwärmende, adstringirende, heilende Kraft, reinigen die Pupille von Verdunkelungen und bringen das
auf den Augenlidern gebildete Fleisch und sonstige Wucherungen zum
Verschwinden. Die spaltbare ist aber für kräftiger zu halten als die
runde. Gebrannt und geröstet werden sie wie Chalkitis. Sie halten
eiterige Geschwüre und Blutungen auf, verdichten schwammiges Zahnfleisch und befestigen mit Essig und Honig wackelige Zähne. Mit Honig
helfen sie bei Soor und mit Knöterichsaft bei Geschwüren und Flüssen
in den Ohren. Sie sind, mit Kohlblättern oder Honig gekocht, ein gutes

Mittel bei Aussatz, mit Wasser als Ueberguss gegen Jucken, krätzige Nägel, übergewachsene Nägel und Frostbeulen, mit Essighefe, welche mit gleichviel Galläpfel gebrannt ist, als Einreibung gegen krebsige Geschwüre, mit doppelt so viel Salz gegen fressende Geschwüre. Mit Erbsenmehl und Theer eingeschmiert beseitigen sie Kleiengrind. Mit Wasser aufgestrichen sind sie ein Mittel gegen Wanzen, Läuse und Brandwunden. Gegen Oedeme und den üblen Geruch der Achseln und Bubonen werden sie als Salbe angewandt. Die melische wirkt auch zur Verhinderung der Empfängniss, wenn sie vor dem Beischlaf an den Muttermund gelegt wird, auch wirft sie den Embryo hinaus. Sie (die Stypteria-Arten) sind endlich heilsam bei Anschwellungen des Zahnfleisches, des Zäpfchens, der Mandeln und werden im Munde, in den Ohren und an den Schamtheilen mit Honig eingestrichen.

[1]) Die grösste der äolischen oder liparischen Inseln. [2]) Heute Tambuk oder Pambuk.

Unter Stypteria haben wir verschiedene Alaunsorten oder alaunartige Substanzen zu verstehen, und zwar theils den sogen. rohen Alaun als Auswitterung einiger Lavasorten in vulkanischen Gegenden und des Alaunschiefers, theils als Auskrystallisation gesammelter alaunhaltiger Wässer. Strabo (Geogr. VI 2) berichtet von Alaunwerken (στυπτηρίας μέταλλα) auf den liparischen Inseln. Plinius XXXV 183, der in seinen Angaben mit D. übereinstimmt, sagt: „Aller Alaun entsteht aus Wasser und Schlamm, d. h. aus einem Stoffe, welcher der Erde ausschwitzt; was sich im Winter gesammelt hat (conrivatum), wird durch die Sonne im Sommer gezeitigt. Was zuerst reif ist (d. h. sich ausscheidet), erscheint am weissesten ... Der beste kommt von Aegypten und Melos, es gibt davon zwei Sorten, den flüssigen und festen. Kennzeichen für die Güte des flüssigen sind, dass er hell, milchig, weich (sine offensis fricandi) ist und eine schwache Wärme enthält, dieser heisst Phorimon (der nützliche). Der reine wird auf Zusatz von Granatapfelsaft schwarz; die zweite Sorte, blasser und rauher, wird durch Galläpfel gefärbt, sie heisst Parapharon." Den besten flüssigen müssten wir also für eine ziemlich concentrirte, nicht krystallisirende, eisenvitriolhaltige Alaunlösung halten, denn eisenfreier Alaun reagirt auf Gerbstoffe nicht; es ist jedenfalls ein durch Auslaugen von Alaunschiefer, Alaunerde oder Alaunstein (Alunit) erhaltenes Product. Der Alaunschiefer ist ein Thonschiefer, der bei vorgeschrittener Zersetzung reichlich Alaun und Eisenvitriol, bituminöse Substanz und Schwefel enthält, worauf auch wohl der scharfe Geruch zurückzuführen ist. Die Alaunerde kommt nesterweise in Braunkohlenlagern vor. Der Alaunstein enthält die Bestandtheile des Alauns, nämlich 38,6% Schwefelsäure, 37% Thonerde, 11,4% Kalium und 13% Wasser, gemäss der Formel: $Al_2K_2(SO_4)_4 + 2Al_2(OH)_6$. Er ist farblos oder weiss, gelblich oder röthlich und bildet mit Quarz gemengt den Hauptbestandtheil des Alaunfels, kommt auch fein vertheilt im trachytischen Tuff, besonders auf Melos, vor. Wird er einige Stunden erhitzt, so zerfällt er in normalen Alaun, Aluminiumoxyd und Wasser:

$$\underbrace{Al_2K_2(SO_4)_4 + 2Al_2(OH)_6}_{\text{Alaunstein}} = \underbrace{Al_2K_2(SO_4)_4}_{\text{Alaun}} + \underbrace{2Al_2O_3}_{\substack{\text{Aluminium-}\\\text{oxyd}}} + \underbrace{6H_2O}_{\text{Wasser}}.$$

Welches Verfahren die Alten einschlugen, um grössere Mengen von Alaun herzustellen, entzieht sich unserer Kenntniss.

Der spaltbare Alaun ist der sogen. Federalaun mit faserig-strahligem oder haarförmigem Gefüge; er findet sich an den bezeichneten Stellen, nach Tournefort (bei Lenz Anm. 280) besonders auf Melos, aber wegen der leichten Löslichkeit nie in grosser Menge. Was D. unter dem dem Federalaun ähnlichen Steine verstanden wissen will, ist nicht zu sagen, wohl kaum ist der auch Federalaun genannte Asbest, ein aus Kieselsäure, Kalk und Magnesia bestehendes Mineral, hierher zu ziehen. Ebenso sind wir im Unklaren über das künstliche (χειροποιητός, mit den Händen gemachte) Product.

Die Darstellung des Alauns geschieht heute noch aus den Alaunerzen, welche bei der Verwitterung den Hauptbestandtheil, das Aluminiumsulfat, liefern, dem zur Bildung des Doppelsalzes Kaliumsulfat zugesetzt wird.

Cap. 123 (124). Περὶ θείου. Schwefel. Als bester Schwefel ist der anzusehen, der noch nicht im Feuer gewesen ist, eine glänzende Farbe hat, durchscheinend und steinfrei ist, von dem aber, der mit dem Feuer in Berührung gekommen ist, der gelblichgrüne und sehr fette. Am meisten entsteht er auf Melos und Lipara. Der erstgenannte erwärmt, zertheilt und bringt rasch zur Reife. Er hilft bei Husten, Lungengeschwüren und Asthma, wenn er im Ei genommen und als Räucherung angewandt wird. Ausserdem treibt er als Räucherung auch den Embryo aus. Mit Terpentinharz gemischt nimmt er Aussatz, Flechte und krätzige Nägel weg; auch mit Essig eingeschmiert hilft er bei Aussatz und vertreibt weisse Flecken. Ferner heilt er mit Harz gemischt Skorpionstiche, mit Essig auch den Biss des Meerhasen und des Skorpions. Mit Natron aufgestrichen lindert er am ganzen Körper das Jucken. Weiter hilft er bei Gelbsucht, wenn er, einen Esslöffel voll, mit Wasser getrunken oder mit einem weichen Ei genommen wird, wirkt gut gegen Erkältung und Katarrh und hält, aufgestreut, den Schweiss zurück. Mit Natron und Wasser aufgestrichen ist er ein gutes Mittel bei Podagra. Schwerhörigkeit heilt er, wenn sein Dampf durch ein Rohr (ins Ohr) eingeleitet wird, die Schlafsucht ebenfalls als Räucherung. Endlich stillt er Blutungen und heilt Quetschungen an den Ohren, wenn er mit Honig und Wein aufgestrichen wird.

. Der durchscheinende und glänzende Schwefel, das Apyron, ist der in Krystallen oder Körnern in der Nähe von ausgestorbenen oder noch thätigen Vulkanen vorkommende. Plinius XXXV 174 gibt als weitere Fundorte die Gebiete von Neapel und Campanien an; die Romagna liefert heute den grössten Theil des in den Handel kommenden Schwefels.

Cap. 124 (125). Περὶ κισσήρεως. Bimsstein. Für den besten Bimsstein ist der zu halten, der sehr leicht und porös, spaltbar und steinfrei, dabei auch mürbe und weiss ist. Er wird so gebrannt: Nimm eine beliebige Menge davon und lege sie zwischen glühende Kohlen; wenn er glüht, nimm ihn heraus und lösche ihn in gewürztem Wein ab.

Glühe ihn wiederum und lösche ihn ab; nachdem du ihn zum dritten Male herausgenommen hast, lass ihn von selbst erkalten und bewahre ihn zum Gebrauch auf. Er hat die Kraft, zu adstringiren, das Zahnfleisch zu reinigen und zu glätten, die Pupille von Verdunkelungen unter gleichzeitiger Erwärmung zu reinigen. Er füllt Geschwüre aus und vernarbt sie, hält Auswüchse zurück, glättet fein gerieben die Zähne, bildet auf dem Körper eine Kruste (Schorf) und eignet sich zum Entfernen der Haare. Theophrast berichtet, dass, wenn man in ein Fass gährenden Weines Bimsstein werfe, die Gährung des Weines sofort aufhöre.

Theophrast (De lapid. 19) nennt auch die Verdichtung des Meerschaums, τοῦ ἄφρου τῆς θαλάσσης, Bimsstein.

Der Bimsstein ist ein vulkanisches Product, entstanden durch das Durchströmen von Gasen und Dämpfen durch trachytische Lavamassen, wodurch diese beim Erstarren ein poröses, schwammiges, zellig-blasiges Gefüge erhalten. Er findet heute nur noch technische Verwendung.

Cap. 125 (126). Περὶ ἁλῶν. Salze. Von den Salzarten ist das Steinsalz das kräftigste, und von diesem überhaupt das, welches steinfrei, weiss, durchscheinend, dicht ist und gleichmässige Massen bildet; recht eigentlich ist so das seinem Herkommen nach ammonische[1]), welches gut spaltbar ist und ein gerades Gefüge hat. Vom Seesalz muss man das nehmen, welches dicht, weiss und homogen ist. Das beste findet sich auf Kypern und dort bei Salamis, zu Megaris, auch auf Sicilien und in Libyen; unter den genannten ist aber das Sumpfsalz vorzuziehen, von dem das phrygische, das sogen. Tattaion, das kräftigste ist. Die genannten Salze haben überhaupt eine vielfach nützliche Kraft, sie adstringirt, macht geschmeidig, reinigt, zertheilt, besänftigt, verdünnt und bewirkt Wundschorf. Sie unterscheiden sich nach ihrer kräftigeren und schwächeren Wirkung. Sie halten die Fäulniss ab, werden den Krätzmitteln zugesetzt, beseitigen Auswüchse in den Augen, verhindern das Ueberwachsen der Nägel, und nehmen die sonstigen Fleischwucherungen weg. Auch sind sie ein nützlicher Zusatz zu Klystieren. Ferner heben sie, mit Oel eingeschmiert, die Mattigkeit auf, sind heilsam gegen Geschwülste bei Wassersucht, auch wirkt eine trockene Bähung derselben in Beuteln schmerzlindernd. Weiter beruhigen sie das Jucken, wenn sie mit Oel und Essig am Feuer eingeschmiert werden, bis Schweiss ausbricht. In gleicher Weise helfen sie bei Flechten, Krätze, Aussatz und Schlundmuskelentzündung, wenn sie mit Oel, Honig und Essig eingestrichen werden, bei Entzündungen der Mandeln und des Zäpfchens, wenn sie mit Honig gekocht werden. Gegen Soor, schwammiges Zahnfleisch und krebsige Geschwüre werden sie gebrannt mit Gerstenmehl aufgestreut, gegen Skorpionstiche mit Leinmehl, gegen Schlangenbisse helfen sie mit Dosten, Honig und Hysop, gegen den Biss der Hornschlange mit Pech, Cedernharz oder Honig, gegen den Stich der Skolopendra mit Honig und Essig, gegen Wespen- und Bienenstiche, gegen Bläschen auf dem Kopfe, gegen Feigwarzen und Geschwülste mit Rindsfett gemischt. Mit Rosinen, Schweinefett oder Honig zertheilen sie Furunkeln, auch Oedeme der Hoden bringen sie mit Dosten oder Sauerteig schneller zur Reife. Ferner helfen sie bei Krokodilsbissen, wenn sie, fein gestossen und in Leinen gebunden, in Essig getaucht werden, und dann mit den Bündeln die (leidenden) Theile belegt werden. Auch gegen den Biss giftiger Thiere helfen sie, ebenso mit Honig gegen Sugillationen unter den Augen, ferner, mit Sauerhonig getrunken gegen den Genuss von Mohnsaft und gegen Pilze. Gegen Verrenkungen werden sie mit Mehl und Honig, gegen Verbrennungen mit Oel aufgelegt, sie verhindern dann die Blasenbildung. In gleicher Weise werden sie bei Podagra angewandt, bei Ohrenschmerz mit Essig. Rose und kriechende Geschwüre halten sie auf, wenn sie mit Essig aufgestrichen oder mit Hysop umgeschlagen werden. Man muss sie brennen, indem man sie in einen irdenen Topf wirft, diesen gut zudeckt, damit sie nicht herausspringen und dann mit Kohlen zudeckt, bis sie glühen. Einige schlagen das Steinsalz in einen Teig von Weizenmehl, legen ihn dann auf Kohlen und lassen ihn liegen, bis der Teig verbrannt ist. Man kann aber die gewöhnlichen Salze auch auf folgende Art brennen: Nachdem du sie mit Wasser einmal abgespült und wieder trocken hast werden lassen, wirf sie in einen Topf, decke ihn zu und zünde Feuer darunter an, und rühre um, bis sie nicht mehr aufspringen.

¹) Nach Plinius hat es den Namen nicht von dem in der Nähe des Fundortes stehenden Heiligthum des Juppiter Ammon, sondern weil es sich unter dem Sande, ἄμμος, findet.

Vitruv (De archit. VIII 3) berichtet, dass in Afrika bei Parätonium in der Nähe des Ammontempels, ferner beim Berge Kasius an der Grenze von Aegypten sumpfige Seen sind, deren Wasser so salzig ist, dass auf der Oberfläche eine Salzkruste (sal congelatum) liegt. Plinius XXXI 73 zählt eine Menge Seen und Teiche, sowie auch Bergwerke auf, welche Salz lieferten, die aus Kappadokien kommende Sorte hatte Backsteinform. Die einfachste Art der Gewinnung war, das durch Verdunsten an der Luft aus dem Meere und sonstigen Salzwässern ausgeschiedene Salz herauszunehmen, doch wurden diese auch auf Salzwerke (salinae) gepumpt und in Pfannen über dem Feuer abgedampft. Auch aus der Salzlake von eingemachten Fischen und sonstigen Sachen wurde das Salz wieder gewonnen.

Cap. 126 (127). Περὶ ἄχνης ἁλός. Salzschaum. Salzschaum ist der schaumige Absatz des Meeres, welcher sich an den Felsen findet. Er hat eine den Salzen gleiche Kraft.

Cap. 127 (128). Περὶ ἅλμης. Salzlake. Die Salzlake hat eine den Salzen gleiche Wirkung, sie reinigt. Sie dient zum Klystier bei

Dysenterie gegen die fressenden Geschwüre, ebenso bei chronischem Ischiasleiden. Sie eignet sich sehr zu Uebergiessungen, wobei das Meerwasser schicklich angewandt wird.

Unter Salzlake haben wir zunächst die natürliche Salzsoole zu verstehen, von der Plinius XXXI 83 sagt, dass sie (muria) in einem Districte Spaniens aus Brunnen geschöpft werde, dann auch die Pökelflüssigkeit.

Cap. 128 (129). Περὶ ἄνθους ἁλός. Salzblüthe. Die Salzblüthe fliesst vom Nilflusse ab, sie steht aber auch auf gewissen Teichen. Man soll die nehmen, welche eine safrangelbe Farbe und einen etwas üblen Geruch hat, wie etwa das Garon, oft hat sie auch einen viel widrigeren Geruch, einen sehr beissenden und etwas fettigen Geschmack, die mit Röthel gefärbte und harte Stücke enthaltende ist für schlecht zu achten. Es wird auch nur die reine von Oel gelöst, die verfälschte dagegen zum Theil auch von Wasser. Sie hilft gegen bösartige und krebssige Geschwüre, gegen fressende Geschwüre an den Schamtheilen, bei eiterflüssigen Ohren, bei Stumpfsichtigkeit, auch nimmt sie Narben und Leukome weg. Sie wird ferner den Pflastern und Salben zum Färben zugemischt, so auch der Rosensalbe. Sie wirkt Schweiss erregend, beunruhigt, in Wein und Wasser genommen, den Bauch, dem Magen ist sie schädlich. Sie wird den stärkenden Salben zugesetzt und den Schmiermitteln, welche zum Dünnmachen[1]) des Haarwuchses dienen. Ueberhaupt ist sie scharf und brennend wie die Salze.

[1]) πρὸς λεπτυσμόν nach den älteren Interpreten, eine vulgäre Lesart ist sonst πρὸς λευκασμόν, zum Weissmachen.

Die Salzblüthe könnte man dem Wortlaute nach für das reinste Salz halten, allein der Text und die Parallelstelle bei Plinius führen zu der Annahme, dass es Natron ist, welches vielfache Verunreinigungen von Humus-, empyreumatischen und anderen Stoffen enthält, die der Nil bei der Ueberschwemmung in stehende Gewässer führt, wo sie sich verdichten. Plinius XXXI 90 sagt, die Salzblüthe sei am besten, wenn sie beim Drücken eine Art Oel zeige, welches als Träger der rothen Farbe anzusehen sei, denn die Farbe des künstlichen löse sich in Wasser; beim Stehen in Gefässen bilde der obere Theil der Salzblüthe eine weisse Fläche (durch Ausscheidung von Soda), während der mittlere Theil feucht bleibe; sie sei ein sehr wirksames Mittel zur Entfernung der Augenbrauen.

Cap. 129 (130). Περὶ νίτρου. Natron. Das Natron verdient den Vorzug, welches leicht ist, eine röthliche oder weisse Farbe hat und durchbrochen ist, als ob es schwammig wäre. Ein solches ist das aus Haufen[1]). Es hat metasynkritische Kraft[2]).

[1]) ἐκ τῶν βουνῶν. [2]) Siehe I Cap. 47.

Das Nitron der Alten ist nicht unser Salpeter (Nitrum), sondern eine mit anderen Substanzen, besonders Chlormagnesium, Eisenoxyd, Kochsalz u. s. w. verunreinigte Soda, Natrium carbonicum.

Nach Plinius XXXI 106 sqq. wurde das Natron theils als natürliche Auskrystallisation sodahaltiger Seen, wie zu Liti in Makedonien, theils künstlich, hauptsächlich in Aegypten in den Nitrarien, gewonnen, indem man das Wasser der
Natronseen, deren zwei nach Strabo (Geogr. XVII 1) oberhalb Memphis lagen, in
dieselben leitete. Das künstliche, sagt er, sei schlechter, braun und steinig; das Salz
selbst werde in Haufen aufgethürmt, welche nach und nach erhärteten. Die Natronseen seien nur bei Naukratis und Memphis, einige lieferten ein braunrothes Natron,
das seine Farbe einer erdigen Beimischung verdanke; auf Zusatz von Kalk entwickele
es einen starken Geruch. Es besitze eine grössere Schärfe als das Salz, denn in
den Nitrarien werden die Schuhe rasch zerstört. Aus verbranntem Eichenholze sei
es in grosser Menge bereitet worden (hier verwechselt er die Soda mit Pottasche).

Cap. 130 (131). Περὶ ἀφροῦ νίτρου. Natronschaum. Der
beste Natronschaum scheint der zu sein, der sehr leicht, blätterig-krustig,
leicht zerreiblich, purpurfarbig und schaumig, dabei beissend ist. Ein
solcher ist der aus Philadelphia in Lydien bezogene; an zweiter Stelle
kommt der ägyptische, aber auch in Magnesia in Karien wird er erzeugt.
Sowohl dieser wie auch das Natron hat eine den Salzen gleiche Kraft
und wird auf dieselbe Art gebrannt. Mit ausserordentlicher Wirkung
besänftigt aber auch das Natron Leibschneiden, wenn es mit römischem
Kümmel fein gerieben und mit Wassermeth oder eingekochtem Most oder
etwas die Winde Zertheilendem, z. B. Raute oder Dill, getrunken wird.
Es dient auch zum Einsalben bei periodischen Fiebern vor dem zu be-
fürchtenden Anfalle. Es wird ferner den zertheilenden, reizenden, Aussatz
heilenden und verdünnenden Pflastern zugesetzt. Mit warmem Wasser
oder Wein als Eingiessung heilt es Sausen und Brausen sowie Eiterfluss
in den Ohren, es reinigt sie auch, mit Essig eingegossen, von Schmutz.
Hundsbisse heilt es mit Esels- oder Schweineschmalz; mit Terpentinharz
gemischt öffnet es Furunkeln, mit Feigen bildet es ein Kataplasma bei
Wassersucht, mit Honig als Salbe macht es scharfsichtig. Mit Essigwasser getrunken ist es ein gutes Mittel gegen (giftige) Pilze, mit Wasser
gegen Buprestis, mit Silphion gegen Stierblut. Bei Auszehrung ist es
ein heilsames Kataplasma, desgleichen mit Wachssalbe bei Kraftlosig-
keit, Opisthotonie und Verrenkungen. Mit Nutzen wird es auch dem
Brode bei Lähmung der Zunge zugesetzt. Einige brennen die oben genannten[1]), indem sie dieselben auf Kohlen legen, nachdem zuvor eine
neue irdene Platte untergelegt war, bis sie glühen.

[1]) d. h. den Natronschaum und das Natron, welches D. hier seiner Wirkung
nach mitbehandelt.

Nach Plinius XXXI 112 entsteht der Natronschaum (Spuma nitri) auf mehrfache Weise. „Die Alten,“ sagt er, „behaupten, er bilde sich nur nach starkem
Thaufalle, wenn die Nitrarien bereits gesättigt seien, aber noch nichts ausgeschieden
hätten. Andere sind der Meinung, er entstehe durch eine Art Gährung in den
Haufen; die späteren Aerzte sagen, er werde in Asien in Höhlen, den sogen. Colycae,
gesammelt, wo er von den Decken herabtröpfele. Die beste Sorte ist die lydische,

welche nicht schwer, leicht zerreiblich und fast purpurfarbig ist, sie kommt in Kügelchen in den Handel, die ägyptische dagegen wird in verpichten Gefässen, um ein Zerfliessen zu verhüten, ausgeführt."

Der Natronschaum ist auf alle Fälle ein Auskrystallisationsproduct, unreines Natriumcarbonat, oder auch das, was wir als Mauersalpeter bezeichnen, in der Hauptsache Calciumnitrat, $Ca(NO_3)_2$, ein leicht zerfliessliches Salz. Auch könnte man an eine Art Tropfstein denken.

Cap. 131 (132). Περὶ τρυγός. Weinabsatz. Am besten nimmt man den Weinabsatz von altem italischem Wein, sonst aber auch von einem anderen ähnlichen, denn der vom Essig hat eine zu grosse Kraft. Gebrannt wird er nach vorsichtigem Trocknen wie das Halkyonion. Einige legen ihn auf eine irdene Platte und brennen ihn über starkem Feuer, bis er durch und durch glüht, Andere legen ihn als einen Klumpen unter glühende Kohlen und thun das Gleiche. Als Beweis für hinreichendes Brennen dient, dass er weiss oder luftfarbig ist, und dass er, an die Zunge gebracht, dieselbe gleichsam brennt. In derselben Weise wird auch der vom Essig gebrannt. Er hat eine heftig brennende Kraft, welche reinigt, vernarbt, adstringirt, stark Fäulniss bewirkt und austrocknet. Man muss aber den Weinabsatz gebrauchen, wenn er frisch ist, denn er vergeht rasch, deshalb darf er weder unverschlossen noch ohne Gefäss aufbewahrt werden. Derselbe wird gewaschen, wie Pompholyx. Der ungebrannte heilt für sich allein oder mit Myrrhe Oedeme; als Umschlag stellt er auch Bauch- und Magenfluss, ebenso hemmt er den Fluss der Frauen als Kataplasma auf den Unterleib und die Scham. Er zertheilt noch nicht schwärende Drüsen an Scham und Achseln und Geschwülste; mit Essig aufgestrichen schränkt er strotzende und die Milch ergiessende Brüste ein. Der gebrannte entfernt mit Harz krätzige Nägel, mit Mastixöl eine Nacht lang eingesalbt färbt er die Haare gelb, der gewaschene wird den Augenmitteln zugemischt wie Zinkasche; ein solcher vertreibt Narben und Nebel von den Augen.

Plinius XIV 131 sagt vom Weinabsatz (Faex vini), dass derselbe getrocknet Feuer fange und von selbst ohne Nahrung brenne, die Asche habe die Natur des Natrons (Kalis).

Es ist der Bodensatz in den Weinfässern besonders aus alten Weinen; er besteht aus Weinstein (saurem weinsaurem Kalium), gemischt mit Hefe, Farbstoff, Schmutz u. s. w., beim Essig ist es nur Hefe und Schmutz. Beim Brennen entstand eine alkalische und durch Reduction mittelst der gebildeten Kohle auch kaustische Masse, welche begierig Feuchtigkeit und Kohlensäure aus der Luft anzieht; deshalb sollte sie nur in gut verschlossenen Gefässen aufbewahrt werden.

Cap. 132 (133). Περὶ ἀσβέστου. Gebrannter Kalk. Der gebrannte Kalk wird so hergestellt: Nimm Schalen der Meerschnecken, wirf sie unter das Feuer oder gib sie in einen glühenden Ofen, und lass sie darin eine Nacht liegen; am folgenden Tage, wenn sie ganz weiss

geworden sind, nimm sie heraus, anderenfalls (brenne sie) wiederum,
bis sie vollständig weiss sind. Dann tauche sie in kaltes Wasser und
wirf sie in einen neuen Topf, decke ihn mit Lumpen gut zu und lass
eine Nacht stehen. Früh Morgens, wenn er (der Kalk) ganz fertig ist,
nimm ihn heraus und bewahre ihn auf. Er wird auch aus gebrannten
Ufersteinchen[1]) und aus gewöhnlichem Marmor gemacht, und dieser wird
den anderen vorgezogen. Jeder Kalk überhaupt hat brennende, beissende,
ätzende und schorfmachende Kraft; einigen anderen Substanzen, wie Fett
oder Oel zugemischt, wirkt er die Verdauung anregend, erweichend, vertheilend und vernarbend. Für wirksamer ist der zu halten, welcher frisch
und trocken ist.

[1]) Unter den Ufersteinchen haben wir jedenfalls nicht Kalksteinchen, sondern
die Schalen kleiner Seethiere, Muscheln u. dgl. zu verstehen. Das Brennverfahren
erklärt sich von selbst; D. erhielt zuletzt ein Pulver von gebranntem Kalk.

Cap. 133 (134). Περὶ γόφου. Gyps. Der Gyps hat adstringirende, eine Haut bildende Kraft; er stillt Blutungen und hält den
Schweiss zurück; genossen aber tödtet er nach Art der Erstickung.

Die Alten wandten den Gyps, das Calciumsulfat, in derselben Weise an, wie
es heute geschieht. Plinius unterscheidet XXXVI 182 drei Arten, den aus einem
Steine (es ist der Alabastrites oder ein marmorartiger Stein in Syrien) gebrannten,
den aus der Erde gegrabenen, wie auf Kypern, und den die oberste Erdschichte
bildenden, wie den tymphaischen.

Cap. 134 (135) Περὶ τρέφας κληματίνης. Weinrebenasche.
Die Weinrebenasche hat ätzende Kraft. Mit Schmalz oder Oel als Salbe
hilft sie bei Quetschungen der Sehnen, bei Krümmungen der Glieder und
Geschwulst der Sehnen. Mit Natron und Essig bringt sie Fleischwuche-
rungen des Hodensackes weg; mit Essig als Umschlag heilt sie Schlangen-
und Hundsbisse. Sie wird auch den schorfbildenden Mitteln zugesetzt.
Ferner wird aus ihr mit Honig, Salz und Essig eine Lauge gemacht gegen
Sturz und gegen (giftige) Pilze.

Cap. 135 (136). Περὶ ἀλκυονίου. Halkyonion. Vom Halkyo-
nion sind fünf Sorten zu unterscheiden. Die erste ist dicht [und herbe[1])]
und von schwammigem Aussehen, dabei stinkend und schwer, mit Fisch-
geruch; diese findet sich meist am Ufer. Die zweite gleicht in der Form
dem Augenflügelfell[2]) oder einem Schwamme[3]), sie ist leicht, porös, und
hat den Geruch von Algen. Die dritte ist der Gestalt nach wurmförmig
und fast purpurfarbig, Einige nennen sie das milesische Halkyonion. Die
vierte ist schmutziger Schafwolle ähnlich, porös und leicht. Die fünfte
gleicht in der Gestalt einem Pilze, ist geruchlos, innen rauh, in etwa
bimssteinartig, aussen glatt und scharf. Es wächst am meisten in der

Propontis bei der Besbikon genannten Insel, landläufig heisst es Meer-schaum. Das erste und zweite wird zu Pomaden der Frauen genommen, auch gegen Leberflecken, Flechten, Aussatz, weisse und schwarze Flecken, Muttermale im Gesicht und am übrigen Körper gebraucht. Das dritte dient gegen Harnverhaltung und entstehende Blasensteine, ferner bei Nierenleiden, Wassersucht und Milzsucht. Gebrannt und mit Wein als Umschlag bewirkt es nach der Fuchskrankheit dichtes Haar. Das letzte vermag die Zähne weiss zu machen; es wird aber auch mit Salz vermischt zu anderen Reinigungs- und zu Enthaarungsmitteln genommen. Wenn du es brennen willst, gib es mit Salz in einen rohen irdenen Topf, verschliesse dessen Mündung mit Lehm und setze es in den Ofen. Wenn der Topf glüht, nimm es heraus und bewahre es zum Gebrauch auf. Gewaschen wird es aber wie Kadmeia.

[1]) [καὶ στροφνόν] passt hier durchaus nicht und wird auch von den älteren Interpreten als eingeschoben betrachtet. [2]) πτερυγχίῳ ὀφθαλμικῷ. [3]) Im Text heisst es: ἡ σπόγχῳ ἔοικε, κοῦφόν τέ ἐστι καὶ πολύξενον, nach Serapion würde man lesen: κοῦφόν τέ ἐστι καὶ πολύξενον ὡς σπόγχος, leicht und porös wie Schwamm.

Halkyonion leitet sich ab von ἀλκυών, der Meeres- oder Eisvogel, *Alcedo Ispida* L. Bei Plinius XXXII 86, X 91 entsteht das Halcyonion nach Einigen aus dem Schlamme oder einer Art Wolle des Meeres, nach Anderen sind es die wunderbaren Nester der Vögel Halcya und Ceyx (es sollen der männliche und weibliche Eisvogel sein), welche die Gestalt eines Balles haben und wie ein Badeschwamm aussehen. Sie bilden sich aus den Gräten der von den Vögeln verschlungenen Fische, welche von jenen wieder ausgespieen werden (Arist. hist. anim. IX 15). — Der Eisvogel baut aber kein eigentliches Nest, sondern legt die Eier in ein Loch, welches er in den Uferlehm bohrt, unter Wurzelgestrüpp.

Das Halcyonion gehört zu den Alcyonidae, den Schwamm-, Kork- oder Leder-korallen, Zoophyten, welche besonders im Rothen und Mittelmeere leben. Sie be-stehen aus Gallerte, Kalk- (Lithion-) und anderen Meeressalzen, denen sie wohl die Anwendung bei Blasenkrankheiten verdanken.

Die erste Sorte hält Sprengel für *Alcyoneum cortoneum* Pall., die zweite für *A. papillosum* Pall., die dritte für *A. palmatum* Pall., die vierte für *Spongia panicea* Pall., die fünfte für *Alc. Ficus* Pall. oder *Alc. Aurantium* Pall.

Cap. 136 (137). Περὶ ἀδάρκου. Adarkes. Die sogen. Adarkes entsteht in Galatien; es ist eine Art Salzkruste, welche in feuchten Gegenden bei Trockenheit sich bildet und an Rohr und Grashalmen sich verdichtet. In der Farbe gleicht sie der Blüthe des gebrannten assischen Steines, im ganzen Aeusseren aber dem weichen und porösen Halkyonion, sie ist auch eine Art Sumpfhalkyonion. Sie eignet sich zum Entfernen des Aussatzes, der Flechten, der weissen Flecken, Leberflecken und der-gleichen. Im Ganzen ist sie scharf und metasynkritisch[1]), sie hilft auch bei Ischias.

[1]) Die Gesundheit durch Oeffnen der Poren und Ausscheidung verdorbener Säfte durch dieselben befördernd (s. I 47).

Plinius XXXII 140 nennt die Adarca auch Calamochnus, sie entsteht als zarter Schaum aus Meer- und süssem Wasser da, wo beide sich mischen. Es ist wohl kaum etwas Anderes als Salztheilchen, die beim Eintrocknen salzhaltiger Gewässer sich ausscheiden.

Cap. 137 (138). Περὶ σπόγγων. Schwämme. Einige nennen die Schwämme, welche feinporig und dicht sind, die männlichen und bezeichnen von diesen die härteren als Böcke, die, welche entgegengesetzte Eigenschaften haben, heissen die weiblichen. Die Art, sie zu brennen, ist dieselbe wie beim Halkyonion. Der frische und magere ist ein Wundmittel; er vertreibt auch Geschwülste, mit Wasser oder Essigwasser verklebt er frische Wunden, mit Honig gekocht verschliesst er alte Cavernen. Der alte Schwamm ist unbrauchbar. Sie zertheilen [frisch und trocken] schwer aufgehende Geschwüre und Fleischwucherungen, wenn sie mit Leinenfäden umbunden und so trocken wie Charpie eingelegt werden. Fliessende, kanalartige und langwierige Geschwüre machen sie trocken, wenn sie frei von Feuchtigkeit frisch eingelegt werden. Blutung stillen sie mit Essig. Gebrannt werden sie gegen Trockenheit der Augen angewandt und da, wo es nöthig ist, etwas zu reinigen oder zu adstringiren. Besser zu Augenmitteln wirken sie, wenn sie gewaschen sind. Die gebrannten sind mit Pech ein gutes Mittel gegen Blutfluss. Die weichsten derselben werden in der Hundstagshitze weiss, wenn sie mit Salzschaum, welcher sich an den Felsen gesammelt hat, befeuchtet und an der Sonne getrocknet werden; der hohle Theil derselben muss aber nach oben, der, wo sie abgeschnitten sind, nach unten gerichtet sein. Bei heiterem Himmel werden sie auch in den Mondschein gestellt, indem sie mit Salzschaum oder Meerwasser besprengt werden. Solche werden aber am weissesten.

Euspongia officinalis L., Feiner Badeschwamm, und *E. zimocca* L., Zimokkaschwamm (Spongidae). Der letztere ist härter und fester und vielleicht der nämliche des D., den Aristoteles als σπόγχος πυχνότατος bezeichnet. Die Schwämme des Handels sind von der schleimigen, contractilen Substanz des lebenden Thieres, sowie von Sand und steinigen Concretionen befreit, getrocknet und zugeschnitten. Die Wundschwämme, Spongiae compressae, fanden früher häufigere Verwendung.

Cap. 138 (139). Περὶ κοραλλίου. Koralle. Die Koralle, welche Einige auch Steinbaum nennen, scheint ein Meergewächs zu sein, aber zu verhärten, wenn es aus der Tiefe gezogen wird und ausserhalb des Meeres sich befindet, also fest wird, wenn es eingetaucht gleichsam wird in die uns umgebende Luft[1]). Sie findet sich am meisten an dem Vorgebirge bei Syrakus, welches Pachynon[2]) heisst. Als die beste gilt die, welche eine feurige Farbe hat und dem Sandarach oder der gesättigt rothen Mennige ähnlich, auch leicht zerreiblich und in der ganzen Masse homogen ist, welche ferner einen tang- oder algenartigen Geruch hat, dabei vielverzweigt ist nach Art der feinen Zimmtzweige. Diejenige, welche in ihrer Masse steinig, rauh, hohl und porös ist, muss man für schlecht halten. Ihrer Kraft nach ist sie adstringirend und sattsam kühlend. Fleisch- [und sonstige] Wucherungen bringt sie zurück und vertreibt Narben in den Augen, füllt aber auch Cavernen aus. Sie wirkt kräftig bei Blutauswurf und ist ein gutes Mittel gegen Harnverhaltung. Endlich erweicht sie, mit Wasser genommen, die Milz.

[1]) Vergleich mit dem Härten des Eisens durch Eintauchen in kaltes Wasser.
[2]) Das südlichste Vorgebirge auf Sicilien, jetzt Capo di Passaro.

Plinius XXXII 22 hält die Korallen für wirkliche Pflanzen, er sagt: „Die Korallen haben die Gestalt eines Strauches und eine grüne Farbe; ihre Beeren sind unter Wasser schneeweiss und weich, herausgenommen werden sie sogleich hart und gleichen in Aussehen und Grösse den Früchten des Korallenbaumes, schon durch blosse Berührung sollen sie, wenn sie noch frisch am Stamme hängen, zu Stein werden.“

Corallium rubrum Lam. (*Isis nobilis* Pall.), Edelkoralle, Rothe Koralle, aus der Familie der Gorgonidae und der Classe der Anthozoa, Blumenthiere, Rinden- oder Achsenkorallen. Der Stock wird bis 30 cm hoch und bewohnt das Mittelländische und Adriatische Meer in Tiefen von 80—200 m (40—100 Faden). Es sind festsitzende, rothe Bäumchen mit innerer, ganz kalkiger Achse, die umhüllt wird von einer halbweichen, zerreiblichen, mit Kalkkörpern durchsetzten Rinde, in welche die Polypen eingesenkt sind. Ein solcher Korallenstock ist die dauernde Vereinigung einer grossen Zahl von Einzelindividuen zu einem Gesammtorganismus, Cönenchym (κοινός und ἔγχυμα), und entsteht durch die ungeschlechtliche Vermehrung mittelst Theilung und Knospenbildung, wobei alle Einzelindividuen durch ein System von Canälen mit einander in lebendiger Verbindung bleiben. Der Zusammenhang wird bewirkt durch ein Kalkskelett, welches seine Entstehung einer Verkalkung des äusseren Körperepithels der Thierchen verdankt. Die geschlechtliche Fortpflanzung findet nur bei Bildung eines neuen Individuums zur Gründung eines neuen Stockes statt.

Die Korallen bestehen aus 83% Calciumcarbonat, 3,5% Magnesiumcarbonat, etwas Eisenoxyd und thierischer Substanz.

Cap. 139 (140). Περὶ ἀντιπαθοῦς. **Antipathes.** Das sogen. Antipathes[1]) ist auch für eine Koralle zu halten, zeigt jedoch einen wesentlichen Unterschied. Es ist aber von schwarzer Farbe, selbst auch baumartig und mehr ästig. Es hat dieselbe Kraft wie die vorige.

[1]) Gegen das Leiden, weil die schwarze Koralle als Schutzmittel gegen Verzauberung von den Asiaten getragen wurde.

Im Mittelmeere kommen etwa 15 Arten Antipathes vor, gemeint ist vielleicht *Antipathes subpinnata* oder *A. Larix* mit dorniger Achse und zarten Zweigen; *Plexaura Antipathes* L., Schwarze Koralle, bewohnt den Indischen Ocean und das Rothe Meer. Der Stock ist buschig verzweigt, mit dicker, knolliger Wurzel und hornigem, schwarzem Achsenskelett, welches von einer grauen Rinde überzogen ist, bis 35 cm hoch.

Die Korallen sind schon lange aus dem Arzneischatze verschwunden, sie spielen aber immer noch eine Rolle in den sympathetischen Mitteln gegen Epilepsie.

Cap. 140 (141). Περὶ φρυγίου λίθου. **Phrygischer Stein.** Der phrygische Stein, welchen die Färber in Phrygien verwenden —

daher auch sein Name — entsteht in Kappadokien. Der beste ist der,
welcher blassgelb, mässig schwer ist, nicht eine homogene Farbe durch
die Masse hat, sondern weisse Zonen aufweist wie die Kadmeia. Der
Stein wird so gebrannt: Uebergiesse ihn mit bestem Wein und lege ihn
zwischen glühende Kohlen und blase diese unausgesetzt an; wenn er die
Farbe verändert hat und heller gelb geworden ist, nimm ihn heraus und
lösche ihn in Wein ab. Lege ihn wieder zwischen die Kohlen und thue
dasselbe. Brenne ihn aber zum dritten Male und habe Acht, dass er
nicht zerbröckelt und ganz zu Russ wird. Roh und gebrannt hat er
stark adstringirende Kraft, dabei reinigt er, macht mässig Schorf und
heilt mit Wachssalbe Brandwunden. Gewaschen wird er wie die Kadmeia.

Plinius XXXVI 143 nennt den Stein eine gleba pumiciosa, die beim Brennen
roth wird und nur zum Färben der Kleiderstoffe dient. Nach Adams (Comment.
in Paul. Aegin. I 3 p. 214) ist es ein lockeres, alaunhaltiges Mineral.

Cap. 141 (142). Περὶ ἀσσίου λίθου. Assischer Stein. Vom
assischen Steine muss man den nehmen, der die Farbe des Bimssteins hat,
der locker und leicht ist, dabei sich gut zerreiben lässt und im Innern
gelbe Zonen hat. Seine Blüthe ist die auf der Oberfläche der Steine
aufsitzende gelbliche Salzmasse von weicherem Gefüge und theils von
weisser Farbe, theils von der des Bimssteins, aber ins Gelbe spielend. An
die Zunge gebracht beisst er etwas. Beide haben schwach ätzende Kraft,
sie zertheilen Geschwülste, wenn sie mit Terpentinharz oder Theer gemischt werden. Die Blüthe ist aber für wirksamer zu halten. Getrocknet heilt sie ganz vorzüglich alte und schwer vernarbende Geschwüre,
hält Fleischwucherungen zurück und reinigt mit Honig solche, die pilz-
ähnlich und bösartig sind. Sie füllt auch die Cavernen der Geschwüre
aus und reinigt sie mit Honig. Mit Wachssalbe gemischt hält sie fressende
Geschwüre auf; bei Podagra ist sie mit Schrot von Hülsenfrüchten ein
gutes Kataplasma, bei Milzkrankheit mit Essig und ungelöschtem Kalk.
Als Leckmittel mit Honig ist sie heilsam für Phthisiker. Es werden aus
dem Steine auch Tröge gemacht, in welche Podagrakranke die Füsse
stellen und geheilt werden, und fleischverzehrende Särge. Die Blüthe
macht wohlbeleibte und fette Körper mager, wenn sie im Bade statt
mit Natron damit bestreut werden[1]). Wenn Jemand die vorgenannten
waschen will, so soll er sie waschen wie die Kadmeia.

[1]) τὸ δὲ ἄνθος ἰσχναίνοι τὰ πολύσαρκα καὶ πάχεα σώματα, καταπασσόμενον ἀντὶ
νίτρου etc. So die von Salmasius nach Serapion und älteren Interpreten hergestellte
Lesart gegenüber der vulgären: σαρκόφαγοι γίνονται, ἰσχναίνουσαι τὰ πολύσαρκα καὶ πάχεα
σώματα, καταπλασσόμεναι ἀντὶ νίτρου etc. Assus war eine Stadt im alten Troas am
Meerbusen von Edremid, auf einem vorspringenden Felsen des Ida, jetzt sind es bedeutende Ruinen unter dem Namen Asso beim Dorfe Behram
Ueber den assischen Stein ist man sich nicht klar. Plinius XXXVI 131 nennt

ihn Sarcophagus, den Fleischverzehrenden, und sagt, dass die Leichname darin binnen 40 Tagen bis auf die Zähne verzehrt würden. Die meisten Interpreten nehmen an, dass die Todtenkisten vielleicht aus gebrannten Marmorplatten bestanden haben oder dass gebrannte Kalksteine in die Särge gelegt seien, welche die Feuchtigkeit der Leichen aufsogen.

Cap. 142 (143). Περὶ πυρίτου λίθου. **Pyritesstein.** Der Pyrites ist eine Art Stein, aus dem Erz gewonnen wird. Man muss den nehmen, der ein erziges Aussehen hat und leicht Funken gibt. Er wird auf solche Art gebrannt: Bestreiche ihn mit Honig, lege ihn in schwaches Kohlenfeuer und blase anhaltend, bis die Farbe eine gelbe geworden ist. Einige legen den mit Honig reichlich bestrichenen Stein in viele glühende Kohlen, wenn er beginnt, die Farbe in gelb zu wenden, nehmen sie ihn heraus. Nachdem sie dann die Asche abgeblasen haben, durchfeuchten und brennen sie ihn wiederum, bis er ganz mürbe geworden ist, denn häufig wird er nur an der Oberfläche angebrannt. Nachdem sie ihn aber so gebrannt und getrocknet haben, bewahren sie ihn auf. Wenn er aber gewaschen Anwendung finden soll, so wird er gewaschen wie Kadmeia. Gebrannt und roh hat er erwärmende, die Haut reinigende Kraft, vertreibt die Verdunkelungen von den Augen, zertheilt Verhärtungen und bringt sie zum Reifen. Mit Harz gemischt hält er Fleischwucherungen zurück, verbunden mit einer gewissen Wärme und Zusammenziehung. Einige nennen den so gebrannten auch Diphryges.

D. verwechselt hier zwei Mineralien, den Kupferkies und Schwefelkies. Letzterer hat Messing- (χαλκός-) Glanz und gibt am Stahl Funken, der Kupferkies, aus dem Kupfer (Messing) gewonnen wird, nicht. Dass D. aber den Schwefelkies meint, geht aus dem Röstprocess hervor.

Plinius XXXVI 137, der offenbar dieselbe Quelle wie D. benutzt hat, schreibt, man nenne den Mühlstein auch Pyrites, weil er viel Feuer enthalte, es gebe einen zweiten, der schwammiger sei, und einen dritten, dem Kupfer ähnlichen, dieser werde auf Kypern bei Acamas gefunden und sei theils silber-, theils goldhaltig; er werde dazu benutzt, um die Funken in Schwefel, trockenen Schwämmen oder Blättern aufzufangen und diese zu entzünden.

Cap. 143 (144). Περὶ αἱματίτου λίθου. **Blutstein.** Der Blutstein ist der beste, welcher leicht zerreiblich, gesättigt dunkel, gar schwarz, an und in sich selbst hart und homogen und frei von irgend Schmutz oder (fremden) Durchsetzungen ist. Er hat leicht erwärmende und adstringirende Kraft, verdünnt, glättet mit Honig die Narben und Rauheiten auf den Augen, heilt mit Frauenmilch Triefäugigkeit, Risse und blutunterlaufene Augen. Mit Wein wird er gegen Harnverhaltung und Frauenfluss, mit Granatapfelsaft gegen Blutspeien getrunken. Es werden aber auch Kollyrien und Augenmittel daraus gemacht, welche gegen Augenleiden sehr dienlich sind. Gebrannt wird er wie der phrygische Stein, indem Wein dazu genommen wird. Der rechte Grad des Brennens soll sein, dass er mässig leicht und blasig geworden ist. Einige verfälschen den genannten Stein so: Sie nehmen einen festen und runden Klumpen des Spaltsteins, dieser Art sind die sogen. Wurzeln desselben, und legen ihn in ein irdenes bauchiges Gefäss mit heisser Asche; nach kurzer Zeit nehmen sie ihn heraus und reiben ihn auf dem Reibsteine und prüfen, ob er die Farbe des Blutsteins angenommen hat; hat er diese erhalten, so bewahren sie ihn auf, wenn nicht, legen sie ihn wieder hinein, sehen beständig nach und prüfen, denn wird er zu lange in der Asche gelassen, so verändert er die Farbe, dann fällt er auseinander. Der schlecht gekünstelte wird zunächst durch die Fasern erkannt, denn er spaltet sich in gerader Richtung in Stücke; der Blutstein verhält sich nicht so; dann auch durch die Farbe, denn der auf dem Reibstein geriebene gibt eine blühende Farbe, der Blutstein eine tiefere und dem Zinnober ähnliche. Er wird aber auch im sinopischen Röthel angetroffen, ebenso wird Blutstein aus dem lange Zeit geglühten Magnetstein hergestellt. Der natürliche wird in Aegypten bergmännisch gewonnen.

Der Blutstein, Lapis haematitis, ist ein Eisenoxyd, welches sich natürlich findet als rother Glaskopf oder Rotheisenstein. Er bildet nierenförmige, traubige, stalaktitische Stücke von spiessig-faserigem Gefüge, oft ist er krummschalig mit einer die Schalen durchschneidenden, keilförmigen Absonderung. Sein Bruch ist uneben, splitterig, der Strich blutroth. Welche Masse zum Verfälschen gedient hat, ist schwer zu sagen, es könnte der rothe Sandsteinschiefer sein. Der Magneteisenstein ist Eisenoxyduloxyd, Fe_3O_4, er verwandelt sich beim Glühen in rothes Eisenoxyd, Fe_2O_3.

Cap. 144 (145). Περὶ σχιστοῦ λίθου. Spaltstein. Der Spaltstein findet sich im westlichen Iberien. Der beste scheint der zu sein, der safranfarbig, leicht zerreiblich und gut spaltbar ist, wie es seiner Natur entspricht. Seiner Masse und dem streifigen Gefüge nach gleicht er dem Ammonsalze[1]. Er besitzt dieselbe Kraft wie der Blutstein, nur bleibt er in der Stärke der Wirkung hinter diesem zurück. Er füllt Cavernen aus, wenn er mit Frauenmilch angerührt wird, wirkt vorzüglich gegen Risse und Vorfälle (der Augen?), auch gegen Verhärtungen der Augenlider und Fehler der Hornhaut.

[1] d. h. dem Steinsalze.

Plinius XXXVI 144 sagt, der Spaltstein, Schistos, sei nach Ansicht der neueren Schriftsteller verwandt mit dem Blutstein; Sotacus, einer der ältesten Autoren, gebe fünf verschiedene Arten Blutstein an und stelle fest, dass der Schistos zu einer anderen Art als der Blutstein gehöre, welche Anthracites heisse.

Hiernach liegt die Vermuthung nahe, dass wir es mit einer Art Schiefer zu thun haben, entweder mit einem stark eisenhaltigen Thonschiefer oder dem rothen Sandsteinschiefer. Darauf deutet die Bezeichnung Anthracites bei Plinius und der bei D. angegebene Fundort Iberien, die pyrenäische Halbinsel, wo das Gebirge, besonders im heutigen Portugal, aus Schiefern und Granit besteht; der Reichthum an Roth- und Spateisenstein sowie anderen Erzen ist bekannt. Es könnten aber auch unter Lapis schistos die langen Stücke des Haematites mit besonders faserigem Gefüge verstanden werden, welche sich leicht und glatt spalten lassen.

Cap. 145 (146). Περὶ γαγάτου λίθου. Gagatstein. Vom Gagatstein soll man den nehmen, welcher sich schnell entzündet und einen asphaltartigen Geruch hat. Im Allgemeinen ist er schwarz und dürr, dabei plattenartig und sehr leicht. Er hat erweichende und zertheilende Kraft. Zum Räuchern angezündet ist er ein Mittel zur Entdeckung der Epilepsie, beseitigt auch hysterische Krämpfe. Angezündet verscheucht sein Rauch Schlangen; auch wird er den Mitteln gegen Podagra und den stärkenden Salben zugesetzt. Er entsteht in Lykien bei der Mündung eines Flusses ins Meer, es ist dies nahe bei der Stadt, welche Palaiopolis[1]) heisst. Die Gegend und der Fluss aber führen den Namen Gagos, an dessen Mündung werden diese Steine gefunden.

[1]) Die alte Stadt.

Sprengel hält den Gagates für Erdpech und stützt sich dabei auf Galen (De fac. simpl. IX p. 208), welcher den Stein in Cölesyrien in der Nähe des Todten Meeres massenhaft angetroffen habe. Es ist aber wohl eher eine Braunkohle; auch Plinius XXXVI 141 beschreibt ihn als schwarz, bimssteinartig, plattig, leicht und nicht viel von Holz verschieden (vgl. I cap. 101). Die Franzosen bezeichnen als Gagat, jais, eine in Südfrankreich vorkommende spröde, pechschwarze, wachs- oder fettglänzende Braunkohle mit muscheligem Bruch, welche äusserlich der Steinkohle nahe kommt und sehr hart ist; sie lässt sich schneiden, drechseln und poliren (vgl. Weiteres bei H. Fühner, Ber. d. D. Ph. Gesellsch. 1902, Heft 2, S. 90).

Cap. 146 (147). Περὶ θρακίου λίθου. Thrakischer Stein. Der sogen. thrakische Stein entsteht bei Sintia in dem Pontus genannten Flusse. Er hat dieselbe Kraft wie der Gagat. Es wird erzählt, derselbe werde durch Wasser entzündet, durch Oel aber ausgelöscht, was auch beim Asphalt der Fall ist.

Plinius XXXIII 94 sagt: Der Kalk und der thrakische Stein wird durch Wasser entzündet, derselbe wird durch Oel gelöscht. Er betrachtet als Thatsache, was D. als Erzählung hinstellt. Es könnte vielleicht eine harte Braunkohle gemeint sein, welche mit Wasser gemischt gut brennt.

Cap. 147 (148). Περὶ μαγνήτου. Magnetstein. Der beste Magnetstein ist der, welcher das Eisen leicht anzieht, eine bläuliche Farbe hat, dicht und dabei nicht sehr schwer ist. Er hat die Kraft, den dicken Schleim abzuführen, wenn er im Gewichte von 3 Obolen mit Honigmeth gegeben wird. Einige brennen ihn und verkaufen ihn als Blutstein.

Magneteisenstein oder Magnetit ist Eisenoxyduloxyd, Fe_3O_4, und findet sich als körnige Massen in Lagern oder Blöcken in Schiefern, auch krystallisirt in Oktaëdern oder Rhombendodekaëdern. Wie Plinius XXXVI 127 berichtet, hat er nach Nikander den Namen von seinem Entdecker Magnes, der ihn am Ida fand. Sotacus zählte fünf Arten auf, den äthiopischen, den von Magnesia in Makedonien, den von

Hyettum in Böotien, den von Alexandrien in Troas und den von Magnesia in Asien. Man unterschied ihn danach, ob er männlich oder weiblich sei und nach der Farbe, der äthiopische von bläulicher Farbe galt als der beste. Der schlechteste kam von Troas (weiblich und daher ohne Kraft) und von Magnesia in Asien, welcher kein Eisen anzog. Vermuthlich ist die letztere Sorte Magnes der Braunstein.

Cap. 148 (149). Περὶ ἀραβικοῦ λίθου. Arabischer Stein.

Der sogen. arabische Stein gleicht fleckenlosem Elfenbein. Wird derselbe fein gerieben aufgestreut, so trocknet er die Hämorrhoiden ein. Gebrannt ist er das beste Zahnreinigungsmittel.

Sprengel hält mit Agricola den arabischen Stein für den weissen Marmor; man sollte aber denken, dass D., wenn er diesen gemeint hätte, ihn mit dem rechten Namen bezeichnet haben würde, wie dies Plinius an vielen Stellen thut. Eher dürfte es der Speckstein oder Talk, $3 MgSiO_3 + H_2SiO_3$, sein; er findet sich in derben Massen, Nestern und Knollen und kommt in einer Abart unter dem Namen Meerschaum in Kleinasien vor. Er bricht in zähen, dichten, an der Luft härter werdenden Massen.

Cap. 149 (150). Περὶ γαλακτίτου λίθου. Milchstein.

Der Milchstein hat seinen Namen von der milchigen Verflüssigung. Anderswo ist er zwar aschfarbig, er hat süssen Geschmack. Eingeschmiert ist er ein gutes Mittel gegen Flüsse und Geschwüre der Augen. Man muss ihn mit Wasser zerrieben wegen der ihm anhaftenden Klebrigkeit in einer Büchse aus Blei aufbewahren.

Plinius XXXVII 162 nennt den Milchstein auch Leucogaeas (weisse Erde), Leucographitis (weisse Farbe), Synnephitis (Wolkengedränge), er ist einfarbig und gibt beim Zerreiben einen milchigen und nach Milch schmeckenden Saft (d. h. er reibt sich mit Wasser ab). Den Ammen soll er reichlich Milch verschaffen, den Kindern, um den Hals gebunden, Speichel machen, im Munde zergehen. Er findet sich im Nil und Achelousflusse. Wie reimt sich das zusammen! Agricola (De nat. fossil. p. 255) berichtet, es sei eine Art Tuff (Synnephitis Plin.), welcher zu Goslar a./H. gefunden und dort Milchstein genannt werde, ebenso Matthiolus (Comm. in Diosc. p. 961), er habe einen solchen aus Meissen erhalten. Nachforschungen, die ich zu Goslar anstellte, ergaben nichts. Zweifellos ist der Milchstein ein kohlensaurer oder phosphorsaurer Kalk, letzterer kommt als Phosphorit oder Ostheolith in grossen Lagern an der Lahn vor.

Cap. 150 (151). Περὶ μελιτίτου λίθου. Honigstein.

Der Honigstein gleicht im Ganzen dem Milchstein, unterscheidet sich davon nur durch die Absonderung eines süssen Saftes. Er wirkt in derselben Weise, wie der Milchstein.

Sprengel hält den Honigstein für versüssten Milchstein. Wir kennen als Honigstein ein in Braunkohlenlagern vorkommendes gelbes, wie Honig aussehendes, fettglänzendes Mineral, welches in stumpfen, tetragonalen Pyramiden krystallisirt und aus Thonerde, Mellitsäure und Wasser besteht, nach der Formel $C_6(CO.O)_6Al_{12} + 18 H_2O$. Die Fundorte liegen in Thüringen, Böhmen und Russland.

Cap. 151 (152). Περὶ μορόχθου λίθου. Morochthosstein.
Der Morochthosstein, welchen Einige Galaxia oder Leukographis nennen,
entsteht in Aegypten; die Leinweber gebrauchen ihn, da er weich und
leicht löslich ist, zum Färben der Gewänder. Er scheint überziehend (haut-
bildend) zu wirken, ist mit Wasser genommen ein gutes Mittel gegen
Blutspeien, Unterleibs- und Blasenleiden, ebenso auch im Zäpfchen gegen
Frauenfluss. Ferner wird er den weichen Augenmitteln zugemischt, denn
er füllt Cavernen aus und stellt Flüsse. Mit Wachssalbe gemischt vernarbt er feinere Geschwürtheile.

Plinius XXXVII 173 sagt, der Morochthos gebe einen lauchgrünen Saft
von sich. Galen (De fac. simpl. IX p. 193) dagegen nennt ihn gleichfalls Leukographis, weisse Farbe zum Glätten der Leinwand. Die Einen halten ihn für Talk,
die Anderen für Saponit, Seifenstein, ein wasserhaltiges Silikat von Magnesium
mit Thonerde von weisser bis röthlicher Farbe, weich, mild und fettig anzufühlen, noch
Andere für Apatit, welcher aus phosphorsaurem Calcium mit etwas Fluorcalcium
und Chlorcalcium besteht und als Phosphorit farblos, als Spargelstein verschieden
gefärbt vorkommt.

Cap. 152 (153). Περὶ ἀλαβαστίτρου λίθου. Alabasterstein.
Der Alabaster, welcher Onyx genannt wird, zertheilt, mit Harz oder
Theer gemischt, Verhärtungen; mit Wachssalbe lindert er Magenschmerzen.
Auch bessert er (geschwollenes) Zahnfleisch.

Auch Plinius XXXVI 60 sagt, dass der Onyx auch Alabastritis genannt werde,
aus dem man Salbenbüchsen mache, und der gebrannt zu Salben verwandt werde,
der beste sei honigfarben, an der Spitze fleckig und undurchsichtig. Wir haben
hier nicht an den wesentlich aus Kieselsäure bestehenden Onyx zu denken, sondern
es ist der feinkörnig krystallinische, marmorähnliche Gyps von schneeweisser,
blassrother und ins Graue übergehender Farbe.

Cap. 153 (154). Περὶ θυΐτου λίθου. Thyïtesstein. Der
sogen. Thyïtesstein entsteht in Aethiopien, er ist etwas grünlich, dem
Jaspis ähnelnd, erscheint beim Verflüssigen milchig und ist stark beissend.
Er hat die Kraft, die Pupille von Verdunkelungen zu reinigen.

Wenn man das Wort Thyïtes (θυΐτης) von θυΐα, Mörser, ableitet, so würde der
Stein zu den Mineralien gehören, von denen Plinius XXXVI 158 sagt: „Die Steine
eignen sich zu Mörsern für die Augenmittel am besten, welche etwas Saft abgeben
(d. h. welche sich abreiben), so die äthiopischen Steine." Fuchs (De medicam.
praepar. et compon. ratione p. 170) hält den Thyïtes für Türkis, ein Aluminium-
phosphat. Nach einer Analyse von Liebig (bei Sprengel, Comment. p. 658)
sollen die orientalischen Türkise aus phosphorsaurer Thonerde, phosphorsaurem Calcium und Kupfercarbonat bestehen.

Cap. 154 (155). Περὶ ἰουδαϊκοῦ λίθου. Judenstein. Der
Judenstein entsteht in Judäa, ist eichelförmig, weiss, sehr ebenmässig
gebildet und hat wie nach der Schnur parallellaufende Streifen; ver-

flüssigt ist er geschmacklos. Wird er in der Grösse einer Erbse als Kollyrion auf dem Reibsteine mit 3 Bechern Wasser verflüssigt und getrunken, so hat er die Kraft, bei Harnverhaltung zu helfen und die Blasensteine zu zertrümmern.

Plinius XXXVI 143 und XXXVII 184 nennt die in den Meeresschwämmen sitzenden Steinchen (Spongitae) auch Tecolithi, Auflösungssteine, von der Gestalt einer Olive, welche bei Blasenleiden helfen und Blasensteine lösen. Aëtius von Amida (Aëtii medici graeci contractae ex veteribus medicinae tetrabiblos etc. Per Janum Coronar. medic. philos. latin. conscr., Lugduni 1549, lib. II cap. 19) nennt nach Galen den Judenstein lapis judaicus, syriacus und tectolithos. Die meisten Interpreten halten die Judensteine für verkalkte Stacheln des Seeigels, Echinus (Gatt. Cidaridae). Von der in der mittleren Kreide Palästinas vorkommenden Art *Cidaris glandaria* Lang besonders wurden die Stacheln als Judensteine oder „Melonen vom Berge Carmel" viel nach Europa gebracht (Leunis, Synops. II p. 902). Vgl. auch G. D. Coschwitz, Dissert. de lap. judaic., 1724). Es sind eichelförmige, länglich gestreifte, glatt oder körnig aussehende Stückchen.

Cap. 155 (156). Περὶ ἀμιάντου λίθου. Amiantstein. Der Amiantstein entsteht auf Kypern, er gleicht dem Spaltalaun. Die, welche ihn bearbeiten, machen, da er riemenartig (biegsam) ist, Gewebe als Schaustücke daraus; diese brennen, ins Feuer geworfen, wohl, aber sie gehen glänzender daraus hervor, da sie nicht verbrennen.

Asbest oder Federalaun, eine Art Hornblende, $3 MgSiO_3 + CaSiO_3$, die auch Alaun enthalten kann, mit besonders feinfaserigem, seidenglänzendem Gefüge. Plinius XIX 19 sagt, es sei ein Flachs entdeckt, welcher durch Feuer nicht verzehrt werde, er heisse der lebendige und werde von den Griechen Asbest (à priv. und σβέννυμι, nicht vertilgt werden) genannt. Lenz (Mineral. d. alten Griechen u. Römer S. 89) berichtet, dass im Jahre 1633 eine Meile von Pozzuolo ein antikes Amiantgewebe aufgefunden sei und in der Gallerie Berberini aufbewahrt werde, ebenso dass 1702 vor der Porta major zu Rom ein $1^1/_2$ m breites und 2 m langes Amiantgewebe ausgegraben sei; es ist grob gesponnen, aber weich und biegsam wie Seide. Ein drittes Gewebe im Museo Borbonico zu Neapel stammt aus Vasto in den Abruzzen, dem alten Histonium.

Cap. 156 (157). Περὶ σαπφείρου. Sapphir. Der Sapphirstein scheint getrunken bei Skorpionstichen zu helfen. Er wird auch gegen innere Geschwüre genommen. Ferner vertreibt er Wucherungen in den Augen, Flecken und Blattern auf der Hornhaut; er verbindet auch Hautrisse.

Bei Theophrast (De lapid. 23) ist der Sapphir wie mit Gold bestreut. Plinius XXXVII 120 sagt: „In den Sapphiren glänzt das Gold in Pünktchen hervor; nirgends finden sie sich durchsichtig, eignen sich auch wegen der darin enthaltenen Körner nicht zur Bearbeitung. Die kornblumenblauen hält man für die Männchen." Der Sapphir der Alten scheint daher mit unserem Edelsteine, welcher reines, mit Kobalt blau gefärbtes Aluminiumoxyd (Al_2O_3) ist, nicht identisch, sondern Lapis

Lazuli zu sein, Aluminium-Calcium-Natriumsilicat mit eingesprengten Körnern von Schwefelkies.

Cap. 157 (158). Περὶ μεμφίτου λίθου. **Memphitstein.** Der Memphitstein wird in Aegypten bei Memphis gefunden von der Grösse kleiner Kiesel, er ist fett und bunt. Man berichtet, dass derselbe, wenn er fein gerieben auf die Stellen gestrichen wird, welche geschnitten oder gebrannt werden sollen, eine gefahrlose Unempfindlichkeit bewirke.

Dieses Mineral ist wohl kaum zu bestimmen; Sprengel vermuthet, es sei ein Asphalt (Retinasphaltum) von gelber bis brauner Farbe.

Cap. 158 (159). Περὶ σεληνίτου λίθου. **Selenitstein.** Der Selenitstein, welchen Einige Aphroselinon nennen, weil er Nachts [voll[1])] bei wachsendem Monde gefunden wird. Er entsteht in Arabien, ist weiss, durchsichtig und leicht. Geschabt gibt man ihn im Trank den Epileptikern. Die Frauen gebrauchen ihn als Amulett zum Umbinden. Auch scheint er, an die Bäume gegeben, die Fruchtbildung zu befördern.

[1]) νυκτὸς [μεστὸν] ἐν τῇ τῆς σελήνης παραυξήσει.. Statt dessen will Gessner lesen: νυκτὸς στιλπνὸν ἐν τῇ τῆς σελήνης μεστῆς παραυγάσει, Nachts glänzend im Lichte des Vollmonds.

Nicht ohne Wahrscheinlichkeit ist es der unter dem Namen Marienglas oder Fraueneis bekannte Gypsspat, Calciumsulfat, der krystallisirte, in dünne Blättchen spaltbare, durchsichtige Gyps. Den Namen Selenit haben wir noch im Selenitmörtel. Bekannt ist auch der Gyps als Dungmittel. Den Namen Marienglas erhielt das Mineral im Mittelalter; man betrachtete ihn als Symbol der Keuschheit (auch Selene, die Mondgöttin, war die Göttin der keuschen Liebe) und schmückte Marienstatuen damit.

Cap. 159 (160). Περὶ ἰάσπιδος λίθου. **Jaspisstein.** Der Jaspisstein, einer ist smaragdgrün, ein anderer eisähnlich, wie eine Flamme aussehend, ein anderer luftblau, ein anderer, Kapneias, ist gleichsam durchräuchert. Ferner gibt es einen, Astrios genannt, welcher weiss untermischte und glänzende Streifen hat, ein weiterer wird der terpentinähnliche genannt mit einer dem Kallaïs gleichen Farbe. Von allen sagt man, sie würden als Amulette zur Beschleunigung der Geburt getragen, indem sie um die Hüften gebunden werden.

Es sind sämmtlich aus Kieselsäure bestehende Mineralien, Quarze, der klare Bergkrystall, der Prasem, Chalcedon, Achat, gewöhnliche Feuerstein. Der Kapneias ist vielleicht der graue bis braune Quarz, Stinkquarz, welcher fein vertheiltes Bitumen enthält und angeschlagen stinkt. Der Callaïs ist bei Plinius XXXVII 151 ein blassgrüner Stein, dem Sapphir ähnlich, aber weisser, er gleicht dem Meere in der Nähe der Küste.

Nach H. Fühner (Beiträge zur Geschichte der Edelsteinmedicin, Sep.-Abdr. aus dem Bericht der deutsch. Pharm. Gesellsch. 1901) sind unter Jaspis Nephritsorten (Verbindungen von Kieselsäure, Magnesia, Kalk und wenig Eisenoxydul) zu verstehen. Die Identität des grünen Jaspis mit Nephrit suchte zuerst der Orientalist Abel-Rémusat (1788—1832) nachzuweisen.

Cap. 160 (161). Περὶ ἀετίτου λίθου. **Aëtitstein.** Der Adlerstein, welcher beim Schütteln ein Geräusch verursacht und wie einen anderen Stein in sich bergend erscheint, ist, um den linken Arm gebunden, ein Mittel zum Festhalten des Embryos, wenn die Gebärmutter schlüpferig ist. Zur Zeit des Gebärens nimm ihn vom Arme weg und binde ihn um die Hüften, und sie wird ohne Schmerzen gebären. Fein gerieben und mit einer Wachssalbe aus Kypros-, Most- oder einer anderen erwärmenden Salbe gemischt hilft er ausgezeichnet bei Epilepsie.

Vom Adlersteine, Lapis aëtites, sagte man, das Adlermännchen suche diesen Stein und schiebe ihn dem Weibchen unter, so oft es ein Ei legen wolle, worauf das Legen ohne Schmerz erfolge. Bei den Persern hiess er auch „Stein der Geburt", da man glaubte, er beschleunige dieselbe. Nach Sickenberger (Die einfachen Arzneistoffe der Araber, Sep.-Abdr. aus d. Pharm. Post 1893 S. 17) soll es ein Rollkiesel (Feuerstein aus der persischen Kreide) sein, der sich in der Wüste nicht selten findet und im Inneren einen hohlen Raum hat, in dem sich ein anderer kleiner Kiesel befindet, den man beim Schütteln klirren hört. Ibn Beithar, der keine Erklärung dafür gibt, zählt nach El Ghafeky vier Arten auf, einen schwarzen gallapfelgrossen aus Yemen, einen ebensolchen, aber längeren und breiteren aus Kypern. der auch als männlicher bezeichnet werde, einen sandsteinfarbigen aus Libyen mit kleinen, weisslichen Steinen und einen weissen abgerundeten aus Antiochien. Wittstein (Plinius X p. 226) hält ihn für unreinen Brauneisenstein aus Lehm- und Thonlagern. Nach Dragendorf begegnet man der Adlersteinsage auch auf Rügen. (Vgl. Achundow, Die pharmakol. Grunds. d. Abu Mansur Muwaffak, Histor. Stud. d. Univ. Dorpat von Kobert III S. 313.)

Cap. 161 (162). Περὶ ὀφίτου λίθου. **Schlangenstein.** Der Schlangenstein; eine Art ist schwer und schwarz, eine andere aschfarbig und bunt gefleckt, eine dritte hat weisse Striche. Alle sind, umgebunden, hilfreich gegen Schlangenbisse und Kopfleiden. Von dem mit weissen Streifen berichtet man ganz besonders, dass er Lethargie und Kopfschmerzen heile.

Plinius XXXVI 55 sagt, der Schlangenstein habe seinen Namen von der mancher Schlange (ὄφις) eigenen Fleckung, es gebe eine weiche weisse und eine harte schwarze Art, es sei ein Marmor.

Man hält das Mineral für den Serpentin (von serpens, Schlange). Es ist ein wasserhaltiges Magnesiumsilikat, $3 MgO . 2 SiO_2 + 2 H_2O$, wobei aber fast immer ein Theil Magnesia durch Eisenoxydul vertreten wird. Der Serpentin ist in der Färbung verschieden, oft mehrfach gefleckt oder geadert, hat dichten, matten oder splitterigen, muscheligen Bruch, wechselnde Härte und verschiedenes specifisches Gewicht. Man unterscheidet den gewöhnlichen und edlen Serpentin; der gewöhnliche bildet oft mächtige Lager, so im Peloponnes mit eingesprengten Labradorkrystallen, und lässt sich, frisch gebrochen, auf der Drehbank zu allerlei Geräthen und Schmucksachen verarbeiten. Der edle ist heller gefärbt und durchscheinend, er kommt nur in kleinen Massen vor.

Cap. 162 (163). Περὶ τῶν ἐν τοῖς σπόγγοις λίθων. Schwamm-steine. Die in den Schwämmen sich findenden Steine zertrümmern, mit Wein getrunken, den Blasenstein.

Es sind die kalkartigen Concretionen in den Badeschwämmen.

Cap. 163 (164). Περὶ λιθοκόλλης. Steinkitt. Der Steinkitt ist ein Gemisch von Marmor oder parischem Stein[1]) und Stierleim. Mit-telst einer glühenden Sonde (angewandt) kann er die Haare in den Augen verkleben[2]).

[1]) Marmor, welcher auf Paros, einer der Kykladen-Inseln, ausserordentlich schön vorkam. [2]) Die nach innen gewachsenen Haare der Augenlider sollen durch den Steinkitt in die normale Richtung gebracht werden.

Cap. 164 (165). Περὶ ὀστρακίτου λίθου. Ostrakitstein. Der Ostrakitstein ist einer Muschelschale ähnlich, glatt und leicht spaltbar. Die Frauen wenden ihn statt Bimsstein an zum Entfernen der Haare. In der Menge von 1 Drachme mit Wein getrunken stellt er den monat-lichen Fluss; trinkt man ihn im Gewichte von 2 Drachmen vier Tage nach der Menstruation, so verhindert er die Empfängniss. Mit Honig aufgestrichen lindert er die Entzündung der Brüste und hält fressende Geschwüre auf.

Sprengel hält Ostrakitis für ein Petrefact, es dürfte aber wohl eher die Sepiaschale, Os sepiae, sein.

Cap. 165 (166). Περὶ σμύριδος. Smirgel. Der Smirgel ist ein Stein, mit dem die Juweliere die Edelsteine poliren, er eignet sich auch zu beizenden und ätzenden Mitteln, ebenso dient er gegen schwammiges Zahnfleisch und zum Putzen der Zähne.

Der Smirgel ist ein Korund in feinkörnigen, krystallinischen Massen, ein mit Eisen und Kieselsäure verunreinigtes Aluminiumoxyd. Er bildet in Kleinasien und auf Naxos grosse Felsmassen und findet als Schleif- und Polirmittel Ver-wendung.

Cap. 166 (167). Περὶ ἄμμου. Sand. Der an den Meeresküsten in der Sonne gedörrte Sand trocknet die Körper der Wassersüchtigen aus, indem sie damit bis auf den Kopf umschüttet werden. Er wird auch zu den trockenen Bähungen statt Hirse und Salz gedörrt.

Cap. 167 (168). Περὶ ἀκόνης. Schleifstein. Wird das von dem naxischen Schleifsteine beim Wetzen des Eisens Abgeriebene auf-gestrichen, so befördert es den Haarwuchs nach der Fuchskrankheit, ver-hindert auch bei Jungfrauen ein Starkwerden der Brüste. Mit Essig getrunken erweicht es die Milz und hilft bei Epilepsie.

Die Höhenzüge auf Naxos, der fruchtbarsten unter den Kykladen, bestanden vorwiegend aus Granit und Marmor. Aus Cap. 165 lässt sich aber schliessen, dass die Schleifsteine aus Smirgel hergestellt wurden. Beim Wetzen des Eisens entstand eine Mischung von Smirgel und Eisen bezw. Eisenoxyd.

Cap. 168 (169). Περὶ λίθου γεώδους. **Geodes**[1]**-Stein.** Der Erdstein adstringirt, trocknet aus und vertreibt die Verdunkelungen von den Augen. Mit Wasser aufgeschmiert besänftigt er Entzündungen der Brüste und Hoden.

[1] γεώδης, erdig.

Es ist ein Gestein mit mehr oder weniger grossen Blasenräumen, in welchen sich Erde oder Sand befindet, besonders wenn noch Krystalldrusen oder Stalaktiten in sie hineinreichen. Man nennt sie heute noch Geoden. Plinius XXXVI 140 nennt den Stein Geodes ex argumento, nach dem thatsächlichen Kennzeichen, weil er nämlich Erde einschliesst. Nach Sprengel ist es ein braunes oder blassgelbes, eisenhaltiges Aluminiumsilicat von rundlicher oder nierenförmiger Gestalt, weshalb es auch Eisenniere genannt werde.

Cap. 169 (170). Περὶ γῆς. **Erde.** Jede Erde, welche zum medicinischen Gebrauche dient, hat in erster Reihe kühlende und verschliessende Kraft. Nach der Art ist sie verschieden, indem die eine zu diesem, die andere zu jenem nach ihrer Zubereitung nützlich ist.

Gerade in neuerer Zeit hat sich ein Zweig der Therapie, die Lehmbehandlung, einen gewissen Ruf verschafft.

Cap. 170 (171). Περὶ ἐρετριάδος γῆς. **Eretrische Erde.** Von der eretrischen Erde gibt es eine sehr weisse und eine aschgraue Sorte. Als beste erweist sich die aschfarbene und sehr weiche, welche, wenn sie über kupferne Gegenstände gezogen wird, einen veilchenfarbigen Strich hervorbringt. Sie wird gewaschen wie Bleiweiss oder auch so: Reibe davon so viel du willst in geeigneter Weise und zwar mit Wasser fein und lass absetzen; dann seihe das Wasser leicht ab, trockne die Erde in der Sonne, zerreibe sie wieder, indem du über Tag Wasser zugibst, Abends aber es darüber stehen lässest, früh Morgens seihe es ab, zerreibe die Erde an der Sonne und forme sie zu Pastillen, so viel als möglich. Wenn sie aber geröstet zum Gebrauche dienen soll, nimm erbsengrosse Stücke der Erde, gib sie in ein durchbohrtes[1] irdenes Gefäss und, nachdem du die Mündung sorgfältig verschlossen hast, setze es in glühende Kohlen und blase sie beständig an. Wenn aber der Staub eingeäschert ist und eine mehr luftförmige Farbe angenommen hat, nimm ihn heraus und bewahre ihn auf. Er hat die Kraft zu adstringiren, zu kühlen, leicht zu erweichen, Cavernen auszufüllen und blutige Wunden zu verkleben.

[1] Um die Wasserdämpfe abziehen zu lassen.

Es ist ein mehr oder weniger reiner Thon, welcher bei Eretria, einer der ältesten Städte auf der Insel Euböa, gegraben wurde. Die Reaction auf Kupferplatten, welche auch Plinius XXXV 192 angibt, lässt einen Gehalt an Alaun oder an Schwefel oder vielleicht Salpetersäure schliessen. Es gab auf Euböa schwefelhaltige heisse Quellen.

Cap. 171 (172). Περὶ σαμίας γῆς. Samische Erde. Von der samischen Erde soll die sehr weisse und leichte ausgesucht werden, welche, an die Zunge gebracht, leimartig festhaftet, dabei saftig, weich und leicht zerreiblich ist; eine solche ist die, welche Einige Kollyrion nennen. Es gibt nämlich zwei Sorten, die eben genannte und die als Aster[1]) bezeichnete, welche plattig und fest ist wie ein Schleifstein. Sie hat dieselbe Kraft, wird auch gebrannt und gewaschen wie die eretrische Erde. Sie hemmt den Blutauswurf und wird gegen Frauenfluss mit der Blüthe (unreifen Frucht[2])) des Granatbaumes gegeben. Mit Wasser und Rosensalbe aufgestrichen lindert sie Entzündungen der Hoden und Brüste. Auch den Schweiss hält sie zurück. Mit Wasser getrunken hilft sie gegen den Biss giftiger Thiere und gegen tödtliche Gifte.

[1]) Stern, welcher als Zeichen der Aechtheit den geformten Stücken aufgedruckt wurde.   [2]) σὺν βαλαυστίῳ.

Es scheint ein reiner Thon gewesen zu sein, der auf Samos, einer Insel in der Nähe von Kleinasien, sich fand und besonders zu feinen Töpferarbeiten benutzt wurde.

Cap. 172 (173). Περὶ τοῦ ἐν τῇ σαμίᾳ λίθου. Stein in der samischen Erde. In der samischen Erde findet sich ein Stein, welchen die Goldschmiede zum Schleifen und Poliren gebrauchen. Den Vorzug verdient der weisse und feste. Er hat adstringirende und kühlende Kraft, hilft im Tranke den Magenleidenden und stärkt die Sinneswerkzeuge. Mit Milch hat er gute Wirkungen gegen Flüsse und Geschwüre in den Augen, als Amulett scheint er auch die Geburt zu beschleunigen und die Empfängniss (Frucht) zu beschützen.

Sprengel hält die samischen Steine für krystallisirten Gyps mit eingesprengten Quarzkörnern; die technische Verwendung scheint eher auf Korund hinzuweisen.

Cap. 173 (174). Περὶ χίας γῆς. Erde von Chios. Auch bei der Erde von Chios soll die, welche weiss und etwas aschfarben und der von Samos ähnlich ist, genommen werden. Sie ist plattig und fein, unterscheidet sich aber in der Form der Zurichtung. Sie hat dieselbe Kraft wie die samische; sie macht das Gesicht, auch den ganzen Körper glatt (runzelfrei), glänzend und sogar schönfarbig. Im Bade reinigt sie statt Natron.

[1]) Eine Insel im Aegäischen Meere.

Cap. 174 (175). Περὶ σελινουσίας. **Selinusische Erde.** Dieselbe Wirkung hat die selinusische Erde; am besten ist die sehr glänzende und weisse, die leicht zerreiblich ist und schnell zergeht, wenn sie befeuchtet wird.

Selinus war eine Stadt auf Sicilien. Die beiden zuletzt genannten Erden sind ein feiner Thon oder Mergel.

Cap .175 (176). Περὶ κιμωλίας γῆς. **Kimolische Erde.** Von der kimolischen Erde ist eine Sorte weiss, eine andere ins Purpurne spielend, mit einer gewissen natürlichen Fettigkeit, und kühl anzufühlen; diese ist für die beste zu halten. Beide, mit Essig angerührt, zertheilen die Drüsen neben den Ohren und die sonstigen Geschwülste. Bei Verbrennungen aufgestrichen sind sie augenblicklich von guter Wirkung, so dass sie die leidenden Stellen vor Blasenbildung bewahren. Ferner lindern sie Verhärtungen der Hoden und Entzündungen am ganzen Körper; auch heilen sie die Rose, haben überhaupt, wenn die ächten und nicht die verfälschten genommen werden, eine vielfache nützliche Anwendung.

Kimolos, eine der Kykladen, lieferte eine vorzügliche Walkererde. Die zweite Sorte scheint eisenhaltiger Talk zu sein.

Cap. 176 (177). Περὶ πνιγίτιδος γῆς. **Pnigit-Erde.** Die Pnigit[1])-Erde gleicht an Farbe in etwa der eretrischen, sie ist aber festschollig, beim Anfassen mit der Hand kühlend, an der Zunge klebt sie so stark, dass sie daran hängen bleibt. Sie hat dieselbe Kraft wie die kimolische Erde, steht aber in der Wirkung etwas zurück. Einige verkaufen sie statt der eretrischen.

[1]) Von πνίγω, ersticken, ängstigen.

Cap. 177 (178). Περὶ ὀστράκων. **Ziegel.** Die stark gebrannten Ziegel aus den Oefen sind schorfbildend; daher heilen sie, mit Essig aufgestrichen, Jucken und Ausschlag, auch helfen sie den an Podagra Leidenden. Mit Wachssalbe gemischt zertheilen sie Drüsen am Halse.

Der Ziegelthon fand auch bei den Aegyptern schon Verwendung, nämlich die von dem Henna-Krug abgeschlagenen Stücke.

Cap. 178 (179). Περὶ τῆς ἐκ τῶν καμίνων γῆς. **Erde aus den Oefen.** Auch die stark gebrannte rothe Erde aus den Oefen[1]) hat dieselbe Kraft wie die Ziegel.

[1]) Gemeint ist jedenfalls der Lehm, mit dem die Ziegel gemauert sind.

Cap. 179 (180). Περὶ μηλίας γῆς. **Melische Erde.** Auch die melische Erde ist an Farbe gleich der aschgrauen eretrischen Erde,

zwischen den Fingern gerieben ist sie aber auch etwas rauh, als ob sie
ein leises Geräusch verursachte, ähnlich dem, wenn auf Bimsstein gerieben wird. Sie hat eine dem Alaun ähnliche, aber viel schwächere
Kraft, was sich auch durch den Geschmack offenbart, trocknet auch leicht
die Zunge. Ferner vermag sie den Körper zu reinigen und ihm eine
gute Farbe zu verschaffen. Sie macht die Haare dünn und beseitigt
weisse Flecken und Aussatz. Weiter dient sie den Malern zur grösseren
Haltbarkeit der Farben und unterstützt die Heilkraft der grünen Mittel.
Von dieser wie überhaupt von jeder Erde muss die steinfreie und frische
gewählt werden, welche weich, leicht zerreiblich ist und, wenn sie nass
gemacht wird, leicht zergeht.

Die Insel Melos, jetzt Milos, eine der Kykladen, ist reich an vulkanischen Ge-
steinen, heissen Quellen und an Tuffthon. Als ein solcher alaunhaltiger Thon ist
jedenfalls die melische Erde zu betrachten, da D. ja auch Cap. 122 das Vorkommen des Alauns auf der Insel Melos angibt. Nach Theophrast (De lapid. 63)
und Plinius XXXV 37 bildete die melische Erde Adern im Gestein, welche man
liegend (accubantes) ausbeutete. Die Maler zogen sie der samischen, weil fett-
haltiger, vor.

Cap. 180 (181). Περὶ ἀμπελίτιδος γῆς. Weinstockerde. Von
der Weinstockerde, welche Einige auch Pharmakitis nennen und die bei
Seleukia in Syrien entsteht, muss man die schwarze auswählen, welche
grossen Fichtenkohlen ähnlich, feinsplitterartig und ebenso glänzend ist,
welche ferner nicht schwer zerfliesst, wenn sie fein gerieben mit etwas
Oel übergossen wird. Die dünne, aschfarbige und nicht zerfliessende ist
für schlecht zu halten. Sie hat vertheilende und kühlende Kraft, wird
auch zu den Verschönerungsmitteln der Augen und zum Färben der
Haare benutzt und dient zum Bestreichen der Weinreben zur Zeit des
Treibens, da sie die daran befindlichen Würmer (Insecten) tödtet.

Es ist eine asphalthaltige Erde.

Cap. 181 (182). Περὶ ἀσβόλης. Russ. Der Russ, welchen die
Maler gebrauchen, wird aus den Glashütten geholt, denn dieser ist der
beste. Er hat ätzende, adstringirende Kraft. Mit Rosenwachssalbe bildet
er bei Brüchen Narben.

Cap. 182 (183). Περὶ μέλανος. Tinte. Die Tinte, mit der wir
schreiben, wird aus dem Kienruss gemacht; zu 1 Unze Gummi werden
3 Unzen Russ gemischt. Sie wird aber auch aus dem Harzruss und dem
vorhin genannten Malerruss bereitet; man muss 1 Mine Russ, 1½ Pfund
Gummi, 1½ Unzen Stierleim und 1½ Unzen Vitriol[1]) nehmen. Sie
dient gegen Fäulniss und Verbrennungen, wenn sie mit Wasser dick

aufgetragen und bis zur Vernarbung liegen gelassen wird. Sie fällt von selbst ab, wenn die Wunden geheilt sind.

[1]) Eisen- oder Kupfervitriol.

Und nun, theuerster Areios, lass es genug sein, da wir glauben, sowohl betreffs des Umfanges der Abhandlung als auch betreffs der Menge des Stoffes und der Mittel die Sache gehörig bearbeitet zu haben.

Ende des fünften und letzten Buches der Arzneimittellehre.

Verbesserungen.

Seite 63 Z. 11 v. u. lies Bartgras statt Strandbinse.
„   69 „ 10 „ o. „   „   „   „   Rondeletius statt Bondeletius.
„   161 „ 13 „ „ „   Rondeletius statt Bondeletius.
„   240 „ 1 „ u. „   Geruch statt Geschmack.
„   80 „ 11 „ „ „   besonders von *Commiphora abysiniaca* und *Comm. Schimperi.*

Sachregister.

1. Griechisches.

Ψ.

Ψευδοβούνιον 434.
ψευδοδίκταμνον 285.
ψιμύθιον 520.

ψύλλιον 404.
ψωρικόν 527.

Ω.

Ὠκιμοειδές 380.

ὤκιμον 229.
ὠμὴ λύσις 201.
ὠμοτάριχος 163.
ᾠόν 168.
ὤχρα 523.

2. Lateinisches.

A.

Absinthium 280.
Acacia 110.
Acanthus 273.
Accipenser 325.
Aceras 348.
Acetum Scillae 491.
Achillea 241. 384. 394. 425.
Aconitum 412.
Acorus 26.
Acridium 168.
Adiantum 439.
Adonis 253.
Aegilops 440.
Agallochum 49.
Agaricus 261.
Agrimonia 386.
Agrostemma 331.
Ajuga 364.
Alcedo 541.
Alcyoneum 541.
Alectoria 49.
Alisma 361.
Allium 233. 234. 295.
Aloë 275.
Aloëxylon 49.
Althaea 358. 360.
Amarantha 216.
Ambrietia 449.
Ambrosia 341.
Ammi 304. 310.
Ammoniacum 322.
Amomum 40. 240. 301.
Amurca 124.
Amylum 206.
Anacyclus 353.
Anagallis 254.
Anagyris 360.
Anchusa 349. 378. 435.
Andropogon 43. 45.
Anemone 252.
Anethum 302. 309.
Angelica 300.
Anthemis 311.
Antheriscus 236. 353.
Antirrhinum 435. 437.
Antipates 543.
Apium 301. 305. 306.
Aplysia 159.

Aqua mulsa 195.
Aquillaria 50.
Arbutus 141.
Arctium 427.
Arisarum 245.
Aristolochia 265.
Armenium 522.
Artemisia 279. 340.
Arum 244.
Arundo 104.
Asarum 33.
Asclepias 327.
Aspalathus 48.
Asparagus 221.
Asperula 327.
Asperugo 258.
Asphodelus 246.
Aspidium 357. 472.
Asplenium 351. 439.
Astacus 156.
Aster 432. 555.
Astragalus 272. 275. 438.
    441.
Athamanta 306. 310.
Athanasia 342.
Atractylis 268. 328.
Atramoent. sutor. 529.
Atriplex 108. 217.
Atropa 407. 410.
Auripigmentum 531.
Avena 203. 441.

B.

Ballota 333.
Balsamodendron 47. 80.
Balsamum 47.
Barbarea 434.
Bdellium 82.
Berberis 118.
Berthes 156.
Beta 219. 375.
Betonica 366.
Boletus 261.
Bolus 526.
Boswellia 85.
Botrychis 172.
Botrychium 376.
Brassica 213. 218.

Bryonia 41. 471.
Bunias 213.
Bunium 434.
Bupleurum 299.
Butomus 377.

C.

Cacalia 433.
Cachrys 309. 312.
Cadmia 504.
Calamagrostis 381.
Calamus 25. 43.
Calendula 373.
Callitris 532.
Calycotome 49.
Camelina 430.
Campanula 376. 381.
Canella alba 38.
Canis Vulpes 165.
Cannabis 359.
Cantharis 170.
Capparis 250.
Capsella 237.
Capsicum 342.
Cardamomum 28.
Carduus 270. 437. 454.
Carlina 328.
Carthamus 269. 328. 474.
Carum 302.
Cassia (Casia) 34. 38.
Castanea 127.
Castor fiber 161.
Caucalis 253.
Celtis 139.
Centaurea 267. 274. 328.
Ceratonia 184.
Cerinthe 259.
Cervus 165. 166.
Chama 155.
Chamaecyparissus 280.
Cheiranthus 345.
Chelidonium 256.
Chenopodium 217. 341.
Chondria 423.
Chondrilla 225.
Chrysanthemum 354. 394.
Chrysocome 393.
Chrysophrys 163.

3. Deutsches.

Ofenbruch 505.
Ohnhorn 348.
Oleander 415.
Oliven, eingemachte 123.
Olivenöl 56. 123.
Olyra 202.
Omphakion 480.
Onyx 154.
Osterluzei 263.
Ostrakitstein 553.
Osyris 442.
Otter 157.

P.

Pappel 101.
Papyrus 105.
Parelleflechte 392.
Paronychie 392.
Pastinak 308.
Pech 93.
Persea 150.
Pfeffer 273.
Pferdeflechten 166.
— käse 178.
— minze 223. 287.
Pferdseppich 307.
Pfirsich 136.
Pflanzenasche 508.
Pflaster 65.
Pflaume 140.
Phinis 168.
Phu 38.
Pillen, überzogene 459.
— nessel 421.
Pilze 416.
Pimpinell 229.
Pinie 87.
Pissasphalt 95.
Pistazie 143.
Pityiden 88.
Platane 100.
Platterbse 230.
Plattmuschel 154.
Pökelung 163.
Polei 284.
Polemonion 370.
Polyknomon 328.
Pompholyx 505.
Porree 238.
Portulak 219.
Pseudodiptam 286.
Psorikum 527.
Purgirwinde 464.

Q.

Quarze 553.
Quecksilber 524.
Quendel 289.

Quitte 136.
Quittenäpfel 135.
— öl 67.

R.

Raigras 387.
Rauhhaar 258.
Rauke 229. 237.
Raupen 170.
Rauschgelb 531.
Raute 293.
Realgar 532.
Rebe 469.
Reis 203.
Resede 436. 448.
Rettig 214.
— öl 62.
Rhabarber 261.
Rhapontik 261.
Rhodiaswurzel 388.
Ricinusöl 60.
Rittersporn 311. 452.
Rocke 229.
Röthel 525.
Rohr 104.
— kolben 342.
Rosen 114.
— öl 66.
— pastillen 116.
Rosinen 479.
Rosmarin 313.
Rübe 213.
Russ 87. 557.

S.

Sadebaum 98.
Saflor 473.
— öl 62.
Safran 53.
— öl 72.
Sagapen 320.
Salamander 172.
Salbei 286. 348. 426.
Salbeneichel 454.
Salböle 56.
Salz 534.
— blüthe 537.
— essig 489.
— lake 536.
— schaum 536.
Sand 553.
Sandarach 531.
Sandmohn 397.
Santaline 341.
Sardelle 164.
Sarkokolla 323.
Saturei 283. 288.
Sauerhonig 195. 489.

Saumfarn 472.
Schabe 165.
Schachblume 348.
Schachtelhalm 389.
Schafgarbe 425.
Scharbock 256.
Schierling 413.
Schildfarn 369.
Schirmsaflor 269.
Schlangenhaut 158.
Schlutte 405.
Schmutz 58.
Schnecken 155.
— klee 413.
Schöllkraut 256.
Schopfhyacinthe 246.
Schotenklee 224.
Schrot 202.
Schusterschwarz 529.
Schwämme 542.
Schwalbe 169.
Schwalbenwurz 327.
Schwarzkümmel 315.
— öl 63.
Schwarzwurzel 305. 371.
Schwefel 534.
— kies 529. 545.
Schweinsbrod 242.
Schwertlilie 23. 378.
Schwertlilienöl 74.
Seeadler 169.
— barbe 160.
— igel 152.
— pferdchen 153.
— rose 349.
Seidelbast 465.
Seifenkraut 241.
Sellerie 305.
Senf 216. 235.
— öl 63.
Sennebiera 441.
Seps 174.
Sesam 205.
— öl 61.
Sesel 299. 309.
Sideritis 382.
Siegwurz 377.
Silberdistel 273.
— glätte 519.
— schlacke 517.
Silphion 316.
Simse 392.
Sinngrün 370.
Sison 301.
Skink 174.
Skolopender 157.
Skorpion 156.
Skorpionskraut 476.
Smilax 442.
Smirgel 553.
Sockenblume 376.
Sohlleder 167.

Lightning Source UK Ltd.
Milton Keynes UK
UKHW031157170520
363413UK00004B/95